DAS BIO-FOOD HANDBUCH

UDO PINI

DAS BIO-FOOD HANDBUCH

UDO PINI

UNTER MITARBEIT VON NICOLA KOSSEL

h.f.ullmann

FÜR DAS REDAKTIONSBÜRO UDO PINI, HAMBURG:

Konzept, Leitung, Text: Udo Pini
Redaktion, Bildredaktion: Nicola Kossel
Redaktionelle Mitarbeit:
Frank Behrens (Bad Oldesloe), Jan Konrad Brinkmann (Hannover), Thomas Brandenburg (Hamburg), Laura Hertreiter (München), Robert Lücke (Wuppertal), Susanne Tersteegen (Düsseldorf); Bildbeschaffung: Susanne Striebel (Hamburg)

Gestaltung und Produktion:
pd text & design, Peter Dwertmann
Bildbearbeitung: Michaela Wagner
Gestalterische Beratung:
servicemedia, Ralf Schneider

Recherchen, Dokumentation: Kathrin Stautmeister
Redaktionsassistenz: Katharina Harenberg
Lektorat: Susanne Feick, Myriam Richter, Judith Zimmer
Redaktionsmanagement: Nicola Kossel

FÜR H.F.ULLMANN PUBLISHING, POTSDAM:

Projektleitung: Isabel Weiler
Coverdesign: Kati Klaeske

Coverillustrationen: Dover Publications, Inc. (Küken, Maiskolben, Rind), Kati Klaeske (Erdbeere, Apfel), Linotype Gold (Fisch)

Gesamtherstellung:
h.f.ullmann publishing GmbH, Potsdam

Printed in Germany, 2014, ISBN 978-3-8480-0295-5

10 9 8 7 6 5 4 3 2 1
X IX VIII VII VI V IV III II I

www.ullmann-publishing.com
newsletter@ullmann-publishing.com
facebook.com/hfullmann
twitter.com/hfullmann

FSC
www.fsc.org
MIX
Papier aus verantwortungsvollen Quellen
FSC® C014496

Kressesprossen wollen sagen: Möge Ihnen viel Wissen zuwachsen für ersprießliche Einsichten

Mehr wissen, verstehen und besser leben!

Wir alle haben ja unsere Lieblingsbücher. Das gilt für Sie, liebe Leserinnen und Leser, und das gilt auch für Verleger. Das BIO-FOOD HANDBUCH von Udo Pini gehört nicht nur zu meinen liebsten, sondern auch zu meinen wichtigsten Büchern.

Wir alle wollen besser leben und uns gesund ernähren. Aber wie schaffen wir das? Wie kann es uns gelingen, aus einem riesigen Angebot, nicht nur an Lebensmitteln, sondern auch an Bio-Lebensmitteln, die richtigen auszuwählen? Bisher fehlte ein Werk, das die gesamte Bio-Welt beleuchtet und verständlich erklärt. Ein Werk, das Licht in einen inzwischen unüberschaubar gewordenen Themen- und Detail-Dschungel bringt. Denn kaum jemand kennt sich noch aus mit unzähligen Bio-Siegeln, kaum einer weiß, wie immer neue Lebensmittelskandale einzuordnen sind und was sie konkret für uns bedeuten. Und wie steht es generell um unsere Verantwortung gegenüber Tier, Natur und Umwelt?

Auf alle diese Fragen und auf viele weitere gibt Ihnen das BIO-FOOD HANDBUCH eine Antwort. Es entstand in jahrelanger, sorgfältiger Arbeit, in völliger Unabhängigkeit und unbeeinflusst von Fremdinteressen, Moden und Geldgebern. Es steckt voller praktischer Tipps und Informationen und zeigt, dass Bio viel mehr als ein Schlagwort ist. Dieses Buch wird Ihre Fragen des täglichen Lebens mit Bio einleuchtend beantworten. Zudem bietet es stetige Orientierung und schon nach der Lektüre einzelner Artikel wird sich Ihr Einkaufsverhalten ändern und Sie werden sich vielleicht auch anders ernähren. Und eines verspreche ich Ihnen: So fundiert, kenntnis- und umfangreich ist über Bio-Lebensmittel noch nicht geschrieben worden.

Mein Dank gilt allen Mitarbeitern und Helfern, im Verlag und außerhalb des Verlages, vor allem aber Udo Pini, der erstmalig ein Werk für den Alltag geschaffen hat, das seinesgleichen sucht und keinesgleichen hat. Zu unser aller Nutzen. Und zur Erhaltung unserer Gesundheit.

Ich wünsche Ihnen viel Spaß und Erkenntnisgewinn mit diesem Nachschlagewerk, das zugleich ein Lesebuch ist. Lassen Sie sich blätternd treiben oder schlagen Sie vertiefend Wurzeln. Sie werden es nicht bereuen.

Herbert Ullmann

Verleger

Ein Name als Programm: Der Schweizer Verein ProSpecieRara erhält alte Sorten, die viel mehr viel Gutes in sich haben

A

Aale

Makabre Vision: Schnell noch mal essen, genießen und vergessen? Darauf läuft es wohl hinaus beim Echten Aal, diesem Fettfisch (bis zu 30 %), wenn alles so weitergeht. Die Wildfänge gingen dramatisch zurück, bis 2012 war der Bestand des Europäischen Aals laut *Thünen-Institut für Ostseefischerei* auf ein historisches Minimum gesunken, ohne Anzeichen von Erholung (▸Fische, bedrohte). Dass dafür fast 95 % des globalen Aal-Aufkommens aus ▸Aquakultur stammen, ist **überhaupt kein Trost**, denn dort können nur junge Wildaale aufgepäppelt werden, da noch nie ein Aalweibchen im Aquarium oder Labor gelaicht hat. In natura wird derlei einstweilen in der geheimniswie tangreichen Sargassosee vermutet. Aus deren Richtung jedenfalls wandern junge Larven mit dem Golfstrom an Europas und Afrikas Atlantikküsten und dort jene Süßwasserströme hinauf, welche ihnen noch nicht verbaut sind. Dabei aber werden die Jung- als sog. Glasaale so tonnenweise abgefischt und teuer an Zuchtbetriebe verkauft, dass nur wenige in Freiheit überleben, ehe sie als Blankaale geschlechtsreif flussab und ja zurück wandern. Und selbst diese Flussaale werden dann meist geangelt oder in Reusen gefangen. Schon 2002 fürchteten Forscher um den Aalbestand. Erst 2007 hatte die EU reagiert und vorgeschrieben, dass 60 % der erfischten Glasaale bis 2013 zum Wieder-Aussetzen bestimmt seien. Und der ▸WWF warnt, dass die Glasaalbestände allein von 1980 bis 1999 auf nur 1–9 % ihrer einstigen Menge geschrumpft sind, und rät dringend von einer weiteren „Entnahme" ab. Auch ▸*Greenpeace* hält den Aalverzehr generell für „nicht vertretbar".

Nun wird weiter international über Bestandsbewirtschaftung, Rettungspläne, Habitatsanierungen, Lizenzen für die Vermarktung etc. diskutiert. Nur Norwegen führte 2010 ein komplettes Fangverbot ein, nachdem im Jahr zuvor der ICES *(International Council for the Exploration of the Sea)* den 80%igen Rückgang des Glasaalbestandes veröffentlicht hatte.

Aale: Inzwischen in Mengen aus der Aquakultur, als wilder Wanderfisch zu selten, allzu viele enden auf dem Teller als Glasaale oder deren geschickte Imitate

Aal in seinen vielen Zubereitungen wird bald eine knappe Delikatesse sein und der Genuss eines Wildaals Seltenheitswert haben. Die klassischen **Glasaalgerichte** an Europas Atlantikküsten bekommen den bitteren Beigeschmack der Ausrottung. Um den Gastro-Tourismus zu retten, gibt es in Spanien längst markengeschützte „Gulas", Kunstglasaale aus Surimi – auch keine Lösung …

Äpfel: US-Farmer sind stolz auf knackige Einheitlichkeit, um ihre genetische Vielfalt kümmern sich engagierte Netzwerker

Warnung: Aale aus energie-intensiven Aquakulturen sind nicht ohne. Ohne etwa 3 kg Futterfisch setzen sie auch kein Kilo Aalfett an (▸Veredelungsverluste). Ohne „pharmakologisch wirksame Stoffe“, also ▸Antibiotika oder ähnliche Chemotherapeutika, kommt ihre Zucht oft nicht aus. Überdies ist das Fett von Aalen mit ▸Dioxin derart belastet, dass das BfR *(Bundesinstitut für Risikobewertung)* zuletzt in 2010 bei 64 % eine Überschreitung des EU-Höchstgehaltes feststellte. Hoch sind auch die Werte von ▸Quecksilber im Fettgewebe.

> „Der Aalbestand befindet sich außerhalb sicherer biologischer Grenzen!“
>
> ICES *(International Council for the Exploration of the Sea)*

Açais: Die Beeren von den langen Fruchtschnüren einer Palme liefern als Saft oder Pulver ein Superfood

Açais

Seit wenigen Jahren trendige Beerenfrüchte von der Palme *Euterpe oleracea* aus dem Gebiet des unteren Amazonas. Das dünne Fruchtfleisch um den harten Kern ist sehr energie- sowie proteinreich, aber durch seine Fette (fast 50 %!) auch so schnell verderblich, dass Açais nur in Brasilien selbst frisch zu genießen wären. Die Früchte werden zu Saft, Wein, Pulpe, Mark oder Pulver verarbeitet und in dieser Form mit dem Image eines ▸Superfood als natürliches ▸Nahrungsergänzungsmittel vermarktet. Und auch in der Naturkosmetik spielen die an Oliven erinnernden Beeren eine immer größere Rolle.

Reife Früchte (1–1,4 cm groß) sind wie der Saft daraus tief violett bis schwarz, weshalb der **Hype um reichste Gehalte** an ▸Anthocyanen sie zu „Wunderbeeren“ machte: Antioxidative Radikalenfängerei, überbetonte Anti-Aging-Effekte und gar – noch unbelegte – Fettverbrennerei wurden ihr recht schnell nachgesagt.

Allerdings eignet sich der intensive Pflanzenfarbstoff bestens zur natürlicheren Lebensmittelfärberei. Willkommen sind dabei auch die leichte exotische Säuerlichkeit und eine gewisse Nussigkeit sowie in ▸Fruchtsäften das Harmonieren mit anderen Fruchtaromen.

Die Açai wurde lange Zeit nur in der Amazonas-Wildnis zusammengesammelt, aber beim rüden Roden so stark dezimiert, dass die Erträge mit der Nachfrage nicht mithalten konnten. Zu oft wird dann auch nicht der richtige Erntezeitpunkt abgewartet, der doch u. a. für die wertvollen Inhaltsstoffe so bedeutend ist. Immerhin gibt es inzwischen etliche nachhaltige Pflanzungen, immer mehr faire Handels- und damit Einkom-

mensverhältnisse und zudem amtlich kontrollierte Bioqualität.

Nota bene: Weil der bis zu 25 m hohe Tropenbaum in dicht gruppierten Büscheln wächst, wird er auch recht uncharmant „Palmkohl“ genannt. Das viel schönere Açai-Wort gehört erst seit 2007 wieder offiziell den Brasilianern, nachdem ein japanisches Unternehmen die 2003 beim heimischen Patentamt eingetragenen Rechte verloren hatte.

Acerola

Leuchtend rote Beere vom (sub-) tropischen Busch *Malpighia punicifolia/glabra* und mit ihren gerade mal drei winzigen Samen eine Steinfrucht, die so fälschlich und nur ganz äußerlich „Kirsche“ genannt wird. Erst 1946 erfolgte die wissenschaftliche Entdeckung und baldige Verpflanzung von Puerto Rico nach Brasilien. Bei Acerolas handelt es sich also um eine relativ junge und fast noch „sensationellere“ Neuentdeckung als bei ▸Aronia: Fruchtfleisch und Saft von Acerola enthalten im Gewichtsvergleich mit 1,7, max. sogar 3 g pro 100 g verblüffenderweise **30-mal mehr Vitamin C** als ▸Zitronen. Damit übertreffen Acerolas sogar den Rekordhalter ▸Hagebutte. Vier Beeren schon decken den Tagesbedarf. In 100 g frischen Acerolas stecken nur 16,3 kcal/69,1 kJ, ansonsten Provitamin A, B 1, B 3, B 6, dazu Eisen, Phosphor, Calcium, Fluor. In dieser Kombination entfaltet sich die hohe antioxidative Wirkung von Vitamin C – im Acerola-Pulver stecken davon nach einer schonenden Verarbeitung noch bis zu 25 %.

Die dünnhäutigen orangefarbenen bis knallroten Beeren sind nach der Ernte nämlich kaum halt- und nur kurz transportierbar, sie werden in den Anbauländern daher direkt zu herbem, selten süßlicherem Pulver, Saft oder Fruchtmark verarbeitet. Hauptproduzent ist heute Brasilien, doch Agrarmultis haben den Wert von Acerola mit deren drei bis vier Ernten pro Jahr erkannt und investieren längst in anderen Ländern – immerhin sind auch zertifizierte Biosäfte auf dem Markt. In ihrer Pulverform hat Acerola je nach Trägerstoff bei der Sprühtrocknung eine weißliche (durch das noch nicht zertifizierbare Maltodextrin) oder eine bräunlichere Farbe (dann durch Maniok).

Acerola vitaminiert etliche andere ▸Fruchtsäfte und steckt in Bio-Vitamin-C-Tabletten und allerlei Bonbons. Beim ökologischen Wurstmachen sorgt Acerola für natürliche statt chemische Umrötung und weniger Rest-Nitrit (ist aber auch zehnmal teurer als Ascorbinsäure).

Nota bene: Der Acerola-Busch und seine Früchte galten jahrhundertelang nur als beliebter Zierstrauch mit viel zu sauren Früchten. Dabei ähnelt der Geschmack von Acerola eher säuerlicheren Himbeeren, erhitzter Saft bekommt ein angenehmes Bratapfelaroma.

Tipp: Acerola-Pulver kann, u. a. wegen fehlender Ballaststoffe, nicht

Acerola: Kaum haltbare Beere mit dem 30-fachen Vitamin-C-Gehalt einer Zitrone und auch höchst gesunder Röte

die Nährstoffvielfalt von Frischobst ersetzen, ist synthetischem Vitamin C (Ascorbinsäure) aber vorzuziehen, wie es die Biobranche vormacht.

Acrylamid

Schreckwort der Verbraucher, seit die giftige Verbindung 1999 nachgewiesen wurde und es immer wieder durch die Presse geht: Unter Einwirkung von großer Hitze bildet sich durch die **Bräunungsreaktion** stets Acrylamid in bestimmten Lebensmitteln. Der unverdächtige Genuss von Röstkaffee, sehr braunem Toast, krossen Röstis, knusprigen Chips, knackenden Cornflakes, von Lebkuchen oder Mürbegebäck war dahin. Inzwischen ist klar: Eine tatsächlich acrylamidfreie Ernährung wäre nur durch ▸Rohkost oder bloß Gekochtes möglich, nichts dürfte gebraten, gebräunt, frittiert oder überkrustet werden. Deshalb können auch ▸Biolebensmittel nicht per se acrylamidfrei sein, wenn sie erheblicher Hitze ausgesetzt wurden. Das inkriminierte Acrylamid (C_3H_5NO) bildet sich ab 120° C aus Zuckerverbindungen und dem Eiweißbaustein Asparaginsäure, also immer, wenn Proteine und Kohlenhydrate vorhanden sind. Gesundheitsgefährdend ist Acrylamid zum einen, weil es direkt die DNA angreift, und zum anderen, weil es in der Leber enzymatisch zu kleineren Mengen des gefährlichen Glycidamid (GA) umgebildet wird, das Aufbau und Funktion der DNA verändert.

Immerhin gibt es nun staatliche Initiativen auch zur Minimierung von Acrylamid in Industrieprodukten. Dazu zählen v. a. Aufklärung, weitere Forschungen und Empfehlungen für industrielle Prozesse. Da besonders viel Acrylamid beim trockenen Erhitzen über 180° C entsteht, also bei der Herstellung von Kaffee, Pommes frites, Chips, Knäckebrot, Zwieback etc., wurden seitdem Zutaten wie Verarbeitung verändert und so die Acrylamidbelastung erheblich, oft um bis zu 90 % gesenkt.

Und doch stoßen die „dynamischen Minimierungskonzepte“ innerhalb der EU-Administration an Grenzen. „Null Acrylamid“ wird es nie geben, aber auch **Grenzwerte** für Lebensmittel existieren nicht. Alle zwei Jah-

Acrylamid: Wird Protein und Zucker mal allzu gehörig eingeheizt, entsteht mit schönster Bräunung auch der Schadstoff

re werden Durchschnittsmengen für sog. Signalwerte ermittelt, die dann in Appelle an die Industrie umgesetzt werden. Als Tagesdosis hat die WHO 1 Mikro- pro Kilogramm Körpergewicht empfohlen – die 2002 entdeckten Mengen in hitzebehandelten Produkten lagen teilweise um das 10 000-fache über diesem Wert!

Zur Vorsicht: Lieber „Vergolden statt Verkohlen"; seltener Frittieren mit ▸Speiseölen, die reich an gesättigten ▸Fettsäuren sind, und nicht über 175° C; scharfes Anbraten von Kartoffeln und Getreidigem vermeiden.

Apropos: Dass ausgerechnet Bio-Chips so acrylamidbelastet waren, lag am höheren Zuckergehalt der Biokartoffeln und wurde ausgeglichen, durch Regulieren der Hitzeprozesse. Bei ▸Backwaren haben Bio-Hersteller sogar einen Konflikt zwischen dem Vollwert-Ziel und der Acrylamid-Tendenz, da Vollkornmehl höhere Ballststoff- und Aschegehalte hat. Abhilfe könnte etwa asparaginärmeres Getreide schaffen; denn konventionelle Hilfs-Enzyme und Natriumcitrat-Gaben sind bei Bio tabu.

ADI-Wert

Seit 1998 Maßstab für die noch akzeptable lebenslang alltägliche Aufnahmemenge *(Acceptable Daily Intake)* von Inhaltsstoffen in der Nahrung. ADI-Werte definieren die Höchstmengen für erlaubte ▸Zusatzstoffe, für etliche Umweltkontaminanten und für ▸Rückstände von ▸Pflanzenschutzmitteln.

Den Beweis für die **lebenslängliche Unschädlichkeit** müssen dann Versuchstiere antreten, deren Überleben nach der Intensivfütterung die Menge mit der scheinbaren Unschädlichkeit zu bestätigen scheint. Die so ermittelte Dosis wird dann noch einmal durch den Sicherheitsfaktor 10, meist 100, teilweise 2 500 geteilt. Davon ausgehend setzen die Behörden letztlich spezifische ADI-Höchstmengen für den Durchschnittskonsum fest.

Allerdings bleiben toxikologische Effekte wegen noch unbekannter möglicher Kombinationswirkungen ausdrücklich nicht ausgeschlossen. Bei Kindern etwa scheinen echte wie sog. **Pseudoallergien** offenbar auch durch Mengen (etwa von Zusatzstoffen) unterhalb der ADI-Werte verursacht zu werden.

FAT	GDA 70g	0.75g per serving
SATURATES	GDA 20g	0.3g per serving
SALT	GDA 6g	0.3g per serving
SUGAR	GDA 40g	11.7g per serving

■ HIGH ■ MEDIUM ■ LOW

ADI-Werte: Beispielhafte britische Ampel-Kennzeichnung für den empfohlenen Tagesbedarf und für den tatsächlichen Portionsgehalt

Über die Höchstmengen diskutieren mit üblicher amtlicher Effektivität dann die FAO, die WHO und federführend deren JEFCA *(Joint FAO/WHO Expert Committee for Food)*. Für die EU können indes „Einfuhr- oder Importtoleranzen" für Ausnahmen beantragt werden, um den „Erfordernissen des internationalen Handels" gerecht zu werden. Immerhin haben einige Handelsketten ihren Lieferanten auferlegt, deutlich unter den amtlichen ADI-Werten zu bleiben.

Nota bene: Für Skeptiker bleibt die populäre Übertragbarkeit der Ergebnisse aus Tierversuchen auf den Menschen weiterhin umstritten – nur eine abwechslungsreiche Ernährung sagt riskantem ADI-Wert ade …

ADI-Gewissen: Nur wenn die Hersteller empfohlene Höchstmengen nicht überschreiten, wird der Einkauf sorgenfreier

Schimmelgifte: Sie entstehen blitzschnell, sind hitzeresistent und stehen sogar im Verdacht, als Kampfstoffe bereitzustehen

Aflatoxine: Feuchtigkeit und Wärme sind die Idealbedingungen für das Schimmelgift, das schnell Nüsse und Futtermittel verdirbt

Aflatoxine

Gefürchtete Schimmelpilzgifte in oder auf verdorbenen fett- und kohlenhydratreichen Lebensmitteln – leider auch aus erzeugenden oder verarbeitenden Biobetrieben, wenngleich die Qualitätskontrollen hier immer exakter werden und schnellere Korrekturen möglich machen.

Nur unter besonderen Umständen bilden die Sporen von 400 der etwa 100 000 allgegenwärtigen und bekannten ▸Schimmelpilze ihre hochgiftigen Stoffwechselprodukte. Diese **Mykotoxine** sind selten sicht- und niemals schmeckbar. Ihr Nachweis gelingt etwa unter UV-Licht – infizierte Lebensmittel leuchten dann fluoreszierend.

Aflatoxine entstehen rasend schnell bei hoher Feuchtigkeit und Wärme, am ehesten auf allen Arten von Nüssen, Kernen oder Getreidemehlen. Sie kommen aber auch bei Kastanien, in halbfeuchten Feigen, Sojaprodukten, schlecht getrockneten Gewürzen, Kokosraspeln und auf Räucherschinken vor. Das giftige Pilzmyzel dringt stets tief in das befallene Produkt ein und sogar in ▸Futtermittel. Deshalb können auch Milch und Produkte daraus (durch mikrobiell verdorbenes Futter) Spuren von sog. **Aflatoxin M1** aufweisen. Meist sind Ernte- oder Lagerbedingungen und ungenügende Rohstoffkontrollen bzw. Sortierverfahren schuld.

Am gefürchtetsten jedoch ist das **Aflatoxin B 1,** das bei Experimenten in höheren Dosen für Tiere tödlich war und beim Menschen krebserregend, keimzellzerstörend, hämatombildend wirkt. Als tödliche Dosis für uns gelten 1–10 mg/kg, als sehr giftig wird Einatmen, Verschlucken oder jeder Hautkontakt beschrieben. Gefährlich ist außerdem, dass Aflatoxine thermoresistent sind und deshalb auch durch stärkeres Erhitzen kaum abgebaut werden.

Erst seit 1977 waren zulässige Höchstmengen nur für ganz bestimmte, seit 1990 sind **strenge Höchstwerte** für die Aflatoxinbelastung aller Lebensmittel festgelegt. Dabei liegen die deutschen Höchstwerte inzwischen unter denen der sog. EG-Kontaminantenverordnung 1152/2009.

Agar-Agar

Alter malaiischer Name (wörtl. „Gelee“) für das altjapanische und aspikhafte Verdickungs- als ▸Bindemittel, mit dem ▸Vegetarier und ▸Veganer die tierische ▸Gelatine vollkommen ersetzen können. Sie nennen es denn auch **„pflanzliche Gelatine“.**

Agar-Agar ist eine Art Pflanzengummi, das aus sonnengetrockneten, gewaschenen ▸Algen herausgekocht und durch Einfrieren und Auftauen gereinigt wurde. Geschah Letzteres nach traditioneller japanischer Art im Schnee, ist solch *kanten* vom Feinsten und Teuersten.

Agar-Agar-Pulver besteht aus den ungewöhnlich langen, verketteten Polysacchariden, die einst die Algen im Wasser stabilisierten. Dieser Effekt steckt auch noch im Endprodukt (also in Strängen, Stückchen, Pulver, Körnern, Blättern), das nur in kaltem Wasser unlöslich bleibt. Im angequollenen Agar-Agar nehmen die Kohlenhydrat-Stränge durch mindestens 2-minütiges Erhitzen und nach Abkühlen ab 45° C eine gelatinöse Form an. Agar-Agar geliert 6–

10 Mal stärker als Gelatine, und das so verlässlich stabil, dass gebundene Desserts oder warme Zubereitungen auch bei großer Hitze nicht zerfließen – erst ab 80° C, während Gelatine schon ab etwa 50° C nachgibt.
Mit all diesen Eigenschaften ist das geschmacksneutrale und dank Unbedenklichkeit (bestätigt von ▶ÖKO-TEST) mit gewisser Großmengenbeschränkung zugelassene Mittel als ▶Zusatzstoff E 406 längst massenhaft im Einsatz – auch und gerade für Biolebensmittel. Und seit das Rotalgen-Produkt ▶Carrageen ins Gerede geriet, in degenerierter Form Schaden anzurichten, wurde Agar-Agar nur beliebter. Es passiert das Verdauungssystem **unaufgeschlossen,** bleibt also Ballaststoff und kann so schwach verdauungsanregend wirken. Die WHO empfiehlt 50 mg/kg Körpergewicht als ▶ADI-Wert.
Nota bene: Dem exotischen Namen verdankt der Pflanzenstoff wohl die Tatsache, dass 2009 noch 69,8 % der von der GfK *(Gesellschaft für Konsumforschung)* Befragten Agar-Agar als ein „unnatürliches bis sehr unnatürliches Bindemittel" einstuften …

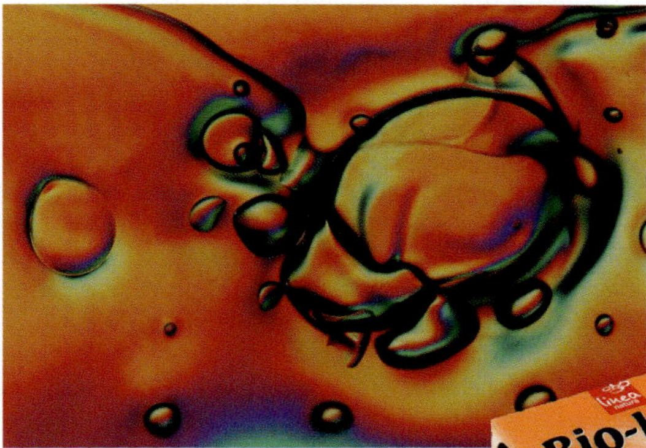

Agar-Agar: So schön dieses marine Pflanzengummi dickt, und seien es Schaumküsse, so schön ist das Kristallbild seiner sog. Agarose

Agavendicksaft

Höchst natürlicher, also von Natur aus sanftsüßer und ansonsten neutral schmeckender Saft als alternatives Süßungsmittel (▶süßen), das nach Einritzen des „Herzens" unten am Blütenschaft der Agave literweise anfällt. Dazu werden alle bezackten Blätter abgeschlagen. In 3–4 Monaten kann eine einzelne Agave bis zu 900 l Saft liefern.
Durch **Wasserentzug** bis auf 25 % wird nach dem Einkochen daraus erst der Agavendicksaft. Er ist dann lichtgeschützt sogar lange lagerfähig (▶Dicksaft).
Das Agavengeschenk hat eine ausgezeichnete, ▶Zucker um gut 20 % überlegene und sehr bequem dosierbare Süßkraft in kalten wie warmen Speisen, Backwaren oder Getränken, geliert bestens in Marmeladen und Gelees, kristallisiert selten und lässt sich bequem aufschlagen. Den einzigen bitteren Beigeschmack hat Agavendicksaft nur dank der Umweltbilanz durch Eindampfen und längeren Transport. Skeptiker probieren deshalb lieber andere Dicksäfte von Apfel, Birne (Birnel) oder Traube (Traubensüße).
In Mexiko, dem Hauptanbaugebiet der Agave, wird der Saft der Blauen Agave zu Essig oder zum alkoholischen, weinhaften Pulque vergoren

Agavendicksaft: Hochsüßes Mexikanisches „Honigwasser" vom geritzten Kaktus

Agavendicksaft: Die etwas andere Süßung wie bei solchem Joghurt

und zu Mescal oder Tequila weiterdestilliert. Sogar die vielen Blüten gelten als Delikatesse, weil sie den süßen Saft ausschwitzen. Jede Agave stirbt ohnehin nach Austreiben der Blüten, weshalb sie denn auch „Jahrhundertpflanze“ getauft wurde.

Agrobiodiversität

Ein Zungenbrecher und ein Politikum, ein Experten-Schlagwort und ein Vernunftsbegriff: für biologische Vielfalt im gesamten landwirtschaftlichen Bereich. Längst ist klar, dass die agro-industrielle ▸Landwirtschaft mit riesigen, nur dank Pestizid-Einsatz möglichen Monokulturen und die agro-intensive Massentierhaltung mit wenigen Zuchtlinien einen Sonderfall der ▸Biodiversität darstellen – allerdings einen ziemlich desaströsen.

Und ebenso offenkundig ist, dass der ▸ökologische Landbau es da besser kann und innerhalb des Agrarökosystems aus seinem ganzheitlichen Ansatz heraus solche Einseitigkeiten vielseitig zu verhindern wüsste.

Mit der von der UN ausgerufenen **„Dekade der Biodiversität“** 2011–2020 wird endlich anerkannt, was ▸Biobauern generell für die Agrobiodiversität leisten, weil sie *in situ* (im natürlichen Lebensraum und *in praxi*) viel für Art- und Sortenerhaltung tun (▸alte Rassen, ▸alte Sorten, ▸Zucht). Damit aber geraten sie der Lobby der industriellen Landwirtschaft, Großzüchtern von ▸Saatgut oder Gen-Manipulatoren ins Gehege (▸Monsantosierung). Seit 2011 ist klar, dass auch die deutsche Regierung lieber einen „BioÖkonomie-Rat“ mit Gentech-Vorlieben fördert als Öko-Landbau subventioniert – bei sinkenden Prämien. Lieber sollen teure Genbanken für Arterhaltung samt einfrierender „Kryokonservierung“ entstehen – *ex situ.*

Da die Leistungssteigerung bisher das Zuchtziel war, wurde die genetische Besonderheit von alten regionalen Nutztierrassen als defizitär und nicht als erhaltenswert betrachtet.

Ähnlich erging es alten ▸Sorten, deren Angepasstheit an regionale oder gar lokale Gegebenheiten zwar den ohne chemisch-synthetische Pflanzenschutzmittel ackernden Biobauern freut, die in puncto Ertrag und **gewünschter Makellosigkeit** aber kaum mithalten können. Und die Verödung des Angebotes hängt unmittelbar mit der Nachfrage zusammen: Auf alten und von Gourmets so gefeierten Tomatensorten wie einem „Ochsenherz“ bleiben oft selbst Bioläden sitzen, weil kleine, normierte, weniger unförmig oder „wild“ erscheinende Tomaten eher dem Verbraucherwunsch nach berechenbarer Qualität entsprechen. So ergab eine Umfrage des BMELV *(Bundesministerium für Ernährung, Landwirtschaft und Verbraucherschutz)* 2010, dass zwar 43 % der Befragten den **Erhalt alter Gemüsesorten** als „wichtig“ bezeichnen und 52 % „meistens“ auf regionale Herkunft achten. Dennoch gaben nur 39 % an, „häufig“ bewusst zwischen verschiedenen Obst- und Gemüsesorten zu wechseln; 44 % tun dies „selten“. Dabei gilt: Nur wenn die Verbraucher mitziehen, kann **die genetische Erosion** aufgehalten werden und haben alte Sorten wie Pastinake oder Wurzelpetersilie oder eben alte Rassen wie das Bunte Bentheimer Schwein über Feuilletons hinaus ihre Chance.

Verein zur Erhaltung des Bunten Bentheimer Schweines e.V.
Bunte Bentheimer
www.bunte-bentheimer-schweine.de

Nutztier-Arche

Agrobiodiversität: Zungenbrecher in bester Absicht zugunsten neuer Nutztiervielfalt als neuzeitliches Arche-Projekt

Immerhin schätzt die FAO, dass 75 % der Nutzpflanzenvielfalt in den letzten 100 Jahren verlorengegangen sind und mehr als 90 % der Varietäten von den Äckern verschwunden sind. Gerade mal zwölf Pflanzen- und fünf Nutztierarten bilden heute die Basis der menschlichen Ernährung. Die Vereinten Nationen gehen davon aus, dass zwischen 2001 und 2007 jeden Monat eine Nutztierrasse „verschwunden" ist.

Damit es so nicht weitergeht, arbeiten **etliche Initiativen** – zum Glück. Schon 1987 gab es eine „Rote Liste der bedrohten Nutztierarten" der GEH (*Gesellschaft zur Erhaltung alter und gefährdeter Haustierrassen e. V.;* www.g-e-h.de). Die Initiative VIEH (*Vielfältige Initiative zur Erhaltung gefährdeter Haustierrassen;* mehr unter www.vieh-ev.de) engagiert sich für

Agrobiodiversität als Programm: Viele Rassen und Sorten hätten in der Agrarindustrie keine Überlebenschancen, wenn nicht Engagierte ihre Erhaltungszüchtung oder den Anbau alter und regional bewährter Nutzpflanzen betrieben – wie etwa ProSpecieRara

pro specie rara

Schweizerische Stiftung für die kulturhistorische und genetische Vielfalt von Pflanzen und Tieren

Nutztier-Archen. Ähnliche „Wächter" sind z.B. die *Arche Austria* (www.arche-austria.at) oder in der Schweiz die engagierte Organisation *ProSpecieRara* (www.prospecierara.ch). Sie kümmert sich auch bei den Nutzpflanzen um die bedrohte Vielfalt.

Agrobiodiversität: Neue Hoffnung für uralte Rassen wie die Graue Gehörnte Heidschnucke, die seltene Lockengans und das Wollschwein oder Mangalitza

In Österreich bemüht sich die *Arche Noah* um mehr als 6 000 alte Sorten (www.arche-noah.at). In Deutschland setzt sich der VEN *(Verein zur Erhaltung der Nutzpflanzenvielfalt e. V.;* www.nutzpflanzenvielfalt.de) seit immerhin 1986 dafür ein, die inzwischen mehreren tausend Sorten vor dem Aussterben zu bewahren.

Agrobiodiversität: Das Augsburger Huhn überlebt auf Arche-Höfen der GEH – wie dieser Prachthahn, einer von nur noch 24

Ahornsirup

Ganz universal einsetzbare Süße und kein Fertigprodukt der Natur, vielmehr eingedickter Stamm-Saft, der im Frühjahr unter der Rinde aufsteigt – aber nur bei speziellen nordamerikanischen Arten, dem Zuckerahorn wie dem Roten Ahorn.

Die erste Tageswärme und die anschließenden Nachtfröste wirken wie ein Wechselschalter und bringen Baum wie Wurzeln dazu, aus Reserven, Bodenmineralien und Wasser Saft für Blattknospen zu liefern.

Ahornsirup: An der Dauer-Zapfstelle im Wald Baumsaft pur, der nur noch eingekocht werden muss

Die Arbeit beginnt ab März bis April. In Kanada und den USA werden dann Hunderttausende von Ahornstämmen zentimeterlochdick und 3 cm tief für einen fest angebrachten, also regelrechten Auslaufhahn angebohrt, dickere Bäume rundum sogar bis zu fünf Mal.

Soll aus dem Saft ein **Bio-Ahornsirup** werden, dann liefert die waldige Baum-Plantage ungedüngt ihre natürliche Menge Saft. Es werden auch keine Insektizide und keine Bleichmittel zum Offenhalten des Bohrlochs eingesetzt wie im konventionellen Betrieb. Der Baum selbst transportiert nur sechs Wochen lang (nämlich bis zum ersten Ausbleiben des Nachtfrostes) tagsüber den Saft Richtung Krone und Zapfhahn (der etwa 7 % des Baumsaftes abzweigt), ab Tagesmitte sinkt der Druck und wird negativ. Dann saugen v. a. nachts die Wurzeln Wasser für saftigsten Überdrucktransport am kommenden Morgen. Diesen Rhythmus stören ökologische Betriebe nicht und bescheiden sich mit etwa 40 l pro Baum. Konventionelle Ausbeutung dagegen setzt Pumpen ein, die jeden Baum mit Unterdruck regelrecht melken – man ist dann stolz auf saftige 120 l pro Stamm.

In den Kleinbetrieben mitten im Wald wird gezapfter Ahornsaft durch reines Kochen zum wasserärmeren ▸Sirup

Ahornsirup: Ist er bio, blieb der angezapfte Baum geschont und wurde nicht überzapft

verschiedener Grade. Moderne Anlagen evaporieren mit Unterdruck – fertig ist der Ahornsirup (engl. *maple sirup*), der nur noch gefiltert wird. 30–50 l Saft ergeben erst 1 l Sirup. Steht dann „Bio" drauf, wurde beim Eindampfen kein Schaumstopper eingesetzt. In den Handel kommt konventioneller wie Bio-Ahornsirup in hochdifferenzierten Gradationen, je nach Erntestadien, Reinheit, Konzentration, Farbe (absteigend und dunkler werdend ab A für frühe, C für späte Ernte). Ein *Grade AA* wäre das teure Nonplusultra, wird aber meist schon in den USA oder in Kanada selbst vernascht und kaum exportiert.

Nota bene: Bio-Ahornsirup ist ein ideales, aber intensivst schmeckendes Mittel zum ▸Süßen als Zucker-Ersatz. Das „Mundgefühl" ist befriedigend und sehr nachhaltig vollsüß.

Alaska-Seelachs

Fischnamen sind Schall und Brauch, deshalb heißt *Theragra chalcogramma* als hochgeschätzter und trendiger ▸Fisch gern mal Alaska-Pollack oder Pazifischer Pollack – nicht zu verwechseln mit Köhler als ▸Seelachs. An die eigene Familie der Dorschartigen erinnert der Alaska-Seelachs im Aussehen an den kleinen ▸Kabeljau. Er ist erst seit 1984 auf dem Speisezettel der Verbraucher, meist in schon verarbeiteter Form – und als **Fischstäbchen** schon gar nicht wiederzuerkennen. Wie immer führt Beliebtheit auf dem Teller zu Nachteilen in der Natur: Der Alaska-Seelachs ist heute wie viele Artgenossen durch ▸Überfischung bedroht.

Eine Ausnahme bilden für den ▸WWF nur jene durch das ▸MSC-Siegel gekennzeichneten Fänge der US-Fischerei im Pazifik (die nicht-zertifizierte Wild-Fänge sind da schon „bedenklich"). Der Fischführer von ▸*Greenpeace* aber hält auch die MSC-zertifizierten Fänge für nicht ▸nachhaltig und fürchtete 2013 noch um den Bestand – Fazit: „Nicht empfehlenswert".

Alaska-Seelachs ist ein eher kleinerer Schwarmfisch. Der würde im Höchstalter von 15 Jahren bis zu 90 cm lang und 1,4 kg schwer, geht aber überwiegend schon mit etwa 30 cm Länge in die Netze. Deshalb wurde der Fisch noch in den 1980er-

Alaska-Seelachs: So sieht er nach dem Fang aus, aber seine zweite Natur ist die nur kurze Existenz als Fischstäbchen

Jahren meist als ▸Beifang über Bord geworfen. Erst die dramatische Verknappung der überfischten Kabeljau- und anderer Fischbestände ließ ihn zum begehrten Fangobjekt werden. 2012 machte der meist schon auf den Großtrawlern tiefgefrorene Alaska-Seelachs mehr als ein Viertel des deutschen Fischkonsums aus.

Wird Seelachs also knapp und teuer?

Zwar haben die russischen Bestände seit den 1990er-Jahren stark abgenommen (Experten vermuten ein **Schrumpfen der Biomasse** von etwa 12 Mio. t auf rund 4,5 Mio. t), doch ist es der US-amerikanischen Fischereipolitik gelungen, die Bestände in den Gewässern vor Alaska seit 1998 durch gesetzgeberische Maßnahmen zu stabilisieren. Höchste Zeit, denn *Greenpeace* geht davon aus, dass der Alaska-Bestand auf 10 % der Größe von vor 20 Jahren gesunken ist, als der Alaska-Seelachs-Boom begann. Auch der WWF lobt zwar das wissenschaftliche Management der US-Fischerei, sieht aber dennoch genug Probleme. Dazu zählt der mit 2 % eher geringe, aber existente Beifang von ▸Lachs. Überdies tritt hier der Mensch als Nahrungskonkurrent für Seelöwen und Seebären auf. Erst als einige Bestände schon gefährdet waren, reagierte die Fischereibehörde mit Gebietsschließungen.

Algen

Sie sind als echtes „Meeresgemüse" so erstaunliche mehrzellige Wasserpflanzen oder als Blaualgen sogar höhere **Bakterienformationen** (die Wissenschaftler feilschen da weiter).

Als sog. Makroalgen wehren sie sich gegen das durch den Wasserspiegel dringende UV-Licht per Photosynthese mit Chlorophyll und anderen Pigmenten, weshalb die Meeresalgen nach Farbe unterschieden und gehandelt werden: Blau- oder Grünalgen (wie *Ulva lactuca*, der Meersalat), Braunalgen (populär „Seetang", mit ▸Wakame, Kombu, Arame) und schließlich Rotalgen (wie ▸Nori und Dulse). Algen sind sowohl ein Nahrungsmittel und Gewürz als auch (als sog. Mikroalgen) ▸Nahrungsergänzungsmittel. Da die im Wellengewoge elastischen Algen aus Polysacchariden bestehen, werden sie zudem als Verdickungs- und ▸Bindemittel (sog. Alginate) genutzt und sind (etwa als ▸Agar-Agar oder ▸Carrageen) für Gebäck, Süßigkeiten, Eiscreme, in Marmeladen oder Dressings zugelassen. In ▸Sojadrinks und anderem ▸Milchersatz helfen Algen, den für ▸Veganer kritischen Calcium-Wert zu erhöhen.

Die meisten Algenarten lassen sich in ▸Aquakulturen regelrecht züchten, an sporengeimpften Tauen aussetzen, später gleich massenhaft ernten und an Land trocknen. Die dehydrierten Blätter werden regeneriert, gern auch mal mariniert und bereichern dann Suppen oder umwickeln ▸Sushi. 2011 verkauften sich weltweit satte 21 Mio. t gefarmte Algen!

Alaska-Seelachs: Nur durch Fisch-Management noch in Mengen zu fangen und zu Unmengen Fertigfood verarbeitet

Algen: Sie werden nachhaltig geerntet, auch angebaut und längst nicht mehr nur in Japan gemocht. Sie wären auch eine Zukunftswaffe gegen drohenden Welthunger

Werden Meeresalgen wild geerntet, gelten sie laut neuerer ▸EG-Öko-Verordnung als „aus ökologischer Produktion stammend", wenn denn „die **Gewässergüte** bestimmten Anforderungen genügt" und die ▸Wildsammlung nachhaltig erfolgt. Bei der ▸ökologischen Aquakultur für Bio-Algen dürfen u. a. nur organische Düngemittel mit kontrolliert biologischer Herkunft ausgebracht werden.

Immerhin ist der Nähr- sowie der Gesundheitswert von Algen ein recht beträchtlicher. Algenproteine sind bekömmlich, ihre Kohlenhydrate gut verdaulich, sie sind fettfrei, reich an Mineralstoffen, Spurenelementen und Vitaminen, speziell an Vitamin B 12. Allein ihr Gehalt an Jod, ▸Cadmium, Blei und ▸Quecksilber schwankt je nach Herkunftsgewässer stark, sodass Importe stets penibel kontrolliert werden.

Nota bene: Die schon jetzt ziemlich populäre Süßwasser-Mikroalge Spirulina soll dereinst mithilfe von Bioreaktoren die Zukunft der ▸Welternährung sichern, modernes Fischfutter oder noch lieber anderweitig subventionierter „Algensprit" werden. Bisher dient Spirulina wie auch sog. AFA-Algen aber v. a. als ▸**Nahrungsergänzungsmittel** und ist i Unterschied zu Meeresalgen nicht nach EG-Öko-Verordnung zertifizierbar. Allerdings dürfen Mikroalgen mit dem ▸Bio-Siegel bzw. ▸EU-Biosiegel ausgezeichnet werden, wenn sie die Richtlinien der ▸Anbauverbände wie etwa ▸Naturland erfüllen. Im Uterschied zu konventionellen Produkten müssen Erzeuger hier auf Wachstumsbeschleunigung mit mineralischem Dünger verzichten, ebenso wie Hersteller ohne chemisch-synthetische Süß-, Konservierungs- oder Aromastoffe auskommen.

Allergene

Was Allergien auslöst, ist eben allergen – und gegen Allergene allergisch und auf der Hut zu sein, verdirbt schnell mal den Appetit. Eine EU-weit gültige **Deklarationspflicht** für Allergene in verpackten Lebensmitteln existiert zwar seit 2005, aber sie gleicht einem Work-in-Progress.

Allergene: Auslöser stecken in allzu vielen verarbeiteten Produkten, mal gekennzeichnet, mal „nur" als Verunreinigung

Zuerst standen zwölf **Hauptallergene** auf der Kenzeichnungsliste: glutenhaltige Getreidesorten, Schalentiere, Eier, Fisch, Erdnüsse, Soja, Milch, Baumnüsse inkl. Schalenfrüchte, Sellerie, Senf, Sesam, dazu die Pseudoallergene Schwefeldioxid bzw. Sulfit. 2008 wurde die Liste um ▸Lupine und Weichtiere erweitert. Von Dezember 2014 an müssen diese 14 Hauptallergene endlich in der ▸Zutatenliste hervorgehoben werden. Ungeregelt ist einstweilen die ▸Kennzeichnung sog. Kreuzkontaminationen, also von ▸Verunreinigungen, die bei der Herstellung in Produkte gelangen. Dabei können geringste Mengen bestimmter „potenter" Allergene bei Allergikern Beschwerden oder womöglich lebensbedrohliche Reaktionen auslösen – weshalb auch das BfR *(Bundesinstitut für Risikobewertung)* **weitere Forschungen** an den existierenden Schwellenwerten für nötig hält. Denn freiwillige Hinweise wie „kann Spuren von XYZ enthalten" sind oft eher Vermeidungsstrategien gegen etwaige Schadenersatzklagen und kommen pro forma aufs ▸Etikett – egal ob nun wirklich mit Spuren von XYZ behaftet oder nicht. Das wiederum kann zu „unsinnigen Einschränkungen im Ernährungsplan" Allergiegeplagter führen, meint der DAAB *(Deutscher Allergiker- und Asthmabund)*. EU-weit müssen über die Angabe der Hauptallergene hinaus auch alle Zusätze von Lecithin, das aus möglichen Allergie-Auslösern wie etwa Soja bereitet wurde, deklariert werden, sowie alle Bestandteile zusammengesetzter Zutaten, wie Gewürzmischungen „mit Sellerie". Allerdings nur, wenn deren Anteil über 2 % liegt. Unterhalb dieser Grenze verstecken sie sich – lebensmittelrechtlich geduldet – auf der ▸Zutatenliste hinter solchen **Allgemeinplätzen** wie „Kräuter" oder „Gewürzmischungen".

Der BNN *(Bundesverband Naturkost Naturwaren)* setzt sich allerdings seit mehreren Jahren für die ▸Volldeklaration ein, die schon bei vielen Bioprodukten Realität ist. Alle Allergiker werden es danken.

allergenfrei: Die Schweizer „COOP" garantiert Allergikern mit einem eigenem Label nötige Spurenfreiheit von Produkten

alte Rassen

Diese Kategorie versammelt mit viel Nostalgie nur Sympathietiere: Man liebt in ihnen das Überkommene oder Regionale, schätzt unverdächtig Bewährtes und möchte all die Traditionstiere gern sehen, bestaunen – oder auch nur **aufessend genießen.** Die Zeit drängt, denn in Deutschland galten 2013 von 74 Nutztier-Rassen allein 52 Großtierarten als bestandsbedroht, von etlichen davon gibt es nicht einmal 100 Zuchttiere (▸Zucht). Weltweit ist es noch dramatischer, denn von den etwa 4 500–5 000 nutztierischen Rassen sind fast 900 vom Aussterben bedroht. Auch in Europa mit seinen mehr als 2 200 verschiedenen Haustierrassen gelten 34 % als gefährdet, wie das Wiener *Institut für Nutztierwissenschaften* der Universität für Bodenkultur feststellte.

alte Rassen: Musterexemplar einer dank GEH erhaltenen sog. Bronzepute, die noch laufen und ihr eigenes Gewicht tragen kann, was ihre stallgepferchten Mast-Artgenossen einfach nicht mehr schaffen

> „Wenn alte Nutztierrassen aussterben, sind ihre Gene für zukünftige Züchtungen verloren"
>
> Michael Müller, Staatssekretär im Bundesumweltministerium (2009)

Längst haben Auslese und Weiterzucht zugunsten der industriellen ▸Tierhaltung maßgeschneiderte Intensivrassen erzeugt und die einstige Vielfalt, die sog. ▸**Agrobiodiversität,** drastisch dezimiert. Inzwischen gilt wissenschaftlich als „alte Rasse", welche in der Regel eine 70 Jahre alte dokumentierte Geschichte oder in Sonderfällen immerhin eine von ein paar Jahrzehnten hat. In Deutschland muss sie nach Maßstäben der GEH *(Gesellschaft zur Erhaltung alter und gefährdeter Haustierrassen e. V.)* mindestens seit 50 Jahren bekannt und durchgehend als lebender Bestand gehalten worden sein.

Der Markterfolg moderner Hochleistungs- als Turbotiere ließ bewährte regionale und besser an ▸ökologische Tierhaltung angepasste Rassen derart ins Hintertreffen geraten, dass etliche Initiativen (wie etwa die deutsche GEH, der Schweizer Verein *ProSpecieRara*, diverse Archehof-Aktivisten, aber auch ▸*Slow Food* mit seiner international gefüllten ▸Arche des Geschmacks) Alarm schlugen. Zu Recht, denn etwa die Hälfte aller Rassen vom Beginn des 20. Jahrhunderts gelten heute als **ausgestorben.**

alte Rassen: Viele Biobauern erhalten noch bewährte Nutztiere aus ihrer Region und werden in ihrer Marktnische mit wachsender Nachfrage dafür belohnt

Nach ihrem ganzheitlichen Konzept nehmen sich immer mehr ▸Biobauern des Erhaltes alter Rassen mit an, seit dies mehr als nur ein nostalgisches Hobby ist und die Vermarktung auch noch etwas einbringt. Dies sowie der geringere Aufwand dank der ▸artgerechten „Extensivhaltung“ regional angepasster, widerstandsfähiger und zufutterbescheidener Tiere macht das Halten alter Rassen inzwischen lohnend, denn Kosten für Futterzukauf und Veterinäre sinken gleichzeitig z. T. deutlich.

alte Rasse: Die Rasse Bunte Bentheimer aus dem Emsland gilt durch engagierte Nachzucht als gerettet – sie hat Schwein gehabt

Ein **gewisser Rummel** um so namensoriginelle und bedrohte Rassen wie Bunte Bentheimer, Angler Sattelschwein, Wollschwein, Schwarzbuntes Niederungsrind, Pfauenziege oder Riesenesel ergab einige öffentliche Aufmerksamkeit. So wurde auch der Absatz von Spezialitäten gefördert, mal bei der Salami vom Turopolje-Schwein, dem Schinken vom Bentheimer oder für einen Heidschnucken-Lammrücken. Womit denn auch dem bewusst skurrilen Motto Erhalten durch „Essen, was man retten will“ der **Arche des Geschmacks** Genüge getan wird.

uralte Rasse: Im Wallis ist das Evolèner Rind eine traditionelle, gut berggängige Hausrasse, aber heute nur noch als rare Hundertschaft unterwegs

Auch wissenschaftlich wird Rückbesinnung auf die genetische Diversität alter Rassen immer wichtiger, um ursprünglichere genetische Ressourcen erforschen oder dort wieder nutzen zu können, wo bisherige Zucht auf einseitige Merkmale bei ▸Hybriden an Grenzen kam.

Worst case: Ist eine Nutztierrasse einmal ausgestorben, ist der spezifische Genpool unwiederbringlich verloren. Die sog. Kryokonservierung von Sperma oder Embryonen ist dann nur ein geringer Trost. Die Ex-Rasse ließe sich nach dem Exitus auch nicht, wie Beschwichtiger gelegentlich behaupten, durch die reine Rückzüchtung zurückmendeln.

Übersicht: Seit 1987 veröffentlicht die GEH die „Rote Liste der gefährdeten Nutztierrassen“: www.g-e-h.de/geh/index.php/die-rote-liste.

alte Sorten

Sie sind das Glück der Gourmets und Nostalgiker, die zu gern mal Entdeckungen machen und auf den guten alten Geschmack kommen wollen. Denn dass sog. alte Sorten interessant anders und meistens sogar einfach besser schmecken, ist der **Versuchung wert**.

Liebhaber alter Sorten entdecken Kartoffeln mit skurriler Form und Farbe, auch mal Gelbe Bete, weiße Möhren, traditionellste Äpfel von Streuobstwiesen, üppig gewachsene regionale Fleischtomaten oder probieren Brot mit Emmer, Einkorn oder Dinkel. Von engagierten ▸Biobauern und in ▸Hofläden sind alte Sorten am ehesten zu haben, spezialisierte Gärtnereien bieten naturgemäß eher ▸Saatgut an als die ausgereiften Produkte selbst.

Durch die ausgeprägte Sortenmonotonie der modernen Landwirtschaft, die mit ihren norm- und leistungsgerechten ▸Hybriden aus pestizidunterstützten Monokulturen viel besser fährt als mit sog. ▸Agrobiodiversität, verschwanden im 20. Jahrhundert nach Schätzungen der Welternährungsorganisation FAO etwa 75 %

der Varietäten von Nahrungsmittelpflanzen, eine veritable genetische Erosion. Nur 150–200 Nutzpflanzen werden angebaut; allein Reis, Mais und Weizen machen fast 60 % der Kalorien und Proteine aus, die den globalen Hunger stillen. Und innerhalb dieser Arten wiederum dominieren einzelne, rein auf Ertrag getrimmte Sorten, Altes verschwindet.

Zu den Nachhaltigkeitsbekenntnissen vom ▸ökologischen Landbau jedoch gehörte immer schon der **Anbau von regionaltypischen Sorten** – und sei es lediglich aus der Not heraus, mit den hochmodernen „Turbopflanzen" nicht konkurrenzfähig zu sein, weil ja alle konventionelle Pestizid- und Kunstdünger-Hilfen verboten sind. Auch deshalb das Engagement für ausdrücklich „bedrohte Landsorten", inzwischen im EU-Jargon definiert als „Erhaltungssorten, (…) auf ihre Ursprungsregion begrenzt", von „landeskulturellem Wert". 2013 wurde dies präzisiert.

Denn alte Sorten durften lange nicht einfach so angebaut und vermarktet oder gar per Saatguttausch von Hof zu Hof vermehrt werden – ein uraltes bäuerliches Grundrecht. Was nicht nach teurer Zulassung im europäischen Sortenregister stand, war nicht vermarktbar. Kritiker sprachen von einer **„Illegalisierung"** der Nachzucht-Bemühungen, denn die alten Sorten, angepasst an örtliche Gegebenheiten und in ihren jeweiligen Regionen gemocht, wären auf diese agrarverwaltungsjuristische Art fast ausgerottet worden. Da war ▸Linda ein sehr populäres Beispiel.

2009 wurden neue EU-Richtlinien für **„Gemüselandsorten"** mit gnädigen Ausnahmeregelungen erlassen, 2013 wurde nachgelegt. Nun dürfen gefährdete **„Erhaltungssorten"** nach kostenpflichtigem Zulassungsverfahren und bei hohem Kontrollaufwand angebaut

werden. Diese sind sogar von den europäischen „Sortenkatalogsrichtlinien" ausgenommen, brauchen ggf. nur noch niedrige Qualitätskategorien zu erfüllen. Sogar der „landeskulturelle Wert" wird nichtamtlich durch Nutzungspraxis und bloße Beschreibung festgestellt. Überdies gilt mit den **„Amateursorten"** die zweite Ausnahme – für Nischenmärkte oder für Hobbygärtner.

alte Sorten: Sie schmecken so anders als alle Normware und überraschen in der Grünen Kiste gern mal mit Form und Farbe

pro specie rara

Schweizerische Stiftung für die kulturhistorische und genetische Vielfalt von Pflanzen und Tieren

Allerdings ist aus Angst vor einem Nachfrage-Boom und sicher auch zum Schutz der großen Saatgut-Konzerne bei beiden Sorten-Kategorien die Gesamtmenge an Saatgut beschränkt. Dazu passen die Bemühungen der Agrar-Riesen um ▸Patente auf etliche Neusorten (▸Monsantosierung).

Idealisten der Biobranche eint derweil der Slogan „Freiheit für Saatgut" oder das Motto „Save our Seeds"

und die 2010 so erfolgreich ausgegangene Kampagne der Schweizer *ProSpecieRara:* „Vielfalt für alle".

Inzwischen erreichen **Gegen-Aktionen** und die Präsentationen alter Sorten auf Lokalmärkten auch die interessierten Verbraucher. Denn je mehr diese das Alte neu goutieren und auf den Entdecker-Geschmack kommen, desto sicherer die sortenvielfältige Zukunft.

Aluminium

Alu: Herstellung und Entsorgung sind problematisch, denn praktisch ist es unverrottbar und doch so unverzichtbar

Ausgerechnet das Material (chem. Al) für allerlei Haushaltshilfen und ▸Verpackungen geriet in Verdacht. Immer noch und gegen Bedenken überwiegen die Vorteile von bester Wärmeleitung und extremer Auswalzbarkeit zu knisterdünnster Folie von 0,01–0,02 mm. Solch Alu kommt

reichlich in der Natur, in all unserer Nahrung und als Spurenelement in unseren Körpern vor. Das große Aber allerdings wird schon länger diskutiert.

Denn das Aluminium kann bei Kontakt mit Lebensmitteln in jene übergehen: Für ▸Carry-over sorgen da nicht-beschichtete Töpfe, aber auch unlackierte Lagertanks oder in Alufolie verpackte säurehaltige Lebensmittel begünstigen Al-Übergänge. **Säure frisst** beim Tiefkühlen Löcher in die Folie und geht in das Eingewickelte über. Deshalb gehören säure- oder auch salzhaltige Dinge nie in oder unter Alufolie.

Auch aus Rücksicht auf die Industrie wird immer noch verschleiernd diskutiert – dementiert wird die Entstehung der Alzheimer-Krankheit im Zusammenhang mit zu viel Aluminium. Die „akute Toxizität" gilt zwar insgesamt als gering, die langfristigen Effekte sind allerdings wohl noch nicht genügend erforscht.

Hinzu kommt für ökologisch denkende Skeptiker der kumulierte extrem **hohe Energieaufwand** bei der Herstellung von Aluminium, also letztlich der Folien. Gravierend sind auch die Umweltbelastungen, weil Alufolie nur zerbröseln kann, aber praktisch unverrottbar ist. Neuerdings via „Gelbem Sack" recyceltes Aluminium spart zwar den überaus hohen Ersteinsatz von Energie, wird aber zu wenig genutzt und behebt die biologischen Probleme nicht.

Alternativen: Statt Alu-Koch- oder Essgeschirr beschichtete Produkte verwenden oder gleich andere Materialien wählen; statt Alu- lieber Haushaltsfolien aus Kunststoff nutzen; Einwegpackungen mit Alumantel meiden, Mehrwegbehälter nutzen. Beim Grillen die Alufolie durch Kohl-, Bananen- oder Weinblätter, Bleche, dünne Steinplatten oder Ähnliches ersetzen.

Amarant, Amaranth

Klassiker unter den ▸Biolebensmitteln und jüngst endgültig in Mode gekommene Samenkörnchen eines bis dato fast vergessenen tropischen Fuchsschwanzgewächses, das bis dahin eher mal dekorativ blühend den Garten zierte.

Amarant kannten schon die alten Griechen und tauften die haltbaren Samen *amaranthos* („unverwerklich, dauernd"). Für Inkas und Azteken war Amarant wichtiges Nahrungsmittel. Doch die spanischen Eroberer fanden seine Winzigkeit und den Kult darum suspekt; sie wollten ohne-

Amarant roh: Das Inka-Korn ist kein Weizen und deshalb für viele ein willkommenes „Ersatzgetreide"

hin größere Körner und protegierten den Mais. Der anspruchslose Amarant überlebte nur ausgewildert.

Dabei sind die winzigen Samen, von denen eine einzige Pflanze bis zu 100 000 in ihren Kapseln enthält, die nahrhaftesten in Floras Reich. Sie liefern mehr Proteine, Calcium, Magnesium und Eisen als jedes Getreide. Die **hohe biologische Wertigkeit** verdankt der Amarant seinem besonders hohen Anteil an der essenziellen Aminosäure, dem Lysin mit 0,82 g/100 g – für ▸Vegetarier hochwillkommene Werte, die sogar schon in den 1980er-Jahren Anlass für Weltraum-Amarant-Experimente der NASA waren!

Der Vergleich mit Getreide liegt sehr nahe, denn die geschmackreichen, leicht nussigen Samen des Amarants lassen sich wie Reis kochen und mahlen, auch zu ▸Flocken auswalzen, in Suppen oder Brühen einrühren oder als ▸Cerealien „puffen", also in popcornähnliche Form bringen. Und „gepoppt" oder eben roh gilt Amarant als veritable Müslibereicherung.

Das ▸**Urgetreide** mit seiner Urheimat Südamerika ist klebereiweiß-, also ▸glutenfrei (viele Hersteller mischen aber Getreide bei, immer das Etikett beachten!) und gilt wie ▸Quinoa als ein „Pseudo-Getreide". Inzwischen wird Amarant in den Zeiten der Klimaerwärmung sogar im nördlichen Europa angebaut. Zwar stellt die Regulierung des ▸Unkrauts Biobauern vor Herausforderungen, dafür gedeiht das Inka-Korn aber auch auf kargen Böden und könnte regionale Karriere machen – das *Netzwerk Deutscher Amarant* sucht Bio-Anbauer.

Amarant-Buk: Das Nichtgetreide ist recht vielseitig auszubacken, in Müsli zu flocken oder wird zur interessanteren Sprossenvariante

Ampel

Im Warenverkehr mit „zusammengesetzten Lebensmitteln" (nur von Hergestelltem also) von Idealisten in Großbritannien zur Verzehrregelung erfundene Farbzeichengebung in **Rot-Gelb-Grün** für die Werte von enthaltenem Zucker, Fett und Salz. Denn ob das seit 2003 erzwungene Kleingedruckte für anzugebende Mengen von Inhaltsstoffen (▸Zutatenliste) vom durchschnittlichen Verbraucher überhaupt gelesen wird,

**Ampel:
In und von der EU als Orientierung abgeschmettert, in Großbritannien länger bewährt – nur in Schweden bekam ein kleines grünes Schlüsselloch die hilfreiche Ampel-Funktion**

ist mehr als zweifelhaft. Ernährungserziehung täte da not, und Ernährungssünder brauchen ja einleuchtende, eindringlichere Hinweise.

Gegner jeder Ampel formierten sich sofort v.a. auf Seite der Lebensmittelindustrie, die eine allzu plakative Vergleichbarkeit vehement ablehnt oder eine Anprangerung ihrer Produkte befürchtet. Stattdessen wird das Alternativ-Modell „Nährwertkompass“ favorisiert, bei dem wenigstens deutlich die Prozentanteile der empfohlenen Tagesmenge als ▸GDA *(Guideline Daily Amount)* angegeben würden. Allerdings sind dies wenig hilfreiche Richtwerte für alle, die keine statistisch gemeinte 40-jährige Frau sind.

Dabei ist gelegentliches naschhaftes Überschreiten deutlich markierter **Vernunftwerte** ja schadlos. Doch im „Ampelland“ Großbritannien hatten 73 % aller Befragten fest angenommen, die Farbe Rot würde nicht bloß in Einzelfällen anormal hohe Werte signalisieren, sondern insgesamt von einem Kauf abraten. Die Gegner der Ampel fürchten aber gerade diesen Effekt einer angeblich „unsinnigen Verzehrempfehlung“ durch Stigmatisierung von bestimmten Inhaltsstoffmengen in Lebensmitteln.

Nachdem die deutsche Bundesregierung vor den Wahlen 2009 noch Sympathie für die Ampel bekundet hatte, kam bald **der Rückzug;** ganz offensichtlich der Lobbyarbeit der Ampel-Gegner bis nach Brüssel geschuldet. Dort wurde die Ampel vom EU-Parlament 2011 endgültig abgelehnt und stattdessen die Einführung einer Nährwerttabelle ab 2016 beschlossen. Die Ampel-Lobby aber agiert weiter; sie sieht diesen „Mindeststandard“ als industriefreundlich an, sie will die Tabelle als intuitiver verständliche Nährwertampel.

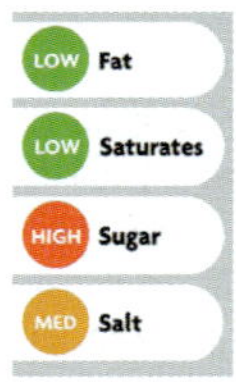

Schließlich hatten Umfragen schon 2009 ergeben, dass sich 71 % der deutschen Bevölkerung die Ampel wünschen, wie sie u.a. ▸*Foodwatch,* die Verbraucherzentralen sowie der AOK-Bundesverband fordern.

Nota bene: Seit 1989 schon fahren Schwedens Verbraucher kompromisshaft gut mit ihrem „Keyhole-Modell“, dem grünen Schlüsselloch-Symbol (unten das Ernährungspyramiden-Dreieck, darüber der runde Ernährungskreis), womit sich nur schmücken darf, was fettarm, zuckerarm, salzarm und ballaststoffreich ist. Alle Produkte, die generell als nicht gesund gelten, dürfen dieses Symbol gar nicht erst beantragen.

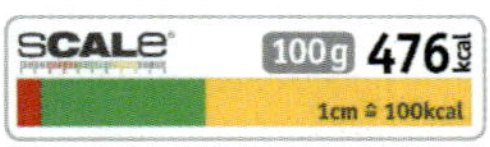

„Ampel-Männchen“: Signalfarben wären für die Verbraucherzentralen eine gute Verzehrslenkung, aber die Salz- oder Zucker-Warnungen wären zu zahlreich geworden, die Lebensmittellobby sabotierte

analog: Wenn einer log, und zwar der Hersteller, dann schmecken zwar Schinken- und Käse-Imitat auf der Pizza wie Schinken und Käse, sind aber nur gelatinöses Kleberestfleisch und emulgierte Kunstkäsemasse

Analog ...

Industrieller Fachbegriff für solche Produkte, die parallel, also „analog“ zu existierenden Stoffen oder Lebensmitteln hergestellt werden, meist, um preiswerter Ersatz dafür zu sein. Die Herstellung solcher „unnatürlichen“ Analogkreationen ist **lebensmittelrechtlich erlaubt**, solange die „Kenntlichmachung“ auf die genauen Zutaten des Imitats hinweist und nicht den echten Namen des ersetzten Lebensmittels verwendet! Die ▸EG-Öko-Verordnung wird da konkreter durch den „Ausschluss von Stoffen und Herstellungsverfahren, die in Bezug auf die tatsächliche Beschaffenheit des Erzeugnisses irreführend sein könnten“. Der einzige Mini-Skandal um Analog-Bio war da denn auch die ▸Limonade namens „Beo“ von Carlsberg. Die kam ohne Fruchtanteil aus und enthielt dafür allerlei quasi-analoge, den Geschmack bringende sog. natürliche ▸Aromen – anno 2010 wurde sie nach nur zwei Jahren vom Markt genommen ...

Schon 2009 sorgte die seit Jahren im Stilleren praktizierte Routine für Furore, dass sog. **Schummel- oder Klebeschinken** aus fremdwassergestrecktem, schnittfestem Stärke-Gel mit Echtfleisch-Stückchen auf mancher Pizza Prosciutto lag. Womöglich unter „Pseudokäse“ mit nur imitiertem Aroma. Gut, dass seit 2014 strenge Kennzeichnungspflicht gilt, schließlich macht Kunstkäse 5 % der deutschen Käseproduktion (v. a. für den Export) aus. Der Mix aus gehärtetem pflanzlichen Eiweiß, Salzen, Stärke, Emulgatoren, Aromen, Farbstoffen und Geschmacksverstärkern in ganz ungereifter Verbindung darf so produziert und verarbeitet werden. Auf dem Etikett steht dann: „aus Pflanzenfett“ bzw. „aus Schinkenstücken zusammengesetzt“ – allerdings nur auf der Rückseite! Immerhin etwas deutlicher als die alte Regelung: „mit einer Zubereitung aus Pflanzenfett und Magermilch“.

analog no: Auf der Grünen Woche 2010 präsentierten Ex-Verbraucherschutzministerin Ilse Aigner und Ex-Bauernverbandspräsident Gerd Sonnleitner ihre Empörung über Imitiertes

Nota bene: Tierschützer plädieren sogar für eine entspanntere Debatte, schließlich müssten etwa für Analogkäse keine überzüchteten ▸Milchkühe mit klimaschädlicher Methanproduktion gehalten werden. Real ▸vegan allerdings ist der **Analogkäse** nicht immer, da oft tierische Eiweiße oder aus Kälbermägen hergestelltes ▸Lab mitverarbeitet werden.

Ananas

Was für eine süß-saure Erkenntnis: Mit ziemlicher Sicherheit ist nur Bio-Ananas weitgehend chemiefrei, und mit größter Gewissheit hätte lediglich die klimabelastend eingeschwebte Flugananas ihr Ur-Aroma. Jährlich werden etwa 18 Mio. t Ananas produziert. Die Weltmarktpreise schwanken und setzen die Erzeuger stark unter Druck; allmählich boomt

Ananas: Weit hergeholt und bio, sollte sie auch vernünftigerweise im Glas daherkommen, aber auch Riegel bringen auf den Geschmack

jedoch auch hier das Prinzip ▶Fairtrade. In der Schweiz etwa war 2012 schon jede siebte Ananas eine von ▶Max Havelaar zertifizierte Frucht. Während **Bio-Ananas-Proben** bei Untersuchungen in der Regel frei von ▶Rückständen waren, sieht es bei konventionell erzeugten Ananas ganz anders aus. In 2011 war von 16 Ananas-Proben des LAVES *(Niedersächsisches Landesamt für Verbraucherschutz und Lebensmittelsicherheit)* nicht eine unbelastet. Festgestellt wurden zwar keine Höchstmengenüberschreitungen, aber in 88 % kamen sog. Mehrfachrückstände vor. Selbst wenn diese für den Ananasgenuss keine gesundheitlichen Folgen haben, weisen sie doch auf den Pestizid-Mix hin, dem Arbeiter auf den meistens monokulturell angelegten konventionellen Plantagen ausgesetzt sind, und das oft ohne Schutzkleidung. Pestizide werden vor der Ernte ebenso versprüht wie danach, wenn sie auf den Feldern die Pflanzenreste vernichten. Diese jedoch werden im ▶ökologischen Landbau bewusst weitergenutzt: als organischster Dünger. Europa bekommt **zunehmend naturgedüngte Bioware.** Erst seit einigen Jahren ist es dabei wieder möglich, eine gleichzeitige Blüte der Ananas-Pflanzen zu provozieren und damit für den Export lohnende Mengen zu ernten – mithilfe des Pflanzenhormons Ethylen, das im ökologischen Anbau als Mischung von naturidentischem Ethylengas und Wasser versprüht wird. Die konventionellen Erzeuger greifen hier allerdings zu **chemisch-synthetischen Substanzen** wie Ethephon oder Calciumcarbid (das schon 2001 für den Öko-Anbau verboten wurde).

Ein Kapitel für sich ist **Ananas-Saft**. Laut ▶*Stiftung Warentest* ist er nur in der Bio-Variante wirklich gut und schmeckt dann auch charakteristisch. Konventionelle Massenware enthält leicht mal Aromen mitverwerteter und schmeckbar oxidierter Früchte. Enthalten sind auch Pflan-

Anbauverbände: Mitglieder von Gäa besprechen sich in einem Lauchfeld, vor 30 Jahren posieren erste Biokreis-Aktivisten vor ihrem Bekennerschild

zenschutzmittel (allerdings unter der Höchstgrenze) und nach Rückverdünnung aus Konzentrat öfter mal eigens wieder zugesetzte synthetische Aromastoffe als Ersatz für die schon abgebauten echten.

Immerhin ist Ananas so lecker, wie ihr Aroma geheimnisvoll kompliziert bleibt. Bisher wurden 130 oft instabile Aromastoffe identifiziert, die gleich nach der Ernte ihre oxidative Zersetzung beginnen. Das bedeutet: **Nur frischeste Ananas** enthält Vitamin C sowie das gesunde und Eiweiß spaltende Enzym Bromelain in nennenswerten Mengen.

Anbauverbände

Sie sind die unbestechlichen Garanten der Biobranche und allem um Jahre voraus, was Staaten oder EU an Öko-Leitbild erst aufbauen mussten. In Zeiten der Bio-Kompromisse sitzen sie als Ritter der Tafelrunde um den besonders grünen Tisch.

Anbauverbände formulieren, organisieren und strukturieren den Mitgliedsbetrieb von ▸ökologischem Landbau und ▸ökologischer Tierhaltung. Ausdrücklich haben sie den **Gesamtbetrieb** im Auge, damit verdienstvoll auch die sozialen Umstände. Die so regional wie föderal organisierten Anbauverbände beraten, kontrollieren, zertifizieren, agieren politisch einzeln oder in ihrem internationalen Dachverband ▸IFOAM.

Und sie machen so gut wie keine Ausnahme bei ihren je nach Produkt **differenzierten Richtlinien** und wollen das totale ökologische Engagement eines Hofes. Sie erlauben deshalb keine sog. Teilumstellung, wie nach der ▸EG-Öko-Verordnung möglich, die damit selbst einen konventionellen Hof mitsamt ökologisch bewirtschafteter ▸Streuobstwiese als Bio-Apfel-Teilerzeuger hinnähme.

Deshalb wundert es nicht, dass es Anfand 2013 zwar 23 096 deutsche Öko-Betriebe gab, aber nur 12 125 und damit die knappe Mehrheit von 52 ,5 %, die sich **Verbands-Bio** auf die Fahnen schrieben. Die Mitgliedsbetriebe der Anbauverbände sind mit fast 59 ha im Durchschnitt fast doppelt so groß wie die Biohöfe nach EG-Öko-Verordnung; sie bewirtschafteten von den 1,04 Mio. ha Ökofläche

ANBAUVERBÄNDE INTERNATIONAL, NATIONAL UND REGIONAL

INTERNATIONALER DACHVERBAND

▶IFOAM *(International Federation of Organic Agriculture Movements)*, gegr. 1972, Zusammenschluss von rund 800 Mitgliedsorganisationen fast 120 Ländern (Anfang 2013), mit Mindest-Richtlinien, Harmonisierungs-Bemühungen und weltweitem Bio-Garantiesystem.

DEUTSCHLAND

Seit 2002 fungiert der ▶BÖLW *(Bund Ökologische Lebensmittelwirtschaft)* als **Spitzenverband** der Anbauverbände, der Verbände der ökologischen Lebensmittelverarbeitung und des Biohandels.

▶**Biokreis e. V.**, gegr. 1979 als *Biokreis Ostbayern e. V.*, längst bundesweit tätig mit eigenem Kontrollsystem und strengen Richtlinien für die 970 Mitgliedsbetriebe und die Zeichennutzung.

▶**Bioland e. V.**, gegr. 1971 als Fördergemeinschaft ▶organisch-biologischer Land- und Gartenbau, 1987 Umbenennung zu Bioland e.V. – ist heute mit 5 719 Mitgliedern und 277 093 ha der größte Anbauverband Deutschlands.

▶**Biopark e. V.**, gegr. 1991 in Mecklenburg – heute mit 643 Biohöfen bundesweit tätig mit Richtlinien für Biostandards und Zertifizierung.

▶**Demeter**, gegr. 1924 und damit der älteste deutsche Anbauverband mit 1 431 Mitgliedern, die 2013 in Deutschland ▶biodynamisch ökowirtschafteten – Demeter ist weltweit in mehr als 50 Ländern tätig.

▶**Ecoland e. V.**, gegr. 1997 als regionaler Ökoverband, in dem 2013 gerade mal 38 Betriebe organisiert waren. Selbsternannter Wirkungsbereich ist Hohenlohe und Baden-Württemberg.

▶**Ecovin**, gegr. 1985 als BÖW *(Bundesverband Ökologischer Weinbau e. V.)* – strenge Biowein-Richtlinien über die EG-Öko-Verordnung hinaus.

▶**Gäa**, gegr. 1989 in Sachsen als *Vereinigung Ökologischer Landbau e. V.* – Ursprung in der Umweltbewegung der DDR, 2013 waren es 353 Mitglieder, die nach den recht strengen Richtlinien arbeiten und das Gäa-Zeichen nutzen.

▶**Naturland**, gegr. 1982 und 2013 mit 2 604 Betrieben der zweitgrößte deutsche Anbauverband, der 2010 als Erster eine Fair-Zertifizierung von Biolebensmitteln einführte und zuvor schon Biofische und Waldnutzung in seine Richtlinien aufgenommen hatte.

▶**Verbund Ökohöfe**, gegr. 1989 in Dresden und heute mit einem „Ableger“ für den Nordosten; 2013 mit 150 Mitgliedern aktiv.

ÖSTERREICH

▶**Bio Austria**, 2005 entstanden aus dem „Bio Ernte Austria-Bundesverband“, der „Arge Biolandbau“ und der ÖIG *(Österreichische Interessensgemeinschaft für Biolandbau)* und heute als „Verein zur Förderung des Biologischen Landbaus“ mit beeindruckenden 12 437 Mitgliedsbetrieben, welche 2012 den fast 20 %igen Öko-Anteil der landwirtschaftlichen Fläche beackern.

SCHWEIZ

▶**Bio Suisse**, gegr. 1981, Dachverband etlicher nationaler, kantonaler und regionaler Organisationen des ökologischen Wirtschaftens, in dem nahezu 94% aller Schweizer Bio- als sog. Knospe-Betriebe organisiert sind – benannt nach dem Bio-Suisse-Siegel im Zeichen der Knospe.

712 745 ha, das ist ein Anteil von 68,3 %. Die in ▸Deutschland vertretenen Anbauverbände sind – absteigend nach Mitgliederzahl und zum 1.1.2013 – ▸Bioland (5 719 Betriebe), ▸Naturland (mit 2 604), ▸Demeter (1 431), ▸Biokreis (970), ▸Biopark (mit 643), ▸Gäa (353), ▸Ecovin (212), ▸Verbund Ökohöfe (150) und ▸Ecoland (mit 38 Betrieben). In der ▸Schweiz ist ▸Bio Suisse der bedeutendste Anbauverband, in ▸Österreich ist dies ▸Bio Austria.
Der Lohn der Mitgliedschaft ist Rat und Tat durch den Anbauverband, die **Zertifizierung** (nach selbst zu bezahlender ▸Kontrolle einmal jährlich) und (kostenpflichtige) Label-Nutzung samt Hilfen der Vermarktungsorganisation. Verbands-Bio darf mit dem eigenen Gütesiegel, dem ▸EU-Biosiegel und dem staatlichen ▸Bio-Siegel gekennzeichnet werden. So ehrenwert wie konsequent sind die sich gleichenden Leitgedanken: ganzheitliches Wirtschaften nur in geschlossenen Betriebskreisläufen, damit eine enge Koppelung von Pflanzenbau und Tierhaltung bei Förderung der **natürlichen Lebensprozesse,** der Ausschluss von ▸Bestrahlung, ▸Gentechnik, prophylaktischen ▸Antibiotika, importierten ▸Futtermitteln, chemisch-synthetischen ▸Pflanzenschutzmitteln oder ▸Düngemitteln. Im ▸Food-Processing gibt es keine „natürlichen ▸Aromen", öfter gar kein Nitritpökelsalz (▸Pökeln), auch nicht die umstrittenen ▸Zusatzstoffe ▸Carrageen und ▸Hefeextrakt. Hinzu kommen Regelungen zu ▸Naturschutz, zum Erhalt von Ressourcen und Pflege der Kulturlandschaft und überdies soziale Kriterien für alle Mitarbeitenden. Alle Anbauverbände hatten schon längst eigene strenge Richtlinien und behielten sie konsequent bei, als die „harmonisierte" EG-Öko-Verordnung zu viele goldene Mittelwege erlaubte (sog. ▸Bio light). 2011 ergab eine Umfrage der Universität Kassel denn auch, dass Verbraucher für sechs Bio-Eier mit EU-Biosiegel 0,42 Euro mehr zahlen wollten, aber bereit waren, beim sechseckigen Bio-Siegel (mit denselben Kriterien) gut das Vierfache davon, beim Demeter-Logo (mit strengeren Richtlinien) aber das Fünffache (nämlich 2,10 Euro) als **Mehrpreis** zu akzeptieren – womit auch der **Mehrwert** an ▸Ethik und ▸Authentizität honoriert wäre (▸Premium-Bio). Besonders in der Öko-Tierhaltung zeichnete sich spätestens 2012 eine kritische Selbstanalyse ab, mit dem Bekenntnis zu „bäuerlich-ökologischen" Strukturen.

Anthocyane

Bei allem Ernährungswissen immer noch legendäre und in ihrer Wirkungsweise weitgehend unerforschte ▸sekundäre Pflanzenstoffe und eine Untergruppe der ▸Flavonoide. Die Anthocyane (von griech. *anthos* „Blüte" und *kyanos* „blau") bringen **Farbe** in die eher grüne Natur: von Rot bis Tiefviolett. Sie färben Blüten sowie (v. a. an den Randschichten) Obst und Beeren, deren Säfte, damit den Rotwein sowie schwarze wie rote Hülsenfrüchte, Rote Bete, Rotkohl u. a. Inzwischen werden gar einzelne ▸alte Sorten wie die Schwarzmöhre und der Schwarze Emmer oder Neuzüchtungen wie der „PurPur-Weizen" eigens für erhöhte Anthocyan-Gehalte beworben. Anthocyane dienen als Schutz (v. a. vor Licht).

Anthocyane: Sie stellen sich ganz von Natur aus in kräftigen Farben dar und sind gesunder Schutz für Obst sowie Gemüse und auch für deren Esser – je dunkler, desto besser

REICH AN ANTHOCYANEN SIND

in mg pro 100 g Frischgewicht:

Açais	800–1000
Aronias	200–1000
Holunderbeeren	340–980
Auberginen	750
Rotweinbeeren	30–750
Kirschen	350–400
Heidelbeeren	80–420
Johannisbeeren	130–400
Blutorangen	200
Rhabarber	bis 200
Brombeeren	ca. 115
Portwein	14–110
Himbeeren	10–60
Rotwein	24–35
Rotkohl	25

Und weil ökologisch angebaute Pflanzen eher auf natürlichere **Abwehrmechanismen** angewiesen sind als solche, die intensive Pflanzenschutzmittelgaben bekamen, sind die Werte aller sekundären Pflanzenstoffe in Biopflanzen in der Regel erhöht – konstatierte auch das FiBL *(Forschungsinstitut für biologischen Landbau)*. Das Anthocyan-Molekül ist sehr stabil und dabei bindungsfreudig. Das macht diese natürlichen Farbpigmente so vielseitig wie geheimnisvoll, denn ihre eher geringe Bioverfügbarkeit (vermutlich gerade mal 1 %!) sowie die noch unerforschte **„endogene Metabolisierung"** (Verstoffwechslung) werfen einstweilen mehr Fragen als Antworten auf. Zugeschrieben wird den Anthocyanen ein ganzer Katalog von gesundheitsförderlichen Positivwirkungen: Sie sollen ▸freie Radikale unschädlich machen, Entzündungen hemmen und Gefäße schützen – ohne dass die sensationellen Eigenschaften bisher zufriedenstellend nachgewiesen wurden. So einiges immerhin spricht da für schon mal untersuchte cholesterinsenkende Effekte und für bessere „Dunkeladaption" der Augen.

Nota bene: Das farbgebende Anthocyan-Muster ist in vielen Pflanzen derart charakteristisch, dass es etwa zum analytischen Nachweis der Herkunft nach Terroir und Rebsorte bei Weinen taugt (s. a. ▸authentisch).

Anthroposophisches

Von Rudolf Steiner (1861–1925) Anfang des 20. Jahrhunderts geprägter Begriff, der seine spirituelle Weltanschauung als seelische Fühlbarkeit ins Kosmische projiziert und im Gegenzuge **geistige Rückkopplung** aus solcherlei Zusammenhangsgespür universal und ganz „geistgemäß" reflektiert. Dabei schwang viel autoritäre Zeitgeistigkeit der vorletzten Jahrhundertwende mit, welche zu Naturverklärung, Industriefeindlichkeit, Ursprungskult in der Landwirtschaft und zur einst so fortschrittlichen Bewegung der ▸Lebensreform geführt hatte.

Selbst anthroposophischen Laien leuchten die bis heute propagierten Ideale von ▸Vollwert und ▸Rohkost ein. Auch das lange verspottete Prinzip ▸biodynamischer Produktion in der Landwirtschaft ist mittlerweile geachtet. Konsequent erwuchs daraus die ▸Demeter-Bewegung in all ihrer Unbestechlichkeit; inzwischen zwingt sie mit Beharrlichkeit und Erfolgen schon sensiblere Bio- und selbst noch sturkonventionelle Vermarkter zu **mehr Nachdenklichkeit**.

Manches an der „bewusstseinsseelischen", konsequent anthroposophischen Ernährung hat sich allerdings regelrecht „versteinert" und bleibt in den sog. geistbegrifflichen Begründungen Steiners so schwer verständlich, wie die allfällige Einbeziehung des Kosmischen vielen nie gelingt. So herrscht unter den Anthroposophen Skepsis

Rudolf Steiner: Als Guru der Anthroposophie brachte er die geistseelischen Elemente auch in die praktische Landwirtschaft, der derlei bekam

gegen Milch, Fleisch, Fette, Eier. Isolierte Kohlenhydrate werden abgelehnt, Kartoffeln wie Tomaten sollen ihr Nachtschattendasein führen.

Antibiotika

Pharma-Wort für chemische Produkte, die den Stoffwechsel von infektiös wirkenden Bakterien hemmen oder sie sogar direkt töten, also „bakterizid" wirken. Damit wäre ja Mensch und Tier im Krankheitsfall gedient, aber so manche konventionell arbeitende Landwirte bedienen

Antibiotika: In ökologischen Betrieben nur im Notfall und streng kontrolliert eingesetzt, in der Massentierhaltung eher schwer kontrollierbar und gern vorbeugend verabreicht – sie sind damit eine heimliche Dosis im späteren Essen

sich – v. a. in der intensiven ▸Mast von Geflügel und Schweinen – inzwischen schon jahrzehntelang und routinemäßig der sog. **AWS, der antibakteriell wirksamen Substanzen**.
Diese wurden (und werden wohl trotz ihres EU-weiten Verbots von 2006 noch) in der konventionellen ▸Tierhaltung als Zusatz in ▸Futtermitteln eingesetzt. Viel zu gern sollen damit miserable Haltungsformen oder Hygienemängel kaschiert und Wachstumsförderung wie Krankheitsvorbeugung erreicht werden. Damit aber hat das Erbgut der Bakterien permanent Gelegenheit zu mutieren (▸Keime), weshalb inzwischen Antibiotika-Resistenzen ausgeprägt sind und **nachlassende Wirksamkeit** droht. Experten schätzten 2013, dass gesunde Nutztiere in Deutschland doppelt so viele Antibiotika bekommen wie kranke Menschen: 2011 verschrieben Tierärzte insg. 1 734 t AWS!
Nicht erst nach den ▸Skandalen um Antibiotika-Funde in Ställen wie Fleisch ist auch die Politik alarmiert; 2012 begann das offizielle Antibiotika-Monitoring, ab 1. April 2014 kommt eine Datenbank dazu. Höchste Zeit: Noch 2011 ging Hermann Focke, der ehemalige Leiter des Cloppenburger Veterinäramtes, davon aus, dass ▸Masthühner nicht selten 2/3 ihrer ohnehin nur 32 Tage währenden Lebenszeit unter Antibiotika-Einfluss stehen.
In der ▸ökologischen Tierhaltung ist die vorbeugende Behandlung mit Antibiotika **ausdrücklich verboten.** Im Krankheitsfall ist die Tiergesundheit entscheidend und kann zu Ausnahmen führen. Wird ein Tier mit einem Lebenszyklus von mindestens

einem Jahr mehr als drei Mal mit Antibiotika behandelt, dürfen seine Milch, die Eier oder das Fleisch selbst nicht mehr als „ökologisch" vermarktet werden.

Biobauern greifen deshalb auf verschiedene Strategien zurück: Allein der Grundsatz, dass die Anzahl der gehaltenen Tiere sich stets auf die Gesamtfläche des Betriebes bezieht, lässt die Haltung nicht nur viel tierschutzgerechter, auch weniger krankheitsanfällig werden. Überdies konzentrieren sich ökologische Erzeuger auf andere, oft ▸alte Rassen, die von Natur aus robuster sind. Sie versuchen außerdem, die Haltung stressfreier zu gestalten und setzen auf Behandlung mit homöopathischen bzw. phytotherapeutischen Mitteln. Dazu gehören antibakteriell wirkende **„Naturarzneien"** wie Oregano, Wilder Majoran, Rosmarin oder Koriander mit Potenzial natürlicher Breitband-Antibiotika.

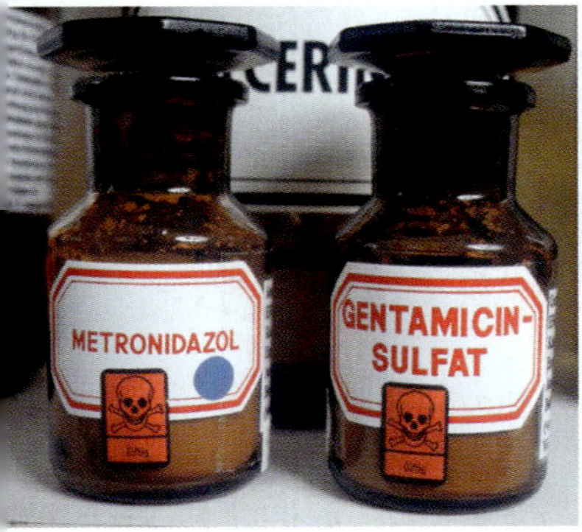

Antibiotika: Schwere Waffen gegen Erreger, die ein Biobauer nur im Notfall einsetzen würde

Im Fall der problematischen Euter-Entzündung von ▸Milchkühen etwa scheinen solche Maßnahmen zu greifen. Ihre Erfolgsquote lag laut einer Untersuchung des FiBL *(Forschungsinstitut für biologischen Landbau)* bei 51 %. Und von den mit Antibiotika behandelten Kühen wurden lediglich 60 % gesund.

Was die Resistenz-Problematik betrifft, so ist die ökologische Tierhaltung auch die bessere Alternative. Bei Keimen an Legehennen bzw. Eiern etwa kommt sie „signifikant seltener" vor, wie die TU München 2009 nachwies.

Seit 2002 funktioniert immerhin das sog. **Schnellwarnsystem** der EU. Die längste Zeit sollten wir nun Antibiotika mitgegessen haben – in Fisch aus der konventionellen ▸Aquakultur und im schlimmsten Fall bei asiatischen ▸Garnelen, im Fleisch aus Massentierhaltung, gelegentlich gar bei (gegen Feuerbrand) behandeltem konventionellem Obst, in manchem Honig oder Wein. Antibiotikareicher Gülle haben wir es auch zu verdanken, dass die AWS bis in die damit gedüngten Ackerpflanzen gelangen. Und da schließt sich dann der Teufelskreis …

Antioxidantien

Wichtige chemische Verbindungen, die in Naturprodukten vorkommen, aber auch synthetisch erzeugt werden. Sie dienen ursprünglich dem Selbstschutz und entfalten ihre Wirkung v. a. als Gegenspieler und **„Fänger"** der ▸freien Radikalen, fördern und erhalten die Gesundheit, können aber in Sonderfällen wie Krebserkrankungen bzw. in zu hoher Dosierung schädlich sein.

In der Regel bildet der Körper selbst viele Abwehrsubstanzen, bestimmte Hormone oder Enzyme etwa. Alle Antioxidantien sind in der Lage dazu, ein Elektron abzugeben, ohne selbst aggressive „radikale" Moleküle zu werden. Sie helfen, die Oxidationskette zu unterbrechen.

Antioxidantien: Traubentreter baden geradezu im reichen Segen der rotweinigen Inhaltsstoffe

Reiche Quellen von Antioxidantien sind neben Muttermilch alle Lebensmittel mit den Vitaminen A, C, E und Beta-Carotin sowie alle mit ▶sekundären Pflanzenstoffen, v. a. aus der Gruppe der ▶Carotinoide und ▶Polyphenole. Gemüse und Obst sind die besten Lieferanten von Antioxidantien. Je reifer die Früchte und je mehr Sonnenlicht, gegen dessen UV-Strahlen sich die Pflanzen mit Antioxidantien schützen, desto reicher eben daran. Besonders in der ▶Schale sind die **Schutzstoffe** konzentriert. Der hohe Gehalt von Antioxidantien im Rotwein erklärt sich aus der Keltermethode, bei der sich Farbstoffe (▶Flavonoide, ▶Anthocyane) erst aus Schalen herauslösen. Bei Früchten gibt es allerdings von Sorte zu Sorte recht große „Antioxi"-Differenzen. Dabei spielt es keine Rolle, ob es sich um ▶alte Sorten oder um Neuzüchtungen handelt. Biolebensmittel schneiden – wenn auch von einzelnen Forschern die tatsächliche Relevanz angezweifelt wird – antioxidantisch generell besser ab, u. a. weil sie **weniger wässrig** als konventionell erzeugte Produkte sind. Nach 10-jährigen Studien der *University of California* in Davis stand fest, dass z. B. Biotomaten fast doppelt so viele Flavonoide enthielten wie konventionelle Ware.

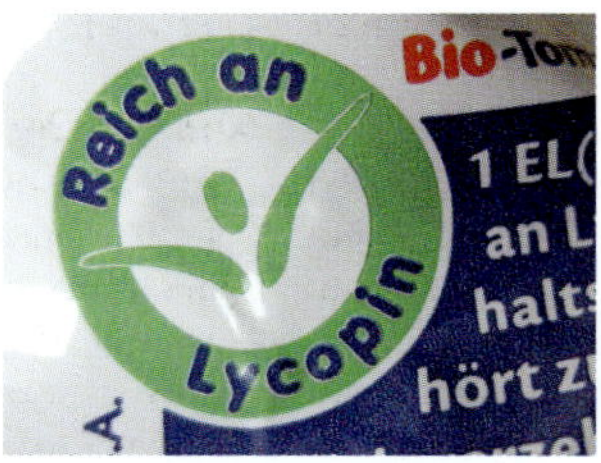

Antioxidantien: Sie stecken in dunklen Schalen wie das Lycopin in Tomaten und können dem Körper viel Gutes tun im ewigen Kampf gegen die freien Radikale

Eine gewisse Messbarkeit des Schutzfaktors bzw. seiner relativen Wirksamkeit gelingt im Labor mit Antioxidantien-Zugabe zu attackierten fluoreszierenden Molekülen. Einsamer Spitzenreiter der natürlichen Antioxidantien ist danach Rohkakao, halb so wertig rote Bohnen und Heidelbeeren, dann rote oder schwarze Beeren, Artischockenherzen, Pflaumen und etliche Apfelsorten.

Außer in Früchten und Gemüsen sind Antioxidantien ganz und gar natürlicherweise auch in Genussmitteln wie Kaffee (dort in einem erstaunlich hohen Ausmaß) und Gewürzen enthalten. Lippenblütler wie Rosmarin, Salbei, Oregano, Majoran und Thymian oder Doldenblütler wie Petersilie, Kerbel, Fenchel und Sellerie, auch Gewürznelken, Piment und Pfeffer sind reich an derlei nützlichen Inhaltsstoffen.

Wegen ihrer offensichtlichen Bedeutung und gewünschten Wirkung hat sich v. a. die „Wellness-"Industrie gern der Extraktion und Produktion von **künstlichen Antioxidantien** angenommen. Beliebte Formulierungen sind „hilft gegen", „beugt vor", „schützt". Und wer will da untätig sein, wenn natürliche „Biostoffe" aus Grünem Tee oder Traubenkernen so vielversprechend sein sollen …

Antioxidationsmittel

Es geht nicht ganz ohne sie, denn Lebensmittel oxidieren, sobald sie Sauerstoff, aber auch Licht und Wärme ausgesetzt sind, und verändern dabei Geschmack, Farbe und Haltbarkeit. Den konventionellen Lebensmitteln werden Antioxidationsmittel als ▸Zusatzstoffe oft bedenkenlos zugesetzt, dabei gelten einige als **wenigstens bedenklich.** Manche davon stehen sogar in dem dringenden Verdacht, unverträglich zu sein oder diverse Krankheiten auszulösen; für viele synthetische Oxidationshemmer liegt noch keine abschließende Bewertung vor. Manche wirkten in Tierversuchen wachstumshemmend und griffen das Immunsystem an. Bei Menschen lösten einige Antioxidationsmittel allergische und pseudo-allergische Reaktionen aus. In Biolebensmitteln sind sie aus diesem Grund bis auf wenige Ausnahmen geächtet, aber auch die Zulassung und Anwendung für konventionelle Produkte ist innerhalb der EU **streng geregelt.** Sieben der bekannten Oxidationshemmer sind laut ▸EG-Öko-Verordnung für Bioprodukte zugelassen. Sie werden aber von Herstellern, die nach den gestrengeren Richtlinien der ökologischen ▸Anbauverbände arbeiten, möglichst nicht eingesetzt. Außerdem ist ihre Anwendung auf spezifische Produkte beschränkt und nicht per se erlaubt. Dort kommt es v. a. darauf an, dass die Stoffe natürlicher Herkunft sind (wie etwa Zitronensäure oder Vitamin C) und eben **nicht künstlich hergestellt** wurden (wie synthetische Ascorbinsäure) – obwohl viele natürliche Stoffe einen starken Eigengeschmack mitbringen. Andere natürliche Antioxidationsmittel sind Tocopherole. Sie gehören zur Vitamin-E-Familie und sind natürlicherweise in Nüssen und Sonnenblumenkernen sowie in Keimen von Soja und Mais enthalten.

Antioxidationsmittel: Auch die Natur liefert etliche, es muss nicht immer Chemie sein – denn Pfeffer wie bei Salami tut es doch auch

Äpfel

Von Natur aus wachsen sie uns in die Hand, aber längst kommen sie fremdgepflückt aus aller Welt. Im Durchschnitt verspeist ein deutscher Reinbeißer fast 26 kg pro Jahr – knackig runde Früchte, sortenreich, kalorienarm, süß oder fein säuerlich, als Bio-Apfel oft noch mit etwas festerem Fruchtfleisch und durch weniger Wassergehalt **intensiver schmeckend**, zudem länger lagerfähig. Das ▸Monitoring des BNN *(Bundesverband Naturkost Naturwaren)* ergab schon 2009, dass Bio-Äpfel keinerlei ▸Rückstände von chemisch-synthetischen ▸Pflanzenschutzmitteln enthielten, was die Langzeit-Untersuchungen (seit 2003) von ▸ÖKO-TEST bestätigten. 2012 konstatierte das Magazin: „Bio-Ware komplett sauber!" Im Gegensatz zu konventionellen Äpfeln – die waren meistens belastet. Allerdings mit sinkender Tendenz. Immerhin!

Bio-Äpfel rangierten 2012 mit einem Marktanteil von 16,7 % am gesamten Bio-Obstabsatz hinter ▸Bananen auf Platz 2 der Beliebtheitsskala – 22,4 % sind es bei konventionell gereiften Äpfeln – wobei der private

Konsum ökologisch erzeugten Obstes nur moderat stieg. Dabei waren auch in jenem Jahr ganzjährig Bio-Äpfel mitteleuropäischer Herkunft im Angebot und konnten den Biofrüchten chilenischen, argentinischen oder auch neuseeländischen Ursprungs, die mit hohen Liefermengen und aggressiver Preispolitik auf Verdrängung setzen, Paroli bieten. Immerhin 14,9 % der Apfelanbaufläche Deutschlands wurden 2012 ökologisch bewirtschaftet. Auf die **Klimabilanz** bezogen schlagen die Energiekosten für einen reifen Bio-Apfel von der Südhalbkugel (mit rund 23 000 km Transportweg) gegenüber energieintensiver Lagerung eines im April erworbenen hiesigen Apfels (150 Tage im Kühlhaus) zwar nur mit etwa einem Drittel mehr zu Buche. Zu bedenken ist hier allerdings die Vergleichbarkeit: Für den Transport werden fossile Brennstoffe genutzt, und besonders Bio-Anbieter betreiben die Kühlhäuser oft mit regenerativer Energie. Ökologisch am korrektesten wäre es ohnehin, ▸regional erzeugte Bioware auch nur in der ▸Saison zu konsumieren, und vitaminreicher sind frischere Äpfel in jedem Fall.

Die Rosengewächse enthalten reichlich Kalium, Eisen, Folsäure und Vitamin C, dazu Fruchtsäuren und die Verdauung fördernde Pektine. Ihre **▸sekundären Pflanzenstoffe** haben mit mehr als 2 g / kg eine wichtige Funktion als Fänger von ▸freien Radikalen – ob Bio-Äpfel insgesamt mehr davon enthalten, bleibt strittig. Testreihen der BfEL *(Bundesforschungsanstalt für Ernährung und Lebensmittel)* hatten 2005 ergeben, dass sich das antioxidative Potenzial eher sorten- und klima- als anbaubedingt darstellt. Konventionell schien demnach trotz der chemisch-synthetischer Nachhilfen kaum besser als bio. Bestimmte Apfelsorten aber – v. a. Golden Delicious oder Elstar – wiesen bei ökologischem Anbau ohne mineralische ▸Düngung und Einsatz von ▸Pestiziden deutlich höhere Gehalte an ▸Polyphenolen und somit eine signifikant höhere antioxidative Wirkung auf.

Nota bene: Nachdem die Standardsorten im Apfelangebot so lange dominierten, findet allmählich wieder eine Besinnung auf die ▸alten Sorten statt. Seit Ende 2009 soll das staatlich koordinierte sog. **Apfelnetzwerk** für den Erhalt von mehr als 1 000 Apfelsorten sorgen, die z. T. nur auf ▸Streuobstwiesen oder bei Regionalzüchtern überlebten.

Äpfel: Vom Biobauern wurden sie ohne mineralische Düngung und chemische Tricks reif und lecker

Apfelsinen

Das Rundobst ist paradoxerweise ein sog. Rautengewächs und wird als ▸Zitrusfrucht auch als Orange gehandelt – mit knapp 70 Mio. Erntetonnen (2011) das weltweit am dritthäufigsten angebaute Obst. Ein großer Teil der wörtl. „China-Äpfel" wird vor Ort verarbeitet – meist zu Orangensaft bzw. -konzentrat.

Der Anteil an **Bio-Apfelsinen** liegt in Deutschland wohl eher unter 5 %, wächst aber stetig, was wegen der Belastung selbst sog. ▸unbehandelter Apfelsinen auch zu begrüßen ist. Fast jede zehnte Biofrucht in Deutschland war 2012 eine Apfelsine; damit liegt die Zitrusfrucht im Bio-Obst-Ranking auf Platz 4. Ein zweiter Trend ist – wenigstens bei verarbeiteten Apfelsinen – die Zunahme von fair gehandelten Produkten wie etwa Orangensaft. Da die Weltmarktpreise für Apfelsinen stark schwanken und die Plantagen oft als Monokulturen und mit wenigen Rechten und Schutzmaßnahmen für die Pflücker betrieben werden, bewegt ▸Fairtrade mit der gezielten Unterstützung von Kleinbauern und bei hohem Bio-Anteil hier einiges.

Bei Bio-Apfelsinen täuscht der Augenschein: Sie sind kleiner als konventionelle Früchte, glänzen nicht (weil sie nicht nachgewachst werden) und zeigen sich von unregelmäßiger Gestalt, denn der Öko-Anbau verzichtet auf mineralische ▸Düngung und chemisch-synthetische ▸Pflanzenschutzmittel. Und auch nach der Ernte gibt es große Unterschiede. Die konventionelle Behandlung geht in der Regel so vor: Die Früchte werden gewaschen, gebürstet, sortiert, oftmals **mit Reifeförderern** begast und in der Regel gewachst. Vielfach werden die schlechter lagerfähigen Früchte mit Pflanzenschutzmitteln gegen Pilzbefall behandelt.

Untersuchungen über ▸Rückstände kommen zu unterschiedlichen Ergebnissen. So schloss 2009 das bayerische LGL *(Landesamt für Gesundheit und Lebensmittelsicherheit)*, dass zwar Schadstoffe wie Schwermetalle oder Pestizidreste auf der ▸Schale beim Auspressen in den Saft übergehen. Dies sei aber eine so geringe Menge (in 1 l Saft z. B. 0,02 mg Thiabendazol bei einer gültigen Höchstmenge von 6 mg), sodass „derzeit kein Anlass zur Sorge" gegeben sei. ÖKO-TEST war 2007 zu einem anderen Ergebnis gekommen: Jede vierte Frucht war höher belastet als erlaubt, unbelastete Ware gab es nur in ▸Bioläden. auch das BVL *(Bundesamt für Verbraucherschutz und Lebensmittelsicherheit)* fand 2011 in 89 % der Apfelsinen Rückstände, bei 2,6 % sogar über der Höchstmenge. Hier hieß es, das Fruchtfleisch hätte zumeist

Apfelsinen: Meist werden sie mit Pestiziden groß, selbst noch ihre Schalen werden behandelt – nur nicht bei Bio

wesentlich geringere Konzentrationen intus. Herauskommt aber doch: **Plantagenblamagen** haben System.
Nota bene: Es darf als Binsenweisheit gelten, dass Apfelsinen so gute Quellen für Vitamin C sind. Tatsächlich enthalten sie pro 100 g verzehrbarer Menge gerade mal 50 mg. Eine US-amerikanische Studie ergab allerdings 2009, dass in Bio-Apfelsinen bis zu 30 % mehr Vitamin C steckt als in konventionellen.

Aprikosen

Hochempfindliche Früchtchen, so dünnhäutig wie süßsaftig und aromatisch. Sie sind längst auf Widerstandskraft und Frühreife gezüchtet, kommen als konventionelle Ware aber **selten ungespritzt** auf unseren Markt. Der vollreife Hochgenuss zwischen Mai und August ist bei uns relativ saisonkurz, aus Übersee stammt die Dezember- bis Märzware.

Meist werden Aprikosen deshalb zu fest, weil noch unreif geerntet. Da sie nie nachreifen, ist Weichheit durch Zuwarten schon der Beginn von Matschigkeit. Leider viel zu selten werden im Handel spezielle Sorten benannt, etwa die österreichische Wachau-Marille für die legendäre Sacher-Torte. Auch die Schweiz und Ungarn haben traditionell exzellente Sorten. Doch die **Masse der Frischware** kommt aus mediterranen Ländern oder der Türkei, die „Industrieware" soll zu 50 % aus Asien stammen.

Aprikosen: Zu empfindlich und deshalb mit kurzer Saison und als Trockenobst meist noch geschwefelt

In Österreich wurden bereits virusresistente Gen-Aprikosen im Gewächshaus ohne Umweltkontakt, offiziell demnach „unter abgeschlossenen Freilandbedingungen" getestet, doch die Wiener Universität für Bodenkultur befand, dass die kommerzielle Nutzung von ▸transgenen Aprikosen „auf längere Sicht nicht zu erwarten" sei. Am ehesten kommen bei uns verarbeitete Aprikosen auf den Markt, ob als ▸Fruchtaufstrich und ▸Marmelade, in ▸Fruchtschnitten oder als **Trockenaprikosen.** Die sind vollreif sonnengetrocknet die wohl besten aller ▸Trockenfrüchte. Zum Haltbarmachen und zum Bleichen wird in konventionellen Betrieben da nicht nur das bei Bio verbotene Begasen eingesetzt, sondern auch noch Schwefeldioxid. Das jedoch ist erst ab 51 mg/kg deklarationspflichtig und kann Kopfschmerzen oder Übelkeit auslösen. Bio-Trockenaprikosen aber dürfen weder begast noch mit ▸Schwefel behandelt werden. Die natürliche oxidative Braunfärbung der Dörrfrüchte ist inzwischen fast ein Qualitätsmerkmal.
Nota bene: Aprikosen haben nicht nur hohe Anteile an Beta-Carotin; mit 280 mg/100 g ist auch ihr Gehalt

Aprikosen: Sie reifen nicht nach, weshalb der Erntezeitpunkt über Genuss und Geschmack entscheidet

an Kalium schon in frischem Zustand beträchtlich. In Trockenaprikosen aber steckt sechs Mal so viel!

Aquakultur

Der weltweite Konsum von ▸Fisch und der globale Riesenmarkt haben die Wildbestände rigoros dezimiert (▸Überfischung) – woher nehmen, wenn nicht wildfischen? Der Ausweg heißt Aquakultur oder Aquafarming. Inzwischen stammt fast **jeder zweite Konsum-Speisefisch** (2013 geschätzte 44 % der *world total fish production*) aus Nassvermehrung in Salz- oder Süßwasser: Jährlich ca. 70 Mio. t Fisch. Allein China holte 2011 knapp 62% der eingesperrten Aquakultur-Fische aus Teichen und Becken. Europa zuchtfischte nur 4,3 % der Weltproduktion aus seinen Erzeuger-Betrieben, führt jedoch bei atlantischem ▸Lachs, ▸Wolfsbarsch und ▸Dorade. Das boomende Geschäft hat aber Schattenseiten – und deshalb auch schon sein Gegenmodell gefunden: die ▸**ökologische Aquakultur**. Daher gelten alle „gefarmten Fische" in den Fischführern von ▸*Greenpeace* und vom ▸WWF nur in der ökologischen Variante als stets empfehlenswert.

Aquakultur: Nachwuchs von Bio-Garnelen in Ecuador, längst beherrschen Fishfarmer fest jedes Seegetier vom Aal bis zum Seeigel züchterisch

Aquafarmen: In Riesenteichen werden in den USA Fische längst im industriellen Maßstab und ganz normgerecht vermehrt

Doch selbst die Aquakultur wird für immer kleinere Wildfischbestände zum immer größeren Problem: Der Markt will am ehesten Raubfische –

die aber müssen wiederum mit Fisch gefüttert werden (▸Veredelungsverluste). Etwa ein Viertel aller gefangenen Meeresfische (also immerhin rund 20 Mio. t) wird nach unwidersprochenen Medienmeldungen in **Fischmehlfabriken** zu Pulver und Öl für Futterformate (allerdings auch für andere Nutztiere).

An die 3–4 kg davon frisst ein Aquakultur-Raubfisch im Durchschnitt, bis er 1 kg Eigengewicht ansetzt, ein gefarmter ▸Thunfisch sogar 13 kg, der rote Thun 20 kg. Diese sog. **Fish-in-fish-out-ratio** sorgt dafür, dass in allen Weltmeeren längst auch geringwertige, kleinere Fische in Massen an Bord gehievt werden, wenn auch die *ratio* in den letzten Jahrzehnten stetig sank. Bisher wird dem fischigen nur begrenzt pflanzliches Protein-Futter zugemischt. Manche Raubfische mussten – wegen der so gestiegenen Preise für Fischmehl und Fischöl – schon halbe Vegetarier werden. Dabei wäre der vegetabile Ausweg tatsächlich einer, denn alle sog. **Friedfische** lassen sich weitestgehend pflanzlich abspeisen. So lässt sich auch der ungeheure Zucht-

zuwachs bei ▸Karpfen, ▸Pangasius, ▸Tilapia & Co erklären. Bei ▸Demeter gilt gar das Verbot von Raubfischzucht wegen des fischigen Zufutters. Dabei eignen sich nicht alle Arten fürs Aquafarming, weil zwar das Mästen gelingt, nicht aber die künstliche **Nachzucht**. Deshalb werden wilde Kleinstfische gezielt gefangen und kommen zur Mast in die Becken – was sich verharmlosend *capture based aquaculture* nennt. Den Wildfischen fehlt so immer mehr Nachwuchs.

Die skeptische Öffentlichkeit kennt inzwischen auch andere Probleme schwimmender Aquakulturen, spätestens seit Norwegen 1980 in die industrielle Zucht von Atlantik-Lachsen eingestiegen war. Am Ankerort der Netze verödet der Meeresboden durch übles Hinabgesunkenes, hinzu kommt die folgenreiche **„biologische Verschmutzung“**. Die habitatfremden Zuchtfische entweichen in Stürmen oder durch Netzschäden und kreuzen sich in Wildbeständen aus. Die mehr als 1 200 Lachsfarmen in Norwegen kalkulierten vor Jahren 1 Mio. Fluchttiere pro Jahr ein; offiziell waren es 2012 nur noch 40 000.

Oft vergessen wird überdies ein ethisches Problem, das des ▸Tierschutzes. Und **Fischesser sollten jetzt lieber nicht weiterlesen**, denn unter der Wasseroberfläche der Aquakulturen spielen sich wahre Fischdramen ab: Eigentliche Einzelgänger-

Aquakulturernte: In der Massenfischhaltung ist der bequeme „Fang“ im Stehen möglich, bei kleineren Aquafarmern genügt da ein handlicher Kescher

Arten werden in Schwärmen aggressiv, Flossenläsionen nehmen zu wie Viruserkrankungen, Infektionen und Parasiten. Deshalb müssen Medikamente ins Wasser, und die Inzucht bringt zunehmend **Missbildungen** hervor. Längst wurden Verhaltensstörungen überdeutlich: Die Lachse schwimmen stumpfsinnig im Kreis, erblinden durch „Stress-Katarakte“, und der ▸Kabeljau steht senkrecht im Netz. Inzwischen hat Aquakultur wegen der hohen **Mortalitätsraten** sogar einen Killer-Aspekt: In schottischen Lachsfarmen sollen noch 2007 laut *Fisheries Research Services* 22 % der Tiere ungeschlachtet gestorben sein, also ca. 8 Mio. *salmons* im Jahr.

Schlimmer noch: Um auf den Aquafarmen an reife Fischeier und Samen zu gelangen, bekommen die Tiere Hormongaben zum gleichzeitigen Ablaichen. Ihnen werden auch bei Maximalstress Eier wie Samen händisch abgestreift oder per Druckluftnadeln in den Hinterleib „gewonnen“. Und „fortschrittliche“ Betriebe züchten höchst widernatürlich durch hormonelle **Geschlechtsumkehrung** nur fettreichere weibliche Fische.

Aquakulturfisch: Jeder zweite Speisefisch ist schon einer aus der Zucht – Lachs seit Langem, Forellen sogar noch länger

2013 beschloss die EU-Kommission eine strategische Leitlinie für eine Aquakultur mit „Verbraucherschutz, Umweltschutz und Tierwohl“. Ähnlich ▸nachhaltig arbeiten Farmen, die nach den Standards des ASC (*Aquaculture Stewardship Council)* zertifiziert sind. Wie beim ▸MSC hat hier der ▸WWF geholfen, Farmfisch mit dem neuen ▸Gütesiegel gibt es seit 2012.

Aquakultur: Riesennetz auf offener See für einen Riesenschwarm von norwegischen Biolachsen

Fazit: Aquakulturfische werden den Markt beherrschen und preiswerter als Wildfang bleiben. Sie schmecken noch, solange **Unterwassermassentierhaltung** ein verschwommenener Begriff konventioneller Betriebe ist.

Arche des Geschmacks

Sehr idealistische wie hochkonkrete Initiative und aktiv umgesetztes Programm von ▸*Slow Food* seit 1996 und mit genauen Kriterien für die Förderung von ▸Biodiversität seit 2002. Die Arche soll im biblischen Sinne vom Vergessen oder vom Untergang bedrohte ▸alte Rassen oder ▸alte Sorten als **„Geschmackserlebnisse“** retten. Sie soll regionale Produkte „aufnehmen“, weil und wenn diese zum kulturellen Gedächtnis und zum Essgenuss einer Gegend gehören und weiter als „Genre-Ressourcen“ gelten sollten. Das gilt auch bei einzigartigen Regionalzubereitungen.

Arche des Geschmacks: Das Konzept ist, alte Sorten und Rassen zu erhalten durch lohnende Nachfrage – durch Aufessen also

In Deutschland sind das immerhin 36 **„Passagiere“**, von der schwäbischen Alblinse über die niedersächsische Diepholzer Moorschnucke, die Nordhessische Ahle Wurscht bis zum Würchwitzer Milbenkäse aus Sachsen-Anhalt. Ohnehin ist die globale „Arche des Geschmacks“ schwer beladen: Ende 2013 zählte sie schon 1 321 Passagiere, stets kommen neue „Genießbarkeiten“ hinzu. Über Neu-Aufnahmen entscheidet eine Internationale Arche-Kommission.

Propagiert wird der private wie gastronomische Wert nebst traditioneller Zubereitung getreu dem selbstironischen Motto **„Essen, was man retten will“.** Das garantiert auch kleinen, womöglich ▸artisanal arbeitenden Erzeugern den sicheren Absatz ihrer regionalen und in der Regel etwas teureren Raritäten. *Slow-Food*-Website und -Magazin klären auf, nennen Hersteller und werben für Verkostungen.

Bedingungen für die Aufnahme als Passagier in die Arche, für Image-Pflege und das Marketing im populären Zeichen der *Slow-Food*-Schnecke sind die bedrohte Weiter-Existenz, ein überragender Eigengeschmack bei regional-traditionellen Rezepturen, dazu territorialgeschichtliche Besonderheit und eine so liebens- wie erhaltenswerte kleine, ökologisch einwandfreie Pro-

duktion, die dann so umweltverträglich wie ▸authentisch bleibt.
Näheres unter www.slowfood.de (in der Rubrik Biodiversität) bzw. unter www.slowfoodfoundation.com

Arganöl

Die Herkunft aus dem seit 1998 von der Unesco anerkannten Biosphären-Reservat in Südwest-Marokko, die Knappheit und das aufwendige Herstellungsverfahren begründeten seinen Mythos. Seit wenigen Jahren ist es „in" und zählt – in **Bioqualität** zumal – zu den teuersten ▸Speiseölen. Für Gourmets ist Arganöl ein Nonplusultra.

Die gelben und pflaumenartigen Früchte des Arganbaumes *(Argania spinosa)* müssen erntelos zu Boden fallen. Von dort sammeln Berberfrauen sie wie seit Jahrhunderten ein, trocknen und entschalen sie, schlagen den Kern mit Steinen auf und gelangen so an die sonnenblumenkerngroßen „Mandeln" darin. Auch deren Röstung, Handmühlenmahlung, manuelle Verknetung mit Wasser, Ölabscheidung der fettreichen Breimasse und die Filtrierung sind **traditionell weibliche Handarbeit.** 30–35 kg Nüsse bzw. 3 kg wertvoller Kerne ergeben ungefähr 1 l Arganöl, meist aus immer noch überwiegend händischer bester Kaltpressung. Oft jedoch werden aus Exkrementen der baumkletternden Ziegen, die zu gerne das Arganfruchtfleisch fressen, die angedauten Nüsse herausgeklaubt. Das macht ebenso wie unhygienisches Wasser einige Probleme und kann wie etwa fehlerhaftes Rösten den späteren Geschmack des Öls mindern sowie seine Haltbarkeit deutlich verkürzen.

Wohl **im Höchstpreisrausch** initiierten Arganöl-Händler einen ziemlichen Gesundheits-Hype. Dabei hat das „flüssige Gold" keine Sonderstellung unter den Speiseölen – trotz des 80%-Anteils ungesättigter an den gesamten ▸Fettsäuren. Bei phenolischen Verbindungen steht ▸Olivenöl besser da, bei Tocopherol das ▸Rapsöl. Beim wichtigen Verhältnis Linolsäure zu Linolensäure etwa schneidet Arganöl 170-mal schlechter ab als Rapsöl!

Das güldengelbe „flüssige Gold Marokkos" – die so streng

Arganöl: Teure Spezialität von seltenen Bäumen, in denen Ziegen teilweise die Ernte der teuersten Kerne übernehmen

Arganfrüchte: Mühevoll ist es, an die Kerne zu kommen, aber teuer wird der Aufwand bezahlt

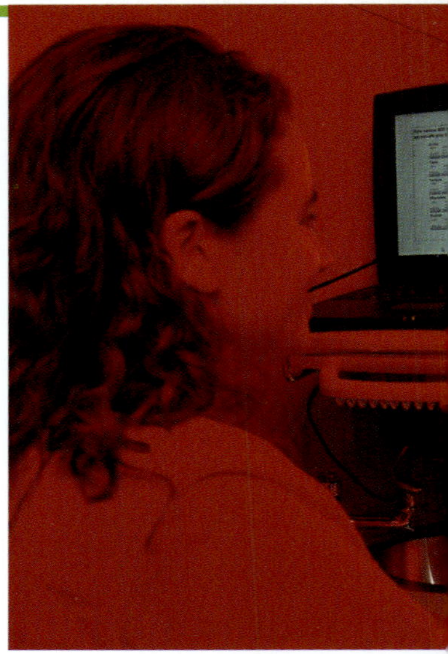

Aromen: Tester müssen bei Kunstlicht und vorm Spucknapf unbeeinflusst alle Nuancen beschreiben

geschützten Haine im Reservat gehören allein dem König, das Nussverwertungsprivileg haben nur die Berberfrauen – ist **als Oleum ein Unikum** durch seine Herstellung und den Geschmack, aber sicher **überteuert**. Kein Wunder, dass v. a. Kosmetikfirmen versucht sind, spezielle Extrakte aus dem Arganöl sogar zum ▸Patent anzumelden.

Aromen

Sie sind an allem schuld: Dass sie in raffiniertester Kombination unseren Geschmackssinn so begeistern oder sprachlos machen – ein Stoff, der simplerweise ja nur süß, sauer oder salzig macht, gilt deshalb auch amtlich nicht als Aroma.

Aromastoffe: Bei verarbeiteten Produkten wird immer häufiger ganz bewusst nicht mehr nur einfach künstlich nachgebessert

Es ist aber auch Schuld der winzigen Molekülballungen zum komplexen Aromastoff, dass dieser oxidierend altern kann oder beim industriellen ▸Food-Processing wie durch spätere Lagerung **geschwächt oder zerstört** wird, also tunlichst ersetzt und Geschmackssuggestion werden muss.

Nach den alten Aromenrichtlinien der EU gab es sog. naturidentische (nur chemisch baugleiche) und sog. künstliche (naturfremde, damit frei erfundene) Aromastoffe als ebenso raffinierte wie höchst preisgünstige Laborprodukte. Nach der sog. EG-Aromenverordnung von 2008, in Kraft seit 20. Januar 2011, wurden die industrieschädlichen Differenzierungen abgeschafft.

Beide Labor-Aromen sind seitdem nur noch kennzeichnungspflichtige **Aromastoffe** neben der Konkurrenz der „natürlichen Aromen", „Aromaextrakte" und der „Raucharomen". So werden konventionelle Gurkentöpfe, Gemüsekonserven, Kräuterfrischkäse, Senfsorten oder Joghurts beklagenswert stark und oft grund- oder eben plump nacharomatisiert.

Das ökologische Denken und Wirtschaften ist dagegen aromenechter, weil für ▸Biolebensmittel geringstmögliche Verarbeitung das Ziel ist und festgeschriebene Richtlinien zur Folge hat. Alles soll „von Natur aus" schmecken. Wird bei Bioprodukten ausnahmsweise (also prozessbedingt) nachhelfendes Aromatisieren unumgänglich, dann entweder nur mit sog. **natürlichen Aromastoffen** (mit bekannter Strukturformel, isoliert von Pflanze oder Tier), oder es sind sog. **Aromaextrakte** zulässig, also pflanzliche Auszüge oder Konzentrate (wie etwa ätherische Öle) als natürliche Aromengemische.

Nach der letztgültigen Aromenverordnung muss all das wenigstens **gekennzeichnet** werden. Nun muss es sogar Hinweise auf allergene Rohstoffe geben; jedes Aroma muss als „natürliches XYZ-Aroma" näher erklärt sein und dann auch zu 95 % dem angegebenen Aromaträger entstammen. Ohne weitere Hinweise darf es nur dann „natürliches Aroma" heißen, wenn die verschiedenen Ausgangsstoffe das Aroma oder einen

beabsichtigten Geschmack nicht zutreffend beschreiben würden.
Bei der Geschmacksverbesserei sind die ▶Anbauverbände aromadefensiver als die ▶EG-Öko-Verordnung, in der natürliche Aromen gar nicht aus den namensgebenden Substanzen zu stammen haben. Bei ▶Naturland ist das zwingend, ▶Bioland ist da ebenso streng und pocht darauf, dass nötige Rezepturumstellungen zu realisieren seien.

Gar nicht erst zugelassen sind natürliche Aromastoffe bei ▶Demeter (weil hochverarbeitet und oft mithilfe chemischer Lösungsmittel erzeugt) – hier wirken nur Aromaextrakte aus Bio-Ausgangsstoffen. Inzwischen gibt es **„zertifizierte Bio-Aromen“,** etwa von ökologisch angebauten Zitronen. Schließlich ist längst bewiesen, dass industrielle Aromentricksereien auf einen Standardgeschmack gebracht haben (▶Geschmackssache). Selbst Sensorik-Profis mussten für Bioprodukte **neu sensibilisiert** werden.
Auf der seit 2013 verbindlichen EU-Positivliste für konventionelle Hersteller stehen 2 100 zulässige Aromastoffe. Da lässt sich viel sparen: Statt 30 Euro für Himbeeren in 100 kg Joghurt auszugeben, reicht Himbeeraroma zu sechs Cent, wie die *Verbraucherzentrale Hamburg* 2011 errechnete.

Aromenrundung: Die suggerierte apfelige Säure des Kringels ist ein reines Kunstprodukt

Aroniabeeren

Immer noch recht unbekannte Kleinkugel-Frucht (max. 7 mm), die seit kurzem als „Wunderbeere“ gehypt wird. Das Wildobst *Aronia melanocarpa* (ein Rosengewächs) stammt aus dem östlichen Nordamerika, kam um 1900 nach Osteuropa, wurde in der alten UdSSR wie DDR wegen ihres **Gesundheitswertes** gefördert und wird dort bis heute weitergekreuzt. Aus der Wild- wurde so eine Plantagenbeere. Ein Zuchtstrauch liefert immerhin bis zu 17 kg Früchte.
Die anspruchslose, höchst widerstandsfähige Einwanderin mit den blauschwarzen, dicht sitzenden Minifrüchten macht es den – bisher erst wenigen – Biobauern recht leicht: Zu ihrem Gedeihen braucht sie so gut wie keine Insektizide (die ja im ▶ökologischen Landbau verboten wären), und Züchtungen reduzierten den ursprünglich etwa 15 m hohen Baum bis runter zum erntebequemen Strauch. Regional heißt die farbintensive Beere auch mal „kahle/schwarze/schwarzfrüchtige Apfelbeere“, gern „Schwarze Eberesche“ oder sogar „Große

Aroniabeeren: Relativ junge Zucht, absolut erstaunlicher Boom – als Saft voller toller Anthocyane und schützender Antioxidantien

artgerecht: Das Neuland-Logo steht für besonders artgerechte Haltung – ungeschützte Behauptungs-Labels eifern gern nach

Baumheidelbeere“. Im alten Hauptanbaugebiet rund um Dresden reden sie ziemlich stolz und gern von der einzigartigen **„Sächsischen Gesundheitsbeere“**. Das ist die Aroniabeere allein schon, weil sie (wie alle tiefdunklen Beerensorten) mit beinah schwarzem Pflanzenfarbstoff den Hinweis gibt auf maximale phenolische ▸sekundäre Pflanzenstoffe und v. a. ▸Anthocyane.

artgerecht: Ökologische Tierhaltung nach den strengen Vorgaben der Anbauverbände ist tierwürdig

Allerdings sind Aroniabeeren frisch allzu herbe und fast ungenießbar – in Amerika heißen sie deshalb *black chokeberries*, wörtlich „schwarze Kehlenzuschnürbeeren“. Die Menge der adstringierenden **Gerbsäure** mildert erst der Frost, bis zu dem die Beeren am Strauch bleiben können, dann aber schmeckt der Aronia-Direktsaft nach Heidel- oder schwarzer Johannisbeere, Genießern sogar als „Rotwein ohne Alkohol“.

Der noch in 100-facher Verdünnung wirkende Saft färbt (als E 163) oder aromatisiert ▸Marmeladen, Fruchtsaucen, ▸Speiseeis, Backwaren oder Liköre und macht süßliche Obstzubereitungen dunkler wie herber. Als Dörrobst passt Aronia zu Müslis, in Fruchtriegel, traditionell gehören die *black chokeberries* in den echten Pemmikan. Konsequenterweise liefern Beeren wie Blätter einen interessanten **herben Tee**.

Nota bene: Die jahrzehntealte heilpflanzliche Bedeutung in ganz Osteuropa spricht für Wirkungen, die die „Superbeere“ wohl haben mag. Viele schwören auf 1–2 EL Saft am Tag oder auf Aronia als natürliches ▸Nahrungsergänzungsmittel.

artgerecht

Das hat Art, kann man sagen: „Artgerechte Tierhaltung“ war laut „Ökobarometer“ 2013 mit 85 % Zustimmung hinter ▸Regionalität der zweitwichtigste Grund für den Kauf von ▸Biolebensmitteln. Zu Recht, vermuten Verbraucher, die mit Haarsträuben zur Kenntnis nehmen, dass der Normalfall konventioneller ▸Tierhaltung eine **Unart** ist, wie sie geschätzte 97 % der „Nutztiere“ erleiden müssen: überbesetzte Ställe, enthornte, zeitlebens nur angebundene Tiere, gegen Stressbisse schon routinemäßig kupierte Schwänze von Schweinen, beschnittene Schnäbel in den ▸Geflügelställen, überbesetzte Netzkäfige oder Betonbecken in ▸Aquakulturen, skandalöse Tiertransporte, schmerzvolles ▸Schlachten etc.

Naturgemäß sind agrarindustrielle Haltungsformen nie und artgerecht schon gar nicht – beide Begriffe aber sind **nicht amtlich definiert** oder geschützt, ebenso wenig wie „tiergerecht“ oder „bäuerlich“. Erst über ▸Tierwürde oder den ▸Tierschutz ist jenem Missstand beizukommen, dass Nutztiere in aller Missachtung zu bloßen Verbrauchstieren wurden. Denn es geht auch anders. Bei der

▸ökologischen Tierhaltung sind artgerechte Aufzucht, Halteform und Fütterung die offiziell vorgegebene Theorie. In der Praxis sollen Tiernatur, Umweltbedingungen und Manipulator Mensch also harmonieren. Zum Lohn für Mehraufwand und Verzicht auf Mastwunder liefern die geschonteren Bionutztiere dann bessere Qualität – und Marktpreise.

Früh hatten die ▸Anbauverbände ihre Ideale und die **Alternativen** zur konventionellen Tierhaltung definiert und eigene Maßstäbe kreiert. So konnte die ökologische Tierhaltung nur extensiver ausfallen, die Besatzdichte geringer werden, der Stallauslauf obligatorisch und auch die Fütterung mit möglichst viel Selbsterzeugtem artgerechter werden. Dafür wären die meisten konventionellen Hochleistungstiere oft gar nicht geeignet, nicht einmal für frische Luft. Früh begann deshalb die Suche nach widerstandfähigen, regional tauglichen ▸alten Rassen. Rückzüchtung wurde ein mühevoller Ausweg wie die erhaltende oder neu aufgebaute ▸Zucht.

Spätestens seit 1988 gibt es **Maßstäbe** für artgerechtes Halten von Nutztieren. Damals wurde ▸Neuland als *Verein für tiergerechte und umweltschonende Nutztierhaltung e. V.* gegründet. Der unabhängige Verbund schrieb sich artgerechte Tierhaltung bei Haltung, Fütterung, Transport auf die Fahnen und hat ein ▸Gütesiegel für sein Fleischprogramm. Da hat Qualität dann ihren Preis, doch die Betriebe erhalten verdiente Anteile, die über den längst ruinösen Fleischmarktpreisen liegen.

Mit Neuland und im Einvernehmen mit den Anbauverbänden ist artgerechte Tierhaltung also per negationem **nichtstaatlich definiert** als Verbot von ▸Massentierhaltung und von Manipulation an Extremitäten. Verboten sind auch Spaltböden, das Vorenthalten von Strohschüttungen, artgerechter Nahrung oder arttypischer Beschäftigung, jede Verweigerung von Herden- bzw. Gruppenbildung, Scharrräumen, Tageslicht oder Auslauf sowie jedwede Rücksichtslosigkeit bis zum ▸Schlachten. Hier sind artgerechte Bedingungen in hohem Maße gegeben, wenn auch noch Verbesserungsbedarf besteht.

Obacht: Das von der *Deutschen Vereinigung für Geflügelwissenschaft* vergebene Eier-Gütesiegel „Tiergerechte Haltungsform“ bezeichnete ▸ÖKO-TEST als „Mogelpackung“; und der *Deutsche Tierschutzbund* sprach sogar von „Verbrauchertäuschung“. Letzterer lancierte 2013 ein eigenes Tierschutz-Label, das jedoch seinerseits als unzureichend kritisiert wird.

artisanal

Modischer werdendes Fremdwort, bei dem hoher Respekt, Nostalgie und Vernunft anklingen, denn es bedeutet „handwerklich“ (von franz. *artisan* „Handwerker“). Die Bezeichnung galt immer schon für Frankreichs Klein-Käser mit ihren AOC-

artisanal: Schöner Begriff für allerbeste Handwerklichkeit kleiner und kleinster Betriebe

artisanal: Die Traditionskäse französischer Klöster sind noch uraltbewährte Handwerksprodukte und stets ganz individuelle Köstlichkeiten

Produkten, die nur ihre auf dem eigenen Hof erzeugte Milch verarbeiten. Artisanal sind demnach Spezialitäten aus Eigenbetrieb mit Eigenarbeit und meist Eigenvermarktung ab Hof oder auf eher ▸regional orientierten Märkten. Bei solcher Hofkäserei, Hofbäckerei, in Traditionsräuchereien, Teichwirtschaften, Keltereien ist oft auch das Biobewusstsein hoch, und Fans von ▸*Slow Food* werden dort ohnehin besser bedient. Der Trend zu ▸Premium-Bio und die neue Lust auf ▸Rückbesinnung sind hier Methode und ▸authentisch im besten Sinne. Damit gilt die Mehrzahl der **Manufakturen** für beste Spezial-Käse, Speiseöle, Senfsorten etc. als artisanal. Mit dem griffigen Slogan „echt und genussvoll" bieten etwa die sog. Demeter-Manufakturen aus dem In- wie Ausland ein artisanales, regionaltypisches Sortiment an.

Geschmacklich ist alles Artisanale demnach nahe an den **Ursprünglichkeiten**. Der Inbegriff wird inzwischen in Diskussionen verwendet, bei denen gegen die größere oder gleich großindustrielle Lebensmittelproduktion argumentiert wird.

Schließlich schonen artisanale Kleinbetriebe Ressourcen, wirtschaften schon im Eigeninteresse ▸nachhaltig und erzeugen dabei traditionellere Lebensmittel. Bewusst fördert deshalb auch ▸Fairtrade den Erhalt artisanaler Potenziale und Strukturen. Letztlich entschieden wird über deren Erfolg an der Kasse, denn Artisanales hat eben seinen ▸Preis …

Tipp: Die Mitglieder des VHM *(Verband für handwerkliche Milchverarbeitung im ökologischen Landbau e. V.)* sind Hofkäsereien und Hofmolkereien. Sie wirtschaften bewusst ökologisch und präsentieren sich regelmäßig bei regionalen „Käsestraßen". Mehr hier: www.milchhandwerk.info.

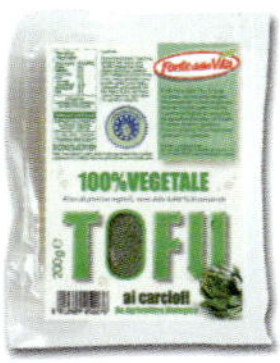

Mit Artischocken: Als Bioprodukte aus dem Glas umweltfreundlich und vielseitig, sie veredeln auch so manchen Tofu

Artischocken

Ein etwas umständliches, aber feines und leicht bitteres Gemüse *(Cynara scolymus)*, was ja auch ein wenig zur Distelfamilie passt. Die Rosenverwandten mit den dicht umblätterten Blütenknospen stammen von der wilden afrikanischen Kardone *(Cynara cardunculus)* ab und gedeihen als sog. Gemüse-Artischocke in wärmeren, weintypischen Gegenden, infolge des Klimawandels auch gut nördlich der Alpen. Längst sind Artischocken ein Ganzjahresgemüse, zunehmend in **Bioqualität,** die mehr Handarbeit braucht, dafür auch weniger Wasser enthält, damit haltbarer, aromendichter und gehaltvoller ist. Bei ihrem relativ hohen Nährstoffbedarf werden Artischocken im ▸ökologischen Landbau etwas kürzer gehalten, Zurückschneiden und Ausdünnen sind nötig.

Sehr früh im Jahr gibt es die meist italienischen jungen **Baby-Artischocken** (ital. *carciofi*), die praktisch im Ganzen gegessen und traditionell eher frittiert als gekocht, gern auch mariniert werden. Dekorativ sind neben den grünen die weißen und violetten Sorten. Vegetarier erfreut, dass die eiweißspaltenden Inhaltsstoffe der Artischocke das **Pflanzen-Lab** liefern, das mediterrane Hofkäsereien und experimentierfreudige Quark- und Frischkäse-Macher als Ersatz für ▸Lab vom Kalb einsetzen.

Die leichte Bitternis durch **Cynarin** verschaffte den Artischockenblättern und -wurzeln den Ruf von Wertigkeit, seit ▸sekundäre Pflanzenstoffe, ▸Flavonoide und ▸Antioxidantien Gesundheitskarriere machten. Die disteligen Wirkstoffe mit ▸probiotischer Wirkung wie die Fructane (v. a. Inulin), die allerdings nicht in den Blütenböden enthalten sind, gibt es als **Extrakte** in Tabletten, Tropfen, Presssäften, Tonica und als **Artischocken-Tee**. Sicher ist, dass die Distelknospe generell appetitanregend wirkt. Weniger exakt sollen ihre Inhaltsstoffe heilsam sein bei Gallen- und Leberfunktionsstörungen, die

Nierentätigkeit anregen und sogar einen gewissen Gefäßsegen bringen. **Nota bene:** Inzwischen wurden im Artischocken-Genom zwei Gene für Enzyme gefunden, dank derer eine sog. Fruktan- als ▸Gen-Kartoffel einen besonders hohen Gehalt des Ballaststoffes Inulin mitliefern soll.

Auberginen

In mancher Hinsicht schon denaturierte botanische Riesenbeeren von *Solanum melongena,* die als „Fruchtgemüse" Küchenkarriere machten, seit man ihnen ihre natürlichste Bitterkeit weggezüchtet hat. Die ursprünglich subtropischen Nachtschattengewächse kommen lackfarben violett, aber auch weiß, grün oder orangefarben in und aus aller Welt auf den Markt – **je dunkler, desto reicher** an gesunden ▸Anthocyanen!

Wohl dem, der noch den Unterschied zwischen einer „urigen" und der bloß marktgängigen Aubergine schmecken kann. Die aus samenfesten Sorten im eigenen Garten oder auf dem Ökofeld gezogene **„Eierfrucht"** ist dann klein bis riesig oder gar kiloschwer, aber geschmackvoller und hintergründig nussig.

Die massenhafte ganzjährige Standardware aber stammt von ▸Hybriden. Die schmeicheln in Form, Größe und Makellosigkeit dem Auge, sind aber auch ärmer an individuellem Geschmack, wurden oft mithilfe von Gentechnik erzeugt und fördern durch den jährlich notwendigen Neukauf die Abhängigkeit von (meist so industriell wie international operierenden) Saatgut-Firmen (▸Monsantosierung).

Besonders Öko-Erzeuger versuchen verstärkt, sich hier durch **eigene Kreuzungen** unabhängig zu machen. Ihre ökologische ▸Züchtung schreitet voran, wenn auch selbst Biobauern noch die optimierten Hybridsorten einsetzen.

Der Wettlauf mit gentechnisch erzeugten, inzüchtigen Hybrid-Auberginen wird von den Ökologen wohl ohnehin schwer zu gewinnen sein. Immerhin leistete der Massenmarkt Indien hoffnungsvollen Widerstand. Hier liefen 2007 groß angelegte Freisetzungsversuche mit ▸**transgenen Pflanzen**. Der systematische Anbau sollte 2010 beginnen, doch Aktivisten erreichten Ende 2009, dass Monsanto keine Anbauerlaubnis vom indischen Umweltministerium bekam – wegen deutlicher Sicherheitsmängel.

Konventionell erzeugte Auberginen gehörten jahrelang zu den Gemüse-

Aubergine: In seiner hybriden Art schon ein genormtes Kunstprodukt, das viel Suche nötig macht – nach dem verlorenen Geschmack

arten mit den meisten amtlich festgestellten ▶**Rückständen** von ▶Pflanzenschutzmitteln. 2012 aber fand das BVL *(Bundesamt für Verbraucherschutz und Lebensmittelsicherheit)* zwar gleich 42 verschiedene Substanzen in den 176 konventionellen Proben; doch nur 36,4 % der Auberginen wiesen noch Rückstände auf (zwei Proben über dem Höchstgehalt). Mehrfach-

Austern: Immer aus Gewässern der Güteklasse A oder sogar aus besonderen Schutzgebieten

rückstände wies das BVL in 15 % der Proben nach – immerhin eine Verbesserung, 2009 war nur jede dritte Aubergine sauber gewesen …

Austern

Biologisch sind sie Weichtiere, und für diese **Textur** liebt sie der Gourmet beim Erschlürfen direkt von der Schale. Das ist ein ethisch eigentlich fragwürdiger Rohgenuss, denn dann leben die Tiere noch – aber sie ließen sich ja auch ersterbend überbacken oder nach Fernostmanier anders garen. In der Alten Welt sind Austern mit gewissem Dekadenzpotenzgehabe schon immer eher ein Zelebriergenuss, ihre Zucht hat ehrenwerte Traditionen. Mit einem Lebenszyklus von 2–4 Jahren gedeihen europäische Austern als Planktonfilterer in den Küstengewässern Frankreichs, Irlands, Spaniens, der Niederlande, vor Sylt in Säcken oder ausgesät auf Böden in den Gezeitenzonen, besser noch auf offener See an Leinen wie in Drahtcontainern. Konkurrenten für Snob-Gourmets sind **„Flug-Austern“** aus Asien, Australien, den USA.

Ferne Austernarten jedoch gibt es längst als Europäer. Seit den 1970er-Jahren verdrängt die so wuchsfreudige Pazifische Felsenauster *(Crassostrea gigas)* die heimische flachrunde, viel krankheitsanfälligere *Ostrea edulis;* es wird sie nicht von der Roten Liste befreien, dass sie „Weichtier des Jahres 2013“ wurde. Denn Sorgen bereitet den Austernzüchtern zudem die Klima- und Meereserwärmung, die wohl Giftalgengedeihen und Virenwachstum begünstigt. Ein Herpes-Virus führte auch zum Austern-Sterben in Frankreich seit 2008 – bis 2013 hatte sich deren Menge halbiert!

Grundsätzlich erfolgt die Zucht ohne Zufütterung oder Gewässerbelastung, doch die sehr empfindlich auf **Umweltbedingungen** reagierenden Mollusken können in eher verschmutzten Meereszonen Krankheitserreger, Schadstoffe oder sogar sog. Biotoxine aufnehmen. Erstklassiges, nach EU-Norm mit Güte A ausgezeichnetes Wasser findet sich etwa im nördlichen Sylter Wattenmeer, in Gebieten vor Schottland und Teilen der Irischen See. Seit 2012 könnten dort ▶Muscheln nach EG-Öko-Verordnung **biozertifiziert werden** – also auch Austern. Zuvor hatten nur sehr wenige EU-Betriebe die Hartschalen-

weichtiere als „quasi Bio-Austern" in „Besonderen Schutzgebieten" mit Kontrollen vermehrt.
Obacht: Vor Austern aus eigener ▸Wildsammlung beim Ebbe-Bummel muss gewarnt werden: Die Tiere können mit Algentoxinen belastet sein. Die führen zu Atemlähmungen mit tödlichem Verlauf. 2006 erst haben sich zwei Gourmets in Arcachon, man darf sagen, zu Tode geschlürft.

Austernseitlinge: Sie wuchern gern auf bescheidenen Substraten und wurden rasch Biozüchters Liebling

Austernpilze, Austernseitlinge

Dezent schmackhafte und ursprünglich asiatische Pilze, die Gourmets zwischen Pfifferlingen und Champignons ansiedeln und ob ihrer Weiß- wie Weichlichkeit auch als „Kalbfleischpilze" kaufen. Die frostresistenten Fruchtkörper der Austernseitlinge wuchern geradezu büschel- oder dachschindeldicht wild im Wald (Oktober bis März) und dort seitlich an Totholz. Letzteres hat dem Speisepilz seinen Titel „Schwächeparasit" oder noch akademischer Saprobiont (wörtlich „von Fäulnis lebend") eingebracht.
Diese Besonderheit macht den Austerigen mit der leicht eingebogenen muschelförmigen Kappe und dem kompakten Stiel zum **idealen ▸Zuchtpilz**. Der zart nach Anis duftende, sonst nur milde schmeckende Austernseitling ist in großen Pilz- und speziellen **Bio-Zuchtfarmen** geradezu leicht und deshalb massenhaft auf Strohballen, Holzhäckseln, Altpapier, sogar auf Kaffeesatz und mit diversen organischen Spezialsubstraten eine Zuchtbequemlichkeit.
Außer dieser Nährkultur aus diversen Restmaterialien braucht er nur etwas Feuchtigkeit zum Gedeihen, weshalb der Pilz nicht mehr nur als Winterpilz, sondern preiswert und aus europäischer Zucht eben auch biozertifiziert ganzjährig auf den Markt kommt.
Beim Ökomonitoring Baden-Württemberg allerdings waren auch Bio-Austernseitlinge seit 2005 immer wieder mal mit ▸**Rückständen** von Pflanzenschutzmitteln und Phytohormonen aufgefallen. Diese stammen vermutlich vom Substrat aus Stroh, das aus konventioneller Landwirtschaft kam und mit sog. Halmverkürzern kontaminiert war.
Für Bio-Zuchtpilze aber müssen Kultursubstrate von Biogetreide stammen. Dass sie gering mit Schwermetallen belastet sein können, erklärt sich aus der besonderen Pilzeigenschaft, „Einträge aus der Umwelt" stark aufzunehmen. Immerhin lagen die Rückstände zumeist unter 0,1 mg pro kg. Problematisch bleibt, dass „trotz intensiver Bemühungen seitens der Hersteller die Ursache für die Befunde bislang nicht zufriedenstellend aufgeklärt und abgestellt wird" – Austernseitlinge bleiben also unter Beobachtung …

Austernpilze rosé: Zuchtpilze von Biosubstraten sind weitestgehend umweltgiftbefreit

authentisch durch die Quelle: Direkt vom Hof, das stärkt das Gefühl, etwas Ehrliches, Glaubwürdiges und Ursprüngliches zu erwerben

authentisch

Dass es im globalen Lebensmittelmarkt die Besonderheit „Bio" gibt, beweist, dass sie überfällig war – die ökologische, naturnähere, umweltbewusste und gesundheitsbedachte Einstellung. Misstrauen ist beinahe tagtäglich berechtigt gegen agrartechnischen Hightech sowie Massentierhaltung trotz gern vorgezeigter Bilder von „glücklichen Hühnern", gegen industriellen Produkte-Output inkl. etlicher wiederkehrender ▸Skandale und angesichts der gentechnischen Versteckspielereien.

Die **Sehnsucht** nach ehrlichen, verlässlichen, gesunden Nahrungsmitteln ist groß und die Wünschelrute schlägt heftig aus, wenn das emotionale Label nur passt: „authentisch" (von griech. *authentäs*, also „mit eigener Hand vollbracht")! So lag 2013 beim „Ökobarometer" die „persönliche Bekanntschaft des Erzeugers" mit 34 % auf Platz 6 der wichtigsten Aspekte für den Kauf von Biolebensmitteln,

authentisch durch viel PR: Selbst die EU setzt auf den Inbegriff, damit er Besiegeltes adeln möge

hinter Frische/Qualität, Vermeidung von Pflanzenschutzmitteln und Sozialstandards/fairem Einkommen. Die **Wertschätzung** von Authentischem hat immer erinnerungsstarke Nostalgie als Beweggrund und dabei stets ihren gepflegten Sinn für die Gütezeichen allen Authentischen: Handwerklichkeit (▸artisanal), Produkte aus der ▸Region samt Herkunftssicherheit, Unverfälschtheit, Originalrezepten und Tradition – wie es ▸*Slow Food* seit Jahren vorlebt. In der Biobranche geht es um einen ähnlichen ▸Trend: Die ▸Rückbesinnung auf die **Kernkompetenzen von Bio** (▸Premium-Bio), aus einer Zeit, in der die ▸Discounter und ▸Supermärkte noch nicht begonnen hatten, einen Massenmarkt für inzwischen sog. ▸Bio light zu etablieren. In kleineren Chargen *minimally processed* und damit oft auch höherpreisig hergestellte Bioprodukte sollen so auch einen spezifischen ▸Genusswert schaffen.

Nota bene: Ob ein Lebensmittel authentisch im Sinne der sog. **Produktidentität** ist, wurde längst zum eigenen Forschungsbereich in globalen Laboren und bezieht u. a. die Analyse bestimmter DNA-Sequenzen mit ein. Mithilfe der sog. Stabilisotopen-Methode können außerdem dank der spezifischen Gehalte an Kohlen-, Sauer-, Wasser- und Stickstoff sowie Schwefel regelrechte geografische oder eben auch ganz anbauspezifisch differenzierbare Isotopenmuster als Nachweis entstehen.

Die Analysen von Biolebensmitteln funktionieren v. a. über die Bestimmung des Stickstoffs – der schlägt sich als sog. **schwere Stickstoffisotope** bis hinein ins Endprodukt Ei nieder. Grund sind die ökologischen ▸Futtermittel, welche ohne Kunstdünger wachsen. Und die Authentizität von Biomilch lässt sich u. a. über einen messbar höheren Gehalt an Alpha-Linolensäure im Milchfett verifizieren. Selbst das typische Pollenprofil eines Honigs ist mit molekularbiologischen Methoden messbar.

Avocado-Öl

Zähflüssiges, im besten Fall kalt dem grünen Avocado-Fruchtfleisch abgepresstes dunkelgrünes und höchst schmackhaftes Öl, hellgelbe Ölsorten sind raffiniert worden. In der Kosmetik wird es schon länger geschätzt, weil es ohne Fettfilmspuren pflegt und gegen Hauttrockenheit, Sonnenschäden wirkt und als Anti-Aging-Tipp gilt. Seit wenigen Jahren erst preisen Spitzenköche das aromenverbreiternde milde grüne Öl als sensorische Sensation für Dressings, Pasta, Seafood und zum Anbraten von Fleisch. Seitdem ist Avocado-Öl kein Geheimtipp mehr. Es ist hocherhitzbar und behält dabei seine inneren Werte: Reduzierung schlechten Cholesterols durch ungesättigte Fettsäuren und antioxidantische Wirkung durch die Vitamine C und E.

Avocados

Als Riesen-Beerenfrucht mit übergroßem ungenießbarem Kern ist jede Avocado ein kleines (sub-)tropisches Naturwunder: Die *ahuacatl* (wörtl. „Hoden") der Azteken endreift nicht am Baum, sondern erst nach Fall auf den Boden – oder eben erst nach dem Pflücken. Danach aber lässt sie sich den Reifestopp in kontrollierter Transportatmosphäre gern gefallen. Eingetütet in Papier und zusammen mit einem das Reifegas Ethylen verströmenden Apfel holt sie das erweichende **Nachreifen** dann zu Hause schnellstens nach.

Und mehr noch: Die Superbeere mit ihrem rohköstlichen Vollwert ist mit bis zu 30 % **Fettgehalt** Rekordhalter, kein Fruchtgemüse hat mehr, demnach auch mehr Kalorien pro 100 g als die Avocado mit den etwa 900 kJ/220 kcal. Und die ▸sekundären Pflanzenstoffe der Avocado sollen gegen ▸freie Radikale, das Beta-Sitosterol sowie die ungesättigten ▸Fettsäuren gegen schädliches LDL-Cholesterin helfen.

Erstaunlicherweise gibt es grundsätzlich nur drei Herkunftstypen, nämlich mexikanisch, guatemaltekisch oder westindisch, je nach Schalenart und Ölgehalt. Immerhin kennt man an die 100 Sorten, doch nur wenige ▸Hybriden dominieren den globalen und schon ganzjährig begehrlichen Avocado-Markt. Seltener erfährt der Käufer jedoch überhaupt, ob er nun gerade eine mexikanische „Fuerte" oder doch die beliebte guatemaltekische Hauptsorte „Hass" kauft, von einer sehr viel selteneren „Pinkerton", „Reed", „Duke" oder „Ettinger" mal ganz zu schweigen.

Die glatt- oder warzenschalige „Alligatorbirne" hat regelmäßig **geringste Pestizid-Werte,** etwa bei Tests des LAVES *(Niedersächsisches Landesamt für Verbraucherschutz und Lebensmittelsicherheit)*.

Tipps: Farbhässlichkeit durch **Oxidation** von aufgeschnittener oder durchgemuster Avocado (etwa für eine Guacamole) sofort mit Zitronensaft stoppen. Und das Miterhitzen von Avocados, etwa in Suppen, provoziert nur ihre Bitterstoffe – deshalb immer erst ganz am Schluss frisch dazugeben.

Avocados: Ob roh, als Öl oder Guacamole, der Anteil allein an ihren ungesättigten Fettsäuren ist hoch

B

Babynahrung

Neueres Ersatzwort für „Säuglingsnahrung", auch wenn diese nur die Muttermilch sein sollte. Korrekter wäre ohnehin von „Säuglingsanfangsnahrung" die Rede und von sog. Folgemilchprodukten. Erstere darf so allerdings nicht beworben werden, die zweiteren dagegen schon.

Denn **die Überlegenheit der Muttermilch** ist eindeutig bewiesen, sie ist ein nährstoffkompletter Segen in ihrer präbiotischen Wirkung: Es gilt das „Idealisierungsverbot". Kein Ersatzprodukt darf für die ersten vier, nach WHO-Empfehlung besser sechs Monate werblich auch nur eine Nähe zum Stillen oder zur Muttermilch in Wort oder Bild andeuten.

Immerhin: Der deutsche Markt für Babykost ist riesig. Natürlich lässt sich ab dem 6. Babymonat die Beikost auch aufwendig selber zubereiten, aber ebenso natürlich ist die **Gläschen-Bequemlichkeit** verführerisch. Der Bio-Anteil machte 2012 bei Babynahrung satte 42 % aus – ein Vertrauenskompliment. Ein Jahr später gaben 73 % der Befragten beim „Ökobarometer" an, dass „gesunde Kinderernährung bzw. Ernährung in der Schwangerschaft" ihr Grund für den Kauf von ▸Biolebensmitteln sei. Auch wenn Babynahrung insgesamt ein **streng kontrolliertes diätetisches Lebensmittel** ist: Auch hier kann Bio punkten. Garantiert sind ökologische Grundprodukte, schonendes ▸Food-Processing, Breie aus dämpfend aufgeschlossenem Vollkorngetreide, ggf. Vollkornreismehl als Dickungsmittel, keine Unterschreitung der Mindestgehalte an Fleisch, Gemüse und an natürlich enthaltenen Vitaminen wie Mineralstoffen. Es gelten Höchstgrenzen für Kohlenhydrate und Fette – keine frühkindlichen Geschmacksverfälschungen also durch Zusatz von ▸Aromen, Salz, Zucker oder Gewürzen (allenfalls Kräuter sind erlaubt), kein zugegebenes Eisen oder Vitamin C (Vitamin B 1 ist für Anfangs- und Folgemilch nötig).

Alle **Biobei- wie Biobreikost** enthält weniger ▸Rückstände von

Babynahrung: Es gilt das Idealisierungsverbot des Muttermilchvergleichs, aber idealerweise sei sie ansonsten bio fürs Kleckerglück

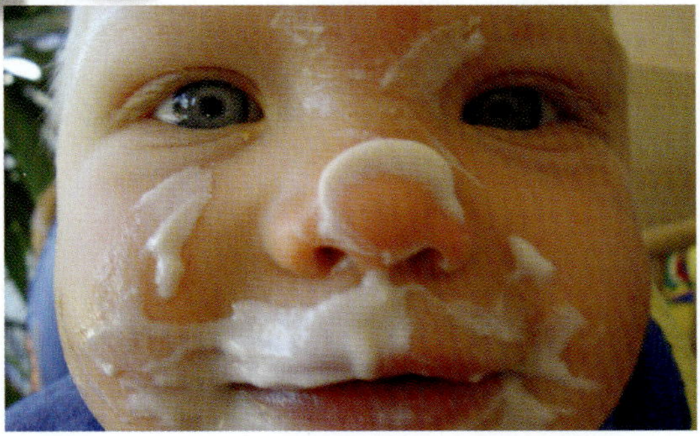

▸Pflanzenschutzmitteln: nur bei einer von 20 Proben beim Ökomonitoring 2011; sogar der „natürliche" Anteil an ▸Nitrat ist noch begrenzt. Selbst wenn auch bei konventionellen Produkten wenige Überschreitungen vorkamen – Bio blieb sauberer. Die Funde von verbotenem sog. CMS-Gemüse (▸Zucht) in Demeter-Babygläschen waren 2013 alarmierend genug für striktere Kontrollen.

Backtriebmittel

Ohne kriegen Bäcker Teigiges kaum gebacken, allenfalls als platte Fladen. Backtriebmittel wie ▸Hefe, Sauerteig oder Backpulver helfen, indem sie „auflockerndes" Gas freisetzen.

Bohnen (links): Bei uns besonders proteinreiches Saisongemüse, sonst oft sündige „Flugbohnen"

Backtriebmittel: Eine ganze Reihe von natürlichen Hilfsmitteln kann treibende Kraft spielen bei den Lockerungsübungen für Teige

Konventionelle **Hefe** wird auf einer Mischung aus Rüben- und Zuckerrohrmelasse angesetzt und meist für Weißbrot und Feingebäck verwendet, in dessen Teig sie Zucker und Kohlenhydrate aufspaltet und in „treibendes“ Kohlendioxid umwandelt. Bleibt problematisch, dass konventionelle Hefe mit gentechnisch veränderten Mikroorganismen hergestellt sein kann. **Bio-Backhefe** ist noch selten; bis 2013 erlaubte die ▸EG-Öko-Verordnung daher konventionelle Hefe. Ebenso möglich sind hier sog. Öko-Backmittel (Malzmehle, Rohlecithin, Acerola). Manche ▸Anbauverbände nicken dies ab, verbieten aber für EU-Bio ohne wesentliche Einschränkungen erlaubte backaktive Substanzen wie Ascorbinsäure und ▸Enzyme.

Dabei gelingen Biobackwaren auch ganz gut ganz ohne derlei – durch klassische Teigführung, viel Kneterei und Zwischenteigruhe, oder durch **Versäuerung** des Teiges in ein- oder neuerdings sogar dreistufiger Sauerteigführung. **Kunstsauer** ist das konventionelle Gegenstück, zurechtgemischt aus synthetisch hergestellten Stoffen. Dabei ist Bio-Sauerteigbrot besonders geschmackreich, haltbar und schimmelverschont.

Eine Sauerteig-Besonderheit bei Biobäckern ist ihr sog. **Backferment** (inzwischen auch ▸glutenfrei) als Teigführungs- und Lockerungsmittel für Spontangärung ohne weitere Hilfsmittel. Die Basis bilden schlichtweg Weizenvollkornschrot, Erbsen und Honig. Heimbäcker kaufen es frisch als sog. Grundansatz oder als trockenes Granulat.

Die treibende Kraft in **Backpulver** ist neben dem eigentlichen Auflockerungsmittel oft ▸Phosphat. Etliche Bio-Backhilfen aber enthalten stattdessen Natron oder natürlich gewonnenen Weinstein (tatsächlich ein Reststoff aus der Weinherstellung). Für sog. Flachgebäck kommen Omas Hilfsmittel ins Spiel: **Pottasche** und **Hirschhornsalz**. Sie zählen zwar zu den Zusatzstoffen, kommen aber auch in der Natur vor und stehen deshalb auf der Positivliste der EG-Öko-Verordnung.

Backwaren

In unser täglich ▸Brot oder Brötchen beißen wir lieber ohne Skepsis. Es muss schmecken und sollte zweifelsfrei unbelastet sein. Die **konventionelle Backindustrie** trickst da mit fast 200 ▸Zusatzstoffen, allerlei Backhilfen (▸Backtriebmitteln etwa) und ▸Konservierungsstoffen, zu oft mit standardisierten Fertigmischungen. Biobäcker kommen mit maximal 36 erlaubten, zudem rein natürlichen Zusatzstoffen aus. Maximal 5 % konventionelle Zutaten erlaubt ihnen die ▸EG-Öko-Verordnung, die meisten Biobäcker (und alle Mitglieder der ▸Anbauverbände ohnehin) jedoch nutzen die Ausnahme nicht. Natürlich sind alle Rohstoffe und Zutaten ▸gentechnikfrei – und schneiden bei Tests zu ▸**Rückständen** regelmäßig gut ab. So wies ▸ÖKO-TEST 2012 bei 20 konventionellen Getreideprodukten, nämlich in ▸Mehlen, ▸Müsli und bei Mehrkornbrötchen, in 14 Fällen den berüchtigten Erntehelfer „Roundup“ nach. Dieses ▸Pestizid ist für Biobauern tabu!

Backinnovation: Bio-Hilfsmittel zur Sauerteigführung mit Spontangärung – das auch mal glutenfreie Backferment

Bei Biobäckern orientiert sich der Herstellungsprozess am **sauberen Rohstoff** und nicht umgekehrt an den Zwängen der Produktion. Bei den traditionellen Bio-Vollkornprodukten sind dafür Know-how und **handwerkliches Können** nötig, zumal bei schlechter verbackbarem, kleberärmerem ▶Getreide. Durch den Verzicht auf zusätzliche ▶Enzyme sind Bio-Backwaren häufig blasser, es sei denn, enzymreiches Malzmehl (aus angekeimtem und gedarrten Getreide) sorgt natürlicherweise für bessere Bräunung.

Aus Biobackstuben kommt längst auch **Feingebäck**, ebenfalls – aber nicht zwingend – aus Vollkornmehlen und gern dinkel- wie haferreich, zunehmend eben auch aus ausgemahlenen Mehlen. Sie werden meist alternativ gesüßt (▶süßen) und haben natürliche ▶Aromen, sind sehr verantwortungsbewusst auch mal ▶glutenfrei und kommen ohne Ei oder Milch aus. Bio-Brownies und Öko-Cookies oder ökologische Schoko-Mandel-Taler sind längst beliebte Auffälligkeiten unter den Bio-Keksen und beim sog. Café-Gebäck.

Kenner halten viele Bio-Backwaren längst für unvergleichlich, doch vielen Sensorik-Fachleuten sind sie oft noch **zu „eigen"**. Denn viel zu lange

Backwaren: Sie schmecken manchen anders, weil der Gaumen die Natürlichkeit erst mal goutieren lernen muss

prägte **die tradierte „Konsumentenerwartung"** den Geschmack der Tester – Bio-Gebackenes schnitt deshalb regelmäßig etwas schlechter ab. Am eigenen Biobrot-Profil und an Nachschulungen wird nun gearbeitet, für den backwahren ▶Genusswert.

Denn Bio-Experten wollen neben der Sensorik **ein Mehr an ▶Qualität** gewürdigt sehen: den ▶Nährwert (▶Vollkorn, Ballaststoffe), den Gesundheitswert, den „Eignungswert" und die sog. Vitalität.

Nota bene: Vollwertige (Bio-)Rezepturen führen manchmal noch zu höheren Gehalten von ▶Acrylamid durch den sortenabhängigen Gehalt an freiem Asparagin in ▶Weizen, ▶Dinkel, ▶Roggen – provoziert durch Hitze und Backofenfeuchtigkeit. An der Reduktion wird bei sehr hohem Forschungsbedarf gearbeitet.

Backvarianten: Bio-Feingebäck verspricht Rohstoffreinheit und hat die Palette für Naschfantasien

Bananen: Verwechslung ausgeschlossen, bei Bio und Fairtrade kommen sie gut gekennzeichnet in die Tüte

Alles Banane: Scheibchenweiser Genuss als Bio-Chips oder bloß mal das Blatt als naturgemäßes Verpackungsmittel

Bananen

Auch wenn Kochbananen den Großteil der so artenreichen Staudengewächse ausmachen – in Europa werden Bananen eher als Obst genascht. In der Masse kommen sie aus konventionellem Anbau zu uns und werden vorwiegend in Monokulturen erzeugt, im Auftrag von großen Export-Unternehmen. Die „Big Five" der Branche teilen sich etwa 80 % des globalen Marktes.

Bio-Bananen gedeihen am besten in Mischkultur, wobei sich durch liegengelassene Pflanzenreste Humusschichten bilden, die Bodenerosion vorbeugen. Auf den konventionellen Plantagen jedoch wird den so schnellwachsenden wie krankheits- und schädlingsanfälligen Früchten synthetischer ▸Dünger verabreicht, um den Boden fruchtbar zu halten. Die Pflanzenschutzmaßnahmen sind so aufwendig, dass sie ca. ein Drittel des Handelspreises ausmachen – in erster Linie für ▸Pestizide. Flächendeckend per Flugzeug verteilt, gefährden diese Substanzen nicht nur die Gesundheit der Landarbeiter, sondern gelangen mit dem Regen samt Düngergaben in die Oberflächengewässer. Denn der Boden zwischen den Pflanzen wird zur leichteren Bewirtschaftung offen, also schutzlos gehalten.

Die **Chemietricks** wirken früh: Kunststofftüten um die Stauden sind inwändig mit Insektiziden besprüht, um die dicke, aber empfindliche Schale vor Insektenstichen zu schützen. Das Meiste bleibt lange außen haften, daher sollten Schale und Fruchtfleisch nicht nacheinander berührt werden. Wenigstens zeigten amtliche Tests 2011 und wies ▸ÖKO-TEST schon 2008 nach, dass all diese Chemiegifte eher nicht ins Fruchtfleisch gelangen. Gleichzeitig konstatierten die Tester, dass sich die konventionellen Früchte blass, druckempfindlich und geschmacklich wässrig zeigten. Im Vergleich dazu hatten Bio-Bananen (deren Anteil in Deutschland bei ca. 11–13 % liegt und die 2012 ganze 42,8 % des Bio-Obstes ausmachten) deutlich gelberes, festeres sowie aromatischeres Fruchtfleisch und waren trotz des Verbots der konventionell üblichen ▸Bestrahlung sogar **länger haltbar**.

Kenner warnen inzwischen, dass durch den ▸Bioboom auch die meisten Bio-Bananen von großen Konzernen erzeugt und vermarktet werden, weshalb das Image vom gerecht bezahlten Öko-Kleinbauern vereinzelt gelitten hat – wenn auch gilt, dass die ▸Anbauverbände im Vergleich zur ▸EG-Öko-Verordnung höhere Sozialstandards bieten.

Fast 90 % der in Deutschland gehandelten Bananen mit dem Logo von ▸Fairtrade stammen außerdem aus ▸ökologischem Anbau. Andersherum war 2012 schon jede dritte verkaufte Bio-Banane ▸**fair + bio** – mit explizit sozialer Ausrichtung.

Das Beispiel des Vereins **BanaFair** zeigt, wie weit das gehen kann: Als 2012 ein verunreinigtes Pflanzenstärkungsmittel die ganze Bananenernte einer großen Erzeugerorganisation in Ecuador „nicht verkehrsfähig" als Bio-Bananen machte und vernichtet werden musste, bezahlte die Fairhandelsvereinigung sie trotzdem. Der Schaden von 260 000 Euro wurde später mithilfe von Spenden aus der ▸Biobranche, etwa mit Aktionen von ▸Weltläden, beglichen.

Bärlauch: In wuchernder Üppigkeit macht er Wildsammler saisonsweise wild und Gourmets wohlig erpicht auf seinen Knoblauchbluff

Obacht: 2012 waren 3,5 % aller in Deutschland verkauften Bananen fair gehandelte – ein Plus von 78 %! Obacht nur vor Trittbrettfahrern, die mit dem Modewort ▶Nachhaltigkeit werbenden Standards von ▶*Rainforest Alliance* sind ungleich niedriger.

Bärlauch

Längst modisch gewordenes heimisches Liliengewächs *(Allium ursinum)*, das die kleine Mühe der Sammelei sehr lohnt. Bärlauch liefert in seinen so starkduftigen Blättern ein reiches **Knofel-Aroma ohne Atemverpestung** und ist ideales Blattgrün in Quark, Pesto, Kräuterkäse oder zu Gemüse. Für den vollen Geschmack sollte man ihn erst kurz vorm Servieren dazugeben, was auch Graufärben durch Erhitzen oder Warmhalten verhindert. Den „wilden" oder „Waldknoblauch" gibt es **in Bioqualität** zu kaufen, ob nun aus zertifizierter ▶Wildsammlung oder aus dem ▶Gewächshaus. Hobbygärtner ziehen Bärlauch in kühleren Beeten unter Sträuchern oder mal in beschatteter Balkonlage.

In der Natur gibt es die edle Anrüchigkeit von März bis April als Frühlingskraut umsonst, auch im Mai noch lohnt das **Sammeln in blütendichten Blätterteppichen** feuchter Laub- und Auwälder – „Handstrauß" erlaubt, nur in Naturschutzgebieten ist das Pflücken untersagt (nie ausgraben!). In der Blütephase wachsen kleinere sammelnswerte Blättchen unter den eher zäh gewordenen Altblättern nach, ab Juni wirkt der frisch geerntete Bärlauchsamen wie grüner Pfeffer, ausgereift und dann getrocknet wird er sogar mahlbar. Aber Obacht: Bärlauch ähnelt **bei halbblinder Sammelwut** der ziemlich giftigen Herbstzeitlosen oder dem Maiglöckchen! Beide haben jedoch keine gestielten Blätter und auch keinen Knoblauchgeruch. Bärlauch hat zudem seine dicke Mittelrippe. Bestimmungsbuch mitnehmen oder typischen Duft erreiben!

Gesundheitsapostel rühmen Bärenlauch für seine **antibakterielle Kraft**, für Wohltaten in Magen und Darm oder für niedrigen Cholesterinspiegel und „allgemeine Stärkung". Pro 100 g hat frischer Bärlauch zu bieten: 150 mg Vitamin C,

Bärlauchiges: Mit seinem Hauch von Knofel, der den Atem nicht belastet, würzt Waldknoblauch auch Bio-Pestos und Bio-Bratlinge

Barsch: Nicht nur so nah an der Kamera ein Edelfisch mit Riesenmaul aus einer international gut züchtbaren Riesenfamilie

349 mg Kalium, 320 mcg Mangan, dazu ätherische Öle, Flavonoide, Saponine, Zucker.

Nota bene: Bärlauchs Blätter lassen sich schlecht trocknen oder einlegen, sie verlieren dabei viel Aroma. Saisonverlängernd ist etwa eine Salatwürze aus zerkleinerten und in Essig und Öl eingelegten Blättern.

Barsch

Ausgesprochener Edel- als aggressiver Raubfisch mit Riesenmaul, wehrhaft mit spitzigem, scharfe Stachelbesatz. Die Familie der Barschartigen lebt **mit schwer überschaubarer Artenvielfalt** in Süß- oder Meerwasser, doch im Küchensinne meint Barsch meist den Flussbarsch *(Perca fluviatilis)*, der in der Schweiz Egli heißt und zu den Echten Barschen gehört. Die Popularität verdankt er seinem festen, kleingrätenfreien, fettarmen und wohlschmeckenden Fleisch – Flussbarsch gehört zu den feinsten Süßwasserfischen. Zur Familie zählen in salziger Umgebung die Meerwasser- oder Seebarsche in ebenso verwirrender Variabilität und **unterschiedlichster Bedrohtheit**. Zackenbarsche etwa, Höhlenbewohner und Einzelgänger, die am Mittelmeer die kulinarische Rangordnung anführen, sind selten geworden. Der nordatlantische ▸Rotbarsch ist inzwischen überfischt und zu boykottieren, hoch subventioniert wird Granatbarsch. Den holen Tiefseefischer meist per Grundschleppnetz an Bord, mit Riesenmengen an ▸Beifang und der Zerstörung des Ökosystems (etwa Korallen). Seine ▸Überfischung ist „gelungen" – und Rotbarsch laut 2012er-Fischratgeber von ▸*Greenpeace* „nicht empfehlenswert". Auch der ▸WWF meint, sowohl für Granat- als auch Rot- und ▸Viktoriabarsch: **„lieber nicht"**. Überfischt ist inzwischen auch der sog. Sägebarsch, der als Tiefseefisch uralt (bis zu 120 Jahre) wird und dem die späte Geschlechtsreife (erst mit 18 Jahren) zum Verhängnis wurde. Während in den USA die ▸**Aquakultur mit Süßwasserbarscharten** bereits gut, in Fernost mit ▸Tilapia und in Afrika mit dem Viktoriabarsch eher viel zu gut funktioniert, wird in Mitteleuropa noch experimentiert, denn unfader Geschmack und spätere Gehalte an ▸Omega-6-Fettsäuren hängen stark von den richtig ausbalancierten ▸Futtermitteln ab.

Barsch: Einer der feinsten Süßwasserfische, in Standardgrößen angeboten

Barschartige mit Extra-Eintrag:
- ▸Cobia
- ▸Rotbarsch
- ▸Tilapia
- ▸Viktoriabarsch
- ▸Wolfsbarsch
- ▸Zander

Basilikum

Es ist das Kraut der Kräuter, auch im Biobereich. Das sog. Königskraut *(Ocimum basilicum)*, ursprünglich aus Indien, hat einen **sehr breiten Aromenfächer**. Je nach Sorte und Herkunft verblüfft der „Deutsche Pfeffer“ mal würzig-balsamisch, mal pfeffrig-zitronig und sogar würzvoll-süßlich. Als ▸Küchenkraut kommt Basilikum eingetopft aus Gewächshäusern und macht **fast die Hälfte aller Topfkräuter** aus, sonst als Schnittware vom Feld (und winters als ▸Importware). Gut zu wissen, dass ▸*Stiftung Warentest* 2012 bei Basilikum sowie ▸Petersilie, den Hauptkräutern also, kaum ▸Rückstände feststellte, aber bei spanischer Schnittware eine „deutliche“ Belastung monierte. 2010 war beim Ökomonitoring Baden-Württemberg konventionelles Blattgemüse generell zehnmal mehr belastet als Bioware.

Bio-Basilikum kommt aus gesunder Erde oder Substrat und pestizidfrei auf den Markt, Erzeuger experimentieren gern mit modischen Sorten. Man hat die Wahl: Zimt-, Zitronen-, Sweet-Lemon-Basilikum, manch Kraut hat dekorative dunkelrote, sogar gewellte Blattränder. Kräftig würzt griechisches Buschbasilikum, Kenner erreiben sich die Aromen mit den Fingern. Italiens Küche lehrte die kulinarische Restwelt, dass Basilikums Gewürzwürde besonders Tomaten steht, weshalb der Caprese-Salat (mit Mozzarella) Klassiker wurde. Aber auch das Pesto verde und mit getrocknetem Basilikum gewürzte Suppen, Saucen oder Eiergerichte sind unersetzbar.

Bioläden bieten da **etliche Kombinationen**: ▸Brotaufstriche mit Basilikum-Tomate etwa, ohne künstliche Farb-, Aroma- oder Konservierungsstoffe, gern abgerundet mit Paprika, Zwiebel, Senfsaat – alles aus ▸kbA.

Tipp: Die Aromen gehen, zu früh mitgekocht oder bei schlechterer Trocknung, schnell verloren, Öl, Essig, Salz konservieren sie. Hacken bekommt den Blättern nicht, Kräuter-Connaisseure scherenschneiden sie.

Nota bene: Basilikumaufgüsse lindern Husten und Krämpfe, zuviel des Guten ist wegen Estragol/Methylchavicol nicht ratsam – nach metabolischer Aktivierung kann es mutagen wirken!

Basilikum: Es heißt Königskraut und krönt vieles so würzig – fast jedes zweite Topfkraut kommt aus seinem Aromen-Reich

Beeren

Beim Volksmund fruchten all die botanischen Haarspaltereien nicht, dass nicht alle Beeren auch echte seien – ihm schmecken alle weichfruchtigen runden bis ovaligen Kugeleien. Aus ▸Wildsammlung oder als Zuchtfrucht (allein 1 000 Erdbeersorten!) heißen sie fast alle „Beeren“. Die wasserreichen Beerenfrüchte sind stets so **heikle, weil überschnell verderbliche Saisonernten**, was prophylaktische Plantagenpflege nahelegt.

Beeren: Sie sind viel zu schnell dahin, daher die große Versuchung, sie mit viel Chemie zu schützen – nicht so bei Bio!

Beeren: Sie alle zählen zum Kompetenzsortiment des Biohandels und sind auch nur da maximal saubere Früchtchen …

mehr zu Beeren:
- ▸Açai
- ▸Anthocyane
- ▸Aronia
- ▸Cranberry
- ▸Erdbeeren
- ▸Goji-Beeren
- ▸Heidelbeeren
- ▸Himbeeren
- ▸Holunder
- ▸Johannisbeeren
- ▸Rosinen
- ▸Sanddorn
- ▸Stachelbeeren
- ▸Superfood
- ▸Weintrauben
- ▸Wildsammlung

Für konventionell angebaute Beeren heißt dies: Es mangelt systematisch an rückstandsfreier Ware. Auch 2011 bildete die beim Ökomonitoring Baden-Württemberg „eher die Ausnahme", Unerwünschtes fand sich **in 91 % aller konventionellen Proben!** Schon 2010 hatte ▸*Greenpeace* geargwöhnt, dass in der EU nicht zugelassene Agrargifte versprüht würden. Selbst in 3 der 14 Ökomonitoring-Proben von Bio-Beeren (also bei 21 %) wurden ▸Rückstände entdeckt; immerhin lagen die nur in einem einzigen Fall über dem für Bio definierten Wert und fielen insgesamt deutlich niedriger aus als bei konventioneller Ware. **Bio-Beerengärtnereien** müssen sich eben mit wenigen und v. a. mit biologischen Wirkstoffen begnügen. Die aber sind – neben Schutznetzen, dem Einsatz von ▸Nützlingen oder der vielen Handarbeit, um Feuchtigkeit zu vermeiden – unerlässlich. Etwa sog. Neem (aus dem tropischen Niembaum), das als Fraßhemmer, Insektizid und Vorratsschutz dient. Bio-Beeren haben ein hohes Produktionsrisiko und sind wegen notwendig höherer Hygiene arbeitsintensiver, eher geringer im Ertrag, **daher bedeutend teurer**. Dafür aber sind sie chemiefrei und damit so gesund wie von Natur aus, denn die „Superfruits" (▸Superfood) haben es in sich: besonders viele ▸sekundäre Pflanzenstoffe, v. a. ▸Vitamine, ▸Polyphenole und ▸Anthocyane. Hier gilt: Je dunkler die Beere, desto mehr davon. ▸Açais, Brombeeren und schwarze ▸Johannis-, tiefblaue ▸Heidel- oder die Beeren vom ▸Holunder sind rühmliche Beispiele. Gegen mikrobiellen, insektovorischen Schnellverderb müssen Beeren **frisch genossen** oder verarbeitet werden. Allen Untersuchungen nach gilt: Besserenfalls Bio und kurzwegig regional. Als TK-Portionen bleiben beerenstarke Wintergenüsse beste Sommererinnerungen.

Beeren zählen im Biohandel zum **sog. Kompetenzsortiment**; fast 23 % der deutschen Anbaufläche waren 2012 ökologisch! Verarbeitet wird die Ernte zu ▸Fruchtsaft (oft ▸Direktsaft), ▸Sirup und ▸Nektar, gern verschnitten und in Wellness-Drinks.

Ihren Beerensegen haben sog. Vollfruchterzeugnisse, ▸Fruchtaufstriche pur oder in raffinierten Kombinationen, klassische Konfitüren oder als ▸Trockenfrüchte. Dann ist nicht nur das Grundprodukt bio, auch das sog. ▸Food-Processing läuft schonend ab. Einen **ganz besonderen Beerenwert** haben ▸Kernöle aus Beerensamen, allen voran das trendige aus Schwarzen Johannisbeeren – und natürlich der Klassiker: das Traubenkernöl.

Beifang

Unvorstellbar: Den Wald leer schießen und nach Belieben nur Rehe oder lediglich Wildschweine mitnehmen – der Rest darf Aas werden ...

Genau das aber macht **die moderne Fischerei** in den Revieren der Weltmeere. Alles, was nach jedem einzelnen Fischzug nicht zur quotierten Zielart zählt oder was wegen mangelnder Größe nicht passt, wird als Beifang wieder über Bord geworfen und ist dann in aller Regel „angetötet“, wird also verenden. Nur Krustentieren trauen Experten eine Rückwurf-Überlebensquote von mehr als 60 % zu! Angesichts der allgemeinen ▸**Überfischung** gilt diese Praxis als eines der größten Verbrechen gegen die damit bedrohte ▸Biodiversität bei vielen Fischarten. Auch Meeressäuger wie Wale, Tümmler und Delfine (von 300 000 Tieren pro Jahr ist die Rede) verfangen sich in den Netzen und ertrinken darin – wie häufig auch ▸Schildkröten und geschätzte 13 Mio. ▸Haie jährlich.

Vor den Zeiten der hochindustrialisierten Fischerei gab es kaum sog. *bycatch*; heute erreichen die Beifangmengen bei einigen Fischarten und in einigen Regionen den unglaublichen Wert von 90 %.

Dieser **Beifangwahnsinn** ist zum erheblichen Teil gesetzlich verordnet. Im (einigermaßen hilflosen) Bemühen, die Überfischung der europäischen Meere zu begrenzen, setzt die Europäische Kommission alljährlich für praktisch jede Fischart Quoten fest, aber stets großzügiger als die Empfehlungen der warnenden Wissenschaft; den Länderlobbys sei Dank. Jedem Trawler wird eine bestimmte Menge einer Fischart zugeteilt, **zu Kleines oder Nichtgenehmigtes** geht zurück ins Meer. So werfen allein die Krabbenfischer auf der Nordsee für 1 kg ▸Krabben 9 kg Unerwünschtes weg. Kurioserweise fördert die Quo-

Beifang: Unerwünscht Mitgefangenes geht wieder über Bord, verendet meist – manchmal sind's skandalöse 90 % auf einer Fangreise

tenregelung also die Überfischung – nur eben die anderer Arten bzw. der nächsten Fischgenerationen!
Wenigstens arbeitet nun die EU an einer Neuregelung zu mehr ▸Nachhaltigkeit. Seit Sommer 2012 werden nach einem EU-Fischereireförmchen und gegen Widerstände der Fischer **Rückwurfverbote** schrittweise eingeführt, ausdrückliche Anlandegebote zur Verwertung (etwa zu Fischmehl) erlassen und mehrjährige Bewirtschaftungspläne für genutzte Fischbestände ausgedehnt. Von nachhaltiger Fischerei aber kann da ehrlich gesprochen noch keine Rede sein.
Nota bene: Norwegen geht einen anderen Weg. Werden Fangquoten überschritten oder geht anderes Meeresgetier in die Falle, muss es angelandet und auch verwertet werden. Allerdings wird dieser Beifang auf die erlaubte Quote angerechnet.

Beifang: So eine Spezialkonstruktion mit Lücken kann das Schildkrötensterben im Netz stoppen, ist vielen aber zu teuer …

Beifang: Inzwischen muss Unerwünschtes im Netz angelandet und verarbeitet werden, wenigstens zu Fischmehl

Deshalb achten norwegische Fischer sorgfältigst (etwa durch größere Maschenweite ihrer Netze) darauf, Beifang zu reduzieren. Erste Bestände scheinen sich zu erholen.

Bestrahlung

Das wirksame prophylaktische Beschießen von ▸Keimen, ▸Schimmelpilzen sowie Schädlingen mit sog. ionisierenden Gamma- wie Röntgenstrahlen oder Elektronenbeschleunigern ist teuer und wird für Lebensmittel von Verbrauchern aus Deutschland vehement abgelehnt.
Hier gilt seit 2000 ein **allgemeines Bestrahlungsverbot** für Lebensmittel und für den Handel mit Bestrahltem. Ausgenommen sind laut Lebensmittelbestrahlungsverordnung nur getrocknete aromatische ▸Kräuter, ▸Gewürze und ▸Pilze – aber nur mit ▸Kennzeichnung (auch in Anteilen) und **ausschließlich aus konventioneller Herstellung**! Die Bio-Welt lehnt Bestrahlung als unnatürlichen Eingriff strikt ab, ▸Biolebensmittel werden nie bestrahlt und enthalten auch keine bestrahlten Zutaten; gegen Insektenbefall, Verkeimung oder Bakterien helfen Hygiene wie Sorgfalt beim Handling, Trocknen, Lagern, notfalls wirken da mal Wasserdampf oder brühheißes Abwaschen.
Und das ist verbürgt: Zuletzt wurde das Ökomonitoring Baden-Württemberg anno 2002 fündig, **bei importiertem Bio-Tee** (und da auch nur bei 2 % der Proben). Bei Tests durch das *Bayerische Landesamt für Gesundheit und Lebensmittelsicherheit* waren allein 2008 alle 54 Proben aus Öko-Anbau unbestrahlt.
Die Liste konventioneller Lebensmittel mit potenzieller Bestrahlung ist in den geradezu keimhysterischen USA jedoch unübersehbar lang. EU-weit reicht sie dank **Ausnahmeregelungen** einiger Mitgliedsländer von Eiklar über Fische, Getreide, Kartoffeln bis zu Obst; Deutschland erlaubt Gourmets lediglich die Einfuhr bestrahlter Froschschenkel …
Klar ist, dass durch Strahlenbehandlung nichts ▸radioaktiv wird – einige „beschossene" Inhaltsstoffe wandeln sich allerdings um: ▸Vitamine (v. a. A, B 1, C, E), Fett- wie

darauf angewiesen, v. a. in der Obst- und Gemüseproduktion sind Bienen unerlässlich. Der *Deutsche Imkerbund* setzt die globale Leistung durch Bestäubung mit 70 Mrd. US-Dollar an, andere gehen vom doppelten Wert aus … Doch **in industrialisierten Agrarlandschaften** mit Monokulturen und ohne Ackerrandstreifen oder sog. Bienenweiden kommt durch Blütenarmut zu wenig auf den Erntetisch der Bienen. Es darben auch Hummeln und andere Bestäuberinsekten.

Bestrahlung: Gut gegen Keime und Schimmel, in den USA erlaubt – bei uns nur für konventionelle Kräuter und Gewürze zulässig, bei Bio gar nicht

Aminosäuren, Proteine oder Kohlenhydrate werden abgebaut. Labortiere, die fetthaltiges Bestrahltes fraßen, ließen auf cyto- bzw. genotoxische Substanzen schließen. Seien wir gewarnt! **Nota bene:** Die Bestrahlung von Verpackungen auch bei Bio ist bisher ungeregelt, wird kritisch gesehen und vom ▸BÖLW nicht empfohlen.

Bienen

Sie sind die kleinsten unter den Nutztieren, emsig und höchst ertragreich, durch Zucht bestechend harmlos und von Natur aus in **Massentier-Haltung** zuhause. Sie und ihr ▸Honig könnten so gesund sein – wenn der Mensch nicht wäre. Der setzt *Apis mellifera* und ihren Artgenossinnen gewaltig zu. Geschwächt durch Milben, Viren und ▸Pestizide sind laut Experten allwinterliche „Verluste" von einem Viertel der Völker absolut realistisch. Bienensterben hat handfeste Folgen, denn wichtiger als die Honig- ist **die Bestäubungsleistung**: 80 % der heimischen Nutz- und Wildpflanzen sind

Fatalerweise hatten jahrelang die üblichen verdächtigen „Chemieriesen" nicht nur der Diskussionsatmosphäre, sondern auch dem ▸Saatgut mit Beizen und Feldern mit ▸Pestiziden zugesetzt (▸Monsantosierung). Laxere Ursachenforschung bagatellisierte die Gefahren lange, bis **regionales Bienen-Massensterben** (etwa 2008 im Rheintal) die Kausalitäten aufzeigte: Die Hüllengifte von Saatgutbeizen waren in den Pflanzen hochgewandert bis in morgendlich ausgeschwitzte Wassertröpfchen. Diesen Frischetrunk überlebten Bienen spontan nicht, mit späterer Tropfenkost verschleppten sie die Gifte und verendeten geschwächt. Inzwischen ist unleugbar, dass sog. **Neonicotinoide** (Pflanzenschutzmittel) auf Bienen wie Psychopharmaka wirken,

Bienen: Ihre Bestäubungsleistung ist ökonomisch noch bedeutsamer als all die emsige Honigsammelei

Bienen: Eine Varroa-Milbe sitzt wie die Laus im Pelz einer Biene, saugt ihr Blut, vermehrt sich in der Brut und schwächt ganze Völker, die ein Bio-Imker mit Biozuckerlösung durch den Winter bringt

die Orientierung stören und sie verenden lassen. 2013 wurden immerhin einige Stoffe EU-weit ausgesetzt.

Wegen dieser Pestizidgefahren – und in Ländern wie Spanien oder Portugal wegen **möglicher Genfelder** – kam es zu den Abstandsauflagen der ▸EG-Öko-Verordnung. Ökologisch gehaltene Bienen leben mind. 3 km entfernt von konventionellen Feldern; schadstoffverdächtige Flächen dürfen nicht „beweidet" werden. Damit sollen zum einen ▸Rückstände im Biohonig vermieden werden, aber es schützt auch die Bienen selbst. Vermutlich reagieren diverse systemische ▸Pflanzenschutzmittel selbst in schwächster Dosierung untereinander gefährlich und schwächen die Tiere. Sie machen diese damit anfällig für den anderen Hauptfeind der ▸Imker: die winzige **Varroa-Milbe**. Die wird konventionell drastischer (chemisch) bekämpft, als es Bio-Imkern erlaubt ist, die mit Hygiene, Prophylaxe und Naturmitteln wie etwa Ameisensäure auskommen. Ab 6 Milben pro 100 Bienen beginnt ein Volk abzusterben! Die Selektion und Zucht varroaresistenter Bienen ist schon in vollem Gange – für chemiefrei arbeitende Bio-Imker unerlässlich.

Denn **Bio-Bienen** sollen so ▸artgerecht wie möglich leben: Sie lernen nie Kunststoffbehausungen kennen, nur Vollholz, Lehm oder Stroh, und vorraten in reinsten Biowachswaben. Sie werden nie mit chemisch-synthetischen ▸Tierarzneimitteln behandelt und dürfen für den Winter immerhin einen Teil ihres Biohonigs behalten (ggf. gibt's Biozucker dazu). Bio-Bienen können sogar noch ausschwärmen und spontan ein neues Volk gründen, weil ihrer Königin die **Flügel nicht beschnitten** werden dürfen, im Gegensatz zu konventionellen Bienen. Mögen sie also noch lange fliegen und uns dienstbar sein …

Bier

Darauf sollte man mal anstoßen: Dass viele kleinere Brauereien nicht dicht gemacht oder geschluckt wurden, sondern als Spezialitäten-Brauer ihre Öko-Nische fanden – mit Bio-Bier.

Das wurde auch Zeit, denn das hartnäckig verklärte **Deutsche Reinheitsgebot** von 1516 erschlägt als Schlagwort die Wahrheit: Konventionellen deutschen Bieren ist längst eine enttäuschende Geschmacksnivellierung anzuschmecken, zudem sind viele streng genommen reinheitsgebotswidrig. Zu vieles ist bei ihnen eigentlich reinste Täuschung – angefangen bei pestizidbelasteter ▸Gerste und gespritztem ▸Hopfen. Sünde sind auch öfter ▸Nitrosamine bildende Darrverfahren oder Zugabe von Hopfen-

extrakten oder -pellets statt -blüten, dazu jede Menge Hilfs- oder Stabilisierungsstoffe und die Erlaubnis von ▸Hefe aus gentechnischen Verfahren. Da lag der Schritt zum **Bio-Bier** nahe, das erste kam 1979 von Pinkus, 1986 zog Neumarkter Lammsbräu nach. Dort entstanden sogar **„Bio-Reinheitsgebote"**, die an die Richtlinien der ▸Anbauverbände angelehnt waren (und auf konventionelle Produktion rückschließen lassen): Rohstoffe aus Öko-Anbau bei möglichst regionaler Beschaffung (Bio-Braugerste ist knapp), unbehandeltes Wasser (allenfalls Kalkmilchenthärtung), Bio-Hopfen und Bio-Gerstenmalz ohne Schwefelung, nur Dolden in den Sud, allein gentechnikfreie Hefe **aus eigener Reinzucht**, kaltes Gärverfahren, keine Gärbeschleuniger und höchstens geringe Filterung, kein Zucker, keine Schönung, kein Färben, keine Eiweißstabilisatoren, seltener Pasteurisierung (dann allerdings auf Kosten der ▸Haltbarkeit).

All das wird auch in regelrechten Bio-Biermanufakturen umgesetzt, was schonend, süffig-geschmackvoll und gern auch hochhopfig gelingt. Naturtrübe Varianten sind zwar ▸Geschmackssache, kommen dem ursprünglichen Brauen aber am nächsten.

Die vollwertigen Alternativen sind beachtlich – in Bittergraden und auch bei den aromatischen **Spezialitäten** mit Einkorn, Dinkel, Emmer, Roggen oder gar Hanf; es gibt ein 5-Korn-Urbier, längst auch Bio-Biermischgetränke. Populär sind die ▸glutenfreien Varianten. Und wo Milchsäurekulturen gären, entsteht ja fast kein „Bier"

Bier:
Bei Bio braut sich einiges zusammen, aus mutigen Pionieren und Experimentierern wurden Experten

Biobier:
Klar oder trüb, hell oder dunkel, aus Weizen, Emmer, Urkorn – lauter ökologische Genüsse zu jeder Gelegenheit

mehr, wird aber vielversprechendes Neuland betreten. Bio-Bier hat seine Kenner und sucht weiter Entdecker.

Big Four, Big Eight

Mal 4, mal 8 – gemeint ist die Menge der ▸Kennzeichnungen zum ▸Nährwert auf verpackten Lebensmitteln (vgl. ▸lose Ware und ▸**GDA**).

Konsequenterweise gab es bei Bio schon lange genaue Hinweise auf die kau- und schluckbaren Werte, aus Stolz auf Öko-Herkunft, Produktreinheit, wenige ▸Zusatzstoffe und schonendes ▸Food-Processing.

Ebenso konsequent mieden Hersteller konventioneller Produkte ehrliche Auskünfte und pflegten den **Hexenküchen-Nimbus**. Was dick oder krank machen könnte, wurde verschwiegen.

Vorbei die Zeiten! Verbraucherskepsis wollte ehrlichere ▸Etiketten, und die EU zog mit. Zwar scheiterte die ▸Ampel, dafür wurde diese Lösung verbindlich und gilt als „big".

Big Four oder Big Eight: Die wichtigsten 4 oder eben 8 Nährwertangaben auf einen Blick sind Pflicht, vieles kommt nicht nur bei Bio freiwillig dazu

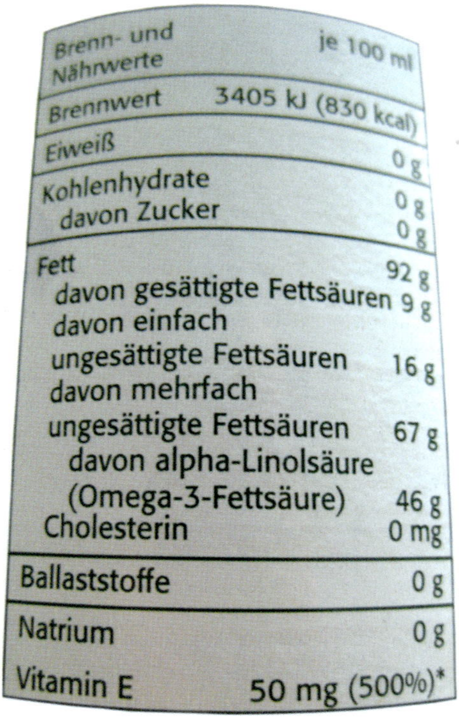

Bis Ende 2016 können, danach müssen alle Verpackungen in Tabellenform gut lesbar mind. vier Mengenangaben machen: **die Big Four** für Kalorien, Eiweiß, Kohlenhydrate, Fett (in dieser Reihenfolge, pro 100 g).

Gibt es nähere oder werbliche Aussagen – etwa „zuckerfrei", „viele Ballaststoffe" – müssen alle acht Angaben, **die Big Eight**, gemacht werden: Eiweiß, Kohlenhydrate, davon Zucker, Fett, davon ▸Fettsäuren, Ballaststoffe und Natrium bzw. Salz.

Freiwillig bleiben Angaben zu Stärke, mehrwertigen Alkoholen, (un)gesättigten Fettsäuren, Cholesterin, Vitaminen und Mineralstoffen.

Wer zweimal hinschaut, wird künftig also vierfach, noch besser doppelt so oft belohnt. Hab 8 auf Big 8!

Binde-, Verdickungsmittel

Wie hält zusammen, was nicht zusammen will – wie werden Suppen, Saucen oder Desserts sämiger? Ökotraditionell gelingt das mit **Vollkornmehl**, was jedoch besser zu pikanten Gerichten passt und einen eher intensiven Beigeschmack liefert. Klassisches Bindemittel ist ▸Stärke jeder Art, daneben das **Pfeilwurzelmehl** (engl. *arrow root*); es ist sehr viel feiner als Mais- und Kartoffelstärke und wird, weil es schon bei niedrigen Temperaturen quillt und dickt, gerne für Nachtische benutzt. Kuzu (oft auch Kudzu genannt), die Stärke aus den Wurzeln der japanischen **Kuzupflanze**, ist im Vergleich zu anderen Bindern unaufdringlich im Geschmack und eignet sich bestens für Saucen, Suppen und Desserts.

Binde- und Verdickungsmittel helfen aber nicht nur in der heimischen Küche, sondern sind v. a. unverzichtbare ▸Zusatzstoffe beim ▸Food-Processing. Bio-Hersteller verzichten auf die in konventioneller Produktion übliche **chemisch modifizierte Stärke** und greifen auf natürliche Zutaten zurück. Diese dürfen – solange sie oder andere Zutaten höchstens 5 % des Produktes ausmachen – auch aus nicht-ökologischer Quelle stammen. Im Gegensatz zur konventionellen Produktion ist bei ▸Anbauverbänden und eingeschränkter auch laut ▸EG-Öko-Verordnung die Verwendung pro Zutat limitiert: auf spezifische Produktbereiche, Anwendungen, Mengen. Im Rahmen der ▸Volldeklaration haben sich Bio-Produzenten dazu verpflichtet, nicht nur (wie gesetzlich vorgeschrieben) „Verdickungsmittel" in die ▸Zutatenliste zu schreiben, sondern die Stoffe einzeln zu nennen.

Nicht zuletzt als ▸Gelatineersatz in ▸Gummibärchen & Co so populär geworden ist das aus ▸Algen gewonnene **▸Agar-Agar** (▸E-Nummer 406), das auch in Bioqualität erhältlich ist. Es bindet sechs- bis zehnmal so stark wie ▸Gelatine, verliert seine Wirkung aber bei sehr sauren Früchten oder in besonders Fetthaltigem; da es aufgekocht werden muss, ist es für so manch Dessert weniger zweckmäßig.

Auch das Mehl vom **▸Johannisbrot** (E 410) braucht Hitze, um vollständig löslich zu sein, kann aber ebenso in Bioqualität eingesetzt werden wie sein stark stabilisierendes Verdickungspendant **Guarkernmehl** (E 412).

Noch nicht aus ökologischer Herstellung kommt das für ▸Marmeladen oder ▸Fruchtaufstriche unverzichtbare Pektin (E 440). Es wird aus festen Pflanzenbestandteilen (▸Schalen von Zitrusfrüchten etwa) gewonnen.

Besonders zwei Binde-/Verdickungsmittel sind in der Biobranche umstritten und nur bedingt zugelassen. **Xanthan** (E 415) wurde öfter als gesundheitlich bedenklich eingestuft, ist nicht in Bioqualität erhältlich und kann sogar mithilfe von gentechnischen Methoden hergestellt worden sein. Die Anbauverbände verbieten den Einsatz, die EG-Öko-Verordnung nicht. Noch umstrittener ist **▸Carrageen** (E 407), das v. a. Milchprodukte verdicken und stabilisieren hilft. Dieser aus Algen gewonnene Zusatzstoff steht auf der Tabuliste aller Anbauverbände, da Tierversuche zellenveränderndes Potenzial nahelegten.

Nota bene: Überraschend künstlich ist das Image von Bindemitteln; 2010 fand die GfK *(Gesellschaft für Konsumforschung)* heraus, dass Guarkernmehl nur für jeden Fünften „sehr natürlich bis natürlich" sei und dem bei Agar-Agar nur 17,1 % zustimmten.

Bindemittel: Sie könnten aus dem Chemiebaukasten sein – bei Bio sind sie Naturprodukte und manchen trotzdem etwas unheimlich ...

Bio

Bio: Als Wort mit altgriechischem Ursprung und inzwischen auch amtlich geschützt, sein grüner Beiklang gefällt

Das Metawort hat es in sich, als suggestive Verkürzung auf alles unkünstlich Gesunde und Lebenswürdige. Immerhin ist *bios* das Urwort der Griechen für Leben, die Lebenszeit, für Lebenswandel, Nahrung, Lebensunterhalt und letztlich das Wort für alle Lebenden – ein **Weltkulturerbe** für die abendländischen Sprachen. Mit Nachhilfe von Marktingexperten entwickelte sich „Bio“ erst seit Ende der 1980er-Jahre zu einer selbständigen Parole, beobachtete die *Gesellschaft für deutsche Sprache.* Schon 1981 hatte „Die Welt“ den **„Bio-Tick“** glossiert: „Bio ist Leben, Grün, Natur“. Der emotional besetzte Begriff wird oft als Weltanschauung oder Glaubenssache aufgefasst – dabei unterliegt er seit Inkrafttreten der ersten ▸EG-Öko-Verordnung (1993) klar definierten **Richtlinien** des ▸ökologischen Landbaus bzw. der ▸ökologischen Tierhaltung (2001). Wäre die Bio-Welt damit also gut geordnet? Natürlich nicht – oder nicht ausreichend. Bio ist auch eine Sache des ▸Vertrauens, da wittern Kritiker den ▸Bio-Betrug. Dahinter steckt oft die diffuse Angst vor der Täuschung, genährt mit jedem (meist konventionellen!) ▸Skandal. Beständig streiten Medien (boshafte per ▸**Bio-Bashing**) und Experten um zentrale Fragen: Ist ▸bio = besser, gilt ▸bio = gesünder? Was taugen ▸Kontrollen, wer kontrolliert die ▸Öko-Kontrollstellen? Dabei unterscheiden sich die Erwartungen an **Prinzipien und Praxisnähe** bei Bio-Regularien teilweise enorm und sind erklärungsbedürftig, nicht nur unter ▸Biokonsumenten, auch innerhalb der ▸Biobranche. Befürchtet wird, dass „Bio für alle“ durch zu

hohe Anteile an ▸Importware und verwässerte Richtlinien zum Zuviel an ▸**Bio light** werde. Gefragt wird, ob Bio nicht immer ▸fair + bio sein müsste? Viele mutmaßen, dass ▸Bio-

Supermärkte die kleinen ▶Bioläden verdrängen, dass ▶Supermärkte und ▶Discounter Erzeugerpreise negativ beeinflussen könnten. Immerhin war ▶Premium-Bio die konzertierte Antwort v. a. der ▶**Anbauverbände**. Und: Wird Bio dann nur für ▶Lohas er-

schwinglich bleiben? Ist ▶regional **„das neue Bio"**? Aber: Ist die konventionelle ▶Landwirtschaft nicht überholt, weil sie keine ▶Nachhaltigkeit bietet oder will?

Letztlich könnte Bio die erste Wahl bei so vielen Problemlösungen sein! Mit welchen Differenzierungen und entlang welcher Grundsätze oder ▶Trends – das zeigen die mehr als 700 Stichwörter dieses Bandes.

bio = besser?

Bei dieser Frage müssen meist die ganz großen Schlagzeilen her: „Die Wahrheit über Bio" oder „Wie gut Bio wirklich ist" heißen all die Artikel, die oft genug die ▶Biobranche als dogmatisch und irrational zeihen (▶Bio-Bashing) und mitunter selbst zur **Sensationsmache** geraten. So wie Ende 2012, als eine Metastudie der Universität Stanford als Abgesang auf ▶Biolebensmittel allgemein interpretiert wurde. Aus ▶bio = gesünder? wurde die Frage nach der Existenzberechtigung des **„Mythos Bio"**.

Dabei hatten die Forscher lediglich konstatiert, anhand von 237 Studien zwar geringere ▶Rückstände von ▶Pestiziden und anderen ▶Schadstoffen, aber „nur wenig" Hinweise auf günstigere Nährstoffzusammensetzungen gefunden zu haben. Bio-Unterstützer wie ▶*Greenpeace* machten da umsonst darauf aufmerksam, dass gerade die sog. Mehrfachrückstände noch unerforscht und deren Risiken nicht erwähnt worden seien.

Die viel **wichtigere Frage** laute doch: Muss nicht der Begriff ▶Qualität erweitert und der Blick vom einzelnen Produkt auf das Gesamtprinzip des Land-Wirtschaftens gelenkt werden? Bio-Verfechter betonen hier v. a., dass der Ressourcenverbrauch und die Umweltbelastungen der konventionellen ▶Landwirtschaft dazu führen, dass zu wenig Wert auf ▶Nachhaltigkeit liege. Gerade da könne Bio punkten. Trotz geringerer Erträge gilt der ▶ökologische Landbau sogar UNO-Experten als **zukunftsfähiger** in Gegenden mit (etwa klimatisch) schwierigen Bedingungen, die eben nicht mit Genpflanzen und Turbodünger überwindbar sind.

Zudem haben verschiedene Untersuchungen – wie etwa die EU-finanzierte Studie QLIF *(Quality Low Input Food)* oder ein auf 30 Jahre angelegter Test des US-amerikanischen *Rodale Institute* – gezeigt, dass Öko-Anbau z. B. durch das Verbot von chemisch-synthetischen ▶Pflanzenschutzmitteln nicht nur viel niedrigere ▶Rückstände im Bioprodukt selbst generiert, sondern auch **die Umwelt schont**: Der Boden ist gesünder und speichert mehr Kohlenstoff aus der Luft, das Grundwasser enthält weniger Schad-

Bio generell: Das unschuldige Lebenswort der Griechen war Spottwort und Kampfbegriff, bis es ökologische Selbstverständlichkeit wurde

bio = besser? Die Frage wird gern polemisch gestellt und ist im Grunde beantwortet – besser für die Natur und die Gesundheit!

BIO PUNKTET BEI ...

... QUALITÄT

... AGROBIODIVERSITÄT

... GENTECHNIKFREIHEIT

bio = besser? Gesünderes drin, Schädlicheres draußen – und schon ist man mitten in der Bio-Diskussion ...

stoffe, die ▸Biodiversität ist messbar höher, die Gesundheit der Landarbeiter und ▸Biobauern wird nicht von Pestiziden beeinflusst. Nicht zuletzt fallen die Umweltbelastungen durch die Herstellung von Pestiziden und mineralischem ▸Dünger weg.

Ein gewichtiger Vorteil außerdem: das Verbot von gentechnisch veränderten Organismen (▸GVO). Nur Bio garantiert, dass **keine ▸transgenen Pflanzen** auf den Acker oder als ▸Futtermittel in den Trog kommen.

Für die ▸ökologische Tierhaltung gilt, dass auch hier eher „produktferne" Punkte für eine Überlegenheit sprechen. Das Prinzip ▸Ethik etwa: Bei aller Vorsicht angesichts einzelner ▸Skandale um die „Schlupflöcher" für Bio-Großställe und die mangelnde ▸Kontrolle spielen doch ▸Tierschutz und möglichst ▸artgerechte Haltung eine viel größere Rolle als in konventionellen Betrieben. Eingeschränkter, nie prophylaktischer Einsatz von **▸Tierarzneimitteln** sorgt außerdem dafür, dass das Zukunftsproblem der antibiotikaresistenten ▸Keime bei Bio weniger dringend ist.

Was den ▸Klimaschutz betrifft, gibt es zwar Untersuchungen, die der ▸Massentierhaltung einen niedrigeren CO_2-Ausstoß bescheinigen als Öko-Betrieben; rechnet man jedoch das importierte Futter für (gen-)sojareiche Kraftmischungen hinzu, wird die Differenz schon kleiner. Hinzukommen ethische Aspekte, die erst ein ▸gutes Gewissen beim Fleischessen unterfüttern ...

Ob Bio **besser schmecke**, gehört zu den umstrittensten Fragen, denn v. a. bei verarbeiteten Produkten wirkt die jahrzehntelange Gewöhnung an konventionelle Produkte mit speziellen ▸Zusatzstoffen und spezifischen Herstellungsverfahren nach – als konditionierte ▸Geschmackssache.

bio = gesünder?

Ja oder Nein? Oder Jein? Oder wie? Mal als klare Ansage für Überzeugte wie Überlegende: Natürlich – ohne wortspielerischen Doppelsinn!

Bio als Produkt ist tatsächlich „gesünder" und mal ein bisschen, öfter viel mehr als konventionell erzeugte Ware im schönsten Sinne eine zuträgliche Wohltat für den Stoffwechsel.

Schließlich ist erwiesen: ▸Biolebensmittel sind **nahezu frei** von ▸Rückständen von ▸Pestiziden und ▸Nitrat; sie kommen ohne ▸Farbstoffe oder ▸Konservierungsmittel aus. Es gibt im Bio-Stall keine prophylaktisch verabreichten ▸Tierarzneimittel wie z. B.

... BIODIVERSITÄT

... TIERSCHUTZ

... NATURSCHUTZ

BIO IST GESÜNDER, WEIL ...

▸Antibiotika; folglich gibt es dort bewiesen weniger antibiotikaresistente ▸Keime. Eine gesunde Erkenntnis. Dafür trumpfen einzelne Öko-Ernten **mit messbar höheren Werten** auf, v. a. mit jenen sekundären Pflanzeninhaltsstoffen wie etwa ▸Polyphenolen oder Vitamin C, die Pflanzen zum Eigenschutz bilden (▸Antioxidantien). Und in Biomilch finden sich mehr ungesättigte ▸Fettsäuren wie ▸Omega-3, dank des Grünfutters im Stall und -futterns draußen. Skeptiker wissen allerdings: Vergleichende **Langzeitstudien** über Effekte einer Bio- oder Nicht-Bio-Ernährung gibt es noch nicht. Sie wären auch schlicht und einfach zu teuer – zumal der Gesundheitsaspekt eher von Bio-Kritikern geleugnet als von Bio-Mögern ins Feld geführt wird.

Als die Universität Stanford 2012 bei der Bewertung von 237 Studien rausgefunden haben wollte, konventionelle und Bioprodukte hätten den gleichen ▸Nährwert, waren etwa belastende Pestizidrückstände einfach unter den Studiertisch gefallen. Trotz weiterer Mängel aus sturer Einzelstoffbetrachtung taugt seitdem **„Stanford“** den Öko-Dauerfeinden zum ▸Bio-Bashing. Erfahrene ertra-

... BESSERE INHALTSSTOFFE

... WENIGER SCHADSTOFFE

bio = gesünder? Das Labor ist unparteiisch und weist nach, womit die ökologischen Produkte punkten, auch als Bilanz des ganzheitlichen Bio-Engagements

Gesunder Zweifel: 1989 wurde schon verglichen: „Bio- oder Normalkost?“

gen solche bemühten Bio-Entmystifizierungen mit „gesundem" Humor. Denn **„gesund" durch Bio** bedeutet: Weniger Antibiotika-Abusus, wie in der ▸Massentierhaltung an der Tagesordnung, was uns im Krankenhaus wieder mit Antibiotika behandelbar macht. Weniger ▸Hormone, Chemie oder Giftspritzerei bewahrt uns vor der Wiederaufnahme all dessen mit dem Trinkwasser. Sorge um solche Zukunftsprobleme, um Umwelt und um ▸Nachhaltigkeit zeugt von „gesundem" Bio-Verständnis für einen ökologischen Zusatznutzen. **Individuelle Gesundheit** nämlich, so das Fazit der ▸*Stiftung Warentest* im „Bio-Check" 2010, sei „nur in einer gesunden Umwelt möglich".

bioaktiv: Positiv besetztes Suggestivwort für das Zusammenspiel natürlicher Wirkstoffe, sogar in ganz winziger Dosierung

bioaktiv

Immer noch ein so vielversprechendes wie halbmagisches Wort für jene wertgebenden pflanzlichen Inhaltsstoffe (engl. *phytochemicals*), die tatsächlich etwas „tun", und damit das Wirkungswort für ▸**sekundäre Pflanzenstoffe** – im Gegensatz zu den Pflanzenstoffen, die uns primär und essenziell versorgen.

„Bioaktiv" sind also Obst- und Gemüsesubstanzen, die trotz ihrer Winzmenge nachweislich noch subtile Wirkungen haben im Stoffwechsel – mal präventiv für Gesundheitsbalance, mal protektiv gegen Krebsgefahr, sogar therapeutisch heilend. Da wirken u. a. ▸Carotinoide, ▸Glucosinolate, ▸Polyphenole, Saponine, Sulfide. Sie agieren nie allein, sondern **synergetisch** und wären daher sinnlos als konzentrierte ▸Nahrungsergänzungsmittel – überdosiert sogar schädlich.

Doch vieles, auch der Kombi-Effekt, ist noch nicht endgültig erforscht. Immerhin wirken viele der bioaktiven Spurenstoffe antikanzerogen (wie in ▸Brokkoli), antimikrobiell (wie bei ▸Knoblauch), antioxidativ (wie in ▸Zitrusfrüchten) oder machen ▸freie Radikale unschädlich. Denn **Floras bioaktive Naturapotheke** dient ja zunächst der Selbstheilung oder dem Selbstschutz von Floralem. Gestresste Pflanzen haben davon mehr, Dunkelfarbiges reichlich (▸Anthocyane). In den meisten Fällen sitzen diese Aktivposten dicht unter der ▸Schale. Bio-Überzeugte und Naturheilkundige haben all das immer schon gewusst, wenn sie ▸unbehandelten, pestizidfreien, ausgereiften Produkten Gutes und v. a. ▸Rohkost maximale **Bioverfügbarkeit** (früher mal „Nährstoffdichte") nachsagten.

Bio Austria

Verblüffend, aber wahr: Bei Bio ist das kleine ▸Österreich seinem deutschen Nachbarriesen eine lange Nase voraus, mit einem wohlwollenden **„Lebensministerium"** im Rücken und mit zu Recht immer breiter werdender Brust. Denn knapp

ein Fünftel der landwirtschaftlichen Nutzfläche wird ökologisch bewirtschaftet (2012 in ▸Deutschland nur 6,3 %), 2012 rackerten ▸Biobauern schon in 21 843 Betrieben. Genau 12 437 dieser Biohöfe waren Mitglied bei Bio Austria – damit ist die selbsterklärte Wertegemeinschaft nicht nur größter ▸Anbauverband Österreichs, sondern sogar **EU-weit führend**.

Jahrelang hielten österreichweit 16 Verbände und etliche Dachorganisationen jeder für sich die Biofahne hoch, schlossen sich dann aber 2005 zum Verein Bio Austria zusammen. Dessen Mitglieder profitieren von der konzertierten Vereinsarbeit: Entwicklung des ▸ökologischen Landbaus generell, Beratung, ▸Kontrolle, Zertifizierung sowie Lobbyarbeit für das agrarpolitische Bio-Leitbild und v. a. PR- und Marketing-Power – alles unter dem gemeinsamen, prägnanten Erkennungszeichen, dem sonnengelb-grünen ▸Gütesiegel.

Allein mehr als 300 Kooperationsbetriebe vermarkten ausschließlich Produkte von Bio Austria, dessen **privatrechtliche Öko-Richtlinien** denen der deutschen Anbauverbände ähneln und damit strenger sind als EU-Bio laut ▸EG-Öko-Verordnung.

Die fünf Ziele von Bio Austria klingen denn auch ambitioniert: „biobäuerliche Lebensmittelkultur", faire ▸Preise, Forschung und Innovation, Würde der Tiere sowie Ökologie. Man ist stolz auf „bio-bäuerliche Veredelungskunst", vereinnahmt Skeptiker mit der Parole **„Ein bisschen Bio gibt es nicht"** (keine Teilumstellungen oder Parallelproduktionen!) und verkauft mit ein wenig Herkunftskoketterie mit „Bio vom Berg", „Bioalpin" oder „Hofmarke" immer **ein bisschen Heimat** mit. Handfest und produktiv arbeitet daneben bei und für Bio Austria das heimische Marketing-Netzwerk – unter dem Motto **„Wir schauen aufs Ganze"**.

Bio Austria rechnet in absehbarer Zeit ganz optimistisch mit tausenden von ▸Umstellern und einer möglichen Verdopplung der Biobetriebe auf 47 000 – damit gingen 36 % der Alpenland-Bauern ökokonform.

Felix Austria!

Bio Austria: Bemerkenswerte wie erfolgreiche Marke des Alpenlandes mit den beachtlichen ökologischen Erfolgen

Bio-Bashing

Bio-Bashing: Im Klassenkampf gegen grüne Ökos wird gern mal dick aufgetragen und karikiert, weil Bio eben zum Politikum wurde

Auch wenn Bio-Insider den medialen Gegenwind nicht Shitstorm, sondern eher den stürmischen Beweis für wachsende Anerkennung nennen – die Argumente der Bio-Basher sind oft genug ärgerlich windig … Beliebtestes Schema dabei: **Bio als Glaubenssache** darzustellen, die alles Konventionelle pauschal verdamme. Da interessiert es wenig, dass die Biobranche selbst kaum einmal behauptet hat, die ▸Qualität von ▸Biolebensmitteln sei ganz generell höher und es gelte ▸bio = gesünder. Großen Pro-Anti-Rummel löste 2012 die **„Stanford-Studie"** aus: Darin wurden 237 Untersuchungen zu Unterschieden zwischen konventionell und Bio ausgewertet. Die Antwort auf die Frage bio = gesünder? lautete hier: „eher nein". Prompt titelte die „SZ": „Studie entlarvt Bio-Mythos", und der „Stern" schrieb: **„Die Bio-Diktatur bröckelt"**. Einzig die „FR" versuchte gemeinsam mit der eher bio-affinen „taz" eine Zurechtrückung. Ob Bio nun gesünder sei, könne keine Entscheidungsgrundlage sein: „Wer Bio kauft, der sollte das aus anderen Gründen tun". Als kurz darauf aber „Fakt-Exklusiv" Missstände in der ▸ökologischen Tierhaltung anprangerte und skandalöse Bilder von leidenden Bio-Tieren zeigte, schien die **Bio-Basher-Front** noch gestärkt. Dass sogar der neutralere DBV *(Deutscher Bauernverband)* einwandte, dass hier ein „ohne Zweifel zu kritisierender Einzelfall" zu einem Statusbericht hochstilisiert würde, verpuffte in der öffentlichen Debatte ebenso wie die Versuche von Bio-Kennern, tatsächliche Schwachpunkte und **Differenzierungen** zwischen Anspruch und Wirklichkeit, ▸Premium-Bio und ▸Bio light zu thematisieren. Schon fragte Günther Jauch in seinem Talk: „Der große Bio-Schwindel – Wie gut ist Öko wirklich?" Viel Fundiertes kam nicht dabei heraus – typisch für Bio-Debatten (im Fernsehen zumal) ist eben, dass jede Seite der anderen vorwirft, nur ihre **quasi-religiöse Weltanschauung** zu verteidigen. Die AbL *(Arbeitsgemeinschaft bäuerliche Landwirtschaft)* kolportierte denn auch, ein als Gast vorgesehener Demeter-Biobauer sei als zu wenig „skandalträchtig" wieder ausgeladen worden.

Eine mitunter als Bio-Basher verschriene Institution ist ▸*Stiftung Warentest*; ihren Testern

Bio-Trashing: Wer eher auf der Seite der Agrarindustriellen steht, unterstützt ihren Abwehrkampf lautstark mit einer prinzipiellen Bio-Feindseligkeit …

wird vorgeworfen, die Vorteile von Bio herunterzuspielen und sensorische Schwächen zu Hauptkriterien zu erklären. Auch ▸ÖKO-TEST wurde schon kritisiert, schlägt sich letztlich aber meist auf die Bio-Seite (wie 2013, als im Heft „100 gute Lebensmittel" überhaupt nur Bioprodukte vorkamen) oder versucht eine **differenzierte Darstellung** ohne die plumpe Fragerei: „Ist ▸bio = besser?"

Denn beim Bio-Bashing zählt letztlich, was die Masse der Medien aus konkreten Untersuchungen macht – und mehr als extreme Verkürzungen kommen dabei meist nicht heraus. Umso wichtiger für die Biobranche wäre ein offensiver und transparenter Umgang damit – ▸**Vertrauen** ist ohnehin das größte Bio-Kapital. Und das „Ökobarometer" 2012 ergab: Nur 13 % der befragten ▸Biokonsumenten konnten „sehr zustimmen", dass sie in puncto Bio ausreichend informiert seien, 23 % sagten schon „eher nicht". Jeder Zehnte allerdings fühlte sich „überhaupt nicht" ausreichend informiert!

Biobauer

Obwohl Europa und die USA die größten Bio-Märkte bieten, ackern 84 % der globalen Biobauern nicht etwa in Iowa, Niedersachsen oder im Burgenland, sondern rackern in Asien, Afrika und Lateinamerika. Für sie ist der ▸ökologische Landbau die Chance, sich ressourcenschonend selbst zu versorgen und dank der Exporte eine Perspektive zu haben.

In Deutschland sind jede Menge Biobauern echte Überzeugungstäter, die trotz Mehrarbeit und Bürokratie den Bio-Gedanken absolut natürlich finden. Aber auch Pragmatiker werden auf Biohöfen glücklich – schließlich sind die Gewinne durchschnittlich etwas höher als in konventionellen Betrieben. 2011/12 waren es pro Unternehmen und Jahr statistische 60 559 Euro statt 56 172 Euro.

Von den genau 288 200 deutschen Höfen im Jahre 2012 unterscheiden sich die **knapp 23 100 Biobetriebe** (also 8 %) in der grundsätzlichen Philosophie und auch in der Produktionsstruktur. Auf Biohöfen gibt es etwa ein Drittel mehr Arbeitsplätze, und obwohl nur jeder 13. Hof ökologisch produziert, schätzen Experten, dass jeder zweite Agrar-Arbeitsplatz für Menschen mit Behinderungen dort angeboten wird. Genau 12 125 Höfe waren 2012 Mitglied in einem ▸Anbauverband und damit vollständig auf Bio ▸umgestellt, knapp 11 000 Betriebe aber wirtschaften nach ▸EG-Öko-Verordnung, produzieren also parallel (etwa Bio-Weizen und „normale" Milchkühe). So entsprechen nicht alle Biobetriebe dem **Ideal eines zur Gänze umgestellten Hofes** mit ganz-

Biobauer: Keine Chemie, mehr Handarbeit, viel Umweltliebe und überhaupt im idealen Fall ganzheitliche Öko-Prinzipien

Biobauer: Er kann ja die deutsche Bio-Nachfrage gar nicht bedienen und verzweifelt trotzdem öfter an den Vermarktungswegen

heitlicher Futterstrategie ohne Zukäufe, mit pickenden Hühnern vorm und glücklichen Schweinen im Stall. Zuweilen wird tierlos und sogar rein ▸vegan gewirtschaftet, und auch im Öko-Landbau haben sich viele Großbetriebe durchgesetzt; regelrechte ▸Massentierhaltung wird es hier nie geben, doch EU-Bio-Regeln lassen (zu) viel Spielraum für **Bio-Großställe**. Dabei sind im Gegensatz zur konventionellen Landwirtschaft Biobauers Umsatzbringer die pflanzlichen Produkte: 24 % (statt 10 %) der Erlöse machen Obst, Gemüse und Kartoffeln aus. Der Anteil für Fleisch liegt nur bei 19 % (sonst 31 %) und untertrifft damit den von Milch mit 20 % (sonst 24 %). Es bleibt trotz aller Nachfrage schwer, mit der aufwendigen ▸ökologischen Tierhaltung Gewinne einzufahren; **höhere ▸Preise** wiegen stark gestiegene Futter- und Pachtkosten nicht immer auf. Noch höhere Bio-Aufschläge aber wären dem Markt kaum erklärbar …

Biobauernstolz: Ein freilaufend stark gewordener Bio-Prachtgockel hat seinen Wert und Geschmack – und eben auch seinen Bio-Preis

Dieser **Konflikt** bahnt sich wohl in der gesamten Branche an: 2013 warnte der Präsident des DBV *(Deutscher Bauernverband)*, dass durch den Preiskampf im Einzelhandel das unternehmerische Risiko zu groß werden könnte. Und tatsächlich: Seit die Bio-Subventionen und Direktzahlungen reduziert wurden (die ca. ein Viertel mehr ausmachen als bei konventionellen Kollegen), gibt es Resignierer und **Rück-Umsteller**. Die fanden die Öko-Richtlinien zu aufwendig und zu kompliziert, ▸Kontrollen zu streng oder zu teuer; sie vermissten Vermarktungswege, hatten zu geringe Einkommen oder hielten die Produktion für unbefriedigend. Die Forscher vom TI *(Thünen-Institut)* bilanzierten, dass im Zeitraum von 2003 bis 2010 pro Jahr 606 Öko-Betriebe ausgestiegen sind; 415 von ihnen wirtschafteten danach wieder konventionell! Kein Wunder, dass ▸Biokreis schon 2011 „Burnout auf dem Bauernhof“ thematisierte …

Bio-Betrug

Die Welt will betrogen sein, das weiß man, weil es immer wieder probiert wird und gelingt. Wo Bio als echter Unterschied viel Geld bringt, wird der unechte gern mal nur behauptet. So **der Verdacht** unbedarfterer Konsumenten – nur, was ist da dran? Die ▸Skandale um trickreich überbelegte Hühnerställe 2013 (276 Ermittlungsverfahren, eben auch auf 40 Biohöfen), umdeklarierte Eier oder pestizidbelastetes „Bio“-Futter aus Rumänien via Italien bewiesen schlampige ▸Kontrolle bzw. blindes Vertrauen in Papierzertifikate.

Dabei war das deutsche **System der Kontrollen** (mind. 1x jährlich, unangemeldet zwischendurch, bei konkretem Verdacht öfter) wohl etwas zu blauäugig gedacht und einst ohnehin eher auf kleine Betriebe zugeschnitten worden. Bei größeren Bio-Unternehmen und langer Lieferkette reichen Plausibilitätskontrollen nicht immer aus – **bei krimineller Energie** schon gar nicht. Bio-Profiling für Produkte im Labor ist erst im Aufbau und wird teuer. Immerhin gilt das deutsche Kontrollsystem als abschreckend und kann Erfolge vorweisen:

2010 gab es bei 40 000 Checks der ▸Öko-Kontrollstellen nur 22 dokumentierte schwere Verstöße. Trotzdem steht – auch branchenintern – die Forderung nach verknüpfbaren Datenbanken für Zertifizierer sowie eine neue Form der **Kontrollstellen-Kontrolle** im Raum, Entscheidendes tut sich auch bei der ▸EG-Öko-Verordnung seit 2014. Die Verlässlichkeit von Papierzertifikaten nehme, so Experten, weiterhin mit der Entfernung ab, ▸Importware sei so immer mal wieder verdächtig. Aber: Sieht es denn so trübe aus in der Biowelt? Eindeutig nein, da sind die strengeren Kontrollen der ▸Anbauverbände, das grundsätzliche Engagement von Biobetrieben, die Wertediskussion sowie die Angst vor dem Verlust des ▸Vertrauens in Bio davor. Die Sanktionen sind notfalls streng genug: Von Fristsetzung, Aberkennung des ▸Bio-Siegels bis Ausschluss aus dem Verband. Laut ▸BÖLW (2012) sind **weniger als 0,5 % vom Gesamtumsatz** der Biowaren in Europa betrugsverdächtig, die EU sprach 2010 von Verstößen „unter 1 %", Betrugsexperten aus der Schweiz vermuten mögliche 5 % für ihr Land und die EU.

Schlimm genug – aber **Bio-Trittbrettfahrer** wird es immer geben. Diese Gefahr ist dort größer, wo „nur" nach ▸EG-Öko-Verordnung gewirtschaftet wird, auf teilumgestellten Betrieben also, die halbe-halbe machen. Verbandsbetriebe mit reiner Bio-Produktion sind da leichter durchschaubar.

Bio-Betrug: Schwarze Schafe gibt es immer wieder, doch immer öfter steigt man Skandalställen aufs Dach

Echte Skandale sind rar genug (nur drei große Betrugsfälle in den Jahren 2007–2013), **Mafiöses** aber wurde öfter von Behörden oder privaten Öko-Kontrolleuren ignoriert, zu schwach moniert, nie geahndet oder gar toleriert. Bösartige Betriebsleiter wechseln denn auch gerne mal kurzfristig ihre zuständige Öko-Kontrollstelle und machenschafteln rasch in der Zwischenzeit, ehe die neu erkorenen Tester anrücken – die ja ohnehin ihr Geld mit jenen verdienen, die sie doch kontrollieren sollen ...

Das Dilemma bleibt: Noch eine Kontrollstufe mehr würde Biolebensmittel wohl zu teuer machen. Die Veröffentlichung von Bio-Sündern, mehr Transparenz der Kontrollstrukturen, Inspektionen über Buchprüfung hinaus und nicht zuletzt Angst vor einem Vertrauensverlust könnten genügen, um die etwas angeschlagene Glaubwürdigkeit des Bio-Systems wieder zu stärken.

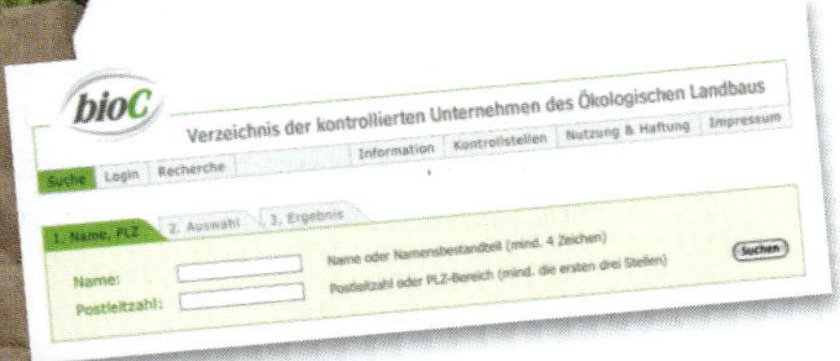

Gegen Bio-Betrug: Datenbanken wie „bioC" garantieren Transparenz bei der Kontrolle und machen so Bioprodukte rückverfolgbar

Bioboom: Aus anfänglichem Idealismus wurde ein Big Business mit schickeren Läden und typischen Wachstumsproblemen, die längst Lobbyarbeit erfodern

Bioboom

Das haben sie nun davon, die Bio-Pioniere seit 1924, all die Alternativen seit 1968 und die Bioladen-Gründer der frühen 1970er: Was einst Überzeugung war, ist nun **Business**. 2011 lag der geschätzte Wert des globalen Bio-Markts bei mehr als 45 Mrd. Euro, mit ▸Deutschland als großem Umsatzbringer.

Bio boomt: Schon 2007 beklagten viele die Kehrseite der Expansion als Hereinschwappen von Importware en masse…

1982 schon wunderte sich der „Spiegel“: „Die Westdeutschen, scheint es, sind geradezu auf einem Bio-Trip“. Die erste Müsli-Messe 1983 (der „Frankfurter Körner Kongress“) ließ aufhorchen, bevor drei Jahre später der GAU in Tschernobyl dem Nischenmarkt so viel Zuwachs bescherte, dass die Regionalisierung lohnte: „Alnatura“ machte 1987 den ersten ▸Bio-Supermarkt auf. Mit der AGÖL (*Arbeitsgemeinschaft Ökologischer Landbau,* heute ▸BÖLW) und deren Standards setzte eine **Professionalisierung** ein, es gab bald regelrechte ▸Biokonsumenten. 1991 schon hatte die ▸EG-Öko-Verordnung die privaten Standards der ▸Anbauverbände ergänzt, aber selbst EU-Bio und Verbands-Bio zusammen können die **Binnennachfrage** nicht befriedigen. Die stieg nicht zuletzt 2001 mit dem BSE-Skandal. Da hatten ▸Supermärkte und ▸Discounter längst ihre Bio-Ecken, im Nachfragesog des deutschen Bio-Marktes lieferten Polen, Österreich oder das ferne China die nötige ▸Importware. Doch u. a. deren angezweifelte Qualität und lange Transportwege erzeugten (zusammen mit dem Trend zur ▸Rückbesinnung auf alles Nahe) in den späteren 2000er-Jahren einen „Bio-Nebenboom“: fürs ▸**Regionale**. Und doch gab es nahezu ungezügeltes Wachstum. Immerhin hat sich der deutsche Bio-Umsatz von 2000 bis 2012 mehr als verdreifacht – doch die Fläche des ▸ökologischen Landbaus ist nur annähernd verdoppelt worden, wie eine Studie der Uni Bonn 2013 monierte. Paradox genug: Die Binnenabsatz-Chancen sind gut wie nie, doch hohe Preise für Pacht und ggf. Futter sowie **mangelnde Förderung** für die Jahre nach der ▸Umstellung lassen etliche ▸Biobauern gar „rückumstellen“ – zumal mit Energiepflanzen viel Geld zu verdienen ist. Biolebensmittel eroberten sich bis 2012 einen Marktanteil von 3,9 %; nach jedem ▸Skandal ging es voran. Trotz rosiger Aussichten aber haben kleinere ▸Bioläden kreativ zu kämpfen: Modernes Bio soll für Jüngere sogar mehr Sexappeal bekommen. Ob das Herausforderung oder Zumutung ist, wird sich erst zeigen …

Biobranche

Weil sie nur Vernünftiges will und im Wettbewerb mit Unvernunft steht, ist die Branche der Bios ein Faszinosum – und ein Politikum. Zu ihrer Selbstorganisation hat sie schonend lange gebraucht und wurde ebenso lange **belächelt oder gar bekämpft**. Unbeirrbar sammelten die ▶Anbauverbände ihre Mitmacher. Bio-Verarbeiter schlossen sich 1983 zu einem Verbund zusammen, der 1988 zur **AGÖL** *(Arbeitsgemeinschaft ökologischer Lebensmittelhersteller)* wurde.

Diese hatte längst die Zunahme von Öko-Handelsmarken und den Erfolg von ▶Bio-Siegeln in den Nachbarländern registriert. So kam es zum Ruf nach einem deutschen Bio-Zeichen, 1999 zum Vorläufer, dem kurzlebigen runden ÖPZ *(Öko-Prüfzeichen)*. Das erste ▶EU-Biosiegel löste es von 2000 an ab, das sechseckige ▶Bio-Siegel wurde ein Jahr später zum deutschen **Erfolgsemblem**.

Spätestens seitdem hat die Biobranche auch ihre spezifischen Wachstumsprobleme. Mit fortschreitender Vernetzung mussten alter Idealismus und Pioniergeist um zeitgemäße **Lobbyarbeit** ergänzt werden.

Nach Richtungsstreit in der AGÖL und deren Auflösung 2001 entstanden im Jahr darauf zwei Neuorganisationen: Die **AoeL** *(Assoziation ökologischer Lebensmittelhersteller)* als Nachfolger, dazu der ▶**BÖLW** *(Bund Ökologische Lebensmittelwirtschaft)* für alle Anbauverbände sowie Verarbeiter und Händler.

Dieser BÖLW ist die lauteste Stimme der Branche; als Ergänzung zu dessen eher handelsorientierter Strategie gründete sich 2011 der ▶**BVÖL**, der gerade innerhalb des BÖLW die bäuerliche Perspektive stärken will.

Trotz artiger Konsultationen wahrt die Biobranche eher Distanz zum Agrarlobbyisten DBV *(Deutscher Bauernverband)* und seinem Fachausschuss Ökologischer Landbau. Insbesondere der BÖLW musste das Gespannfahren durch den **Hindernisparcours der Politik** von der Pike auf lernen – mit Erfolg. Heikel sind Erzeuger- wie Handelsprobleme, weil der ▶Bioboom Konzentrationen am Markt forcierte und steigende Importe die ▶Preise drücken. Themen sind längst auch die hohen Margen des Zwischenhandels oder die Belieferung konventioneller Einzelhandelsketten mit „Verbandsware“. Selbst ▶Bio-Supermärkte liefern sich Preiskämpfe, während der **BNN** *(Bundesverband Naturkost Naturwaren)* als Plattform für Einzel- wie Großhandel sowie Hersteller praxisnah vermittelt. Er fördert gern auch kleinere „Ladner“ – etwa indem „Edekaner“ nur fallweise und regional an Bio kommen. Seit 2008 wahrt der eigene Bio-Kodex die Regeln und appellierte bis 2012 an Grundsätzliches: „Bio kann mehr“.

Wissenschaftlich begleitet wird die Verbandsarbeit z. B. vom **FiBL** *(Forschungsinstitut für biologischen Landbau)*, dessen Direktor Urs Niggli nicht nur bei der ▶**IFOAM** mitarbeitet, sondern auch außerhalb der Branche als fundierter Bio-Erklärer gilt.

Biobranche: So engagiert sie ist, so vielfältig ist sie auch noch strukturiert – der BNN hilft, fährt Kampagnen und vermittelt ausgleichend

FiBL Forschungsinstitut für biologischen Landbau EXCELLENCE FOR SUSTAINABILITY

Bundesverband Naturkost Naturwaren

kodex Die Selbstverpflichtung der Naturkost-Branche

Biobranche: Sie hat emsige Verbände und renommierte Institute wie das FiBL mit seinem Boss Urs Niggli

Schön divers: Erhalt und Förderung der Arten- und Sortenvielfalt ist Öko-Ziel, und sei es im tierisch hochlebendigen Ackerrandstreifen

Biodiversität
Als Oberbegriff für biologische Vielfalt erst anno 1986 auf einer US-Tagung erfundener Begriff (populistisch kurz aus *biological diversity*) zur Problematisierung der **Verluste in Flora und Fauna,** seit sich Umweltbedingungen dramatisch verschlechtern. Die Naturschutzorganisation IUCN *(International Union for Conservation of Nature and Natural Resources)* zählte 2012 allein 20 219 Tiere bzw. Pflanzen auf der Roten Liste als „gefährdet“ auf. Davon galten 2 129 Tiere und 1 821 Pflanzen sogar als **„vom Aussterben bedroht“**. Die Artenvielfalt ist teilweise schon so spürbar gemindert, dass Forscher den *tipping point* in wenigen Generationen erreicht sehen, dann würde es für eine Umkehr zum Besseren zu spät sein. Der „Erdgipfel Rio + 20“ wurde 2012 zum Flop – die Staatengemeinschaft hatte versagt. Dabei war für die „UN-Dekade der biologischen Vielfalt 2011–2020“ so viel beschworen worden. Seit 2012 soll ein UN-würdiger „Weltbiodiversitätsrat“, die sog. IPBES *(Intergovernmental Science Policy Platform on Biodiversity and Ecosystem Services)* mit Sitz in Bonn, Entscheidungsprozesse und globale Ökosystemdienstleistungen fördern. Bis 2050 soll ein **„Ökosystemansatz“** mit Ressourcenmanagement globale Ergebnisse zeitigen: Schluss mit Flächenverbrauch, Habitatzerstörung, Übernutzung von Böden, Erosion, Gewässerverschmutzung, Überdüngung, Ende der Sortenarmut in der Landwirtschaft und Kampf gegen den dramatischen Verlust genetischer Ressourcen (▶Agrobiodiversität); dazu Bewahrung von regionalem, traditionellen Wissen um Pflanzen oder Tiere – und nicht zuletzt Schadens-

begrenzung durch Kontrolle von Biotechnologie und Pharmabetrieben in den Industrieländern. Immerhin wurden etliche „Erbgut-Schatzkammern“ etwa in Spitzbergen, Depots für ▸Saatgut sowie die **Millennium-Samen-Bank** (für mind. 25 % der Weltpflanzenarten bis 2020) angelegt. Erfolgsberichte zu Biodiversitätsstrategien der deutschen Bundesregierung fallen stets so beschämend aus, dass seit 2011 an der Akzeptanz und für die Mitwirkung der Bürger gearbeitet werden sollte – bis 2015 mögen doch bitte sehr 75 % der Bevölkerung das Thema wichtig finden. Mit dem **Bekenntnis zu Bio** wäre der animalen wie floralen Diversität schon ansatzweise geholfen, wie zahlreiche Untersuchungen beweisen. Doch der Trend zum Verlust der Biodiversität, klagte der „Kritische Agrarbericht 2011“, sei ungebremst.

biodynamisch

Der so sehr entschlossen klingende Inbegriff ist das verkürzte Schlag- und Bekenntniswort des ▸Anbauverbandes ▸Demeter, der die biologisch-dynamische Wirtschaftsweise in der Agrarwelt etablierte – seit den 1920er-Jahren. Überbauliche Grundlage ist die ▸Anthroposophie. Deren Theoretiker **Rudolf Steiner** hatte 1924 seine Anhänger überzeugen können, dass es „Geisteswissenschaftliche Grundlagen zum Gedeihen der ▸Landwirtschaft“ gebe und für die Praxis zu nutzen gelte. Elementar dabei ist die ganzheitliche Betrachtung von Betrieb samt Menschen, von Bodenfruchtbarkeit, Humusbildung, Pflanze und Tier einschließlich für wichtig erachteter immaterieller, also „übersinnlicher“ Faktoren. Denn **das biodynamische Naturbild** kennt insg. vier Dimensionen, von einer stofflich-physikalischen über die lebendig-ätherische und seelisch-astrale bis zu der ichhaft-geistigen. Solche Schau auf die Dinge ist glaubensstark entscheidend für Aussaat, Pflege, Ernte sowie deren Gehalt – wenn auch nur mithilfe der umstrittenen ▸Biophotonik beweisbar. Dabei wirken im Biologischen ganz dynamisch Stofflichkeiten als Träger von Kräften, welche die **„Vitalität“** ausmachen. Absolut naheliegenderweise werden so Stoffkreisläufe gesehen, postuliert und praktiziert – auf dem Biohof etwa als in sich geschlossene „Wesenheit“, indem dieser Kompost, ▸Düngemittel, ▸Saatgut und **hilfreiche „Präparate“** auf organischer Basis selbst produziert. Oberstes Ziel ist die Optimierung von Humus mit natürlich verrotteten und dann biologisch „aktivierten“ Präparaten für eine „harmonische Pflanzenentwicklung“; vergrabene Kuhhörner etwa sammeln dazu Erdkräfte, Bergkristall soll sie konzentrieren und festhalten. Manche dynamisierende und **fast kontemplative Rituale** sind für Außenstehende befremdlich. Doch ob „Eso“ oder nicht – auf Demeter-

biodynamisch: Demeter-Bauern haben es in der Hand, mit Hornkiesel oder mit Hornmist Energiegaben zu verteilen oder in einer einstündigen, fast meditativen Rührrunde Spritzpräparate zu dynamisieren

Demeter-Produkt: Von biodynamisch wirtschaftenden Höfen kommt nur Naturbelassenes wie solche frische „Alpenmilch“

biodynamisch: Der älteste und strengste Anbauverband Demeter operiert längst höchst erfolgreich auch international

feldern und -beeten wirkt sich so viel Gespürsinn für Naturkräfte höchst gedeihlich aus. Und die viele Handarbeit schärft sicher den biodynamischen Blick auf Pflanzen wie auf alle Tiere, die streng ▸artgerecht, hier sogar „wesengemäß" gehalten werden (etwa bei nie enthornten Kühen).

Biodynamische ▸Züchtung setzt zudem auf klassische Selektion und auf samenfeste ▸Sorten und wurde zum Bio-Hoffnungsträger, seit dem Saatgutmarkt ungesunde Konzentration (▸Monsatosierung) widerfuhr, die Inflation der ▸Hybriden und ▸Patente bedrohlich wurde und die sog. Kleine ▸Gentechnik voranschreitet.

Biodynamische Produkte erzielen durch ihre hohe Glaubwürdigkeit, Knappheit und **Skandalfreiheit** denn auch zu Recht höchste ▸Preise und werden nicht nur von ▸*Slow Food* regelmäßig gelobt. Ob sie auch eine mess- wie schmeckbar höhere ▸Qualität haben, wird von Vermarktern hartnäckig diskutiert – bei ▸Biowein etwa sind die „Biodynamiker" längst etabliert. Immerhin gilt die biodynamische Landwirtschaft unter Experten v. a. wegen der Humusbildung als ▸**nachhaltigste Form** des Landbaus – wohl erkenntnistheoretisch, aber genauso ganz erkenntnispraktisch …

BioFach

Naturgemäß hat die Bioszene mal kleinteilig angefangen, in vereinzelter Vielzahl von ▸Anbauverbänden, Initiativen und Alternativen. Doch mit dem ▸Bioboom kamen öffentlichkeitswirksame Strukturen hinzu, von denen sich die BioFach seit 1990 (anfangs in Ludwigshafen, seit 1999 in Nürnberg) als **„Bio-Weltleitmesse"** durchsetzte, mit fast 2400 Ausstellern als Leistungsschau für ▸Biolebensmittel und ▸Trends. Seit 2007 ist das grüne Event ein Messe-Duo mit der „Vivaness" für Naturkosmetik und Wellness; gemeinsamer Slogan: „Hier trifft sich die Bio-Welt" – allerdings nur als Fachbesucher.

In der Selbstdarstellung ist man nicht zimperlich, aber zugleich glaubwürdig, immerhin steht eine hochprofessionelle *NürnbergMesse GmbH* (aus Freistaat, Stadt, Handels- und Handwerkskammer) dahinter. Teilnehmer und Produkte sind streng bio-geprüft, sogar die 41 800 Fachbesucher aus 126 Ländern (2013) kritisch verlesen. Die Fachmesse auf 77 000 qm und die Pressearbeit dazu sind so erfolgreich, dass die BioFach alle Frühjahre wieder zur Plattform für Ökopolitik und **globales Bio-Marketing** wird. Im Turnus wird ein Partnerland promoted, stets werden Ex- und Importe diskutiert und natürlich Neuheiten ausgestellt, goutiert und diskutiert – seit 2001 auch bei den Ablegern in Asien, Neuseeland, Nord- wie Südamerika.

Nicht zuletzt macht der konsequente ideologische Überbau neben dem Bio-Flair vor Ort die Ausstrahlung aus, weil jährlich neue Schwerpunkte nicht nur in Foren diskutiert, sondern auch der Politik kommuniziert werden. So gerieten **Bio-Wertbegriffe** wie ▸Regionalität, ▸fair + bio, ▸Ethik, aber auch Boompotenziale wie etwa ▸ökologische Aquakultur oder (in

2014) ▸veganes Leben als Trend in den Fokus. Immer stärker beachtet werden die alljährlichen **Preisverleihungen**: „Best New Product Awards", der „MUNDUSvini" für ▸Bioweine, der „Bio-Olivenöl-Preis", „Bester ▸Bioladen" oder der „Bio-Toque" für die ▸Biogastronomie (von ▸Bioland). **Nota bene:** Daneben etablierten sich etliche Regionalmessen für das Normalpublikum: Bio-Nord (seit 2005, heute in Hannover) sowie Bio-Süd (Augsburg, seit 2009), seit 2013 auch die Bio-West sowie Bio-Ost in Düsseldorf und Berlin.

BioFach: Weltgrößte und damit Leit-Messe der Biobranche als globales Stelldichein mit Politprominenz

Biofisch

In freier Natur aus der heilen Welt seines unbelasteten Wassers gezogen, das wäre doch im besten Allgemeinverständnis allerbester Biofisch! Von wegen: Das wäre ein Wildfang, der grundsätzlich **nicht bio-zertifizierbar** ist. Ein ▸Bio-Siegel bekommen nur „Erzeugnisse", deren Herstellungsprozess auf klar definierten Bio- bzw. Öko-Richtlinien basiert, ob nun jenen der ▸EG-Öko-Verordnung oder denen der diversen ▸Anbauverbände. **Besiegelten Biofisch** kann es also nur als ▸Fisch aus ▸ökologischer Aquakultur geben. Erst 2009 nahm die EU diese Kategorie in die Richtlinien zur ▸ökologischen Tierhaltung auf; Verbandsaquafarmer aber hielten in den 1980er-Jahren schon Zuchtfische, v. a. in Teichwirtschaften. Das waren fast ausschließlich Friedfische, also Pflanzen- bzw. Allesfresser, die kein Fischmehl oder andere tierische Futtermittel benötigten. Raubfische wie ▸Lachs kommen erst seit der Jahrtausendwende in großem Stil ökologisch gefarmt. Doch die Zahl der Öko-Zuchten wächst, in Deutschland waren es 2012 statistische 181. Obwohl beim „Ökobarometer" 2013 nahezu jeder vierte Biokonsument angab, häufig oder ausschließlich Biofisch zu kaufen, machte der **Bio-Anteil** bei Fisch 2012 etwa 2 % aus (in ▸Österreich und der ▸Schweiz ist er schon viel höher). Da die ▸Aqua-

Biofisch: Zertifiziert stammt er immer aus sog. ökologischer Aquakultur mit dann wenigstens noch annähernd artgerechten Haltungsbedingungen

Biofisch: Pangasius kommt oft aus Fernost zu uns und wird dort noch händisch „geerntet“

Biofisch-Siegel: „Deutsche See“ (oben) besiegelt Fischgenuss ohne allzu große Reue – Naturland bietet sogar zertifizierten Wildfisch

kultur angesichts von ▶Überfischung und dramatisch sinkender Wildbestände ein Boom-Markt ist, wird sich hier auch auf dem Bio-Sektor viel tun. Besser wäre es – denn der arme, **nicht mehr wilde Fischvetter** aus konventioneller Zucht muss sich (eingenetzt mit futterneidischen Tausenden seinesgleichen) in buchstäblich stummer Ergebenheit alles gefallen lassen, was Profitmaximierer sich an engen Gehegen, nicht ▶artgerechtem Futter, pharmazeutischen „Wohltaten“ oder Wachstumsbeschleunigern ausdenken. Wohlgemerkt: Für unsere Standard-Fischmahlzeit und den längst globalen Fischappetit.

In der Öko-Aquakultur gelten immerhin viel geringere Besatzdichten, bewegungsreichere, artgerechtere Aufzucht, keine Wachstumsbeförderer, ▶Hormone oder prophylaktisch verstreute ▶Antibiotika.

Dabei ist Fisch mit den legendären ▶Omega-3-Fettsäuren eigentlich wertvoll für die menschliche Gesundheit – dann aber ganz generell Biofisch! Diese Empfehlung geben sowohl der Fischführer vom ▶WWF als auch jener von ▶*Greenpeace.*

Denn **Wildfische** sind trotz allerlei Quotierungen, Fangverboten oder Beifangregulierungen immer noch hochgefährdet und können in den seltensten Fällen als „empfehlenswert“ gelten – auch wenn gerne mit dem modischen Begriff ▶Nachhaltigkeit hantiert wird (▶MSC). Und trotzdem hat der so strenge Anbauverband ▶Naturland ein ▶Gütesiegel mit Wildfisch-Zusatz, das allerdings nur für ein Projekt in Tansania vergeben wird und dezidiertere Anforderungen stellt. Und wird im ▶Bioladen doch mal Wildfisch angeboten, so muss nach den Sortimentsrichtlinien des BNN *(Bundesverband Naturkost Naturwaren)* „die nachhaltige Bewirtschaftung“ bewiesen sein. Echter Biofisch ist das nicht! Wildfisch aus dem Meer, See oder Fluss ist und wird kein wahres Bio-Thema.

Biofleisch

Ob überhaupt, ist eine Gewissensfrage, die sich ▶Vegetarier und ▶Veganer noch eher erleichterten Herzens beantworten. Für sie gibt es keinen Tottier-Konsum. Ihre **ethischen Argumente** wiegen schwer, nur ganz bedenkenlose Fleischmöger haben es noch leicht mit ihrem vermeintlich gesunden, tierischen Appetit.

Dabei wird der seit Jahren gründlich verdorben durch allerhand ▶Skandale und die Empörung über entlarvte ▶Massentierhaltung, artfremde ▶Züchtungen oder sogar ▶Qualzucht, gentechnisch veränderte ▶Futtermittel, verschwenderischsten Missbrauch von

▶Tierarzneimitteln, antibiotikaresistenten ▶Keimen und Grausamkeiten beim ▶Schlachten. Dabei gehört all dies zum ganz normalen und stets verdrängten **konventionellen Alltag** bei der „Produktion" von ▶Fleisch. Zum Genuss der auch noch höchst

Biofleischtheke: Lange ein Tabu für Natur- oder Reformköstler, heute moderne Verkaufsstelle mit sehr hohem Vertrauensbonus

preiswerten Fleischlichkeiten passt für Aufgeklärte eigentlich längst nur noch ein schlechtes Gewissen.

Ohne ein solches wäre der Verzehr von Fleisch nachgerade angenehm – und das geht. Halbwegs wenigstens. Denn die Alternative heißt Biofleisch, doch für Experten ist auch das Produkt vom Biotier kein bedenkenfrei „gutes", aber immerhin auf jeden Fall **das „bessere" Erzeugnis**.

Für Biofleisch sprechen ▶Tierschutz (möglichst ▶artgerechte, raumgönnende, stressfreiere ▶Tierhaltung mit Auslauf, Transport- und Schlachtrücksichten) sowie etliche „Reinheitsgebote" (keine Turbomast, niemals Wachstums- und Leistungsförderer, kein Genfutter, weniger Tierarzneimittel) – aber nicht unbedingt die CO_2-Bilanz. Denn durch extensivere Landnutzung, höhere ▶Veredelungsverluste und längere Tier-Lebenszeit kann der ▶Carbon Footprint von Biofleisch sogar höher ausfallen. Dass resistente Keime auch bei Bio gefunden wurden, ist Fachleuten kein Rätsel, weil diese ubiquitär (also überall) vorkommen und vermutlich durch Kontaminierung in Mischbetrieb-Schlachthäusern verschleppt wurden.

Längst noch nicht allüberall ideal sind die prinzipiell besseren Bio-Bedingungen ganz speziell bei der ▶Mast von ▶Geflügel (Bio-Anteil nur 0,8 %), weil größere Biohöfe es auch in Massen halten und geeignete Zuchtlinien fehlen; die Haltung von ▶Schweinen (Bio-Anteil 0,4 %) bei bislang hohem Wettbewerbsüberdruck ist ebenso noch anrüchig, bessert sich aber zunehmend. Bio-Rinderhaltung ist meist noch nicht einmal kostendeckend …

Biofleisch: Es hat nur einen winzigen Anteil am Markt, es gibt viel zu wenig – und es ist aus gutem Grund viel besser, aber auch erheblich teurer

Auf diesem Weg aber redeten und reden die karnivoren Verbraucher ein entscheidendes Wörtchen mit: Sie wenden sich vermehrt dem Biofleisch zu. 2012 gab es ein **Umsatzplus von 18 %** (beim ▶Fleischersatz waren es allerdings fast 28 %), doch

der Bio-Anteil liegt insg. etwas über 1 %. Der Bio-Mehrpreis ist zwar **angesichts der viel höheren Kosten** für Futter und aufwendigere Haltung gerechtfertigt, schreckt im Gegensatz zum einfach zu billigen konventionellen Fleisch aber offenbar ab. Bio-Rinderhack war 2010 nur 41 %, Bio-Schweinekotelett aber 92 % teurer als konventionelle Ware, und Biohähnchen kosteten sogar das Vierfache!

In Bioqualität bekommen Küche wie Verarbeiter aber auch **das besondere Fleisch**: Von ungespritzter Gesundheit, mit natürlicherem Futter natürlicher gewachsen, ohne Turbotricks, dank Bewegung geschmackreicher fettmarmoriert, nicht auf Wasserhaltigkeit getrimmt, mit einer günstigeren Zusammensetzung der ▸Fettsäuren, jenem Mehr an konjugierter Linolsäure (▸Omega-3). Viel davon beweist sich **schrumpffrei** schon in der Pfanne, mehr noch durch Zartheit auf dem Teller und als kaukommode sog. Scherkraft zwischen den Zähnen. Nicht nur, weil man es besser weiß – sondern es tatsächlich schmeckt und genießen kann.

Tipp: Irritierender Geruch nach dem Öffnen von Bio-Vakuumverpackungen kommt von den Reifungsgasen, die durch Temperieren (30 Minuten vor dem Zubereiten aus dem Kühlschrank nehmen) verfliegen.

Biofleisch: Öko-Tierhalter haben es schwer und tun sich auch schwerer mit ihren Tieren bei artgerechterer Haltung – aber besseres Fleisch zahlt sich auch als der bessere Schinken nur aus

Biogastronomie

Langsam, aber sicher kocht sie sich zurecht. Unsicher waren in den frühen Zeiten des ▸Biobooms die Erfolgsaussichten, vorschnell der Pressejubel, öfter gingen bestgemeinte Bio-Konzepte für gesundes ▸Fast Food nicht auf.

Am schnellsten entsprach **die Systemgastronomie** dem trendigen Bio-Wunsch, McDonald's mit ▸Bionade und Biomilch, die Deutsche Bahn mit monatlich wechselnden Bio-Gerichten, und IKEA hatte sich schon 2004 zertifizieren lassen.

Denn wer Bio ausdrücklich für den Gesamtbetrieb oder auf der Speisekarte nur gerichteweise auslobt, muss (außer für Wild und Wildfisch) offiziell von ▸Öko-Kontrollstellen zertifiziert und dann regelmäßig geprüft werden. In Deutschland gab es 2011 erst **rund 2 000 zertifizierte Bio-Küchen** inkl. jener für AHV *(Außer-Haus-Verpflegung)*, aber immerhin schon eine Fachzeitschrift „BioKüche".

Das Thema Bio wurde seit 2008 in die sog. gehobene Gastronomie getragen, weil sich auch Ctefan Wohlfeil als Präsident des VDK *(Verband der Köche Deutschlands)* für **„das zarte Pflänzchen Bio"** einsetzte – aus Prinzip auch für Kantinen und Schulverpflegung. In der Gastronomie jedoch ließen sich ja höhere Preise durch Kommunikation mit erwartungsfrohen Gästen (▸Bio-Gourmets) besser durchsetzen, mit Nischenprodukten kreativer arbeiten und „dem Thema den philosophischen Hintergrund nehmen", wie Wohlfeil betonte: Bio in allen Segmenten der Gastrono-

Biogastronomie: Seit kreative Köche ökologisch, regional und auch kräuterkundiger kochen, gibt es beachtliche Bio-Spitzenköche

mie sei deshalb nur zu begrüßen. Tatsächlich ist die Bio-Zertifizierung ein lohnender Weg, den ziemlich undefinierten Trend ▸Nachhaltigkeit mit Produkten aus ▸regionaler Erzeugung und ▸saisonalen Akzenten auf glaubwürdige Weise zum Mehrwert zu machen. Sogar Ausbildungswege zum „Fachberater BioGastronomie" wurden 2009 angelegt, seit 2003 machen die bundesbehördlich finanzierten **„Bio-Spitzenköche"** von sich reden. Einer von ihnen ist Rainer Hensen („Burgstuben Residenz" in Randerath bei Aachen), der sich einen Michelin-Stern erkochte und ▸Biolebensmittel bevorzugt.
2012 wurden erstmals Profi-Köche mit der von ▸Bioland initiierten **„Bio-Toque"** geehrt – zum „Biokoch des Jahres". In der Show-Küche der Messe ▸BioFach entschieden im Februar 2013 Jean-Philippe Aiguier und David Münch vom „Hofgut Ruppertsberg" den Wettbewerb für sich. Das Motto lautete: „Küchenchefs lieben Bio", und Kenner betonten, Bio solle als **Zusatzargument** ins Spiel kommen, um den Marktanteil von gerade mal einem Prozent bald auszubauen.
Immerhin: Beim „Ökobarometer" 2012 gaben 74 % der Befragten an, sie würden in Restaurants mit gehobener Küche gerne auf Bio treffen. 41 % fanden dies explizit „wichtig", 33 % sogar „sehr wichtig". Gut Ding soll und wird wohl Weile haben …

Bio-Gourmet

Jawohl, es gibt sie längst, und es gibt immer mehr ihrer Sorte. Als Jünger grüneren Lifestyles (▸LOHAS) oder im Geiste von ▸*Slow Food* sind sie hartnäckig besten Produkten und puren Geschmäckern auf der Spur, achten aber strenger als die Slowfoodies auf **die ökologische Herkunft** und damit, besonders bei tierischen Produkten, auf das ▸gute Gewissen als Grundlage ihres Schlemmens (▸Genusswert). Eine ▸vegetarische oder gar ▸vegane Gourmandise ist denn auch für viele Bio-Gourmets kein freudloses Zugeständnis an die ▸Ethik, sondern ein immer auch **genussvoller Anspruch**.

Bio-Feinschmeckerei: Sie hatte schon vegetarisch und vegan ihre grüne Vergangenheit, mit dem Bioboom ist Öko-Kulinarik auch besiegelbar, von Bio Suisse

Bio-Feinkost: Noch etwas befremdliches Wort für echte Raffinessen aus ökologischer Herstellung

Bio-Gourmets haben verinnerlicht, dass ▸bio = besser keine Frage ist und warum ▸**Premium-Bio** ihr Einkaufssegment wurde. Wenn sie kochen, schmeckt man es dem ▸Biofleisch an, dass keine Turbomast auf Einheitsqualität hinauslief. Bei vielen ▸Biolebensmitteln goutieren Bio-Gourmets ausdrücklich nicht mehr den nivellierten Geschmack von ▸Hybriden, schätzen eigene Rezepte und gern mal solche der ▸Biogastronomie mit möglichst ▸regionalem Background, eher ▸alten Sorten oder ▸artisanalen Produkten. Sie entdecken **Bio-Delikatessen** wie Granatapfel-Balsamico, fleischlos feinen Brotaufstrich „Champagner-Trüffel", Bio-Räucherforellenwürfel, Honigschinken oder Dinkelzöpfe. In der Regel sind dann Mit-Esser fasziniert und verlegen sich ebenfalls darauf, der **Bio-Feinkost** zu frönen. Das öfter beklagte sensorische Defizit bei Bio ist Geschichte – was einst ▸Geschmackssache war und ertragen wurde, wird nun als eigene, weil naturnahe ▸Qualität genossen. In Deutschland bildet ein Kölner *BioGourmetClub* samt Akademie für die v. a. vegetarische Bio-Küche weiter, allerlei Lieferdienste umwerben schon die Bio-Kenner-Klientel. In Bio-Restaurants gibt es teilweise schon keine baren ▸Fruchtsäfte mehr, sondern **„Saftcuvées"** ohne Alkohol in den Weinfarben weiß, rot oder rosé. Und in der ▸Schweiz verleiht ▸Bio Suisse seit 2006 die „Gourmet-Knospe" als Zusatz-Label für erlesene Bioerzeugnisse. Man bringe so, so heißt es, bei anspruchsvollsten Produktionsstandards den „Geschmack zurück".

Der Gourmet genießt bewusst sein Wissen um die Dinge – auch bei Bio.

Bio international

Global betrachtet hat der ▸ökologische Landbau noch immer ein großes Wachstumspotenzial – wenn er auch ein erst kleineres Erfolgsmodell ist.

Seit 2000 haben sich die hoffnungsgrünen Öko-Areale auf dem blauen Planeten zwar verdreifacht, aber 2011 machten die 37,2 Mio. Hektar erst **0,86 % der Anbauflächen** aus.

Experten von ▸IFOAM *(International Federation of Organic Agriculture Movements)* und FiBL *(Forschungsinstitut für biologischen Landbau)* rechneten hoch, dass weltweit 1,8 Mio. Produzenten für ▸Biolebensmittel schufteten; fast ein Drittel von ihnen stammt allein aus Indien. Der globale Bio-Umsatz ist seit 2002 um stolze 170 % gewachsen und wurde für 2011 auf **knapp 63 Mrd. USD** (US-Dollar) geschätzt; der Löwenanteil von mehr als 90 % wird in Nordamerika und Europa generiert. Die größten Einzel-

märkte waren die USA (29 Mrd. USD), Deutschland (9,2 Mrd. USD) sowie Frankreich (5,2 Mrd. USD).
Deren Bio-Versorgungslücken schließen andere Weltregionen – weshalb Asien, Lateinamerika, sogar Australien **Hauptexporteure** sind. So wurde Bio-Nachfrage längst auch zur Entwicklungs- und Exporthilfe und ist dann am sinnvollsten, wenn ▸fair + bio zusammenkommen.
Verblüffendes ereignet sich längst in **China** mit seinem idealem Klima für Öko-Landbau und schon 2011 auf Rang vier bei den globalen Ökoflächen liegend (nach Australien, Argentinien und den USA). Chinas zertifizierte Felder wachsen jährlich um 30–50 %, 2020 soll so der Bio-Anteil in dem Riesenland auf 1–3 % steigen.

Bio international: Ökologisch wie organisch sind internationale Begriffe im längst globalen Business, allüberall eng kooperierend in den Zertifizierungshierarchien

Dass ▸Biobauern weltweit „ackern", ist das eher falsche Bild: Global gesehen waren 62 % ihrer Flächen 2011 sog. **Dauergrünland**, 17 % dienten Ackerkulturen (besonders Getreide und Grünfutter), sog. Dauerkulturen wie Kaffee, Kakao, Oliven, Nüsse oder Wein gediehen ökologisch auf 7 % der Flächen, Sonstiges dann auf den Restprozent-Arealen. Den größten Bio-Flächenanteil haben übrigens die kleinen Falklandinseln mit 35,9 %!
Segen und Strukturen dieses globalen Bio-Marktes kommen auch von oben: Die sog. **Codex-Alimentarius-Kommission** von WHO und FAO definierte Empfehlungen, wenn auch nicht gesetzlich bindende Regeln, zur Erzeugung, Verarbeitung, Deklarierung und Vermarktung von Bioprodukten. Verpflichtende Richtlinien gibt es neben amtlichen Bio-Regularien von **86 Ländern weltweit** (2011) von der IFOAM als globaler Vereinigung der ▸Anbauverbände. So kann ein Biobauer immer Regionalversorger sein und Global Player zugleich …

Biokiste

Eigentlich ökologisch wie nährwertig die **vernünftigste Bio-Konsumform** – unmittelbarer, grüner, ▸saisonaler geht es kaum. Der nahe Bio-Erzeuger packt sie und liefert sie Abokunden an die Haustür, hat so ohne Zwischenhändler seinen Nebenerwerb zur Stabilisierung des Betriebes; er bietet

Biokiste: Überraschungsauswahl frei Haus zum Provozieren des Repertoirs an Saisonrezepten

Biokiste: Für Ökohöfe ein einkömmlicher Pakt mit treuen Biokonsumenten, manche variieren den Inhalt per Internet und bekommen auch mal Sonderwünsche erfüllt

ganz ausdrücklich ▸Regionales wie Saisonales und auf Wunsch Zugekauftes, in seltensten Fällen ▸Importware. Und alles garantiert frisch. Nur – oder immerhin – 5 % aller deutschen ▸Biokonsumenten (darunter immer mehr junge Familien) liebten 2013 diese Ökokiste, die gern mal „Grüne Kiste" und in ▸Österreich auch **„Wunschkistel"** oder „Rohkostkisterl" heißt. Viele ▸Lohas goutieren den Lieferdienst v. a., weil nicht nur die Umwelt und das ▸gute Gewissen (meist sogar der Geldbeutel) geschont werden, sondern öfter zeitnah per Internet umbestellt werden kann. Seit Jahren schon spüren die Biokistenpacker ein **Nachfragewachstum von 20 %**! 2013 hatten sich schon 50 „Ökokisten-Betreiber" zum Verband *Ökokiste e. V.* zusammengeschlossen. Er schützt das eigenen Warenzeichen und verlangt zur Zertifizierung 100 % Bio; Extra-Sterne gibt's ab 70 % eigener wie Verbandsware oder bei 50 % Regionalanteil.

Überdies gelten soziale wie ökologische Kriterien für Lieferer. So schneien ganzjährig ▸**alte Sorten** ins Haus und Abonnenten werden Abnehmer von eher Ungewohntem: ▸Pastinaken, ▸Topinambur, urigere Tomaten, seltenere Salate wie etwa ▸Portulak oder ▸Postelein und ungeahnt reizvolle neue Kräuter. Auch im Winter ist die grüne Kiste nicht ein-, sondern vieltönig genug als **Vernunftgenuss der Saison**. Prompt erschien für derlei Vielfalt 2010 ein „Biokisten-Kochbuch", viele Anbieter legen ohnehin Rezepte dazu. Pfiffige Öko-Unternehmer etablierten sogar eine Erzeuger-Verbraucher-Gemeinschaft (als ▸Community Supported Agriculture), die mit Monatsbeiträgen vorfinanziert und durch Mitarbeit getragen wird. Soziologen finden die **Beziehungskiste von Stadt und Land** typisch für die „Sehnsuchtskonsumgesellschaft".

Biokonsumenten

Sie bezahlen und sie erhalten Bio! Nur weil es sie gibt, kann ein ▸Biobauer oder -Hersteller auch viel an die Frau (typisch) oder an den Mann (eher weniger) bringen. Laut „Ökobarometer" 2013 kauften 22 % der Deutschen **häufig oder ausschließlich** Bio. Am ehesten aus Überzeugung – während es Gelegenheitskäufern auch um die Hoffnung ▸bio = gesünder geht. Interessant ist, dass höhere ▸Preise bei den Informier-

Biokonsumentin: Sie kauft eher und mehr, Männer sind noch Einkaufsmuffel

ten eher keine „Kaufbarriere“ sind, längere Wege auch nicht, mehr fehlende örtliche Verfügbarkeit oder Sortimentstiefe. Deshalb wird bei den ökologischen ▸Handelsmarken im ▸Supermarkt oder beim ▸Discounter zugegriffen, Bio also unbekümmert parallel eingekauft. Nach ▸Skandalen jedoch können ▸Bioläden und ▸Bio-Supermärkte spürbare Umsatzsteigerungen melden; Experten schätzen optimistisch, dass etwa ein Drittel dieser **„Krisenkunden“** dem Fachhandel auch erhalten bleiben werde.

Der typische Bio-Warenkorb unterscheidet sich signifikant vom Normaleinkauf: 2011 z. B. machten mit jeweils etwa 10 % Brot und Backwaren, Gemüse, Obst und Milchprodukte die höchsten Anteile aus. Im Gegensatz dazu waren die „Top 4“ der konventionellen Waren alkoholische Getränke (10,3 %), Fleisch (7,4 %), Süßwaren (7,4 %) sowie Brot und Backwaren (6,8 %). Diesen Trend deutete schon die **„Nationale Verzehrsstudie II“** mit Daten von 2005–2006 an, der zufolge Biokonsumenten größeren Wert auf eine gesunde Ernährung und ▸Ethik legen: Es fanden sich unter ihnen mehr als dreimal so oft ▸Vollwertköstler und mehr als doppelt so viele ▸Vegetarier.

Die Branche selbst schätzt und pflegt **die sog. Dunkelgrünen** – schließlich fand die GfK *(Gesellschaft für Konsumforschung)* schon 2011 heraus, dass diese Intensivkäufer (3 % aller deutschen Haushalte) knapp 40 % des Bio-Umsatzes generieren! Die Vielkäufer stellen sich immer weniger als die vielzitierten Besserverdiener und Bessergebildeten von über 50 heraus – viel eher sind heute **junge Familien mit kleinen Kindern** die typischen Bio-Möger. Dazu kommen immer mehr „hellgrüne Hedonisten“, die als ▸Lohas auch auf altruistische Beweggründe achten und deshalb traditionelle Grenzziehungen sprengen. Für sie sind neben der Selbstvergewisserung als „Besseresser“ auch ▸Nachhaltigkeit und ▸Tierschutz keine leeren Schlagworte. **Das ▸gute Gewissen** isst beim Biokonsumenten eben immer mit, und skurrilerweise schadet es laut Untersuchungen sogar, wenn Biowaren allzu gestylt daherkommen. Das kritische Bio-Auge kauft eben mit …

Biokreis: Anbauverband mit expliziter Wertschätzung der Region

Biokreis

Seit 1979 rundum ein eingängiger Vereinsname für den viertgrößten deutschen ▸Anbauverband, dessen Gründer als **Bio-Pioniere** erst nur regional im *Biokreis Ostbayern e. V.* aktiv waren – 1999 wurde daraus Biokreis.

Biokreis fair: Zu Bio zählt das Regionale und Soziale, deshalb wird das Trendlogo regelrecht handgreiflich

Man betreut, berät, betreibt Lobbyarbeit und zertifiziert ▸Biobauern **in 1 024 Betrieben** (Ende 2013) den Hof bis zur Ware, arbeitet mit knapp 100 Verarbeitern zusammen und verleiht seit 2006 Hotels und Gaststätten (▸Biogastronomie) das Ährenlogo als ▸Bio-Siegel. Im Gegensatz zur ▸EG-Öko-Verordnung schreiben die Biokreis-Richtlinien eine vollständige ▸Umstellung vor, was eben auch für gastronomische Betriebe gilt.

Biokreis agiert insgesamt **über den EU-Standards** (▸Premium-Bio): Nur

Biokreis: Foto aus dem Album des Verbandes mit den frühen Bio-Pionieren der 1980er-Jahre

ganz umgestellte Biohöfe, die Fruchtfolgen einhalten und vorwiegend betriebseigene ▶Düngemittel, aber keine synthetischen Zusätze im ▶Futter nutzen; gekämpft wird für ökologisches ▶Saatgut und gegen ▶Gentechnik. Genau definiert sind ▶artgerechte Methoden der ▶ökologischen Tierhaltung, etwa mit kleineren Beständen. Selbstverständlich dabei sind Jahreskontrollen und **unangemeldete Besuche** bei jedem fünften Betrieb – oder bei einem verdächtigen.

Mit etwa 40 ha Größe sind Biokreis-Höfe kleiner als der Verbandsdurchschnitt von rund 60 ha; dazu passt der dezidierte Anspruch **„bäuerlich-ökologischer Landwirtschaft"**, deren Produkte in „handwerklicher Lebensmittelverarbeitung" veredelt werden sollen. Anfang 2013, als der ▶Skandal um umdeklarierte „Bio"-Eier und überbelegte Legehennenställe auch bei Bio-Betrieben (allerdings nicht von Biokreis!) publik wurde, meldete sich Geschäftsführer Sepp Brunnbauer zu Wort. Das Problem seien nicht unzureichende ▶Kontrollen, sondern die **„agrarindustrielle Struktur"** der Betroffenen. Er forderte „eine Wertediskussion in der ▶Biobranche, an deren Ende ein klares Bekenntnis zur bäuerlichen ökologischen Landwirtschaft stehen muss".

Betont werden außerdem ausdrücklich **überschaubare ▶Regionalität**, reges Verbandsleben sowie enge Kooperation mit anderen Anbauverbänden, letztlich kurze Warenwege und faire Gegenseitigkeit. Die Biokreis-Initiative mit dem händeverschränkenden Logo ▶„regional & fair" entspricht seit 2007 voll und ganz diesem Engagement. Dank der ersten Richtlinien für Bio-Leder ist Biokreis seit 2012 zudem stolz darauf, die 100 %ige Verwertung eines ▶Rindes ökologisch zertifizieren zu können.

kodex
Die Selbstverpflichtung der Naturkost-Branche.

ECHT BIO.
www.echt-bio.de

Bioläden: Sie werben für ihr kompromissloses Bio-Sortiment und werden für Kompetenz und Glaubwürdigkeit mit wachsenden Umsätzen belohnt

Bioladen

Eher unpräziser Inbegriff für ökologisches ▶Einkaufen seit den 1970er-Jahren und seitdem nicht nur polarisierend benutzt (▶Körnerfresser), sondern auch **stark diversifiziert**. Ein „Naturkostladen" hat die eher kleine Ladenfläche, aber auch größere Bio-Fachmärkte und ▶Bio-Supermärkte zählen längst zu den Bioläden; ▶Hofläden haben da ihren Sonderstatus.

Nach jedem bio-unschuldigen ▶Skandal schnellt die Biokundenzahl im Fachhandel um 10 % nach oben und hält sich oft auf erhöhtem Niveau. Allein 2012 wuchs der Naturkosteinzelhandel um 4 %, sein Umsatzanteil an ▶Biolebensmitteln hielt sich bei 31 %; etwa die Hälfte der 7 Mrd. Euro bringenden Biowaren verkauften ▶Supermärkte und ▶Discounter.

Die **Vorteile** von Bioläden liegen auf der Hand: gelebtes Bio-Engagement,

Kompetenz, Beratung, Glaubwürdigkeit, Qualität, Frische, öfter ▸Saisonales, ▸Regionales und die sog. Sortimentstiefe, also das breite Angebot. **Kleine Läden** können mit den 6 000 oder mehr Artikeln bei sog. Vollsortimentern zwar nicht mithalten; dafür liegen sie „ums Eck“, sind inhabergeführt und haben in Städten so viel ▸Authentisches wie Hofläden auf dem Lande. Zugleich mussten Städter lernen: Wo einst Biolädchen allein rumkrauteten, haben nun nicht selten ganz in der Nähe Bio-Supermarktfilialen eröffnet. Die beackern naturgemäß lieber ein schon vorbereitetes Geschäftsfeld – und werden immer öfter zu Konkurrenten. Während es manche mit Darwin halten und von „Marktbereinigung“ sprechen, gab es andernorts viel Ärger. In den meisten Fällen hilft aber nur: auf Synergieeffekte setzen und ein starkes Profil entwickeln. Das Fachblatt „BioHandel“ zitierte 2013 sechs **beispielhafte Überlebensstrategien**: Größer werden, ein genossenschaftliches Mitgliedermodell, Regionalität und Service betonen, Bistro mit Mittagstisch einführen, einen „kulinarischen Treffpunkt“ etablieren, eine eigene Metzgerei betreiben.

Solche Profilierung scheint trotz der zumeist höheren ▸Preise zu wirken, denn Anfang 2013 war es eben der Betriebstyp „kleiner Naturkostladen“, der mit 8,4 % **das größte Umsatzplus** verzeichnete. Die Biobranche setzt auf Premium-Profil- wie Premium-Preisstrategien: „Bio kann mehr“ und „echt bio“ sind Beispiele dafür – so sind Bioläden „small but smart“!

Bioland

Bioland ÖKOLOGISCHER LANDBAU

Bioland

Unter den deutschen ▸Anbauverbänden bis 2013 der größte, mit ▸Biobauern in mehr als 5 700 Betrieben. Die ökolandwirtschaften auf nahezu 280 000 ha, während knapp 1 000 verarbeitende Bio-Unternehmen das zweite Geschäftsfeld ausmachen.

Der hochoffizielle „Bioland Verband für organisch-biologischen Landbau e.V.“ ging aus dem 1971 gegründeten „bio-gemüse e.V.“ hervor und wurde sieben Jahre später umbenannt. Als **Bioland-Ursprung** gilt die Schweizer „Bauernheimatbewegung“, in der die Bio-Pioniere Dr. Hans und Maria Müller schon in den 1940er-Jahren die „organisch-biologische Anbaumethode“ propagiert hatten.

Als anno 1993 die ▸EG-Öko-Verordnung in Kraft trat, war Bioland längst viel

Bioland: Größter deutscher Anbauverband mit ganz explizit eigenen organisch-biologischen Prinzipien – große Popularität macht beim neuen Logo die erklärende Unterzeile sogar überflüssig

Bioland: Vier von zehn ungespritzten Kartoffeln können Ausschuss, alle anderen dafür zertifizierter Genuss werden

Biolebensmittel: Bio-Möhren haben den höchsten Bio-Anteil beim Gemüse, jede vierte ist Bio – sie können es sich auch mal leisten, auf Makellosigkeit zu verzichten

besser aufgestellt. Die eigenen, stets weiterentwickelten Richtlinien gehen viel weiter. 2012 fassten die **„Sieben Bioland-Prinzipien“** als Kategorien der ▸Nachhaltigkeit für eine ▸Landwirtschaft der Zukunft das Grundsätzliche zusammen: im Kreislauf wirtschaften, Bodenfruchtbarkeit fördern, Tiere ▸artgerecht halten, wertvolle Lebensmittel erzeugen, die biologische Vielfalt stärken (▸Agrobiodiversität, ▸Biodiversität), natürliche Lebensgrundlagen erhalten, Menschen in ihrer ▸Region eine lebenswerte Zukunft sichern. Die Erfüllung der Bioland-Regularien überprüfen ▸Öko-Kontrollstellen mind. einmal jährlich. Das Bioland-Logo gibt es auch für ▸ökologische Aquakultur, allerdings **nur für Friedfische**; Raubfische sind durch das Fischmehl-Verbot in der Fütterung (▸Veredelungsverluste) quasi ausgeschlossen; alternative ▸Futtermittel mit Pflanzenprotein sind als zu wenig ▸artgerecht umstritten. Zum Anspruch an die ▸ökologische Tierhaltung passen auch die Konzentration auf bäuerliche Haltungssysteme und das interne **Tiergesundheitsmanagement**, das die Regularien seit 2008 ergänzt.

Nicht zuletzt soll bei Bioland auch soziale Verantwortung gelebt werden. Seit 2013, als von „braunen Ökos“ geschrieben wurde, kann Bioland laut geänderter Satzung Mitglieder ausschließen, die verfassungs- und fremdenfeindliche Thesen propagieren. Seine Größe gibt dem Verband auch einiges **politisches Gewicht**, sogar abseits der Arbeit im ▸BÖLW *(Bund Ökologische Lebensmittelwirtschaft)*, den Bioland anno 2002 gemeinsam mit elf Partnern gegründet hatte. Entschieden wird ▸Gentechnik abgelehnt, das Verbot von ▸Patenten für Nutztiere und Pflanzen gefordert, weniger Fleischkonsum propagiert wie der Verzicht auf Energiepflanzen.

Nota bene: Bioland-Produkte werden zu selbstgeschätzten 90 % in ▸Bioläden und ▸Bio-Supermärkten verkauft und zählen so zum ▸Premium-Bio; geben Vertragsbauern ihre Kartoffeln des sichereren Absatzes wegen doch mal an ▸Discounter, dürfen sie das Bioland-Logo nicht nutzen .

Biolebensmittel

Es liest sich so ernüchternd wie einfach: Die einzelnen ▸Bio-Siegel beweisen zunächst nur die Einhaltung der Regeln für die Öko-Erzeugung – nicht den ökologischen bzw. biologischen Charakter eines ▸Lebensmittels selbst! **Öko-Spielregeln** sind zum einen die Richtlinien der ▸Anbauverbände; in weniger strenger Form wurden solche 1991 mit der ▸EG-Öko-Verordnung erstmals gesetzlich, also nicht privat definiert.

Inzwischen hat sich ein Graben aufgetan, zwischen ▸Bio light (EU-Bio) und ▸Premium-Bio (Verbands-Bio). Produkte, die nach den **durch Maximalkompromisse** etwas verwässerten

Biolebensmittel: Klar und wie hier eindeutig arrangiert haben sie auch in rein funktionaler Präsentation die höhere Glaubwürdigkeit, Biokunden wollen nicht unbedingt ein zu stylishes Erscheinungsbild

EU-Standards produziert wurden, bedienen v.a. den Bio-Massenmarkt; Verbandsware gelangt eher in den Fachhandel. Heute werden aber nur noch etwa 30 % aller Biolebensmittel dort verkauft. Ihr Charakter hat sich durch den ▶Bioboom ohnehin stark gewandelt: Das Sortiment eines **klassischen ▶Bioladens** bestand aus regional erzeugtem ▶Obst und ▶Gemüse, dazu gab es ▶Vollwertiges und ▶vegetarische Spezialitäten. Eher gar nicht vertreten waren ▶Biofisch und ▶Biofleisch; deren Anteil wächst inzwischen stetig, bleibt aber marginal.

Den größten Bio-Anteil in Deutschland hatte 2012 ▶Fleischersatz (etwa 68 %); ähnlich imponieren konnte ▶Babynahrung (42 %), auch ▶Eier und ▶Cerealien (inkl. ▶Müsli) waren noch zweistellig mit rund 14 %. Insgesamt gilt: 61 % der Biolebensmittel waren Frischeprodukte, allein 10,7 % bzw. 8,9 % der Bioware machten Gemüse und Obst aus, wobei ▶Möhren und ▶Bananen „Bio-Renner“ sind.

In Deutschland hat sich **der Umsatz** von Bio von 2001 – dem Jahr der Künastschen „Agrarwende“ – bis 2012 mehr als verdreifacht. Waren es einst 2,1 Mrd. Euro, wurden 2012 schon rund 7 Mrd. Euro für Produkte aus ▶ökologischem Landbau oder ▶ökologischer Tierhaltung ausgegeben – ein Umsatzanteil von 3,9 % am Lebensmittelmarkt. Sicher trugen die zahlreichen ▶Skandale um konventionelle Lebensmittel dazu bei, sogar die höheren ▶Preise für Bio scheinen an Gewicht zu verlieren. Nur für reine „Bio-Nichtkäufer“ ermittelte Media Control 2012, dass 64 % von ihnen Bio für „zu teuer“ hielten.

Laut „Ökobarometer“ 2013 kauften **22 % der Deutschen** häufig bzw. ausschließlich Bio ein.

Wichtigste Motive: ▶artgerechte Tierhaltung, regionale Herkunft / Unterstützung regionaler Betriebe, weniger ▶Schadstoffe. Doch obwohl 2012 gerade 14 % (bzw. 13 %) der Befragten echtes ▶Vertrauen in Bio vom ▶Supermarkt bzw. ▶Discounter hatten, kauften im Jahr darauf 82 % (64 %) sie am liebsten dort. Dabei muss für die Bio-Handelsmarken des normalen Einzelhandels immer öfter weniger glaubwürdige ▶**Importware**

Bio mit Gesicht: Im Internet lässt sich zum eingekauften Produkt die ganze Story im Hintergrund bequem zusammenklicken

Bio light ideell: In Parallele bezeugen älteres Sechseck wie obligates EU-Blatt die Mindeststandards von Bio

herhalten. Branchenkenner befürchten ohnehin, dass in Deutschland die Kombination aus gestiegener Bio-Nachfrage und gesunkener Öko-Förderung zu einem **sich verschärfenden Konflikt** führen wird: Wie ▸öko und wie gut kontrollierbar ist Bio noch, wenn es weit weg produziert wird und auf entsprechend langen Wegen rangekarrt werden muss?

Bio light

Nicht zu verwechseln mit dem naturnahem Kunstlicht für den Stall (tatsächliches „Bio Light", „Bio-light") – vielmehr Abstempelung von ▸Biolebensmitteln, die „nur" auf Basis der ▸**EG-Öko-Verordnung** entstehen.

Angeprangert werden damit die Auf- und Abweichungen von strengeren Bio-Maßstäben, wie sie die ▸Anbauverbände früh setzten und denen sie unbeirrt folgen: mit ▸**Premium-Bio**. Die erlaubten Haltungsformen nach EU-Bio erscheinen Kennern zu artfremd, das ▸Futter zu wenig nachhaltig, die bei pflanzlichen Produkten erlaubten Anteile von Nicht-Bio (5 % werden toleriert) zu hoch.

Bio light materiell: Massen- oder Importware der Discounter hat eben nur EU-Bio mit staatlichem „Mindestsiegel"

Tatsächlich ist die anhaltende Bio-Erfolgsstory vielfältig gefährdet; v. a. die ▸**ökologische Tierhaltung** geriet durch (zu) großzügige EU-Standards für Bestandsgrenzen und Stallgrößen in Verruf. Einige wenige ▸Biobauern nutzten durch Einstallung mehrerer (wenn auch begrenzter) Herden eine **Hintertür**, wurden der ▸Massentierhaltung bezichtigt und galten bald als schwarze Schafe der Branche.

Die diskutiert jetzt die Rückkehr zu „bäuerlichen" Öko-Strukturen und fordert dafür zum einen politische Unterstützung, zum anderen aber gesellschaftliches Verständnis für entsprechend **höhere** ▸**Preise**. Denn die Verbraucher mögen zwar ▸regionale Bioware (als „authentisches Bauernhof-Bio"), doch geizgern kaufen sie letztlich immer noch ▸Importware.

Das sorgt für die Inflation von Akkreditierungsstellen, die im Namen der EU auch entfernteste ausländische Zertifizierungsstellen als Verantwortliche für ▸Kontrollen j.w.d. vor Ort legitimieren. Über solche langen und schwer nachvollziehbaren **Kontrollketten** kamen denn auch populäre Fälle von ▸Bio-Betrug mit Futtermitteln oder Gemüse zustande.

Damit hat sich bei Bio langsam wie unsicher die Zwei-Klassen-Zertifizierung etabliert: Mit kompromisslosen Verbandsrichtlinien für teureres Premium-Bio mit dem ▸Bio-Siegel eines Anbauverbandes einerseits – für Bio-Produzenten und -Hersteller bevorzugt von sog. **Dunkelgrünen**. Auf der anderen, der Massenseite, stehen heute die eher nivellierten gesetzlichen Mindeststandards (mit ▸EU-Bio-Siegel bzw. ▸Bio-Siegel, das) – für Händler eher akzeptiert von den sog. **Light greens**. Bio light als Licht-Blick ist eben erst ein Anfang …

Biomineralwasser

Wasser nach den gesetzlichen Auflagen für „Natürliches ▸Mineralwasser" braucht als Naturprodukt eigentlich kein ▸Bio-Siegel, doch Hochpumper

und Abfüller gingen in der ▸EG-Öko-Verordnung – trocken gesagt – einfach leer aus. 2008 beackerte die *Qualitätsgemeinschaft Biomineralwasser e.V.* **dieses juristische Niemandsland,** aus Angst, mit nur verwässertem Bio-Image dazustehen. Was zunächst nach einem PR-Gag aussah, wurde 2009 zum Rechtsstreit – bis hinauf **zum Bundesgerichtshof**. Der erlaubte 2012 tatsächlich das eben nicht staatlich, sondern privat vergebene ▸Bio-Siegel für Mineralwasser und widersprach dem Vorwurf der ▸Irreführung. Einzig das Logo sollte geändert werden, weg von der Anlehnung ans sechseckige Bio-Siegel, hin zu einer neutraleren Gestaltung. Begründung der Richter: Der monierte Verstoß gegen die EG-Öko-Verordnung sei gerade wegen der **Nicht-Regelung** nicht gegeben; jene Leerstelle dürfe die Verwendung des Wörtchens Bio ja nicht ausschließen. Der Prüfkriterienkatalog des Vereins enthalte außerdem Richtlinien, die sich mit den **Verbrauchererwartungen** an ▸Biolebensmittel als besonders gesund und rein deckten. Die strengeren Grenzwerte für ▸Schadstoffe bzw. ▸Rückstände würden ja zudem durch eine ▸Öko-Kontrollstelle garantiert. Die 41 *major musts* und 6 *minor musts* wirken in dem Bekenntnis zu ▸Nachhaltigkeit, Klima- und Wasserschutz, Angeboten von Ausbildungsplätzen und sozialen Standards oft eher vage, enthalten aber auch konkrete, kontrollierbare Vorgaben: Wasser älter als 50 Jahre, kurze Transportwege, Verkauf zu 95 % nur im Umkreis von 250 km zum Quellort, Pfandflaschen (allerdings auch aus ▸Plastik).
Biomineralwassers Kritiker wie etwa die ▸*Stiftung Warentest* (die 2011 u. a. Fehlaromen und Deckeldichtungen bemängelte) warnten 2012 vor „Wildwuchs an weiteren Öko-Standards“. Der blieb auch im folgenden Jahr aus. Bleibt abzuwarten, ob die vom Verein geschätzten 30 % der „bio-fitten“ deutschen Mineralbrunnen bald mit sprudelnder Begeisterung das Siegel tragen werden.

Bionade

Längst mehr als „nur“ ▸Limonade: Für viele das Symbol für ▸Lohas und ihr grünes „Bionade-Biedermeier“, noch dazu Inbegriff für eine wechselhafte Bio(erfolgs)geschichte.
1995 begann alles noch glückhaft: Erstmals eine **innovativ fermentierte Brause**, mit genialem Bio-Namen und in einer bierig-modernen Longneck-Flasche! Ein Familienbetrieb in der Rhön hatte kurz vor der Pleite mit der patentierten Erfindung von Braumeister Leipold den Riesenerfolg: Bakterienstämme von ▸Kombucha wandeln den Zucker nicht in Alkohol, sondern in Gluconsäure um. Geschmack kommt durch Frucht- oder Kräuteraromen hinein – fertig ist das Fermentgetränk. Der **„Underdog“** Bionade wurde zuerst in Hamburg, dann deutschlandweit zum Szenegetränk, der Chef Peter Kowalsky 2007 sogar „Öko-Manager des Jahres“.
Schnell brauten Konkurrenten ähnliche, wenn auch unfermentierte Bio-Limos zusammen. Und

Bio
Mineralwasser

Bio unverwässert: Logo oben verboten, weil zu nah am offiziösen Bio-Siegel, links ist es okay – Bionade hatte mit Bio nie ein Problem, im Gegenteil, erst der Verkauf an einen Markenriesen brachte welche

damit begannen erst die Schwierigkeiten: Bald wurde mit ▸ÖKO-TEST über den **Zuckergehalt** gestritten, 2009 ging das Unternehmen für fast 30 Mio. Euro (laut Medienberichten) zu 51 % in den Besitz von **Radeberger** (Oetker-Konzern) über und wurde 2012 endgültig geschluckt – für viele ein Sündenfall, wenn nicht Desaster. Die drastische Preiserhöhung von 2008 sah da nach vorbereiteter Konzernnähe aus, Misstrauische wandten sich ab. Ihnen missfielen auch die Diskussionen um ▸Irreführung bei der Litschi-Bionade (Bio-Litschi gab es gar nicht in solcher Menge) und die **Abkehr von Förderprojekten** für Umwelt oder gegen ▸Gentechnik. Die Bio-Bionade war suspekt geworden, der Absatz schrumpfte; 2010 waren es nur noch 60 Mio. Flaschen. Auch die Gründung einer Genossenschaft war Ende 2011 gescheitert. 2013 wurde mit der **Bionade-Cola** und der mit dem NABU *(Naturschutzbund Deutschland)* entwickelten Bionade aus ▸Streuobst (Limited Edition im Fachhandel) Innovation und Branchennähe demonstriert – es bleibt also spannend.

Bionade: Was Bio kann und will und eben nicht tut mal als Slogan auf den Punkt gebracht

Biopark

Er war 2013 nach Mitgliedern fünftkleinster deutscher ▸Anbauverband – nach Fläche (knapp 137 000 ha) aber lag er hinter ▸Bioland und ▸Naturland an dritter Stelle. 643 Mitgliedshöfe ökowirtschafteten im Schnitt auf 213 ha und hatten damit 3,5 Mal so viel Platz wie andere Verbandsbauern. Das zeigt **die Besonderheit** des 1991 in Mecklenburg-Vorpommern gegründeten Verbands: Unter seinen Mitgliedern sind relativ viele große Bio-Tierhalter samt riesiger Flächen,

denn Biopark vertritt zwar auch die größte ökologische Sanddornplantage Deutschlands, hat sich aber v. a. auf die Erzeugung von ▸Eiern und ▸Biofleisch spezialisiert. Längst wird **nicht mehr nur direkt** vermarktet: Die Biopark Markt GmbH zielt auf den überregionalen Biohandel, aber auch die ▸Supermärkte von Edeka-Nord („Natur pur") oder tegut arbeiten mit Biopark zusammen.
Biopark hat eigene Richtlinien, die strenger formuliert sind als die kompromisshafte ▸EG-Öko-Verordnung. Beider Maßstäbe zählen bei der Jahreskontrolle und bei Überraschungsbesuchen (in jedem zehnten Betrieb). Die Regeln für Biopark-Bauern – die explizit auch soziale Produktionskriterien erfüllen müssen – sind eindeutig: Stets muss **der Gesamthof** auf Bio umgestellt werden, es gelten geschlossene Betriebskreisläufe, natürliche Optimierung der Bodenfruchtbarkeit und vielfältige Fruchtfolgen, dazu ökologisches ▸Saatgut, keine ▸Gentechnik oder leichtlösliche mineralische ▸Düngemittel, auch keine ▸Pestizide, keine „Leistungsförderer" wie ▸Hormone, kein Futter tierischer Herkunft (außer Milcherzeugnisse). Bio heißt bei Biopark: 100 % ökolo-

BIOPARK®
Ökologischer Landbau

gische Zutaten, nur im zu genehmigenden Ausnahmefall sind max. 5 % konventionelle Zugaben erlaubt. Und doch geriet der Verband 2012 gleich mit zwei ▸Skandalen in den Fokus der Medien (▸Bio-Bashing): Die ARD-Produktion „Wie billig kann Bio sein" zeigte **skandalöse Szenen** aus Biopark-Betrieben mit leidenden ▸Legehennen und ▸Schweinen, und schon zuvor war über **rechtsextreme Biopark-Bauern** berichtet worden. Denen trat der Verein 2013 mit einer Antirassismusklausel in der Satzung entgegen. Die Vorwürfe der ▸Massentierhaltung versuchte die Erzeugergemeinschaft Fürstenhof als „Schwarz-Weiß-Darstellung" zu entkräften. Sie bezweifelte die Authentizität der Bilder und erklärte die Panik der Tiere u. a. mit dem Einbruchsschreck. Der Ausgang der Diskussion wurde nicht öffentlich; in einer Stellungnahme wurden jedoch Interessierte eingeladen, sich selbst ein Bild zu machen.

Biophotonik

Es gibt sie wirklich und sie sind messbar: „Biophotonen" als ultraschwache **Lichtstrahlung**, abgegeben von lebendigen Substanzen. Der Messtrick dabei ist die Bestrahlung einer Probe mit Licht diverser Frequenzen, das vom Objekt gespeichert und wieder abgegeben wird („Fluoreszenz-Anregungsspektroskopie" bzw. induzierte und verzögerte Luminiszenz). Dieses **Nachleuchten** je nach Abklinggeschwindigkeit (im Frequenzbereich von 200–800 Nanometer) wird mit sog. Photonenverfielfachern gemessen und bewertet. In Analogie soll so Sonnen- als sog. Lebenslicht in Nahrungsmitteln gespeichert worden sein und deren „Vitalität" ausmachen – eine wichtige Dimension von ▸Qualität für Verfechter der ▸biodynamischen Landwirtschaft. Diese „**Lichtspeicherfähigkeit** eines biologischen Systems" wird dazu benutzt, die Gleichung ▸bio = besser zu beweisen. Doch kann dieses Aufleuchten auch einleuchten? Immerhin haben Messungen große Strahlungsunterschiede bei etwa 200 grundgesunden wie rottenden, denaturierten wie stark verarbeiteten, konventionellen wie ökologischen, insbesondere biodynamischen Produkten festgestellt. Das Paradebeispiel waren Eier, bei denen biophotonisch **die Haltungsform der Legehennen** an den Strahlungsdifferenzen nach konventionell oder bio, Grünfutter oder Kunst- bzw. Naturlicht im Stall mit einer Sicherheit von 70 % differenziert werden konnte. Weil ▸Anthroposophen derlei immer schon auf geistiger Ebene gewusst haben wollten und das Phänomen quantenphysikalisch noch unerklärt ist, tun Skeptiker all dieses gern als

Biopark: Anbauverband mit eingebauten Problemen durch Betriebsgrößen und kleinere Politirritationen – anderer Zickenkram, als ihn Ziegen sonst so kennen …

Biophotonik: Biolebensmittel hätten auf jeder Verarbeitungsstufe messbare Emanationen, also Lichtabstrahlungen von zuvor Gespeichertem, heißt's

Scharlatanerie ab. Unbeirrt wird jedoch weitergeforscht, um die Biophotonik **zum ganzheitlichen Prüfsystem** und Bio-Indikator zu machen. Einiges Erhellendes wird noch kommen. So wie 2010, als der Biologe Dr. Yu Yan emissionslichtlose ▸Hollandtomaten vermaß und dabei feststellte: „Die Sorte sah sehr gut aus, aber sie strahlte überhaupt nicht."

Bio-Siegel, das

Wohlgemerkt „das", also das sechseckige als deutsches Erfolgs-, wenn auch wohl baldiges Auslaufmodell – obwohl es 2013 immerhin 95,3 % der Ladenbetreter kannten.

das Bio-Siegel: Seit 2001 so bekannt und erfolgreich, dass das obligate EU-Bio-Blatt es neben sich einfach ertragen muss

Begonnen hatte es anno 1993 mit dem Inkrafttreten der ▸EG-Öko-Verordnung; nun brauchten ökologisch Wirtschaftende **ein Aushängeschild** für ihre erstmals gesetzlich definierten ▸Biolebensmittel. So kam – nach dem ersten gescheiterten Versuch mit dem eher uncharmanten „Ökoprüfzeichen" im Herbst 2001 „von oben" das nationale deutsche Zeichen als markantes Sechseck mit blickfängerischen „BIO" mitsamt Zusatz „nach EG-Öko-Verordnung" (wobei das „I" den grünen Haken des Ökoprüfzeichens aufnahm). Das Sechseck versichert seitdem, dass Bio drin ist, worauf es prangt, und beweist dies mit der daneben obligatorisch zu dokumentierenden Prüfnummer.

Dieses Bio-Siegel galt und gilt für einheimische wie importierte Bioware; es wird allerdings freiwillig verwendet. Die BLE *(Bundesanstalt für Landwirtschaft und Ernährung)* verwaltet und vergibt es auf Antrag als staatliches Zertifikat – sofern eine ▸**Öko-Kontrollstelle** dahintersteht. Stets ist das BMELV *(Bundesministerium für Ernährung, Landwirtschaft und Verbraucherschutz)* der amtliche Zeichengeber. Im Herbst 2013 prangte auf fast 67 000 Biolebensmitteln die sechseckige Bio-Besiegelung; Kosten entstehen den „Zeichennutzern" keine.

Als Sackgasse erwies sich der erste Versuch eines übergeordneten und verpflichtenden ▸EU-Biosiegels. Es wurde anno 2010 als Nachfolger des zackig-alten Logos nach einem eher mäßig kreativ ausgefallenen Design-Wettbewerb durch ein nun wortloses Blattsymbol als neues **EU-Logo** ersetzt – dessen Bekanntheit stieg bis 2013 auf gerade mal 33 %.

Respektvoll hieß es anfangs, das nette grüne, von 12 Sternchen geformte Blatt sei „nur" ein weiteres Erkennungszeichen für ▸Biokonsumenten, alle anderen nationalen wie privaten ▸Bio-Siegel (etwa der ▸Anbauverbände) dürften „zusätzlich" verwendet werden. Die Branche befürchtet trotzdem, dass Brüssels Pflichtlogo bald **das freiwillige Sechseck** über-

flüssig machen könnte, das einstweilen in Deutschland gerne parallel aufgedruckt wird – neben allerlei tradierten oder **trendigen Logos** von ökologischen ▸Handelsmarken oder dem der ▸Reformhäuser.
Inzwischen wird es ergänzt von regionalen Bio-Siegeln mit sog. „kleinräumigen" Herkunftsangaben wie „aus Hessen" oder dem schwungvollen „Die Rhön" neben der bewährten Aufmachung. Anno 2012 bekundete das BMELV seine Absicht, für das Sechseck den Markenschutz bis 2021 zu verlängern. Das schmale Bio-Blatt der EU soll also weiterhin möglichst sechseckig beschattet sein …

die Bio-Siegel: Regionale Ableger, die einzelnen nationalen und die der Verbände tragen bei zur Verwirrung durch Überfülle

Bio-Siegel, die

Gern wird geketzert, es gäbe zu viele, und beinahe sieht es auch so aus. Wenn man denn alles in einen Topf wirft, was alles so mit genialen oder bemühten Logos „gebranded" wird. Dabei ist es **hierarchisch gesehen** eher einfach: Es gibt noch kein international übergreifendes Bio-, Öko- oder Eco-Zeichen, allenfalls das privatwirtschaftliche Logo der ▸IFOAM *(International Federation of Organic Agriculture Movements)*. Für Europa gilt **länderübergreifend** das ▸EU-Biosiegel nach den Mindeststandards der ▸EG-Öko-Verordnung, oft auch als ▸Bio light bezeichnet. Das sechseckige Bio-Siegel in Deutschland oder das AMA-Zeichen (in ▸Österreich) basieren auf denselben Regelungen. Neben dem EU- oder Sechseck-Logo kann zudem ein **Bio-Warenzeichen** der ▸Anbauverbände stehen, was vielen „Bio pur" oder eben ▸Premium-Bio kennzeichnet, weil deren Richtlinien zum ▸ökologischen Landbau bzw. zur ▸ökologischen Tierhaltung strengere Maßstäbe anlegen.
Weil nun aber gleichzeitig neben diesen „Grund-Bio-Siegeln" von EU oder BMELV *(Bundesministerium für Ernährung, Landwirtschaft und Verbraucherschutz)* etliche ▸**Handelsmarken** mit eigenen Bio-Siegeln stehen, kommt vielen die Menge an Wort- und Bildzeichen in Sachen Bio so inflationär vor. Dabei besiegeln sie dasselbe: Die Einhaltung der **EG-Öko-Verordnung.** Nur mit Angabe der sog. Kontrollnummer der staatlich abgesegneten ▸Öko-Kontrollstellen wird aus einem Lebensmittel ein ▸Biolebensmittel. Und sobald **der Wortteil bio-** oder öko- auch nur angedeutet vorkommt, muss es sich um ein Produkt handeln, das den Bio-Regularien von EU oder Anbauverbänden entspricht.
Natürlich bemühen sich nun alle Marktteilnehmer mit privaten Labels um Vorsprung durch Abgrenzung oder Behauptung. Deshalb soll **neben Bio/Öko** noch vieles mehr

gesetzlich ungeschützt besiegelt und damit irgendwie in die Bio-Ecke gerückt werden: ▸Nachhaltigkeit generell, ▸Tierschutz, ▸Naturschutz, ▸Frische, ▸kontrollierter Anbau, die vage Andeutung von Fairness etc. – etliche solcher ▸Gütesiegel halten die Versprechen nicht (▸**Greenwashing**), manche sind sogar fahrlässige ▸Irreführung. Bio sind sie nicht!

Knospen-Kunde: Das Schweizer Bio-Siegel der dicken Knospe ist eine wahre Erfolgsstory nicht nur für eidgenössische Käsekünste

Bio Suisse

In der ▸Schweiz geht es auch bei Bio ureigen zu. Die Eidgenossen sind so stolz auf ihre **„Swissness"**, dass sie diese zäh verteidigen und raffiniert vermarkten. Und geschickt reagieren sie in ihrer EU-Umzingelung auf deutsche Bio-Nachfrage, österreichische Exportoffensiven und Italiens Nähe. Nach Vorbild der ▸EG-Öko-Verordnung gibt es seit 1998 ein helvetisches Pendant – genutzt wird es von 389 Biobetrieben. Die erdrückende Mehrheit von 5731 Unternehmen versteht sich als **„Knospe-Mitglied"**, ökowirtschaftet also nach den strengeren Richtlinien von Bio Suisse und darf deren knospig designtes ▸Bio-Siegel nutzen. Schon 1981 hatte sich eine VSBLO *(Vereinigung schweizerischer biologischer Landbauorganisationen)* als Vorläufer gegründet; sie wurde 1997 in **Bio Suisse** umgetauft. Bis heute sind die meisten Bio-Organisationen in diesem **Dachverband** vereint – Bio Suisse ist also mehr als nur der einzige Schweizer ▸Anbauverband neben ▸Demeter. Rund 800 Bio-Verarbeiter und -Händler haben Lizenzverträge für das Knospe-Logo, auch mit dem Schweizer Fähnchen (dann zu 90 % aus heimischen Rohstoffen) mit „Swissness"-Faktor. Bio Suisse selbst agiert als Marktkoordinator, Entwickler, PR-Agent und Akteur in der Bio-Politik – mit Erfolg. Weiter werden händeringend mehr Biobauern als gesamtbetriebliche ▸**Umsteller gesucht**, um die Nachfrage zu stillen.

Denn die Richtlinien gestatten Bio-Importe aus der EU oder gar die Nutzung der Knospe bei ▸Importware erst, wenn die inländische Produktion vermarktet ist. „Frischprodukte" aus Übersee sind lediglich als Ausnahmen zugelassen (▸Obstexoten, Kaffee, Kakao), die Knospe gibt es nie für Wein oder Konserven aus Übersee – **Flugware** ist tabu!

Bio Suisse: Öko helvetisch heißt, betont heimatlich handeln, mit viel Stolz auf „Swissness"

Was leicht protektionistisch wirkt, unterstützt andererseits genau das, was deutsche Anbauverbände gern gefördert sähen: Die Schaffung eines Angebots aus inländischer, wenn nicht ▶**regionaler Produktion** und Regelungen zur Wahrung wahrhaft ökologischer Qualität, wie eben kurzstreckige ▶Transporte auf schonendem Transportwege. Ohnehin gelten Biolebensmittel mit der Knospe zu Recht als ▶**Premium-Bio**; insbesondere die Bestimmungen zur ▶ökologischen Tierhaltung gehen weit über die EU-Richtlinien hinaus, dazu gibt es Vorgaben für faire Handelsbeziehungen und zum ▶Naturschutz.

Nach dem ▶**Bio-Betrug** mit Papierzertifikaten aus und für Italien stand Bio Suisse Anfang 2012 in schlechterem Licht da, war geschockt und hat Importzertifizierungen ab 2013 neu geregelt. Kritiker weisen darauf hin, dass alles Ökologische beim mächtigen Schweizer ▶Supermarkt „COOP" seit 1993 die Knospe tragen muss.

Bio Suisse: Transparenter kann eine Warenauszeichnung nicht sein, wie hier bis zum Rhabarberhof

Bio-Supermarkt: Ein umfassendes Angebot hat fachlich seine Sortimentstiefe – der Kunde möge nur eintauchen …

Bio-Supermärkte

Wenn es super läuft, kann man schon mal den halben Superlativ in den Namen aufnehmen. 1987 wagte der Ex-Nestlé-Manager Götz Rehn den optimistischen Schritt mit seinem „Alnatura Super Natur Markt" in Mannheim, dem allerersten ▶Supermarkt, in dem alles bio war. Bis September 2013 wurde eine Kette mit 80 Läden und so ein bio-engagiertes wie lukratives Geschäft daraus, das längst Mitmacher und Nachahmer gefunden hatte: 1993 gab es den ersten „SuperBioMarkt" (heute 19 Filialen), „ebl" wurde 1994 gegründet (nun 22 Läden), „Basic" 1997 (25 Filialen), „Bio Company" 1999 (nun 35 Läden), „Erdkorn" 2001 (noch 9 Filialen) und „Denn's" sogar erst 2002. Den so ehrgeizigen Expansionswettstreit mit „Alnatura" & Co gewann der „Dennree"-Ableger trotzdem, mit schon 136 Filialen in Deutschland und Österreich im Oktober 2013.

Auch wenn unbestritten ist, dass der Bio-Umsatz erst dank dieser vielen Neugründungen so steigen konnte und Bio-Supermärkte damit der gesamten Biobranche aus der Nische verhalfen: Kleinere ▶Bioläden und besonders die ▶Reformhäuser leiden zunehmend, weil sie Wettbewerberei kaum über den Preis, eher dank ihrer Kompetenz und mit Kreativität gewinnen können. Denn das modern gestylte, schnell geschulte Personal

im Bio-Supermarkt kann ja kaum die Fachkompetenz altgedienter, kleinerer „Bioladner" haben. Dabei hatte sich ein nur bis 2011 existenter VdB *(Verband der Bio-Supermärkte)* auch um Fortbildung bemüht; doch der zerbrach an Eifersüchten und Strategiedifferenzen zwischen Ketten und Großhändlern nach Ausgrenzungen von bio-fernen Abnehmern, seit auch die ▸Discounter Bio haben oder wollen. Immerhin wuchsen die **Bio-Supermarkt-Ketten** auch unverbandelt zu modern aufgemachten, professionell strukturierten Einkaufsstätten heran, die klassische ▸Biokonsumenten, bequeme „One-Stop-Shopper" und stylishe Bekenner wie ▸Lohas glücklich machen. Zwar wurden 2013 Biolebensmittel (in Teilauswahl) zu 82 % im konventionellen ▸Supermarkt eingekauft, zu 40 % aber beim Vollsortimenter, dem Bio-Supermarkt. Allein Berlin hat 74 davon, voran und **spektakulär zeitgemäß** gleich 28 namens „Bio Company" – Bio mal super marktkonform …
Die Entwicklung kann allerdings auch besorgt machen: 2012 gab es mit 478 gleich 41 neue Öko-Supershops (ab 400 m²), bei 838 bestehenden nur neun Neueröffnungen in mittlerer Größe (100–400 m²). Die **Kehrseite der Medaille** zeigte, dass dafür 42 kleinere ▸Bioläden (bis 100 m²) verschwanden, 1 044 blieben übrig.
Der Bio-Erfolg frisst also seine einstigen „Kleinkinder", verändert die angestammte Kundschaft und beweist einmal mehr, dass Handel und Wandel zum Wortschatz der Marktwirtschaft gehören. Das hätten die Bio-Pioniere sich so nie träumen lassen.

Biowein

Jawohl, im Biowein ist die andere Wahrheit: Auf gesünderen Böden von rückstandsfreieren Reben mit saubereren Trauben für fremdstofffreieren Most zur trickärmeren Behandlung des dann rundum ökologisch erzeugten ▸Weins im Keller. Den hohen wie vernünftigen Idealen haben Europas ▸Biobauern als **Biowinzer** stets zugearbeitet, seit 2012 haben sie dazu endlich den Segen und das ▸EU-Biosiegel für das Etikett obendrein.
Vorher gab es nur ein Zertifikat für „ökologisch erzeugte Trauben", jahrelang dauerte der Streit, etwa um nötige **Reduzierung von ▸Kupfer** im Weinberg gegen Winzers Uraltfeind Mehltau. Jetzt gilt: 6 kg Reinkupfer pro Hektar und Jahr, nur 3 kg bei den ▸Anbauverbänden (konventionell ist das Fünffache so üblich wie erlaubt), als Kupferersatz dient auch reiner ▸Schwefel, sonst Backpulver.
Biowein-Winzer betreiben **intensive Bodenpflege** (durch ganzjährige artenreiche Begrünung), düngen nur natürlich (durch Flächenkompostierung und ▸Stickstoff aus Leguminosenanbau, nichts Synthetisches) und achten auf schonendsten Pflanzenschutz. Tabu sind chemisch-synthetischen ▸Pestizide, dafür sind Pheromone zur sexuellen Desorientierung

Bio-Supermärkte: Jeder große hat seinen starken Wettbewerber – den Biokunden freut's, den viel kleineren Bioladner bedrängt es

Mundus vini: Bioweine lesen der BioFach ihre eigene Messe …

von Schädlingen nützlich, auch Rapsöl oder das natürliche ▸Pflanzenschutzmittel Neem. Gezielt geschaffen wird ein attraktives Umweltmilieu für ▸Nützlinge, Vorrang haben allerlei natürliche Pflanzenstärkungsmittel. Seit 2013 betreibt der Biowein-Verband ▸Ecovin sogar **„Biodiversity-Checks"**. Bioweine, die anhand der ▸EG-Öko-Verordnung zertifiziert sind, können genauso gut „Ökologischer Wein" oder „Ökowein" heißen. Die Einhaltung der Standards für EU-Bio wird einmal jährlich kontrolliert. Einmal mehr prüft die ▸Öko-Kontrollstelle bei Biowinzern eines ▸Anbauverbandes. Dann gelten zudem strengere Kriterien; Kenner schwören etwa auf knappen, teureren, nur **▸biodynamisch erzeugten** ▸Demeter-Wein aus ganzheitlicher Winzerarbeit und mit der vermeintlich anderen, komplexen Terroir-Würde.

Bioweine können aus allen gängigen Trauben entstehen, vorzugsweise sind es aber pilzwiderstandsfähige **„Piwi"-Rebsorten** wie „Regent" oder neue Züchtungen („Johanniter" oder „Solaris"). Grundsätzlich reifen Biotrauben nicht anders als konventionelle und entwickeln ebenso Zucker, Säure und Farbe in delikaten oder heiklen Verhältnissen. Der schonende Kellerausbau ohne Entalkoholisierung oder Entschwefelung, nach EU-Bio-Richtlinien ohne Zugabe von Sorbinsäure oder Lysozym, ist anspruchsvoll. Er ergibt öfter etwas andere, immer aber vorschriftsmäßig **schwefelärmere Weine** – Bioweine eben. Auf der ▸BioFach bewiesen dies 2013 schon 574 verschiedene.

Von etwa 7,5 % der deutschen Rebflächen kam 2013 Biowein, mancher wird – wie der aus Spanien (wo 30,4 % der globalen Bioweinfläche liegen) – auch mal ohne Bio-Siegel vermarktet.

Seit einer frühen Umfrage der Gfk *(Gesellschaft für Konsumforschung)* von 2008, als noch besserer Geschmack und niedrigere ▸Preise eingefordert wurden, haben sich Bioweine bei Tests und Wettbewerben international durchgesetzt und verlangen, wie konventionell erzeugte Weine auch, Entdeckung, **Kennerschlürfen** und das Belauschen der Eigennoten. In Biowein will auch heile Umwelt und trickfreies Kellerkönnen herausgeschmeckt werden, stets der Jahrgangscharakter und natürlich das ganz eigene Terroir des Öko-Weingutes. Kenner können das – und ▸Bio-Gourmets erst recht …

Bioweinplus: Von Weitem zu erkennen, was nahe besehen den Unterschied im Demeter-Weinberg ausmacht – satte Naturbelassenheit

Bioweinsorgen: Die Raupen des Traubenwicklers schädigen Blüten und Beeren, Pheromonfallen sollen durch Verwirrung weitere Vermehrung stören

Birnen

Beim sprichwörtlichen Vergleich mit ▸Äpfeln spielt die birnige Edelsüße eine kleine Rolle: Nur 3,4 % des deutschen ▸Obstes mit seinem apfeligen Spitzenreiter machen Birnen aus, bei Bio-Obst sind es sogar nur 2,1 %. Untersuchungen zeigten, wie sehr der **Bio-Birnen-Markt** seit Jahren von ▸Importware lebt; 2011 betrug die Rate schon 85 %. Dass auch konventionelle Birnen hohe Importanteile aufweisen, wird seltener kommuniziert. Doch viele hiesige Obstbauern schrecken vor dem heiklen Kernobst zurück; Äpfel sind absatzstark genug, Birnen gelten dagegen als zu wärmeliebend, zu empfindlich, schlechter zu lagern und durch rasche ▸Reifung schlechter vermarktbar. Alles Vorurteile, meinte ▸Bioland 2012: **Heimische Birnen braucht das Land!** Schließlich stünde eine Plantage bis zu 30 Jahre lang (bei Äpfeln sind es nur 15–20) und auch die Bio-Pflanzenschutzmaßnahmen würden überschätzt. Tatsache ist, dass das apfelliebende **Feuerbrand**-Bakterium auch bei Birnen große Schäden anrichten kann (weswegen konventionelle Birnen aus den USA bis 2014 noch mit ▸**Antibiotika** behandelt werden durften!) – Versuche mit Pflanzenstärkungsmitteln haben hier allerdings gute Ergebnisse gezeigt, zumal die relativ frühe Birnenblüte vor der Infektionszeit liegt. Gleichzeitig jedoch ist damit bei Birnen die Blütenfrostanfälligkeit größer und trägt zu den vergleichsweise höheren **Ertragsschwankungen** bei.

Gerade für ▸Biobauern könnten Birnen dennoch zum Bringer werden, die Nachfrage nach Bio-Birnen übersteigt regelmäßig das Angebot. Schließlich werden **konventionelle Früchte** seit vielen Jahren gescholten – ob der ▸Rückstände von ▸Pestiziden, speziell Mehrfachrückständen. Stärken der ökologischen Birnerei sind da verbesserte Anbaumethoden und die widerstandsfähigeren Sorten, meist auf robusten (und bei Nagern unbeliebteren) Quitten-Unterlagen sowie ausschließlich organische Düngemittel und Kompostgaben.

Unbelastete Birnen, wie sie bei Bio u. a. laut Ökomonitoring die Regel sind, belohnen Treue reichlich: Ihr geringer Säureanteil macht sie magenfreundlich ohne Darmharm, sie enthalten erwähnenswert viel Kalium, Folsäure sowie B-Vitamine, die sich unter der ▸Schale versammeln; man schelte also Birnenschäler!

Birnen: Von Streuobstwiesen kommen noch alte Sorten, die kaum in die Läden gelangen

Blumenkohl

Eigentlich ein sonderbarer Edelkohl, denn wir essen ausnahmsweise seine Blätter nicht, sondern nur die „Röschen“, also seine noch verschlossenen Blütenstände. Deren **makellose Bleiche** gelingt nur, wenn die Hüllblätter die Kohlköpfe ausreichend beschatten; durch Zusammenbinden

wird bei einigen Sorten nachgeholfen. Schließlich wird der Kreuzblütler seit 500 Jahren auf Kopfschönheit gezüchtet, lange ehrgeizig zu Weiß ohne Gelbstich, inzwischen gern in Rückzüchtung zu den Urfarben: zu verblüffendem Grün (voller Chlorophyll) oder Violett (mit viel ▶Anthocyanen) oder auch Gelb (mit Möhrenaroma). Als Weiterzüchtung zum **Romanesco** mit barock-bizarren Röschen erkennt man ihn kaum wieder.
Die Produktion von **Bio-Blumenkohl** lohnte bisher kaum, hat aber nicht zuletzt durch die voranschreitende Sortenverarmung im konventionellen Landbau durchaus Zukunftschancen.
Denn im EU-Katalog sind zwar für Blumenkohl mehr als 600 Sorten gelistet, doch nur ein Bruchteil davon wird tatsächlich angebaut – die ▶Monsantosierung ist weit fortgeschritten. Die **„Saatgut-Riesen“** Monsanto und Syngenta besitzen, vermarkten und verbessern laufend um die 70 % der in Europa geschützten Blumenkohlsorten. Die sind schon seit den 1980er-Jahren unvermehrbare ▶**Hybriden**, sehen makellos aus und sind in Anbau wie Lagerung unempfindlicher, bedienen dafür aber eher einen Einheitsgeschmack. Genau hier könnte die wachsende ökologische ▶Züchtung aus einem Dilemma helfen!
In 2012 ernteten Deutschlands ▶Biobauern auf 555 ha Blumenkohl (und ▶Brokkoli), was 8,4 % der Anbaufläche entsprach; auch auf Bio-Äckern wachsen aber größtenteils Hybriden. Weil jedoch die Verbreitung solchen Blumenkohls auch aus sog. **CMS-Züchtung** kommt und diese als „kleine ▶Gentechnik“ bei den ▶Anbauverbänden verboten ist (▶Zucht), könnten sich ▶alte Sorten wie samenfeste Öko-Neuzüchtungen als lohnende Alternativen erweisen – denn klassische Saatgutfirmen haben das Forschen längst eingestellt.
Begleitet von **Bio-Aktionen** wie „Fair-Breeding“ und mit Unterstützung

Blumenkohl: Weiß ist er nur, wenn ihm das Chlorophyll vorenthalten wird, wir essen die Blüte und niemals die Blätter wie bei all den anderen Kohlsorten

des Bio-Fachhandels könnten ▸Biokonsumenten so wieder auf den echten kohligen Geschmack kommen. **Nota bene:** Blumenkohl ist nicht lange lagerfähig, auch gut gekühlt nur 2–3 Tage, dann gilbt er. Etwas Milch im Kochwasser macht aus den Röschen strahlende **Kohlweißlinge**! Bei überlagerter konventioneller Ware bildet sich oft ein strenger Geruch, beim Kochen bis zur Penetranz gesteigert. Von nie überdüngtem Bio-Blumenkohl droht da nix …

Schwerwiegend: Kohl stammt stets verlässlich aus Bodenhaltung, aber hat der Gemüsemann auch Eier, ist die Frage danach bedeutender

Bodenhaltung

Was so bodenständig normal klingt, ist für alles ▸Geflügel außerhalb der ▸ökologischen Tierhaltung vorherrschende konventionelle Lebensform: ohne Auslauf in Kunstlicht auf Stallboden. Das ist zwar leidlich besser als bei der (2010 in Deutschland für ▸Legehennen verbotenen) ▸Käfighaltung und bewegungsfreiheitlicher als in sog. ▸Kleingruppenhaltung – **▸artgerecht ist Bodenhaltung nicht**. Leider ist die ▸Kennzeichnung des Stallfalls nur bei ▸Eiern verpflichtend: Bodenhaltung hat die aufgestempelte „2“. Bei ▸Geflügelfleisch ist die **Information freiwillig**; solange also nicht explizit mit ▸Freilandhaltung oder Bio geworben wird, muss davon ausgegangen werden, dass die Tiere **in intensiver Bodenhaltung** groß wurden. Dann blieben ▸Masthühnern etwa 5–6 Wochen bis zur „Schlachtreife“. Bis zu 35 kg Lebendgewicht drängen sich statistisch pro m^2 – gemäß deutscher „Tierschutz-Nutztierhaltungsverordnung“ bzw. den „Eckwerten für eine freiwillige Vereinbarung zur Haltung von Jungmasthühnern und Mastputen“. Bei der auslobfähigen sog. **extensiven Bodenhaltung** scharren wenigstens max. 25 Gesamtkilo bzw. 12 Tiere pro qm Stall auf der Stelle, sie haben bis zur ▸Schlachtung mind. 56 Tage.

Bodenhaltung: Zwei wie Zweifel schließt gerade Skepsis aus – die Stempelnummer auf dem Ei soll die Hennenhaltungsform bescheinigen

Seit 2010 hat sich die Bodenhaltung auch bei **Legehennen** etabliert: 2012 waren (in Betrieben ab 3 000 Plätzen) bereits 64 % in Bodenhaltung eingestallt, das waren 26,8 Mio. Plätze. Pro Quadratmeter werden hier 9 Hennen gehalten, bei mehrstöckiger Haltung sogar 18. Erlaubt ist die Masse von 6 000 Legehennen ohne räumliche Trennung, die Nester dazu sind winzig: Für bis zu sieben Tiere nur 35 x 25 cm, für eine 120er-Gruppe ein einziges von mind. 1 m^2. Das führt zu sozialem Stress: Schon Gruppen ab 50 Tieren entwickeln **keine stabile Hackordnung** mehr. Federpicken, Verletzungen und sogar Todesfälle sind die Begleitumstände; meist werden den Legehennen deshalb kurzerhand die Schnäbel gekürzt.

Zudem können sich durch die hohe Tieranzahl auf relativ engem Raum einmal eingeschleppte **Krankheiten** rasend schnell ausbreiten. Schließlich lebten 29,2 % der Bodenhaltungs-Legehennen 2012 in Betrieben mit 200 000 und mehr Plätzen! Um Epidemien vorzubeugen, werden deshalb oft rein vorsorglich ▸Tierarzneimittel wie

▸Antibiotika gegeben; Untersuchungen vom BUND *(Bund für Umwelt- und Naturschutz Deutschland)* zeigten 2012 denn auch, dass bei intensiver Bodenhaltung auffallend oft **antibiotikaresistente ▸Keime** auftreten.

Bohnen

Im verwirrend üppigen Sortenreichtum dieser Hülsenfrüchte mal die weißen, schwarzen oder buntgefleckten und nach der ▸Trocknung lange haltbaren Samen oder Kerne, im Beilagensinne die länglichen Schoten mit nur kleinen Samen darin. Letztere haben als grüne Stangen- oder Buschbohnen erntefrisch eine **kurze heimische ▸Saison** (aus dem ▸Freiland von Mai bis Oktober) und nur sehr begrenzte Haltbarkeit – eigentlich ideale Chancen für Bio-Bohnen aus der ▸Region. Denn nur im Freilandanbau sind die sog. Leguminosen auch Klimalieblinge (220 g/kg CO_2-Äquivalente) im Vergleich zur Ware aus dem ▸Gewächshaus (recht enorme 6 360 g/kg).

Der **Bio-Anteil** bei Bohnen ist dennoch gering; das entspricht sogar dem Trend, sind Bohnen doch allgemein auf dem Rückzug von deutschen Tellern. Aber es mag auch mit den Öko-Bedingungen zu tun haben: Zwar reichern die düngerfrei selbst mit Nährstoffarmut zurechtkommenden ▸Hülsenfrüchte ▸Stickstoff aus der Luft im Boden an, was Biobauern schätzen – aber sie machen **100 % mehr Arbeit** als im konventionellen Anbau, bringen 30–40 % geringere Erträge und nur etwa 15 % mehr Verdienst.

Und so stammt die Masse der hier verputzten Bohnen aus konventionellen Quellen, noch dazu kommen sie inzwischen zu mehr als 90 % als **▸Importware** zu uns – und längst aus Ländern wie Ägypten, Kenia oder Thailand, wo jährlich zwei Ernten möglich sind. Wer sie dann mag, isst eben solche sündigen **„Flugbohnen“** (in Großbritannien werden sie immerhin als solche gekennzeichnet). Doch nicht nur die potenziell vielen ▸Food Miles ließen konventionelle Bohnen verdächtig werden: Sie landen auch regelmäßig auf Listen mit den meisten ▸Rückständen an ▸Pestiziden, ob nun bei amtlichen Tests

Bohnen: Im Idealfall sind sie Regionalware der Saison und bekommen bei Nichtvegetariern den Speckmantel vom Bioschwein

wie denen vom BVL *(Bundesamt für Verbraucherschutz und Lebensmittelsicherheit)* oder bei entsprechenden Untersuchungen von ▸*Greenpeace.*

Ein Bohnen-Boykott träfe aber ein völlig verkanntes **▸Superfood** mit ideal hohem Proteingehalt (um die 22 %). Bohnen kochen sämig-weich und liefern uns Kohlenhydrate und Ballaststoffe. Getrocknet sind sie dazu noch kalorien- und eiweißreicher und gönnen Vitamin B und C, Kalium, Calcium sowie

Bohnen: Sie sind höchst kalorien- und eiweißreich und als Bohnenkerne sogar Sprossenlieferanten

Eisen. Gut gewürzte „Bohnenburger" sind denn auch eine herzhafte Novität nicht nur für ▸Vegetarier und ▸Veganer. Reinbeißen erlaubt – aber lieber bei Bioware, und am liebsten in voller Sommersaison!
Tipp: Aus Adzuki-, Mung- und ▸Sojabohnen lassen sich bestens ▸Sprossen ziehen, die jedoch kurz blanchiert werden sollten, zur Zerstörung eines Verdauungsenzymhemmers und für bekömmlichen Proteinaufschluss.

BÖLW

Als *Bund Ökologische Lebensmittelwirtschaft* ist dieser Zungenbrecher der allgegenwärtige **Lanzenbrecher** der ▸Biobranche, unmissverständliches Sprachrohr mit ungenierter Lobby-Power. 2002 hatten sich ▸Anbauverbände, Bio-Verarbeiter sowie Öko-Organisationen wie die AoeL *(Assoziation ökologischer Lebensmittelhersteller)* und der BNN *(Bundesverband Naturkost Naturwaren)* zu diesem ökopolitischen Spitzenverband vereint, mit längst gelungener Integrations- und Orientierungsfunktion. Der BÖLW kämpft mit fünf Kernthesen für die sog. **Ernährungswende**: Recht auf Nahrung (gegen falsche Subventionen und Börsenhandel mit Lebensmitteln), nachhaltige Ernährung (von der Bildung bis in öffentliche Kantinen), ▸artgerechte Tierhaltung, Kreislaufwirtschaft (neue Abgabe auf ▸Pestizide, auf Stickstoffdünger und Importeiweiß für ▸Futter) und für eine öko-soziale Marktwirtschaft, zu messen nicht am Bruttoinlandsprodukt, eher am NWI *(Nationaler Wohlfahrtsindex)* – mit BÖLW-Worten: für „100 % Bio – jetzt!"
Hartnäckig werden diese Ziele der Umsteuerung von EU-Etats für ehrliches sog. ▸**Greening** den Politikern, die zu gern das EU-Agrarbudget beschneiden, unter die gerümpfte Nase gerieben. Es wird gegen ▸Genfood sowie ▸Nanotechnologie argumentiert, aber auch besorgt analysiert, wie sich der Biohandel entwickelt: Weg vom „alternativen Milieu der Gründerzeit", hin zu aggressiverer Professionalität. Der Preisverfall bei Bioprodukten macht Sorge, schwarze Schafe der eigenen Branche empören (▸Bio-Betrug), nötige **Verbesserungsansätze** werden offen benannt; weshalb der BÖLW-Vorsitzende Felix Prinz zu Löwenstein 2013 ▸Tierhaltung rundheraus „Achillesferse des ▸ökologischen Landbaus" nannte. Einmal im Jahr ist der BÖLW Gastgeber und seit 2011 nationaler, ideeller Träger der ▸BioFach in Nürnberg. Dort wird die Politik herausgefordert und der Journalismus mit Thesenpapieren in den Zukunftsfragen von ▸Nachhaltigkeit bis ▸Welternährung belehrt (▸Bio-Bashing). Dann lesen wir, dass allein Deutschland **10 000 neue Biobauern** brauche. Einige der „alten" fanden sich in der Lobbyarbeit des BÖLW durch die starke Markt- und Handelsorientierung nicht mehr ausreichend genug beachtet und gründeten 2011 flugs

BÖLW
Bund Ökologische Lebensmittelwirtschaft

BÖLW: Dachverband und höchste Bio-Lobby für Erzeuger wie Hersteller, die auch intern ihre jeweiligen Schwerpunkte ausbalancieren müssen

die ▶BVÖL *(Bäuerliche Vereinigung ökologischer Landbau)*; seit 2012 sind sie aber als Lobbygruppe wieder im BÖLW selbst aktiv und kämpfen gemeinsam für die Ziele der Biobranche.

Bratling

Schon die beliebte Frikadelle ist ja wortwörtlich ein „Brätchen“ aus der italienisch-französischen Sprachenküche, ein Bratling jedoch ist die perfektere Verdeutschung. In Bircher-Benners Reformküche wurde er zum **vegetarischen Inbegriff** von ▶Fleischersatz als Gegenentwurf zur Bulette.

Ein fleischfreier Bratling ist allemal variantenreicher als ein hacksturer „Hamburger“. Nur in ihren Anfängen und **allzu puristisch zubereitet** schmeckten Bratlinge etwas fade und waren mangels Fantasie zu oft suspektes „Veggie“-Mahl in Kantinen, die reflexhaft mit dem Feindbild ▶Körnerfresser assoziiert wurden.

Längst sind die fleischfreien Burger diesem Image entronnen. Als Klassiker aus ▶Grünkern, aber auch mit ▶Dinkel, ▶Hirse, ▶Mais, ▶Quinoa oder ▶Roggen – dazu grundsätzlich geschrotet, eine Weile in Wasser eingeweicht, an- bzw. aufgequollen oder kurz aufgekocht, mit Semmelbröseln oder Mehl locker und formbarer gemacht. Immer öfter enthalten Bratlinge die Fleischersatzklassiker ▶Seitan oder ▶Tofu.

Beim **Aromatisieren** der Bratmasse gesellen sich diverse Gemüse, Nüsse, Kerne, Käse und Saaten zu den üblichen Verdächtigen wie Zwiebeln, Kräutern und Gewürzen. Selbst Maronen oder Rosinen sind Tipps für ambitionierte Selbstbrutzler.

Als hochvariables Produkt sind fertig verkaufte Bratlinge oft frei von Unerwünschtem wie Cholesterin oder ▶Allergenen – ▶Kennzeichnung beachten!

Auch deshalb wurden Bratlinge mit der ganz eigenen Konsistenz zur schnellen Mahlzeit aus dem Bioladen, in Form vorgewürzter Bratling-Trockenmischungen oder fertiger, in Folie geschweißter Burger, gekühlt oder tiefgefroren. So erfüllt der fleischlose Flachling die Sehnsucht nach ▶Fast Food mit ▶gutem Gewissen – **Bio-Fast-Food** in besserem Sinne, längst an Imbissen in Großstädten und ökologisch korrekt. Schon 2003 hatten große Ketten mit ersten Gemüseburgern den Wandel vom Fleisch- zum Körnerburger probiert. Seit 2010 gibt’s den „Veggieburger“ von McDonald’s.

Bratling: Das ziemlich alte Verlegenheitswort hat sich mit neuer vegetarischer Fantasie kokett zur Bio-Spezialität entwickelt

Brennnessel

Sie wuchert – ob nun als sog. Große Brennnessel *Urtica dioica* oder kleinere und brennendere *Urtica urens* – zu gern **auf nährstoffreichen Böden** im Abseits als ▶Ruderalflora, wobei

Brennnessel: Ideal bei brennendem Interesse an unkräuterigem Tee mit Sauernote

Brennende Nesseln: Anfangs nur mit Handschuh zu ernten, danach sind sie harmlos

schmeckt **die Wald-und-Wiesen-Delikatesse** nach Radieschen und sogar Avocado und ist längst nicht so säuerlich wie etwa ▸Sauerampfer.

Doch auch Gesundheitsapostel haben ihre berechtigte Freude an der Brennnessel. Nicht nur taugt sie als ▸Heilkraut mit nebenwirkungsfreien, segensreichen Wirkungen bei Rheuma, Verdauungsproblemen, Nieren- und Gallenleiden oder traditionell zum „Entwässern". Der verblüffend hohe **Vitamin-C-Gehalt** von 300 mg/100 g übertrifft den von ▸Zitronen etwa um das Sechsfache!

Wer sich von Mai bis maximal Ende Juli ans Sammeln von Stängeln samt Blättern und Blüten macht und sich in die Wuchermengen hineintraut, weiß schon, dass sich die haarfeinen brennenden Nesseln mit Handschuhen und daheim mit zart überrollendem Nudelholz, einem Wiegemesser oder durch nur sekundenlanges Blanchieren überlisten lassen. Experten pikantieren später sogar Kräuterkäse mit den reifen Samen oder machen würzige Butter daraus. Selbst **Bio-Brennnessel-Pesto** ist lieferbar – nachdem der Amtsstubenkampf gewonnen ist; denn die Behörden stuften Brennnesselsamen zunächst als ungenehmigtes ▸Novel Food ein …

Nota bene: Sog. Brennnesseljauche ist nichts für empfindliche Nasen, aber hochwirksam als Bio-Pflanzenstärkungs- und ▸Düngemittel; auch im Bio-Weinberg helfen *Urtica*-Extrakte. Aus dem Spross der Brennnessel wird im ▸biodynamischen Anbau ein Präparat zur Behandlung von Kompost und Dünger.

sie Verächtern von alters her als ▸Unkraut gilt. Für Kenner jedoch sind Brennnesseln direkte Spinatkonkurrenz und damit bis in den Sommer ein geachtetes Gemüse aus ▸Wildsammlung, das es immer öfter auch bis in die **Suppentöpfe von Spitzenköchen** schafft. Längst gibt es die Kulturpflanze Brennnessel auch aus ▸kontrolliert biologischem Anbau, dann jedoch am ehesten getrocknet für puren Tee oder in allerlei Aufgussmischungen. Denn die chlorophyllvollen Blätter sind empfindlich und müssen im Idealfall spätestens fünf Stunden nach der Ernte verarbeitet werden. Frisch zubereitet

Nesselsaft: Fruchtsaft mit Gutem aus den Brennnesseln und einprägsamem Namen – „Wellnessel"

Brokkoli

Bei diesem Sprossgemüse stimmt fast alles. Es stimmt, dass er mit seinen *broccoli* (wörtl. „Ärmchen/Schößlinge") voller sog. Röschen viel eher da war als der ▸Blumenkohl. Stimmt auch, dass er eine essbare Blume ist, geerntet kurz vor der plötzlich ausbrechenden gelben Blüte. Selbst **die Blätter** können immer mitverarbeitet werden und sind ein delikater Genuss, weil sie (als Fraßschutz gegen Schadinsekten) besonders viele Senföle enthalten.

Es hat sich herumgesprochen, dass Brokkoli ein ▸**Superfood** ist, verblüffend reich an Vitamin C, und je dunkler grün/lila, desto voller mit ▸Anthocyanen. Wichtigste Gesundheitsfaktoren sind aber die kohltypischen ▸Glucosinolate. So legendär ist ihr krebsvorbeugender Ruf, dass sich eine Firma aus Großbritannien

den **„Super-Broccoli“** mit einem 2–3 Mal so hohen Glucosinolate-Gehalt 2002 beim EPA *(Europäisches Patentamt)* schützen ließ. Zwar entschied das EPA anno 2010, dass ein ▸Patent auf das „im Wesentlichen biologische“ Verfahren nicht länger aufrechtzuerhalten sei, und machte Brokkoli damit zum Präzedenzfall (▸Monsantosierung). Und tatsächlich: Im Juni 2013 bekam die Monsanto-Tochter Seminis im Rahmen der **„product-by-process-Regelung“** ihr Patent auf „geköpften Brokkoli“. Ein Dammbruch auch für anderes ▸Gemüse?

Im ▸ökologischen Anbau stammen die ▸Sorten hauptsächlich leider aus konventioneller ▸Zucht. Wie bei allem ▸Kohl sind hier ▸**Hybriden** stark vertreten, die sogar im sog. CMS-Verfahren weitergezüchtet werden; im Gegensatz zur ▸EG-Öko-Verordnung verbieten die ▸Anbauverbände diese auch vom globalen Bio-Dachverband ▸IFOAM als „kleine ▸Gentechnik“ abgelehnte Züchterei und haben größtes Interesse an den noch wenigen samenfesten Sorten. Ökologische Pflanzenzüchter suchen und entwickeln sie. Der Anbau nicht-hybriden Brokkolis lohnt trotz doppelt hoher Bio-Preise nur, wenn mit robusteren Bio-Sorten der Ertrag um nicht mehr als übliche 30–40 % sinkt.

Nota bene: Wären ▸Biokonsumenten bereit, für Bio-Brokkoli aus samenfestem ▸Saatgut mehr zu zahlen, könnten diese Zuchtbemühungen belohnt werden.

Brot

Das ist mal eine Erfolgsgeschichte: Dass die rund 1 300 Biobäcker es gebacken kriegen, was ihre Zukunft angeht. Zwar musste auch Bio-Brot Umsatzrückgänge hinnehmen, hat sich aber bei einem Bio-Anteil von rund 4 % eingependelt. Nicht selbstverständlich in einem Markt, der längst **von Großbetrieben beherrscht** wird; inzwischen machen 70 % der

Brokkoli: Auch im Öko-Anbau bisher meist aus konventioneller Zucht – und dann eben ein Hybride stets gleicher Art

Brot: Uraltes Handwerk mit sehr modernen Zutatentricksereien – nicht so bei Bio-Brot mit seinen eigenen Reinheitsgeboten

kleineren Bäckereien knapp 12 % des Brotumsatzes, wenige Backunternehmen teilen sich 60 % des Kuchens – und allüberall eröffnen neue Aufbackstationen für **TK-Teiglinge**…

500 konventionelle Bäckereien gaben allein 2012 auf, 6 000 Pleiten könnten, so der *Zentralverband des deutschen Bäckerhandwerks,* bis 2020 bei anhaltendem Strukturwandel drohen.

Brot: Solche vom Biobäcker sehen nicht nur dufte aus, sie haben ihren Vollkornwert und die Aromen aus mehrstufiger Sauerteigführung

Immerhin stellte der Verband fest, dass der traditionelle kleine Bäckerladen seine Renaissance erlebe, was ▸*Slow Food* als Trend zu Brot **aus gutem Handwerk** bestätigt (▸SlowBaking). Gegen die konkurrenzlosen Niedrigstpreise der ▸Discounter scheinen Premium-Strategien ein Ausweg zu sein. Auch für Bio die Rettung – denn Bio-Brot ist aufgrund der höheren Rohstoffpreise und der aufwendigeren Herstellung spürbar teurer! Denn Biobäcker haben ihr eigenes Reinheitsgebot. Auch außerhalb der Domäne ▸**Vollkorn** heißt dies etwa, dass sie von den gut 330 in der EU erlaubten ▸Zusatzstoffen max. 49 verwenden und als Mitglied eines ▸Anbauverbandes sogar max. 23 (bei ▸Demeter nur 13). So finden sich in Bio-Brot neben Getreide nur Salz, Wasser und Gewürze, nie aber Stoffe aus gentechnischen Verfahren; Teiglockerung gelingt mit ▸Hefe, Sauerteig oder sog. Backferment (▸Backtriebmittel), **ohne weitere Backhilfsstoffe** wie ▸Phosphate, Amylasen oder ▸Emulgatoren (allenfalls Natron, Hirschhornsalz, Pottasche), ohne isolierte ▸Enzyme oder künstliche ▸Aromen. Wichtigste Zutat bleibt: Zeit. Trieb und Reifung dauern beim Sauerteig 24 Stunden – durchaus eine Wissenschaft für sich. Im Endeffekt entwickeln sich so beim Bio-Backen der typisch satte, vollmundige Geschmack, eine höhere Bekömmlichkeit und, verglichen mit konventionellen Broten, die längere Frischhaltung. Der **Sauerteig** entwickelt antibakterielle Wirkstoffe, weshalb Bio-Brot allenfalls in der Kunststoffverpackung pasteurisiert wird.

Biobäcker stellen mittlerweile selbst sog. SB-Brot her. Doch auch sie bleiben den Bio-Prinzipien treu – was ▸Biokonsumenten mögen.

Nur die ▸*Stiftung Warentest* probierte 2012 noch gemäß Standards für Nichtökologisches und vergab nur einmal „gut“ – der Rest war lediglich „befriedigend“, weil die Tester sich in die **„Problemzone“** des verdichteten Krumenrands verbissen hatten. Reine ▸Geschmacksache eben …

Nota bene: Vollwertige Rezepturen führen in der Biobäckerei manchmal noch zu höheren Gehalten von ▸**Acrylamid** durch den sortenabhängigen Gehalt an freiem Asparagin in Weizen, Dinkel, Roggen – provoziert durch Hitze und Backofenfeuchtigkeit. An der Reduktion wird bei hohem Forschungsbedarf gearbeitet.

Brotaufstrich

Der Kalauer sei erlaubt: Den meisten Deutschen ist immer noch wurst, was aufs Brot kommt – solange es ▸Wurst ist. Gleich danach aber kommen für Bio-Bewusste, ▸Vegetarier und ▸Veganer sowieso, beste Pasten: bequem messerglättbar und genannt Brotaufstrich. Das kann in Bioqualität alles Kräuterfeine, Pikante, Herzhafte, Pilzige, Süße, Nussige, Cremige, Fruchtige oder Exotische sein.

Das **Bio-Erfolgssegment** der Aufstriche (auch als Dips oder Saucenbasis) wuchs von Jahr zu Jahr um die 10 %, 2012 gegenüber dem Vorjahr sogar um 14 %.

Längst ist Brotaufstrich als **Streich** oder **Schmelz** origineller benamt.

Das Gute an den Biobrotaufträgen, längst auch mit Gourmet-Segment, sind die Zutaten aus ökologischer Produktion. Und die ▸Volldeklaration sorgt für Transparenz bei den Inhaltsstoffen (für alle Allergiker ein notwendiger Segen).

Für die dickflüssige bis pastenförmige Konsistenz der Verstreichbarkeiten sorgt die Basis aus gekochten Getreiderzeugnissen, Gemüse, Soja, Hülsenfrüchten, Samen oder Milchprodukten. Die **Streichfähigkeit** kommt bei den rein pflanzlichen Bio-Aufstrichen aus 5–15 % natürlich harten Pflanzenfetten wie ▸Palmöl oder Kokosfett. Biotypische ▸Bindemittel sind v. a. Kartoffel-, Reis- oder Johannisbrotkernmehl, daneben Mais- oder Kartoffelstärke, gelegentlich ▸Agar-Agar oder Pektin (v. a. bei ▸Fruchtaufstrichen). Aromenvielfalt bringen allein Kräuter, Gewürze, ▸Würzsaucen, Senf, Meerettich oder Süßungsmittel – niemals jedoch künstliche oder nur naturidentische Aromen.

Viele Pasten und Pasteten, auch Bio-Produkte, erhalten ihren typischen Geschmack durch ▸**Hefeextrakt** aus gezüchteten Nährhefen voll von Vitamin B und Eiweiß. Die gelten nicht als ▸Geschmacksverstärker und müssen auch nicht mit ▸E-Nummer deklariert werden.

Aus diesem Grund kamen Bio-Brotaufstriche vorübergehend in Verruf – solange sie da noch auf konventioneller ▸Hefe basierten. Wegen der mangelnden Verfügbarkeit von Bio-Hefe wurde eine **Übergangsfrist** ausgehandelt. Seit 2014 aber dürfen nur noch Bio-Hefen für Würze und Cremigkeit zum Einsatz kommen.

Brotaufstriche: Klassiker der Natur- und der Reformkost in hochleckerer Konsequenz und Konsistenz

Hefigkeiten: Pastetigkeit auf Basis aromatischer Spezialhefen sind weiterentwickelte Brotaufstriche

Brühe: Höhere Gemüseanteile geben bei Bio die Würze, weil der Zusatz von Aromen oder Glutamat nicht erlaubt ist

Langfristig will die Branche sogar ganz auf Hefe verzichten – man experimentiert mit allerlei neuen Rezepten.

Tipp: Weil Bio-Brotaufstriche keine ▸Konservierungsstoffe enthalten (allenfalls pasteurisiert werden), muss Angebrochenes gekühlt aufbewahrt und bald verstrichen werden.

Brühe

Sie reimt sich nicht zufällig auf Mühe, denn bevor 1884 die ersten Speisewürzen auf den Markt kamen, brauchte es Stunden, tierische oder pflanzliche Eiweißstoffe einkochend zur gehaltvollen Brühe freizusetzen. Die **Convenience-Variante** aber kochte ihr Süppchen mit Salzsäure aus und neutralisierte mit Natronlauge – nichts für Anspruchsvolle. Und selbst in modernen Zeiten sorgten diese chemi-

Bio-Brühe: Seit Hefeextrakte in Misskredit kamen, kommt die Geschmacksverstärkung oft nur aus den aromenkräftigen Zutaten

kalischen Prozesse für Würzung, es kamen zudem v. a. Reststoffe aus der Getreideverarbeitung in den Brühetopf, die zersetzt und (selbst bei den deklarierten „Gemüsebrühen") meist mit tierischen Stoffen vermischt wurden. Erst in den 1980er-Jahren machten sich **Bio-Hersteller** daran, garantiert ▸vegetarische bzw. ▸vegane Brühen zu produzieren. Statt konventioneller „Speisewürze" sorgte ein untierischer, nicht chemisch erzeugter ▸Geschmacksverstärker für neue Aromatik: ▸**Hefeextrakt**.

Doch was damals eine gut gemeinte Entscheidung war, ist heute umstritten: Die enthaltene Glutaminsäure ist zwar **natürlichen Ursprungs**, dem in Verruf geratenen (und bei Bio verbotenen) ▸Glutamat aber grundsätzlich ähnlich. Kritiker versöhnt auch gentechnikfrei hergestellte Bio-Hefe kaum. Es gibt aber eine breite Palette hefefreier und doch aromatischer Bio-Brühen – dank Lauch, Wurzelgemüse, Gewürzen, Kräutern, ▸Salz. Auch salzarme Varianten konnten sich durchsetzen, ebenso wie ▸glutenfreie.

Die Zutaten für Bio-Brühe stammen aus Bio-Erzeugung, in den (erst seit einigen Jahren angebotenen) Fleischbrühen steckt ▸Biofleisch, die Gemüse und Kräuter kommen aus ▸ökologischem Landbau. Dabei lohnt ein Blick auf die ▸Zutatenliste: Während der **Gemüseanteil** in vielen Brühen weniger als 10 % beträgt und in Würfeln meist bei 1–3 % liegt, enthalten gerade die hefefreien Bio-Brühen naturgemäß viel mehr, eben aromatisierendes Gemüse.

Eine Belastung der Brühe-Ingredienzen mit ▸Pestiziden ist bei Bio nahezu ausgeschlossen. Weder künstliche ▸Aromen, ▸Farb- noch ▸Konservierungsstoffe dürfen hier benutzt werden, ebenso wenig sog. chemisch modifizierte ▸Stärke und Fette. **Bio-Brühwürfel** erhalten ihre eher pastöse Konsistenz durch reines Pflanzenfett. Für die richtige ▸Textur der sog. **körnigen Brühen** sorgen Mais- oder Kartoffelstärke.

Buchweizen

Dieser „Weizen" ist keiner, wird nur als sog. Pseudogetreide (wie etwa ▸Amaranth und ▸Quinoa) ähnlich verwendet und ist nach den vergleichbar geformten Bucheckern getauft. Bei ▸Biokonsumenten hat sich geschälter Buchweizen mit dem archaisch-gesunden Image längst un-

ter die Cerealien gemischt und wird vorgequollen Müslis, Suppen oder Salaten zugegeben; die alte Aversion gegen den charakteristischen, **leicht erdigen Geschmack** ist überwunden. Der pikant röstbare oder gerne zu Schrot, Mehl, Grieß, Flocken und Grütze ausgemahlene Kornkern der Nüsschen hat nicht mehr den alten Ruf, nur das ärmere Volk recht und nicht schlecht zu ernähren.

Dem ▸Biobauern hilft Buchweizen als sog. **Gesundungspflanze** bei der Bodenverbesserung mit spezieller Wirkung gegen Nematoden, ist als Nischenprodukt gut verkäuflich und liefert Kraftkörner für Legehennen und in den Resten Viehfutter.

Bio-Buchweizen wächst ungedüngt (ihm reicht Klee-Untersaat) und kommt so ohne Chemiehilfe aus.

Die den kastanienbraunen Früchten entschälten Kerne enthalten wie die Blüten und Blätter relativ viel Rutin (▸Flavonoide), das kapillarwirksam ist, also den Blutgefäßen gut tut; mit etwa 5 % Lysin liefert das Pseudogetreide eine wichtige Aminosäure.

Der eiweiß- und stärkereiche Buchweizen ist überdies absolut ▸glutenfrei (also **ohne Klebereiweiß**), was Zöliakiekranke schätzen, das Backen eines reinen Buchweizenbrotes aber unmöglich macht; immerhin kann er bis zu einem 20 %-Anteil anderem Backgetreide beigemischt werden.

Doch Buchweizen ist noch vielseitiger: Seine ▸Sprossen gedeihen bestens in nur 2–3 Tagen; die **Keimlinge** schmecken ausgezeichnet und mild. Die Blätter können als Salat mit Sauerampfernote gegessen werden.

Tipp: Dass quellender Buchweizen „schleimt", ist Natur – das lässt sich vor dem Zubereiten auswaschen.

Buchweizen: Sättigte schon früher recht und nicht schlecht und ist heute wieder eine beliebte Bio-Pfannkuchigkeit

Butter

Auch wenn konventionelle Vorschriften es erlauben: Eine Bio-Butter wird ganz ohne zugesetztes Beta-Carotin (E 160 a) so gelblich, wie es unsere Traditionsaugen verlangen – solange die Jahreszeit stimmt. Denn bei ▸artgerechter Fütterung frisst Biobauers ▸Milchkuh den als ▸Zusatzstoff verbotenen **Farbgeber** beim Weiden mit. Etliche wissenschaftliche Tests bestäti-

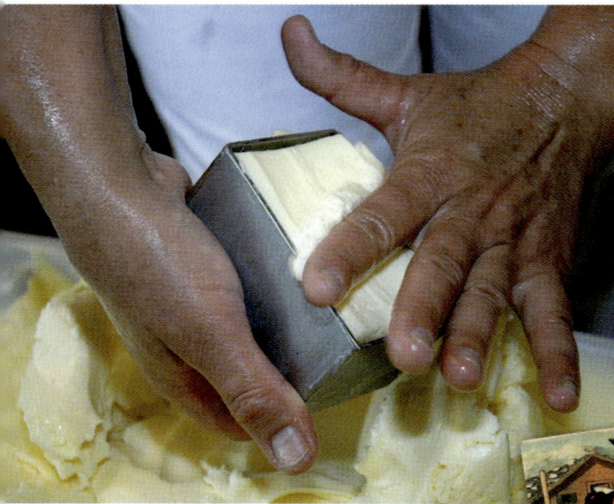

Alles in Butter: Es verstreicht auch viel Zeit, bis sie so verstreichbar wird, und ihre Ökobilanz ist heikel, aber ihr Image beruht auf kuhkonformer, höchst idyllischer Illusion

Butter: Ist sie bio, sind die Omega-3-Fettsäuren ein gesunder Echtheitsbeweis

gen überdies einen höheren Anteil von ▸Omega-3-Fettsäuren, wenn die Kühe auf der Weide gehalten bzw. mit mind. 60 % Grün- statt Kraftfutter ernährt werden. Das ist nicht nur gesund, sondern macht die Butter auch streichfähiger. Am Fehlen der ungesättigten ▸Fettsäuren lassen sich gar Schwindeleien entlarven: 2012 bescheinigte ▸ÖKO-TEST allen konventionellen Butterproben zu niedrige Werte! Obwohl doch zu gern mit grasenden Kühen geworben wird, ist „aus Weidehaltung" doch gesetzlich ungeschützt …

Für **Sauerrahmbutter** werden noch vor der Butterung (Trennung des reifen Rahms in Fettkügelchen und wässrige Buttermilch) sog. Säurewecker zugegeben, um die Milchsäuregärung in Gang zu setzen. Konventionelle Hersteller mischen hier häufig Aromastoffe bei, was Bio-Molkereien untersagt ist. **Süßrahmbutter** dagegen kommt ohne Bakterienkulturen aus; ihr Geschmack ist entsprechend sahnig-milder.

Konventionelle Butter ist jedoch in den meisten Fällen **„mildgesäuert"**. Hier wird Süßrahmbutter „indirekt gesäuert", also erst nach der Butterung mit Milchsäurekonzentrat „geimpft". Die Vorteile: Die Herstellung ist billiger, doch der Geschmack des **„Butteraromas"** erinnert an langsam gereifte Sauerrahmbutter. Die extrahierte Buttermilch kommt zudem ohne säuerliche Aromen davon und ist leichter zu vermarkten.

Während Bio-Butter von ▸Anbauverbänden (mit Ausnahme von ▸Naturland) entweder eine Süßrahm- oder Sauerrahmbutter ist, kann sie laut ▸EG-Öko-Verordnung auch mildgesäuert produziert werden. 2012 aber empfahl das FiBL *(Forschungsinstitut für biologischen Landbau)*, Milchsäure als Ersatz der natürlichen, mikrobiellen Säuerung zu verbieten, um eine ▸Irreführung der ▸Biokonsumenten zu vermeiden. Dennoch: **Bio-Butter jeder Couleur** ist vorzuziehen, weil damit ▸Tierschutz und Vermeidung

von ▸Gentechnik (über ▸Gen-Soja im Kraftfutter) gelten. Die ▸Futtermittel sind außerdem wesentlicher Grund für den etwas kleineren ▸**Carbon Footprint** von Bio-Butter, und doch bleibt das Streichfett das Lebensmittel mit den höchsten Emissionen überhaupt, sogar vor ▸Fleisch! Denn pro Kilo Butter braucht es 20–25 Liter Rohmilch.
Der Bio-Anteil bei Butter wuchs in den letzten Jahren kontinuierlich, auch befeuert durch so etliche ▸Skandale rund um konventionelle tierische Produkte. 2012 kamen jedoch erst 2,3 % des in Deutschland verkauften Butterberges von Bio-Herstellern.

BVÖL

Recht junger und eher biopraxis- als ökopolitikorientierter Dachverband der ▸Biobranche, 2011 hoch motiviert von **drei ▸Anbauverbänden** als *Bundesvereinigung Ökologischer Landbau* gegründet, mittlerweile jedoch in *Bäuerliche Vereinigung Ökologischer Landbau* umbenannt. Aus ihrer Produzentenperspektive etwas unzufrieden mit dem ▸BÖLW *(Bund Ökologische Lebensmittelwirtschaft)* und nach einigen Personal-, Beitrags- und Mitspracherecht-Querelen traten ▸Biopark (mit Schwerpunkt Nordosten), ▸Biokreis (aus dem Süden) und der im Osten verwurzelte ▸Verbund Ökohöfe zunächst formal aus dem BÖLW aus, um dann als BVÖL wieder beizutreten – und fortan mit nur einer, erhofft stärkeren Stimme weiter mitzuarbeiten. Mitglieder können nicht nur weitere Anbauverbände, sondern auch Erzeugergemeinschaften oder einzelne ▸Biobauern werden.

Im Gegensatz zur eher politischen Lobbyarbeit des BVÖL widmen sich die BVÖL-Diskussionen v. a. **pragmatischen Bio-Fragen**. Im Zusammenhang mit anstehenden Neuregelungen etwa bedeutet dies: Der BÖLW soll sich bei den politischen Entscheidungsträgern für einen Ausbau der Öko-Flächen in ▸Deutschland einsetzen, ein ▸Greening der EU-Agrarpolitik einfordern und Einfluss auf die Weiterentwicklungen der ▸EG-Öko-Verordnung nehmen. Der BVÖL engagiert sich dann ganz konkret – etwa für die **Überwindung der sog. Eiweißlücke**, also der immer noch mangelnden Versorgung mit proteinreichen ökologischen ▸Futtermitteln aus heimischem Anbau. Denn ab Mai 2015 ist die Übergangsregelung hinfällig, die eine konventionelle Zufütterung von 5 % erlaubt.
Gleichzeitig wollte der Verband auch ein Zeichen dafür setzen, dass die Anbauverbände ihre Zusammenarbeit forcieren müssen, anstatt sich in einem „Wettbewerb" um die wenigen Neu-Biobauern gegenseitig zu schwächen. Um die fehlende Förderung der ▸Umstellung soll sich dann wiederum der BÖLW kümmern.
Inwiefern die **internen Unterschiede** zwischen den eher kleineren und auf Direktvermarktung abzielenden Biokreis-Betrieben und den auf Größe angelegten, überregionalen Biopark-Mitgliedern bremsen oder die Diskussion befördern, bleibt abzuwarten. Der neue BVÖL will jedenfalls bei sog. **Erzeugerthemen** im BÖLW nicht locker lassen und erklärt offen, die Organisationen müssten ja den Betrieben dienen – nicht umgekehrt.

BVÖL
Bäuerliche Vereinigung Ökologischer Landbau

BVÖL: Die Vereinigung von Biobauern will Lobbyarbeit an der Basis für die Basis fördern

BIOPARK® Ökologischer Landbau

bio kreis

Verbund Ökohöfe®

Bioland®
kontrollierter
organisch-biologischer Anbau
Chinakohl
2.50/kg

C

Cadmium: Grenzwertiges Schwermetall, das wir mit Gemüse und Getreide aufnehmen und per Tabakrauch inhalieren

Cadmium

In der Natur, also in der Erdkruste vorkommendes ▶Schwermetall, von dem wir nahrungs- und trinkwassertäglich Minimengen aufnehmen – vor allem über die Atemluft mit ihren Zugaben aus Metallhütten, Müllverbrennungsanlagen oder Tabakrauch. Cadmium (chem. *Cd*) gilt für den menschlichen Organismus als giftiger Schadstoff und ist nach neuesten Erkenntnissen erheblich schädlicher als über Jahre angenommen. Betroffen sind ausgerechnet ▶Vegetarier, denn sie essen durchschnittlich mehr Gemüse und Getreide (v. a. ▶Vollkorn), das vom Boden her am stärksten belastet ist. Vollkorns kerngesunder Segensreichtum allerdings überwiegt die negative Cadmiumbelastung. Zudem sind Hafer sowie Gerste weniger *Cd*-trächtig, Roggen sogar um 80 % geringer.

In ▶**Biolebensmitteln** ist *Cd* natürlicherweise nicht ausgeschlossen, aber laut Untersuchungen doch tendenziell weniger vorhanden als in konventionell Erzeugtem; dazu trägt der Verzicht auf Phosphatdünger und oft cadmiumhaltigen Klärschlamm bei; auch Boden und Sorte beeinflussen den Wert, wie bei ▶Kakao.

Das Depotgift reichert sich im Körper, vor allem in Nieren, Leber und Bauchspeicheldrüse, an. Die biologische Halbwertzeit, also die Zeit, in der die Hälfte des Cadmiums ausgeschieden wird, liegt immerhin bei 10 bis 37 Jahren! Das Schwermetall verdrängt an wichtigen Stellen im Körper die Spurenelemente Zink und Kupfer, ist für Stoffwechselstörungen verantwortlich, beeinträchtigt die körpereigenen Enzyme, den Calcium-Phosphat-Haushalt und das Immunsystem in toto. Im Tierversuch erwies sich Cadmium sogar als krebsauslösend und fruchtschädigend.

Etwa 50 % der täglichen Menge Cadmium werden vor allem über Getreide, Obst und Gemüse aufgenommen, doch stammen auch etwa 21 % aus ▶**Innereien**, 12 % aus sonstigem Fleisch, 9,5 % aus Wasser und anderen Getränken, der Rest aus sonstigen Lebensmitteln.

Besonders viel Cadmium ist in Rinder- und Schweinenieren gespeichert oder in Muscheln und den Eingeweiden von Tintenfischen angereichert. Spinat und ▶Wildpilze nehmen das Schwermetall aus dem Boden auf, auch Leinsamen und Sonnenblumenkerne sollten maßvoller verwendet werden – ihre Pflanzenöle sind aber unbedenklich.

Nota bene: Erhöhte Cadmium-Aufnahme droht uns auch von schlecht gebrannten Keramikgefäßen oder billigsten Kunststoffbehältern.

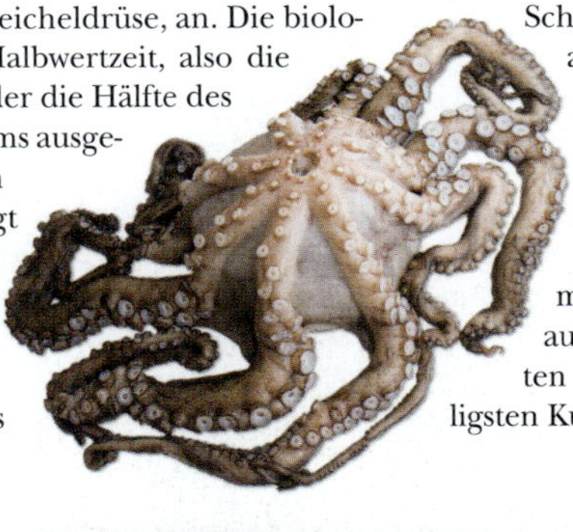

Chinakohl: Kein Exot mehr, sondern längst etabliertes Gemüse mit der kohluntypischen Blähbesonderheit

Carbon Footprint

Kohlrabis viel kleinerer Fußabdruck: Biokohlrabi kann deutlich zur Klimaschonung beitragen

Wer immer Kohlenstoff als Gas (CO_2) in die Atmosphäre freisetzt, versetzt der Natur einen Fußtritt. Seit man die jeweils emittierten Mengen auf Produkte oder Konsum herunterrechnen kann (▶Ökobilanz), ist die anschauliche Rede vom individuellen CO_2-Fußabdruck. Dieser sog. Carbon Footprint wurde weltweit zum rhetorischen Maßstab; und weil klimabezogene Annahmen immer mehr zum Marketinginstrument werden, ahnen Experten schon eine Inflation entsprechender ▶Gütesiegel voraus. Denn bei aller Begriff-Griffigkeit bleibt eben die Frage nach den Berechnungsmaßstäben.

Klimaforscher bemühen sich seit Jahren um ISO-Maßstäbe zur Erfassung des CO_2-Ausstoßes, der durchaus als Produkt-Fußabdruck erfassbar wäre. 2013 endlich wurde die „Technische Spezifikation" ISO/TS 14067 als Vornorm veröffentlicht und brachte so eine endgültige ISO auf den Weg.

Allerdings: Kohlendioxid als **Treibhausgas-Emission** ist dauerschlimm genug, noch schädlicher für das Klima (nämlich 25- bzw. 300-mal) sind die von der ▶Landwirtschaft freigesetzten Gase Methan und Lachgas. Am schlimmsten aber schädigen Fluorkohlenwasserstoff und Schwefelhexafluorid die Atmosphäre: Sie sind bis zu 15 000- bzw. 23 000-mal gefährlicher. Der Einfachheit halber werden in seriöseren Studien auch diese Schadfaktoren in CO_2 umgerechnet – in „klimawirksame CO_2-Äquivalente" als Summe aller sechs Treibhausgase laut Kyoto-Protokoll.

Experten rechneten aus, dass sich jeder Weltbürger im Schnitt für 3,8 t CO_2 pro Jahr verantworten müsse. Im hochindustrialisierten Deutschland seien es aber knapp 11 Tonnen, also 30 kg am Tag, so das ifeu *(Heidelberger Institut für Energie- und Umweltforschung)*, das einen CO_2-Rechner für den persönlichen „Fußabdruck" ins Internet stellte (www.ifeu.klima-aktiv.de). Das Ernährungssystem ist laut der Fachzeitschrift „Ernährung im Fokus" 2011 für rund 20 % der Treibhausgas-Emissionen verantwortlich. Dabei ist v. a. der hohe Konsum von ▶Fleisch klimaschädlich.

Leider schwirren viele eher **mühsam vergleichbare Zahlen** zum „CF" von Lebensmitteln herum. Biobewusste hätten gern bestätigt, dass ihr Verhalten und Konsum das CO_2 eher minimiere. Einige Untersuchungen belegen, dass der ▶ökologische Landbau nicht nur in der Lage sei, ungleich mehr Kohlendioxid im Boden zu speichern, sondern auch bei den Treibhausgas-Emissionen wenigstens pro Hektar besser abschneide als der konventionelle (▶Klimaschutz).

Das FiBL *(Forschungsinstitut für biologischen Landbau)* errechnete 2010 im Auftrag des österreichischen Discounters Hofer die Verkleinerungen diverser Bioprodukte der Marke „Zurück zum Ursprung". Mit den sechs Kategorien landwirtschaftliche Produktion, Lebensmittelverarbeitung, landwirtschaftliche Vorleistungen, Transport, Verpackung und Lagerung ergab dieses Klimabewertungsmodell Überzeugendes. Bezogen auf 1 kg Produkt betrugen die **Einsparungen im Vergleich zu konventionellen Produkten** 10–21 % bei Milchprodukten, 25 % bei Weizenbrot und 10–35 % bei Gemüse.

Carbon Footprint: Hochrechnerisch hinterlassen wir als Verbraucher in der Umwelt nur klimaschädliche „Fußabdrücke"

Klimabewusste Esser merken sich:
- wenige(r) tierische Erzeugnisse
- Biolebensmittel bevorzugen
- Flugware ist tabu, regional besser
- möglichst saisonal einkaufen
- viele gering verarbeitete Produkte
- Gewächshausware meiden
- zum Einkaufen kein Auto nutzen

An vielen Stellen kollidieren Fußabdruck und ökologische wie ethische Überzeugung: wenn Äpfel aus Neuseeland trotz des langen Schiffweges besser abschneiden als die des Bauern von nebenan wegen außersaisonal energieaufwendiger Kühlhäuser. Oder wenn aus Klimaschutzgründen sogar ▸Massentierhaltung durch geringere Emissionen attraktiv wirkt.

Carotinoide: Farb- und Schutzstoffe, reichlich in Obst und Gemüse, höher konzentriert in alten, wiederentdeckten Sorten

Carotintabletten aus Spirulina: Sie werden gern zur Nahrungsergänzung eingenommen wegen antioxidativer Wirkung und der Radikalenfängerei

Carotinoide

Aus Karotten (von griech. *karotá* „Möhren") hatte man erstmals einen der ▸Farbstoffe isoliert und alle ähnlichen Verbindungen danach benannt, „Möhroiden" blieben uns erspart. Immerhin kennt man an die 700 Carotinoide, chemisch „hochungesättigte Kohlenwasserstoffe und deren Sauerstoffverbindungen". Sie dienen der Energieübertragung bei der Photosynthese und sind zugleich **Lichtschutz der Zellen**. Darin geben sie bei Gemüse und Obst den typischen orange-gelb-roten Ton an.

Am bekanntesten wurde das Beta-Carotin, das in der Lebensmittelindustrie für natürliche Färbungen sorgt. Daneben sind Lycopin, Cryptoxanthin, Lutein und Zeaxanthin mengenmäßig die bedeutsamsten Carotinoide. Etwa 50 dieser Farbstoffe funktionieren als Provitamine und stellen im menschlichen Stoffwechsel das Vitamin A her.

Wichtiger wurde inzwischen die Eigenschaft der Carotinoide, als ▸sekundäre Pflanzenstoffe stark antioxidativ zu wirken: Sie bewahren unser Gewebe vor oxidativen Schäden durch reaktive Sauerstoffverbindungen oder Strahlung. Beta-Carotin schützt deshalb auch die menschliche Haut vor Sonnenbrand.

Einstweilen aber gibt es wenig Klarheit darüber, wie viel Beta-Carotin am besten hilft. Als Ergebnis verschiedener Studien wird vorsichtig eine Tagesration von 2–4 mg empfohlen. Eine tägliche Aufnahme bis zu 10 mg über die Nahrung gilt als unbedenklich. Doch deshalb täglich Möhrenmengen roh zu verknabbern hilft nicht. Das in Kristallform im

Carotinoide: Den höchst gesunden roten Pflanzenfarbstoff Lycopin haben erst zubereitete Tomaten in höchstem Maße

Zellgewebe eingelagerte Beta-Carotin wird erst durch Entsaften oder schonendes Kochen wie Blanchieren frei. Besser verfügbar liefert es Karottensaft oder -mus, am besten (bis zu 60 %) nach Zellaufschluss in gekochten Möhren und stets zusammen mit etwas Fett, wie Butter oder Speiseöl. Denn Carotinoidkristalle sind eben nicht wasser-, sondern nur fettlöslich, was entscheidend ist für die Bioverfügbarkeit.

Eine ökologische Anbauweise von Obst und Gemüse schafft tatsächlich **leicht erhöhte Gehalte** an Carotinoiden. In Österreich hatten auch Eier von Legehennen aus ▸Freilandhaltung einen vergleichsweise höheren Carotinoidgehalt als solche von Legehennen in ▸Käfighaltung.

Butter und Käse aus klassischer Biosommermilch von Weidekühen haben durch den höheren Grünfutteranteil eine typischerweise carotinoid-gelbe Farbe, die entsprechenden Winterprodukte sind blasser. Konventionelle Molkereien trimmen deshalb durch Färben „sommerlich" nach. Die ▸EG-Öko-Verordnung verbietet derlei. Nur Spezialkäse dürfen ausnahmsweise mal mit Karottensaft gefärbt werden.

Die carotinreichste Pflanze ist übrigens **die „Mikroalge" Spirulina**, die an den Küsten Kaliforniens und Australiens in Flachwasserbecken kultiviert wird. Das hochkonzentrierte Salzwasser, Hitze und die intensive Sonneneinstrahlung setzen ihr derart stark zu, dass sie extrem hohe Mengen (bis zu 14 % ihrer Trockenmasse) eines Farbschutzstoffes ausbildet, der dann als natürlich gewonnenes Carotin als ▸Nahrungsergänzungsmittel zu haben ist, v. a. im ▸Reformhaus.

Nota bene: Im allgemeinen Vitamin-Hype werden als Nahrungsergänzungsmittel auch überflüssig hoch dosierte Beta-Carotine angeboten, Lycopin wird sogar gezielt mit dem Image des Krebsschützers vermarktet. Wenigstens gilt, dass „protektive" ▸Antioxidantien einen gewissen, aber nur ganz ungezielten Zellschutz bieten können.

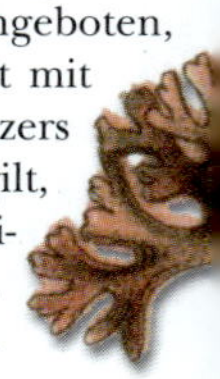

Carrageen

Bislang ein eher harmloser ▸Zusatzstoff aus der Natur, der verdicken, stabilisieren oder nur sämig machen kann, denn Carrageen (nach dem algenreichen Küstenort Carragheen bei Waterford/Irland) ist ein Meeresprodukt aus Rotalgen, ähnlich dem ▸Agar-Agar.

In seiner bewährten natürlichen, noch nicht künstlich umstrukturierten Form haftet dem Dickungs- und Geliermittel E 407 als pflanzlichem Mehrfachzucker (sog. Polysaccharid) **kein Verdacht** an, die ▸EG-Öko-Verordnung lässt es für Bioprodukte auch zu. Bei so mancher Biosahne, in Biopuddings oder Sojadesserts und -drinks aus dem Bioladen steht Carrageen im Kleingedruckten (oft als „Seetangextrakt") und dann für mundgefühlvolle Sämigkeit.

So schön Carrageen aufquillt und anhaltend dicklichere Konsistenz garantiert, so gewollt unverdaulich ist es. Kein Wunder, dass es sich in konventionell hergestellten Lebensmitteln als **billiger Füllstoff** massenhaft dicke tut, sei es nun in Kakao, Eiscreme, Saucen oder in Fleischprodukten wie Wurst. Gern hilft es auch in Instantpulvern oder Schlankheits- und Light-Ware nach.

Nach der EU-Liste für Zusatzstoffe darf Carrageen mit natürlichem Molekulargewicht allen Lebensmitteln ohne Höchstmengen-Beschränkung zugesetzt werden. Eine Tages-Dosis von 75 mg/kg Körpergewicht gilt eigentlich als unbedenklich.

Doch da beginnt das Uneigentliche: Bei Tierversuchen hatten **degradierte Carrageene** (also in kleinere und kleinste Moleküle zerlegt) Darmentzündungen sowie Veränderungen des Immunsystems verursacht. Die nanohaft minimierten Partikel dringen durch den Darmwandfilter, dahinter richten sie fremdkörperlich in Blutbahn und Zellen noch weitgehend unbekannte Schäden an. Vorsorglich hat die EU deshalb diese degradierten Carrageene für Lebensmittel verboten – 5 % „Verunreinigung" bleiben allerdings unbeanstandet.

Skeptiker warnen jedoch, das „gute" Carrageen werde vom Magen-Darm-System womöglich in „schlechtes" umgewandelt. Die Verbraucherschützer von ▸*Foodwatch* argumentieren seit 2006 gegen den Algeneinsatz. So könne **Carrageen bei Babys** womöglich die Darmwände doch durchdringen, es solle deshalb ▸Babynahrung gar nicht mehr zugesetzt werden.

Carrageen: Eigentlich ein völlig natürliches Algen- als Dickungsmittel, etwa für Eiscreme – aber in Form künstlicher Kleinstmoleküle eher bedenklich

Die ökologischen ▸Anbauverbände ▸Bioland, ▸Demeter und ▸Gäa verzichten schon generell auf jeden Zusatz von Carrageen, die Rezeptumstellungen sind gelungen.

Verdächtig, weil eher unbekannt, ist Carrageen dem Durchschnittskonsumenten ohnehin. Laut GfK, der *Gesellschaft für Konsumforschung*, halten denn auch 79,9 % der Verbraucher die Fremdwort-Alge für „unnatürlich bis sehr unnatürlich".

Nota bene: Carrageen-Ersatz in Bioprodukten sind ▸Johannisbrotkern- oder Guarkernmehl sowie Tapioka.

Carrotmob

Modewort für eine Konsumentenmenge, die in lustvoller Spontanaktion eine ökologische Provokation von Einzelhändlern zu klimagerechteren Investitionen probiert. Nach dem Vorbild von Flashmobs, die per SMS oder E-Mail netzwerkelnd ihre Treffpunkte sowie Aktionen verabreden, wollen Organisatoren solcher Carrotmobs möglichst viele Gleichgesinnte am Tag X für **Blitzeinkäufe** zu einem ausgesuchten Obst- und Gemüsehändler locken. Der musste sich zuvor verpflichten, den erzielten Mehrumsatz ganz oder wenigstens anteilig „klimavernünftig" in sein Geschäft zu investieren (in Energiesparmaßnahmen, die konsequente Vermeidung von Plastik etc.).

Carrotmob: Aktionistische und zeitgemäße Verabredung zur ökologischen Nötigung eines Einzelhändlers

Die Konsum-Akteure sind stolz auf ihren Blitzkonsum als umgekehrten „Buykott", weil sie so gezielt Verbesserungen veranlassen können – daher das Symbol der Karotte, die an langer Stange einem schuftenden Esel motivierend vor der Nase baumelt, um ihm Beine zu machen.

Reihum werden von den Initiatoren Händler angesprochen und jener für den Carrotmob ausgewählt, der die prozentual höchste Re-Investition des **Mehrerlöses** verspricht.

Wo immer auf der ganzen Welt so ein Carrotmob als fröhliches Einkaufs-Happening einen Laden heimsuchte, war die Strohfeuer-Begeisterung all der Mitmacher und das erste Presse-Echo groß. Je grüner ein Stadtteil, desto eher gelangen die Blitz-Aktionen und trommelten Carrotmobber zuhauf zusammen. Die sind stolz auf die Technologie ihrer Vernetztheit und beteuern ungefragt, „keine alten Ökos" zu sein; ihr **Aktionismus** zeige gar die Macht der Verbraucher. Die Party-Stimmung am Karotten-Ziel – zum Shopping viel Gaudi, oft Musi – sei nur schöne Zugabe.

Löbliche Initiatoren verteidigen so immerhin tagweise bedrohte Tante-Emma-Läden. Ob die Carrotmob-Welle, die 2008 in San Francisco begann, die 2010er-Jahre überdauern wird, kann allerdings bezweifelt werden. Shopping für eine möhrige Klima-Aktion an wenigstens 1 von 365 Tagen ist denn wohl doch kaum mehr als ein Get-together als schickes One-day-Shopping.

Carry-over

Zunehmend wichtiger Fachbegriff für den Übergang (wörtl. „Über-Tragen") von einerseits guten, andererseits schädlichen Stoffen als Wirkstoff innerhalb der Nahrungskette.

Im Biobereich fällt ein Carry-over-Fazit oft positiv aus, weil es dem ökologischen Landbau etwa beweist, dass tatsächlich durch Weidehaltung wie Grünfutter mehr Spurenelemente und dreimal mehr ▸Omega-3-Fettsäuren in die Biomilch von Kühen oder Schafen kommen. Und selbst in Eiern von konventionell gefütterten Legehennen aus ▸Freilandhaltung zeigt sich hier eine günstigere Bilanz.

In den meisten Fällen

wird mit dem Carry-over-Begriff aber in negativem Sinne agiert: als Übergang von ▶Schadstoffen aus ▶Futtermitteln in Produkte wie Fleisch oder Eier, wie beim Skandal um ▶Dioxin. Oder es geht um die **unerwünschten Übergänge** in Freiland- und Biohaltung. Populäres Beispiel bleibt das Dioxinfleisch von Schafen, auf deren Weiden Klärschlammreste lagerten. In klassischen Fällen geht es um ▶Schwermetalle und den Weg in Tier und Mensch. Längst messen Forscher auch organische Stoffe wie ▶Mykotoxine – etwa ▶Aflatoxin, das die Leber

schädigt. Diese Carry-over-Prozesse sind so gut erforscht wie der von organischen fettlöslichen Umweltgiften bis hinein in den Letztesser Mensch. Besonders ▶Pestizide wie ▶Glyphosat haben kurze Übergangswege. Alarmierend, denn das BVL *(Bundesamt für Verbraucherschutz und Lebensmittelsicherheit)* publizierte 2013, dass 2011 von 15 738 konventionellen Lebensmittelproben nur 43,7 % keine messbaren Rückstände von ▶Pflanzenschutzmitteln enthielten. Immerhin 3,1 % aber wiesen **Gehalte über den Höchstwerten** auf. Bei den Öko-Proben allerdings war in 82,2 % keine Belastung festzustellen, nur bei 0,8 % war die Höchstmenge überschritten. Ein krasses Beispiel bleibt das seit 1988 in Deutschland verbotene Herbizid **Nitrofen**, das krebserzeugend und fruchtschädigend wirkt. Noch 2002 kam es in Futtermitteln und damit in Geflügelfleisch und Eiern vor – sogar in Bioprodukten. Grund war eine altverseuchte Lagerhalle.

Schwer wiegt auch das Carry-over bei ▶Antibiotika. Die wurden jahrzehntelang bei der konventionellen Schweinemast eingesetzt – als ▶Tierarzneimittel oder rein „präventiv". Mediziner klagen, dass Überdosierungen die **zunehmende Keim-Resistenz** gegenüber einigen Antibiotika mitverursacht haben könnten. 2013 wurden Antibiotika gar in mit Gülle gedüngten Pflanzen nachgewiesen! Eine nicht bewiesene Carry-over-Gefahr sind **genmanipulierte Pflanzen** (▶GVO) – 2010 fand der unabhängige wie kritische Verein *Testbiotech* Gene von transgenem Futter in Ziegenmilch, 2013 in Fischen. Auswirkungen auf den Menschen seien nicht abschätzbar. Die Debatte um Carry-over ist noch lange nicht over.

Carry-over: Gewollte oder unerwünschte Übergänge von Stoffen aus der Nahrungskette in ein tierisches Endprodukt wie Milch oder Ei

„Cashews": Sie hängen wie Schwengel unter einer glockenförmigen Frucht und lohnen die mühsame Ernte – v. a. unter fairen Bio-Bedingungen

Cashewkerne

Die als gesalzener Snack so populären Krümmlinge sind ja gar keine „Nüsse", sondern Einzelsamen, die skurrilerweise aus dem Boden einer Scheinfrucht herauswachsen. Diese bunten „Cashew-Äpfel" vom Cashew- oder Kaschubaum *(Anarcardium occidentale)* sind bemerkenswerterweise mit Mango und Pistazien verwandt. Der ursprünglich brasilianische immergrüne Baum wächst heute in vielen Tropengebieten.

Die bohnenhafte Nierenform gab den Kernen den Namen, denn Cashew ist die englische Aussprache von *acaju,* dem „Nierenbaum" brasilianischer Indios.

In der vorwiegend handarbeitlichen und entsprechend mühsamen Produktion konnten sich inzwischen **ökologische Anbaumethoden** und ▸Fairtrade durchsetzen. Längst gibt es Cashew- oder Acajoukerne fair bezahlt oder in Bioqualität – immer öfter auch beides (▸fair + bio).

Das Einsammeln, Einweichen, Rösten in sehr heißem Cashewschalen-Öl, Entschalen, Enthäuten und Sortieren der sog. Schalenfrüchte ist in fair organisierten Kooperativen ein einträglicheres Geschäft, das aber auch viel Know-how für einen makellosen Endgeschmack erfordert.

Aus unvermeidlichem Bruch wird dann preiswertere Ware, meist aber Cashew-Öl (nicht verwechseln mit nur industriell genutztem Cashewnussschalen-Öl!).

Die helle Farbe der Kerne macht es Moglern auch namhafter Lebensmittelhersteller leider leicht, billige Cashew-Bruchware statt der teureren Pinienkerne in ihr Pesto zu mischen.

Cashewkerne sind ideal für asiatische Wokgerichte und mit ihrem nussigen Biss eine recht neutral schmeckende Knabberei, dabei mit 2377 kJ/572 kcal pro 100 g aber ziemlich energiereich. Sie enthalten 42 % Fett und 17 % Eiweiß. Ihre **ungesättigten ▸Fettsäuren** beugen nachweislich sogar Herz-Kreislauf-Erkrankungen vor und können so die Blutfettwerte senken.

Cerealien

Internationaler Name für alles Getreide nach Ceres, der Römergöttin, alias griechischer Demeter, in Rom zuständig für Ackerbau, Fruchtbarkeit und Ehe.

Im engeren Sinne sind Cerealien alle Formen von noch nicht gänzlich vermehltem Getreide (inkl. Pseudogetreide), also deren Körner, Schrot, Grütze, Graupen oder Flocken. Egal ob roh, geröstet, gemahlen oder gepufft bzw. gepoppt, meist fürs Frühstück, gern als Snack in Riegelform. Deshalb gelten so populäre Produkte wie ▸Müsli und Cornflakes als Cerealien, damit auch jeder getreidliche Fertigmix.

Ceres' Kerne sind etwas Korngesundes: Sie liefern (noch gesteigert vom Zuckerzusatz) zu Tagesbeginn reichlich **Energie und Ballaststoffe**, die langsamer abgebaut entsprechend anhaltende Energie liefern. Zudem sind die Vitamine E und B reichlich vorhanden, auch Eisen, Magnesium und Zink in bedarfsgerechter Menge. Bei Bioprodukten kann man sicher sein, dass keine künstlichen ▸Vitamine, ▸Aromen und ▸Farbstoffe zugesetzt werden, derlei ist tabu. Hier wird auch eher mit Zucker gespart, allenfalls kommt nicht-raffinierter Rohrzucker infrage. Gesüßt wird eher mit ▸Honig, Malzextrakt oder mit Topinambur-Sirup. Allerdings wurden auch in Bioprodukten schon mal bis zu 19 % Süßungsmittel gefunden – Etikettenlesen lohnt also.

Generell gilt, dass die Cerealien nicht zu stark verarbeitet sein sollten, weil die nötige Hitze nur Vitamine und andere Inhaltsstoffe zerstört.

Speziell aber haben Cerealien ihre Unschuld und Naturbelassenheit längst an die Lebensmittelindustrie verloren. Cerealien-Verarbeiter, auch viele Bio-Produzenten, übertreffen sich technisch mit **aufwendigen Verarbeitungstricks**.

Bei diesen Verfahren kocht man gemahlenes Getreide zusammen mit den entsprechenden Zutaten (Salz, Süßungsmittel, fremde Ballaststoffe) bei 120–140° C und 10 bar Druck, damit der entstandene plastische Teig durch Formdüsen gepresst werden kann. Die ausgetretene Masse schäumt auf und erstarrt, wird dann in Stücke (sog. Pellets) geschnitten, in Formen getrocknet, gewalzt und geröstet. Nur die wenigsten Nährstoffe und Vitamine überleben diese Prozedur des Strangpressens beim **Extrudieren**. Deshalb verzichtet z. B. ▸Demeter ausdrücklich auf dieses Verfahren, wie auch auf das sog. Puffen – Walzen genügt hier.

Am Ende haben Extruder-Verwender knackig-knusprige Flakes, die als Crunchies, Crossies, Crispies köstlich munden, leider aber auch bis zu 45 % Zucker enthalten und eher die Bezeichnung Süßwaren verdienen. Der Hinweis „ohne Zuckerzusatz" kann hier bedeuten, dass zwar keine Saccharose (raffinierter Haushaltszucker) verwendet wurde, wohl aber andere Zuckerformen. In konventionellen Betrieben wird anschließend wieder künstlich „vitaminiert".

Cerealien: Sehr gesunde Portionen aus diversen Getreiden, bestens mit Obst oder dem Calcium der Milch – und zu oft zu zuckersüß

Bio-Anbieter dürfen das nicht. Weniger rabiate Herstellungsverfahren sind das Dämpfen, Kochen, Walzen und Rösten. Doch immer wird dabei auch erhitzt. Erst in den letzten Jahren geriet das dabei entstehende ▸Acrylamid in den Fokus; seit 2011 gelten dafür eigene Richtwerte.

Wer sich an der erhitzten Debatte nicht beteiligen mag, mischt selbst ein eigenes klassisches Müsli: rosinig, fruchtig, nussig angereichert und mit Sirup oder Honig gesüßt. Der vernünftigste und nährstoffreichste Klassiker bleibt ohnehin der ungekochte sog. **Frischkornbrei** aus Vorgeweichtem.

Nota bene: In Cerealien für Kinder liegt der Zuckeranteil teilweise bei 30 %. Das machte ▸*Foodwatch* 2012 publik und startete Protestaktionen. Ceres persönlich gäbe ihren Segen …

Ceres: Roms Göttin taufte die Cerealien, die sich nun in der Neuzeit als Körner quetschen, flaken, poppen lassen müssen

Champignons

Die knubbeligen Ständer- wie Hutpilze sind die Champions unter den ▸Zuchtpilzen – sie machen etwa 90 % der Verkaufsmenge aus. Größte Erzeuger Europas sind die Niederlande mit 250 000 t pro Jahr. Dagegen

wirken Bio-Champignonzüchter unter den deutschen Betrieben wie Nischen-Bediener – immerhin stammen rund 2–3 % der in Deutschland verkauften Champignons aus Öko-Zucht, der Bedarf ist also da. Schließlich erfüllen diese Bio-Anbieter meist die strengeren Richtlinien der ökologischen ▸Anbauverbände und impfen ihr Champignon-Mycelium deshalb nur in einem **100%igen Biosubstrat**.

Ihre Pilze wachsen bei milderer Temperaturführung und damit langsamer als in konventionellen Turbobetrieben. Sie sind deshalb gewöhnlich fester im Fleisch und haben sogar das bessere Aroma.

Da die im Vergleich zu Anbauverbänden mildere ▸EG-Öko-Verordnung bei Bio-Pilzsubstraten auch eine 25%ige Beimischung konventioneller Grundstoffe erlaubt, kam hin und wieder bei „Bio-Mangel“ auch **konventioneller Pferde- und Hühnermist** auf Biohöfe, samt aller chemischen und medikamentösen Belastung etwa aus der Hühnerzucht.

Das aber hat bei Analysen schon mal die unangenehmen Auffälligkeiten, die ohnehin bei konventionellen Pilzproben auftraten, auch bei Bio-Champignons ergeben: Im Stroh und Mist für die Substrate war unerwünschte Chemie enthalten, v. a. Wachstumsregulatoren (sog. Halmverkürzer wie Chlormequat bzw. Mepiquat).

Beides hat offiziell in der Champignonzucht nichts zu suchen. Und trotz verbesserter Ergebnisse in den Jahren vorher ergab das Ökomonitoring 2011 eine „immer noch nicht

Champignons: Sollen sie ganz unbelastet sein, müssen sie schon auf Biosubstrat heranwachsen

zufriedenstellende“ Situation. Nach diesem Alarm bemühen sich Bio-Champignonzüchter um so mehr um rückstandsfreies Bio-Anbausubstrat, das dem **Kreislaufgedanken** ökologischer Betriebe entspricht. Denn ausgediente Substrate sind wiederum guter Dünger für den nächsten Biohof („Champost“), abgeschnittene Pilzfüße veritables Rinderfutter. Auch Experimente, das tierische Eiweiß durch pflanzliches zu ersetzen (etwa mit Luzerne oder Schrot aus Hülsenfrüchten), versprechen viel.

Aller Aufwand lohnt sich, denn rückstandsfreie Champignons sind gesund. Bei 16 kcal pro 100 g enthalten fast alle etwa 40 Arten des Pilzes die wichtigen Vitamine K, D, B und E, dazu Kalium, Niacin, Eisen, Zink, Kupfer, Phosphor sowie Selen, überdies noch essenzielle Aminosäuren und Eiweiß.

Chicorée

Das Wintergemüse ist ein sog. Bleichtrieb, der aus einer in voller Lichtlosigkeit verpflanzten Wurzel erwächst, und wäre korrekter eine „die“ wie im Französischen. Chicorée *(Cichorium intybus)* ist die älteste von drei Varietäten der ▸Zichorie neben ▸Endivien und dem rötlichen ▸Radicchio.

Der Anbau von Chicorée ist grundsätzlich und für Biobetriebe noch viel eher **aufwendig**, wenn nicht umständlich. Im Mai werden die Zichorienwurzeln ausgesät, aus denen ein Kraut schießt, das an ▸Löwenzahn erinnert. Ende September wird der Zichorienacker gerodet, die Blätter sind gutes Viehfutter. Bei Bio-Chicorée sollen die Wurzeln sich in der natürlichen, etwas längeren Vegetationsperiode ausreichend mit natürlichen Nährstoffen versorgen, aus der **Bioqualität des Bodens** stammt die ▸Qualität von Bio-Chicorée, dessen Anbau alle 3 Jahre einen Fruchtwechsel nötig macht.

Die an ▸Pastinaken erinnernden Wurzeln werden ausgegraben und eingelagert. Damit sie zu knospen beginnen, bekommen sie zumeist einen 10-tägigen Kälteschock im Kühlhaus (in konventionellen Betrieben gern auch eine Dosis Fungizide), ehe sie in Schubladen für ihr wohltemperiertes finsteres Wasserbad kommen.

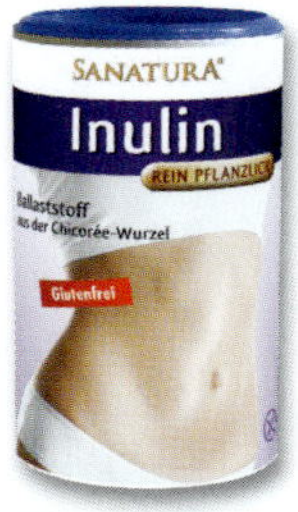

Chicorée: Er treibt in dunklen Kellern aus den inulin-, also ballaststoffreichen Zichorienwurzeln und würde bei Licht ziemlich schnell chlorophyllig grün

Das provoziert die Wurzeln, fleischige Sprossen auszutreiben. Diese nicht gerade energiesparende sog. **Wassertreiberei** ist EU-biokonform, wenn keine Nährlösung hilft wie in konventionellen Betrieben. Auch die ▸Anbauverbände erlauben das Verfahren, dann aber z. T. mit Hinweis „aus Wassertreiberei“. Dafür verbieten sie ▸Hybriden aus CMS-Zucht.

Wie beim Spargel würden die im Dunkeln sich auswachsenden weißlich-gelben Triebe wegen Lichtstress mit der schützenden Photosynthese beginnen und ergrünen. Sie tun dies schon unverdunkelt nach 4 Tagen im Handel oder zu Hause, weshalb Chicorée **besser zugedeckt** im ▸Bioladen liegt. Nur eine spezielle

Chicorée: Erst Wurzel mit Futterkraut, erst danach Wurzel mit Weißtrieb

Zuchtsorte errötet radicchiohaft und dekorativ an den Rändern.

Die etwa 20 cm langen und immerhin bis zu 10 cm dicken Knospen sind gesund. Im Saft des Sprosses stecken weitgehend die im Strunk weggezüchteten **Bitterstoffe** (sog. Intybine), die den knackigen, gut bratbaren Blättern das typische Aroma verleihen. Sie gelten als appetitanregend, verdauungsfördernd und harntreibend.

Zudem ist Chicorée sehr kalorienarm (16 kcal/100 g), dafür reich an Vitaminen, Mineral- und Ballaststoffen. Im Vergleich zu anderen Salatpflanzen ist er arm an ungünstigem ▸Nitrat.

Chilis: Keine Schoten, sondern Beeren, auf die Köche so scharf sind

Chilis

Sie haben ein klärendes Wort verdient, die *txile* der Nahuatl aus Mittelamerika, die sich der ganzen Welt als Gewürz eingeschärft haben: Nein, sie sind keine Schoten und heißen trotzdem **wörtlich Frucht-Schachtel** *(Capsicum frutescens)*, denn sie sind botanisch mal längliche, mal sehr kompakte Beeren. Ja, sie sind als echte Nachtschattengewächse Tropenverwandte von ▸Paprika – und wiederum nein, Chilis sind keine Vertreter der Pfefferfamilie, werden gemahlen aber „Cayennepfeffer“ getauft. Und grün wie unreif, dafür häufiger geerntet, sind sie immer noch Chilis, die dann allerdings *peperoni* heißen.

Wo immer weltweit Scharfes aus der Küche kommt, ist am simpelsten „Chili“ dabei. Leider sind beim konventionellen Anbau in Indien, Mittel- und Südamerika, Afrika und Südostasien (spez. Thailand) immer noch zu viele ▸Pestizide im Einsatz. Chilis werden deshalb an den EU-Grenzen streng überwacht und dabei immer wieder beanstandet. Zu den Giftcocktails kommt beim fertigen Importpulver gegen ▸Schimmel wie Aflatoxin-Bildung noch so manche Dosis Pilzgift.

Chili-Möger entgehen dem, wenn sie ökologisch angebaute Ware kaufen, die dann **auch bestrahlungsfrei** ist. Inzwischen gibt es schon etliche zertifizierte Betriebe für pestizidfreie Produkte aus ▸kontrolliert biologischem Anbau. Es werden sogar in Europa schon Chilipflanzen nach ökologischen Richtlinien gezogen. Bio-Samenhandlungen bieten 50 und mehr Bio-Sorten Chili von mild bis superscharf an.

Bis zu 10 cm lang werden die je nach Reife grünen bis rotvioletten schotigen „Chilibeeren“. Für die bisweilen unerträgliche Schärfe sorgt das sog.

Capsaicin, ein ▸sekundärer Pflanzenstoff, der v. a. in den Samen und ihren Scheidewänden steckt. Je mehr Hitze und Stress eine Chilipflanze abbekam, desto schützend farbiger (▸Anthocyane) und schärfer wurde ihre Frucht.
Capsaicin ist nicht wasser-, dafür fettlöslich, weshalb nur Milch ein **Notschluck gegen Brennmund** ist. Wem eine Chilisorte zu scharf ist, der schabt die Samen aus. Gegen unbedachte Augenreiberei helfen in der Chiliküche nur Handschuhe. Die meisten käuflichen „Schoten" sind nicht übermäßig scharf, solche in oder aus Mexiko schon eher und in gefährlichen Graden. Bekömmlichere Schärfe steckt in Chilipulver, in Cayenne- oder milderem Nepalpfeffer – oder in Tabasco.
Immerhin macht das Capsaicin dem Kreislauf Beine; äußerlich lindert es sogar rheumatische Beschwerden.
Nota bene: 2013 gab es viel Kritik am Europäischen Patentamt – es erteilte ein ▸Patent für eine Syngenta-Chili.

Chinakohl

Wir haben den namenreichen Kohl erst seit etwa 30 Jahren als China-, Peking-, Blätter-, Selleriekohl oder Kochsalat (*Brassica pekinensis*), in China heißt er „Zahn vom Drachen". Der wird in Europa immer beliebter, denn er ist zart, für einen Kohl eher geschmacksdezent und schnell gedünstet. Chinakohl ist vermutlich eine Kreuzung aus Pak Choi und einer Speiserübe.
▸Biobauern macht er in seinen 9–12 Wochen Wachstum das Leben nicht leicht: Sie können sich nie darauf verlassen, dass die weißlich-grünen Köpfe des **zumeist nur als ▸Hybride** beschaffbaren Kohls in der nächsten Generation gleiche Qualität bieten. Auf samenfeste ▸Sorten, die also vermehrbar sind, ausreichende Homogenität versprechen und so das Kohlgeschäft verlässlicher machen, muss der ▸ökologische Landbau da noch einige Kohl-Generationen warten.

Aber schon jetzt liefern Biobauern die bessere Qualität, denn sie verzichten **bei dem „Starkzehrer"** auf chemische Düngung und synthetischen Pflanzen- und Insektenschutz. Stattdessen wird mit neuer stickstoffreicher, überwiegend pflanzlicher Düngung gearbeitet, die frühere Ernten ab September erreichen soll.
Im Handel gibt es Chinakohl im Frühjahr als Salat. Vor allem wird er aber im Herbst und Winter angeboten. Dann ist der Chinesen-Kohl ein wichtiger Vitamin-C-Lieferant, 300 g decken den Tagesbedarf. Überdies ist er reich an Ballaststoffen, Mineralstoffen wie Calcium, Eisen und Kalium sowie an Folsäure.
Nota bene: Der senfölige Chinakohl bläht kohluntypisch nicht. Und obwohl er oft aus Spanien kommt, verwenden die Spanier ihn kaum.

Chinakohl: Immer beliebter mit seinem zarten Biss, der rätseln lässt, warum er in China „Zahn vom Drachen" heißt

Chips: Geräuschvolles Suchtmittel und Kalorienhammer mit nicht ganz unbedenklichem Herstellungsprozess

Chips

Manchmal sind es die Scheibsel von süßem und dann getrocknetem Obst wie bei Bananenchips, aber eher sind Chips knolligen, also stärkehaltigen Ursprungs und meistens eben aus Kartoffeln. Allerdings holen Mais-Chips und erfinderisch verscheibte synthetische Breiprodukte in Chipsform (die sog. Stapelchips) auf.

In ihrer knackigen Beliebtheit haben Kartoffelchips einen krachend schlechten Ruf als Suchtmittel und **viel zu fetthaltiger Snack**, obwohl es inzwischen am Fabrikband Heißluftduschen zur Entfettung gibt. Denn Chips bleiben ein belastetes Genussmittel durch die Umstände bei der Herstellung.

Grundproblem aller konventionellen wie Biochips ist die Frittierung und Bräunung der Kartoffelscheiben, noch dazu in problematischem Fett. Ab etwa 170° C beginnen Umwandlungen in ▸3-MCPD-Fettsäureester und durch die Maillard-Reaktion in ▸Acrylamid. Seit 2002 ist das Problem bekannt, seitdem wird an der **Senkung der Schadstoffe** gearbeitet.

Helfen sollen da spezielle Kartoffelsorten mit geringerem Zuckergehalt oder Frittieren in (teurerem) ▸Sonnenblumenöl. Dessen ungesättigte ▸Fettsäuren sind günstiger als die gesättigten des gängigen (billigeren) ▸Palmöls. Helfen kann auch der Einsatz von nur 130° C heißen Vakuum-Fritteusen.

All dem sei „Bio" vor? Der Wunsch ist bei Chips nicht so leicht zu erfüllen. Tests hatten ergeben, dass Chips aus den langsamer gewachsenen sowie zuckerhaltigeren Biokartoffeln **sogar mehr Acrylamid** enthielten als konventionelle. Inzwischen ist dies durch andere Rohware, bessere Fettsorten und Temperaturführung weitgehend beherrschbar.

Einen grundsätzlichen Vorteil haben aber Biochips: Es werden meist ungeschälte Kartoffeln verarbeitet, es fehlt der Geschmacksverstärker Natriumglutamat (▸Glutamat), es kommen keine künstlichen ▸Aromastoffe oder haltbarmachende Sulfite zum Einsatz. Auch ein Bad in Polyphosphaten für die Stabilisierung von

Farbe und Geruch ist tabu. Bedenkenswert ist aber auch bei vielen Biochips, dass sie so fettvoll sind. Selbst **Light-Chips** haben noch 23 % Fettanteil. Als Faustregel gilt dort: 100 g Chips liefern immer noch knapp 100 kcal. Gewöhnliche 100 g Kartoffelchips weisen dagegen alarmierende 2 255 kJ/539 kcal auf – 70-mal so viel, wie in 100 g mit Schale gekochten Kartoffeln stecken.

Die Acrylamid-Gefahr bei Chips soll inzwischen durch solche aus Maisteig umgangen werden – sie sind tatsächlich geringer belastet.

Nota bene: Vor allem bei den großen Herstellern werden die Chips nicht nur auf ihr Aroma getrimmt, sondern mit speziellen Geräten auch auf einen besonderen Sound beim Knuspern getestet („Psychoakustik"). Das Ohr chipst eben mit …

Clean Labelling

Das „saubere Etikett" bzw. „sauberes Etikettieren" ist ein schöner Beweis für die Macht der Skepsis der „Endverbraucher" und für Vorbild und nachhaltige Wirkung der gesamten ▸Biobranche.

Seit ▸Bio und Natur zu Inbegriffen wurden für alles besser Ess- und Schmeckbare, hat es die Lebensmittelwirtschaft mit neuen Kundenprofilen zu tun. Nolens volens nennt sie seit 2010 gezwungenermaßen alle ▸E-Nummern für ihre Erzeugnisse.

Doch die Verbraucher sind schon weiter: Marktforscher ermittelten einen starken Wunsch nach Genuss in Verbindung mit **Ursprünglichkeit** und Vertrauenswürdigkeit (▸authentisch) – zu sehr wurde in der Vergangenheit gesündigt oder vertuscht (▸Skandale). Nun sieht sich die Industrie durch öffentliches **Bio- und Gesundheitsbewusstsein** gezwungen und öfter sogar in der Lage dazu, die alten Sünden indirekt einzugestehen, also fortan zu unterlassen. Ein Clean Label war erst Propaganda, nun ist „frei von …" oder gar „Natur pur" öfter mal erklärtes, sprachlich noch eher unreglementiertes Ziel.

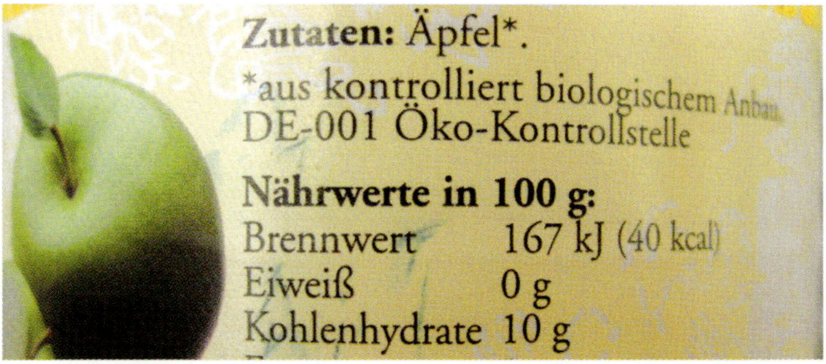

Really clean: So minimal wär ein Label am schönsten – und dabei noch nicht mal marketinggerecht hingemogelt …

Und es geht, denn der ▸Verbraucherschutz gewinnt an Bedeutung. Intern sprechen Lebensmittelhersteller inzwischen von der Macht des Verbraucherwunsches nach Offenheit und Authentizität, wodurch sich „die Deklarationswirklichkeit" (!) im Markt zu verändern beginne. Bio-Hersteller gehen ohnehin sehr restriktiv mit ▸Zusatzstoffen um und sehen den Clean-Kurs der Industrie skeptisch – die **sog. technischen Hilfsstoffe** etwa dürfen ja weiter ungelabelt bleiben. Dazu gehören Filterhilfs- oder Entfärbungsmittel, die nach der Herstellung wieder entfernt werden, aber eben noch in Spuren enthalten sind.

Die Biobranche braucht sich an dieser Diskussion kaum zu beteiligen, da sie mit ihrer ▸Volldeklaration der Label-Logik vorgegriffen hat. Zum Clean Label gehört eben auch ein „Clean Conscience".

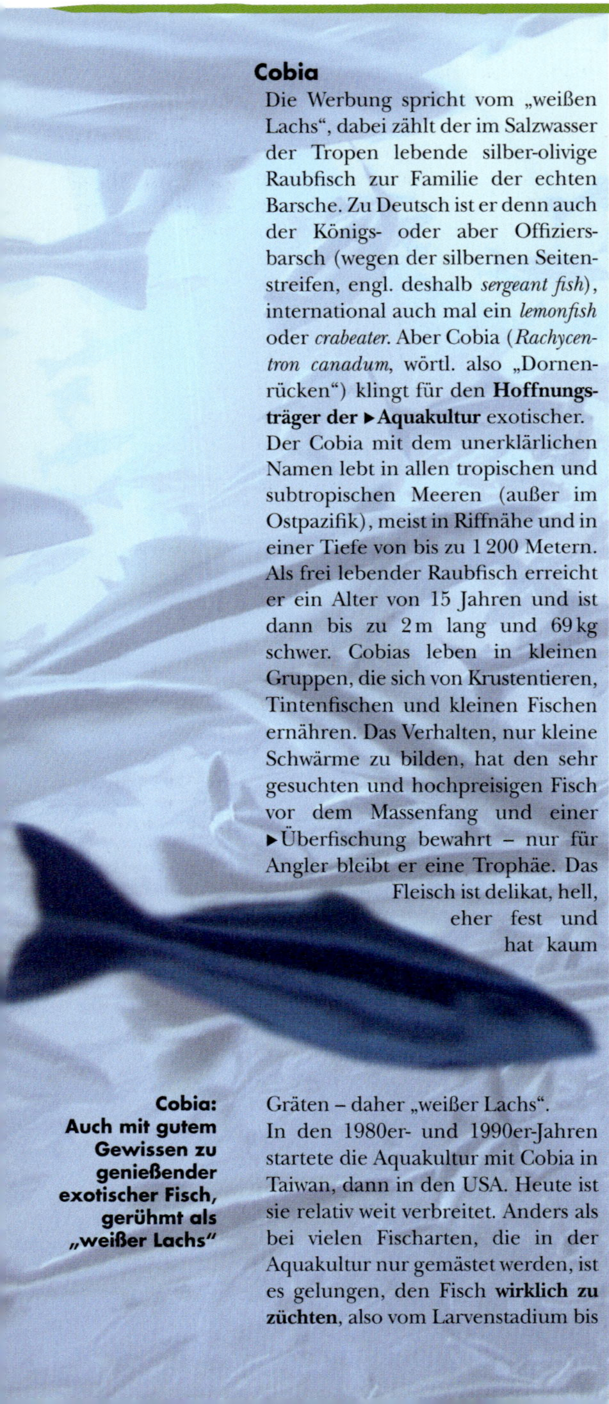

Cobia:
Auch mit gutem Gewissen zu genießender exotischer Fisch, gerühmt als „weißer Lachs"

Cobia

Die Werbung spricht vom „weißen Lachs", dabei zählt der im Salzwasser der Tropen lebende silber-olivige Raubfisch zur Familie der echten Barsche. Zu Deutsch ist er denn auch der Königs- oder aber Offiziersbarsch (wegen der silbernen Seitenstreifen, engl. deshalb *sergeant fish*), international auch mal ein *lemonfish* oder *crabeater*. Aber Cobia (*Rachycentron canadum*, wörtl. also „Dornenrücken") klingt für den **Hoffnungsträger der ▸Aquakultur** exotischer.

Der Cobia mit dem unerklärlichen Namen lebt in allen tropischen und subtropischen Meeren (außer im Ostpazifik), meist in Riffnähe und in einer Tiefe von bis zu 1 200 Metern. Als frei lebender Raubfisch erreicht er ein Alter von 15 Jahren und ist dann bis zu 2 m lang und 69 kg schwer. Cobias leben in kleinen Gruppen, die sich von Krustentieren, Tintenfischen und kleinen Fischen ernähren. Das Verhalten, nur kleine Schwärme zu bilden, hat den sehr gesuchten und hochpreisigen Fisch vor dem Massenfang und einer ▸Überfischung bewahrt – nur für Angler bleibt er eine Trophäe. Das Fleisch ist delikat, hell, eher fest und hat kaum Gräten – daher „weißer Lachs".

In den 1980er- und 1990er-Jahren startete die Aquakultur mit Cobia in Taiwan, dann in den USA. Heute ist sie relativ weit verbreitet. Anders als bei vielen Fischarten, die in der Aquakultur nur gemästet werden, ist es gelungen, den Fisch **wirklich zu züchten**, also vom Larvenstadium bis zur Schlachtreife künstlich zu vermehren. Gerade das eröffnet diesem Zweig der Fischwirtschaft beste Perspektiven, und in der Tat nimmt die Menge der so produzierten Fische rasant zu. 2010 waren es laut FAO schon mehr als 40 000 t – ein Wachstum auf 1 Mio. t halten Experten mittelfristig aber für wahrscheinlich. Cobia-Unterwasserkäfige hängen im offenen Meer. Die Tiere sind sehr robust und vertragen als Tieftaucher auch kälteres Wasser. Selbst bei einer hohen Besatzdichte kommt es nur zu wenigen Konflikten der friedfertigen Fische, offenbar ist auch die **Futterverwertung** überdurchschnittlich gut (▸Veredelungsverluste). Neben Fischmehlpellets bekommen Cobias auch Trockenfutter pflanzlicher Herkunft. Innerhalb eines Jahres erreichen die Fische ein marktreifes Gewicht von 5–7 kg.

Wo Aquakultur im offenen Meer betrieben wird, ist die punktuelle Belastung des Meeresbodens durch Ausscheidungen, Futterreste und ggf. Medikamente generell eine negative Begleiterscheinung. Die Biozuchten, von denen es erst recht wenige gibt, versuchen dem zu entgehen, indem die großen Unterwasserkäfige bewegt werden und die ohnehin ökologische Futtergabe auf den tatsächlichen Bedarf der Fische abgestimmt wird. In Florida wird Cobia schon in Bassins an Land gezüchtet.

Community Supported Agriculture – CSA

Sperriger Begriff für ein einleuchtendes Konzept: Die Kooperation von grün gesinnten städtischen Konsumenten mit einem nahe gelegenen bäuerlichen Produzenten.

Die Idee, Stadt und Land auf einem **„Gemeinschaftshof"** gegenseitig nur Gutes zukommen zu lassen, kam zuerst in den 1960er-Jahren in den USA auf und sollte v. a. im Rahmen ▸biologisch-dynamischen Landwirtschaftens die Ökonomie mit sozialem Engagement verbinden, etwa für Erwachsene mit Handicaps. Daraus erwuchs die Idee, städtische *supporters* mit einem möglichst lokal arbeitenden *farmer* eine Wirtschaftsgemeinschaft bilden zu lassen – durch Umlage der Kosten oder tätige Mithilfe gegen garantierte Abnahme der lokalen Produkte.

Für diese Stadt-Land-Partnerschaft gab es einstweilen keine bessere Bezeichnung als *Community Supported Agriculture* (kurz CSA), also übersetzt die „gemeinschaftsunterstützte Landwirtschaft". In den USA waren es 2010 an die 1 500 solcher Kooperationen, die in Großbritannien eher *subscription farming* heißen. Den Anfang in Deutschland machte der Demeter-Betrieb Buschberghof bei Hamburg als erste sog. Wirtschaftsgemeinschaft mit engagiertem **festem Unterstützer- und Abnehmerkreis**.

In Europa wachsen seit den 1990er-Jahren die reziproken Stadt-Land-Beziehungen. Manchmal wurden sie eher uncharmant nach dem Prinzip der Kostendeckung beurteilt oder gleich EVG getauft: „Erzeuger-Verbraucher-Gemeinschaft". Inzwischen sind sie akzeptiert und erhalten in etlichen Regionen sogar staatliche Förderung.

Ganz ohne Formalien wie Verträge, Versammlungen, Umlagebeschlüsse und Wirtschaftsplan geht es auch bei CSA nicht, weshalb es eben schon gemeinnützige Trägerschaften dafür gibt. Erfolg in Deutschland hat v. a. die **„Aktion GemüseSelbst-Ernte"** durch Parzellen-Vermietung als „Garten auf Zeit" (siehe unter www.oekolandbau.de). Es gibt schon regelrechte ▸regionale Pflanzvereine für die Eigenernte oder kleinere Gesellschaften wie die RWAG als sog. Bürgeraktiengesellschaft, die *Regionalwert AG*. Schon aus der Natur des ökologischen Engagements und aus dem Ziel, die *Community* aller Selbstversorgten gesund, ▸saisonal und so vielseitig wie nur möglich zu bedienen, ergibt sich, dass fast alle CSA-Betriebe biologisch und eher nicht gewinnmaximierend arbeiten. Sehr erfolgreich werden deshalb in sicher abgenommenen Kleinmengen eigene Produkte ganz ▸artisanal hergestellt, auf dem CSA-Hof wird gebacken, gekäst, gewurstet.

Zunehmend verunsicherte Verbraucher werden durch den Landbezug **zufriedene Abnehmer authentischer Waren,** die grüne Palette kann sich durch eng-regionale Tauschringe der Höfe zur Lebensmittelkooperative im besten Sinne erweitern.

Idealisten schwärmen schon vom „Hof der Zukunft" dank CSA, und Carlo Petrini, Gründer von ▸*Slow Food*, sieht daraus gleich flächendeckend Bauernmärkte erwachsen.

CSA mit Lust: Städter entdecken den nächsten regionalen Biohof als Hauptversorger, unterstützen ihn und arbeiten sogar mit

CSA mit Gewinn: Der stadtnahe Hof finanziert sich durch feste Anteilhaber und sichere Abnehmer der Produkte seines grünen Füllhorns

Convenience-Food-Fabrikation: Auch Bioprodukte wie etwa Falafelbällchen ersparen eigene Zubereitungszeit und Mehraufwand

Convenience-Food: Derlei Fertigsuppen kommen vielen denn doch mal in die Tüte, wenn sie Bio sind

Convenience-Food

Ungenierter Inbegriff für Bequemgenuss oder Komfortnahrung bei geringstmöglicher eigener Vor- oder Zubereitung: auftauen oder aufmachen, aufheizen und aufessen – möge es geschmeckt haben.

Und es schmeckt immer mehr Konsumenten, sich von eigenem Kochen und Hantieren zu entlasten. Convenience-Food ist Mahlzeitenproduktionsersatz – auch im Biobereich.

Streng genommen sind alle weiterverarbeiteten Lebensmittel schon Convenience-Produkte. Eben auch geschälte Tomaten, Nudeln, Wurstwaren, Würzmischungen oder Vorgegartes à la Sous-vide.

Normalerweise aber ist gemeint, dass unbequeme oder zeitraubende Küchenarbeiten **weitgehend vorerledigt** sind. Das mag für ▸ökologisch haushaltende Selberkocher genussästhetisch und ökobilanziert ein Grundübel sein, Zeitmangel lässt vielen scheinbar keine andere Wahl. Tatsächlich aber ist u. a. durch den hohen Energieverbrauch bei Herstellung, Verpackung, Zubereitung **der ▸Carbon Footprint von Convenience-Food** signifikant höher als bei geringer verarbeiteten Produkten.

Wer sich konvenient Bio-Convenience wie fertige gefüllte Nudeln aus dem Kühlregal, Pizza oder aufzuwärmende Gemüsegerichte mal eben aus der TK-Truhe holt, hat nun mal schon aufwendig vorarbeiten und vorkochen lassen (▸Fertigprodukte).

In der Lebensmittelindustrie spricht man deshalb von „hochverarbeiteten" Produkten, die so bequem wie begehrt sind (▸Food-Processing). Folgerichtig konveniert auch jedes Angebot mit Biozutaten als Convenience-Food.

Die Genießer von ▸*Slow Food* beklagen, dass inzwischen auch die Biobranche hochverarbeitete Produkte in Bioqualität anbiete, „viele konventionelle Verfahren werden einfach nachgeahmt", Genuss und Esskultur blieben so auf der Strecke. Doch **so einfach ist es nicht**, denn industriell ist für Bioprodukte vieles gar nicht

Convenience: Auch in der „Bio-Ecke" viel Food, halb oder ganz fertig – für alle Menschen mit wenig Zeit oder noch weniger Lust zu kochen

machbar, was konventionellem Convenience-Food überhaupt nicht geneidet wird und als tabu gilt.
Erlaubt sind gemäß ▸EG-Öko-Verordnung nur 49 ▸Zusatzstoffe, die restriktiveren ▸Anbauverbände tolerieren lediglich 13–23. Als ▸Bindemittel etwa sind es allenfalls und bewährterweise ▸Johannisbrotkern- bzw. Guarkernmehl oder ▸Agar-Agar; als ▸Antioxidationsmittel dienen da Ascorbin- bzw. Zitronensäure oder auch purer Zitronensaft. Bei Bio-Convenience mit ▸Volldeklaration herrscht dann Offenheit.
Wichtig ist auch eine umweltfreundlichere ▸Verpackung (etwa das biologisch abbaubare Polyactid). Bedenkenträger haben allerdings Recht: Mögen alle Zutaten ökologisch sein, der **Energie- und Transportaufwand** für unsere private Convenience ist eigentlich unangemessen, deshalb auch der späte, wiewohl erfolgreiche Start in Bioläden oder in den „Bio-Ecken" der Supermärkte.
Wie auch im konventionellen Handel sind gerade ▸Tiefkühlgerichte im Bio-Convenience-Bereich am gefragtesten. Demeters Marke „Natural Cool" etwa ist erfolgreich, hat viel Erntefrisches, Kartoffel- und Pasta-Zubereitungen sowie Biopizzen ohne verdächtige Zusätze. Bei den Tiefkühlgerichten steht der Biohandel im Wettbewerb mit dem konventionellen nicht nach: Auch hier sind Produkte wie Pommes frites, Lasagne, Pizza die Klassiker. Es gibt – allerdings nicht von allen Herstellern – vieles wie bei der „unökologischen" Konkurrenz: von Chickenwings bis Frikadellen, vor allem aber fertige Gemüsemischungen bis hin zu Kartoffel-, Reis- und Nudelgerichten. Diese Tendenz ist in der ▸Biobranche denn auch **nicht ganz unumstritten.** Natürlich könnte jede/r selber ▸einmachen oder einlegen und damit einen Bequem-Vorrat anlegen, auch vorkochen und einfrieren. Schneller aber bleibt der Griff ins Konservenglas-Regal beim Bioladen, für bequem eingemachte Tomaten außerhalb der Saison ohnehin.
Dann wird es auch schnell Routine, stets Bio-Püreeflocken im Haus zu haben oder Fertigmischungen für gesunde Burger und ▸Bratlinge auf der Basis von Mais, Grünkern und Hafer oder Hülsenfrüchten in allen

Konveniert als Food: Wer heiß auf Biopizza ist, der braucht denn doch noch den Ofen

Geschmacksrichtungen. Damit gehören auch ▶Fertigsaucen oder sogar Tütensuppen mit ▶Bio-Siegel zum Grundvorrat. Und die Biomischungen für selbst zu backendes Brot oder Kuchen werden schnell Gewöhnung an **moderates Convenience.** Bequem und Bio – beides beginnt nur zufällig mit B …

Cranberrys: Herb durch ihr Tannin, kultig in den USA und trendy wegen der urgesunden Inhaltsstoffe

Cranberrys

Ureigener nordamerikanischer Beerenstolz, denn die tiefroten, tanninherben Beeren schmeckten als *sassamanseh* oder *ibimi* schon den Ureinwohnern. Die banaleren Bezeichnungen für *Vaccinium macrocarpon* sind Kranich-, Moos- oder Kulturpreiselbeeren. Den Kranichnamen haben sie von der **Schnabelform** der heidekrautigen Strauchblüten.

In Nordamerika kugeln sich Cranberrys noch in rund 175 Sorten. Hier schmecken Marmeladen, Saft oder die obligate Sauce daraus patriotisch heimatlich, kultisch gesteigert an Thanksgiving.

Cranberry-Monokulturen in Moor-, Torf- und Feuchtgebieten jedoch haben ihren Riesenerfolg nur durch einen hohen Einsatz von Pestiziden. Entsprechend belastet bleiben **Proben aus konventionellem Anbau.** Empfehlenswert sind deshalb nur Cranberrys aus ▶kontrolliert biologischem Anbau, der natürliche Schädlingsbekämpfung vorschreibt, u. a. mit Pheromonfallen. Im Biohandel gibt es die bearbeiteten Beeren nach schonendster ▶Trocknung zudem ungeschwefelt und weder effektvoll geölt noch mit Trennmitteln behandelt.

Parallel zum schlichten beerigen Genuss hat sich ein regelrechter Hype um die Inhaltsstoffe von Cranberrys entwickelt. Zwar enthalten sie mit 7,5–10,5 mg pro 100 g viel Vitamin C, vor allem aber liefern Cranberrys sichtbar viel tiefrote wie hochgesunde ▶sekundäre Pflanzenstoffe, die ▶Anthocyane. Im Naturkost- und Reformhandel gibt es deshalb Cranberry-Konzentrate und Kombinationssäfte (etwa mit ▶Aronia) als **natürliche ▶Nahrungsergänzungsmittel.** Und tatsächlich sind zumindest die zellschützenden ▶Antioxidantien und andere antibiotisch wirkende Stoffe in signifikanter Menge enthalten.

Curry

Ureigentlich als Wort für die würzige Sauce *kari* ein Geschenk der Tamilen an die indische Küche, dann der Briten Snobwort für das damit gefärbte und gewürzte Gericht – und schließlich der Welterfolg als Curry-Pulver für Saucen oder Eintöpfe mit unverwechselbarem India-

Aroma. Diesen variantenreichen Geschmack bringt erst die Mischung verschiedenster verpulverter Gewürze zustande. Theoretisch könnte man ein Curry überall zusammenmixen aus mindestens 10, 20, **legendär sogar 100 Gewürzen** wie Bockshornkleesamen, Kumin, Fenchel, Koriander, Pfeffer, Paprika, Chilipulver, Ingwer, Kardamon, Muskat, Macis, Nelken, Piment – entscheidend für die so typische Curry-Farbe ist immer Kurkuma. In oder für Europa kommt meist ▸Paprikapulver hinein, Original-Curry wäre es fremd. Stammt ein Curry tatsächlich aus Indien, aus Pakistan oder der Türkei, ist bei konventionellen Produkten Vorsicht geboten. Seit ▸*Greenpeace* 2009 nur bei Biopulver saubere Ware fand, kam auch ▸ÖKO-TEST zu ähnlichen Ergebnissen. Andere Untersuchungen wiesen sogar das in Europa **längst verbotene DDT** nach, das immer noch tierische Mitesser verhindern soll, wenn es nicht die – bei Biogewürzen insgesamt verbotene – nachträgliche ▸Bestrahlung tut.

Auf der sicheren Seite ist man mit ökologischer Curry-Konkurrenz, für die Biogewürze verwendet und pur vermahlen wurden. In Bioprodukten wird Curry-Mischungen kein Salz (konventionell sind bis 5 % erlaubt) zugegeben, auch keine streckende Stärke oder mildernde Dextrose. Sie kommen immer ohne Farb- und Konservierungsstoffe aus. Etliche Bio-Hersteller bieten Fertigmischungen als „Indisch“, „Thai“ oder „englischen Curry“ an.

Prinzipiell gibt es keinen Standard-Curry, weil die Curry-Pikanterie mit der ockergelben Signalfarbe immer indivuell mischbar ist – Mut macht da erfinderisch … So lassen sich die getrockneten, gerösteten, vermahlenen Gewürze **auch mal frisch und nach eigenem Gusto** mixen.

Eine gewisse Herta Heuwer kreierte so ihre genial besoßte Currywurst anno 1949 in Berlin-Charlottenburg. Da mag geholfen haben, dass dem Curry-Genießer nie die Spucke wegbleibt, im Gegenteil, und dass auch magenfreundliche Galle provoziert wird. Da die häufigste Beigabe eines Currys als Hühner-, Lamm-, Gemüse- oder Fischgericht Reis ist, wirkt es auch in kräftiger Variante sehr bekömmlich, schärfere Curry-Sauce dosiert man besser selbst.

Nota bene: Als Kunstmix von Gewürzen hat Curry nichts mit den Blättern vom südindischen Curry-Baum zu tun, die frisch zerdrückt allerdings typischen Curry-Geruch verströmen. Die mittelmeerische Curry-Pflanze hat eher etwas Salbeihaftes.

Curry: Indisch muss er kurkuma-gelb sein, kann aber zu andersfarbigen Saucen werden und muss immer das deutsche Currywurststück bepudern

demeter

D

Datteln

Ein paar Dinge sollte man sich bei ihnen schon merken: Sie sind korrekterweise Beeren der Dattelpalme (*Phoenix dactylifera*, wörtl. also „fingerblättertragend"); sie reifen zu Aberhunderten in herabhängenden Höhenbüscheln nur an den weiblichen Palmen. Und v. a. gilt für sie: Datteln genießt man am besten in Bioqualität, wenn man gängigen Anbau- und Verarbeitungssünden entgehen will. Immerhin gibt es etwa 300 verschiedene Dattelsorten, die meist nach Festigkeitsgraden unterschieden werden. Entsteint und stattdessen mit feinem Walnusskern oder pikantem Frischkäse gefüllt und mit einer feinen Scheibe Speck ummantelt, sind Datteln ein edler Partysnack.

Für Bio-Datteln gelten die grundsätzlichen Prinzipien des ▸ökologischen Anbaus. Kunstdünger und synthetische Pestizide kommen nicht zum Einsatz. Zur Düngung setzen Biobauern Pflanzen zwischen die Oasenbäume, die Stickstoff liefern. Nur natürlicher Kompost ist erlaubt, gegen Insekten helfen Baumwollnetze. Die Bio-Datteln werden zur besseren Konservierung halbreif von Hand geerntet. Die rechtzeitige **Früherente** schadet nicht, denn Datteln reifen nach – wie Tomaten. Meist aber werden sie erntefrisch an der Sonne oder künstlich getrocknet, dann gewaschen und gegen mögliches Ungeziefer oder deren Eier oder Larven schockgefroren (weshalb man sie eben nicht noch einmal tiefgefrieren sollte). Im Handel sind solche Bio- auch als sog. **Naturdatteln**.

Im massenhaften, also im konventionellen Dattelgeschäft geht es dagegen weniger schonend zu. Dort werden die Palmen kunstgedüngt und mit Insektiziden verteidigt, die „Beeren-Früchte" später gegen Ungeziefer begast, dann gewaschen, mit Heißluft bearbeitet (erkennbar an der glänzenden Oberfläche infolge des ausgetretenen Fruchtzuckers), verpackt und noch einmal begast. Auch das mittlerweile umstrittene ▸**Schwefeln** gegen Verfärbung wie gegen Schädlinge ist erlaubt – bei bis zu 10 mg/kg Schwefeldioxid dürfen Datteln dann sogar als „ungeschwefelt" ausgelobt werden.

In der arabischen und nordafrikanischen Welt gelten Datteln als „Brot der Wüste", weil der Zuckeranteil von 60–70 % enorme Brennwerte liefert. Inzwischen reift nicht nur im dattelgeeigneten Trockengürtel der Erde (zwischen dem 19. und 23. Breitengrad) die Einsicht, welch perfekter Sonderbaum die Dattelpalme ist. Dabei wurzelt jede Palme

Datteln: Von Mutter Natur sehr hoch gehängt und deshalb so pflegeintensiv – aber begehrlich hochlecker

Demeter: Die Marke für Biolebensmittel aus biodynamischem Anbau im Zeichen von Rudolf Steiner

so tief, dass sie bei ihrem großen Durst das Grundwasser erreicht. Zudem macht ihr selbst ein Salzgehalt von bis zu 3 % wenig aus.

Immerhin kann der Kauf von Bio- oder ▸fair gehandelten Datteln in den Herkunftsländern helfen, eine **nachhaltige Plantagenwirtschaft** zu fördern. In ihr bleibt das Mikroklima erhalten, die Umwelt wird geschont. Im Gegensatz zu großflächigen Monokulturen kommt es auch nicht zur Verdrängung anderer Nahrungspflanzen, denn im Schatten der ausladenden Wedel in 30 m Höhe kann darunter vieles gedeihen. Ein fairer Preis kommt denen zugute, die bis zu zehnmal im Jahr jede Palme für Pflege und Ernte besteigen müssen.

Die Demeter: Die Hellas-Göttin der Fruchtbarkeit lebt hochgeachtet fort im Namen des ökologischen Anbauverbands „Demeter"

Vorbild Demeter

Fruchtbarkeitsgöttin in der griechischen Mythologie mit eigenen Mysterien, verehrt für das Geschenk von Landwirtschaft und Zivilisation samt Recht und Ehe an die Menschheit. Geopfert wurden ihr Früchte, Honigwaben, Kühe und Schweine als Symbole für Reproduktion. Ihre göttlichen Attribute waren Mohn, Ähren, Obstkorb sowie ein Ferkel und (wegen des Häutungswunders der Erneuerung) ein von Schlangen gezogener Wagen. Ihr Name von dor.-griech. *Da-mater* bedeutet „Wunderkraft-Mutter" (von altind. *damsas*) oder inbegrifflich bis heute **„Mutter Erde"**. Die Römer tauften sie **Ceres**, damit sie dereinst die Urmutter aller Cerealien werde …

Demeter

Inbegriff als auch Warenzeichen des weltweit ältesten ökologischen ▸Anbauverbandes, 2014 mit rund 8 000 Demeter-Bauern in 50 Ländern. Seit 1928 steht die Marke vornehmlich für landwirtschaftliche Produkte aus mustergültig ▸biodynamischem Anbau. Die seitdem so bewährten und regelmäßig aktualisierten Richtlinien wurden Maßgaben und Prüfstein für die ökologische Landwirtschaft insgesamt.

Demeter-Vorgaben sind bis heute strenger als die vieler anderer Anbauverbände; über die ▸EG-Öko-Verordnung gehen sie weit hinaus. Im Zuge der Diversifizierung der ▸Biobranche wird hier der neue Gegensatz zwischen ▸ Premium-Bio und ▸Bio light besonders deutlich.

Begründet wurde **das biologisch-dynamische Prinzip** als Denk- sowie Wirtschaftsmethode 1924 durch acht Vorträge von Vordenker Rudolf Steiner (▸Anthroposophie) über „Geisteswissenschaftliche Grundlagen zum Gedeihen der Landwirtschaft". Daraus dann erwuchs ein Wirtschaftsverbund im Zeichen von Demeter, dem von 1946 an ein „Forschungsring für Biologisch-dynamische Wirtschaftsweise" zur Seite stand.

Zunehmende Bestätigungen der ess- und messbaren Erfolge des biodynamischen Landbaus machten den 1954 gegründeten **Demeter-Bund** früh zum Erfolg. 1997 schlossen sich die unabhängigen internationalen Demeter-Organisationen zu *Demeter International e. V.* zusammen.

demeter

Demeter-Stolz: Der strengste aller Bioverbände und dabei einer der erfolgreichsten lässt seinen Kühen die Hörner und fürchtet sie nicht

Demeter-Bio-Betriebe werden als im Wortsinne „natürliches“, dabei möglichst geschlossenes Kreislaufsystem angelegt, was laut EG-Öko-Verordnung erlaubte Teilumstellungen konsequent ausschließt.
Viehlose Höfe sind daher bei Demeter so undenkbar wie der Einsatz von chemisch-synthetischen Dünge- oder Pflanzenschutzmitteln bzw. die schon routinierte Verwendung pharmazeutischer Hilfsstoffe (in Notfällen werden Ausnahmen genehmigt).
In Deutschland wirtschafteten 2012 über 1 400 Betriebe auf etwa 68 000 Hektar nach **Demeter-Maßstäben.** Damit steht Demeter mitgliedsbezogen auf dem 3. Platz hinter ▸Bioland und ▸Naturland. Fast jeder achte unter 12 125 verbandsgebundenen ▸Biobauern arbeitet biodynamisch.
Entscheidend ist die Demeter-Konsequenz, das Ziel, optimale Humusbildung mit naturnahen Mitteln zu fördern, dazu biologisch-dynamische Naturpräparate als kosmische Kräftesammler selbst anzusetzen und homöopathisch dosiert auszubringen. Das mag weltfremd klingen (Sonne, Mond und Sterne), bringt aber eine ▸Landwirtschaft hervor, die nur wenig zerstört, ▸Gentechnik rigoros ausschließt und viel an Tradition, Bodenschutz, ▸Nachhaltigkeit und ▸Naturschutz bewirkt.
Zudem fühlen sich Demeter-Betriebe auch sozialen Zielen verpflichtet, versuchen (etwa mit der Charta „Fair Economy“), ▸faire Bedingungen durchzusetzen und vermarkten ihre Produkte stets so ▸regional wie möglich.
Was ein Demeter-Betrieb erzeugt, kann er inzwischen vielfältigst, obwohl zwangsläufig nur höherpreisig, vermarkten (um etwa 30% teurer als „EU-Bio“). Dem ▸Trend zu ▸Rückbesinnung und ▸artisanaler Erzeugung begegnete Demeter mit den **„Demeter-Manufakturen“** als Marke.

Qualitätsprinzipien bei Demeter

- höhere Nährstoffdichte, Aromenmehrwert
- charakteristische Grundprodukte
- weitestgehender Vollwert-Erhalt
- ehrliche Verarbeitungsprodukte
- schonende Verarbeitungsschritte
- keine Chemie, keine Kunst-Aromen
- nur 13 Zusatzstoffe
- keine Homogenisierung der Milch
- respektvolle, artgerechte Tierhaltung
- biodynamische, genfreie Sortenvielfalt
- Wertschätzung von Regionalität

Demeter-Maß: Aus dem Credo, im Einklang mit der Natur zu wirtschaften, erwuchs der Beweis – es geht bestens

Demeter: Der strenge Anbauverband zertifiziert auch streng kontrollierte Waren, die dann auch sein Markenzeichen tragen dürfen

Für Premium-Kunden stellen diese Produkte her, welche besonders schonend oder traditionell verarbeitet werden (unter dem Slogan „Echt und genussvoll", ▸authentisch). Auch für verarbeitete Produkte gelten steinersche Prinipien zur Erhaltung und Förderung der Lebensprozesse wie der Gesundheit. Allzu grobe und problematisierte Methoden wie sehr hoher Druck oder besonders hohe Temperaturen sind tabu – weshalb auch keine H-Milch und kein gepopptes Getreide von Demeter produziert wird (▸Food-Processing). Für die Verarbeitung zugelassen sind **nur 13 ▸Zusatzstoffe,** und auch die dürfen nicht pauschal, sondern nur produktspezifisch eingesetzt werden. Jedes Demeter-Produkt soll eine Empfehlung, damit ein „sinnvolles" und „ehrliches" Lebensmittel sein. Besonderes Augenmerk gilt der biodynamischen ▸Zucht von gv-freiem ▸Saatgut, robusten ▸Sorten und anpassungsfähigeren Nutztieren. Der **Hofkreislauf** mit geringerer Tierdichte pro Hektar soll so sinnstiftend geschlossen bleiben, wie der Rhythmus der Natur spürbar sein soll. Tier und Pflanze beziehen nach Steiner Kräfte aus dem Universum, die in solchem Zusammenhangsdenken energetisch wechselwirken und kosmische Lebenswirkung auch irdisch zeitigen. Entsprechend sind Zeitpunkte für Aussaat, Pflege, Ruhe und Ernte sensibel zu ermittelnde Daten. Demeter-Bauern wollen solch „spirituelle Form der Landwirtschaft", die zur Kraft der Natur

> „Der Lebensraum der Pflanze erstreckt sich von der Wurzeltiefe unter der Erde bis über die Sonne hinaus in den planetarischen Raum. In dieser Polarität entwickelt sie sich."
>
> Schweizerischer Demeterverband

auf die „gestaltenden Kräfte des Kosmos" setzt. In solch **ganzheitlicher Beziehung** schaffen biodynamische Landwirte ihr ganz eigenes regionales Milieu und eine ethisch, soziokulturell wie ökologisch sowie letztlich eben auch ökonomisch eigene Biowelt. Der Versuch, beste Ideale zu leben, scheint also zu gelingen. Damit wird auch die proklamierte Demeter-Qualität der Reife, Vitalität

und Naturbelassenheit glaubwürdig. In einem Lebensmittelmarkt voller Ungereimtheiten und angebrachter Skepsis ist dies das größte Kapital; die Marke Demeter bewahrte es bis-

Bio in der Region: Die Gebietssiegel garantieren Herkunft und Qualität

her unbeschadet. So bekundeten im Dezember 2011 bei einer Emnid-Umfrage 84 % aller Befragten, dass sie das orange-grüne ▸Gütesiegel für „glaubwürdig" hielten – der Spitzenplatz vor allen anderen Anbauverbänden und Akteuren wie etwa ▸TransFair und gepa.

Deutschland und Bio

Was lange währt, wird langsam besser. Mit Bio hat es in Deutschland früh angefangen – aber auch lange genug gedauert. Von Anfang an waren da Weltverbesserer im gesunden Spiel, kamen entscheidende Natur-Impulse stets von Protestlern oder

Visionären, immer hat die Mehrheit sie **angefeindet oder gar bespöttelt** (▸Körnerfresser). Selbst den frühen „Grünen" wurden all die Umweltsorgen nicht abgekauft (▸Bio-Bashing).

Viele Jahrzehnte und politische Systeme hindurch hatten frühe landwirtschaftliche Natur-Ideen in einer Nische hartnäckig überlebt, in der sich seit 120 Jahren Anhänger der ▸Lebensreform in ihrer so „natürlichen" Konsequenz eingerichtet hatten. Aber erst Anfang der 1970er keimten erste „grünere" Gedanken oder Bedenken öffentlich auf, als der *Club of Rome* die „Grenzen des Wachstums" beschwor und in Berlin **der erste ▸Bioladen** in Deutschland öffnete. Nach 1986 half die Katastrophe von Tschernobyl dann noch einmal gewaltig nach, Deutschland erlebte den ersten ▸Bioboom. Der ▸Bio-Supermarkt Nummer 1 machte 1987 auf, Reden über natürlichere, verlässliche Lebensmittel war nicht mehr nur Ideologie, sondern privates „gesundes" Interesse der besorgten Verbraucher. Weil dies sich in Nachfrage ausdrückte, stiegen auch konventionelle Hersteller in diesen neuen Markt ein und etikettierten mit „Natur", „Land-" etc. einen vermeintlichen Mehrwert dank etlicher Fantasie-Siegelei.

Die ▸EG-Öko-Verordnung sorgte seit 1993 für besiegelte Klarheit: Nur was zumindest zu 95 % Zutaten aus ▸kontrolliert-biologischem Anbau enthielt, durfte sich nun noch „Bio" oder „Öko" nennen. **Das deutsche ▸Bio-Siegel** mit den sechs Ecken wurde von 2001 an zum ernst genommenen Markenzeichen neben dem etablierten ▸EU-Biosiegel. Damit allerdings entbrannte auch eine sehr deutsche

Bio zumindest: Das sechseckige Bio-Siegel garantiert die Einhaltung von Basis-Werten oder Verfahren nach den europäischen Bio-Standards

Bio unterwegs: Selbst die Deutsche Bahn fuhr im Speisewagen auf der Bio-Schiene und ließ es uns ökologisch schmecken

Bio in D: Auf der Grünen Woche hat Bio längst eine eigene Show-Halle, und das Marketing von „Bionade" wurde sogar Kult

Debatte, ob denn nun offiziell ökologisch erzeugte Lebensmittel von anderer ▸Qualität seien (▸Bio = besser?) oder ob sie gar grundsätzlich schmeckbar „besser" seien (▸Geschmackssache). Nur langsam würdigten auch die Medien den Mehrwert von Bio.

Zählt man Öko-Anteile an landwirtschaftlicher Nutzfläche allein für 2012, dann schneidet „Deutsch-Bioland" **keineswegs eindrucksvoll** ab. Europaweit führend war Nachbar ▸Österreich mit 20 %, in der ▸Schweiz wurden 11,6 % ökobewirtschaftet. Deutschland aber liegt mit 6,3 % zu nahe am ziemlich miserablen EU-Durchschnitt von 5 % (▸EU + Bio). Dabei hatte die von Rot-Grün anno 2002 ausgerufene „Agrarwende" noch ein Ökoflächen-Ziel von 20 % bis 2010 – durch zu fördernde ▸Umstellung.

Kuh-les Bio: 2010 sollten sich Deutschlands Kids in einem Bundeswettbewerb für „food und fit" begeistern, also mal voll auf Bio abfahren …

Das war zu viel der guten Absicht für Nachfolgeregierungen, für **Bauern- und Lobbyverbände.** Die konventionelle Agrarindustrie errichtete ihre interessenpolitischen Dämme. Mit Erfolg: Während 2012 das komplette Förderprogramm für Öko-Landbau mit 17 Mio. Euro aus dem Bundeshaushalt abgespeist wurde, flossen 142 Mio. Euro in den Bereich „Bioökonomie". Die wird seit 2009 durch den „Bioökonomierat" begleitet und umfasst „alle wirtschaftlichen Sektoren und ihre dazugehörigen Dienstleistungen, die biologische Ressourcen produzieren, be- oder verarbeiten oder in irgendeiner Form nutzen". Das wertete der ▸BÖLW *(Bund Ökologische Lebensmittelwirtschaft)* schon 2010 als klaren Schritt zur Unterstützung von eher Gentechnik-orientierter Forschung. Überdies strichen einzelne Bundesländer die Fördergelder für Umsteller, während das Bundesprogramm Ökologischer Landbau 2010 für **„andere Formen nachhaltiger Landwirtschaft"** geöffnet wurde. Die vagere ▸Nachhaltigkeit konterkariert so das klar definierte Regelwerk der EG-Öko-Verordnung und der ökologischen ▸Anbauverbände und macht Bio wieder zum Definitionsproblem. Dabei braucht der Biobauer v. a. ▸Vertrauen durch Berufung auf verbindliche Richtlinien, um sich so im **niedrigpreisigen Lebensmittelmarkt** mit den höherpreisigen Bio-Erzeugnissen durchsetzen zu können. Denn eigentlich hungern deutsche Konsumenten zunehmend nach sicheren, gesunden ▸Lebensmitteln. Schließlich leisteten sich die Akteure der konventionell arbeitenden ▸Landwirtschaft und die vom Wettbewerb bedrängten Verarbeitungsbetriebe etliche ▸Skandale, erfanden Imitate (▸Analog-), panschten mit ▸Dioxin

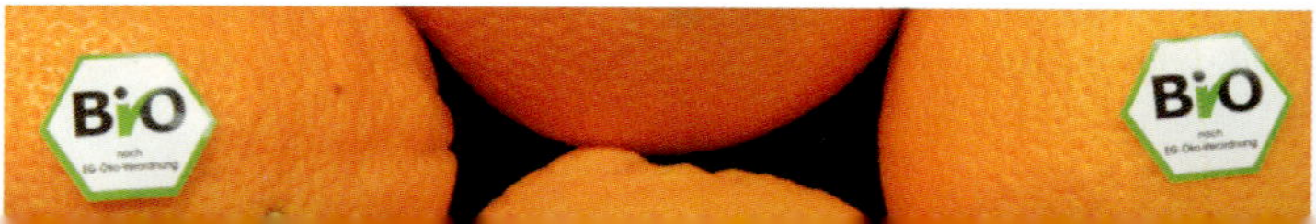

und anderen Schadstoffen. Verlässliche ▸Lebensmittelsicherheit erwies sich als Illusion, die wenigen Überwacher versagten. Je öfter all dieses den deutschen Verbrauchern erst verschwiegen, dann bewusst wurde, desto nachhaltiger wirkte es. In der Mitte des neuen Jahrtausendjahrzehnts zeigten sich die Früchte: Die Nachfrage nach Bioprodukten stieg um 15 % und jedes Jahr, wenn auch knapper, weiter (vom Wirtschaftskrisenjahr 2009 abgesehen).

Dabei kann der Markterfolg der Biobauern es allein noch nicht richten, solange Deutschland den zweifelhaften Ruf genießt, die preiswertesten Lebensmittel zu haben. Die Nachfrage nach Biofood, vorzugsweise aus der nun hochgeschätzten ▸Region, kann nicht von deutschen Ökoflächen bedient werden, **▸Importware schließt die Lücken** und ist überdies preiswerter. Sie liegt in ▸Discountern und ▸Supermärkten oft genug zu Niedrigstpreisen in den Bio-Ecken.

Dabei brauchen deutsche Biobauern für ihre arbeitsintensiven und dabei eben ertragsärmeren Produkte auch höhere ▸Preise. Nach jedem Skandal wird wieder über die Mitschuld zu **geiziger Verbraucher** an womöglich qualitätsärmeren Produkten diskutiert. Nach dem Dioxinalarm als letztem großen Schock hatten drei von vier Deutschen angegeben, mindestens gelegentlich Biolebensmittel zu kaufen. Tendenz zunehmend. Förderung abnehmend …

Dicksaft

Liebenswert altmodisches Wort für so stark eingekochten Saft von Obst oder angezapften Bäumen, dass er es ja dicke mit Zucker aufnehmen kann. Die gute alte Reformhausware sollte einst als pures Naturprodukt raffinierten ▸Zucker ersetzen – und tut es noch. Die immerhin 85 % fruchteigener Dicksaft-Zucker süßen reichlich und sehr gern ▸Biolebensmittel, wobei der recht hohe Eigengeschmack auch **sparsamstes Verwenden** erfordert. Ein Maßhalten begegnet dann auch wirksam dem zahnschädigenden Potenzial.

Dicksaft: Es muss ja nicht immer Zucker sein, wenn als Alternative konzentrierte Säfte ihre fruchtigste Süße liefern

Ausgangsprodukte sind Dünnsäfte von Äpfeln, Birnen, sogar von Datteln oder Weintrauben. Bei ihrem Wassergehalt eignen sie sich ja am besten zum konzentrierenden heißen Eindicken (ohne Überschreitung der Grenze zum ▸Sirup) oder zum kalten Konzentrieren im Vakuum. Dabei wird das Wasser so stark entzogen, dass von rund 5–7 l Saft nur 1 l Dicksaft übrigbleibt, als sog. Apfel-, Birnen- oder Traubensüße. Ist die thermische Belastung dabei zu hoch oder wird dann auch noch pasteurisiert und sterilisiert, gehen dabei leider ▸Vitamine verloren. Im Wesentlichen aber intensiviert sich so der natürliche Geschmack, und wünschenswert **viele Mineralstoffe** bleiben erhalten.

Biobetriebe nutzen zur Dicksaft-Bereitung nur Früchte aus ▸kontrolliert biologischem Anbau und verzichten bei der Herstellung generell auf die Verwendung von hilfreichen ▸Enzymen. Sie sind nur bei schwierigen Pressungen (bei einigen ökologischen ▸Anbauverbänden nur nach

Saftdickung: Selbst Birnen eignen sich dicke für den konzentrierten Genuss als Brotaufstrich, im Tee oder für obstsüße Müslis

Dinkel: Er hat den Ruf, ein Urgetreide zu sein, und hat dazu den etwas nussigen Beigeschmack – für Kenner den grünkernigen

Antrag) erlaubt, sofern diese Hilfsstoffe danach durch Erhitzen inaktiviert werden.
Bei der Herstellung konventioneller Dicksäfte sind die lösenden Enzyme eher gebräuchlich, die Lagerraum sparenden Saftdickungen werden später dann für alle Arten von Säften rückverdünnt (▶Fruchtsaft). Für den Hausgebrauch lässt sich das imitieren und zu Schorlen mixen.

Gemütslockerung...

Die Dinkel-Wertung der ▶Hildegard von Bingen im 12. Jahrhundert ist sicher übertrieben, enthält aber auch so manches Dinkelkörnchen Wahrheit: Dinkel sei ja *„das beste Getreidekorn, es wirkt wärmend und fettend, ist hochwertig und gelinder als alle anderen Getreidekörner. Wer Dinkel ißt, bildet gutes Fleisch. Dinkel führt zu einem rechten Blut, gibt ein aufgelockertes Gemüt und die Gabe des Frohsinns. Wie immer zubereitet ihr Dinkel eßt – so oder so – als Brot oder als eine andere Speise gekocht, Dinkel ist mit einem Wort gut und leicht verdaulich“.*

Nota bene: Mit seiner dezenten Süßkraft hat der fälschlich so genannte ▶**Agavendicksaft** (100 g entsprechen ungefähr 125–150 g Zucker) auch in Europa Bedeutung bekommen. Sehr streng genommen ist er als Pflanzensaft ein eingekochter Sirup.

Dinkel

Rötliches „Zweikorn“ und wohl eine Ur-Weizenform, die es im süddeutschen Raum zu ihrem bislang unerklärten Namen brachte. Andernorts heißt Dinkel (*Triticum spelta*) Spelz oder Spelzkorn (auch Spelt, Fesen, Vesen oder Schwabenkorn; franz. *épeautre*, engl. *spelt*), innerhalb der Weizenfamilie zählt er zu den Süßgräsern. Dinkel soll durch Mutation aus ▶Einkorn und ▶Emmer entstanden und in Mitteleuropa, wie Funde belegen, schon vor etwa 7 000 Jahren angebaut worden sein.
Im 20. Jahrhundert wurde das ▶**Urgetreide** wegen seiner geringen Erträge auf den kargen Magerböden zunächst zurückgedrängt, erlebt nun aber vor allem, aber nicht nur, im Biobereich seine Renaissance.
Für seine Umweltbilanz kommt Dinkel zugute, dass die Pflanze wenig Ansprüche an den Boden stellt und auf extensive Düngung mit ▶Stickstoff weitgehend verzichtet werden kann. Vorfrucht oder Gülle genügen, weshalb Dinkel auch düngefrei in Wasserschutzgebieten angebaut werden darf. Nicht zuletzt bieten die dicht sitzenden Spelzen einen so guten Schutz gegen Schädlinge, dass auf Beizung des Saatguts und den Einsatz jedweder Pflanzen-

schutzmittel in der Regel sogar verzichtet werden kann.
All diese Vorteile und Eigenschaften förderten in den vergangenen Jahrzehnten einen wahren **Dinkel-Boom**. 2012 waren 50 % des deutschen Dinkelanbaus ökologisch, und Dinkel machte rund ein Fünftel des Biogetreides aus. Zum Boom gehört auch der Erfolg von ▸Grünkern als unreif geernteter, gedarrter Dinkel.
Allerdings ist die Verarbeitung des Dinkels wegen der so festsitzenden mehrlagigen Spelzen bis zu 30 % aufwendiger als bei Weizen, denn die Körner müssen auf einem sog. Gerbgang entspelzt werden. Das Getreide hat zwar einen hohen Proteingehalt und ist reicher an Kleber als Weizen, jedoch ist Dinkelmehl eher kompliziert und nur mit viel handwerklichem Geschick ausbackbar und bekommt deshalb Beimischungen. Für Weizenallergiker ist Dinkel gesunder Genuss, was wegen des Glutengehalts leider nicht bei Zöliakie oder Sprue gilt.
Nota bene: In Dinkel finden sich die Aminosäuren Tryptophan und Tyrosin in besonders hoher Konzentration. Beiden wird die Bildung von glücklich machenden Botenstoffen wie Serotonin zugeschrieben.

Dioxin

Sicher, es ist das Umwelt- und „Seveso-Gift“, das 1976 in der Lombardei so grausamst wütete. Die langlebigen, hochgiftigen und krebserregenden Dioxin-Verbindungen sind inzwischen **allüberall** und stammen größtenteils aus den an Umweltauflagen armen 1960er- und 1970er-Jahren. Noch heute entsteht Dioxin unerwünscht, aber hingenommen in der Metallgewinnung und -verarbeitung, bei der es entweicht und Felder wie Wälder der Umgebung verseucht. An die 90–96 % unseres **unfreiwillig konsumierten Dioxins** stammen aus der Nahrung, allein 80 % aus tierischen Lebensmitteln, im Wesentlichen aus tierischen Fetten im Fleisch und in Milchprodukten. Ein erster Schritt zur Vermeidung von Dioxin wäre also, solche Erzeugnisse eher mal vom Speisezettel zu streichen.
Beim grasenden Vieh und solchem mit häufigem sog. **Oberbodenkontakt** fängt die Dioxin-Kette an. Unabhängig von der landwirtschaftlichen Produktionsweise sind tierische Erzeugnisse aus ▸Freilandhaltung also potenziell eher gefährdet als Fleisch oder sonstige Produkte von Tieren, die selten oder sogar nie im Freien sind. Das eher makabre Argument

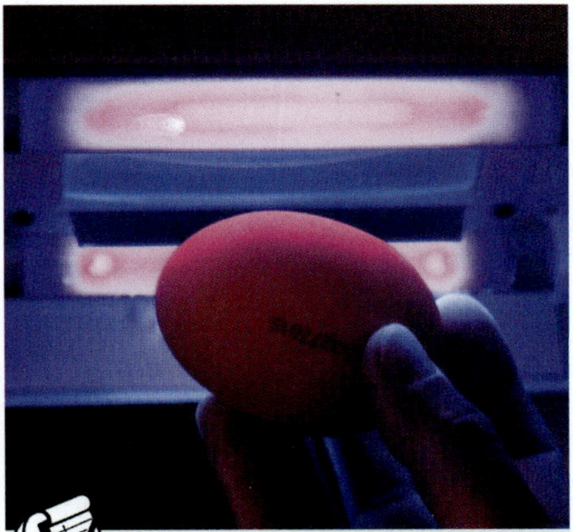

DIOXIN-GRENZWERTE LAUT WHO

Leber, auch verarbeitet	6–12 pg/g Fett
Fisch-Muskelfleisch	4 pg/g Fett
Hühnereier, Eiprodukte	3 pg/g Fett
Rind- oder Schaffleisch	3 pg/g Fett
Fischöl zum Verzehr	2 pg/g Fett
Geflügel, Zuchtwild	2 pg/g Fett
Gemischte tier. Fette	2 pg/g Fett
Schweinefleisch	1 pg/g Fett
Pflanzliches Öl	0,75 pg/g Fett

Dioxin: Immer wieder ein bisschen unheimlich und immer auch ein bisschen unvermeidlich, denn das menschgemachte Gift ist fast allüberall

konventioneller Viehzüchter, Stallhaltung sei wegen Dioxinregen-Gefahr allemal besser, ist da allzu vordergründig. Eine weitere Quelle für den drohenden sog. ▸Carry-over von Dioxin sind da belastete ▸Futtermittel. Unvergessen aber ist der Skandal von 2010, als belasteter Biomais aus der Ukraine über europäische Konzerne in viele Geflügelbetriebe geriet. Es lag hier wohl „nur" an einer defekten Trocknungsanlage, schadete allerdings dem Image der ganzen ▸Biobranche. Bio-Tierhalter, die eigenes Viehfutter erzeugen, sind dabei eher gegen Dioxin-Belastung gefeit, gegen unerkannte **dioxinhaltige Niederschläge** allerdings wehrlos. Immerhin wird ihr Zukauffutter nun ebenso wie alle Bio-Eier verstärkt auf Dioxin getestet und im Verdachtsfall (bei sog. Auslösewerten) sofort aus dem Verkehr gezogen. Seit 2005 gilt in der EU für alle Eier und Eiprodukte aus jeder Haltungsform ein **einheitlicher Dioxin-Grenzwert** von 3 Pikogramm (also einem Billionstel Gramm) je Gramm Fett. Da ein Ei ungefähr 3–4 g Fett enthält, darf es folglich höchstens zwischen 9 und 12 pg Dioxin aufweisen. Weil ein 70 kg schwerer Erwachsener pro Woche nicht mehr als 980 pg aufnehmen soll, könnte er also noch immer 16–20 womöglich schwerbelastete Eier „vertragen" …

Dreimal aufrechter Direktsaft: Ohne Umweg und Nachzuckerei in die Flasche und im allerbesten Fall gar „Muttersaft"

Direktsaft

Als Obst- oder Gemüsetrunk ein Unmittelbarprodukt: Zu 100 % pur und ungefiltert von der frisch erpressten Frucht „direkt" in die Flasche gefüllt, nur dann darf er sich „Direktsaft" nennen. Klar also, dass er damit ▸naturtrüb sein müsste. Dennoch gibt es auch klare Direktsäfte, denen die Trubstoffe entzogen wurden. Manche ziehen die Optik sog. „blanker" Säfte eben vor.

Intensiver schmecken allerdings naturtrübe Varianten, weil in ihnen noch viele gesunde Inhaltsstoffe enthalten sind. Allerdings werden auch sie, um nicht zu gären, pasteurisiert und wieder heruntergekühlt, um sicherheitshalber anschließend kurzerhitzt abgefüllt zu werden.

Früchte von Bio-Direktsäften stammen stets aus ökologischem Anbau, allerdings dürfen Bio-Säfte laut ▸EG-Öko-Verordnung nachgezuckert werden, wenn die verwendeten Früchte allzu sauer sind. Die ökologischen ▸Anbauverbände jedoch verzichten auf Zuckerzusätze oder eine nachträgliche Anreicherung mit Vitaminen oder Fruchtfleisch. Und nur für mühevoll herzustellende Bio-Direktsäfte aus Beerenfrüchten oder aus Sellerie sind ausnahmsweise ▸Enzyme zugelassen – allerdings nur, solange sie nicht gentechnisch gewonnen wurden. Diese Helfer erhöhen die Ausbeute und sind in konventionellen Saftereien gang und gäbe.

Nota bene: Nur allererster Direktsaft darf „Muttersaft" heißen, so als wäre er eben mit Presswehen in die Welt und in die Flasche gekommen.

Discounter

Keine Frage: Die Biobranche kann Discounter nicht ignorieren, denn mit wenigen ökologischen Grundprodukten machen diese Riesenumsätze und haben Bio so massenkompatibel gemacht. Discount ist da, wo Deutsche fast 45 % ihrer Lebensmittel in Einkaufswagen legen – und so stehen sich heute **Bio-Davids und Bio-Goliaths** gegenüber. Der kleinere Biofachhandel punktet eher mit viel größerem Sortiment (fachlich die Sortimentstiefe), kleinteiligerer und regionaler Einkaufsstruktur, vielen glaubwürdigen „Fair"-Initiativen – zu spürbar höheren ▸Preisen allerdings. Hinzu kommen gewachsene Image-Vorsprünge der ▸Biobranche wie eine spezifische Lebensphilosophie, ethische Werte und ▸Nachhaltigkeit. All dies können Discounter eher selten oder höchstens mit hohem PR-Aufwand bieten. So schuf Lidl 2006 eigens seine Marke „Fairglobe" und verkauft so Produkte aus ▸Fairtrade. Nur 9 % der Verbraucher gehen davon aus, dass ▸Biolebensmittel vom Discounter die strengen Kriterien des ▸ökologischen Landbaus tatsächlich erfüllen, so die „Ökobarometer"-Umfrage des BMELV *(Bundesministerium für Ernährung, Landwirtschaft und Verbraucherschutz)* in 2010. Im Vergleich zu Bio- oder Naturkostläden (55 %), den ▸Bio-Supermärkten (37 %) und den üblicheren ▸Supermärkten (13 %) belegen die Discounter den letzten Platz. Untersuchungen von ▸ÖKO-TEST bewiesen aber, dass Bioprodukten vom Discounter **doch zu trauen** ist.

Eher in Ausnahmefällen sind Produkte der ökologischen ▸Anbauverbände darunter, dann aber nie mit deren spezifischen ▸Bio-Siegeln ausgezeichnet, sondern nur mit dem sechseckigen staatlichen oder dem „Euroblatt" (▸EU-Biosiegel). Zu groß wäre der Image-Verlust, zu groß bleiben die Unterschiede zwischen dem Preis der Erzeugung und dem zu oft zu sehr heruntergehandelten Erlös. Dass die Lidl-Beteiligung an der Bio-Supermarkt-Kette „Basic" 2007 rückgängig gemacht wurde, hat die Biobranche erleichtert.

Dennoch greifen 64 % aller ▸Biokonsumenten ja auch mal bei Discountern zu, v.a. wegen der besseren Preise für die allerdings nur wenigen Bioprodukte. 2012 wurden so 71 % der Biomöhren und je etwa 50 % der Biokartoffeln, Biobananen sowie Bio-Eier im preiszentrierten Deutschland beim Discounter gekauft. Bio macht von deren Umsatz aber vielleicht 2 % aus.

Doch seit ▸regional seinen positiven Beigeschmack hat, kam prompt der Lidl-Slogan für Milchprodukte: „Ein gutes Stück Heimat". Ebenso wird der Trend zu Fairtrade und Nachhaltigkeit bei den Discountern noch weiter werblich auftauchen.

So werben Discounter sowie Supermärkte mit Bio-Angeboten um Kun-

Discounter: Schon 2008 warb der Discounter Penny auf der Grünen Woche für sein Bio-Sortiment – andere Handelsmarken wie von Netto (o.) und Aldi Süd (u.) sprechen für sich

denbindung und können dabei geringste Gewinnmargen in Kauf nehmen. Entsprechend haben in den kriselnden Jahren von 2009 an ausgerechnet die Bio-Umsätze der Discounter gelitten, während der Biofachhandel leicht zulegte.

Distelöl

Es ist eines dieser Super-Speiseöle, denn es glänzt mit dem höchsten Anteil an ungesättigten ▸Fettsäuren: bis zu 80 % der zweifach ungesättigten Linolsäure. Entsprechend beliebt ist das Öl aus den Samen der sog. Färberdistel *Carthamus tictorius*, auch Saflor genannt. Und entsprechend groß ist die Nachfrage, die bisher nur mit Importen aus Russland, Australien oder den USA gedeckt wurde, und die ja manchmal auch bio ist. Das deutsche Klima bekommt dem Saflor einstweilen noch nicht, aber es gibt schon Distelbauern in der Schweiz, die mit der Ölpflanze trotz geringer Erträge zufrieden sind.

Distelöl: Beschwerlich das Köpfen bei der Ernte, aber um so begehrlicher die Ausbeute für eines der besten Pflanzenöle

Durch seine **ungesättigten Fettsäuren** (insg. etwa 90 %) ist Distelöl hitzeempfindlich und darum eher ein Delikatessöl für die kältere Küche. Allenfalls kann der teure Tropfen nur mal kurz beim Dünsten oder Garen Wärme vertragen. Nicht kalt lässt, dass der Kaltgenuss von Distelöl den Cholesterinspiegel senken helfen, gegen Arteriosklerose wirken und das Immunsystem stärken können soll. Jenseits solcher Gesundheitsfragen überzeugt Distelöl durch seinen charakteristisch milderen, nussigen Eigengeschmack, besonders als ▸natives Bioprodukt, also aus garantierter mechanischer Kaltpressung. Ohne „kontrolliert biologischen" Hinweis wird es durch Heißpressung oder chemische Extraktion ertragsmaximal gewonnen sein – mit entsprechenden Qualitätseinbußen. Die Färberdistel ist eben nicht „hochölhaltig", also wird ihr in konventionellen Verfahren das letzte Tröpfchen abgerungen; teilraffinierte Ölsorten schmecken denn auch deutlich neutraler. Da sei Bio vor!

Nota bene: Smalltalker wissen, dass die vorderasiatische Färberdistel mit ihren Blütenblättern einst roten wie gelben Farbstoff lieferte und auch mal **„falscher Safran"** genannt wurde. Ihr eigenes Öl ist deshalb auch grün- oder goldgelb bis gelborange.

Dorade

Der typische Mittelmeerfisch hat es zum Allerweltsgericht gebracht. Als Goldbrasse *(Sparus aurata)* macht er seinem Äußeren Ehre, als „Dorade Royal" schmückt er Speisekarten, ▸WWF und ▸*Greenpeace* aber **raten vom Verzehr ab.** Einzig Doraden aus ▸ökologischer Aquakultur (WWF) respektive Öko-Zucht laut ▸Naturland *(Greenpeace)* galten 2013 noch als „vertretbar". Diese Warnungen

haben der Beliebtheit von Dorade denoch nicht geschadet, auch wenn etliche mediterrane Zuchtfarmen schon wegen des Überangebots aufgegeben wurden.
Inzwischen stammen die meisten Goldbrassen aus ▸Aquakultur. Die Umweltbedingungen bei der Aufzucht sind aber meist problematisch, und Bio-Doraden sind noch

recht selten. Seit die 2009 erweiterte ▸EG-Öko-Verordnung nun auch „die Produktion von Tieren und Meeresalgen in ökologischer/biologischer Aquakultur“ zertifizierte, haben die Erzeuger endlich Rechtssicherheit. Bei **Bio-Aquafarming** wachsen die umnetzten Fische wenigstens stressfreier und in kleineren Schwärmen heran. Ihr Futter stammt aus nachhaltigen Quellen. Die sog. ▸Veredelungsverluste sind allerdings enorm: Für 1 kg Doradenfleisch müssen etwa 4 kg Fisch verfüttert werden!
In konventionellen Betrieben kämpfen **„gefarmte“ Doraden,** die von Natur aus Raubfische sind, in einem der riesigen Aufzuchtkäfige im Meer um die computergesteuerten Futterregen-Gaben. Tausende entkommen bei höherem Seegang, verhungern bald oder werden ihrerseits Raubfischmahl.
Vermarktet werden so Massen von standardkleinen Jüngst-Doraden (30–40 cm lang), die frei lebend eigentlich 11 Jahre alt und mit maximal 70 cm Länge sogar mal 7 kg schwer werden könnten. Eher selten gibt es auf dem Markt den mehrfach teureren Wildfang, Spitzenköche allerdings bieten ihren Gästen nichts anderes. Der Unterschied zur Zuchtdorade ist spürbar: Fest und grätenarm sind Doraden allemal, aber das Fleisch von ▸Wildfischen ist aromatischer und weist zudem nur 1,7 % Fett auf statt der 6–9 % von Zuchtdoraden. Dafür ist der Jodgehalt bei Doraden **aus Wildfang** erheblich höher als bei gezüchteten Artgenossen. In der konventionellen Aquakultur kommt jedoch ein viel ungesünderes Problem hinzu: Hier geben Betreiber ihren Zuchtfischen der profitschaffenden Einfachheit halber einen Cocktail an ▸Antibiotika mit ins Wasser.

**Dorade:
Der Leckerfisch kann sich in Aquakulturen nicht auswachsen und kommt nur handlich klein auf den Teller**

3-MCPD

Wäre die chemische Kurzformel für 3-Chlor-1,2-propandiol nicht so sperrig, wären wir wohl längst stärker alarmiert. Die 3-MCPD-Fettsäureester sind toxikologisch noch gar nicht zu Ende erforscht. Nach Ersteinschätzung des BfR *(Bundesinstitut für Risikobewertung)* bestand 2009 „keine unmittelbare Gefährdung der Gesundheit", was eher nach routinemäßiger **Nebelwerferei** klang. 2012 folgte ein Update: „Keine neuen Aspekte".
Tatsächlich kämen viele Lebensmittel und Produkte schnell in Verruf, wenn ihr 3-MCPD-Gehalt bekannter wäre. Der inkriminierte, tumorbildende ▶Schadstoff entsteht, wie man 1978 erstmals feststellte, bei der **Raffination** von Speisefetten und Ölen, beim Herstellen von Backwaren, beim Toasten von Brot oder beim Räuchern von Lebensmitteln. Damit jedoch kommt der Kontaminant 3-MCPD fast allüberall vor: In Sojasauce, Räucherfleisch, Brotkrusten – und v. a. in raffinierten, gehärteten Speisefetten sowie Speiseölen. Und dazu in allen Erzeugnissen daraus, wie Margarinen, Mayonnaisen oder ▶Nuss-Nougat-Cremes. Dass es ohne diese **„Fettschadstoffe"** anders und besser geht, zeigen etliche Bioprodukte, die etwa für Nuss-Nougat-Cremes lieber ▶Rapsöl statt ▶Palmöl verwenden, weil Ersteres weniger 3-MCPD mitbringt.
Immerhin steht viel auf dem Spiel: Verbraucher können auf eindeutig native Öle ausweichen, die Industrie bei raffinierten, gehärteten Speiseölen oder Fritierfetten für viele der Grundnahrungsmittel nur unter erheblichen Verlusten.

3-MCPD: Eigentlich eine Alarmformel und tatsächliche Lauergefahr in zu heißem Öl, Fett und in stark Verbranntem

düngen

Im Idealfall wüchse uns allen alles Genießbare aus gesundem Humus direkt in den Mund oder eben in den Kochtopf – keimkraftvoll, aufwuchswuchernd, erntelohnend. Gärtner und alle Landwirte aber müssen ihre mehr oder weniger ausgelaugten Böden für ihre mehr oder weniger ehrgeizigen Anbauziele erst mal entsprechend gehaltvoll machen.
Es liegt auf der Hand, dass Düngen und Wässern **mit Turbo-Zielen** der Pflanze Wachstum einpowert, sie im Wassergehalt aufbläht und ihr eine Extraportion der meist synthetischen, also künstlichen Mineralstoffe mitgibt – im schlechtesten aller konventionellen Fälle.
Doch während für den konventionellen Landbau weder die Art noch die Menge oder gar ein Zuviel eines Düngers (inkl. Gülle, Klärschlamm etc.) irgendwie reglementiert sind, gelten im ▶ökologischen Landbau strenge Richtlinien, am strengsten bei den ökologischen ▶Anbauverbänden. Zukäufe von organischem Dünger sind etwa bei ▶Naturland auf 0,5 **„Dungeinheiten"** pro Hektar und Jahr begrenzt. Bei allen Anbau-

verbänden sind Schlachthofabfälle, Klärschlamm, Gärreste aus Biogasanlagen o. Ä. als düngende „Bodenverbesserer“ nicht zugelassen. Die ▸EG-Öko-Verordnung regelt dies nicht; es bleibt also eher freigestellt. Oberstes Bio-Prinzip auch der EG-Öko-Verordnung ist der Verzicht auf synthetische, das Grundwasser belastende Düngemittel. Aller Dünger muss aus organischen Quellen stammen und weitestgehend auf dem eigenen Hof (als **Kreislaufwirtschaft**) erzeugt sein. Der Zukauf von organischen Düngemassen von Nachbarhöfen ist mit Genehmigung der ▸Öko-Kontrollstelle erlaubt, konventioneller Mist darf dann aber nur von Kühen, Pferden, Schafen oder Ziegen stammen (von Hühnerfarmen oder Schweinebetrieben wäre er zu sehr pharmaziebelastet).

Den nötigen Stickstoffgehalt im Boden erreichen ▸Biobauern durch Vorkulturen und kluge Fruchtfolge (heimische Leguminosen, Kleegras etc.), Grünabfallkompost und Ernterückstände. Hofdünger wie Jauche oder Mist haben Vorrang; Gülle wird, wenn überhaupt, vor dem Aufgang der Saat in Böden eingearbeitet.

Dünge-Ziel ist es ja, maximal gesunden, stickstoffbindenden **Humus** zu erhalten und zu stärken und das natürliche Nährstoff-Gleichgewicht im Boden zu erhalten, was gleichzeitig die Fähigkeit des Bodens erhöht, CO_2 zu binden (▸Klimaschutz). Da Mist und Gülle Methangas entstehen lassen, das bis zu 30-mal klimawirksamer als CO_2 wirken kann, ist ihr Einsatz nie pauschal, sondern nur gezielt nach Bedarf sinnvoll.

Längst ist bekannt, dass über die Gülle all die ▸Antibiotika aus der konventionellen Masttierhaltung in Spuren aus dem gedüngten Boden in die Pflanzen und bis in das Salatblatt wandern. Auch Salmonellen aus der Stallgülle oder dem Hühnermist sollen aus dem Boden in Pflanzen gelangen (▸Carry-over). Entsprechend sind Nicht-Bio-Gemüse nitratbelasteter und können sogar fader schmecken, weil sie „wässriger“ sind, also einen geringeren Trockensubstanzgehalt haben – die sog. **Nährstoffdichte** ist herabgesetzt (▸Geschmackssache). Sie sind daher oft auch weniger lange lagerbar oder nicht ganz so gut zum Einmachen geeignet.

Überdüngt: Wo Kunstdünger ausgewaschen wird, kippt schon mal ein Gewässer wie dieser Teich und lässt seine Bewohner nur noch ersticken

Nachher – vorher: Anschaulichste Düngerwirkung von Ammoniumsulfat auf den Mageracker, jedenfalls auf dem alten Liebigbild

Vorteile von Produkten mit Ökodüngung

- geringerer Wassergehalt, höhere Trockensubstanz
- höhere Nährstoffdichte
- damit besserer Geschmack
- wenige Pestizidspuren, kaum Umweltgifte
- weniger Nitrat, damit geringere Gefahr späterer Nitrosaminbildung
- umweltschonend, weniger CO_2-Äquivalente

E

Ecoland

Im Zeichen des abhebenden Schmetterlings der kleinste der neun deutschen ▶Anbauverbände. Sein regionaler Schwerpunkt als „Verband für ökologische Land- und Ernährungswirtschaft“ liegt im Hohenloher Land, wo der Ecoland e.V. 1997 gegründet wurde. Mit 38 Betrieben (in 2013) ist Ecoland recht stabil und betreibt auf 2 048 ha konsequent ▶ökologischen Landbau. Erklärtes sanftmütiges Ziel ist u. a. nicht die Maximierung von Erträgen, sondern die Optimierung der **Gesamtleistung eines Hofes**, möglichst mit einem geschlossenen Betriebskreislauf. Ackerbau und Tierhaltung sind da verzahnt, Tierzahlen also flächenabhängig begrenzt – und natürlich verbieten sich synthetische ▶Pflanzenschutzmittel, mineralischer ▶Stickstoff als ▶Dünger und jede ▶Gentechnik. Eigene Richtlinien regeln von der ▶Umstellung bis zur sozialen Verantwortung, von ▶Futtermitteln bis Zusatz- und „Verarbeitungshilfsstoffen“ (etwa ▶Enzymen), von der Warentrennung bis zur ▶Kennzeichnung alles so gewissenhaft wie andere Anbauverbände. Kontrollen gibt es mind. jährlich nach der ▶EG-Öko-Verordnung mit ihrem Mindeststandard und außerdem nach den Ecoland-Vorschriften. Deshalb kann der Schmetterling neben dem ▶EU-Biosiegel, dem deutschem ▶Bio-Siegel und dem Bio-Regionalzeichen für Baden-Württemberg schweben.

Was so kontrolliert biologisch in der kleinen heilen **Hohenloher Welt** produziert wird, vermarkten zwei Bäuerliche Erzeugergemeinschaften unter „Schwäbisch Hall“ (für ▶Biofleisch) und „Hohenloher Höfe“ (für Pflanzliches). Die Chance überregionalen Bio-Genussbezugs von Allerlei vom schwäbisch-hällischen Landschwein (▶alte Rassen) etwa bietet u. a. der Onlineshop der *Bäuerlichen Erzeugergemeinschaft Schwäbisch Hall* unter www.shop.besh.de.

Die Spezialität der Ecoland Herbs & Spices GmbH ist die Vermarktung ökologischer Kräuter und Gewürze von ausdrücklich ▶fair behandelten Familienbetrieben und Kleinbauernkooperativen, v. a. in Indien, oder aus kontrollierter ▶Wildsammlung dort. Solches sind dann spezielle Senfsorten – oder eben sog. Naturgewürze: bis zur Abfüllung ohne Chemie angebaut und zwischenhandelsfrei vermarktet. Auch das spricht für das Image von Ecoland: So klein wie fein!

Ecovin

Noch einziger deutscher ▶Anbauverband, der erfolgreich und seit seiner Gründung 1985 stetig wachsend ausschließlich den **ökologischen Weinbau** (▶Biowein) und Bio-Traubenkernöl-Produktion betreibt, organisiert sowie zertifiziert, nach Richtlinien, die über die Mindestregularien der ▶EG-Öko-Verordnung hinausgehen. Ecovins Winzer werden also einmal im Jahr nach EU- und nach Verbandsregeln geprüft, jeder Zehnte noch einmal – dann unangemeldet.

Aus den anfangs 20 Gleichgesinnten waren bis Ende 2013 (also im 29. Jahr) schon 250 Mitgliedsbetriebe

Ecoland: Vorstandsvorsitzender Rudolf Bühler ist engagierter Biobauer im Schwäbischen

Ecovin: Besiegelter Öko-, also Biowein, für den die EU erst 2012 kellertechnische Regularien einführte

Erdbeeren: Die Kraftprotze in Aroma wie Inhalt sind ideal aus der Region und saisonal

geworden, in elf Anbaugebieten mit zehn eigenen Regionalverbänden. Im Zeichen ihres Rebenlogos bewirtschaften sie 1 900 ha Rebfläche ohne synthetische Spritz- oder Düngemittel. Nur Kompost oder öko-klassische Grünsaaten bereichern den „lebendigen Boden", in den keine genmanipulierten, aber umso widerstandsfähigere Pflanzen kommen; daneben ist die ▸Biodiversität aller Pflanzen und Tiere im Ökosystem Weinberg bzw. Weinfeld erklärtes Ziel.

Ecovin: Die Vorreiter für eine ökologische Weinkultur sind zugleich Lobby für den seit 2012 auch EU-offiziellen „Biowein"

Wie alle ▸Biobauern müssen auch Ecovin-Winzer trotz der Mehrarbeit mit kleineren Erträgen auskommen und **Mehrkosten von etwa 30 %** verkraften. Das geht bisher gut, denn Weinkenner danken es ihnen mit höheren ▸Preisen. Dabei war es die selbstverpflichtende Leistung der Ecovin-Mitglieder, geschlossene Produktionskreisläufe sicherzustellen und auch im Keller nur schadstoffarme Rohstoffe einzusetzen.

Amtlich korrekt, aber uncharmant war stets die gesetzlich vorgeschriebene Etikett-Zeile „Hergestellt aus ökologisch erzeugten Trauben". Bis 2012 wurde auf EU-Ebene über Kellereirichtlinien für einen „Biowein" diskutiert. Allerdings war der Kommissionsvorschlag desolat und wurde zurückgezogen. Zu lange blieben Regeln für „vermarktungsgriffigere Kennzeichnungen" überfällig. Seit 2012 gibt es endlich **offiziellen Bio- oder Ökowein**, allerdings bleiben die Kompromiss-Grenzwerte für ▸Schwefel ein heikles Thema.

Dabei hat Ecovin, seit 2009 Mitglied im DWV *(Deutscher Weinbauverband)* und seit 2011 im ▸BÖLW *(Bund Ökologische Lebensmittelwirtschaft)*, nach 29 Jahren Einsatz, echte Bio-Weine anzubieten, mit denen auf Umweltverträglichkeit und authentischen Geschmack anzustoßen ist – im Sinne „Ökologischer Weinkultur".

EG-Öko-Verordnung

Es ist etwas Erstaunliches im landwirtschaftlichen Europa gelungen: Mittlerweile ist eine halbwegs vernünftige grüne Linie für den ▸ökologischen Landbau zu erkennen. Der dafür ackernden ▸Biobranche wurde und wird es aber nie leicht gemacht. Zu fruchtbar ist der Brüsseler Boden für die Bestellung durch Agrar-Egoisten der Nationen und für nachhaltiges Düngen durch Lobbyisten – konventionelles Wirtschaften auf dem Land, im Massenstall, in der Fabrik wie im Handel hat eben seinen Riesenmarkt. Die Stimmen der Bio-Vernunft mussten mit Geduld überzeugen lernen. Bei zunehmend kritischen Verbrauchern gelang dies viel schneller, als es der Agrar- und Lebensmittelindustrie heute lieb ist.

Der lange Weg zu akzeptablen EG-Öko-Richtlinien begann schon 1974. Die ▸IFOAM *(International Federation of Organic Agriculture Movements)* entwickelte damals strenge Basisrichtlinien, die dann 1999 vom *Codex Alimentarius Committee* der FAO wie WHO übernommen wurden. Längst aber hatten auf rein privatwirtschaftlicher Ebene diverse europäische ▸Anbauverbände Regeln zur ▸ökologischen Tierhaltung und für den Öko-Pflanzenbau aufgestellt und bereits erfolgreich danach gewirtschaftet. 1991 endlich flossen die Bio-Regeln für den Pflanzenbau in **die erste EG-VO 2092/91/EWG** ein. In harmonisierter Form galten sie nun europaweit, erst 1999 wurde (nach viel Fighterei) auch die ökologische Tierhaltung innerhalb der EG-VO 1804/99/EG verabschiedet. Diese trat im Sommer 2000 in Kraft. Allein die Jahreszahlen

zeugen vom Ackern hinter den Kulissen, entsprechend deutlich waren dort Lücken, Unübersichtlichkeiten oder Auslegungsspielräume der Regularien – für Fachleute zu unpräzise, für Biobauern zu wenig praktikabel. Also wurde auch dieses Öko-Feld von 2005 an wieder umgepflügt. **Die erste Reform** kam mit der EU-Öko-VO 2092/91, seit 2009 dient nun die EG-Öko-Basisverordnung 834/2007 mit Durchführungs-VO 889/2008 als Grundlage für weitere Bewegungen. Ausnahmeregelungen etwa wanderten zunächst in Flexibilisierungsartikel – aber immerhin wurden die EU-ehrenwerten „Ziele des Ökologischen Landbaus" genau definiert.

Vieles gleicht auf dem Papier den **Standards der Anbauverbände** – im Ansatz wenigstens. Wie bei der Öko-Tierhaltung etwa: hohes Tierschutzniveau, anpassungsfähige Tierrassen, ökologische Futtermittel, gesundheitsfördernde Tierhaltungspraxis, Erhaltung der ▸Agrobiodiversität.

Aber es gibt auch deutliche Minderungen gegenüber dem ▸Premium-Bio der Anbauverbände. In der Kritik (▸**Bio light**) stehen v. a. die erlaubte Teilumstellung von Betrieben und der laxere Zukauf von konventionellen ▸Futtermitteln oder Tieren von Nicht-Öko-Höfen. Denn das tolerierte parallele Bewirtschaften führt zur verstärkten Gefahr von ▸Verunreinigungen der Öko-Ware. Überdies ist es damit viel schwerer für ▸Öko-Kontrollstellen, eventuelle Unkorrektheiten zu entdecken. Auch die im Vergleich höhere Besatzdichte in den Ställen wird kritisiert, ▸Tierarzneimittel seien zu großzügig einsetzbar, Regeln zum Tiertransport und zum ▸Schlachten verbesserbar.

Die Anbauverbände bemängeln zudem die hohe Zahl der erlaubten ▸Zusatzstoffe und die Toleranz beim Einsatz von natürlichen ▸Aromen, ▸Enzymen und ▸Mikroorganismen. Zwar würde ▸gentechnikfreie Herstellung verlangt, aber das **Bio-Ideal möglichst geringer Verarbeitung** sei kein Ziel, zu starke technische Eingriffe in Lebensmittel (wie Extrusion, stärkeres Erhitzen) blieben akzeptiert.

Ein weiterer Revisionsprozess ist in Gang gekommen und dauert an. Er geht einher mit dem Kampf um **Bio-Subventionen** und der Aufwertung des undefinierten Begriffs ▸Nachhaltigkeit – immer wieder mal werden EU-Kriterien geändert.

Grün bleibt die berechtigte Hoffnung der Bio-Produzenten, dass sie auch mit Unterstützung durch die Verbraucher am längeren Hebel sitzen …

EG-Öko-Verordnung: Grundlage für das deutsche Bio-Siegel und das 2010 neu designte EU-Biosiegel – sie tauchen meist als Tandem auf

EG-Öko-VO: Kein Bio-Siegel ohne Angabe der Öko-Kontrollstelle samt der registrierten Nummer dazu

EHEC

Zweisilbig wie Panik und Wehe, diese unsichtbare, heimtückische Gefahr durch *enterohämorrhagische Escherichia coli* (also „innenblutende Kolibakterien nach Theodor Escherich"). Die Winzlinge verursachen in Deutschland zwar jedes Jahr etwa 900 Fälle von Darmerkrankungen, doch der Serotyp O 104 : H4 mit seinem epidemischen Ausmaß erschreckte Mitte 2011 die verunsicherte Öffentlichkeit wie die zuständigen Behörden.

EHEC-Erreger: So sehen sie aus, die Kolibakterien, die nicht selten sind und so krank machen können

EHEC-Vorkommen: Die Bakterien sind v. a. ein Problem der Hygiene und wurden 2011 mit Bockshornkleesamen (im Kreis rechts) aus Ägypten importiert

Ausgerechnet die Biosprossen eines Betriebes in Niedersachsen sollten damals verantwortlich gewesen sein für nahezu 4 000 EHEC-Erkrankungen und für insgesamt 53 Menschen, die an Gastroenteritis bzw. an der besonders schweren sog. HUS-Form (dem hämolytisch-urämischen Syndrom) gestorben waren. Dabei gab es gleichzeitig deutsche, französische, britische und skandinavische EHEC-Fälle, und letztlich wurde klar: Aus Ägypten importierte und europaweit verkaufte kontaminierte **Bockshornkleesamen** waren die Ursache – nicht deren unsachgemäße Behandlung im Biobetrieb.

Was 2011 blieb, war eine noch größere Verunsicherung beim Verbraucher. Zu früh hatte das seuchenkompetente RKI *(Robert-Koch-Institut)* vor spanischen und vor norddeutschen Gurken und Tomaten gewarnt. Und nach Mutmaßungen über kontaminierte Bäche oder gar Biogasanlagen, verkeimte ▶Rohmilch und ähnliche übliche Verdächtige konnten letztlich als Infektionsquelle zwei ägyptische Chargen Bockshornkleesamen identifiziert werden.

Bis dahin herrschte mehr Panik als Reflexion: „Der Feind im Essen" titelte der „Spiegel" im Juni 2011. Viele fragten sich, ob es nicht sogar typisch sei, dass ▶Biolebensmittel betroffen waren. Der „Tagesspiegel" etwa warnte vor Gülle, Mist und Kompost sowie vor allen „rohen, naturnahen und unbehandelten" Lebensmitteln: Die EHEC-Epidemie zeige, dass Bio gefährlich sein könne. So entstand ein **Mix aus Halbwahrheiten und diffuser Angst** vor „zu viel Natur" – was wiederum sofort und unreflektiert mit Bio assoziiert wurde.

Im ▶Bioladen kam diese Panik gebremst an; mit einem Minus von 6 % beim Biogemüse-Umsatz im Juni gab es sogar einen geringeren Rückgang als im konventionellen Einzelhandel mit –14 %. Neben einem besseren Informationsstand der Kunden spielte da wohl das größere ▶Vertrauen eine Rolle – ähnlich gut standen denn auch die ▶Hofläden mit regionaleren Produkten da.

Gleichzeitig war man bemüht, das ▶Bio-Bashing einzudämmen. Das FiBL *(Forschungsinstitut für biologischen Landbau)* veröffentlichte lange Hintergrundinformationen, und der ▶BÖLW *(Bund Ökologische Lebensmittelwirtschaft)* stellte klar: Der alte Vorwurf, dass Bio mehr ▶Keime enthalte als konventionelle Produkte, sei doch durch neuere Ergebnisse (u. a. von ▶*Stiftung Warentest*) aus der Welt.

Bio-Eier: In Österreich machten sie 2012 schon einen Anteil von mehr als 18 % aus – so weit sind die deutschen Verbraucher noch lange nicht

Zwar gilt Tierdung (wie im ▶ökologischen Landbau statt synthetischer ▶Düngemittel verwendet) allgemein als potenzieller EHEC-Überträger, doch der Verzicht auf einen direkten Kontakt mit angebautem Gemüse und umfassende **Hygiene-Maßnahmen** (▶HACCP) machten diese Gefahr längst wett. Zudem seien Biorinder, mit deren Fladensegen die Felder überwiegend gedüngt werden, durch die biospezifischen ▶Futtermittel nicht so anfällig für den Darmkeim wie Wiederkäuer, die statt Öko-Raufutter (etwa Heu) eher wachstumsförderndes Kraftfutter wie Sojaschrot bekämen. Tatsächlich weisen Untersuchungen darauf hin, dass Raufutter für einen „EHEC-ungünstigen" ph-Wert im Verdauungstrakt sorgt.

Nota bene: Jenseits aller Hysterie ist festzustellen, dass EHEC kein Bio-Thema, sondern in erster Linie ein Hygiene-Problem ist. Und dass Sauberkeitsregeln zwar helfen, zukünftige EHEC-Vorkommen aber kaum verhindern werden …

Eier

Sie zählen zu den wohl vielseitigsten und zugleich sensibelsten Lebensmitteln – jedenfalls nach den letzten Jahren mit ▶Skandalen um ▶Dioxin in ▶Futtermitteln und ▶Rückständen im Gelege, nach Wut über ▶Käfighaltung und leidende ▶Legehennen. Auch deshalb konnte sich die deutsche Bio-Konsumeierproduktion seit 2004 mehr als verdoppeln; der Bio-Anteil lag 2012 aber nur bei 7,3 %; in ▶Österreich waren es 18,3 %.

Durch die sich nach der Hühnerhaltungsform richtende EU-Klassifizierung von Eiern und deren ▶Kennzeichnung wurde dem Verbraucher immerhin seine Entscheidung des Stallfalls leichter gemacht: Eier von Legehennen aus ▶ökologischer Tierhaltung sind **mit „0" gestempelt**, solche aus ▶Freilandhaltung mit „1", aus ▶Bodenhaltung mit „2", ▶Käfigeier oder die aus ▶Kleingruppenhaltung tragen die „3". Die Ländercodes und Betriebsnummern geben weitere Informationen über die ▶Herkunft. Verarbeitete Eier allerdings – und damit mehr als ein Drittel aller verzehrten Eier! – unterliegen nur dem allgemeinen EU-Lebensmittelkennzeichnungsgesetz und müssen in ▶Fertiggerichten, ▶Nudeln, ▶Backwaren etc. nicht nach der Haltungsform deklariert werden. So ist nur bei Bioprodukten sicher, dass keinerlei Käfigeier ▶versteckt sind!

Die deutschen Legehennen produzierten 2012 mit gut 12 Mrd. Eiern weniger als vor dem **Verbot der Käfighaltung**. Weil aber der Pro-Kopf-Jahres-Verbrauch mit 214 Eiern ähnlich blieb, stiegen die Einfuhren. Auch bei Bio – obwohl der Importanteil mit 22 % bedeutend kleiner ist. Konventionelle Eier stammen fast zur Hälfte **aus dem Ausland**!

Besonders nach dem Dioxin-Skandal Ende 2010, von dem ausschließlich konventionelle Landwirte und Unter-

Legegemeinschaft® DIE BIOHENNEN MIT ACHTUNG VOR DEM TIER

Eier: Auch bei Bio gibt es Unterschiede – es lohnt sich, auf Bio-Initiativen mit kleineren Ställen zu achten und auf Bio-Eier mit dem Logo eines Anbauverbandes

Eier: Das sprichwörtlich Gelbe von ihnen entsteht bei Bio-Eiern nicht künstlich, die Verpackung kann sogar originell mehrwegig sein …

nehmen betroffen waren, verzeichneten die ▸Bioläden und ▸Bio-Supermärkte einen **Eier-Boom** mit Steigerungen von bis zu 40 %.

Und all das, obwohl die ▸Biobranche selbst auch einige Skandale verkraften musste: 2006 mit Nitrofen-Rückständen, 2009 wegen falsch deklarierter „Bio-Eier" aus Freilandhaltung, 2010 mit dioxinverseuchtem Biomais. Aber eine rasche Aufklärung der ▸Verunreinigungen, verstärkte ▸Kontrollen und das über einige Jahre gewachsene ▸Vertrauen halfen gegen ein Bio-Minus.

Auch den oft lancierten Vorwurf, dass die bei Bio verbindliche Freilandhaltung zu erhöhtem Dioxinrisiko führe, konnte gar das BfR *(Bundesinstitut für Risikobewertung)* entkräften helfen. Untersuchungen ergaben zudem, dass Bio-Eier einen höheren Anteil an ▸Omega-3-Fettsäuren und ▸Carotinoiden enthalten. Durch den Verzicht auf billige Futtermittel und die aufs Notwendigste reduzierte Anwendung von ▸Tierarzneimitteln bei Bio ist das Risiko unerwünschter Inhaltsstoffe in Eiern naturgemäß ohnehin kleiner – wenn denn Hygiene-Maßnahmen konsequent bleiben.

So schnitten **Bio-Eier** bei Tests der TU München nach antibiotikaresistenten ▸Keimen „signifikant" besser ab. Allerdings gerät die laut ▸EG-Öko-Verordnung erlaubte Errichtung von „Parallelställen" bio-intern zunehmend in die Kritik. Deshalb raten Tierschützer, nicht nur auf Bio-Eier, sondern auf solche mit dem Siegel eines ▸Anbauverbandes oder von kleineren Betrieben zu achten.

All das aber hat auch seinen ▸Preis – für ein Bio-Ei ist nicht selten doppelt so viel zu zahlen wie für ein konventionell gelegtes, etwa weil die teureren und dafür garantiert gentechnikfreien Futtermittel allgemein schon die Hälfte der Produktionskosten ausmachen. Für Mitglieder der Anbauverbände und für Kleinbetriebe kommen im Vergleich zum biobesiegelten Ei noch einmal Mehrkosten von bis zu 5 Cent dazu; ▸Demeter rechnete 2010 vor, dass für ein „echtes" wie **kostendeckendes Bio-Ei** 50 Cent nötig wären.

Wer beim Einkauf Wert auf artgerechte Eier-Erzeugung legt, sollte nachrechnen, wie gering der Bio-Mehrbetrag im Jahr wäre beim Standardverzehr von 214 gelegten Dottern in Eiweiß. Und zu bedenken bleibt: 1970 musste ein Arbeitnehmer in Deutschland noch durchschnittlich 20 Minuten für einen 10-Eier-Karton arbeiten. 2012 waren es nur noch 5 Minuten – so billig werden Eier, Legehennen und Erzeugerbetriebe in die Pfanne gehauen!

einkaufen: Nicht nur all die Lebensmittel im Einkaufskorb, v. a. unser Weg zu ihnen kann eine Klimasünde sein – nicht beim Erradeln, aber sehr wohl beim Shopping mit dem eigenen Wagen

Einkaufen

Ja, wo kaufen sie denn? In Deutschland jedenfalls shoppen nur 12 % ihre Lebensmittel „häufig" im ▸Bioladen, 40 % „hin und wieder", beinahe jede/r Zweite beteuerte 2011 in einer Forsa-Umfrage: „nie". Immerhin 8 % belebensmitteln sich noch häufig auf einem Bauernhof oder im ▸Hofladen. Die ▸Wochenmärkte können da zufriedener sein: 15 % sind häufige Käufer dort, 53 % tun's hin und wieder. Wo also kauft die Masse die Masse Nahrungsmittel? Im ▸Supermarkt! Dort sparen 82 % der Bundesbürger häufig und 17 % hin und wieder, die ▸Discounter bevorzugten 60 %.

Die sog. Supermarktisierung mit den

Verlockungen durch **konkurrenzlose Niedrigpreise** verlangsamt naturgemäß die Erfolgsgeschichte von ▸Biolebensmitteln mit höheren ▸Preisen. Aber die Zeit und viele Trends laufen auf Neues zu und ändern das Einkaufsverhalten, obwohl 2012 die 7 Mrd. Euro für Bio unter 4% der Einzelhandelsumsätze ausmachten.

Dennoch profitierte die ▸Biobranche von jedem ▸Skandal, denn wo BSE, ▸EHEC oder ▸Dioxin selten genug auch mal Biowaren betrafen, war bisher nie das System schuld, sondern ein konventioneller Fremdverursacher. Auch wer Bio nicht ethisch bis zu Ende reflektiert, aber vieles davon verinnerlicht hat, zeigt längst **ein anderes Einkaufen**. Dann wird auch auf Bio-Siegel stärker geachtet und Klimaschonung wie Tiergerechtigkeit werden erwartet. In den „nachhaltigen Einkaufskorb" kommen dann zu Bio mit garantierter Gentechnikfreiheit und glaubwürdigerem Tierschutz auch möglichst noch ▸fair gehandelte Produkte (die ja nicht immer bio sind) oder eben aus der ▸Region. Die hat durch Klimadiskussionen den Stellvertreterwert beim ▸Carbon Footprint bekommen für kürzeste Wege, vertrauensvolle Nähe und ▸authentische Ware.

Trotzdem fahren rund 80 % der Deutschen mit dem Auto zum Selbstversorgen (2006: 57 %). Die meisten lassen die ▸Verpackungen nicht im Geschäft, bezahlen immer aufs Neue die Tüte aus ▸Plastik (500 sind es pro Jahr und EU-Bürger), kaufen das Preiswertere und öfter zu viel. Ethiker denken da an die ▸Welternährung, **eher unreflektierte Shopper** nach Fehlkäufen eher mal ans Wegwerfen (▸Verschwendung). Aufklärung zum nachhaltigen Konsum tut also not, um aus manchem Halbwissen ein ▸gutes Gewissen zu machen.

Noch 2010 stellte das SGS Institut Fresenius fest, dass 75 % der Essenskäufer nicht erkennen könnten, ob ein Produkt denn gesund sei, 71 % könnten dies auch nicht für Kinder einschätzen, nur 10 % hätten ▸Vertrauen in Industrie und Politik in Lebensmittelfragen …

Immerhin setzen ▸Bio-Siegel Maßstäbe, allzu viele ▸Gütesiegel aber desorientieren viele beim Einkauf, helfen tun inzwischen etliche Apps (als Strichcode-Scanner) oder das Internet – manchmal nur mit Saisontabellen, zunehmend mit Listen von ▸Öko-Kontrollstellen oder Links zu Verbraucherzentralen. Ein weites Feld wird endlich informativ beackert.

einkaufen: Es sollte keine reine Preisfrage sein, eher mit Köpfchen überm Korb erfolgen

Tipps für echt nachhaltigen Einkauf:
- ökologischen Landbau stärken
- auf anerkannte Bio-Siegel achten
- Biogemüse/Bio-Obst saisonal kaufen
- auf regionale Bioprodukte achten
- Frisches eher aus Freilandanbau
- Auto nur für Großeinkäufe
- mit fair + bio fernhin Gutes tun
- Fleischverbrauch reduzieren
- Biofleisch wählen, der Tiere wegen
- Fischkonsum reduzieren
- auf Biofisch oder MSC-Siegel achten
- Bio-Eier mit „0"-Stempel nehmen

- eher gering verarbeitete Produkte kaufen
- Biokiste abonnieren

Fazit: Mit dem grüneren Einkaufskorb abstimmen und Erzeuger wie Groß- und Einzelhandel nachhaltig erziehen helfen!

Nur ein Korn: Der sogenannte Steinzeitweizen (links) kann sich im Gegensatz zum Urgetreide Emmer (rechts) nur eines Einzel-Korns rühmen

Einkorn

In Zeiten von Genwahn und Überzüchtung wird bescheiden benamtes sog. ▸Urgetreide erst recht geschätzt – wie der **„Steinzeitweizen"** Einkorn. Es ist ein echtes Unicum in der Süßgräser-Familie, da dem *Triticum monococcum* auf der Ährenspindel pro Absatz nur je ein Korn sprießt. Das ist von einer festen Hülle umgeben und daher aufwendig zu verarbeiten.

Der Anbau ist nur für erfahrene Landwirte problemlos, die Ernte mit modernen Mähdreschern komplizierter, denn es gilt, den optimalen Erntezeitpunkt zu treffen. Wo ein Hektar 8 t ▸Weizen hergibt, liefert er bei Einkorn nur 1,7 t – dafür aber ist es bei Nährstoffen anspruchsloser und im Ganzen robuster gegen Schädlinge und Krankheiten. Zu hohem Unkrautdruck allerdings wäre Einkorn nicht gewachsen. Es muss konsequent viel gehackt werden.

All dies hat zum **Verschwinden von Einkorn** (das Grimm noch „eine Art ▸Dinkel" nannte) geführt, obwohl es winterhart und „frohwüchsig" ist. Besonders Biobauern mit Sinn für ▸Agrobiodiversität oder ▸alte Sorten bauen das Urgetreide inzwischen wieder an, der ▸ökologische Landbau erzielt notwendig höhere, also keine schlechten ▸Preise damit.

Zum besonders urigen Image hat das Einkorn einen eigenwertigen leicht nussigen Geschmack. Seine Körner sind durch ihren besonders hohen Gehalt an Beta-Carotin (2–4-mal höher als bei Weizen) leicht gelblich. Wegen dieser Besonderheit gilt Einkorn sogar als **„funktionelles Lebensmittel"**, und entsprechend ungefärbt goldgelb sind alle ▸Backwaren daraus. Das harte Einkorn ist wie ▸Emmer besonders nudelgeeignet.

Die Inhaltsstoffe machen das Getreide nicht nur für ▸Vegetarier und ▸Veganer interessant, denn Einkorn ist reicher an essenziellen Aminosäuren und ▸Mineralstoffen als etwa Weizen. Zwar gibt es einen recht hohen Anteil an Kleber, doch schwankt der so sehr, dass Aussagen über die wahre

Backfähigkeit von Fall zu Fall völlig denn unterschiedlich ausfallen.
Nota bene: Entgegen der Meinung, Einkorn sei von Weizenallergikern gut zu vertragen, sollten Menschen, die an Zöliakie leiden, Produkte mit Einkornzugabe wegen des ggf. (zu) hohen Anteils von ▸Gluten meiden.

Emmer

Wieder mal ein Körnchen Biobesonderheit: Das Getreide spielt zwar in der konventionellen Landwirtschaft wegen der geringen Erträge kaum eine Rolle, ist aber für den ▸ökologischen Landbau umso interessanter. Der herzhafte Emmer-Geschmack ist reizvoll, zudem erweitert dieses alte ▸Urgetreide die ▸Agrobiodiversität. *Triticum dicoccum* (wörtl. „Zweikornweizen“) stammt aus der Familie der Süßgräser. Als **Urform** schmeckte er schon steinzeitlichen Bauern, noch heute emmern Wildformen in der Türkei, der Levante sowie im Irak und Iran vor sich hin.
Auf der grannenreichen sog. Ährenspindel des Emmer oder eben „Zweikorns“ stehen (im Gegensatz zum ▸Einkorn) pro Absatz zwei Körner – mal weiß, mal rotbraun, mal violett. Eine feste Spelzenhülle umgibt dabei jedes Einzelkorn. Das macht das Verarbeiten zwar aufwendig, schützt das Korn aber und sorgt für eine gute Lagerfähigkeit.
Heute wächst Emmer vor allem in Österreichs Waldviertel und wird über Bioläden auch in Deutschland vertrieben. Zum Brotbacken ist Emmer weniger geeignet, das Korn enthält dafür eigentlich zu wenig Kleber. Es wird aber wegen des nussig-herzhaften Geschmacks gern Vollkorngebäck beigemischt; sog. Sommeremmer ist auch etwas besser backbar. Wie der verwandte Hartweizen ergibt Emmer **sehr gute Pasta**, sogar ein Emmer-Bier mit 50 %-Anteil, das so auf den Braugeschmack der alten Ägypter bringt. Immerhin liefert Emmer als Gegenteil von „Intensivweizen“ gute Inhaltsstoffe, ist recht eiweiß- (16–18 %) und mineralstoffreich (Magnesium, Eisen, Kalium, Kieselsäure, Zink und Phosphor) und liefert viel Beta-Carotin.
Nota bene: Wie beim Einkorn gilt, dass Menschen mit Weizenallergie oder Zöliakie Emmer wegen seines Glutengehaltes eher meiden sollten.

Emmer: Mit urgetreidigem Geschmack sogar eine seltenere Bier-Spezialität und eine nudelige Besonderheit

Emulgatoren

Vielseitige sog. Funktionsklasse von ▸Zusatzstoffen, die für gefälligen Zusammenhalt sorgt. In Brot, Margarine, Käse, Schokolade, Nussnougatcreme oder Speiseeis sind Emulgatoren (von lat. *emulgare* „ausmelken, ausschöpfen“) oft unverzichtbar, nur ihretwegen wächst zusammen, was eigentlich nicht zusammengehört – weil sich etwa Wasser und Öl abstoßend finden. Emulgatoren helfen, Stoffe nicht nur zu vermischen, sie halten diese auch stabil zusammen.

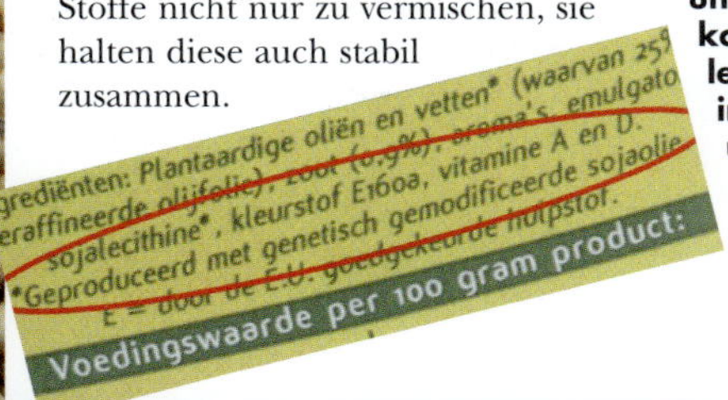

Emulgatoren: In natürlicher Version meist Lecithin aus Sojabohnen und damit bei konventionellen Produkten immer auch unter Gen-Verdacht

mit Emulgator: Sie werden dort überflüssig, wo beste Zutaten und optimale Zubereitung dafür sorgen, dass nichts sich trennt, was schön cremig verlaufen soll

Für Biolebensmittel sind Emulgatoren nur zugelassen, wenn sich das Produkt nachweislich anders gar nicht erst herstellen oder haltbar machen lässt.

Eigentlich ist der gebräuchlichste Emulgator, das **Lecithin** (E 322), als natürliche Zutat unbedenklich und daher auch bei Bio zugelassen. Da er allerdings v. a. aus ▸Soja gewonnen wird, mittlerweile schon 81% der konventionellen weltweiten Erntemenge aus ▸Gen-Soja besteht und die globalen Warenströme wie lokalen Stufen der Verarbeitung unübersichtlich werden, ergeben sich **zwei viel diskutierte Probleme**.

Zum einen kann bei konventionellen Produkten kaum von einer garantierbaren Gentechnik-Freiheit ausgegangen werden. Und zum anderen müssen auch Bio-Hersteller, denen jede Verwendung von ▸GVO verboten ist, immer vorsichtiger sein. Hier droht, ob nun als Abdrift von Feldern oder in gemischten Lagern, die **▸Verunreinigung der Bio-Soja**, und nur die ist ihnen als Zusatzstoff erlaubt. Inzwischen wird daher bei der Bio-Herstellung oft versucht, ganz auf Soja-Lecithin zu verzichten. Entweder, indem das natürliche Mehl vom ▸Johannisbrot (das E 410) aus ökologischem Anbau beim Emulgieren hilft. Oder wenn Rezepturen bzw. Verfahren selbst die Zugabe eines Emulgators schlicht überflüssig machen. Bioschokolade beispielsweise wird auch ohne Bio-Lecithin zart und schmelzend, weil mehr Kakao und andere hochwertige Zutaten eingesetzt werden und dafür mehr Zeit auf das sog. Conchieren verwendet wird, jenes bis zu 48 Stunden lange Rühren. Selbst viele **konventionelle Schokohersteller** setzen inzwischen auf längeres Conchieren, um diese Lecithinfreiheit als ▸„Ohne Gentechnik" besiegeln zu können.

Und um in ökologisch hergestelltes ▸Speiseeis effektiv Luft einzubinden, damit es cremiger schmeckt, verwenden Biokonditoren eben Eidotter, der neben Eiweiß und Fett auch natürlicherweise schon den Emulgator Lecithin liefert.

ohne Emulgator: Es geht eben auch ganz ohne – umso besser, wenn es dann auch so klar etikettiert wird

Nota bene: Grundsätzlich bedarf ein Emulgator der eindeutigen ▸Kennzeichnung. Diese darf aber fehlen, wenn das Lecithin nur in einer Einzelzutat des Lebensmittels steckt.

Endivie

Eine Zuchtform der wilden Zwergzichorie *(Cichorium pusillum)* und der Spross von pastinakenähnlichen Wurzeln wie auch ▸Zichorie, ▸Chicorée oder Radicchio.

Endivien werden im Anbau generell auf **Lichtmangel** getrimmt für ihr bleichweißes Herz im Kranz grüner Blätter. Sind diese fein gekraust und randgefiedert, ist es die Krause oder Winter-Endivie (bot. *Cichorium endiva var. crispum*), in spezieller Züchtung auch als Frisée bekannt. Sind die Rosettenblätter ungekraust, ist es die glatte Endivie (*var. latifolium*), die als

Escariol noch namensschicker ist. All diese Zuchtformen haben den leicht herben Geschmack durch den **Bitterstoff Intybin**, konzentriert in Strunk und äußeren Blättern (Empfindliche entfernen sie also besser). Intybin hat gesunde Wirkungen als Appetitanreger und Verdauungsturbo.

Ihr bleiches Herz bekommt die Salatpflanze durch diverse trickreiche Maßnahmen neben der extra engen Pflanzung: Wird jede einzelne Blattrosette eng zusammengebunden, können die lichtlosen Herzblätter gar nicht erst das grüne Schutz-Chlorophyll bilden. Mit übergestülptem Gefäß bleibt die Mitte bedeckt und also ebenfalls bleich. Würde man nicht bleichen, wäre der Grünspross allerdings ungenießbar bitter – immerhin wurden sogar schon selbsterbleichende Sorten gezüchtet.

Durch das Bleichen sind die gerade in Biogemüse sonst so reichlich vorhandenen Mineralstoffe und Vitamine (v. a. C und Provitamin A) in den erhellten Blättern weniger ausgeprägt als in den grünen.

Im Öko-Anbau kultiviert man Endivien nicht im Frühjahr und Sommer, sondern in mehreren „Sätzen" im Herbst. Den Verzicht auf synthetische ▸Düngemittel, auf chemische Herbizide oder Insektizide ermöglichen eine clevere Fruchtfolge und diverse Vorkulturen, etwa Kohl und Getreide. Das zahlt sich letztlich aus, wie die Untersuchungen auf ▸Schadstoffe beweisen. Die ▸Rückstände bei **Bio-Endivien** machen nur etwa ein Zehntel dessen aus, was in konventionell angebauten Frisées gefunden wird; zudem liegen sie stets weit unterhalb der jeweiligen Grenzwerte.

Bio-Endivien aus dem ▸Freilandanbau haben zudem einen viel niedrigeren ▸Nitratgehalt, der beim Düngen mit den konventionell erlaubten Mitteln oft stark erhöht ist.

Nota bene: In Deutschland kennt man Frisée fast nur aus der kalten Küche als attraktiven Salat. Belgiens sowie Frankreichs Gourmets aber erwärmen sich für Rezepte, nach denen die Endivie wie Gemüse goutiert wird, ob in Suppen oder Eintöpfen.

Endivien: Durch Lichtentzug erbleichen die Blätter, dürfen nur noch randläufig ergrünen

Energydrinks

Sie sind voll angesagt und gar nicht ohne. Sie sind eben „mit", und das powert: Mit Koffein und gern zusammen mit Taurin, Inosit, Glucuronolacton. Diese Kombination peppt geistig wie körperlich, bringt zusätzlichen Speed und gilt als bequemer, Kritikern als fataler sog. *Enhancer*.

Nicht selten verwechseln Energytanker die Modedrinks mit kohlenhydrathaltigen Sportlergetränken, die

Energydrinks: Jugendsprachlich neue Kraftsäfte, bio uralte Elixiere

Energydrinks: Längst sind sie auch bio und so etabliert, dass ihr Design sich im Laufe der Jahre änderte – wie hier bei Biotta (unten bei der Einführung anno 2006, oben ganz aktuell)

lediglich kalorische Energie liefern. Denn selbst wenn natürliches Guarana vom Amazonas im Tee peppt, ist das nichts anderes als Koffein! Immerhin stammen die Zutaten in **Bio-Energydrinks** aus ökologischem Anbau. Und Guarana wird nachgesagt, dass es sein Koffein – anders als Kaffee – erst nach und nach abgibt, die Wirkung also auch länger anhält. Außerdem sind in den Bio-Drinks die zweifelhaften ▸Konservierungsstoffe nicht enthalten, deretwegen Tester konventionellen Varianten oft genug ein „Ungenügend" gaben.
Mittlerweile sind sogar klassische Bio-Hersteller auf den Powerzug aufgesprungen, bieten etwa einen „Bio-Energy-Drink Natur" mit Guarana und Mate-Tee an. Der Koffeingehalt entspricht einer Tasse Tee, ▸Acerola sorgt für natürliches Vitamin C. Die Basis des Drinks ist ein Auszug aus Hafer, Ingwer und Mate mit Mineralwasser, gesüßt wird immerhin mit Traubendicksaft statt mit Zucker.
Die Inhaltsstoffe bei konventionellen Energydrinks ähneln sich: Wasser, Kohlensäure, Koffein, eigens zugesetzte Vitamine, der eigentlich überflüssige (ursprünglich aus Ochsengalle gewonnene) **Wirkstoff Taurin**, zudem strotzen die Drinks vor Flüssigzucker. Denn die geheimen Quellen der Energy sind in erster Linie nichts anderes als Kohlenhydrate, vulgo Zucker. Naturgemäß ist Bluthochdruck- und anderen Herzpatienten, Schwangeren, Stillenden und Kindern von Energydrinks eher abzuraten.
Nota bene: Das BfR *(Bundesinstitut für Risikobewertung)* warnt auch vor sog. Energy Shots in handlichen Kleindosen mit 25–75 ml. Sie enthalten Koffein und Taurin in hochkonzentrierter Form und werden sogar als ▸Nahrungsergänzungsmittel beworben. Nach schlechten Erfahrungen mit den **Power-Partydrinks** wurden sie in Frankreich, Dänemark und Norwegen schon verboten.

Enten

Man kann und muss sie nicht erst schwimmen lehren, sagt das Sprichwort. Wie wahr: Sich dieses Wassergeflügel ganz **ohne Schwimm-Möglichkeit** vorzustellen, ist eigentlich ein Bild der Unmöglichkeit. Und doch ist es Alltag für die watschelnden Massenlieferanten des recht beliebten ▸Entenfleischs: Konventionelle Massenhaltung machte sie zu reinen Landtieren. Denn ein ▸artgerechter Zugang zu Wasser ist ausschließlich bei Bio, aber bei keiner der verschiedenen konventionellen Haltungsformen vorgeschrieben.
Zwar gibt es seit 1999 eine EU-Empfehlung zur artgerechten Haltung, eine bindende Verordnung aber fehlt in Deutschland bisher. Und Auslauf im Freien genossen konventionell aufgezogene Tiere überhaupt nur dann, wenn dies später explizit so gekennzeichnet ist.
Obwohl die ▸**Massentierhaltung** von Enten auch in sonst weniger aggressiven Medien wie dem „markt" des WDR heftig kritisiert wird und sich die Menge der in Deutschland gehaltenen Enten seit 1991 verdreifacht hat, spielt veritables Bio-Entenfleisch mengenmäßig kaum eine Rolle. 2012 gab es 3 Mio. konventionell gehaltene Enten, aber nur 21 000 Biotiere – gerade mal 0,7 %. Gründe für die so gering besetzte Bio-Nische sind u. a. aufwendigere und teurere Haltungsbedingungen, die den Endpreis erhöhen.

Allein die auf Biohöfen zur Verfügung stehende Wasserstelle wirft allerhand Probleme auf: Natürliche Gewässer sollen wegen des Eintrags von Kot möglichst nicht von Zuchttieren genutzt werden; künstliche Wasserstellen verlangen dann aber aus Hygienegründen eine sorgfältige und eben teure Spülung mit Frischwasser. Der **Grünauslauf** ist pro Tier zudem mind. 3,5 m² groß, bei den ▸Anbauverbänden sind es schon mal 4,5 m². Und auch die ▸Futtermittel sind unverhältnismäßig teurer, Masthilfsmittel und alle rein vorbeugend verabreichten ▸Antibiotika sind bei Bio-Enten verboten, die Anwendung von ▸Tierarzneimitteln wird viel restriktiver gehandhabt.

Auf **Biohöfen** müssen die Ställe zudem Tageslicht haben, in ihnen dürfen höchstens 4 000 weibliche bzw. 3 200 (viel schwerere) männliche Enten gehalten werden. Maximaler Tierbesatz: 210 Bio-Enten auf einem Hektar – was Riesenbetriebe mit entsprechend kostengünstigeren Margen verhindert. Letztlich verteuern Bio-Enten auch dadurch die Kalkulation, weil sie länger leben dürfen, bis zu 20 Wochen immerhin.

In den konventionellen Mastbetrieben hat sich die Aufzucht von Pekingenten sowie Barbarie- und Moschusenten durchgesetzt. Deren Intensiv-Mast ist **aus Tierwohl-Sicht** mit vielerlei Problemen behaftet. So gelten Todesraten bis zu 10 % als normal.

So überleben Pekingenten oft genug gemeinsam mit Tausenden oder gar Zehntausenden Artgenossen in einem kunstlicht-dämmerigen, klimatisierten Stall ohne jeden Auslauf, der keinen Wasserzugang und nur Einstreu auf dem Boden gewährt. Im Namen der Fleischqualität ist in den letzten 2 der 6–8 Lebenswochen eine Bewegungshinderung regelrecht erwünscht! Da aber Besatzdichten von 20 kg pro m² üblich und Mastgewichte von 3 kg realistisch sind, müssen sich in der allerletzten Phase der ▸Mast sechs Pekingenten eine Fläche von gerade mal 1 m² teilen.

Bei Barbarie- bzw. Moschusenten sind am Ende der Aufzucht sogar 35 kg pro m² gängig, was 13 weiblichen bzw. 7 männlichen Tieren entspricht. Diese müssen meist auf einstreulosen Gitterrosten stehen, die ihre so empfindlichen Schwimmfüße schädigen. Da diese Entenrasse v. a.

Enten: Auf Biohöfen haben sie noch Auslauf, ansonsten werden sie massenhaft und eingesperrt in Zuchthaft groß – und in einigen Ländern nicht selten der Lebern wegen gestopft

in Intensivhaltung zu Kannibalismus neigt, werden vorbeugend und betäubungslos die Krallen und nervdurchzogenen Schnäbel gekürzt (für Moschusenten nur in Niedersachsen seit 2014 verboten). Dagegen sollten Bio-Enten uns gern mal teurer sein!

Entenfleisch

Lust auf Brust oder Braten? Vorher sollte man sich klarmachen: Auch bei in Deutschland aufgezogenen ▸Enten muss davon ausgegangen werden, dass sie bei ihren konventionellen Haltern mitnichten ▸artgerecht groß wurden und als Gründelgetier auch niemals Zugang zu Wasser und (zumindest stundenweise gewährten) Auslauf nur dann hatten, wenn ein Entenprodukt dies später explizit genauso kennzeichnet – mit „aus (bäuerlicher) Auslaufhaltung“ oder „aus bäuerlicher Freilandhaltung“. Oder eben, wenn es sich um Bio-Enten handelt. Deren Fleisch ist zwar ungleich teurer, aber auch von ungleich besserer Qualität als das von konventionell gelitten habenden Artgenossen. **Da ist Bio besser**, was u. a. am gewährten Auslauf liegt, der den intramuskulären Fettanteil ganz natürlicherweise steigen lässt. Es liegt auch am hochwertigeren Futter und an der später erfolgenden ▸Schlachtung.

Enten: Wie sich konventionelle Züchter die Tiere zur Brust nehmen, kann schon den Appetit verderben – nicht so bei Bio

Dennoch ist der Anteil von Bio-Enten und ihren Teilen verschwindend gering: Er macht in Deutschland weniger als 1 % aus. Dabei handelt es sich in der Regel um Flugenten; die in konventionellen Mastbetrieben beliebte und für Intensivwachstum viel geeignetere Pekingente würde mit ihren längeren Lebenszeiten in der ▸ökologischen Tierhaltung einfach zu sehr verfetten.

Etwa ein Drittel des in Deutschland vermarkteten Entenfleischs wird im-

portiert. Das Problem dabei: In Ländern wie Ungarn, Belgien und Frankreich ist das tierquälerische **Stopfen von Enten und Gänsen** zur lukrativen Produktion von *Foie gras* (wörtl. „fette Leber“) nicht verboten. In Frankreich ist *Foie gras* seit 2005 sogar ein schwer wegdiskutierbares „nationales und gastronomisches Kulturerbe“.

Aus Ländern mit Stopferlaubnis importiertes Entenfleisch kann also von Tieren stammen, deren Organ durch 2 x 800 g Kraftfutter täglich innerhalb von nur 2 Wochen auf das Zehnfache seiner natürlichen Größe zur Fettleber anschwoll. Außerdem bedenke man: Klassisch „gestopft“ wird da nicht mehr, die Nahrungspellets werden vielmehr per Druckluft durch den malträtierten Hals direkt in den Magen geschossen …

Tierschutz-Verbände warnen deshalb vor solcherlei **Import-Entenfleisch**. Die Organisation *Vier Pfoten Schweiz* macht darauf aufmerksam, dass die vorgeschriebene sog. EWG-Nummer auf dem ▸Etikett die ▸Herkunft verrät, und bietet laufend aktualisierte Listen zu den einzelnen Stopfmast-Betrieben samt Nummern. Für den Einkauf gilt außerdem die Faustregel: Solche Enten sollten tabu sein,

die ohne Innereien angeboten werden – sie sind sehr wahrscheinlich „ausgeweidete" Stopfmast-Opfer!
Nota bene: Wegen der Gefahr von ▸Keimen wie Campylobacter sollte Entenfleisch bei 75–80° C zubereitet werden – selbst, wenn dies auf Kosten der Saftigkeit geht.

Entschlacken

Nur wer's glaubt, wird selig entschlackt. Das Wort für die Entsorgung von innerlichen Verunreinigungen stammt aus der Eisenverhüttung und passt nicht zu unserem Organismus. Der hat die Müllabfuhr per Darm, Niere, Leber wie über Lunge und Haut bestens organisiert. „Ablagerungen" (außer krankhafte wie die

entschlacken: Ganz falsches Wort, das jenseits des Magens Leere servieren soll, die gänzlich ungesund sein kann und mit der Darmflora regelrecht herzlos umgeht

Arteriosklerose in den Adern) hat der normal ernährte Mensch nicht, denn die Darmflora sortiert und verwertet, die Darmperistaltik knetet Reste hinaus. **Schlackenstoffe** gibt es im Stoffwechsel nicht.
Dennoch glauben viele an Darmreinigungen als „Ausleitungen", auch wenn sie ayurvedisch „Panchakarma" heißen. In Wahrheit sind all diese vermeintlichen Entgiftungen nur Entleerungen per Abführmittel auf Kosten der individuellen Darmflora, die danach mühsam wieder aufgebaut oder mit Hefen etc. gestärkt werden muss. Da es entschlackendes **Wunschdenken** auch in der alternativen Medizin und schon seit den Anfängen der Naturheilkunde gibt, sitzt es unaufklärbar tief und fest. Da auch Fasten der Entschlackerei nahekommen soll, laufen rationale Argumente nur zu oft ins Leere – denn alles Anstrengende muss doch auch zu etwas gut sein …

E-Nummer

Schlagwort für vermeintliche Horror-Angaben, nämlich für alles, was in Europa Lebensmitteln zugesetzt werden darf und als Kleingedrucktes auf dem ▸Etikett erscheint: ▸Zusatzstoffe. Manche E-Nummern sind berechtigt berüchtigt, denn nur prinzipiell und einstweilen sind die E-Stoffe unbedenklich – immer nur so lange, bis neue Erkenntnisse vorliegen.
Zwar prüft die EFSA (*Europäische Behörde für Lebensmittelsicherheit*) alle E-Stoffe und vergab bis 2013 schon 325 E-Nummern; die Lücken im Nummern-Code werden also noch zu entdeckende **zusatzstoffliche Zaubermittel** schließen. Immerhin geben die eher unbeliebten E-Nummern

E-Nummern: Lupen-Hilfe zum Verständnis. Die Masse der Zusatzstoffe bekam in Hamburg sogar ein Museum

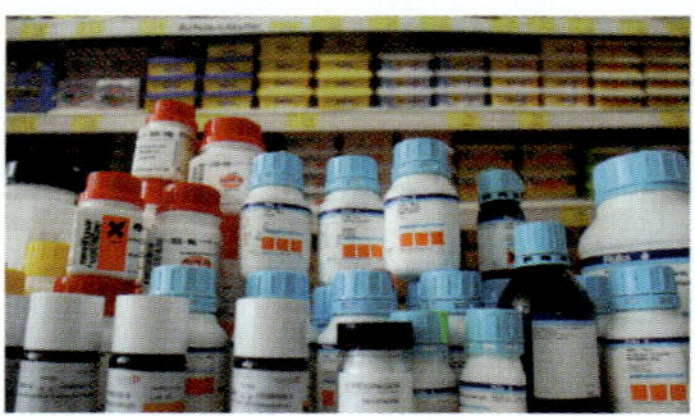

Verbrauchern die Chance, bekannte **Auslöser allergischer Reaktionen** zu meiden oder einzukreisen.
Das E im Nummernkatalog steht dabei für „Europa" (manche meinen, auch für EG bzw. EWG), aber auch für *edible*, also ausdrücklich „essbar". Alle im EU-Raum erlaubten Lebensmittel-Zusatzstoffe sind durchnummeriert: von Kurkumin (E 100) bis zu E 1521 (Polyethylenglykol). All die müssen, wenn sie zuvor angewendet wurden oder noch enthalten sind, bei verpackten Lebensmitteln entweder mit ihrer E-Nummer oder mit ihrer „Stoffklasse" angegeben sein (etwa „mit E 270" bzw. „mit Säuerungsmittel Milchsäure"). Ob die deklarierten Zusatzstoffe natürlich hergestellt wurden oder doch künstlich entstanden, bleibt offen.
Nur ein Bruchteil der E-nummerierten Zusatzstoffe kommt für verarbeitete **Bioprodukte** überhaupt in Frage, unbedenklich sind ohnehin nur natürliche Mittel für Antioxidation (wie Ascorbinsäure), Verdickung (etwa ▸Agar-Agar, Alginate, Guarkernmehl, Pektin) oder Konservierung (mit Schwefeldioxid, Milchsäure).
Doch auch die Biobranche hat Probleme mit E-Nummern. Die Diskussion ist eröffnet, etwa um die Tatsache, dass aus optischen Gründen noch etliche Bio-Wurstwaren salzsparend mit E 621 (dem Natriumglutamat) gewürzt werden. Auch das beim ▸Pökeln als Umröter benutzte Nitritpökelsalz E 250 wird der schöneren Farbe wegen gern mal eingesetzt. Dieses Verfahren ist laut ▸EG-Öko-Verordnung erlaubt, die meisten ▸Anbauverbände röten nichts um. **Das grauere ▸Biofleisch** ist da eben kein „Akzeptanzproblem", eher ein E-freies Qualitätszeichen.
Keine E-Benummerung haben alle Zusatzstoffe, die als ▸Aromen oder ▸Enzyme gelten. Alkoholika bleiben auch E-frei, ebenso Butter, Honig, Konfitüren, Kakaoprodukte, Milch, Mineralwasser, Pflanzenöle, Kaffee, Tee und Zucker – hier sind Zusatzstoffe ohnehin tabu.

Enzyme

Man nannte diese Eiweißmoleküle aus lebenden Zellen einst Fermente, also Gärungsmittel. Sie sind die Heinzelmännchen in unserem Körper – und in der Lebensmittelindustrie. Seit 1878 heißen Enzyme als Kunstwort erst so. Die „Inhefigen" steuern oder beschleunigen als **maßgeschneiderte Agenten** biochemische Reaktionen, betreiben Zellauf- und -abbau, verändern oder spalten Molekülstrukturen,

Enzyme: Die zelleigenen Heinzelmännchen helfen auch in der traditionelleren Käserei – nicht immer ist ihr Werk eine solch unumstritten runde Sache

helfen reifen, verdauen, gären. Deshalb ist auch ▸milchsauer Vergorenes (Trunk aus Brot, Sauerkraut, Dinkel, als Kombucha) ein hochbekömmliches sog. **Enzymgetränk**. Es ist gut zu wissen, dass die allgegenwärtigen Enzyme durch die Magensäure inaktiviert werden, ebenso durch Erhitzen zur Haltbarmachung. Einige Enzyme spalten Stärke in Zucker, andere zerstören das Gerüst pflanzlicher Zellen oder verbessern die Konsistenz von Fisch.

In der konventionellen Lebensmittelindustrie sind Enzyme längst unentbehrlich. Dabei werden dort 80 % der dienstbaren Geister durch ▸Gentechnik erzeugt und konnten bis 2008 unbehelligt wunderwerkeln – im Einsatz als technische Hilfsmittel waren sie keine deklarierungspflichtigen ▸Zutaten. Bei Bio-Herstellern sind Gen-Enzyme ausgeschlossen.

Nach neueren EU-Regularien benötigen verwendete Enzyme generell eine Zulassung – auch jene, die nur als **Verarbeitungshilfsstoffe** dienen. Sie müssen in eine Gemeinschaftsliste eingetragen werden und tauchen – sofern „technologisch notwendig" – nun auch in der Zutatenliste auf. Weiter unerwähnt bleiben darf aber, ob sie mithilfe gentechnisch veränderter Bakterien, Hefen oder Pilze und im Bioreaktor erzeugt wurden.

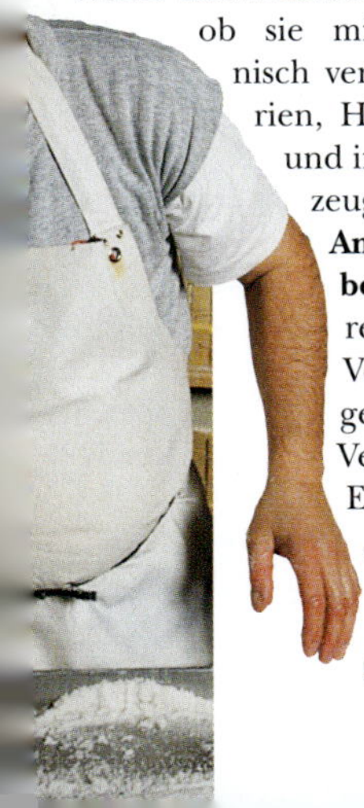

Anders bei ▸Biolebensmitteln: Zur rein ökologischen Verarbeitung und gemäß ▸EG-Öko-Verordnung sind Enzyme nur als „Verarbeitungshilfen", jedoch nicht als echte ▸Zusatzstoffe gestattet. Die wenigen unverzichtbaren und erlaubten Enzyme müssen ▸gentechnikfrei sein – es sei denn, ein Enzym gäbe es nachweislich nicht anders oder die ▸Verunreinigung wäre zufällig bzw. unvermeidbar. Dann dürfen auch Bioprodukte genbelastete Reste (Grenze: 0,9 %) aufweisen. Die ▸Anbauverbände sind da etwas genauer. Bei ▸Demeter dürfen Enzyme nicht einmal chemisch konserviert sein, dazu kommen sie nur in wenigen Anwendungen und bei ganz bestimmten Produktgruppen zum Einsatz, etwa beim schwierigen Pressen roter ▸Weintrauben oder ▸Beeren. Anschließend müssen sie durch Erhitzen deaktiviert werden. Anders in der konventionellen Herstellung von ▸Fruchtsaft, wo die höhere Ausbeute von ▸Obst bislang zumeist mit Enzymen erreicht wird, die per ▸Gentechnik entstanden.

Wahre Wunder vollbringt auch **konservierendes Lysozym**, denn das natürliche Antibiotikum, ein Enzym aus Eiklar, hemmt bei der Käseproduktion bestimmte ▸Mikroorganismen am Wachstum, ganz nebenbei vermag es noch Produktionsfehler, etwa durch zu schlechtes Futter und mangelnde Hygiene, zu überdecken. Im Biokäse hat es nichts verloren! Und während sich in den Fertigbackmischungen von konventionellen Bäckern Enzyme als Backhilfen für Teig und Volumen tummeln, kommen sie bei allen Biobäckern erst gar nicht aus der Tüte …

Enzyme: Sie sind die wichtigen Subunternehmer in aller Stoffwechselei und helfen etwa dem Winzer beim Weinklären

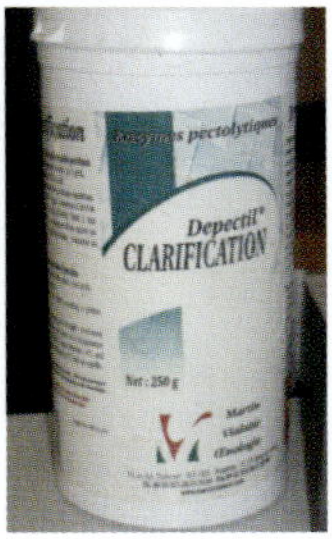

Erbsen

Die allerschönsten Komplimente kullern ihnen nur so entgegen: Eiweißbömbchen, globalste Hülsenfrüchte, inhaltsreiche Leguminosen, einheimischer Viehfuttersegen – und für unsere verwöhnten Menschenmägen das **„Gemüse des Jahres 2009/10"**.

Erbsen: Sie kommen stolz daher mit Proteinen und Vitaminen, aber gerade letztere verflüchtigen sich schnell nach der Ernte

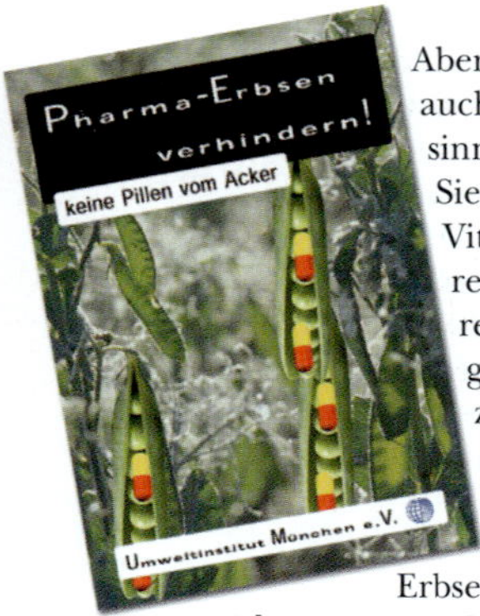

Erbsen: Die Versuchung ist groß, die proteinreichen Kugeln auch im Gen-Versuch anzubauen – vorerst bleiben natürliche Zuckererbsen Gourmets Nonplusultra

Aber Erbsen *(Pisum sativum)* sind auch die empfindlichen Prinzessinnen unter den Erntegemüsen: Sie speichern zwar besonders viel Vitamin C (25 mg/100 g), aktivieren aber, einmal als Schote (korrekt Hülse) vom Kletterstrauch gepflückt, ein schnell vitaminzerstörerisches ▶Enzym, sogar die Zuckrigkeit schwindet. Bei längerer Lagerung reifen Erbsen nach, verlieren Farbe und Süße und bekommen ihr eher mehlig-bitteres Aroma.

Deshalb der ganze **Nachernte-Wettlauf** gegen die Zeit. Der lässt sich vermeiden, wenn die von der Hülse befreiten Kullerlinge binnen 5 Stunden eingefroren werden (▶Tiefkühlkost ist somit neben der Selbsternte die frischeste) oder wenn sie kurzerhitzt in die Dose bzw. ins Glas kommen. Diese Arten der ▶Haltbarmachung sind die vitaminschonendsten. Erbsentypisch bleiben dann zudem Magnesium, viel Kalium und Phosphor, Zink, Calcium und Ballaststoffe.

Bio-Ernte: Binnen Stunden müssen Erbsen eingefroren sein, damit Vitamine erhalten bleiben, gefrostet sind sie deshalb besonders frisch

Ganz frische Erbsen, ein typisches Sommergemüse, kann jede/r selbst durch kurzes Blanchieren (das **das Zerstör-Enzym** zerstört) und kürzestes Abschrecken in Eiswasser (zum Grün-Erhalt, was auch etwas Zucker im Kochwasser kann) maximal schonend zubereiten. Damit allein sind Genuss-Erbsen etwas Kompliziertes. Einfacher bleibt es da, die kalorienarme Körnerleguminose gleich getrocknet zu kaufen, auch wenn dann nachtlanges Einweichen so dazugehört wie der obligate Wasserwechsel. Dafür enthalten die wiedererweichten Trocklinge in den vielfältigsten Formen und Farben dann 23 % Eiweiß (frisch eher nur 7 %). Weil industriell getrocknete Erbsen aus konventioneller Produktion meist mit schwefliger Säure behandelt werden, verflüchtigen sich bei ihnen die Vitamine zum großen Teil. Überdies erfolgen Anbau und Ernte möglichst in der Nähe der abnehmenden Fabrik, was den biotypischen Fruchtwechsel erschwert und lohnendere Monokulturen samt Chemie-Einsatz wahrscheinlich macht.

Bio-Erbsen sind, weil bei ihrem Anbau auf synthetische ▶Düngemittel und chemische ▶Pflanzenschutzmittel verzichtet werden muss, eindeutig gering oder kaum mit ▶Schadstoffen belastet. Das kostet viel Hackstriegel-Zeit, bringt unkrautbedingte Ernteverluste. Und immer wieder Schäden durch den größten Feind der Erbsen-Biobauern: den „Erbsenwickler“, dem nur sorgfältige Regulierungsmaßnahmen und strenges

Abstandhalten für die Folgeflächen beikommen. Erst nach einer Zwischenanbauphase von mind. 5 Jahren mit Getreide und anderen Zwischenkulturen werden wieder Bio-Erbsen ausgesät. Dann allerdings auch als Viehfutter und Bodenverbesserer.
Ein allerfrischester Hochgenuss können die so zarten, weil noch unreifen **Zuckererbsen** mit ihren erst winzigen süßlichen Samen in der noch unreifen mitessbaren Hülse sein – sie lassen jede frühere Erbsenmehligkeit vergessen.
Nota bene: Eher unbekannt sind Erbsen als ▸Sprossen. Am sichersten eignen sich dazu Bio-Erbsen, schon nach 3–4 Tagen wird geerntet.

Erdbeeren

Für das bis heute beliebteste Sommerobst fand schon B. H. Brockes zu barocken Zeiten den „Balsamduft, der aus ihr quillet“, zum Gehirn-Erquicken. An die 1 000 Kultur-Erdbeersorten sind seit dem 18. Jahrhundert aus **nur drei Leckersorten** erzüchtet worden, die Suche nach jener mit dem perfektesten Aromamuster trotz verbesserter Haltbarkeit dauert an und verleitete schon so manchen Züchter zu gentechnischen Manipulationen, bisher aber ohne gültige Zulassung.
Jede zweite in Deutschland genaschte Erdbeere wird auch hierzulande gepflückt – da ist Bio besser mit einem Import-Anteil von 33 %. Allerdings gehörten 2012 erst 7 % der Erdbeerfelder in Deutschland zu Biobauern. Und obwohl Bio-Erdbeeren oft doppelt so viel kosten, tragen sie nur mit rund 1 % zum obstigen **Bio-Absatz** bei; bei konventionellen Früchten machen sie etwa 4 % des Obstabsatzes aus. Es muss sich wohl erst herumsprechen, dass die Rückstände in Bio-Erdbeeren stets um ein Vielfaches geringer sind.
Denn der gewerbsmäßige Anbau ist nicht unproblematisch, und so werden gegen Schädlinge und Pflanzenkrankheiten konventionell etliche Pflanzenschutzmittel eingesetzt, v. a. Fungizide gegen Schimmelbefall. So zeigten 2012 Tests des Stuttgarter CVUA *(Chemisches*

Erdbeeren: Als heikle Früchtchen machen sie auch Biobauern das Anbauleben reichlich schwer, dafür sind sie balsamduftig lecker

Erdbeeren: In Biobetrieben sind sie hand- oder von Kunden selbst gepflückt, in Treibhäusern wird konventionelle Ware gern höchst bequem heruntergelesen

Erdnüsse: Von solchen Bio-Plantagen wie in Burkina Faso stammen erst Prozentsätzchen der Weltmengen

und Veterinäruntersuchungsamt), dass 83 % der konventionell angebauten und als TK-Ware verkauften Erdbeeren ▸Rückstände enthielten, 67 % sogar mehrere – wenn dies auch amtlich nicht als „gesundheitlich bedenklich“ gilt. Die einzige Bio-Probe war rückstandsfrei.

Zwar lässt sich gut die Hälfte der versprühten konventionellen Fungizide **durch Waschen** entfernen, doch die saugfähigen reifen Beeren geben dabei eben auch zu schnell die wichtigsten ihrer 360 Aromastoffe ab.

Immerhin geht seit 2002 die chemische Belastung der Rotbeeren generell zurück, nur die früh geerntete ▸Importware fiel weiter öfter auf. Die kann nie so tiefrot reif sein wie die klassisch kurzwegigste Beere aus der ▸Region und wird außerhalb der ▸Saison dennoch gut bezahlt. Die Emissionen für die Wege vom Anbauland zum heimischen Markt sind entsprechend, wie schon 2007 an der TU München für die eigene Region errechnet wurde: Ein Kühllaster aus Oberbayern emittierte pro kg 61 g CO_2-Äquivalente, der aus Italien 219, aus Spanien 264 – und ein Erdbeerflieger ganz aus Südafrika sündige 11 671! Der ▸WWF prangerte zudem an, dass der Erdbeeranbau im trockenen Spanien auch bei Biobetrieben zu unverhältnismäßig hohem **Verbrauch von ▸Wasser** führe: 115 l pro kg.

In unseren Breiten ist eher die leichte Verderblichkeit der reifen Weichlinge v. a. bei schlechter Witterung ein Problem. Im ▸ökologischen Landbau helfen da nur ausgeklügelte Fruchtfolgen, gegen die feuchtigkeitsliebenden Pilze Hacken sowie Striegeln gegen Beikräuter. Das führt zu weniger Laub an **Bio-Erdbeerpflanzen**, den Pilzen fehlt so Tau oder Regen zum Gedeihen.

Erdnüsse

Botanisch skurrile Früchtchen von *Arachis hypogaea* aus der Familie der Hülsenfrüchte, denn nach der Blütenbefruchtung verbohren sich die Stängel im Boden und entwickeln in Harthülsen ihre **Fruchtkerne**. Die schmecken roh eher erbsig, haben dann aber auch ihren Bläheffekt!

Die „Nüsse“ als Samen aus dem Untergrund sind besonders für ▸Vegetarier und ▸Veganer segensreich: Sie enthalten bis zu 30 % Eiweiß und

50 % Fett (viele ungesättigte ▸Fettsäuren), dazu Vitamin B und E und mit 180 mg/100 g so viel Magnesium wie kaum eine andere Pflanze.

Längst kommen Erdnüsse v. a. aus dem konventionellen Massenanbau, immer öfter aber sind sie schon in Bioqualität oder ▸fair gehandelt erhältlich und garantieren den Bauern dann angemessenere ▸Preise.

Der ökologische Anbau von Erdnüssen erfordert genaue Planung und

einiges an Mehrarbeit. Wechselnde Fruchtfolge bzw. Mischanbau – etwa mit Mais, um Blattlaus-Befall zu mindern – sind im Gegensatz zu **konventionellen Monokulturen** notwendig, um den Boden fruchtbar zu halten und den Befall durch Pilze oder andere Schädlinge gering. Denn Kunstdünger ist bei Bio so verboten wie der Einsatz synthetischer ▸Pestizide und Gifte. Die kleineren Erträge spiegeln sich auch im Preis wider.

Geröstet und gesalzen sind die harten „Nüsse“ Klassiker der Knabberei und Aromatisierer der asiatischen Küche, am liebsten als hitzebeständiges und eher geschmacksneutrales ▸Speiseöl. **Bio-Erdnussöl** ist immer ▸kaltgepresst, also nativ, wurde auch nicht chemisch mit Lösungsmitteln restausgebeutet und nie raffiniert.

Seit 2005 gibt es die strenge Pflicht zur ▸Kennzeichnung für Produkte mit Erdnüssen, die ja zu den Hauptallergenen zählen und schon erdnussige Wangenküsse zu Allergiegefahren machen. Aus Angst vor ▸Verunreinigungen schreiben viele Hersteller gleich „Kann Spuren von Erdnüssen enthalten“ aufs Etikett.

Alarmierend ist auch die Anfälligkeit aller *peanuts* (wörtl. „Erbs-Nuss“) für ▸**Aflatoxine**, da das feucht-warme Anbauklima und hoher Fettgehalt für perfekte Pilzgiftbedingungen sorgen. Biobauern behelfen sich da schonender, indem jede Feuchtigkeit schon auf dem Feld vermieden wird und die Lagerung dunkel, trocken und kühl erfolgt. Untersuchungen zeigten denn auch, dass Bio nicht höher belastet ist und ▸Rückstände in aller Regel unter allen Grenzwerten bleiben. Beim Gehalt an ▸Cadmium fallen konventionelle Erdnüsse schon mal auf, was etwa durch den erlaubten Klärschlamm-Einsatz zum Düngen erklärbar wird.

Beim Einkauf sollten verfärbte oder verschrumpelte Erdnüsse aussortiert werden – Obacht: Bio-Erdnüsse sind ungebleicht, also etwas dunkler!

Nota bene: Bei sog. *Wilden Erdnüssen* oder *Jungle Peanuts* handelt es sich tatsächlich um Wildformen von *Arachis hypogaea*. Die sind attraktiv gestreift und stammen nicht nur aus ▸Wildsammlung, sondern öfter aus ▸kontrolliert biologischem Anbau.

Erdnüsse: Durch Eiweißreichtum und den ganz besonderen Geschmack ideal zu vermarkten – ob als butterige Peanut butter oder erdnussigen Fleischersatz

Ernährungsdilemma

Schmeckt's? Kurzfristig sicher immer mal wieder – aber auf längere Sicht? Spätestens seit es Bio gibt und das Klimaproblem, seit das Nord-Süd-Gefälle von Wohlstands- zu Hungerbauch unübersehbar ist und seit

Ernährungsdilemma: Etiketten mit Ausschlussgarantie beweisen erst, wie viel es doch im Grunde zu beachten gäbe

Ernährungsdilemma: Gut gemeinte Ratschläge sind oft so schwer erfüllbar, wie das Mitleid mit den Kreaturen beim Fleischreiz bald verkümmert und zur ausgekochten Rache der Satiretiere führt

►Vegetarier und ►Veganer mobil machen, haben wir ein grundsätzliches Ernährungsdilemma. Wir wissen zu viel über die Probleme der ►Welternährung und tun zu wenig als verwöhnte Verbraucher. *All you can eat* verlockt denn doch zum Völlen. Die Kampagne „Meine Landwirtschaft" protestierte im Rahmen der Grünen Woche laut und zweideutig: Wir haben es satt! Andererseits spricht der Volksmund: **Was kann ich überhaupt noch essen?** Denn wir essen zu viel, zu unbedacht, zu umweltschädlich, zu tierschutzfeindlich und zu wenig nachhaltig. Wir geben ►Convenience zu oft den Vorrang, kaufen im ►Super-

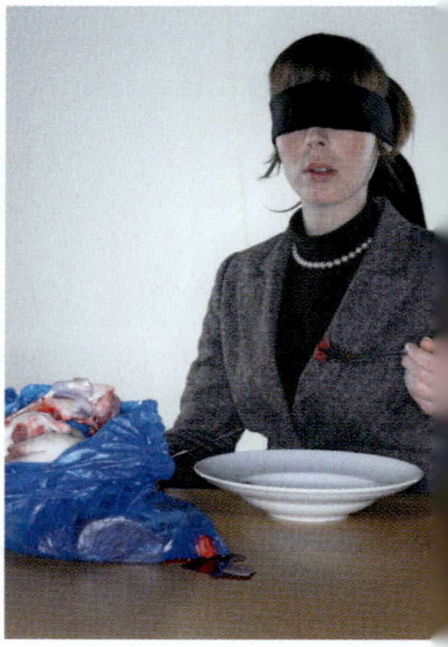

Ernährungsdilemmata: Nicht zu wissen, was wir essen dürfen, sollen oder gar müssen, verlangt nach Alternativen – weil bisherige bequemere Wege immer öfter in sündigsten Sackgassen enden

markt zu geldgeizig Food aus Massenproduktion – und beteuern zugleich in Umfragen, wie uns doch ►Nachhaltigkeit und Bio am Herzen liegt. Wir wissen genug um Ungesundes und belastete Massenware, besinnen uns nach ►Skandalen aber nur kurzzeitig eines Besseren: Bio.

Das Dilemma dabei ist oft der etwas höhere ►Preis oder gar die unaufgeklärte Lust am ►Bio-Bashing, beides oft wider besseres Wissen. Dann wird zu gern über ►Körnerfresser und ►Vollwert gelästert und das Denaturierte wider besseres Wissen bevorzugt; und dabei nur verdrängt, dass ►Fleisch zwar schmeckt, aber zu unmöglichen Bedingungen „produziert" wird. Da wird auch ►Fisch goutiert, selbst wenn weltweite ►Überfischung droht oder konventionelle ►Aquakultur in Massen „erzeugt". Noch ist Nachfrage das Marktregulativ, nicht Nachhaltigkeit. Es schmeckt eben – **bis zum nächsten Skandal**.

Bei so vielen Dilemmata für Einkauf, Kochen oder Essengehen müssten es ►Biolebensmittel eigentlich leicht haben, das ►gute Gewissen zu erreichen und überzeugen zu können. In der Tendenz sind sie als sichere Nahrung erkannt, als umweltfreundlich und rückstandsfrei produziert, überdies eher tier- und generell klimaschützend. Fragen der ►Ethik kann Bio ohne Zögern besser beantworten.

Und doch: Angesichts der Probleme der Welternährung verlangt auch der Bio-Genuss **eher mal Verzicht**, die ▸Verschwendung von Proteinen als Futter (▸Veredelungsverluste) legt eigentlich sogar Fleischstreik nahe – wenn man beim Essen als „Ernährungsökologie" ganzheitliche Sicht anstrebt. „Lieber halb so viel, aber doppelt so gut!" lautet auch die Parole von Öko-Pionier Karl Ludwig Schweisfurth, Propagandist der sog. Symbiotischen Landwirtschaft.

Konsumreduzierung würde auch das Dilemma beenden, entweder die klimasündige, mengenorientierte Produktion von Nahrung zu Lasten der Natur mithilfe der ▸Gentechnik zu steigern oder eher ökologisch vernünftig in Maßen zu wachsen und die Grenzen solcher umweltverträglichen Anstrengungen zu ertragen. Natürlich weiß noch niemand, ob die Welt bei maßvollem Konsum und neuen „gesellschaftlichen Leitmilieus" auch **ökologisch korrekt** ernährt werden kann. Aber warum nicht auch in den Industriestaaten kleinere und gesündere Brötchen backen? Und den seltenen Sonntagsbraten schätzen? Oder ▸Tofu panieren? Und ▸Omega-3-Fettsäuren vom Baum schütteln – als ▸Walnüsse?

ESL-Milch

Bei der ▸Milch haben wir den Salat: als Vereinfachung zugunsten von Molkereien und Handel. Der Inbegriff „frische Milch" wurde seit 2003 weitestgehend denaturiert, denn das *Extended Shell Life* (**„verlängerte Regal-Leben"**) zeichnete 2011 schon zwei Drittel der „Frischware" aus. Allerdings gilt dies für Biomilch noch nicht in dem Ausmaß – noch. Denn dieser dritte Weg zwischen H und ▸Frische hat auch für ▸Biokonsumenten Vorteile. ESL-Milch zeichnet ein nur eher geringer Vitaminverlust und nicht immer ein geschmacklicher Niedergang aus. Ein extremes MHD trägt verschlossene ESL-Milch dennoch: je nach Verfahren 11–24 Tage. Geöffnet aber verdirbt auch sie in 3–4 Tagen, allerdings ohne die üblichen Zeichen von Sauersein.

Etliche Jahre herrschte ein Verwirrspiel v. a. um die ▸Kennzeichnung. Die Verbraucherzentrale Hamburg rief denn auch 2010 zur Aktion „Rettet die Frischmilch!" auf. Auf der echten steht immerhin einstweilen: **„Traditionell hergestellt"**.

In der Tat wird ESL-Milch der ▸Keime wegen in komplizierten Verfahren derart hocherhitzt (auf 127° C) und schnellgekühlt, dass hier Milchalchemie wirkt, die zwischen Pasteurisierung und Ultrahocherhitzung (wie bei H-Milch) liegt. Molke und Rahm werden auch mal separiert, thermisiert und wieder kombiniert, zuletzt wird immer auch noch homogenisiert, nicht selten mikrofiltriert oder lediglich tiefengefiltert und thermisch nachbehandelt.

Immerhin heißt ESL-Milch dank freiwilliger Selbstverpflichtung der Industrie nun **„Frischmilch länger haltbar"**.

Auch die ▸Biobranche hat die neue Denkungsart der Milch nicht unberührt gelassen. Nur bei ▸Demeter sind alle ESL-Verfahren explizit verboten.

Dabei hat die Herstellung handfeste ökologische Folgen – sie erfordert einen viermal so hohen Energieaufwand und führt zu deutlich erhöhten 94 g CO_2 pro Liter.

ESL-Milch: Auch Biomilch ist nur dann noch die alte frische, wenn auf dem Etikett „traditionell hergestellt" steht – nur bei Demeter ist diese „extra länger frische" Haltbar-Milch tabu

Essig

Eigentlich nur ein durch und durch verdorbenes Lebensmittel und dabei eine so köstlich säuerlich-aromatische Spezialität, dass es wundert, wie spät die Begeisterung für seine Spezialsorten aufkam.

Der mildeste und am langsamsten gediehene *aceto balsamico* hat die Snob-Karriere hinter sich, Spezial- und Bio-Essige haben ihre Zukunft noch vor sich. Essig ist so kompliziert wie simpel: Die Säure produzierenden Bakterien *(Acetobacter aceti)* wilderten schon immer durch Natur und Keller, um in Flüssigkeiten mit jeder Art von Zucker, Stärke oder Alkohol nach Nahrung und Chance zur ▸**Fermentation** zu suchen. Da gärt also nichts, da wird mit eigenen ▸Enzymen und in Kooperation mit anderen Bakterien wild oder kellermeisterlich kontrolliert ganz oder nur unvollständig oxidiert.

Essig: Er oxidiert aufs Feinste nur durch Bakterien, die das Geheimnis seiner Qualität ausmachen und die ihn wie hier in Modena in gepflegter Ruhe fassreifen lassen

Entstand allerdings zuvor aus Hefe, Zucker oder Kohlenhydraten Ethanol, also Alkohol, um so besser! Klassischerweise sind deshalb Rot-, Weiß- und Obstweine der Ausgangspunkt. Aber auch Flüssigreste der Obstindustrie lassen sich sauer durchfermentieren. Am Ende bleibt immer Essigsäure: Essig also.

Zur industriellen Kontrolle können da etliche Tricks gehören, die **bei Bio-Essig** tabu sind. Hier werden nur Bioprodukte verarbeitet. ▸Konservierungsmittel sind überflüssig, Filtern ist nur durch Papier erlaubt, ▸Antioxidationsmittel scheiden aus. Verklumpen Essigbakterien mal gelartig zur sog. **Essigmutter** oder bilden sie Trub in einer Abfüllung, ist dies absolut ungefährlich. Die für den finalen Geschmack bewährte Essigmutter impft üblicherweise gar frisch angesetzte Chargen. Guter Essig wird gut durch Geduld, spezielle Fässer und gern als Geheimnis gehütete Bakterien. Letztere erarbeiten in Monaten die immer dunklere Farbe. Die aber wird bei Massen-Essigen so gern hingefärbt: durch Zuckercouleur (E 150 d). Bei Bio soll allenfalls mit Bio-Karamellzucker eine süßere Note erreicht werden, seit 2010 ist bei Bio-Balsamicos jedes **Nachfärben verboten**.

Ökologisch erzeugter Essig kann als echter Bioklassiker gelten – und ist manchmal auch so teuer wie aufwendig komponiert. Inzwischen entstehen aus Biowein edle Bio-Kräuteressige mit Gourmet-Anspruch, auch Schlehen- oder Himbeerbalsamico. Gern wird experimentell allerlei eingelegt: Basilikum, Estragon, Paprika, Chili oder gar Spargel. Bei entsprechend guter Essig-Wahl lohnt derlei durchaus als häusliches Experiment.

Die fruchtigeren Spezialessige sind inzwischen als Raffinessen nicht nur für Salate und Desserts entdeckt, sie gelten als sog. süß-feine Trink- oder Aperitif-Essige. Apfel-Pflaume und Apfel-Himbeere als herbe Säuerlinge sind schon **Digestif-Essige**, gute Restaurants und Bars haben die alkoholfreien Sauervergnügen längst im Sortiment. Sind sie Bio, umso besser, weil von Anfang an unbelastet, stets ungeschwefelt und nie pasteurisiert. Immerhin liefern Essige auch Aminosäuren, Enzyme und B-Vitamine, nur ihren volksmedizinischen Wirkungen fehlen noch die wissenschaftlichen Grundlagen. Aber: Eine Essig-Wasser-Schorle mit 1–2 EL Saurem löscht den Durst nachhaltig!

Ethik

Seit die Menschheit den Kannibalismus ächtet und ihm seinesgleichen nicht mehr schmeckt, macht sie sich nur noch über den Rest her, der die Welt belebt. Ethische Grenzen galten lange nicht – außer denen, nie Verdorbenes oder gar Giftiges aufzutischen. Erst die Aufklärung stellte erste Zusammenhänge dar, erst die ▶Lebensreformer sprachen von der **Zerstörung der Natur** und unserer Lebensbedingungen. Denn ▶Landwirtschaft wie ▶Tierhaltung wurden technisiert und ▶Lebensmittel industriell denaturiert. Darf man das? Inzwischen nimmt eine einleuchtende Bio-Ethik Partei für alles bloß noch essbare Getier, mahnt die zu erhaltende ▶Biodiversität an, warnt vor Monokulturen und einseitiger ▶Zucht. Zunächst als Außenseiter erhoben ▶Veganer wie ▶Vegetarier ihre immer ethisch motivierte Proteststimme. Problematische, aber kaum hinterfragte Eingriffe in die Natur wurden schnell zu ethisch inspirierten Glaubenskämpfen. Höchst anschaulich ist dies bei ▶Klonfleisch, ▶Naturschutz, ▶Welternährung, etlichen ▶Skandalen oder bei Seuchen durch die ▶Massentierhaltung. Abstrakter wie bedrohlicher wurden die Debatten bei ▶Gentechnik und um ▶Patente auf Pflanzen, Tiere, bloße DNA-Schnipsel oder isolierte Enzyme. Der Lebensmittelindustrie als Betreiber und Finanzierer all dessen war längst **die moralische Qualität** abhandengekommen. Öffentliches

Ethik:
Der Umgang mit Tieren für die Massenproduktion von Fleisch ist skandalös genug und Anlass für Demos – die PETA-Protestler vor dem Kölner Dom gehen so weit, Fleisch an sich für nackten Mord zu halten

Ethik: Aus der Privatsache Essen wird immer öfter ein Bekenntnis

Misstrauen und stetes Wachstum des Biomarktes als **Gegentrend** setzten ihr zu. Es zeigte sich, dass ▶Biolebensmittel eines haben: ein schwer erschütterbares positives und glaubwürdiges Image – Experten sprechen da vom „ethischen Markenwert". Früh hatten die ▶Anbauverbände aus dem Einklang mit der Natur eine Ethik ihrer Branche definiert und konsequent umgesetzt – lange bevor der „grüne Konsum" oder ▶Nachhaltigkeit modische, oft schwer überprüfbare Allerwelts-Schlagwörter wurden. Parallel und teilweise ergänzend wurde der Handel mit ▶Fairtrade-Produkten immer wichtiger.

Und weil Ethik immer auch praktische Handlungsanweisungen geben kann und soll, war es immer wieder auch **das Biobewusstsein**, das mit dem umfassenden Begriff ▶„Öko" und eindeutigen Werten weiterhalf: für ▶Klimaschutz, möglichst ▶artgerechte Bedingungen in der ▶ökologischen Tierhaltung, den Erhalt der ▶Agrobiodiversität und nicht zuletzt bei den **sozialen Bedingungen** des eigenen Wirtschaftens wie Vermarktens (▶fair + bio).

Deshalb sind die Bedingungen beim ▶Schlachten und in ▶Aquakulturen, ist ▶Überfischung und ▶Verschwendung, sind die ▶Veredelungsverluste durch maßlose Fleischproduktion elementare Biothemen und nicht nur das Streben nach dem ▶guten Gewissen. Weil praktische Ethik die Grundsätze des Handelns bestimmt, deckt uns Bio auch in der Praxis den Ethisch-Tisch.

Nota bene: Wie wichtig „Karma-Konsum" geworden ist, zeigt sich nicht nur in der wachsenden Anzahl nachhaltig denkender ▶Lohas, sondern auch an den neuen „Food-Wutbürgern", die an Online-Petitionen teilnehmen, aber auch alljährlich zur Demo „Wir haben es satt" nach Berlin pilgern und anlässlich der Grünen Woche eine „bäuerliche, faire und gesunde Landwirtschaft" einfordern.

Etikett: Auf der Hülle die Fülle der Angaben zu Bio-Siegeln, der Kontrollstelle, Herkunft, Inhaltsstoffen – mehr geht nicht, wenn auch dafür recht kleingedruckt

Etikett

Die Zeiten des bis an die Grenze der Unzumutbarkeit Kleinstgedruckten sind vorbei – die EU hat den Verbraucherunmut gespürt und mit klaren Regeln vereinheitlicht: Etiketten auf Lebensmitteln haben seit Ende 2011 nun ihre Mindestschriftgröße: 1,2 mm – gemessen am kleinen „x". Umzusetzen ist die **neue EU-Etikette** ab Dezember 2014, die genauere Nährwertkennzeichnung zwei Jahre später. Und es wird da so einiges zu lesen geben!

Genormt ist damit auch das ▸EU-Biosiegel als Erkennungszeichen für Ökologisches, das parallel zum deutschen ▸Bio-Siegel eingesetzt wird und von dessen Bekanntheitsgrad profitieren soll. Immerhin muss es mind. 20 mm groß sein, was einige Produzenten maulig macht, die Siegel und Pflichtangaben zur ▸Herkunft gern kleiner hätten.

Generell müssen **verpackte Lebensmittel** solche Angaben tragen, die der sachlichen Verbraucherinformation dienen und vor Gefahren oder Täuschung schützen. Aussagen müssen direkt auf der ▸Verpackung oder auf gut sichtbaren Etiketten stehen.

Zwingend sind zunächst Name oder Verkehrsbezeichnung. Das darf keine Fantasiebenennung sein; die Ware muss zweifelsfrei und erwartungsgemäß beschrieben sein. Analogkäse (▸analog) muss den Ersatzstoff als Imitatkennzeichnung nennen, Klebefleisch sich bezichtigen, nur „aus Fleischstücken" zu bestehen.

Zusätzlich haben auf dem Etikett ▸Zutatenlisten zu informieren, was alles drin ist; vom größten Gewichtsanteil an, öfter mal auch als prozentuale Angaben (▸QUID). **Einzelbestandteile** von zusammengesetzten Zutaten wie etwa Brühe dürfen nicht verschwiegen werden, außer sie sind zu weniger als 2 % enthalten. Verpflichtend hingewiesen wird auf ▸Allergene.

Zu etikettieren ist schließlich ein **Mindesthaltbarkeitsdatum** (MHD), bis zu dem der Hersteller typische, erwartbare Eigenschaften, also Geschmack, Farbe, Konsistenz, Geruch und Nährstoffanteile, gewährleistet – es ist aber kein Verfallsdatum! Auch nach MHD-Überschreitung darf das Lebensmittel noch verkauft werden. Bei Fleisch und Fleischerzeugnissen sowie unverarbeiteten Fischprodukten ist das Einfrierdatum zu etikettieren. Auf sehr schnell Verderbliches wie ▸Hackfleisch gehört zudem ein **Verbrauchsdatum**. Dieses definiert, wann es aus dem Handel muss. Auch Lagerbedingungen wie Kühltemperatur oder besondere Aufbewahrung müssen aufs Etikett, ebenso die Füllmenge: bei festen Lebensmitteln in g oder kg, bei flüssigen in l oder ml, im Einzelfall als Stückzahl. Nur besonders leichte Produkte dürfen auch ohne Mengenangaben verkauft werden.

Über die obligate Los- oder Chargen-Nummer schließlich lassen sich bei Produktionsfehlern oder potenzieller

Etikett:
Die wilden und unseriösen Zeiten sind vorbei, seit die EU genau vorschreibt, was alles und wie groß draufzustehen hat – zu mühsam bleibt es jedoch, das Entziffern

Etikett:
Ehrlich währt am längsten in der Aufzählung, was in einem Produkt enthalten ist – und was nicht

foodwatch
die essensretter

Enttarnt: Die Foodwatch-Initiative abgespeist.de verleiht alljährlich den „Goldenen Windbeutel" an einen besonders dreisten Etikettenlügner – 2013 war es der zuckrige Kindertrunk im Zeichen der Sonne

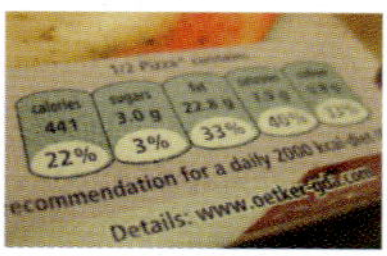

Etiketten: Der Begriff Bio ist EU-weit geschützt, bei Nährwerten wurde übersehbar auch mal auf die halbe Portion runtergerechnet …

Gefahr die betroffenen Waren rasch identifizieren. Endlich gehören noch Firmenname und Adresse des Herstellers, Verpackers oder des EU-zugelassenen Verkäufers auf den Aufkleber – ebenso wie bei Biolebensmitteln die ▸Öko-Kontrollstelle. Von der ▸Volldeklaration, wie sie der BNN *(Bundesverband Naturkost Naturwaren)* vormacht, ist die EU aber ▸Food Miles entfernt …

Etikettenschwindel

Feta aus Kuhmilch schmeckt, aber er ist Verbrauchertäuschung! So etwas bleibt im Kopf, aber wer soll bei wöchentlich etwa 600 neuen Produkten durchblicken, die fantasievoll beworben, mit erfundenen ▸Gütesiegeln geadelt, mit verschleiernden Angaben über Inhalt oder Gebindegröße versehen oder sogar aus minderwertigen Rohstoffen bereitet wurden? Inzwischen ist jeder zweite deutsche Verbraucher verunsichert und fragt sich, ob drin ist, was draufsteht; und ob es ihm denn auch gut tue. Denn Etikettenpapier war lange geduldig und die Texte darauf mogelten öfter wie gedruckt – solange sich die Aussagen nicht etwa auf einen so klar definierten Bereich wie verpackte Bioprodukte bezogen. Denn durch die ▸EG-Öko-Verordnung sind seit 1993 Begriffe wie „Öko", „Bio", „biologisch", „ökologisch" oder „aus kontrolliert biologischem/ökologischem Anbau" gesetzlich geschützt. Jedoch: Eine Reihe ähnlicher Formulierungen für konventionelle Ware stiftet weiter **Verwirrung**. So lässt ▸„integrierter Pflanzenanbau" beinahe auf ▸ökologischen Landbau schließen, andere schönende Attribute lauten ▸„kontrollierter Anbau" oder „umweltverträglich", haben nur keine Bioqualität.

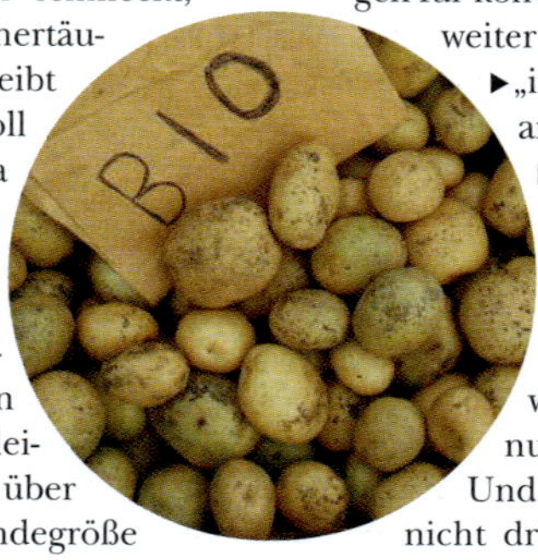

Und wo Bio draufsteht und nicht drin ist, ist die Grenze zum ▸Bio-Betrug überschritten. Wie 2011, als italienische Großhändler aufflogen, die über Jahre Konventionelles als Bioware exportierten.

Mancher Schwindel macht schon schwindelig: So liegen etwa bei konventionellen Produkten die Anteile der im Namen genannten Zutaten („Erdbeer-Joghurt") öfter im einstelligen Prozentbereich; Kalbsleberwurst darf gar ohne jede Kalbsleber in die Auslage. Regelmäßig mahnen Verbraucherzentralen oder Organisationen wie ▸*Foodwatch* Hersteller ab. Die *Foodwatch*-Initiative **abgespeist.de** vergibt sogar jedes Jahr den „Goldenen Windbeutel" für „die dreisteste Werbelüge". Immer wieder im Fokus: als kindgerecht oder gesund beworbene Produkte. Zu gern wird auf die Etiketten geschwindelt, was Verbraucher zu gern lesen: Kaum kontrollierbar ist da unbesiegelte Milch aus der Region, nur behauptete Umweltfreundlichkeit, der ▸probiotische Nebeneffekt einer Joghurtbakterienkultur. Natürlich ist auch ▸„natürlich" gesetzlich nicht definiert!

Auch **Etiketten mit „ohne"** sind nieohne: Wirbt etwa ein Produkt damit, „ohne Geschmacksverstärker" auszukommen, enthält es doch oft ▸Hefeextrakt, das ein zwar natürlicher, aber eben doch zugesetzter Verstärker des Geschmacks ist. Und „ohne künstliche Aromen" meint nur, dass solche Aromen drin sind, die laut Gesetz nicht als künstlich gelten, aber auch aus dem Labor stammen.

EU und Bio

Obwohl Brüssel gern die Ökonomie der Ökologie vorzieht, beeindrucken die grünen Zahlen von 2013: Schon 21,5 Mrd. Euro wurden 2011 in ganz Europa mit ▸Biolebensmitteln umgesetzt – **ein Plus von 9 %** gegenüber 2010. Auf 9,5 Mio. ha wirtschafteten Biobauern, was einem Flächenanteil des ▸Ökologischen Landbaus von ca. 5 % entsprach. Den größten nationalen **Bio-Markt** hatte immerhin mit 6,6 Mrd. Euro Umsatz in jenem Jahr (wie 2014 noch) ▸Deutschland, gefolgt vom stärker wachsenden französischen Markt (fast 3,8 Mrd. Euro). Auf Platz 3 landete Großbritannien (fast 1,9 Mrd. Euro), gefolgt von Italien (immerhin ca. 1,7 Mrd. Euro). Während dies sich vom ▸Skandal um den ▸Bio-Betrug mit falsch deklariertem Biogetreide erholt zeigte, gingen die britischen **Bio-Umsätze** im dritten Jahr in Folge zurück. Die Gründe: Wirtschaftskrise, rückläufige Anbauflächen (nur 4,2 % 2011), eine kleine Bioproduktpalette und erfolglosere ▸Handelsmarken. Den größten **Öko-Anteil an den Flächen** hat ▸Österreich; fast ein Fünftel des Landes wird ökologisch bewirtschaftet. Ähnlich biogrün sieht es (mit rund 15 %) in Schweden und Estland aus. Am meisten lassen sich Bio allerdings ▸Schweizer mit immerhin **179 Euro pro Kopf und Jahr**, auch Dänen mit 162 Euro kosten, Österreicher sowie Luxemburger geben 127 Euro aus – Deutsche berappen für Bio nur 81 Euro im Jahr.

Was sich im EU-Behördensprech GAP nennt und **Gemeinsame Agrarpolitik** meint, ist seit Jahrzehnten eines der umstrittensten Politikfelder.

EU oder nicht EU: Seit 2010 muss gekennzeichnet sein, ob Bioprodukte importiert oder EU-heimisch hergestellt wurden bzw. als Mischung gelten

EU und Bio: Agrarkommissar Dacian Ciolos testet eine Bio-Tomate im chinesischen Wuchang – die EU-Anerkennung von Bio aus sog. Drittländern wird ständig weiterentwickelt

EU und Bio: Europas Biobauern decken die nationalen „Bedarfe" keineswegs – so haben EU-Länder wie Rumänien, das BioFach-Partnerland 2013 war, gute Chancen im Bio-Exportmarkt

Diese ruht auf zwei sog. Säulen: der Marktordnung sowie der Entwicklung des ländlichen Raums.

Die erste Säule kreist um die so viel diskutierten direkten Zahlungen der EU an die Bauern – etwa 60 Mrd. Euro pro Jahr. Nach langem Lobby-Tauziehen um das sog. ▶**Greening** sind sie seit 2014 gekoppelt an die Ausweisung von 5 % der jeweiligen Betriebs- als „ökologische Vorrangfläche"; dieser Anteil erhöht sich 2017 auf 7 %. Die ökologischen ▶Anbauverbände kritisieren allerdings, dass das eigentliche Hauptanliegen dieser **EU-Agrarreform**, die ▶Biodiversität, damit aus dem Blick geriet – denn auch auf jenen Vorrangflächen soll es erlaubt sein, ▶Pestizide und mineralischen ▶Dünger auszubringen. Von einer EU-weiten Förderung des Öko-Landbaus kann da keine Rede sein.

Für Kritik sorgte auch die deutsche Weigerung, die von der EU erlaubte Umschichtung von 15 % der Direktzahlungen **in die 2. Säule** umzusetzen. Zuvor waren mit deutschem Plazet schon 15 % aus der 2. Säule abgezogen worden. Und das alles vor dem Hintergrund, dass Deutschland in einer Studie des Thünen-Instituts zur Öko-Förderpolitik schon 2012 im EU-Vergleich schlecht abgeschnitten hatte. Kein Wunder, dass der ▶BÖLW da von einem **„Bremsklotz"** sprach.

EU, Bio, Region: Keine Konkurrenz, sondern im Nebeneinander nur Image-Anleihe des wortlosen EU-Siegels beim viel bekannteren deutschen, dem älteren Bio-Siegel, das noch dazu seine Regional-Kennzeichnung haben kann

Wie es weitergeht mit Europas Bio-Entwicklung, ist eher unsicher – klar ist, wie alles begann: 1991, mit der Verabschiedung der 1993 in Kraft getretenen ▶**EG-Öko-Verordnung**. Die gab (im Vergleich zu Verbands-Bio) nivellierte Standards vor, zunächst für Pflanzliches, seit 1999 für Tierisches. 2010 kamen ▶ökologische Aquakultur, die Öko-Zucht von ▶Algen und ▶Wildsammlung dazu, 2012 dann ▶Biowein. Die „EG-Öko-VO" wird eben kontiniuierlich diskutiert, erweitert, angepasst. 2013 bat die EU-Kommission sogar online um Vorschläge: 74 % der 45 000 Antwortenden votierten für **eine Verschärfung**. Möglich, dass EU- und Verbands-Bio sich in Zukunft annähern.

Neu geregelt werden auch ▶Importwaren; 2012 gab es die gegenseitige Bio-Anerkennung von EU und USA, ab bzw. seit Juli 2014 entscheiden EU-Kontrollstellen über die Vergabe des ▶EU-Biosiegels auch **in den sog. Drittländern**. Von 2016 an sollen die unabhängigen ▶Öko-Kontrollstellen von der staatlichen Lebensmittelüberwachung abgelöst werden, die damit für die Vergabe des Bio-Siegels verantwortlich wäre.

EU-Biosiegel

Eine Erfolgsgeschichte war das Sternenblatt zunächst nicht – ganz im Gegenteil. Gerade erst hatten sich die ▶Biokonsumenten an das eher plumpe europäische ▶Biosiegel gewöhnt, grün-blau und kreisrund im Zackenrand, als Brüssel mit der sog. VO EG 834/2007 beschloss, ab 2009 eine reformierte ▶EG-Öko-Verordnung über allem schweben zu lassen. Und damit auch das seit Juli 2010 für alle abgepackten ▶Biolebensmittel in der EU verbindliche neue sog. Gemeinschaftslogo. Allein: Die **Suche nach dem idealen Label** geriet zur Posse.

Der augenfällige Erstentwurf („bio" im EU-typischen Sternenkranz mit einem Lächelstrich als Mundwinkel) war dem Haus-Logo von Aldi Süd viel zu ähnlich – ein neues musste her. Design- und Kunststudierende reichten Entwürfe für das „ökologische Prüfzeichen“ der EU ein. Immerhin 3400 kamen dabei heraus – die allermeisten Kreativen hatten sich voll Logolust **pflanzlich-dynamisch** ausgetobt, viel herumgesternt, sich mit Grün und Blau herumgeschlagen und eher mal Kreise als Rauten gefüllt. Drei Skizzen kamen in die Endauswahl, Sieger war das wortlose, aus EU-Sternen geformte „Euro-Blatt“ auf Hellgrün mit dem angedeuteten optimistischen Kometenschweif, erdacht vom Design-Studenten Dusan Milenkovic aus Düsseldorf.

Doch der Versuch, die kreativen Kräfte zu bündeln und das neue Biosiegel dann in einer nur gut gemeinten Image-Kampagne allen bekannt zu machen, schlugen einstweilen fehl. Regelmäßig stach in Umfragen das in Deutschland so gut eingeführte und auf derselben rechtlichen Öko-Grundlage basierende sechseckige ▸Bio-Siegel seinen EU-Kollegen aus. Wie gut, dass die parallele Verwendung von (eigentlich auslaufendem) Bio-Sechseck und neuem EU-Biosiegel ausdrücklich gestattet ist – der **Image-Transfer** möge kommen!

Dabei ergeben sich nun immerhin ein paar Hilfen zum Lesen des ▸Etiketts: Zum einen darf die Mindesthöhe 20 mm nicht unterschreiten. Zum anderen hat neben dem EU-Blatt der Text zu stehen „aus EU-Landwirtschaft“ bzw. „aus Nicht-EU-Landwirtschaft“ oder in Mischungsfällen „aus EU/Nicht-EU-Landwirtschaft“. Bei genauerer Landesnennung müssen dann mind. 98 % der Ausgangsstoffe auch von dort stammen.

Die ▸Herkunft eines Bioprodukts wird nun **einen Augen-Blick** schneller erkennbar – nur das EU-Biosiegel selbst muss sich beweisen. Immerhin gab es 2013 eine erste Umfrage, die der europäischen Blatt-Variante mehr ▸Vertrauen bescheinigte als dem Bio-Sechseck …

EU-Biosiegeleien: Bis 2010 noch mit Blau und in Landessprache – seitdem in optimistischem Hellgrün und mit richtungsweisendem Kometenschweif

EU-Biosiegel: Noch kennen viele es schlicht nicht, Marketing soll das bald ändern

Naturland
Fair
Naturland
Fair

F

fair + bio

„Fair ist das neue Bio", so lautete das Fazit der Brigitte-Kommunikationsanalyse 2012 zum Konsumverhalten von Frauen. Die Biobranche wehrte sich gegen den künstlichen Widerspruch, gehöre Fairness doch zu den Prinzipien der ▸IFOAM. Und andersherum trugen in Deutschland 2013 immerhin 52 % der Ware aus ▸Fairtrade zusätzlich ein ▸Bio-Siegel. Denn auf beiden Seiten setzte sich die Erkenntnis durch, dass nicht nur Marketinggründe für diese Kombination sprechen. Die Existenzsicherung von fernen Kleinbauern gelingt eher, wenn gleichzeitig ▸Naturschutz und nachhaltige Maßnahmen praktiziert werden, wie im ▸ökologischen Landbau garantiert. Und faire Handelsbeziehungen – ob zu Partnern in der „Dritten Welt" oder bei regionalen Warenströmen (▸fair + regional) – gehören bei Bio seit jeher zu den **Grundsätzen**. Diese Tatsache blieb jedoch viel zu lange rein informell: Weder die ▸EG-Öko-Verordnung noch die Richtlinien der ▸Anbauverbände sehen explizite Regelungen für fairen Handel vor. 2010 setzte ▸Naturland, analog zum Motto der ▸BioFach („organic + fair"), ein sehr sichtbares Zeichen: mit einem neuen Gütesiegel („**Naturland Fair**") samt genau definierten Richtlinien und Kontrollverfahren. Bis 2013 trugen schon mehr als 500 Produkte von 21 Herstellern das ethisch mehrwertige Bio-Siegel.

Dass „fair" auch „bio" ist (und umgekehrt), bekommt für ▸Biokonsumenten zunehmend Gewicht: 2013 kauften 76 % der im Rahmen des „Ökobarometers" Befragten Biolebensmittel, weil sie „gleichzeitig/oft fair gehandelt" sind; immerhin 44 % nannten Sozialstandards und faires Einkommen für Erzeuger **als drittwichtigsten Aspekt** beim Bio-Kauf, nach Vermeidung von Pflanzenschutzmittelrückständen (52 %) und optimaler Frische und Qualität (50 %).

Doch fair erzeugte und gehandelte Produkte mit dem tukanhaften, populären **Fairtrade-Logo** von ▸TransFair sind in Bioläden weniger stark vertreten als anzunehmen. Denn etliche etablierte Bio-Fairhandelshäuser wie GEPA und dwp verzichten inzwischen darauf – oder besiegeln ihre Produkte selbst. Als **faire Bio-Pioniere** setzen die Macher darauf, dass ihr Engagement heute bekannt genug ist; auch soll so klarwerden, dass die eigenen Standards über die Fairtrade-Regeln hinausgehen. Und nicht zuletzt sollen Kleinbauern unterstützt

fair + bio: Tee aus ökologischem Anbau, zu fairen Preisen und mit verbesserten Chancen gepflückt

Faire Biobananen: Seit 2010 gibt es das Fair-Label des Anbauverbands Naturland

fair + bio: Als nachhaltigste Form von sicherer Welternährung Inhalt etlicher Kampagnen – von Naturland über die Weltläden bis zu Rapunzel

fair + regional: Diverse Initiativen bestärken, was die Biobranche und engagierte Konsumenten umsetzen wollen

werden, die vor den **Kosten der Zertifizierung** zurückschrecken – genau wie GEPA und dwp selbst sparen (für ein 500 g-Kaffeepäckchen waren 2011 z. B. 25 Cent Label-Gebühr fällig). Auch der Bio-Pionier Rapunzel hat mit den „Hand-in-Hand“-Initiativen seit Langem eigene Bio-Fair-Projekte **mit selbst kreiertem Gütesiegel**; ebenso verzichten El Puente (80 % Bio-Anteil bei ihren fairen Lebensmitteln für ▸Weltläden), die gebana AG und BanaFair auf Extra-Siegel. Von der klassischen Fairtrade-Lobby wird dieser Logo-Verzicht indes unterschiedlich bewertet. Man fürchtet eine **Labelflut**, die wiederum das so gut eingeführte Fairtrade-Logo konterkarieren und zu Unsicherheit bei eher uninformierten Konsumenten führen könnte.

Außerdem lehnen die meisten Fair-Bio-Initiativen festgezurrte **Mindesterzeugerpreise** ab. Sie widersprechen so einem fundamentalem Grundsatz von Fairtrade. Während Naturland eben auf eigene Regelungen setzt, werden Standardisierungen bei ▸**Demeter** grundsätzlich skeptisch betrachtet. Statt sich externen Normen zu unterwerfen, setzen die Anthroposophen mehr auf Gespräche und Diskurse.

Und doch: Die konsequente Anwendung fairer Grundsätze böte der Biobranche die Chance, ihr Profil zu schärfen. So machen etwa die im Lebensmitteleinzelhandel üblichen Niedriglöhne eben auch nicht vor ▸Bio-Supermärkten halt. Auch wenn „Alnatura“ und andere Bio-Händler 2010 auf ver.di-Druck einwilligten, **Tariflöhne** zu zahlen – solange sich die Szene mit Bioprodukten aus fairem Handel schmückt, selbst aber unfair bezahlte Arbeitsbedingungen bietet, verspielt sie ihre Glaubwürdigkeit.

fair + regional

Normal ist es nicht, dass Appelle für einen weniger brutalen Markt fruchten. Doch Fairness und soziale Standards im Sinne von ▸Fairtrade sind längst auch innerhalb der Industrieländer (im sog. Nord-Nord-Handel) nicht mehr zu ignorieren. Selbst der konventionelle Handel entdeckt die neue Wertschätzung und setzt auf ▸regionale Produkte oder (rechtlich ungeschützte) Fair-Kennzeichnung. In der Biobranche haben Aufbau und Pflege von gerechten Strukturen Tradition (▸fair + bio); auch die Verankerung in der Region ist ein Bio-Ziel. Doch seit die Förderung hiesiger Biobauern kaum mit dem ▸Bioboom Schritt hält und ▸Importware wichtiger wird, treten Engangierte explizit für faires Bio-Wirtschaften in der Region ein.

Seit 2006 vergibt ▸Biokreis sein spezielles ▸Gütesiegel „regional & fair“ an Erzeuger, Händler und Gastrono-

men, die sich nachhaltigem, fairem Rohstoffbezug aus der Region und verlässlichen Partnerschaften mit ihren Lieferanten verpflichten.
2007 folgte die Initiative **fair & regional** aus Berlin/Brandenburg, in der sich Bio-Erzeuger, -Verarbeiter sowie -Händler zu fairem Umgang, gerechtem Wirtschaften, umweltverträglicher Entwicklung der ▶Region und nicht zuletzt zu einer Preisfindung verpflichteten, die eine angemessene Lebenshaltung ermöglicht.
Der *BioFairVerein* als ein Zusammenschluss von Bio-Herstellern bringt Verbrauchern seit 2008 heimische „Bio&Fair-Lebensmittel" näher, u. a. via www.biofair-vereint.de und mit der Vergabe eines eigenen Logos (die Einhaltung der Kriterien wird von ▶Öko-Kontrollstellen überprüft). Das Vereins-Engagement wurde mehrfach von der deutschen UNESCO-Kommission als offizielles Projekt der UN-Dekade „Bildung für nachhaltige Entwicklung" ausgezeichnet.

Beim „Ökobarometer" 2013 sagten 77 % der ▶Biokonsumenten, sie bevorzugten regionale Biolebensmittel, für 44 % der Befragten war Einhaltung von Sozialstandards für Erzeuger wichtigster Bio-Aspekt. Darauf ließe sich noch einiges aufbauen!
Nota bene: Gut etabliert sind inzwischen regionale Bewegungen in der Schweiz, wo u. a. **RegioFair** („Der Genuss vom Hof") auf die Strategie „bio, regional und fair" setzt.

Fairtrade

Nicht nur Bio boomt, parallel dazu helfen wohlwollendere Verbraucher auch fair gehandelten Produkten aus der Regalnische. Sie sorgen mit gezieltem Kaufverhalten und durch Akzeptieren höherer ▶Preise für ein kleines Stück ausgleichender **Gerechtigkeit** im Globalhandel mit der „Dritten Welt". 533 Mio. Euro

fair enough: Engagement für dauerhaft gerechtere Preise über dem brutalen Weltmarktniveau, das sonst Zwischenhändlern zu viel Anteil lässt

Beispielrechnung für ein Fairtrade-Produkt im globalen Handel

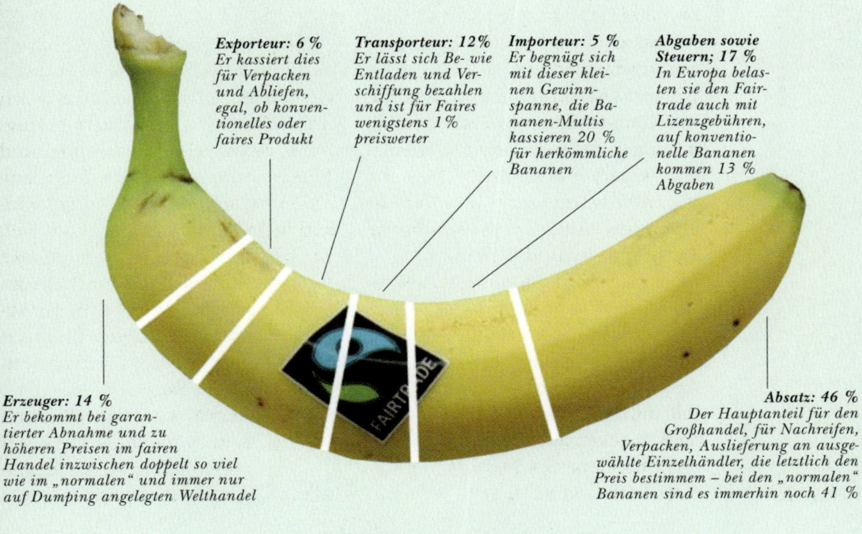

GRAFIK: MAX HAVELAAR/NL

FAIRTRADE

FAIRTRADE MAX HAVELAAR

FAIR TRADE CERTIFIED CERTIFIÉ ÉQUITABLE

WORLD FAIR TRADE ORGANIZATION All Products From Fair Trade Organizations Certified By The WFTO

BanaFair FAIR TRADE BANANAS

gebana www.gebana.com Weltweit ab Hof

Fairtrade: Gütesiegel von Vereinen und Not-for-Profit-Firmen garantieren die Umsetzung der Idee von faireren Umständen

FAIREWOCHE 13.–27. September 2013 www.fairewoche.de

FAIRTRADE WIR FÜHREN FAIRTRADE-PRODUKTE www.transfair.org

Kampagne Fairtrade Towns FAIRTRADE

Fairtrade-Boom: Aktionen fördern hierzulande das Bewusstsein für fairen Handel mit der „Dritten Welt"

Jahresumsatz mit Fairtrade-Produkten 2012 bedeuteten in Deutschland ein Plus von 33 % gegenüber 2011. Dennoch macht faire Ware hier nur einen **Bruchteil** aus: Nur 3,5 % bei ▸Bananen und 2,3 % bei ▸Kaffee. Gerade mal 6 Euro werden pro Kopf und Jahr für faire Produkte ausgegeben; der Durchschnitts-Schweizer ist da mit immerhin 41 Euro schon wesentlich fairständnisvoller …

Neben Kaffee und Bananen sind v. a. Rosen, ▸Fruchtsaft, ▸Schokolade, ▸Tee und ▸Wein bedeutend. 2013 trugen 52 % davon auch ein Bio-Siegel, waren also ▸fair + bio.

Da der Begriff „fair" nicht geschützt ist, besteht wie beim sog. ▸Greenwashing die Gefahr des **„Fairwashings"**, wie immer, wenn Trends zum Trittbrettfahren einladen. So fand ▸ÖKO-TEST 2012 die ▸Gütesiegel der ▸*Rainforest Alliance* und von UTZ *Certified* trotz allen Anscheins von Fairness und ▸Nachhaltigkeit wenig glaubwürdig. Für die Definition und Einhaltung wichtiger **Nachhaltigkeitsaspekte** im Fairen Handel – nämlich hohe soziale und auch Öko-Standards – bürgen drei Organisationen: WFTO *(World Fair Trade Organization)*, FLO *(Fairtrade Labelling Organizations International)* als Verbund von Produzenten und nationalen Labelinitiativen (wie ▸TransFair und ▸Max Havelaar) sowie FLO-CERT (als Kontrollstelle).

Das von der FLO vergebene **Fairtrade-Logo** mit dem Tukan ist das bekannteste faire Label; seine Produkte machten 2012 in Deutschland rund 84 % des Fair-Umsatzes aus. Der Rest trug Gütesiegel von Handelsorganisationen oder Erzeugergemeinschaften, wie sie etwa in ▸**Weltläden** zu haben sind. Denn oft wird persönliches Vertrauen vor Kontrollen gestellt, da die Fair-Zertifizierung aufwendig, bürokratisch und teuer sein kann – eingehalten werden die FLO-Standards dennoch. Diese sind an die WFTO-Statuten angelehnt und stehen für weltmarktunabhängige, garantierte Mindestpreise, Zuschläge für Entwicklungs- und Gemeinschaftsaufgaben sowie eventuelle Prämien für ▸**ökologischen Landbau**. Dies ermöglicht Vorfinanzierungen sowie langfristige Handelsbeziehungen, kostenlose Beratungen für Kleinbauern und transparente Preisbildung. Erzeuger verpflichten sich zur Ächtung von Kinder- und Zwangsarbeit, zu angemessenen Löhnen für Mitglieder oder Mitarbeiter, Schaffung gesunder, menschenwürdiger Arbeitsbedingungen sowie Transparenz. Mindestens einmal im Jahr kontrolliert die FLO-CERT die **Regeleinhaltung**.

Nach einer 2013er-Studie von Ceval Saarbrücken haben Kleinbauern und Arbeiter von Fairtrade-zertifizierten Kooperativen in der Tat etwas höhere und stabilere Einkommen; zudem lag die Chance auf einen festen Arbeitsvertrag bei 85 % – statt 20 %.

Längst hat sich die Idee von nötiger ▸Ethik auch **im Lebensmittelhandel** durchgesetzt. Für einige Aufmerksamkeit sorgen u. a. Aktionen von TransFair. Heute leben ganze *Fairtrade Towns* nach fairen Prinzipien und tragen damit wirksam zu Armutsbekämpfung und Entwicklungsarbeit bei. Und da darf man dann sogar sagen: nachgewiesenermaßen!

Farbstoffe

Was die Natur nicht von allein hinreichend kolorierte, lässt sich gut nachfärben – je malerischer, desto verkäuferischer. Wie wir's gern hätten, wird es augengefällig gemacht. Mithin ist es unmöglich, von Farbe auf ▸Qualität zu schließen. Auch bei der Benennung wird es uns beim ▸Einkaufen nicht einfacher gemacht: Die **natürlichen Farbstoffe** sind tatsächlich Natur, etwa Rote Bete, Spinat oder Kurkuma. Die sog. **naturidentischen Farbstoffe** allerdings sind – genau wie bei den ▸Aromen – missverständlich benamt, weil eben doch voll synthetisch …

Die ▸EG-Öko-Verordnung schränkt die Verwendung von Farbstoffen für Biolebensmittel ein. Neben natürlichen Farbstoffen, v. a. aus Gemüse oder Gewürzen, sind nur sehr wenige der 42 in der EU für Konventionelles zugelassenen Stoffe erlaubt. Dazu gehören etwa

Farbstoffe: So verdächtig, dass heute auch konventionelle Hersteller ganz bewusst aufs künstliche Färben verzichten

Farbstoffe: Die Kolor-Künste bei industrieller Produktion sind so vielfältig wie die Nebenwirkungen verdächtig – von Azofarbstoffen soll sogar das sog. Zappelphilip-Syndrom (ADHS) herrühren

Farbstoffe: So schön und rein sie wirken und wie nützlich sie auch sein können, ohne geht's auch

Pflanzenkohle (E 153), Annatto (E 160b) und Calciumcarbonat (E 170). Bei den ▸Anbauverbänden ist diese Färberei meist verboten.

Seit 2010 müssen konventionelle Produkte mit den sog. **Azofarbstoffen** Chinolingelb (E 104), Tartrazin (E 102), E 110 (Gelborange S), Azorubin (E 122), Cochenillerot (E 124) und E 129 (Allurarot) EU-weit die Warnung „Kann Aktivität und Aufmerksamkeit bei Kindern beeinträchtigen" auf dem ▸Etikett tragen. Seit 2013 gelten weitere Einschränkungen für E 104, E 110 und E 124. Die Regelungen basieren auf einer Studie, die „messbare Effekte" in Bezug auf das **ADHS-Syndrom** feststellte.

Ist ein Farbstoff im Lebensmittel enthalten, um aufzuhübschen, muss er eigentlich stets etikettiert, also auf der ▸Zutatenliste mit ▸E-Nummer oder Namen aufgeführt werden. Natürlich färbende Zutaten wie Rote-Bete-Saft werden explizit benannt.

Selbst der Hinweis „ohne Farbstoffe" bedeutet nicht automatisch, dass nicht **natürlich gefärbt** wurde – etwa mit Zuckercouleur (E 150c). Dafür zeigte ▸ÖKO-TEST 2013, dass es den krebsverdächtigen Stoff 4-MEI enthalten kann, für den etwa in Kalifornien ein Warnwert gilt und der von Cola-Getränken und Balsamico-Essig überschritten wurde. Da weder EU- noch Verbands-Bio E150 c erlauben, ist man da bei Bio besser dran!

Fast Food: Reich an Fett wie Kohlenhydraten nicht nur bei Pommes – längst aber gibt es Bio-Alternativen

Fast Food

Alles Zeitspar-Essen mit dem Schling-Image und einem Happen Gewissensbisse in echter USA-Tradition. Als in der Alten Welt noch Steh-Imbisse Vorübergehende abspeisten, hatten

snack stands dort schon System. Da gab's *Hot Dogs* oder den Hamburger *on a bun*. Letzterer wurde als ▸Bratling aus ▸Hackfleisch zum Inbegriff und **Erfolgsfood** durch diverse expansive US-Ketten. Was früher mal ein *Hamburger deluxe – with everything* war, wurde nun als Burger erst richtig *big and bigger*, flankiert von fettreichlichen Pommes frites und viel schluckerleichternder Cola.

Systemgastronomisch ist derlei gut normbar, logistisch *convenient* vorzuhalten und noch schneller ausgegeben: *fast* eben. Die Übertragung auf andere Schnellspeisen gelang bald, aber der Ruf, alles Fast Food sei nun mal nie ▸vollwertig, hielt und hält sich – allen Fortschritten zum Trotz, die bald „schnelle" Salate, Suppen, **gemüsigere Döner-Variationen** und ▸Sushi vom Rundfahrt-Band umfassten. Selbst McDonald's verarbeitet nachhaltigen Fisch mit ▸MSC-Siegel!

Mehr als die Wahl zwischen Pest und Cholera versprachen die seit 2005 vornehmlich in deutschen Großstädten gegründeten **Bio-Fast-Food-Restaurants**. Sie hatten Bio-Burger, auch ▸vegetarische oder ▸vegane, dazu schnelle, aber trotzdem gesunde Sandwiches mit Salat. Doch so schnell sie öffneten, verschwanden viele Ketten wieder, etwa „Gorilla Bio Fast Food" in Berlin. Bio in Fast-Version wurde kein Hype, die Preise stimmten wohl noch nicht. Ob sich neue, urbane Formate, die stark auf die Zielgruppe der ▸**LOHAS** ausgerichtet sind („Fresh N Friends", „Dean & David" wie „Waku Waku"), mit ihrem *Fresh Fast Food* durchsetzen werden, muss sich zeigen.

Bio-Mögern der älteren Schule schlägt der klassische Begriff Fast Food ohnehin voll auf den Magen. Schließlich „stärkt" ein Burger-Menü mit 1 200 kCal und 63 g Fett und ist damit **kalorienreiche Kost** ohne nachhaltige Sättigung: Durch viel Fett und konzentrierte einfache Kohlenhydrate wird der Blutzucker jäh rauf- und wieder runterprovoziert.

Nota bene: Die ▸*Stiftung Warentest* verglich 2013 drei Fast-Food-Ketten; McDonald's hatte die Nase vorn, da das Menü am wenigsten ▸Schadstoffe enthielt – dafür schmeckte es den Testern mit Note 2,9 nur „befriedigend". Kurzum: grade mal fast gut …

Feigen

Sie soll statt des überlieferten Apfels am Baum der Erkenntnis gehangen haben, diese grünliche bis violettdunkle Scheinfrucht *Ficus carica* vom bis zu 10 m hohen Feigenbaum. Nach der Klimafaustregel wächst das **urorientalische Obst** europaweit nur dort, wo auch Wein gedeiht. Hauptherkunftsland ist immer noch die Türkei, besonders der Westen um Izmir. Dort wird seit den 1980er-Jahren v. a. für den Export geerntet; es entstanden etliche ökologische Kooperativen, die mit Bio-Importeuren zusammenarbeiten, etwa ein ▸**fair + bio** organisiertes Projekt von Rapunzel.

Feigen: Kleine Kalorienbomben mit großem kulinarischen Potenzial, getrocknet sollten sie aus sicherer Quelle stammen

Bis zur Feigenernte wirken Öko- und konventioneller Anbau wenig unterschiedlich: Die Bäume würden auf Kunstdünger eher ertragsärmer reagieren, auch Pflanzenschutzmittel sind eigentlich kaum nötig. Gern kommt allerdings der **Wachstumsregulator Etephon** zum Einsatz – bei Bio ist er verboten. Hier werden Feigen erst gepflückt, nachdem sie natürlicherweise vollreif wurden.

Was Bio außerdem besonders macht, ist die schonendere Weiterverarbeitung. Feigen sind leicht verderblich, daher werden meist ▸Trockenfrüchte daraus. Zusätzlich begasen konventionelle Lagerprofis die Früchte und verhindern mit ▸Schwefeln unerwünschtes Nachdunkeln. Unbegaste, **schwefelfreie Bio-Feigen** werden da nur mit Salzwasser gewaschen und gegen Schädlinge schockgefroren; sie sind also stets etwas dunkler. Um Pilzspuren zu identifizieren, die zur

Noch unbefreit: Gegen solche Versuchsfelder mit Gen-Raps und die Auskreuzungsgefahren gehen sie phantasievoll wie durchaus zerstörerisch vor

Bildung von ▶Aflatoxin führen können, werden Bio-Feigen mit UV-Licht beleuchtet. Nur dem **Schwarzschimmel** im Fruchtinneren ist so leider nicht beizukommen; er kann bei Bio-Feigen eher mal entstehen, da ohne Fungizide gearbeitet wird und auch Insektizide fehlen. Die helfen im konventionellen Anbau gegen Insekten, die die Feigenschale anstechen, um ans süße Innere zu gelangen, und so den Weg für Schimmelsporen ebnen. Wer auf Nummer sicher geht, öffnet jede Feige vor dem beherzten Zubiss.

Nota bene: Beim Trocknen verlieren die aromatischen Feigen 75 % ihrer Flüssigkeit und konzentrieren damit ihre Süße von 16 auf 60 % Gehalt an Kohlenhydraten. Tritt da Fruchtzucker aus, bildet sich ein weißer Film – nur nicht schimmeltäuschen lassen!

Feldbefreier: Sie wollen gentechnikfreie Äcker in Europa, auch keine Versuchsanlagen und sie organisieren sich als Aktivisten auch offen über Gendreck-weg.de

Feldbefreier

Nom de guerre oder ironischer Euphemismus für höchst aktive Gegner aller Freilandversuche mit ▶transgenen Pflanzen (▶GVO). Sie wollen aufrütteln, wann und wo überall mit Sondererlaubnissen angekündigt wie heimlich Äcker experimentell mit Gen-Saatgut bestellt werden. Da Auskreuzung trotz Sicherheitsabstand zu anderem Grün ja nie auszuschließen sei, „befreien" die Gentech-Gegner die so kontaminierten Felder durch Blockaden, sachschädliches Zertrampeln oder **Ausreißen** der Pflanzen.

Agiert wird PR-wirksamer tagsüber oder effektiver nachts. Bewachte Gen-Äcker werden auch durch Verunreinigungen von Boden oder Saaten mit Heizöl, sanfter durch Verstreuen ökologischen ▶Saatguts oder Katapultieren von Setzkartoffeln über Polizeiketten oder Zäune hinweg sabotiert. Bisher reagierte die Justiz oft mit kürzeren Haftstrafen wegen Sachbeschädigung, **Hausfriedensbruch** oder Nötigung. 2013 wurde ein Verfahren gegen drei Aktivisten, die 2008 einen Gen-Acker in Sachsen-Anhalt zerstört hatten, ganz eingestellt.

Die Gegenseite drängt darauf, Feldbefreiung als Umwelt-Terrorismus zu definieren, doch die meist friedliche Protestbewegung findet oft ein positives Presse-Echo. Nicht nur wegen spektakulärer Taten, auch die **originelle Namensgebung** reizt wohl: Bestvernetzte Feldbefreier nennen sich „Wühlmäuse", „Gendreck-weg"-Aktivisten, „Autonome Genome" oder in Großbritannien „Mutatoes". Und haben oft Erfolg, wo Versuchsfelder transgen bepflanzt wurden. So kappten sie 2009 in Colmar illegal gezogene Gen-Weinreben, zerstörten im Jahr darauf ▸Gen-Kartoffeln in Mecklenburg und machten 2011 belgische Gen-Knollen sowie Versuchsfelder der Uni Rostock und der BioTechFarm Üplingen unbrauchbar.

Für die **Gen-Lobby** sind Feldbefreier nur „rückwärtsgewandte Ökonostalgiker", Reaktion ist nicht selten eine verschärfte Diskussion um Freilandversuche an sich. Aus Frust haben einige „Stadtpartisanen" schon gewaltvoll protestiert. Nach dem Motto „interessiert mich brennend" wurde 2000 ein Infobus des Bundesforschungsministeriums kurzerhand abgefackelt – der hatte nach dem Geschmack der Protestler eher einen für die Gentechnik werbenden als darüber aufklärenden Charakter.

Feldsalat

Er ist früh zu haben, dieser namenreiche Grünling *Valerianella locusta*, denn er ist in schönen Blattrosetten oft schon vor der Schneeschmelze pflückbar, als wilder Wucherer am Rande. Deshalb heißt er immer noch Acker- oder Feldsalat, wird aber auch geschmacksnah Nüsslisalat oder populär **Rapunzel** genannt.

Die ▸Wildsammlung ist heute indes rar; Feldsalat wird in rund 60 Arten kultiviert und von Herbst bis Frühjahr geerntet. Ab November kommt er als heimische Ware meist aus dem ▸Gewächshaus, er war mit 284 ha nach ▸Tomaten (315 ha) zweitbeliebtestes Gemüse „unter Glas" 2012. Selbst im ▸Freilandanbau übersteht *Valerianella locusta* bis zu –15° C.

Wenn Rapunzel dann aus ▸ökologischem Landbau stammt: umso besser. Denn konventionell gezogener Feldsalat ist oft stark mit ▸**Rückständen** von ▸Pestiziden belastet – 2011 lag er auf Platz 7 der am meisten beanstandeten Obst- und Gemüsesorten, mit 2,1 % der 240 Proben über dem Höchstgehalt. Gründe liegen nicht nur im oft rücksichtslosen Umgang der Produzenten, sondern auch im naturgemäß ungünstigen Verhältnis von Oberfläche zu Gewicht. Im Ökolandbau rückt man Pilzerkrankungen lieber mit Gesteinsmehl zu Leibe, gegen den Echten Mehltau wird vorbeugend mit dem Knöterichextrakt Milsana gespritzt. Und dennoch wurden 2011 auch in zwei von sechs Proben **Bio-Feldsalat** Pestizid-Rückstände gefunden, wenn auch unterhalb jeder Höchstmenge.

Beim **Nitratgehalt** aber kann Bio-Rapunzel eher punkten, denn nitratverstärkend gedüngt wird hier so gut wie gar nicht; Feldsalat hat kaum Bedarf an ▸Stickstoff. Konventioneller Rapunzel ist trotzdem ein Nitrat-Problemfall: Untersuchungen des *Bayerischen Landesamtes für Gesundheit und Lebensmittelsicherheit* von 2010 zeigten, dass lediglich ▸Rucola (im Durchschnitt 5 141 mg/kg) und Kopfsalat (2 082 mg/kg) höher mit ▸Nitrat belastet waren als Feldsalat (19 88 mg/kg).

Dafür ist ökologisch angebauter Feldsalat ja auch doppelt so teuer.

Fenchel

Vormals viel eher Arznei- als echtes ▸Küchenkraut – inzwischen als interessant dillige,

Gewöhnlicher Feldsalat oder Rapunzel: nur erntefrisch voll von bestem Beta-Carotin und Eisen

Fenchel: Knolliges Doldengewächs, durchschmeckend im Rohkostsalat oder als Gemüse und überdies voller Vitamin C – hier von Bioland

anisige Pikanterie anderssortig gemüsig geschätzt, als Blüte roh gepfeffert zerkaubar und als Samen gewürzvielseitig öfter **in Tee** verwendet. Einziges Manko für Fenchel-Kritiker: Das Allround-Kraut *Foeniculum vulgare* (von lat. *feniculum*, wörtl. „Heulein") ist recht durchschmeckbar.

Fenchel: Immer ein bisschen befremdlich durchschmeckbar und gerade ein bisschen in und ein wenig weg von seinem altbewährten medizinischen Innen-Effekt

Veritabler Gemüse- oder **Italienischer Fenchel** stammt aus knollenausbildenden Sorten. Die Deutschen machten erst beim Stamm-Italiener Bekanntschaft mit dem so intensiv schmeckenden finocchio – im Salat, als Beilage oder in der Pastasauce.

Wer **Bio-Gemüsefenchel** kauft, bekommt von Juni bis Oktober Ware aus der ▸Region, von November bis Mai dann aus Italien oder Spanien. Die Knolle sollte fest sein und weiß, Stiel sowie Blattwerk (taugt als Dillersatz) leuchtend grün. Braune Flecken deuten auf falsche oder auf zu lange Lagerung.

Der ungemein beliebte ▸Kräutertee aus **Fenchelsamen** (Tee-Marktanteil 2012: 12 %) ist auffälliger als der recht saubere Gemüsefenchel. So fand man zwar keine ▸Rückstände von ▸Pestiziden, 2013 aber stellte das BfR *(Bundesinstitut für Risikobewertung)* in 57 % der untersuchten Fencheltees PA *(Pyrrolizidinalkaloide)* fest. Bei **Babyfencheltee** wurden die Tester sogar zu 100 % fündig, jedoch in geringerer Konzentration. Bis die Verunreinigungsquelle (evtl. Kreuzkrautsamen) nicht gefunden sei, sollten Vieltrinker und Babyflaschengeber wenigstens vorsichtig gewarnt sein und sich zurückhalten.

Dabei sind die fencheligen Inhaltsstoffe doch ausdrücklich günstig für die Bereitung von ▸Babynahrung. Die **Fenchelknolle** liefert reichlich Ballaststoffe sowie Calcium, Kalium, Phosphor, Eisen, dazu Provitamin A und v. a. Vitamin C: Mit 93 mg/100 g hat Frischfenchel doppelt so viel wie ▸Apfelsinen! Der 10. Rang beim Biogemüse spricht für sich; oft gibt's Bio-Fenchel sogar in ▸Discountern. Charakteristisch ist das *Oleum foeniculi*, ein ätherisches Öl, das den feinbitteren Geschmack produziert, gegenan wirken minimale Anteile des süßlichen Menthols. Naturheilkundler setzen Fenchel bei Verdauungsbeschwerden ein. In Verbindung mit Honig hilft er gegen Entzündungen im Rachen.

Smalltalk: Gewürzfenchel ist mehrjährig und kann nach rund 100 Tagen geerntet werden. Die begehrten Samen (außer für Tee auch in Broten, Backwaren, Fischgerichten und Salaten) werden nach der Blüte im zweiten Jahr gewonnen.

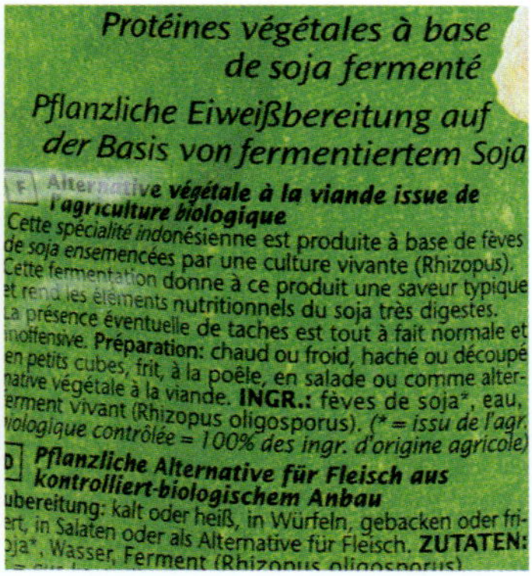

Fermentation: Gärung dank hilfreicher Mikroorganismen, die ein Grundprodukt bekömmlich verändern und geschmacksintensiver machen

Fermentieren

Dieser mikrobielle Umbau von organischem Material ist durchaus natürlich und **natürlich auch Bio** – solange keine ▸gentechnisch veränderten ▸Mikroorganismen am Werk sind. Die Effekte und Tricks der Gärung und die Gärstoffe (lat. *fermentum*) kannten schon die alten Römer. Der Mikrobiologe Louis Pasteur (1822–95) prägte den Begriff und beschrieb ihn als *la vie sans air* („Leben ohne Luft") – und meinte damit v. a. die **Gärung bei Luftabschluss** mit der Schlüsselrolle für gewisse ▸Schimmelpilze. Der Fermentier-Begriff wird heute weiter, sozusagen „luftiger" gefasst, auch abhängig davon, ob ihn Biologen oder Chemiker in den Mund nehmen.

Jedenfalls baut Fermentation Nahrungssubstanzen entweder mit oder ohne Sauerstoff (aerob bzw. anaerob) mikrobiell um oder ab (wie bei der alkoholischen Gärung oder bei jener von Ballaststoffen jenseits des Magens). Genau dies können zugesetzte industrielle ▸**Enzyme** (die sog. Fermente) auch: Für Biogas oder in sog. Bioreaktoren schuften sie gärend vor sich hin und wandeln wie gewünscht allerlei um. Manchmal sind es sog. **autolytische Prozesse**, erledigt von Enzymen, die bereits im Lebensmittel vorhanden sind (wie bei der Spontangärung oder der Fermentation zu schwarzem ▸Tee). Dabei gilt: Fermentiertes wird meist auch Pikantierteres. Entsprechende Prozesse finden sich zum Beispiel in Hefe- und Sauerteigen, bei Milchprodukten wie ▸Käse, ▸Joghurt, ▸Kefir, Buttermilch, Sauerrahmbutter. Hier ist ▸Lab das in Gang bringende Enzym. Schlecht zu wissen, dass in den USA schon mehr als 70 % der Käse mit **Lab aus ▸GVO** hergestellt werden. Und gut zu verinnerlichen, dass derlei bei Bio ausgeschlossen ist.

Natürliche Fermentation: Auf der Rooibos-Plantage erfolgt sie an der Luft, aromatisiert und färbt so die ausgebreitete Ernte

Fertigprodukte: Von der Ur-Dose voller Nudeln mit Tomatensauce bis zum Astronauten-Food in Schwerelosigkeit – immer fix und fertig

Natural Cool

Bio-Tiefkühlkost

Fertiggerichte: Bio hat sie auch, schonend komplett und eher als TK-Ware, immer aber aus Biozutaten zubereitet

Denn Fermentiertes darf getrost als **Bio-Spezialität** gelten, macht man sich doch Naturprozesse zunutze. So etwa bei Bio-Limonade (▸Bionade) und allerlei Produkten aus ▸Soja (▸Tempeh, ▸Sojasauce). Sauerkraut zählt ebenfalls zu den fermentierten Lebensmitteln (▸Milchsäure). Auch ▸Kakao und Kaffee sind fermentiert.

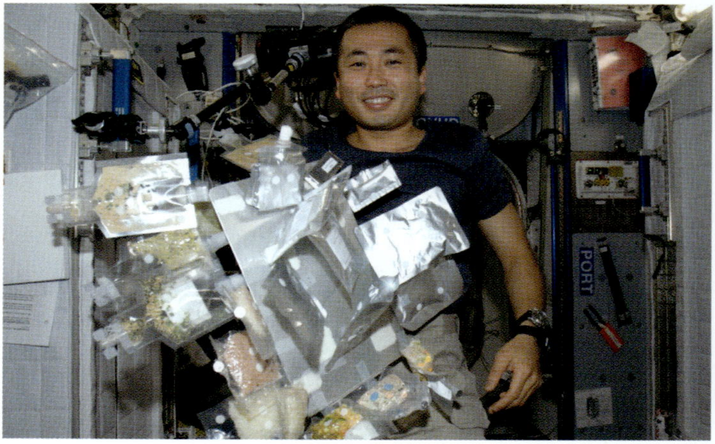

Fermentation macht Lebensmittel meist nicht nur **pikanter**, sondern öfter auch bekömmlicher (etwa die ansonsten schwer verdauliche Struktur der Sojabohne), stets wertstoffreicher und auch haltbarer.

Anstatt synthetische ▸Backtriebmittel zu nutzen, arbeiten Biobäcker gerne mit sog. **Backferment**, einem alternativen Teiglockerungsmittel mit oder ohne Honiganteil. Dieses kommt in der Mehrzahl aller Biobrote zum Einsatz, bei ▸Demeter bisweilen auch in Brötchen. Anders als Hefe oder klassischer Sauerteig eignet sich Backferment als Triebmittel für fast alle Getreidearten.

Fertigprodukte

Sie sorgten inzwischen dafür, dass der Lockruf „Essen ist fertig" einen neuen Ruf bekam – das Essen ist ja längst fertig, bevor es überhaupt angerichtet wird. Bequeme Senioren, überforderte Singles oder überarbeitete Pärchen, v. a. aber gestresste Familien wollen oder müssen Zubereitungszeit sparen. Sie alle können frisch Kochen nicht mehr zelebrieren und weichen auf ▸**Convenience-Food** aus. Nach einer Umfrage von 2011 im Auftrag der Schweizer AMC hatten 40 % der Mütter in Deutschland ein **schlechtes Gewissen**, weil sie ihren Kindern hin und wieder ein Fertiggericht vorsetzten.

Dabei wäre ein schlechtes Gefühl eher außerhalb der eigenen vier Wände, bei zu viel ▸Fast Food etwa, nötig – zu Hause muss es nicht sein. Denn parallel zum Bioboom hat sich selbst die konventionelle Lebensmittelindustrie darauf eingestellt, gesündere Fertiggerichte zu kreieren, die auch verwöhnten ▸LOHAS munden. Im klassischen Naturkost- und Biohandel allerdings sind Fertig- noch Nischenprodukte. Lange passte alles, was zu viele Verarbeitungsschritte erfordert, nicht ins **Bio-Angebot**.

Diese puristischen Zeiten sind vorbei – längst können sich selbst-bezichtigende „Rabeneltern" von Bio

Fertigprodukte: Ergebnisse der Kunst der längst beendeten Zubereitung können bei Wettbewerben sogar prämiert werden

beruhigen lassen. Die ▸EG-Öko-Verordnung erlaubt nur 48 der rund 330 im konventionellen ▸Food-Processing möglichen ▸**Zusatzstoffe**, die ▸Anbauverbände noch nicht einmal die Hälfte dessen. Zudem entfallen alle ▸gentechnisch veränderten Zutaten und die gerade bei Fertigfood so gefürchteten gehärteten ▸Fette (▸Fettsäuren). Beruhigen sollte auch die Tatsache, dass nur beste, frische, oft nur saisonreife und stets kontrolliert **ökologische Grundprodukte** verarbeitet werden. Und das am liebsten schonend im sog. Cook-and-Chill-Verfahren: nach Zubereitung schnellgekühlt und vakuum- oder schutzgasverpackt. Fertig- als ▸Tiefkühlkost hält sich so gut bis zu zwei Monate.

Bestverkauft werden „normale" und ausgesprochene „Gourmet"-Tiefkühlpizzen. Deren Zutatenliste ist ungewohnt übersichtlich und nicht selten werden die Bio-Teigfladen sogar noch handbelegt. Wer das selbst erledigen will, kann **fertige Pizzaböden** (etwa aus ▸Dinkel) zum Selbstveredeln kaufen, die Palette an fertigen Pizzen wächst beständig. Selbst Pizza-Riesen wie Wagner haben ihre Bio-Marken schon lange im Programm, von ▸Demeter gibt es die Linie „Natural Cool" mit diversen TK-Pizzen.

Der Trend zum ▸Vegetarischen oder ▸**Veganen** (2012 mit 58 Mio. Euro Umsatz nur bei Fertiggerichten) hat dem so vielseitigen Bio-Angebot an „untierischer" Fertigware nur genützt: Schnell zuzubereitender ▸Fleischersatz als ▸Bratling, Schnitzel oder Burger ist – auch in ▸glutenfreien Varianten – ein Umsatzbringer und auch bei klassischen Fertiggerichten haben Bio-Hersteller im fleischlosen Sortiment die Nase vorn.

Nota bene: Auch eine Kennzeichnungslücke von konventionellen Produkten gibt es bei Bio eben nicht: ▸Käfigeier, die sonst als ▸Verstecktes zu oft in allem möglichen stecken, sind hier garantiert ausgeschlossen!

Fertigsaucen

Die Errührung der passenden Sauce ist für viele Stress und ein Wettlauf gegen die Zeit, schon eine schnelle Mehlschwitze bringt da ins Schwitzen. Hochlöblich die Idee: Sauce, fix und fertig – los! Aus der Tüte oder dem Glas sind Fertigsaucen als *convenience experience* seit den 1960er-Jahren immer populärer geworden.

Trotz der Vielzahl an oft eher ominös wirkenden ▸**Zusatzstoffen** und allerlei Chemie nehmen pulverisierte Beutelbequemlichkeiten konventioneller Machart in einem Duopol aus Maggi (Nestlé) und Knorr (Unilever) immer größeren Regalraum im Supermarkt ein.

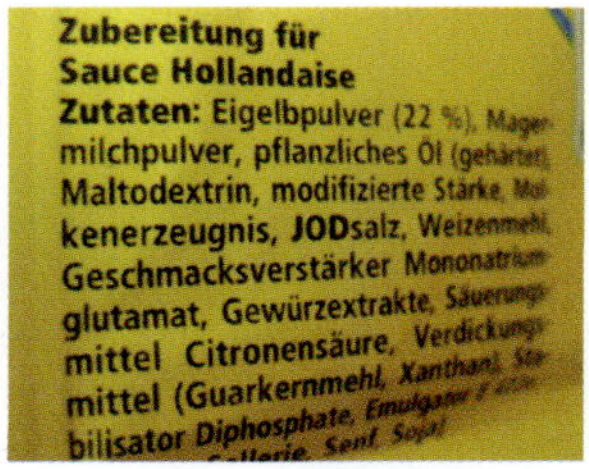

Fertigsaucen: Derart zahlreiche Zutaten hat und braucht auch kein Koch, viel weniger wäre da viel mehr, weshalb das Etikettenlesen jedesmal lohnt – und bei Bio sehr zeitsparend erledigt ist …

Fertigsaucen: Von vorne allesamt lecker, von hinten höchst aufschlussreich – bei Bio kommen die Etiketten ohne allzu lange Zutatenliste aus

Eine fast fertige Sauce Hollandaise kommt dabei nicht ohne eine prall gefüllte ▸**Zutatenliste** aus: gehärtete ▸Fette, modifizierte ▸Stärke, ▸Glutamat als Würze und ▸Geschmacksverstärker, diverse Gewürzextrakte, ▸Binde-, Verdickungsmittel, diverse ▸Stabilisatoren und ▸Emulgatoren mit ihren jeweiligen ▸E-Nummern. Und fast immer enthalten sie zu viel **Salz und Zucker**, dazu ▸Farbstoffe und ▸Konservierungsstoffe.

Fertigsaucen sind mitnichten ein klassisches Bioprodukt – ▸Convenience-Food kam spät in die Bioläden. **Bio-Hersteller** lehnen eben derart hochverarbeitete Produkte ab. Hier dominieren mediterrane Saucen auf Tomatenbasis, in der Regel für den Basisgeschmack von Pasta gedacht und mit wenigen Zutaten. Nach einer Erhebung von 2012 belegten solche Saucen die ersten 21 Plätze, erst dann folgte ein Produkt auf Curry-Basis. Der Anteil von Fertigsaucereien am Bio-Markt ist ja ohnehin verschwindend gering: 2011 betrug er rund 0,4 %.

Umstritten ist der Einsatz von geschmacksverstärkendem ▸**Hefeextrakt**. Wer darauf verzichten möchte, findet im Bio-Regal aber genug entsprechend deklarierte Alternativen.

Tipp: Bio-Fertigsaucen nicht kochen, nur vorsichtig erhitzen, etwa mit untergehobenen gegarten Nudeln.

Fette: Sie sind wichtig für Geschmack, aber zu gewichtig für alle, die ihre Kalorienüberschüsse anlegen

Fette

Aufgetischt ganz wichtig, angefuttert eher verachtet. Wir brauchen Fett für Energie, den Hormonhaushalt, die Nerven, das Gehirn. Doch Fette (und in flüssiger Form ▸Speiseöle) liefern mit etwa 9 kcal/g auch viel **Energie** wie Kohlenhydrate und Eiweiß, und alles „Unverbrannte" wird gespeichert. Dann haben Fette als Reserve Ruh und machen dicker.

Je nach körperlicher Belastung liegt der Tagesbedarf an Fett bei nur 60–90 g, mehr davon produziert eben das weiße „Innenfett".

Fette „von außen" sind allerdings für Normalversteher eine definitorische Zumutung, weil ihre Chemie nur über ▸**Fettsäuren** begriffen werden kann. Die jedoch können hilfreich oder geradezu bösartig sein; nicht nur die Menge entscheidet darüber, sondern auch die Art des Fettes. Heikel sind v. a. **gehärtete Fette**, die bei Zimmertemperatur fest und streichfähig sind, nicht ranzig werden und beim Erhitzen nicht rauchen. Gehärtete Fette sind für Bioprodukte generell verboten. Bio-Hersteller setzen stattdessen natürlich feste ▸Pflanzenfette wie ▸Kokos- und ▸Palmfett ein. Denn beim sog. Härten werden aus ungesättigten gesättigte Fettsäuren, jedoch auch die gefürchteten **Trans-Fettsäuren**. Bio-Fette stammen aus ▸nativen Ölen und sind grundsätzlich frei von Trans-Fettsäuren.

Im konsumierten Normalfall sind Fette jedoch einfach oder mehrfach ungesättigte Fettsäuren, und das ist gut so: Die sind essenziell. Daher die

Empfehlung, sie als ▶Omega-3- oder Omega-6-Fettsäuren zu genießen. Im Fettfall gilt für Gesunde, den Mix aus 1/3 eher schlechten, gesättigten, 1/3 guten, nur einfach und 1/3 mehrfach ungesättigten Fettsäuren zu beachten – so verwirrend es ist. Da Fettsäuren als Teil der ▶Big Eight auf dem Etikett stehen (und gehärtete Fette deklarationspflichtig sind), stehen die Chancen gut, den **persönlichen Mix** auszuloten und einzuhalten. Denn es wäre ein leichtes, bei tierischen Produkten fettarme zu bevorzugen (gesunder fetter Fisch ausgenommen) und generell pflanzliche Speiseöle (v. a. ▶Raps- und ▶Walnussöl) zu verwenden. Problematisch sind da jedoch die versteckten Fette (▶Verstecktes) in Fleisch, Wurst, Käse, Backwaren, Süßigkeiten und Fertigprodukten. **Nota bene:** 2013 wurde am Münchner DIfE *(Deutsches Institut für Ernährungsforschung)* der Fettrezeptor im Zungengewebe entdeckt – nun wird diskutiert, ob wir noch einen sechsten Geschmackssinn haben: für Fett …

Fette: Gut zwar für den Geschmack, aber schlecht zum Anfuttern – und dabei durchaus reduzierbar bis auf 0,1 % oder sogar mal Null …

Fettersatzstoffe

Schön wär's, Fett mal kalorienlos haben zu können. Und es geht schon mit Simulationen – **unumstritten** sind die aber nicht. Diese Ersatzstoffe ahmen die Sensorik von ▶Fett sogar recht gut nach: Mundgefühl, Geschmack und Struktur werden geliefert, obwohl unerwünschte Kalorien fehlen oder verringert sind. Diese Fettersetzer lassen sich in drei Kategorien einteilen: Zum einen gibt es **die synthetischen Fettersatzstoffe** wie etwa „Olestra" aus Saccharose und pflanzlichen ▶Fettsäuren, doch die sind in Deutschland nicht zugelassen. Die Ähnlichkeit zu „normalem" Fett ist auffällig, „Olestra" kann jedoch die Aufnahme von fettlöslichen Vitaminen verringern, zu Darmprotest führen und ist zudem in der Natur kaum abbaubar.

Zweitens existieren Ersatzstoffe auf Eiweißbasis, die als Naturprodukte eher **Fettaustauschstoffe** genannt werden. Hühner- und Milcheiweiß wird mit Wasser, Zucker, pflanzlichen Bindemitteln und Säuren gemischt. Nach Filtrieren, Erhitzen und Kühlen entstehen winzige sog. Mikropartikel, der Energiegehalt macht mit 4 kcal/g etwa die Hälfte dessen aus, was Echtfett liefert. „Simplesse" ist so ein Beispiel, zugelassen in Großbritannien, Frankreich und Finnland und dort insbesondere in ▶Light-Produkten eingesetzt.

Fettersatzstoff: Aus Stärke und Öltröpfchen entstehen fettarme Gespinste und Pulver, die hochkalorische Fette ersetzen sollen

Drittens schließlich entstanden Fettersatzstoffe per Hydrolyseprodukte **auf Kohlenhydratbasis**. Auch sie sind Austauschstoffe, bei denen ▶Stärke verflüssigt und dann mit ▶Enzymen zu weißen, fettartigen Gelen verarbeitet wird. Sie sind zulassungsfrei, verraten sich aber als „modifizierte Stärke“ auf der ▸Zutatenliste.

In Biolebensmitteln sind modifizierte Stärken verboten. Hersteller behelfen sich, wenn sie fettähnliche Strukturen betonen wollen, mit Natürlichem wie ▸Johannisbrotkernmehl oder Lecithin.

Nota bene: Wiederholt widerlegten Versuche mit Ratten, dass Fettersatz zu Gewichtsreduktion führt – es wird stattdessen einfach mehr gegessen …

Fettsäuren: Auf die Mischung kommt es an, ob sie nun gesund oder vielmehr ein Cholesterinhorror sein können – die ungesättigten in Antipasti tun gut

Fettsäuren

Sie sind die Bausteine aller guten wie schlechten ▸Fette und in der sog. Fettchemie ziemliche Kompliziertheiten. Sie verbinden sich mit einem Molekül Glycerin (Glycerol) zum Triglycerid, dem wichtigsten der Fettbausteine. Erst ein paar fettchemische Konstellationen entscheiden da über die wesentlichen Eigenschaften eines Fettes: Sie können in spezifischen Bindungen eher „schlechte“, **gesättigte** oder „gute“, **ungesättigte** Fettsäuren sein. Oder noch bessere, denn je nachdem, wie viele H-Atompaare frei sind, werden sie ein-, zwei-, mehrfach ungesättigte Fettsäuren.

Die Position von Doppelbindungen bei den besten, mehrfach ungesättigten Fettsäuren definiert die hochgesunde ▸Omega-3- (wie Alpha-Linolensäure) oder Omega-6-Reihe (wie Linolsäure); letzere spielen im Verhältnis zueinander ihre wichtige Rolle für die Gesundheit. Entscheidend sind zudem die Anteile der im Fett vorhandenen Begleitstoffe wie etwa **Phytosterine** (▸Margarine) oder ▸Cholesterin, die fettlöslichen ▸Vitamine und das ▸Carotinoid Beta-Carotin.

Dass ungesättigte Fettsäuren positive Wirkungen auf den Stoffwechsel ausüben, ist unbestritten: Sie sind wichtig für den Zellaufbau, beeinflussen den Cholesterinspiegel, verbessern die Fließeigenschaften des Blutes.

Empfohlen wird eine **Reduzierung der gesättigten** zugunsten der ungesättigten Fettsäuren. Deren Anteil sollte mindestens zwei Drittel betragen – jeweils zur Hälfte in einfacher und mehrfach ungesättigter Form.

Einfach ungesättigte Fettsäuren sind besonders reich enthalten in ▸**Speiseölen** wie ▸Olivenöl (73 %) und ▸Rapsöl (60 %). Die mehrfach ungesättigten stecken v. a. im Erpressten aus ▸Sonnenblumen (65 %) sowie ▸Soja (62 %), in ▸Distelöl (62 %) und ▸Keimöl aus Mais (>50 %). Es muss also mitnichten der so viel gepriesene (und eben schnell rarer werdende) ▸**Fisch** sein, um ausreichend Omega-3 & Co zu verinnerlichen!

Fettsäuren: Sind sie möglichst ungesättigt, hat man sich auch das beste Speiseöl abgezapft

Fische: Ihre Schwarmintelligenz ist der der legalen und der Piratenfischer inzwischen fast hoffnungslos unterlegen und macht längst die Überfischung zum Skandal – wie PETA mit solcher fast überholten Schwarmdichte anprangert

Zu viele gesättigte Fettsäuren im Blut nämlich gelten als abträglich. Sie können den Spiegel des „schlechten" LDL-Cholesterins ansteigen lassen und so das Risiko für Fettstoffwechselstörungen steigern.

Die gesundheitlich ganz besonders bedenklichen **Trans-Fettsäuren**/TFS sind solche gesättigten Fettsäuren, die besonders bei der industriellen Härtung von ▸Pflanzenfett entstehen (die bei Bio verboten ist). Schon weniger als 5 g TFS pro Tag soll das Risiko für Herzerkrankungen um 25 % erhöhen!

Dagegen konnten schon etliche Untersuchungen zeigen: Der Gehalt an „guten" Fettsäuren wie **Alpha-Linolensäure** etwa in Bio-Milchprodukten ist bis zu 70 % höher – die Tiere grasen im Sommer auf Weiden und fressen im Winter Heu. Kein Wunder, dass konventionelle Anbieter längst auf „Weidemilch" setzen – wobei dieser Begriff ungeschützt ist und somit die Auslobung allein noch kein sattes Plus an ungesättigten Fettsäuren garantiert!

Fisch, Fischfang

Sie können uns nicht mal mehr in der tiefsten Tiefsee entkommen und sind zu **Ausnutztieren** verkommen. Denn die im Wasser lebenden Wirbeltiere sind eine immens wichtige Nahrungsquelle: Für drei Milliarden Menschen, somit immerhin für nahezu die Hälfte der Weltbevölkerung, gilt Fisch als wichtigste tierische Eiweißquelle. Fische kommen in Massen entweder als **Wildfisch** aus den Netzen der See- oder Binnenfischerei, jedoch immer häufiger als geernteter ▸**Zuchtfisch** aus ▸Aquakultur in Meer- oder Süßwasser (im ▸nachhaltigsten Falle aus ▸ökologischer Aquakultur) auf den Tisch.

Fischverwertung: Lachs, woher auch immer, ist scheibchenweise weltweit das dicke Geschäft

2013 wurden global rund 160 Mio. t Fisch „geerntet". 90 Mio. t stammten

Fisch: Schönes und immer selteneres Angebot von Fischers Fritzi, denn Wildfang wird längst deutlich seltener

aus Wildfang, die restlichen 44 % kamen schon von gefarmtem Fisch aus Zuchtbecken oder -netzen. Dass der Anteil der **Aquakultur** seit Jahren so beständig steigt, liegt in erster Linie an der bei vielen Arten schon dramatischen ▸Überfischung (▸Fische, bedrohte), die sich aus wachsender Bevölkerung und zunehmendem Fischhunger ergibt. Gaben sich die Menschen in den 1960er-Jahren durchschnittlich noch mit rund 10 kg Fisch pro Kopf und Jahr zufrieden, waren es 2012 schon 19,2 kg (in Deutschland 15,2 kg). Dazu kommt, dass ein geschätztes Drittel der weltweiten Fänge als ▸**Beifang** an Bord gelangt und gar nicht angelandet wird, sondern als sog. *discard* zurückgeworfen wird – mit höchst geringen Überlebenschancen.

Die **Fischereipolitik der EU** förderte lange Jahre die Überfischung – mit ihren meist viel zu hohen Fangquoten und einer nur aberwitzig zu nennenden Regelung für Beifang, die die Fischer geradezu zwang, einen Großteil ihrer gefangenen Fische über Bord zu werfen, weil sie keine Genehmigung für deren Anlandung hatten. Nach Einschätzung der EU-Kommission von 2013 waren 47 % der Fischbestände im Atlantik und im Mittelmeer sogar 80 % **überfischt**.

Doch seit 2014 besteht zumindest etwas Hoffnung, dass sich auf europäischer Ebene die Dinge tatsächlich zum Besseren wenden. Denn nun gilt ▸Nachhaltigkeit offiziell als wichtigstes Prinzip der EU-Fischerei. Spätestens ab 2020 sollen Europas Fischereien nach mehrjährigen Bewirtschaftungsplänen und dem MSY (*Maximum Sustainable Yield*, wörtl. also **„maximal nachhaltiger Ertrag"**) arbeiten. Die größte kurzfristige Wirkung dürfte jedoch die Einführung von Rückwurfverboten nach norwegischem Vorbild ab 2015 haben. Beifänge dürfen dann nur noch in begrenzten Ausnahmefällen zu max. 7 % (ab 2019 zu 5 %) über Bord geworfen werden. Der große Rest muss künftig angelandet und auf Quoten angerechnet werden.

Sowohl Überfischung als auch Beifang sind nicht von der benutzten **Fangmethode** zu trennen. Grundschleppnetze (mit der Sonderform Baumkurren) etwa, die beim Fang von Plattfischen (v. a. ▸Scholle, ▸Seezunge, ▸Steinbutt) oder auch ▸Garnelen eingesetzt werden, provozieren viel Beifang. So wird beim Fang von Seezungen laut Beifangrechner vom ▸WWF die sechsfache Menge anderer Fische oder Schalentiere ungezielt mitgefangen. Ähnlich desaströs ist da die Nordsee-Krabbenfischerei (▸Krabben). Als relativ unbedenklich

Fischfang: Solche prallen Netze leeren nur die Meere, denn Quotenkontrolle ist so schwer wie Beifangschätzung und sogenannte Piratenfischerei

Fische: Schön und artenreich, unter Kruste eher immergleich

schätzt ▸*Greenpeace* frei geschleppte Netze ohne Bodenberührung, korrekt eingesetzte Ringwaden und vor allem auf dem Meeresboden stehende Reusen ein. Selbst die als gezielter geltende Fangmethode mit Langleinen lockt (je nach Hakenart) zu viele Seevögel an, die nach Zubiss verenden – genau wie 20 % Beifang.

Die **Folgen der Überfischung** sind enorm. Für die Fischbestände und die gesamten Ökosysteme der Weltmeere, aber eben auch für die Konsumenten – in erster Linie die Esser der „Dritten Welt“: Sie müssen immer häufiger auf ihre Fischmahlzeit verzichten, obwohl gerade sie oftmals keine alternative Quelle für tierisches Protein haben.

Fischbrötchen: Gesunder Imbiss, ungesunde Bilanz ab Fang, Beifang, Transport und Abfallproduktion, die Aminosäuren aber sind optimal

Die Verbraucher in den Industrieländern leiden keinen Mangel, sondern registrieren schlicht, dass sich das Angebot in **Frischfischtheken** bzw. Tiefkühltruhen gewandelt hat. Einst bei jedem Fischhändler erhältliche Arten wie ▸Aal, ▸Kabeljau, ▸Heilbutt oder ▸Rotbarsch machen sich zusehends rar und steigen überdurchschnittlich im Preis, andere wie ▸Pangasius, ▸Tilapia oder ▸Viktoriabarsch tauchten erst spät auf. Bewusste Verbraucher orientieren sich an **Einkaufsratgebern** von NGOs wie *Greenpeace* oder WWF und an den Logos, die ▸nachhaltige Fischerei signalisieren, wie etwa die von ▸MSC oder ▸*Friend of the Sea* (▸Fische, empfehlenswerte). Immer mehr Fischmöger greifen bei ▸**Biofisch** aus Öko-Aquakultur zu, den es seit 2010 mit dem staatlichen ▸Bio-Siegel gibt (nach den Regeln der ▸EG-Öko-Verordnung) und viel früher schon nach den Richtlinien der ▸Anbauverbände gab. Lediglich ▸Naturland setzt da auch auf räubernden Meeresfisch in Zuchten und hat für nachhaltige Fänge ein ▸Gütesiegel: **„Naturland Wildfisch“**.

Der Anteil von Biofisch lag 2012 in Deutschland jedoch erst bei etwa 2 %. Das statistische Gesamtaufkommen an Fisch und „Fischereierzeugnissen“ betrug im selben Jahr etwas mehr als 2 Mio. t (Fanggewicht). Der menschlichen Nahrung direkt dienten jedoch nur 1,22 Mio. t: Der Rest, immerhin rund 800 000 t, wurde verarbeitet, v. a. zu Fischmehl/-öl für ▸**Futtermittel**, ob für Nutztiere an Land oder zu Wasser – mit entsprechenden ▸Veredelungsverlusten.

Und Fisch ist längst ein Importgut geworden: Nur 11 % stammte 2012 aus Fängen der deutschen Fischereiflotte bzw. Aquafarmen. 2008 zeigten die Verbraucherzentralen, dass kein Lebensmittel häufiger **per Flug** eingeführt wird als Fisch (▸Food Miles).

Fischfang: Ein ungeschützter russischer Stör, der gleich darauf nur für für seinen Kaviar aufgeschlitzt sein wird

Immerhin gelten seit 2012 EU-weit strenge Regelungen für die ▸**Rückverfolgbarkeit**, sodass Konsumenten die gekennzeichnete Wahl haben. Handelsbezeichnung, wissenschaftlicher (lateinischer) Name, Fanggebiet und Produktionsmethode müssen bei ▸loser Ware auf Nachfrage und bei Verpacktem außen angegeben werden.

Nota bene: Nicht ob, aber wie Fische Schmerz wahrnehmen, ist umstritten. Als Wirbeltiere fallen sie unter das deutsche TierSchG *(Tierschutzgesetz)*, seit 2013 gilt beim ▸Schlachten auch hier, dass es unter Betäubung, und sei es per Schlag auf den Kopf, zu erfolgen hat. Außer auf hoher See …

Fische, bedrohte

Als gäb's kein Morgen: 2013 sollte einen neuen Rekord in der „Fischproduktion" bringen: 160 Mio. t (2012: 157 Mio. t), dazu wurde ein Anstieg des globalen Pro-Kopf-Konsums von 19,2 auf 19,7 kg prognostiziert. Die Verbraucher hören offenbar zu sehr auf Ernährungsberater, die wegen der gesunden ▸Fettsäuren zu mehr Verzehr von ▸Fisch raten.

Bedrohte Fische: Ein Bye-Bye droht bei Aal (unten als Beifang), dem Rotbarsch, Kabeljau und sogar dem Schwertfisch

Auch wenn Fisch **immer weniger wild** gefangen wird und zunehmend aus ▸Aquakultur kommt (2012 waren es etwa 66 Mio. t, 2013 rund 70 Mio. t), sind immer mehr Arten von ▸Überfischung bedroht. 30 % aller Arten galten 2012 als überfischt oder gar nahe der Erschöpfung, 57 % standen an der Schwelle zur **Überfischung**.

So hat sich etwa ▸Kabeljau, vor 20 Jahren noch Fisch der armen Leute, zur Delikatesse entwickelt, von dessen Verzehr ▸WWF und ▸*Greenpeace* abraten (wenn er nicht gerade aus arktischen Gewässern kommt). Beide NGOs erstellen jährlich Ratgeber, die als Orientierung beim Fischkauf unerlässlich sind. Sie raten etwa auch vom einst so massenhaft gefangenen und billigst verkauften ▸**Rotbarsch** ab, der sich einfach zu langsam vermehrt für eine Bestandserholung. Und auch der ▸**Aal** ist als Europäischer Flussaal extrem bedroht und wird mühsam in Europas Gewässern wieder aufgepäppelt.

Bei vielen Fischarten ist nicht gezielte Überfischung an sich Schuld an bedrohten Beständen, sondern spezifische, schonungslose **Fangmethoden** (wie die Grundschleppnetze) – oder das Dilemma ▸Beifang. Der hat wegen lange zu enger Quotenregelungen zu massiven **Rückwürfen** geführt. Und diese haben in nahezu allen Fällen das spätere Verenden der über

Bord geworfenen Tiere zur Folge. So muss beim Fischzug auf ▸Krabben in der Nordsee pro Krabben-Kilo ein fast todsicherer Beifang von 9 kg ▸Schollen einkalkuliert werden; dabei galten die 2013 als gerade erholt. Die **Liste der bedrohten Fische** wird Jahr um Jahr nur länger – solange nicht bald bestandsschützende Maßnahmen greifen. Als grundsätzlich – also ganz egal, ob in bestimmten Gebieten oder mit speziellen Methoden gefangen – **nie empfehlenswert** listeten WWF bzw. *Greenpeace* 2013 Aal und ▸Schwertfisch auf. Deshalb: Finger weg! Umso besser, dass auch der Lebensmittelhandel mit Auslistungen reagiert hat.

CERTIFIED SUSTAINABLE SEAFOOD MSC www.msc.org

Fische, empfehlenswerte

Ein bis zwei Mal die Woche ▸Fisch empfiehlt unverdrossen die DGE *(Deutsche Gesellschaft für Ernährung)*. Doch angesichts dramatischer Zahlen zur ▸Überfischung (▸Fische, bedrohte) sollten wenigstens nur solche Arten empfohlen werden, die in ihrem Bestand **nicht massiv bedroht** sind.

Die ▸Aquakultur allein ist offensichtlich keine Lösung, da die Mehrzahl der gemästeten Fische wie ▸Forellen oder ▸Lachse Raubfische sind und meist mit Fischmehl/-öl aus der Intensivfischerei gefüttert werden, mit entsprechenden ▸**Veredelungsverlusten**. Wenn man also Zuchtfisch überhaupt noch empfehlen kann, dann aus ▸ökologischer Aquakultur (▸Biofisch). Und am liebsten Arten, die *omnivor* sind, also allesfressend und auf wenig zusätzliche ▸Futtermittel angewiesen, oder sich sogar **rein vegetal** ernähren. Gerade bei Bio wird versucht, die fischigen Futterbestandteile zu reduzieren.

Auf Friedfische wie den ▸Karpfen können sich ohnehin alle Öko-Profis der ▸Anbauverbände einigen – Raubfische mit ▸Bio-Siegel gibt es sonst nur auf Basis der ▸EG-Öko-Verordnung oder von ▸Naturland. Die anderen Verbände halten fischiges Futter für untragbar oder sprechen (wie ▸Biokreis) von der ▸Käfighaltung in Meeresanlagen. Sie präferieren unräuberische Süßwasserarten. **Parade-Biofisch** wäre da der Karpfen. Ob EU- oder Verbands-Bio: Für den Fischratgeber vom ▸WWF ist Biofisch für alle Arten immer zu empfehlen! Auch für ▸ *Greenpeace* ist eine **Öko-Herkunft** selbst bei sonst abzulehnenden Arten die Ausnahme.

Beide Ratgeber geben dezidiert an, welcher Fisch aus welchen Gebieten mit welcher Fangmethode bzw. aus welcher Aquakulturform nun erste, zweite oder gar keine Wahl ist. Der WWF unterstützt zudem die (von ihm

Empfehlenswert: Ein Bio-Karpfen als Prachtexemplar, auch die Forelle gilt als nicht bedroht – Labels wie MSC oder FOS dienen als Orientierung

FRIEND OF THE SEA ©

Fischleiter: Die Wiederkehr von traditionellen Wanderfischen an angestammte Laichplätze wird mit Treppenhilfen erleichtert

Fischklassiker: Besser wäre es, ein Bio-Gourmet wüsste um die genaue Artenvielfalt in dieser Restfisch-Suppe

mitentwickelten) Standards zu ▸nachhaltigem Fischfang vom ▸**MSC** und hält dessen ▸Gütesiegel sowie das vom **ASC** *(Aquaculture Stewardship Council)* für uneingeschränkt empfehlenswert. *Greenpeace* hingegen kritisiert den MSC wegen allzu großzügiger Label-Vergabe, ist auch beim ASC skeptisch. Die Kriterien von ▸***Friend of the Sea*** (Wild- und Zuchtfisch) gelten generell als strenger als die von MSC wie ASC.
Auf den Websites von *Greenpeace* wie WWF können die je aktuellen Empfehlungen abgerufen werden. Als trauriges Beispiel mag die kurze Liste empfehlenswerter Fische bei *Greenpeace* dienen: Ende 2013 gab's **nur viermal „Grün"**: So beim Afrikanischen ▸Wels aus Aquakulturen mit geschlossenem Kreislauf (in Belgien, den Niederlanden, Nigeria und Ungarn). Zweitens für ▸Forellen (aber nicht Regenbogenforelle aus dänischer, deutscher, italienischer, norwegischer, polnischer Käfig-Aquakultur). Drittens für Zuchtkarpfen, und viertens für ▸Hering (aber nur aus dem richtigen Fanggebiet). Als zweite Wahl galten ▸Lachs, ▸Dorade, Schellfisch, ▸Scholle, Sprotte oder ▸Tilapia – eben nur unter sehr genau definierten Bedingungen.
Die Schweizer Tierschützer von *fair-fish* sind da kategorischer und titelten schon 2010: **„Das beste Label:** nur einmal pro Monat Fisch!"

Stäbchengenuss: Verquaderte und gutpanierte Filets von öfter anonymer Fischverschiedenheit, hier beim TÜV Rheinland in guten Testhänden

Fischstäbchen

Englische Schulkinder gaben 2013 bei einer Umfrage an, in ihren *fish fingers* sei weißes Hühnerfleisch. Dafür gesorgt hat die praktische Verquaderung und Panierung fischiger Formenvielfalt: Sieht nicht aus wie ▸Fisch, schmeckt kaum so, aber gerade deshalb v. a. Kindern dank des Panadekontrasts zur Weichfüllung.
Laut Gesetz muss fischmaßstäblich zu **65 % Meertierisches** drin sein, den Rest darf die Krosshülle ausmachen. Schon 2007 hatte das *Bayerische Landesamt für Gesundheit und Lebensmittelsicherheit* moniert, der Fischanteil sei auf knapp 60 % gesunken – was die Hersteller damit erklärten, dass die gefrorenen, aus Fischkompaktblöcken gesägten *fish fingers* eben mit Panade vorfrittiert würden …

Zunächst so unsichtbar wie meist uninteressant für Stäbchenmöger ist, was so drin ist in den patenten Dingern, die es **seit 1959** in Deutschland gibt: Traditionell (und heute seltener) ▸Seelachs, aktuell oft ▸Alaska-Seelachs. Zu Stäbchen werden vermehrt empfehlenswerte Alternativen wie ▸nachhaltiger Wild-

fisch mit Logo vom ▸MSC oder – als beste Wahl – Zuchtfisch aus ▸**ökologischer Aquakultur,** dann etwa ▸Pangasius oder ▸Lachs.
2012 bemängelte ▸ÖKO-TEST 5 von 13 Proben wegen erhöhter Mengen des Schadstoffes ▸3-MCPD, der beim überheißen Frittieren entsteht und deshalb leicht vermeidbar wäre.
Die Deutschen verputzten 2011 rechnerisch je 24 Stäbchen (insg. 60 000 t). Doch die sonst bei Fisch begehrte ▸**Omega-3-Fettsäure** bieten die Magerfilets kaum. Dass sie dagegen viel ▸Fett enthalten, liegt am Vorfrittie-

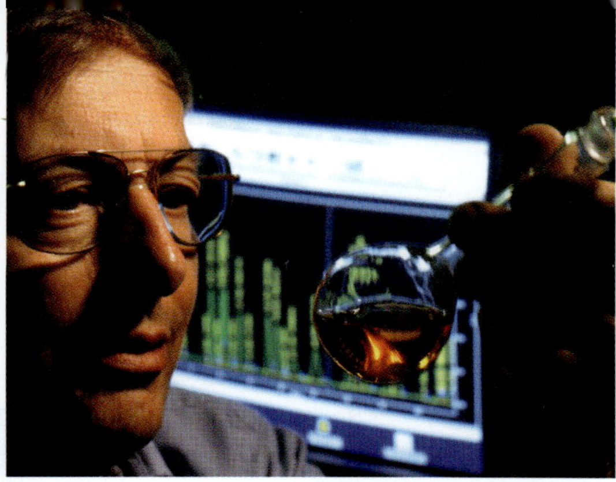

ren und wird zuhause in der Pfanne potenziert – auf 17 g in 5 Stäbchen. **Nota bene:** Längst gibt es auch **Fischersatzstäbchen** auf Basis von ▸Tofu statt Tier. Den Herstellern kommt da nicht zuletzt die Geschmacksdominanz der allfälligen Panade zugute.

Flavonoide

Wichtiges Wertwort für eine Unterabteilung der ▸sekundären Pfanzenstoffe; wörtlich sind sie „Gelblinge" (von lat. *flavus*) nach ihrer Erstentdeckung in Pflanzenfarbstoffen. Hießen sie in den 1930er-Jahren noch **Vitamin P**, kennt man sie heute in mehr als 8 000 Verbindungen in Pflanzen (Tiere haben keine) und in unserer Nahrung nur noch unter dem Gelb-Namen. Im Pflanzenreich sorgen Flavonoide für Blütenfarben, schützen vor zerstörender UV-Strahlung und zu viel Licht, produzieren giftend Insektenabwehr und wirken gegen Viren, Bakterien oder Pilze. Sie sind v. a. aber starke ▸**Antioxidantien**, ungefährlich für Menschen – ganz im Gegenteil: hochnützlich.
Flavonoide als eine Untergruppe der ▸**Polyphenole** kommen in Früchten, Gemüsen, Hülsenfrüchten und Getreide vor, in Blättern, Samen, Nüssen. Meist sitzen sie funktionsgemäß in Randschicht und ▸Schale, wo sie neben Farbe auch Geschmack geben.
Wer schält, dem gehen etwa 80 % der Flavonoide verloren, bei industriell hergestelltem Apfelsaft etwa bleiben nur 10 % von ihnen darin. Er- und enthalten sind sie dagegen in ▸naturtrübem **Bio-Apfelsaft**, bei dem auch die Schalen in die Flasche kommen. Untersuchungen zeigten außerdem, dass bei ökologischen ▸Gemüsesäften der Gehalt an Flavon (einer Untergruppe der Flavonoide), **bis zu zehnmal so hoch** war wie in konventionellen. Die Wirkungen der Flavonoide auf den menschlichen Organismus sind erst unvollständig erforscht. Sicher scheint jedenfalls, dass sie auch bei uns antioxidativ wirken (indem sie etwa Vitamin C vor dem Abbau schützen), enzymhemmend sind und therapeutisch einiges taugen. Etliche Flavonoide erwiesen sich im Tierversuch als krebshemmend, andere verhinderten Thrombosen und halfen, den Blutdruck zu senken, und verringerten dadurch das Risiko von Herz-Kreislauf-Erkrankungen. Flavonoide gelten sogar als allgemeine **Aktivierer des Immunsystems**.
Die Volksmedizin kennt die Wirkung der Flavonoide schon lange und empfahl deshalb früh Birken- oder Gingkoblätter, Bitterorangenschale, Holunder-, Kamillen-, Linden- und Saflorblüten, Passionsblumenkraut oder Rotes Weinlaub. Neben Äpfeln und Tomaten gelten Beeren, Kakao, Tee sowie diverse **Kohlarten** als ganz besonders reich an Flavonoiden.

Flavonoide: Als Farbstoffe entdeckt, als 8 000 wichtige Stoffe der Polyphenole erkannt und eben farbgebender Bestandteil von Obst und Gemüse

Fleisch

Auch wenn das F-Wort neben dem mit V wie *Veggie Day* längst zum Kampfbegriff taugt: Definitorisch nüchterner betrachtet ist Fleisch ja

Fleisch: Man kann ihm mundwässernd zu- oder tierisch abgeneigt sein – auf jeden Fall ist es produktions- und längst auch gesundheitsproblematisch

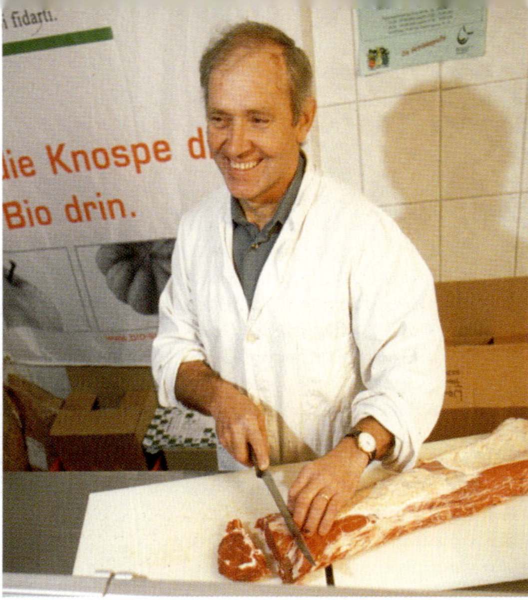

Fleisch: Wenn schon nicht in Bioqualität wie oben, dann doch immerhin von Neuland aus artgerechter Haltung – neuere Tierschutz-Labels müssen sich da erst bewähren

nur das Muskelgewebe und die ▸Innereien von Tieren, insbesondere **von erschlachteten Nutztieren** oder ▸Wild. Gewöhnlich wird das „weiße" ▸Geflügelfleisch von jenem „roten" der Landsäugetiere (▸Rinder oder ▸Schweine) unterschieden. Gleichwohl ist Fleisch durch eisenhaltige Pigmente (Myo- und Hämoglobin) immer mehr oder weniger rot und verdunkelt sich beim Lagern noch.
Sicher scheint, dass Fleisch in der Menschheitsgeschichte eine größere Rolle gespielt hat, v. a. als **Proteinlieferant**; durchaus umstritten ist, welche Rolle Fleisch in der modernen Ernährung zukommt – ▸Vegetarismus und ▸vegane Lebensweise zeigen, dass es **auch ohne** geht.
85 % der Deutschen essen (nahezu) täglich Fleisch; insbesondere Männer mögen trotz aller ▸Skandale um ▸Gammelfleisch, ▸Dioxin, ▸Analoges, ▸Keime oder ▸Antibiotika selten verzichten. Das V-Vorpreschen der Grünen im Wahlkampf 2013 dürfte einige Stimmen gekostet haben!
Fleisch gilt eben traditionell auch als Ausweis von **Wohlstand**; zugleich ist es mit religiösen Nahrungstabus belegt. Fleisch wird von Karnivoren der Konsistenz bzw. ▸Textur wegen geschätzt, die durch das Zusammenspiel von Muskel-, Fett- und Bindegewebe (intramuskulär „marmoriert" oder aber unter der Haut) entsteht. Vor dem Genuss kommt jedoch das Töten (▸**Schlachten**): 2013 wurden weltweit nahezu 310 Mio. t Fleisch produziert, während es 1970 gerade mal 100 Mio. t waren.
Trotz Bedenken hinsichtlich ▸Ethik, Artgerechtigkeit, ▸Tierschutz, ▸Naturschutz und ▸Klimaschutz steigt der Fleischkonsum – wenigstens global gesehen. Der **Pro-Kopf-Verzehr** (statistisch ohne Knochen) lag 2013 bei jährlichen 43 kg. In der „Dritten Welt" steigt der Konsum; er lag 2013 bei 33,5 kg (2006: 30,7 kg), in den Industrieländern stagniert er hingegen bei knapp 80 kg. Die Deutschen aßen im Schnitt 60 kg Fleisch, mit sinkender Tendenz.
Die **deutsche Fleischerzeugung** von 8 Mio. t in 2012 übertrifft den Verbrauch, denn Fleisch ist ein riesiger Wirtschaftsfaktor und wird in alle Welt exportiert. Das Gros deutschen Fleischkonsums macht seit jeher das

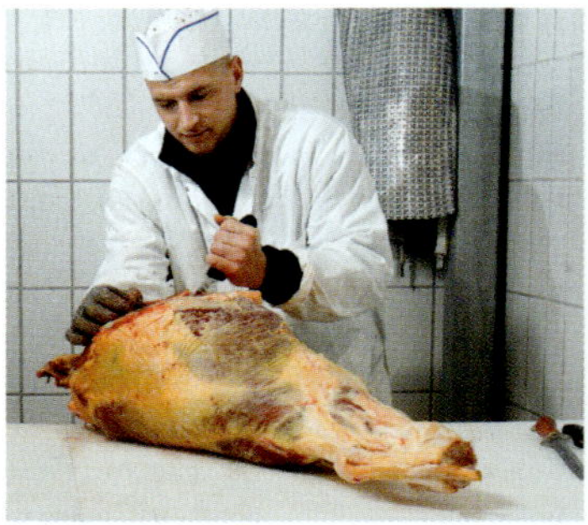

▸Schweinefleisch (mit etwa 2/3) aus; den Rest teilen sich Rindfleisch und **seit der BSE-Krise** zunehmend Geflügelfleisch, da ▸Wildfleisch, ▸Kaninchen- und Pferdefleisch sowie selbst ▸Lammfleisch und ▸Ziegenfleisch nur einen Bruchteil darstellen.

Die FAO rechnet mit nahezu 20 Mrd. ▶Hühnern, 1,4 Mrd. ▶Rindern und je 1 Mrd. ▶Schweinen und ▶Schafen (bzw. ▶Lämmern), die weltweit gehalten werden. Ihr Hunger ist so gewaltig wie ihr Flächenbedarf: 80 % der globalen Agrarfläche dienen als Weide oder als Acker für ▶**Futtermittel**, die ▶Massentierhaltung sorgt für gesteigerte Nachfrage nach ▶Soja und ▶Mais. Das Dilemma dabei sind die sog. ▶Veredelungsverluste. Denn die pflanzlichen Kalorien, die dem Tier als Nahrung dienen, gehen im Verhältnis von 8:1 (bei Rindern) bis etwa 2:1 (bei Hühnern) im tierischen Stoffwechsel verloren. Angesichts begrenzter Globalfläche ist klar: Die ▶**Welternährung** kann nur mit gezügeltem Fleischhunger gesichert sein! Die Biobranche macht vor, wie es anders geht: ▶**Biofleisch** trägt statistisch gesehen nur rund 4 % zum Gesamtumsatz mit ▶Biolebensmitteln bei – im konventionellen Markt ist es fast das Doppelte.

Denn Fleischerzeugung spielt bei Bio trotz wachsender Mengen eine Nebenrolle; Grundlage der ▶ökologischen Tierhaltung und des ▶ökologischen Landbaus ist der geschlossene Hofkreislauf als Zusammenspiel von Fläche, Futter und bei der Tierhaltung anfallendem ▶Stickstoff. **In Maßen statt Masse**, denn das Ziel ist die Balance – zumindest bei den ▶Anbauverbänden, die von Höfen vollständige ▶Umstellung verlangen, anders als die ▶EG-Öko-Verordnung. Und so ist der Marktanteil von Biofleisch am Gesamt-Fleischmarkt mit 1,4 % sehr niedrig. Auch höhere ▶Preise tragen dazu bei; ▶**Biokonsumenten** sind ohnehin eher mal ▶Veganer, Vegetarier oder ▶Flexitarier.

Die gesundheitlichen Folgen übermäßigen Fleischkonsums (Übergewicht, Herz- und Kreislauferkrankungen) sind heute fast unbestritten, v. a. in Zusammenhang mit rotem Fleisch und verarbeiteten Produkten wie Wurst. Die DGE *(Deutsche Gesellschaft für Ernährung)* empfiehlt **max. 600 g Fleisch** pro Woche – die Deutschen aber essen etwa das Doppelte.

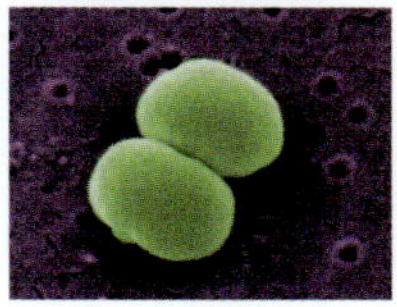

Fleisch(ersatz): Auch Keime wie Staphylokokken lieben's, die Kühlkettenkontrolle ist daher obligatorisch – und bei Fleischersatz nicht nötig, da sind ja Pflanzen im Spiel

Fleischersatz

Da kommt bei manchen untierische Freude auf: über ▶vegane Substanzen aus Pflanzen oder ▶vegetarische Versionen mit Molkereiprodukten, deren ▶Textur und Geschmack dem von ▶Fleisch mehr oder weniger stark ähneln und sie damit in Simulation ersetzen können – oder sogar wie ▶Tofu längst eine **eigene Genusskultur** geschaffen haben. Als Ersatz von Proteinen von gewesenen Lebewesen sind derlei Produkte nicht zuletzt auch aus gesundheitlichen statt ethischen Gründen bedeutsam: für Patienten mit überhöhten Cholesterinwerten etwa. Alles Fleisch Ersetzende weist ganz traditionell den **höchsten Bio-Anteil** auf (2012 waren es in Deutschland 68 %), mit regelmäßig zweistelligem Jahreswachstum. In den traditionellen Vegetarier-Gesellschaften, v. a. in den dicht bevölkerten Regionen Asiens, hat Fleischvermeidung eine lange, teils auch religiös begründete Funktion in der Ernährung. Bestes Vorbild sind da Produkte aus ▶**Soja** wie Tofu, ▶Tempeh und Yuba (Sojamilchhautblätter am Stöckchen), aber auch das aus Weizen gewonnene ▶**Seitan**. Fleischersatz ist in Asien kein Substitut, sondern Magenkulturerbe; insbesondere Tofu und Seitan haben von dort vor

Fleischersatz: Beispielsweise als Weizengluten mit dem besonderen Reinbeißbiss von Fleischkonsistenz

vielen Jahren schon ihren Weg in die westliche Veggie- und Bio-Küche gefunden und machen hier der Tradition der ▶**Bratlinge** aus Getreiden wie ▶Dinkel, ▶Grünkern oder ▶Hirse (längst auch aus ▶Quinoa und ähnlichen Pseudogetreiden) den eroberten Platz im veganen wie vegetarischen Speiseplan streitig.
Inzwischen taugen auch ▶Pilze oder Produkte aus dem ▶Schimmelpilz *Fusarium venenatum* als sog. ▶**Quorn** zum Fleischersatz; weil für dieses ▶Novel Food allerdings Hühnereiweiß als ▶Bindemittel genutzt wird,

Flexitarier: Sie leben vorsätzlich appetitlustig mal vegetarisch, mal nachgiebig gelegentlich mit Fleischgelüsten ohne größere Reue-Beteuerung

kann es nur für Vegetarier, nicht für Veganer zum Neufood werden. Ähnlich sieht es **bei Milchproteinischem** wie der populären „Valess"-Linie aus. Während Fleischverzicht in der Regel ethisch begründet ist (▶Tierschutz), rücken vermehrt ökologische Aspekte in den Blick. Eine Studie im Auftrag von VEBU *(Vegetarierbund Deutschland)* und ▶*Greenpeace Österreich* eruierte 2011, dass Pflanzen-Burger bei den **CO_2-Äquivalenten** und der benötigten Fläche unschlagbar besser dastanden als Hackfleisch – und dass Bio noch einmal besser abschnitt. Schon 2009 berichtete „Ecofys": 10-mal weniger CO_2, 20-mal weniger Wasser, 45-mal weniger Fläche für Soja-Burger als für's rindige „Original"!
Seit Jahren wird überdies an sog. **Invitro-Fleisch** als Ersatz für Nutztiers Fleisch geforscht, für das garantiert kein Tier leiden oder sterben muss. Bereits 2008 hatte die Tierrechtsorganisation PETA 1 Mio. US-Dollar für dasjenige Labor ausgelobt, dem es als erstes gelingt, Kunstfleisch zur Marktreife zu bringen. Im August 2013 wurde vor versammelter Weltpresse in London **der erste Labor-Burger** verspeist – und er soll sogar Struktur und Biss gehabt haben, also ein Kauvergnügen gewesen sein.
Nota bene: Tierisches Eiweiß hat zwar eine höhere biologische Wertigkeit, doch sein übermäßig großer Anteil in der Ernährung ist offensichtlich ja auch gesundheitsgefährdend für das Herz-Kreislauf-System und die Cholesterin- und Harnsäurewerte. Letztlich droht Dickleibigkeit.

Flexitarier

Einer aus der Bewegung der Beweglichen, der jede Festlegung bei der Nahrungsannäherung locker sieht und dennoch Gutes dabei tut. Was Flora etwa alles vegetieren lässt, soll gern den ausgesprochenen ▶Vegetariern schmecken. Oder allen noch Strengeren, die sich als radikalere *vegetarians* seit 1944 *vegans* nennen: ▶Veganer also, denen nichts vom Tier auf den Teller und im Idealfall gar nicht erst ins Haus kommt. Beide V-Verpfleger sind gegen Fleischliches gefeit und kennen Mangelgefahren.

Doch auch bei den Nicht-V-Essern führten seit den 1990ern immer neue ▶Skandale zu neuem Verhalten durch generell zunehmende Skepsis bei ▶**Fleisch**. Zum anderen mehrten sich aber Erfahrungen mit raffinierten vegetarischen Rezepten. Hin und wieder indisch oder ayurvedisch, gern allgemein asiatisch genießen und dafür mal auf Fleisch oder auch ▶Fisch verzichten – so unbekümmert (sagen die einen) bzw. prinzipienlos (die anderen) essen sich **Halb-Abstinenzler** mit gelegentlicher Lust auf Fisch & Fleisch durch die Küchen der Welt.

2013 versuchten immerhin 52 % der Deutschen, weniger Tierisches zu essen, während der Rest der Festhalter am Fleisch sich noch über den Grünen-Wahlkampf wegen des „Veggie Days" empörte. Diese bewusste Einstellung als Manchmal-Karnivore, dafür Öfter-Vegetarier, wurde Mode.

Für derlei **variable Fleischreduzierer** war der trendige Name schnell und noch vor ihrem Auftauchen in Mitteleuropa gefunden: *Flexitarian*. 1992 prägte ihn eine US-Journalistin zum Leid- und Wutwesen echter Vegetarier, die darin nur einen *Semi-* oder *Part-Time-Vegetarianism* sahen.

Bis 2003 war die „Flexitarier"-Fangemeinde aber schon so groß, dass ihre griffige Selbstbenamung von der *US-Dialect Society* zum „nützlichsten Wort des Jahres" erklärt wurde. Öffentlich beachtet essen nun *Flexitarians* nicht mehr so oft Fleisch, seltener Fisch, beides nur noch bewusst und gemüsig begleitet ein- bis zweimal wöchentlich – in maßvollen Portionen.

Die Industrie zog schnell nach, ohne **„das große V-Wort"** zu benutzen, und bewirbt gemüsige ▶Fertigprodukte mit Appellen an alle *Meat Reducers*, die doch nur die bösen gesättigten ▶Fettsäuren meiden wollen.

Ihren Frieden haben wahre Vegetarier mit all den **„Weekend"-Flexitariern** nicht gemacht und spotten: Ein bisschen vegetarisch sei nun mal wie ein bisschen schwanger …

Flocken

Sie sind platterdings die magenfreundlichste Form von Kornigkeit (▶Körner) und voll von ▶Vollwert – doch nicht nur im ▶Müsli sollten sie Bioqualität haben. Denn im Rohstoff ▶Getreide, so es aus konventioneller Produktion stammt, finden sich bei Tests regelmäßig **bedenkliche Spuren** von ▶Pestiziden wie ▶Glyphosat.

Dabei sind die Flocken aus Getreide oder Pseudogetreide, ob ▶glutenfrei oder nicht, höchst gesund. Was da nach Quetschen oder Walzen in die Tüten rieselt, stammt zumeist von ▶Hafer (als ▶Haferflocken), ▶Hirse, ▶Dinkel, ▶Gerste, ▶Weizen, ▶Emmer, ▶Quinoa, ▶Buchweizen oder auch mal ▶Kamut. Getreideflocken gehörten schon zum Kerngeschäft, als in den 1970er-Jahren erste ▶Bioläden öffneten, und zählen noch heute im riesigen Angebot von ▶Cerealien zu den beliebtesten Bioprodukten.

Anders als **grobe Flocken** aus ganzem Korn werden **feine Flocken** aus

Flocken: Die bewährte etwas leichtere Art, Körniges zu verbacken oder in zarterer Form Brei oder Müsli damit anzusetzen

Flocken-Grade: Vom vollen (oben) zum entspelzten Dinkelkorn, das zu lockerer Flockigkeit (unten) gequetscht wurde

gewalztem ▸Schrot gemacht. Leicht verdauliche **Knusperflocken** werden vorgequollen, heiß gewalzt, zugleich getrocknet und geröstet, **Instant-Flocken** werden aus Mehlteig geformt und getrocknet. Allerdings: Je höher der Verarbeitungsgrad des Getreides, desto weniger Wertstoffe bleiben erhalten, wie etwa bei den aus ▸Mais gemachten, nullwertigen Cornflakes. Getreideflocken sind eben am gehaltvollsten, wenn sie aus dem ganzen Korn – Mehlkörper, Randschichten und Keimling – gewonnen werden. Damit bleiben kornige ▸Spurenelemente, ▸sekundäre Pflanzenstoffe und Ballaststoffe erhalten. **Konventionelle Getreideflocken** sind oft wärmebehandelt, sodass viel verlorengeht. Überdies werden sie meist konserviert, im Gegensatz zu Bio-Flocken.

Wer besonders frische Flocken mag, kann sie mit einer **Quetsche** selbst herstellen. Für Getreide-Gourmets lohnt die Anschaffung eines (allerdings nicht ganz billigen) Kombigeräts; damit lassen sich die Körner auch noch schroten und mahlen.

Weicht man das Getreide vorher kurz ein, ist die Schale elastischer und die weitere Arbeit weniger mühsam. Außerdem schließen sich dabei durch die enthaltenen ▸Enzyme die ▸Mineralstoffe besser auf und werden so **besser verdaulich**.

Hafer muss man nicht einweichen, seine Schale ist weicher. Er sollte aber innerhalb von zwei Stunden nach dem Quetschen gegessen werden, denn der Keimling oxidiert und verbittert. Bleiben noch Flocken übrig, sollten sie stets dunkel und trocken gelagert werden.

Nota bene: Die sog. Schmelzflocken aus platten, getrockneten Hafermehl-

teigtröpfchen sind eine bewährte Grundlage für ▸Babynahrung. Im Fläschchen „schmelzen" die Flocken wieder zum dünnen Brei.

Flunder

Ein eigentlich edler Pfannenausfüller, schon der Form nach; in Rezepten „geht" Flunder wie ▸Seezunge – und zergeht auch so auf der Zunge. *Platichthys flesus,* auch Graubutt oder norddeutsch schlicht **Butt** genannt, ist in Europas Küstengewässern heimisch und stellt in der Ostsee sogar den weitverbreitetsten aller Plattfische dar. Seine eher warzige Haut unterscheidet ihn von der glatten ▸Scholle. Ohnehin hat die Flunder den ordinäreren Ruf – obwohl ihr Fleisch ähnlich schmackhaft und auch inhaltlich von vergleichbarer Qualität ist. Die Anlandepreise sind jedenfalls deutlich geringer als bei den Verwandten aus der Familie der **Schollen** (wozu etwa auch der ▸Heilbutt gehört).

Flunderfilet: So delikat wie die Scholle und als Butt erkannt an den typischen kleinen Höckern seiner Haut

Den Beinamen Sandbutt verdankt die Flunder ihrer Routine, sich im Meeresboden zu vergraben; nachts

Flunder: In plattester Anpassungsfähigkeit verharrt diese als Nachträuber tagsüber auf dem Grund des Kaspischen Meeres

kriecht sie auf der Suche nach Beute auf den Flossen herum. Auf diese Weise könnte *Platichthys flesus* theoretisch 15 Jahre leben und 50–60 cm lang und 14 kg schwer werden – doch da waren zu lange die so üblichen **Schleppnetze** vor, die auf der Jagd nach Scholle, Seezunge oder Dorsch (▸Kabeljau) den Ostseeboden aufwühlten und Flundern häufig zum bloßen Beifangopfer machten.

Inzwischen haben die Netze am unteren Ende weitere Maschen als sog. Fluchtfenster, durch die Flundern entkommen können. Der ▸**Beifang** der Dorschfischerei soll auf diese Weise um 95 % verringert worden sein. Die IUCN *(International Union for Conservation of Nature)* beließ die Flunder 2013 auf der Roten Liste gefährdeter Arten, hielt sie aber für „derzeit nicht gefährdet". Der Einkaufsratgeber des ▸WWF stufte Ostsee-Flunder 2013 als **„Zweite Wahl"**, somit als eingeschränkt empfehlenswert ein; von Nordsee-Flunder wurde abgeraten. Der ▸MSC zertifizierte bis 2013 erst Fischereien für Flachkopfflundern. Da Flundern bislang nicht in ▸Aquakultur gezüchtet wurden, gibt es keine Bio-Flundern.

Nota bene: Wenn Flundern mal mit Schollen gemeinsam laichen, treten tatsächlich sog. Bastarde auf; die haben eine weniger warzige Haut und schwach ausgeprägte rote Flecken.

Food Miles

Sie kommen global zusammen bei der Überwindung der Entfernung *„farm to fork"*, die Meilen oder Kilometer also, die Lebensmittel beim ▸Transport vom Erzeuger zum Konsumenten geflogen zurücklegten und die damit relevant sind für ihren ▸**Carbon Footprint**. Geprägt wurde der Begriff von Tim Lang von der *City University London.* Er errechnete, dass Lkw für 60 % der CO_2-Emissionen beim weltweiten Lebensmitteltransport verantwortlich sind, 20 % entfielen auf das Flugzeug, je 10 % auf Bahn und Schiff. Nicht mitgezählt sind die zahllosen Fahrten von Pkw zum privaten ▸Einkaufen.

Doch *miles* allein machen noch keine **Klimasünde**, wie auch die Befürworter von ▸Fairtrade betonen: Lange Transportwege seien eben nur einer von mehreren Nachhaltigkeitsaspekten neben Anbau, Lagerung, Verarbeitung. Immer fatal aber sind sog. Flugmeilen; sie sind nach einer Studie der Verbraucherzentralen immerhin bis zu 170-mal klimaschädlicher als alle per Schiff zurückgelegten Distanzen. Grob gerechnet werden nur 0,1 % der Nahrung per **Luftfracht** nach Deutschland importiert, diese Transportleistung wird jedoch mit 16 % der Emissionen unserer Lebensmitteltransporte erkauft.

Zur wörtlich so abgehobenen ▸Importware zählen frischer Fisch (v. a. ▸Viktoriabarsch aus Afrika, Seefisch aus Asien, ▸Rotbarsch aus Island), ▸Obstexoten (▸Mangos, ▸Papayas, afrikanische ▸Ananas)

Food Miles: Sie sind oft gar nicht so entscheidend wie die Art des Transports – Flugfood übertrifft da alles an Klimasündigem und ist bei Bio teilweise sogar verboten

und Kenia-Bohnen. Sie profitieren vom **steuerbefreiten Flugbenzin**, sind also subventioniert – ▸Bananen jedoch kommen in der Regel nachreifend per Kühlschiff und sind Flugfood damit meilenweit überlegen.

Food Miles: Der aufwendige Transport per Lkw ist keine solche Klimasünde wie Flugfood – Labels lassen Kunden da immerhin wählen

Nota bene: Die *Soil Association*, die in Großbritannien 85 % aller Bioprodukte lizensiert, will Luftfrachtware das ▸Bio-Siegel entziehen, während der Schweizer Anbauverband ▸Bio Suisse das „Knospe"-Logo grundsätzlich nie an Herangeflogenes vergibt. In beiden Ländern labeln diverse ▸Supermärkte Flugfood („BY AIR" bei „COOP" bzw. „*air freighted*" bei „Marks & Spencer") – in Deutschland gab es 2013 allerdings noch keine solche ▸Kennzeichnung.

Food-Processing: Alle technische Weiterverarbeitung von Rohem, zu gern trickreich apparatös – ganz im Gegensatz zu schlichter Handwerklichkeit eines Bio-Metzgers, der Rohwurst herstellt

Food-Processing

Fachwort für modernere Lebensmittelverarbeitung, mit der sich eine Rohware von ihrem Urzustand entfernt. Solch eher industrieller Aufwand kann beträchtlich sein – denn mit jedem **Verarbeitungsschritt** steigt der Bedarf an Energie und ändern sich Inhaltsstoffe. Öfter ist er auch verdächtig, denn je mehr Prozesse und ▸Zusatzstoffe erlaut sind, desto eher können da ▸industrielle Tricks walten und etwas entstehen lassen, das mit dem Versprochenen nur noch namentlich und damit ▸irreführend zu tun hat (▸Analog…).

Seit **Biolebensmittel** nicht mehr nur aus unbearbeiteten Frischeprodukten bestehen, hat die Biobranche mit allerlei Regelungen versucht, ihre Basisprinzipien in Richtlinien zu übersetzen: ▸Authentizität und Wahrhaftigkeit sollen auch hier gewahrt bleiben. Grundsätzlich strebt Bio damit eine möglichst geringe Verarbeitung an, deren Endprodukte **so naturbelassen wie möglich** sein sollen; und „verarbeitet" sind eben schon Alltagsgenüsse. Milch- und Fleischprodukte zählen dazu, Brot, Nudeln, Fruchtsaft – und erst recht solche Bequemlichkeiten wie ▸Fertigprodukte. Was also ist da bei Bio so anders?

Die ▶EG-Öko-Verordnung (für **EU-Bio**) als Ergebnis langer und länderübergreifender Diskussionen ist da naturgemäß weniger differenziert als die Richtlinien der ▶Anbauverbände (Verbands-Bio). So ist die **Prozessqualität der Verarbeitung** nicht definiert, sie ergibt sich indirekt aus der starken Limitierung der erlaubten ▶Zusatzstoffe (48 statt konventionell legaler rund 330 Substanzen) und dem Verbot von ▶Bestrahlung und ▶Gentechnik. Ansonsten wird Wert auf „die tatsächliche Beschaffenheit" und „sorgfältige Verarbeitung" gelegt, um die Qualität der (zu mind. 95 %) ökologischen Rohstoffe nicht ▶irreführend zu mindern. Der Ausschluss künstlicher ▶Geschmacksverstärker, ▶Aromen oder ▶Farbstoffe wird so direkt verständlich.

Die **Anbauverbände** kommen den traditionellen Ansprüchen an ökologisches Food-Processing näher wie etwa naturnahe Ernährung (▶Vollwert), ▶Nachhaltigkeit im Wirtschaften, angepasste Technologie (statt angepasster Podukte!), schonende Verarbeitung (als *minimal processing*). Zusatz- und Hilfsstoffe sollen eben nur dann benutzt werden, wenn ein Produkt nachweislich **nicht anders hergestellt** bzw. haltbar gemacht werden kann. Und so sind bei Verbands-Bio nur 13–22 Zusatzstoffe erlaubt; diese sind noch dazu auf spezifische Produkte oder Verfahren begrenzt. Einige Technologien sind **sogar ganz** verboten, etwa der Einsatz von ▶Nanotechnologie bei fast allen Verbänden, das nitritige ▶Pökeln bei etlichen oder das Homogenisieren von Milch bei ▶Demeter.

Verbands-Bio verzichtet – am Ende des Processings – auch auf bestimmte ▶**Verpackungen**, aus Umweltgründen und wegen der Gefahr von ▶Verunreinigung.

Die 80 % der beim „Ökobarometer" 2013 befragten ▶Biokonsumenten hatten eben recht, als sie „weniger Zusatz- und Verarbeitungshilfsstoffe" als Motivation für Bio angaben. Doch daraus folgt ja mehr: Dass schonend hergestellte Bioprodukte zwangsläufig nicht die ▶Textur, ▶Haltbarkeit und Farbe haben wie **Gewohnte**s und dass ökologisch Verarbeitetes eben auch ▶Geschmackssache ist – eine reine Geschmackssache sogar!

Foodwatch

Verein für die mit dem gewissen Gewissen, 2002 als „Nahrungsbeobachter" von Ex-*Greenpeace*-Geschäftsführer **Thilo Bode** gegründet. *Foodwatch* ist immer dann in seinem Element, wenn es ▶Skandale um Lebensmittel investigativ wie politisierend zu bearbeiten gilt. Finanziert durch etwa 25 000 Förderer, sieht sich der Verein mit seinen fast 20 festen Mitarbeitern als Lobbyist des ▶Verbraucherschutzes gegenüber Landwirtschaft, Nahrungsmittelindustrie, Behörden. Dazu fährt *Foodwatch* einerseits **Kampagnen** im Stile von ▶*Greenpeace*, die sich u. a. gegen ▶Acrylamid in ▶Chips richteten oder gegen die Behauptung von McDonald's, für Burger-Brötchen keine chemischen ▶Zusatzstoffe zu

Foodwatch: Nie knapp an skandalisierbaren Themen und an Gelegenheiten auch zur Selbstinszenierung – aber immer in unbestechlicher Aufpasserrolle

foodwatch

Foodwatch: Die umtriebigen Lebensmittelwächter decken auf, wecken Aufmerksamkeit und prangern an, wo Verbraucher eher getäuscht werden sollen – und überreichen jährlich den „Goldenen Windbeutel", wie hier 2013

Forelle: Bestgeeignet für die Aquakultur und einer der beliebtesten Süßwasserfische, die bequem den Kescher füllen

verwenden (was unwahr war). Andererseits finanziert *Foodwatch* eigene **Gutachten** und erstattet schon mal Anzeige, etwa gegen die Dünge- und Futtermittelindustrie.

Das größte Interesse aber bescheren *Foodwatch* immer wieder jene Skandale und Skandälchen, die fast wie eine Rechtfertigung der Vereinsarbeiterei wirken: Pferdefleisch in Lasagne, ▸Gammelfleisch allerorten, ▸PCB und ▸Dioxin in Eiern und anderen tierischen Lebensmitteln, ▸Analoges auf der Pizza, ▸EHEC im Salat: Zu allem weiß *Foodwatch* etwas zu sagen und weiß Rat. Allenfalls dieser Eifer bis Übereifer lässt sich den **umtriebigen Lobbyisten** vorwerfen. Denn zuweilen misslingt eben doch gebotene Differenzierung um des Effekts willen – auch bei ▸Biolebensmitteln. Dort wird dann aus der Problematisierung der EU-Bio-konformen Nutzung von ▸Carrageen schnell mal ein Generalverdacht gegen den Nutzen von Bio an sich.

Der Vorwurf der **Skandalisierung** jedoch ginge zu weit, er kommt denn auch zumeist eher aus der Industrie-Ecke. Immerhin: Seit *Foodwatch* keine Spenden von Lebensmittelherstellern mehr annimmt und Förderer ab einer Summe von 5 000 Euro namentlich veröffentlicht (auf www.foodwatch.de), sind ältere Vorwürfe der Rücksichtsnahme verstummt.

Als Mahner sind die selbsternannten **Essensretter** wohl schlicht unerlässlich, wie sie (nicht zuletzt mit dem „Ableger"-Portal **www.abgespeist.de** und der Verleihung des „Goldenen Windbeutels") immer unüberhörbar darum kämpfen, Ehrlichkeit und Transparenz bei Werbung und ▸Kennzeichnung von Lebensmitteln durchzusetzen. So agitierte man für die ▸Ampel, für genauere Angaben zur ▸Herkunft, gegen undurchschaubare ▸Zutatenlisten und früh gegen ▸**Verstecktes**, ob nun Ungesundes wie Zucker und Fett oder schier Undeklariertes wie tierische Zutaten in scheinbar Pflanzlichem oder ▸Käfigeier in ganz normalen Fertigprodukten.

Selbst ganz große Themen wie ▸Genfood und die Bedrohung der ▸Welternährung durch **Spekulation mit Nahrungsmitteln** stehen auch dank *Foodwatch* auf der Medienagenda.

Forelle

Längst nicht mehr die aus dem vielbesungenen Bächlein, sondern eher verwirrender Oberbegriff für zwei verschiedene lachsartige Süßwasserfische, die massenhaft in ▸Aquakultur erzeugt werden und relativ preiswert zu haben sind. Den deutschen Markt dominiert die erst 1889 aus Nordamerika eingeführte sog. **Regenbogenforelle** *(Oncorhynchus mykiss)*. Sie trägt zwar den Forellen-Namen, teilt mit der heimische **Bachforelle** *(Salmo trutta fario)* aber nur die Familie der Lachsartigen, nicht die Forellengattung *Salmo* an sich. Und um die Verwirrung perfekt zu machen: Einmal ausgewachsen, werden Regenbogenforellen gern als ▸**Lachsforellen** vermarktet! *Oncorhynchus mykiss* jedenfalls ist neben ▸Lachs die global am häufigs-

ten gefarmte Fischart und auch in Deutschland mit einem Marktanteil von mehr als 90 % die dominierende „Forelle“ – zumindest in konventioneller Produktion. Für die ▶**ökologische Aquakultur** ist die Bachforelle bedeutsamer. Öko-Züchter setzen auf Teiche mit natürlichem Boden, eine deutlich geringere Besatzdichte (laut ▶EG-Öko-Verordnung 25 kg Forellen pro m³ Wasser, bei ▶Naturland aber nur 10 kg Forellen), Teilbeschattung durch Ufervegetation und Duldung von Wasserpflanzen, ohne Begasung mit Sauerstoff. Dazu gelten das Verbot von ▶Antibiotika und strenge Auflagen für ▶Futtermittel. Denn v. a. letzteres macht **Öko-Probleme**. Forellen sind Räuber, die sich von tierischem Eiweiß ernähren, das bei konventioneller Aufzucht aus Fischmehl/-öl besteht, für das wiederum erst Wildfische angelandet und nur mit ▶**Veredelungsverlusten** verfüttert werden. Naturland schreibt eine ▶nachhaltige Beschaffung von Futterfisch vor, etwa aus Schlachtabfällen von Biofisch oder solchem mit ▶MSC-Siegel. Auch die EG-Öko-Verordnung erlaubt nur bis Ende 2014, das Futter aus konventionellen Quellen zu beziehen.

Andere Anbauverbände sind diesem Dilemma gar nicht erst ausgesetzt: Sie zertifizieren ohnehin nur sog. Friedfische. Auch all die vielversprechenden Versuche, Forellen **vegetarisch zu ernähren** (Anreicherung mit Aminosäuren), würden da nicht helfen: Sie werden nicht als ▶artgerecht eingestuft. Eine nachhaltige Alternative wird seit einigen Jahren erprobt: Die Gewinnung artgerechten Futters aus tierischem Protein, das eben nicht von womöglich ▶überfischten Arten stammt – sondern von **Maden der Hermetiafliege**. Intensive Tests dazu laufen u. a. am FiBL *(Forschungsinstitut für biologischen Landbau)*.

Solch nachhaltige Strategien in der Forellenhaltung sprechen denn auch eindeutiger für Bio-Forellen als etwaige sensorische oder inhaltliche Überlegenheit in der ▶Qualität. Die wurde bisher nicht festgestellt. Forellenmöger honorieren aber auch Biomarinaden, traditionelles ▶Räuchern mit **Holz statt Flüssigrauch** und das Tabu der Injektionssalzung.

Forelle:
In verzerrender Nahaufnahme so riesig wie unser Appetit auf ihre Filets

Forellenfutter:
In ökologischer Aquakultur sind Fliegenmaden das bessere Futter als die Überreste von Fischen anderer kannibalisierter Schwimm-Arten

Freeganer

Sie sind die stillen, weil eher nächtens agierenden Kritiker der Überproduktions-, Konsum- und Wegwerfgesellschaft. Sie wollen daran null teilhaben – nur nicht gerade ums Verrecken nicht, denn jeder Mensch muss essen. Das tun sie sanft-radikal als **Polit-Unkäufer** und ernähren sich umsonst. Nicht in Armenküchen oder an Wohltätigkeitstafeln, sondern aus Müllbehältern von Restaurants oder ▸Supermärkten.

Freeganer: Mit Freiheitsrecht auf Sättigung lehnen sie jeden Kommerz bei Lebensmitteln ab, zahlen nie, sondern klauben sich Entsorgtes zusammen – beim Containern…

Daraus besorgen sie sich Entsorgtes heimlich und nennen sich *Freeganer*, weil es sich nach freierem ▸Veganer (die meisten *Freeganer* meiden Tierisches) und auch nach *gain* (wörtl. „bekommen") anhört. So sind *Freeganer* die **Umsonstbekommer** von nur angegammelten Obst- und Gemüseresten oder von Fertigem, das nur das Mindesthaltbarkeitsdatum überschritt. Liegenlassen wäre Sünde, Mitgehenlassen eine Botschaft. In Deutschland ist solches Tun formell Diebstahl, in Österreich und der Schweiz jedoch Mitnahme herrenlosen Nullwerts – hier wie dort von „Müll". Aber einer mit Genusswert und letztlich als Botschaft gegen die ▸Verschwendung.
Dafür **„containern"** sie oder betreiben US-typisches **„dumpster diving"** (wörtl. „Tonnen-Tauchen"). Das alles könnte schlichter, wenn auch moderner Mundraub sein, bekommt aber durch ähnlich motivierte **Polit-Demos** eine breitere Basis. Nahezu 30 000 Aktive zählt die Online-Plattform foodsharing.de: Der Wegwerfgesellschaft werden die Leviten gelesen, was immer öfter Journalisten animiert, die Hamsterer zu begleiten. Schwer tun sich die Beobachter mit der radikalen Botschaft, sich als *Freeganer* dem Job- und Kaufzwang zu entziehen und der **Überflussgesellschaft** Hunger und Frische-Fetisch bewusst zu machen. Es befriedigt sie, persönlich keinen Bedarf zu wecken. Auch „Bio" wäre als Provokation besonderer Nachfrage verdächtig, denn jeder Bio-Euro würde das unsymmetrische System nur stützen.
So viel Politisches forderte sogar den deutschen Staatsschutz heraus. Er soll schon Supermärkte zu Abfallschutz angehalten haben. Allmählich sei Schluss mit lustig und dem Hunger nach weltverbesserlichen Attitüden und Aktionen ausgerechnet des Nachts, wenn brave Bürger satt und zufrieden schlafen sollen.

freie Radikale

Sie sind die ominösen und nicht ungefährlichen Folgen des Allerweltsphänomens Oxidation. Alles Leben wäre ohne Chemie unmöglich – und möglich macht es der ganz simple Sauerstoff. Die bekannteste Sauerstoffreaktion ist Rost, die ärgerlichste

Fäulnis oder Verderb, die gefährlichste dagegen ist Zellschädigung bis hin zu Krebsentstehung.
Und hier kommen die hochreaktiven freien Radikale ins böse Spiel: Spontan, also in Sekundenbruchteilen, auftauchende defizitäre Sauerstoffmoleküle, denen für chemische Stabilität ein Elektronenpaar fehlt, reißen dieses im Körper „radikal" an sich, um dann wieder komplett zu sein – und schon ist der **Zellschaden** durch blitzschnelle Zerstörung da.
Doch der Körper ist nicht wehrlos und bildete im Laufe der Evolution die Fähigkeit aus, gegen „radikale" Oxidation eigene Abwehrmittel zu bilden bzw. sie mit der Nahrung aufzunehmen und zu nutzen: die ▸**Antioxidantien**. Sie wirken ▸bioaktiv als sog. Radikalenfänger, neutralisieren durch Elektronenabgabe das unvollkommene Molekül und stoppen ausgelöste Kettenreaktionen, ohne selbst defizitär oder radikal zu werden. Dazu zählen ▸Anthocyane und etliche pflanzliche Einzelstoffe, aber auch ▸Vitamine und ▸Enzyme.
Und es gibt ja **radikal viel zu tun**: Für Dauerattacken der freien Radikale – etwa 10 000 Mal am Tag – sorgen lebenslang Stoffwechsel, Atemluft und Nahrung; oxidativer Stress entsteht zusätzlich durch zu viele zu verdauende Kalorien, durch ▸Schadstoffe, Rauchen, Röntgen-/UV-Strahlung, Stress, Fieber oder Medikamente.
Präzise Aussagen über Schädigungen durch **Oxidations-Chaos** sind kaum möglich, weshalb die bösen „Freien" nach dem Schema des Alarmismus praktisch für alle Zivilisationskrankheiten verantwortlich sein sollen – speziell für Herz-Kreislauf-Anomalitäten, Krebs, aber auch für grauen Star, Asthma, Rheuma, DNA- wie Neuronenschäden und Altersprozesse von Haut bis Gehirn, mit Parkinson- und Alzheimer-Defekten. Daher die Wert- bis Überschätzung all der sog. **Radikalenfänger** in unserer Nahrung, die eben zu gerne gleich ▸Superfood sein soll – etwa bei Beeren, Nüssen, Speiseöl, Tee, Kakao und Knoblauch. Schadlos machen sollen allzu freie Radikale aber auch Einzelstoffe wie Zink, Selen oder Ascorbinsäure, bequem serviert als ▸Nahrungsergänzungsmittel.

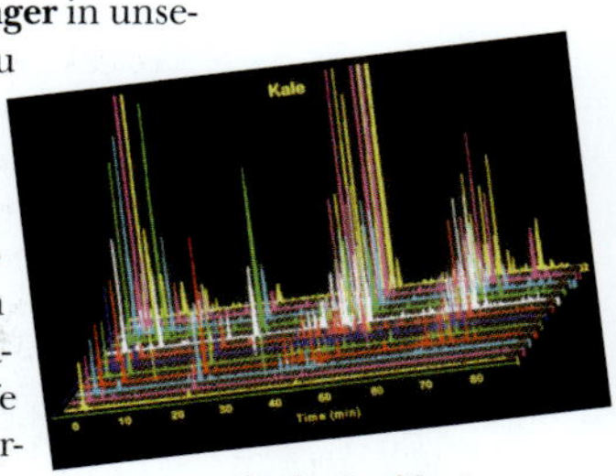

Freie Radikale: Die Analyse beweist es – Kohl enthält etliche Antioxidantien, die ihn und seine menschlichen Aufesser zellschützen

Freilandanbau

In Parallele zum allgegenwärtigen Ackeranbau das Ziehen insbesondere von ▸Gemüse unter freiem, witterungslaunischen Himmel (höchstens mal mit Folientunnel oder „Regenkappen" bedeckt) – als die bessere Alternative zum ▸Gewächshaus, in dem in Deutschland 2012 nur 1,1 % des Gemüses heranwuchs. Aus dem Freiland kommt (genau wie bei ▸Erdbeeren, die 2012 einen Bio-Anteil von 6,9 % der Fläche hatten) eben sehr frisches und tatsächlich ▸**saisonales Gemüse**, in Deutschland 2012 von

Freilandanbau: Schnittlauch von Bioland trotzte der Witterung und ist ein echter Saisonalgenuss

Freilandanbau: Unter freiem Himmel so gar nicht stressfrei für alles Pflanzliche, das so reichlich Inhaltsstoffe für Widerstandskraft entwickeln hilft und ubiquitären Schadstoffen von oben und unten ausgesetzt ist

fast 115 000 ha (Bio-Anteil: 9,2 %). In der Hauptsache ▸Spargel, ▸Möhren und Karotten, ▸Zwiebeln, ▸Weißkohl und ▸Blumenkohl – zumindest in konventionellen Freilandbetrieben. Im ▸ökologischen Landbau stehen **Freiland-Möhren** an der ersten Stelle, gefolgt von Spargel, frischen ▸Erbsen, ▸Kürbissen und Zwiebeln. Bei den „sonstigen Gemüsearten" liegt der Bio-Anteil sogar bei 19,5 %; darunter fallen Bio-Besonderheiten wie ▸Mangold, ▸Pastinaken und ▸**Portulak**, aber auch ▸Steckrüben. Blatt- und Stängelgemüse (v. a. ▸Salat, ▸Spinat, ▸Lauch) und Kohlgemüse ist dagegen weniger aus Öko-Freilandanbau vertreten, nicht zuletzt, weil diese Sorten schwerlich ohne chemisch-synthetische ▸Pflanzenschutzmittel und ▸Düngemittel zu erzeugen sind. Denn **im konventionellen Freilandbetrieb** hilft allerlei dabei, diverse Übel chemisch buchstäblich bei der Wurzel zu packen: So fällt konventionelles Gemüse regelmäßig öfter und mit höheren ▸Rückständen bei ▸Monitorings auf als Biogemüse. Weiterer Bio-Pluspunkt: Der Gehalt an ▸**Nitrat**. Er ist aus dem Freiland dank Sonneneinstrahlung u. Ä. ohnehin geringer als bei Treibhausware, bei Bio durch weniger Stickstoffdüngung aber noch einmal kleiner.

Gern wird auch **in Öko-Betrieben** das risikoreiche Freiland unfreier gemacht durch Abdeckung mit Wärme stauenden Vliesen oder durchwachsbaren sog. Mulchfolien. Das ähnelt fast Gewächshäusigem – aber ohne die insgesamt allemal bessere ▸**Ökobilanz** zu schmälern. So verursacht laut Universität Gießen (Ökologie & Landbau) die Erzeugung von 1 kg ▸Tomaten während der Saison 85 g CO_2 beim konventionellen und 35 g CO_2 in ökologischem Freilandanbau. Außerhalb der Saison im beheizten Treibhaus liegen diese Werte 109 Mal bzw. sogar 263 Mal so hoch!

Nota bene: Problematisch bleibt v. a. für Öko-Freilandbauern die Gefahr gentechnischer ▸Verunreinigungen durch Abdrift von Nachbarfeldern mit Versuchsanpflanzungen.

Freilandhaltung

Auch wenn die Haltung im bzw. der Zugang zum Freiland ein Grundprinzip ▸ökologischer Tierhaltung ist: Zu **verwechseln** ist sie mit der offiziellen Freilandhaltung nicht, denn

ihre Regelungen gehen im Sinne der ▶Artgerechtigkeit über diese konventionelle Form der ▶Tierhaltung hinaus! Insbesondere, was die zugelassenen Gruppengrößen und die Ausgestaltung des zugehörigen Stalls betrifft, aber auch die reduzierten ▶Tierarzneimittel; zudem bekommen Öko-Tiere neben Auslauf noch ökologisch erzeugte und damit strikt ▶gentechnikfreie ▶**Futtermittel**.
Als alleiniger Begriff ist Freilandhaltung nur für ▶Legehennen gesetzlich geschützt. Sie ist vor der ▶Käfighaltung (inklusive sog. ▶Kleingruppenhaltung) und ▶Bodenhaltung die tierverträglichste **konventionelle Haltungsform**; die ▶Eier aus dem Freiland sind an der gestempelten „1" erkennbar. Für ▶Fleisch (besonders von ▶Geflügel, aber auch ▶Schweinen) gilt: Nur die drei Kombinationen „Auslaufhaltung", „bäuerliche Auslaufhaltung" sowie „bäuerliche (intensive) Freilandhaltung" weisen auf zugrundeliegende Vorschriften hin. Ohne diese **gesetzlichen Etikettierungen** muss von Bodenhaltung im Stall ausgegangen werden.
Nach dem Verbot der Käfighaltung für **Legehennen** stieg die Zahl der Freilandhaltungs-Plätze in Deutschland kontinuierlich an, auf 14,6 % Ende 2012. Die Gestaltung des Stalls entspricht hier den Bestimmungen zur Bodenhaltung (64 % der Hennen); in maximaler Gruppengröße drängen sich 6 000 Hennen, haben aber täglich-ganztägig unbeschränkten Zugang zu einer höchstens 150 Meter entfernten **Freilandfläche** mit mind. 4 m² je Tier. Die Fläche muss bewachsen sein und gleichmäßig verteilt Verstecke oder Fluchtpunkte wie Büsche, Hecken, Mais oder einen Unterstand gegen Raubvögel haben. Dies gilt auch für die ökologische Haltung (für Eier mit Stempel „0"); im zugehörigen Stall sind laut ▶EG-Öko-Verordnung aber max. 6 Hennen pro m² zulässig, die Gruppe ist auf 3 000 Tiere begrenzt. Bei den ▶Anbauverbänden gelten strengere Regeln. Die Weideflächen sollen max. 230 Tiere pro ha (bei ▶Bioland: 140) aufnehmen, um Überdüngung durch Kot (max. 170 kg ▶Nitrat/ha/Jahr) zu vermeiden – die konventionelle Freilandhaltung erlaubt bis zu 250 Hennen pro ha.
Gegner der Freilandhaltung führen gern die Aufnahme von ▶Schadstoffen wie ▶Dioxin oder sog. ▶PCB im Freien an und die Unnatürlichkeit von großen Herden mit rangkämpferischem Dauerstress. Hygienischer und nicht minder tiergerecht sei die Stallhaltung. Diesen Argumenten nimmt aber nicht allein der ▶Tierschutz ihre scheinbare Brisanz – so werden verträglichere Rassen bevorzugt, und die **Schadstoffbelastung** ist

Freiland-Eier: Bio mit „0" hat mehr zu bieten, trotzdem steht das für viele verlockende Wort „Freiland" oft noch extra dabei

Freilandhaltung: Nur bei Legehennen als solche definiert und am zweifelfreiesten ein Haltungs-Muss für Öko-Tiere

Freilandgarantie: Bei Bio ist immer Freiland drauf und drin – und das sogar mit Zusatzkontrolle, Brief und Siegel

zwar höher, bleibt aber nur in absoluten Ausnahmefällen über den empfohlenen Grenzen (▸Skandale). Die Berliner Charité ermittelte zudem, dass Freilandeier dank Grünfutterzugang der Legehennen doppelt so viele ▸Carotinoide hätten wie herkömmliche.

Friend of the Sea – FOS

Der Freund der (hohen) See ist der globale *Friend* allen Meeresgetiers, ein Fisch- und sogar Schildkrötenbeschützer mit noch nicht weltweit etabliertem Ruf, aber **mit lauter Stimme**. Hinter dem ▸Gütesiegel des lauteren ▸**MSC** ist das FOS-Zeichen für ▸nachhaltigen Fisch das zweitpopulärste (▸Fische, empfehlenswert).

FOS-Zeichen: Wo stumme Fische SOS rufen würden, ist die NGO zur Stelle und agiert als „Friend of the Sea" samt Geschöpfen darin

Neun Jahre nach Gründung des MSC stellte Paolo Bray *Friend of the Sea* 2006 als unabhängige NGO vor; er ist auch Leiter vom „Dolphin-Safe-Project" des *Earth Island Institute*. In Abgrenzung zum MSC will FOS bei den Zertifizierungskosten auch für kleine und Kleinstfischereien erschwinglich sein. Das gilt ebenso für Teichwirte, denn anders als der MSC sind nicht nur Wildfänge, sondern **auch ▸Zuchtfische** aus ▸Aquakultur logofähig, darüber hinaus Fischmehl/-öl als ▸Futtermittel. Dabei soll nicht zuletzt die ▸Umstellung von konventioneller zu ▸ökologischer Aquakultur gestützt werden. Laut Eigenauskunft wurden so bis 2013 mehr als 100 Garnelenzuchten in Indonesien und Thailand zu Öko-Aquafarmen. Noch beeindruckender klingen die **Erfolgsmeldungen** auf hoher See: Die jährliche Todesrate von Delfinen sei um 98 % gesenkt und sogar die Ausrottung der Meeresschildkröte verhindert worden.

Friend of the Sea: Im Singular ist es Gründer Paolo Bray persönlich, im Plural sind es seine Unterstützer für nachhaltigen Fischfang global

Die **FOS-Richtlinien** verlangen, ausschließlich Fischarten zu fangen, die nicht als ▸überfischt gelten. Es muss auf Fangmethoden verzichtet werden, die den Meeresboden zerstören, der ▸Beifang darf 8 % nicht übersteigen, gesetzliche Fangquoten müssen eingehalten werden.

Aquakulturen bekommen Anerkennung und Siegel nur dann, wenn sie auf ▸Gentechnik verzichten, FOS-zertifiziertes, also **aus nachhaltigen Fängen** herrührendes Fischmehl verwenden sowie das Entweichen (und damit später das wilde Auskreuzen) ihrer Zuchtfische strikt verhindern.

Das führte dazu, dass FOS anders als MSC u. a. ▸Alaska-Seelachs, Alaska-Lachs, neuseeländischen Hoki, den Themse-Hering oder den *South African Hake* nicht für sein Siegel zulässt.

Das Kieler Geomar-Zentrum kritisierte 2012 allerdings, dass eben doch 19 % aller FOS-zertifizierten Produkte **aus überfischten Beständen** stammten (beim MSC wurden sogar 31 % bemängelt); zudem lägen für 53 % der zertifizierten Fischereien keine hinreichenden Bestandsinformationen vor (beim MSC für 11 %).

Schon 2010 hatte ▸*Greenpeace* FOS intransparente Zertifizierung vorgeworfen und moniert, dass es **zu viele Soll-Forderungen** statt Muss-Bedingungen gebe und eine unabhängige, rückwirkende Kontrolle fehle.

Dennoch: Seit 2013 hat der Naturkost-Fachhandel in den BNN-Richtlinien die Zertifizierung von FOS als Garantie für nachhaltigen Fisch und Meeresfrüchte anerkannt und damit **für Bioläden zugelassen**. Schließlich

Frische: Ihr Verfall beginnt sofort nach der Ernte – da muss schnell losverarbeitet werden

und immerhin hatte *Friend of the Sea* im Zuge der Geomar-Kritik öffentlichkeitswirksam gleich drei Fischereien das rote FOS-Siegel entzogen.

Frische

Sie ist sichtbar, schmeckbar, wunderbar als natürlichster Zustand: Nicht alt, welk oder trocken – unverbraucht eben. Im Biohandel ist Frische ein Gebot für zeit- wie erntenahes Angebot. Mit einer Zustimmung von 50 % war „**optimale Frische** und ▸Qualität der Produkte“ nach der Vermeidung von Pestizidrückständen (52 %) zweitwichtigstes Argument für den Bio-Kauf beim „Ökobarometer“ 2013!
Auf dem Frischefeld konkurrieren konventionelle wie die Bio-Erzeuger mit kurzen Lieferwegen und ▸regionaler Ware, selbst die (bei Bio verpönte) Flugware soll eine Frische garantieren, die tagelange Kühlung gar nicht halten kann. **Bis zu 50 %** der Lebensmittel verderben nach alter Faustregel beim ▸Transport – welch ▸Verschwendung! Biobauern punkten, wenn sie die eigene Ware im ▸Hofladen oder auf dem ▸Wochenmarkt anbieten bzw. in ihre ▸Biokisten packen.
Trickreiches ▸**Haltbarmachen** bis zum möglichst fernen MHD verdirbt nur den Frischgeschmack. Der ist von Natur aus vergänglich, weil geerntete oder tiertote Produkte ihre Mechanismen gegen den Verderb abschalteten: Oxidation per Sauerstoff setzt ein. Aroma, Farbe, ▸Antioxidantien sind mal mehr, mal weniger schnell verbraucht. Viel Frische im Erhaltungssinne hat da die „erntefrische“ ▸**Tiefkühlkost**.
Unabwendbar rasend ist der Frischeverlust bei oxidationsfleißigsten Krustentieren, proteinverderblichen Fischen (frisch mit Rot hinter den Kiemen) und allem Fetthaltigen. Es wird durch die geschädigten Aminosäuren ranzig. **Wasserhaltiges** zeigt Frische durch Feuchtigkeitsaustritt beim Anschnitt, Brot schon durch gewisse Elastizität (die allerdings so leicht mit ▸Konservierungsstoffen zu simulieren wäre, die bei Bio verboten sind). Hinauszögerungsmittel für die letzten Frischestunden wären ansonsten Luftausschluss durch Vakuumverpackung oder **Schutzgas** unter Folie. Solches enthält aber neben ▸Stickstoff oft noch Sauerstoff (für den Rot-Eindruck von Fleisch), so dass Hemmen und Fördern parallel ablaufen.

Frische: Ideal schon 1930 auf der Grünen Woche beim Frischei-Automat, eher simuliert bei Folien-Fleisch wie anno 2010 von Foodwatch analysiert

Frischkäse: Das Weiterreifen bleibt ihm erspart, dafür hat so ein Quark eine vielfältig würzige Zubereitungsform

Ersatzgas aber lässt Folienfleisch grau wirken – da sorgen oft Speziallampen über der Theke für „Aufrötung“ …

Frischkäse

Im Grunde ▸Quark, der etwas mehr hermacht, und öfter sogar ▸Käse in Urform genannt. Der ist nicht nur bei Kindern ein mild bis säuerlich weicher Leichtbelag in Variationen: als streichfähiger Rahm- oder Doppelrahmfrischkäse mit cremigerer Konsistenz oder körnig-weicher Hüttenkäse; doch zwischen diesen **Frischkäse-Extremen** ist Platz für weitaus mehr Sorten.

Frischkäse: Bei Bio noch ein Naturprodukt, wo sonst schnell mal Zusatzstoffe färben, binden, konservieren – oft sogar Gelatine

Voraussetzung ist, dass sie wenig bis gar nicht gereift sind: Quark eben und der nicht zentrifugierte Schichtkäse zählen dazu, auch Mascarpone, Mozzarella, Ricotta, *Cottage-Cheese* oder Frankreichs *Demi-Sel*, *Brillat-Savarin* oder *Picandou*.

Dabei findet hierzulande, auch bei Bio, ▸Rohmilch keine Verwendung; stattdessen bildet pasteurisierte, bakteriensichere Milch die Basis: klassisch von der Kuh, insbesondere im Naturkosthandel aber oft und vermehrt auch ▸**Ziegenmilch** oder gar ▸Schafsmilch.

Frischkäse (Rotkäppchen, Bresso) und Quark (Milram)

Für das gute Gerinnen der Masse sorgen überwiegend ▸**Milchsäurebakterien**, nicht immer ist ▸Lab mit im Spiel – und wenn doch, ist die finale Konsistenz des Weichkäses fester.

Konventionelle Hersteller können das so unschuldig wirkende Naturprodukt Frischkäse auf viele Arten manipulieren: Zum einen ist hier – im Gegensatz zu **Bio** – die Verwendung von ▸gentechnisch verändertem Lab weder verboten noch kennzeichnungspflichtig. Erlaubt sind außerdem synthetische ▸Farbstoffe wie Beta-Carotin (E 160a), Nitritsalze sowie ▸Binde- und Verdickungsmittel; einige Marken sind ▸Vegetariern wider Erwarten nicht zu empfehlen, weil darin ▸**Gelatine** tierischer Herkunft für eine festere ▸Textur sorgt. Dagegen enthalten die aus Biomilch von ▸artgerecht aufgezogenen Tieren gemachten Bio-Frischkäse neben Milchsäurebakterien lediglich ▸gentechnikfreies mikrobielles Lab aus Pilzkulturen oder natürliches (wenn auch nicht-vegetarisches) Kälberlab. Als **Verdickungsmittel** und Sensorikverbesserer wirken bei Bio seltener ▸Johannisbrotkernmehl oder ▸Carrageen (ist bei ▸Bioland, ▸Demeter und ▸Gäa ohnehin verboten).

Manches Bioprodukt enthält säuerlich pikantierenden ▸Joghurt (statt der konventionell gern benutzten

Zitronensäure), nie aber künstliche ▸Aromen, ▸Farbstoffe oder ▸Konservierungsstoffe. Manche Bio-Hofkäserei setzt sogar auf **handwerkliche Herstellung** bei aromaschonenden, niedrigen Temperaturen – konventionelle Frischkäsemasse wird dagegen ohnehin meist sehr stark erhitzt.

Fruchtaufstrich

Im Gegensatz zur Überregulierung bei ▸Marmeladen (nach der sog. Konfitürenverordnung) gibt es für Fruchtaufstriche keine bindenden Vorschriften in Deutschland. So sind die **Gesamtzuckergehalte** aus Industrie- bzw. Fruchtzucker nur für „Konfitüre" (mind. 55 %) vorgeschrieben. Für einzelne Obstarten darf „Konfitüre extra" nur 35%, „Konfitüre einfach" nur 25% Frucht haben. Solche Zuckrigkeiten sind nichts für Bio.
Deshalb bringen **Bio-Hersteller** ihre weniger süßen marmeladigen Produkte oft als „Fruchtaufstrich" in den Handel, denn sie enthalten mit mind. 60 % **deutlich mehr Früchte** als Konfitüren (denen ja max. 45 % bleiben) und garantiert keinen raffinierten Zucker. Konventionelle Hersteller weisen bei ihren Aufstrichen gern hohe Gesamtfruchtgehalte aus, die dann aber auch sog. Füllfrüchte und aus Früchten bestehende Süßungsmittel (wie etwa ▸Dicksaft) einschließen. Demgegenüber beeindrucken Bio-Fruchtaufstriche, deren **wahr etikettierte Früchte** mit Honig, Rohrohrzucker oder mit Dicksäften gesüßt werden. Das Obst stammt aus pestizidfreiem ▸ökologischen Landbau und wird auch beim Aufstrich-Werden schonend behandelt: Weder wird das Fruchtmus mit säurigem ▸Schwefel konserviert oder sterilisiert, noch kommt Ware dazu, die nicht für Vermarktung als Tafelobst geeignet wäre. Die erntefrisch verarbeiteten Bio-Früchte enthalten vielmehr **durch Vakuum-Zubereitung** bei nur 50–60° C noch viele Nährstoffe. Beim ▸Food-Processing sind keine Farb-, Aroma- oder Konservierungsstoffe erlaubt, einzig das natürliche Calciumcitrat als ▸Säureregulator. Für das Gelieren sorgen

Fruchtaufstriche: Bei Bio trotz verwirrender Regelungen stets mit so hohen wie wahren Fruchtgehalten

Zitronensäure oder wasserbindende Apfel- und Zitruspektine, öfter auch ▸Agar-Agar; in konventioneller Herstellung werden zum Dicklegen hingegen gern durch ▸Phosphate veränderte Pektine genutzt.

Früchtetee

Selbst ohne Chaiblätter ist ein Aufguss gewürztes Wasser und heißt eben ▸Tee, neben dem ▸Kräutertee auch jener aus zerkleinerten, getrockneten und ggf. gemischten Früchteteilen. Solch klassisch **„unechter" Tee** hat zur Abwechslung nichts Anregendes, nichts Te- oder Koffeiniges und auch keinen anderen Reizstoff;

Früchtetee: Die Bio-Mischung macht's, auch ohne Aromen-Zusatz und mit höchst anregenden Namen …

allenfalls auf Fruchtsäure reagieren empfindlichere Alternativteetrinker. Gerade ihr unaufgeregter Ruf macht Früchtetees so erfolgreich – nicht nur im Bioladen. Immer neue Kreationen mit Stückchen von Ananas über **Sanddorn** bis Zitrone erobern die Regale. Damit sind die traditionellsten, zuckerfreien Klassiker mit Apfel oder Hagebutte (2012 mit einem Bio-Marktanteil von 6 % und gern angesäuert mit Hibiskus oder Apfelsinenschale) zwar noch nicht entthront, aber längst mit Birne, Johannisbeere, Apfelminze, Holunder vergesellschaftet worden. Nun bereichern auch Exoten wie Mango oder Papaya das Teetheater. Die Namensgebungen beweisen unermüdliche Fantasie: *Summer Mood*, Augenblick der Freude, Beeren-Zauber, **Sonnenschein-Tee** oder Kamin-Gedicht sind süffige Beispiele dafür.

2012 waren fast die Hälfte (44 %) der ökologischen Kräuter- und Früchtetees Mischungen, fast ein Drittel der Tees war aromatisiert. Doch fadere oder natürlicherweise schwankende Früchteteequalitäten werden bei Bio nur mit natürlichen ▸Farbstoffen, aus Rote Bete, dunklem ▸Fruchtsaft oder ▸Rooibos etwa, verdunkelt. Den Geschmack intensivieren nur ▸Dicksaft, Essenz oder ätherisches Öl einer Frucht. So jedenfalls bei ▸Demeter, dem strengsten der ▸Anbauverbände, andere Öko-Verbände – und die mildere ▸EG-Öko-Verordnung ohnehin – erlauben hingegen auch die sog. **natürlichen ▸Aromen**. Die lassen Früchtetees typischer schmecken, stammen jedoch zumindest bei EU-Bio nicht aus Früchten selbst, sondern können aus allem möglichen natürlichen Ausgangsmaterial sein – also auch aus Holz oder Pflanzenabfällen, die ggf. mit ▸Enzymen oder ▸Schimmelpilzen gewonnen wurden. **Verbands-Bio** verbietet das, zumal deren Ursprung dank Ausnahmen nicht immer bio sein muss. Und ein „natürliches Aroma Pfirsich" ist natürlichen Ursprungs, hat aber nichts mit der Frucht gemein. Immerhin stammen die Rohstoffe bei EU-Bio zu mind. 95 % aus Öko-Anbau bzw. zertifizierter ▸Wildsammlung.

Für die Benennung als „natürlich" ist es allerdings für **konventionelle Früchtetees** laut Aroma-Verordnung unerheblich, ob auch chemische Lösungsmittel, Bakterien, Hefe, Pilze oder gar ▸Gentechnik zum Einsatz

Fruchtsäfte: Am besten direkt aus der Frucht – das aber ist nur bei Verbands-Bio garantiert

kamen. Zulässig sind außerdem Farb- und ▶Konservierungsstoffe, ▶Geschmacksverstärker sowie ▶Antioxidationsmittel.

Bio-Früchtetees erwiesen sich bei Tests auf ▶Pestizide als äußerst gering oder gar nicht belastet. Tester geben Bio-Früchtetee jedoch öfter Abzüge wegen des „schwachen" Geschmacks. Natürlichkeit unterlag da der Manipulation …

Tipps: Wer ausgesprochen viel Tee trinkt, sollte seinem Zahnschmelz die Fruchtsäure öfter ersparen und mal Kräutertee aufbrühen.

Fruchtsäfte

Sie sind Flaschenobst (▶Smoothies), Trinkvitamine und stecken voller ▶Anthocyane, sind dazu ganz zubereitungsfrei wie ein Reinbeißer-Apfel. Im Amts-Unterschied zu ▶Nektar, dem je nach Frucht 25 % ▶Obst genügt, bestehen sie stets **zu 100 % aus Früchten**. Bei Bio-Fruchtsaft ist entscheidend, ob er nach den Richtlinien der ▶Anbauverbände oder gemäß ▶EG-Öko-Verordnung hergestellt wurde. Denn bei Verbands-Bio muss ein Frucht- immer ein **echter ▶Direktsaft** sein (dessen naturbelassenere Version ein sog. Muttersaft wäre). Bei **EU-Bio** jedoch darf ein Saft (der zudem nachgezuckert sein kann) **aus Konzentrat** hergestellt werden. Dieses Verfahren ist bei konventionellem Saft die Regel und stellt neben den aufwendigeren Verfahren beim Öko-Anbau der verwendeten Früchte einen entscheidenden Faktor für den Preisunterschied zu (Verbands-)Bio dar. Denn die Verschiffung von direkt im Ursprungsland Versaftetem oder gar von Früchten zur Verarbeitung in Europa ist ungleich **teurer** als Konzentrat-Transport – derlei ist etwa sechs-mal leichter. Zudem gehen beim Konzentrieren/Rückverdünnen Inhaltsstoffe verloren. Ökologischer Direktsaft enthält so des Anbaus wegen weniger Rückstände und in der ▶naturtrüben Variante mehr ▶sekundäre Pflanzenstoffe.

Viele Bio-Hersteller arbeiten inzwischen ganz bewusst mit regionalen Produkten, was beim ▶Apfel leicht möglich ist; im Idealfall wird heimisches ▶**Streuobst** versaftet.

Importierte Säfte bzw. Konzentrate (85 % der weltweiten Apfelsinensaft-Importe sind aus Brasilien) sollten

Fruchtsäfte: Aus ökologischer Produktion am allerliebsten von regionalem Obst oder von fernher aus fairem Handel

Fruchtsäfte: Nicht immer ist auch drin, was für gesunden Menschenverstand da hineingehört – so wie Gelatine, was Foodwatch 2012 herausfand

wenigstens aus ▸**Fairtrade** stammen, möglichst aber ▸**fair+bio** sein, da gerade beim Anbau von Apfelsinen und Mangos soziale Standards oft fehlen und Chemie-Einsatz verbreitet ist. Der Anteil von Bio-Fruchtsaft ist in Deutschland zwar steigend, aber klein (2011 nur 4,3 %, umsatzmäßig). Insgesamt gesehen ringen Orangen- und Apfelsaft um die Krone des beliebtesten Fruchtsafts der Deutschen. 2012 triumphierte „A" mit 8,51 pro Kopf, „O" folgte mit 7,81 vor **Multivitaminsaft** (3,81). Dieser nimmt eine Sonderstellung ein. Vitamine werden oft nur zugesetzt – sogar maßlos viele, monierte die ▸*Stiftung Warentest* 2012. Bei ▸ÖKO-TEST gab es Ende 2013 ein „sehr gut" für die 4 Bio-Säfte; die besten konventionellen waren „befriedigend". Öfter ist da sogar Tierisches ▸versteckt, fand ▸*Foodwatch* heraus: ▸**Gelatine** als Vitamine-Trägerstoff. Vegetarier und Veganer werden zu Recht „Saftladen" schimpfen!

Fruchtschnitten: Handlich zurechtgeriegelte Bio-Trockenfrüchte in bester Tradition und ohne Tricks

Fruchtschnitten

Sie sind die als Kraftpaketchen genossenen, eher dünnen Riegel schon aus der Frühzeit der Naturkostbewegung: Die portionierte perfekte Kalorienballung aus süß-kräftig gebundenen, kleingehackten ▸Trockenfrüchten, klebrig genug, um außen die Schicht aus Oblaten zu halten.

Der zu gern genaschte und Energie liefernde Klassiker ist – ähnlich wie ▸Müslieriegel – ein **ideales Bioprodukt**, denn die max. 10 Zutaten kommen ohne künstliche ▸Aromen oder ▸Vitamine

aus, es fehlen ▸Stabilisatoren ebenso wie ▸Säuerungsmittel. Bei Bio-Fruchtschnitten hilft kein Maltodextrin als Füllstoff, denn Getreide, Trockenfrüchte, ▸Nüsse und auch mal ▸Schokolade sind kompakt verbunden **schnell vernaschbar** zur Hand. Vollwertige Bio-Fruchtschnitten sind, wenn überhaupt nötig, mit Honig, ▸Dicksaft, Sirup oder allenfalls Vollrohrzucker gesüßt. Hitzefreie Verarbeitungsschritte schonen Vitamine und andere Inhaltsstoffe. Im Wesentlichen aber soll und kann der mind. 50-prozentige Trockenfrüchte-Anteil allein genug süßen und schmecken. All die unerwünschteren Zugaben kommen eher **in konventionellen Produkten** vor; deren meist nur 30-prozentiger Fruchtanteil erfordert eben Nachsüßen und bis zu 20 verschiedene (und erlaubte) Zutaten bzw. Zusatzstoffe wie Stabilisatoren, Füllstoffe oder ▸Backtriebmittel. Der ▸Zutatenliste sollte deshalb gesunde Skepsis gelten.

Dagegen hat die eher simple Produktion von Bio-Schnitten zu einer **Fülle von Variationen** aus der Knetmaschine geführt, längst gesellen sich zu den einst obligaten Feigen, Datteln, Rosinen auch Kakao, Hanf, Ingwer, sogar Guarana und gern mal *Superfruits* wie ▸Aronia oder ▸Goji.

Je nach Zielgruppe wandelten sich Fruchtschnitten im konventionellen Angebot hin zu „Power-Riegeln" oder zum schnittigeren „Jogging Mix" – zusätzlich traubenzuckerbereichert, schokoliert, vitaminiert.

Frutarier

Sie sind die Pflanzenesser mit dem besonderen Fingerspitzengefühl für Lebendiges, somit die allerstrengsten

Frutarier: Im strengsten Fall ist nur Fallobst gestattet – oder Beeren, deren Vernaschen die Pflanze ja nicht dem Tode weihen würde …

▸Veganer. In engerer Naturbetrachtung und unter Achtung der ▸Pflanzenwürde essen Frutarier nur, was Flora freiwillig hergibt – sie sind **Fruchtesser**. Solche vegetabilen Nachdenker heißen zu fremdwortdeutsch „Fructarier" (von *fructus*), global und schon seit 1893 *fruitarians* bzw. *fructarians* (aus *fruit* und *vegetarian*) und danach wiederum halbkorrekt deutsch Frutarier.

Da solche Anhänger des *fruitarianism* die Pflanze leben lassen, aber doch von ihr essen wollen, bleibt ihnen ganz streng genommen nichts anderes übrig, als nur das aufzulesen, was ganz buchstäblich für sie von Baum, Strauch oder Staude abfällt. Das Gros der Frutarier aber lebt nicht **von Fallobst allein**, sondern greift bei pflückbaren Früchten bzw. Samen (v. a. Nüssen) zu; andere ernten ganz aktiv ▸Obst, ▸Beeren, ▸Gemüse wie Auberginen oder Gurken – aber nur dann, wenn die Pflanze diese Mundraub-Attacke überlebt. Damit sind alle Wurzelgemüse tabu; gegessen wird nur, was sich aus einem befruchteten Blütenstand auswuchs.

Der **Varianten** sind da viele; etliche Frutarier leben nur von ▸Fruchtsaft (*juicy fruitarianism*), manche berufen sich auf die vermeintliche Ur-Ernährung im Paradies, fast alle bekennen sich zu ▸Rohkost, nur wenige sind so roh, die Naturnahrung da auch noch zu (zer)kochen! Manchmal essen Frutarier ▸Hülsenfrüchte (Erbsen, Bohnen, Linsen), auch wenn dies (wie beim deshalb oft abgelehnten Getreide) eben mit einer gewissen **Erntebrutalität** einhergeht. Alle ▸Pilze als bloße, vergängliche Auswüchse des dauerhaften Mycels wären also erlaubt, ▸Schokolade aus Kakao wird diskutiert; Grenzfall ist für manche Frutarier ▸Honig, der als Pflanzenstoff ja den Bienen geraubt wird.

Bei frutarischer Lebensweise droht womöglich **Fehlernährung**, weshalb sich viele Fruchtfans mit ▸Nahrungsergänzungsmitteln gegen zu wenig Proteine, Vitamin B 12 und ▸Fettsäuren wappnen; sie müssen wegen der fructosereichen Nahrung auch auf ihren Blutzuckerspiegel achten.

Nota bene: Frutarier sind stolz, dass sich Gandhi fünf Jahre und „Apple"-Gründer Steve Jobs eine Zeit lang reinfruchtig ernährten wie sie. Jobs-Darsteller Ashton Kutcher landete nach dem Film 2013 in der Klinik, weil er sich seinem Gegenstand auch in der Ernährung genähert hatte …

Frutarier: Im schwedischen Sommerwald hätten Fruchtesser keine Probleme, satt zu werden – etliche Nährstoffe fehlten dann jedoch trotzdem

Furan

Als sog. Aromat jene unangenehme, farblose Flüssigkeit, die aus der Spaltung von Aminosäuren und Zucker (und evtl. anderen Fettsäuren bzw. Vitaminen) **durch Erhitzen** entsteht. Unter Luftabschluss gedeiht der ▸Schadstoff am besten, etwa in erhitzten Einweckgläsern, Babygläschen oder in pasteurisierten Konserven.

Furan: Das Gas ist krebsverdächtig und entsteht in vielen Lebensmitteln durch Überhitze – und ist sogar ein Aromaträger bei geröstetem Kaffee

Herstellungsgemäß kann sich Furan insbesondere in gekochtem und gebratenem Fleisch, Kaffee, Kakao, Brot, gerösteten Nüssen, Geräuchertem, Cerealien, Trockenfrüchten sowie Popcorn bilden. **Bioprodukte** schneiden dabei nicht generell besser ab – es sei denn, im ▸Food-Processing wird entscheidend weniger stark erhitzt. Denn Furan reichert sich in geschlossenen Verpackungen ja besonders gut an, hat aber seinen Siedepunkt bei 32° C und verflüchtigt sich, wenn es kann: Geringere Hitze und **viel Umrühren** beim Kochen helfen dagegen, beim Warmmachen von ▸Babynahrung im Glas auch das kurze, offene Abstellen.

Furan gilt als verdächtig, weil es in Tierversuchen Krebs erzeugte – ob dies auf den Menschen übertragbar ist, wird erst erforscht. Das BfR *(Bundesinstitut für Risikobewertung)* hatte 2011 „derzeit keine Belege" für berechtigte Bedenken, die Bewertungen seien aber „noch nicht abgeschlossen". Offizielle Empfehlungen oder **Grenzwerte** gab es 2013 noch nicht. Doch für Kaffee und Babygläser kann zumindest teilweise Entwarnung gegeben werden. ▸ÖKO-TEST fand in beiden Lebensmitteln nicht nur verringerte, sondern sogar bloß noch in Spuren nachweisbare Furangehalte: 2012 in allen getesteten 12 Bio- und 11 konventionellen Kaffees, im Jahr darauf bei den 18 **Baby-Gemüsebreien** der Testreihe.

Für Kaffee gilt: Furan ist sogar einer der Geschmacksträger und entsteht angeblich auch in Abhängigkeit von der Brühmethode. Sicher ist, dass Bohnen, die nicht industriell-turboheiß, sondern **schonend** und langsam geröstet werden, furanfrei(er) sind – insbesondere dann, wenn sie nicht in geschlossenen Gerätschaften abkühlten, sondern etwa offen „kühlgerührt" wurden, wie noch in kleinen regionalen Kaffeeröstereien.

Futtermittel

Die Vorstellung, ▸Rinder, ▸Hühner oder ▸Schweine fräßen Gras oder das, was so abfällt, passt nur noch zum Museumshof. Heute stehen **Hochleistungstiere** im Stall für Riesenmengen an ▸Milch oder ▸Eiern und viel schnell angesetztes ▸Fleisch. Solche Produktivität braucht zu Profi-Rassen aus der ▸Zucht eben entsprechende Futtermittel. Dies trifft speziell auf die konventionelle und – durch mangelnde Verfügbarkeit angepasster, auf ein längeres Leben angelegter Zuchtlinien – auch auf die (jedoch viel weniger verbreitete) ▸**ökologische Tierhaltung** zu. Deutschlands Nutztiere (neben Rindern, Schweinen und ▸Geflügel v. a. ▸Fische aus ▸Aquakultur, ▸Schafe, ▸Ziegen sowie ▸Zuchtwild) wurden 2012 mit **82 Mio. t Futter** versorgt; 53 % waren Silagen (aus ▸Mais, Gras

Futtermittel: Im besten Fall ohne GVO erzeugt wie bei Bio und Neuland – und dank Greenpeace seit 2008 auch bei „Landliebe" des Riesen Campina

oder ▸Raps) sowie Gras bzw. Heu, 25 % Mischfutter (häufig Kraftfutter) und 22 % ▸Getreide sowie zugekaufte Einzelfuttermittel. Fast die Hälfte der deutschen Agrarfläche dient dem Anbau von Futtergetreide und Silomais; 2011/2012 wurden **57,4 % des Getreides verfüttert**, nur 23,2 % direkt verzehrt (▸Verschwendung). Im ▸ökologischen Landbau ist die Quote verschoben: Hier dienen rund 3/4 dem Direktverzehr.

Und so ist das ideale Bio-Tier das Rind als **Grünfutterverwerter**. Hier sind zwar die ▸Veredelungsverluste relativ hoch, doch durch Weidehaltung und das Verbot ganzjähriger Silagefütterung fressen Öko-Rinder wie ▸Milchkühe eben Gras und Heu und stehen deshalb – anders als Schweine oder Geflügel – nicht in Nahrungskonkurrenz zum Menschen. Zudem stehen dem Öko-Prinzip des geschlossenen Hofkreislaufs **Futter-Importe** und entsprechender Flächenfraß im Ausland diametral entgegen. Denn Deutschland mit seiner Exportindustrie für tierische Produkte ist längst kein Selbstversorger mehr: Allein 2011 wurden etwa 3,2 Mio. t Sojabohnen und rund 3,4 Mio. t Sojaschrot als proteinreiches Futter eingeführt, meist aus Südamerika. Insbesondere der Öko-Landbau versucht deshalb, die sog. **Eiweißlücke** im Sinne des Regionalitätsprinzips zu schließen, durch klimaangepasste Sojasorten, aber v. a. mit vermehrtem Anbau von Futtererbsen, Ackerbohnen, ▸Luzernen, ▸Lupinen. Dies wird durch systematische Fruchtwechsel und Untersaaten ohnehin begünstigt.

Da die Exportländer Soja und Mais überwiegend als ▸GVO anbauen, landen in den Futtertrögen konventionellen EU-Viehs so auch ▸**Gen-Soja** und ▸Gen-Mais; die Lebensmittel aus den damit gefütterten Tieren müssen nicht deklariert sein. Biolebensmittel sind stets ▸**gentechnikfrei**, erst seit 2010 gibt es auch konventionelle Produkte mit dem Logo ▸„Ohne Gentechnik", das ebenso wie das Label von ▸Neuland den Ausschluss von Genfutter garantiert. Denn der Übergang von sog. Fremdgen-Schnipseln als ▸**Carry-over** aus dem Futter via Tier in uns Aufesser ist erwiesen, weshalb ▸*Greenpeace* die Müller- auch „Genmilch" nennen darf. 2008 überzeugte die NGO den Campina-Konzern („Landliebe") von gentechnikfreien Futtermitteln. Immerhin!

Nota bene: Öko-Halter von Geflügel und Schweinen haben besondere Schwierigkeiten mit Proteinen und Aminosäuren, da das (außerdem erheblich teurere) Öko-Futter oft zu geringe Gehalte hat – für manche Turbo-Zuchtlinie jedenfalls. Die angestrebte 100 %ige Öko-Fütterung wurde daher von EU und ▸Anbauverbänden (außer ▸**Demeter**!) immer wieder verschoben; die EU-weite Eiweißlücke schließt sich eben nur langsam …

Futtermittel: In konventionellem Kraftfutter steckt viel Power aus Proteinreichem wie Soja, Raps, Weizen – beim Forschungsinstitut für biologischen Landbau lautet die Devise „Feed no Food", also nur sog. Grünfutter futtern lassen

G

Gäa

Die *Vereinigung ökologischer Landbau,* die sich nach der antiken Erdenmutter benannte, hat etwas Besonderes: Sie wurde erst 1989 in Dresden gegründet und war geprägt durch Umweltaktivisten, die im Umfeld der Kirche agierten. Die Mitglieder probierten sich v. a. an ▸biodynamischen Methoden à la ▸Demeter und am ▸organisch-biologischen Anbau von ▸Bioland. Bis heute fließt vieles davon in die **strengen Richtlinien** ein. Bei Gäa sind die einzelnen LV *(Landesverbände)* sehr prägend; sie fanden nach 1990 schnell Anschluss an die bundesdeutsche Biobranche, wozu nicht zuletzt die vertrauenerweckende Entstehungsgeschichte beitrug. Seit 1992 in der damaligen Dachorganisation AGÖL vertreten, gründete Gäa mit den anderen ▸Anbauverbänden 2002 den ▸BÖLW *(Bund Ökologische Lebensmittelwirtschaft).* 2007 etablierten die LV *Gäa Nordost e.V.* sowie *Gäa Sachsen-Anhalt e.V.* den ▸Verbund Ökohöfe. 2013 waren bei Gäa ▸Biobauern von 353 Betrieben mit einer Gesamtfläche von 31 216 ha Mitglied; mit 88 ha lag die durchschnittliche Betriebsgröße über dem BÖLW-Schnitt von rund 60 ha. Gäa ist dennoch **der viertkleinste Anbauverband**, der Schwerpunkt liegt in Sachsen und Thüringen, doch gibt es heute Mitglieder in 14 Bundesländern, dazu in Italien (18 Südtiroler Betriebe), den Niederlanden und Polen. Wie bei allem Verbands-Bio gehen die Richtlinien deutlich über die ▸EG-Öko-Verordnung hinaus (▸**Premium-Bio**). Gäas Fachhandelsanteil beträgt 95 %.

Gäa: Sonnenblumen aus gentechnikfreiem Öko-Anbau verlangen Feldforschung sowie Beratung, ganz im Sinne der hellenischen Erdenmutter

Der Verein berät auf dem Weg zur Zertifizierung und kontrolliert Höfe einmal jährlich, zusätzlich gibt es bei mind. 10 % Überraschungsbesuche.

Ausdrücklich steht ▸**Tierschutz** im Mittelpunkt. Eingriffe bei Tieren sind tabu: Kein Enthornen von ▸Rindern, kein Schwanzkupieren oder Zahnschleifen bei ▸Schweinen. Seit 2011 gibt es keine Ausnahmen mehr für Anbindehaltung oder eine auslauflose Schweinehaltung.

Konsequent ist Gäa auch im Kampf gegen ▸**Gentechnik**, fordert ein Verbot der umstrittenen CMS-Technik (▸Zucht); dazu kommt die Förderung ökologischer ▸Imker. Gegenüber „**politisch braunen Bios**", wie sie seit 2012 im Gerede sind, zeigt sich die Mitbegründerin und heutige Vorsitzende Kornelie Blumenschein

Gewürze: So unschuldig und farbenschön locken sie als lose Ware – was da „versackt" wird, bleibt öfter eher unklar

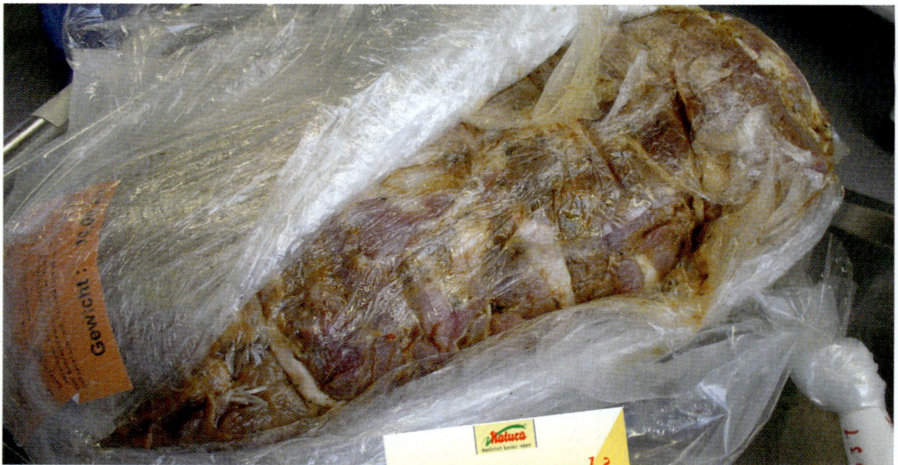

Gammelfleisch: Wo nix Tierliches drin ist, kann auch wenig verderben – wie bei Fleischersatz aus dem Reformhaus oder Biohandel

abwehrbereit. Potenzielle Mitglieder seien deshalb abgelehnt worden, genau wie von der NPD angebotene **Spenden**. Bei diesem Thema, meinte Blumenschein in 2012, müsse man als ostdeutscher Ökoverband ja besonders aufmerksam sein.

Gammelfleisch

Es ist der unreine Horror in Schlagzeilengröße, und immer ist Vorsatz im bösen Spiel mit **Ekelfleisch**. In Coburg spielte die bislang letzte Episode in der Kette der ▸Skandale um verdorbenes ▸Fleisch, die das Verbrauchervertrauen in dieses verderbliche Lebensmittel immer wieder erschüttern. In der nordbayerischen Provinzstadt wurde im Sommer 2013 ein regionaler Schlachthof geschlossen. Über Jahre hinweg soll „Kategorie 3"-Fleisch, das allenfalls noch zu Tierfutter hätte verarbeitet werden dürfen, **umetikettiert** und an Weiterverarbeiter und Gastronomen verkauft worden sein. Die obligate Farbmarkierung war unterblieben – dabei war die ▸**Kennzeichnung** neben rotierender ▸Kontrolle (und der Möglichkeit, Schuldige auch bei ihrem Namen zu nennen) die wichtigste Änderung seit den ersten Skandalen (ab 2005).

Von 2015 an sind nun zusätzlich die Angabe der ▸Herkunft und damit endlich eine ▸**Rückverfolgbarkeit** von Fleisch vorgeschrieben. Als wichtigste Vorsorge gegen den Verderb gilt eine ununterbrochene Kühlkette vom ▸Schlachten bis zum Verbraucher (für Rohfleisch unter 7° C, besser 2–4° C). Denn ▸Keime und Bakterien entwickeln sich bei niedrigen Temperaturen wenigstens langsamer: ▸Rindfleisch hat nach dem Schlachten 1 000 Keime pro cm^2, ▸Schweinefleisch sogar 10 000. Auch sauberes Biofleisch wurde schon öfter auf Schlachthöfen kontaminiert. Bei diesem sog. **bakteriellem Verderb** verändern Einzeller oder ▸Schimmelpilze das Fleisch so, dass es nicht mehr bekömmlich ist. **Biologischer Fleischverderb** wird von Parasiten oder Schädlingen verursacht und äußert sich in strengem Geruch, **biochemische Ursachen** liegen bei einer sog. stickigen Reifung (Glycolyse von Restblut) vor, wie bei ▸Wildfleisch und ▸Geflügelfleisch. Schlecht gekühlt nimmt beides eine kupferrote Färbung und säuerlichen Geruch an (das einst so geschätzte Hautgout). Auch bei **Austrocknung** („Gefrierbrand") oder einer kontaminierenden ▸Verunreinigung wird von verdorbenem Fleisch gesprochen.

Die **Gegenmaßnahmen** sind bekannt, im Sinne des ▸Verbraucherschutzes müssen die neuen Maßnahmen endlich Erfolge zeigen. Damit Lebensmittelkriminelle solchen „Gammel" nicht mehr mitverwursten …

Gänse

Bei diesen Entenvögeln der Unterfamilie *Anserinae* fällt es schwer, sie sich nicht als ungebundene, womöglich aufgeregt flatternde Herde in ▸Freilandhaltung vorzustellen. Diese Haltungsform ist tatsächlich auch vorherrschend – jedenfalls in Deutschland. Da fällt die ▸Umstellung auf ▸ökologische Tierhaltung entsprechend leichter, so dass der Bio-Anteil bei Gänsen seit Jahren bei rund 10 % liegt und sie zum prozentual **bedeutendsten Öko-Tier** macht, unter allem ▸Geflügel ohnehin.

Die Tiere liefern nicht nur das festtagsbeliebte ▸Gänsefleisch; auch ihr Fett (als Schmalz), die ▸Eier, Federn und Daunen können vermarktet werden, am ehesten direkt im ▸Hofladen. In Öko-Haltung bekommen die robusten **Weidetiere** für die ▸Mast relativ wenige zusätzliche ▸Futtermittel, was die Mehrkosten für die Aufzucht trotz längerer Lebenszeit und aufwendigerer Gestaltung von Freifläche und Stall in Grenzen hält.

So dürfen Bio-Gänse laut ▸EG-Öko-Verordnung erst nach 140 Tagen geschlachtet werden, in denen ihnen

Gänse: Alte Rassen wie die Lockengans sieht man eher noch mal auf der Grünen Woche – das Stopfen von Gänsen für die „Delikatesse" Foie Gras ist hierzulande zum Glück ausgeschlossen

keine präventiven ▸Tierarzneimittel verabreicht wurden, Leistungsförderer oder ▸Hormone sind ohnehin verboten. Bio-Gänse leben in Herden von max. 2 500 Tieren, haben immer Einstreu sowie mehr Platz im Stall und draußen jeweils mind. 15 m² zur

Verfügung. Die ▸Anbauverbände begrenzen die Anzahl der Tiere pro Hektar noch, um zu viel Kot-Eintrag in die Fläche zu vermeiden. Ein ▸artgerechter **Zugang zu Wasser**, in dem der Kopf bis über die Augen eintauchen kann, ist immer Pflicht. Das routinemäßige Stutzen der Schnäbel ist tabu, nur fallweise und nach behördlichem Einverständnis möglich.

Gänse: So viel Auslauf sollte schon sein – auch wenn die Aufregung bei unangekündigtem Besuch dann umso größer ist

Das hört sich für Normalverbraucher zunächst fast nach Normal-Standards an – die Haltung der Wassertiere jedoch ist für konventionelle Halter nur durch eine „**Empfehlung** in Bezug auf Hausgänse" von 1999 und ansonsten eben allgemein durch das Tierschutzgesetz geregelt.

Wie bei ▸Enten gilt hier: Sowohl die Amputation der Schnabelspitzen als auch Wasserzugang und Stalleinstreu sind gesetzlich nicht verpflichtend!

Ohnehin sollte den meisten **Import-Gänsen** (deren Fleisch immerhin einen Anteil von 82,5 % am deutschen Markt hat!) wegen noch unklarerer Produktionsbedingungen mit Skepsis begegnet werden. So ist in Ungarn und Frankreich das **Stopfen von Gänsen** für die „Erzeugung" von Foie Gras bzw. Gänsestopfleber erlaubt – in Deutschland wie in den meisten europäischen Ländern (und bei Bio selbstverständlich weltweit!) ist diese Zwangsfütterung tabu.

Immerhin gilt für die konventionelle Gänsehaltung in Deutschland, dass der Anteil bäuerlicher Betriebe, die diese Tiere in sog. **Weidehaltung** aufziehen, nicht nur wesentlich größer ist als bei anderem Federvieh, sondern gar die verbreitetste Mastform darstellen. Auch hier leben Gänse rund 22 Wochen (wenn sie auch in natura 12 Jahre alt werden können), und das unter freiem Himmel. Daneben gibt es v. a. die Schnellmast ohne Weidehaltung (9 Wochen) und die Intensivmast mit begrenztem Auslauf (15 Wochen). Doch viele Verbraucher sind bei der Gans offenbar bereit, einen **höheren Preis** zu zahlen – mind. 80 % aller Tiere kommen ja auch als festliche Martins- oder Weihnachtsgans auf den Tisch.

Und da die deutschen Mäster dem Kundenwunsch folgend meist besonders fette Gänse mästen, eignet sich deren Fleisch letztlich auch kaum zu regelmäßigem Verzehr. Bio-Gänse hingegen wiegen zwar auch 5–7 kg, sind aber in der Regel nicht so fett.

Gänseblümchen

In ihrer buchstäblichen Betretenheit auch als **Maßliebchen**, Tausendschönchen oder Marienkraut eher vernachlässigte kleine Leckerei – zumindest von unbelasteten Rasenflächen aus Gartenklauberei oder wiesiger ▸Wildsammlung.

Von März bis in den Juni hinein kann man die kleinen Hübschheiten von

Bellis perennis getrost pflücken. Dann lassen sich Blätter, Knospen und sogar die Blüten in **Wildpflanzensalate**, unter Gemüse oder mit ausgelassenem Speck in spinatige Zubereitungen mischen wie „Gänseblümchen-Löwenzahnsalat mit Pinienkernen". Dort schmeckt das **Gänseblümchenklein** zunächst streng, aber angenehm erbsenhaft nach ▸Feldsalat, manche goutieren eine Nussigkeit, die sie pur aufs Butterbrot streuen. Kenner freuen sich auf die Blütenknospen im Frühstadium für den Salat, später und kugeliger lassen sie sich, wie es früher so üblich war, als **Ersatz für ▸Kapern** einlegen.

Für manche gehört ein Aufguss aus Gänseblümchen, ▸Brennnesseln und jungen Birkenblättern als Frühlingstee zum jährlichen Fastenritual des ▸Entschlackens. An Inhaltsstoffen bietet Maßliebchen Vitamin A und C, die ▸Mineralstoffe Eisen, Magnesium, Calcium, Kalium, dazu ätherische Öle, Inulin (für positive Darmbakteriendüngung), Saponin, Bitter- und Schleimstoffe. Ein Blütenfood!

Gänsefleisch

Ein klassisches Saisonprodukt, was sich nur ganz Ausgefuchste außer der Reihe gönnen. Denn die meisten ▸Gänse werden in Deutschland von Mai bis November gemästet: Das frisch oder tiefgekühlt verkaufte Fleisch von *Anserinae* wird nun mal überwiegend rund um den Martinstag bzw. zu **Weihnachten** nachgefragt. Ohnehin macht der deutsche Pro-Kopf-Verbrauch jährlich gerade mal 300 g aus; das summierte sich 2012 auf 25 700 t Gänsefleisch.

Global gesehen dominiert China die Gänsefleischerzeugung mit einem rund 95%igen Anteil; in Deutschland kommt mit mehr als 80 % die Masse des Angebots auch als **Importware** in den Handel, allerdings vorrangig aus Polen und Ungarn.

Die Bedingungen der Tierhaltung dort sind unklar. Sicher ist nur, dass Ungarn neben Frankreich einer der wenigen Staaten ist, der das **Stopfen von Gänsen** noch erlaubt. Verbraucherschützer warnen deshalb, dass Gänsefleisch mit dieser Herkunft deshalb (ungekennzeichnet!) aus den Restteilen von zwangsgestopften Tieren bestehen kann.

Etiketten, die ▸„artgerechte Tierhaltung" versprechen, ist auch nicht zu trauen: Dieser Begriff ist **gesetzlich nicht geschützt**! Wer Wert auf tiergerechtes Großwerden legt, muss deshalb auf Gänsefleisch von Betrieben mit ▸**ökologischer Tierhaltung** oder vom Verein ▸**Neuland** zurückgreifen. Diese sind durch ihre Richtlinien an artgerechte Aufzucht gebunden; eine weitere Möglichkeit ist es, die Bedingungen im Mastbetrieb direkt zu begutachten.

Denn auch bei konventionellen Haltern ist in Deutschland in der Regel statt der auslauflosen Turbomast die ▸**Freilandhaltung** vorherrschend; das Fleisch wird meist direkt vermarktet. Dafür sind die Preise entsprechend höher: Im Vergleich zu osteuropäischen Importen wird hier rund das Doppelte, wenn nicht Dreifache verlangt; für **Bio-Gänsefleisch** kommt noch einmal ein Aufschlag hinzu. Der Bio-Anteil der deutschen Erzeugung von 4 500 t lag 2012 bei 5,5 %.

Gänsefleisch: Für traditionellen Braten sollte es mindestens von einer Gans aus Weidehaltung stammen – bei Gänsestopfleber vergeht echten Bio-Gourmets jeder Appetit

Tiere aus Öko- oder konventioneller Weidehaltung werden doppelt so alt (20–22 Wochen) und dabei deutlich schwerer (bis 7 kg) als schnell gemästete. Ihr Fleisch ist insbesondere aus Öko-Haltung **weniger wasserhaltig**, durch die Bewegung auf der Weide fester und mit mehr Bindegewebe – was solchem Gänsefleisch nach langsamem Garen bei 150–160° C seinen wirklich guten Geschmack verleiht.

Garnelen

In dieser populären Bezeichnung doch ein ungenaues Durcheinander vieler freischwimmender ▸Krebsen bzw. ▸Krebschen (selbst ▸Krabben der Nordsee sind echte Garnelen).

Garnelen: Was von oben eher wie Überbewirtschaftung aussieht, ist ein Bio-Projekt von Deutsche See, für das Mangrovenwälder in Ecuador wiederaufgeforstet werden

Wegen der begrifflichen Unschärfe und Sprachverwirrung („Gambas", „Riesengarnelen", „Crevetten", große „Prawns", größere „**Shrimps**" usw.) werden oft auch andere Krustentiere wie der Kaisergranat (der „Scampo") fälschlich zu den Garnelen gezählt. Wie auch immer aber das Tierchen dahinkrebst, der Körperbau ist stets ähnlich: Unter einem walzenförmig chitingepanzerten Körper gibt es fünf Beinpaare zum Schwimmen und fünf zum Schreiten (macht zehn – daher Zehnfüßer, also *Dekapoden*). Am langen, schildförmig zugespitzten Körper sitzen lange Antennen; der dreigeteilte Schwanz ist das Ruderorgan. Die Garnelengrößen variieren stark, sie reichen von Plankton-Tierchen bis zu solchen von mehr als 30 cm Länge. **Garnelen-Wildfang** ist aufgrund starker ▸Überfischung rückläufig, er ist zudem umweltschädigend: In den Netzen findet sich übermäßig viel ▸Beifang, der Meeresgrund leidet großflächig, wenn die Garnelen „runtergekratzt" werden. Aufgrund gewaltiger Nachfrage werden Garnelen seit den 1970er-Jahren in ▸Aquakulturen zuerst in Latein- und Mittelamerika, später v. a. in Asien „erzeugt", unter problematischen Bedingungen, was ▸Tierschutz sowie ▸**Naturschutz** anbelangt; auch kommen immer wieder Berichte über ▸Rückstände von ▸Antibiotika und anderen ▸Tierarzneimitteln ins Gerede, die entweder

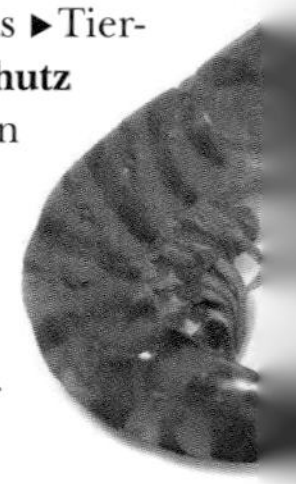

als **Wachstumsförderer** oder „nur“ bei der Komplettbehandlung gegen Krankheiten ins Garnelenfleisch gelangten.
Der weltweite Ausstoß der *shrimp farms* betrug 2011 2,5 Mio. t (70 % waren Seewasser-, der Rest Süßwassergarnelen) und machte damit noch immer knapp 4 % der Aquakultur-„Ernten“ aus. Doch seit 2009 in Asien die ersten großen **Garnelenseuchen** auftraten, stehen besonders die intensiv betriebenen Teiche mit dem hohen Infektionsrisiko unter Druck. 2012 waren 80 % der Farmen im Mekong-Delta vom sog. EMS *(early mortality syndrom)* betroffen, es litt v. a. der weltweit größte Exporteur Thailand. China war mit 1,5 Mio. t (2011) größter Garnelenproduzent, exportierte wegen des großen Eigenappetits aber nur ein Siebtel. Nachdem 2013 ein Bakterium als EMS-Auslöser identifiziert wurde, können nachhaltigere Maßnahmen greifen – zuvor waren betroffene Teiche großflächig mit Chlor „behandelt“ worden.
Einen Gegenentwurf zur industriellen Garnelenwirtschaft stellt die ▸**ökologische Aquakultur** dar, die seit 2009 auch in der ▸EG-Öko-Verordnung definiert ist, aber für Bio-Garnelen 1999 mit Pilotprojekten von ▸Naturland in Ecuador startete. Hier sind geringere Besatzdichten (800 kg Ertrag pro ha und Jahr), der Schutz der Mangrovenwälder in den Küstenzonen, die Weiterentwicklung der Zuchtverfahren, das Verbot von Antiobiotika sowie pflanzliche, ökologische ▸Futtermittel vorgeschrieben – plus Fischmehl, das nur aus Speisefischresten stammen darf. Die **Verfütterung** von Tierischem stößt bei anderen ▸Anbauverbänden wie ▸Demeter und ▸Biokreis auf teils harsche Kritik.

In der konventionellen Süßwassergarnelenzucht wird der Teichgrund durch Fütterung und Pharmazeutika bald derart **vergiftet**, dass die Farmer nebenan einen neuen, sauberen Teich graben müssen. Die Zucht in Seewasser, wo Exkremente und andere Reste fortgespült werden könnten, hat eine ebenso üble Kehrseite: Für sie werden tropische Mangrovenwälder zerstört.
Für den ▸WWF sind ▸MSC-zertifizierte Garnelen akzeptabel und **Bio-Garnelen** aus aller Welt eine „gute Wahl“; ▸*Greenpeace* hält neben Black-Tiger-Shrimps aus Naturland-Aquakultur nur **in Teichen** gehaltene Rosenberggarnelen und Kaisergranat aus Fallenfang im Nordostatlantik für „noch empfehlenswert“.

Bio-Garnelen: Immer aus ökologischer Aquakultur und dort nur noch von Biolachs übertroffen

GDA

Was Food-Profis mit *Guideline Daily Amounts* übersetzen, meint offiziell die Richtwerte für tägliche (Zufuhr-) Mengen bestimmter Inhaltsstoffe in verarbeiteter Nahrung – und stellt

FAT	0.75g per serving	GDA 70g
SATURATES	0.3g per serving	GDA 20g
SALT	0.3g per serving	GDA 6g
SUGAR	11.7g per serving	GDA 40g

GDA einfach: Die von der Industrie als Alternative zur Ampel lancierte Lösung setzte sich durch mit ihren mehr oder weniger aussagekräftigen „Amounts" …

inoffiziell **das kleinere Übel** gegenüber der von der Lebensmittelindustrie abgelehnten ▸Ampel dar, half sie seit 2008 doch, die Signalfarben Rot-Gelb-Grün zu verhindern. So preschten Multikonzerne vor und druckten ganz „freiwillig" GDA-Angaben auf ihre Produkte. Freilich nach eigenen Vorstellungen. Denn die Angaben zu Kaloriengehalt, Fett, Salz, gesättigten Fettsäuren und Zucker werden einerseits bezogen auf eine nahezu willkürliche **„Portionsgröße"**. Andererseits werden sie prozentual ins Verhältnis gesetzt zur **empfohlenen täglichen Zufuhr** eines Menschen – faktisch jener einer normalgewichtigen Frau. Und so rochen Verbraucherschützer wie ▸*Foodwatch* den Braten beizeiten und kritisierten, dass Männer, Kinder, Frauen und Greise haarsträubend pauschal über einen Kamm geschoren wurden, obwohl ihr Bedarf an Kalorien, Fett, Salz, Fettsäuren und Zucker durchaus unterschiedlich ist. Dazu kam, dass die Größen-Bezüge dreisterweise öfter **halbiert** wurden: indem eine Pizza aus zwei „Portionen" bestand. Außerdem, fragten Kritiker, wer hört schon nach ein paar Keksen oder einer halb getrunkenen Limo auf?

GDA halbiert: Vor der 1-plus-4-Lösung war die Definition einer Portion noch reine Willkür – oder genau die Hälfte

Dennoch ist die GDA-Angabe zusätzlich zur pflichtmäßigen Nährwerttabelle (▸Big Four, Big Eight) weiterhin verbreitet. In Deutschland meist nach dem sog. **1-plus-4-Modell** des BMELV *(Bundesministerium für Ernährung, Landwirtschaft und Verbraucherschutz)* gestaltet: Im Unterschied zur klassischen GDA sind Portions- und Packungsgröße endlich identisch.

Geflügel

Darin sind sich alle auf ▸Tierschutz wie ▸Verbraucherschutz bedachten Experten einig: Geflügeltes – ob nun als ▸Huhn (▸Legehennen, ▸Masthühner) oder ▸Pute, als ▸Ente oder ▸Gans – ist in jeder Art ein hochindustrialisiertes Nutz- als **Problemtier**. Die überwiegende Mehrheit der wichtigsten Federtiere (v. a. Hühner, Puten weniger) wird in ▸**Massentierhaltung** groß und fett. Weder bieten die Lebensumstände ▸artgerechte Bedingungen, noch sind die Folgen für Umwelt und ▸Landwirtschaft erfreulich (▸Naturschutz, ▸Tierarzneimittel, ▸Keime, ▸Preise). Geflügelerzeugnisse können kaum noch mit ▸gutem Gewissen verzehrt werden. Krank machen ▸Eier oder ▸Geflügelfleisch in der Regel nicht; doch wer Wert auf ▸**Ethik** legt, sollte Bio oder Ware von ▸Neuland wählen.

Das Hauptproblem beim Geflügel ist die über die letzten Jahrzehnte immer höher **spezialisiert** betriebene Erzeugung von Eiern und Geflügelfleisch. Insbesondere die Fleischnachfrage hat – nicht zuletzt seit der BSE-Krise 2001 – global beständig zugenommen und sich seit 1990 verdoppelt: 2012 wurden global knapp 105 Mio. t erzeugt, von mehr als 22 Mrd. Tieren, die statistisch zum Mastgeflügelbestand zählen.

Das **Huhn** ist die mit Abstand wichtigste Geflügelart. Nicht nur sind nahezu 90 % des global erschlachteten Geflügelfleischs ▶Hühnerfleisch; die Legehennen unter den gut 20 Mrd. Globalhühnern sorgten für **Eier** mit dem Handelsgewicht von 66 Mio. Tonnen. Der weltweite **Bio-Anteil** am Geflügel ist verschwindend gering. Selbst in Deutschland liegt er unter 1 %, es ist fraglich, inwiefern sich Geflügel in der ▶ökologischen Tierhaltung überhaupt stärker durchsetzen wird. Die Strukturen sprechen eindeutig gegen **grundsätzliche Öko-Prinzipien** bzw. erschweren da ihre Einhaltung fundamental. Und das ganz abgesehen von der Tatsache, dass Geflügel (wie ▶Schweine) durch getreidigen Futterbedarf im Gegensatz zu ▶Rindern in öko-ungewollter **Nahrungskonkurrenz** zum Menschen stehen.

Doch das Grundproblem ist menschgemacht: Die perfekt ausgereizte Produktivität von Geflügel als Nutztier wurde zu einem (zu) hohen Preis erkauft. Die moderne ▶**Zucht** brachte solche angepassten Rassen hervor, die entweder auf die Massenproduktion von Eiern oder auf maximale Fleischzulage spezialisiert sind. Das macht nicht nur **ethische Probleme** wie beim Huhn, wo männliche Nachkommen aus Legehennen-Linien nach dem Schlüpfen geshreddert werden, weil ihre ▶Mast zu wenig einbrächte. Die wenigen noch verbreiteten Rassen aller Geflügelarten sind zudem kaum mehr für eine ▶**artgerechte Haltung** tauglich, wie es der Anspruch der ökologischen Tierhaltung ist. Die Tiere brauchen spezielle, sehr fett- und proteinreiche ▶Futtermittel, werden zu schnell zu fett, können sich dann entsprechend

Geflügel: Die Bodenhaltung von Puten im Stall wird den Draußen-Tieren nicht gerecht – da hat es Öko-Geflügel besser und wird regelrecht bekümmert

Kleinstgeflügel: Bei Legehennen-Linien nur dann auch zur Aufzucht bestimmt, wenn sie eierlegende Hochleistungsweibchen sind …

eingeschränkter bewegen und haben sich insgesamt vom eigentlich natürlichen Verhalten entfernt. Nicht zuletzt sind sie weniger robust als ▸**alte Rassen** und daher – ganz im Sinne industrieller Nutzungslogik – auf eine Vielzahl von ▸Tierarzneimitteln wie ▸Antibiotika angewiesen.

Der Geflügelhaltung **in Öko-Betrieben** kommt all dies nicht entgegen, ob nun nach der ▸EG-Öko-Verordnung oder den strengeren Vorgaben der ▸Anbauverbände. Allgemein gilt: Haltung in großzügigeren Ställen mit Auslauf, kein ▸gentechnisch verändertes Futter, einem Standort angepasste Rassen, die **widerstandsfähig** sind, an denen keine routinemäßigen Eingriffe wie etwa Schnabelkürzungen vorgenommen werden und die synthetische Medikamente nur im Notfall bekommen. Dass der Bio-Anteil bei Geflügel (außer bei Gänsen) so klein ist, hat also handfeste Gründe. Die **Schwierigkeiten** spiegeln sich auch in den vereinzelten ▸Skandalen um Öko-Halter wider. Die betrafen insbesondere umetikettiertes konventionelles Futter bzw. Puten- und Hühnerbetriebe.

So werden die Vorgaben laufend verschärft, zuletzt 2013, seither müssen ▸Öko-Kontrolleure z. B. die ▸Legehennen tatsächlich zählen. Die Anbauverbände plädieren inzwischen für eine **bewusste Abkehr** von industriellen Strukturen. In der Putenhaltung etwa wird darum gerungen, die artgerechte Haltung mit alten Rassen zu realisieren; die Aufzucht von sog. **Zweinutzungshühnern** ist ein weiteres Bio-Projekt auf dem Weg zu „bäuerlich-ökologischer" Haltung.

Längst hat sich die grundsätzliche Geflügel-Kritik über die Biobranche hinaus verbreitet. Die **konventionellen Riesenställe** für Masthühnchen oder Legehennen treffen auf massive Proteste, auch bioferne Kunden sind besorgt über mangelnden Tierschutz und gravierende Umweltfolgen.

Wer dem entgegenwirken möchte, sollte – wenn schon nicht auf Bio oder Neuland – wenigstens auf Geflügelprodukte von Tieren mit Auslauf achten. **Gesetzlich geschützt** sind dafür die Hinweise ▸„Freilandhaltung" (für Eier) bzw. bei Geflügelfleisch „Bäuerliche Freilandhaltung" und die Formel „Bäuerliche Freilandhaltung – Unbegrenzter Auslauf".

Geflügelfleisch

Obwohl ▸Hühnerfleisch den federviehischen Riesenanteil ausmacht, fallen auch ▸Fleisch und ▸Innereien von anderem ▸Geflügel unter diesen Begriff, besonders von ▸Puten, ▸Enten und ▸Gänsen. Fleisch von Wildvögeln oder ▸Straußenfleisch macht nur einen Bruchteil der Masse von knapp 105 Mio. t Geflügelfleisch aus, die 2012 **global „erzeugt"** wurde.

Die größten Zuwachsraten gab es in China, das nach den USA zweitgrößter Produzent war; in Deutschland wuchs die Menge wenig. Das deutet das Ende des **Geflügel-Booms** an, zumal auch der Pro-Kopf-Verbrauch sank: um 3,1 % auf 18,5 kg.

Der Bio-Anteil ist sehr gering; trotz hoher Wachstumsrate von 16 % lag er 2012 noch nicht einmal bei 1 %.

Geflügel: Solch landschaftlich eingebetteten Massenställen steigen Gegner nun immer öfter aufs lange Dach

Hinderlich für weiteres Wachstum dürfte der im Vergleich zu konventionellem Geflügelfleisch relativ hohe Mehrpreis sein. Er kommt v. a. durch die hohen ▸Futterkosten, aufwendigere Investitionen in Ställe und Auslauf sowie den höheren Arbeitsaufwand der Öko-Halter zustande. Dafür sind die Erlöse höher; eine exemplarische Rechnung von 2012 ergab, dass ein typischer **Öko-Halter** für ein ▸Masthuhn nach Abzug aller Gesamtkosten einen Gewinn von 50 Cent behält, während ein konventioneller Kollege nur die Hälfte erlöst.

Geflügelfleisch: Auch bei rohen Bio-Putenfleisch muss bei der Rummesserei genau auf Sauberkeit geachtet werden

Nach dem Rückschlag durch die Vogelgrippe anno 2006 und der recht schnellen Erholung in den Jahren danach scheinen nun die etlichen ▸**Skandale** das Image von Geflügel als magere und somit gesundheitsförderliche Alternative angekratzt zu haben. Zu oft ging es um zu viele ▸Antibiotika in zu großen konventionellen Ställen; für Verunsicherung sorgten auch Funde von ▸**Keimen** wie etwa ▸Salmonellen oder Campylobacter im Geflügelfleisch selbst. Denn die Art des ▸Schlachtens von Geflügel birgt ein höheres Kontaminationsrisiko als bei anderen Tierarten.

Und so gelten auch für Handel und Gastronomie, sogar bei der Vor- und Zubereitung in heimischen Küchen strenge **Hygiene-Regeln** (hohe Kontaminationsgefahr): Sauberkeit schon beim Auspacken ist Pflicht, genau wie gründliches Händewaschen. Geflügelfleisch muss ausreichend gegart werden (im Innern mind. zwei Minuten lang bei 70° C oder mehr).

Wer bewusster Geflügelfleisch isst und bereit ist, die Mehrkosten für **Öko-Erzeugung** zu zahlen, wird mit festerem, dunklerem, schmackhafterem Fleisch belohnt – eine logische Folge der

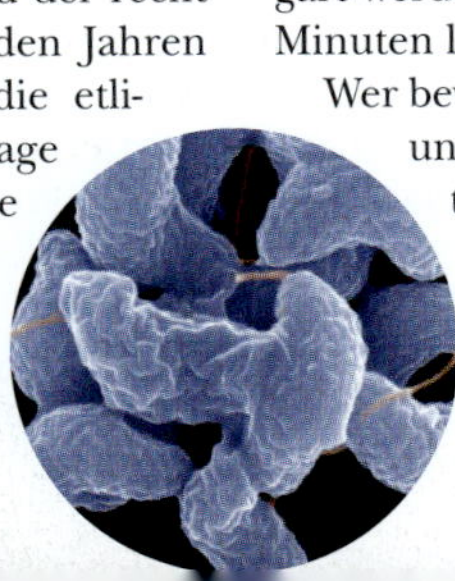

Geflügelkeime: Solche wie darmfiese Campylobacter fühlen sich darin allzu wohl, weshalb Hygiene schon eine reine Vernunftssache ist

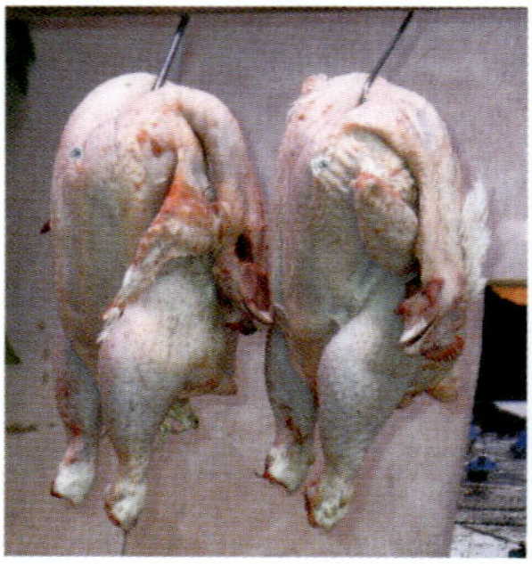

Geflügelfleisch: Hochbeliebt als fettärmeres, dafür eiweißreicheres Fitfleisch, verdächtig durch Belastungen und die Bedingungen der Haltung

Haltungsbedingungen. Zum einen dauert die ▸Mast von Bio-Geflügel länger, es wächst langsamer; zum anderen ist **Auslauf** zwingend vorgeschrieben, so dass sich durch die Bewegung bessere Muskeln entwickeln. Fleisch von ▸alten Rassen, die man bei Bio öfter findet, ist oft sogar noch schmackhafter.

Aber auch wer nicht zu Bio greift, kann auf ein Mehr an **Tierverträglichkeit** achten. Bei ▸Neuland ist ▸artgerechte Haltung Pflicht; gültige Formeln für konventionelles Geflügelfleisch, das wenigstens nicht aus ▸Massentierhaltung kommt, sind auch „Bäuerliche Freilandhaltung" und „Bäuerliche Freilandhaltung – Unbegrenzter Auslauf".

Gelatine(-Ersatz)

Ekeln gilt nicht: Ob bio oder nicht – Rohstoff für jede Gelatine ist das tierische Kollagen und damit ein Struktur-Eiweiß aus Knochen, Schwarten, Sehnen und Bändern **von Schlachttieren** (allerdings seit BSE-Zeiten ohne sog. Risikomaterial). In industriellen, aber auch alltäglichen Produkten ist die so praktische, gereinigte Gelatine (fast) allgegenwärtig; um sie zu vermeiden, ist ein genauer Blick auf die ▸Zutatenliste unumgänglich. Und auch dann gilt es, Angaben zu dechiffrieren. Denn Gelatine gilt nicht als ▸Zusatzstoff, hat also keine ▸E-Nummer und muss **nicht gesondert aufgeführt** werden. Hilft sie in Fruchtjoghurt vercremigend nach, versteckt sie sich hinter der Angabe „mit Fruchtzubereitung". Wenn nur Begriffe wie Verdickungs-, ▸Geliermittel oder ▸Bindemittel, aber keine E-Nummern dazu genannt werden, kann man ebenso von Gelatine ausgehen. Jedenfalls bei konventionellen Herstellern. Zwar deklarieren auch sie genauer, seit längst nicht nur Fleisch-Verächter den Sinn von Gelatine hinterfragen, **Bio-Produzenten** aber arbeiten u. a. aus ▸vegetarischer Tradition meist mit tierfreien Ersatzprodukten, die als pflanzliche ▸Geliermittel ähnliche Erfolge fürs ▸Food-Processing bringen sollen. Verboten ist Gelatine jedoch weder laut ▸EG-Öko-Verordnung noch bei den ▸Anbauverbänden; sie ist seit vielen Jahren auch **in Bioqualität** erhältlich und kann genauso in Bioprodukten wie Sülze und Aspik, Götterspeise und Tortenguss, aber auch in Speiseeis, Schokoküssen und ▸Gummibärchen stecken. Gelatine dickt, sülzt, stabilisiert, erweicht, glibbert **so bequem**. In aufbereiteter Form ist sie außerdem geschmacksneutral.

Doch nicht nur alle Vegetarier und ▸Veganer haben ein Gelatineproblem: Aus Schweineresten gewonnen ist sie für Menschen jüdischen und muslimischen Glaubens ebenso tabu. Erlaubte Alternative zum inkriminierten tierischen ist **pflanzlicher Gelatine-Ersatz**; je nach Produkt und gewünschter Wirkung kommen da

Gelatine: Ihr Mitmischen ist zu oft zu unklar, das monierte 2012 auch Foodwatch

foodwatch

Zutaten aus ▶Algen wie v. a. ▶**Agar-Agar** infrage oder seltener **Alginate** (E 400–405). Diese sind für EU-Bio zugelassen; als Hydrokolloide haben sie den idealen, thermo-irreversiblen wie stabilisierenden Quell- oder Bindefaktor (konventionell zu gerne missbraucht für Formfleisch) bis hin zu den stickstoffunterkühlten aromatischen Perlen aus der Molekularküche (als Kunst-Kaviar). Bei Obstigem ist **Pektin** (aus Äpfeln und Orangenschale) adäquater Stoff, beim Verdicken und als Füllstoff hülfe **Gummi Arabicum** (aus dem Pflanzensaft exotischer Akazien).

Auf Nummer sicher gehen Gelatine-Meider, wenn sie auf „Veggie"-Kennzeichnungen achten – auch dann, wenn Gelatine nur als nicht deklarationspflichtiger **Hilfsstoff** eingesetzt wurde. Denn bei Weinen und Fruchtsäften ist Gelatine ein beliebtes Mittel, um die Trübung zu beseitigen. So kommen für einen Wein-Hektoliter 5–14 g Gelatine zum Einsatz; sie wird beim Filtrieren jedoch entfernt. Viele Bio-Winzer **klären** ihren Wein lieber mit dem aufsaugende Tonmaterial Bentonit. Dass nicht nur aus ▶naturtrübem Saft dank Gelatine ein klarer wird, sondern das tierische Kollagen auch als Träger für zugesetzte Vitamine dienen kann, machte 2012 ▶*Foodwatch* öffentlich. Da ist noch viel ▶**Verstecktes** aufzuklären!

Geliermittel

Gäbe es sie nicht, müssten sie dringend erfunden werden, damit viel Essbares uns nicht einfach davonliefe. Mit Gelen, Binde- und Emulsionstricks wird solche Verflüssigung aufgehalten. Etwa mit ▶Gelatine? Nein, danke, ist da öfter zu hören. Spätestens die BSE-Seuche hat das in der Resteverwertung von Schlachttieren gewonnene Geliermittel in Verruf gebracht. Insbesondere **Bio-Produzenten** verzich-

gelatinefrei: Wie gut, wenn außen gleich draufsteht, was eben gar nicht drin ist – für alle Gelatineverzichter

Geliermittel: Auch hier muss kein tierisches Kollagen helfen, um klassischen Tortenguss sauber hinzukriegen

Geliermittel: Jenseits tierischer Gelatine nehmen Bio-Hersteller öfter Pflanzliches – leider hat es nicht immer Bioqualität, kann aber als Pektin dann „nicht amidiert" sein

ten prinzipiell gern auf das tierische Kollagen. Immerhin sind 16 gelierende Substanzen bei EU-Bio zugelassen; sie gehören mit den ▸E-Nummern in die Reihe E 400–461. Am häufigsten setzt Bio auf ▸Agar-Agar und Pektin. Beide sind **pflanzlich**, binden viel Wasser und bringen so H_2O-reiches wie Gelees, ▸Marmeladen und Tortenguss in Form, stecken aber auch in kaubaren Süßigkeiten, Süßspeisen, Speiseeis, Joghurt, Sülze und Fleischkonserven.

Agar-Agar wird aus roten ▸Algen gewonnen und gilt im Gegensatz zur Gelatine als ▸Zusatzstoff (E 406), ist damit auch zu deklarieren. In Südostasien, wo Gelatine so gut wie unbekannt ist, verwendet man Agar-Agar schon seit Jahrhunderten; die Dosierung erfordert jedoch etwas Übung. Für Tortenguss verwenden Biobäcker meist das vorwiegend aus Äpfeln und Orangenschalen gewonnene **Pektin**, zusammen mit Maisstärke. Pektin als Zusatzstoff E 440 ist ohne Höchstmengenbegrenzung für nahezu alle Lebensmittel zugelassen, bevorzugt gibt es Marmeladigem wie ▸Fruchtaufstrichen die typische Konsistenz.
Auch wo gelatinefreie ▸Gummibärchen in die Tüte kommen, ist oft Pektin im Spiel. Ernährungsphysiologisch handelt es sich hier nur um einen Ballaststoff, denn er wird jenseits des Magens gar nicht ausgewertet. Das Pektin-Problem liegt darin, dass es sich zum einen um ein relativ hochverarbeitetes Produkt handelt, das oft aufwendig hergestellt werden muss. Zum anderen ist es **kaum in Bioqualität** auf dem Markt, steckt also so lange notgedrungen als konventionelle Zutat zu höchstens 5 % in einem Bioprodukt. Wenn „nicht amidiert" draufsteht, wurde es wenigstens nicht mit Ammoniak behandelt
Ausschließlich im Bio-Handel gab es lange Zeit das aus Citrus-Pektin und Kartoffelstärke gemixte **„Konfigel"**, wegen hochtechnischer Erzeugung und Teilsubstanzen nicht unumstritten. Es hat beim Einkochen den kleinen Nachteil, dass Marmelade etwas breiig wird. Seltener werden auch das ebenfalls umstrittene ▸**Carrageen** und **Alginate** als pflanzliche Geliermittel verwendet. Wenn es nicht gerade eine stichfeste, gallertähnliche Masse sein soll, geliergenügen auch die klassischen ▸Binde-, Verdickungsmittel ▸**Johannisbrotkernmehl** oder **Guarkernmehl**.

Gemüse

Einst alles zusammengekochte „Gemuse", im 19. Jahrhundert erst die besondere vegetabile Speise, ▸Hülsenfrüchte und ▸Küchenkräuter zumal, die zu **Beilagen** wurden. Denn Gemüse allein macht auf Dauer kaum satt, es sei denn, es handelt sich um besonders Protein- oder Fettreiches wie ▸Bohnen oder ▸Avocados.
Mehr als eine Beilage zum Normal-Markt ist **Bio-Gemüse** geworden, eine der Kernkompetenzen (neben ▸Obst) des ▸ökologischen Landbaus; sein Anteil hat sich in Deutschland insgesamt bei etwa 6 % eingependelt,

liegt bei einzelnen Sorten aber bedeutend höher. So etwa bei ▸Möhren, dem mit fast 45 % Anteil allerliebsten Bio-Gemüse – aber genauso bei Nischen- oder ▸**alten Sorten** wie ▸Kürbis oder ▸Mangold. Gleichzeitig ist Bio immer dort stark, wo einzelne Gemüse aus konventionellem Anbau etwas in Verruf gerieten (z. B. bei Küchenkräutern und ▸Paprika). Es hat sich eben herumgesprochen, dass ökologisch angebautes Gemüse bei allen ▸Monitorings stets mit großem Abstand **besser abschneidet** als solches von konventionellen Betrieben (▸bio = gesünder?). Nicht nur fanden sich seltener überhaupt ▸Rückstände von ▸Pflanzenschutzmitteln – sie waren zudem bedeutend geringer; Mehrfachrückstände kamen seltener vor.

Bio hält hier sein florales Versprechen: Im Öko-Anbau sind chemisch-synthetische ▸Pestizide und ▸Düngemittel verboten, es helfen natürliche ▸Pflanzenschutzmittel, ▸Unkraut ist entweder als Beikraut willkommen oder wird mechanisch entfernt. Biobauern verzichten daher auf Monokulturen und beachten **nährstofferhaltende Fruchtfolgen**, der Boden laugt weniger aus und muss weniger stark gedüngt werden. Das heißt aber auch: mehr Arbeit (und Arbeitsplätze) bei etwa 20 % niedrigeren Erträgen. Dies sollen höhere ▸Preise und Öko-Prämien ausgleichen.

Gleichzeitig sorgen das langsamere Wachstum und die verlängerte ▸Reife dafür, dass der sog. Trocken-

Gemüse: Eine Riesenernte lacht nicht nur denen, die mit Unmengen von synthetischen Düngemitteln provozieren

Gemüse: Schalenvolles Powerfood, das sich bei Bio selbst schützen muss und deshalb auch mehr Wertvolles enthalten kann

substanzgehalt in Bio-Gemüse höher ist; da viele wichtige Inhalts- grundsätzlich **Abwehrstoffe der Pflanzen** sind, auf die es im Öko-Anbau eben ankommt, findet sich in Bio-Gemüse tendenziell viel Wertvolles wie ▶sekundäre Pflanzenstoffe, also ▶Anthocyane, ▶Carotinoide oder ▶Phenole. Mehrere großangelegte Studien haben u. a. für ökologisch angebaute ▶Kartoffeln, ▶Kohl und ▶Salat, aber auch bei ▶Tomaten **höhere Gehalte** nachgewiesen. Oft spielt eher die spezifische ▶Sorte eine Rolle; auch hier ist Bio im Vorteil, da besonders die ▶Anbauverbände auf samenfestes, also vermehrbares ▶Saatgut setzen statt auf ertragssicherere, aber einheitlichere ▶Hybriden. Damit erhalten sie die ▶**Agrobiodiversität**.

Daneben ist Bio-Gemüse außerdem im Sinne des ▶**Naturschutzes** sinnvoll, weil Böden, Luft und Gewässer geringer belastet werden. Besonders, wenn Biobauern ▶Regionales aus ▶**Freilandanbau** anbieten, manchmal jedoch sogar dann, wenn Bioprodukte außerhalb der ▶Saison sinnvoll (also nie auf dem Luftweg) von weiter her transportiert werden statt aus konventionell beheizten ▶Gewächshäusern der Umgebung (▶Food Miles, ▶Carbon Footprint). Dass Bio-Gemüse so erfolgreich ist, hat natürlich auch mit dem typischen Profil von ▶**Biokonsumenten** zu tun, denn unter ihnen finden sich überdurchschnittlich viele ▶Vegetarier und ▶Veganer, aber auch Anhänger von ▶Vollwert oder ▶Rohkost.

Bio-Produzenten werben obendrein mit dem besseren **Geschmack** – das wiederum ist schwer belegbar und hängt genauso mit Sorten zusammen, wenn nicht mit Gewöhnung (▶Geschmackssache). In Fütterungsversuchen mit Tieren jedenfalls wurden ökologische Möhren und Kartoffeln bevorzugt – vielleicht also doch eine Sache des Instinktes?!

Gemüsesaft

Die Pflanzensüffigkeit ist ein Diätklassiker mit Umsatzhoch im Frühjahr, wenn die guten Vorsätze Blüten treiben. Gemüsesaft wird gern mit dem „Five a day"-Slogan der DGE *(Deutsche Gesellschaft für Ernährung)* beworben: Dass ein Glas eine Portion ▶Gemüse bequem und (im Vergleich zu ▶Fruchtsaft) **kalorienarm** ersetze. Obwohl es ernstzunehmende Bedenken gibt, ob Gemüse und Saft daraus tatsächlich gleichwertig sind, spielen auch Bio-Hersteller gern mit dieser

Gemüsesaft: Neben dem so klassischen Tomatensaft wird besonders der biogemüsige Liebling Möhre aufs Gesündeste saftig verarbeitet

Parole. Immerhin: Bei ihnen ist es bedeutend glaubhafter, allein durch die **Bioqualität** der benutzten Rohstoffe. Studien ergaben denn auch, dass Bio-Gemüsesäfte bis zu 50 % mehr ▸sekundäre Pflanzenstoffe als konventionelle Produkte enthalten. Bei den ▸Anbauverbänden (▸Premium-Bio) ist ein Gemüse- zudem immer ein ▸**Direktsaft**; das Gemüse wird gewaschen, mit Wasserdampf gereinigt, stark zerkleinert und ausgepresst. Dieser Rohsaft muss nur gefiltert werden, bevor er bei 75–95° C kurzzeiterhitzt (pasteurisiert) und abgefüllt wird. Nur die ▸EG-Öko-Verordnung (▸**Bio light**) lässt die bei konventionellen Gemüsesäften übliche Herstellung aus Konzentrat zu. Dafür wird Gemüse durch Gefriertrocknung zu Pulver verarbeitet, das vor dem Abfüllen mit Wasser rückverdünnt wird. Dabei gehen neben vielen Inhaltsstoffen aber auch geschmacksgebende Bestandteile verloren. Zusatz von ▸Aromen ist bei Direkt-Gemüsesäften also ohnehin nicht nötig; zur Abrundung wird höchstens Zitrone oder Salz dazugegeben – beides muss aber deklariert werden. Bei Bio nicht zugelassen sind außerdem alle Formen von ▸Geschmacksverstärkern oder ▸**Konservierungsstoffen**; auch das konventionell erlaubte Klären mit ▸Gelatine ist tabu. Alle ▸Enzyme, die bei festeren Gemüsesorten wie ▸Kürbis oder

Gemüsesaft: Bei Voelkel wird die Möhrenernte bis zur die Saftpresse geliefert – direkter geht es kaum

▸Sellerie eingesetzt werden dürfen, müssen ▸gentechnikfrei erzeugt worden sein und werden später durch die Hitze unwirksam gemacht. Unzweifelhaft ist, dass Inhaltsstoffe durch das **Pasteurisieren** verlorengehen; um aber insbesondere Säfte mit niedrigem Säuregehalt haltbar bzw. sicher gegen ▸Keime zu machen, ist dieses Verfahren eben notwendig. Eine Bio-Spezialität ist **Most**, für den etwa ▸Rote Bete oder ▸Weißkohl (für Sauerkraut-Saft) durch den Zusatz spezieller Kulturen ▸milchsauer vergoren wird, so dass ▸rechtsdrehende Milchsäure entsteht. Gelten diese beiden Saftklassiker bei so manchen als überaromatisch bedrängend (was bei der Roten Bete längst zu interessanten Mix-Kreationen führte), gilt der Saft aus ▸**Möhren** als mildere Variante. Da der natürliche Gehalt an ▸Nitrat bei Roter Bete generell höher ist, sollten Fans hier zu Bio-Saft greifen. Der ökologische Anbau

Gemüsesaft: Als alkoholverschärfte Bloody Mary ist der Flugklassiker Tomatensaft vielen sogar noch mal lieber

verbietet übermäßiges und somit verstärkendes ▸Düngen. Vorsichtige Bio-Hersteller raten gar bei ihrem **Rote-Bete-Saft** dazu, ihn Kindern erst im Alter von vier Jahren einzuschenken. Nitrat-Probleme hat die ▸**Tomate** nicht; ihr Saft enthält dagegen viel Lycopin, das als ▸Carotinoid für die nachtschattige Rötung verantwortlich ist und ▸freie Radikale binden hilft. Die beliebten **Gemüsemischsäfte** schließlich kombinieren etliche gesundheitliche Wirkungen und haben einiges Geschmackspotenzial. Nicht zuletzt bei Bio-Gemüsesäften, wo immer mehr Produzenten nicht nur auf ▸regionales Gemüse, sondern auch auf **samenfeste ▸Sorten** setzen. Deren ▸Saatgut ist nicht nur reproduzierbar und macht Biobauern unabhängig vom Nachkauf – das aus ihm erwachsene Bio-Gemüse ist ▸Hybriden auch in **Aroma** und Charakter überlegen.

Genfood: Für engagierte NGOs und die Biobranche ohnehin ist klar, dass Natur und Biotech nicht zusammengehen können

Genfood

Grundsätzlich dies vorweg: Bio und ▸Gentechnik schließen sich aus! Genfood ist ökologisch schlichtweg eine **Un-Essbarkeit** aus bzw. mit Anteilen von ▸GVO, also gentechnisch veränderten Organismen. Denn wo das Genom nicht mehr „isogen" ist, sondern Fremdabschnitte qua Manipulation bekam, gilt das Neue als ▸transgen und alles mit dessen Hilfe Erzeugte als Genfood. Wäre da nicht all die Haarspalterei. Denn EU-weit **nicht als Genfood** gelten tierische Produkte wie ▸Fleisch, ▸Eier oder ▸Milch auch dann, wenn die Tiere mit transgenen ▸Futtermitteln wie ▸Gen-Soja oder ▸Gen-Mais

ernährt wurden. Nicht unter die seit 2004 gültige Verordnung dazu fallen auch mit GVO hergestellte ▸**Zusatzstoffe** sowie alle gentechnisch produzierten **technischen Hilfsstoffe**. Diese recht industriefreundlichen Regelungen treffen auch außerhalb der ▸Biobranche auf scharfe Kritik von NGOs wie dem BUND *(Bund für Umwelt und Naturschutz Deutschland)*, ▸*Foodwatch* und ▸*Greenpeace*. Sie alle wissen sich dabei im Einklang mit Volkes Stimme: Seit Jahren spricht sich regelmäßig eine überwältigende Mehrheit für ein **GVO-Verbot** in der Landwirtschaft aus. Diese Mehrheit kann – neben konventionellen Produkten mit dem Label ▸**„Ohne Gentechnik"** – da nur Bio vertrauen. Egal, ob nach ▸EG-Öko-Verordnung oder den Regeln der ▸Anbauverbände erzeugt: **Bio** ist ▸gentechnikfrei. Nur zufällige/unvermeidbare ▸Verunreinigung bis 0,9 % wird toleriert. Kaum beruhigend, dass Genfood EU-weit fast nur **bei ▸Importware** möglich wäre – v. a. aus den USA. So fanden sich schon US-Schokoriegel, die mit ▸Stärke aus GVO gesüßt waren,

genau wie (so deklarierte) Produkte mit transgenem ▸Soja bzw. ▸Mais. GVO selbst sind in Deutschland bisher nicht erhältlich: ▸**Gen-Tomaten** schafften es nie über die USA, Kanada und Großbritannien hinaus, 2013 gab BASF Versuche mit ▸**Gen-Kartoffeln** auf. Aber: Es gilt ein „Verbot mit Genehmigungsvorbehalt", das amtlich „Nulltoleranz" heißt, obwohl z. B. Monsantos Gen-Mais „MON 810" wieder zugelassen werden könnte. So wäre mit Gen-Pollen verunreinigter Honig ja wieder verkehrsfähig …
In den USA ist Genfood fast unkritisiert, muss auch nicht deklariert werden. Dort gibt es transgene ▸Papayas und ▸Melonen, 2013 stand der „Frankenfish" als transgener ▸Lachs vor der Zulassung. Und so hatten die Verhandlungen über ein **Freihandelsabkommen** mit den USA einen neuen Beigeschmack – nach Genfood …

Gen-Kartoffel

Die Knolle wäre wohl willig – aber NGOs und v. a. die Verbraucher wurden nicht schwach, kochten sich allenfalls ihr Protestsüppchen daraus. Und so stellte BASF 2012 den Anbau zur Verfütterung der stärkeoptimierten EH92-527-1 ein. Diese **„Amflora"** war erst 2010 von der EU-Kommission nach 13 Jahren Verfahrerei zugelassen worden – unter Bedingungen, die 2013 der Europäische Gerichtshof nachträglich für ungültig erklärte … Für ▸*Greenpeace* erregte da eher das in der „Amflora" als Markergen verwendete Antibiotikaresistenzgen Argwohn, die Technologie sei veraltet und riskant. Die ▸**Anbauverbände** kritisierten, dass die EU sogar 0,9 % ▸GVO in Speisekartoffeln – ca. drei Stück pro 25 kg – dulden wollte.
„Amflora" erledigte sich dann bald von selbst, und ohnehin scheint bei ▸Kartoffeln die ▸**Monsantosierung** nicht zu greifen: 1210 Freilandversuche (in der EU 309) mündeten bis Ende 2013 in keiner einzigen etablierten Gen-Sorte. Projekte gab es noch in Kolumbien (mit Motten-Resistenz), Argentinien (mit Virusresistenz), den USA (Acrylamid-reduziert) und Indien (erhöhter Proteingehalt). **Deutsche Freilandversuche** wie mit der Kunststoffrohstoff produzierenden Cyanophycin-Kartoffel (Uni Rostock) und der Zeaxanthin-Kartoffel vom Robert-Koch-

Genfood: Die Entschlüsselung des Erbguts der Sojabohne brachte eine Vielzahl von transgenen Sorten und Produkten daraus auf den Markt – zumindest in den unkritischen USA

Institut (gegen Altersblindheit) sind eingestellt. Anfang 2013 zog BASF auch für die **stärkeoptimierten Gen-Sorten** „Amadea" und „Modena" die Reißleine. Die Stärke-Industrie war nicht bereit, das Wagnis mitzutragen: 60 % ihres Geschäfts macht die Lebensmittelstärke aus, eine erforderliche Trennung von der Industriestärke wäre zu kostspielig. Zumal es längst konventionell erzüchtete Sorten gibt, die jene „Amflora"-Vorteile von Natur aus haben. So verkümmerte 2013 mit **„Fortuna"** (resistent gegen Kraut- und Knollenfäule) auch die einzige Gen-Speisekartoffel von BASF. Fast-Food-Ketten und die Chips-Industrie hatten signalisiert, ihr Glück nicht bei Fortuna suchen zu wollen. Monsanto musste schon 2001 die einzige jemals zugelassene **Gen-Speisekartoffel** vom US-Markt nehmen; auch dort fand sich letztlich niemand, der Abnehmer von „New Leaf" werden wollte.

Gen-Kartoffel: Weil weder NGOs noch Verbraucher wussten, was ihnen so mit der „Amflora" blühte, mochte letztlich auch die Industrie nicht mitziehen

Gen-Mais

Bio-Mögern und anderen Kämpfern gegen ▸Patente dreht sich der Magen um beim Gedanken an diese **Erfolgsstory**: 2012 wuchsen auf 35 % der globalen Anbauflächen für ▸Mais ▸transgene Pflanzen. Also solche, deren Genome so verändert wurden, dass sie gegen Fressfeinde, Herbizide oder Stress (z. B. Trockenheit) widerstandsfähiger sind. Nach ▸Gen-Soja und Gen-Baumwolle ist Gen-Mais als ▸GVO das dritte Highlight „Grüner Gentechnik" – mit wachsender Tendenz trotz weltweiter Proteste.

In der EU ist der Anbau faktisch auf Portugal (knapp 10 000 ha in 2013) und Spanien (136 962 ha und damit 30 %) beschränkt. In Deutschland und Frankreich ist der Anbau seit 2009 bzw. 2008 wie in anderen EU-Staaten ausgesetzt; nur in Rumänien und der Slowakei gibt es noch Restflächen. Dass der **Welt-Anteil** dennoch so hoch ist, liegt v. a. an den Riesenflächen in den USA (90 %!), Brasilien und Argentinien.

Die genetische Manipulation hat mehrere Ziele. Der sog. **Bt-Mais** soll selbstständig Fressfeinde killen, sein Name ehrt den eingeschleusten *Bacillus thuringiensis*, der im Gen-Mais Protoxin erzeugt und Schädlinge wie den Maiszünsler und den Maiswurzelbohrer tötet. Es gibt über 100 Patente auf Bt-Mais – am bekanntesten ist **„MON 810"** von US-Multis Monsanto, das in Spanien

Gen-Mais: Der Protest gegen die Verbreitung von transgenen Superkolben hatte wenigstens in Deutschland Erfolg – weltweit jedoch wurde Gen-Mais zur Erfolgsgeschichte

reichlich wächst. Wie jeder GVO ist „MON 810" ein ▸Hybride; Gen-Bauern müssen jährlich neues ▸Saatgut zwangskaufen (▸Monsantosierung). Zweitens soll Gen-Mais resistent gegen Herbizide sein, meist noch kombiniert mit den Eigenschaften von Bt-Mais. Ein Beispiel ist **„Smartstax"** von Dow und Monsanto, das selbst Übermengen Unkrautvernichtungsmitteln wie ▸Glyphosat und Glufosinat standhält; es produziert dazu gleichzeitig sechs Insektizide, was sie „Giftpflanze" taufte. Die EU ließ „Smartstax" 2013 als ▸Futtermittel zu.

Gen-Mais-Test: Parzellenweise im Freiland erprobt, was Kritiker bedrohlich finden und Feldbefreier zu Aktionen reizt

Zum Dritten gibt es Gen-Mais-Sonderformen, die wie **„MON 87460"** von Monsanto etwa trockentolerant sind. Andere produzieren z. B. Phytase und setzen als Futter deutlich mehr Phosphor frei.

NGOs kritisieren, Gen-Mais erreiche bei allen **ungeklärten Folgewirkungen** nicht mal die von der Industrie intendierten Ziele. Bei Bt-Mais dauere es meist nur wenige Jahre, bis Zünsler, Wurzelbohrer oder Heerwurm **Resistenzen** entwickelten, wie 2013 eine Studie der Uni Arizona herausfand. Entsprechende Berichte gab es 2011 aus Iowa, Illinois und Minnesota. Kritiker weisen darauf hin, dass der Bedarf an ▸**Pestiziden** nach 20 Jahren ▸Gentechnik in den USA gar gewachsen sei. „Smartstax" sei eine der Konsequenzen dieses Teufelskreises – er hält es ja aus.

Wenigstens ist Europa – anders als bei ▸Soja – bei Mais fast Selbstversorger, deshalb fällt die GVO-Belastung bei Futtermais geringer aus. Zuletzt lagen die ▸**Verunreinigungen** bei Saatgut durchgängig unter 0,1 %, aber stabil bei 2–3 % der Proben. Bioware schneidet sehr gut ab: Das Freiburger CVUA *(Chemische und Veterinäruntersuchungsamt)* zog 2012 5-Jahresbilanz: in allen 93 **Bio-Mais-Produkten** (▸Mehl, Popcorn, Frischware) gab es keinen Nachweis, aber GVO-Spuren bei 4 % der 753 konventionellen Proben.

Prekärer ist die Lage in globaler Perspektive: Die ▸Agrobiodiversität ist bedroht, und nicht zuletzt fürchten viele latein- und mittelamerikanische Staaten um die Tausende von ▸**alten Sorten**, denen durch die Gen-Nachbarn im Norden eine **Auskreuzung** transgener Bestandteile droht.

Gen-Mais-Sorge: Er soll sich gegen den Maiswurzelbohrer (l.) ebenso selbst wehren wie gegen Maiszünsler (Larve m., Falter r.) – doch die werden allmählich resistent, während Auskreuzung das mittel- und lateinamerikanische Mais-Erbe bedroht

GM-Soy inside: Es steckt USA-weit längst in unzähligen Produkten und füttert längst auch die Nutztiere dieser Welt

Gen-Soja

Der Hunger nach ▸Fleisch lässt nicht nur die ▸Massentierhaltung weltweit überhandnehmen, er hat auch das so proteinreiche ▸Soja zur wichtigsten Futterpflanze werden lassen – die sich obendrein relativ problemlos dort anbauen lässt, wo noch große Flächen „verfügbar" sind, oder eben nötigen Profits wegen verfügbar gemacht werden. Um dies alles noch problemloser zu machen, forschen **Biotech-Multis wie Monsanto** schon seit Jahren an ▸transgenen Sojapflanzen. Das Monsanto-Konzept entwickelte sich zu einer wahren Win-Win-Situation: 1974 schon ließ sich der Konzern das Herbizid „Roundup" (▸Glyphosat) per ▸Patent schützen; 1996 kam das erste **„Roundup-Ready"**-Gen-Soja dazu – zum eigenen *weed killer* maßgeschneidert, bis heute der erfolgreichste ▸GVO auf den Soja-Feldern der Welt. Gen-Soja ist längst die mit Abstand wichtigste ▸gentechnisch veränderte Futterpflanze (**81%** der globalen Sojafläche 2012). Insbesondere in den Hauptexportländern USA, Brasilien, Argentinien und Paraguay findet sich kaum noch unmanipuliertes Soja. Nur Brasilien produziert noch nennenswert ▸gentechnikfrei, v. a. für den Export nach **Europa** mit seinen GVO-Schranken. Denn die EU-Kommission ließ 2012 zwar vier Gen-Sojasorten zu und verlängerte eine weitere Lizenz, hat aber im Gegensatz zu anderen Import-Gegenden eine sehr gentechnikkritische Bevölkerung und seit 2004 die ▸Kennzeichnung gentechnisch veränderter Produkte ab **Spuren von 0,9 %** vorgeschrieben (▸Genfood).

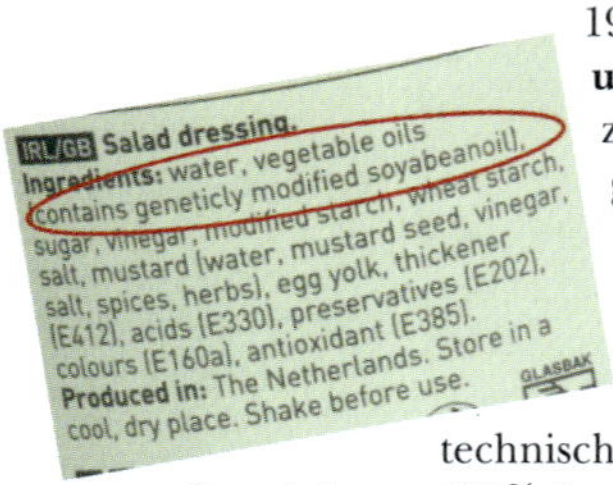

Gen-Soja: Obwohl in der EU ein genkritisches Klima herrscht, taucht Gen-Soja auf Zutatenlisten auf – ab einem Anteil von 0,9 %

Problematisch ist, dass Gen-Soja am Beginn einer langen Weiterverarbeitungskette steht (geschätzt für 30 000 verschiedene Erzeugnisse); sehr oft sind Rückschlüsse nicht möglich.

Deshalb ist der Kauf von ▸**Biolebensmitteln**, deren Herstellung laut Richtlinien grundsätzlich gentechnikfrei erfolgen muss, der sicherste Weg, um dem allgegenwärtigen Gen-Soja zu entgehen. Bei konventionellen Produkten sind solche mit dem Logo ▸„Ohne Gentechnik" sicherer (wofür nur 0,1 % Spuren geduldet werden). Das CVUA *(Chemische und Veterinäruntersuchungsamt)* in Freiburg fand in 89 % der zwischen 2008 und 2012 untersuchten Bio-Sojaprodukte keine Gen-Spuren! Wenn **„Ohne Gentechnik"** draufstand, traf dies auf 78 % zu, bei Konventionellem waren nur 65 % frei von Gen-Sojaspuren bis zur tolerierten Kennzeichnungsgrenze.

Genau diese 0,9 % stehen aber in der Kritik; zum einen gelten sie für Bio wie Konventionelles gleichermaßen und stellen so schon eine Art Kapitulation vor dem Ideal der Null-Toleranz dar. Und zum anderen sind bei konventionellen Produkten alle **Sekundäreffekte** davon ausgenommen. Somit ist nicht erkennbar, ob ▸Eier, ▸Fleisch oder ▸Milch von Tieren stammen, die mit Gen-Soja gefüttert wurden – außer bei Bio!

Kritiker fordern seit langem eine **„Positiv-Kennzeichnungspflicht"** für diese Produkte. Denn auch wenn die

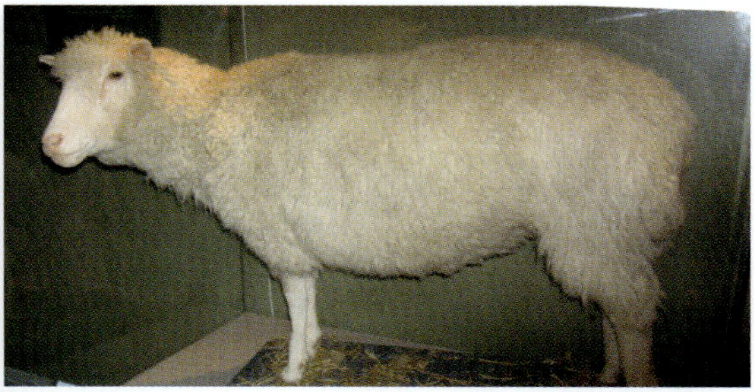

Gentechnisches: Klonschaf „Dolly" regte viele tierisch auf, bevor es ausgestopft im Museum landete, während Labore weiterforschten, an Klon-Weizen beispielsweise

direkte **schädliche Wirkung** auf den menschlichen Organismus bislang nicht bewiesen ist, müssen Verbraucher doch die Möglichkeit haben, bewusst darauf zu verzichten.
Gen-Sojas **Folgen für die Natur** (und abhängige Bauern) sind dafür umso deutlicher: ▸Mikroorganismen und Kleinlebewesen im Boden sterben, die Resistenzbildung von ▸Unkraut nimmt zu, was wiederum den Einsatz von ▸Pestiziden erhöht.

Gentechnik

Inbegriff für technologischen Labor-Eingriff in die Genesis, also in das pflanzliche, tierische, sogar menschliche Genom mit all seinen Genen. Im engeren Sinne meint es das pure Zweckverfahren für Manipulationen von Erbgut: Fremdes einbringen, Altes stilllegen oder variieren. Daraus resultierende Organismen sind dann ▸transgen, also ein ▸GVO (Gentechnisch Veränderter Organismus).
1973 gelang an der Stanford University die erste zielgerichtete Übertragung genetischer Informationen zwischen artfremden Organismen; das erste transgene Lebewesen, ein Bakterium *(Escherichia coli)* mit einem eingeschleusten Viren-Gen, war erschaffen. 1978 brachten Forscher des Max-Planck-Instituts in Tübingen die „Tomoffel", eine Verkreuzung von ▸Tomate und ▸Kartoffel, gentechnisch zustande. 1983 schleusten Wissenschaftler in Köln und Gent (Belgien) erstmals ein fremdes Gen in pflanzliches Erbgut. Und 1986 wurden in den USA und in Frankreich erste transgene Laborpflanzen ins Freiland gesetzt: Tabakpflanzen.
Die fortan so genannte Grüne Gentechnik wurde Routine und hatte viele Ziele: Erzeugung von Nahrungs- und Futtermitteln, von industriell nutzbaren Rohstoffen – und à la longue Nutz- als Sondernutzentiere. Die Versprechungen zur Grünen Gentechnik waren groß: Sie könne die ▸Welternährung sichern, GVO würden resistent gegen Schädlinge, Krankheiten, Pilze sein und so ▸Pestizide unnötig machen – bei höheren Erträgen. Denn GVO sollten schneller wachsen, Trockenheit widerste-

hen und mehr Wertvolles liefern, wie Proteine, ▸Fettsäuren, ▸sekundäre Pflanzenstoffe oder ▸Vitamine.

Die Realität sieht längst ernüchternder aus. Zwar wurden 2012 weltweit 170 Mio. ha mit GVO (v.a. ▸Gen-Soja, Gen-Baumwolle, ▸Gen-Mais, Gen-Raps) bebaut. Doch die Ausbreitung der Produkte nützt fast allein den Multis Monsanto, BASF, Bayer CropScience, Syngenta, Dow Chemical sowie DuPont (▸Monsantosierung); sie machten durch ▸Patente auf transgenes ▸Saatgut (und den Verkauf passender Pestizide) weltweit immer mehr Bauern von sich abhängig.

gentechnikfrei: Österreich mit seiner ARGE-Initiative ist seit 1997 der Vorreiter für ein Europa ohne GVO

Dabei trägt die Ausbreitung von GVO offensichtlich gar nicht dazu bei, den Verbrauch von chemisch-synthetischen ▸Pflanzenschutzmitteln zu senken. Im Gegenteil wird nun das ▸Unkraut resistent, gegen das einst das Herbizid ▸Glyphosat wirken sollen, gegen das wiederum Monsantos Gen-Soja- und Gen-Mais resistent gemacht worden war.

Ähnlich sieht es bei den Fressfeinden aus. Die Folgen sind gesteigerter Pestizideinsatz – und ein stets erneuerter Bedarf an kurzfristig verbesserten (und teuer zu bezahlenden) Gen-Pflanzen.

In Europa lehnten 2013 schon 71 % der Bürger Gentechnik in Lebensmitteln, also ▸Genfood ab, manche Befürworter einer ▸gentechnikfreien Landwirtschaft agieren sogar als zerstörerische sog. ▸Feldbefreier.

Konsequent in ihrer Ablehnung „Grüner Gentechnik" ist die gesamte Biobranche; sie sieht die Prinzipien, letztlich die Lebensgrundlagen des ▸ökologischen Landbaus bedroht. Felix Prinz zu Löwenstein, der Vorsitzende des BÖLW *(Bund Ökologische Lebensmittelwirtschaft)* warnte 2013, mit der Gentechnik kämen nur für die Industrie profitable „Convenience-Technologien" auf den Acker: „Diese Pflanzen befördern eine großflächige Monokulturlandwirtschaft, die mit wenigen Arbeitskräften und ohne Rücksicht auf Fruchtfolgen auskommt – und dabei den Einsatz von Pestiziden noch vergrößert."

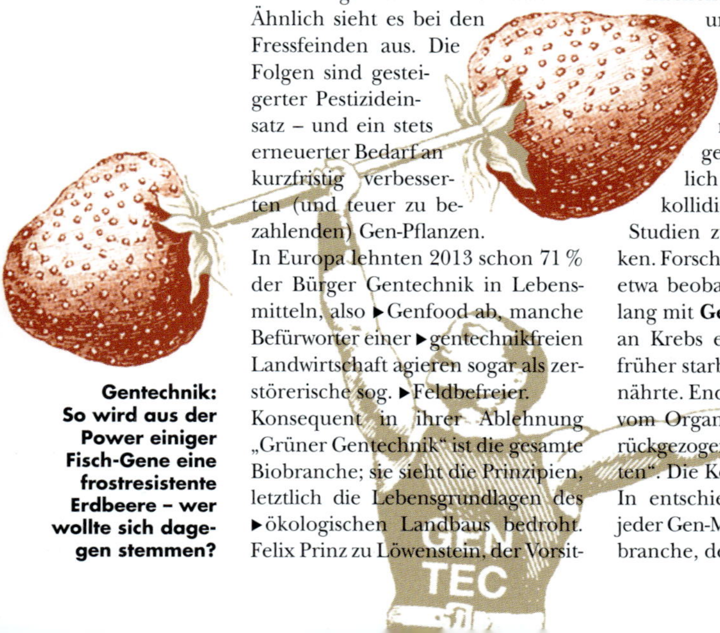

Gentechnik: So wird aus der Power einiger Fisch-Gene eine frostresistente Erdbeere – wer wollte sich dagegen stemmen?

gentechnikfrei

Das, was die meisten wollen, aber längst nicht immer bekommen – denn angesichts der Ausweitung der Anbauflächen von ▸GVO wie ▸Gen-Soja oder ▸Gen-Mais steckt schon oft zu viel ▸Gentechnik in alltäglichen Produkten. Und weil die **Kennzeichnungspflicht** EU-weit nur auf direktes ▸Genfood beschränkt ist (das ab Spuren von 0,9 % anfängt), die indirekt beteiligte Gentechnik in Form von ▸Futtermitteln oder bei der Herstellung von ▸Zusatzstoffen bzw. technischen Hilfsstoffen jedoch nicht umfasst, sind selbst Etikettenleser ahnungslos.

Alles übertrieben, wenn es nach dem Willen der mächtigen **Biotech-Lobby** geht; doch deren mutmaßlich parteiischere Gutachten kollidieren immer wieder mit Studien zu gesundheitlichen Risiken. Forscher der Universität in Caen etwa beobachteten, dass zwei Jahre lang mit **Gen-Mais** gefütterte Ratten an Krebs erkrankten und deutlich früher starben als gentechnikfrei ernährte. Ende 2013 wurde der Artikel vom Organ der Erstpublikation zurückgezogen – wegen „Ungereimtheiten". Die Kontroverse geht weiter.

In entschiedener **Gegnerschaft** zu jeder Gen-Manipulation steht die Biobranche, deren Richtlinien (ob nun

GMO-free: Seit 2003 treffen sich engagierte Gentechnik-Kritiker jährlich, um ihre Visionen eines GVO-freien Europas konkret abzustimmen

▸**EG-Öko-Verordnung** oder die der ▸Anbauverbände) gentechnikfreie Produktion verlangen. Unvermeidbare ▸Verunreinigungen (etwa durch Pollenflug von Nachbarfeldern oder bei Parallelverarbeitung in Mühlen) werden aber auch hier notgedrungen akzeptiert. Das Logo ▸**„Ohne Gentechnik"** hat die Verunreinigungsgrenze sogar auf 0,1 % beschränkt.

In der EU war ▸Österreich Pionier; Seit 1997 vergibt der Verein *ARGE Gentechnik-frei* dort sein ▸Gütesiegel für gentechnikfreie Produkte.

Gerungen wird noch um die EU-Saatgutstrategie; die Öko-Verbände fordern die **Nulltoleranz**, um Samen weiter gentechnikfrei halten zu können. Diese Forderung hat auch eine politische Dimension: Fast 25% des Marktes für transgenes ▸Saatgut beherrscht der US-Konzern Monsanto (▸Monsantosierung). Kritiker fürchten, dass die Gesamterzeugung in die Hände **weniger Multis** geraten könnte. Erst 2013 appellierte RALLT, das *Netzwerk für Gentechnikfreies Lateinamerika*, an den UN-Menschenrechtsrat und die FAO, Anbau-Moratorien bei Gen-Pflanzen zu erwirken – bis alle Folgen umfassend geprüft seien.

Tipps: Deutschlandweit gibt es mehr als 200 ausgewiesene **gentechnikfreie Regionen** und Initiativen. Dort wird auch bei konventionellen Herstellern auf Gen-Futter verzichtet – eine ▸regionale Alternative zu Bio, „Ohne Gentechnik" oder ▸Neuland.

gentechnikfrei: Für das vereinigte Europa wird noch darum gerungen – bei Bio war es schon immer Teil der Basisprinzipien

Gen-Tomaten: In den USA gar kein Sündenfall, sondern seit den 1980er-Jahren ein ehrgeiziges Forschungsziel

Gen-Tomate

Auch wenn ▸Bio und ▸Gentechnik nie zusammengehen: Ganz abgeneigt wäre der konventionelle Groß- und Einzelhandel sicher nicht, unheiklere ▸Tomaten im Angebot zu haben. Solche, die durch manipuliertes Erbgut besser schmecken und v. a. viel bequemer im Handling wären als die legendären ▸Hollandtomaten. Schließlich war die – inzwischen wieder vom Markt verschwundene – **„Antimatschtomate"** mit dem markanten Markennamen *Flavr Savr* bis in die späten 1990er-Jahre das buchstäblich greifbarste Symbol für Hochtraben und Runterkommen der sog. Grünen Gentechnik.

Die hatte *Solanum lycopersicum* früh als idealen ▸GVO in spe im Blick: Tomaten werden eben nach dem ▸Reifen **zu schnell weich**, weil das Enzym Polygalacturonase die Stützsubstanz Pektin abbaut, die den Zellwänden Festigkeit verleiht. Deshalb werden Tomaten aus konventionellem Anbau gern mal grün geerntet; der rötende Reifeprozess kann dann erst kurz vorm Verkauf in Gang gebracht werden. Dafür begast man die Früchte 16–18 Stunden lang mit dem (ganz natürlichen) Reifegas **Ethylen**.

Diesen so umständlichen Prozess suchten Forscher in den USA früh zu umgehen, indem sie ein **Anti-Polygalacturonase-Gen** in das alte, urtomatige Erbgut einschleusten. Diese Gen-Tomaten sollten reifen, sich röten und ihre Aromen auf ganz natürliche Art ausbilden – aber nach der Ernte noch besonders lange frisch bleiben.

Diese *Flavr Savr Tomato* war 1994 die erste gentechnisch veränderte und zum Verkauf zugelassene Pflanze; die Produktion wurde aber **schon 1997 eingestellt**. Offenbar waren Kosten, technische Probleme und Image-Verluste der Grund, warum Patent-Inhaber Monsanto kapitulierte. Auch Ansätze, den Ethylen-Stoffwechsel zu kontrollieren, blieben ohne Erfolg.

US-Forschern ist es zwar gelungen, ▸transgene Tomaten mit dem 25-fachen Gehalt an **Folsäure** „herzustellen"; aber es ist nicht klar, welche Risiken derart hohe Konzentrationen bergen. Und Anti-Matsch-Forscher aus Indien sollen Gen-Tomaten erfunden haben, die bis zu 45 Tage schnittfest bleiben – ausgenommen das Fruchtfleisch. Nur außen hui …

Dennoch: Es wird weiter geforscht; bis 2013 gab es allein in den USA 689 Freilandversuche; es wurden 8 lebensmittelrechtliche Zulassungen erteilt, genau wie in Kanada, Mexiko, Japan und China. Der kommerzielle Anbau von Gen-Tomaten aber wurde 2013 nur in China vermutet – dann als *xihongshi,* wörtlich „Wassertank".

Genusswert: Wenn etwas wirklich mundet, hat das viele Gründe – es muss ja nicht immer was zum Naschen sein

Genusswert

Unter diesem eher abstrakten Inbegriff fassen Ernährungsökologen **hedonistische Eigenschaften** zusammen, welche beim Lebensmittelgenuss direkt mit den Sinnen wahrnehmbar sind. Hedonistisch (von griech. *hedone*, wörtl. „Lust/Freude") meint, dass in die Bewertung sowohl *intrinsische* (innere) als auch *extrinsische* (äußere) Eigenschaften einbezogen sind. So stecken im Genusswert neben der schmeckaktiven **Sensorik** (▶Geschmackssache) auch die **Umstände der Produktion** eines Lebensmittels (▶Ethik), das Sicht- ebenso wie das **Spürbare** (etwa Grad der ▶Reife oder des Garens) und nicht zuletzt die Situation des Konsums, also das **Ambiente**.

Besonders für ▶Bio-Gourmets steht der sonst oft so spontan resümierte Genuss **in reflektierter Beziehung** zum Gesundheits-, Ethik- und Ökologiewert. Ursprung und die Art der Erzeugung, etwa ökologisch oder gerade nicht, wirken sich fraglos aus. Das betrifft sowohl die inneren Eigenschaften des Genossenen (▶bio = besser?, ▶bio = gesünder?) als auch die Anerkennung tatsächlich ▶nachhaltigerer Methoden des ▶ökologischen Landbaus und der ▶ökologischen Tierhaltung – als *extrinsische* ▶Qualität, die etwa **das ▶gute Gewissen** von ▶Biokonsumenten stärkt.

Auch ▶*Slow Food* arbeitet sich permanent am Genusswert ab; Gründer **Carlo Petrini** dekretiert, dass Genuss und Verantwortung stets einhergehen sollten: „Ist das Essen nicht gut, bringt es uns um den Genuss und um unsere Identitität. Ist es nicht sauber, verzehrt es die Erde, das Wasser und die Luft. Ist es unfair, verschlingt es die Bauern und die Verbraucher."

Nicht nur ▶Vegetarier und ▶Veganer erklären inzwischen immer weniger ungehört, es ginge ihnen nicht nur um Verzicht, sondern ums **verantwortungsvolle Genießen** – schon das Konzept vom Sonntagsbraten könnte eine genusswertige Bewusstmachung werden. Damit wäre die vernünftige Reduktion von ▶Fleisch befördert; Braten mit ▶Biofleisch von ▶artgerechter aufgezogenen Tieren wäre eine weitere Aufwertung. Denn aus bloßer Natur- ist längst genussvolle Feinkost geworden.

Gerste

Jenes älteste von Menschen kultivierte ▶Getreide mit den bespelzten und besonders lang begrannten Ähren, das eigentlich Respekt verdient. Doch *Hordeum vulgare* als ballaststoffreiche **Sommer- oder Wintergerste** (und mit nur marginalem Bio-Anteil) spielt heute keine so große Ernährungsrolle mehr. Die eiweißreiche Gerste wird eher zu gutem ▶Futter, wandert in Nährmittel oder dient öfter als ▶**Kaffee-Ersatz**; zum Mälzen für ▶Bier und Whisky ist sie unverzichtbar. Immerhin liefert sie 10 % Eiweiß, ▶Stärke, wenig Fett (2,1 %), viel Calcium, Eisen, Phosphor und an Vitaminen Niacin, E, B 1 und B 2. Da Gerste zwar nicht ganz ▶glutenfrei ist, aber eben wenige glutenbildende Proteine enthält, gelingt es nur **sehr erfahrenen Bäckern**, ein reines (dann graues) Gerstenbrot zu backen. Biobäcker haben es schon öfter mal im Angebot, sie verwenden

Gerste: Wie hier in den USA oft von endlos scheinenden Feldern geerntet – als Einzelkörner aber viel mehr als nur Tierfutter

Gerste transgen: Auf solchen Versuchsfeldern wird weltweit an optimierter Gen-Gerste geforscht – doch Bio macht da schon naturgemäß nicht mit

auch Maltose aus gerstigem ▸Malz für ihre Brötchen. Allerdings schmeckt **Gerstenbrot** eher erdig und trocknet wegen des fehlenden Klebergerüsts schneller aus. Könnern ist der Effekt für mürbiges Gebäck gerade recht. Ansonsten ist Gerste in der Küche in Mahlformen von **Graupen** wie Grütze oder ▸Flocken nützlich (gern mit Weizigem gemischt); der Lebensmittelindustrie liefert sie Stärke.

Eine Schwäche von *Hordeum vulgare* sind die schwankenden Ernten – ein Pilz *(Fusarium gramineum)* und Viren sind Hauptverursacher für häufige Ausfälle. Dies hat in den USA zwischen 1993 und 2013 zu 95 Freilandversuchen mit ▸**transgenen Sorten** (▸GVO) geführt; in der EU waren es zwischen 1996 und 2013 nur 13, zuletzt in Dänemark und Schweden. Dort wächst Gerste, die Phytase produzieren soll; dieses ▸Enzym sorgt in der ▸Mast dafür, dass Nutztiere Phosphor aus dem Futter erschließen können. Daneben richtete sich das Augenmerk der Genforscher auf **Resistenzen**, bessere Braueigenschaften und sogar darauf, gezielt Arzneistoffe zu erzeugen. Denn Gerste hat die höchsten *beta-Glucanen*-Gehalte aller Getreide, hochbekömmlich für Immunabwehr und den Blutcholesterinspiegel. Ein Antistress-Gen soll demnächst ▸Hafer zugutekommen, eine sog. *WaxyGerste* gilt als amylosearm, dafür umso stärkereicher.

Smalltalk: Die Gladiatoren des alten Rom glaubten an Gerste als Kraftnahrung und wurden deshalb auch *hordearii* genannt – „Gerstenmänner“.

Geschmackssache

Unbestreitbar streitfreudiges Thema auch und gerade bei Bio, das für die einen so klar ist wie für Sternekoch Ali Güngörmüs. Der wurde 2012 gefragt, ob Bio besser schmecke und antwortete schlicht: „Ja!“ Anderen geht das **Sensorik-Theater** zu weit; sie leugnen entweder, dass Bio da besser sei – oder erklären das Geschmacksfeld zum Nebenschauplatz. Die ▸Biokonsumenten selbst denken ähnlich: Nur 38 % gaben beim Ökobarometer 2013 an, Bio wegen des **„natürlichen Geschmacks“** zu kaufen – viel wichtiger war es ihnen, ▸Pestizide zu vermeiden und dafür ▸Frische und ▸Qualität zu kaufen sowie Sozialstandards und ▸Naturschutz zu fördern. Ist Bio also (noch) keine Geschmackssache? Die Antwort ist **ein klares Jein**. So lassen sich bei manchen Lebensmitteln, v. a. rohen, durchaus Qualitätsunterschiede definieren, die auch

Geschmackssache: Die ECROPOLIS-Studie ermittelte unter Europas Biokonsumenten, welche sensorischen Präferenzen wo jeweils am stärksten ausgeprägt waren

beim eben subjektiv empfundenen Geschmack ihre Rolle spielen. Bei frischem ▸Obst und ▸Gemüse aus Öko-Anbau etwa ist der **Trockensubstanzgehalt** schon aufgrund des längeren Wachstums höher – ▸Möhren, ▸Tomaten oder ▸Äpfel enthalten weniger Wasser und damit mehr Geschmack. Ob der als besser empfunden wird, ist wiederum Geschmackssache und liegt oft an der ▸Sorte.

Ähnlich sieht es bei ▸**Biofleisch** aus: Ein ▸Rind oder ▸Schwein aus ▸ökologischer Tierhaltung hatte Zeit zu wachsen, Raum für Bewegung und Luft in ▸Freilandhaltung und wurde nicht mit Turbo-Futter gemästet. So erreichen Muskeln und Fett eine andere Qualität, mit eher festerer ▸Textur sowie mehr **Eigengeschmack**. Wer nun genau jenen ursprünglicheren *Goût* nicht goutiert, mag sogar irritiert sein – aus Gewohnheit.

Genau dieses Festhalten an tradierten Normen werfen Bio-Verfechter beiden bedeutenden Vergleichs-Institutionen vor. Sowohl die ▸*Stiftung Warentest* als auch ▸ÖKO-TEST würden Bioprodukte oft aufgrund von Geschmacksurteilen entscheidend abwerten. Die Tester berufen sich auf wissenschaftlich fundierte Sensorik – die Biobranche hätte gerne spezifische Öko-Eigenschaften stärker berücksichtigt und weist darauf hin, dass Geschmack **von Gewohnheiten geprägt** sei, die oft in der Kindheit wurzelten. Das mache sich besonders bei (häufiger getesteten!) verarbeiteten Produkten bemerkbar. Bio nutzt beispielsweise nur rund ein Sechstel der konventionell gängigen ▸Zusatzstoffe, bei den ▸Anbauverbänden ist es sogar nur ein Fünfzehntel – oder weniger.

Die Folge: ▸Joghurt mit Frucht etwa oder Salami, die ohne ▸Pökeln entstand, schmecken **nie „wie erwartet"**. Von 2009 bis Ende 2011 eruierte die vom Schweizer FiBL *(Forschungsinstitut für biologischen Landbau)* koordinierte **ECROPOLIS-Studie**, ob Bio besser schmecke. Das Ergebnis fiel relativ differenziert aus, unterschiedlich auch nach einzelnen Ländern.

Geschmackssache: Mit dem typisch naturbelassenen Geschmack von Bio warb die EU schon früh – es soll ja schließlich mit allen Sinnen genossen werden, auch bei Tests

Geschmack klar verstärkt: Bei Bio ist nie Glutamat drin, dafür hilft öfter das Extrakt aus Hefen nach, wenn nicht bewusst auch darauf verzichtet wird

So mag man in Polen lieber mehlig schmeckende Kekse, in Frankreich süße, in der Schweiz schokoladige – Geschmackssache halt. Bleibt die Frage, ob Bio sich insistierenden Gewohnheiten anpassen oder sogar offensives **Sensorik-Marketing** mit dem „Anderssein" betreiben sollte.

Schließlich isst und schmeckt auch das ▸gute Gewissen mit. Das zeigte 2013 die Cornell University (USA): Chips, Joghurts und Kekse schmeckten Probanden **besser**, wenn darauf ein ▸Bio-Siegel prangte (der *health halo effect*). Was sie nicht wussten: Es waren tatsächlich alles Bioprodukte!

Geschmacksverstärker

Ein guter Grundgeschmack lässt sich stets heben, kräftigen, optimieren – jede ehrgeizige Küche tut es. Vergessen wird oft, dass ohnehin **in jedem eiweißhaltigen Lebensmittel** Aroma-Provokateure stecken: Schon Muttermilch enthält natürliche Glutaminsäure, Soja- und Fischsauce in hohem Maße, genau wie Parmesan – und ▸Hefe. Genau jenen Naturumstand machen sich Hersteller zunutze, die statt zu künstlichem Mononatriumglutamat (E 621, ▸Glutamat) zu sog. ▸**Hefeextrakt** greifen. Innerhalb der Biobranche ist diese Zutat höchst umstritten: Puristen sind ganz dagegen, verbessernd, ausgleichend und damit standardisierend einzugreifen; Pragmatiker pochen auf die Naturnähe des Extraktes und nutzen seine Verstärkereffekte gerne.

Alle künstlichen Geschmacksintensivierer als ▸Zusatzstoffe sind jedoch nicht nur bei den strengen ▸Anbauverbänden, sondern auch laut ▸EG-Öko-Verordnung **unzulässig**! Damit also neben Glutamat auch alle anderen Stoffe mit einer Anfangs-„6" in der ▸E-Nummer. Erlaubt sind nur Schwefeldioxid und Kalium-Metabisulfit in ▸Obstweinen, Natrumnitrit in Fleischerzeugnissen sowie Xanthan und Pektin – und eben Hefeextrakt, jedenfalls für EU-Bio. Dieses muss nicht immer als Geschmacksverstärker tituliert werden, da diese Wirkung als „Nebeneffekt" gilt. Vielfach wird daher ▸Etikettenschwindel beklagt – so enthalten etwa 90 % der konventionellen Produkte mit dem Aufdruck **„ohne Geschmacksverstärker"** sehr wohl welche, wie ▸ÖKO-TEST noch 2013 feststellte. Und das bisher ganz legal. Bei den Bioprodukten etlicher Anbauverbände jedoch wird auf den Einsatz von Hefeextrakt bewusst verzichtet. Die ▸Zutatenliste gibt Auskunft!

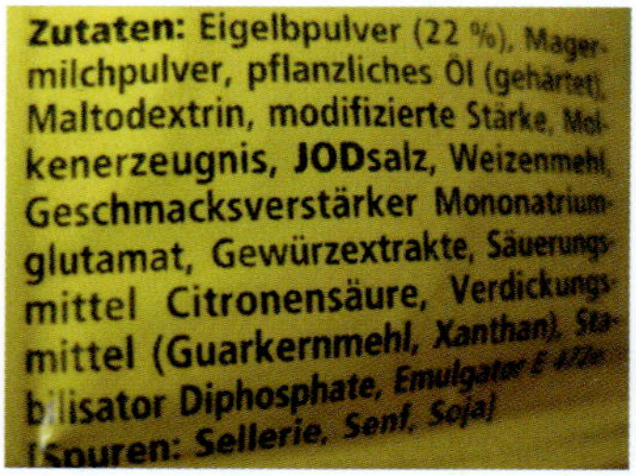

In vielen konventionellen Produkten, v. a. bei ▸Würzsaucen und solchen ▸Fertigprodukten wie Tütensuppen, verstecken sich **künstliche Geschmacksverstärker** zuhauf. Problematisch, da es bei sensiblen Menschen ganz offenbar sehr wohl einen

Unterschied macht, ob sie Speisen mit natürlicher Glutaminsäure zu sich nehmen oder solche mit künstlich hergestellter.

Getreide

Seit vorbiblischen Zeiten kultiviert für das sprichwörtliche täglich Brot. Getreide hieß schon altdeutsch „Ertrag“ – von Früchten der früh kultivierten Gräser und getreideähnlichen Gewächse (wie ▶Amaranth, ▶Buchweizen, ▶Quinoa). Die Hauptsorten ▶Weizen, ▶Roggen, ▶Gerste und ▶Hafer gedeihen in gemäßigten Zonen, ▶Reis und ▶Hirse in den (Sub-)Tropen, ▶Mais wird weltweit angebaut. Diese **sieben Sorten** sind die Hauptquelle menschlicher Ernährung; dazu kommen sog. Pseudogetreide oder – besonders im ▶ökologischen Landbau – Nebenformen wie ▶Dinkel, ▶Einkorn und ▶Emmer. Getreide wird heute allerdings **nicht mehr nur direkt verzehrt** bzw. verarbeitet; es dient zum bedeutenden Teil als ▶Futtermittel in der ▶Mast (▶Veredelungsverluste) sowie zur Herstellung von sog. Bio-Treibstoff (▶Verschwendung) – und dem Gewinnmachen durch Spekulation (▶Preise). So kam zur alten Wertschätzung des ▶Vollkorns die **neue Irritation**, dass Getreide nicht nur Mensch und zu viel Tier ernährt, sondern öfter auch Energie aus diesem **NaWaRo** (nachwachsendem Rohstoff) entsteht.

Im **Öko-Landbau** steht, anders als in der konventionellen Landwirtschaft, das Getreide als Lieferant menschlicher Nahrung im Vordergrund. Die FAO errechnete, dass nur knapp die

Getreide: Der seit Urzeiten kultivierte Reichtum ist ungleich verteilt – für Biobauern und Biobäuerinnen macht er eine der Haupteinnahmequellen aus

Getreide: Bei Bio dient es in höherem Maße ganz direkt der menschlichen Ernährung – aus konventioneller Ernte aber geht es zu rund einem Drittel als Im- und Exportgut in die Tröge dieser Welt

Getreidiges mit eigenem Eintrag

- ▸ Amaranth
- ▸ Buchweizen
- ▸ Dinkel
- ▸ Einkorn
- ▸ Emmer
- ▸ Gerste
- ▸ Grünkern
- ▸ Hafer
- ▸ Hirse
- ▸ Kamut
- ▸ Mais
- ▸ Quinoa
- ▸ Reis
- ▸ Roggen
- ▸ Triticale
- ▸ Urgetreide
- ▸ Weizen
- ▸ Wildreis

Hälfte der weltweiten Getreideernte direkt der Ernährung dienen und **etwa ein Drittel verfüttert** werden. Dieses besorgniserregende Verhältnis ist in den Industrieländern noch einmal verschärft: In der EU-27 flossen 2011/2012 **nur knapp 24 %** in den Ernährungsbereich, rund 61 % landeten für die Erzeugung von Tierischem wie ▸Fleisch, ▸Milch und ▸Eiern in Futtertrögen. Der Rest teilt sich jeweils auf in industrielle Verwertung, Gewinnung von ▸Saatgut und **Nachernteverluste**. Denn Schädlinge und Verderb reduzieren die Ernte weltweit um etwa 10 % (in Industrieländern), in der „Dritten Welt" sogar um rund 30 %. Immer intensiver wurde die NaWaRo-Nutzung: 2012/2013 gingen der Ernährung dafür laut FAO-Schätzungen **8,2 % der Weltgetreideernte** (ohne Reis) verloren. Inzwischen berät wenigstens die EU über eine Beschränkung dieser Rate auf max. 6 %.

Denn angesichts einer Weltgetreideernte, die auf 2,5 Mrd. t für 2013/2014 geschätzt wurde (**pro Kopf rund 0,3 t**), dürfte die ▸Welternährung eigentlich gesichert sein. Doch nicht nur die Verwendung scheint problematisch – auch **die Verteilung** ist absurd ungleich, dazu treiben neben Kriegen und Krisen Spekulationen die Weltmarktpreise hoch.

Der hoch industrialisierte Getreideanbau wird noch dazu **von globalen Chemiekonzernen** mit ▸Düngemitteln, ▸Pestiziden und nicht zuletzt „optimierten" ▸GVO beackert. Die Folgen sind u. a. Monokulturen mit verarmender ▸Biodiversität und nicht zuletzt verstärktes Ausbringen von synthetischen ▸Pflanzenschutzmitteln, deren ▸**Rückstände** sich dann eben auch im Getreide bzw. getreidigen Produkten finden (▸Backwaren, ▸Brot, ▸Cerealien, ▸Mehl, ▸Müsli). So wies ▸ÖKO-TEST 2012 in 14 von 20 konventionellen Proben das Herbizid ▸Glyphosat nach, 2011 fand das Ökomonitoring bei 72 % der konventionellen Proben Pestizide; **Bio-Getreide** war halb so oft betroffen.

Für Biobauern ist Getreide eine Haupteinnahmequelle; es wuchs in Deutschland 2012 auf 20 % der gesamten Öko-Fläche. Der flächenmäßige **Bio-Getreide-Anteil** von 3,1% (202 000 ha) spiegelt sich bei schlechterem Ertrag aber nicht in der Menge nieder: 685 000 t Bio-Getreide machten 2012 nur 1,5 % aus. Typische Bio-Getreide sind Roggen, Dinkel und Hafer; Weizen war mit 56 000 ha bedeutendstes Bio-Getreide (mit 1,8 %).

Gewächshaus

Im alten Sinne die immer so hagelgefährdeten, dafür lichtdurchfluteten, wärmestauseligen, luftfeuchten

Gewächshaus: Bei Bio sind die „begehbaren Schutzabdeckungen" im Winter nicht immer beheizt, sommers schießen die Tomaten ohnehin sicher ins Kraut

Glashäuser mit den paradiesischen Bedingungen für Aufzucht und Ernte von Pflanzen oder Blumen. Für Statistiker sind Gewächshäuser Objekte für **Anbau „unter hohen begehbaren Schutzabdeckungen"**. Denn „Unterglaserzeugung" geschieht eben häufig nur unter Plastikplanen, wie rund um das südspanische Almería, dessen Gewächshauslandschaft *mar de plástico* („Plastikmeer") getauft wurde. In Deutschland gedieh 2012 ▸Gemüse auf 1 305 ha „unter Glas"; der ▸ökologische Landbau nutzte davon immerhin 230 ha, der flächenmäßige **Bio-Anteil** betrug also 17,6 %. Wichtigste Indoor-Gemüse aus Öko-Gewächshäusern waren ▸Feldsalat, ▸Tomaten, sonstige ▸Salate (außer Kopfsalat), ▸Paprika und salattaugliche ▸Gurken. Die konventionellen **Top Five** lasen sich da anders: Tomaten, Gurken, Paprika, Kopsalat, Feldsalat. Längst nicht immer ist das Gemüse dabei noch geerdet – oft stecken die Wurzeln im bloßen **Nährstofftopf** (v. a. bei Tomaten, ▸Hollandtomaten zumal). Jungpflanzen werden im Öko-Betrieb hingegen in torfreduzierten Substraten großgezogen, was großflächigem Torfabbau samt Moorzerstörung entgegenwirkt. In konventionellen Gewächshäusern kommen zudem ▸Pestizide zum Einsatz, um im Feuchtwarmen ein optimales Wachstum zu erzielen. Beim **Öko-Anbau** sind auch unter Glas chemisch-synthetische ▸Pflanzenschutzmittel tabu; nur natürliche Stoffe (etwa mit ▸Kupfer) dürfen sein. Pilzwachstum wird auch durch Belüftung reguliert, Schädlingsgefahr mit ▸Nützlingen bekämpft. Bei empfindlichen Pflanzen hilft wegen besserer Verdunstung am Tage morgendliche Bewässerung in Tröpfchen – was wiederum ▸Wasser spart.

Die ▸Anbauverbände erlauben das **Heizen mit fossiler Energie** aus Öl und Gas nur dann, wenn Pflanzen vor Frost geschützt werden müssen, nicht aber, um das Wachstum zu beschleunigen (Ausnahmen gelten für Jungpflanzen und ▸Küchenkräuter im Topf). Auch die ▸EG-Öko-Verordnung könnte demnächst ähnliche Vorgaben machen (bis 2014 liefen noch Verhandlungen). Manche Bio-Höfe beziehen die zur Heizung nötige Not-Energie aus **Biogasanlagen**, andere speichern Sonnenwärme im Sommer in Wasserleitungen im Erdreich und nutzen sie winters als Erdwärme für gemüsiges Gedeihen.

Eitel Sonnenschein herrscht aber auch in **Bio-Treibhäusern** nicht, etwa was die Arbeitsbedingungen in einigen spanischen Bio-Anlagen angeht. Grundsätzlich halten Öko-Befürworter energieverschwendend beheizte Gewächshäuser für unnötig – wenn wie früher strikt auf ▸Saisonales gesetzt und im Winter auf Tomaten und frischen Salat verzichtet würde. Sicher ist: Unterglas-Gemüse ist stets stärker mit ▸Nitrat belastet als solches aus dem Freiland.

Gewürze

Ganze Pflanzen, aber auch nur ihre Teile oder Samen haben so viele und unterschiedliche scharfe, bittere, duf-

Gewürz-Mix: Ob für Gemüse oder für Fleisch – längst haben feine Mischungen und faire Sorten auch bei Bio die Regale erobert, die alljährlich aromenvielfältig bei der Grünen Woche zu durchstöbern wären

tige, ölige **Abwehrstoffe** gegen ihre unmenschlichen Fressfeinde, dass wir sie als Aufesser hoch und höchst schätzen. Würzendes Traditionelles und Angewöhntes wie ▸Salz, ▸Pfeffer, ▸Senf, ▸Chilis, ▸Curry, ▸Knoblauch, ▸Meerrettich, ▸Paprikapulver, ▸Petersilie oder ▸Sellerie bekam ja längst Konkurrenz. Immer populärer wurden **Neuentdeckungen** wie ▸Bärlauch, ▸Ingwer und ▸Koriander, dazu raffinierte **Gewürzmischungen**. Doch diese Massenprodukte machen heute v. a. als ▸Importwaren spezifische Probleme, seit die heimische Gewürzvielfalt verlorenging – der Kampf gegen „Unkraut" und Parasiten haben ebenso wie Kunstdünger und zu dichte Bepflanzung ▸**Wildkräuter** selten gemacht, aber auch zur Entdeckung und Verarbeitung eigener ▸Wildsammlung angeregt.

Denn alle Gewürze sind eben getrocknete, gemahlene, gehackte oder gerebelte ▸Kräuter bzw. ▸Küchenkräuter, wenn nicht Früchte oder ▸Beeren. Heikel bleibt, dass nach Ernte oder Zerkleinern enzymatische und oxidative Prozesse weiterlaufen, die jede Lagerung, Verarbeitung und ▸Haltbarmachung erschweren. Weil die oberflächenfreichen Zerkleinerungen allzu anfällig für ▸Keime und Schädlinge sind, dürfen konventionelle „aromatische Kräuter, Gewürze und Pilze" sogar ausnahmsweise mit ▸**Bestrahlung** behandelt werden. Nicht so bei Bio! Ökologisch erzeugte Gewürze werden nur gewaschen, verlesen, getrocknet. Weil solche **unbehandelten Bio-Gewürze** (im besten Sinne „naturgemäß") anfälliger für Schädlinge, Schimmel und Motten sind, sollten sie zu Hause kühl und dunkel in luftdichten Metalldosen gelagert werden. Das verlängert Haltbarkeit und Geschmack. Um- oder Vorsicht ist **bei konventionellen Gewürzen** geboten: Da sie vor der Verarbeitung nicht gewaschen werden, ist die Gefahr groß, dass ▸Pestizide aus dem Anbau im Essen landen. Denn bei der Globalität des Gewürzehandels bleibt schon unbelasteter Anbau wie Ernte ein Problem – gerade importierte Gewürze (Chilis und Koriander etwa) fallen regelmäßig mit hohen ▸Rückständen auf. Konventionelle Gewürze werden zudem rabiater getrocknet, was letztlich der Qualität schadet. Und gerade beim Gewürzimport spricht viel für

mehr zu Gewürzigem im Einzelnen

- ▸ **Basilikum**
- ▸ **Bärlauch**
- ▸ **Chilis**
- ▸ **Curry**
- ▸ **Ingwer**
- ▸ **Kapern**
- ▸ **Knoblauch**
- ▸ **Koriander**
- ▸ **Kräuter**
- ▸ **Küchenkräuter**
- ▸ **Meerrettich**
- ▸ **Muskat**
- ▸ **Paprika**
- ▸ **Petersilie**
- ▸ **Pfeffer**
- ▸ **Sellerie**
- ▸ **Vanille**
- ▸ **Zimt**

Bio: Etliche Importeure achten auf langfristige, faire Handelsbeziehungen zu den Erzeugern (▶fair + bio). Und auch bei sog. Gewürzzubereitungen kann Bio punkten: Während hier zu **100 % Gewürze** darin sind, muss konventionelle Ware nur 60 % Gewürze bieten, oft steckt darin ein ganzer Cocktail an ▶Zusatzstoffen wie ▶Aromen, ▶Geschmacksverstärkern und bequemen ▶Bindemitteln – die ▶Zutatenliste verrät's.

Bio-Gewürze schmecken dafür entsprechend intensiver. Kompost statt Kunstdünger, manuelles Jäten statt Pestizide machen sich bezahlt. Weil **Bio ohne Zusatz-Aromen** auskommt, wird der Geschmack mit schonender ▶Trocknung bewahrt. Der höhere Preis für Bio-Gewürze hat also viele Gründe und zahlt sich für alle aus; so betrug 2012 der Bio-Anteil an den deutschen Anbauflächen von Heil- und Gewürzpflanzen immerhin 9 %. Die Tendenz ist steigend, auch seitdem Gewürze aus jenen 5 % gestrichen wurden, die bei EU-Bio (also Bioware laut ▶EG-Öko-Verordnung) nicht aus dem Ökolandbau stammen müssen.

Glucosinolate

Genauer sind es Senfölglycoside, die zu den ▶sekundären Pflanzenstoffen (Phytaminen) zählen, in mehr als 120 Arten vorkommend. Ihre **segensreiche Bitternis** ist insbesondere in Kohlgemüsen bekannt; etwa (in absteigender Reihenfolge des Gehalts) in ▶Brokkoli, ▶Rosenkohl, ▶Weißkohl und ▶Blumenkohl. Aber auch andere Kulturformen der sog. **Kreuzblütler** enthalten reichlich davon, v. a. ▶Kresse, ▶Meerrettich und ▶Senf.

In natura sind Glucosinolate erfolgreich als **pflanzenchemische Senföl-Bomben** gegen gefräßige Insekten – mit dem schönen Effekt, dass sie auch für und in uns wie ▶Antioxidantien wirken. Studien belegen, dass Glucosinolate das Risiko gegenüber verschiedenen Tumorarten stark verringern können. Die so segensreichen wie geschmacksbildenden Phytamine haben mit ihrer Fettlöslichkeit hohe Bioverfügbarkeit und erreichen binnen zwei Stunden schon die höchste Konzentration im Blut.

Dass der ökologische Landbau auf synthetischen Dünger ebenso verzichtet wie auf Pestizide, Wachstumsförderer oder ▶Bestrahlung, zahlt sich auch in puncto Glucosinolate aus: Bei **Öko-Pflanzen** kann der Gehalt dreifach erhöht sein – wobei viel von der einzelnen ▶Sorte abhängt.

Längst versuchen aber Gentechnik-Forscher, diese Werte manipulativ zu erhöhen; das bekannteste Beispiel dafür ist der per ▶Patent geschützte ▶transgene **„Super-Brokkoli"**. Aber auch Maca *(Lepidium meyenii)*, ein gern im Bioladen verkauftes Kreuzblütler-Gewächs aus Peru, ist so reich an Glucosinolaten, dass es nach seiner gentechnischen

Glucosinolate: In Brokkoli so überreichlich schon von Natur aus enthalten, dass die Grüne Gentechnik gern nachhalf und ihn zum Patent anmeldete – der ähnlich wertvolle Rosenkohl kam bisher davon

Glucosinolate: Auch im Weißkohl dienen sie pflanzlicher Abwehr gegen Fraßfeinde, weshalb sie bei Öko-Kohl naturgemäß erhöht sein können – er kommt ja ohne chemisch-synthetischen Mittelchen eben gut zurecht

Entschlüsselung zum Objekt „patenter“ Biopiraterie wurde. Das Leibniz-Institut und die TU Berlin wiederum entwickelten **gentechnische Verfahren**, die beispielsweise ▸Teltower Rübchen ertüchtigen, mehr Senfölglycoside zu produzieren – für die Vermarktung in Arzneimitteln. Dabei zeigte 2012 eine Studie der Universität Oregon State, dass sich natürliche Glucosinolate nicht durch ▸Nahrungsergänzungsmittel ersetzen lassen. Nur **das Gemüse selbst** liefert das offenbar zur Verwertung wichtige Enzym mit. Schließlich machen Senfölglycoside bei einigen Gemüsen bis zu 1 % der Trockenmasse aus; bei Wildformen kann diese Konzentration sogar um den Faktor 1 000 erhöht sein!

Durch **Kochen** gehen allerdings 35–60 % aller Glucosinolate verloren; beim Weißkohl etwa macht dieser Verlust mehr als die Hälfte aus – nach nur zehnminütigem Kochen. Schwundgrund sind wohl die thermische Instabilität und das Auslaugen im Kochwasser. Was umgekehrt nur bedeutet: Kohl oder Kresse als ▸Rohkost wäre unschlagbar!

Glutamat

Objektiv nur ein Würzsalz als körnige Zutat, subjektiv erlebt ein künstlicher ▸Geschmacksverstärker, spekulativ aber auch ein potenzieller Befindlichkeitsstörer – kaum jemand redet lobend über Glutamat, das genauer genommen als industrielles Hilfsmittel **Mononatriumglutamat** die ▸E-Nummer 621 trägt. Aber auch hinter E 620 und 622–625 stecken unterschiedliche Glutamate. Sie sind **bei Bio verboten** und finden sich als ▸Zusatzstoffe also nur in Konventionellem, etwa in Würzmischungen und ▸Fertigprodukten.

Ein Problem ist die in Debatten fast immer unscharfe Trennung zwischen der **natürlichen Glutaminsäure** samt ihren Salzen, die bei Vorkommen in natura immer an Proteine gebunden und in ziemlich vielen Lebensmitteln enthalten ist. Schließlich hatte der Japaner Kikunae Ikeda den Stoff 1908 in Kombu (Seetang) entdeckt und ihn *umami* genannt, zu Deutsch „herrlich“. Das war eine Sensation, denn bisher kannte man im Westen nur bitter/süß/sauer/salzig. Dabei kommt Glutaminsäure auch in reifen wie getrockneten Tomaten vor, in Käse generell und insbesondere in Parmesan, auch ▸Soja- und Fischsauce haben sie. Entscheidend für Bio-Hersteller: Relativ hohe Anteile von solch natürlichem, nicht gebundenem Glutamat finden sich auch in ▸Hefe und in ▸**Hefeextrakt**. Und weil jene Glutaminsäure eben keinen künstlichen Geschmacksverstärker darstellt, sind solche natürlichen Aromenheber im Gegensatz zu dem heute meist biotechnologisch mit ▸Mikroorganismen erzeugten Glutamat bei Bio erlaubt – wenn auch umstritten. Zum einen, weil das Grundprinzip der **Naturbelassenheit** zwar

stofflich, nicht aber sensorisch „unberührt" bliebe; zum anderen ist noch immer nicht klar, ob das mit künstlichem Glutamat in Verbindung gebrachte **„China-Restaurant-Syndrom"** nicht auch durch natürliche Glutaminsäure ausgelöst werden könnte. Bei sensiblen Menschen tritt diese nicht testbare Unverträglichkeit mit Mundtrockenheit und Taubheitsgefühl in Mund und Rachen auf, aber auch mit Herzrasen, Bluthochdruck, Magenverstimmung und Schweißausbrüchen, was als sog. **Pseudoallergie** erklärt wird. Wahr ist, dass Glutaminsäure ein Gehirn-Botenstoff fürs Verschieben von Gedächtnisinhalten ist und jenseits des Darms von der Leber zu Glucose und Lactat verarbeitet wird.

Die Verwirrung um Glutamat und (Mono-)Natriumglutamat in seinen natürlichen und industriell gewonnenen Formen bleibt groß, zu viel Nichtwissen gebiert denn auch viele *Urban legends.* Manche Forscher stellen gar einen (unbewiesenen) Zusammenhang mit ernsthaften Krankheiten wie Alzheimer, Parkinson, Multipler Sklerose oder Prostatakrebs her. Naheliegender hingegen scheint eine Kausalkette von Glutamat zur Gewichtszunahme zu sein; immerhin bewirkt es als ausgewiesener **Appetitanreger** einen stärkeren Speichelfluss bis hin zu suchtähnlichen Zuständen, die zum Kartoffelchips-Freak machen können. Laut DGE *(Deutsche Gesellschaft für Ernährung)* jedenfalls ist Glutamat unbedenklich: „Bei der Verwendung der üblichen Mengen in Lebensmitteln sind keine neurotoxischen Wirkungen zu befürchten". Die EFSA *(European Food Safety Agency)* will immerhin 2016 eine „Neubewertung" vornehmen.

Glutamat: Asiens und manche Gourmet-Köche in Europa verwenden es bedenkenlos für intensiveren Genuss – auch als Gewürz

glutenfrei

Eindeutig ohne oder nur mit höchst wenig Gluten (von lat. gluten/glutinum für „Leim, Kitt"), auch Kleber oder korrekter als Proteingemisch Klebereiweiß genannt. Denn eigentlich bildet diese Substanz mit Feuchtigkeit **das traditionelle Teiggerüst** in ▸Brot, ▸Nudeln sowie Teigprodukten – als jener Stoff im ▸Getreide, der ▸Backwaren zusammenhält (und in der Regel auch in ▸Bier steckt). Denn **reichlich Gluten** liefern ▸Weizen, Hartweizen, ▸Dinkel, ▸Roggen, ▸Kamut, ▸Emmer und ▸Einkorn, weniger ▸Hafer (der in nahezu glutenfreien Sorten zu haben ist) und ▸Gerste. **Glutenlos** sind ▸Hirse, ▸Mais und ▸Reis sowie sog. Pseudogetreide wie ▸Amaranth, ▸Buchwei-

Glutenfreies: Manches Getreide hat von Natur aus kein Kleber-Eiweiß und ist somit auch für Zöliakie-Kranke ein Korngeschenk

glutenfrei: Solches Müsli macht Sprue-Betroffenen mal keinen Strich durch die Frühstücks-Rechnung – das Gütesiegel beweist es

zen, ▸Quinoa oder Teff (äthiopische Zwerghirse). Da sich Glutens stabilelastische Netzstruktur gut als ▸Bindemittel eignet, findet es sich auch als Zutat in ▸Fertigprodukten.

Geschätzt bis zu 400 000 Menschen leiden allerdings allein in Deutschland an einer Gluten-Unverträglichkeit (**Zöliakie** oder Sprue). Sie reagieren mit Krämpfen und Durchfall auf Gluten, der entzündete Dünndarm ist nicht mehr in der Lage, Nährstoffe aufzunehmen.

Der Ersatz in Teigen ist nicht immer unproblematisch, **Biobäcker** haben sich da viel Kompetenz erarbeitet. Meist werden glutenfreie ▸Mehle backbar gemischt und/oder solche von Hirse, Buchweizen, Mais, Reis, aber auch von ▸Kokos oder mal aus ▸Yams verbacken. Mittlerweile gibt es mehr als 1 500 glutenfreie Produkte, v. a. ▸Reformhäuser und Bioläden haben da eine große Auswahl. Die muss EU-weit als **„glutenfrei"** (bis 20 mg/kg, wird von Zöliakie-Kranken noch gut vertragen) oder mit **„sehr geringer Glutengehalt"** (bis 100 mg/kg) etikettiert werden. Der ▸Kennzeichnung ist aber nicht immer zu trauen, wie die ▸*Stiftung Warentest* noch 2012 feststellte. Glaubwürdiger ist das populäre ▸**Gütesiegel der DZG** *(Deutsche Zöliakie-Gesellschaft)* mit der durchgestrichenen Ähre. Produkte mit diesem Logo werden zweimal jährlich kontrolliert.

Glyphosat

Das so bewährte wie berüchtigtste Breitband- als Total-Herbizid, das längst mehr kann als nur Unkraut vernichten und zum Symbol für die ▸**Monsantosierung** wurde. Versprühtes Glyphosat (von griech. *glyphein*, wörtl. „aushöhlen") dringt in alle grünen benetzten Pflanzenteile ein, wirkt durch hochspezifische Enzymblockade und lässt Pflanzen gewollt im Früh- oder Reifestadium verdorren. Damit wurde **„Roundup"** (so der frühe Markenname) auch zum **Erntehelfer**, denn ungewolltes Blattwerk verwelkt, und gleichzeitig zum **Reifebeschleuniger**, denn entblätterte Halmfrüchte ▸reifen vorzeitig aus. Die Anwendungsversuchungen sind groß, der Zweck ist höchst unnatürlich und Glyphosat damit natürlich wie alle künstlichen ▸Pestizide **im ökologischen Landbau undenkbar**!

All die heute in der konventionellen Landwirtschaft genutzten Potenziale von Glyphosat, das der Schweizer Chemiker Henri Martin 1950 entwickelte, blieben bis 1970 unentdeckt. Dann nahm Monsanto sich des Stoffes an; das Patent wurde 1974 erteilt, Glyphosat war nicht mehr aufzuhalten. Die **Sikkation** (von lat. *siccare*, „austrocknen") bei ▸Getreide, aber auch bei ▸Sonnenblumen, ist konventionelle Routine geworden.

Seit 1996 bietet Monsanto zu seinen Glyphosat-Cocktails gleich gentechnisch manipulierte Pflanzen (▸GVO) mit eingebauter Glyphosat-Resistenz an – die sind und heißen **„Roundup-Ready"** wie das erfolgreiche ▸Gen-Soja. Bauern in Nord- und Südamerika sind längst in einem Kreislauf von „Roundup" und „Roundup-ready-Kulturen" gefangen; 85 % aller Gen-Pflanzen waren 2013 Glyphosat-resistent. Gespritzt wird eben auch in Olivenhainen und Obstplantagen.

Weltweit wurden 2013 rund 1 Mio. t Glyphosat versprüht, 2012 gelangten Kombinationen davon auch **auf 39 % der deutschen Äcker**; für ▸*Greenpeace* sind global steigende Zahlen programmiert. Dabei entwickelten überlebende Unkräuter schon Resistenzen, Glyphosat gelangte zudem **ins Grundwasser**, obwohl Tierversuche u. a. bei Amphibien erhebliche Fol-

Roundup-Ready: Bei Soja haben sich glyphosatresistente Gen-Sorten längst auf der ganzen Welt durchgesetzt

Glyphosat: Wo es versprüht wird, wächst zunächst nichts mehr – immer öfter aber entwickeln sich Superunkräuter, die resistent gegen das sog. Total-Herbizid sind und damit wieder neue Probleme machen

gewirkungen beschrieben hatten und sich seine ▸Rückstände ein Jahr lang in Futter- und Lebensmitteln halten. Während Behörden (oft gestützt auf Hersteller-Studien) abwiegeln, warnen NGOs und unabhängige Studien u. a. vor hormonellen Schädigungen bzw. karzinogener Wirkung – der **EU-Grenzwert** von 0,3 mg/kg Körpergewicht sei zu hoch. Da ist es schon eher beängstigend, dass „Friends of the Earth" und der BUND *(Bund für Umwelt und Naturschutz Deutschland)* 2013 **in 44 % der Urinproben** von Großstädtern aus 18 europäischen Ländern Glyphosat nachwiesen.

Auch ▸ÖKO-TEST wird immer wieder fündig: 2012 bei 75 % der Brötchen-Proben und 2013 in 8 von 13 konventionell angebauten ▸Linsen.

In ▸Österreich ist immerhin die Sikkation untersagt, Ecuador verbot 2013 Glyphosat und 52 andere Agrargifte. Im selben Jahr befand der Europäische Gerichtshof, dass die EU-Kommission die Zusammensetzung von Glyphosatprodukten öffentlich machen muss – wichtig für die 2015 anstehende **Überprüfung**.

Goji-Beere

Weit hergeholte und wohl auch deshalb so erfolgreiche, teilweise maßlos überteuerte Power- oder gar **chinesische Wunderbeere**, die als ▸Superfood der traditionellen chinesischen Medizin gehandelt wird – gegen hohen Blutdruck wie Blutzucker oder bei Sehschwäche. Auch enthalte die hagebuttenartige, orange-gelbe bis leuchtend rote Goji- oder Wolfs-Beere besonders viele zellschützende „Anti-Aging"-Substanzen, finge ▸freie Radikale und sei so **Energiespenderin** bei schwachem Immunsystem.

Tatsächlich ist die Datenlage dünn; es finden sich in den Beeren des Gemeinen Bocksdornstrauchs *Lycium barbarum* Vitamine A, C und der B-Gruppe, auch Polysaccharide, Protein und Beta-Carotin – **aussagekräftige Zahlen** dazu oder gar über die Wirksamkeit jener Inhalte existieren nicht. So hält sich bislang auch das BfR *(Bundesinstitut für Risikobewertung)* mit Einschätzungen zurück.

Angesichts der ertesteten ▸**Rückstände von** ▸**Pestiziden** jedoch sei v. a. vor konventioneller

Goji-Beeren: Gemeiner Bocksdorn gedeiht auch hierzulande und könnte damit sogar regionale Zukunft haben

Goji-Beeren: Sie werden meist als Trockenfrüchte verkauft und sollten unbedingt aus Öko-Anbau stammen – möglichst sogar aus einheimischem

▸Importware gewarnt: Allein 2010 und 2011, als der Goji-Hype ins Rollen kam, stellte das Stuttgarter CVUA *(Chemisches und Veterinäruntersuchungsamt)* fest, dass die so **transportsensiblen** und deshalb zumeist als ▸Trockenfrüchte gehandelten Beeren nahezu immer und sogar über die Höchstmengen hinaus belastet waren! Die einzigen rückstandsfreien Proben stammten **aus Öko-Anbau**… Denn solch irreführende Aussagen wie „wilde Goji-Beeren unbehandelt" weisen auf keine chemiefreie Qualität hin, wie die *Verbraucherzentrale Nordrhein-Westfalen* warnte. Die stellte auch fest, dass der **Vitamin-C-Gehalt** getrockneter Goji-Beeren zwar höher als in anderem Trockenobst ist, nie aber an frisches ▸Obst wie Johannis- oder Erdbeeren heranreiche.

Deshalb: Immer auf das **Bio-Siegel** achten und im besten Fall Produkte von in Deutschland angebauten Bio-Goji-Beeren kaufen! Da ist auch ihr Anteil im ▸Fruchtsaft nie so etikettenschwindelnah gering wie bei konventionellem Saft. Wer einen Balkon oder Garten hat, kann den **Eigen-Anbau** versuchen; sowohl ▸Saatgut als auch Jungpflanzen der frostharten Sträuchlein gibt es in Bioqualität.

Obacht: 2013 warnte das *Bundesinstitut für Arzneimittel und Medizinprodukte* vor Wechselwirkungen mit gerinnungshemmenden Medikamenten!

Golden Rice

Geschicktes Marketingwort für eine ▸gentechnisch veränderte Reis-Sorte, in der hineinmanipulierte höhere Gehalte an Beta-Carotin nicht nur für die so typische Farbe verantwortlich sind, sondern v. a. für eine bessere Versorgung mit **Vitamin A** sorgen sollen. Im Gegensatz zu anderen per ▸Patent geschützten ▸GVO soll dieser „Goldene Reis" offiziell nicht dem Profitgewinn, sondern einem **humanitären Anliegen** dienen und wurde sogar von der *Bill & Melinda Gates Foundation* unterstützt. Weil Gen-Kritiker wie Bio-Experten oder ▸*Foodwatch* aus mehreren Gründen skeptisch sind, machte das Wortspiel der **„Golden Lies"** schnell die Runde. Zumal die angekündigte Markteinführung 2013 noch fehlschlug.

Dass Vitamin-A-Mangel ein besorgniserregender Zustand in vielen Gegenden Asiens ist, in denen geschälter weißer ▸Reis als Nahrungsgrundlage dient, wird dabei von niemandem bestritten. Doch dass ausgerechnet eine ▸**transgene Pflanze** da Abhilfe schaffen soll, ist vielen nicht einsich-

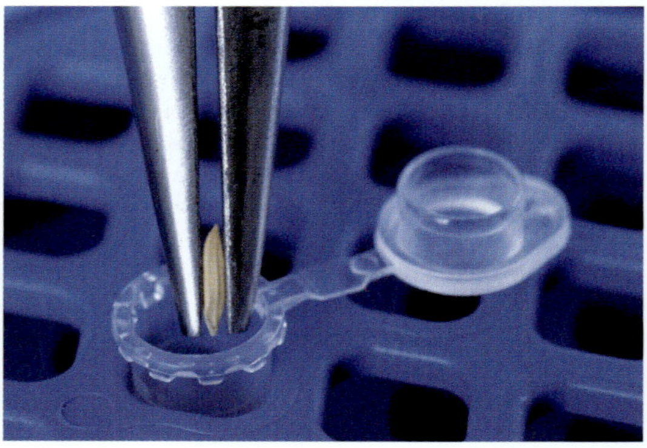

Golden Rice: Er wird als Lösung für den Mangel an Vitamin A vermarktet – ob nicht doch noch andere Motive dahinterstecken, bleibt da eher unklar…

tig – die kolportierten Beta-Carotin-Gehalte von Golden Rice sind denen von ganz natürlich entwickeltem Reis, wenn mit ▸Schale verzehrt zumal, sehr ähnlich. Da auch Gemüse wie etwa Kürbis genug Provitamin A enthielte, um Mangel vorzubeugen, ist die Sache für GVO-Skeptiker klar: Mit dem Goldenen Reis solle ein Exempel statuiert werden, das **ein Goldenes Zeitalter** für Grüne Gentechnik einläuten könnte. Und dessen Gefahren seien eben allzu erwartbar: durch Auskreuzung in Wildreis und andere Reissorten.

Es fing unschuldig an, als Forscher um Ingo Potrykus (Zürich) und Peter Beyer (Freiburg) in den 1990er Jahren den „Goldreis" schufen. Dazu wurde jeweils das **Gen einer Narzisse** (später Mais) und eines Bakteriums in das Genom einer herkömmlichen Reissorte eingeschleust. Das Patent erwarb der Schweizer Saatgutkonzern Syngenta, der bald neue Varianten entwickelte, die ab 2004 auch im Freiland getestet wurden und zusätzlich eine höhere Widerstandfähigkeit gegen Bakterien und Viren hatten.

Nachdem 2012 chinesische Schulkinder **Testesser** spielten, sollte 2013 die Einführung von Golden Rice folgen – testweise auf der philippinischen Insel Bohol, einem Vitamin-A-Mangelgebiet, und in Bangladesch. Das begleitende IRRI *(International Rice Research Institute)* machte indes im März einen **Rückzieher**: Man habe die Daten aus zwei Anbaujahren erst einmal an die philippinischen Behörden zur Sicherheitsprüfung übergeben. Und wolle parallel in einer kontrollierten Studie klären, inwiefern täglicher Verzehr den Vitamin-A-Status tatsächlich verbessere; dies könne „zwei Jahre oder mehr dauern" …

In den betroffenen Gebieten ist das Dilemma drohender Abhängigkeit und **Gefährdung der ▸Agrobiodiversität** heimischer Reissorten weitgehend erkannt. Längst gibt es Versuche, dem reisigen Vitamin-A-Mangel gentechnikfrei zu begegnen: Erstens durch mehr Gemüse und zweitens mit lokalem sog. **Schwarzen Reis** – der voller Provitamin A sein soll!

Granatapfel

Ein dekorativer Exot mit 5 000 Jahre alter vorderasiatischer Historie und erst kurzer Erfolgsstory als trendiges ▸Superfood. Weil der Sonderapfel *Punica granatum* ein so saftiges Innenleben in Rot zeigt, hat Halbahnung von ▸Anthocyanen, ▸Polyphenolen bzw. ▸Flavonoiden ihm den **Super-Status** verliehen. Natürlich wirken die tatsächlich vorhandenen Flavonoide zellschützend gegen ▸freie Radikale, aber die Hochrechnung der vorbeugenden Wirkung ist da zu vage radikal: Gegen Tumore und Leukämiezellen, überdies blutdrucksenkend, Alzheimer ebenso wie Demenz bannend. Wissenschaftlich ist da nichts bewiesen. Auch wenn der Saft mehr **Polyphenole** enthält als Rotwein: All das Wundersame hat viel mit verkaufsfördernder Propaganda zu tun. Um nicht zu sagen **Granatveräppelung**. Der Genuss der kernreichen Saftigkeit kommt dabei nur zu kurz – denn

Granatapfel: Er ist pur oder in Mischungen genießbar, gilt als Superfood und ist längst in Bioqualität erhältlich

Granatapfel: Seine harte Schale gibt den Reifegrad kaum preis – man achte da auf die möglichst dunkle Färbung!

geschmacklich sind Granatäpfel etwas so angenehm wie ungewohnt **Fruchtig-Säuerliches**. Aus ökologischem Landbau zumal, denn dann reifen sie ohne chemische ▸Pestizide und synthetischen ▸Dünger heran und werden vor dem Versand in die *Superfruit*-gierigen Importländer nicht künstlich haltbar gemacht wie konventionelle Exemplare. Die Frucht (ihre ▸Saison, wenn auch als Importware, ist September bis Januar) schmeckt eben nur, wenn sie ▸**reif geerntet** wird: Sie reift nicht nach! Durch die harte Schale wäre der Reifegrad zu schwer ertastbar, die äußere Färbung ist verräterischer: Je dunkler, umso besser. Immer beliebter wird neben dem barseligen Grenadine-Sirup granatapfeliger ▸**Fruchtsaft** (oft gemischt mit Apfel, ▸Aronia oder mit Weintrauben); jedoch ergibt ein ausgepresster Riesen-„Apfel“ gerade ein halbes Glas Saft. Bei gewaltsam geöffneten Früchten ergießt sich dieser plötzlich – womit der Granaten-Name so sinnvoll klingt wie fertige Säfte bequemer sind. Die empfehlen sich als ▸**Direktsäfte in Bioqualität**; sog. Muttersaft wäre die feine erste Pressung. Es gibt auch delikate Essige aus dem Rotsaft und sogar ein ▸Kernöl von *Punica granatum*, natürlich ▸Fruchtaufstriche und ▸Fruchtschnitten. Da bleibt nichts ungenutzt, noch aus der ▸Schale lässt sich ein Tee bereiten – und Schalenmehl taugt zu Peelings.

Greening

Das, was ▸Biobauern seit jeher nicht nur propagieren, sondern als „Vergrünung“ auch umsetzen: natürliche Fruchtfolgen einhalten, Brachflächen und „unkrautige“ Ackerrandstreifen schaffen, extensiv beweiden, auf Monokulturen verzichten. Insofern steht **der EU-Begriff** Greening letztlich für die Annäherung der ▸Landwirtschaft an ein bestbäuerliches Öko-Modell. Dass sich die EU damit beschäftigt, hat da seinen guten Grund: Bislang bekommt schlicht der Landwirt, der besonders viel Fläche hat, auch besonders viele **„Direktzahlungen“** aus der sog. 1. Säule (▸EU + Bio) – pro Hektar sind es bei deutschen Bauern ca. 300 Euro im Jahr, unabhängig von ökologischen Auswirkungen. Genau hier wollte EU-Agrarkommissar Dacian Ciolos einen Paradigmenwechsel einläuten: Grünland sollte nicht mehr in Ackerland umgewandelt werden; stattdessen sollte sich nicht nur die 2. Säule als traditionelles Agrarumweltprogramm an der **Art der Bewirtschaftung** orientieren. Nur so könnten weiter wachsende Monokulturen verhindert werden.

Greening: Eigentlich nur der europäische Amtsbegriff für das, was Biobauern eh und immer so tun

Zentraler Bestandteil des Greening-Konzepts sind die **sog. Vorrangflächen**, die ohne Chemie bewirtschaftet werden sollen. So sollen grüne Landschaften entstehen – extensiv beweidete Flächen, Brachland oder Grünstreifen – und so der Ressourcen- und ▸**Naturschutz** vorangetrieben werden. Ciolos hatte zunächst 7 % Vorrangflächen gefordert, der Kompromiss ergab Mitte 2013 nach zahllosen Lobbyisten-Interventionen: Ein Drittel der Direktzahlungen ist ab 2015 daran geknüpft, 5 % der Nutz- zu Vorrangflächen umzuwandeln (von 2017 an 7 %). Zudem gilt: Betriebe ab 30 ha müssen **mind. drei verschiedene Feldfrüchte** anbauen, um die ▸Agrobiodiversität zu stützen (jedoch darf eine Frucht noch 75 % der Fläche einnehmen). Dritte Bedingung: Grünland darf nicht mehr mal eben „umgebrochen" werden.

Eine Reihe Regelungen ergänzt diese Flächendefinitionen; so erhalten Junglandwirte einen **Aufschlag** von 25 % auf die Direktzahlungen, bei Kleinbetrieben haben die EU-Mitgliedsländer Gestaltungsspielraum; zudem sollen einige EU-Subventionen auslaufen: für Milch 2015, für Wein 2016 und für Zucker 2017.

Das Echo auf die Greening-Einigung war unterschiedlich. Während der ▸BÖLW sie einen „**Richtungswechsel** in der EU-Agrarpolitik" nannte, kritisierte etwa „Brot für die Welt", dass die EU sich nicht zur Streichung der Exportsubventionen habe durchringen können. Und ▸Bioland forderte, generell Geld von der sog. 1. Säule in den Öko-Landbau umzuschichten.

Schließlich hatte auch die EU-Kommission (an)erkannt: **Biobauern** betreiben „Greening per Definition"! Genau dies ist eben abhängig von Förderungen, ob bei der ▸Umstellung oder im laufenden, oft mühsamen Betrieb.

Greenpeace

Sie machen es selektiv, also gezielt, viel besser als viele andere und haben noch immer mit ethisch erhobenem Zeigefinger auf Wunden gedeutet, die für die Um- und Nachwelt dringend zu heilen waren – oder es noch sind. Als Irving Stowe und einige andere Atomwaffengegner und Pazifisten anno 1971 *Greenpeace* gründeten, konnten sie wollen, aber nicht ahnen, dass daraus in den folgenden Jahrzehnten **ein NGO-Gigant** werden sollte. Heute hat *Greenpeace* nach eigenen Angaben weltweit mehr als 3 Mio. Förderer – und mit spektakulären Aktionen wie Appellen enormen Einfluss. Bei Bio-Anliegen an sich sind „die von *Greenpeace*" prinzipielle Mitstreiter.

Was sich erst als **Bewegung gegen Atomwaffentests** verstand, wurde im Laufe der Zeit zu einer Institution, die generell für ▸Naturschutz einsteht, oft mit waghalsigen Protestformen. Das ließen sich Walfänger und sogar Regierungen nicht immer gefallen: Sie rammten Boote, versenkten 1985 gar die „Rainbow-Warrior". Und 2013 saßen *Greenpeace*-Aktivisten von der „Arctic 30" aufgrund von

Greenpeace: Ihre waghalsigen Aktionen machten die NGO berühmt, sorgfältige Arbeit im Hintergrund wie für den Fischführer macht sie verdienstvoll

„Rowdytum" vorübergehend in russischer Haft. Genau solche Aktionen führten zu jener **hohen Glaubwürdigkeit**, die das *Greenpeace*-Kapital ist und auch da hilft, wo keine spektakulären Aktionen angesagt sind.
Denn längst beackern die Umweltschützer naturgemäß auch das Feld der Landwirtschaft und Ernährung – als **ökologisches Gewissen**. Es geht gegen die grüne ▸Gentechnik und ▸Patente auf ▸transgene Tiere oder Pflanzen (▸GVO), *Greenpeace* propagiert überdies die Verankerung des ▸Klimaschutzes im Grundgesetz. Das Ziel ist eine „moderne, **naturnahe Landwirtschaft**", die auf ▸Pestizide und Monokulturen verzichtet. Seit Jahren erscheinen kompetente Ratgeber zu ▸Genfood oder Lebensmittelrückständen, immer wichtiger und detaillierter ist auch der alljährlich aktualisierte **„Fischführer"** (▸Fische, bedrohte; ▸Fische, empfehlenswerte). Dabei tritt *Greenpeace* für ▸ökologische Aquakultur ein; am besten solche, die Friedfische züchtet und von einem ▸Anbauverband zertifiziert ist statt nach der ▸EG-Öko-Verordnung. **Kritiker** werfen *Greenpeace* undemokratische Strukturen vor; sie meinen, die NGO gebe sich ideologisch verblendet und per se technikfeindlich. Und verschaffe ein ▸gutes Gewissen, wo bloßes Spenden nötige Verhaltensänderungen eher mal verhindert.

Greenwashing: Paradoxerweise besonders gern in der garantiert grünfernen Automobilwirtschaft verbreitet – das grüne Vehikel hier stand allerdings als echtes Symbol einst bei der Grünen Woche

Greenwashing

Dem *whitewashing*, also dem Weißeln, Tünchen, Aufhübschen abgeschaute Methode der Schönfärberei – aber bitte in ▸Grün. Im greenen Mäntelchen sollen dann **viel Natur**, heile Umwelt, ▸Ethik und gelebte ▸Nachhaltigkeit stecken. Grün ist die Hoffnung, dass keiner den Plumpversuch enttarnt – schließlich ist solch Tun nicht immer so **augenfällig** wie bei McDonald's Ende 2009, als das Logo von roter auf grüne Farbgestaltung umgestellt und nebenher ein salatigeres Image gepflegt wurde. Allerdings ist Greenwashing nicht auf die Wirtschaft beschränkt; der ▸Anbauverband ▸Bioland nannte auch das 2013 von der EU mit Inkonsequenzen beschlossene ▸Greening so …
Ähnliche Kritik musste sich 2013 die von Fleischindustrie und Handel gegründete **„Initiative Tierwohl"** gefallen lassen, die ein entsprechendes ▸Gütesiegel vorbereitete, aber nur punktuelle Verbesserungen in der ▸Tierhaltung (und damit auch im Natur- und Ressourcenschutz) vorsah. Auch der *Deutsche Tierschutzbund* wurde gescholten, weil er mit dem Handel ein sehr nivelliertes, zweistufiges Siegel **„Für mehr ▸Tierschutz"** lancierte, das seit 2013 ▸Hühnerfleisch wie ▸Schweinefleisch ziert, aber weder der Umwelt noch den Nutztieren besonders nützt.
Auch die sog. *Roundtables* von Industrie und ▸WWF für den etikettierten **nachhaltigen Anbau** von ▸Soja und ▸Palmöl gerieten in den Ruch des Greenwashings – Experten bezweifeln die *sustainability* der Erzeugung, für die wohl nach wie vor Regenwälder abgeholzt werden. 2013 meldete auch der WWF selbst Zweifel an den Palmöl-Anbaupraktiken an – immerhin. Fast kritiklos hingegen begegnet die Öffentlichkeit den Nachhal-

tigkeits-Logos von ▶*Rainforest Alliance* oder UTZ *Certified*, obwohl Verbraucherschützer angesichts lascher Vorgaben von **Grünwaschen** sprechen. Beliebtes Greenwashing-Marketinginstrument von Lebensmittelkonzernen ist seit jeher, die Illusion ▶natürlicher Produktion auf der Packung zu erzeugen; **gesetzlich ungeschützte Begriffe** wie ▶kontrollierter Anbau oder Weidehaltung können da an ▶Etikettenschwindel grenzen. Singuläre Umwelttaten, Missbrauch bekannter Logos (etwa mit einem Touch WWF-Panda) oder gar gleich selbstkreierte Labels sind sog. **legale Lügen**, werden aber öfter als Lippenbekenntnisse entlarvt und damit zu Image-Killern. Ähnlich ging es einem Großanbieter, welcher es vermeintlich grün, aber zu bunt trieb, als für Plastiktüten mit Aufdruck seiner Bio-Handelsmarke ausgerechnet ▶gentechnisch veränderte Rohstoffe von BASF verwendet wurden.

Kurzum: Im Gegensatz zum **Engagement bei Bio** und echter sozial-ökologischer Verantwortung von nachgewiesen nachhaltigen Unternehmen ist Greenwashing bewusste Verbrauchertäuschung als ▶Irreführung.

Nota bene: Greenwashing-Fälle sind unter www.greenpeace-magazin.de/luegendetektor dokumentiert; das Portal www.utopia.de verleiht besonderen Dreistigkeiten zu gerne die **„Grüne Tomate"** – wo man rotsieht.

Grün

… das war nicht nur die Hoffnung der sonnenblumigen Parteigänger als Tatkräftige der späten 1968er, die eine atomwaffenfreie, friedliche, naturnähere, gesündere und sozialere Zukunft wollten. **„Die Grünen"** wurden 1980 Partei, zogen 1983 in den Bundestag, stellten 1985 mit Joschka Fischer den ersten und später etliche „grüne" Minister für Umwelt, Energie, Naturschutz, Reaktorsicherheit, Landwirtschaft etc. Doch abseits der parteipolitischen Erfolgsgeschichte in Grün steht die natürlichste chlorophyllvollste Farbe weiter als Inbegriff für alles Vegetative, Natur und Umwelt, stets unter dem moralischen Vorbehalt der ▶**Nachhaltigkeit**.

Damit ist heute grün, was ▶Öko ist, und umgekehrt. Je nach der ökologischen Konsequenz werden ▶Biokonsumenten vom Marketing denn auch in Dunkelgrüne und *Light Greens* unterschieden. Selbst die EU engagiert sich für das ▶Greening im Agrarbereich, und Trittbrettfahrer färben da gern um – per ▶Greenwashing.

Doch grün zu denken wurde eben auch zur Devise der ▶Ethik mit dem Dauerziel einer **grünen Gesellschaft**, die ▶Naturschutz und ▶Klimaschutz so ernst nimmt wie die ▶Welternährung. Politisch wie medial wird derlei oft noch fast reflexhaft bekämpft (▶Bio-Bashing), sogar als „Tugendterror" diffamiert – dabei sind grüne Argumente ganz **abseits von Parteiprogrammen** so unabweisbar und im Falle von ▶Bio auch so ur-vernünftig: Keine Naturzerstörung, dafür regenerative Energien, Bekämpfung der ▶Gentechnik, Achtung von ▶Tierwürde und ▶Tierschutz, ▶fair handeln, den Welthunger stillen, weniger ▶Fleisch produzieren und konsumieren – schlicht nachhaltig handeln.

Grünes will Großes: Die Marktlogik menschenfreundlicher machen, dem Wachstumsgebot abschwören, Ökonomisches ökologischer gestalten, soziale Differenzen ausgleichen.

Noch drückt sich **die Weiter-so-Politik**, die noch nicht mal ein Klima für Klimabeschlüsse hinbekommt. Dabei hatte der „Wissenschaftliche Beirat der Bundesregierung Globale Umweltveränderung, Welt im Wandel"

Grün:
Mehr als nur eine Farbe und viel mehr als ein Parteiensymbol – vielmehr ein hoffnungsvoller Ausdruck für die ethischere Gestaltung der Zukunft …

Grünkern: Als traditionell holzgedarrte und gern regional geerntete Dinkelspezialität schon immer eine Bio-Domäne – pur und für Bratlinge, im Brot oder als aromatisches Schrot

schon 2011 weitsichtig resümiert, all dies sei eine „Herausforderung in einer Größenordnung, wie sie die Menschheit noch nie erlebt hat." Bleibt **die grüne Hoffnung**, dass sich auch auf institutioneller Ebene die Erkenntnis durchsetzen wird, dass da kein Weg an einer einfachen Gleichung vorbeigeht: ▸bio = besser.

Grünkern

Beinahe wäre er sogar in Vergessenheit geraten, aber er überlebte als eine Spezialität der frühen Bio-Ära, weil die zu Unrecht belächelten ▸**Körnerfresser** und ▸Vegetarier sich den Urgeschmack für ihren Korn-Mix oder ▸Bratling nicht nehmen ließen. Dabei ist dieser regionale „Badische Reis" nichts anderes als das unreif, also eben „grün" geerntete Korn des bekannten ▸Dinkels, das gedarrt und damit dann zu dem rauchig-aromatischen Unikum unter den Getreiden wird – als Einlage der süddeutschen Grünkernsuppe oder eben für den frühen ▸Fleischersatz, die vegetarische Ur-Bulette **Grünkern-Bratling** (wenn er auch heute öfter schon moderner klingender ein „Burger" ward). Das alles ist so bio-affin, dass ein Großteil des primär in Baden und Franken erzeugten Dinkel-Grünkerns aus mindestens „naturnah" genanntem, meist aber aus echt zertifiziertem **Öko-Anbau** kommt.

Die Dinkelspezialität war ursprünglich eine reine Notlösung als vorzeitige Ernte bei zu nassem Herbst, noch während der sog. Milchreife etwa drei Wochen vor der vollen ▸Reife des Korns, also „grün" (dadurch sogar reich an B-Vitaminen). Anschließend wurde das frühreife Getreide bei 120–150° C sechs Stunden über Buchen- oder Eichenholz gedarrt (heute eher in Heißluftanlagen, falls **„holzgedarrt"** nicht explizit draufsteht). Die konservierende Röstung sorgt für seine Haltbarkeit und gibt jenes spezifische **Raucharoma**, hat aber auch einen Nachteil: Backen lässt sich mit Grünkern nicht – denn die Hitze hat das Eiweiß destruiert. Grünkern klebt aber gut genug zusammen für Klöße und passt graupig wie grützig in eine Suppe, die nicht nur ▸Bio-Gourmets zu schätzen wissen.

Diese **Renaissance** von Grünkern wie Dinkel scheint den Anbau halbwegs gesichert zu haben. Denn die Flächen für letzteren waren innerhalb eines Jahrhunderts von 200 000 ha auf nur noch 5 000 Anfang der 1960er-Jahre geschrumpft, als der damals **letzte deutsche Dinkelbauer** aufgab – 1970 waren 1 000 ha übrig. Fast wäre die letzte Sorte „Bauländer Spelz" aus der Deutschen Sortenliste getilgt gewesen, doch das Engagement einer Vereinigung aus Franken für Vertragsanbau und Überleben der Nostalgiepflanze brachte Rettung. So machten 2012 allein die Öko-Dinkelflächen 18 000 ha aus, die Biobauern konnten sich **trotz schwankender Nachfrage** behaupten. Grün ist und bleibt eben die kernige Hoffnung …

Nota bene: An Inhaltsstoffen hat Grünkern pro 100 g fast 64 % Kohlenhydrate, nur 2,7 % Fett, aber 11,6 % Eiweiß zu bieten, dazu rund 9 % Ballaststoffe bei 1 % Mineralstoffen.

Grünkohl

Seit 2006 macht *Brassica oleraceae*, regional auch Kraus- oder Braunkohl (es gibt sogar rötliche Sorten), als **Bio-Indikator** für Umweltverschmutzung von sich reden. Weil er Luftschadstoffe besonders gut speichert, gedeiht er am Münchner Flughafen, um im Labor Zeugnis über die Konzentration polyaromatischer Kohlenwasserstoffe (▶PAK) zu geben.

Abseits dieser wissenschaftlichen Bedeutung erfreut sich der Kreuzblütler v. a. in Norddeutschland einer hohen **kulinarischen Beliebtheit**. Seit der Jahrtausendwende nahm die niedersächsische Anbaufläche für den Blattkohl mit den länglichen, stark gekrausten und vom Stamm abstehenden Blättern kontinuierlich zu. Er wächst 1,10 m hoch und gern mal so viel höher, dass er Ehrennamen wie „Oldenburger", „Holter" oder „Friesische Palme" bekam.

Der **Anbau** ist nicht unheikel und verführt zur Giftspritzerei. Dem Biobauern ist dies verboten – er rückt so etwa der Kohlmottenschildlaus mit dem Einsatz von Schlupfwespen als ▶Nützlinge unter feinmaschigen Netzen statt mit Chemie zu Leibe. Der im **Öko-Anbau** gleichzeitig „nebenkultivierte" Klee bindet mit seinen Knöllchenbakterien wachstumsfördernden ▶Stickstoff im Boden und düngt damit auf natürliche Weise.

Von jeher ist der eigentliche Gesundkohl aber oft mit (nicht-zugelassenen) ▶Pflanzenschutzmitteln belastet; selbst nach Abzug von Altlasten und Kontaminationen sprach das ▶Monitoring vom BVL *(Bundesamt für Verbraucherschutz und Lebensmittelsicherheit)* 2012 noch von Indizien für „unzulässige Anwendungen" und forderte behördliche Einzelfallprüfungen. Der **Pestizidreport Nordrhein-Westfalen** untersuchte von 2010 bis 2013 insgesamt 199 Proben konventionell erzeugten Grünkohls und zog eine ähnlich alarmierende Bilanz: In 64 % waren ▶Rückstände nachweisbar; 10 % hatten sogar **Höchstmengenüberschreitungen**, in 29 % der Proben gab es Mehrfachrückstände (2–8 verschiedene Stoffe).

Grünkohl: An sich v. a. in pestizidfreier Bioqualität höchst gesund und dazu kalorienarm – allein die Wurst zieht diese gute Bilanz eher herunter

Grünkohl: Schon immer ein winters so hoch geschätztes Blattkohlkraut – und schon rein optisch beeindruckend

Der **Bio-Vergleich** fiel mit 4 Proben zwar mager aus, muss aber erwähnt werden: 100 % frei von Rückstanden! Zwar hat's die grünblättrige „Palme" gern kalt und unwirtlich, ein Frostschock für die **süßlich-herbe Würze** wie bei anderem ▸Kohl ist aber nicht nötig; die kommt bei später Ernte vom kältebedingt ohnehin nur etwas verlangsamten Stoffwechsel der zuckrigen Photosynthese.

Mit seinen bemerkenswert hohen Eiweißgehalten, reichlich Calcium, Eisen, Kalium, Magnesium und Jod, dazu viel Betakarotin sowie hohen Anteilen an Vitamin C, K und B bei nur 33 kcal/100 g wäre Grünkohl also insbesondere in Bioqualität ein kalorienarmes, sehr **gesundes Winteressen**. Wenn da nur nicht die üblichen, gehaltvoll-deftigen speziellen Wurst- und Fleischeinlagen wären – und die Bekömmlichkeitsschnäpse …

Gummibäriges: Auch bei Bio nicht immer gelatinefrei, aber doch viel öfter ganz mit ohne Tier – den Zahnarzt juckt eher der Zucker

Gummibärchen & Co

In der Evolution der sog. Gelatinedrops verputzbar putziger Inbegriff von **figürlichem Kaubonbon**, der die weichnaschige Artenvielfalt dominiert – *Ursus latex* genannt. Leittier ist hier immer noch der 1922 in Bonn als „Tanzbär" zur Naschwelt gekommene, 1967 umgetaufte **„Goldbär"** von Haribo, der heute in reichlicher Milliardenmenge vom Gieß- und Fließband läuft. Doch selbst in der lange süßigkeitsskeptischen Bio-Welt werden Gummibärchen nicht mehr verschmäht, aber mit eigenen Rezepturen.

Denn die Animalform von **Fruchtgummi** besteht traditionell aus viel Zucker, Zuckersirup, meist künstlichen ▸Farbstoffen und erstarrter ▸Gelatine in wohlig-zäh-süßer ▸Textur. Entsteht es aber (wie ursprünglich) mit *Gummi arabicum*, einem Akazienharz, in inniger Verbindung mit Zucker, ist es als „Naturgummi" noch zäher, fast ledrig, und nicht so beißbequem. Dafür snacken dann auch ▸Vegetarier und ▸Veganer mit, die mit dem ▸Gelier- und Bindemittel Gelatine aus Schweine- oder Rinder-Bindegewebe naturgemäß gar nichts anfangen mögen. Modernere **gelatinefreie Bären** bekommen ihren Zusammenhalt eher durch ▸Stärke, Pektin oder ▸Agar-Agar. Dann haben sie nicht ganz den „tierisch" beliebten, altgewohnten Biss ins Bärige, aber einen unerwartet kaulustigen. Manche Hersteller nehmen statt Gelatine auch ▸Palmkernöl, was Umweltschützer erzürnt und in der Biobranche kontrovers diskutiert wird.

Zutaten wie Zucker und Farbstoffe (die ohnehin natürlich sein müssen) ersetzen **Bio-Hersteller** öfter durch Honig und Pflanzenextrakte, viele künstliche ▸Zusatzstoffe durch ▸Sirup und natürliches Bienenwachs; sie nehmen gern Extrakte und ▸Dicksäfte aus Äpfeln und Beeren. Das ergibt eben die natürlichen, aber auch **blasseren Farben**.

Beim ▸Aroma ist Bio ehrlich: Künstliches ist tabu, EU-Bio nutzt **natürliches Aroma**, Anbauverbände setzen sogar nur auf die sog. Aromaextrakte. Wenn doch Gelatine verwendet wird, stammt sie als Bio-Gelatine **vom Öko-Schwein**.

Nota bene: Ab Ende 2016 muss der Zuckergehalt als Summe von Ein- und Zweifachzucker angegeben werden, bisher ist dies freiwillig.

Gurken

Sie sind mit ihrem bis zu 97%igen Wasseranteil ein reichlich verwässerter, aber längst züchterisch entbitterter Genuss als immer unreif, also grün geerntete **Beerenfrüchte** des Kürbisgewächses aus der Gattung *Cucumis.* Auch ▸Biokonsumenten mögen die krummen Dinger: Hinter ▸Möhren, ▸Tomaten und ▸Zwiebeln waren Salatgurken 2012 ihr viertbeliebtestes ▸Gemüse. Die Gurke an sich ist eben zuallererst die salatige Form; erst dann wird darunter die eingelegte Kurzgeratene verstanden oder eine in origineller Sonderzuchtform.

Die Rufe nach **„Freiheit für die Gurke"** sind verstummt, seit 2008 eine berüchtigte EU-Norm kippte, die bei Salatgurken die Maximalkrümmung von 10 mm auf einer Länge von 10 cm vorschrieb.

Wichtiger bleibt ohnehin die Frage nach der **Art des Anbaus** der Wärme liebenden, leider auch schädlingsanfälligen Gewächse; denn reichlicher Einsatz von ▸Pestiziden gehört zum gängigen Repertoire konventionell arbeitender Gurkenbauern.

Immerhin kam ▸*Greenpeace* 2012 zu dem Ergebnis, dass sich die Situation merklich gebessert habe, nachdem ▸ÖKO-TEST 2009 noch sogar bei 10 % der Bio-Gurken ▸**Rückstände** gefunden hatte. Für 2011 hatte das BVL *(Bundesamt für Verbraucherschutz und Lebensmittelsicherheit)* 2013 moniert, bei Salatgurken habe sich ja bei den schlechteren Befunden „wenig verändert". *Greenpeace* empfiehlt sicherheitshalber den Kauf ▸**regionaler Bio-Gurken**. Denn die Belastungen bei ökologischer ▸Importware aus Südeuropa und Marokko sind regelmäßig signifikant höher. Allerdings liegt die **Importrate** bei Bio-Gurken mit rund 50 % deutlich unter der von konventionellen Gurken: Hier werden gerade mal 10 % in Deutschland angebaut.

Für die ▸Ökobilanz ist jedoch auch entscheidend, wann eine Gurke – auch als regionales Produkt – angebaut wird. Die Beheizung im ▸**Gewächshaus** für winterliche Ernte erfordert neunmal mehr Energie als beim ▸Freilandanbau; dessen deutsche ▸Saison erstreckt sich von Juni bis September.

In Gurken stecken reichlich Kalium, Magnesium, Vitamin A, B 1 und C, Folsäure und Beta-Carotin – und das direkt unter der ▸Schale. Deren Mitesser sind also besser dran!

Nota bene: Die Gen-Gurken sollen kommen. Im März 2013 gab es ein Patent auf **genmodifizierte Gurken** mit längerer Haltbarkeit. Für 2014

Gurken: Die wasserreichen Beerenfrüchte lieben die Wärme und haben allzu oft mit allzu viel Chemie als Pflanzenschutz zu tun

gutes Gewissen: Die PETA-Aktion trifft einen Nerv, denn immer mehr Konsumenten wollen beim Essen nichts Schlechtes tun und lassen nicht nur öfter Fleisch weg, sondern greifen oft zu Produkten, die bio und fair gehandelt sind

plante die polnische Wissenschaftsakademie Freilandversuche für eine kältetolerante und süßere Gen-Sorte.

gutes Gewissen

Gründe für ein schlechtes Gewissen gibt es schon beim ▸Einkaufen genug – und als ▸Ernährungsdilemma bei zweifelsgesundem Essen wie zweifelreichen Genüssen sowieso, bis zum Reste-Entsorgen (▸Verschwendung). Und was ist mit denen, die sich kein vergleichbares oder gar kein Essen leisten können? 69 % der Deutschen lastet diese Frage auf dem Gewissen. Gute Gründe für **Bauchschmerzen** kommen täglich hinzu, denn Globalisierung und Mediendichte machen Verbrauchern in den Industrieländern den Zusammenhang zwischen ihrem Konsumverhalten und vielen Übeln rund um das Problem ▸**Welternährung** klar: Hunger, Armut, Kinderarbeit, Ausbeutung, Klimawandel, Tierleid, Naturzerstörung. Womit der Teufelskreis geschlossen wäre, denn neben ▸Ethik und Empathie macht nicht zuletzt der eigene Konsum von allerlei Umweltgiften Angst.

Allerdings: Es gäbe ja Wege, sich ein **besseres Gewissen** sogar zu eressen … Wer sich zum Beispiel ▸**vegetarisch** ernährt, tut nicht nur etwas für die Gesundheit sowie den ▸Tierschutz, sondern verringert auch seinen ▸Carbon Footprint und den Verbrauch von ▸Wasser beträchtlich. Benötigt wird zudem viel weniger Land, weil pflanzliche Proteine direkt und nicht mit ▸Veredelungsverlusten konsumiert werden. Sogar Zweiflern, denen ein Bisschen gutes Gewissen da reicht, geben als ▸**Flexitariern** drei oder mehr *Veggie Days* pro Woche ihr besseres Bauchgefühl.

Naheliegenderweise ist **auch Bio** gut fürs gute Gewissen, selbst für Karnivoren – denn die ▸ökologische Tierhaltung ist ▸artgerechten Bedingungen verpflichtet, während konventionelle Tierprodukte zu rund 95 % aus ▸Massentierhaltung stammen. Dazu kommt die in ihren Risiken nicht zu ende erforschte ▸Gentechnik bei Bio weder in Tröge noch auf Teller, auch bei ▸Klimaschutz und ▸Naturschutz gilt: ▸**bio = besser**. Auch für ein persönlich besseres Gewissen ist Bio gut, denn hundertemal weniger ▸Rückstände und teils mehr Inhaltsstoffe machen die Behauptung schlüssiger, es gelte zudem ▸**bio = gesünder**.

Vielen ▸Biokonsumenten sind aber eben auch allgemeine Werte wichtig; so war 2013 beim „Ökobarometer“

für 76 % der Befragten ein Bio-Kaufargument, dass viele Bioprodukte oft ▶**fair + bio** sind, also ▶faire Bedingungen für Erzeuger bieten; dass dieses auch für unterstützenswerte Biobauern der ▶**Region** gilt, war mit 87 % sogar meistgenannter Grund.
Natürlich hat auch die Industrie die nachdenklichere Seite der ▶Lohas & Co registriert. **„Bewusster Konsum“**, erklärte Dr. Robert Kecskes von der GfK *(Gesellschaft für Konsumforschung)* 2012, könne als Verbindung von Genuss, Erlebnis und Ethik verstanden werden: „In der weiteren Verknüpfung dieses Dreiecks liegen die **nachhaltigen Wertschöpfungspotenziale** der Zukunft“. Das kann wie Verkaufsdenke an der Grenze zum ▶Greenwashing wirken, ist aber ein **Plädoyer für Biokonsum** mit neuem ▶Genusswert und gelebter ▶Nachhaltigkeit. Besseresser werden nicken, Umwelt- und Tierschützer ohnehin.

Gütesiegel

Die Rede vom „Label-Dschungel“ ist schon so verbreitet, dass sogar die klar definierten ▶Bio-Siegel unter Generalverdacht gerieten, wie 2013 in der größten deutschen Tageszeitung; dieses ▶**Bio-Bashing** resultiert im besten Fall aus Unverständnis darüber, was zu Recht Siegel für Güte jeder Art sei und was ▶Irreführung als ▶Etikettenschwindel wäre. Dabei lässt sich das meiste leicht sortieren.
Da sind zu allererst die verschiedenen Bio-Siegel. Denn die Begriffe ▶Bio bzw. öko(logisch) sind **gesetzlich geschützt**; wo sie gedruckt werden, müssen Regelungen zur bio-/ökologischen Produktion erfüllt sein. Zum einen auf Basis der ▶EG-Öko-Verordnung – dies gilt für das ▶EU-Biosiegel wie für das deutsche Bio-Siegel. Dieses **sog. EU-Bio** ist auch die rechtliche Grundlage für diverse ▶Handelsmarken von ▶Discountern und ▶Supermärkten und wird ▶**Bio light** genannt, da die EU-Regularien weniger streng sind. Zum anderen gibt es Bio-Siegel, die ▶**Premium-Bio** bieten: jene der ▶Anbauverbände

Gütesiegelei: Bei echten Logos ist es echt nicht schwer, den Überblick zu behalten, wären da nur nicht die unechten

▶Bio Austria, ▶Biokreis, ▶Bioland, ▶Biopark, ▶Bio Suisse, ▶Demeter, ▶Ecoland, ▶Ecovin, ▶Gäa, ▶Naturland, ▶Verbund Ökohöfe). Deren Richtlinien sind privatrechtlich, aber staatlich anerkannt. Auch das „Bioblatt“ vom ▶**Reformhaus** geht über EU-Bio hinaus. So weit, so einfach.
Aber was ist mit den anderen Logos, die ▶Qualität versprechen? So sind es **mehr als 100 Labels**, die ▶Lebensmitteln „Güte“ bescheinigen. In Bio-Nähe rücken dabei besonders solche, die (im entsprechenden Design) Begriffe wie ▶Natur, Land, Weide, ▶kontrollierter Anbau benutzen. Hier ist **Vorsicht** angesagt: All dies hat keinerlei definierte Grundlage! Gänzlich ungeschützt sind auch die ▶ethischen Signalwörter ▶**Nachhaltigkeit** und ▶**Tierschutz**. Die bekannten Labels dazu – von ▶*Rainforest Alliance* oder UTZ *Certified* auf der einen sowie die zu Tierschutz auf der anderen – werden zwar aufgrund eigener

Gütesiegel: Seine Botschaft geht direkt ins Hirn – manches aber kann als Fälschung abgestempelt werden

Gütesiegel: Ein einfacher Bio-Sojadrink stellt seine zu Recht so vielbesiegelte Qualität augenfällig heraus

Standards vergeben. Diese aber stehen wegen **eher lascher Bedingungen** in der Kritik von Verbraucher- und Tierschützern. Das ist auch beim Label vom ▸**MSC** für nachhaltig gefangenen ▸Fisch so – dennoch gilt es meist als „empfehlenswert", selbst wenn viele es nur für das kleinere Übel halten. Für ▸Fleisch gilt: Soll es ▸**artgerecht** erzeugt worden sein (ebenso ohne Definition!), muss es ▸Biofleisch sein oder das Siegel von ▸**Neuland** tragen, denn die Vereins-Standards sind hier vorbildlich.

Der Begriff der ▸Region, der immer wichtiger wurde, rückte seit 2013 endlich in den Fokus der Politik. Mit dem **„Regionalfenster"** startete 2014 jener bundesministerielle Versuch, eine verbindliche Kennzeichnung regionaler ▸Herkunft zu etablieren, denn damit wurde oft nur in Bezug auf den Ort des letzten Verarbeitungsschrittes geworben. Hinweise geben Labels der Bundesländer als „erweiterte" Region oder offizielle **EU-Logos** zu geschützter geographischer Herkunft (g. g. A. bzw. g. U.).

Wer Wert auf ▸**Fairtrade** legt, muss auf offizielle Labels achten: Das von ▸TransFair etwa oder das von ▸Naturland für Produkte, die dann ja sogar ▸**fair + bio** sind. Jedoch gibt es etliche Bio-Hersteller, die immer fair handeln, es aber nicht extra belabeln (GEPA, dwp etc.) – das muss man also wissen …

Ein neueres, staatlich kontrolliertes Logo ist das mit dem Claim ▸**„Ohne Gentechnik"**; da sind nur unvermeidbare ▸Verunreinigungen erlaubt, ansonsten wird (etwa bei den ▸Futtermitteln) ▸gentechnikfrei produziert.

Und auch wo die Logos von ▸**ÖKO-TEST** oder ▸*Stiftung Warentest* draufkleben, müssen Produkte tatsächlich getestet worden sein (vor nicht allzu langer Zeit). Problematisch bleibt das Logo von ▸**QS** – es basiert auf der Selbstkontrolle seiner Mitglieder …

Der Handel liebt eben Gütesiegel, sind sie für Kunden doch Wiedererkennungszeichen für ▸Vertrauen.

Gerade Bio-Siegel besitzen **direkten Einfluss** auf das Kaufverhalten. So bewies 2011 die US-Forscherin Jenny Wan-chen Lee mit einer Blindverkostung von ▸Biolebensmitteln, dass besiegelte Produkte besser bewertet wurden als solche ohne, obwohl ja alle Logoqualität hatten. Sie nannte es den „Halo-Effekt". Wen wundert's, dass auch **Fake-Siegel** „ziehen": An der Uni Göttingen ergab sich 2012 ein höherer Bekanntheitsgrad für ein Fantasie-Umweltschutz-Logo als für reale (Neuland und EU-Biosiegel).

Tipp: Durchblick versprechen einige Infoportale: Neben den *Verbraucherzentralen* etwa www.label-online.de, www.labelinfo.ch oder www.bewusstkaufen.at. Hilfreich ist auch die App vom WWF zu Lebensmittel-Labeln.

GVO: Die Gegen-Bewegung ist international und gibt sich als Feldbefreier sogar eigene Gütesiegel

GVO

Das hässliche G-Wort für alles, was *gv* ist, also ▸gentechnisch verändert – und damit als Organismus/Organismen so zum knappen Inbegriff GVO wurde *(Gentechnisch Veränderte/r Organismus/-men)*. Mal verbirgt dies kühne Experimente, mal prangert es erwischte Heimlichversuche oder empörenderweise sogar in Produkten Gefundenes an – ▸**Genfood** also, das zwar verboten ist, aber unter Genehmigungsvorbehalt steht. Empörung wird daher nötiger, denn ▸gentechnikfrei als Prinzip – wie eben bei Bio – gerät immer stärker in die Defensive. Bis 0,9 % werden zufällige bzw. technisch unvermeidbare ▸Verunreingungen akzeptiert. Doch bei wachsenden GVO-Flächen wird es v. a. für Bio-Produzenten nur schwerer, die gewollte Nulltoleranz einzuhalten. **Verunreinigung** droht bei Auskreuzung auf fernen Feldern, aber auch durch genkontaminierte Lägern oder beim ▸Food-Processing (in Mühlen etwa). Schlimm genug, dass sich unter den meist genutzten ▸Hybriden viele Obst- und Gemüse-Sorten mit dem Merkmal CMS *(Cytoplasmatisch-männliche Sterilität)* finden. Diese Pflanzen sind per definitionem ausdrücklich keine GVO, entstanden jedoch in Zuchtverfahren, die viele ▸Anbauverbände für gentechniknah halten und verboten. Immerhin! Denn GVO als eindeutig ▸transgene Pflanzen breiten sich parallel immer mehr aus: 2012 wurden sie in 28 Ländern **auf gut 170 Mio. ha** angebaut (die deutsche Gesamtfläche beträgt nur 35 Mio. ha). Wichtigste Anbauländer waren die USA, Brasilien, Argentinien, Kanada und Indien. Ökonomisch am bedeutendsten waren ▸Gen-Soja, ▸Gen-Mais, Baumwolle und transgener ▸Raps; mit weitem Abstand folgten Zuckerrübe, ▸Luzerne, ▸Papaya, ▸Zucchini. Die ▸Gen-Tomate scheiterte aber ebenso mangels Akzeptanz wie die ▸Gen-Kartoffel. Die ▸Terminatortechnologie ist heute verboten. Denn nicht nur **die Biobranche**, auch große Teile der Öffentlichkeit lehnen GVO ab, weil deren Erschaffung einen buchstäblich widernatürlichen **Eingriff in die Erbsubstanz** von Lebewesen bedeutet und die Folgen unabschätzbar sind.

In GVO wirken sog. Transgene aus anderen Organismen. So lassen sich Eigenschaften kreieren, die u. a. den Einsatz von ▸Pestiziden unnötig machen sollen. Gleichzeitig lockt ein **Riesengeschäft**, da GVO per ▸Patent schützbar sind und dann jährlich Lizenzen fällig werden (▸Monsantosierung). Proteste von radikalen ▸Feldbefreiern, NGO oder von Verbrauchern selbst haben bisher nur in einzelnen Ländern zur Ächtung der GVO geführt; gefürchtet wird die **Abhängigkeit** von transgenem ▸Saatgut und der Verlust von ▸Agrobiodiversität sowie ▸Biodiversität. Noch ist nicht wissenschaftlich erwiesen, ob und wie GVO in der Nahrung **auf uns Menschen wirken**. Die seit 2014 fast zu erwartenden Lockerungen durch Verhandlungen zum transatlantischen Freihandelsabkommen werden Europas **GVO-Antihaltung** obsolet machen, allenfalls Regeln zur Kennzeichnung verschärfen. Dann haben Verbraucher das Wahlrecht – und das letzte Wort.

GVO: Ob isoliert in Gewächshäusern oder auf freiem Feld als Futter für Bienen – bei Bio sind transgene Pflanzen tabu!

Hühner:
Diese ökologisch gehaltenen Legehennen von Bio Suisse haben es gut mit Freiland und Biofutter – bei zu vielen ihrer Artgenossen kräht kein Hahn nach solcher Artgerechtigkeit

H

HACCP

Seit 2006 als Kurzformel für *Hazard Analysis* (Gefahrenanalyse) mit nachgeschalteten entscheidenden Phasen der Kontrolle *(Critical Control Points)* unser aller Garant für gewisse oder im Idealfall lückenlose Maßnahmen und Kontrollen für Qualität und Hygiene bei verarbeiteten Lebensmitteln in Betrieben. Daraus entsteht ein regelrechter **Überwachungsplan** – von der Produktion über die Distribution bis zum Lager oder Laden, also bis zum Endverbraucher. Ein durchzuhaltender wie streng zu dokumentierender Kontrollrhythmus mitsamt allerlei Checks kommt dazu.

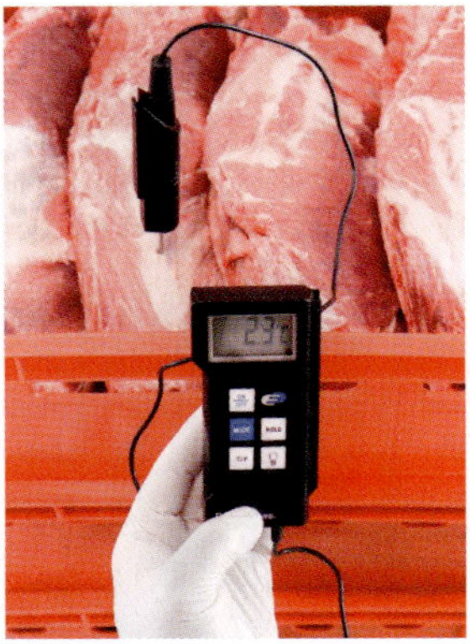

Das ungewisse Gewisse rührt daher, dass alle HACCP-Konzepte die genannten Ziele auch mit möglichst geringem Zeit- und Kostenaufwand sicherstellen sollen. Demzufolge ist HACCP eher Prinzip als vollständiges System. Zugrunde liegt die EU-Hygieneverordnung, damit ein Paket ohne sehr feste Vorgaben, das **dank „Eigenkontrolle“** auf eine rein freiwillige vorbeugende Risikobeherrschung hinausläuft. Entschieden wird so, was nur ein Routine-„CP“ (Kontrollpunkt) innerhalb des eigenen Systems zum Qualitätsmanagement sei, was ein „CCP“ (kritischer Kontrollpunkt) wäre oder wo Grenzwerte liegen, bei deren Überschreitung eine Gesundheitsgefahr besteht. Bei Alarm durch Lebensmittelüberwacher, im Schadens- oder Katastrophenfall im Betrieb sind alle HACCP-Schlampereien oder -Sabotagen strafverschärfend.

Im Normalfall aber sollten dank HACCP und betriebstypischer Punkte – von Rohstoffbeschaffung bis zum Endprodukt – die meisten Gefahren erkannt werden, als da sind: physikalische (Fremdkörper), chemische (Kontaminanten, ▶Rückstände, Gifte) oder biologische Risiken (Schädlinge, Pilze, Erreger, Bakterien, aber auch Nematoden).

HACCP: Ein System soll das Handling von Lebensmitteln sicherer und nachvollziehbarer machen

Hackfleisch

Kleinklein-Begriff für allerlei Sorten von ▶Fleisch (meist Rind, Kalb oder Schwein), die von Könnern per Hand fein zermessert bzw. gewiegt, meist aber maschinell gewolft wurden. Weil Hack **günstiger** ist als andere Biofleischsorten, stieg sein Umsatz beständig, bis auf einen Bio-Anteil von 3 % in 2012; nicht zuletzt gehört Hackfleisch als Bio-Einstiegssortiment zu den Wachstumstreibern auch in ▶Supermärkten und ▶Discountern, seit diese in das lohnende Geschäft eingestiegen sind.

Hackfleisch: Bluffende Bohnen-Burger wie dieser verblüffen mit Hack-Konsistenz und fleischfreiem Wohlgeschmack

Hackfleisch: Ist es bio, liegt es im Trend, aber besser auch nur kurz im Regal

Hafer: Seine entspelzten Körner müssen gedarrt und gedämpft werden, ehe sie grob oder feinst gequetscht werden

Es herrscht allerdings eine **gewisse Skepsis** gegenüber rohem Rinderhack, seit BSE grassierte. Ohnehin haftet dem Hackfleisch der ja auch berechtigte Ruch an, allzu schnell zu verderben, denn es zählt zu den empfindlichsten Lebensmitteln.

In den rigiden Hackfleischverordnungen aller EU-Länder ist daher die ununterbrochene Lagerung von Frischhack sowie der Verzehr oder die Verarbeitung noch am Herstellungstag vorgeschrieben. Zu groß ist die zermetzelte Oberfläche und dadurch eine ideal kontaminierbare Angriffsfläche für allerlei **Mikroorganismen**. Und auch der Farbstoff Myoglobin reagiert sauerstoffgierig: erst zu sattem Rot (Aufrötung ist ein Frischezeichen, Umrötung mittels Nitrit ist verboten), doch in kürzester Zeit ergraut oder verbraunt das frische Hack (dann Vorsicht!).

Problematisch sind deshalb Döner-Spieße, in denen Hacklagen mitgeschichtet wurden. Bei ihnen ist die Kühlkette so entscheidend wie schnelles Absäbeln, weil die permanente Innenerwärmung die Mikroben vermehrwütig macht.

Dass immer mal wieder Hack **umgepackt** und dann mit verlängertem Mindesthaltbarkeitsdatum umetikettiert wird, zählt zu den allfälligen ▶Skandalen. Dagegen hilft nur, tatsächlich frisch gewolftes Hack beim Metzger zu kaufen. Das sog. **EU-Hackfleisch** in tiefer Plastikschale (wegen der Schutzgas-Zugabe unter der fest verschweißten Deckelfolie) ist bei ununterbrochener 2° C-Kühlung amtlich bis zu einer Woche nach Herstellung haltbar.

Doch Vorsicht: Es hält sich ohne Kühlung auf dem Heimweg wie im Kühlschrank, der meist ja nicht 2° C erreicht, eben nie so lange!

Nota bene: Wer ohne Karnivoren-Trieb Lust auf Hack hat, findet die unbedenkliche Simulation oder sogar die Verwandtschaft in ▶Textur und Geschmack beim ▶Fleischersatz „Veggie Hack".

Hafer

Vorderasiatisches Wildgras, das als hochwertigste Getreideart Europas zum Ausnahmegetreide in vielerlei Hinsicht wurde: Hafer *(Avena sativa)* reift zum einen nicht wie andere ▶Getreide in geschlossenen Ähren heran, sondern hält zarte, zitternde und abstehende Rispen in den Wind.

In Deutschland lag der Bio-Anteil an der Gesamt-Anbaufläche zuletzt mit 16,2 % vergleichsweise hoch und wird nur von ▶Dinkel übertroffen. Zudem liefert haferiges Rispengetreide niedrigere Erträge, dafür Körner mit biologisch höherwertigem Eiweiß, **höherem Fettgehalt** (4–8 %) und vielen essenziellen ▶Fettsäuren, Linolsäure sowie Thiamin (das Vitamin B 1).

Letzteres bekommt v. a. Säuglingen, Kleinkindern und Kranken – was das Image von Haferbrei oder klassischem Haferschleim lange belastete. Dabei sind die spezifischen schleimbildenden Kohlenhydrate des Hafers eine echte Bekömmlichkeitsgarantie.

Vielerlei Vitamine stecken in der äußeren Kornschicht, weshalb Hafer entspelzt, aber ungeschält am wertvollsten wäre. Der so hohe Fettanteil

aber lässt das Rohhaferige zu leicht ranzig werden, weshalb Hafer in der Regel doch nur geschält in die Darren kommt, bevor die Körner für eine Enzym-Deaktivierung gedämpft und durch Aufschluss der ▸Stärke zu leichtverdaulichen ▸Flocken ausgewalzt werden. Diese sind beliebt als Schonkost – kühl und trocken gelagert halten sie jahrelang. Weil Hafer **zu wenig Kleber** enthält, taugt er pur nicht zum Brotbacken, aber zu manchem Hafergebäck (mit Haferanteil von mind. 25 %) und als Anteil in Mehlmischungen für viele „Hafer"-Brote oder Pfannkuchen.

Hafer ist nicht nur besonders gehaltvoll, er liefert auch viele Ballaststoffe mit, weshalb das Mühlen-Nachprodukt ▸Kleie (als Randschicht vom Korn plus Keimling sog. Schälkleie) zur **Ballaststoffanreicherung** etwa in Müslis taugt (für rohe Körner sind allerdings 3–4 Stunden Einweichzeit nötig). Immerhin genießt Haferkleie als Diätetikum ihren Ruf, den Cholesterinspiegel zu senken.

Als Naturheilmittel gelten Hafersaft, Hafertee und Haferstroh-Extrakt; immer beliebter als ▸Milchersatz wurde die lactose- und cholesterinfreie „Hafermilch". Zwar ist Hafer nahezu ▸glutenfrei, mitunter aber mit anderen Getreiden gering kontaminiert. Bei Zöliakie ist unsicher, ob er vertragen wird. Seit 2011 sind „saubere", glutenfreie Bio-Haferflocken von Bauckhof (in Demetergüte) zu haben.

Haferbauern haben gute Biobedingungen, weil Hafer eine **gute „Konkurrenzkraft"** gegen ▸Unkraut hat, kaum Maßnahmen gegen Pilzbefall erfordert und als sog. Gesundungszwischenfrucht angebaut wird und die Vorjahrespilze oder -schädlinge einfach verhungern lässt.

Haferflocken

Es sind die platterdings nicht wiederzuerkennenden gedämpften und gedarrten, also leicht aufgeschlossenen und gequetschten Haferkörner. Die Karriere vom ▸Müsli wertete Haferflocken entscheidend auf, längst gibt es sie **in allerlei Varianten:** als Großblattflocken (vom ▸Vollkorn mit Keim), als Kleinblattflocken (aus geschroteten ▸Körnern), als Instant- oder Schmelzflocken (aus gemahlenen Körnern oder Haferschrot). Jede Hitzebehandlung aber raubt nur den ▸Vollwert – am vollwertigsten sind Haferflocken „mit Keim". Und mit

Haferflocken: Sie sind der Klassiker zum Frühstück, für alle Lactose-Empfindlichen könnte auch Hafermilch einer werden

Hafer: Gehaltvollste wie bekömmlichste Getreideart und am verbreitetsten in solcher lockerflockigen Form

Bio gibt's weniger Risiko, wie ▸ÖKO-TEST 2013 befand: Im Gegensatz zu konventionellen waren die getesteten Bio-Haferflocken pestizidfrei.
Nota bene: Hafer und alle Produkte daraus veranlassen unser Gehirn, Dopamin auszuschütten, eine Vorstufe des Glückshormons Serotonin.

Hagebutten: Das Geschenk der Natur für alle Dornenfesten mit dem rekordverdächtig hohen Vitamin-C-Gehalt – im Durchschnitt beträgt er 1 %

Hagebutten

Die Wildfrüchte gedeihen immer noch wildwuchernd in Sammelfreiheit und lohnen das Zusammenklauben. Der **Urgeschmack** ist einzigartig, kaum süß, sehr fruchtig und dabei so angenehm unaufdringlich. Industriell wird für ▸Früchtetee oder ▸Brotaufstrich gern mal mit zitronigen Beimischungen nachgesäuert.
Frisch angebotene Früchte sind oft aus heimischer Ernte, die größten Mengen kommen aber aus Chile oder Osteuropa, meist aus Rumänien. Dort gibt es etliche **biozertifizierte Pflückgebiete** zur ▸Wildsammlung. Die weltweite Fläche für wild gesammelte Bio-Hagebutten betrug nach letzten Angaben der ▸IFOAM knapp 12 Mio. ha, geerntet wurden fast 8 000 t Früchte – international damit der 5. Platz aller Bio-Wildsammlungs-Produkte. Der gewerbsmäßige ökologische Anbau von Hagebutten spielt eine kleinere Rolle. In Deutschland wird damit schon experimentiert, aber es gibt keine maschinellen Erntehilfen, weil ja der Reifegrad erfühlt werden muss.
Hagebutten sind Scheinfrüchte der Wilden oder der Heckenrosen (botanisch sind sie sog. Fruchtrosen), weil sich bei ihnen unter ihrer dicken Schale behaarte Nüsschen (das klassische Juckpulver) versammeln. Die leuchtend rote Schale hat es buchstäblich in sich, denn sie macht Hagebutten zu echten **Vitaminbomben** (Vitamin C 600–3 000 mg/100 g, daneben viel B 1, B 2) nach der Faustregel: In den „Buttenbeeren" stecken durchschnittlich mehr als 1 ganzes Prozent Vitamin C. Allerdings sind nur vollreife und feste Hagebutten auch solche Vitamin-Rekordler und überdies ideale Lieferanten von reichlich Mineralstoffen und ▸Flavonoiden.

Die bloßhändige Ernte der traditionellen „roten Schlehen" ist recht mühsam, lohnt sich aber: Hagebuttensaft (sofern nur kurz pasteurisiert) enthält etwa 15-mal mehr Vitamin C als Orangensaft, auch das für den Tee getrocknete Fruchtfleisch bleibt sehr vitaminös. Kein Wunder, dass Hagebuttenpulver längst zum ▸Nahrungsergänzungsmittel wurde, dessen Kohlenhydrat-Lipid-Verbindungen (sog. Galaktolipide) nur Gutes für „beweglichere Gelenke" nachgesagt wird …
Küchentipp: Klassisch ist die Hagebuttensuppe, altmodisch schmeckt auch das säuerliche Kompott, ganz typisch die „Hagebuttenmarmelade" (korrekter: als Brotaufstrich), lecker ist auch die gesüßte und gern traditionell warm servierte Hagebuttensauce zu Reispuddings.

Hai

Nicht mal 100 Menschen attackiert der Hassfisch alljährlich weltweit, umgekehrt sind Fischer und Angler hinter immerhin 100 der knapp 500 bekannten Arten her. Ein Fünftel aller Haie taugt zum Nutzfisch, der mit 17 % recht eiweißgehaltvoll ist. Längst sind 200 Arten wie Herings-, Blau- oder Dornhai überfischt und **im Bestand gefährdet,** nicht zuletzt, weil sie als ▸Beifang zu Fischmehl werden. Der ▸WWF warnte 2013, dass jedes Jahr bis zu 100 Mio. Haie durch Fischerei umkämen, ob nun gezielt gefangen oder als verendeter Beifang. Und so sind sich WWF und ▸*Greenpeace* einig: Finger weg von Hai-Produkten, egal welcher Art!

Doch EU und internationale Behörden sind einstweilen nur tatenlose Bedenkenträger; engagierte Naturschützer verlangen seit Jahren reglementierte Hai-Fischerei. Auch 2010 konnten im Rahmen des Washingtoner Artenschutzübereinkommens (engl. CITES) keine umfangreichen Fangkontrollen durchgesetzt werden. Selbst der Heringshai wurde noch im Verlauf der Konferenz wieder aus Anhang II gestrichen, da die nötige Zwei-Drittel-Mehrheit gekippt war.

Verharmlosende Tarnnamen im Verkauf von Hai-Ware erschweren aber die Aufklärung und Orientierung: „Kalbfisch“ bzw. „Seestör“ ist ebenjener Heringshai. Als „Seeaal“, „Steinaal“, sogar „Dornfisch“ wird der laut Roter Liste gefährdete Dornhai verkauft, von dem auch die in Deutschland traditionell beliebten **Schillerlocken** stammen. Zu gern wird schon mal Haifleisch als Schwert- oder Thunfisch untergemogelt. Auf gut Markt-Englisch stehen solch wohlfeile Namen wie *dogfish, skate, mako, rock salmon, rock eel* oder *guitar fish* diskreter für diverse Hai-Arten, der Katzenhai wird in Frankreich zur *saumonette*, der Glatthai in Italien zum *palombo.*

Herings- und Blauhai allerdings werden weiter als Frischfisch gehandelt, denn Gourmetgier schätzt die fast grätenfreien **Haisteaks,** speziell die so kalbfleischhaften vom Heringshai oder die vom schwertfischgleichen Mako. Sie schreckt auch nicht jener typische Ammoniak-Geruch von Haifischfrischfleisch – der verkocht oder verbrät sich nämlich schnell.

Vorsicht: Ältere Haie, quasi die End-Monster der Nahrungskette, können **hohe Gehalte an ▸Quecksilber und ▸Cadmium** haben. Beim Monitoring des BVL *(Bundesamt für Verbraucher-*

Haie: Anno1903 überwog Furcht vor Blau- und Hammerhai, inzwischen bedroht der Appetit auf Haisteaks schon die Bestände

Haifischfleisch: Es ist viel dran am Hai in einer Fischauslage, deshalb sind eben manche Arten überfischt und werden wegen der begehrten Haifischflosse brutal verfolgt

schutz und Lebensmittelsicherheit) überschritten 2006 noch 11 % aller Haisteak-Proben die offiziellen Höchstwerte bei den sog. Organochlorverbindungen. Sie alle hatten neunmal mehr Quecksilber und immerhin noch doppelt so viel Blei und Cadmium wie erlaubt.

Immer verschmähen muss man seit 2013 EU-weit auch offiziell **Haifischflossen:** Das sog. *finning* wurde endlich verboten. Dabei werden dem lebenden Tier, (v. a. Hammerhai) die Flossen einfach abgeschnitten. Der verstümmelte Fisch wird danach wieder ins Meer geworfen – doch südostasiatische Gastgeber lieben weiter ihre angeblich potenzfördernde, v. a. aber so prestigeträchtige Suppensünderei aus Haiflossen.

Haltbarmachung: Früher Molkerei-Stolz leistete sich das signalhafte „H" für haltbare ultrahocherhitzte Milchprodukte

Haltbarmachung

Was Bio ist, muss und kann nicht nur halten, was es verspricht (▸bio = besser?), es muss überhaupt „halten". Und zwar ohne Chemie oder andere unnatürliche Tricks.

Größtmögliche **Naturbelassenheit** und ein weitestgehender Verzicht auf ▸Konservierungsstoffe sind nicht allein Credos für die ▸Biobranche – auch treue ▸Biokonsumenten erwarten hier Zurückhaltung.

Mit Recht, denn Haltbarkeit „geht" ja auch ohne die vielen, für die Haltbarmachung konventioneller Produkte z. Zt. 40 zugelassenen **Konservierungsstoffe**. Nur ein Viertel dieser Helferlein sind überhaupt für ökologische Verarbeitung erlaubt (▸Food-Processing). Bei der ganz klassischen konservierenden ▸Trocknung sind sie ohnehin überflüssig, denn da helfen zudem beste Nacherntebehandlung und hygienische Lagerung. Ebenso kann Zucker (etwa beim Kandieren), Salz (Lake) oder Gefriertrocknung gegen den keimfördernden Wasseranteil in Lebensmitteln wirken.

Vergleichsweise kürzere Verfallsfristen beim Mindesthaltbarkeits-Datum von Bioprodukten sprechen deshalb nur für Vermeidung von Haltbarkeits-Chemie. Risiken gibt es kaum, weil der Verzicht auf allzu trickreiches Konservieren möglich wird durch besondere Hygiene – etwa bei Marinaden, Salatsaucen oder Mischsalaten, wo **vakuumierte Verpackung** zur Sicherheitsgarantie wird. Wann immer möglich, wird heiß abgefüllt (etwa bei Ketchup) oder mit Hitze behandelt (bei Mayo-Gläsern); konventionelle Ware enthielte dagegen klassischerweise Sorbin- (E 200–203) oder Benzoesäure (E 210–213).

Haltbarmachung: Mithilfe von Maschinen wird fürs Sterilisieren noch das Ei des Kolumbus gesucht, wie hier beim gleich keimfreien Hühnchen

Haltbarkeit selbstgemacht: Einlegen oder Einmachen sind die traditionellen Methoden, Saisonales für verlängerte Zeit im Regal parat zu haben

Zwei ganz natürlich vorkommende und gänzlich unbedenkliche Säuren allerdings nutzt die Biobranche traditionell: **Essigsäure und Milchsäure** für ▸milchsauer Eingelegtes, ob nun Obst, Gemüse oder Fisch. Dann killen erwünschte ▸Mikroorganismen pathogene Keime, ein Pasteurisieren gibt ihnen oft noch den Rest.

Diskutiert wird in Biokreisen allerdings das Problem des Haltbarmachens durch ▸Pökeln, weil im **Nitritpökelsalz** die nicht unbedenklichen Stoffe Natriumnitrit und Kaliumnitrat (E 250/252) enthalten sind, die in größeren giftig werden könnten. Die ▸EG-Öko-Verordnung hat das Problem noch nicht abschließend geregelt; viele ▸Anbauverbände lehnen E 250/252 schon jetzt strikt ab.

Auch auf jede ▸Bestrahlung (wie bei konventionellen Gewürzen erlaubt) oder das Begasen mit – im Übrigen ozonschichtschädigenden – sog. Methylbromid kann verzichtet werden, selbst auf ▸**Schwefel** (außer in Maßen bei ▸Biowein). Trockenfrüchte haben sogar „ohne" eine vernünftige Haltbarkeit, weil etwa unerwünschte Lagerschädlinge durch Überdruck abgetötet werden oder indem in der Packung ▸Stickstoff bzw. Kohlendioxid als sog. Schutzgas helfen. Allein die Sauerstoffverdrängung killt so mögliche Schimmelpilze.

Auch das allfällige Problem der Oxidation haben Bio-Produzenten im schonenden Griff. Bei ökologisch hergestelltem Apfelmus ist es da eben Bio-Zitronensaft, der Braunfärbung verhindert. Gleiches tun natürliche Stoffe wie Calciumcitrat, nicht-synthetisches Vitamin C aus der ▸Acerola oder Extrakte mit Vitamin E (dem Tocopherol). Sogar darauf verzichten manche Anbauverbände noch.

Antibakteriell wirken und Haltbarkeit fördern bei Biometzgern neben einer sorgfältigen Hygiene allein schon Pfeffer, Rosmarin oder Bohnenkraut.

Der so löbliche **Verzicht** auf allerlei Tricks bei Bioware verlangt von Verbrauchern allerdings auch eine kleine Umdenke: Frische Produkte und der vielzitierte „alsbaldige" Verbrauch müssen zum Grundprinzip werden, weil die Gefahr einer Keimbesiedlung ja erst nach dem Öffnen richtig beginnt. Dies gilt insbesondere für Biomilch, wenn sie als ▸Rohmilch, ▸Vorzugsmilch oder Frischmilch in die Regale wandert. Wird Biomilch aber zur ultrakurz ultrahoch erhitzten ▸ESL-Milch oder zur länger malträtierten H-Milch, hat sie ausdrücklich ihren H-Ruf für denaturierten

Haltbarkeit: Oxidation ist das große Problem beginnenden Verderbs – mit Öl in luftdichter Dose sind Sardinen dagegen gefeit

Geschmack und veränderten Inhalt. Aufschlussreich wäre es, ehrlicherweise auch H-Brot, H-Schinken oder H-Bier so zu nennen, wurden sie für ein ESL *(Extended Shelf Life)* auch so extra lang haltbar gemacht.

Handelsmarken

Was lange grünte, wurde endlich bio. Seit 2000 etwa beschert der ▸Bioboom dem Fachhandel höhere Umsätze. Die **hohe Glaubwürdigkeit** der sich etablierenden Biobranche kam den Gesundheitswünschen und dem Umweltbewusstsein zugute und konnte den Marketingstrategen des Lebensmitteleinzelhandels und der ▸Discounter gar nicht entgehen. Sie fürchteten die Abwanderung jener Kunden, die ihre Prinzipientreue über verlockende Tiefpreise stellen.

Produkte auf dieser Basis herstellte, durfte neben dem Bio-Siegel auch Eigenlabels nutzen. Diese genügen meist den EU-definierten Mindestanforderungen (▸Bio light), jedoch nicht den rigideren Richtlinien der ▸Anbauverbände (▸Premium-Bio): Bekannte Logos wurden: „Bio Smiley“ bei Aldi Süd, „GutBio“ bei Aldi Nord, „Biotrend“ von Lidl, „BioBio“ (Netto / Plus), „Rewe Bio“, „Bio Wertkost“ von Edeka, „real; BIO“ oder Rossmanns „Enerbio“.

Nur weniges mit der Marke eines ▸Anbauverbandes (etwa „Campo Verde“ von ▸Demeter) wird auch außerhalb von ▸Bioläden oder ▸Bio-Supermärkten angeboten. Liefern Anbauverbands-Mitglieder branchenfremd, fehlen deren Logos meist.

Handelsmarken für Bio

bio (als Smiley)
Aldi Süd
BioBio
Netto/Plus
Bio Primo
Müller
BioSonne
Norma
Biotrend
Lidl
Bio Wertkost
Edeka
GutBio
Aldi Nord
K-Bio
Kaufland/Kaufmark
Naturgut
Penny
Naturkind
Kaiser's/Tengelmann
Real Bio
Real
Rewe Bio
Rewe
tegut … Bio
tegut …

Pioniere biohafter Handelsmarken waren 1986 Tengelmann mit „Naturkind“ und Minimal (Rewe-Gruppe) 1988 mit „Füllhorn“; bei tegut … gibt es Bio seit den frühen 1980er-Jahren. Selbst Discounter bieten Bioware an (Aldi Süd seit 2005, Aldi Nord seit 2006, Lidl ebenso), vorerst aber nur solche ausgesprochenen **Bio-Massenprodukte** wie Möhren und Kartoffeln. Seit jedoch der Bio-Fachhandel auf nahezu allen Produkten das ▸Bio-Siegel prangen lassen durfte, zogen ▸Supermärkte im großen Stil nach – man kreierte mit Erfolg eigene Bio-Handelsmarken. Seit 1993 waren die Begriffe „Bio“ und „Öko“ eben laut ▸EG-Öko-Verordnung geschützt; wer

Bis etwa 2008 wurden Bio-Handelsmarken trotz kleinerer Produktpaletten zur immer ernster zu nehmenden Bio-Konkurrenz. Dann dank ihrer geballter Einkaufsmacht bieten die „grünen“ Handelsmarken Bioware deutlich preiswerter an als der Fachhandel. Allerdings kann es Bio-Masse allein mit ▸regionalen Produkten (noch) nicht geben; und so wird unter Bio-Handelsmarken weitgehend ▸Importware verkauft.

Bio-Handelsmarken-Macher betreiben eher keine eigene Qualitätskontrolle. Der mit solchen zusätzlichen ▸Kontrollen verbundene Aufwand und der im Markt generell vorherrschende Preisdruck ma-

Handelsmarken: Die Schweizer „COOP" bietet mit „naturaplan" eine erfolgreiche bio-bunte Produktpalette

BIO GRENO Naturkost
BIOBIO BIO PRODUKTE FÜR ALLE
SPAR Natur pur
naturaplan BIO

chen ▸Biolebensmittel im konventionellen Alltagsverkauf à la longue weniger attraktiv. So erklärt sich letztlich wohl auch die **Reduzierung des Sortiments** so mancher Discounter seit etwa 2010 und die weniger aufwendige Übernahme von ▸Fairtrade- oder Produkten der ▸Region. Für die betreiben eben fremde Organisationen vorab den Aufwand und die Imagepflege, wie auch bei neuen (konventionellen) ▸Gütesiegeln wie etwa „tierschutzgerecht" oder ▸„klimaneutral". Eine Gegenbewegung stellen außerdem all die Bio-Supermärkte dar, deren ▸Handelsmarken oft auf Premium-Bioprodukten prangen.

Hanf

Uralte Nutzpflanze mit dem gewissen Extra Verbotenem und eigentümlich grasigem Aroma, das auch ungeraucht geschmacklichen Reiz hat. Hanf gilt auch im konventionellen Anbau eher als **pflegeleicht** – er braucht allenfalls Stickstoff-Kunstdünger und giftet seine Schädlinge derart erfolgreich an, dass praktisch keine Krankheiten zu bekämpfen sind. Biobauern nutzen den Tiefwurzler u. a. zum Bodenlockern in Fruchtwechselfolgen. Doch auch im gewerbsmäßigen Anbau hat Bio-Hanf Erfolg; 2011 wuchs er in Deutschland immer-

Hanfprodukte: Hanfkekse und wertvolles Hanföl sind längst ganz unverdächtige Produkte und rauschgesprochen „harmlos" ...

Hanf: Inzwischen ein durchaus statthafter Genuss, weil den langen Blättern längst alles Berauschende weggezüchtet ist

hin auf 130 ha und hatte einen Flächenanteil von 14 %. Ökologisch gesehen ist es sinnvoll, Hanf mit all seinen Pflanzenteilen ganz zu verwerten, sei es als Faser oder als Lebensmittel. Den zweifelhaften Ruf bekam Hanf durch das rauschschöne **Tetrahydrocannabinol**. Das THC steckt in den harzigen Drüsenhaaren der lanzettartigen Zackenblätter aller weiblichen Pflanzen. In der EU darf nur Hanf wachsen, dem das THC bis auf einen Anteil von 0,2 % weggezüchtet wurde. Produkte mit Hanf-Anteil sind v. a. „Veggie“-Aufschnitt oder fleischlose Würste. Auch Trinkhanf geht ohne Beschränkung als ▸Milchersatz über den Tresen; auf der Theke steht in Szenekneipen auch mal eine Flasche trendiges Hanfbier, in dem der Hopfen zu großen Teilen durch Hanfblüten ersetzt wurde. Die Hanfblätter liefern einen Tee, die Samen als geschälte Frucht-Nüsschen (mit immerhin 20–24 % Eiweiß) das wertvolle und damit entsprechend teure **Hanföl** mit seinem so typisch grüngrasigen Aroma. Dieses Öl ist besonders reich an essenziellen ▸Fettsäuren, die das Immunsystem allgemein stärken. Alle ▸Vegetarier und ▸Veganer freut, dass in Hanföl sogar 20- bzw. 36-mal so viel an untierisch so schwer zu eressenden ▸Omega-3-Fettsäuren stecken wie in ▸Olivenöl bzw. ▸Arganöl. Der Anteil an Linol-/Linolensäure ist mit 88–91 % sehr hoch, zudem enthält Hanföl viel vom zellschützenden Chlorophyll – daher wird es so dunkelgrün.

Bio-Hanföl ist kaltgepresst und oxidiert sehr schnell, muss also dunkel und kühl lagern. Hanföl aromatisiert in der kalten Küche Salate, grüne Mayonnaise, eher sparsam ebenso gedünstetes Gemüse, ist jedoch zum Braten **zu hitzeempfindlich**. Aus den Pressrückständen, dem sog. Hanfsamenkuchen, wird das Hanfmehl, das ▸glutenfrei ist. In seiner Pulverfeinheit kommt es an Bratlinge, Pasta, Brot oder Brötchen mit dem gewissen Hanfanklang.

Geröstete Hanfsamen schmecken leicht nussig, sie stecken längst in Schokolade, Brot, Chips, Müslis und „Hanfschnitten“.

Haselnüsse

Durch ihren Wildwuchs an bequem hohen Büschen oder niedrigeren Sträuchen sind die kleinen Kalorienbomben (frisch 636 kcal/100 g) ein Sammel-Geschenk zur Selbstbedienung. Allein die Hälfte des Gewichts macht ihre nur so schwer zu knackende Schale aus –

Hanfsamen: Reizvolle Streu für gewissen grün-grasigen Geschmack und reiche Quelle von Protein und Vitamin B

doch der Rest besteht zu etwa 65 % aus Fett und immerhin zu 14 % aus Eiweiß. Und seit bei den ▸Fettsäuren zunehmend differenziert statt diffamiert wird, sind Haselnüsse mit ihrem hohen Gehalt an ungesättigten Fettsäuren auch ihren Dickmacher-Beigeschmack los und gelten längst als kernig hochgesund.
Ob dabei nun die „Gemeine Hasel" oder doch die nah verwandte „Lambertshasel" im Sammelkorb landet, unterscheiden Nascher solcher Einzelsamen selten. Pflücker sollten ab September/Oktober nur braune und intakte Nüsse heimholen, knacken, den Kern im Ofen kurz geschmacksverstärkend rösten und die dünnen Schalen mit einem Tuch abreiben. Dunkel und kühl gelagert halten Haselnusskerne bis zu einem Jahr, schmecken immer kräftiger, werden durch ihren hohen Fettanteil aber bald ranziger. Frisch sind sie **gehaltvolle Knabbereien**, knackige Kuchenzutaten oder Allround-Aromatisierer. Zum Frühstück versüßen sie v. a. als ▸Nussmus den Morgen.
Die Masse der Nüsse kommt inzwischen kultiviert aus ihrer Urheimat Türkei (als „Levantiner"), aus Italien (als „Neapolitaner" und „Römer") oder aus Spanien. Dort sind ▸Pestizide aber generell zu oft im Einsatz. 2009 kritisierte der ▸WWF überdies den hohen Wasserverbrauch in den Plantagen konventioneller Massenerzeuger.
Die zumeist genossenschaftlich und fair gehandelten **Bio-Haselnüsse** aus der Türkei oder von Sizilien sind da verlässlicher. Hier werden die lagernden Haselnüsse auch nie begast (allenfalls nur kurz mit Kohlendioxid oder mit Stickstoff gegen Schädlinge „druckentwest"), auch die Schalen dürfen nicht mit ▸Schwefel behandelt oder einfach gebleicht und so geschönt werden. Daher wirken Bio-Haselnüsse schon mal fleckiger.

Haselnuss: In der Schale so unverdächtig, geknackt aber verdächtig schnell verschimmelbar wegen des hohen Fettanteils

Wegen der Schimmelgefahr durch die große Innenfeuchte sollten frische Haselnüsse nie in Plastikverpackungen geraten! Und bei leisestem Verdacht auf Muffigkeit, bei Bitternis, Dunkelfärbung oder deutlichem Schimmel sind sie wegen des großen Potenzials an nicht schmeckbaren, aber so hochgiftigen ▸Aflatoxinen sofort zu entsorgen. Bio-Anbieter installieren daher **mehrere Kontrolldurchgänge** und halten während der gesamten Anbau-, Ernte-, Lager- und

Haselnuss: Nur in freier Natur der eigenen Region geerntete Nüsse haben noch eine unschlagbar positive Ökobilanz

Hasen: Ihr natürlicher Lebensraum schrumpft, aber das Fell wird ihnen natürlich immer noch gern über die langen Ohren gezogen

> Hasen sind ein Indikator für eine vielfältige, intakte Kulturlandschaft. Ihre Futterbasis finden sie nicht in unseren Monokulturen
>
> Wolfgang Mädlow / NABU

Transportzeit Feuchtigkeit fern – mit zählbarem Erfolg.

Vorsicht: Nuss-Allergiker haben mit Haselnüssen oft ihre liebe Not, weil sie als „Nussbeimischung" oft nicht auftauchen, sie sind nach Erdnüssen die Allergie-Auslöser Nummer 2.

Hasen

Eigentlich könnte der europäische Feldhase *(Lepus europaeus)*, Deutschlands „Wildtier des Jahres 2001", das ganze Jahr über Schonzeit haben, weil **der allzu starke Rückgang** der „Besatzdichte" auch die Jägerschaft alarmierte. Seit 1995 steht er auf der Roten Liste der gefährdeten Pflanzen und Tiere. Die Intensivlandwirtschaft verödet seine Lebensräume, Agrochemikalien und überdüngtes Grünzeug verderben seinen natürlichen Speiseplan, und durch eine zu starke Vermehrung sind nun zu viele tollwutgeimpfte Füchse der ohnehin verschwindenden Hasen Tod. Leider, denn ob der Grünkostmischung wild lebender Hasen (es gibt aber auch welche von Farmen) schmecken frei hoppelnde Hasen besonders wildhaft. Werden sie als **Stallhasen** nach den Richtlinien der ▸ökologischen Tierhaltung groß, darf das Fleisch dann auch als ▸Biofleisch vermarktet werden. Die Berichterstattung über teilweise skandalöse Bedingungen der konventionellen Haltung von ▸Kaninchen, aber eben auch Hasen, zeigt das Potenzial für Biozüchter auf.

Hasenfleisch

Ganz frisch geschossen und für Tiefkühlvorräte ist das Hasenfleisch ab dem sog. Hasensilvester (31. Januar) **bis Ende September** zu haben. Es sollte vom jungen Tier sein, das mit 3 Monaten „Dreiläufer" heißt (Brutaltest: Löffel sind leicht einreißbar, Vorderläufe/Rippen leicht zu brechen) und dessen Fleisch intensiv rot aussieht. Ältere Feldhasen haben ein deutlich dunkelröteres Inneres. Das weiche, gelblich-weiße Fett wird leicht ranzig und daher besser entsorgt.

Hasenfleisch kann bis zur verderbnahen Hautgout-Grenze 14 Tage abhängen und hält sich tiefgekühlt bis zu 8 Monate. Teile vom Hasen garen unterschiedlich, weshalb neben den klassisch gespickten Rücken (30–40 Min.) und Keulen (40–50 Min.) andere Stücke gern zu Ragout verarbeitet werden und Hasenreste wie die Innereien eben als Hasenklein oder Hasenpfeffer schmoren müssen.

Health Claims

Es sind die so lange allzu leichtfertig benutzten „Gesundheits-Behauptungen" v. a. bei verarbeiteten Lebensmitteln, die letztlich die EU-Behörden auf den Plan riefen. Immerhin galten über Nacht ▸Granatäpfel als **Allheilmittel** oder exotische ▸Goji-Beeren als Alterungsbremse – letztlich erschien sogar Bio-Tabak ohne Zusatzstoffe schon fast gesund.

Überkühne Fantasie der Werber hat nun dazu geführt, dass seit 2010 jede ▸Irreführung der Verbraucher strafbar wird. Nur noch EU-anerkannte und wissenschaftlich begründete sog. Nährwertprofile sind somit Maßstäbe für alle Nährwert- oder Gesundheitsangaben als **Nutrition bzw. Health Claims** auf Etiketten oder Begleitzetteln. Vor allem solche Claims über die Verringerung von Krankheitsrisiken oder zur Gesundheitsstärkung von Kindern unterliegen der wissenschaftlichen **Beweisführung.** Sobald ein Produkt auf Basis des EU-definierten grundgesunden Nährwertprofils (bezogen auf Fette, gesättigte Fettsäuren, Zucker und Salz) nicht insgesamt als förderlich gilt, darf es gar nicht erst mit positiven Einzelbestandteilen werben.

Vorstufe dazu wurde die europäische sog. Health-Claims-Verordnung vom 1.7.2007 und eine sehr strenge **„EU-Positivliste"** erlaubter Angaben zu Nährwerten und Gesundheit seit dem 31. Januar 2010. Eine Sisyphos-Arbeit, die Anfang 2011 beendet sein sollte, durch eine Antragsflut aber dazu führte, dass die zuständige EFSA *(European Food and Safety Agency)* bis dahin gerade mal über 29 zulässige sog. Nutrition Claims entschieden hatte. Die fast 5 000 Health-Claims-Vorschläge (von mehr als 44 000 Anträgen!), die es überhaupt in die engere Auswahl schafften, wurden drei Jahre lang von der EFSA geprüft und der EU-Kommission zur Entscheidung vorgelegt.

Bis Mitte 2013 gab es erst 228 zugelassene Angaben, laufend werden Anträge abgearbeitet (mehr als 2 200 waren offen), ein Ende der ungeregelten Konsumüberredung kommt in Sicht. Schluss mit wohlfeilen Angaben wie „... stärkt Abwehrkräfte und Wohlbefinden", „... fördert Konzentration oder Leistungsfähigkeit", „... fängt ▸freie Radikale"? Bald also die Umkehrung der bisherigen Praxis, die alles erlaubte, was nicht verboten war! Da aber **Gesundheit als Bewertungskriterium** für Lebensmittelqualität in den letzten Jahren nur wichtiger wurde, befürchten Kenner mehr Schwammigkeit durch „eine Schwemme nichts sagender Gesundheitssprüche" (*aid infodienst* 2011).

Ende 2013 schließlich erhob der EU-Ministerrat keine Einwände gegen Verordnungsvorschläge der EU-Kommission, die (nach Zustimmung des EU-Parlaments) greifen würden „zur Nichtzulassung bestimmter ... gesundheitsbezogener Angaben" – zur Hervorhebung von Einzeleffekten. Solche für „intestinales Wohlbefinden", zur Gewichtsreduzierung, als Harnwegsschutz, gegen Haarausfall, in den Wechseljahren, gegen Muskelermüdung sowie Beinschwellungen,

Health Claims: Angaben mit Gesundheitsbezug sind als Piktogramme recht einleuchtend, müssen aber in Zukunft einen wissenschaftlichen Kern haben

Hasenfleisch: Hier liegt der Hase im klassischen, ganz anderen Pfeffer, um mal nicht vom Ragout zu reden

2013 GÜLTIGE SOG. NUTRITION CLAIMS

- **energiearm:** bis zu 40 kcal/100 g bzw. 20 kcal/100 ml
- **energiereduziert:** ein mind. 30 % verringerter Brennwert
- **energiefrei:** max. 4 kcal pro 100 ml
- **fettarm:** max. 3 g/100 g bzw. 1,5 g/100 ml, 1,8 g bei teilentrahmter Milch
- **fettfrei/ohne Fett:** max. 0,5 g pro 100 g/ml, %-Angabe tabu
- **arm an gesättigten Fettsäuren:** 1,5 g/100 g bzw. 0,75 g/100 ml bzw. höchstens 10 %
- **frei von gesättigten Fettsäuren:** 0,1 g erlaubt
- **zuckerarm:** max. 5 g bzw. 2,5 g Zucker pro 100 g/ml
- **zuckerfrei:** bis zu 0,5 g Zucker erlaubt pro 100 g/ml
- **ohne Zuckerzusatz:** ggf. „enthält von Natur aus Zucker"
- **natriumarm/kochsalzarm:** max. 0,12 g, bei natürl. Mineralwässern höher, sonst 2 mg; jeweils pro pro 100 g/ml
- **sehr natrium-/kochsalzarm:** max. 0,04 g pro 100 g/ml
- **natriumfrei/kochsalzfrei:** max. 0,005 g pro 100 g/ml
- **Ballaststoffquelle:** mind. 3 g/100 g bzw. 1,5 g/100 kcal
- **hoher Ballaststoffgehalt:** doppelt so viel wie oben
- **Proteinquelle:** ab 12 % aller kcal
- **hoher Proteingehalt:** mind. 20 % vom Gesamtbrennwert
- **Vitamin(e)-/Mineralstoffquelle:** bei signifikanterMenge
- **hoher Vitamin-/Mineralstoffgehalt:** ab 2x sign. Menge
- **enthält XYZ:** Substanzen außer Vitamine/Mineralstoffe
- **erhöhter XYZ-Anteil:** 30 % mehr als normal
- **reduzierter XYZ-Anteil:** Nährstoffe 30 % vermindert, bei Mikronährstoffen um 10 %, bei Na/Salz um 25 %
- **leicht:** wie „reduziert" mit Hinweis auf spezielle Eigenschaften
- **von Natur aus/natürlich:** mit Nährwertbezug
- **Quelle von Omega-3-Fettsäuren:** mind. 0,3 g Alpha-Linolen-, 40 mg Eicosapentaen- u. Docosahexaenoidsäure pro 100 g bzw. kcal
- **mit einem hohen Gehalt an Omega-3-Fettsäuren:** mind. doppelt so viel wie oben genannt
- **mit einem hohen Gehalt an einfach ungesättigten Fettsäuren:** mind. 20 % der kcal, 45% der Gesamtfettsäuren
- **mit einem hohen Gehalt an mehrfach ungesättigten Fettsäuren:** Bedingungen wie oben genannt
- **mit einem hohen Gehalt an ungesättigten Fettsäuren:** mind. 20 % der Energie, 70 % der Gesamt-Fettsäuren

Health Claims: Schon bald werden Gesundheits-Angaben so EU-offiziell sein wie schon gültige Nutrition Claims zu Nährwertigem

für eine bessere Gelenkfunktion, zum Abnehmen oder Braunerwerden.

Bioprodukte dürfen nicht per se Gesundheitsvorteile reklamieren (wie ▸bio = gesünder?), denn ihre Herstellung ist prozessbezogen und setzt keine spezifischen Zielvorgaben voraus. Überdies kollidiert der ganzheitliche Anspruch an gesundheitliche Vorteile damit, Einzelwirkungen herauszustellen. Das Problem: Die Gesundheit ist wichtiger **Bio-Kaufanreiz** für Konsumenten. Schon 2008 ermittelte die Universität Kassel, dass die Kaufwahrscheinlichkeit für Bioprodukte mit Health Claim „signifikant höher" sei, ähnlich wie bei konventioneller Ware: 25 % betrüge der kaufsteigernde Effekt – vorausgesetzt, die Befragten hätten einen Claim überhaupt wahrgenommen. Obwohl v. a. traditionelle Bio-Hersteller nicht unbedingt auf Claims setzen und trotz des unverhältnismäßig hohen Aufwands und entsprechender Kosten für die EU-gültige wissenschaftliche Untermauerung, wird sich wohl auch in der oftmals von kleineren Betrieben geprägten Biobranche der Trend zu Claims durchsetzen. Dabei hätte die politisch gescheiterte, aber administrativ weit weniger aufwendige ▸Ampel schon geholfen, Vorteile wie Tücken auf einen Blick zu erkennen.

Hecht

Raubfisch im Süßwasser, fachlicher *Esox lucius*, der „schillernde/leuchtende Wolf". Hecht gilt von jeher als Edel- und mit seinen bloß 1 g Fett und 18 g Protein/100 g Filet v. a. als Magerfisch. Seine spitzen Y-Gräten („Gabelgräten") in zweireihiger Lage lassen sich nur von Routiniers leicht entfernen. Danach hat der nur im

Bestfall noch 1 m, 39 Jahre alt sogar 2 m lange und 35 kg schwere Hecht relativ trockenes, festes und markant mundendes Fleisch, das klassischerweise zu **Hechtklößchen** (den franz. *quenelles de broche*) oder zu edlen Farcen verarbeitet wird.

Hecht gilt immer mal wieder regional als gefährdete Art, Angler und Hobby-Züchter sorgen dann für Nachzucht und setzen Hechtbrut in Wildgewässern aus. Sie haben allerdings das natürliche Problem, dass sich Hechte als echte

Kannibalenfische bis zu 90 % der Nachkommen schmecken lassen. Längst leben Hechte als **„Nebenfische"** in Kreislaufanlagen für Karpfenteiche.

Europäische, damit die eigentlichen und „gemeinen" Hechte haben eine weit hinten liegende Rückenflosse und sind von September bis Januar am schmackhaftesten. Junge, perfekt umschleimte Hechte eignen sich zum Blaukochen. Anders als gelblich-braune ältere Hechte sind einjährige Junghechte grünlich und heißen deshalb auch Grün- oder Grashechte. Als beste dünst- und dämpfbare Exemplare gelten zweijährige, die max. 2 kg wiegen. Eingefroren hält sich Hecht 5 Monate.

Vorsicht: Mit Hecht kommen gleich zwei Gefahren ins Haus: Zum einen enthalten Hechte leicht mal Jungstadien des Fischbandwurms, also verkapselte Parasiten, weshalb nur völliges Garkochen oder -braten Genießern gegen eine Infektion hilft.

Hecht: Begehrter Fang, in Kloßform erst in Großform – als Endglied seiner Nahrungskette aber oft belastet

Zum anderen gilt, dass fettreichere, ältere und in der Nahrungskette höherrangige Fische mehr ▸Quecksilber anreichern. Deshalb raten die Behörden immer mal wieder zumindest Schwangeren, Stillenden und Kleinkindern von Hechtgenuss ab.

Hefe

Einzellige Alleskönner, die als Mikropilze allgegenwärtig sind („wilde Hefen") oder v. a. im Biobereich so segens- wie nährstoffreich gezähmt **in Reinzuchtform** nützlich werden (speziell Backhefe oder Brauhefe). Mit den mittlerweile 1 500 beschriebenen Arten von Hefe sind womöglich nicht einmal alle erfasst.

Sie gedeihen so ergiebig auf zuckerhaltigen Nährböden wie Melasse, Getreide, Molke, verbrauchen Sauerstoff für die ureigene Energieversorgung und atmen ihr Kohlendioxid aus, was Teige so aufbläht – Hefe heißt wörtlich „Heberin".

Geht Hefen der Sauerstoff aus, produzieren sie in schneller Umstellung gärend aus einfachem Zucker Alkohol (Ethanol) und Kohlendioxid.

Hefe: Biobacken mit Biohefe in klassischer Trockenform

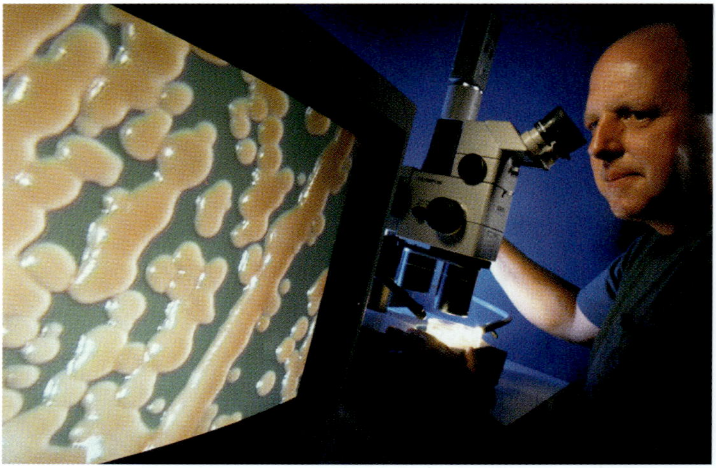

Hefe ganz groß: Die einzelligen Miniaturpilze ganz groß auf dem Monitor, wie sie als wucherlustige Alleskönner die Produktion von Ethanol unterstützen

Seit 2009 erst fällt Hefe überhaupt in den Geltungsbereich der neu aufgelegten ▸EG-Öko-Verordnung, statt pauschal zu den ▸Mikroorganismen zu zählen. Demnach kann nach ökologischen Richtlinien erzeugte Hefe auch **als Bio-Hefe** vermarktet werden. Weil diese weiterhin knapp ist, kompliziertere Prozesse voraussetzt und aufgrund des veränderten Geschmacks zunächst Rezeptumstellungen verlangt, wurde eine Ausnahmeregelung bis Ende 2013 geschaffen. Diese erlaubte, Bio-Hefe-Substraten 5 % konventionelles ▸Hefeextrakt zuzusetzen. Erst seit 2014 gelten Hefe sowie alle Produkte daraus als sog. landwirtschaftliche Erzeugnisse und fallen unter die „95-%-Regelung" – um das ▸Bio-Siegel tragen zu können, dürfen bei EU-Bio 5 % konventionelle Zutaten benutzt werden; etliche ▸Anbauverbände schreiben 100 % vor.

Hefe täglich: Als Chili-Paste mit Hefe oder auch als pure Trockenhefe eine auch noch gesunde Ergänzungsnahrung

Problematisch bei oft noch knapper Bio-Hefe bleibt die Umstellung der Erzeugung auf organische Bionährstoffe für die Fermenter – es gibt einfach zu wenig Melasse aus ökologisch angebauten Zuckerrüben. Deshalb wächst die Bio-Hefe meist auf eiweißhaltigem Bio-Getreidebrei; der Erfahrungsschatz muss da erst noch wachsen, selbst wenn etwa die Firma Agrano im Breisgau schon seit 1996 Bio-Hefe aus Biogetreide und (soweit verfügbar) sogar -melasse herstellt. Da sich zudem der **Geschmack** teilweise schon grundlegend von den gewohnten Aromen unterscheidet, warten einige Hersteller dennoch mit der Umstellung.

Überdies mussten **neue Stämme** gezüchtet werden, die weniger Power haben – auch weil sie ausdrücklich ohne in der konventionellen Produktion benutzte synthetische Hilfsmittel auskommen, wie etwa Stickstoff- und Phosphorquellen oder synthetische Vitamine. Bio-Hefe hat statt mit chemischen ▶Emulgatoren nur mit Biosonnenblumenöl zum Entschäumen Kontakt, am pH-Wert wird chemisch **nicht herumgetrickst**. Bei Bio-Hefen ist auch abwasserbelastende Waschen nicht nötig. Das dient in konventionellen Verfahren der Verbesserung des ja erst durch all die chemischen Hilfsmittel entstandenen Geschmacks. Stattdessen wird Bio-Hefe im Separator mit Zentrifugalkraft gereinigt.

Heraus kommen die Rohstoffe für diverse Bioprodukte, v. a. die Hefecreme für Hefeextrakt, als ▶Backtriebmittel oder Hefeflocken. Derlei steckt in Gemüsebrühen, Würzmitteln und manch vegetarischem ▶Brotaufstrich, in denen sie ein „fleischiges" Aroma, **„umami" nämlich**, simulieren helfen. Hefen ersetzen das chemisch hergestellte ▶Glutamat als natürlichen Verstärker von Aromen, als Flocken werden sie zum veganen ▶Käse-Ersatz beim Überbacken. Von den schwer verdaulichen Zellwänden befreit liefern uns Hefen als ▶Nahrungsergänzungsmittel v. a. essenzielle Aminosäuren, Eiweiß, Vitamine, Enzyme und Mineralstoffe wie Eisen, Selen, Kalium und Phosphor.

Hefeextrakt

Selten hat ein Stoff die Biobranche so bewegt und die Verbraucher so verunsichert, ob bei konventionellen oder eben bei ▶Biolebensmitteln. Es stehen v. a. vier Kritikpunkte im Zentrum: Die von vielen als ▶Irreführung gebrandmarkte Auslobung „ohne ▶Geschmacksverstärker" bei Produkten, in denen Hefeextrakt statt künstlicher **Geschmacksverstärker** eingesetzt wird – wie es insbesondere bei konventioneller Ware auffällt. Zum anderen wird bezweifelt, ob nicht auch Hefeextrakt mit der enthaltenen natürlichen Glutaminsäure das durch künstlich hergestellte ▶Glutamate (den Salzen der Glutaminsäure) manchmal ausgelöste sog. China-Restaurant-Syndrom erzeugt. Zum Dritten **streitet die ▶Biobranche**, inwiefern der Einsatz von Hefeextrakt nicht dem Grundsatz der möglichst hohen Naturbelassenheit ökologischer Produkte widerspricht. Und zum Vierten wurde es lange als Manko empfunden, dass laut ▶EG-Öko-Verordnung bis Ende 2013 konventionelle Anteile zur Herstellung von Hefeextrakt zugelassen waren, das in Bioware verwendet wurde.

Hefeextrakt wird zum einen pur als Brotaufstrich und Würzmittel vermarktet – ein Klassiker im Reformhaus. Es ist aber in erster Linie in verarbeiteten Produkten weit verbreitet, steckt in Zutaten für Sauerteig, sorgt für die Intensivierung des Geschmacks in Tütensuppen und ▶Brotaufstrichen. Das aus natürlichen Hefekulturen stammende sog. Würzaroma ist **reich an B-Vitaminen** und hochwertigem Eiweiß und hat v. a. in Biolebensmitteln die Funktion, nicht nur geschmacksgebend zu wirken, sondern die insbesondere für ▶Vegetarier und ▶Veganer ansonsten so schwer zu erfutternden B-Vitamine zu liefern und einen verringerten Salzgehalt zu ermöglichen.

Hefeextrakt: Aus Einzellerzucht kommen Hefen mit viel Protein und charakteristisch variablem und höchst eigenem Geschmack

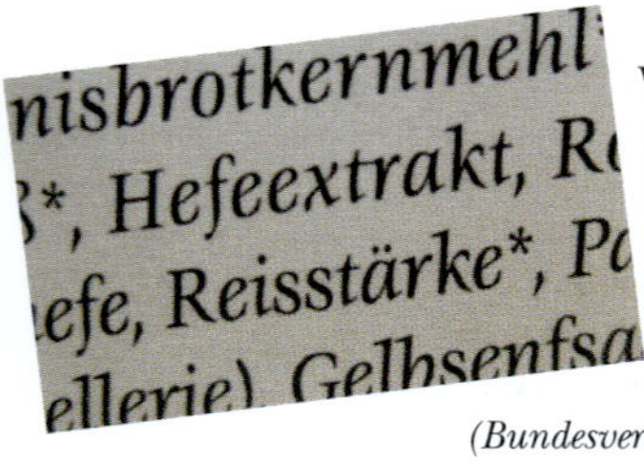

Hefeextrakt: Als solcher verstärkt er durchaus mal Geschmack, aber nie im Sinne von umstrittenem Glutamat

Während das biotechnologisch erzeugte Glutamat als Zusatzstoff empfunden wird, gilt Hefeextrakt bei vielen Bio-Herstellern als **natürliche Zutat**.

Forschungen des BNN *(Bundesverband Naturkost Naturwaren)* sollten 2009 klären, wie Hefeextrakt in Biolebensmitteln zu bewerten ist und ob es da sinnvolle Alternativen gibt. Das Ergebnis: Es besteht weiter hoher Forschungsbedarf. Weder seien Inhaltsstoffe und ihre Wirkung geklärt, noch die bisherigen technologischen Untersuchungen und sensorischen Prüfungen brauchbar.

Und so bleibt es zunächst bei **Spekulationen**. Während etwa Bio-Pionier Rapunzel sagt, Glutaminsäure „als natürlicher Bestandteil eines Lebensmittels erzeugt nach Expertenmeinung nicht das China-Restaurant-Syndrom", betont dagegen der Anbauverband ▸Naturland: „Obwohl wissenschaftlich nicht belegt, muss davon ausgegangen werden, dass überempfindliche Personen auch auf Hefeextrakt reagieren können." Deshalb sollte auf missverständliche Etikettierung verzichtet und dort, wo aus Herstellungs- und sensorischen Gründen kaum auf Hefeextrakt verzichtet werden kann, schon jetzt **Bio-Hefeextrakt** benutzt werden. Damit wäre immerhin sichergestellt, dass das Nährmedium aus Biorohstoffen besteht und die ökologisch verträgliche Autolyse zur Anwendung kommt. Dort sind keine Chemikalien (wie etwa Salzsäure) und gentechnisch gezüchtete ▸Mikroorganismen im Spiel.

Denn die Umstellung auf hefeextraktfreie Produkte ist in vielen Fällen aufwendig. Sie erfordert große Veränderungen bei den Rezepturen und ist bei manchen Produkten ohne Geschmackseinbußen überhaupt nicht möglich. Und inzwischen sind bei Hefeextrakt-Klassikern wie Brühen, Suppen oder Chips **meist beide Versionen** im Bioladen zu bekommen. Bleibt also nur der Blick auf die Zutatenliste – und bei Überempfindlichkeit wohl schlichtweg der Verzicht auf manche Produkte.

Heidelbeeren: Ihre sekundären Pflanzenstoffe schenkten solchen blauen Kugeln ihren Ruf als Wunderwirker

Heidelbeeren

Die „echten“ wären alle, die von kieferwaldiger Heide stammen und ganz blau durchgefärbt sind. Diese alteuropäische Art wird weiter aus privater ▸Wildsammlung genascht. Die Cäsium-Belastung, vor der seit dem Tschernobyl-GAU 1986 gewarnt wird, ist besonders in Bayern noch signifikant – Höchstwerte werden allerdings nicht mehr erreicht (▸Radioaktivität). Hobbygärtner, die Wild- oder Waldheidelbeeren auf unbelastetem Boden anbauen, gehen auf Nummer sicher.

Von 1909 an bekamen die Traditionsbeeren Konkurrenz durch Einkreuzung der nordamerikanischen *blueberry*. Sie hat größere, fast kugelrunde und nur außen blaue Beeren, doch der Einheitsname Heidelbeere hat sich auch für sie durchgesetzt. Inzwischen behaupten sich 20–30 Sorten **Kulturheidelbeeren** – allein in Deutschland wuchsen 2012 auf 1 835 ha diese Plantagenbeeren, immerhin macht der Bio-Anteil 14,2 % aus (mehr als bei ▸Himbeeren).

Diese Flächen bleiben in der Masse aber nicht ohne Chemie-Kontakt. 2011 beanstandete das CVUA *(Chemisches und Veterinäruntersuchungsamt)* 3 von 5 konventionellen Proben und fand im Schnitt 1,9 teils gar nicht zugelassene Wirkstoffe. Das Ökomonitoring im selben und im folgenden Jahr bestätigte die allgemeine Tendenz: Bio-Heidelbeeren sind sauber; keine der genommenen Proben wies überhaupt Rückstände auf.

Mit präventiver Schädlingsbekämpfung durch biologische Kontrolle wird mittlerweile in den USA experimentiert. In Europa ist der Öko-Anbau weiter, resistentere Sorten sind gezüchtet worden. Einstweilen aber bleibt Bioware wie bei allem ▸Beerenobst noch knapp. Zu heikel sind Anbau und Ernte ohne Chemie.

Dabei machen die pikante Tannin-Säuerlichkeit und der **Gesundheitsaspekt** gerade Furore. Tests schreiben Heidelbeeren unter allem Obst die höchsten Minderungseffekte bei „oxidativem Stress“ zu, weil sie ▸freie Radikale ausschalteten; Phenole und ▸Anthocyane hielten das Immunsystem stabiler, würden gar Krebsrisiken mindern. Am wirksamsten wäre der Genuss von puren Beeren oder von Heidelbeersaft. Bei der Verarbeitung werden viele der wirksamen Inhaltsstoffe durch Gärung oder Hitze (ab etwa 60° C) zerstört.

Nota bene: Die walzenförmige Sibirische Blaubeere ist eine Nebenart der Blauen Heckenkirsche, obwohl in süßer Zartbitterheit der Heidelbeere höchst ähnlich.

Heidelbeeren: Die alteuropäische echte ist durch und durch blau, die Kreuzung Kulturheidelbeere nur in der Schale

Heilbutt

Ein Butt im wahren Riesenformat aus der Familie der Schollen, den man – wie so viele Fische – im Grunde nur dann kaufen kann, wenn genaue Angaben zu Art, Fanggebiet und -methode gemacht werden. Denn alle **drei Hauptarten** sind extrem „befischt“, teilweise sogar vom Aussterben bedroht. Deshalb meint ▸*Greenpeace* „grundsätzlich nicht vertretbar“ und lässt als „noch empfehlenswert“ bloß den Pazifischen Heilbutt aus nordostpazifischen sowie

Heilbutt: Schwarzer wie Weißer, je nach Bauchfarbe, ist sehr begehrt und geräuchert eine Spezialität – aber leider stark gefährdet

nordwestatlantischen Gewässern gelten (per Langleinenfang). Auch der ▶WWF hält nur ▶MSC-zertifizierten **Pazifischen Heilbutt** noch für zweite Wahl, da er durch kluges Management nicht in Gefahr sei, überfischt

Heilbutt: Er schwimmt höchstens im Pazifik noch im grünen Bereich

zu werden. Es gebe – laut der Internationalen Kommission für Pazifischen Heilbutt – sogar drei- bis viermal so viele Tiere wie Mitte der 1970er-Jahre. Quoten wurden nachhaltig reduziert, Laichschonbezirke und Mindestgrößen festgelegt. Beifang-Exemplare müssen zurück ins Wasser, nur Langleinenfischerei ist erlaubt. Da Heilbuttlarven sehr sensibel für die in Zuchtbecken auftretenden Wasserströmungen sind, ist ▶Aquakultur entsprechend schwierig. Dennoch gibt es bereits einige norwegische Zuchtstationen.
Dabei ist mit der Bezeichnung Heilbutt eigentlich immer nur der **Weiße Heilbutt** *(Hippoglossus hippoglossus)* gemeint, der in allen Fischführern als „kritisch" gelistet wird. *Greenpeace* Schweiz nennt die Situation sogar „katastrophal", da es vor 30 Jahren fünfmal so viele geschlechtsreife Tiere im Atlantik gegeben hätte und Wissenschaftler den strikten Schutz empfehlen würden. Ähnlich ist es beim **Schwarzen Heilbutt** *(Reinhardtius hippoglossoides)*. Auch hier gilt: Schonung tut not, denn der oft gewaltig große Platt- und Raubfisch wird erst mit 6 Jahren geschlechtsreif und kann dann ein gutes Halbjahrhundert alt werden. Gourmets werden sich daran gewöhnen müssen, dass die regulierte Anlandung extrem knapp ausfallen kann – entsprechend hochpreisig bleibt Heilbutt. Denn das weiße, zarte Fleisch aller Arten hat noch dazu ein verteuerndes spezifisches Eigenaroma durch höheren Fettanteil und viele essenzielle Fettsäuren, weshalb Heilbutt zum **Heißräuchern** taugt. Allerdings werden die Riesenfische dank der Langlebigkeit auch zu Umweltgiftspeichern, insbesondere für Blei, ▶Quecksilber und ▶Cadmium.

Heilkräuter

Sie haben einen wundersamen Ruf, weil sie von Mutter Natur frei angeboten, von Kräuterbauern kontrolliert-biologisch angebaut und in Apotheken nur mit standardisierten Wirkstoffen angeboten werden. Je nach Intensität gelten schon etliche ▶Kräutertees als Heilaufgüsse, da wird dann tradierte Volksmedizin zur **Pflanzenheilkunde** und das private Sammeln zur kleinen Wissenschaft – von Pflanzenteilen, Erntezeitpunkt, Trocknung, Lagerung. Jedwede Verwechslung muss ausgeschlossen sein.

Im großen Heilkräuter-Business geht es v. a. darum, regelrechte Plünderungen bei der ▶Wildsammlung zu vermeiden. Denn etwa 70 % der für medizinische Zwecke genutzten Pflanzenarten werden nicht angebaut, sondern **als ▶Wildkräuter gesammelt**. 2008 startete der ▶WWF eine Kampagne, die ▶Nachhaltigkeit einforderte und auf die Gefährdung vieler der 50–57 000 genutzten Heilpflanzenarten aufmerksam machte. Die IUCN *(International Union for Conservation of Nature)* hält bis zu 15 000 davon für bedroht. Mit Richtlinien, Sammlerkursen und Habitats-Gutachten soll ein **„Ausverkauf der Apotheke Natur“** verhindert werden – mit einem „weicheren“ Konzept also als bei biozertifizierter Wildsammlung. Bestens beleumdete wie tatsächlich hilfreiche Kräuter enthalten immerhin viele ▶sekundäre Pflanzenstoffe, die sie für die Phytotherapie geeignet machen. In der EU dürfen Präparate aus Heilkräutern als traditionelle pflanzliche Arzneimittel zugelassen werden, falls ihre Anwendung seit mindestens 30 Jahren dokumentiert ist, 15 Jahre davon in der EU selbst.

Natürlich sind, wie überall, Überdosierungen schädlich, weshalb Behörden – je nach „allgemeiner Verkehrsauffassung“ – im Zweifelsfall zu stark nachgefragte, überdosiert verwendbare Pflanzen statt als Lebens- als Arzneimittel einstufen dürfen.

200 traditionelle Heilpflanzen gelten als prinzipielle Arzneimittel mit nachgewiesen medizinischer Wirkung, die ▶Health Claims dafür müssen in der EU ebenso belegt sein.

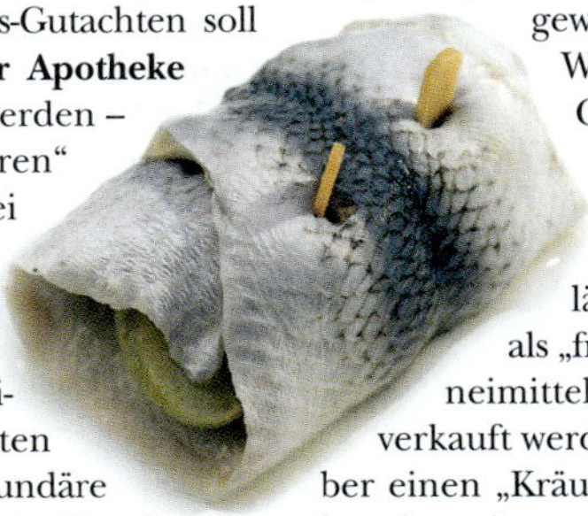

Nota bene: In Bioläden darf Heiltee als „freiverkäufliches Arzneimittel im Einzelhandel“ verkauft werden, wenn der Inhaber einen „Kräuterschein“ gemacht hat. **Arzneitees** werden ständig kontrolliert und genau auf ▶Schwermetalle untersucht, sind aber nie Bio …

Hering:
Viel Bemühen um ein Bestandsmanagement scheint endlich zu fruchten – der Rollmops fällt vorerst noch nicht ins Wasser

Hering

Zuerst die gute Nachricht: Hering aus der Nordsee gilt tendenziell als nachhaltig befischt. Fast alle Betriebe dort sind im Programm des ▶MSC und dürfen ihren Fang mit dessen Logo für bestandserhaltende Fischerei schmücken. Für den ▶WWF ist Hering aus dem Nordostatlantik generell „annehmbar“. Auch die sehr streng urteilende Schweizer Initiative *fair-fish* empfiehlt, Hering **„eher als andere Fischarten“** zu essen. Bei ▶*Greenpeace* allerdings werden viele Ausnahmen für Fanggebiete und -methoden genannt, dennoch klassifiziert der Fischführer Hering als grundsätzlich vertretbar. Tatsächlich scheinen die Bestände des Schwarmfisches, der in Deutschland inkl. aller Produkte daraus fast 20 % des konsumierten Fisches ausmacht, nach den katastrophalen Ent-

Heilkräuter wie die Kamille:
Sie haben es durchaus in sich, verlangen aber Kennerschaft beim Sammeln, um wirken, aber auch, um selbst überleben zu können

wicklungen der letzten Jahrzehnte auf einem guten Weg zu sein – was wenigstens für den Nordsee-Hering gilt. 1977 war dessen Fischerei aufgrund der **kollabierten Bestände** geschlossen worden. Etliche Managementpläne später sprach 2010 der ICES *(International Council for the Exploration of the Sea)* davon, dass Erholung auch bei fortgesetzt schlechter Nachwuchsproduktion möglich sei.

Hering mal vier: Er vermehrt sich noch derart massenhaft, dass er vorerst noch als Massenware gern filetiert, verdost, verrollt wird

Dafür mehren sich die Alarmmeldungen für den kleineren Ostsee-Hering. Das Rostocker IOR *(Institut für Ostseefischerei)* stellte fest, dass nun seit einigen Jahren **die Nachwuchszahlen** Jahr für Jahr um 30–50 % geringer ausfallen. Betrug die „Biomasse" erwachsener Ostsee-Heringe 1992 noch 330 000 t, waren es 2010 dann nur noch 76 000 t, nicht einmal ein Viertel also! Irgendwann – vielleicht viel zu spät – wird man wissen, ob nun Meereserwärmung, andere Umwelteinflüsse oder eben doch ▸Überfischung daran schuld sind; Weckrufe kehren deshalb so periodisch wieder wie neue Schwärme. Sicher ist: Hering **aus der westlichen Ostsee** gilt neben anderen Beständen als „nicht empfehlenwert" *(Greenpeace)* – auch wenn Ostseefischer klagen, sie hätten oft lange vor Ende der Fangsaison schon die Quoten ausgereizt, obwohl doch noch jede Menge Heringe gesichtet würden. Zwar erscheint die Zahl der sog. Laicher ausreichend, diese liefern aber **nicht genug Larven,** um die schwachen Jahrgänge auszugleichen. Der ICES vermutet natürliche, eventuell klimainduzierte Ursachen. Lange war eine reduzierte Quote das einzige Mittel, um einzugreifen; 2013 wurde sie um 23 % erhöht, nachdem die Bestände erholt schienen. Nicht zuletzt scheinen die Nahrungskonkurrenz mit Sprotten und die Gefahr, zur Beute der wieder wachsenden Zahl von Dorschen zu werden, ebenso Einfluss auf das „Silber des Meeres" zu haben.

Nota bene: Heringsfleisch enthält etwa 10–12 % Fett, ist darin variabel reich an ▸Omega-3-Fettsäuren, Vitamin A, D und B 12. Leider bindet das Fett auch ▸Schadstoffe – je älter der Fisch, desto mehr davon. Am stärksten belastet sind Ostsee-Heringe, wenn auch unterhalb der gültigen Grenzwerte: mit ▸Dioxin (doppelt so hoch wie bei Nordsee-Hering), mit PCB, organischen Rückständen oder mit ▸Schwermetallen.

Herkunft

Sage mir, was du isst – und ob du sicher bist, woher es kommt. Wer Bio will und kauft, kann da leichter Rede und Antwort stehen, konventionelle Shopper sind angesichts mangelnder ▸Kennzeichnung öfter mal rat- und hilflos. Bis 2011 war die Herkunfts-

Herkunft: Derart detaillierte Angaben wie hier in der Schweiz sollten eine Selbstverständlichkeit sein

frage sogar noch schwerer zu beantworten; vorgeschrieben waren nur Angaben zu Hersteller, Verpacker, Verkäufer und elementaren Zutaten. Nur bei Gemüse, Obst und Fleisch war das Erzeugerland genannt.

Mitte 2011 wurde vom EU-Parlament **gegen die bezeichnenden Proteste** der Nahrungsmittelindustrie die sog. europäische Lebensmittelinformationsverordnung beschlossen. Seitdem ist die Herkunft von „nicht zusammengesetzten" Produkten auch bei ▸loser Ware genau anzugeben – endlich auch verbindlich bei Fisch (nach mehr oder weniger bedrohten Fanggebieten) und erstmals bei Milch und Milchprodukten. Bei „zusammengesetzten" Produkten steht die Herkunft der primären Zutaten (etwa Früchte in einer Marmelade) oder bloß Anteile ausdrücklich auf dem ▸Etikett. Endlich!

Denn die durch ▸Skandale und Gerüchte (zu ▸Importware etwa) hoch sensibilisierten Verbraucher waren längst an **genauen Herkunftsangaben** interessiert und sind es inzwischen besonders bei Produkten aus der so gern angepriesenen ▸Region, auch wenn regionale Herkunft allein nur wenig über ▸Qualität aussagen kann. Nach dem Skandal um Pferdefleisch wurde 2013 erst diskutiert und „geprüft", dann endlich gehandelt: Ab 2015 muss jedes frische, gekühlte, gefrorene ▸Fleisch beherkunftet werden, wie bei ▸Rindfleisch seit BSE.

Bei ▸Biolebensmitteln wären Marketing-Aussagen zur Region leichter überprüfbar. Denn es gab von jeher klare Herkunftsangaben und durch die Nummern der ▸Öko-Kontrollstellen **verlässlichere ▸Rückverfolgbarkeit** bis zum Erzeuger, wenn auch recht umständlich. Einfacher geht es in ▸Bioläden zu, die frische Ware der ▸Anbauverbände haben. Dort stehen oft die konkreten Erzeuger bzw. Bauernhöfe auf den Tafeln – auch so entsteht ▸Vertrauen!

Via **www.bio-mit-gesicht.de** lässt es sich zudem mit der immer häufiger etikettierten „bmg-Nummer" bis zum Ursprung durchklicken: Schon steht man auf dem Hof, von dem das Bioprodukt kam, und erfährt mehr. Die „Qualitätsinitiative" wird von mehreren Anbauverbänden, dem renommierten FiBL *(Forschungsinstitut für biologischen Landbau)*, der Bio-Datenbank ecoinform, den ▸Supermärkten tegut und Feneberg getragen. Sie ist so ein löbliches Beispiel, wie dank Transparenz, Verlässlichkeit und Identifikation mit ▸Premium-Bio ein Gegenpol zum weit weniger

Herkunft: Die Initiative „Bio mit Gesicht" will Erzeuger und Verbraucher via Internet zusammenbringen

Heu: Alles, was so dufte daran ist, lässt sich auch aromatisch in die Küche transferieren

▸authentischen, anonymeren ▸Bio light der ▸EG-Öko-Verordnung geschaffen wird. Für deren zertifizierte Biowaren wird aber wenigstens der Ursprung der Ausgangsprodukte genannt, nicht nur der Abpacker.

Nota bene: Bei ▸fair gehandelten Produkten informiert der **Fairtrade-Code**, woher nun genau das Gekaufte stammt und wer es angebaut hat (via www.fairtrade-deutschland.de).

Heu

Eine ganze grüne Bio-Gräser-Kräuter-Wiese in Trockenform das ganze Jahr über riechen und schmecken – das wär's. Leider sind wir Menschen wie die meisten Wirbeltiere **Monogastrier** („Einmagige") und können dies Grünfutter nicht verdauen; zum Zelluloseverarbeiten fehlen Enzyme. Kühe haben als riesige Vorgärkammer den Pansen, dazu drei Hilfsmägen sowie zum Nachgären einen großen Blinddarm. Nur im Notfall kauen auch Menschen auf gemischten Gräsern herum – und in manch kulinarischem Sonderfall. Dann werden Neugierigen alpine, völlig ungedüngte und unbelastete Almwiesen-Abschnitte als höchst aromatisches Heu voller Trockengräser, -kräuter und -blumen vorgesetzt. Diese lassen sich wie jedes andere Heu kauen, wobei jeder der Inhaltsstoffe dann als sog. Grassaft zu schlucken wäre (Restfasern sind auszuspucken).

Heu enthält reichlich Chlorophyll und alle Vitamine wie Mineralstoffe, dazu essenzielle Aminosäuren und Enzyme. Der Eiweißgehalt beträgt 21%, und Heu hat mehr Eisen und sogar viel mehr Vitamin E als etwa Spinat. Längst hat sich, seit auch Bocuse mit Heumänteln um Fleisch experimentiert, eine echte **„Heuküche"** etabliert, in Deutschland v. a. im Allgäu. Die bannt Trockengras-Aromen in Sud (20 Min. in einer 80°-C-Bouillon ziehen lassen), in daraus reduzierte Fonds, in Konzentraten (Heu in aromenneutrales Sonnenblumenöl einlegen), macht Sirup oder ein reines Destillat daraus. Aus derlei werden dann etwa **Bergwiesenheu-Suppen,** serviert mit ein paar Tropfen ▸Kernöl, gelingt eine Heublumen-Steinpilz-Sauce oder eine gebrannte Heublumen-Creme als Dessert.

Das Heu-Heureka rief 1993 erstmals der „Heuwirt" Robert Tanzinger im Allgäu aus, mit „Almwiesenkräutern" locken dort etliche Wellness-Hotels.

Darüber hinaus kann Heu wirkungsvollste Bio-Deko auf dem Tisch, um den Teller herum oder ein duftes Bett für den servierten Fisch sein.
Soll Heu zur **Bioware** werden, müssen spezifische Richtlinien eingehalten werden; so wird bei ▶Bioland nur Heu aus mind. 1 700 m Höhe zertifiziert, dessen Flächen fernab von öffentlichen Straßen liegen und auf denen mind. 40 verschiedene Pflanzenarten pro 50 m² gedeihen. Daraus können dann auch modische Bio-Heumilch und Bio-Heublütenkäse werden.
Vorsicht: Experimente mit Normalwiesen-Heu empfehlen sich nicht. Zu ungewiss sind Belastungen, unklar bleibt, inwiefern Giftiges oder unter Naturschutz Stehendes mitgemäht wurde. Unsachgemäße Trocknung provoziert dazu Schimmelmuffigkeit.

Hildegard von Bingen: Als die Empfängliche für mystische Erleuchtungen diktierte sie diese einem Klosterbruder – in manchem lag sie nicht ganz falsch, nicht alles blieb richtig, aber sie etablierte bis heute populäre Speiseweisheiten, und sie hat ganz namentlich noch ihren gehaltvollen Marketingwert

Hildegard von Bingen

Legendäre Mystikerin, die vielseitig gebildet und engagiert war – bei oder trotz aller Mittelaltertümlichkeit, denn sie lebte von 1098 bis 1179. Als Äbtissin würdigte sie allerlei Klostergartengrün und beschrieb rund 500 Arten erstmals lateinfrei auf Volksdeutsch. Und sie gab Tipps als frühe Vertreterin der **Phytotherapie**. Von den Heilkräften der Lebensmittel schrieb die fromme Hildegard von Bingen als „Subtilität". Sie propagierte Maßhalten, zielte auf Ausgewogenheit, liebte die Vorbeugung und glaubte an den **essbaren „Heilwert"**. Nach Hildegard tut Normalfutterern Fasten so gut wie eine generelle Ernährungsumstellung. Dabei steht ▶Dinkel ganz obenan, ▶Vollwertiges, Obst und Gemüse seien ebenso wichtig wie Milch und alle Produkte daraus. Seltsamerweise polemisierte Hildegard gegen ▶Rohkost (da nicht gut für den Blutkreislauf) und ketzerte gegen solch **„Küchengift"** wie Chicoree, Pfirsich, Pflaume oder sogar Schweinefleisch. Die Gartenkundige kompilierte die zeitgenössische Volks- und Klostermedizin zu einem vagen Kanon, der so populär wurde, dass noch heute von „Hildegard-Medizin" und **„Hildegard-Ernährung"** gesprochen wird. Längst ist die nach viermaliger Prüfung 2012 nun endlich Heiliggesprochene ein starker Marketing-Begriff für so etliche Pulver, „Energiesuppen" ganz nach Klosterrezept oder „Hildegard-Gewürze".

Himbeeren

Die wohl zartesten aller ▶Beeren von *Rubus idaeus* und noch wild wachsendes Regionalobst. In der Masse aber sind sie **längst ein Zuchtobst,** v. a. in Osteuropa werden sie unter Folie angebaut, die europäische Frostware kommt auch überwiegend von dort.

Himbeeren: Mit 140 Sorten konkurrieren Obstbauern auf dem Markt für die naturgemäß allzu sensiblen Beeren

Wegen zahlreicher Krankheiten, Wurzelschäden und Schädlinge werden Himbeeren nicht nur von der Biobranche permanent beforscht. Von **„Regulierung“** sprechen Obstbauern, wenn sie allerhand Wurzel-, Strauch- oder Beerenschädigungen profitgedrungen mit spezieller Chemie intensiv bekämpfen. Seit Jahren schneiden konventionelle Himbeeren bei ▸Monitorings schlecht ab, etwa beim BVL *(Bundesamt für Verbraucherschutz und Lebensmittelsicherheit)*, wo sie stets zu den meistbeanstandeten pflanzlichen Erzeugnissen zählen. Das Stuttgarter CVUA *(Chemisches und Veterinäruntersuchungsamt)* fand 2011 in 81 % der konventionellen Proben Pestizid-Rückstände. Leider waren im selben Jahr auch 54 % der Bio-TK-Himbeeren belastet, doch Experten sind sich einig, dass hier wie für alle Beeren gilt: **Bio** ist verlässlicher, weil in aller Regel weniger belastet.

Aber auch knapp (bescheidene 2,2 % des deutschen Ertrags 2012) und teurer. Nicht umsonst, wie 2009 ein Forschungsprojekt in Weinsberg ergab: „Himbeeren sind im ökologischen Anbau eine der schwierigsten Kulturen.“ Das Info-Portal www.oekolandbau.de meint angesichts von Pilzgefahren, Arbeitsintensität, Lagerproblemen da lakonisch: „Das **Produktionsrisiko** bei Strauchbeeren ist groß, jedoch auch die mögliche Wertschöpfung.“

Deshalb kommt es auf die sorgfältige Wahl der Sorte an. In Deutschland sind immerhin 140 verschiedene im Bundessortenamt registriert, denn Züchter wollen die klassische Standardsorte „Schönemann“ noch übertreffen: im Aroma, an später Erntezeit und v. a. an Schädlingsresistenz. Natürlich wurde schon eine gentechnisch veränderte, weniger krankheitsanfällige sog. **Anti-Matsch-Himbeere** getestet, sogar erfolgreich. Sie wird jedoch einstweilen noch nicht vermarktet, schließlich gilt die Auskreuzungsgefahr (der zwangsläufige, natürliche Gentransfer) bei Him-, Brom- und Johannisbeeren als mittel bis hoch.

Nota bene: Himbeeren sind reich an Mineralstoffen, Vitaminen (25 mg/100 g Vitamin C, daneben viel B) und Ballaststoffen. Sie enthalten viele ▸sekundäre Pflanzenstoffe, als Flavonoid das gefäßstärkende Rutin, zudem Phenolsäuren und bieten viel entzündungshemmende Salicylsäure.

Himbeeren: Recht heikle Zartfrucht aus oft belasteter Zucht, aber per se schon ein Dessert

Hirse

Graspflanze mit gewissem Mythos als ältestes Getreide und Speise der Ärmsten oder Asketen. Die Makrobiotik schätzt Hirse auch deshalb, weil ihr Eiweißreichtum ovo-lactische Ergänzung überflüssig macht. Ihr ganzes Korn ist besonders hochwertig; es hat unter den Getreiden **den höchsten Mineralstoffanteil**. An Eiweiß und Fett übertrifft nur ▸Hafer die gelben Kügelchen. Hirse ist frei von ▸Gluten und wird als Mehl, Flocken bzw. Grieß zu Brei oder als Beimischung in Backwaren sowie Aufläufen verarbeitet und schmeckt sogar gesüßt gut. Vielseitig ist die Naturkostpalette für Puffer, ▸Bratlinge, Suppen und ▸Müslis. Sogar glutenfreies Hirse-Bier ist auf dem Markt.

Hirse wird überwiegend konventionell angebaut, also dezidiert herbizidiert und mit allerlei Synthetisiertem gedüngt. Der kontrolliert-biologische Anbau holt aber auf, v. a. boomen Versuche von Biobauern, die einst von Kartoffel und Mais verdrängte Hirse wieder ▸regional anzubauen. Weil Hirse reichlich Kieselsäure liefert, tut sie Nägeln, Haaren, Haut viel Gutes und gilt als „Beauty Food“. Wichtiger jedoch ist ihre Fähigkeit, auch in wasserarmen Gebieten und **mit kargen Böden** zurechtzukommen, was die sog. Sorghum-Hirse zum Hauptgetreide in weiten Gebieten Afrikas macht. Dort sind auch Saatgut-Konzerne dabei, z. T. gentechnisch veränderte „Superhirse-Sorten“ anzupreisen. Bisher mit weniger Erfolg, da nicht nur der für Profitsicherheit notwendige große Maßstab im Anbau fehlt, sondern auch die Akzeptanz. 2006 wies selbst das österreichische Bundesministerium für Gesundheit darauf hin, dass die Auskreuzungsgefahr bei Hirse besonders groß ist.

In unseren Breiten wird die Rispen- oder Goldhirse angebaut *(Panicum miliaceum)* und verarbeitet. Die botanische Herkunft der in vielen Bioläden und Reformhäusern angebotenen „Braunhirse“ ist noch ungeklärt; zudem wird der vollkorn-affine Begriff oft synonym für „ungeschälte Goldhirse“ gebraucht. Da die Einweichzeit sehr lange ist, gibt es in erster Linie Braunhirse-Mehl zu kaufen.

Hirse: Wächst dankbar auf Kargstem, nährt traditionell die Ärmsten und hat beste Werte

Hofladen

Wohl die ökonomischste Form der Direktvermarktung eines Erzeugers, deren Nachteile wie mangelnde Privatsphäre oder die Sortiments- und Lagerpflege von den **vielen Vorteilen** für ▸Biokonsumenten bestürmt werden: frischeste Produkte, Transparenz, die Beachtung von ▸Saison, ▸Authentizität, ▸Region sowie glaubwürdige **Produktkompetenz vor Ort**. Seit diese Werte bei den Konsumenten angekommen sind, laufen die Geschäfte von Bio-Hofläden entsprechend besser: Verringerten sich die Marktanteile bis 2009 noch stetig, ist die Direktvermarktung seitdem immer wichtiger geworden. Anno 2010 machten die Bio-Hofläden, die bran-

Hofladen: Die Lust, direkt beim Erzeuger zu kaufen, hat auch mit dem Plausch über Warenkunde und vermeintlich besserer Ökobilanz zu tun

Hofladen: Direktvermarktung und der direkte Kontakt sind der Reiz, belohnt mit einem guten Regionalgefühl

chengetreu zu mind. 95 % Bioware führen und mind. 50 000 Euro pro Jahr für den Zukauf von ▸Biolebensmitteln aufwenden, schon 13 % aller Naturkostgeschäfte aus. Ihre Umsätze entwickeln sich positiv, seit das Stichwort ▸Premium-Bio so wichtig geworden ist wie das dem lokalen ▸Biobauern entgegengebrachte ▸**Vertrauen**. Das „Ökobarometer“ stellte 2010 zuletzt die Vertrauens-Frage: Erzeuger lagen da mit 65 % Zustimmung auf Platz Eins aller Bio-Vermarkter – noch vor ▸Bioläden und Biometzgern. 54 % nannten noch 2013 den Hofladen als bevorzugten Ort zum ▸Einkaufen von Bioprodukten. In Hofläden kaufen Städter gern, in Deutschland sind es zu etwa 40 % Familien mit Kindern, die beim Bauern das Erlebnis Bio suchen und deren Durchschnittseinkommen insgesamt höher ist. Dabei liegen ▸Preise bei Ab-Hof-Verkauf zwischen denen von Super- und ▸Wochenmärkten.

Hollandtomate: Unter der Folie heute weniger Wasserbomben, vielmehr endlich aromatischere Paradeiser

Einkäufe beim Erzeuger sind ökologisch vernünftig, allerdings nur, sofern die An- und Abfahrt nicht zu aufwendig sind – in der ▸**Ökobilanz** des Einkaufens machen schließlich Entfernung und v. a. Transportmittel einen großen Posten aus. Andererseits hatte die Ware ihrerseits kürzere Wege, denn auch die zugekauften Bioprodukte werden in der Regel möglichst regional beschafft. Dazu liegen Eier, Gemüse oder Obst der Saison bzw. solches aus dem eigenen Lagerbestand in den Regalen, gern Honig, eigene Säfte oder Marmeladen. Längst sind die traditionell ja eher kleinen und kleinsten Hofläden gewachsen; sie gleichen ▸Bio-Supermärkten, behalten aber den authentischen Ruf von Ursprung.

Nota bene: Sobald tierische Produkte verarbeitet und angeboten werden, müssen Hofläden spezielle Zulassungen beantragen und Auflagen, in erster Linie Hygienevorschriften, beachten. Ansonsten genügt eine amtliche Registrierung für sog. **Primärprodukte**, wenn es sich bei deren Herstellung um eine „nebensächliche Tätigkeit auf lokaler Ebene“ handelt, wobei „lokal“ einen Umkreis von 100 km meint (die deutsche „Radiusregelung“). Seit 2014 setzt sich die EU-Kommission ausdrücklich für den Direktverkauf und eine Kennzeichnung von lokalen Lebensmitteln ein; ▸Locavoren frohlocken.

Hollandtomate

Sie hätte Gänsefüßchen verdient, hätte es sie nicht wirklich gegeben als **agrarindustrielle Fehlentwicklung** von „schnittfestem Wasser“: Tomaten aus den Niederlanden, aus energiesubventionierten ▸Gewächshäusern als Frühernten von noch grüner Ware aus sortenarmer Einheitszucht – perfekt im Rund, armselig im Aroma. Um 1992 traten die Importländer in den Kaufstreik. Holland war in Not, auch das Umpacken in deutsche Kisten half nichts, der **Imageschaden** hielt bis in dieses Jahrtausend hinein an. Das schlagende Schimpfwort „Hollandtomate“ ist seitdem unvergesslich –

und umso angestrengter sann die Niederlandschaft mit staatlicher Unterstützung und mit viel PR („Holländische Tomaten schmecken besser, als der deutsche Konsument glaubt!") auf Abhilfe. Inzwischen werden allerlei neue, nun aromatischere Züchtungen **zunehmend umweltfreundlicher**, wenn auch im bodenlosen Substratanbau kultiviert, vollreif geerntet und noch über Nacht frisch auf die Märkte gekarrt. Fairerweise bleibt zu sagen, dass NL-Sorten wie „Tasty Tom", „Sunny Tom", „Santessa" oder „Saffron" reizvoll schmecken!

Mit ihrem Know-how und viel Intensiv-Hightech haben niederländische Agrarindustrielle andererseits längst das immer noch pestizidfreundliche Spanien erobert, kostenloser Sonne und billigster Arbeitskräfte wegen. Obwohl die heimische Produktion längst europaweit führend in biologischer Schädlingsbekämpfung mithilfe von ▸Nützlingen wie der Schlupfwespe ist, reifen in Spanien neue Generationen von differenzierten Hollandtomaten heran, zur Marktreife gebracht in Polytunneln, die in **Almería** ein wahres *mar de plástico* („Plastikmeer") bilden.

Holunder

Traditionell ein unbeschnitten wuchernder Strauch, der sich in verzweigter Üppigkeit Selbstbedienern anbietet. Da das freie Fleißpflücken ausstirbt, gibt es inzwischen Holunderbeeren eher von Plantagen (2012 60 % Bio!) – immerhin ist das honigsüße Blüten- und das herbsüßliche Beerenaroma ein Trendgeschmack. **Holunderblüten** haben eine würzige Intensivsüße, weshalb schnelles Frittieren im Ausbackteig lohnt und ihr noch warmer Genuss unvergesslich wird. Das Abfüllen von heißem Blütensud in Flaschen ergibt einen schnell gärenden, schwach alkoholischen und haltbaren „Heidesekt".

Doch all dies wären nur aromatische Vorspiele zur **Holunderbeeren-Orgie** ab September. Dann sind die tiefschwarzen Früchtchen vollreif und rechtfertigen ihren Ruf, „Apotheke der Natur" zu sein. Ob als heiß zu trinkender ▸Fruchtsaft, als Marmelade oder Wein: Der hohe Gehalt an Vitaminen (C allein 19,6 mg/100 g) und vielen Aminosäuren machen aus Holunderbeeren zur Volksmedizin bei Erkältungen, gegen Entzündungen und bei Vitaminmangel.

Nota bene: Zum Biokult wurde Holunder spätestens 1997, als die erste „rote" ▸Bionade auf den dürstenden Markt kam. Seitdem steckt Holunder nicht nur in allerlei anderen, rasch nachgeschobenen **Biolimonaden** – ein Bio-Holunderblüten-Joghurt von Andechser erntete den Titel „Demeter-Produkt des Jahres 2011" …

Holunder: So zart und delikat die Blüten, so saft- und kraftvoll die Früchte mit bemerkenswertem Gesundheitspotenzial

Holunderblüten: Im Joghurt duftvoll genug für den duften Titel „Demeter-Produkt des Jahres 2011"

Honigwaben: Bienen sammeln gern blütentreu und lassen so Floras Sorten rein schmecken

Honig

Das „Goldgelbe", das Indo-Europäern so bezeichnend schmeckte, ist ein mit viel Bienenfleiß erarbeitetes und frei Haus geliefertes reines Invertzuckerschlecken, voll von Fructose und Glucose (zu 60–80 %). Das pure, rückstandsfreie Vergnügen aber kann nur Bio-Honig sein – zu schadstoffbelastet ist die Umwelt und zu chemiebelastet sind ansonsten Landwirtschaftsflächen, zu und zu genverdächtig ohnehin. Diese Spuren sind in konventionellen und Import-Honigen wohl unser täglicher zweifelhafter (Un-)Genuss.

Doch für **Bio-Honig** ist derlei ausgeschlossen, auch wenn es für die ökologisch arbeitenden ▸Imker immer schwieriger wird. Schon 1994 gab es Maßstäbe von ▸Bioland für Bienenhaltung, seit Sommer 2000 gelten EU-Richtlinien als Basis, die konsequent strikteren der ▸Anbauverbände gehen noch darüber hinaus. Bio-Imker sorgen sich rücksichtsvoll um das Wohlergehen der ausgebeuteten ▸Bienen. Grundsätzlich kommen bei ihnen keine chemisch-synthetischen ▸Tierarzneimittel zum Einsatz (wie konventionell üblich), grundsätzlich wird etwa die Varroamilbe nur natürlich mit organischen Säuren und nur außerhalb der Sammelzeit bekämpft. Dennoch reduziert die Milbe befallene Bienenvölker und mindert den Honigertrag, was Bio-Honigpreise notgedrungen erhöht.

Honigquelle: Wo Bienen ausschwärmen dürfen, sollte die Umwelt so unverschmutzt sein wie etwa Alpenwiesen – im Norden wird daraus gern mal Met für die Grüne Woche

Umgekehrt und vergleichsweise gilt, was bei konventioneller Bienenhaltung keineswegs selbstverständlich ist: dass das Wachs der Waben wie die Pollen, Gelee Royal, Propolis und v. a. der Honig selbst so schonend wie rückstandsfrei gewonnen wurden.

Aus all den Regularien der Anbauverbände ergibt sich im Umkehrschluss, was konventionellen Standard-Mischhonig ausmachen kann. Bio-Imker verbringen ihre Völker weitestgehend in Betreuungsgebiete der Anbauverbände und weisen das sog. Anwandern von Bio-Flächen in Plänen nach. **Im Umkreis von 3 km** liegen dann keine „Verschmutzungsquellen" (wie Sprühgifte, Verkehrsflächen, Industriestandorte etc.).

Allerdings wird es zunehmend schwerer zu erkennen oder zu vermeiden, wo Toxisches durch Saatgutbeize oder wo Insektizide lauern. Immer mal wieder herrscht nach mysteriösem Bienensterben Alarmstimmung, immer öfter müssen Imker Honig mit Spuren von ▸**Verunreinigungen** durch ▸GVO vernichten; Verursacher haften nicht mal für Schäden oder Laborkosten. Vorsorglich steht nun oft ein Vorbehalt auf Bio-Etiketten: „Wegen des großen Flugradius der Bienen ist nicht zu erwarten, dass sie in jedem Fall nur oder überwiegend ökologisch bewirtschaftete Flächen befliegen." Gentechnikfreie Honigproduktion, so die Pessimisten, wird auf Dauer nicht möglich sein.

Der bisher wenigstens überwiegend sauber und ganz umweltbekömmlich gesammelte Bio-Vorhonig nebst unverdächtigen Pollen reift zu Bio-Honig durch die bienentypischen Enzyme in den Vorrats-Waben. Die werden erst entnommen, entdeckelt und entleert, dann im vorgeschriebenen **Bio-Verfahren** durch pures Auslaufen (Tropf-, Lauf- oder Senkhonig) oder kaltes Pressen (Presshonig), beschleunigt durch Erwärmen (max. 40° C im sog. Melitherm-Verfahren) mit Aussieben aller Wachsteilchen (sog. Schleuder- oder auch Seimhonig), bearbeitet – fertig ist ein naturbelassener Bio-Honig, gern im traditionell schlichten Mehrweg-Honigglas (seit 1926!). Laut Lebensmittelbuch ist Honig nur unter 40° C **„kaltgeschleudert"** oder „wabenecht", wie jeder Bio-Honig. Konventionelle Honige können überhitzt verflüssigt worden sein, was aber durch geminderte Enzymaktivität nachweisbar ist.

Zwar stammen 80 % des in Deutschland gekauften Honigs aus dem Ausland; weil aber gut 90 % vom Inland-Honig selbstvermarktet werden, lohnt es, regionale Spezialitäten je nach Saison, Blühflächen, Bienentracht zu suchen – denn, so ein NABU-Slogan, „Landschaft schmeckt". Unvermischte Honige sind dann Aromen-Puristen, weil Bienen „blütenstet", also nur reinsortig sammeln; Mischhonige sind dagegen interessante **Aromen-Cocktails**. Zu probieren gibt es viel: Den helleren, hochsüßen Blütenhonig (aus Nektar), mal dunkleren, herberen sog. Waldhonig (aus Honigtau, also letztlich leckerstem Läuse-Sekret) und reinaromatischen sog. Tracht- oder Sortenhonig, alle auch in „Urform" von Wabenhonig.

Obacht: Dass in Klee-Honigen aus Kanada schon Spuren von Gen-Raps gefunden wurden, spricht Bände. 2012 entdeckte ÖKO-TEST in 14 (v. a. südamerikanischen) der 20 Honig-

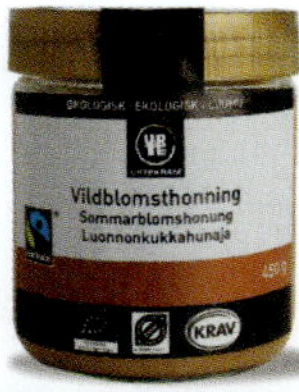

Honigwabe pur: Flösse das Zuckersüße von alleine heraus, wäre es sog. Tropfhonig – hier ist es reinster Schlürfschluck

Hopfen: Erst mit den rein weiblichen Dolden konnten einst Bauer wie Brauer auch Geld scheffeln, weil das Bier haltbarer wurde, deutlich würziger schmeckte und seinen stabileren Schaum bekam

Hopfensprossen: Solch leckerer Ausbruch überzähliger Triebe, die sich sonst zu langen Ranken auswachsen, ist in Bayern eine hoch begehrte und hoch bezahlte Saisonspezialität

sorten Gentech-Pollen, zumeist von ▸Gen-Soja. Der deutsche und südosteuropäische Honig sowie ▸faire Ware waren nicht gen-kontaminiert, der aus Deutschland jedoch spurenweise pestizidbelastet. Es ist also kein Honigschlecken, die beste Sorte zu finden, aber ein süßer Weg dahin …

Hopfen

Einerseits ein Aroma-Mittel aus der Natur, andererseits etwas „unnatürlich" gewonnen aus unbefruchteten Zapfen, die weiblichen Blütenständen erwachsen; bestäubungsfähige männliche Kletterpflanzen werden gar nicht erst kultiviert. Denn nur die Drüsen an den zapfenförmigen Dolden weiblichen Hopfens enthalten die fürs Brauen so wichtigen **Harze voller Bitterstoffe**, adstringierender Tannine und Flavonoide. Die einsamigen Nüsschen aus den 60 Blüten pro Dolde liefern das Hopfenbitter, das je nach Sorte das ▸Bier mehr oder weniger würzt, Schaum stabilisiert und Verderb antimikrobiell verzögert.

Hopfen ist eine heikle Pflanze, die im konventionellen Anbau aufwendig gegen Blattläuse und Falschen wie Echten Mehltau behandelt wird. Die wenigen spezialisierten Biobauern haben fast doppelt so viel Arbeit wie ihre konventionell arbeitenden Kollegen, denn robuste Sorten allein helfen wenig. Wichtig ist die Bodenpflege, der stete Wechsel verschiedener Untersaaten oder Leguminosen. Einstweilen kann auch bei Bio-Hopfen nicht auf den umstrittenen Einsatz von ▸Schwefel und ▸Kupfer als ▸Pflanzenschutzmittel verzichtet werden – wenn auch die ▸EG-Öko-Verordnung moderate 6 kg/ha zulässt und die ökologischen ▸Anbauverbände sogar nur 4 kg/ha.

Und so lag der Bio-Anteil 2012 beim Hopfen in Deutschland nur bei etwa 0,6 %. Die **aufwendige Kultivierung** lohnt oft die Mühe nicht, zumal der Trend zu Weißglasflaschen seit einigen Jahren zunehmend nach hopfenärmeren Bieren verlangt – zu anfäl-

lig ist ein Bier durch Doldengabe für den sog. ▶Lichtgeschmack.
Vorsicht: Deutschland deckt ein Drittel des Weltbedarfs, wofür aber allerlei Insektizide gespritzt werden. Noch 2011 waren von 55 konventionellen Proben nur vier rückstandsfrei.

Hopfensprossen

Die überzähligen weißen Triebe des Hopfenstocks als pikanter Spargelersatz in Kurzform (6–10 cm lang und 4 mm dick). Sie werden per Hand ausgebrochen, die Übrigbleiber befestigt man am „Aufleitdraht", woran sie sich fortan bis zu 8 m emporranken. Die so mühsame, wenn auch 3–4 Wochen kurze Handernte im März/April heißt **„aus der Erde lesen"** wegen des Abbrechens oder -stechens unter der Erde, bevor die Sprossen Licht bekommen. Das und die kurze Saison machen den „Hopfenspargel" zum raren wie teuren Edelgemüse. Aber es lohnt den rohsalatigen oder gegarten Genuss, der Geschmack ist bohnig-brokkolihaft, in Andeutung wie Biss spargelig.

Hormone

Schon in winzigen Mengen wirkende Botenstoffe und als Wunderwaffen des Stoffwechsels so faszinierend wie gefährlich. Einerseits bildet sie jeder komplexere Körper gezielt selbst, teils lässt sich ihre Ausschüttung provozieren. Andererseits aber richten Veterinäre, Tierhalter bzw. die pharmazeutische Industrie über den sog. **grauen Markt** viel hormonelles Heil oder Unheil an – ganz gezielt und zu oft ganz heimlich. Dabei laufen Fleischesser Gefahr, Sexualhormone mitzuverdauen, welche als Masthilfe in ▶Futtermitteln zu Recht EU-weit ausnahmslos verboten sind. Mit sog. Thyreostatika lässt sich die tierische Schilddrüse hemmen und das Fleisch schwergewichtig, aber wässrig züchten. Zu viel davon kann für das Nahrungsketten-Endglied Mensch folgenreich bis krebserregend sein. Die Nachweise sind oft zu teuer, vieles bleibt ohnehin unentdeckt. Hinzu kommt die Gefahr, dass über Dung und Gülle reichlich Steroide in Boden und Grundwasser gelangen.
In der ▶ökologischen Tierhaltung sind Hormone **grundsätzlich verboten** – sowohl als wachstums- oder leistungsfördernde Stoffe als auch zur Manipulation der Fortpflanzung. Sie dürfen lediglich bei einer konkreten tierärztlichen Behandlung eines einzelnen Tieres verabreicht werden. Deshalb: Immer ▶Biofleisch bevorzugen und bei Importen (v. a. aus den USA und Kanada) Skepsis wegen hochwahrscheinlicher Masthormone walten lassen – der Dauerstreit von EU und Neuer Welt via WTO ist noch nicht beigelegt.

Hormone: Als „Prophylaxe" in Futtermitteln verboten, aber leider nur ziemlich teuer nachzuweisen, etwa mithilfe von Gaschromatographen

Immerhin in der Schweiz herrscht Deklarationspflicht, wenn im Herkunftsland kein ausdrückliches Verbot herrscht oder keine hormonfreie Mast im Einzelfall nachgewiesen wird.
Nota bene: In der Tat gibt es auch gesunde „Bio-Hormone", v. a. schwach wirkende Östrogene, denen viel Gutes nachgesagt wird. Lieferanten sind Soja, etliche Kohlarten, Leinsamen, Vollkornprodukte und Sprossen.

Hormone: Ein Schwein, das Masthilfsmittel schlucken musste, wird nur zur schinkenschweren aufgepumpten, zur armen Sau ...

Hühner

Wer nach nahezu glücklichen Hühnern sucht, wird wohl selbst bei Bio nur auf kleineren Höfen noch fündig werden – da wo, nach etlichen Skandälchen auch um Bio-Überbelegung, jenes angestrebte Ziel der „bäuerlich-ökologischen Landwirtschaft“ schon real ist. Hier können ▸Legehennen in kleinen Gruppen freilaufend scharren, picken, sand- und sonnenbaden und drinnen auf Sitzstangen hocken, herdeberuhigt durch so manchen echten Hahn.

Die ▸Eier von dort schmecken skrupelfrei besser, und auch das bei längerer ▸Mast ökologisch „erzeugte“ ▸Hühnerfleisch gilt Kennern als ausgereifter und schmackhafter.

Hühner: Das Gefiedervölkchen schätzt sich nahezu glücklich, wenn noch so ein stolzer Hahn dabei ist

Die Hühnersituation bessert sich durch EU-Gesetzgebung, Initiativen für ▸Tierschutz und kritisches Verbraucherverhalten selbst in konventioneller ▸Massentierhaltung, doch noch sind Hühner **arme Schweine** in oft tageslichtlosen Ställen mit vorbeugend kupierten Schnäbeln – für eine Lebensdauer von 35 Tagen.

Das Kontrastprogramm dazu fahren ▸Biobauern, denn ein Bio-Mastleben währt schon laut ▸EG-Öko-Verordnung mind. 81 Tage – wenn auch Hühner sechs oder mehr Jahre leben.

Der Biosektor hat zwar in der letzten Zeit schon kräftig zugelegt, sein Anteil ist aber noch immer zu gering. 2012 gab es in den deutschen Ställen 13,5 Mio. Junghennen – auf Biohöfen standen nur 1 050 000 Tiere. Und mit 71,5 Mio. konventionell gehaltenen ▸Masthühnern konkurrierten 0,6 Mio. aus ▸ökologischer Tierhaltung. Unwahrscheinlich, dass sich die Verhältnisse zeitnah umkehren könnten, solange Eier und Hühnerfleisch so billig bleiben und die Haltungsformen so selten und wenig tiefgehend hinterfragt werden.

Denn die **Aufzucht von Bio-Hühnern** ist unverhältnismäßig aufwendiger sowie teurer als die konventionelle Massenproduktion und wegen der laut EG-Öko-Verordnung geltenden und von den ▸Anbauverbänden ja noch verschärften Haltungsbedingungen komplizierter. Hinzu kommt das Problem, dass Bio-Hühner nur im eigenen Biobetrieb erzeugtes Eiweiß futtern sollen und ihnen nie (wie in konventionellen Betrieben zumeist) Futter mit Wachstumsförderern oder aus ▸GVO, auch keine künstlichen Aminosäuren, null Fischmehl oder synthetische Eidotterfarbstoffe vorgestreut werden dürfen. Mindestens ein Drittel ihres Lebens haben Biomasthühner Auslauf mit Witterungsschutz oder in einen Wintergarten.

Ein Kapitel für sich sind die ▸Legehennen als **Hochleistungstiere**, deren Eierlieferei von 0,5 pro Tag, also nur einem einzigen alle zwei Tage, durch Zucht inzwischen auf 0,8 binnen 24 Stunden gesteigert wurde. Wenige globale Riesenbetriebe für die ▸Zucht liefern maßgeschneiderte Küken oder Elterntiere – weltweit. Damit ist die „Hühnerverwertung“ dauerhaft gespalten in Legehennen-Haltung und Masthuhn-Produktion; es lohnt angeblich nicht, Hähne aus einer Legehennen-Linie wenigstens bis zur Stubenkükenreife aufzupäppeln, wenn es bessere Futterverwerter aus neuen Zuchtlinien gibt. Die männlichen Nachkommen landen im

Shredder. Die Biobranche strebt deshalb weg von der einseitigen Nutzung als Legehenne oder als Masthuhn und hin (bzw. zurück) zum sog. **Zweinutzungshuhn**. Dieses wäre kein Massen-Eierhuhn mehr und müsste sein längeres Leben mit höheren ▸Preisen für höhere Fleischqualität auch bezahlt machen. Aber es würde sich lohnen: In Deutschland werden jährlich ca. 40 Mio. **Eintagsküken** unmittelbar nach dem Schlupf getötet. Zudem gelten die Anstrengungen der Biohalter der Zucht robusterer Rassen. In Europas Ställen stehen zwar rund 180 verschiedene Arten, die meisten aber, v.a. in agro-industriellen Betrieben, sind ▸Hybriden. Auch Biobauern päppeln einstweilen noch solche zudem unvermehrbaren Tiere aus ursprünglich konventionellen Zuchtlinien groß. Denn das ideale, weil robuste, standortgerechte, eierfleißige wie fleischfeste Bio-Huhn aus und für ökologische Geflügelhaltung ist noch nicht herangezüchtet. Selten gelingt außerdem eine 100%ig ökologische Fütterung, konventionelle Zukäufe bis zu 5 % sind daher einstweilen erlaubt. Seit die **Eierkennzeichnung** EU-weit durchgesetzt wurde, sind die Haltungsformen auch der konventionellen Hühneraufzucht bekannter geworden – wenigstens formal. Die skandalöse ▸Käfighaltung etwa (die „3" auf dem Ei) ist in Österreich seit 2005, in Deutschland seit 2010, in der EU seit 2012 verboten, wird aber im Ausland noch praktiziert.

Daneben und **abseits aller Bioregeln** kennt der Gesetzgeber drei konventionelle Haupthaltungsformen: die in Deutschland zunächst bis 2023 erlaubte (und euphemistisch benamte) ▸Kleingruppenhaltung, die ▸Bodenhaltung und die ▸Freilandhaltung. Die Unterschiede sind beträchtlich! Für die Massen an Lege- oder Masttieren sorgen sog. **Elterntiere**, deren Haltung explizit ungeregelt ist und denen deshalb weiterhin Käfige drohen. Dazu kommt, dass Masthühnern ihr Sättigungsgefühl weggezüchtet wurde. Um unverfettete Reproduktionshöchstleister zu sein, werden Mastelterntiere „restriktiv" gefüttert und hungern systematisch; ihre Tagesration ist in 20 Minuten verschlungen. Kein Wunder, dass immer mal wieder **Skandale** ans Licht kommen, wenn Tierschützer wie von PETA die gut abgeschotteten Riesenställe entern und dann grell beleuchten, was die meisten lieber verdrängen.

Käfighühner: Auch dank solcher Polemik wie von „Vier Pfoten" und PETA-Fotos gibt es dermaßen geschundene Käfigkreaturen nur noch im Ausland

Hühnerfleisch

Das, was da an Hühnchen, Kapaun, Suppenhenne so schmeckt, muss bei aller Magerkeit schon etwas Fett dabeihaben. Ansonsten ist das gesunde Hühnerfleisch arm am fleischhaften

Huhn-Paupiette: Gesundheitsfans wollen Fleisch weiß statt rot

Hühnerfleisch: In der üblichen Schnellzucht-Masse nie klasse, nur Frankreichs Bresse-Huhn ist da eine rühmliche Ausnahme – und bei Huhn am Spieß fragt ja eh niemand nach seiner Herkunft …

Mundgefühl „umami“ und wohl daher so beliebt wie vielseitigst würz- und verwertbar. Zu viele ▸Skandale um „rotes Fleisch“ haben das „geflügelweiße“ begehrt gemacht – und erschwinglich. Aber immer noch droht uns **Salmonellengefahr**, wenn etwa Schlachtkörper durch damit kontaminierte Kühlwasserbäder wandern. Dazu kommt, dass die industrielle ▸Massentierhaltung viel verdorben hat: Die Masse Fleisch stammt von Hühnern, die prophylaktisch Medikamente und schwer nachweisbare Spezialproteine für maximale Wasserbindung schluckten. In Großbritannien verkaufte Hühnerbrüste aus den Niederlanden hatten nur 54 % Fleischanteil, der Rest waren Zucker, Gewürze, Aromen und Anderes.

Nichtvegetarische Weiterdenker setzen lieber auf Fleisch von ▸artgerecht gehaltenen Bio-Hühnern, denen „vorbeugende“ Arznei, Kunst- oder Aufschwemmfutter und **ein allzu verkürztes Leben** erspart blieben; sie dürfen bei Außenauslauf bis zu 90 Tage alt werden und sind so u. a. ärmer an „Fremdwasser“. Ihr ▸Biofleisch hatte in Deutschland 2012 allerdings nur den winzigen Anteil von 0,8 %.

Tipp: Importware skeptisch betrachten (v. a. aus Brasilien und Thailand), lieber Bio-Hühnchen kaufen – obwohl 2013 die ▸*Stiftung Warentest* befand, dass auch dort viele ▸Keime zu finden waren. Immerhin aber fanden sich **weniger antibiotikaresistente Bakterien** als bei konventionellen Proben (dort in 11 von 15).

Hülsenfrüchte

Reife Samen aus der Fruchthülse von früher *Leguminosen* (wörtl. „Gemüseartigen“), moderner von *Fabacaea* („Erbsigen“). An die 18 000 Arten könnten Regale und Töpfe füllen, nur wenige machten Karriere als massenhafte Regionalkost oder im gehaltvollen Tierfutter. Für Biobauern etwa sind Hülsenfrüchte in erster Linie **Stickstofflieferanten** und für den bodenverbessernden Fruchtwechsel unverzichtbar. In Deutschland wurden 27 % der Anbauflächen ökologisch bewirtschaftet (2012).

Mit Ausnahme der zarten, bestverdaulichen ▸Sprossen oder der grünen Erbsen darf man Hülsenfrüchte niemals roh essen, weil sie Gifte wie Glykoside, Lectine und Enzyminhibitoren enthalten. Sie werden erst **ab 15 Min. Kochzeit neutralisiert;** selbst das Einweich- und Kochwasser schütte man daher weg.

Danach aber zeigen die fettarmen Erbsen, Bohnen, Linsen, aber auch fetthaltigere Sojabohnen, was sie in sich haben: Ein auffällig hohes Potenzial an Stärke, an Eisen und hochwertigen Proteinen (20–33 %), welche in den **Nährstoffbomben** gar knapp an tierische Eiweiße heranreichen. Darum lieben ▸Vegetarier und ▸Veganer Hülsenfrüchte als wertvollen ▸Fleischersatz, denn auch der Gehalt an Vitaminen, Mineral- und Ballaststoffen ist enorm.

Hülsenfrüchte: Sie konkurrieren mit tierischem Eiweiß und ersetzen Vegetariern formenreich und vielfältig im Geschmack das verpönte Fleisch

Hummer:
Rot wird er erst im Kochtopf – allerdings nach unstrittiger, vermeidbarer Leidenszeit …

Hummer

Das größte und begehrteste, zudem sicher dekorativste Krebstier für Gourmets, die damit zu seinem beschleunigten Ende beitragen: Doch lediglich jeder fünfte Hummer stammt auch als *Homarus gammarus* aus Europas einst hummerreichen Küstengewässern. Man hat ihn im Übermaß in die futtergespickten Fallen gelockt und zur **Massenware** gemacht.

Etwa 80 % der weltweit gemochten 80 Mio. „Luxus-Nummer"-Hummer kommt als *Homarus americanus* von den felsigen Ostküsten der USA und Kanadas zu uns. **Nordamerikanische Hummer** sind breitscheriger als europäische, haben einen Dorn an der Unterseite des Stirnhorns und sind ganz farbverschieden. Geschmacksunterschiede haben auch Gourmets noch nicht feststellen können. Bis 2013 allerdings haben hohe Preise und ethische Bedenken den Hummerkonsum drastisch zurückgehen lassen. 2012 hatten vier ▸Discounter sogar schon Hummer ausgelistet.

Problem: Die Neuweltler kommen, sofern nicht sofort „verarbeitet", lebend meist schon im Spätsommer oder Herbst (es gibt keine Winterfangzeit) in gekühlte Bassins, deren Wasser gegen Bakteriengewucher chemisch versetzt, bestrahlt und zudem sauerstoffbereichert wird. Sie leben **monatelang „gehältert"**, vegetieren auf Vorrat dahin und fliegen nur nach Bedarf früh oder später „frisch" nach Europa, also auch mit bedenklicher Last an ▸Food Miles. Lange wurde ignoriert, dass Hummer, die Einzelgänger am Meeresboden, dichtgepackt und scherenverbunden gestresst Qualen leiden. In wochenlanger Gefangenschaft fressen sie nicht und **zehren sich selbst allmählich aus**, bis ihnen der Panzer locker sitzt, was bei vorsichtigem Rütteln hörbar wird. Hummers Alter und Hungerei können äußerlich sonst nicht festgestellt werden. Vorgeschrieben sind nur eine Länge von 21 cm, kleinere Tiere sind also zurückzuwerfen, ebenso eiertragende weibliche Exemplare. Die haben unterm Schwanz den **Corail** – weshalb eben doch öfter „Hummerinnen" verkauft werden.

Aus Sorge um die Bestände sind in Kanada Fangzeiten und Quoten vorgeschrieben. In den USA wird schon liberaler vom Grund geholt, was gebraucht wird. Allerdings soll sich hier allmählich eine nachhaltige Bewirt-

Hummergericht:
Immer inhaltsreiche Beute für Panzerknacker, die allerdings überwiegend amerikanische Beute machen …

Hummer: Selbst in den so liberalen USA ist der populäre Lobster längst keine problemlos erbeutete Massenware mehr wie vor Jahren

schaftung durchsetzen. Dafür werden hoffnungsvoll, wie auch in Norwegen, Hummer-Larven aufgepäppelt, die in speziellen Buchten im freien Meer versenkt werden. Eine **regelrechte ▸Aquakultur** lässt sich der Einzelgänger nicht gefallen.

Sensible überlesen lieber, wie Hummer ums Leben und auf den Teller kommen. Es gilt als erwiesen, dass sie **Angst und Schmerz empfinden**, was lange unbekannt oder verdrängt war. Immerhin müssen Hummer von jeher in siedendem Wasser, das auch nach ihrer Versenkung verlässlich weitersprudelt, gekocht werden. Doch die ethischen Bedenken gegen das hummerjammervollste Verbrüh-Ende wachsen. Der Tod tritt je nach Tiergröße erst nach 7 Sekunden bis 7 Minuten ein. Das Tiefgefrieren lebender Tiere vor dem Kochen ist ebenso qualvoll, weil die Betäubung nur langsam eintritt. Die Alternative, die Nervenzentren zu zerschneiden, wird ungern praktiziert, weil sie die Präsentation eines Hummers eben nur (zer)stört. Das Köpfen bzw. die Zerstörung des Gehirns erfordert zudem **viel Geschick und Wissen**. In der Schweiz ist Krebstier-Abkochern seit 2009 ein „Sachkundennachweis" vorgeschrieben, „Panzerkrebse" dürfen auch nicht auf Eis „ruhig gestellt" werden. Modernste Anlagen machen Hummer angeblich in nur einer halben Sekunde elektrisch bewusstlos und töten sie in den nachfolgenden 5 Sekunden durch Zerstörung des zentralen Nervensystems; die Geräte gibt es aber noch nicht lange.

Hummer: Ein Weibchen mit solchem dicken Eierpaket wird ins Meer zurückgeworfen – wo nicht, lassen sich Gourmets diesen Corail eben doch nachwuchsschädigend servieren

Die Tierrechtler von PETA meinen, es gebe eigentlich keine „humane" Methode, „diese sensiblen und faszinierenden Tiere" zu töten. Der Verein *fair-fish* rät aus ethischen Gründen vom Verzehr ab. Hinnehmbar sei allenfalls Hummer, der gleich nach dem Fang möglichst strombetäubt, dann eben erst gekocht und tiefgefroren versandt wurde.

Das aber kann nur ein Zertifikat vom ▸MSC für erfüllte Nachhaltigkeit garantieren. 2013 gab es bereits sechs zertifizierte Betriebe.

Nota bene: Liegen Hummer unverschnürt und scheinbar ganz kneiffriedlich im Becken, wurden sie nach guter altfranzösischer Art durch einen Muskelschnitt gelähmt …

Hybriden

Reizwort für ökologisch Denkende, weil es „unnatürliche" Lebensformen bezeichnet, wie Altroms *hibrida* einst den „Misch- oder Blendling" meinte. Zwar sind artfernere Genome vor ungesteuerter Vermischung geschützt, da es **gar keine oder meist nur unfruchtbare Nachkommen** gibt. Dies gilt bei sich näher stehenden Arten weniger, sodass manche Hybridformen den Genpool erweitern (▸Gentechnik, ▸GVO).

Besonders die eben auch der ▸Ethik verpflichtete ▸Biobranche diskutiert die dem reinen Ertragsdenken geschuldete Hybridenmengen – ob bei Nutzpflanzen oder Nutztieren. Die Anteile sind teilweise erschreckend hoch, selbst im ▸ökologischen Landbau bzw. in der ▸ökologischen Tierhaltung. Doch das Umdenken trägt längst auch reale Früchte: Eine eigene ökologische ▸Zucht ist im Gange, trotz der hohen Kosten.

Hybriden: Schon 80 % aller Konsumtomaten sind inzwischen so uniform, weil züchterisch angepasst an Markterwartungen

Der züchterische Reiz bei Hybriden liegt im Naturgesetz, dass Inzuchtlinien von reinerbigen Eltern zunächst besser und fruchtbarer sind und bei Selektion optimal gedeihen. In der nächsten Generation F1 zeigt sich der **Heterosis-Effekt** (wörtl. „Anderswerdungseffekt") deutlich. So entstehen im Labor Hybriden zuhauf – auch zeitsparend durch Zellfusionstechnik, also Protoplasmenfusion. Doch ab Generation F2 verschwindet der inzüchtige Super-Effekt (bei ▶Mais kann die Ernte bis zu einem Drittel geringer ausfallen), denn F1 ist steril, also nicht „samenfest", die Unfruchtbarkeit oft sogar genetisch gewollt (wie bei der sog. ▶Terminatortechnologie) und damit raffiniert zum ▶Patent anmeldbar. Die Methoden dazu werden **„kleine Gentechnik"** genannt und sind bei ▶Demeter schon seit 2005 verboten.

Für jede Aussaat muss also bei den Erzeuger-Konzernen ▶Saatgut nachbestellt werden; Landwirte machen sich abhängig, was besonders in der „Dritten Welt" ruinös wirken kann. Die Saatgut-Industrie argumentiert, ihre Hybriden seien widerstandsfähiger, also auch Pestizide sparend (▶Welternährung). Gegner warnen vor Eingriffen in die Natur, beklagen die **bedrohte ▶Agrobiodiversität** und eine sinkende Qualität an Substanz und Aroma. Und nicht zuletzt spielt der ▶Tierschutz eine Rolle. Denn Hybriden sind unübersehbar nur zur Verwertung in „effektiven" Haltungsformen gezüchtet – unter ▶artgerechten Bedingungen hätten sie schlicht schlechteste Überlebenschancen (▶Qualzucht). Längst ist die Zucht ein hochrentabler Spezialbereich. Fast alle ▶Legehennen sind für ▶Käfighaltung optimierte **Hochleistungs-Hybriden** von nur wenigen Anbietern. Auch ▶Schweine sowie ▶Puten wurden zu fleischperfekten, uniformen Super-Nutztieren.

†hĭbrĭdă u. †hȳbrĭdă, ae *m* u. *f* [nachkl., poet.] Mischling, Blendling, von zweierlei Abkunft (Sohn eines Römers und einer Ausländerin, od. eines Freigeborenen und einer Sklavin). Auch römisches Kognomen.

Die Erzeugerschlacht gegen Hybridgemüse hat der Öko-Landbau nach eigener Aussage verloren, um Brotgetreidesorten wird noch gerungen. Demeter beklagt, dass heute **70 % der Gemüsesorten** (bei Tomaten 80 %, bei Rosenkohl und Chinakohl 85–93 %) Hybriden seien. Schmeckbare Minderqualität, Wässrigkeit und Verarmung an Spurenelementen sind zunehmend ein Thema. Bei Hybridreben ist dies so signifikant, dass in der EU daraus nur Deckweine werden dürfen, keine Qualitätsweine.

Nota bene: Im Biohandel gibt es immer mehr samenfestes Saatgut. Daneben bemühen sich Öko-Züchter um „altmodische" natürliche Kreuzung, Auslese und Vermehrung sowie die Erhaltung ▶alter Sorten. In der Schweiz führte die Diskussion um Genmanipulation u. a. zum gesetzlichen Schutz der ▶„Pflanzenwürde".

Hybridpflanzen: Die genetischen Vermischlinge bringen mehr, können aber oft auch weniger Geschmacksnuancen liefern

I–J

IFOAM

Der globale Dachverband aller ökologischen ▸Anbauverbände, Unternehmen, Forschungseinrichtungen, 1972 aus Frankreichs biologischem Bauernverband *Nature et Progrès* entstanden. Als Internationale Vereinigung der ökologischen Landbaubewegungen, englisch also *International Federation of Organic Agriculture Movements* (IFOAM), umfasste die Organisation mit Sitz in Bonn 2013 schon mehr als 788 Mitglieder aus 117 Ländern.

Ziel der Vereinigung mit Netzwerk-Ehrgeiz ist es, internationale Autorität und Stimme des ▸ökologischen Landbaus zu sein, Kapazitäten des Biosektors zu erhöhen, Marktanteile zu verbessern und **„Denk-Räume“ für die Zukunft von Bio** zu öffnen. Zu den Grundprinzipien Gesundheit, Ökologie und fairer Handel zählen für die IFOAM v. a. ▸Nachhaltigkeit und Sicherung der ▸Welternährung in der Sorge um künftige Generationen. Dafür soll weltweit auf synthetische ▸Düngemittel, ▸Pestizide, Gen-Material (sog. ▸GVO, also Genetisch Veränderte Organismen) und Pharmazeutika verzichtet werden.

Dazu dienen Weltkongresse, Regionalarbeit, ein „Partizipations-Garantiesystem“ zur Stärkung von Dorfgemeinschaften sowie die Kooperation mit internationalen Behörden. Zum typisch so globalen wie zähen Verbandswirken gehören Lobbyarbeit, Einmischung in nationale Politik, PR-Praxis für die ständig aktualisierten Zielvorgaben. So waren schon Klimawandel, Missbrauch der Kapazitäten der Erde ein Schwerpunkt wie Wassersorgen, Gier, Spekulation, Monokulturen und Hungergefahr. Wichtig bleibt die Zusammenarbeit mit UNO, FAO, WHO sowie UNEP *(United Nations Environment Programme)*. So war es nicht zuletzt der IFOAM-Initiative bei der EU-Kommission zu verdanken, dass 1991 nach fünf Anstoß- und Verhandlungsjahren die **erste ▸EG-Öko-Verordnung** verwirklicht wurde. Das erst ermöglichte eine Förderung des ökologischen Landbaus in ganz Europa; die Einführung des ▸EU-Biosiegels sorgte schließlich für die notwendige Orientierung für Konsumenten.

Seit 1999 schon gilt auch die von der IFOAM mitentwickelte „Bio-Richtlinie“ GL32 im sog. Codex Alimentarius. Sie ist inzwischen die Grundlage des internationalen Warenverkehrs mit Biolebensmitteln und diente vielen der nationalen Öko-Verordnungen als **Vorbild**.

Seit 2005 gelten die von der IFOAM entwickelten und international anerkannten „IFOAM Basic Standards“. Eigens akkreditierte Bio-Zertifizierer sind berechtigt, das ▸Gütesiegel der IFOAM zu vergeben. Das 2011 eingeführte „Organic“-Label muss sich als neues **internationales Bio-Siegel** weiter durchsetzen.

IFOAM: Mit neuem, weltweit gültigem „Organic“-Logo global agierender Dachverband aller ökologischen Organisationen – alle sitzen am grünen runden Tisch der Biowelt

Imker

Für jeden Land- ist er der hochwillkommene Bienenwirt, der für seine Völker nur zu gern Überflugrechte bekommt. Wenn Bauern maximale Erträge wollen, bezahlen sie sogar „Wanderimker“ für Blütenbesuche. 90 000 Imker gab es 2012 in Deutschland, **630 000 Bienenvölker** ließen sie zum Bestäuben ausschwärmen – im Jahr 2000 waren es noch 1 Mio. Die alte summende Idylle ist gestört: Die so sensiblen ▸Bienen sterben durch

Imker: Ohne sehr viel Bienenfleiß blieben 80 % aller Blüten unbestäubt und könnten sich nicht zu Früchten auswachsen

Imkerei: Stolz gezeigte Tradition auf der Grünen Woche anno 1931 – nun sorgenvolles Hobby, etwa um Dunkle Bienen in der Schweiz zu retten

Pestizideinsatz oder giftige Saatgutbeizen, ihr ▸Honig darf mal keine Spur von Gen-Pollen enthalten, mal muss dies gekennzeichnet sein – die Rechtsprechung quält sich seit 2004. Imker haben auszubaden, was in der Umwelt durch pestizidfreudige konventionelle Landwirtschaft und bei Freilandversuchen mit Gen-Pflanzen angerichtet wird. Schon wurde Imkern auferlegt, von „bienengefährdenden" Gebieten völlig unrealistische 3 km Abstand zu halten.

Imker betreiben traditionell eher ein **Freizeithobby** und haben keine große Lobby, nur ihren immer lautstärker protestierenden Deutschen Imkerbund. Doch mit den globalen Players der Pestizidindustrie legt sich ihretwegen kein Politiker an, nicht einmal nach Massensterben von Bienen durch Insektizide. Kurzfristigen Untersagungen folgte die Wiederzulassung der tödlichen Mittel 2008, in 2010 war die giftige Bekämpfung des Drahtwurms wichtiger als das Überleben der Bienen.

Am schwersten wiegt für Imker, die sich mühsam erst kurze Absatzwege zum Einzelhandel und damit einen Zuverdienst geschaffen haben, dass sie ihren unwissentlich kontaminierten „nicht verkehrsfähigen" Honig vernichten lassen müssen.

All diese Erschwernisse gelten auch für die kleine, feine Gruppe der Bio-Imker, die sich an der ▸EG-Öko-Verordnung oder an den Richtlinien der ökologischen ▸Anbauverbände orientieren. Ihre **Öko-Bienenhaltung** ist detailliert geregelt, der Honig ist optimal gewonnen.

Bio-Imker arbeiten nur mit der Gattung *Apis mellifera*, sie beschneiden nie die Flügel ihrer Königinnen, bieten den Sammlerinnen in einem Radius von 3 km ökologisch bewirtschaftete Flächen, füttern ihre Völker nur bei zu knappen Überwinterungsvorräten und dann nur mit Biozucker. Bio-Imker setzen vorbeugend keinerlei chemisch-synthetische ▸Tierarzneimittel ein, betreiben stattdessen vorbeugend Hygiene gegen Parasiten und haben ihre sog. Beuten **aus natürlichem Material.** Sie nutzen rückstandsfreies Wachs aus Naturwaben und kaufen nur ökologisch aufgezogene Königinnen und ganze Schwärme nach (nur bei Knappheit max. 10 % konventionelle). Für die ▸Öko-Kontrollstelle markieren Bio-Imker die Völker-Standorte in Karten und weisen deren Eignung nach.

All dies garantiert die ▸artgerechte Haltung der Bienen, mit **Idealismus** betrieben, allerdings ohne besonderen Dank der Gesellschaft. Dabei erhält das Werk der Imker die Millionen Bestäuberinnen der blühenden Wild- und Nutzpflanzen. Etwa 80 % davon werden von Bienen besucht, auch (Gen-)Raps und (Gen-)Mais; Mais etwa liefert ja immerhin 20 % der Pollen.

Deutsche Imkerverbände warnten 2010, dass bis zu 35 % der weltweiten Nahrungsmittelproduktion von Bestäubern abhingen. Da muss wohl erst ein erneuter **Bienenmassentod** einmal eine halbe Obsternte ausfallen lassen, damit solch Verlust zum Weckruf wird …

Importware

Ein Dilemma, dessen sich die Biobranche bewusst ist und auf das sie, auch angesichts vertretener Klimaschutz-Prinzipien, stets aufmerksam gemacht hat, ist die simple Tatsache, dass der in Deutschland kontinuierlich gewachsene Bedarf an ökologischen Produkten längst nicht nur durch Inlandsernten gedeckt werden kann. Sieht man von den ohnehin kritisch beäugten Flugimporten und den nur in wärmeren Gebieten anbaubaren Lebensmitteln ab, klafft auch in der Bilanz eigentlich heimischer Produkte eine **große Lücke**.

Während der Bio-Umsatz zwischen 2000 und 2012 sich sogar verdreifachte, verdoppelte sich die deutsche Öko-Anbaufläche nur, wie eine Studie der Universität Bonn belegt. Laut BÖLW *(Bund Ökologische Lebensmittelwirtschaft)* verdoppelten sich die Bio-Importe allein zwischen 2007 und 2010, mit steigender Tendenz. Schon die niedrigeren ▸Preise werden dafür sorgen, dass Importware weiter **hiesige Biobauern bedrängen wird**. Denn während ein qualifizierter Landarbeiter in Deutschland laut Uni Bonn (2011) ca. 10,80 Euro pro Stunde verdient, sind es in Spanien bloß 4,44 Euro; und entsprechend niedriger sind die Löhne in den sog. Drittländern wie Argentinien oder Indien.

Nach gültiger EU-Logik sind nämlich alle im Inland erzeugten Produkte Erstlands- und die aus allen anderen EU-Mitgliedsländern Zweitlandsware. Erst Produkte aus Nicht-EU-Staaten sind echte Importe und nach der **EU-Drittlandsregelung** zu behandeln. Für die Vermarktung „unter Öko-Auslobung" gelten seit der ▸EG-Öko-Verordnung von 2007 drittlandestypische Bedingungen – und werden ständig weiterentwickelt. Die Brüsseler Kommission erkennt seither Biolebensmittel aus bestimmten Drittländern als **„konforme Produkte"** nach Binnenmarkt-Normen an – sofern denn im Drittland dieselben oder „gleichwertig" arbeitende

> Aus Verbrauchersicht ist die Augenscheinnahme vor Ort unverzichtbar. Dies betrifft nicht nur Produzenten, sondern auch die Kontrollstellen
>
> Verbraucherzentrale Bundesverband 2007 zur neuen EG-Öko-Verordnung

Importware: Biomaßstäbe setzen sich auch über EU-Grenzen hinweg durch und werden da auch auf ihre „Konformität" kontrolliert

Importware: Auch solche Bio-Auslandssiegel wie diese aus den Drittländern Indien und Neuseeland genügen Europas Biostandards wie solche Importäpfel von Bio Suisse

▸Öko-Kontrollstellen nachgewiesen werden. Produktions- und Kontrollstandards werden in detaillierten Formularen dargelegt und abgefragt. Importeure und Lagerhalter müssen sich ihrerseits durch private Zertifizierer überprüfen lassen, die wiederum alle Importe registrieren.
Letztlich jedoch müssen sich Produkte **im Labor** behaupten. Immer wieder gibt es Skandalöses, etwa bei ▸Gojibeeren aus China. 2011 schlug die Öko-Kontrollstelle IMO *(Institut für Marktökologie)* Alarm und warnte vor der besonders hohen Betrugsgefahr bei chinesischen Bio-Importen. Im ▸Monitoring bestätigt sich seit Jahren eine klare Tendenz: Importierte Bioprodukte sind in der Regel eher mal belastet als einheimische Bioware. Schlimm genug – aber die Rückstände sind immerhin auffällig seltener und dann auch niedriger als bei konventioneller Ware, ob aus dem Ausland oder nicht.
Die ▸**Schweiz** kann durch ihre Sonderlage und im Sinne und Zeichen der „Knospe" von ▸Bio Suisse grenzüberschreitende Bioware noch konsequenter handhaben: Priorität hat „das nahegelegene Ausland". Es gilt ein generelles Flugverbot für alle Bioprodukte. Frischeprodukte aus Übersee werden grundsätzlich überhaupt nicht anerkannt. Ungeniert wurde bestimmt, dass die Knospe-Auszeichnung von Importwaren „bei ausreichender Inlandversorgung" eingestellt wird.
Tipp: Bei Importwaren auf jeden Fall auf das ▸EU-Biosiegel, besser jedoch noch auf die Logos der ökologischen ▸Anbauverbände achten. Auch die jeweils zertifizierende Öko-Kontrollstelle muss gekennzeichnet sein. Das Siegel der ▸IFOAM ist Grundlage des globalen Biohandels und gilt als zuverlässiges Zeichen. In der Praxis sind ▸fair gehandelte Waren **aus Drittländern** oft ebenfalls öko-verlässlich.

Nota bene: Da der ▸Bio-Betrug mit Papier-Zertifikaten zu leicht ist, fordern die ▸Öko-Kontrollstellen eine zumindest europaweite Zertifikatsdatenbank.

industrielle Tricks

Lebensmittel sind gut und gerne Gaumenproben; ob nun echt oder unecht, ist manchen Herstellern oft echt egal. Das Tricksen, Täuschen, Abfälschen oder Ersetzen ist gang und gäbe. Immer mal wieder – und gefühlt immer öfter – werden industriellen Produzenten Manipulationen von **Verbrauchererwartungen** nachgewiesen (▸Skandale). Die Ertappten entschuldigen sich mit Konkurrenzkampf und Preisdruck und beschwören damit erst den Dauerverdacht gegen sich.

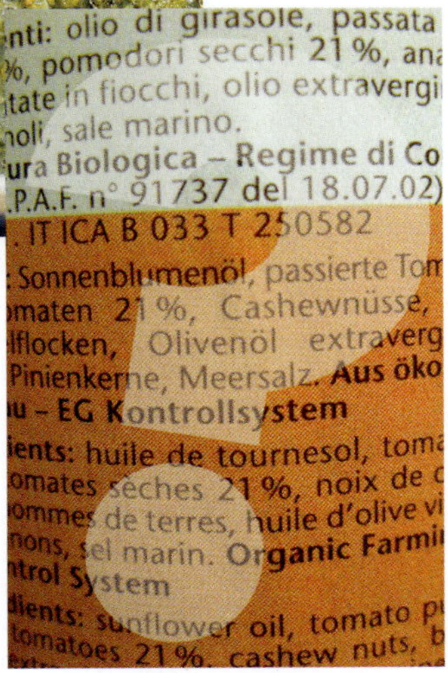

Geradezu hanebüchen ist die Systematik, mit der seit Jahr(zehnt)en mit Hilfs- und ▸Zusatzstoffen oder dank Kunstaroma unser aller „natürlichste" Erwartungen bloß durch geschickte **Simulation** von Geschmack und Konsistenz (▸Textur) erfüllt und damit konditioniert wurden – und weiter werden (▸Geschmackssache).

Ebenso schwer wiegt die Verfälschung versprochener Lebensmittelqualitäten. Für Maximalgewinn werden Rohstoffe extrem reduziert: Im ▸Speiseeis etwa ersetzt Pflanzendas viel teurere Milchfett, weshalb Milcheis (mind. 70 % Milch) und Creme-Eis (mind. 50 % Milch plus viel Ei) ausstarben.

Warum sollten wir uns an den unnatürlicheren Geschmack von ▸ESL-Milch, von länger lagerndem, mikrobiell gefährdetem Frischfleisch unter Schutzgas oder von nur unsichtbar versiegeltem Dauerfrischgemüse gewöhnen, nur weil es herstellungsbequem und dauerlagerbar ist? Müssen wir unfreiwillig Klebeschinken und Käse-Imitate (▸analog) mögen? Dass pro Bioprodukt nur einige wenige von max. 49 (in der ▸EG-Öko-Verordnung) bzw. 13–23 (bei den ▸Anbauverbänden) Zusatzstoffen verwendet werden, **spricht für die Biobranche,** die eine ▸Volldeklaration deshalb nicht scheut. Die konventionelle Konkurrenz hat etwa 330 Stoffe in ihrer Trickkiste, um ihr ▸Food-Processing einfacher und v. a. günstiger hinzubekommen. Bloßer ▸Etikettenschwindel mit mal unterdrückten, mal verfälschenden Angaben ist noch die einfachste Trickserei: Groß angepriesene Geflügelwurst wird fast zur Hälfte mit Schweinefleisch aus dem Kleingedruckten gestreckt. Teure und grafisch herausgestellte Pistazien im Pesto werden nur als Kleinstmenge auf der ▸Zutatenliste erwähnt, vor ihnen rangieren aber ersatzweise billigere ▸Cashews. Auch das beliebte scharfe Wasabi lässt sich zwar werblich und grün herausstellen, kann allerdings mit Spirulinakonzentrat, Aroma, Glutamat und Farbstoff bestens und preiswerter simuliert werden. Wo und wie dies **im Kleingedruckten** auftaucht, grenzt oft schon an ▸Irreführung. Für derlei gibt's dann alljährlich den wohlverdienten Goldenen Windbeutel von ▸*Foodwatch* und seiner Kampagnen-Website www.abgespeist.de. Das

industrielle Tricks: Sie sollen öfter mal wie im Pesto teure Grundprodukte wie echte Pinienkerne durch preiswertere Cashewnüsse, gern auch andere wertvollere Zutaten, ersetzen

industrielle Tricks entlarvt: Foodwatcher Thilo Bode erteilte den Abspeisern eine Buch-Abfuhr

Ingwer: Der skurrile Wurzelstock, früher gar Ingwerklaue genannt, hat es in sich – Schärfe zumal und dann den hohen Gesundheitswert

öffentliche Bewusstsein ist längst geschärft: Gerade mal 9 % der deutschen Konsumenten glaubten 2010 laut *Institut Fresenius* den Lebensmittelherstellern; 55 % aller Befragten hatten **Angst vor Mogelpackungen**.

Ingwer

Der besonders scharfe Verwandte von Kardamom und Kurkuma mit dem besonders hohen Gewürzwert, konzentriert im sog. Rhizom, also dem Wurzelstock, von *Zingiber officinale*. In der Tropenküche kommen sogar die jungen und sehr pikanten Ingwersprossen in den Topf. Jedoch nur die

knollig-drolligen Verwachsungen, aus deren knubbeligen Enden die Stängel ragen, sind der eigentliche „Ingwer", der schon im Sanskrit seinen uralten Namen nur nach der Form bekam – *çringa-wêra* bedeutet denn auch **„horn-gestaltet"**.

Neben der Urheimat Südchina sind heute Jamaika und Indien die bedeutendsten Lieferanten von Ingwer, bekommen aber starke Konkurrenz aus tropischen und subtropischen Ländern; im kühleren Europa aber wüchse die schilfhafte Pflanze nicht so dicht aus ihrem Wurzelstock.

Meist kommt Ingwer dann von riesigen konventionell bewirtschafteten Plantagen ohne besonderen Fruchtwechsel, was der Qualität schadet, den vermehrten Einsatz von ▸Pestiziden nötig macht und somit die Landschaft veröden lässt.

Die **Masse der ▸Importware** von dort ist darum öfter mal belastungsverdächtig. Von immerhin 18 Proben frischen Ingwers, die in 2012 im Ökomonitoring kontrolliert wurden, enthielten 60 % der ökologischen, aber 85 % der konventionellen Ware ▸Rückstände von Pestiziden auf (doch kein Bio-Ingwer überschritt die Höchstmenge, jedoch ein Drittel der konventionellen Proben).

Inzwischen gibt es **Bio-Ingwer**, wenn auch manche Kontrollmechanismen im ökologischen Landbau der Tropen noch kritisch zu bewerten sind.

Beim Einkauf ist deshalb auf ▸Gütezeichen und womöglich feine Unterschiede in der Formulierung zu achten.

Im Idealfall ist ▸fair gehandelte Ware von Kleinbauern mit extensiver, traditioneller Landwirtschaft und handarbeitsintensiver Sorgfalt auch noch ökologisch zertifiziert.

In **Bioqualität** gibt es Ingwer auch gemahlen, kandiert und ungeschwefelt in Sirup eingelegt. Dann wuchs sich die Wurzel ohne synthetische Düngemittel oder Pestizide aus und wurde zur Verarbeitung weder bestrahlt noch in Gemischen (wie konventionell gern) nacharomatisiert.

Nota bene: Ingwer hat manche antibiotische, entzündungshemmende, durchblutungsfördernde, magenberuhigende Inhaltsstoffe. Und unter allen Aphrodisiaka hält die scharfe Knolle ihren Stammplatz.

Innereien

Das Wort schmeckt dem deutschen Volksmund noch immer nicht so recht, es hat wohl den negativen Beigeschmack von Schlachtabfall und den strengen Erinnerungsduft von Arme-Leute-Essen, für das alle „Äußereien" zu teuer waren. Von 2000–2011 hat sich der permanent sinkende Pro-Kopf-Verzehr in Deutschland auf **ca. 200 g im Jahr** verringert.

Ein modernes Problem der Akzeptanz ist das meist unbekannte Aussehen. Rohe Innereien haben zudem den anderen, spezifischen Duft und gekocht den ganz anderen, manchmal sogar Nicht-Biss in Suppen.

An der Theke erkennen die meisten am ehesten noch eine Leber, wenige aber Lunge und Herz (oberdeutsch *Beuschel*), Niere, Milz, Bries oder Kutteln und kaum jemand (außer vielleicht Hundebesitzer) noch Rindermägen oder sogar größere wie kleine Hoden. Vom zarten Kalbshirn mal ganz zu schweigen, das wegen BSE einstweilen verboten ist.

All diese sog. Organ-Innereien und die vielen „übrigen Innereien" gehören nach wie vor in **regionale Deftiggerichte**, raffinierte Ragouts oder sind gerühmte Spezialitäten.

Immerhin gelten auch ▶Kaviar oder Gänsestopfleber (▶Gänse) als Innereien, sind aber bei Respekt vor dem Arten- bzw. Tierschutz wenig empfehlenswert. Darüber hinaus erfüllen Innereien im Körper andere Funktionen als Muskelfleisch und haben deshalb ganz andere Inhaltsstoffe. Im Stoffwechsel waren sie Durchgangsorgane, die aber längst nicht alles weitergaben oder ausschieden, Lebern und Nieren zumal.

Innereien sind reich an Vitamin C, A, den B-Vitaminen und an Mineralstoffen wie Kalium, Calcium, Phosphor und Eisen, sie haben aber auch einen hohen Gehalt an Purin (verstärkt Gichtleiden) und **sehr hohe Cholesterinwerte**. Die früher hohe Belastung mit ▶Schwermetallen ist inzwischen stark auf die Richtwerte gesunken, die nur in Einzelfällen amtlich „geringfügig" überschritten werden. Je älter ein Tier, das seine Innereien hergab, desto belasteter sind diese auch. Man frage beim Bioschlachter des Vertrauens eher nach Jungtieren …

Als Faustregel gilt: Innereien nicht zu oft, nur etwa **einmal im Monat** essen, als Schwangere oder Stillende meiden. Allerdings sind in Brat- und Weißwürsten, Bierschinken, Fleischkäse und Frikadellen oft auch fein zerkleinerte Teile von Hirn und anderen Innereien verarbeitet. Beruhigend immerhin, dass dies auf der Zutatenliste auch so gekennzeichnet werden muss.

Warnungen: Vor Schafleber, ebenso Lamm- und Hammelleber, musste das BfR *(Bundesinstitut für Risikobe-*

Innereien: Sie schmecken regelmäßig viel besser, als sie in Suppen aussehen, und sind inzwischen auch schon weniger belastet – Regionalküchen bleiben ihnen ohnehin gern treu

Instant-Helfer: Rehydrierung soll blitzschnell gelingen – da wird schnell mal vergessen, dass die Pulverform doch eine kleine Energiesünde darstellt

wertung) nach Stichproben schon mal warnen. Die Proben wiesen einen erheblichen Gehalt an ▸Dioxinen und ▸PCB auf, die sogar über den EU-Höchstgrenzen lagen.

Innereien von ▸Wild, besonders von Rehen, ▸Hasen sowie von ▸Wildschweinen, sind ebenfalls erheblich mit Schwermetallen belastet: besser höchstens zweimal im Monat auftischen! Auch die von manchen so geschätzte Leber vom **Dorsch** (▸Kabeljau) wies schon so hohe Dioxin- und PCB-Werte auf, dass das BfR davon abraten musste, sie häufiger als alle zwei Monate zu verzehren.

Tipps: Die Frische von Innereien erkennt man an ihrem feinen Glanz, die Oberfläche darf auch etwas feucht sein. Innereien sind besonders leicht verderblich und sollten immer so frisch wie möglich, also am allerbesten am Tag der Schlachtung, zubereitet oder zu Hause innerhalb von zwölf Stunden verarbeitet und genossen werden.

Instant ...

Alles, was mit diesem Anglizismus daherkommt, ist auch „sofort" eine vielfache ökologische Sünde – gleichzeitig aber wie manches Sündhafte ja auch so angenehm ...

Instantprodukte sind mit recht großem Energieaufwand **dehydrierte Produkte,** die sich überall bequem und schnell rehydrieren lassen. Damit ist der Hersteller nur eine Durchgangsstation für aufwendig zur Pulverform denaturierte Grundprodukte – also auch in Instant-Bioqualität von Brühen, Suppen oder Kaffees.

Fachlich heißt der industrielle Prozess „Instantisierung", wozu Schnelltrocknen durch Extraktion, konzentrierendes Erhitzen im Vakuum und Sprüh- oder Gefriertrocknung allein noch nicht genügen. Das meist zunächst gekochte Produkt(-gemisch) muss dann auch noch gemahlen, für die Homogenisierung gesiebt und wegen der Erhitzungsverluste an Vitaminen und an anderen Inhaltsstoffen zusätzlich kräftig korrigiert werden – durch Nachwürzen mit ▸Aromen, die Zugabe von ▸Geschmacksverstärkern, von Vitaminen, aber auch Ballaststoffen. Für perfekte Struktur sorgen festigende ▸Stabilisatoren wie etwa Lecithin.

Bio-Hersteller verarbeiten zu mindestens 95 % ökologische Ausgangsprodukte und verzichten auf ▸Konservierungsstoffe, ▸Emulgatoren sowie ▸Antioxidationsmittel.

Instant-Zubereitungen gelingen deshalb so erstaunlich schnell und so klumpenfrei „im Löffelumdrehen", weil das hydrophile Granulat in einem Wirbelbett getrocknet wurde. Dabei entstehen in den Körnchen des Agglomerats winzige Kapillaren,

also Feinkanäle, die das Wasser später geradezu gierig aufsaugen, wozu es eben noch nicht mal quellhelfend kochen muss.

Doch bei der Tütensuppe als klassischem sog. pulvrigem Lebensmitteltrockenprodukt, ver- und gekauft mit der Illusion einer Mahlzeit, ist das Tempo-Versprechen schneller Sättigung der Hauptreiz. Allzu Kleingedrucktes wird gern ignoriert, dabei können v. a. in konventionellen Produkten zahlreiche ▸Zusatzstoffe für Kinder allergen bis gefährlich sein.

Insgesamt betrachtet ist die ▸Ökobilanz von energieintensiven Instantprodukten „von Natur aus" eher verheerend, was sie in der Biobranche durchaus umstritten macht. Für den Griff ins Regal ist oft der bloße Verzehrreiz entscheidend, wichtiger als Umweltziele sind da eine schnellstmögliche Zubereitung des Instantgranulats durch **Rehydrierung**.

integrierter Anbau

Um jedem Missverständnis vorzubeugen: Die Aussage oder Kennzeichnung „aus integriertem Anbau" ist **kein Hinweis auf ein Bioprodukt!**

Es ist auch keine staatliche, überwachte oder geschützte Definition. Es ist vielmehr der so vernünftig klingende Inbegriff für scheinbaren Ausgleich: die gegenseitige Durchdringung von Ökologie und Ökonomie.

Da dies zu ideell oder vage ist, gibt es die „Richtlinie für die kontrollierte Integrierte Produktion von Obst und Gemüse" vom *Bundesausschuss Obst und Gemüse*. Das hört sich amtlich an, ist aber eine Organisation aus Fachverbänden sowie Erzeugergemeinschaften.

Nach diesen berufsständischen Regelungen werden geschätzte 80 % des Kernobstes und etwa 50–60 % des Steinobstes in Deutschland erzeugt.

Seit den 1970er-Jahren erst gibt es diese Zauberformel für eine irgendwie vereinende, gleichgewichtende, abgestimmte Landwirtschaftsform. Gemeint ist die Praxis der integrierten Produktion, in der Schweiz verstanden als **„Dritter Weg"**: die Mitte haltend „zwischen nur konventionellem und extrem biologischem Landbau" (so der defensivere Unterton). Grundsätzlich meint „integriert" dabei die Praxis einer ▸Landwirtschaft, die umwelt- und tierfreundlicher sein will, ganz so wie im schweizerischen Sinne, nämlich „machbar für den Produzenten und bezahlbar für den Konsumenten".

Daran wäre nicht viel neu, und nach Lockerung der Schweizer Bedingungen betreiben mittlerweile fast alle Landwirte in der Schweiz „integrierte

integrierter Anbau: Ungeschützter Begriff für eher althergebrachte Harmonie von Land- und Wirtschaft

integrierter Anbauer: Das Schlagwort überlässt es dem Landwirt, wie weit er auf Tier und Natur Rücksicht nimmt

integrierter Anbau als Logo: In der Schweiz gibt der Nützling Marienkäfer den deutlichen Hinweis

Produktion" mit dem Käfer-Logo von IP-Suisse. In Deutschland wird die ungeschützte „integrierte" gern ganz mit einer umweltgerechten Erzeugung gleichgesetzt, manche sagen auch „**naturnah**" – bio ist derlei aber nie, selbst wenn die Suggestion hilft.

Dabei werden jedoch Dinge beschworen, die im Bewusstsein der Verbraucher ganz typisch für die Landwirtschaft sein sollten, es aber in der Realität kaum mehr sind: Wahl der Sorte, Pflanzenernährung sowie Anbautechnik nach Bedarf und Standort, dazu Pflanzenschutz durch biologische und biotechnische Maßnahmen, durch Fruchtwechselkonzepte, Grundwasserschutz und Erhaltung typischer Landschaftselemente.

Dem **Gutdünken** eines wohlwollenden Landwirts bleibt da viel über-, manches auch zu unterlassen. Letzteres soll er beim integrierten Handeln tunlichst beim Chemie-Einsatz unter „Beachtung des Schadschwellenprinzips". Er dürfte Gift also niemals vorbeugend oder aus Routine ausbringen.

Damit ist der integrierte Anbau eigentlich fast eine Binsenweisheit und reinste Vernunftsache nach Bildung, Ausbildung und Wohlwollen des erwerbsmäßig darauf Angewiesenen. Er soll nur nicht „nur" ans Ökonomische denken und, so der Appell, auch mal Ertrags- und Qualitätseinbußen hinnehmen.

Im Vergleich zur stark gewinnorientierten und gern auf maximale Betriebsgröße getrimmten konventionellen Landwirtschaft macht dieser ideelle Appell immerhin schon einen **kleinen Unterschied.** Er spiegelt eben die eher volkstümliche Erwartung an eine Landwirtschaft, die ihren industriellen Charakter nicht aufdrängt …

Irreführung

Es ist ja so beruhigend zu wissen, dass „Lauterkeit des Handels und der Verbraucherschutz zentrale Anliegen des europäischen und nationalen Lebensmittelrechts" sind. Jedes **Täuschen** ist nach § 11 des Lebensmittel- und Futtermittelgesetzbuchs (LFGB) untersagt, also „irreführende Bezeichnungen, Angaben und Aufmachungen für gewerbsmäßig in Verkehr gebrachte Lebensmittel". Auch „zur Täuschung geeignete Darstellungen oder sonstige Aussagen über Eigenschaften, insbesondere über Art, Beschaffenheit, über Zusammensetzung, Menge, Haltbarkeit, Ursprung, Herkunft, Art der Herstellung oder Gewinnung". Damit hätte also die Lebensmittelkontrolle viel zu tun und zu verbieten – gelegentlich tut sie es sogar.

Irreführung: Beworben mit „Natur pur", als Hefeextrakt-Sünde und Etikettenschwindel „abgestempelt" durch die Foodwatch-Kampagne abgespeist.de

Irreführung: Echt überzeugend auf der Grünen Woche präsentierter Wasabi – der aber ist manchen Herstellern zu teuer und wird deshalb gern mal durch Aromen im grünen Überzug ersetzt …

„Ohne ausreichende Kenntlichmachung“ liefert sich ein Hersteller v. a. dann ans Messer, wenn er nachgemachte oder stark vom Erwarteten abweichende Lebensmittel anbietet. Kenntlichmachung bedeutet, dass die **„allgemeine Verkehrsauffassung“** zugrunde liegt, Maßstab sind „allgemein übliche und in Fachkreisen anerkannte Anschauungen“.

Damit waren alle, die Käse zwar nur ▶analog herstellten, ihr schnittfestes Stärke-Gel-Rezept dann aber käsefern benannten, aus dem Schneider. Gastwirte und Bäcker, welche derlei als „Käse“ anpriesen, begingen allerdings vorsätzlich Irreführung, vulgo Täuschung. Ebenso geht zwar ein sog. Formfleischerzeugnis „mit Schinken“ durch, darf aber nicht als „Schinken“ auf Etiketten oder Pizzeria-Speisekarten landen. Ebenso wenig haben „Garnelen“ etwas mit Form-Surimi zu tun.

Es darf auch nicht irreführend eine Selbstverständlichkeit hervorgehoben werden. Schließlich enthält jeder Möhrensaft wertvolles Carotin und jeder Ketchup sonnengereifte Tomaten, ebenso wie jedes Wasser „cholesterinfrei“ ist.

Dass Aussagen über gesundheitliche Wirkungen **ohne wissenschaftlichen Beleg** verboten sind, ist längst bekannt (▶Health Claims), setzt sich aber erst zögernd durch. Die Erweckung nur des leisen Anscheins von Arzneimittel bei einem Lebensmittel ist streng untersagt; mit Hinweisen auf Volksmedizinisches wird das oftmals äußerst sprachgeschickt umgangen. Wenn jedoch nach „herkömmlichen Regeln der Normauslegung“ ein Lebensmittel ein „im Wesen anderes Produkt“ ist, das kein Kleingedrucktes hinreichend erklären kann, gilt es als **Aliud** (von lat. *alius* „ein anderer“). Das erklärt auch, warum manche Kreation zu ▶Novel Food wird und ▶Quorn als Eiweißersatz die Zulassung fehlt.

In der ▶Biobranche sorgte in 2009 ein Beispiel für Aufruhr: die Biolimonade „Beo“. Hier bezog sich der von ▶*Foodwatch* veröffentlichte Vorwurf der Irreführung nicht auf eine bezweifelte Bioqualität der Zutaten; die hätte auf der Grundlage der ▶EG-Öko-Verordnung zum Entzug des ▶Bio-Siegels führen können. Als irreführend wurde jedoch empfunden, dass der Apfel- bzw. Birnengeschmack gar nicht aus Früchten, sondern nur von natürlichen ▶Aromen stammte, und so allein Zucker und Gerstenmalz echt bio waren.

Irreführung: Abgespeist.de machte per Klammer auf den sehr kleinen Bio-Anteil der Brause „Beo“ aufmerksam

Für den Hauptanteil Wasser gibt es schlichtweg keinerlei Bio-Standard. 2010 jedenfalls nahm Carlsberg das Produkt vom Markt.
Ähnlich erging es der „Natur pur"-Suppe von Maggi, die trotz gegenteiliger Kennzeichnung ▸Geschmacksverstärker einsetzte, wenn auch nicht ▸Glutamat, so doch das so heftig diskutierte ▸Hefeextrakt. Für die Macher von *Foodwatch* und abgespeist.de ein weiteres Beispiel von ▸**Etikettenschwindel.** Um den handelt es sich regelmäßig und regelwidrig, wird mit allerlei Wortfantasie eine Anlehnung an geschützte Bio- oder auch Öko-Begriffe hergestellt: umweltschonend, kontrolliert, unbehandelt, naturrein … Das ▸EU-Biosiegel und das deutsche ▸Bio-Siegel geben da Mindestsicherheit; und noch einmal strenger werden die Gütesiegel der ▸Anbauverbände vergeben.

Jakobsmuscheln: Die Natur liefert das Service als Schale gleich mit, die molluske Kompaktheit gilt offiziell als empfehlenswert

Jakobsmuscheln

Sie können nichts dafür, dass sie als Trinkschalen für Pilger auf Spaniens *Camino de Santiago* zum Namen des Jakob kamen und 1904 gar Logo eines Ölkonzerns wurden.
Die Unschuldsmuscheln mit ihren weltweit ungefähr 100 Arten werden vom schweizerischen ▸WWF in dem „Einkaufsratgeber Fisch und Meeresfrüchte" aus europäischer oder aus US-amerikanischer ▸Aquakultur sogar als „empfehlenswert" eingestuft. Denn ihre Zucht schädigt die Umwelt nicht. So benötigt sie keinerlei ▸Futtermittel, belastet also Gewässer nicht, von denen die Mollusken nur ausreichend großen Wasseraustausch für ihren gewaltigen Filterfleiß erwarten.
In geeigneten küstennahen Gewässern gelingt ihre **Zucht** in den Etagen von lang ins Wasser hinabhängenden Laternennetzen oder in Gitterkäfigen dicht über dem Meeresboden – damit ist auch ▸ökologische Aquakultur möglich. Der Kauf von Muscheln aus einer solchen sog. Bay Scallop Aquaculture (wie sie etwa von ▸Naturland zertifiziert wird) garantiert, dass der Besatz aus Aufzuchtstationen oder mit Larven aus schonendem Wildfang erfolgte.
Problematisch jedoch bleibt die traditionelle Ernte in angestammten Herkunftsgebieten all der französischen, spanischen, portugiesischen Jakobsmuscheln (franz. *coquilles Saint Jacques*, engl. *scallops*), wo sie von den wenigen lizensierten Fischern regelrecht vom Boden des Meeres gekratzt werden. Die Umweltschäden sind so groß, dass zum Erhalt von Beständen wie Marktpreisen in der Bretagne der „Fang" streng limitiert ist – auf zwei Wochentage und dann nur jeweils auf eine Dreiviertelstunde.
Diese noch weit verbreitete **Schürfmethode** ist brutal: Ein Jakobsmuschelfanggerät, die sog. *drague* (engl. *dredge)*, kratzt mit 10 cm langen Eisenzähnen alle, auch die sich vergrabenden Muscheln aus dem Boden direkt hinein ins nachgezogene, metallene Schleppnetz. Immerhin dürfen dessen Maschen nicht enger als 11 cm sein, Jungmuscheln haben bis zur marktgerechten Standardgröße also eine kleine Chance. Der WWF betont denn auch, dass der **Wildfang** im Nordost-Atlantik nur dann als wirklich empfehlenswert gelten kann, wenn die Methode des Handverlesens den Meeresboden als Lebensraum nicht zerstört.

Zur ökologischen Qualität einer so wenigstens umweltschonend „geernteten" Jakobsmuschel kommt ihre ganz besondere **Schmackhaftigkeit** und die trotz Größe halbfeste Textur.

Damit wird sie schon roh (für Sensible leider eben lebend), mit Pfeffer und/oder Zitrone allein zum speziellen Genuss, bereichert gern Sushi oder überfächert hauchdünn geschnitten dekorativ den Teller.

Saison für die Pilgermuschel ist von November bis März, Importe von eher größeren Exemplaren kommen aus Chile, Japan und den USA.

Jakobsmuschelfleisch gibt es ausgelöst frisch oder tiefgefroren. Manche geöffnete Schale bietet den roten Corail, also den Rogensack, als ganz besondere Delikatesse. Kurzgebraten in wenig Butter bleiben die Vitamine und Spurenelemente erhalten. Auch geräuchert und in Dosen gehandelt sind Jakobsmuscheln geschmacklich etwas Besonderes, dann aber durch das ▸Räuchern auch stark mit Benzpyren belastet. Das gilt v. a. für das Öl, deshalb besser weggießen!

Tipp: Jakobsmuscheln im besten Fall aus ökologischer Aquakultur frisch, also lebend kaufen und auf wasserschwere sowie geschlossene Exemplare achten. Spaltoffene nur auswählen, wenn sie sich auf Druck oder Muskelberührung sofort schließen.

Nota bene: Jakobsmuscheln liefern hochpreisiges Muskelfleisch und wachsen so schnell, dass sie schon aus rein ökonomischen Gründen für die Aquakultur wie geschaffen sind – sie haben sogar das Potenzial für die Aufzucht in nur einer einzigen Wachstumssaison zur maßvollen Standardgröße.

Allerdings entsteht dadurch die Gefahr, dass Züchter die biotopfremde Art in ihre Buchten holen und so die ursprüngliche Standortfauna durcheinanderbringen. Schlimmer noch: Jakobsmuscheln haben als natürliche Hermaphroditen, also sich selbst befruchtende Zwitter, viele Vorteile für jede Art von **genetischer Manipulierbarkeit**. Die USA wollen darin zu gerne Vorreiter werden – seien wir also gewarnt!

Jakobsmuscheln am Bande: Ihre Zucht an Laternennetzen ist unproblematisch, der Wildfang allerdings stark limitiert

Joghurt: Selbermachen ist eine nur kleine Kunst mit Kochen, Abkühlen, mit Joghurt- oder Labzusatz, Wirkenlassen – und dann ab in die Gläser!

Joghurt

Ein Wortgeschenk der Türken für „Gegorenmilch“, für absichtlich fermentierte Milch, und damit eines der einfachsten wie ältesten länger haltbaren und dazu bekömmlichsten Milchprodukte, ähnlich dem ▶Kefir. Joghurt ist oft sogar verträglich für Menschen, die ansonsten Lactose meiden müssen. Das gilt umso mehr für Joghurt aus Schafs-, Stuten- oder Ziegenmilch – und der rein vegane „Soghurt“ aus ▶Soja ist ohnehin völlig problemfrei.

Überdies ist Joghurt mit simplen, im Reformhaus käuflichen **Milchsäurebakterien** so einfach selbst „dickzulegen“, dass dies nicht einmal Arbeit bedeutet, sondern in Routine zum Vergnügen wird, ihn mal klassisch stichfest-gallertartig oder dicksämig trinkbar zu machen. Schließlich kann die Ausgangsmilch schon bio sein. Auch die Bakterienkultur-Temperatur von gut 40° C über ein paar Stunden ist da kein Problem mehr (sog. Brütautomaten helfen bestens).

Je nach Ursprungsmilch, Sahne- oder Milchpulverzusatz bzw. verdickenden Kochreduzierungen entsteht so alles vom Sahnejoghurt (amtlich ansonsten mit mind. 10 % Fett) bis zum Magermilchjoghurt (max. 0,3 % Fett).

Über selbst gemachten Joghurt wäre damit beinahe alles gesagt – man hätte den ganz unverfälschten **Naturjoghurt**, frei von ▶Zusatzstoffen.

Hauptsache bleibt, dass ein Joghurt ein sog. Sauermilcherzeugnis ist und nur aus den zwei früher hauptsächlichen, eher säuerlich ausfallenden **Bakterienstämmen** *Streptococcus thermophilus* oder *Lactobacillus bulgaricus* erbrütet wurde. Nur spezielle andere *Lactobacilli*, aus denen „Joghurt mild“ gemacht wird, tun dies nicht und heißen dann nur ähnlich, wie etwa der in Reformhäusern angebotene „Sanoghurt“ aus Biomilch. Die sog. Biogarde-Milchsäurebakterien ergaben schon vor einigen Jahren einen **„Bioghurt“**, der allerdings seit dem 1.7.2006 laut ▶EG-Öko-Verordnung nur dann noch einen „Bio“-Namen tragen darf, wenn er tatsächlich ökologisch hergestellt wurde, um eine ▶Irreführung zu vermeiden. Daher nennt sich „Biogarde“-Joghurt von konventionellen Herstellern heute nur noch „Bighurt“.

Die üblichen Milchsäurebakterien bauen den Milchzucker in natürlicher Weise eher rechts-, nur teilweise auch in ▶linksdrehende Milchsäure ab. Je mehr ▶**rechtsdrehend**, um so besser verdaulich und bekömmlich ist sie durch leichte immunsystemrelevante Düngung der Darmflora. Die speziellen **„Biogarde“**-Kulturen etwa säuern mit 95 % „Rechtsdrehung“ Joghurt und Kefir, beim sog. Sanoghurt werden 90 % erreicht. Je weniger diese Milchsäurebakterien von der Magensäure attackiert werden, desto stärker wirken sie anschließend ▸**probiotisch**.

Purer Joghurt ist **energiearm**, nicht so ein nachgezuckerter: Schon 100 g „Fruchtjoghurt“ mit 3,5 % Fett liefern 426 kJ/101 kcal, ein „fettarmer“ Fruchtjoghurt mit bis zu 15 % Zucker immer noch gut 339 kJ, also 80 kcal! Die Faustregel für **konventionellen** Massen-Joghurt lautet: Je weniger Fett als Geschmackstransporteur enthalten ist, desto eher gleicht Aromengetrickse und eben Zucker aus. Zu all diesen formalen **„Fruchtzubereitungen“** kommen im industriellen Alltag allerlei Zutaten: ▸Stabilisatoren, Gelier- und Verdickungsmittel wie etwa modifizierte ▸Stärke, überdies Säfte, Sirups, Farbstoffe, Aromen, sogar Vitamine! Gegen Fruchtsäuren aber werden wiederum bis zu 8 % Zucker oder wahlweise die sog. ▸Zuckeraustauschstoffe hinzugegeben. Produzenten bleibt es dann sogar erspart, diese Süßung auch auf der ▸Zutatenliste anzugeben – was schon so einiges besagt. Auf der Übersüßung der vitaminisierten, knallbunten Miniatur-Joghurts für Naschkinder beruhte einst denn auch der rasende Erfolg der „Fruchtzwerge“.

Joghurt bio: Das Sauermilchprodukt bekommt vieles auf den Deckel, weil es als Gesundprodukt heiß umkämpft ist und dabei nicht erhitzt wurde – mit regionalen Biozutaten wird's zum Trendsetter

Nur verschämt wird auch angegeben, dass konventioneller **Fabrikjoghurt** mit 50° C wärmebehandelt wurde, damit dem Rest von Milchsäurebakterien ihr munteres Weiterfermentieren verdorben wird. Damit wären sie „tot“ und sind deshalb für die gärende Wirkung jenseits des Magens völlig wirkungslos – der Joghurt aber wäre dafür bekömmlicher.

Ein **Bio-Joghurt** wird nie erhitzt, weil es eben zerstörerisch für alle B-Vitamine und alle wirksamen Bakterienkulturen wäre. Die **Cremigkeit** wird im Tank allein durch verdickendes Eindampfen und erneutes Rühren erreicht. **Stichfester Joghurt** allerdings reift im Becher und bleibt durch Entzug von Wasser oder durch Zusatz von (meist selbst erzeugtem) Magermilchpulver fester.

Ohnehin entsteht Bio-Joghurt nur aus ökologisch erzeugter Milch – im Fall von ▸Demeter ist diese sogar **nicht einmal homogenisiert** (nur wie üblich pasteurisiert). Die verwendeten Kulturen sind selbstverständlich nicht gentechnisch manipuliert, und auch die Menge aller einsetzbaren ▸Zusatzstoffe ist wesentlich kleiner.

Johannisbeeren: Beim Vitamin C nehmen sie es leicht mit Zitronen auf, aber sie sind in ihrer Empfindlichkeit heikle Strauchware

Klassischste Zutaten in Bio-Joghurts sind kristallzuckerfreie alternative „Versüßungsmittel“ wie Honig, diverse Sirups und Säfte.

Auf Verpackungen werden sie einzeln aufgelistet; und etliche Anbauverbände sehen sogar eine ▸**Volldeklaration** vor.

Auch bei der ▸Verpackung legen Bio-Hersteller Wert auf schonende Materialien – Öko-Klassiker ist der bepfandete Joghurt im großen Mehrwegglas. Das hilft, den ▸Carbon Footprint von Joghurt-Mögern kleiner ausfallen zu lassen, umso mehr, wenn regionale Molkereien den Vorrang haben. Werden dagegen alle Komponenten und Ingredienzien für einen Becher Industrie-Joghurt aus halb Europa zusammengekarrt, hat das entscheidende Folgen für die **Klimabilanz**.

Nota bene: Ein nicht überzuckerter Joghurt ist gesund, liefert viel Eiweiß sowie Calcium, sorgt darmfloral für Abwehrstimulation und ist pur relativ energiearm. Manchen gilt Joghurt gar als „Kosmetik von innen“.

Apropos: Jeder Bio-(Natur-)Joghurt braucht bis zu 27 Stunden, bis er löffelbar ist, in konventionellen Hightech-Molkereien sind es da zehnmal weniger: 2,7 Stunden. Und laut ▸*Greenpeace* steckt im Bio-Joghurt bis zu ein Drittel mehr ▸Omega-3-Fettsäuren.

Und doch hatte **Bio-Joghurt** im Jahr 2012 in Deutschland erst einen Marktanteil von 4,3 %.

Joghurt: Längst hat die urtürkische „Gegorenmilch“ den Weltmarkt erobert, schmeckt pur nach Natur und wird mit Sirup von Johannisbeeren mal fruchtig bereichert

Johannisbeeren

Wunderbar säuerlicher Sommergenuss vom adretten Zweiglein, aber auch recht heikle Problemfrüchte. Denn rote, schwarze, weiße Beeren der Gattung Ribes haben in ihren konventionellen Intensivkulturen so viele Feinde für Wurzeln, Triebe, Blätter, Blüten und Früchte, dass es lange Zeit hieß, ohne Einsatz von ▸Pestiziden auch keine Ernte der Stachelbeer-Verwandten.

Doch der ▸**ökologische Landbau** hat bewiesen, dass es geht, wenn denn Schafgarbe, Maiglöckchen oder nur ▸Brennnesseln zwischen den Sträuchern wachsen und sog. ▸Nützlinge ganz gezielt freigesetzt werden. Noch 2008 fand das CVUA *(Chemisches und Veterinäruntersuchungsamt)* aus Stuttgart denn auch keine ▸Rückstände von Pflanzenschutzmitteln bei Proben von Strauchbeeren aus ökologischem Anbau; beim Ökomonitoring 2011 waren allerdings zwei von drei Proben (immerhin unterhalb aller Höchstmengen) gering belastet.

Konventionell angebaute Johannisbeeren dagegen sind selten ohne – ohne Rückstandsbelastung. Wie das Warnkorb-Monitoring des BVL *(Bundesamt für Verbraucherschutz und Landwirtschaft)* 2011 ermittelte, waren nur 6,8 % der Proben rückstandsfrei, bei 90,9 % gab es Befunde „mit quantifizierten Gehalten“, bei 88 % kamen Mehrfachrückstände vor, 2,3 % lagen über dem Höchstgehalt. Stuttgarts CVUA bestätigte den Trend 2012.

Schwacher Trost: Durch gründliches Waschen können Pestizide auf der Schale um gerade mal 40 % reduziert werden.

Nur mit all diesen Vorbehalten sind die säurereichen Johannisbeeren zu loben, als wertvolle Lieferanten von ▸Anthocyanen, jenen schützenden, gesunden

Farbstoffen in den Schalen, und von viel Pektin und Vitaminen. In ihrem **Vitamin-C-Gehalt** sind sie sogar der ▸Zitrone ebenbürtig, die schwarzen Johannisbeeren um ein Vielfaches: Sechs Früchtchen nehmen es mit einer ganzen Zitrone auf. Die ist darob trotzdem nicht sauer, denn die Säure in allen Johannisbeeren ist eben – die Zitronensäure.

Johannisbrot

Ein vielseitiges wie segensreiches Geschenk von Mutter Natur und mittlerweile trendiges Health Food. Die büscheldicht wachsenden länglichen Fruchthülsen des mediterranen sog. Karobenbaums *(Ceratonia siliqua)*, der inzwischen in aller heißeren Welt wächst, enthalten wertvolles Fruchtfleisch, das mit seinen 30–50 % Zucker als ▸Karob ein süßer Kakao-Ersatz ist und als alternatives Süßungsmittel gilt.

Vor allem ist Johannisbrot mit seinen Kernen Lieferant eines für Bioprodukte unverzichtbaren natürlichen ▸Verdickungs- wie Bindemittels. Dafür werden die reifen Hülsen in den Samenkernen der Schote nach dem Einweichen, Trocknen, Schälen und Vermahlen des übrig bleibenden „Endosperms" zum Supermehl, dem grauweißen **Johannisbrotkernmehl,** auch Carob oder Carubin genannt. Seine Kohlenhydrate haben eine enorme Quellfähigkeit ab 20° C (fünfmal expansiver als ▸Stärke), lösen sich bei 80° C völlig auf und bleiben flüssigkeitsbindend stabil und homogen. Als natürlicher ▸Stabilisator steckt das Mehl in Backwaren und Speiseeis, in Diätprodukten, Mayonnaise, Fertigsaucen, Chutneys, Tortenfüllungen, elastischen Zuckerwaren und in mancher kalorienarmen Schlankheitskost. Auf der Zutatenliste steht dann die ▸E-Nummer 410.

Für die individuelle Nutzung, kalt oder warm, gibt es das so langnamige wie altbewährte Johannisbrotkernmehl in Bioqualität. Das wurde aus ökologisch angebauten Karoben gemacht und bei der Lagerung auch nicht gegen Schädlinge begast.

Johannisbrot: Die Schoten sind Naschwerk pur, das Mus liefert Pulver mit Schoko-Aroma, die Kerne werden zum vielseitigen Mehl, das v. a. in Bioprodukten verdicken hilft

Weil die zuckrig-nahrhaften **Schoten** einst den Täuferjohannes in der Wüste ernährt haben sollen, heißt der arabische *kharruba* in Christengebieten nur Johannisbrotbaum. Schon der biblische Esser wird bemerkt haben, dass unreife Früchte wie Blätter **giftig** sind und dann wie noch heute allenfalls als Viehfutter taugen. Er lebte deshalb notgedrungen auch von Heuschrecken, was die *carob-fruit* im Englischen skurrilerweise auch zur sog. *locust bean*, zur „Heuschreckenbohne" machte.

K

Kabeljau

Auch wenn er sich gern in 200 m Tiefe ernährt, ihm schwimmen auch da unten die Felle davon. Längst gibt es zu viele gnadenlose Fangtechniken, die den *Gadus morhua* hoch holen – als Kabeljau bzw. als Dorsch, wenn er noch nicht geschlechtsreif ist oder aus der Ostsee stammt. Alle zu kleinen Exemplare werden als ▸Beifang zur Rückwurfquote gezählt, in vermarktbarer Größe sind sie dem eigenen **Reproduktionskreislauf** weggefischt und liefern nur noch Rogen als eingedoste Räucherdelikatessen. Laut ▸WWF sind die Bestände beim Kabeljau in den letzten 40 Jahren um 90 % zurückgegangen. Etliche große Handelsunternehmen schlossen sich deshalb seit 2007 in der „WWF Seafood Group“ zusammen, um ein der ▸**Nachhaltigkeit** verpflichtetes Fischangebot zu organisieren, also aus intakten Beständen bzw. nur aus umweltgerechten Zuchten.

Der frühere Massenfisch Kabeljau scheint bis auf einige wechselnde Weltmeerecken gerade an der kritischen Grenze zu sein. Seit 2001 wurden die EU-Fangquoten wie die Seetage der Fangflotten gekürzt, alle Jahre wieder feilschen Fischerei und Politik. Doch der immer noch **höchst begehrte Magerfisch** (nur 0,8 g Fett pro 100 g) ist derart gefährdet durch offizielle ▸Überfischung sowie unberechenbare Piratenfischerei, dass auf nachhaltige Erholung der Bestände in nördlicheren Gefilden kaum noch zu hoffen ist. In nur wenigen Gebieten erlauben schwach erholte regionale Bestände und regulierende Genehmigungen den halbwegs kontrolliert nachhaltigen Fang. So sieht auch ▸*Greenpeace* in seinem Fischführer zwar regelmäßig „rot“ und hält Kabeljau-Kauf für grundsätzlich nicht vertretbar, macht aber auch **Ausnahmen:** für Atlantischen Kabeljau (geangelt, isländisch auch aus Stellnetzen) und Pazifischen Kabeljau (aus den Nordostgebieten, als Leinenfang und aus Fallen).

Der Bestandsrückgang durch Massenfang, Umweltverschmutzung und wahrscheinlich auch Klimawandel ist so offensichtlich, dass der WWF wohl recht hatte, als er die EU 2007 verklagte – weil **mangelnde Kontrollen** die eigenen Ziele sabotieren würden. Inzwischen zertifiziert der ▸MSC in etlichen Ländern diverse Kabeljau-Fischereien, bleibt dabei

aber sehr deutlich „marktorientiert“. Und so schätzen Experten, dass der Appetit auf Kabeljau zur Zeit erst zu einem Drittel gestillt wird und die Situation schon deshalb kritisch bleibt.

Bleibt, wie bei so vielen massenhaft gemochten Fischen, für den Appetit

Kabeljau: Bestes fettarmes Fleisch wurde ihm zum Verhängnis, nun sind seine Bestände so dramatisch reduziert, dass sie längst reguliert werden mussten – der typische Fish zu den Chips ist nur noch aus nachhaltiger Fischerei oder ökologischer Aquakultur empfehlenswert

Kürbis (links): Er liegt höchst attraktiv herum und schwimmt dabei voll auf der Bio-Welle – mit einem Bio-Anteil von fast 25 %!

Kabeljau: eigentlich knapp und doch mit Einschränkung eine gute Wahl für Fischstäbchen – aus ökologischer Aquakultur

einstweilen nur noch die ▸Aquakultur, etwa in Netzgehegen vor den Küsten Norwegens, den Shetlands und z. T. jenseits des Polarkreises im Nordatlantik. Die erzeugten Mengen sind noch äußerst gering, aber **als ▸Zuchtfisch** wächst Kabeljau angeblich doppelt so schnell wie in Freiheit. Immerhin gibt es schon Betriebe, die nach den Richtlinien der ▸ökologischen Aquakultur oder von ▸*Friend of the Sea* arbeiten.

Denn selbst, wenn die EU-Quote den Empfehlungen der Wissenschaft folgen würde, wäre das Problem der **▸Überfischung** kaum gelöst. Die Kontrollen der Fänge bleiben lückenhaft, zudem agieren Piratenfischer beim immer knapper und begehrter werdenden Kabeljau hoch effektiv.

Nota bene: Bei der eigentlich so gesunden Dorschleber warnt das BfR *(Bundesinstitut für Risikobewertung)* regelmäßig vor der Anreicherung von chlorierten Kohlenwasserstoffen (wie Dioxin oder ▸PCB) und sehr hoher Belastung bei unbedachtem Konsum.

Kaffee: Der Kiloaufpreis bei fairen Bohnen kommt Kaffeepflückerinnen wie Oliva Kishero in Uganda zugute

Kaffee

Gleich nach dem Rohölhändler mit seinen Barrels kommt der Kaffeekaufmann – er vermarktet das **zweitwichtigste Handelsgut der Welt** in seinen 60-Kilo-Säcken. 8,76 Mio. t Bohnen wurden allein in der Saison 2012/2013 produziert; die jährlich Koffein-Schübe der Deutschen etwa stammen von 1501 vollstem Brühgenuss. Doch neben Hunderten von Röstaromen werden manch üblere Duftnoten deutlicher: **Riesige Monokulturen** im sog. Kaffeegürtel über wie unterm Äquator schaden Tropenwäldern sowie Umwelt, Rohstoffspekulanten ruinieren Kleinfarmen, die ▸Preise sind mal im Keller, mal abgesprochen. Den Unwissenden schmeckt Kaffee trotzdem, doch Durchblicker und Bio-Gourmets erkennen die Alternativen. Und die schmecken wesentlich besser. Wer Bio-Kaffee will, bekommt ihn in großer Auswahl und mit zertifizierter Reinheitsgarantie. Dann wurde auf den Plantagen ökologisch gewirtschaftet und im sog. Agroforstsystem ein **sog. Schattenkaffee** unter höheren Bäumen statt des plantagenöden „Sonnenkaffees" erzeugt, wurde zwischen den Sträuchern Bodenstärkendes wie Leguminosen und Kräuter angepflanzt, Laubstreu ausgebracht und auf chemische Spritzmittel verzichtet, auch Fermentierwasser der Rohbohnen umweltgerecht entsorgt, Pulpe und andere Reste als Dünger verwendet. All dies wird einmal jährlich und bei 3–10 % zusätzlichen Stichproben kontrolliert, doch **diese Idealprozesse** können nur durch gezielte Hilfe, bewusste Nachfrage und Maßnahmen großer Abnehmer auch nachhaltig befördert werden.

So stammten 2011 rund 5 % der globalen Kaffeemassen von den etwa 10 Mio. ha, auf denen Öko-Plantagen stehen; hauptsächlich in Mexiko, Äthiopien und Peru.

Stark ist der Trend zu **▸Fairtrade**, allein 2011 betrug das Plus 12 %, 2011 stillte fair gehandelter Kaffee 2 % der weltweiten Koffeinsucht; 78 % der Fairtrade-Bohnen trugen 2012 ein ▸Bio-Siegel. Inzwischen haben längst auch große Kaffeeröster **das Bio-Potenzial** entdeckt, betreiben teils eher ▸Greenwashing (wie bei ▸*Rainforest Alliance* vermutet), teils zeigen sie ernsthaftes Engagement. Der starke Wettbewerb ließ sogar die Einstiegspreise für Bio-Kaffee auf Discounterniveau sinken. Solch Kaffee ist allerdings eher eine gekonnte Mischung für den erwarteten Einheitsgeschmack, aber es gibt gerade im Bio-Bereich auch bemerkenswerte Einzelplantagen-, Lagen- und sogar **Jahrgangsspezialitäten**. Schon propagieren Kaffeesommeliers einen perfekten Aufguss aus Kleinst-Chargen von ökologischen Plantagenkaffees oder die Aromenintensität eines Kaffees aus (biozertifizierter) ▸Wildsammlung – aus Äthiopien. Daher, aus der Region Kaffa, stammt ursprünglich die botanische „Steinfrucht" aus der Familie der *Rubiacea,* ehe sie sich über Arabien und Persien in aller Welt beliebt und unentbehrlich machte. Araber nannten den ungemahlenen Halbsamen der Doppelfrucht *bunn,* tauften damit unsere deutsche „Bohne", ihr *qahwa* selbst war einst auch das Wort für Wein, den ja der Koran verbietet – aber so **ein Bohnenwein** konnte koffeinintensiv eben auch berauschen. Auf die Stimmung drückte 2010 die Nachricht, dass einige große Marken konventioneller Röster ihren Massenkaffee durch eine wohldosierte Zugabe von Maltodextrin und Karamel gern „unbitterer" machen; solch Strecken spart auch Kaffeesteuer …

Nota bene: Wo organische Stoffe, die Kohlenhydrate, Aminosäuren, ungesättigte ▸Fettsäuren etc. enthalten, geröstet werden, entstehen zwangsläufig wie krebsgefährlich ▸Acrylamid (je kräftiger der Kaffee, desto mehr davon) und ▸Furan – recht viel davon in modernen Hochtemperatur-Schnellröstereien. 2012 fand ▸ÖKO-TEST in einigen Röstkaffees Acrylamidgehalte über dem 2010er-Signalwert; immerhin schnitt Bio bei Furan besser ab: Die Werte lagen um 20 % niedriger als bei konventionellen Bohnen.

Kaffee-Ersatz

Das Image von aromatischer Notlösung und Trosttrunk aus Verbots- und Mangelzeiten verliert derlei nur langsam, immer noch halten sich die Namen Lorke, **Muckefuck**, Plörre … Dabei nannten schon die ersten Koffeinfeinde Ende des 19. Jahrhunderts solchen Aufguss „Gesundheits-Kaffee", der Herz, Kreislauf und Nieren schonte und seinen eigenständigen Geschmack hatte. Denn wie beim echten ▸Kaffee entlockt pure Hitze

Bio-Kaffee: Mit differenzierten Aromen stammt er zunehmend auch aus fairem Handel und von eher kleinen Plantagen

Kaffeebohrer: Eine mitgeerntete gelöcherte Bohne riecht muffig, auf Öko-Plantagen wird der Schädling biologisch bekämpft

Kaffeelogo: Neben Fairtrade- und Bio-Siegel versprechen manche Gütesiegel auch eher Schwammiges …

Kaffee-Ersatz: Wem nichts über echten Bohnenkaffee geht, der kennt noch nicht alle Ersatzkaffee- oder Mixsorten mit sehr prononcierten Aromen

Besonderheit aus Pflanzlichem, **Röstraffinessen** entstehen auch aus Kastanien, ▸Bucheckern, Eicheln, Dattelkernen, Erdmandeln, ▸Lupinen oder Löwenzahnwurzeln – geröstet, gemahlen, überbrüht duftet derlei auch raumfüllend. Am bekanntesten dafür sind Feigen, die Wurzeln der ▸Zichorie und allerlei Getreidesorten. Gerste, Roggen oder Dinkel ergeben in süßlicheren Formen von ▸Malz Getreidekaffee, der Makrobiotikern brühwarm empfohlen wird. Und sie aromatisieren meist in Mischungen auch den sog. **Landkaffee**. So konsequenter- wie traditionellerweise werden im ▸Reformhaus und ▸Bioladen viele koffeinfreie Spezialröstungen und -mischungen (angekeimt und bei niedrigen Temperaturen geröstet) angeboten. Schließlich sollten sie die Umstellung von Normal- auf ▸Naturkost erleichtern!
Als Bio-Instantprodukt ist Kaffee-Ersatz garantiert frei von ▸Zusatzstoffen wie Stabilisatoren, Trenn- oder Netzmitteln; alle Zutaten stammen aus kontrolliert biologischem Anbau.
Nota bene: Bei allen Röstvorgängen ensteht ▸Acrylamid, also auch in Getreidekaffees, 511 µg/kg wurden 2010 gemessen. Bei 1–2 Teelöffeln pro Tasse raten Experten dazu, nicht mehr als 2–3 Tassen täglich zu trinken, um noch im Rahmen der vertretbaren, normalen Belastung zu bleiben.

Käfigeier

Gerne verweisen Vertreter der boomenden Geflügelwirtschaft darauf, dass der in Deuschland geltende Ausstieg aus der ▸Käfighaltung zum 1.1.2010 ja schon zwei Jahre vor dem EU-Verbot gelungen sei und deshalb der ▸Tierschutz über den Wunsch nach konkurrenzlos billigen Käfigeiern gesiegt habe. Was da verheimlicht wird: Auch ▸Eier aus vorerst erlaubter ▸**Kleingruppenhaltung** tragen die „3" für Käfighaltung im Stempel – und das zu Recht. Denn was nach Wohngemeinschaft klingt, bedeutet für etwa 14% der ▸Legehennen in Deutschland dennoch ein Käfigdasein, nur eben in größeren Vorrichtungen, mit viel mehr Artgenossinnen und zu wenigen Zugeständnissen an ▸artgerechte Haltung, trotz Sitzstangen, Nestern und Einstreu. Da die EU

zudem bereits bestehende „ausgestaltete Käfige" bis 2020 erlaubte, sind Käfigeier de facto längst nicht tabu. Umso weniger angesichts der 13 Mitgliedsstaaten, die es zwischen dem EG-Beschluss von 1999 und dem EU-Stichtag 1.1.2012 nicht schafften, die **Legebatterien** durch „tiergerechtere" Haltungsformen zu ersetzen. Trotz Vertragsverletzungsverfahren kamen die illegalen Eier ebenso in Umlauf wie jene legal – außerhalb der EU – erzeugten Käfigeier und Produkte daraus, die mangels Einigung weiter importiert werden. Denn für Eier der Klasse B bewerten einige Staaten die Warenverkehrsfreiheit höher als EU-Richtlinien, solange die nicht nationales Recht wurden. In Deutschland und Österreich gilt ein Importstopp, auch für „verarbeitete Eier".

Käfighaltung: Derart gepferchte Tiere können kaum noch Federvieh heißen, die Stempel-3 auf den Eiern von dort sorgt nur bei Einzeleiern für Klarheit – in Fertiggerichten immer noch nicht!

Denn während die seit 2009 verpflichtende ▸Kennzeichnung durch den Ei-Stempel (0, 1, 2, 3) die Unterscheidung bei „Schaleneiern" einfach macht, gilt diese Transparenz für **Industrie-Eier** nicht – und damit für fast die Hälfte aller produzierten Eier! In ▸Gebäck, ▸Nudeln oder in ▸Fertiggerichten bleiben Käfigeier so unsichtbar wie auf ▸Speisekarten (▸Verstecktes). Nur bei Bioprodukten können Konsumenten sicher sein, nie unwissentlich **Käfigeier mitzuessen**.

Längst laufen aber Initiativen für die Angabe der Haltungsform auch bei konventionellen Produkten. Bis es so weit ist, rät der *Deutsche Tierschutzbund,* Bioprodukte zu kaufen oder wenigstens solche konventionelle Ware, die explizit mit enthaltenen Boden- bzw. Freilandeiern wirbt. Ansonsten müsse man aus reiner Marktlogik von Käfigeiern ausgehen. Unter **www.tierschutzbund.de** findet sich eine stets aktualisierte Liste von Herstellern, die Käfigeier verarbeiten, als klare Hinweise auf Vermeidbares!

Käfighaltung

Es scheint außer in Tierschutzkreisen kaum ein Hahn danach zu krähen, dass Käfighaltung seit dem 1.1.2012 EU-weit offiziell als verboten gilt, obwohl Leben im Käfig für ▸Legehennen sowie ▸Kaninchen .

Zwar wurden im Rahmen der EU-Bestimmungen zum ▸Tierschutz die sog. konventionellen Käfige bei der Produktion von ▸Eiern abgeschafft. Stattdessen aber bleiben bestehende **„ausgestaltete Käfige"** bis 2020 legal. Sie bieten statt der in klassischen Legebatterien üblichen 550 cm² pro Henne gerade 750 cm² und sind dafür mit Sitzstangen, Nestern, Einstreu ausgestattet – ergo „ausgestaltet". Experten betonen jedoch, dass auch diese Art der Käfighaltung mitnichten ein ▸artgerechtes Leben ermöglicht. Gleiches gilt für die in Deutschland als Käfignachfolge eingeführte ▸**Kleingruppenhaltung**, die Ende 2012 incl. der ausgestalteten Käfige noch einen Anteil von 13,4 % hatte. Auch hier leben Legehennen in Käfigen. Statt in Fünfergruppen hocken sie nun mit bis zu 59 anderen in größeren Drahtgeflechten. Ihnen stehen rechnerisch je 800–900 cm² zu (damit 176–276 cm² mehr als ein DIN-A4-Blatt); wiederum sollen Sitzstangen, Einstreu und Nester für das „Tiergerechte" sorgen. Das natürli-

Käfigei: Dem Ei sieht man seine vergitterte Erzeugerin nicht an, zum Symbolbild gehört schon Nachdenken …

Käfighaltung: Auf Gitterböden verkümmern Hühnerkrallen und Pfoten, und artgerecht gehalten würden Kaninchen sich denn auch mit hochgestellten Löffeln aufrichten können

che Verhalten (Scharren, Flügelschlagen, Sandbaden) allerdings wird so verhindert.

Schlimmer trifft es aber die Kaninchen. Obwohl sie für die ▸Mast in aller Regel in ▸Massentierhaltung fetter werden und – als gesellige und sehr bewegungsfreudige Tiere – oft sogar einzeln in Käfigen leben, konnten sich weder EU noch deutsche Länderministerien bis 2013 auf explizite Verordnungen zur artgerechteren Haltung einigen; dabei hatte ▸Österreich schon auf die Gesetzeslücke reagiert und Käfig-Mastkaninchen ab 2012 verboten. Erst seit 2014 gelten nun auch in Deutschland konkrete Vorgaben zur artgerechteren Haltung (Bodenbeschaffenheit, Geselligkeit, Fellpflege) – v.a. aber ist die Einzelhaltung in Käfigen vorbei!

Glaubwürdige Zahlen über die weltweite Käfighaltung von Tieren, die ja auch in der Fellindustrie von Bedeutung ist, sind kaum zu ermitteln. Bei Legehennen gehen Branchenkenner davon aus, dass noch 2010 85 % von ihnen in konventionellen Käfigen gehalten wurden. Selbst angesichts der EU-Veränderungen und einiger Verbesserungen muss weiter von einem 70 %-Anteil ausgegangen werden, zumal in China und den USA, den größten Eierproduzenten, nahezu alle Hennen in Käfigen leben.

Das Prinzip Käfighaltung und damit der Sieg der Ökonomie über Physiologie und Ethologie (die Lehre vom Verhalten also) begann kurz nach dem Zweiten Weltkrieg in den USA. Hühner wurden in kleinste Käfige eingesperrt, die zu riesigen Legebatterien zusammengefasst waren. Käfige konnten bis zu einer Legehennen-**Besatzdichte** von mehr als 50 pro m^2 übereinander gestapelt werden. Mit der Zeit wurde diese Art der Produktion so perfektioniert, dass der Prozess gleichsam automatisch ablaufen konnte und so auf engstem Raum massenhaft billigste Eier erzeugt wurden. Denn gleichzeitig sorgten bessere ▸Futtermittel und ▸Zucht dafür, dass sich die Legeleistung der sog. ▸Hybriden enorm steigerte. Heute gelten pro Käfighenne knapp 300 gelegte Eier im Jahr als normal, noch vor wenigen Jahrzehnten waren es weniger als die Hälfte.

Für Befürworter der Käfighaltung galt sie lange als die hygienischste Art, Eier zu produzieren: Die Käfige sind gut sauber zu halten, Medikamente und Futter werden computergesteuert verabreicht. Unhaltbare Argumente für Tierschützer – zumal immer wieder **skandalöse Zustände** in den Riesenanlagen bekannt werden. Zuletzt klärte das BfR (*Bundesinstitut für Risikoforschung*) 2009 per „Ringversuch“, dass Käfigställe viel häufiger von ▸Salmonellen betroffen sind als ▸Boden- oder ▸Freilandhaltung, am wenigsten die ▸ökologische Tierhaltung. Das EU-Projekt „Safehouse“ bestätigte dies; in der ▸Schweiz, die 1988 das weltweit erste Legehennen-Käfigverbot erließ, wurden die niedrigsten Belastungen gemessen!

Nota bene: Selbst bei ▸Aquakulturen ist inzwischen von Käfighaltung die Rede – auch in übertragenem Sinne. Denn die meist hohe Besatzdichte in konventionellen Betrieben macht ein artgerechtes Leben kaum möglich, und Bestimmungen dazu fehlen.

Kakao

Süffig klingende Versuchung mit ethisch zweifelhaftem Ruf. Und doch lässt sich Kakao nüchtern erklären; selbst **sein Genom** ist entschlüsselt.
Was wir „Kakaobohnen" nennen, sind die Samen der Früchte des Baumes *Theobroma cacao*. Aus den Samen wird das Fett, die Kakaobutter, und nach Trocknung und ▸Fermentation das Kakaopulver gewonnen – wenn nicht ▸Schokolade daraus wird.
Die „Bohnen" liefern 50–58 % Fett, 14 % Eiweiß und 9 % Stärke. Sie enthalten neben gerade mal 0,2 % Koffein 1,8–2,7 % Theobromin und sind ausgesprochen reich an ▸Antioxidantien (um ein Vielfaches höher als Tee und Rotwein) wie etwa ▸**Polyphenole**. Die sind neben dem Theobromin auch für den adstringierenden Geschmack verantwortlich. Kein Wunder, dass das Nahuatl-Wort *cacahuatl* „Bitterwasser" bedeutet, benannt von Azteken in der Kakaoheimat Mittelamerika. Heute gibt es Plantagen von *Theobroma cacao* v. a. in den tropischen Regenwäldern Westafrikas. Die größten Anbauländer sind die Elfenbeinküste, Ghana und Indonesien.
Seit 1980 hat sich die Welternte mehr als verdoppelt, auf gut 4 Mio. t in 2011/12, mit einem **Bio-Anteil** von etwa 2,3 %. Zwar hat der Hype um Grand-Cru-Kreationen den Anbau der Edelsorten Criollo und Trinitario beflügelt, solche Premiumnaschereien sind aber die Ausnahme. Mit einem Anteil von 85–95 % macht die Sorte Forastero die Masse aus; fast 72 % des Kakaos kamen 2011/12 aus Afrika. Genau dort gehört auch zum Alltag, was Kakao den bitteren Ruf eingebracht hat: Anbau in Monokultur, übermäßiger Einsatz von ▸Pestiziden, schlechteste Bezahlung, Kinderarbeit. Der Krieg an der Elfenbeinküste verschärfte die Konflikte, gleichzeitig wurde Kakao zum **börsengehandelten Gut**. Doch seine ▸Preise waren wild bewegt und ver-

Kakao: Selbst die marktbeherrschenden Multis geben allmählich Missstände zu – deshalb lohnt es sich umso mehr, hier auf fair + bio zu achten

FAIRTRADE

Kakao: Besonders in Bioqualität ist aus Schokolade eine edle Komposition mit Herkunft und Qualitätsanspruch geworden

fünffachten sich zwischen 2000 und 2010 – umso wichtiger, dass Kakao **aus ▸fairem Handel** zu haben ist – denn der garantiert angemessene Preise, verbietet Kinderarbeit, fordert Bildung und Mitbestimmung und fördert mit der Bioprämie den ▸ökologischen Landbau. 69 % der Fair-Kakaogetränke waren 2011 bio. Selbst globale Großverarbeiter setzen nun auf Kakao mit ▸Gütesiegeln. Das sind dann aber solche wie die von ▸*Rainforest Alliance* oder UTZ *Certified*, deren Standards unter dem Fairtrade-Soll liegen und ▸Nachhaltigkeit wollen, nicht aber an Bio heranreichen. So kultivieren **Biobauern** die Pflanze in Mischanbau. Da *Theobroma cacao* empfindlich und schädlingsanfällig ist, kann nur sorgfältiger Schutz vor Wind und Sonne sowie viel Pflege ausreichende Erträge bringen. Im konventionellen Anbau machen oft nur ▸Dünger und Pestizide möglich, dass der Kakaobaum selbst in Monokulturen auf ausgelaugten Böden gedeiht. Bei Bio sorgt u. a. Laubstreu für viel organische Substanz; Schädlinge werden biologisch bekämpft.

Auch in der Verarbeitung gibt es Unterschiede, bis aus den Kakaosamen das Aromenkonzentrat wird, das wir mit dem duftigen Wort assoziieren.
Zunächst werden die Samen bis zu fünf Tage lang fermentiert. Bei etwa 50° C verdampft die sog. Pulpe, die Bohnen dunkeln, ihre Keimfähigkeit wird abgetötet. Dies ist ebenso wichtig wie das bis zu 15 Tage dauernde ▸Trocknen an der Luft, denn Bio-Kakao darf im Gegensatz zu konventionellem nicht für den Transport ▸begast werden.
Nach dem Reinigen und Schälen werden die in Stücke gebrochenen sog. *nibs* geröstet. Beim Zermahlen entsteht durch die freigesetzte und geschmolzene Kakaobutter eine flüssige Masse. Unter hohem Druck wird

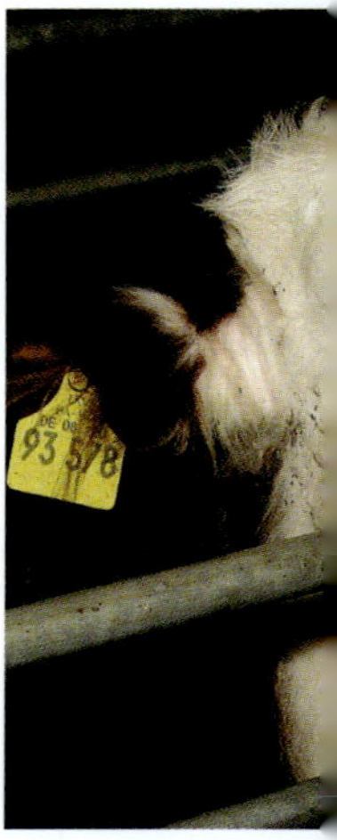

Kakao: Erst die Fermentation macht aus bitteren „Bohnen" jenen weltweit begehrten Rohstoff für süße Versuchungen

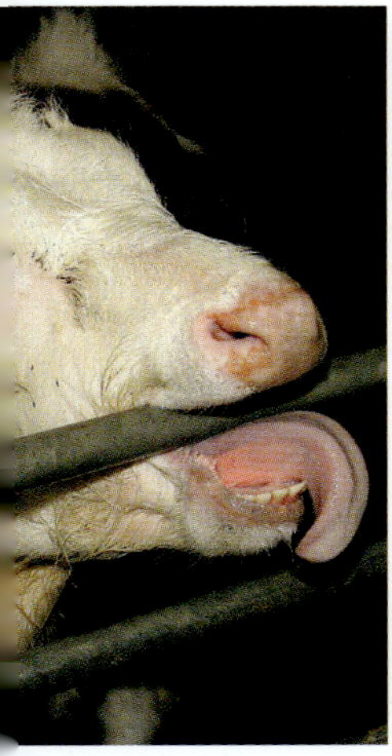

die Kakaobutter abgepresst, die v. a. der Schokoladenherstellung dient. Das konventionell gängige Verfahren, der Kakaomasse mit Alkalisalzen zu milderem Geschmack und dunklerer Farbe zu verhelfen *(dutching)*, ist auch für **Bio-Kakaopulver** nicht verboten. Viele Hersteller aber verzichten darauf und werben zu Recht mit Naturbelassenheit. Selbst bei Bio-Instantkakaopulver mit Zuckeranteilen von 75–80 % ist das wenigstens Vollrohrzucker, immer öfter fehlt bei Bio die so übliche Zugabe von Lecithin als ▸Emulgator. Oft wird echte ▸Vanille zum Abrunden benutzt, natürliche ▸Aromen werden vermieden, nachträgliche Vitaminisierung ist Bio-Herstellern verboten. Die Sache war für ▸ÖKO-TEST zuletzt 2010 klar: Alle sechs Bio-Kakaopulver bekamen ein „sehr gut"; dies gelang nur einem der 16 konventionellen Produkte.

Kälber

Als Kleinkühe zählen sie eher zum Kleinvieh, weil sie zwar größer, aber selten groß werden dürfen. Was Mutter- und ▸Milchkühe in die fleischhungrige Welt werfen, wird in der Regel **nach nur sechs Monaten** ▸Mast und mit einem Endgewicht von bis zu 180 kg zur Schlachtbank geführt – eher sogar gekarrt. Denn dank der Spezialisierung von Aufzucht-, Mast- und Schlachtbetrieben erdulden konventionelle Mastkälber **stundenlange Transporte** vor dem ▸Schlachten.

Allein 2012 wurden in Deutschland 339 700 Kälber (bis acht Monate) und 65 200 Jungrinder (bis zwölf Monate) gemetzgert, zudem gingen 415 000 Export-Kälber in die Niederlande. Die sind der EU-Rekordproduzent von ▸Kalbfleisch. Dabei gibt die Kälbermast in konventionellen Betrieben häufig Anlass zur Kritik – unzureichender ▸Tierschutz scheint da etwas Zwangsläufiges zu haben, wie die Belastungen mit ▸Keimen.

Die ▸**ökologische Tierhaltung** dagegen will eine möglichst ▸artgerechte Aufzucht realisieren. So stehen Bio-Kälber von April bis November auf der Weide und haben winters im Laufstall wesentlich mehr Platz – und je nach Alter die Möglichkeit, bei milderer Witterung ins Freie zu stelzen. Jegliche ▸Massentierhaltung ist ausgeschlossen, denn im ▸ökologischen

Kälber: In unwürdiger Masttierhaltung schon eine wahre Jammergestalt, ökologisch mit Auslauf gehalten eher Tierschutzbefohlene, denen man noch ins Auge blicken mag

Kälber: Als Bio-Kleinvieh werden sie häufig in sog. Mutterkuhhaltung groß

Landbau ist die Zahl der Tiere im Sinne von ▶Nachhaltigkeit und echter Kreislaufwirtschaft an die Nutzfläche gebunden: Pro Hektar dürfen nur fünf Kälber gehalten werden.

Die jungen Tiere bekommen in den ersten 5–6 Monaten langsam abnehmende Mengen von Echtmilch, die zunehmend mit festem Futter, v. a. wiederkäuergerechtem **Raufutter** ergänzt wird. Das muss pestizidfrei und weitestgehend vom eigenen Hof sein. Routinemäßiger Einsatz von ▶Tierarzneimitteln wie etwa ▶Antibiotika ist verboten, das Vorbeugen von Erkrankungen steht im Vordergrund.

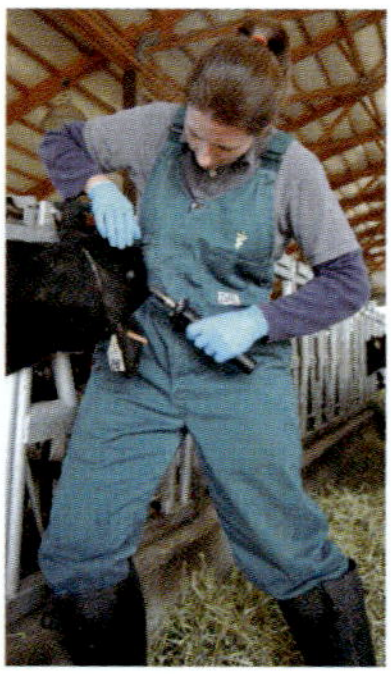

Kälber: Enthornung ohne Betäubung ist für Bio-Tierhalter tabu, in konventionellen Betrieben aber die Regel

Dagegen stellen Behörden v. a. in großen konventionellen Mastbetrieben immer öfter Belastungen mit **Keimen** wie Staphylokokken bzw. MRSA-Erregern fest. Der Zoonosenbericht des BVL *(Bundesamt für Verbraucherschutz und Lebensmittelsicherheit)* ergab, dass 2010 bei 26,5 % der Mastkälber VTEC *(veteroxinbildende E. coli)* nachweisbar waren, Bakterien aus der derselben Gruppe wie ▶EHEC also. Ein konventionell gemästetes Kalb wird in seinem so kurzen Nutzleben laut BUND *(Bund für Umwelt und Naturschutz Deutschland)* durchschnittlich 2,3-mal mit Antibiotika behandelt; das BfR *(Bundesinstitut für Risikobewertung)* registrierte einen „deutlichen Anstieg" der Resistenzraten. Neben wenig artgerechten **Mastbedingungen** sehen Experten auch hier einen Zusammenhang mit der Spezialisierung: Selbst Tiere aus kleinen Betrieben bescheren großen Weitermästern eine Vielzahl diverser Erreger.

In Großställen stehen die Mastkälber dann auf sog. Spaltenböden, die zwar leicht zu reinigen sind, den Tieren aber auch Schmerzen bereiten. Eine nach Gewicht differenzierte **Mindeststallfläche** von 2–3,5 m² pro Tier wird empfohlen, ist aber gesetzlich nicht vorgeschrieben – genauso wenig wie Auslaufmöglichkeiten. Auch echte Milch bekommen Kälber kaum, dafür sog. Milchaustauscher. Deren Zusammensetzung lässt sich entsprechend steuern: Um besonders helles

und damit höherpreisiges Fleisch zu erhalten, werden Kälber sehr eisenarm gefüttert. Das kann so weit gehen, dass die Tiere an ständigem **Eisenmangel** leiden, krankheitsanfälliger werden und ihnen schon deshalb vermehrter Antibiotika-Einsatz droht. In der Kritik steht daneben die gängige Methode, den **Hornansatz** aus Gründen der Verletzungsgefahr unter hoher Temperatur zu veröden – diese auch für Jungtiere so schmerzhafte Behandlung ist in Deutschland bis zu einem Alter von sechs Wochen ohne Betäubung legal. Biohaltern ist das Ausbrennen der Hörner nur in Sonderfällen und ausschließlich mit Betäubung erlaubt, bei ▸Demeter ist es gar ganz verboten, da das Horn als ein Organ des Rindes betrachtet wird. Kritisiert wird auch, dass Kälber **in Einzelboxen** gehalten werden. Dies kann in der ersten Lebenswoche sogar sinnvoll sein, um dem Ruhebedürfnis entgegenzukommen; danach aber brauchen die Herdentiere ihre Artgenossen und viel Platz für das Ausleben des Bewegungsdrangs. Dennoch darf Einzelhaltung konventionell bis zu acht Wochen dauern, während für Bio-Kälber ab dem achten Lebenstag die Gruppenhaltung verpflichtend ist. Kälber in sog. **Mutterkuhhaltung**, wie sie auch bei ▸Neuland vorherrscht, bleiben allerdings von Anfang an bei der Mutter- oder Ammenkuh.

Kalbfleisch: Weil Verbraucher es wer weiß wie weiß wollen, werden die Tiere systematisch und bis zur Anämie fehlernährt; nur einem Bio-Kalb bleibt dies erspart

Kalbfleisch

Im besten Falle ist das Fleisch eines ▸Kalbes nicht weiß, nicht billig und wurde ▸artgerecht „erzeugt", was allein für ▸Biofleisch spricht. Für diese Einsicht ist allerdings Umdenken nötig: weg von der jahrzehntealten Illusion, Kalbfleisch sei besonders zart und wohlschmeckend, wenn es eine **möglichst helle Farbe** hat.

Immer noch aber zahlen Handel und Kunden deutlich höhere ▸Preise für ihre hellere Freude, obwohl längst belegt ist, dass kein Zusammenhang besteht zwischen Farbe und Qualität. Vielmehr ist weißliches Kalbfleisch ein Hinweis auf eine ▸Mast, die wenig mit ▸Tierschutz gemein hat.

Eine gewisse Weißheit kann rassebedingt sein, in erster Linie aber ist es die **Fütterung**, die die Farbe bringt – oder vorenthält. Kälber, die statt (wie bei Bio) mit echter Milch und wiederkäuergerechtem Raufutter nur (wie in konventioneller Massenmast) mit eisenarmem Milchaustauscher und Kraftfutter **turbogepäppelt** werden, entwickeln nicht so viel rotes Hämoglobin und Myoglobin im Blut; die Tiere leiden im schlechtesten Fall an chronischer Anämie. Tierärzte sehen einen Zusammenhang mit dem hohen Einsatz von ▸Antibiotika, da das Immunsystem systematisch gestört sei. Deutsche Tierschutzbestimmungen zum Eisengehalt gehen weiter als jene der EU. Fast die Hälfte des in Deutschland verkauften Kalbfleisches kommt jedoch aus den Niederlanden mit eher großzügigeren Auflagen! **Beim Kauf von Kalbfleisch** sollte deshalb welches aus Deutschland im Einkaufskorb landen, am besten mit ▸Bio-Siegel, wenigstens aber mit dem ▸Gütesiegel von ▸Neuland.

Dabei gilt: Weißheit ade! Denn Bio-Kälber haben u. a. dank des eisenhaltigen Raufutters ein rötlich-dunkles Fleisch. Die im Gegensatz zur Boxenhaltung gewährte Bewegungsfreiheit sorgt außerdem für eine bessere Durchblutung und noch rötlichere Farbe. Ähnliches gilt für Kälber aus Neuland-Betrieben und solche aus sog. Mutterkuhhaltung, denn auf der Weide wird ganz natürlich viel Grünes gefuttert.

kaltgepresst: So muss das Öl herausgewalzt werden, ohne Wärmezufuhr und bei südländischen Innenraumtemperaturen

Gegen die **Weiß-Manie** setzen Feinschmecker die langsamer gewachsene Überzeugung: Das Fleisch von Kälbern, die sich ungehemmt bewegten und Frisches fraßen, schmeckt besser, ist eben dunkler und hat dafür kräftigere, charaktervolle Aromen.

Wegen höherer Kosten für Stallbauten, Arbeit und Futter ist Bio-Kalbfleisch allerdings teurer als konventionelles; es ist auch schwerer zu bekommen, weil der Anteil am Markt zwar wächst, aber immer noch bei **nur 3 %** liegt. Hier deutet sich ein Teufelskreis an: Da viele Biohalter die teure Umstellung zur Bio-Kälberaufzucht scheuen, werden etwa die männlichen Kälber von Bio-Milchkühen fast ausnahmslos an konventionelle Mäster verkauft. Und weil **regionale Schlachtereien** mit Bio-Zertifizierung rar gesät, lange Transporte aber verboten sind, wird beim ▸Schlachten aus manchem Bio-Kalb letztlich doch ein konventionelles …

kaltgepresst

Betörendes wie beschwörendes Wort für feine ▸Speiseöle und doch – im Gegensatz zu ▸nativ – ein wenig aussagekräftiger Begriff. Denn „kalt" kann jedes Pressen kaum stattfinden, Druck oder Reibung erhöhen halt die Temperatur. Wird also „kalt" gepresst bzw. extrahiert und dies dann stolz etikettiert, meint es nur: **ohne zusätzliche Wärmezufuhr** hergestellt. EU-Temperaturgrenzen gelten außer für ▸Olivenöl (mit 27° C) keine, deshalb heißt selbst unter Druck und bei bis zu 75° C gewonnenes Speiseöl „kaltgepresst". Auch die ▸EG-Öko-Verordnung macht keine Temperaturvorschriften, schreibt nicht einmal Kaltpressen als Standard vor und lässt also noch mit 100° C heißgepresste sowie raffinierte Speiseöle zu. Die bei konventioneller Massenware so übliche **Maximierung der Ausbeute** mithilfe von chemischen Lösungsmitteln aber ist verboten.

Weiter gehen die ▸Anbauverbände, ihre Speiseöle sind stets kaltgepresst. Es gilt eben das Bio-Ideal der schonenden Ausdrückerei für ein Maximum an Inhaltsstoffen: ungesättigte ▸Fettsäuren, ▸sekundäre Pflanzen-

kaltgepresst: Bei Bio-Olivenöl kann man sicher sein, dass es nicht raffiniert wurde; es ist überdies nativ mit noch mehr Qualität

stoffe,
▸Vitamine.

Auch allerlei Trubstoffe schweben weiter mit; leichte Bitterkeit ist deshalb ein **Qualitätsmerkmal**. Der volle Geschmack von kaltgepresstem, unbehandeltem Bio-Öl ist daher komplexer als bei raffinierten Varianten. Als zumindest anzustrebende „Kalt“-Grenzen gelten bei Bioland & Co 40° C für Oliven- und Leinöl, 50° C für Distel- und Kürbiskernöl sowie 60° C für alle anderen Speiseöle.

Nota bene: Zum Braten haben kaltgepresste Öle oft einen zu niedrigen Rauchpunkt. Nicht so ▸Palmöl oder sog. High-Oleic-Öl in Bioqualität, aus neugezüchteten ▸Sonnenblumen erpresst. Auch Erdnuss-, selbst Olivenöl hält einiger Hitze stand.

Kamut

Eigentlich eine nordafrikanische Weizenspielart, uneigentlich aber nur deren Fantasiename, der auf Ägyptisch „Seele der Erde“ bedeutet. Dahinter steckt reines, aber immerhin **grünes Marketing**: KAMUT International® vertreibt das Korn exklusiv als „Kamut Khorasan“, womit zur „Seele der Erde“ die zentralasiatische Region Khorasan tritt, das „Land der aufgehenden Sonne“. All dies ist nur der Produktname für die US-Weizensorte Q-77. Vermutlich ist Kamut eine alte sog. Landsorte vom Nil. Die besonderen Kamutkennzeichen sind die hellbraune Farbe und die Körnergröße: doppelt so groß wie bei Weizen. Kamut wird samt **Urgetreide-Image** fast ausschließlich in Bioläden verkauft.

Um jenes „Goldene Korn der Pharaonen“ ranken sich gewisse Ungewissheiten als Marketing-Legenden. So soll ein US-Air-Force-Pilot kurz nach dem Zweiten Weltkrieg ein paar übergroße Körner in einem ägyptischen Grab gefunden und sie seinem farmernden Vater geschickt haben; der habe sie Jahrzehnte später erkeimen lassen. Tatsächlich startete der US-Anbau mit nur einigen Dutzend Körnern, weitete sich rasch aus und war so erfolgreich, dass KAMUT gegründet wurde und 1990 eine Lizenz für das „Produkt“ bekam. Seitdem ist das ▸Saatgut nur dort erhältlich. Zugute halten muss man dem US-Unternehmen, dass es nur ökologisch produziert. Denn Kamut spricht – ganz ähnlich wie andere ▸alte Sorten – eher schlecht auf synthetische ▸Düngemittel an und hat von ▸Pestiziden kaum einen Nutzen. Es eignet sich also besonders gut für ▸ökologischen Landbau. Der Ertrag ist zwar gering, aber stabil.

Kamut gilt als nährstoffreich und gesund, es liefert im Vergleich zu Weizen **bis zu 40 % mehr Eiweiß**, zudem ist die „Seele der Erde“ reich an Selen und im Geschmack leicht nussig. Die so weizentypisch glutenhaltigen Großkörner werden verbacken, aber v. a. als Flocken im Müsli, in Nudeln und sogar für Pizzen vermarktet.

Kamut: Ein mit Legenden umwobener wie umworbener Weizen mit urgetreidigem Image – und nur in Bioqualität zu haben

Kamut-Pizza: Das besonders eiweißreiche Biogetreide mögen Müslimixer, auch Nudelmacher und inzwischen sogar Pizzabäcker

Kaninchen

Gelegentlich kommt es als Wildkaninchen auf den Teller, in aller Regel stammt ▸Kaninchenfleisch aber von „Fleischkaninchen" aus industrieller, teilweise skandalöser ▸Mast. EU-weit hatten sich sogar **bis 2013** keine bindenden Tierschutz-Richtlinien für sie durchsetzen können.

In Drittländern, aus denen die Masse Kaninchenfleisch stammt, leiden die gepferchten Tiere aber nach wie vor: Nicht nur in ▸Massentierhaltung, sondern in ausgesprochener ▸**Käfighaltung**. Und zu lange eben nicht nur in Ländern wie China oder Ungarn, sondern EU-weit. Einzig ▸Österreich verbot Käfigkaninchen schon 2012; Nachbar ▸Schweiz sieht lediglich größere Käfige vor.

Kaninchen: Sie sind leicht nur missbräuchlich zu halten, sodass ausländische Massenstallware den Biozüchtern bisher das Geschäft verdarb

Die EU und damit auch Deutschland zogen erst 2014 nach, mit konkreten Vorgaben nach erweiterter Tierschutz-Nutztierhaltungsverordnung für gewerbliche Kaninchenhaltung und -zucht (für Bodenbeschaffenheit, Rückzugsflächen, Betreuung, Kontrollen und genaue Dokumentation). Die sozialen Tiere dürfen nicht mehr isoliert gehalten werden.

Ausgesprochene **Bio-Kaninchenhalter** sind dagegen selten, die meisten von ihnen ziehen zudem nicht mehr als 50 Tiere auf. Denn die Investitionen sind hoch, die ▸Preise niedrig, die Vermarktungsstrukturen schlecht. Längst wird auch diskutiert, ob eine ▸artgerechte Haltung von Kaninchen im größeren, dann erst wirtschaftlichen Stil überhaupt realisierbar ist angesichts der arteigenen Bedürfnisse. Denn Kaninchen sind so nage- wie bewegungsfreudige Tiere, suchen die Nähe von Artgenossen auch körperlich, bleiben in ihren Kolonien aber gleichzeitig sehr hierarchisch strukturiert. Gemümmelt werden Gräser und Kräuter, als Unterschlupf und

Rückzugsmöglichkeit dienen Erdhöhlen. Der *Deutsche Tierschutzbund* plädiert daher für Stall-Auslauf-Haltung oder eine reine ▸Freilandhaltung.

Spezielle Richtlinien für Bio-Kaninchen fehlen bisher in der ▸EG-Öko-Verordnung, ökologische Kaninchenhaltung wird aber schon von einigen ▸Anbauverbänden definiert (▸Bioland, ▸Naturland, ▸Biokreis, ▸Gäa). Die Hasenverwandten leben dort ausschließlich in Gruppen und selbstverständlich nie in Käfigen. Im Stall mit Außenbereich darf die Gruppengröße 40 (bei Naturland 60) Mastkaninchen bzw. bei Zuchtkaninchen 5 (bei Bioland und Gäa 8) Häsinnen nicht übersteigen, um Probleme mit Hierarchien zu vermeiden. Mindeststallgrößen und -höhen, Ruhebereiche mit Rückzugsmöglichkeiten und je eigene Nester sind vorgeschrieben, ein **erhoppelbarer Auslauf** ist Pflicht. Die Realität in konventionellen Ställen sah bis 2014 in Deutschland und sieht weiterhin im Ausland erschreckend anders aus. 3–4 Mastmonate lang sind die Kaninchen zum Erreichen ihres sog. Mastendgewichts von bis zu 3 kg einzeln oder in Klein-

gruppen in 30–40 cm hohen, mehrstöckigen und einstreulosen Käfigen mit Drahtgitterböden eingepfercht. Die Zuchttiere in ihren kleinen Käfigen haben eine Krankheits- und Sterberate, die deutlich höher liegt als bei allen anderen Nutztieren. Häsinnen werden eine Woche nach dem Wurf wieder gedeckt und können so pro Jahr 7–10 Würfe auf die Welt bringen. Wenn sie denn diese **„Nutzungsdauer"** überleben. Zusammen mit den oft lichtlosen Ställen, der fehlenden Bewegung und den nicht gewährten Schutzräumen führt dies zu Verhaltensstörungen bis hin zu Kannibalismus und zu körperlichen Schäden wie Geschwüren an den Sohlen. Kenner haben angesichts all der **Skandale** und wegen des schlechten Rufs diverser anderer Fleischsorten die Bio-Kaninchenhaltung schon zum **„next big thing"** erkoren. Schließlich erfüllt die Kaninchenhaltung mit Grünfutter den Bio-Anspruch einer Kreislaufwirtschaft und steht nicht in direkter Nahrungskonkurrenz zum Menschen, im Gegensatz zu Getreideverwertern wie ▸Geflügel (▸Veredelungsverluste), dessen Fleisch dem von Kaninchen ähnelt. Experten wissen aber auch, dass kaum eine andere Tierart so sensibel und der Fleischpreis bisher nicht ausreichend ist …

Kaninchenfleisch

Einst nur als Laubenpiepers Notbraten verspottet, gelten Gerichte vom ▸Kaninchen heute nicht nur als Festspeisen, sondern auch als besonders gesund. Kaninchenfleisch ist zart, **hellrosa und saftig**, mit einem hohen Anteil an Eiweiß und Aminosäuren; dafür ist es arm an Fett, Cholesterin sowie Purinen und hat dank guter Verdaulichkeit Diätkost-Ruf. Erst eine Reihe von ▸Skandalen und die geschmackliche Nähe zum ▸Geflügelfleisch aber taten ihr Übriges: Experten gehen davon aus, dass in Deutschland inzwischen etwa 600 g Kaninchenfleisch pro Kopf und Jahr gegessen werden. Was sich nach wenig anhört und doch ca. 41 000 t Fleisch **von rund 25 Mio. Tieren** entspricht – und Bewusstessern schwer im Magen liegen sollte. Denn die Art der „Erzeugung" dieser Spezialität ist mehr als fragwürdig (und gleichzeitig nicht gerade förderlich für eine gesunde, aromatische Fleischentwicklung). So mag es sich fast ▸artisanal anhören, dass die Direktvermarktung von Haltern und Züchtern dominiert. Den Kaninchen ergeht es dort aber ähnlich wenig ▸artgerecht wie in Mastbetrieben. **Importware**, insbesondere aus China und Ungarn, stand zuletzt so oft im Fokus von kritischer Berichterstattung, dass Kaninchenfleisch

Kaninchen: Bei der Aufzucht der Tiere spielt die ökologische Tierhaltung noch eine zu kleine Rolle – wie hier mit mobilen Nestern bei KAG Freiland in der Schweiz

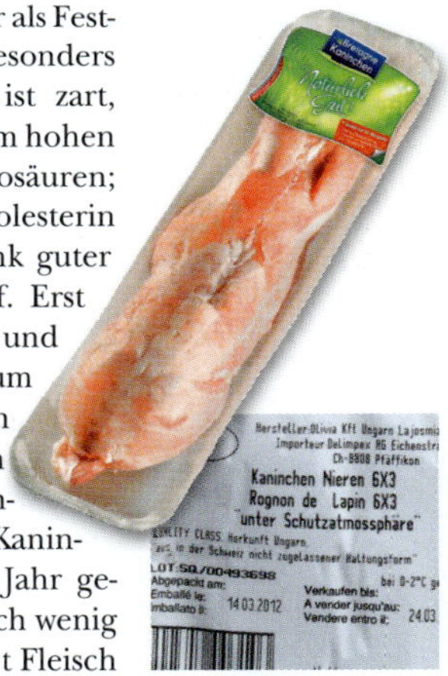

Kaninchenbraten: In der Konsistenz Geflügelfleisch recht ähnlich, in der Konsequenz erbärmlicher sog. Erzeugung dürfte so ein Braten nur bio sein – oder sollte immerhin wie in Schweizer Supermärkten mit negativer Kennzeichnung versehen sein (oben)

aus dem Ausland sogar von etlichen Supermärkten ausgelistet wurde. Und doch: Solange nicht explizit auf ▸Freilandhaltung oder ▸ökologische Tierhaltung hingewiesen wird, kommt Kaninchenfleisch in der Regel von Tieren, die in ▸Käfighaltung und/oder Einzelhaltung bis zur Schlachtreife gemästet wurden – es sei denn, das Fleisch stammt aus Österreich. Dort sind Käfigkaninchen seit 2012 tabu.

Bei in der Schweiz verkauftem Kaninchenfleisch ist immerhin die ▸Kennzeichnung im Vergleich zu inländischen Standards Pflicht („aus in der Schweiz nicht zugelassener Haltungsform"). Shopper in Deutschland warten bis 2014 noch auf solche Negativ-Hinweise und verlassen sich einstweilen auf **Positiv-Gütesiegel**. Tierschutz-Bündnisse wie „Kaninchenmast – nein danke!" weisen darauf hin, dass die Alternative nur **Bio-Kaninchenfleisch** sein kann.

Kapern: Nur vom Strauch direkt ungenießbar, nur bei Bio rückstandsfrei in bestem Öl oder Salz konserviert oder mal dampfpasteurisiert

Kapern

Man genieße die pfefferkorn- bis erbsengroßen Würzkügelchen ja mit Respekt! Die säuerlichen bis bitterscharfen Pikantheiten sind nämlich die aufwendig zusammengeklaubten Knospen vom mediterranen und nur meterhohen Kapernstrauch. Sie würden sonst für einen einzigen Tag weiß aufblühen! Kapern werden deshalb täglich in geduldigen Durchgängen frühmorgens vor ihrer drohenden Entfaltung **in teurer Handarbeit** gepflückt. Im schlechtesten Fall passiert das auf Plantagen, deren Sträucher eher mit ▸Pestiziden vor allerlei Schädlingen geschützt werden.

Bei Bio-Kapern aus ▸ökologischem Landbau sind bis zur Knospenreife weder Chemie noch Kunstdünger erlaubt, und auch die Weiterverarbeitung ist von der konventionellen verschieden. Im idealsten Naturfall wären sie kaltverarbeitet, in Bio-Essigsud oder Bio-Olivenöl eingelegt und damit haltbar gemacht, ohne die Kapern zu pasteurisieren oder zu sterilisieren; Bio-Herstellern ist für die **Keimfreiheit** allenfalls Dampfpasteurisierung bis 40° C erlaubt. Die Verarbeitung in Essig macht es auch konventionellen Herstellern möglich, immerhin ohne zusätzliche ▸Konservierungsstoffe auszukommen.

Frische Kapern sind als Knospen ungenießbar und werden erst entbittert: durch monatelanges Einlegen in trockenem Meersalz, in Salzlake, am häufigsten eben durch das sog. *pickling*, also Marinieren und Fermentieren in kräftigem Essig. Als Spezialität gibt es welkig angetrocknete und in Olivenöl wieder aufgerundete Kapern, auch klassisch gesalzene und in Apfelessig kurz erhitzte Würzperlen. Der echte Kapernstrauch liefert nach dem Aufblühen und Auswachsen dicke, längliche Früchte mit milderem Kapergeschmack, die ebenfalls in Lake oder Essig eingelegt werden: die sog. **Kapernäpfel** am Stiel.

Manch Kapernersatz aus früheren Jahrzehnten spielt keine Rolle mehr, obwohl die Originale bis heute ihren stattlichen Preis bewahrt haben. Kein Wunder, dass die deutschen Importmengen noch unter denen von Trüffeln liegen. Umso besser aber für die geschonten Verwandten aus Wald und Flur, etwa die leicht giftenden Knospen von unter Naturschutz stehenden Sumpfdotterblumen oder von ▸Gänseblümchen.

Nota bene: Wer mal imponieren will, merke sich das bei Kapern so verschärfend freigesetzte Methylisothiocyanat. Eben das ist besonders wasser- und temperaturempfindlich und damit der Grund, warum erfahrene Köche Kapern eher an Kaltes geben und damit bei Erwärmtem bis zum Schluss warten.

Karob, Carob

Es ist voller kakaosüßer Assoziationen, dieses tief bräunliche, zu gern verpulverte Fleisch des ▸Johannisbrotes, also der Früchte vom **Johannisbrotbaum** (arab. *charrub/harrub*). Der wächst v. a. in konventionellen, teils aber eben auch in biozertifizierten Plantagen in Spanien, Italien und auf Zypern, sogar in Mittel- und Südamerika. Der Baum wird bis zu 30 m hoch, ist anspruchslos, bleibt unbewässert und braucht angeblich keine Pestizide. Biobauern verzichten ohnehin darauf, auch begasen oder bestrahlen sie die Schoten nicht nach der Ernte. Als traditionelles Bioladen-Produkt stammt Bio-Karob allerdings oft aus zertifizierter ▸Wildsammlung.

Die längliche Schote der Hülsenfrucht wird **grün geerntet**, der daraus entkernte Samen geröstet und dann zu feinem Karuben-/Carubenmehl gemahlen – je dunkler, desto spürbar bitterer ist es, sonst eher von malzhaft süßem, feinherbem Aroma. Die Herstellung ist längst nicht so wasser- und energieaufwendig wie beim ▸Kakao, mit dem Karob gern verglichen wird und den es ersetzen kann. Konkurrent Karob ist zudem kalorienarm, koffein- und theobrominfrei, aber reich an Vitaminen, Mineralstoffen und mit einem Winzanteil von 0,7 % **nahezu fettfrei**. Der beim Verstoffwechseln leicht quellende, ballaststoffliche Rohfaseranteil und die Pektine (Mehrfachzucker) sind unverdaulich, aber bekömmlich. Dennoch fremdeln viele Schokoladen-Möger anfangs etwas beim Karobgeschmack.

Dabei hatten die Vertreter der Vollwerternährung Karob als nicht dick machendes Süßungsmittel schon früh entdeckt. Karob ist sogar Gewürz als Vanille-Ersatz und aromatisiert in der Weihnachtsbäckerei – seine fast 50 %ige eigene **Fruchtsüße** erspart dabei das Zuzuckern.

Längst entstehen mit Karobpulver nicht nur „Kakao"-Drinks, sondern beste Cremes, Kuchen, Aufstriche oder Riegel; anders geröstet kann Karobiges sogar ein ▸Kaffee-Ersatz werden.

Karob: Schmackhafte Schoko-Illusion vom Johannisbrotbaum, ohne Zuckern süß genug und fast ohne Kalorien noch nicht mal ein Dickmacher

Karob: Als Kinder-Kakao-Alternative ganz ohne Theobromin und Koffein

Karpfen: Der seit langem engagierte Bio-Züchter Michael Bothstede alias „De Fischer ut Grambek", der 2012 sogar den deutschen Förderpreis Ökologischer Landbau verliehen bekam

Karpfen

Ohne den etwas angemoderten Ruf als Arme-Leute-Fisch und seine vermaledeit spitzigen Zwischenmuskel-Y-Gräten wäre *Cyprinus carpio* sicher populärer und hätte die ▸Forelle von Platz 1 der beliebtesten Süßwasserfische aus ▸Aquakultur verdrängt. Dabei ist der **Friedfisch** Karpfen als genügsamer Teichwirtschafts-Bewohner der prädestinierte ▸Biofisch – doch auch ▸regionale Vermarktung und ▸saisonale Beliebtheit schränken Öko-Karpfenwirte ein.

So ist Karpfen-Erzeugung meist nur Nebenerwerb und eher rückläufig: Deutsche Aquakulturen „erzeugten" 2012 gut 5500 t Speisekarpfen. 111 von 3355 Anlagen waren ▸**ökologische Aquakulturen**; ihre „Erntemenge" wurde nicht erhoben. Bio-Karpfen werden v. a. zu Weihnachten aus Tschechien, Polen oder ▸Österreich eingeführt; dort liegt der Bio-Anteil bei beachtlichen 20%.

Für ihr winterliches Geschäft trickst die konventionelle Teichwirtschaft gern, um genau dann die Festtafeln füllen zu können. Ein Thymusdrüsen-Extrakt sorgt da für den **Hormonkick**: Die Karpfen laichen ab, der Nachwuchs wird fast synchron groß. In Bio-Teichen sind ▸Hormone verboten. Die Gewässer sind auch natürlicher gestaltet, als Erdteiche zum Gründeln oder Wühlen – ohne Foliendecke wie in konventionellen Anlagen. Bio-Karpfenhaltung erlaubt nur eine organische Düngung der Teichflora, konventionell sind chemische Beschleuniger ebenso zugelassen wie die Belüftung (bei Bio nur als Ausnahme). Bio-Karpfen haben auch **mehr Platz**; die ▸EG-Öko-Verordnung erlaubt 1500 kg „Karpfenernte" je ha; je nach ▸Anbauverband sind 3000–4000 sog. einsömmrige bzw. 600 fettere sog. zweisömmrige Karpfen Wettfresser. Sie haben ausreichend Sauerstoff im Wasser und leiden kaum unter Parasiten.

In konventionellen Teichen drängen sich dagegen 50000 (bzw. 4000 fettere) Tiere pro ha Wasserfläche. **Bio-Karpfen** müssen auch nicht wie dort mit Fremdprodukten gemästet werden, denn das natürliche Nahrungsaufkommen des Teiches allein soll die Hälfte, bei ▸Demeter 80% des Futters ausmachen. Tummeln sich oben ▸Enten (in sog. Polykultur), herrscht unten keine Kotnot, was den Karpfen mit bestgedüngtem Plankton, Krebsen oder Insektenlarven den Tisch deckt. In konventioneller Haltung tun dies zusätzliche ▸Futtermittel – etwa aus proteinreicher ▸Soja, die von ▸Gen-Soja stammen kann. Andere Zutat ist Fischmehl/-öl, was die meisten Anbauverbände ablehnen (▸Veredelungsverluste). Allein ▸Naturland gestattet wie EU-Bio tierische Anteile, aber nur aus fischigen Verwertungsresten. Anders als Forellen oder ▸Lachse ist der Karpfen eben ein **Allesfresser**, der ohne zusätzliches tierisches Eiweiß auskommt. Demeter, ▸Biokreis und ▸Bioland nennen ihn den einzig wirklichen Biofisch, auch ▸*Greenpeace* und der ▸WWF empfehlen ihn.

Kartoffeln

Sie sind so schön, wenn ihre Blüten blühen, doch bei *Solanum tuberosum* aus der Familie der Nachtschattengewächse interessieren sich Esser nur für die unterirdischen, verdickten Triebe. Alle oberirdischen Teile, aber auch die unreifen Knollen sowie die „Augen" sind ungenießbar – sie enthalten **das giftige Alkaloid Solanin**. Spanier brachten die tolle Knolle im 16. Jahrhundert aus Amerika mit zurück nach Europa, wo sie seit dem 18. Jahrhundert als Grundnahrungsmittel und Volksspeise gilt. Wie sehr die Kartoffel zum Symbol taugt, zeigte sich bei der emotional geführten Kampagne zum Erhalt der **Sorte ▸Linda**, die wegen des auslaufenden ▸Patentes verschwinden sollte und 2009 gerettet wurde. In der ▸Schweiz kämpft u. a. der Verein *ProSpecieRara* um das Kartoffelerbe, mit dem Slogan „Vielfalt für alle". Weltweit sind rund 4000 ▸Sorten bekannt, in Deutschland sind etwa 200 von ihnen zugelassen, 170 ernten Biobauern.

Nur jede dritte konventionell angebaute Knolle kommt als Speisekartoffel auf den Tisch, der Rest wird verfüttert oder industriell weiterverarbeitet. **Bio-Kartoffeln** jedoch werden zu 90 % frisch verkauft!

Die Kartoffel protzt mit knapp 15 % Stärke, ist aber kein Dickmacher: Wasser macht etwa 78 % aus, Fett nur 0,1 %. Ihr Eiweiß (2 %) ist fast so hochwertig wie das von ▸Soja. Am besten kocht man die Knollen in der ▸Schale und pellt sie erst dann, so gehen nur wenige Mineralstoffe und Vitamine verloren.

Obwohl Kartoffeln einen robusten Eindruck machen, gehören sie zu den **meistgespritzten Kulturen** im konventionellen Landbau; ▸Bioland schätzt, dass sie 5–7-mal mit ▸Pestiziden behandelt werden. Der Lohn im Vergleich zu Bio-Kartoffeln, die ohne chemischen Pflanzenschutz auskommen und daher oft als weniger ertragreiche, aber auch weniger anfällige Sorten angebaut werden, ist ein um bis zu 40 % höherer Ertrag. Gleichzeitig zeigte das Ökomonitoring der CVUA *(Chemische und Veterinäruntersuchungsämter)* für 2008–2012: Bio-Kartoffeln sind **„deutlich weniger** mit ▸Rückständen belastet als konventionell erzeugte Ware". Zwar gab es auch hier Belastungen, v. a. mit Keimhemmungsmitteln. Sie nehmen aber von Jahr zu Jahr ab und lagen zuletzt „im Spurenbereich". Auch beim ▸Nitrat sind Bio-Kartoffeln mit 30 % weniger im Soll, da die Nährstoffversorgung

Kartoffelröstis: Aus ökologischem Landbau werden sie meist frisch verkauft, aber auch bei Bio hat Convenience längst Einzug gehalten

Kartoffeln: Tausende Sorten wurden auf ein paar Hundert ertragreichere reduziert – in der Schweiz kämpft ProSpecieRara um den Erhalt und die Vielfalt der alten Kartoffelsorten

über pflanzliche Gründüngung und organischen Dünger sichergestellt wird, nicht mit synthetischen ▸Düngemitteln.

Der höhere Aufwand und die eher auftretenden Ernteausfälle

Kartoffeln: So unterschiedlich in natürlichen wie angezüchteten Merkmalen, so einheitlich in Reihen gedeihend

müssen mit entsprechenden ▸Preisen kompensiert werden. So stiegen die Ausgaben für Bio-Kartoffeln dank des feuchten Spätsommers 2010 um knapp 12 %, während nur 2,3 % mehr gekauft wurden. Da fast 60 % der Bio-Kartoffeln **im ▸Discounter verkauft** werden, stellt der direkte Preisvergleich oft eine Hürde dar.

Was Bio-Knollen neben dem Beitrag zum ▸Naturschutz konkurrenzfähig macht, ist ihr feines Aroma und die gute Haltbarkeit. Beides hat mit dem langsameren Wachstum durch weniger Zugabe von ▸Stickstoff und damit weniger Wasser zu tun. Der **Bio-Anteil** lag bei Frischkartoffeln in Deutschland 2012 bei 5,2%, besteht aber vermehrt aus ▸Importware – die Ackerfläche macht zwar einen ähnlichen Prozentsatz aus, die ökologischen Hektare werfen aber geringere Erträge ab.

Seit den 1990er-Jahren kommen auch die ▸alten Sorten, wegen ihres blauen, roten oder rot geäderten Fruchtfleisches oder der länglichen, unregelmäßigen Formen früher verfemt, wieder zu neuen Ehren. Renaissance also für das **Bamberger Hörnchen** oder den Blauen Schweden, La Ratte oder Highland Burgundy Red. Daneben wächst das Interesse an ganz neuen, nämlich gentechnisch veränderten Sorten. Gegen ▸Gen-Kartoffeln wie **Amflora** oder Fortuna regte sich heftiger, erfolgreicher Protest.

Nota bene: Unter Biobauern umstritten ist der Einsatz von ▸Kupfer. Obwohl das ▸Pflanzenschutzmittel im Öko-Landbau sehr viel weniger zum Einsatz kommt als auf konventionellen Äckern, erlaubt ▸Demeter nur die Hälfte der laut ▸EG-Öko-Verordnung zugelassenen 6 kg/ha.

Käse

Was als unschuldiges Naturprodukt aus dickgelegter ▸Milch definiert werden könnte, das schon vor 5 000 Jahren in Mesopotamien hergestellt wurde, enthält in der konventionell erzeugten Variante oft wahre Cocktails an **Zusatz- bzw. Hilfsstoffen**: von gentechnisch erzeugtem ▸Lab (ohne ▸Kennzeichnung) über Farb- und ▸Konservierungsstoffe wie das Anti-Pilzmittel Natamycin – verbunden mit der Empfehlung, Käserinden mind. einen halben Zentimeter dick abzuschneiden (ist bei Bio-Käse unnötig) – bis zu ▸Enzymen, ▸Nitrat, ▸Phosphat und ▸Antibiotika. Nicht selten dienen diese Helferlein nicht nur geringeren Kosten, sondern sogar der Überdeckung von Herstellungsfehlern.

Kartoffeln: 2009 startete in der Schweiz eine Kampagne gegen eine neue Saat- und Pflanzgutverordnung, die viele Kartoffelsorten bedroht hätte; 2010 gab die Politik tatsächlich nach und setzte ein Zeichen für Agrobiodiversität

Käse: Ist er bio von der spezifischen Milch an, gelingt er auch mal ohne Konservierungs- und Farbstoffe

Bio-Käsevielfalt: Ökologische Käse sind lange schon beliebte Spezialitäten, öfter gar aus artisanalen Betrieben

Von den mehr als 600 in Deutschland produzierten Käsesorten gibt es viele längst auch **in Bioqualität**. Wenigstens für diese stehen ▸Zusatzstoffe nur streng reglementiert zur Verfügung: wenn sie eben nötig sind, und nur ohne ▸Gentechnik. Mikrobielles Lab mit transferierten Kälbergenen darf weder nach der ▸EG-Öko-Verordnung noch gemäß der ▸Anbauverbände in den Bio-Käse. Stattdessen stammt das Lab schon zu etwa 50 % aus kälberfreien Schimmelpilzkulturen und macht so immerhin jeden 2. Bio-Käse für ▸Vegetarier genießbar. Calciumchlorid zur Verbesserung der Milchgerinnung wird, obwohl gestattet, von Anbauverbänden meist abgelehnt, da es Käsern **weniger Sorgfalt** abverlangt. Auch Calcium- und Natriumcarbonate als Reifungssalze sind nur begrenzt zugelassen. Da versteht sich das Verbot von Konservierungs- oder ▸Farbstoffen fast von selbst.

Höhere Erzeugerkosten beim Rohstoff Biomilch, höhere Erlöse für Biomilchbauern, Bio-Zusatzstoffe sowie die ausschließliche Verarbeitung der Biomilch zu Käse oder ▸Butter ohne Verwertung der Beiprodukte führen da nachvollziehbar zu Zuschlägen beim ▸Preis. Trotzdem konnte Bio-Käse in den letzten Jahren aufholen. Lag 2010 der Bio-Anteil am Umsatz von Käse in Deutschland noch bei 1,8 %, führte v. a. der ▸Skandal um ▸Dioxin in konventionellem Futter dazu, dass es 2012 dann 3,7 % waren, im Bio-Fachhandel sogar mehr. Nebenbei **schmeckt Bio-Käse**, anders als genormte Massenware, auch nicht stets gleich, sondern entwickelt dank des bei ▸Milchkühen verbindlichen Weidegangs und des unterschiedlichen Grünfutters reizvollste Nuancen. Der

Käse: Demeter-Käser verarbeiten Biomilch von behornten Kühen, die solchen Käse eben ganz spezifisch beeinflussen soll

Anteil an ▸Omega-3-Fettsäuren ist entsprechend erhöht. Selbst beim dank der „Produktionstiefe" recht großen ▸**Carbon Footprint** kann Bio punkten: Statt 8 512 fallen bei Bio-Käse laut einer Studie von 2007 immerhin nur 7 951 CO_2-Äquivalente pro kg an; Hauptursache ist der Verzicht des Öko-Landbaus auf den Import von ▸Soja zur Herstellung von Kraftfutter.

Mehr Käse-Infos:
- ▸Analog-
- ▸Frischkäse
- ▸Listerien
- ▸Molke
- ▸Rohmilchkäse
- ▸Schafskäse
- ▸Ziegenkäse

Käse-Ersatz

Es ist eine kleine Kunst, ▸Käse aus verschiedenster Milch herzustellen, aber es ist keine Kunst, solchen Käse zu imitieren: Milchfett und Milcheiweiß ersetzen, würzen, Geschmack verstärken, färben, stabilisieren, nur rühren, nicht reifen – fertig ist er, **der billige Käse-Ersatz**, dessen populär gewordene Vorsilbe ▸Analog- fast unschuldig klingt. Zum ▸Skandal durch ▸Irreführung wurde mogelndes Käse-Imitat anno 2009. Da kam heraus, dass seit Jahren raffiniert auf Aroma, Hitzestabilität und Aussehen von „Käse" getrimmte Mischungen eingesetzt wurden, ohne ▸Kennzeichnung wie „auf Pflanzenfettbasis" (erst ab 13. Dezember 2014 Pflicht). Das waren als Toppings bei Brötchen & Co **preisgünstige Als-obs**.

Ende des 19. Jahrhunderts diente solch Käsegewese noch nicht der Herstellung von Mogelpackungen, sondern sollte als sog. Schmalz- oder Oleomargarinkäse v.a. erschwinglich sein. Die Milchbasis und der streckende Rindertalg verhinderten aber, diesen Ersatz auch für käselustige ▸Veganer genießbar zu machen. Erst seit Milchfett durch Pflanzenöl und Milcheiweiß mit Soja- bzw. Bakterieneiweiß samt Stärke ersetzt werden kann, gibt es ihn, den **wahren Käse-Ersatz**. Solch „tierfreies" Imitat ist kein Kunstkäse mit der Lizenz zum Schummeln, sondern mundet auch Veganern als Edamer, Gouda, Mozzarella, sogar Parmesan. Dabei muten die Produktnamen schon originell an: „Soyabel", „No-Muh-Chäs", „Sheese" oder „Parmazano". Wie im Käse aus Tiermilch bewirkt eine eigene Mikroflora aus Hefen den ganz typischen Geschmack klassischer Käsesorten.

Solch Käse-Ersatz besteht aus einem gekonnten Mix von meist Sojabasis mit Pflanzenöl, dazu ▸Bindemittel, auch mal pflanzliche Milchsäure und darauf abgestimmte Aromen. Sehr wichtig sind da ▸Hefeextrakte, die dank aufgespaltener Aminosäuren ein gewisses Umami-Mundgefühl geben. Solch Ersatz gelingt sogar schnittfest.

Selbst **aromatisches Gratinieren** klappt – mit sog. Hefeschmelz, einem gewürzig verfeinerten, eher unansehnlichen Mix aus Hefeflocken, Mehl und Öl, der im Backofen tatsächlich zur Käsekruste wird und die ursprüngliche Konsistenz vergessen lässt.

Käse-Ersatz: Das käsige Aroma für Überbackenes steckt auch im Hefeschmelz aus Hefeflocken – so lecker wie vegan

Kaviar

Immer noch Gourmets Lustwort und ▶Bio-Gourmets Inbegriff für jene vom höchst bedrohten ▶Stör ungeheuer teuer erkauften Kugeln, die schmatzzerplatzt ihre feinöl-fischig-salzigen Arroganzaromen freisetzen. Dann hilft auch die vorgeschriebene ▶**Kennzeichnung** von Kaviar nicht – dabei wird daraus die Störart, die Erzeugung (Wildfang bzw. aus ▶Aquakultur), das Ursprungsland, die Betriebsnummer und die einzelne Charge identifizierbar. So könnten

Die Jagd nach dem wertvollsten Lebensmittel der Welt führte zu Nachstellungen der gierigsten Art, jenseits jeder ▶Nachhaltigkeit und flankiert von **Beschaffungskriminalität**. So wurden 1977 noch 2000 t Wildkaviar legal gehandelt, doch 2008 schon war die Quote auf 24,2 t gesunken. Die Internationale Artenschutzkonferenz CITES *(Convention on International Trade in Endangered Species)* versucht so, den Störbestand in den Griff zu bekommen – doch umso mehr wurde und wird im großen Stil geschmuggelt. Nach Angaben des französischen Umweltministeriums wird der französische Markt (der größte für Kaviar in der EU) **zu 90 %** mit illegaler Ware beliefert. Es muss eben immer noch Kaviar sein – echter.

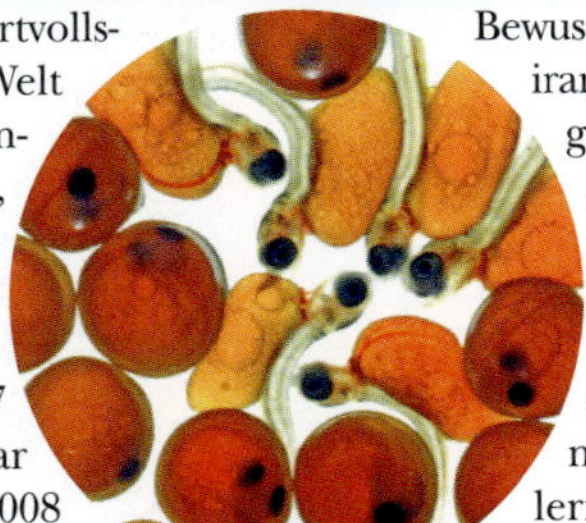

Bewusst-Genießer gezielt auf iranischen Kaviar zurückgreifen. Der stammt angesichts der strengen Kontrolle schon eher mal aus **nachhaltiger Fischerei** und sorgt so für ein wenig Hoffnung bei Schwarzmalern, die im Kaspischen Meer schon in naher Zukunft gar keine Störe mehr sehen. Früh schon gab es daher Versuche mit **Aquakultur**, v. a. von Sibirischen Stören, obwohl von deren Weibchen erst nach 5–8 Jahren etwas zu „ernten" wäre. In erwärmten Becken und bei teilweise „hautnaher" Belegung sollen eierpralle Störinnen sogar schon nach vier Jahren zu schlachten sein; kaiserschnittartige Aufschlitzungen für eine nochmalige Ovulation aber gelingen nur teilweise. Schlechter

Kaviar: Luxusappetit macht Stören den Garaus mit Todes- oder Kaiserschnitt, in Aquafarmen haben es die Tiere keineswegs besser

Kaviar: Aus der klassischen Dose sicher nicht empfehlenswert, da wohl von gefährdeten Beständen – dann doch lieber mal einen aus Algen probieren

Kefir: Der säuerliche Genuss aus dem Kaukasus kann schon mal einen falschen Milchbart simulieren – einen milden allerdings

schmecken sollen die so erzüchteten Schwarzkügelchen allerdings nicht, über die Qualität entscheidet eher der „Ernte"-Zeitpunkt und v. a. die Verarbeitung. Rohkaviar wird konservierend gesalzen, oft wird noch das Natriumsalz Borax zugesetzt. Salz aber lässt so manche Eier leicht mal zur schleimigen Masse quellen. Und **Bio-Zuchtkaviar**? Massentierhaltungs- und Fischfutter-Bedingungen sprechen dagegen, ▸Biokreis etwa hält Kaviar und Störfleisch „mit wie auch immer gestaltetem ▸Bio-Siegel" für mehr als fragwürdig. Bisher betreibt nur ein spanischer Betrieb ▸ökologische Aquakultur und gönnt den Bio-Stören geringere Enge und doppelte Lebenszeit ganz ohne Hormone.

Jenseits der Stör-Falle haben sich längst alternative „Kaviar"-Spezialitäten auf den Büffets verbreitet, Eier spezieller Fischsorten nämlich. Da liegt dann **Deutscher oder falscher Kaviar** (vom Seehasen, stark gesalzen), Keta-Kaviar (vom Pazifischen Keta-Lachs), Forellen-Kaviar, Felchen-Kaviar (Maräne), Herings-Kaviar, skandinavische Sorten wie Kalixlöjrom (von der kleinen Maräne), Ljörom und Sikrom, dazu die japanischen Sorten Tobbiko (vom Fliegenden Fisch) und Masago (nordische Stintart) – und schließlich noch Kaviar von Hecht oder Karpfen.

Ihre genüsslichen wie ethisch absolut vetretbaren Sonderstellungen aber nehmen vegetarische bzw. vegane „Kaviar"-Sorten ein. So gerinnt der natürliche Emulgator **Algin**, der bei der Jodherstellung aus Algen anfällt, beim Kontakt mit calciumhaltiger Wasserlösung zu mehr oder minder großen Perlen : fertig ist der „Algen-Kaviar". Er ist cholesterinfrei und erheblich preiswerter als Zuchtkaviar. Und auch die Molekulargastronomie experimentierte früh und viel mit dem Mundgefühl zerplatzender „Kaviar"-Kügelchen – ob nun mit Roter Bete, Melone oder Möhre …

Kefir

Höchst erfrischendes Sauermilchgetränk, dem eine sagenhaft gesundheitsfördernde Wirkung nachgesagt wird – als „Getränk der Hundertjährigen", die es angeblich zu Tausenden im asiatischen Kefirkulturkreis gibt.

Der recht dickflüssige und stets leicht moussierende Kefir (von turksprachl. *köpürmek,* wörtl. „schäumen") entsteht aus Kuh-, Ziegen- oder Schafsmilch; die Variante aus ▸Stutenmilch heißt **Kumys(s)**. Milchkefir ist tatsächlich äußerst vitaminreich und enthält halt gleichzeitig die Milch-Mineralstoffe, also Calcium, Eisen und Jod.

Pilz-Trick wie -Trunk stammen wohl aus Tibet wie dem Kaukasus. Traditionell wird Kefir mit sog. Kefirknöllchen (**„Hirse des Propheten"**) hergestellt, die auch schon mal „Pilze" heißen und kleineren Reisklumpen ähneln. Sie bestehen aus den gelatineartigen Polysacchariden Kefiran und Casein, dazu kommt eine symbiotische Mikroflora aus Milch- und wenigen Essigsäurebakterien sowie einigen Hefen.

Die Knöllchen wuchern bei Zimmertemperatur in zuvor aufgekochter und wieder abgekühlter Milch. Dann beginnt ihre zweifache ▸Fermentation: die Alkohol erzeugende Hefegärung und die Geschmack gebende Milchsäuregärung. Dabei nimmt die Größe der Knöllchen zu – ihr Volumen kann sich in 14 Tagen verdoppeln. Ist der Kefir fertig, wird er von den Fleißkügelchen getrennt, abgesiebt und abgefüllt. Die „Hirse des Propheten" kann so durch Wiederverwendung eine **Art von „ewigem Leben"** führen: Sie wurde und wird in den Ursprungsländern von Generation zu Generation, in Europa von routinierten Kefirknöllchen-Verarbeitern an Freunde weitergegeben.

Bio-Kefir gibt es auch als fettarme Variante, „mild" ist öfter sahnig und fruchtig. Da er naturgemäß aus Biomilch entsteht, enthält er nach britischen Untersuchungen immerhin 64 % mehr ▸Omega-3-Fettsäuren als konventionelle Knöllchenware.

Nota bene: Die Kügelchen können sich ebenso allein von aufgelöstem Zucker ernähren, weshalb Puristen milchfreien **Wasserkefir** ansetzen. Der lässt sich beliebig vor oder nach dem Gären aromatisieren, manche erinnert so ein Wasserkefir deshalb an ▸Kombucha. Kefir enthält natürlicherweise ganz wenig Gärungsalkohol, Andechser-Kefir enthält keinen.

Keime

Was aus Winzsamen rasant erwächst, wären urgesunde Keime oder Keimlinge, im Sprachgebrauch also die halbwegs unverdächtigen ▸Sprossen. Die mikroskopisch kleinen, unsichtbaren aber sind jene gefürchteten ungesunden Keime: Sie lauern auf rasante Selbstvermehrung und bösartiges Wuchern. Solche ▸Mikroorganismen sind allüberall und potenziell Krankmacher – für Mensch und Tier und gefährlicherweise zunehmend in beide Übertragungsrichtungen. **Skandale** gab es v. a. um ▸EHEC, ▸Listerien, Staphylokokken bzw. MRSA sowie ▸Salmonellen.

Verdaubare wie verheerende Keime stammen aus ganz natürlichen Quellen v. a. in der Landwirtschaft oder von sehr fahrlässigen bakteriellen Verunreinigungen in der Kette des ▸Food-Processings.

Einerseits werden menschliche wie tierische Körper recht gut mit Keimen fertig. Andererseits entstand in der intensiven ▸Tierhaltung, speziell in der ▸Massentierhaltung, ein hoher **Keimdruck**, dem illegal mit prophylaktischer Pauschalgabe von ▸Antibiotika (auch zur Leistungssteigerung) begegnet wird – allein in Deutschland mit mutmaßlich 900 t pro Jahr. Das aber hat riskante multiresistente Keime regelrecht herangezüchtet, die Erkrankungen durch kontaminierte Nahrungsmittel so heikel machen. Experten warten schon auf den desaströs wirkenden sog. **Superkeim**.

Kefir: Milch- und essigsaure Hefekügelchen verwandeln jegliche Tiermilch oder bloßes Wasser in ein echtes Erfrischungsgetränk

In der Frühzeit des ▸Bio-Bashings wurde gern argumentiert, ökologisches Wirtschaften samt Gülle-Düngung sei eine große Keime-Quelle. Dies ist längst widerlegt, weil Hofhygiene genau beachtet wird und ▸Tierarzneimittel nur Einzeltiere, nie die ganze Herde therapieren. Das *Bayerische Staatsministerium für Umwelt, Gesundheit und Verbraucherschutz* fand sogar heraus, dass Bio-Bakterien gegenüber Antibiotika signifikant weniger resistent seien; ▸ökologische Tierhaltung sei auch damit als Beitrag

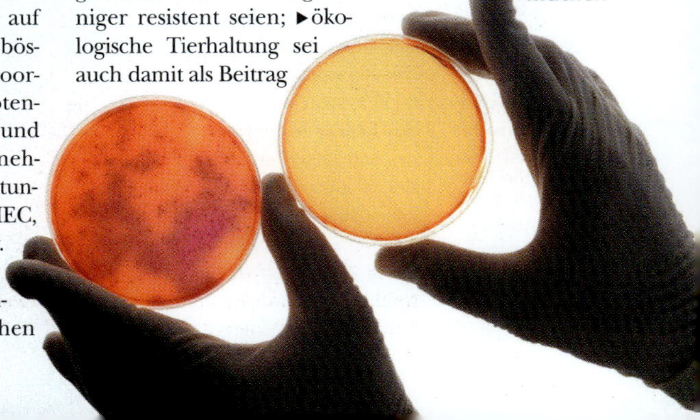

Keime: Für volkstümliche Ängste die krankmachenden und allgegenwärtigen Mikroorganismen, die auch der Biowelt zu schaffen machen

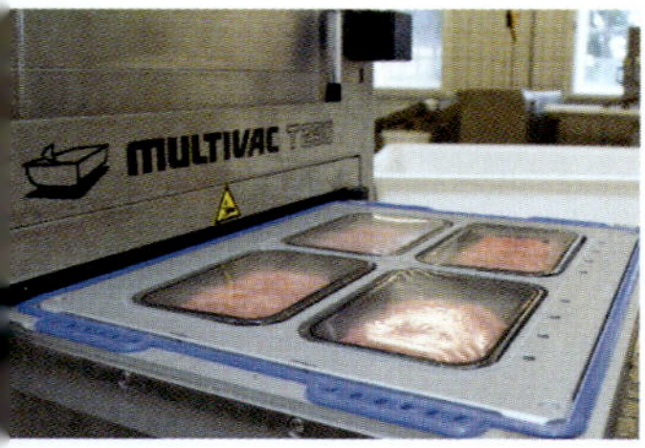

Keime: Die Biobranche greift bei der Keimprophylaxe auf schonende Verfahren wie die Vakuumverpackung zurück

zum ▸Tierschutz zu werten und trüge wesentlich zur Sicherung der weiteren Wirksamkeit von Antibiotika bei. Woher anno 2012 **antibiotikaresistente Keime** auch auf ▸Biofleisch stammten, blieb allerdings im Dunkeln. Eine Erklärung könnte die Kontamination beim ▸Schlachten sein. Eine keimfreie Landwirtschaft kann es nicht, ein Resistenzkeime förderndes Weiterso aber darf es nicht geben. Schon sind die antibiotischen **Feinstäube** in und aus Ställen von Mastbetrieben mit hoher Viehdichte als Hochrisiko für Beschäftigte wie Anwohner erkannt. In niederländischen Krankenhäusern landen Landwirte mittlerweile als generelle Risikopatienten auf der MRSA-Teststation. Die WHO rechnete 2013 vor, dass in der EU und den USA jährlich mehr als 40 000 Menschen an Infektionen mit multiresistenten Keimen stürben. Besonders gern und bisher unvermeidbar siedeln pathogene Keime auf ▸Geflügelfleisch. Also hilft gegen verkeimte sog. Schlachtkörper nur pingelige Hygiene bis in die eigene Küche (Tropfwasser sofort entsorgen, Geräte, Lappen usw. von anderer Verwendung fernhalten) und konsequentestes **Durchgaren**. Denn 2011 waren 47,5 % der Geflügelfleischproben in der EU mit Campylobacter infiziert! Nur der Keim der Hoffnung auf Besserung wuchert einstweilen noch nirgends.

Keimöle: In ihnen steckt, was die fast unbändige Kraft des Keimlings ausmacht

Keimöle

Im weitesten Sinne alle dem im Samen enthaltenen Pflanzenkeim abgepressten Öle, also eigentlich alle Getreidekeim-, ▸Nuss- und viele ▸Speiseöle, etwa aus Raps- oder Leinsamen. Eingebürgert hat sich aber der Inbegriff nur für **Mais- und Weizenkeimöl**, weil der Keim der Frucht erst aufwendig freigelegt werden muss und das erpresste Öl so wertiger klingt. Der angequollene, getrocknete (daher öfter das Röstaroma) und dann separierte Keimling vom Maiskorn etwa enthält 50 % Öl, trocken in der Mühle abgetrennt nur noch 20 % Fett. Der Vitamin-E-Gehalt ist hoch, Linol- und Ölsäure überwiegen, die oxidative Stabilität ist bestens, auch das Coenzym Q (Q10) ist reichlich enthalten. Kräftig gelbes Maiskeimöl gibt es oft in Bioqualität, weil es genügend Biomais gibt – im Gegensatz zum Bioweizen.

Das ähnlich wertvolle Weizenkeimöl wird aus den (wegen der Gefahr ihrer Schnellranzigkeit) mühlenfrisch abgetrennten 2–3 % ausmachenden Keimlingen vom Korn von ▸Weizen gewonnen, im Bio- wie im Idealfall ▸kaltgepresst. **1 000–1 600 kg** Körner lassen gerade einen Liter Keimöl zusammentropfen und machen es so teuer – aber auch gesund: Zum feinen frischgetreidigen Aroma kommen ungesättigte ▸Fettsäuren und der Rekordwert an Vitamin E von allen Speiseölen: 174 mg/100 g!

In aus **Mangel an Bioweizen** meist aus konventionellem Weizen

gewonnenen Keimölen finden sich zuweilen Spuren von ▶Rückständen, bisher aber stets unter den Höchstmengen. Wer kaltgepresste Keimöle ohne chemische Lösungsmittel bevorzugt, muss zu Bioware greifen.
Tipp: Keimöle nie vitaminzerstörend erhitzen, eher nur kalt verwenden!

Gescheitert sind die Initiativen für einfache Symbole wie die ▶**Ampel**. Das BMELV *(Bundesministerium für Ernährung, Landwirtschaft und Verbraucherschutz)* setzte lange eher auf freiwillige Selbstverpflichtung und damit den Goodwill der Industrie. Verbraucherschützer schätzen, dass Lobbyis-

Kennzeichnung: Mogelangaben auf Verpacktem sind kaum noch möglich, fast alles ist geregelt – wenn da das Kleingedruckte nicht wäre ...

Kennzeichnung

Kennzeichnend für viele Konsumenten ist, dass sie die Kennzeichnung dessen, was ihnen die Lebensmittelindustrie bei verpackten Lebensmitteln vorsetzt, als intransparent und unvollständig ansehen. Angaben zu den Inhaltsstoffen, ▶Nährwerten und Eigenschaften müssen zwar nach EU-Regularien ab Ende 2014 bzw. 2016 aufs ▶Etikett, schon in einer Umfrage der Verbraucherzentralen von 2007 hielten jedoch 95% der Verbraucher Angaben zur ▶Herkunft, besonders bei ▶Fleisch, für nicht ausreichend, 71 % vermissten Informationen zum Hersteller. 2012 rechnete die *Verbraucherzentrale Hamburg* nach Testkäufen vor, dass einer Familie **pro Jahr 20 Stunden** beim ▶Einkaufen nur durch die Informationssuche auf Verpackungen verloren gingen.

ten europaweit mehr als eine Milliarde Euro investierten, um für die Ablehnung der Ampel in Brüssel zu werben.
Mit Erfolg: Das EU-Recht sieht nun weniger plakative Lösungen vor. So sollen sieben Angaben zum **Nährwert** (Fett, gesättigte ▶Fettsäuren, Zucker, Eiweiß, Salz und Kohlenhydrate, dazu die Kalorienzahl) gut les- und sichtbar platziert werden, nicht zwingend aber auf der prominenten Packungsvorderseite.
Ebenso werden **Lebensmittel-Imitate** wie sog. Analog-Käse („hergestellt aus Pflanzenfett") und „Klebeschinken" („aus Fleischstücken zusammengesetzt") etwas klarer benannt, wenn auch nicht mit dem Hinweis „Imitat" (▶Analog-). Warnungen für Schwangere und Kinder auf Koffeinreichem

Kennzeichnung: Die offiziellen Bio-Siegel erleichtern das Identifizieren, und bei Bio ist oft sogar eine Volldeklaration drin – und drauf ...

Kerne: Die eigentlichen Samen der „amtlichen" Ölsaaten sind aus ökologischem Anbau v. a. unter Cadmiumumständen am natürlichsten zu verknabbern

Kürbiskerne: Gemein, wenn sie vermeintlich gesundem Brot als Feigenblatt dienen; lecker aber, werden sie pur geknabbert

wie ▸Energydrinks und die **Schrift-Mindestgröße** (1,2 mm, bezogen auf das kleine x) werden Pflicht, deutliche Hinweise auf die 14 häufigsten ▸Allergene erfolgen dann selbst bei ▸loser Ware. Nano-Materialien werden auch als solche benannt.
Immerhin bei **Fleisch** ist ab 2015 die Herkunftsangabe Pflicht; bei verarbeiteten konventionellen Produkten aber fehlt die Fleischherkunft noch, genau wie Angaben zu Haltungsformen der ▸Legehennen, deren ▸Eier in ▸Fertigprodukten stecken. Eine weitere **Kennzeichnungslücke** betrifft den Einsatz von gentechnisch veränderten Zutaten, Zusatz- oder Hilfsstoffen. Das Label ▸„Ohne Gentechnik" kann bei aller Einschränkung zwar Hinweise auf GVO-freie Produkte geben, eine Positiv-Deklarierung (wie bei verunreinigtem ▸Honig) fehlt. Verbraucherschützer monieren zudem, dass prozessbedingte Gentechnik-Verfahren (etwa zur Herstellung von ▸Enzymen) unerwähnt bleiben.
Immerhin bei ▸**Biolebensmitteln** ist die Kennzeichnung klar geregelt, um jede ▸Irreführung der Verbrauchererwartung zu vermeiden: Alles, was mit den gesetzlich geschützten Begriffen Bio, Öko usw. operiert, muss in der Tat zu mind. 95 % (laut ▸EG-Öko-Verordnung) bzw. gar zu 100 % (bei vielen ▸Anbauverbänden) aus ▸kontrolliert biologischem Anbau stammen. Damit ist ▸Verstecktes wie ▸Käfigeier ebenso ausgeschlossen wie ▸Gentechnik. Augenfällig zeugen davon diverse ▸**Bio-Siegel**, die sich zu klaren Identifizierungsmerkmalen entwickelt haben – ganz im Gegensatz zu manch anderen ▸Gütesiegeln. Dass es etwa für die immer wichtiger werdenden Kategorien ▸regional und ▸nachhaltig noch kein staatlich kontrolliertes, **verbindliches Logo** gibt, ist mindestens so ärgerlich wie der ▸Etikettenschwindel mit Fantasieangaben wie etwa „aus ▸kontrolliertem Anbau", ▸„natur-" o. Ä.

Nota bene: Bleibt abzuwarten, ob sich die vom BMELV geplante und von den Verbraucherzentralen betriebene Website **www.lebensmittelklarheit.de** bewährt, auf der seit 2011 Produkte gemeldet werden können, die eines Etikettenschwindels verdächtig sind.

Kerne

Eigentlich nur die hart verschalten Samen reifer Früchte, in denen alle Triebkraft für den buchstäblichen Nach-Wuchs konzentriert ist. Das macht ▸Mandel wie auch ▸Nüsse im innersten Kerne-Sinn so gehaltvoll; deshalb gehen Ölmühlen so gerne erpresserisch damit um (▸Kernöle). Streng botanisch gesehen haben die verschiedenen Kerne zwar wenig gemein, doch im Handel und lebensmittelrechtlich sind sie **„Ölsaaten"** als „Kapselfrüchte" (▸Sesam, ▸Lein, ▸Mohn), „Nussfrüchte" (Sonnenblumenkerne) oder „Samen" (Kürbiskerne). Alle enthalten sie reichlich Öl, also Fett (30–45 %), dazu Wertvolles wie Linolsäure, die mehrfach ungesättigte Linolensäure sowie zahlreiche Vitamine und Spurenelemente. Im ▸Bioladen gehört Kerniges seit jeher zum **Kerngeschäft**, dort sind auch solche Spezialitäten wie der Schwarze Sesam,

Grau- oder Weißmohn zu haben; für Teige, Salate oder Krusteneffekte gibt es sogar fertige Ölsaatenmischungen. Dauerrenner sind die Samen verschiedener Sorten von ▸Kürbis, reich an Eisen, Phosphor und Zink. Sie ergeben ein gutes Öl, besonders wenn es wie bei Bio-Herstellern **ungefiltert und nicht raffiniert** hergestellt wird. Kürbiskerne sind nicht nur nussige Delikatessen, sie gelten auch volksmedizinisch als gesund.

In der ▸Vollwerternährung haben die schwarzen Sonnenblumensamen Tradition. Sie sind besonders nährstoffreich, enthalten an die 50 % Öl (▸Sonnenblumenöl) und etwa 27 % Eiweiß. Die geschälten Kerne schmecken in Brot oder Müsli und werden gesalzen oder ungesalzen verknabbert.

Wegen der stets vorhandenen leichten **Belastung mit ▸Cadmium** werden Sonnenblumenkerne wie alle Ölsaaten häufig kontrolliert. Am geringsten sind die ▸Rückstände in Samen aus ▸ökologischem Landbau mit seinem Klärschlamm- und Chemieverbot. Da ▸Schwermetalle im Boden verbleiben, finden sich aber auch bei Bio mal erhöhte Belastungen. Die besonders aufnahmefähigen Sonnenblumen dienten deshalb schon versuchsweise als „Entgiftungspflanzen" zur sog. Phytoremediation.

Kerne-Warnung: Bittermandeln vom Mandelbaum wie die Mandeln in Pfirsichen und Aprikosen, aber auch die Kerne von Zitrusfrüchten sind höchst unbekömmlich. Sie enthalten den natürlichen Fraßschutz Amygdalin, aus dem sich sehr schnell und intensiv **Blausäure** erkauen lässt.

Kernöle:
In allen Kernen steckt die geballte Power für neues Wachstum, und die lässt sich ganz schonend und kalt in öliger Konsistenz sortenreich erpressen

Kernöle

Für die Evolution trägt Flora ja unentwegt Früchte, die Biologen so höchst sorgfältig unterscheiden, wie sie der Volksmund so salopp benennt und alle Samen als ▸Nüsse, ▸Kerne, ▸Körner, ▸Keime ohnehin am liebsten aufisst. Dabei stecken die Samen als Saat für die nächste Generation voller hochgesunder Inhaltsstoffe, die zu lange zu mühsam zu gewinnen waren. Nun werden auch die kleinen und kleinsten Ölsaaten entdeckt, nach den ▸Speiseölen aus Kernen von ▸Kürbis oder ▸Sonnenblume, ▸Leinsamen oder Raps (▸Rapsöl). Auch ▸Nussöle und sog. ▸Keimöle: Sie alle sind im weitesten und fettigen Sinne beste, gesündeste Kernöle, voll mit mehrfach ungesättigten ▸Fettsäuren und fettlöslichen Vitaminen, zu haben **in Bioqualität**, also ▸kaltgepresst, nicht gebleicht oder gefärbt, oft ▸nativ mit urnatürlichem Geschmack.

An die Ölerpressung aus dem Innersten von ▸Weintrauben

wagten sich schon mittelalterliche Ölmöger. Nur wenige Manufakturen praktizieren heute wieder die aufwendige wie lohnende Kaltpressung von Kernen aus Trester oder Obstverarbeiters Kerne-Resten. Dabei bleibt von 40–50 kg Kernen 1 l **Traubenkernöl** übrig – mit reichlich ▸Antioxidantien gesegnet.
Wie alle aromenintensiven Kernöle ist aber auch dies durch die ungesättigten ▸Fettsäuren oxidationsanfällig und zum pointierten Gebrauch binnen dreier Monate bestimmt – tropfenweise köstlich, ob zu Salaten oder Desserts.

Kernöl: Vom Kürbis aus der Steiermark traditionell am prestigereichsten und dank der ungesättigten Fettsäuren immer ein Genuss- wie Gesundheitstrend

Kichererbsen

Bei ihnen lacht auch nördlich der Alpen das Herz vieler Migranten, ▸Vegetarier und Gourmets mit Nahostgusto. Dabei ist die Kichererbse *(Cicer arietinum)*, auch Zieser oder Kicherling, keine reine ▸Erbse, ihr nur entfernt verwandt als ▸Hülsenfrucht in gelber, üblicherer oder kleinerer, dunklerer Sorte.
Der Appetit gilt den 1–3 Samen in den bauchigen Hülsen. Roh wären Kichererbsen ungenießbar, auch die gerösteten, getrockneten Kugelsamen befreit erst 12–18-stündiges Wässern, Hitze oder Kochen (10–15 Min.) vom giftigen Phasin.
Für die **Nahostküche** mit kichererbsigen Hummussaucen oder Falafelklößen ist *Cicer arietinum* unverzichtbar, die gerösteten Kügelchen selbst sind allüberall beliebte Knabbereien (türk. *leblebi*) und gemahlen fast vergessener ▸Kaffee-Ersatz.
Längst haben der Hauch von Exotik, der gesunde Ruf und das nussige Aroma das belächelbare Namens-Image aufgewogen. Bioläden bieten ein Fülle von Bio-Kichererbsen-Produkten, v. a. mal ungeschält, getrocknet, vorgekocht, gemust, **als Mehl**. In der Masse kommt derlei biozertifiziert und nur mit CO_2 druckentwest aus Indien oder den Mittelmeerländern. Die Kichererbsensträucher müssen es warm und trocken haben, im ▸ökologischen Landbau sind sie in der Fruchtfolge wichtig, denn wie alle Hülsenfrüchte binden sie den ▸Stickstoff im Boden.
Interessant ist die mehligere Konsistenz der Früchtchen als unzerkochbare Gemüse- oder Suppenbeilage, für ▸Bratlinge, in Panaden, auch als cremiger ▸Brotaufstrich – und als natürliches ▸Bindemittel in Currys etc.

Kichererbsen: Mit Couscous ein veganes Gedicht, für Falafel unverzichtbar, im Hummus nicht minder essenziell

Kichererbsen sind reich an Eiweiß, Ballaststoffen (40 % Kohlenhydrate), Mineralstoffen und Vitaminen. Diese wertvollen Inhaltsstoffe und sogar verstärkt Vitamine liefern die bestens blanchierbaren Kichererbsenkeimlinge (▶Sprossen).
Obacht: Kichererbsen sind grundsätzlich ▶glutenfrei – als ▶Mehl aber nur, wenn es aus speziellen Mühlen stammt und auch ausdrücklich so gekennzeichnet ist; in Normalmühlen sind ▶Verunreinigungen mit Weizenmehlstaub unvermeidbar.

Kirschen

Man hätt' gern zwei an einem Stiel, wie der vernaschte Volksmund halt schwärmt, wenn gerade gut Kirschenessen ist. Dann sind süße Tafelkirschen so beliebt wie meistens teurer als weichere Herz- oder knackig-härtere Knorpelkirschen („Knupper"). Nur ein geschätzt halbes Prozent der Kirschenmenge, die Deutschland verknupperte, war Bio; die deutsche Öko-Anbaufläche betrug 2012 gerade mal 1 200 ha. Eigentlich ja kein Wunder, gilt doch der nicht-konventionelle Anbau als hochriskant und schien lange Zeit gar ein Ding der Unmöglichkeit zu sein. Denn ohne Chemieeinsatz machten **Kirschenfliegen** die Bio-Ernte ohne ▶Pestizide buchstäblich madig und sorgte sog. Blütenmonilia für Fäulnisbefall. Doch nun schafft die Wissenschaft Abhilfe: Der Fachbereich Ökologische Agrarwissenschaften der Universität Kassel startete 2010 ein Süßkirschenprojekt zur Erhaltung regionaler Altbestände. Parallel sorgt das FiBL *(Forschungsinstitut für biologischen Landbau)* für Grundlagenforschung und zeigt lohnende Auswege für Biobauern. Neuerdings werden die Niederstammplantagen komplett überdacht. Das gibt Schutz gegen die Witterung (und

Kirschen: Höchst empfindliches Obst und besonders für Biobauern ein riskanter Anbau mit inzwischen sehr aufwendigen Abdeckungen

die Gefahr des Platzens). Die Kirschbäume sind seitlich feinmaschig gegen die Fliegen aus Bodenschlupf eingenetzt, **Fungi- und Pestizide wurden unnötig**, beleimte sog. Gelbfallen geben den durchgeschlüpften Kirschfliegen den Rest. Traditionell tötet eine kurzfristige Überflutung des Bodens die gefürchteten Maden, neuerdings killt in der Schweiz ein natürlicher Spezialpilz die Fliegen – als Bio-Segen in einem für den ▸ökologischen Landbau zugelassenen Spritzprodukt.

Mit so viel wohlvernetztem Aufwand gedeihen nun unverwurmte, großfruchtige Biosorten der knabberwürdigsten Tafelkirschen. Zuvor war jahrelang nur etwa die Hälfte der süßen Ernte verwertbar!

Im deutschen Bio-Kirschen-Anbau herrscht daher Aufbruchstimmung, weil gute Ernten und noch bessere Preise zur meist regionalen Selbstvermarktung in der oft nur siebenwöchigen Saison anspornen. Italien als großer Kirschenexporteur kämpft noch mit den gleichen Anbauproblemen und hat erst wenige Biobetriebe.

Bleibt schlussfolgernd zu bemerken, dass mit „normaler" Ware **eher schlecht Kirschenessen** ist: 2011 wiesen gleich 91,5 % der 201 Proben im Warenkorb-Monitoring vom BVL *(Bundesamt für Verbraucherschutz und Lebensmittelsicherheit)* ▸Rückstände diverser ▸Pflanzenschutzmittel auf, 72 % sogar Mehrfachrückstände, nur 6,5 % waren „sauber". Immer wieder warnt ▸*Greenpeace* vor belasteten Kirschen, schon 2009 ging es um die „besonders gesundheitsschädlichen Pestizide" auf Kirschen, die in Spanien und Frankreich gepflückt waren.

Deutsche Süßkirschen kamen 2012 von 5 258 ha, Sauerkirschen wuchsen auf 2 291 ha. Jene Säuerlinge gelten eher als sog. Industriefrüchte, werden teils spät (und madenverlassen) vom Baum geschüttelt und kommen verarbeitet v. a. in Speiseeis, Joghurt, Marmeladen oder Fruchtsaft – oder werden **herbe ▸Trockenfrüchte**. In Bioqualität glänzen die Säuerlinge dann dank des natürlichen Schutzfilms aus Bio-Sonnenblumenöl, der

Kirschen: Saisonale Köstlichkeiten, die nicht nur Naschkatzen goutieren, sondern auch allerlei Schädlinge

vor dem Verkleben bewahrt – nicht aber vor einem genießerisch kauend verzerrten Knabbergesicht …

Nota bene: Frische Kirschen sind mit 60 kcal/100 g sehr kalorienarm, liefern viel Vitamin C und mit ihrem hochgefürchteten Rotflecken-Farbstoff höchstgesunde ▸Anthocyane.

Kiwis

Es stimmt: Die kleinen, eierförmigen „chinesischen Stachelbeeren" (botan. *Actinidia chinensis*) haben mehr Vitamin C als eine immerhin tennisballgroße Apfelsine – eine große Kiwi deckt den Tagesbedarf!

Des gesunden Rufes wegen haben Bio-Bewusste längst die Nachfrage nach ökologisch angebauten Früchtchen steigen lassen. In Deutschland machten **Bio-Kiwis** 2011 immerhin 4,4 % des Absatzes beim Bio-Obst aus (und waren im Schnitt 45 % teurer als konventionell gewachsene). Bio-Kiwis sind nicht nur chemisch ungespritzt und ohne synthetische ▸Düngemittel aufgewachsen, sie gedeihen auch in Misch- statt Monokulturen.

In letzteren wütet (etwa in Italien wie Neuseeland) neuerdings ein Bakterium als **sog. Kiwikrebs**. Befallene Pflanzen werden gerodet. Die Früchte sind nicht betroffen, könnten aber dermaleinst womöglich knapper werden.

Viel zitiert wird eine US-Studie, die Bio-Kiwis ein Mehr an ▸Vitaminen und besonders an ▸Polyphenolen bescheinigte. Da letztere „naturchemische" Abwehrstoffe der Pflanze sind, scheint dies Ergebnis für ungespritzte Plantagengewächse schlüssig, denn die große Masse an preiswerten Konventionell-Kiwis hat meist etliche Spritzprozeduren hinter sich.

Allein in Neuseeland füllte 2008 eine Rekordernte 100 Mio. Kisten mit den erst anno 1959 nach dem nationalen Schnepfenvogel wie Spitznamen „Kiwi" getauften Früchten.

Neuseeländer erzüchteten aus dem anfangs hässlich langhaarigen Oval eine stramme, nur noch filzhäutige Sorte *Actinidia deliciosa*, 1998 sogar **eine gelbfleischige Attraktion** mit fast doppeltem Gehalt an Vitamin C.

Inzwischen werden Kiwis allüberall angebaut, in Italien (weltweit Nr. 1), Neuseeland, Chile, Frankreich, Griechenland und Japan. Beim Kauf von Kiwis wird deshalb wegen des sehr unterschiedlichen ▸Transports über deren Klimabilanz mitentschieden: Schwammen sie in Containern heran, ist ihre CO_2-Mitschuld wesentlich geringer als bei Frachtflug oder weiterem Lkw-Transport. Verbraucher werden da zunehmend skeptischer.

Bemerkenswert an Kiwis ist der Gehalt am Eiweiß spaltenden Enzym **Actinidin**, weshalb Kiwisaft ein Zartmacher für rohes Fleisch sein kann, jedoch auch Milch gerinnen lässt und Joghurt bitter macht.

Daneben werden der Frucht

Kiwis: Die vitaminreichen Neuseeländer gedeihen längst schon in Europa – was ihrer Klimabilanz dann nur zugutekommt

Kleie: Als Müllers Abfall einst gerade gut genug fürs Vieh, heißt sie heute eher mal Functional Food und tut ihre körnige Arbeit jenseits des Magens …

günstige Wirkungen auf das Verdauungssystem, Gefäße und Muskulatur nachgesagt. Auch soll (!) Kiwigenuss das Immunsystem zur erhöhten Bildung von Abwehrzellen anregen …

Kleie

Inzwischen kein abfälliges Wort mehr für die Abfälle des Mahlens als „klein gemahlene Bälge des Getreides", wie man mal definierte – heute heißt das Mühlennachprodukt. Kleie (der Wortwurzel nach **„Kleb-Schmier-Ballung"**) bleibt nach dem Absieben des gemahlenen Weißmehls als feinblättrige, zellulosige Randschichten-, Schalen- und Keimlingsmenge übrig und landet nicht mehr nur im Viehfutter.

Denn in besonders gereinigter sog. Speisekleie finden sich Ballast- und Nährstoffe wie B-Vitamine, Mineralstoffe, Stärke und ▸Antioxidantien. ▸Schrot von ▸Weizen etwa enthält vergleichsweise viel weniger davon. Wer sich ▸vollwertig ernährt, kaut die kalorienarme Kleie naturgemäß stets mit; in Vollkornnudeln etwa sorgt die enthaltene Kleie für eine rauere und saucenhaftende Oberfläche.

Als Zustreu kann Kleie das Müsli „funktionaler" machen und in ▸Brot oder anderen ▸Backwaren ballastig mitwirken. Während solche Hüllenreste vom Getreide aus konventionellem Landbau mit ▸Rückständen kontaminiert sein können, gilt Bio-Kleie schon wegen Chemie-Abstinenz

als unverdächtig. Klassiker sind Haferkleie (mit Keim und doppelt so vielen Ballaststoffen wie ▸Haferflocken) und Weizenkleie (45 % Ballaststoffe) – aber auch Dinkelkleie und solche von Reis oder Buchweizen (beides ▸glutenfrei). Eher in Bioläden oder Reformhäusern findet man **Kleie-Spezialitäten** von ▸Lupinen oder ▸Quinoa. Die quellfähigen und schleimbildenden, nur teilweise fermentierbaren Bestandteile der Kleie sind als „Darmputzer" v. a. Schiebemasse für den Darm, sie helfen, die Stärkeaufnahme und damit den Anstieg des Blutzuckers zu bremsen. Behauptete Cholesterineffekte sind unbewiesen, Kleie liefert jedoch so viele Mineralien und Vitamine, dass der Tagesbedarf eines Erwachsenen vielfach gedeckt wird.

Obacht: Nie zu viel Kleie schlucken,! denn das enthaltene Phytin bremst wiederum die Verwertung von Mineralstoffen, Spurenelementen sowie Vitamin B1. Verschluckte Kleie quillt zudem weiter und führt bei Übermengen zu bedenklichem Stau …

Kleingarten

Das war zu erwarten: Dass parallel zum ▸Bioboom und dem Wunsch nach ▸Authentischem und ▸Regionalem auch die einst als **Laubenpieper** verhohnepipelten Kleingärtner ihre Renaissance erleben würden. Seit etlichen Jahren sind Schrebergärten in Deutschland wieder gefragt, unter den Anfängern der fast 1 Mio. Pächter waren zuletzt nicht wenige ▸Lohas – und 45 % der Neupächter waren Familien mit Kindern. Die Schweizer haben dafür sog. Familiengärten, Franzosen die *jardins familiaux*. Die deutsche Durchschnittsparzelle misst 370 m² und kostet knapp 400 Euro Jahrespacht. Die neuen und die alteingesessenen Kleingärtner schuften nicht mehr auf ihren Parzellen in sog. Armen-, Arbeiter- oder in Schrebers Erholungsgärten, sie wollen ohne Kriegs- oder Nachkriegsnöte als moderne Selbstversorger **eigenes Gemüse** ziehen – und das dann möglichst auch in Bioqualität. Selbst die Fachberater der Kleingartenvereine wurden um- oder nachgeschult, weil sie nicht mehr wie früher nach den optimalen Giftspritzmitteln, sondern nach gesünderen Alternativen gefragt werden. Der Haken dabei: ▸Schadstoffe sind eben unsichtbar, können im Boden abgelagert sein bzw. sich unmerklich über den Luftpfad verteilen – überallhin. Zudem wies der BUND *(Bund für Umwelt und Naturschutz Deutschland)* Anfang 2012 darauf hin, dass in der Nähe von Stallungen die **sog. Bioaerosole** zum Problem werden, also luftgetragene Teilchen aus Staub und ▸Mikroorganismen. Auf diesem Weg können sich ▸Keime aus der ▸Tierhaltung auf Gemüsebeeten ablagern und so mitgegessen werden …

Jenseits solcher Ängste helfen Bio-Ratgeberliteratur und Bio-Samenhändler bei der Selbstversorgung. Inzwischen werden sogar Ernte-Überschüsse in Kleinmengen über das Internet abgegeben. Immerhin: Bei der letzten Erfassung (2008) schätzten Experten den **Selbstversorgungsgrad** aus Deutschlands Haus- und Kleingärten bei Gemüse auf 8,6 %.

Längst wuchern auch außerhalb klassischerer Kleingärten die Fantasien für eine Kleinlandwirtschaft: Stadtnahe Biobauern verpachten in den sog. Gemeinschaftsgärten oder mal Selbsterntegärten auf ihren Feldern einzelne Parzellen an Kleinbauernde (nebst Tipps, Geräten und Komposthaufen zur Humusverbesserung). Da muss selbst gepflegt und darf dann selbst geerntet werden.

BDG Bundesverband Deutscher Gartenfreunde e. V.

Kleingarten: Die eigene Handernte in den Mund ist Großstädters Frischetraum, für den er sich immer öfter Mietbeete anlegen könnte

TAG DES GARTENS

Kleingärtner: Seit sie sich schon mal Urban Farmer nennen und Kinder als Kleinstgärtner anlernen, haben Selbsternter einen trendig guten Ruf

Kleingarten: Ob auf urbanen Dachgärten oder im Schrebergarten: Laubenpiepers Werkzeuge sind en vogue

Mancherorts hat sich dieses Modell der *community gardens* auch auf innenstädtischem Gebiet durchgesetzt (▸Urban Farming) und wird sogar von den Kommunen unterstützt. In Berlin und München etwa beackern und begärtnern die modernen **Urban Farmers** citynahe Brachflächen oder betreiben so eine neue alte Gemüse- und Kräutergärtnerei in hausgemachter Bioqualität. Und wo zum Loft das Dachgewächshaus kommt, hat der gute alte Kleingarten buchstäblich abgehoben und als *rooftop farming* den Aufwärtstrend von DIY endgültig bestätigt …

Kleingruppenhaltung

Trotz des sozial klingenden Namens die tierschutzrechtlich umstrittenste Unterbringung von ▸Legehennen in Deutschland. Sie heißt auch **Volierenhaltung** und wurde 2006 entwickelt, um ab 2010 eine ähnlich automatisierte Alternative zur dann verbotenen ▸Käfighaltung zu bieten, stellt aber letztlich nur eine abgewandelte Form dar. Bio-Halter und Tierschützer lehnen Kleingruppenhaltung strikt ab, die rechtliche Situation ist unsicher. Denn das Bundesverfassungsgericht hatte die Haltungsform 2010 **als verfassungswidrig eingestuft**, da die Anhörung der Tierschutzkommission erst nach der grundsätzlichen Gesetzes-Ausgestaltung stattgefunden habe. Ob das einen reinen „Verfahrensfehler" darstellt, wie die Geflügellobby kolportiert, hat kaum eine Relevanz mehr – fest steht, dass bis Ende 2013 keine Neuregelung vorlag. Der Bundesrat hatte vorgeschlagen, den Bestandsschutz spätestens 2023 auslaufen zu lassen, ein Gegenentwurf des BMELV *(Bundesministerium für Ernährung, Landwirtschaft und Verbraucherschutz)* sieht eine Auslauffrist bis 2035 vor. Bis ein Gericht entscheidet, wird die Kleingruppenhaltung also nach dem allgemeinen Tierschutzrecht beurteilt …

Kleingruppenhaltung: Was eher nach Kuschelumgebung als Massenstall klingt, ist doch nur die reinste Käfighaltung

Ende 2012 lebten in Deutschland immerhin noch 13,4 % der Legehennen (**4,9 Mio. Tiere**) in Kleingruppen- bzw. ausgestalteten Käfigen. Dort gibt es Sitzstangen, abgedunkelte Nester zur Eiablage und einen Einstreubereich. Gegenüber der Käfighaltung mit 550 cm² pro Henne vergrößerte sich die Bodenfläche auf 800 bzw. 900 cm² pro Tier (unter bzw. über 2 kg Gewicht). Jede Kleingruppe mit 20–60 Legehennen verfügt über mind. 2,5 m², die Höhe der Käfige übertrifft mit 50–60 cm jene 40 cm der alten Batteriekäfige. Auch der Zugang zu Futter und zur Tränke ist etwas größer dimensioniert.

Tierschützer bemängeln, dass praktisch **alle natürlichen Verhaltensweisen** – Flügelschlagen, das Gefieder im Sand baden, in der Erde picken – unmöglich auszuleben sind. Auslauf ins Freie ist nicht vorgesehen, in den Käfigen herrscht weiter Enge.

Gütegemeinschaft Eier Kleingruppenhaltung

Die Befürworter der Kleingruppenhaltung betonen, wie hygienisch und „verlustfrei" so eine Erzeugung von ▸Eiern doch organisiert sei. Kritiker halten dagegen, dass eine niedrigere Mortalitätsrate allein kaum ein Argument für solche Verweigerung eines ▸artgerechten Tierlebens darstelle.

Klima(-schutz)

Prima Schlagwort für alles, was nur marketingwirksam Aufmerksamkeit schaffen soll oder tatsächlich einer **Verminderung der Treibhausgase** dient, die unsere Atmosphäre global beeinträchtigen: vom CO_2 (Kohlendioxid) über Methan, dazu Lachgas, Stickstoff und einige mehr, meist umgerechnet zu sog. CO_2-Äquivalenten (fachlich CO_2e). Die grünende Natur **fixiert viel CO_2** in Boden wie Pflanzen – Ernte, Verbrennung oder der Verbrauch von fossil Gespeichertem setzt es wieder frei. Der Mensch aber stört dieses potenzielle Gleichgewicht. So emittierte in Deutschland die landwirtschaftliche Produktion 2010 offiziell 77,73 Mio. t CO_2; hinzukamen mind. 10 % durch Lebensmittel-, Futter-, Getränkeproduktion. Ob klimagesündigt oder Klimaschädliches verringert wird, sollen **Berechnungen zum ▸Carbon Footprint** und anderen ▸Ökobilanzen klären – am liebsten mit ▸Gütesiegel garniert – bis hin zum Label ▸klimaneutral.

Die Klimafrage lautet: Schneidet der ▸ökologische Landbau generell klimafreundlicher ab? Gilt die Aussage ▸bio = besser?

Grundsätzlich schon! Bei pflanzlichen Produkten ergaben alle Untersuchungen einen **kleineren CO_2-Fußabdruck von ▸Biolebensmitteln.** Denn Öko-Anbau spart allein durch den Verzicht auf synthetische Dünge- und Pflanzenschutzmittel viel Energie ein. Berechnungen des Freiburger *Öko-Instituts* ergaben bei Bio – je nach Produktgruppe – **klimarelevante Einsparungen von 5–30 %.**

Vorrangig ist es die bei Bio verbesserte Bodenfruchtbarkeit, die nicht nur als klimaschützend gilt, sondern Biobauern noch dazu hilft, mit den negativen Auswirkungen des Klimawandels zurechtzukommen. Denn **je humusreicher ein Boden**, desto eher ist er in der Lage, CO_2 aus der Atmosphäre zu binden. Ökoböden, die dank Eiweißpflanzen und rein organischem ▸Dünger reichhaltiger werden, speichern zudem mehr ▸Wasser und sind „lebendiger". Solch Grundlage macht anpassungsfähiger an Klima-Extreme. Die Klima-Subkategorien Boden und Dünger spielen aber in den meisten Carbon-Footprint-Rechnungen keine Rolle. 2011 plädierte deshalb die FAO dafür, **komplexere Modelle wie den sog. LCA** *(Life Cycle Assessment)* anzustreben. Eine Auswertung von 180 Studien zum sog. PCF *(Product Carbon*

Klimaschutz: Was eine fleischlose Ernährung an echtem Potenzial mitbringt, kann die klimaneutrale „Superwurst" nur andeuten, genau wie milchloses Dessert mit dem Klima-Label

Klimaschutz: Was die Verbraucherzentrale so plastisch demonstriert, versuchen sog. Locavoren umzusetzen: Bewusstmachung und Umdenken fürs Klima

Footprint) durch das *Öko-Institut* ergab 2011 „große Lücken“ – zu viele, um Klimalabels vergleichbar zu machen. 2012 wurde endlich die globale ISO-Norm 14067 veröffentlicht, die den PCF veramtlicht. Dennoch lassen sich Tipps für klimaschonende Ernährung definieren: **pflanzliche Kost** bevorzugen und dafür Fleisch bzw. tierische Produkte reduzieren (▸Veredelungsverluste); auf **Biolebensmittel** zurückgreifen; eher Produkte der ▸**Region** bevorzugen; Flugware meiden; nach ▸**Saison** essen; möglichst **gering Verarbeitetes** kaufen. Grob vereinfacht fasste das *Öko-Institut* 2010 zusammen: Eine mediterrane Ernährung oder **Vollwertkost** spart etwa 15 % der CO_2e ein. Genauso viel macht ein Umstieg auf Biolebensmittel aus!

Klimaschutz geht aber über gezieltes ▸Einkaufen hinaus. Der erste Tipp scheint banal, ist aber entscheidend: **das Auto stehen lassen!** Auch können energieeffiziente Zubereitung des Eingekauften und die **Vermeidung von ▸Verschwendung** viel zu klimafreundlicher Ernährung beitragen. Schließlich konsumiert jeder Deutsche etwa 500 kg Lebensmittel pro Jahr und verursacht damit **etwa 16 % seiner gesamten Emissionen**.

Die Fokussierung auf den Klimaschutz birgt jedoch auch **Konflikte** – am deutlichsten bei der ▸Tierhaltung. Einzelne Rechnungen ergaben näm-

lich, dass die ▸Massentierhaltung der ▸ökologischen Tierhaltung hinsichtlich ihrer Klimawirkung überlegen sei. Für Biobauern aber ist es undenkbar, einen geringeren CO_2-Referenzwert zu erkaufen mit ethiksündigen Verstößen gegen ▸Tierschutz (kein ▸artgerechtes Leben) oder durch den Einsatz von ▸Gentechnik (wie bei verfütterter ▸Gen-Soja). Öko-Experten bestehen stattdessen darauf, die **Klimakriterien zu erweitern**, sodass der konventionell üb-

liche Massenimport von ▶Futtermitteln wie ▶Soja mit eingerechnet wird. Denn hier sparen Biobauern Unmengen an Emissionen ein, die beim Anbau, Transport und Verarbeiten verbraucht würden – das alles würde die Klimarechnung zugunsten von ▶Biofleisch geraderücken.

Nicht zuletzt legen Bio-Bewusste Wert auf die Feststellung, dass ein **Verzicht** auf so klima- wie ethiksündig „erzeugtes" Fleisch eben die wirksamste und gesündeste Lösung sei. Für Mensch, Tier, Umwelt – und das Klima. Ganz ohne Frage …

klimaneutral

Als die deutschen Verbraucherzentralen 2009 zur Kampagne „für mich. für dich. fürs klima." eine Umfrage starteten, hatten 64,9 % der Befragten den Begriff klimaneutral noch nie gehört – dennoch glaubten 23,5 %, so gelabelte Produkte würden das Klima gar nicht belasten. Klimaneutrales Handeln aber wird allein rein rechnerisch möglich: durch **Kompensation der zuvor verursachten Treibhausgase**. Kritiker vermuten bei „klimaneutralen" Produkten daher schnell das pure ▶Greenwashing.

Solange es sich um unabhängig (etwa vom TÜV) geprüfte Verfahren handelt, wie das bei Zertifizierern wie „Stop Climate Change" oder „Ecofys" der Fall ist, können Verbraucher aber sicher sein, dass der rechtlich ungeschützte Begriff „klimaneutral" nicht im Sinne unlauteren Wettbewerbs benutzt wird. Denn seit dem Kyoto-Protokoll von 1997 gibt es klar definierte Standards, wie durch den Erwerb von CO_2-Zertifikaten eigene Emissionen durch Klimaschutzprojekte anderswo kompensierbar sind. Daneben hat sich in Deutschland der sog. **Gold Standard** durchgesetzt, der u. a. vom ▶WWF initiiert wurde und als ökologisch wie sozial anspruchsvoll gilt.

Besonders die ▶Biobranche arbeitet daran, dass durch inflationären oder ungeprüften Gebrauch des Begriffs „klimaneutral" nicht „durch Ablasshandel kompensiert" wird. Seit 2007 vergibt das Zertifizierungssystem „Stop Climate Change" der Agra-Teg Agrar- und Umwelttechnik GmbH das ▶Gütesiegel „klimafreundlich" nicht nur dank „stillgelegter" Zertifikate. Dazu wird die Wertschöpfungskette analysiert, um Einsparmöglichkeiten aufzuzeigen. Nur unvermeidbare Emissionen sollen dann qua Obulus klimaneutralisiert werden. Damit entspricht das Verfahren dem **„seriösen Klimaschutz"**, den der WWF in dieser Reihenfolge verwirklicht sieht: „1. Vermeiden, 2. Vermindern und 3. Nur den verbleibenden Rest an Treibhausgasen kompensieren."

Das *Öko-Institut* rügte allerdings „Stop Climate Change"

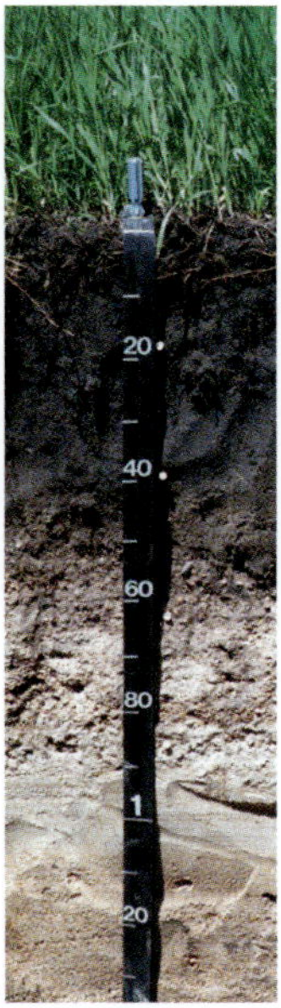

Klimaschutz: Besonders bei der Anreicherung von CO_2 im Boden schneidet Bio besser ab – je dunkler die Farbe, desto mehr Kohlendioxid

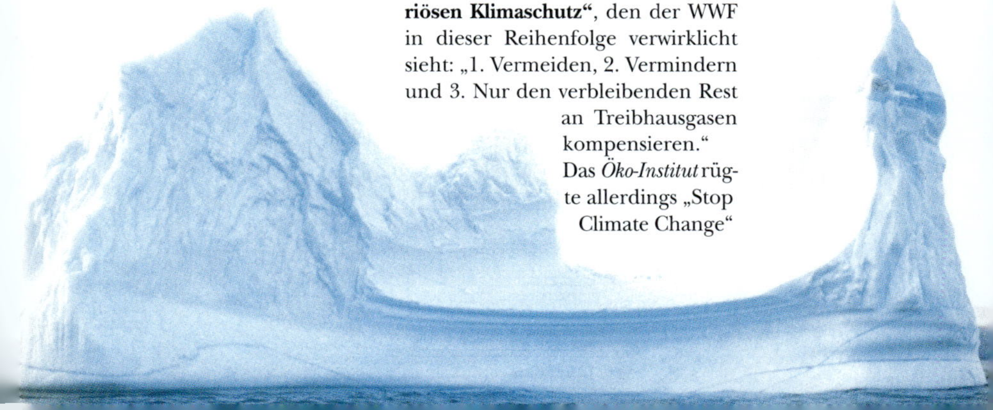

Klonfleisch: Aus 1 mach 2, wenn erst einmal das Genom entschlüsselt und der Markt bereit ist

Knoblauch: Als eingelegte Zehen ein überragend würziges Erlebnis und im Olivenöl die überraschendere Note

2010 und vermutete hier ▸Irreführung – denn in der englischen Logo-Fassung wurde aus „klimafreundlich“ ein ziemlich kühnes „emission free“ …

Klonfleisch

Nur eines ist bei solchem Doppelgängerfleisch ganz sicher: Dass es derlei nie mit irgendeinem ▸Bio-Siegel geben wird! Aus Gründen des ▸Tierschutzes, der ▸Tierwürde und der Ablehnung von ▸Gentechnik. **Außerhalb der Bioszene** aber wird global erfolgreich geklont und Geklontes vermarktet. Aufgeschreckt von den Manipulationsfortschritten v. a. in den USA bemüht sich Europas Bioszene um Selbstschutz, denn noch gibt es (wohl absichtlich) keine Abstammungsnachweise in der ▸Zucht und so auch keine funktionierende ▸Rückverfolgung. Und weil es noch nicht genug Bio-Zuchtlinien gibt, dürfen Biohöfe notfalls „konventionelle“ Tiere zukaufen. Klon-Nachfahren könnten unbeabsichtigt bei Biobauern landen, denn Klontier-Samen und Embryonen sind genehmigungsfrei in die EU importierbar …

Doch weil **Europas Verbraucher** beteuern, derlei nie essen zu wollen, wird gefeilscht, überredet oder gern mal geschwiegen. Die Aversion gegen Fleisch von Klontieren ist in den USA gleich null, das Fleisch und die Milch von Klontieren kommt dort ungekennzeichnet und unkritisiert in den Handel. Seit 2008 war Klonfleisch der ersten Generation und der Nachkommen **als US-Importfleisch** auf dem EU-Markt – ebenfalls ohne ▸Kennzeichnung. Die klongleichgültigen USA hatten mit einem Handelskrieg gedroht. Im März 2011 gaben EU-Ministerrat und EU-Kommission nach: Einfuhr ja, Kennzeichnung nein. US-Lebensmittelbehörden wie auch Europas EFSA *(European Food Safety Authority)* bescheinigten sogar **harmloseste Analogie** zu Milch oder Fleisch von Normalvieh und brachten damit den Frankenstein ins Rollen.

Klar ist: Das Klonen ist ein zeit- und v. a. sehr geldsparendes Business (ein Kuhklon kostete 2010 unter $ 7 000). Die „Produktion“ von Nachwuchs aus genetisch ideal ausgestatteten Superbullen etwa kann längst parallel mit identischen „Zwillingen“ geschehen. Die können vor der Geschlechtsreife aus einer ihrer Körperzellen weitergeklont werden – so stünden bald beliebig viele **genetisch identische Sicherheitskopien** in den Ställen, zumal das Klonen immer preiswerter gelingt und eine sichere Samenbank sich rechnet. Überlebt ein unmissgebildeter Klon (Mortalität 10 : 1), wächst er normal heran und kann sich ohne Laborhilfe vermehren.

Das EU-Parlament stemmte sich gegen bisherige Regelungen und wollte entscheidende Änderungen durchsetzen wie Abstammungsnachweise und Verpackungshinweise. Im Dezember 2013 legte die EU-Kommission Vorschläge zum Klon-Verbot bei Nutztieren und zum Handel mit Klontieren, Klonfleisch und -milch vor.

Der so klassische Eiertanz in Brüssel ist nun voll im Gange. Bis 2015 soll das Klonen von Nutztieren in der ganzen EU garantiert verboten bleiben. Dann jedoch steht die „Überprüfung“ des Verbots an.

Knoblauch & Co

Nicht nur medizinisch bestbeleumdete Würzknolle, die ihren festen Anteil am deutschen Biogemüse-Umsatz hat. Seit Jahrhunderten wird *Allium sativum* vermehrt, Wildformen sind selten. Allenfalls in der zentralasiatischen Urheimat hat Knofel das urwüchsige Blühen, Knospen und Fruchten noch nicht verlernt.

Bio-Knoblauch anzubauen bedeutet jahrelange Geduld bei der Fruchtfolge, dazu viel Aufwand und Sorgfalt durch häufige Virenverseuchtheit des länger gelagerten Pflanzgutes, durch Vermeidung von Unkraut und die Bedrohung durch Schädlinge.

Das meiste der Bio-Knofelei stammt aus Spanien und Frankreich, aus größerer Ferne liefern v.a. Argentinien und China. Der Bio-Ehrgeiz gilt heute dem Versuch, seltene Eigenanbau-Sorten in sog. Kräutergärten und auf Tauschbörsen zu erhalten. Da Knoblauch nur **eine kurze Frischesaison** hat und Monate zum Lufttrocknen braucht, wird die 6–15-mal bezehte Zwiebel oft auch dann als „frisch" angeboten, wenn sie längst halbtrocken und damit eher halbfrisch ist.

Das Knoblauch-Geheimnis ist ein physikalisches wie chemisches: Verduften oder verpesten kann er erst nach Zellzerstörung bei Druck, nach Schneiden, Kauen wie Quetschen – oder durch Kochen. Dann wird das geschmackstypische Allicin nebst dem Abbauprodukt Sulfensäure frei, die beide zu den stärksten ▸Antioxidantien fürs **Abfangen ▸freier Radikaler**

Knoblauchersatz jenseits von Bärlauch – auch ohne Atemnöte

Knoblauch-Schnittlauch
Allium tuberosum, mit flachen, schnittlauchigen Blättern für Rohgenuss; geschmacklich mildem Knofel vergleichbar, auch kochbar

Knoblauchsrauke, Lauchkraut
Alliaria petiolata, Kohlsenfmeerrettichart; von April bis Juni am Waldesrand erpflückbar; Blätter pfeffrig, flüchtig knoblauchduftig

zählen. Und so hat die Medizin alle alten guten Erfahrungen der Volksheilkunde bis auf die Cholesterinsenkungseffekte bestätigt, was auch den puren Knoblauchsaft aus dem ▸Reformhaus so beliebt machte.

Knoblauch: Als Biogemüse schon ein Renner, als Würzhauch inzwischen von allerlei duften Kräutern beliebt

Kohl

Erstaunlich, wie er nach Erfolgsgeschichte riecht – seinen Ruf als penetrant riechende Arme-Leute-Speise hat das bereits in der Eisenzeit kultivierte Kreuzblütengewächs lange verloren. Dass Kohl, egal welcher Art,

Kohl: Im Bioladen gern als Spitzkohl ein saisonaler Renner, der überraschend wenig Muffiges aus alten Magerzeiten signalisiert

kein endloses Schmoren erfordert, hat sich auch über die Gourmet-Fraktion hinaus verbreitet, denn kurze Garzeiten verhindern eben die Aufspaltung der Schwefelverbindungen und so die Entwicklung unangenehmerer Gerüche. Längst wird auch die geradezu verschwenderische Ausstattung mit **positiven Inhaltsstoffen** gewürdigt und etwa das Vergleichen mit Zitrusfrüchten nicht mehr als Verkohlung angesehen: Beim Vitamin C ist das senfölige Gemüse absolut überlegen! Kohl ist dazu calciumreich und kalorienarm, das in sämtlichen, vom **Urahn Wildkohl** stammenden Varietäten des Gemüsekohls *Brassica oleracea,* also ▸Blumenkohl, ▸Brokkoli, ▸Grünkohl, ▸Kohlrabi, ▸Rosenkohl, ▸Rotkohl, ▸Weißkohl und ▸Wirsing. Ähnlich sieht es bei den Verwandten ▸Chinakohl, Pak Choi und ▸Meerkohl aus.

Nachweislich antimikrobielle und sogar krebshemmende Wirkung haben Kohls ▸Carotinoide und ▸Glucosinolate. Diese ▸sekundären Pflanzenstoffe finden sich laut Forschung **in Bio-Kohl deutlich zahlreicher** als in konventionell erzeugtem, der zudem mehr gesundheitsschädliches ▸Nitrat enthält.

Denn für eine optimale Entwicklung benötigt die Gemüsepflanze reichliche Stickstoffversorgung. Im konventionellen Anbau wird die v. a. über synthetische ▸Düngemittel erreicht, welche dann für **hohe Nitratgehalte** sorgen. Im ▸ökologischen Landbau stammt der ▸Stickstoff zwar auch aus Dünger, allerdings aus organischem. Gleichzeitig geht es darum, den Boden über Vorkulturen wie Kleegras und eine unterstützende Fruchtfolge anzureichern. In den letzten Jahren sorgte die Beliebtheit von Bio-Kohl denn auch für eine Ausweitung der Anbauflächen in Deutschland.

Was **die heile Bio-Kohl-Welt** (7,1% des deutschen Anbaus 2012) stört, ist der Routine-Einsatz von ▸Hybriden, von ▸Saatgut, das nicht „samenfest" und somit unvermehrbar ist, sondern mit züchterischer Genormtheit punktet. Eine einheitliche Reife und Größe oder blütenweißer Blumenkohl sind aber eher der Wirtschaftlichkeit geschuldet – und dem vermuteten Kundenwunsch nach einer optisch mit konventionellen Produkten vergleichbaren ▸Qualität.

Bis zu 100 % der für den Öko-Landbau so üblichen Blumenkohl- und Brokkolihybriden und bis zu 75 % bei Weißkohl und Kohlrabi basieren jedoch auf der sog. **Cytoplastenfusion/Protoplastenfusion** (CMS/PF). Dabei löst man die Zellwände durch chemische oder elektrische Impulse auf, was die Verschmelzung von zwei nicht kreuzbaren Zellen ermöglicht. Das

Kohl: Seine Kalorienarmut und all die wertvollen Inhaltsstoffe machten ihn früh zum Klassiker der reformerischen Diätküche

Saatgut ist zudem durch ▶Patente geschützt. Nicht nur deshalb ist diese Methode in der ▶Biobranche äußerst umstritten, stellt sie doch **Öko-Eckpfeiler** wie den Erhalt der ▶Biodiversität, die Unabhängigkeit von der sog. ▶Monsantosierung und den Schutz der Reproduktionsfähigkeit infrage. Die ▶IFOAM *(International Foundation for Organic Agriculture)* sieht CMS/PF als – für Bio verbotene – ▶Gentechnik an, und obwohl die ▶EG-Öko-Verordnung CMS-Hybriden erlaubt, sind sie bei den wichtigsten ▶Anbauverbänden ausgeschlossen. Die „kleine Gentechnik" bleibt tabu.

Kohlrabi

Die alte Kreuzung aus Wildkohl und weißer Wildrübe ist ein echter Knollenknüller: Verzehrbar als sogar süßlichere ▶Rohkost, gekocht gemocht mit Rettichanklang und samt Stängeln und Blättern. Letztere sind als stärkste gemüsige Beta-Carotin-Träger noch gehaltvoller als die oberirdisch aus dem Wurzelstrunk kugelig erwachsende „Sprossknolle" in weißlichem Hellgrün oder Blaurötlichkeit (durch ▶Anthocyane). Beide schmecken gleich und in Europa den Deutschen am liebsten.

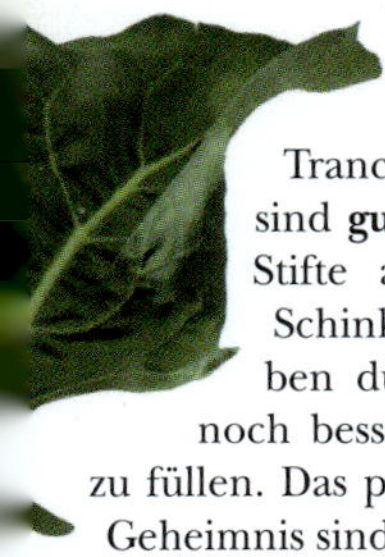

Tranchen von Kohlrabi sind **gutes Fingerfood**, als Stifte auch Füllung von Schinkenrollen, in Scheiben dünst- oder bratbar, noch besser als ganze Kugel zu füllen. Das pikante, feinwürzige Geheimnis sind die Senföle.

Kohlrabi hat dazu nur wenige Kalorien (24 kcal/100 g), dafür viele Ballaststoffe und Calcium, Magnesium sowie Kalium; **die Blätter** liefern Vitamin C und v. a. viel Eisen.

Bauern lieben dieses sog. Stängelgemüse, weil es nach nur 5–8 Wochen zu ernten und zweimal im Jahr auf den Markt zu bringen ist; das Sommergemüse lagert gut fürs Wintergeschäft. Biobauern halten schwerer mit, weil Bio-Kohlrabi bei notwendigem Fruchtwechsel **ohne Kunstdünger** (der den Frühertrag forciert) langsamer wächst. Er muss anstatt mit ▶Pestiziden durch Abdecknetze vor der Kohlfliege geschützt werden – und noch ist es nicht gelungen, traditionell samenfeste und doch schnellere Sorten zu züchten. Daher sind konventionell gezüchtete ▶Hybriden auch bei Bio verbreitet. Immerhin gelang es, **voluminösere Bio-Kohlrabi** mit saftig-festem Fleisch zu erzeugen. Italiens Bauern sichern sich den Vorsaisonmarkt durch frühes Aufziehen unter Folie, aus ▶Gewächshäusern schmeckt Kohlrabi zwar milder, ist aber auch klimaschädlicher. Generell weist Bio-Kohlrabi u. a. durch den Verzicht auf Kunstdünger die bessere Klimabilanz auf. Das österreichische FiBL *(Forschungsinstitut für biologischen Landbau)* errechnete 2010 ein Einsparpotenzial von 16,5 %. Selbst die ▶Geschmackssache scheint entschieden: Ratten und Kaninchen futterten **Bio-Kohlrabi lieber** und hatten den kräftigeren Nachwuchs …

Kohlrabi: Stängelgemüse mit oberirdischer Bequemernte; es schmecken sogar die Blätter der kohligen Rübe

Kokosnuss

Es bringt sie wohl kaum auf die Palme, von der sie fällt – aber die Kokosnuss ist nach dem ▶Kürbis nur die zweitgrößte Frucht der Welt. Dafür aber hat die „Steinfrucht"

Kokosnuss: Erstaunlich vielseitige Frucht mit breiter Produktpalette, von der solche Schnitze noch das Natürlichste sind

Kokosnuss: Direkt nach der Ernte noch grün beschalt, kommt uns die Palmenfrucht eher haarig vor und gibt der Thaisuppe viel cremig-milchige Milde – am besten dann aus fairem Bio-Anbau

von der bis zu 30 m hohen Palme *Cocos nucifera* die viel größere Bedeutung, ist aromatisch einzigartig und voller ▸sekundärer Pflanzenstoffe.

Jede frische, max. 2,5 kg schwere Nuss (die **grüne Ernteschale** wird für den Export entfernt) liefert 0,5–1 l süßliches, milchigweißes Kokoswasser (das inzwischen auch in Europa als Spezialität verkauft wird) und viel fetthaltiges Fruchtfleisch. Aus dessen Raspeln wird die reichhaltige, cholesterinfreie **Kokosmilch** erpresst. In den Handel kommt sie mit Wasser vermischt, bei sehr unterschiedlich hohem Kokosgehalt – oft sorgen ▸Emulgatoren oder ▸Bindemittel für hohe Cremigkeit bei kleinem Kokosanteil. Bio-Hersteller verzichten in aller Regel auf Zusätze; auf der ▸Zutatenliste steht hier auch der echte Kokosanteil.

Die Kokosraspeln oder Kokosflocken selbst (backfein oder größer als fingerfoodige Kokoschips) bestehen zu 36,5 % aus Fett, davon sind 87–90 % gesättigte ▸Fettsäuren. **Kokosmehl** schließlich ist mit 20 % Eiweiß eine interessante Neuheit und vorerst ein exklusives Bioprodukt, das auch ballaststoffreich Saucen bindet; es ist ▸glutenfrei und hypoallergen.

Wird das sog. Kernfleisch der Kokosnuss getrocknet, entsteht die wertvolle Haupthandelsware Kopra, aus der im großen Stil das abpressbare oder extrahierbare **Kokosfett** stammt. Gegen Verfließen hilft das sog. Härten des Fettes. Da gehärtetes Kokosfett hitzestabil bleibt, ist es ideales Back- oder Bratfett; v. a. ab 200° C aber entstehen Trans-Fettsäuren!

Bio-Kokosöl ist deutlich geringer verarbeitet, wird nur gepresst, nie raffiniert oder gebleicht, allenfalls soll heißer Dampf zu starkes Kokosaroma neutralisieren. Ungehärtet verdünnisiert es sich leicht und wird deshalb in Gläsern angeboten.

Der Weltmarkt ist riesig, Kokos deckt unseren **globalen Pflanzenölbedarf** zu 8 %. Inzwischen taten sich vielversprechende Bio-Nischen auf (oft in der Idealkombination ▸fair + bio) – allein von 2009 auf 2010 wuchs die Ökofläche um 132 %. Dort gedeihen die Palmen in Mischkultur mit Bananen, Kaffee oder Pfeffer. Wegen Pestizidverzichts sollen Arbeiter ob der größeren Schlangen- und Spinnenmengen Phobien haben …

Obacht: Zu lange blieb unbeachtet, dass beim traditionellen Trocknen des fetthaltigen Kokos-Fruchtfleisches

über dem Feuer von Kokosschalen ▸PAK (Polyzyklisch Aromatische Kohlenwasserstoffe) und ▸3-MCPD-Ester entstehen und später ins Öl – auch von Bioware – eingehen. Gegenmaßnahmen sind in vollem Gange.

Kombucha

Schon die alten Japaner … Sie würzten den Tee (*cha* oder *chai*) einst gern mal u. a. mit etwas algigem Tang (*kombu*). Seit es aber Industriezucker gab, vergoren manche den gesüßten Grünen wie Schwarzen Tee mit einem gallertartigen, selbstvermehrenden Hefe-Bakterien-Mix (dem **„Teepilz“**) zu einem kohlensäure- und sogar schwach alkoholhaltigen Erfrischungsgetränk. Das propagierten Marketingexperten zum Ende des 20. Jahrhunderts hin ganz suggestiv als neuen, kalt zu genießenden **Wellnessdrink** (▸Wellnessfood). Die angebliche Fernostentdeckung Kombucha machte Karriere als gehyptes Gesundheitswunder mit bis heute unbeweisbaren, fast fahrlässigen Gesundheitsversprechen – gut für und gegen alles …
Ein Konglomerat aus vier verschiedenen Bakterien, die Hefen und Säure produzieren, wandelt dabei den Zuckertee in Kohlensäure und Alkohol um. Die Bakterien verarbeiten binnen acht Tagen den Alkohol weitgehend zu Glucuronsäure und Gluconsäure; daneben werden Stoffwechselprodukte gebildet, etwa Essigsäure, Milchsäure, dazu organische Säuren und Enzyme. Das Getränk hat damit einen ins Saure gehenden pH-Wert. Gesundheitliche Wirkungen hätte allein die verdauungsfördernde Milchsäure, zu viel Kombucha wird zum Durchfallfall.
Konventionell hergestellter Kombucha ist sterilisiert und damit ohne die lebenden Hefen und samt toten Enzymen gänzlich wirkungslos. Bio-Keltereien jedoch pasteurisieren den Kombucha als mostartiges **Enzymgetränk** nicht und mischen interessante Variationen mit Molke, Sojamilch und Obst. Denn Kombucha allein hat süßgeschmackliche Ähnlichkeiten mit Wasserkefir (▸Kefir) – weshalb Skeptiker die wahre Herkunft des Modetrunks in Osteuropa vermuten. Dem pilzlichen Kombucha verwandtes Getränk ist ▸Bionade, zu deren Herstellung eine der (so betriebsgeheimnisvollen) Hefen des „Teepilzes“ dient, um aus Maltose durch ▸Fermentation Gluconsäure zu machen.

Kombucha: Fermentationstrunk durch sehr geheimnisvolle Teepilze mit ominöser Wirkung

Konservierungsstoffe

Die Angst vor den Haltbarmachern scheint stärker als jene vor dem Vergammeln von Frischem. Als 2009 in Deutschland repräsentativ gefragt wurde, auf welche Eigenschaften bei Lebensmitteln/Getränken geachtet würde, stand „ohne Konservierungsstoffe“ ganz oben. Dabei bringen Mikroben, vulgo ▸Keime, nicht nur Essbarem **Verderben** – sie bilden sogar Stoffe, die für Menschen giftig sind.

Konservierungsstoffe: Nicht alle sind harmlos, weshalb Bio-Trockenfrüchte auch ohne auskommen können

Dieses natürlichste Dilemma macht gerade Bio-Verarbeitern zu schaffen, weil sie beim ▸Food-Processing zu nur **geringer „Verarbeitungstiefe“** mit einem Minimum an ▸Zusatzstoffen verpflichtet sind. Folgerichtig müssen sie mit nur wenigen Konservierungsstoffen auskommen, die zudem in der Natur vorkommen. Anders als konventionelle Hersteller dürfen Bio-Anbieter sich nicht bei den 40 synthetischen Konservierern bedienen. Die ▸EG-Öko-Verordnung erlaubt in ▸Biolebensmitteln **grundsätzlich nur 10 Stoffe**, die beim ▸Haltbarmachen helfen. 6 davon gelten als „technologische Zusatzstoffe“, um Oxidation zu verhindern oder die Enzymsysteme der ▸Mikroorganismen zu blockieren, und tragen die ▸E-Nummern 200, 236, 260, 270, 280 und 330: Sorbin-, Ameisen-, Essig-, Milch-, Propion- sowie Zitronensäure. Diese Säuren sind generell erlaubt. **Nur produktspezifisch** kommen 4 genehmigte Stoffe hinzu. So darf u. a. beim Erzeugen von ▸Biowein Schwefeldioxid (E 220) und etwa für ▸Obstwein Kaliumdisulfid (E 224) helfen, beim ▸Pökeln sind E 250 (Natriumnitrit) und E 252 (Kaliumnitrat) erlaubt. Die ▸Anbauverbände handhaben das Haltbarmachen strenger und lassen Stoffe produktbezogen zu, anstatt sie generell **per Positivliste** freizugeben; E 250/ E 252 für ▸Wurst sind bei ▸Demeter und ▸Bioland sogar ganz verboten.

Bei Bioware wird in Kauf genommen, dass Verfärbungen natürlich sind und nicht weggetrickst werden wie bei geschwefelten ▸Trockenfrüchten – es zählt die „technologische Notwendigkeit“, selbst wenn „Farbminderung“ öfter mal prophylaktisch zur Qualitätsstufe II führt.

Der Verzicht auf chemische Tricks verkürzt logischerweise die Mindesthaltbarkeit, ist dafür eher Zeichen für ▸Frische. Biokäse etwa verdirbt ggf. schneller, weil die Rinde nicht, wie bei den meisten konventionellen Käsesorten, mit ▸Antibiotika behandelt wurde. Dafür ist Bio-Rinde oft essbar! Bio-Produzenten versuchen, durch geeignete Maßnahmen Keime & Co gar nicht erst siedeln zu lassen, statt sie später abtöten zu müssen. Dabei hilft v. a. ein **konsequentes Hygienemanagement** (▸HACCP). Daneben sind Konservierungsmethoden wie Vakuumverpacken, Sterilisieren, Darren und Dörren, ▸Trocknung, Salzen,

Konservieren: Auf den Verzicht auf Konservierungsstoffe wird gerne hingewiesen, bei Bio ist er bewusster Teil des Systems – denn es geht auch ohne, beispielsweise mit Schockfrosten

Schockfrosten und ▶Fermentieren die **schonendsten Mittel** der Wahl, um Verderben bringenden Mikroorganismen die Lebensgrundlage zu entziehen – fremdstoffefrei.

Kontrolle

Es stimmt: Kein anderer Bereich der Lebensmittelproduktion wird so oft und konsequent kontrolliert wie die Biobranche. Das hat einen ganz existenziellen Grund: Das ▶**Vertrauen** in skandalfreie ▶Qualität, ▶Authentizität und ▶Rückverfolgbarkeit ist bei Bio – viel mehr noch als für konventionelle Betriebe – überlebenswichtig. Jeder ▶Bio-Betrug würde die noch junge Branche schwer belasten.

Umso wichtiger, dass die ▶EG-Öko-Verordnung als Hüterin über alles, was sich EU-weit „bio-“ oder „ökologisch“ nennen will, ein **enges Kontrollsystem** für Erzeuger und Verarbeiter von ▶Biolebensmitteln schuf. Nur ohne Beanstandungen wird das ▶EU-Biosiegel bzw. in Deutschland das ▶Bio-Siegel für jeweils ein Jahr vergeben oder verlängert. In Deutschland sind dafür laut Öko-Landbaugesetz ganz konkret keine staatlichen,

Kontrolle vorher: Vertrauen ist gut, besser aber ist Vertrauen in die Kontrollen der Kontrolleure – die Biobranche hängt da nachhaltig von Skandalfreiheit ab

sondern **private** ▶**Öko-Kontrollstellen** zuständig. Diese Zertifizierer werden jedoch von der BLE *(Bundesanstalt für Landwirtschaft und Ernährung)* akkreditiert und von der regionalen Landesbehörde überwacht. Die ▶Anbauverbände haben eigene Prüfer, die zusätzliche Besuche machen.

2012 führten die damals 20 Öko-Kontrollstellen in mehr als 35 000 deutschen Betrieben **fast 45 000 Bio-Kontrollen** durch – zusätzlich zur amtlichen Kontrolle der allgemeinen ▶Lebensmittelsicherheit. Geringfügige und mittelschwere Verstöße werden durch die Öko-Kontrollstellen selbst sanktioniert, bei Schwerwiegenderem greifen die Überwachungsbehörden ein – bis hin zur strafrechtlichen Verfolgung.

Kontrolle nachher: Auch Laboruntersuchungen fördern zutage, was wirklich Bio ist und dann eben gentechnikfei – so etikettiert es auch „Alnatura“ klipp und klar

Die Inspekteure erscheinen **mind. einmal jährlich** vor Ort; aus praktischen Gründen geschieht dies meist angekündigt, auch wenn terminlose Kontrollen das Ziel sind. Immerhin führten einzelne Betrugsfälle zu verschärften Bedingungen. So erhalten seitdem Bio-Geflügelhöfe mit mehr als 3 000 Tieren zweimal jährlich Besuch, ab 10 000 Tieren sogar viermal (davon dreimal unangekündigt).

Die Inspektionen konzentrieren sich auf die Plausibilität der dokumentierten Bio-Ein- und Ausgänge („Warenflusskontrolle"). Hof-Rundgänge sind üblich, jedoch nicht zwingend. Bei Beanstandungen wird unangemeldet nachgeprüft, ob auch nachgebessert wurde, ansonsten kann das Bio-Siegel letztlich aberkannt werden. Ziel ist ein **„proaktives Risikomanagement"**. Dabei sind Handels- und Importunternehmen eingebunden, sog. Cross Checks als Datenabgleich zwischen staatlichen und privaten Kontrollstellen werden üblicher, elektronische Zertifikate helfen bei der Ursachenforschung. Zwangsläufig sind für derart engmaschige Maßnahmen auch **höhere ▸Preise** notwendig; pro Jahr fallen eben etliche Hundert Euro an (die Geprüften zahlen), Kosten für interne Stichproben auf ▸Mikroorganismen u. Ä. kommen noch dazu.

Betrieben, die (wie etwa zur Hälfte in Deutschland) Mitglied eines Anbauverbandes sind, ist eine „Mischproduktion" von Bio und konventioneller Ware nicht erlaubt, während laut EG-Öko-Verordnung die teilweise ▸Umstellung möglich ist. Damit wird bei Verbandsbauern nicht nur eine Quelle für ▸Verunreinigungen der Bioware ausgeschaltet, sondern auch die Versuchung zu **betrügerischem Umdeklarieren** minimiert – ein verlockender Betrugsversuch, etwa indem abgelaufene oder sogar aberkannte Zertifikate weiterhin genutzt werden. Doch geringere Qualität, größere Mengen und v. a. zu niedrige Preise ergeben da einen Erstverdacht, der weitere „risikoorientierte" Kontrollen auslöst.

Besonders mangelndes Networking der Überwacher im globalen Handel macht ▸Importwaren eher mal verdächtig. Länder wie Indien, Japan, Kanada, Brasilien bauen ihr Öko-Kontrollsystem zudem noch auf und aus, China gilt mit korruptionsanfälligen Zertifizierern einstweilen als heiklerer Importmarkt. Längst forderte die Biowelt selbst Verbesserungen – und streitet noch um die **Datenbank bioC**, an der Ende 2013 immerhin 20 Öko-Kontrollstellen beteiligt waren. Hier sollen alle Kontroll- und Siegelvorgänge veröffentlicht werden. Diese Transparenz wollen auch die bioC-Kritiker, stören sich jedoch an der Gewinnorientierung der GmbH und befürchten Datenmissbrauch. Die Debatte läuft. Im Übrigen etablierten sich jährliche ▸Monitorings als **„Nachkontrolle"**, mit großem Erfolg. Sowohl beim brancheninternen BNN *(Bundesverband Naturkost Naturwaren)* als auch beim staatlichen Ökomonitoring der CVUA *(Chemische und Veterinäruntersuchungsämter Baden-Württembergs)* sind die Rückstandsfunde seit Jahren rückläufig und stehen für gewachsene Effektivität des Kontrollsystems. Gibt es doch Befunde, erfolgen wiederum offizielle Meldungen an die Öko-Kontrollstellen. 2011 ging der BÖLW *(Bund Ökologische Lebensmittelwirtschaft)* von einem **Betrugsanteil** am EU-Bio-

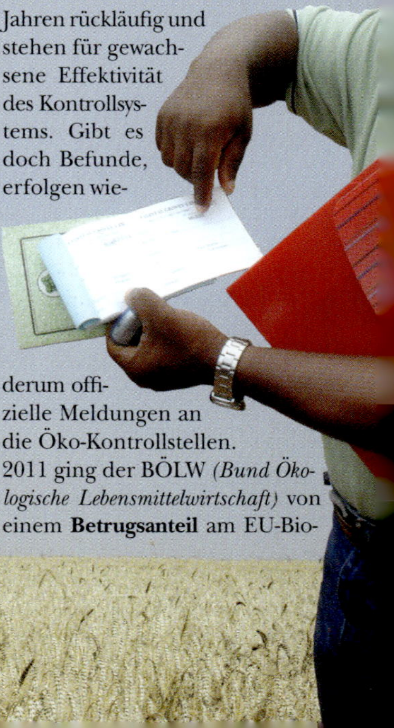

Kontrolle vor Ort: Ob von der Öko-Kontrollstelle in Europa oder vom Kontrolleur im „Drittland" – ein festes Regelwerk garantiert ganz klare Abläufe

Umsatz von unter 0,5 % aus und wies darauf hin, dass „nahezu alle“ aufgedeckt wurden. Welch Kontroll-Lob!

kontrolliert biologisch

Vertrauen in ▸Bio und ▸Öko ist gut, ▸Kontrolle ist allemal besser und erhält die Glaubwürdigkeit. Vor 1993, als heutige Inbegriffe für ▸ökologischen Landbau noch nicht durch die neu geschaffene ▸EG-Öko-Verordnung geschützt waren, gab es einen **Wildwuchs** von teils gewollt an ▸Irreführung grenzende Versprechungen für angeblich „gesündere“ Produkte, die näher an der „▸Natur“ oder „umweltgerecht“ hergestellt worden seien.

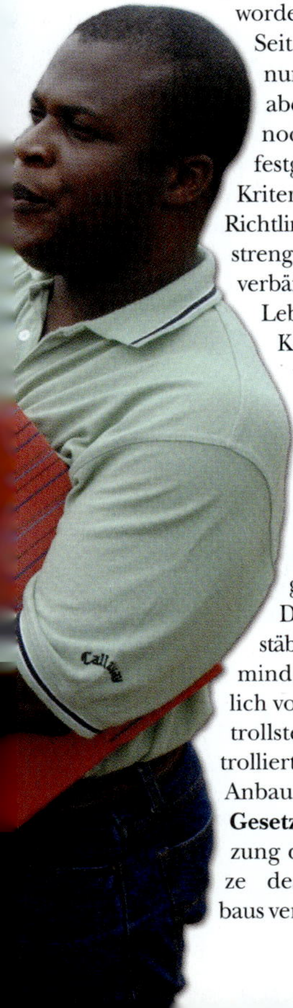

Seit jener Verordnung 2092/1991 aber dürfen nur noch nach den festgelegten EU-Kriterien bzw. laut Richtlinien der noch strengeren ▸Anbauverbände erzeugte Lebensmittel mit Kernbegriffen wie **Bio, Öko, biologisch, ökologisch** und all ihren Kombinationen auf dem ▸Etikett ausgelobt sein.

Der ganz buchstäblich – nämlich mind. einmal jährlich von ▸Öko-Kontrollstellen – kontrollierte biologische Anbau ist also **per Gesetz** zur Umsetzung der Grundsätze des Öko-Landbaus verpflichtet. Das meint etwa den Verzicht auf synthetische ▸Pflanzenschutzmittel und den Einsatz von organischem statt von Kunstdünger. Bei sog. zusammengesetzten Erzeugnissen muss der Anteil der ökologisch erzeugten Zutaten bei mind. 95 % liegen; **„kbA-Zutaten“** sind dann mit einem Sternchen gekennzeichnet. Erst nach Erfüllung dieser Bedingungen darf von einem ▸Biolebensmittel die hochoffizielle Rede sein.

kbA: Einfaches Kürzel für komplizierte Zertifizierungsvorgänge – mit klaren Grundlagen und konsequenter Kontrolle

Alle ähnlich klingenden ▸Kennzeichnungen sind so ungeschützt wie verdächtig. Dazu gehören Auslobungen **am Rande des ▸Etikettenschwindels** wie ▸„kontrollierter Anbau“, „kontrollierte Qualität“, „aus natürlicher Erzeugung“, „naturgedüngt“, „naturnahe Verfahren beim Umweltschutz“, „gewachsen ohne Chemie“, ▸„unbehandelt“, „aus naturnahem/umweltschonendem Anbau“, „ohne Kunstdünger“, „nicht chemisch behandelt“, „aus chemiefreier Landwirtschaft“ oder „nicht gespritzt“. Hört sich grün an, ist aber Humbug und kein Bio!

Vertrauen ist gut …

kontrollierter Anbau

Sehr suggestive Behauptung auf Etiketten, die darauf spekuliert, dass Kunden da so etwas Bio-Verlässliches vermuten wie beim gesetzlich geschützten ▸kontrolliert biologischen Anbau. Meist preist nur ein Unternehmen damit seine eigenen, nichtamtlichen und doch **irgendwie gearteten Kontrollen** der Rohwaren an. Der Nachweis der Kontrolle oder Mindestqualität wird nicht erbracht, oft reichen schon die vertraglichen

kontrollierter Anbau: Vorschützende Behauptung ohne Rechtsanspruch – wenn sich das nur mal rumsprechen würde …

Koriander: Als Gewürz einst mit Wanzenruf, heute eher Kennzeichen frischer Crossover-Küche mit dem besonderen Asia-Touch

Verpflichtungen der liefernden Bauern. Die ungeschützte Bezeichnung „aus kontrolliertem Anbau" gilt manchen Anwälten als Verbrauchertäuschung, als plumper Versuch einer Aufwertung mit dem Surrogatbegriff aus der Bio-Ecke, wenn nicht gleich als unlauterer Wettbewerb.

Nicht wenige Verarbeiter erfinden zu solchen Eigen-Labels noch schöne **Eigen-Logos** – in der Hoffnung, dass sie in der Flut der ▸Gütesiegel unbeanstandet mitschwimmen können. So wird „kontrollierter Anbau" zur kalkulierten Zumutung.

Koriander

Kaum noch jemand weiß, wie Bettwanzen sich dufte verraten – und doch wissen viele, dass Korianders wörtliche Bedeutung darauf anspielt: „Wanzigen Anis" nannten ihn die alten Griechen, *korisaneson.* Schuld war eben der so intensive, **leicht süßliche Duft** von blattfrischestem *Coriandrum sativum.* Der interessante Aromenmix mag schon Wirkung und Popularität des ja längst einheimischen Ex-Orientgewürzes erklären, diese irritierend warm-stichige, kraftvoll moschus-zitronige Note.

Das süßherbe Gewürz tut viel Gutes in typischen, östlicheren Gerichten und Currys: seltener als Wurzeln, eher als Blätter bzw. Kraut (das sog. **Koriandergrün**), auch mal als Samen, also Korianderkörner – beides mit unterschiedlich intensivem Aroma.

Da Proben asiatischer Importe (v. a. aus Thailand) laut Untersuchungen in Bayern, Berlin und Hessen allein in 2009 „überdurchschnittlich" mit ▸Rückständen von ▸Pestiziden belastet waren und sogar vernichtet werden mussten, sollte Koriander schon aus ▸ökologischem Landbau kommen. Bei Bio-Koriander war bei den etwas kleineren, dunkler braunen europäischen Sorten kaum etwas zu beanstanden. Biobauern liefern ihre **krautige Ware** oft sogar regional.

Korianderkörner sollten nach kurzem, intensivierendem Anrösten nur frisch gemahlen oder grob gemörsert werden, weil die angenehmeren leichten Aromen schnell verduften und dann die eindringlicheren eher verbitternd vorherrschen. Koriander passt sowohl zu Würzigem und Salzigem (Wurst, Saucen, Ragouts, Gurken, Kohl, Hülsenfrüchte) als auch zu Marinaden und an allerlei Süßes, typischerweise in Aniskonkurrenz zu Weihnachtsgebäck oder Kompott.

Interessante Dosierungen von scharfbitter erlaubt als ▸Kernöl das mit Wasserdampf destillierte, teure ätherische **Korianderöl** aus dem Bioladen (das sonst eher Likör aromatisiert).

Körner

Höchst gehaltvolle Einzelsamen, die als Einzelkämpfer-Saat konzentrierte Kraftpakete sind, um sicher wurzeln und sich auch gesund auswachsen zu können – zu neuen körnervollen

Ähren oder Rispen. Dieser **urgesunde Kreislauf** wird seit Menschengedenken von hungerleidenden Körnerklaubern unterbrochen – und erst seit etwa einem Jahrhundert von eher essbewussten Verfechtern von ▶Vollwert und ▶Vollkorn.
Sie achten selbstredend auf Bioqualität, weil nur dann die Ährenernte nicht chemiebelastet, nie kunstgedüngt und das Saatgut auch nicht gebeizt ist.
Als sog. **Granivoren** sind sie also echte ▶Körnerfresser und „Müslis" – aus guten Gründen. Schließlich schlummert in jedwedem Samenkorn von ▶Getreiden (nur körniger ▶Buchweizen wäre als Knöterich ein Pseudogetreide) und von Natur aus großer Segensreichtum: Kohlenhydrate als Stärke im sog. Mehlkörper, Eiweiß, Fett im Nährgewebe des Keimlings samt Vitaminen noch in den umschalenden Spelzen. Mineralstoffe gibt es reichlich, dazu jede Menge Ballaststoffe für gute Verdau-Dauer.
Einziger Nachteil: Körner sind **roh unbekömmlich**, weshalb die Bestandteile meist mahlmühsam getrennt und gesondert angeboten werden – als ▶Schrot, Grieß, Graupen, ▶Kleie und v.a. letztlich als ▶Mehl, dem aber bis dahin schon viele gesunde Bestandteile abhanden kamen. Kennern geht deshalb prinzipiell nichts über das volle Korn als naturbelassenes Grundprodukt.
Die Zubereitungen zum Aufschluss roher Körner reichen vom Kochen über Backen und Verflocken bis hin zum Quellenlassen zu Brei in variantenreicher, manchmal noch dazu hefebeschleunigter Art.
Bio-Bewusste haben da **eigene Mühlen** im Haus zum aromen- wie vitaminfrischen ▶Schroten, zum Quetschen erweichter Körner oder Ermahlen von Wunschmehlen. Bio-Körnermischungen für ▶Müslis oder sog. Frischkornbreie sind Klassiker in ▶Reformhaus und ▶Bioladen, kurz angekeimte und dann wärmegestoppte Körner daraus noch gehaltvoller als geschlossene. Aber Obacht, dass häusliche Keimgeräte ja nicht Schimmel zum Opfer fallen! Körner sind sehr lange haltbar, zerlegt aber nur eng begrenzt lagerfähig, Vakuumverpackung ist empfehlenswert.
Mehr Körniges: ▶Amaranth, ▶Buchweizen, ▶Cerealien, ▶Dinkel, ▶Einkorn, ▶Emmer, ▶Gerste, ▶Grünkern, ▶Hafer, ▶Hirse, ▶Quinoa, ▶Roggen, ▶Sprossen, ▶Urgetreide, ▶Weizen.

Körner: Sie sind die reinste Nährwertballung für potenzielle Keimlinge und haben den Vollwert v.a. in Vollkornprodukten – nur roh eben nicht

Körnermühle: Zu Haus schroten, flocken oder mehlen ist weitverbreitet und der frischeste Körnergenuss

Körnerfresser: Vom „Müsli" mit dem tierisch schlechten Image zum „Veggie" mit dem Ethik-Plus

Körnerfresser, ein Müsli

In der so fleischüppigen Vergangenheit der Überflussgesellschaft eine besonders saftige Verunglimpfung all jener, die gegen den allgemeinen Trend anaßen.

Sie legten schon auf ▸Vollwertiges und ▸Rohkost Wert, als niemand ahnen konnte, dass sie in den 1970er-Jahren die eigentlichen Trendsetter waren. Schnell wurden auch die frühen Grünen so verspottet, gerade weil sie **so viele Körnchen Wahrheit** über Naturgemäßheit vorkauten.

Körnerfresser war bis dahin eher ein Begriff für Kleinvögel aus der Zoohandlung, die nur trockene Sämereien und Getreide vertragen und sich damit feiner ausgedrückt „granivor" ernähren (von lat. *granum* für Korn und *vorare* für fressen). Ihnen fehlen bestimmte Darmbakterien, die rohfaserreiche Pflanzennahrung bei anderen Tieren erst verdaulich machen, womit diese dann „herbivor" wären (von lat. *herba* für Halm, Gras).

Da gesellschaftlich abweichendes Verhalten zu gerne mit Sarkasmus kommentiert wird, blieb der Körnerfresser als Diät-Ethiker nicht lange allein. Neben ihm profilierte sich in gequälter Anerkennung bald **„der Müsli"**, der es immerhin zu Spezialangeboten für seine stetig wachsende Zielgruppe brachte. Mit der Anbrandungsgewalt der Bio- und Öko-Welle sind Körnerfresser und Müslis inzwischen voll rehabilitiert und so vorbildliche wie ernährungsvernünftige „Rohvoren", quasi. Für ausschließliche Grünzeugmöger als ▸Vegetarier oder ▸Veganer kam dazu aus der steak-hörigen Neuen Welt der freundlichere Inbegriff **„Veggie"** nach Europa.

Jetzt müssen Fleischfresser aufpassen, dass sie nicht als „Cadavervoren" in die Ess-Annalen eingehen …

Krabben: Beim Klassiker Krabbensalat lohnt ein Blick auf die Zutatenliste, des Zusatzstoffcocktails wegen …

Krabben

Was dem Volksmund so locker-leicht wie giergern über die Lippen geht, müsste korrekter als ▸Garnele, noch genauer als Kurzschwanzkrebs oder *Crangon crangon* bezeichnet werden, denn „Krabbe" ist ein reiner Marktbegriff. Die max. 10 cm langen Nordsee- sind **eigentliche Sandgarnelen** und graben sich gern in Wassertiefen von 10–20 m im Boden ein. Womit die Krabbenproblematik beginnt.

Denn die beliebten Krebschen werden von Krabbenkuttern mit zerstörerisch breit über den Meeresboden rumpelnden „Baumkurren" hochgeschreckt und gehen mit viel zu viel ▸Beifang ins Netz: bis zu 9 kg pro kg Krabben! Sog. Fischfluchtfenster im Netz könnten helfen, sind aber trotz EU-Vorschrift allzu leicht durch Ausnahmeregelungen zu vermeiden.

An Bord werden die noch glasigen Tierchen sortiert, dann gekocht und dadurch errötet angelandet. Frisch gekauft und selbst gepult sind Krabben **dezenter Hochgenuss**. Als Wildfang bleiben sie aber bisher ohne ▸Bio-Siegel und werden erst in spe mit dem ▸Gütesiegel vom ▸MSC auf den Markt und damit aus nachhaltiger Fischerei kommen. Experten tun sich noch schwer mit den Zertifizierungsbedingungen – noch nie gab es eine Bestandsuntersuchung, auch der Lebensrhythmus ist noch weitgehend geheimnisvoll. In kaltem Wasser in größerer Tiefe gedeihen Nordseekrabben winters prächtiger,

und sie sind trotz aller Schwankungen so hochproduktiv, dass sie ganzjährig vom Meeresboden geholt werden: allein 2012 brachte die deutsche Fangflotte 14 356 t Krabbiges zusammen; etwa 30 000 t stillen den recht konstant bleibenden EU-Hunger.

Die **„Krabbendichte" scheint ungefährdet**, die EU überließ den Staaten mit Nordseeküsten das quotenfreie Fangen. So wird der große Bestand allmählich zum Problem: Zum einen gehen Fischer mit den Krabbenmassen fast verschwenderisch um. Eine EU-Studie von 2011 analysierte die 2005er-Fänge und kam auf eine **Rückwurfquote** von 68 %; noch einmal 10 % der Rest-Krabben wurden nach dem Kochen aussortiert und landeten als Möwen-Fastfood im Meer. Von diesen letztlich angelandeten 22 % der ursprünglichen Fangmenge galten wiederum 2 % als zu klein und kamen als *crushed shrimps* in Tierfutter o. Ä. Da die an Bord geholten Krabben in den letzten Jahren eher kleiner wurden (was wohl auch an der Tendenz zur ▸Überfischung, v. a. aber an sehr engmaschigen Netzen liegt), dürfte sich die Situation heute eher verschärft haben. Zum anderen sorgen niedrige ▸Preise für ▸Fisch dafür, dass Boote mit Doppellizenz auf die viel profitableren Krabben ausweichen. Da zudem von vier Großhändlern allein zwei schon 80 % des Marktes beherrschen, war **die Existenz vieler Krabbenfischer lange bedroht**; 2011 streikten sie in Deutschland wieder, seit 2012 bekommen sie bessere Preise, im Jahr darauf flog das „Krabben-Kartell" auf. Vorsichtshalber haben ▸WWF und die Stiftung Nordsee in ihren Fischführern Krabben von „1. Wahl" in die gelbe Kategorie („2. Wahl") versetzt, auch ▸*Greenpeace* riet 2013 von Krabben ab. Die Umweltschäden, Rückwurfquoten und Beifanggefahren überwiegen den Bestands-Pluspunkt. Überproduktion gefährdet zudem den Frischegenuss, wenn Händler aufgetaute TK-Krabben mit fangfrischen vermischen. Schlimmer noch: Die unschlagbar **billige Krabbenpulerei** in marokkanischen Fabriken führt nicht nur zur Verschwendung von Energie beim Transport und zum

Krabben: Eigentlich Nordseegarnelen mit umstrittenen Fangquoten und Schutzvereinbarungen für mehr Nachhaltigkeit; als Klimasünder reisen sie nur des preiswerteren Pulens wegen nach Marokko und zurück

Verlust einer Verarbeitungsökonomie in den Häfen selbst. Damit die Krabben die etwa 14 Tage lange Rundreise vom Fang bis zur Verarbeitung unbeschadet „frisch" überstehen, werden sie mit den ▸**Konservierungsstoffen** Benzoe- oder Sorbinsäure behandelt. Potenzielle Allergiker sollten deshalb bei Krabbenprodukten aufs ▸Etikett achten, da immer mehr Hersteller auf die Helfer mit den ▸E-Nummern E 210–213 bzw. E 200–203 verzichten.

Kräuter

Wer sich auskennt und bücken mag, liest sie sich als ▸Wildkräuter zusammen und verarbeitet sie naturfrisch. Kundige verkräutern mit ihnen Öl, Essig und Wein; so manche Kräuterbeute eignet sich auch zum straußweisen Trocknen und späteren Verrebeln in der Küche.

Vor der Blüte geerntete Kräuter haben zu ihren **konzentrierten Aromen** oft noch einen (wie bei ▸Kräutertees) gewissen bis (wie bei den ▸Heilkräutern) starken Medizineffekt.

In Blättern, frischen Blüten, Stängeln und Sprossen speichern Kräuter eben in unterschiedlichsten Mengen Einmaliges: wichtige Vitamine, gute Mineralstoffe, ätherische Öle, pikantierende Harze, säuerliche Alkaloide und Saponine, reizvolle Gerb-, raffinierteste Bitter- und überraschende Schleimstoffe; dazu kommen organische Säuren, hilfreiche Enzyme und sogar Phytohormone – ein Cocktail aus ▸sekundären Pflanzenstoffen, die die wehrhafte Pflanze gesund halten.

Ob aus ▸Wildsammlung oder kultiviert geerntet: Kräuter sind das beliebteste Grünste unter allen Biogemüsen und machten 2011 mit 6,5 % immerhin den **fünftgrößten Anteil am Biogemüse-Umsatz** aus – nach Möhren, Tomaten, Paprika und Spargel. Sie stehen in wohlvertopfter Haltbarkeit längst auch im ▸Supermarkt und beim ▸Discounter, in fast jedem zweiten Bio-Topf mit ▸Küchenkräutern wurzelt dabei ▸Basilikum.

Generell sind Bio-Kräuter die **gesündere und bessere Wahl**, da regelgemäß chemiefrei angebaut – jedoch werden auch hier öfter Rückstände gefunden. Im Vergleich allerdings geringere. Denn konventionelle „frische Kräuter" sorgen (mit teils 10 % der Proben über der Höchstmenge) seit Jahren für traurige Nachrichten vom BVL *(Bundesamt für Verbraucherschutz und Lebensmittelsicherheit).*

Verkostungen auch in anspruchsvollerer Gastronomie mit Frischeküche bescheinigten Bio-Kräutern wesentlich bessere und intensivere Aromen (▸Geschmackssache). Profis müssen erdefreie Kräuter verarbeiten, greifen

Kräuter für Tee: Nicht jede Kamille kommt von so vorbildlichen Bio-Plantagen wie „Sekem" aus Ägypten – leider

aber auch zu getrockneten Kräutern (▶Gewürze). Konventionell haben diese eine entkeimende ▶Bestrahlung hinter sich, die bei Bio verboten ist. Bio-Anbieter setzen da auf Hygiene, allenfalls auf **Heißdampfbehandlung** oder Vakuum-Heißdampfverfahren für die Befreiung von ▶Keimen.
Bei Kräutern dominiert ▶Importware; Statistiken fehlen, geschätzt werden auf 8 000 ha in Deutschland mehr als 700 Sorten angebaut. Manche „Kurzkultur", ganzjährig im ▶Gewächshaus kultiviert, sorgt aber für schlechtere Klimabilanzen.

Kräutertee

Amtlich nur ein „teeähnliches Erzeugnis", auszugsweise jedoch die beste Genussform von allem, was grünt und inhaltsreich krautet. Die Zeiten des beschwerlichen Zusammenpflückens in der Natur sind eher vorbei, erwartet wird, dass die Genusstees bequemer zu haben sind. Ein Privileg von ▶Bioläden bleibt es, neben Verbeuteltem in bewährter Tradition ein großes Sortiment loser, damit weniger stark zugeschnittener kräuteriger Tees anzubieten. Damit sind attraktive oder **experimentelle Mischungen** möglich – etwa mit Minze, Ginseng oder Gingko bis hin zu Fastentees.
Solche Bio-Kräutertees stammen aus zertifizierter ▶Wildsammlung oder von Bio-Kräutereien. Deren ▶Kräuter sind langsamer gewachsen und enthalten damit mehr Inhaltsstoffe, v. a. bei den Abwehrstoffen.
Nichtzertifizierte, weniger geprüfte Ware kann als Naturprodukt ▶Bakterien, Hefen, ▶Schimmelpilze oder sogar ▶Salmonellen enthalten, 2013 machten toxische PA *(Pyrrolizidinalkaloide)* von sich reden (▶Fenchel). Doch seit ▶ÖKO-TEST 2003 ▶Pestizide, Gifte und ▶Schwermetalle in Kräuter-, Wellness- und Kindertees fand, hat sich die einst unsichere Importsituation durch strenge Untersuchungsmechanismen, bessere Hygienekonzepte und die standardisierte ▶Trocknung gebessert.

Dennoch wissen Sicherheitsdenker: Kochendes Wasser mag zwar einige ölige Aromen töten – aber eben auch etwaige, eher seltene ▶Keime. Das BfR *(Bundesinstitut für Risikobewertung)* empfiehlt außerdem, Kräutertee 5–10 Min. ziehen zu lassen. Ein zu langes abkühlendes Stehenlassen wiederum lasse etwaige unverbrühbare Sporen im Tee in zunehmend gefährlicheren Mengen auskeimen. Die heiß gelösten Inhaltsstoffe sind Geschmacks- und Glaubenssache, solange es nur um Genuss geht. Sie können aber auch für **Wohlbefinden**, Vorsorge oder Gesundung so wirksam sein, dass Kräutertees dann nicht mehr als Lebensmittel, sondern als Arzneimittel gelten. Letztere bekommen dann grundsätzlich kein ▶Bio-Siegel, auch wenn die Heilpflanze von zertifizierten Plantagen käme.
Tipp: Kräutertees wenn schon nicht lose, dann am besten eingeschweißt kaufen, stets lichtgeschützt, trocken und luftdicht aufbewahren; Dosierung nach Bedarf, sonst mit der sog. Drei-Finger-Prise pro Tasse.

Kräutertee: In seiner Abgebrühtheit mal ein Lebens-, mal Arzneimittel

Krebse

Sie krauchen in 40 000 Unterarten weltweit durch Salz- wie Süßwasser und sogar an Land herum, krebskulinarisch bedeutend aber sind v. a. die Zehnfüßer (wovon acht Beine krabbeln und zwei sich als Scheren dicketun) mit dem Qualitätsnamen Edel-, vulgo Europäischer Flusskrebs *(Astacus astacus)*.
Noch vor etwa 100 Jahren waren sie in Flüssen, Bächen, Seen und Tümpeln so zahlreich, dass Europas Arten wie Fluss- oder Steinkrebs noch **Delikatessen fürs Volk** waren.

Krebse: Seit es die importierte Krebspest gibt, sind einheimische Arten selten und umso teurer geworden

Dann schleppten importierte und ausgewilderte US-Artgenossen die fadenpilzige Krebspest ein. Seitdem gibt es in Europa nur noch vereinzelte Reste der heimischen Population, während die immunen Pestverbreiter sich munter aggressiv ausbreiten, ob als Kamber-, Signal- oder Roter Amerikanischer Sumpfkrebs.
Kein Wunder, dass hiesiger Genuss (pro Jahr 120 t in Deutschland) schon lange aus der krebspestfreien Türkei, aus Spanien, Italien, Israel, dem Iran oder China bedient wird. Noch 2011 kamen gerade mal 7 t heimischer Edelkrebse auf den Markt.

Die Aufzucht in ▸Aquakultur ist mühsame Expertenkunst. In 4–5 Jahren Freiheit würden die bis zu 18 cm langen Tiere 70–90 g schwer, in Zuchtanlagen gelingt dies in drei, neuerdings gar zwei Jahren – durch manchen Wachstumsvorsprung und Wegfall von Stressoren. Nur vereinzelte Bio-Fischzuchtbetriebe versuchen sich, wie sonst an Beifischen, auch mal an pestfreien Flusskrebsen, unter Barschbesatz etwa. Der Anbauverband ▸Naturland hat Richtlinien zur ▸**ökologischen Aquakultur** entwickelt, erst wenige Krebszüchter produzieren nach der ▸EG-Öko-Verordnung, offiziell ohne Besatzbegrenzung. Die Zertifizierung lohnt oft noch nicht …
Die Koexistenz von alteinheimischen und eingeschleppten Arten in natura ist ausgeschlossen, aber der Mensch hilft und bessert nach. Nun werden Reservate erkundet, umzäunt und streng geschützt, damit die wenigen noch wild lebenden Fluss-, die kleineren Steinkrebse oder der Immigrant Galizischer Sumpfkrebs gedeihen oder Verstärkung durch zusätzlichen Besatz bekommen.
Reviere, in denen es von nichtheimischen Flusskrebsen wimmelt, werden gezielt mit Aalen, Zandern und Hechten zur Dezimierung überbesetzt.
Diese **Artenschutzprogramme** laufen schon in mehreren norddeutschen

Bundesländern, ausdrücklich auch zur Profilierung der regionalen Gastronomie, die ihre Edelkrebse direkt von einigen Erzeugergemeinschaften bekommt. **„Schutz durch Nutzung“** ist denn auch die Devise der größten Zucht „Krebsgarten Basthorst“, der nur inoffiziell als Biobetrieb gilt.

Ein heikles Thema gibt ahnungsloseren Gourmets schwer zu schlucken: **Empfindungsfähigkeit und Schmerzreaktion** von Krebstieren. Laut „Verordnung zum Schutz von Tieren im Zusammenhang mit der Schlachtung oder Tötung“ müssen Krusten- und Schalentiere in kochendem, nach „Zugabe“ weiterhin stark sprudelndem Wasser getötet werden – oder in mehr als 100° C heißem Dampf.

Wer garantiert’s? Und wie endeten tiefgekühlt importierte Tiere? Wie lange waren die üblichen Lebendangebote gehältert oder nur kühlgelähmt, hungernd und selbstverzehrend unterwegs? Eine patentierte Elektroschockanlage wird von Tierschützern propagiert, von Handel und Gastronomie vorerst ignoriert.

Kresse

Mit ihrem unerklärten Namen verspricht das Vielerlei von Kressevarianten genug: keine krasse, aber doch pikante Schärfe, ganz nach dem Familiengeschmack von Senf und Rettich. Die leckeren Kressen (mit ihren 150 Arten) haben besondere Power: Sie zählen zu den schnellstwachsenden Pflanzen und sind eines der jodreichsten Gemüse. Das schön schärfliche Grünzeug war 2012 das wichtigste sog. Bioverkaufskraut (vor ▶Petersilie), gemeint ist meist die **Gartenkresse**. Ohne künstlichen Dünger ist sie in Bio deshalb nitratärmer. Seit 2008 sind die wenigen Proben beim Ökomonitoring der CVUA *(Chemische und Veterinäruntersuchungsämter)* ohnehin absolut unauffällig, was ▶Rückstände von ▶Pflanzenschutzmitteln angeht.

Die meisten kennen Gartenkresse als „Schnittkresse“ aus der Schachtel mit Mini-Keimlings-Urwald. Auch als **selbst gezogene ▶Sprossen** im Keimgerät sollten sie binnen drei Tagen verbraucht werden, da sich ▶Mikroorganismen zu wohl bei ihnen fühlen. Nicht umsonst waren Sprossen 2011 die üblichsten Verdächtigen, als der ▶Skandal um ▶EHEC ausbrach. Wer das ▶Saatgut bis 55° C überbrüht, hat zwar Keimverluste zu befürchten, aber auch Keimgefahren gebannt.

In freier Natur ist die nur namensähnliche **Brunnenkresse** zu finden. An unbelasteten Gewässern lohnt die ▶Wildsammlung der längeren Stängel mit den fleischigen, gefiederten Blättern. In der Küche dann gut abwaschen und damit von Insektenlarven bzw. Zysten des Leberegels befreien. Der gewerbsmäßige Anbau von Brunnenkresse in großen Bassins im Freien ist bisher eher im anglo-amerikanischen Raum verbreitet; dort spielt die *watercress* ihre verschärfende Trendrolle in ▶Salaten.

Den senföligen, würzigen Kresse-Reiz machen wie bei allen Kreuzblüten-

Kresse: Sprossen der Gartenkresse sind eine Bio-Domäne, kaum jemand weiß, dass solche Keimlinge ziemlich hoch weiterwachsen würden

Kresse: Als watercress modisch feinwürzige Zugabe bei Trendsalaten aus längst lohnendem Anbau weltweit

gewächsen die Isothiocyanate aus, die aus den ▸**Glucosinolaten** entstehen. Überdies lohnt Kresse gerade im Winter: Sie hat doppelt so viel Vitamin A und C wie etwa ▸Feldsalat!

Apropos: Auch Kapuzinerkresse gehört botanisch nicht zur engeren Verwandtschaft. Allerdings dienen ja auch nur ihre gelben bis roten Blüten zum Naschen oder Dekorieren.

Küchenkräuter

Von der Pflückhand wohlzubereitet in den Mund, und das so spontan wie möglich, das sind die ▸Kräuter der alltäglichen Küche. Dann sind sie als ▸Wildkräuter eher Gelegenheitsgenuss, häufiger schon Garten- und schnell mal **bezupfte Topfkräuter** – in Konkurrenz zu frischer, geschnit-

Küchenkräuter: Aus ökologischem Anbau ihrer geringeren Rückstände wegen ja immer beliebter als frisch zu erzupfendes Küchenwürzgrün

tener Ware. Topfkrautgärtner ernten längst schon auf der Küchenfensterbank, in Balkonkästen oder Gemüsegärten. Krautfrischer geht es nicht.

Dabei müssen seit 2009 laut EU-Vermarktungsnormen frisch geerntete Küchenkräuter das eigentlich Selbstverständliche sein: „gesund, frei von Erde oder Schädlingen sowie anormaler äußerer Feuchtigkeit und fremdem Geruch oder Geschmack". Solche Küchenkräutersträuße mag man getrost nach Hause tragen und sie hochamtlich „Lebensmittel" nennen. Haltbarere Topfkräuter jedoch sind laut Lebensmittelrecht nur „Pflanzen ohne Kennzeichnungspflicht".

Kenner wissen auch: Zum Würzen, Abrunden, Versoßen, Pestomachen sind **Bio-Küchenkräuter** die klügere Wahl. Denn sie erwuchsen aus ungebeiztem ▸Saatgut, genossen organischen statt synthetischen ▸Dünger, wuchsen auf Kokosfasern oder Torf (bei den ▸Anbauverbänden naturschützend nur begrenzt). Ihre konventionelle Konkurrenz wurzelte oft in gedämpfter, daher steriler Erde. Bei Bio ist das Bodenleben aktiv, die Pflanze wurde wehrhafter gegen die völlig natürliche **Keimbesiedlung**. Tendenziell sind Bio-Kräuter durch längere Kulturdauer (bei viel Hand- und Hackarbeit) und höhere Widerstandsfähigkeit dann auch intensiver im Geschmack. Das wird belohnt: In Deutschland sorgten Bio-Küchenkräuter schon 2012 für einen Umsatz von 31 Mio. Euro. Ganz oben stehen da ▸Basilikum (als Topfkraut) und mengenmäßig ▸Kresse, ▸Petersilie, Schnittlauch und ▸Bärlauch.

Winters stammen Bio-Küchenkräuter als ▸Importware aus Israel, Italien oder den Niederlanden, wegen Dauerbeliebtheit wird etwa Petersilie dann auch in Deutschland im ▸Gewächshaus und nicht im ▸Freiland kultiviert. **Qualitätsentscheidend** bei Küchenkräutern sind Analysen zu den ätherischen Ölen (wegen der Würzkraft), vom Gehalt an ▸Keimen, von Schimmelsporen, ▸Aflatoxinen sowie ▸Rückständen von ▸Schwermetallen und ▸Pestiziden . In keinem Fall schnitt Bioware je schlechter ab; rückstandsfrei ist sie aber auch nicht.

Kupfer: Auch für viele Biowinzer noch ein notwendiges Umweltübel – wenn auch an Alternativen geforscht wird

Morgens taufrisch geernte Küchenkräuter lassen sich bestens (auch schon als Mischung, aber nie in Plastikdosen) einfrieren und immerhin noch nach etwa zwei Wochen portionsweise verwenden. Kräuter mit fester Struktur sind bestens (und stets ungewaschen!) zu trocknen; sie sind in dunklen Gläsern bis zur nächsten Saison haltbar. Solch **Eigenvorrat** wird dann an Zubereitungen gerebelt oder mal im Mörser verpulvert.
Nota bene: Experimentierfreudige Einleger werden belohnt, wenn ihre Öle oder Essige und sogar Honige (zu einem Drittel beküchenkräutert) langsam, aber sicher ein spezifisches Kräuteraroma annehmen.

Kupfer

Die gute Nachricht immer zuerst: Das Schwer- ist ein Edelmetall und als Spurenelement für den menschlichen Organismus **unverzichtbar**; er holt es sich etwa aus vollwertiger Mischkost, Nüssen, Hülsenfrüchten, Trockenobst, Kakao, Fischen, Krustentieren und v. a. aus tierischer Leber, um es in der eigenen Leber zu speichern. Kupfermangel hingegen steht im Verdacht, die Entstehung von Alzheimer zu befördern.

Die weniger gute Meldung: Kupfer wirkt **bakterizid** – wenn auch nur auf ▸Mikroorganismen. Denn Kupfer ist für höhere Organismen wie Wirbeltiere und Menschen nicht toxisch. In zu hoher Dosis aber befeuert es die Bildung ▸freier Radikaler.
Den verbreitetsten und gleichzeitig schlechtesten Ruf hat Kupfer als **Retter und Fluch** der Land- und Weinwirtschaft: Seine Toxizität machte es sehr früh zum ▸Pflanzenschutzmittel, das schon in geringer Konzentration als Mikroorganismenkiller und Fungizid taugt. Kupfer galt vor der Entwicklung chemischer ▸Pestizide als Allheilmittel. Seit 1885 ist für viele Winzer die sog. Bordeaux-Brühe (ein Kupfersulfat-Kalkmix) unverzichtbar; bis heute besprühen oder bestreichen Wein-, Hopfen-, Obst- wie Kartoffelbauern damit Kulturen, v. a. **gegen den Falschen Mehltau** – in konventionell arbeitenden wie in Biobetrieben. Kupfer ist denn auch Grund für den Vorwurf: „Die spritzen ja doch!" (▸Bio-Bashing).
Dabei ist Kupfern im ▸ökologischen Landbau und bei ▸Biowein begrenzt. Die ▸EG-Öko-

Kupfer: Seit 120 Jahren reichlich großzügig ausgebracht; Bodenproben beweisen Konzentrationen, die für Kleinlebewesen toxisch sind

Kupfer: Es schützt Sonnenblumen und Äpfel als bakterizides Edelmetall, kann allerdings auch schaden – den so nützlichen Regenwürmern etwa

Kürbis: Als Suppe schon ein Klassiker, als Kernöl höchst gesunder Genuss und sogar Zutat für Biojoghurt-Spezialitäten je nach Saison

Verordnung erlaubt bis 2016 max. 6 kg/ha jährlich. Bei den ▸Anbauverbänden ist diese Menge halbiert auf **3 kg/ha** (bei ▸Hopfen gelten 4 kg/ha). Strenger ist ▸Demeter: Kartoffeln und Tomaten sind kupferfrei. Erlaubt ist bei der Bioweinbereitung Kupfersulfat (bis 2015) oder Kupfercitrat im Keller gegen Mikroben und „zur Beseitigung eines geschmacklichen oder geruchlichen Mangels des Weins". Der Grenzwert beträgt 1 g/hl bzw. 1 mg/l im Wein resp. Most. Experten schätzen, dass der ökologische Landbau ohne Kupferpräparate **Ausfälle** von 10–15 % bei Gemüse, 15–20 % bei Kartoffeln und sogar 50–100 % bei Hopfen, Wein und Obst verkraften müsste. Längst wird in der Biobranche an einer weiteren **Verringerung oder gar Substitution** durch Pflanzenextrakte oder neue Wirkstoffkombinationen geforscht. Ein Ausweg könnte die Züchtung sein, etwa von pilzwiderstandsfähigen Rebsorten (sog. **Piwis**). Auch Bio-Hopfenbauern stellen auf andere Sorten um; Bio-Kartoffelpflanzer setzen auf vorgekeimte Frühknollen, beugen so dem Pilzbefall und der Kraut- und Knollenfäule vor. Minimalverwendung von Öko-Betrieben beschert Böden und Umwelt denn auch mehr ▸Biodiversität als bei intensiv bewirtschafteten Äckern, mit 30 % mehr Arten und sogar 50 % mehr Individuen. Jahrzehnte des Rumkupferns haben ihre Spuren hinterlassen: Bodenmikroben bauen Cu nicht ab, es schadet auch sog. Nicht-Ziel-Organismen wie erwünschten Bakterien, sogar Regenwürmern und Kleinvögeln.

Nota bene: Die Kupferbelastung der Umwelt rührt hauptsächlich vom konventionellen Anbau her. Das liegt nicht nur an dessen schierer Größe, sondern auch an den viel höheren Kupfermengen, die nicht zu Pflanzenschutzzwecken ausgebracht werden (wie bei Bio), sondern aus der **Düngung mit Gülle** von kupferreich gefütterten Tieren stammen oder aus (bei Bio verbotenem!) Klärschlamm.

Kürbis

Sie sind eine fröhliche Laune der Natur, diese verschalten Beeren: Sie reifen zeitlupenhaft, liegen dabei dickwandig herum und wollen zur Ernte im Sonderfall auch noch als sog. Riesenkürbisse gewuchtet werden. Von modischen Zierlingen abgesehen sind die Brocken so freundlich haptisch, dass sie auch als hohle Grimassenträger zu Halloween nur gute Laune machen.

Jeder vierte in Deutschland verkaufte Kürbis kam 2011 aus ▸ökologischem Landbau, 2012 stieg der Bio-Umsatz um 18 %! Das Herbstgemüse der Gattung *Cucurbita* hatte den 6. Rang mit 2,6 % vom Anteil bei Biogemüse (bei konventionellem ▸Gemüse nicht in den Top Ten), scheint also ▸Biokonsumenten besonders zu schmecken. Und auch Biobauern haben gewissermaßen ihren Erntespaß, denn **die frei herumliegenden Feldfrüchte** sind nur wenig anfällig und brauchten lediglich unkrautfreien Boden, Gründüngung, organischen Mist und eine Mulchauflage, die die Feuchtigkeit hielt und damit Wässern samt Mehltaugefahr reduzierte. **Bio-Kürbisse** bekommen keinen desinfizierenden Kalkstickstoff, gegen die Schnecken hilft Einsammeln oder die Fresslust von Laufenten. Ein Problem bleibt die Witterungsabhängigkeit, weil die Blüten nur wenige Junistunden befruchtungsbereit sind für Bienen und Hummeln. Ernteschwankungen sind daher nicht selten. Die Mühe lohnt sich aber: Eine litauische Studie ergab 2002, dass Bio-Kürbisse mehr Beta-Karotin, Vitamin E und C enthalten als konventionell erzeugte. Bio-Kürbisse haben ihre klare Sortenrangliste: Der **Hokkaido** ist am populärsten, es folgen Muskat- und Butternuss-Kürbis. Statt auf ▸Hybriden setzt die Biobranche hier auf samenfestes, also vermehrbares ▸Saatgut. Der ▸Bioboom hat die Kürbisse umschmeichelt und den Markt dafür erst groß gemacht. Was einst eher Viehfutter war, ist längst auch in der besseren Gastronomie angekommen, als typisch ▸saisonales, oft ▸regionales Gemüse. Das mild bis nussig schmeckende Fruchtfleisch kann hoch variantenreich verarbeitet werden, als Klassiker gilt längst Kürbissuppe mit Ingwer. Doch auch **Kürbissaft** ist ein gesunder Genuss, Hokkaido steckt selbst in so manch gemixtem ▸Gemüsesaft. Knabberwillige knuspern gern geröstete Samen (bis 50 % Fett, bis 35 % Eiweiß), die **Kürbiskerne** (▸Kerne). Das daraus erpresste, dank der ungesättigten Fettsäuren so hochwertige ▸**Kernöl** ist v. a. als Spezialität vom steirischen Ölkürbis eine Legende.

Kürbisse: Die Bio-Welle hat sie noch größer gemacht, als sie von Natur aus schon werden; als Regionalprodukt hebt auch die neue gehobenere Gastronomie sie auf den Schild

Lab-Effekt:
Gesäuerte Milch wird in dieser Bio-Suisse-Käserei kesselweise dickgelegt, der entstehende Bruch gerührt – ganz artisanal

L

Lab

Was Speisequark dicklich und ▸Käse aus Süßmilch dicker, härter oder hart macht, ist ein Wundermittel, das die Germanen den Römern abschauten und schon „Lab" nannten, was ihnen „Saft/Gift/Zauberei" bedeutete. Lab lässt Milch im Verhältnis von 1 : 5 000 und dann in 40 Min. gerinnen.

Noch heute ist die naturchemische Trickserei beim Käsen unentbehrlich, das Mittel dazu gilt als **Produktionshilfsstoff** (denn die Lab-Enzyme verbrauchen sich) und ist damit also kein anzugebender ▸Zusatzstoff, obwohl es ▸Vegetariern nicht egal sein kann, ob es **Lab von Tieren** (toten Kälbern) oder als Lab-Austauschstoff von Pflanzen oder speziellen Pilzen kam, also mikrobiell entstand – oder ob (wie in konventionellem Käse erlaubt) ein „rekombinantes Chymosin" wirkte als **Gen-Lab**. Immerhin wird die Lab-Art bei Biokäse oft auf dem ▸Etikett genannt. Immer öfter stehen zudem Schildchen im Käsetresen: mit „TL" für tierisches oder mit „ML" für mikrobielles Lab.

Tierisches Lab ist ein ▸Enzym, das im Magen von noch gesäugten Säugetieren lebensnotwendig ist. Es soll dort Muttermilch durch Casein-Umbau **dicklegen**, da diese in klumpiger Form länger verarbeitet wird.

Früh entdeckte man, dass in den Mägen von Jungtieren der Kühe, Schafe, Ziegen, Hirsche, Rehe und Kamele eine geheimnisvolle Substanz die Milch verdickt, haltbarer macht und sogar zu Käse werden lässt. Seitdem wurde mit mehr wie weniger rein tierischem Lab gekäst, gewonnen aus der Schleimhaut des vierten, **letzten Kälbermagens**.

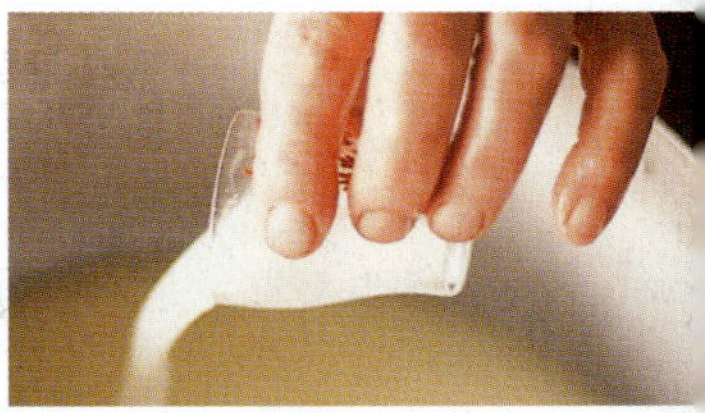

Inzwischen aber entsteht weltweit immer weniger Käse mithilfe tierischer Gerinnungsenzyme. Der stark gestiegene Käsekonsum und der gleichzeitige Rückgang der Kälberschlachtungen führte dazu, dass heute der größte Teil des global erzeugten Käses mit mikrobiellen Lab-Austauschstoffen dickgelegt wird. Nicht zuletzt trug die BSE-Krise dazu bei, Naturlab auch bei Nichtvegetariern zur tierischen Zumutung zu machen. Heute stellen da eher noch Alm-Sennereien ihr Naturlab traditionell selbst her – aus dem globalen Käse- ist längst auch ein internationales Lab- bzw. Lab-Austauschstoffgeschäft geworden.

Als Ersatz kommt nur für kleinere Chargen oder für Spezialkäse echtes **„pflanzliches Lab"** zum Einsatz – denn alchemistische Käser wussten schon immer, dass Enzyme zum Dicklegen in Kräutern wie Labkraut, auch in Feigen, Artischocken, in manchen Disteln, Kaktusfrüchten, säurehaltigen Pflanzen und im Zitronensaft stecken.

Für den industriellen Molkerei-Einsatz aber sind pflanzliche Lab-Ersatzstoffe zu wenig effektiv, standardisierbar und v. a. eines: zu teuer.

Nichts lag also näher, als sog. **Kunstlab** herzustellen, was biotechnisch aus rekombinanten ▸Mikroorganismen (verschiedenen käsespezifischen Schimmelpilzarten) leicht möglich wurde. Die „Starterkulturen" liefern ein Gerinnungs-

Lab:
Als nur winzige Enzymzugabe lässt es schon das 5 000-fache an Milchmenge gerinnen – ohne Lab wäre es mit dem Käse Käse

Labkraut:
Nur das klassische Gerinnungsenzym stammt vom Kalb, pflanzliches Lab täte es da auch – aber längst hilft ein preiswerteres sog. Kunstlab in den Käsereien

Lab: Ob Natur- oder Kunstlab verwendet wurde, steht auf dem Etikett, Gen-Lab ist für Bio streng verboten

enzym, das sich isolieren und standardisieren lässt. So ein **mikrobieller Lab-Ersatz** kann allerdings und v. a. in den länger reifenden Käsesorten bestimmte Bitterstoffe entstehen lassen, die Geschmacks- und Geruchsfehler fördern. Das führt im Biobereich dazu, dass manche Käsereien auf ihr hochwertiges Kälberlab nicht verzichten mögen. In der konventionellen Käsebranche aber versuchen größere Betriebe schon länger, mithilfe von ▸Gentechnik solche Lab-Austauschstoffe zu entwickeln, die in ihren Eigenschaften denen des Naturlabs ähnlicher sind.

Für solch gentechnisch gewonnene Enzyme wird das aus den Darmwandzellen von Kälbern isolierte Chymosin-Gen auf Hefen oder Schimmelpilze übertragen, die dann in Fermentern laufend **gv-Chymosin** produzieren.

So „unnatürlich" dies ist, so zwangsläufig ist natürlich auch die gewaltige Kostenersparnis gegenüber der „natürlichen" Gewinnung von Lab aus Kälbermägen. Schätzungen gehen davon aus, dass in den USA oder Großbritannien schon 80–90 % des Käses mit Gen-Lab hergestellt werden. In Österreich ist dies verboten, Deutschland aber ließ gv-Chymosin 1997 zu. Für ▸**Biolebensmittel**, egal ob auf Basis der ▸EG-Öko-Verordnung oder nach den Richtlinien der ▸Anbauverbände hergestellt, ist dieses Gen-Lab absolut tabu!

Das Problem bleibt, dass **in konventionellen Milchprodukten** gv-Chymosin stecken kann, ohne entsprechend gekennzeichnet zu sein. Denn als sog. Produktionshilfsstoff taucht es eben auf keinem Etikett und in keiner Zutatenliste explizit auf!

Fertiglachs: Inzwischen sagt die obligate Kennzeichnung, woher der so verarbeitete Lachs stammt, bei Bio ist es eben immer ein Aquafarmlachs

Nota bene: Zum eigentlich „untierischen" Kunst-Lab müssten Vegetarier außerdem wissen, ob die Aminosäuren im Fermenter mit Blut-Albumin „gefüttert" wurden oder nicht. Doch auch diese Auskünfte geben Enzym-Produzenten nicht heraus. Kenner hoffen nun, dass die von der EU seit Längerem geplante **Neufassung der Enzym-Verordnung** hierzu Klarheit bringen wird. Zumal die EFSA *(European Food Safety Authority)* den Fermentier-Pilzen den Sicherheitsstatus QPS *(Qualified Presumption of Safety)* noch nicht zugestanden hat …

Lachs

Er ist in aller Munde, es isst ihn alle Welt. Deshalb ist Wanderlachs längst nicht mehr so bequem und massenhaft in seinen Laichflüssen abzufischen und wurde auch auf dem Weg dorthin im Atlantik (als *Salmo salar*) zu Trawlers Frustfisch. Der sog. Salmonide hat eben eine **Alleinstellung** unter den Konsumfischen, weil er wie wenige Arten so einleuchtend anders, nämlich im Fleisch rötlich ist.

Zählt Lachs also zu den bedrohten Fischarten? Der Atlantische Lachs hat schon fast dran glauben müssen, und längst wird zudem den pazifischen Verwandten aus der Gattung *Oncorhynchus* arg zugesetzt.

Das im Handel auffällig teure Exemplar stammt immer noch **aus Wildfang** und ist bei Gourmets hochgoutiert – frisch, mit makelloser Haut, festem Fleisch und nicht zu viel Fett. Und für den ▸WWF 2013 nur dann eine „gute Wahl", sofern er als Pazifischer Lachs das Logo vom ▸MSC hat bzw. im Nordostpazifik vor Alaska ins Netz ging; ▸*Greenpeace* hingegen hielt Wildlachs insgesamt für „nicht

vertretbar“ und lässt nur Fänge aus dem Nordost- und Nordwestpazifik als Ausnahme gelten. Und allzu oft landen in Wahrheit **Flüchtlinge aus Aquafarmen** „wild“ im Netz: speziell erkreuzte, schnellwüchsige Ex-Zuchtlachse – oder ein in Wildbestände hineingemendelter Mix-Lachs, was Experten „genetische Verschmutzung“ nennen. Denn es entkommen ja zu viele Zuchtlachse aus beschädigten oder wellenüberrannten Anlagen. Schätzungen dazu schwanken, doch selbst offizielle Verlautbarungen klingen erschreckend: So sind in Norwegen 2011 auf einen Schlag 700 000 Lachse entkommen.

„zweite Wahl“, zu dem aus Chile heißt es gar: „lieber nicht“. 2011 bewertete der WWF das in Norwegen installierte Aquakultur-Management zwar als inzwischen „gut“, aber diese Verbesserung war auch überfällig – was ganz global gilt. Zu lange hatte viel zu enge ▸Massentierhaltung in Schwimmkäfigen sowohl die auf Futteraggressivität gezüchteten Tiere als auch die Umwelt belastet, wahre Seuchen pro-

Lachs-Klassen: Prachtvoll ist ein Wildfang, doch bedenklich ist der Verzehr der eben nie artgerecht zu haltenden Zuchtlachse, Bio-Lachse sind noch selten

Nicht nur die seit 2002 obligatorische Angabe des Fanggebietes ist bei Wildlachs also ein risikobehaftetes Qualitätsmerkmal. Etwa 60 % aller konsumierten Lachse stammen indes ohnehin aus ▸Aquakultur; der Anteil ▸ökologischer Aquakultur ist leider noch verschwindend gering. Sowohl WWF als auch *Greenpeace* aber gönnten nur Bio-Zuchtlachsen eine echte Kaufempfehlung. Konventionell gefarmter Lachs aus Irland, Norwegen und Schottland ist für den WWF nur

voziert und so die rein vorbeugende Zugabe von ▸Tierarzneimitteln nötig gemacht. Nun werden die Käfige öfter mal verlagert und ankern endlich auch weiter weg von Fjorden oder Laichflüssen der Wildlachse. **Bio-Lachs** ist mit mit sehr großem Abstand die wichtigste Spezies der ökologischen Fischzucht und zudem bis zu 50 % teurer als konventionell aufgezogener. Das weist nicht nur auf höheren Aufwand hin – auch der Umsatz wächst. In Deutschland

Lachs-Massen: Einem Filet sieht man nicht mehr an, ob es vom kerngesunden oder kranken, lachslaus-zernagten und mit Medikamenten und Farbstoffen bis zur Schlachtreife hingehaltenen Käfigtier stammt

steigt er kontinuierlich an. Und doch gibt es weltweit noch viel zu wenige Biobetriebe für Lachs.
Hätten es Bio-Lachse denn besser? Immerhin hat es der Einzelgängerfisch weniger eng, wird ohne pro-

Lachs: Als er noch in Massen die Flüsse hinaufzog, war sein Fang ein Kinderspiel, heute wird er oft aus Netzen der Aquakulturen nur umgeladen

phylaktisch verteilte Medikamente wie ▸Antibiotika und andere Chemikalien groß und schwimmt gegen die bedrohlichen sog. **Lachsläuse** (blutsaugende Kleinkrebse) eher mit „Putzerfischen" in einem Käfig. Die Regelungen von ▸Naturland sind da viel rigider als die „Kleinster Nenner"-Richtlinien nach der ▸EG-Öko-Verordnung. Andere ▸Anbauverbände lehnen Meeresfisch-Aquakultur ganz ab und haben nur heimische Teichwirtschaft in ihre Richtlinien aufgenommen. Neben der als ▸Käfighaltung empfundenen Aufzucht und den Sorgen um entstehende ▸Food Miles geht es da um ein grundsätzliches Problem: die als unökologisch geltenden sog. ▸Veredelungsverluste bei der Raubfischzucht. Der Anteil von Pflanzenproteinen im Futter lässt sich nicht beliebig erhöhen; abgesenkt liegt er bei etwa 30 % Fischmehl und ca. 15 % Fischöl. Die sog. **Fish-in-fish-out-ratio** beträgt beim Lachs deshalb je nach Methode 3:1 bis 5:1. Für 1 kg Zuchtlachs werden mithin 3–5 kg Wildfang verfüttert. Immerhin ist dies in der Öko-Aquakultur verpönt; verfüttert werden dort die ohnehin beim Verarbeiten von Speisefisch üblichen Reste – bei Bio-Lachs von Naturland jedenfalls. In der vageren EG-Öko-Verordnung ist lediglich eine „bevorzugte" Nutzung solcher Futtermittelquellen festgeschrieben.
Ein neueres Problem der konventionellen Aquakultur ist zudem die Tatsache, dass schon ein „AquAdvantage" getaufter **Gen-Lachs** auf uns zuschwimmt, den sich ein US-Unternehmen aus gleich drei fischigen Genomen kombiniert hat. Aktivisten kämpfen gegen drohende Zulassung und reden polemisch vom Frankenfish, da das Zuchtmonster durch „eingebauten" Dauerwuchsbefehl doppelt so schnell wächst.
Würden sich die Superlachse in die Wildbestände **auskreuzen**, wäre das verheerend. Der Zuchtbetrieb trat denn auch den Rückzug an: Der „AquAdvantage" soll nur in geschlossenen Kreislaufanlagen und nahe der künftigen Absatzgebiete gefarmt werden. Ob dies politisch durchsetzbar ist, war Anfang 2014 noch unklar.
Fazit: Bei Lachs ist genauestens auf die Herkunft zu achten und den (stets aktualisierten) Empfehlungen

in den einschlägigen Einkaufsratgebern zu folgen – ob nun dem von *Greenpeace* oder dem vom WWF. Wer **Bio-Lachs** kauft, verhilft verkäfigten Leidensgenossen so zu tiergerechterer Haltung, wenn denn die Nachfragemacht zum Umdenken konventioneller Produzenten führt. Der Massenlachs ist sein Geld nicht wert – und unseres Appetits nicht würdig. Den mal zu zügeln, wäre ohnehin die beste und nachhaltigste Wahl.

Lachslarven: Die Zucht wird voll beherrscht und ist in Kreislaufanlagen an Land möglich – wie beim gv-Lachs, genannt Frankenfish, schon geplant

Lachsforelle

Jede Lachsforelle ist eigentlich eine Regenbogenforelle (*Oncorhynchus mykiss*, ▸Forelle) und als Süßwasserfisch nur ein naher Lachs-Verwandter in der Familie der *Salmonidae*, aber **gewollt verwechselbar mit Lachs**, auch durch künstlich eingefärbtes rosa- bis orangefarbenes Fleisch. Diesen Effekt erreichen Züchter über das Futter: Wie bei der Lachszucht wird es mit aus Algen gewonnenem Astaxanthin (einem natürlichen Carotinoid) versetzt. In konventionellen ▸Aquakulturen sind das synthetische Stoffe, bei ▸ökologischer Aquakultur spezielle Hefen. Die Lachsforelle ist also namentlich ein reines Marketingprodukt – und umso verwirrender, als gleichzeitig die salzwasserliebende **Meerforelle** *(Salmo trutta trutta)* unter diesem Begriff in der Fischtheke liegt.

Heute wird *Oncorhynchus mykiss* in der Regel bei einem Gewicht von 400 g **als Regenbogenforelle**, erst ab 1 500 g dann **als Lachsforelle** vermarktet – meist schon nach 1,5–2,5 Jahren.

Der mittlerweile so oft vermarktete Massenfisch mit Doppelnamen wird zunehmender in Aquafarmen gezüchtet, mit all den konventionellen bekannten, also eher schlechten Auswirkungen. Regenbogen- als Lachsforellen sind (als ▸Forellen) die wichtigste Art für die Aquakultur in Süßwasser. Die Anzucht der Fische wird in größeren Becken vorgenommen, die entweder durch einen kontrollierten Zu-

Lachsforellen: Ihren auch auf den Kiemen so schillernden Echtnamen haben sie verloren, und „Meerforellen" klänge denn wohl zu banal …

fluss oder in einem geschlossenen Kreislauf stets mit frischem Wasser versorgt werden.

Die Lachs- **als Meerforelle** dagegen wird inzwischen in schwimmenden Zuchtkäfigen in der Ostsee und im Nordatlantik „erzeugt" – wobei allerdings Schädigungen des Ökosystems drohen. Denn konventionelle Zuchten, v. a. norwegische, fielen noch unmittelbar vor der Jahrtausendwende durch massiven Einsatz von ▶Pestiziden gegen die gefürchtete Lachslaus und ▶Antibiotika zur Vorbeugung von Epidemien auf. Beide „Störungen" waren der hohen Besatzdichte geschuldet. Inzwischen wurde der Einsatz von ▶Tierarzneimitteln eingeschränkt, Impfungen dienen präziserer Vorsorge. **In Biobetrieben** gilt überdies eine deutlich geringere Besatzdichte, was nicht nur den Lachsforellen dient, sondern auch deren Essern. Bio-Lachsforellen kommen so ihrem natürlichen Schwarmverhalten näher und können sich ausreichend bewegen, was auch der **Qualität des Fleisches** nur förderlich ist. Gefüttert wird mit Pellets aus Biogetreide und Resten aus nachhaltigem Wildfang. Die einschlägigen Fischführer empfehlen denn auch, in erster Linie biozertifizierte „Lachsforelle" zu kaufen, ob aus dem Meer oder aus Süßwasser …

lactovegetabil: Der Ernährungskompromiss von Vegetariern, die nicht auf Milchprodukte aller Art verzichten und eben einem viel breiteren Angebot frönen

lactovegetabil

Umständlicheres Kunst- als Fremdwort (lat. *lacteus* für milchig, lat. *vegetabilia* für alles Pflanzliche – wörtlichst „milch-grünzeuglich") aus der langen Geschichte des ▶Vegetarismus und bisher eher als englisches *lacto-vegetarian* gebraucht. Der Zungen- und Tierappetitbrecher gestattet eine Ausweitung der ansonsten ▶veganen Kostpalette um alle Produkte von Milch – womit genügend Calcium und Grundvitamine verzehrt werden. Tierisches wie Fleisch, Fisch, eben auch Eier (▶ovo-lacto) wird logischerweise gemieden, auch Käse, der mithilfe von ▶Lab aus dem Magen von Kälbern gemacht ist.

Neben der Milch-Ausnahme als tierischem „Endprodukt" gönnen sich Lacto-Vegetarier auch Bienenhonig. Vorteile einer Ernährung mit viel ▶Rohkost und Gemüse sind Mengen an Ballaststoffen, Vermeidung von Cholesterin und gesättigten ▶Fettsäuren. Da allenfalls **Gefahr von Jod- und Eisenmangel** besteht, sollte beides ergänzt werden. Lacto-Vegetarier betonen gern, sie lebten ohne Reizhunger oder Kalorien-Übermaß, dafür allerdings organismusschonend, immunabwehrstärkend sowie krebsvorbeugend mit Wohlfühlfaktor; sie hätten, so Ralph Bircher, Sohn und Ideen-Erbe von Max Bircher-Benner, eben keine „Vieleiweiß-Mentalität".

Und sie tun etwas für den ▶**Klimaschutz**, da sie im Vergleich zu Ovo-Lacto-Vegetariern den Anteil tierischer Lebensmittel ja noch einmal verringern, die etwa laut österreichischem Lebensministerium in toto rund zehnmal mehr Kohlendioxid zum ▶Carbon Footprint beitragen als pflanzliche Lebensmittel.

Lamm

Alles, was im ersten Lebensjahr blöken kann, ist pauschal ein Lamm – erst nach 365 Überlebenstagen wird es über Nacht offiziell zum ▶Schaf mit fortan auch deutlich alterndem Fleisch (▶Schaffleisch). Naturgemäß mäh-meckern Lämmer der **robusten Gattung** *Ovis*, die dereinst Fleisch-, Milch- und/oder Wolllieferant werden sollen, anfangs alle gleich.

Doch nur etwa 7 % aller Schafe werden **ökologisch** groß. Dabei müsste die wachsende Beliebtheit von Bio-

Lammfleisch eigentlich die relativ geringe Erst-Mühe bei der ▸Umstellung lohnen – wenn die angemessen höheren ▸Preise auch bezahlt würden. Denn ▸ökologische Tierhaltung ist teurer; allein 35–40 % der Kosten macht das Futter aus! So wird an Bio-Lämmer 45 Tage lang **nur natürliche Milch** oder Biomilchpulver ohne Zusatzstoffe verfüttert statt der konventionell üblicheren (sowie billigeren) pflanzlichen Milchaustauscher. Alle ▸Futtermittel müssen zur Hälfte aus dem eigenen Betrieb stammen, auch Zukäufe haben bio zu sein.

Biobetriebe mischen für die Lämmermast mit mind. 60 % Raufutteranteil Erbsen, Gerste, Hafer, Triticale, Weizen, Rapskuchen und Grünmehl (Gras, Klee, Luzerne). Das alles ist in der Regel proteinärmer als konventionell übliches Kraftfutter (etwa aus Sojaschrot), weshalb Bio-Lämmer nie so schnell zunehmen. Sie werden also **länger gepäppelt** – und wiegen am Ende immer noch weniger. Denn in konventionellen Ställen werden nach 25 Tagen schon Heu und Kraftfuttermischungen in den Trog gegeben. Alles für schnellstmögliche Gewichtszunahme: Nur 180–230 g täglich sind dies bei Bio-Weidelämmern in 6–10 Monaten Lebenszeit, aber mindestens 300 g pro Tag **bei konventioneller Stallmast** in nur 4–5 Monaten.

So ist denn der entscheidende Vorteil für Lämmer in Biobetrieben die ▸artgerechte Haltung. Die fleischrassigen Bio-Lämmer werden in der Regel „an der Mutter" großgezogen. Sollen sie einst Milchschaf werden oder reicht Mutters Milch nicht, gibt es für sie Biokuhmilch oder ökologisches Milchpulver. Eine ausschließliche Fütterung mit Grassilage ist verboten, Weidegang ab April üblich. Draußen haben 13,3 Tiere auf einem Hektar Nutzfläche ihren **großzügigeren Besatz-Platz** als in konventionellen Betrieben. Für die gibt es zudem außer generellen Tierschutz-Bestimmungen keine so umfassenden Haltungsvorschriften.

Lämmer: Auf Biohöfen wie hier auf Sizilien haben sie noch genügend Auslauf und ein artgerechtes Herdenleben – wie unten auf dänischer Weide

Lamm: Weidet es auf Salzwiesen wie vor dem Mont St. Michel, ist dies eher eine Rasse- als eine gesalzene Geschmacksfrage

Auf der Bio-Weide darf kein synthetischer Dünger ausgebracht werden; die chemische Behandlung ist verboten. Zudem ist **im Krankheitsfall** die Nutzung von homöo- wie allopathischen ▸Tierarzneimitteln statt eines Einsatzes von ▸Antibiotika vorgeschrieben.

Bio-Lämmer, die zu Ostern schlacht- und marktreif sein sollen, haben im Stall zu dritt etwa 1 m² Platz, dazu bestrohte Liege- und **immer eigene Fressplätze.** Bio-Mastlämmer dürfen seit 2011 auch nicht mehr die letzten 5–8 Wochen im Stall ohne Auslauf verbringen wie konventionelle Tiere (die oft sogar „stalllebenslänglich" haben, nach der Devise „Tiere im Stall, Futter vom Acker"). Überhaupt dürfen Bio-Lämmer insgesamt max. 3 Monate bzw. ein Fünftel der Lebensdauer drinnen erleben. Ihre (End-)Mast ist erlaubt, allerdings nur, wenn es **keine Zwangsfütterung** ist, sie zu jeder Zeit schadlos zu beenden wäre und keine sog. Masthilfsmittel eingesetzt werden.

Überleben Lämmer die Ostermetzgerei, beginnt ihr artgerechteres Draußenleben auf Koppeln, wildkräuterreichen Weiden oder im traditionellen Hütebetrieb.

Dann dürfen sie sich dort großräumig auswachsen als natürliche Landschaftspfleger im Rahmen der romantischen, aber eher aussterbenden Wanderschäferei, die mit ihren Regionalverkäufen nie gegen **globale Dumpingpreise** bestehen kann.

Dem Erfolg durch Umsatz helfen nur Vorsatz und Bereitschaft der Lamm mögenden Verbraucher. Sie sollten um der Lämmer wegen auch den Bio-Aufschlag goutieren, wo möglich vom Bio-Landschaftslamm mit höherem Preis kaufen und dazu auf regionale Schafrassen achten.

Nota bene: Ein Schaf, wer glaubt, die längeren, qualvollen Wege zur Schlachtbank irgendwo in Europa seien für konventionelle Erzeuger ein Thema. Die ökologische Schafhaltung hat und will dagegen nur kurze Transportwege.

Lammfleisch

Für Fleischmöger eine dezent eigengeschmackliche Delikatesse von sehr jungen ▸Schafen, die zu den roten Sorten von ▸Fleisch zählt, auch wenn es im zartesten Alter sehr hell ausfallen kann. Mageres Lammfleisch hat **nur 4 % Fett,** das entscheidend ist für den so lammtypischen, würzigen Geschmack. Als Leckerbissen begehrt sind Tranchen vom möglichst jungen **Milchlamm**, das zur Schlachtbank geführt wurde, ehe es je ins Gras gebissen hat.

Jenseits der Geschlechtsreife erst wird Lamm- zum ▸Schaffleisch und ziegelröter. Dann kommt zur immer erwünschten Marmorierung als Alterungszeichen auch seine stärkere Fettabdeckung. Weitgehend frei grasende Lämmer von Deich-

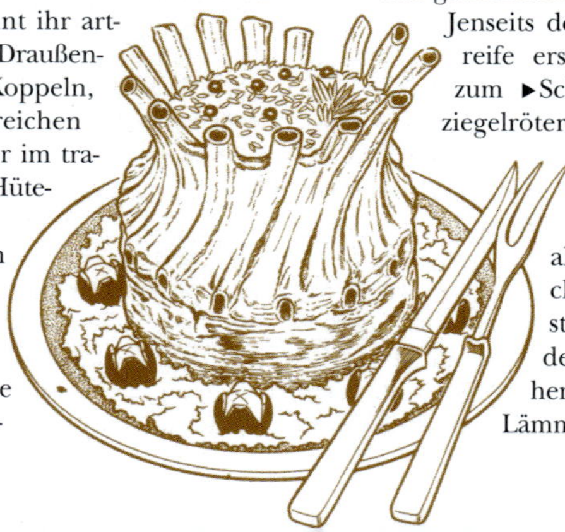

Lammkrone: In britischer Küchenmanier sind Lammrippen gern mal als tellerrunde Sache angerichtet

weiden, Salzwiesen, Alb oder Alm, von Heideflächen (Heidschnucken) oder aus Mooren bilden stärkere Muskeln. Kenner wollen ihnen die angefutterte Kräutervielfalt oder den Küstengrasern gar die Meeresbrise als Prise Salz anschmecken, Könner sprechen eher von **Autosuggestion.**

Seit Fettarmut das Zucht-, Haltungs- und Fütterungsziel ist, wird Lammfleisch nun beliebter – wenn auch recht langsam. So wurden 2012 in Deutschland 930 000 Lämmer geschlachtet, davon 96 % gewerblich und nur 4 % als Hausschlachtung. Nach wie vor aber gelangt **zu wenig Bio-Lammfleisch** in den Einzelhandel. Bis zu 80 % wird „ab Hof" oder von Erzeugergemeinschaften verkauft – ein kostenintensiver Weg. Diese „Vermarktungslücke" muss erst geschlossen werden.

Dabei ist Bio-Lammfleisch von natürlicher Qualität, da die überwiegende Weidehaltung oder eine kombinierte Koppel-Laufstall-Haltung optimal waren. Erst mit Kraftfuttereinsatz wird die prozentuale Verteilung der un- bzw. gesättigten ▸Fettsäuren im Muskelfleisch verschoben, was bei konventioneller Lämmermast Absicht ist. **Sensoriktests** ergaben, dass Lammfleisch aus der Mast mit Grün- und hochwertigem Kraftfutter positiver bewertet wurde als das von Lämmern aus reiner Weidehaltung. Natürlich schmecken Tiere von der Weide auch natürlicher!

Der **Küchentipp** gilt weiterhin, selbst Jüngst- und Jungschaf immer so heiß wie möglich zu servieren, um noch den Rest von traditionell verpönter Lammhaftigkeit bei zunehmender Abkühlung nicht allzu deutlich werden zu lassen. Wichtig ist zudem, dass Lammfleisch nach der Schlachtung mind. 10 Stunden warm abhing, bevor es heruntergekühlt wird – andernfalls wird es zäh. Neuseeländisches Lamm ist durch jahrelange strenge Standardisierung auch deshalb gleichbleibend gut und zart, weil es zum Turbo-Herunterkühlen tricky **mit Strom behandelt** wird …

Lammfleisch: Es gilt als das gesündeste unter all dem, was von Wiederkäuern so erschlachtbar ist – und geschmacklich schon ungewürzt besonders charakteristisch

Fest steht, dass Deutschland nur zu 50 % lammfleischautark ist. Der Import bedrängt den Markt – von großteils lebenden Tieren aus Polen, v. a. aber von geschlachteten und zerlegten Lämmern aus Australien oder **Neuseeland**. So taugt Lammfleisch auch für Tischgespräche über ▸Food Miles und ▸Klimaschutz. Während der *Marketingverein der Metropolregion Nürnberg* einen sechsmal kleineren ▸Carbon Footprint von 65 g/kg für

Lammfleisch: Im Fettrand, da steckt erst das typische Aroma, das beim Braten in das Fleisch hineinwandert

regionales Lammfleisch im Vergleich zu TK-Ware aus Neuseeland errechnete, kamen vielzitierte Studien der Universität Gießen zum Ergebnis, dass **die Klimawirkung** mit der Größe der Betriebe sinkt und weniger von Transportwegen abhängt. Neuseeländisches Lammfleisch produziere demnach **sogar deutlich weniger CO_2** als lokal erzeugtes! Was wiederum Diskussionen um gesamtökologische Betrachtungen nach sich zog – denn nicht nur der reine Energieeinsatz sollte dazu zählen, auch Lärm, Emissionen, Flächenverbrauch oder der Einsatz von ▸Pestiziden. Zudem gingen dort **die nachhaltigen Aspekte** regionaler Strukturen unter: Transparenz, der Erhalt von typischer Kulturlandschaft, von ▸Agrobiodiversität und ▸Biodiversität.

Landwirtschaft: Zur Wunschverteilung der Mios an Subventionen können sich Verbraucher im Netz direkt äußern

Landwirtschaft

Nein, sie hat längst keinen so guten Ruf mehr, seit sie industrialisiert ist und in der EU subventioniert wird, um heimische Bauern zu ernähren. Doch damit produziert sie Überschüsse zum Schaden von Entwicklungsländern und hat auch die ▸Welternährung trotz aller Ertragssteigerungen nicht sicherstellen können. Die moderne **konventionelle Landwirtschaft** kreiert durch Massenproduktion, Monokultur, den systematischen Einsatz von ▸Pestiziden, ▸Gentechnik und ▸Massentierhaltung stets potenzielle Gefahren – und immer öfter **regelrechte ▸Skandale.** Gerade in der konventionellen ▸Tierhaltung werden die Zusammenhänge von Preisdumping, Genfutter, Turbomast und Tierquälerei überdeutlich.

Der ▸**ökologische Landbau** als Gegenmodell sucht den konstruktiven, ▸nachhaltigen Umgang mit Boden, Pflanze, Nutztier, wozu ausgeklügelte Fruchtfolgen, ▸Tierschutz sowie der Verzicht auf Kunstdünger und weitestgehend auch Chemie gehören (▸bio = besser?). Auch ▸Biobauern sind längst keine grashalmkauenden Gemütsmenschen mehr und müssen – allein angesichts sinkender Zuschüsse – betriebswirtschaftlicher und in größeren Dimensionen denken.

Erschreckend sind die Dimensionen der Auswirkungen auf die Natur. So stellte der Weltagrarbericht 2012 fest, dass 70 % allen verfügbaren Frischwassers in der Landwirtschaft verbraucht werde. Der ▸WWF kam für Deutschland sogar auf 74 % (der „Wasser-Fußabdruck" der privaten Haushalte lag da nur bei 3,4 %). Auch ums Klima wird viel gerechnet

und gestritten, seit klar ist, dass viel im Argen liegt. Das UNEP *(United Nations Environment Programme)* berechnete 2010, dass die Landwirtschaft für 14 % der globalen Treibhausgase (THG) sorge (Deutschland 2011: 7,7 %). Die Biobranche argumentierte, dass der Öko-Landbau durch Humusanreicherung des Bodens, Verzicht auf chemisch-synthetische Dünge- und Pflanzenschutzmittel sowie eingeschränkten Futtermittel-Zukauf etwa ein Viertel THG spare und so den ▶Klimaschutz deutlich forciere.

Die Idealvorstellung von ganzheitlichem Landwirtschaften als Normalfall sind zwar weiter in allen Köpfen verankert und widersetzen sich der realistischeren Reflexion – **im konventionellen Alltag** geht es ja längst nicht mehr um Naturnähe oder Tieridylle. Und selbst das BMELV *(Bundesministerium für Ernährung, Landwirtschaft und Verbraucherschutz)* erkennt diesen Widerspruch und erklärt ihn mit einem gebrochenen Verhältnis der Verbraucher „zu kostengünstigen und effizienten Produktionsmaßnahmen“. Mit anderen Worten: Es wird sich nichts bessern, weil Produkte der gern verdrängten **Hochprofit-Landwirtschaft** niedriger ▶Preise wegen doch eher gekauft werden als teurere ▶Biolebensmittel oder ▶fair bepreiste konventionelle Produkte. Als Image-Hilfe setzte das BMELV 2011 auf eine „Charta für Landwirtschaft und Verbraucher“, die einen neuen Wert von ▶Lebensmitteln in den Mittelpunkt stellen soll – durch Diskussionen in Foren, aus denen politische Schlussfolgerungen zu ziehen seien. Wenn denn die deutsche Politik wollte … Die will indes ganz ausdrücklich neben Bio auch **„andere Formen nachhaltiger Landwirtschaft“** fördern und integrierte diese flugs ins „Bundesprogramm Ökologischer Landbau“.

Während in Feuilletons die regional probierten Gegenmodelle zur Agrarindustrie bestaunt werden (▶Urban Farming und ▶Community Supported Agriculture), sind unheilvolle **Technisierung und Rationalisierung** samt Einsatz naturfremder Mittel, Substanzen und gentechnisch manipulierter Pflanzen (▶GVO) global

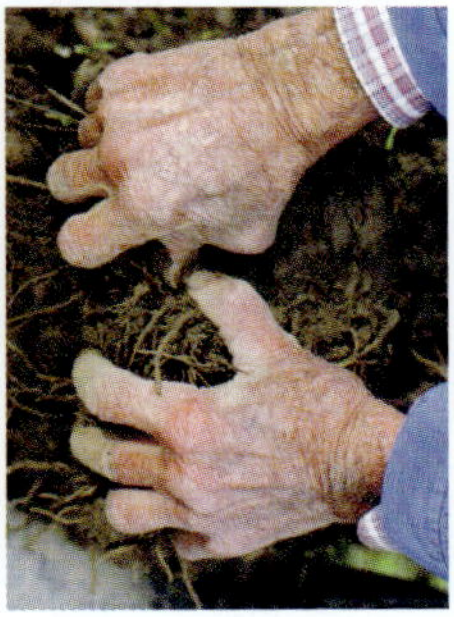

Landwirtschaft: Sie sollte doch in humushaftem Boden wurzeln (rechts), dafür wurzelt jedoch heute manches in raffiniert getränkten Substraten – wie die Tomate (links)

Landwirt schafft: Je größer die bestellten Flächen, desto größer der Eingriff in Umwelt und Natur mit so fatal überdimensionierten Mitteln

Landwirtschaft: Biobetriebe sind arbeitsintensiver, weil händisches Schuften Chemie ersetzt und die Fruchtwechsel Methode haben

Realität. Ein Wettlauf nur weniger Konzerne ist im Gange, um mit ▶Patenten auf Neuentwicklungen scheinbar **legale Monopole** zu etablieren (▶Monsantosierung). Selbst natürliche Nahrungsmittel werden spürbar standardisiert; in der Masse sind sie längst optimierte ▶Hybriden. Doch Proteste mehrten sich: Längst wurde neben dem Wut- der sog. **Food-Bürger** laut, der sich mit Demo-Slogans wie „Wir haben es satt" für eine „ökologische, bäuerliche Landwirtschaft" einsetzt. Deren Anhänger machten online mit bei „Meine Landwirtschaft", einer Aktion, bei der sie ihre EU-Subventionen virtuell neu verteilten, sie beteiligten sich an Petitionen für den ▶Tierschutz oder wollten „Vielfalt erleben" beim ▶Bio-Supermarkt „Alnatura" (▶Ethik). Das Idealbild von Landwirtschaft wird so neu definiert (▶Greening), **die Ethiker** machen da Landgewinne. Und das ist gut so, denn die Polemik sei erlaubt: Fortschrittskollege Land- könnte ja zum **Laborwirt** werden. Und Fortschrittsverlierer Kleinbauer zum Auslaufmodell.

Languste: Scherenlos, aber muskelstark und derart begehrt, dass längst auch ihre Überfischung begonnen hat

Langusten

Als Krebstiere sind sie Delikatessen und fast so begehrt wie die verwandten ▶Hummer. Rezepte für *lobster* warm oder kalt, im Salat etc. gelten auch für Langusten, deren weißes edles Fleisch als gradweise trockener als des Hummers gilt. Nur haben Langusten mit ihrer Zehnfüßigkeit keine Fleisch liefernden Scheren – dafür aber und fürs Gourmet-Metier insbesondere die so kräftigen „Abdominalmuskeln" in ihren so auffällig gekrümmten Hinterleibern. Ihretwegen werden sie in fast allen Weltmeeren vom felsigen Grund geholt (daher der *rock lobster*, deutsch auch irreführend „Felsenhummer"), noch auf See abgekocht und gekürzt als **„Langustenschwänze"** tiefgefroren. Meist jedoch werden Langusten im heruntergekühlten Zustand lebend „gelagert" und später exportiert. So müssen die Tiere oft monatelang vor sich hin vegetieren, ehe sie getötet werden. Im heimischen Topf mit kochendem Wasser geschieht das dann ebenso wenig schonend, wie es in aller Regel bei Händlern üblich ist. Der Schweizer Verein *fair-fish* rät deshalb, nur Langusten mit ▶MSC-Label zu kaufen, denn laut Auflagen werden diese Tiere immerhin direkt nach dem Fangen getötet.

Im Ratgeber des ▶WWF gelten nur Langusten aus vom ▶MSC zertifizierten Fang als „gute Wahl", da hier eine ▶**Überfischung** dank effektivem Management weniger drohe. Pazifische Fänge aus Mexiko und den USA waren 2013 „Zweite Wahl". Dort wird öfter per Hand gesammelt oder mit

Fallen und Speeren gefischt, sodass der ▸Beifang minimiert ist. Ein „Lieber nicht" galt für die sonst übliche Stellnetz- wie auch Grundschleppnetz-Fischerei, etwa in Südostasien. Offiziell zertifizierte **Bio-Langusten** aus ▸ökologischer Aquakultur sind vorerst kaum zu bekommen, denn es gibt weltweit erst sehr wenige spezialisierte Biobetriebe. Bisher gelang die Vermehrung aus den Tausenden von Eiern eher schlecht, wohl aber die Aufzucht von aus Meeresplankton gefilterten Mini-Larven in riesigen Käfigen. Da die Wildbestände weiter zurückgehen und Langusten damit immer teurer werden, wird deren ▸Aquakultur wohl schon in absehbarer Zeit umso lohnender.

Lauch

Bildlich der nur äußerlich grüne Breitlauch *Allium porrum*, populär der Porree mit dem langen, blässlichen Innenschaft. Die weißlichere Unterlänge wird durch angehäufelte Erde erreicht, nur Winterporree ist dunkelgrün. Das so populäre **Zwiebelgewächs** macht sich mit den schwefelhaltigen ätherischen Ölen unverwechselbar. Deshalb ist Lauch auch durchschmeckbarer Teil vom Suppengrün, kräftigt als Würzgemüse Eintöpfe und wird als sahniges Gemüse à part zu vielerlei Fleisch und Fisch serviert.

Problematisch ist das ganzjährige Angebot, wenn es aus beheizten ▸Gewächshäusern stammt. Dann fallen fast 29-mal mehr CO_2-Äquivalente an als im ▸Freilandanbau! Die Anbauart aber ist leider noch nicht kennzeichnungspflichtig und macht ein Nachfragen nötig.
Hinzu kommt inzwischen die starke Überdüngung, was neben pflanzlicher Größe (Stangen von 30 cm und mehr) auch das menschliche Blähpotenzial befördert. Kunstdüngerfreier Bio-Lauch ist daher bekömmlicher und gilt ganz generell als inhaltsstoffreicher.
Einkaufstipp: Lauch nur mit frischer Färbung und stramm aufragenden Blättern kaufen. Je kleiner die Stangen, desto zarter sind sie. Der Zwiebelboden sollte, um Bakterien das Eindringen zu erschweren, nie abgeschnitten sein.

Lauch: Ihre Klimabilanz sieht man der immer dicker wachsenden Stange gar nicht erst an

Lauchzwiebeln

Sie schmecken zwar milde zwiebelig, sind aber keine klassischen ▸Zwiebeln, weil sie sich zu ihnen gar nicht erst auswachsen. Das, was unten so aussieht, sind verdickte Wurzeln, aus denen die grünen Hohlblätter sprießen.
Lauchzwiebeln sind also unausgewachsene Gewürzzwiebeln, generell zarter und daher viel milder ab Frühjahr, kraftvoller im Laufe des Jahres bis zum Herbst (Haupterntezeit Mai bis Oktober). Die späteren Sorten sind die heimischen und schon eher mal ökologisch erzeugt, die frühen „Frühlingszwiebeln" im Jahr kommen meist aus Südeuropa. Für Franzosen ist *Allium fistulosum* nur *ciboule*, Briten nennen es *Welsh* bzw.

Lauchzwiebel: Zur pikanten Schärfe kommt die natürliche, die antibiotische Wirksamkeit

spring onion oder *scallion*. Längst gibt es die würzigen Bündel das ganze Jahr über für die Delikatisierung von Quark, Salat, Suppe, Sauce oder Wokgerichten, wobei die Grünblätter bei viel Hitze unknackig matschen.

Nota bene: Lauchzwiebeln haben viele ätherische Öle, und ihre schwefelhaltigen Substanzen wirken wie ein Natur-Antibiotikum, was ihnen den Ruf eines Immunsystemstärkers einbrachte; 100 g liefern immerhin 26 mg Vitamin C.

Lebensmittel

Nicht etwa alles Ess- und Schluckbare, sondern rechtlich (laut EG-Verordnung Nr. 178/2002) alle „Stoffe oder Erzeugnisse", die roh, teil- oder vollverarbeitet von uns „aufgenommen werden". **Keine Lebensmittel** sind laut dieser EU-Norm u. a. ▸Futtermittel, psychotrophe Stoffe, Kontaminanten und ▸Rückstände. Auch ▸Zusatzstoffe und ▸Nahrungsergänzungsmittel gelten in Deutschland als Lebensmittel, nicht so aber in ▸Österreich und der ▸Schweiz.

Der Wandel zum modernen ▸Food-Processing hat in vielen Köpfen noch nicht stattgefunden. Für Prof. Ulrich Nöhle von der TU in Braunschweig müssten Konsumenten lernen, dass Lebensmittel **Hightech-Produkte** sind, die nicht mehr „von Omas Bauernhof" kämen, aber hochwertig, sicher und überall verfügbar seien, zu günstigen ▸Preisen. Längst geben Durchschnittsdeutsche nämlich statt 25 % (wie 1975 noch) lediglich 11,7 % des Einkommens für Lebensmittel aus (2012). Und längst ist bekannt, dass viel zu viel nach der Ernte, bei Transport, Lagerung und im Haushalt verdirbt und diese ▸**Verschwendung** laut FAO zu geschätzten Verlusten von einem Drittel der globalen Nahrungsmittelproduktion führt. 2011 startete das BMELV *(Bundesministerium für Ernährung, Landwirtschaft und Verbraucherschutz)* denn auch eine Kampagne für neue Wertschätzung von Lebensmitteln: „Jedes Mahl wertvoll". Seit ▸Bio-Siegel und die Logos von ▸Anbauverbänden ▸Biolebensmittel klar identifizierbar machen, liegt es immerhin in der Hand der Konsumenten, dem ökologischen Leitbild von nachhaltiger Entwicklung und naturnäheren, gesunden, unbelasteten Lebensmitteln näher zu kommen (▸bio = besser?). Denn der Anstoß zum Ausstieg aus der billigen Massenproduktion mit allen Auswirkungen auf Mensch, Tier und Umwelt muss wohl über die Nachfrage und einen maßvollen Umgang mit Lebensmitteln erfolgen.

Lebensmittel: All unser Essbares nannte man einst schlichtweg nur Viktualien – heute fällt die Definition da um einiges komplizierter aus

Nota bene: Laut *aid infodienst* essen wir im Durchschnitt 500 kg Lebensmittel jährlich und produzieren dabei etwa 2 t CO_2. Dieser ▸Carbon Footprint lässt sich durch weniger Fleisch, mehr Biolebensmittel und den Verzicht aufs Einkaufen mit dem Auto schon beachtlich reduzieren.

Lebensmittelsicherheit

Es ist das Zauberwort für unser täglich Brot samt Butter und Belag, für Speis und Trank jeglicher käuflichen Art. Für Optimisten ist da alles in Butter, von Brüssel herab bis hinab zum Hof oder Verarbeiter: alles hygienisch, ungefährlich und überhaupt. Für Pessimisten ist zu viel im Eimer, und der sei randvoll mit Fragwürdigem und schwappe bald über.

Die Opti- wie die Pessimisten haben Recht, denn ▸Kontrolle ist nie umfassend, und auf dem globalen Lebensmittelmarkt werden auch solche Geschäfte gemacht, bei denen zahlreiche Tricks optimieren helfen – bis ▸Skandale sie auffliegen lassen. Alle Experten betonen, dass es eine hundertprozentige Lebensmittelsicherheit nie geben werde.

Ein **Lichtblick**: Biobauern und Hersteller von ▸Biolebensmitteln werden um des ▸Bio-Siegels willen viel häufiger kontrolliert als konventionelle Betriebe, haben strengere Dokumentationspflichten und wissen um den Ruf, den die ▸Biobranche zu verlieren hätte, wenn das ▸Vertrauen unter groben Verstößen litte. Diese Kontrollbesuche, Berichte und Probenanalysen von Rohstoffen sind teuer und machen einen guten Teil der höheren ▸Preise aus. Und doch stellt der Kontrollaufwand nach der ▸EG-Öko-Verordnung und für die strengeren ▸Anbauverbände hohe Anforderungen sicher. Die offiziellen ▸Öko-Kontrollstellen testen einmal im Jahr und bei Ungereimtheiten oder bei Verdacht unangemeldet öfter. Sie können mit dem Entzug des ▸Bio-Siegels oder gar behördlichem Vermarktungsverbot drohen.

Die Erfolge sind zählbar. Seit 2002 nehmen die CVUA *(Chemischen und Veterinäruntersuchungsämter)* in Baden-Württemberg Bio- und konventionelle Vergleichsproben und veröffentlichen das jährliche Ökomonitoring. Ergebnis 2012: Bei zwei Dritteln waren keinerlei Rückstände nachweisbar.

efsa
European Food Safety Authority

Und auch von den 2000 Bioprodukten, die ▸ÖKO-TEST 2010 beprobte, waren 84,4 % pestizidfrei. Beim jährlichen Pflanzenschutzmittel-Test des BVL *(Bundesamt für Verbraucherschutz und Lebensmittelsicherheit)* enthielten zuletzt (2011) 82,2 % der Bio-Proben keine Rückstände; bei konventionellen Nahrungsmitteln war die Quote nicht mal halb so „sauber" (39,8 %). Ein Erfolg für die **Biokontrolle**, umso mehr, als dank der Nachfrage auch nach günstigeren Biolebensmitteln zunehmend ▸Importware in den Einzelhandel kommt. Denn zertifizierte Öko-Kontrollstellen gibt es eben im Ausland, wenngleich der Datenaustausch für die ▸Rückverfolgbarkeit schwerer ist. Gewissenhafte Händler

Lebensmittelsicherheit: Die amtlichen Kontrollen sind regional routiniert, föderal kompliziert, doch bundesweit unpraktiziert und dazu überbaulich EU-harmonisiert – Skandale machen da nur Stolperbeine

Lebensmittelsicherheit: Erzeuger und Verarbeiter feilschen mit den Behörden um Grenzwerte und neigen zum Verharmlosen

kennen aber ihre Pappenheimer, die gewissenloseren sollten den Kontrollbehörden ins Netz gehen.

Außerhalb der Biokontrolle wacht die EFSA als *European Food Safety Authority* auf europäischer Ebene über Zulässigkeiten, Höchstwerte, Gefahrstoffe und andere Sünden wider die gesunde Verbrauchererwartung. In Deutschland ist da das BfR *(Bundesinstitut für Risikobewertung)* verantwortlich und gibt den regional aktiven, aber notorisch zu wenigen Lebensmittelkontrolleuren, Veterinären und Laboren genaue Maßstäbe an die Hand. Betriebe werden je nach **Risikokategorie** regel- oder schwerpunktmäßig bzw. bei Auffälligkeit spontan besucht, auch die Eigenkontrollen werden kontrolliert. Jeder zweite Betrieb bekommt so alljährlich Besuch, und immerhin bei einem Viertel davon kommt es auch zu Verstößen im Sinne der Hygiene – und zu entsprechenden Gegenmaßnahmen.

Seit sich die Bundesländer mit dem BVL auf „Allgemeine Verwaltungsvorschriften" einigten, sind endlich die Überwachungsprogramme erfolgreicher. Alle Trickser haben es zunehmend schwerer, werden aber entsprechend erfinderischer. Mehrfachrückstände, also diverse Schadstoffe unterhalb der Höchstgrenzen, häufen sich – und sind in summa eben auch zu viel. Und dass es zu wenig Kontrolleure gibt, ist längst Konsens. Letztlich hat auch Sicherheit mit angemessenen Preisen zu tun, denn **Kontrolle ist teuer**. Immerhin: Laut Emnid sorgte sich 2011 gut die Hälfte der Deutschen um die Sicherheit ihrer Lebensmittel. Und jeder Fünfte würde seine Essgewohnheiten bei Bedenken gar ändern …

Lebensreform: Protestbewegung für den einst so weiten Weg in eine endlich mal gesunde, grünere Zukunft – und sei es mit Reform-Grahammehl …

Lebensreform

Kampagne wie Parole seit der Mitte des 19. Jahrhunderts gegen zunehmende Verstädterung, die Industrialisierung von ▸Landwirtschaft und Nahrungsmitteln, gegen Verfälschungen, Denaturierung und alles Ungesunde. Damit einher ging die starke Sehnsucht **zurück zur Natur** und zum wandervogelfröhlichen Leben außerhalb städtischer Massenunkultur, woraus um 1900 die „Jugendbewegung" und ein umfassendes sozialkritisches Programm wurde: für ganz neue Siedlungsformen, alternativen Landbau, gesündere Ernährung, legerere Kleidung, für Naturismus und Freiluft-Turnen.

Schon 1893 gründeten Fortschrittliche Gärten für ökologische Erzeugung, Aussteiger, eher sektierische Kommunen oder ideologisch Verstiegene ihre Reservate wie den populären „Monte Verità" in Ascona.

Ganz pragmatisch eröffnete 1901 **das erste ▸Reformhaus** in Wuppertal. „Lebensreformer" propagierten Naturheilverfahren, wandten sie in speziellen Sanatorien und Luft-Bädern an, sie entdeckten die Heil-, Gesund-, Natur-, Rohkost oder den ▸Vollwert, entwickelten diese ständig weiter – bis hin zur Quelle, der biolo-

gischen Landwirtschaft, wofür Rudolf Steiner 1924 dann seine „geisteswissenschaftlichen Grundlagen“ formulierte (▶biodynamisch).
Mit der Vereinigung von Philosophie und Pragmatismus wollten lebensreformerische Zivilisations-Kritiker zu echten **Gesellschaftsreformern** werden und wurden so als Dekadenz-Trotzer zu den echten Pionieren der Reformhaus- wie der späteren Biobewegung und des Ökobewusstseins.

Legehennen

Hühnern wir nicht lange drumherum: Sämtliche Spezialhennen sollen ausschließlich kalkverpackte Inhalte liefern und nur womöglich noch kurzlebensendlich und ausgemergelt billiges Menschen- oder Tierfutter werden.
Jedes Jahr liefern etwa 6 Mrd. Legehennen weltweit wahre Unmengen ▶Eier ab für mehr als 7 Mrd. Menschen – im Akkord ausgestoßene, universale Küchen- und massenhafte Lebensmittelprodukte. Und die allermeisten Legesklavinnen produzieren in industrialisierter ▶Massentierhaltung. Deren Bedingungen und Folgen werden, trotz einiger gesetzlicher Verbesserungen, von ▶Tierschutz- und Umweltverbänden heftig kritisiert. Die Viecherei ist nahe am perfiden Ideal der optimierten „Wollmilchsau“ und **ein ethischer Grenzfall**. Das mit DNA-Analysen als Ur-Huhn identifizierte burmesische Bankiva-Huhn schafft im Jahr etwa 20 Eier, 250–300 meistern heutige Hennen. Die stammen aus speziellen Lege-Zuchtlinien und sind meist ▶Hybriden – auch (noch) bei Bio.
Da ▶Hühner als gewinnbringende Nutztiere streng in fleischansetzende ▶Masthühner und eierstarke Legehennen unterteilt werden, haben Hühnerhalter ein ethisches Dilemma: Männliche Nachkommen von Legelinien lohnen das Großwerden nicht – jährlich werden deshalb allein in der EU etwa 320 Mio. dieser **„Eintagsküken“** getötet. Ihr Fleisch wäre deutlich geringwertiger, die Aufzucht also zu teuer. Und auch Hochleistungs-Legehennen können nur etwa 1,5 Jahre „eingesetzt“ werden. Dann lässt nicht nur ihre Legeleistung nach, auch die Eier wären zu groß für Verbraucherwünsche und Handelsnormen. Die oft ausgemergelten Hennen können meist nicht mal mehr als Suppenhuhn vermark-

Legehennen: Fast jeden Tag ein Ei inmitten bloß aggressiver, futterneidischer Nachbarinnen, weshalb allen ganz früh und oft unbetäubt der Hack- und Pickschnabel einfach gekürzt wird

Bio-Legehennen: Das vermutlich viel glücklichere Hühnervölkchen frönt hier dem artgerechteren Herdentrieb, nutzt den Auslauf wie den Wintergarten und fühlt sich bedacht sicherer

Legegemeinschaft® DIE BIOHENNEN MIT ACHTUNG VOR DEM TIER

tet werden – sie werden „entsorgt". Erst sehr langsam kommt die kostenintensive Züchtung von „öko-kompatiblen" nicht-hybriden Freiland-Legehennen oder sogar von ethisch vertretbaren sog. Zweinutzungshühnern (ein wenig eierschwächer, dennoch fleischtauglich) in Gang.

Die **Haltung von Legehennen** ist klar differenziert: In Deutschland lebten Ende 2012 nach dem Verbot der klassischen ▸Käfighaltung rund 64 % der 36,6 Mio. Legehennen von Großbetrieben in ▸Bodenhaltung, 13,4 % in sog. ausgestalteten Käfigen bzw. käfignaher ▸Kleingruppenhaltung, knapp 15 % in ▸Freilandhaltung und nur rund 8 % unter Biobedingungen. Die Zukunft der Kleingruppenhaltung ist unklar, seit das Bundesverfassungsgericht 2011 die „beratungsoffene" Anhörung der Tierschutzkommission dazu vermisst hatte und den **Tierschutz-Artikel 20a** des Grundgesetzes verletzt sah. Hühner als Individualisten mit ausgeprägtem Sozialverhalten sind in beengten Ställen ohne Auslauf eben nicht ▸artgerecht zu halten. In Massentierhaltung kommt es immer wieder zu sozialen Konflikten um die Hack-, also Rangordnung, v. a. wenn mehr als 50 Tiere zu einer Gruppe gehören; diese Anzahl gilt als überschaubar für Hühner. Die auffälligste Stressfolge ist das „**Federpicken**" als gegenseitiges brutales Rupfen, die extremste Kannibalismus. Dagegen wissen sich konventionelle Tierhalter oft nur mit dem rein vorbeugenden Stutzen der Schnäbel zu helfen. Solch systematisches Kürzen ist in der ökologischen Legehennenhaltung verboten.

Aber nicht nur das Federpicken ist ein **Problem**, v. a. in der Bodenhaltung. Die Exkremente der Hennen und deren Ausdünstungen belasten die unmittelbare Umwelt. Durch sie können auch Reste von (oft stark eingesetzten) ▸Tierarzneimitteln oder dem ▸Futtermittel beigemischten Pharmaka auf den Boden gelangen, die wiederum aufgepickt werden.

Die größere Hygiene ist für Lobbyisten denn auch der größte Vorteil der **Kleingruppenhaltung**, da die Tiere in ihren Käfigen nicht mit Kot in Kontakt kommen. Diese Käfige sind mind. 2,5 m² groß und 50 cm hoch; jedes Huhn hat mind. 800 cm² zur

Legehennen im Glücksfall: Die Eintagsküken werden nach dem Geschlecht sortiert, weibliche werden demnächst legen, männliche sofort geschreddert …

Verfügung – das sind aber gerade mal 1,5 Din-A4-Blätter. Werden Legehennen in EU-Richtlinien-konformen **„ausgestalteten Käfigen"** gehalten, sind es sogar nur 750 cm² und damit gerade mal 200 cm² mehr als in den gerade erst verbotenen Legebatterien.

Bei der **Bodenhaltung** teilen sich offiziell immerhin je 9 Legehennen eine „nutzbare Fläche" von mind. 1 m². In der Unterform „Volierenhaltung", auf mehreren Ebenen nämlich, darf die Dichte sogar auf bis zu 18 Tiere pro m² anwachsen. Auslauf ist nicht vorgeschrieben …

Die **konventionelle Freilandhaltung** hat dieselben Stall-Bedingungen, den vögeln, zu viel Sonne u. Ä. müssen Bäume, Sträucher oder eigens aufgestellte Unterstände zur Verfügung stehen – damit wird auch eine punktuelle Überbelastung der Fläche am Stall selbst vermieden. Zudem sind Käfige absolut verboten, pro m² dürfen auch lediglich 6 Hühner gehalten werden (bei ▸Demeter sind es sogar max. 4,5), deren Zahl pro Stall 3 000 nicht überschreiten darf. Die Produktionskosten sind hier noch einmal höher, da das Futter aus ökologischem Anbau kommen muss, der Einsatz von Tierarzneimitteln stark limitiert ist und daher der Aufwand für Versorgung, Hygiene u. a. insgesamt viel größer wird.

Legehennen: Als Biohühner haben sie das Recht auf individuelle Nistkästen, in „ausgestalteten Käfigen" rollt ihr Tagespensum ganz automatisch vom schrägen Drahtboden ab

Legehennen muss tagsüber jedoch eine Auslauffläche zur Verfügung stehen; pro Huhn sind das mind. 4 m². Der Auslauf ermöglicht den Hühnern, durch größeren Abstand soziale Konflikte zu vermeiden.

Allerdings ist kein Bewuchs, das Aufstellen von Schutzhütten o. Ä. vorgeschrieben, sodass im schlechtesten Fall nur die Fläche direkt neben dem Sicherheit gebenden Stall vom Großteil der Hühner genutzt wird, was wieder zu große Nähe und eine womöglich übermäßige Bodenbelastung zur Folge hat.

Bei der **ökologischen Legehennenhaltung** sind es auch mind. 4 m² Auslauffläche pro Tier, es gelten jedoch u. a. höhere Anforderungen an die Bepflanzung. Zum Schutz vor Greif- Doch Federpicken und epidemische Krankheiten sind auch für Biohalter ein Problem. Etliche von ihnen unterhalten zudem richtlinienkonforme Parallel-Ställe mit 20 000 und mehr Tieren. Deshalb gilt hier: In kleineren Betrieben ist das **Stresspotenzial** schon mal geringer. In der Regel aber sind Bio-Legehennenbetriebe deutlich kleiner als konventionelle.

Wichtiger für Tierschutzinteressierte wäre, auf Bio-Eier von ▸Anbauverbänden zu achten, weil bei denen artgerecht überdachte Scharr-Räume, Sitzstangen und Einstreu in den Nestern Vorschrift sind. Solche **„Verbands-Eier"** haben dann aber auch ihren ▸Preis, denn sie sind schon in der Erzeugung 1,9–3,6 Cent teurer. Etliche Rechnungen zu den Zweinutzungshuhn-Eiern gehen von einem Preis-Plus von 2,5–10 Cent aus. Pro Stück – und Tiergerechtigkeit … **Nota bene:** Nach Fällen von ▸Bio-Betrug einigten sich die ▸Öko-Kontrollstellen auf verstärkte Überwachung: Ab 10 000 Legehennen wird nun statt zwei- gleich viermal pro Jahr geprüft, davon immerhin dreimal ohne vorherige Anmeldung.

Lein

Leinsamen: Sie liefern die höchst wertvollen Omega-3-Fettsäuren mit ganz speziellem Eigengeschmack – aber ganz fischfrei

Ob Lein, Flachs oder Öllein – als *Linum usitatissimum* ist es allemal dasselbe und liefert von alters her sowohl Fasern (für die Stoff-/Papierproduktion)

als auch jene goldgelben bis bräunlichen Leinsamen und daraus das gehaltvolle **Leinöl**. Wäre Leinsamen nicht öfter mal Notnahrung gewesen, hätte er ein wesentlich besseres Image; immerhin schwärmten einst Frankreichs Köche und Gourmets vom *sesame d'Allemagne.*

Heute interessiert Lein den ▸Biobauern meist als gute Zwischenfrucht und sog. Unkrautunterdrücker. Die Samen des Leins werden dann nach der Ernte aussortiert, „Leinexpeller" sind gehaltvolle ▸Futtermittel. Und als nachwachsender Rohstoff ist der Lein(-samen) heute sogar als Öl-Additiv bei Kraftstoffen interessant.

Das vielseitige hellgrüne ▸Speiseöl wird von ▸Vegetariern und ▸Veganern geschätzt wegen seines hohen Gehalts an Fett und v. a. an den sonst nur zuverlässig von Fischen gelieferten ▸Omega-3-Fettsäuren. Der kann je nach Sorte bis zu 55 % betragen, liegt damit also deutlich höher als etwa das schon so gesunde Öl von Walnuss oder Raps!

Leinöl liefert zudem besonders viele ▸sekundäre Pflanzenstoffe, die pauschal antioxidativ, behaupteterweise gar krebsvorbeugend wirken; der winzige Glykosidanteil kann zwar Blausäure freisetzen, mit ihr aber nicht gegen unsere Magensäure bestehen. Im Labor ist es inzwischen gelungen, diese Inhaltsstoffe schonend zu fraktionieren und ohne störende Bitteraromen anschließend wieder zum wertvollen Proteinmix zusammenzusetzen. Dann fehlt sogar das so typische wie so leicht befremdliche Leinsamenaroma. Doch die Markteinführung für dieses leinigere Functional Food bleibt abzuwarten.

Ein Leinöl ist vorzugsweise ▸kaltgepresst (wie bei Bio ohnehin laut Vorschrift), dann jedoch leider so besonders oxidationsanfällig, es muss also lichtgeschützt lagern (braune Flaschen!) und in 3 Monaten verbraucht sein.

Der eigentliche **Leinsamen**, ob ganz, gebrochen oder geschrotet, wird als Brotgewürz verbacken und ist eine beliebte Müslizutat. Er enthält besonders viele stark quellfähige Schleim- und Ballaststoffe, was nur mit viel Flüssigkeit als mildes Abführmittel wirken kann. Für die Anhänger von ▸Vollwert sind

Leinprodukte wesentlich. Leinsaat gibt es lange schon aus ▸kontrolliert-biologischem Anbau, 2012 betrug der Bio-Anteil an deutschen Lein-Anbauflächen immerhin 9,8 %.
Allerdings sorgte ein in Kanada entwickelter gentechnisch veränderter, herbizidtoleranter, antibiotikaresistenter Lein mit dem Namen „Triffid“ 2009 für viel Aufruhr. Obwohl offiziell nie kommerziell angebaut und seit 2001 in Kanada verboten, fanden sich größere Mengen dieses gv-Leins in europäischem Müsli und Brot wieder – angeblich waren sie als versehentliche kanadische ▸Verunreinigungen von Futtermittelmischungen in „saubere“ Chargen geraten. In **Bioprodukten** jedoch wurde nichts gefunden, auch beim Ökomonitoring in den Jahren seither nicht.
Die sauberste Lösung wäre ohnehin der garantiert gv-freie Eigenanbau mit samenfestem ▸Saatgut. Die Initiative *Save our Seeds* bietet deshalb seit dem Kanada-Skandal die Sorte „Blaues Wunder“ an und wirbt dafür mit „No Triffid inside!“ …
Nota bene: Lein (-samen-) öl ist nicht (wenn auch leicht) zu verwechseln mit Öl vom sog. wilden oder kultivierten **Leindotter**, regional auch Dotterlein, bot. *Camelina sativa* resp. *alyssum*, einem Kreuzblütler. Er heißt so wegen seiner gelblichen Blüten sowie in Anlehnung an den echten Lein, den dieser Leindotter auf dem Acker gern so unkrautig durchwuchert, was beiden jedoch gut bekommt und so anderer Verunkrautung vorbeugt. Biobauern nutzen dies gern aus und säen den Leindotter als Zwischenfrucht.
Dessen gelbes **„Dotteröl“** (mit einer Ausbeute von 28 – 42 %) ist besonders reich an ungesättigten ▸Fettsäuren und hat dazu einen leichten Beigeschmack von Erbsen.

Bio-Lein: Ein Biobauer in der Schweiz prüft sein blühendes Leinfeld – hier gedeiht eine der ältesten Faser- und Ölpflanzen

Licht, Lichtgeschmack

Ganz augengefällig ist Licht der Strahlungsteil von elektromagnetischen Wellen zwischen 380 nm und 780 nm (Nanometer) Länge, den wir noch sehen können. Licht ist aber immer auch energiereich, und das bringt im Pflanzenreich die Photosynthese (wörtl. „Licht-Zusammensetzerei“) in Gang und lässt manche ▸sekundären Pflanzenstoffe entstehen. Sind dies unerwünschte Bitterstoffe,

Lichtgeschmack: Man sieht gern, was man essen will, aber was nicht oxidieren soll, bleibe als Vorrat besser im Dunklen

Lichtgeschmack: Durch Helligkeit kommt es zu oxidativen Fehlaromen, gegen die möglichst dunkle Flaschen schützen helfen

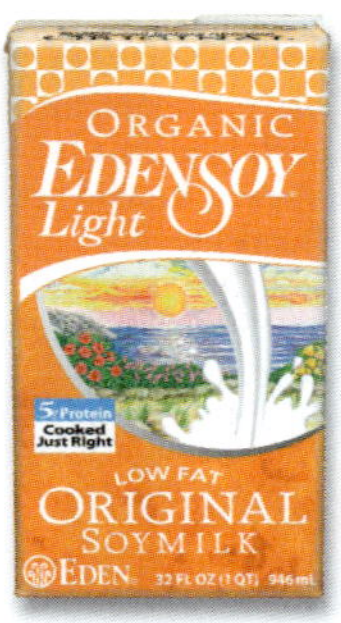

light: Meistens auffällig teuer, dabei nur fettverarmte oder mit Ersatzstoffen bloß simulierte Abnehm-Produkte

werden sie bei Anzucht unterdrückt, so etwa bei Endivie oder Bleichsellerie – durch Anbau in Dunkelheit, im Keller, unter Schwarzfolie o. Ä.

▸Sprossen wiederum brauchen das Licht, dem sie per Phototropismus (wörtl. „Licht-Wendung") zuwachsen. Mit extrem energiereichem Licht allein werden heute sogar in Millisekunden störende ▸Mikroorganismen auf ▸Verpackungen abgetötet. UV-Licht desinfiziert schon länger Wasser oder Luft bei Lebensmittelverarbeitern. Die Energie von **Tageslicht allein** genügt aber schon, um – auch im Zusammenspiel mit Sauerstoff – Lebensmittel per „Photooxidation" verderben zu lassen: Der Pflanzenfarbstoff Chlorophyll, auch Vitamin B 2 (Riboflavin) absorbieren als Katalysatoren begierig Licht und geben Energie an vorhandenen Sauerstoff ab. Auch ▸freie Radikale entstehen auf diese Weise.

So bekommt gehopftes ▸**Bier** in Flaschen (die also lieber dunkelfarbig sein sollten) durch zu viel Licht seinen berüchtigten leicht schwefligen Lichtgeschmack, welchen auch lichtexponierte ▸Weine oder Champagner bekommen können – sie „käseln" dann. **Milch** erhält ihren Lichtgeschmack durch eigenes Methionin Sie schmeckt erst metallisch, dann sogar nach altem Käse oder faulenden Kartoffeln. Steht Milch nur eine Stunde lang an der Sonne, baut sich das Milcheiweiß schon zu Methional ab, auch ihr typischer Kochgeschmack beruht auf ganz ähnlichen Umbau-Prozessen. Selbst „belichtetes" (oder erwärmtes) **Zitronenaroma** in ▸Limonaden in Klarglasflaschen zerfällt unangenehm. Solchem Abbau der Wertigkeit von Proteinen durch lichtbedingte Bildung aromaintensiver, unerwünschter Spaltprodukte zum gefürchteten Lichtgeschmack wird deshalb schon prophylaktisch durch einfachen Lichtabschluss, möglichst **dunkle Behältnisse**, farbige Flaschen sowie Umkartons entgegengewirkt.

Bekannt ist zudem, dass Gemüse unverpackt und sogar solches in transparenter Frischefolie im Supermarkt eine deutlich verkürzte „Frischedauer" haben. Inzwischen wird mit eingefärbten Verpackungen wie chlorophyllgefärbten Lichtabsorbierpackungen und einem nur kleinen Klarsichtfenster experimentiert, von skeptischen Kunden allerdings noch längst nicht gemocht. Diese wählen gezielt die scheinbar frischeste Ware, Gemüse bleibt durchschnittlich nur zwei Tage im Regal von Supermärkten; und daheim im Kühlschrank geht ja das Licht automatisch aus.

Dabei sind die Vitamine B oder auch K tatsächlich so licht- wie hitzeempfindlich und zudem leicht wasserlöslich. Entsprechend leidet von weither transportierte Ware. Auch als Regionalprodukt sollte Chlorophyll- und Vitaminhaltiges kühl sowie dunkel und nicht zu lange lagern.

Nota bene: Eine von etablierten Wissenschaftlern eher skeptisch beäugte Methode, die „Lichtspeicherleistung" von Lebensmitteln aller Art als eine objektiv

werden und wird als ▶Fettersatzstoff aus unverdaulichen sog. ▶Zuckeraustauschstoffen hergestellt, ein ▶Milchersatz entsteht aus Molkereirückständen mit schon unappetitlicheren Beimengungen und hat einen guten Geschmack – dennoch. So erklärt sich die große „Light"-Produktpalette auf vorgeblicher Milchbasis, von Kaffeeweißer bis kalorienreduziertem Joghurt.

Tipp: Bei allen „Light"-Produkten die Inhaltsangaben buchstäblich genau unter die Lupe nehmen und dann Bauch wie Vernunft über Kauf und Konsum mitentscheiden lassen.

darstellbare ultraschwache Lichtemission zu messen und daraus Qualitätsmerkmale abzuleiten, ist die sog. ▶Biophotonik, die von einer Standardisierung einstweilen noch Lichtjahre entfernt scheint …

light

Schwer missbrauchter und (außer für Milch und ihre Produkte) nicht definierter oder geschützter Begriff für verarbeitete Lebensmittel, die Varianten ihrer Grundbezeichnung sind. Light-Produkte sind „abgespeckt", ihre leicht sündigen Normalmengen von Fett, Zucker, Milcheiweiß, Koffein oder Nikotin wurden entweder reduziert oder „ersetzt", gern auch aus Geschmacksgründen. Ein Ersatz durch Luft oder Wasser wäre noch beinahe natürlich, eher aber kommen etliche ▶Zusatzstoffe wie ▶Emulgatoren, modifizierte ▶Stärke, ▶Aromen, auch ▶Konservierungsstoffe, ▶Geschmacksverstärker, ▶Stabilisatoren etc. hinein. Fett kann leicht mithilfe von Kohlenhydraten, Eiweißstoffen sowie Chemietricks imitiert

Limette

Nach alter Kolonialwarenart die traditionelle „Sauerzitrone" oder saure Limette im Unterschied zu der früheren „Süßzitrone". Die namentliche Verkleinerungsform zeigt, dass jene Limette die kleinere Schwester aller ▶Zitronen (engl. *lemon, limes*) ist, nur eben kernreich grün und dünnschalig. Vermutlich ist sie eine natürliche uralte orientalische **Kreuzung** aus der sog. Zitronatzitrone und der eigentlichen Ur-Limette. Der Trihybrid wurde 1913 im malaiischen Raum *Citrus aurantifolia* und dann im Handel als vermeintliche Winz-Zitrone endgültigst „Limette" getauft. Jene kam bald übers Mittelmeer in die Neue Welt und über die Südsee bis Australien. Oft werden zur Verwirrung die gelben, meist kernlosen und dickschaligen Limetten-Sorten noch „Limonen" genannt, dabei ist die Limone

Limette: Ein Zitrönchen mit hochsaurer Karriere und mit Bioschale bedenkenlos ein Cocktailteil

Limette: Köche sowie alle Barkeeper geben damit verlässlich Saures

ursprünglich ein reiner Marketing-Begriff von Coca-Cola für das Limettenaroma in „Fanta Lemon".
Es gibt die grünen oder gelblichen Limetten als kleinste ihrer nicht ganz so zitronensauren Art ganzjährig aus aller Welt vom immergrünen Strauch oder Baum. Je früher die fast kugeligen Sauerfrüchte geerntet werden, desto säuregehaltvoller sind Fruchtfleisch oder Saft. Der charakterisiert denn auch Mojitos und Caipirinhas, während die hocharomatische, leicht reißende ▸Schale eher durch die asiatische Küche duftet; bei Nachahmung ist auf Ungespritztheit zu achten. Wider Erwarten ist der Vitamin-C-Gehalt nicht gerade umwerfend und mit bis zu 44 mg/100 g den echten Zitronen mit ihren 51 mg/100 g gar unterlegen.
Da diese ▸Zitrusfrüchte in riesigen Monokulturen der Subtropen von Kenia bis Ägypten, Brasilien bis in die USA und massenhaft auch in Indien heranwachsen, sind **Bio-Limetten eher ein Nischenprodukt** und nicht gerade leicht zu bekommen. Dabei ist gerade bei dieser Frucht der Griff zur Bioware der sicherere: Zu gerne dringt der konventionell benutzte Chemie-Schimmelschutz in die Schale und wird vom Alkohol in den Limetten-Drinks regelrecht freigespült. Immer mal wieder wird bei ▸Monitorings das sog. Schalenbehandlungsmittel Imazalil, ein Fungizid, entdeckt – wenn auch eher unterhalb der Höchstmengen. Und immer wieder sind es bei den Tests Bio-Limetten, die besser abschneiden.

Limonade

Eigentlich ja ein Allerweltsgetränk und ursprünglich bloß gesäuertes und daher durstlöschendes, jedoch gleichzeitig gezuckertes – Wasser. Säuerliche Zitronen (die früheren Limonen eben) gaben den Namen, den sie als Softdrink beibehielt, auch als süßere Obstsäfte oder viel Fruchtmark hineinkamen. Heute haben Limos einen **Zuckeranteil** von 7 %, eine Obergrenze ist nicht definiert – von hohen Dosen an **▸Süßstoffen** in konventionellen Varianten ganz zu schweigen. Damit sind Limonaden höchst energiereich und sollten nur maßvoll geschluckt werden. Da ihre Süße aber Sättigung vortäuscht und uns mit Schüben von Glückshormonen überrascht, bleiben Limonaden wohl die verführerischen kleinen Alltagssuchtsünden.
Aus dem Dschungel der Limonaden-Marken führte v. a. die ▸Lohas der Trend zur ▸Bionade und konkurrierenden vergorenen Erfrischungsgetränken. Bei deren ▸Fermentation entsteht statt Alkohol entweder die Fruchtsäure Gluconsäure (bei Bionade), die den Zuckergeschmack intensiviert – oder aber Milchsäure (wie bei Bios oder diversen Lammsbräu-Limos). Die Erfolgsgeschichte führte 2011 dazu, dass bei Biogerste sogar einmal Knappheit herrschte.
Bio-Limonaden enthalten weder ▸Konservierungsstoffe noch künstliche ▸Aromen – aber „natürliche Aromastoffe" können trickreich (und preisgünstiger) „künstlich" hergestellt sein, etwa aus Mikroben oder ▸Enzymen. Nur wenn der Geschmack tatsäch-

lich aus der limonamensgebenden Frucht bzw. Pflanze stammt, darf das dann auch auf dem Etikett stehen, eben als: „natürliches XY-Aroma/ XY-Extrakt (aus kbA)“.

Dabei hatten schon Umfragen ergeben, dass ▶Biokonsumenten in der Regel weniger oft zu Limonade greifen als Konventionelltrinker – Bio-Limonade scheint im Alltag angekommen zu sein. Kein Wunder, dass Bionade 2010 bei der Radeberger-Gruppe unterkam …

Nota bene: Da Bio-Limonaden zum überwiegenden Teil aus (Mineral-)Wasser bestehen, das gar nicht erst bio-zertifizierbar ist, müssen die wenigen Restzutaten einen Bio-Anteil von mind. 95 % haben. Dass dabei viel Wasser mit wenig Bio herauskommt, ist zwar eine fast banale Erkenntnis, hat aber u. a. nach Alarm von ▶*Foodwatch* 2009 die angeprangerte Carlsberg-Bio-Limo Beo vom Markt vertrieben.

Linda als Protest: Die Bekenntniskartoffel schlechthin, die bewies, dass Patente und Marketingstrategen die Wünsche der Verbraucher zu gern verachten

Linda

Sie ist die gelbfleischige und festkochende Kultkartoffel – zur Überraschung der Saatgutfirma Europlant. Die wollte die Populärknolle nach 30 Jahren anno 2004 zugunsten „verbesserter“ Kartoffelsorten sang- und klanglos „aus dem Markt“ nehmen. Zwar verschwinden Jahr für Jahr in Deutschland 10 aller ungefähr 200 zugelassenen Kartoffelsorten, von denen etwa 150 Speisekartoffeln sind, doch nun plötzlich galt ausgerechnet Linda als vergleichsweise viel zu wenig „virusresitent“, was von fest- und v. a. kurzkochenden Nachfolgesorten nicht gesagt werden könne. Der **Patentschutz** war ausgelaufen, auch die Zulassung zum Saatguthandel sollte 2007 enden. Linda hatte zwar nur einen gesamtdeutschen Marktanteil von 2 %, war aber im ▶ökologischen Landbau besonders gut eingeführt und auch für den Norden wichtig. Das wurde zum Fanal.

Wäre Linda – die **„Kartoffel des Jahres 2007“** – in der Bundessortenliste weitergeführt worden, hätte jedermann sie vermehren und verkaufen können, doch Europlant zog seine Zulassung zurück, um neue, andere, eigene Kartoffelsorten anzubieten.

Damit begann ein v. a. norddeutscher **Kartoffelkleinkrieg**, angezettelt von Bioland-Bauer Karsten Ellenberg sowie seinem Freundeskreis „Rettet LINDA!“, den ▶Bioland, ▶*Slow Food* und Eurotoques unterstützten. Wohlwollend begleitet von der deutschen Presse ging es um Zulassungsverlängerung oder Neuzulassung, um Rechte-Inhabereien und Ausnahme-Regelungen. Linda mit dem klangschönen Namen und

Linda mit Erfolg: Die Rettungskampagne pro Linda beeindruckte sogar die EU – nunmehr ist der lizenzfreie Weiteranbau gesichert

dem beliebten würzigen Geschmack sollte von engagierten Bauern und Verbrauchern gerettet werden. Und die **Linda-Lover** hatten Erfolg.
2010 war der Kampf entschieden: Linda ist wieder beim Bundessortenamt gelistet und anbaubar – und das lizenzfrei! Seither werden pro Jahr wieder mehrere 1 000 t geerntet.
Sechs Jahre hatte der Rettungsverein alle Register gezogen und die Vermehrung von „Vorstufen-Saatgut“ in schottischem Boden nach einer für Großbritannien erwirkten Zulassung betrieben. Nun darf Linda in allen EU-Ländern wieder gezüchtet und verkauft werden – und schon bemühen sich auch Discounter bei Linda-„Papst“ Ellenberg um Belieferung.

linksdrehend

linksdrehend: Nur rechtsherum dreht Milchsäure körpergerecht, andersherum hat es unser Stoffwechsel etwas schwerer mit ihr

Beinahe magische, weil meist unverstandene Formel für die Milchsäure in ▸Joghurts mit dem angeblich besonderen Dreh. Milchsäure entsteht durch willkommene Bakterien und aus Gärung als $C_3H_6O_3$ und ist ein wichtiges Zwischenprodukt in unserem Stoffwechsel. Sie kommt in fast allen Körper-„Säften“ wie Schweiß, Blut, Galle oder Speichel vor, sie versorgt uns auch mit Calcium, stärkt das Immunsystem, hat sogar desinfizierende Wirkung.
Natürlicherweise entsteht in einem Gär- oder Joghurt-Gemisch die physikalisch spiegelsymmetrische Form (mal wird **polarisiertes Licht** nach links, mal nach rechts gedreht). Nur ▸rechtsdrehende L(+)-Milchsäure ist die im Körper durch ein vorhandenes Enzym besser abbaubare Milchsäure, die überhaupt auf Darmflora und Darmaktivitäten positiv wirkt; die linksdrehende D(-)-Milchsäure dagegen kann nicht direkt verstoffwechselt werden. Überdies schwächt Magensäure die rechts- wie linksdrehende Milchsäure ab, was zum Erfolg ▸probiotischer Joghurts beitrug, weil die der **Magensäure** ein Schnippchen schlagen und anschließend im Darm wirksam werden.
Nota bene: Säuglinge und Kleinkinder dürfen und können lediglich die rechtsdrehende Form schlucken, da ihnen noch das Enzym zur Bewältigung des Linksdrehs fehlt.

Linsen

Platterdings sind Linsen nach Soja die besten pflanzlichen Proteinlieferanten (bis zu 25 %). Als *Lens culinaris* haben sie einen würdigen Beinamen, doch als Arme-Leute-Essen wurden sie nach dem Zweiten Weltkrieg im Westen nicht mehr im großen Stil angebaut und avancierten erst spät zu Gourmet-Hülsenfrüchten.
In aller Welt allerdings sind Linsen Alltagsmahl mit einer Rezepte-Überfülle. Aus Ägypten, der Türkei, den USA, Kanada, Indien, Pakistan oder Chile kommen denn auch getrocknete Linsen aller Art nach Europa – meist aus konventionellem Anbau. Dann werden Linsenkäfer chemisch bekämpft, die Linsen später begast; längst wird auch mit gv-Saatgut experimentiert.
Heute gibt es neben importierten **Bio-Linsen** zunehmend solche von heimischen Biobauern, die Linsen ohnehin gern als Bodenverbesserer anbauen. Denn Linsen binden den ▸Stickstoff aus der Luft und sparen so Düngemittel.
Auf der Schwäbischen Alb kultiviert seit 1985 eine Öko-Erzeugergemeinschaft wie früher

ihre „Albleisa“ (also **Alblinse**) wieder an, die gar Passagier der ▸Arche des Geschmacks von ▸*Slow Food* wurde. Dabei handelt es sich bisher um eine kleine und grüne französische Sorte, weil die Ur-Formen „Späths Alblinse 1 und 2“ bis 2006 verschollen waren. Erst dann entdeckten Alb-Aktivisten in einer russischen Pflanzengenbank wenige hundert Linschen. Die werden seitdem vermehrt und wachsen vielversprechend im Freiland.

Grundsätzlich lohnt zu wissen, dass die Linse all ihre wertvollen Inhaltsstoffe und den Geschmack **in der festen Schale** hat, die 2–5 Samen enthält. Ungeschälte (ungespaltene) Linsen sind deshalb grundsätzlich geschmacksintensiver als geschälte (und kleine eher als große), die geschälten und gespaltenen (gelb, rot, rosa) wiederum sind schneller gekocht und leichter verbreibar. Gut zu wissen auch, dass Linsen bei längerem Lagern oder durch Kochen die Farbe verändern, was also kein Qualitätskriterium ist. **Einweichen** wie bei Trockenerbsen oder -bohnen ist unnötig; zum Kochen kein Salz oder Essig zugeben (Schalen verhärten!), allenfalls eine Prise Backpulver zum Erweichen des Kochwassers.

Linsen sind leichter verdaulich als andere ▸Hülsenfrüchte und enthalten neben viel Eiweiß v. a. Eisen, Phosphor und die Vitamine A, B 1 und B 2. Ihr Mineral-, Stärke- und Ballaststoffgehalt ist hoch. Und auch **Linsensprossen** sind so einfach zu erkeimen wie schmackhaft. Die klassische Scheibe Brot zum Linsengericht hat für Ökotrophologen einen tieferen Sinn: Die hochwertigen Proteine aus beidem ergänzen sich ernährungsphysiologisch perfekt …

Den Gourmets Europas schmecken v. a. Linsen mit engster regionaler Provenienz und einem kultigen Beigeschmack, sie zahlen dafür gerne drauf. Etwa für braune oder graue kraftwürzige umbrische „Berglinsen“ oder „Pantelleria“-Linsen aus Süditalien, für grünlich-schwarze „Puy“- oder rötlich-braune „Champagner“-Linsen aus Frankreich. Die kleinsten, rundlich-schwarzen bekamen ihren Kaviar-Ehrennamen „Beluga-Linsen“. Die sind ein beliebter optischer Gag und schmecken leicht nussig; es gibt sie auch als „Provençal“-Linsen.

Nota bene: Ausgerechnet Bio-Linsen sorgten 2011 für einen kleineren ▸Skandal um ▸Rückstände des Herbizids ▸Glyphosat. Bis die ▸Öko-Kontrollstellen in der Türkei ermittelten, dass ▸Verunreinigung mit belasteten konventionellen Linsen aus dem fernen Kanada schuld war. Seitdem darf der betroffene Bio-Großhändler nur noch reine Bio-Lager unterhalten.

Linsen: Je kleiner, desto intensiver im Geschmack, je neugieriger der Einkauf, desto riesiger auch die Auswahl

Listerien

Nach kürzerem Nachdenken und Nachlesen ein kleiner Schock für alle Freunde naturbelassener, roher Genüsse, bei denen ein Erd- oder Tierkontakt wahrscheinlich war: Diese Produkte sind womöglich, weil eher unvermeidlich, bakterienverseucht und können zur Gefahr werden.

Listerien, diese stäbchenförmigen Bakterien, kommen in natura im Boden, in Tieren sowie an und in allen Kontaktpersonen vor – *Listeria monocytogenes* ist also ein sog. ubiquitärer Erreger der verbreiteten und oft sogar epidemischen Infektionskrankheit **Listeriose**. Die kann für Schwangere, Kinder sowie Geschwächte tödlich enden. Listeriose-Ausbrüche nehmen leider zu und betreffen keineswegs nur rohe Ausgangsprodukte. Auch Pasteurisiertes kann mangels Hygiene nachträglich kontaminiert werden, wie schon bei Harzer Käse.

Listerien auf Radieschen: So schön wie gefährlich – und erst 1940 zu Ehren von Lord Lister getaufte, allüberall und ganz natürlich vorhandene, hochpathogene Schreckkeime

Je gesünder ein Listerien-Mitesser, desto harmloser bis unspürbar ist ein „normaler" Listeriose-Verlauf – aber wehe es erwischt ihn in einer Schwächephase! Anfangssymptome einer sog. **Septikämie** sind Magen-Darm-Probleme, Fieber, Abgeschlagenheit, Glieder- und Kopfschmerzen, Blutvergiftungs- oder Meningitis-Vorzeichen. Dann helfen nur Antibiotika.

Listerien wird es in der natürlichen Umwelt immer geben, heute haben jedoch in Industriestaaten nur noch 5 % aller Menschen Listerien in der Darmflora, meist ohne Symptome zu zeigen. Doch fast jeder Dritte, der Berufskontakt zu (Nutz-)Tieren hat, ist auch Listerien(-Über)-Träger – was **Hygiene** so wichtig macht. Die amtliche Lebensmittelüberwachung untersucht regelmäßig Stichproben besonders gefährdeter Lebensmittel und berät Betriebe.

Als listerienanfällig gelten alle Produkte aus Milch, v. a. aus ▶Rohmilch, etwa Weichkäserinden. Befallgefähr-

TIPPS: Weil nur Pasteurisieren oder Erhitzen bis mindestens 70 °C (Kerntemperatur!), also Durchgaren, Listerien abtötet, gilt bei radikaler Vorsicht als sichere Prophylaxe:

- rohe tierische Lebensmittel (Hack, Ei) meiden
- kein Gemüse von Gülle-Feldern, kein ungekochtes Fallobst
- kleingeschnittene Fertig-Blattsalate meiden
- rohen Fisch meiden, eher TK- als Kühl-Fisch kaufen
- Fleisch und Fisch stets vollständig durchgaren
- keine unerhitzte Rohmilch trinken
- als Schwangere keine Käserinde, keinen Rohmilchkäse
- Mindesthaltbarkeitsdaten unterschreiten
- Hygiene in der ganzen Küche, Küchenpapier statt Lappen

det sind roh Gepökeltes, Koch- oder Brühwurstware, auch vakuumverpackter Räucher- und Graved Lachs, Fleischerzeugnisse und Feinkostsalate. Naturgemäß sind **auch Bioprodukte** nicht listerienfrei und können während und nach der Verarbeitung kontaminiert werden.

Bei oberflächengereiften Käsen aus Groß- wie Kleinbetrieben kommt es leicht zu Kontaminations-Kreisläufen durch mangelnde Handhygiene, aber auch durch weiterverbreitende Bürsten- oder Sprühautomaten und die klassische Technik der Verwendung von sog. Kulturkäse, also durch das „Alt-Jung-Schmieren". An Schutzkulturen mit antibakteriellen Substanzen wird erst noch gearbeitet.

Historisch betrachtet haben Listerien in hygienespottenderen Zeiten sicherlich für manche Dezimierung unter Menschen gesorgt, erst 1926 gelang aber der Nachweis der Bakterien (zuerst in Kaninchen). Getauft wurden sie zu Ehren von Joseph Lister, der als sog. 1st Baron, echter Lord und „britischer Robert Koch" in Großbritannien erstmals aseptische OP-Räume durchsetzte.

Warnung: Wegen des Listerien-Daueralarms sind Lebensmittelverarbeiter und deren Überwacher gehalten, die allfällige Listeria-Belastung wenigstens im hinnehmbaren Rahmen von max. 100 Keimen pro Gramm zu halten. Denn Listerien sind Überlebenskünstler und vermehren sich von 0,4–45° C, also **auch im Kühlschrank**, sogar bei Luftmangel, weshalb auch Sous-Vide-Produkte gefährdet sind. Nur alles, was wenig Feuchtigkeit, dafür viel Salz oder ▸Konservierungsstoffe enthält, macht Listerien das Überleben schwer oder unmöglich.

Schlimm auch, dass Listerien selbst Tiefkühlkälte aushalten. Miteingefroren werden sie später schnell wieder mordsmunter, weshalb Experten die sofortige Erhitzung empfehlen und vor vermeintlich schonenderem Auftauen im Kühlschrank warnen.

Locavoren

Nur gut gemeintes, neumodisches Kunstwort für Nahbereichsgenießer nach klassischeren Wortvorbildern: Ein Alles(fr)esser ist, sobald Smalltalk gebildeter wird, *omnivor*, jeder Fleisch(fr)esser *carnivor* – und ein Fisch(fr)esser *piscivor*.

Weil unser täglich Nahrhaftes längst von überall herkommt, wären wir vergleichsweise und im allerweitesten Sinne *orbivor*, denn *orbi* (i. e. der Welt) verdanken wir ja, was *urbi* (in der Stadt) so konsumiert wird.

Wenn wir uns hingegen in bewusstestem Gegensatz dazu aus der engeren ▸Region, möglichst aus der nächsten Umgebung ernähren – sind wir vor-Ort-wörtlich nun mal *locavor* (von lat. *locus* für den Ort und *vorare* für das Verschlingen).

Locavoren: Ehrenname für bewusstere Konsumenten, die nur essen, was in allernächster Umgebung reif ward – wie diese Spreewald-Spezialitäten

Dieses Wort für **Nah-Produkte-Esser** verdanken wir ethisch motivierten US-Aktivisten. Denn je globalisierter der Lebensmittelmarkt, desto entschiedener regt sich auch deren ökologischer wie lokalpatriotischer Widerstand gegen die „ökonomischen Zwänge", deren kalte Logik die Import-Manie befördert habe.

Locavoren: Sie shoppen nur eng regional und setzen sich gerne mal an den Tisch mit Nahgenüssen im Namen ihres schicken Lateinfremdwortes

Zuerst war es in den USA und Europa nostalgische Lust auf regionale Genüsse, dann präzisierte ▸*Slow Food* den Genusswert im engeren und engsten Regionalsinne, bis gerade Biobauern nachhaltige Anschauung gaben, was alles an Traditionellem so verloren geht und Rettung oder eine **Wiederentdeckung** lohnt (▸alte Rassen, ▸alte Sorten).

Aus all dem erwuchs die Ablehnung, sich völlig unabhängig von der ▸Saison „global" zu ernähren. Schnell machte so in den USA der Inbegriff Karriere: „going locavor". So Gesinnte kaufen seitdem vorzugsweise nur saisonale Produkte aus eng begrenzter Region **(„local food only")**, betreiben *local food politics* und damit im weitesten Sinne *localism*. Abgesehen von allerlei Aktionen engagieren sich Locavores für ▸Community Supported Agriculture, also Finanzierungs- und Abnahmekooperationen mit umliegenden Höfen. Schon das Abo einer ▸Biokiste reiht regionale Abnehmer ansatzweise in die Locavoren-Riege ein – im konsequenten Fall siegt dann die „gastrosophische Ethik" über kaum hinterfragte und „entfremdete" industrialisierte Nahrung. Dazu nichts Sommerliches im Winter, keine eingeflogenen ▸Obstexoten, dafür eher das Heimatliche oder Eingemachtes.

Nota bene: Das Kunstwort *locavor* ist ein sehr unkorrektes Fremdwort im US-Englischen, nur weil *local* anklingen soll. Korrekter wäre ein *locovor* (von lat. *loco* „am rechten Ort"), dessen Aufnahme vom Oxford English Dictionary aber als *non word* abgelehnt wurde. Es fehle eben ein Fress-Objekt (wie bei omni-, carni-, piscivorous). Ein „Vor-Ort-Vore" oder gar „Ortsvore" wäre auch im Deutschen nix, aber seine Haltung schon!

LOHAS

Hochaktuelles Schlag- wie Trendwort für eine Geistes- und Konsumhaltung – für die ***Lifestyles of Health and Sustainbility*** („Lebensstile voller Gesundheit und Nachhaltigkeit"). Anno 2000 definierte der US-Soziologe und Anthropologe **Paul H. Ray** dieses neue und generationenübergreifende Lebensgefühl, nachdem er volle 13 Jahre lang das Konsumverhalten der Amerikaner erforscht hatte. Für Ray haben die so kaltherzig konsumierenden und nur imponiergierigen Yuppies (sprich *young urban professionals*) ihre Reputation verloren. Nicht wenige hätten sich durch mehr Nachdenklichkeit sogar gewandelt.

Mit LOHAS hat sich also ein **neues Lebensgefühl** („Karma-Kapitalismus") durchgesetzt, das ausdrücklich die Integration von Umwelt-

LOHAS: Eigentlich nur ein Akronym für Lifestyles of Health and Sustainability, „die Lohas" aber sind inzwischen alle, die ihr Leben zwar konsumfreudig führen, es aber genussvoll UND grün wollen

bewusstsein, Gesundheitsdenken und neuer ▸Nachhaltigkeit will und lebt. Ray-Konkurrenten nennen das auch den *Green Lifestyle.*

Obwohl LOHAS eine Lebensstil-Beschreibung ist, wird das Akronym, die Abkürzung selbst, inzwischen als Personenbeschreibung verstanden für „die Lohas". Und diese sind längst **selbstbewusstere Konsumenten**. Sie sind politisch zwar noch nirgendwo eingemeindet, handeln aber explizit ethisch, denken „grün", kaufen ökologisch korrekt im ▸Bioladen oder ▸Bio-Supermarkt, wollen ▸Fairtrade oder ▸fair+bio, achten auf Gesundheit und ihren ▸Carbon Footprint. Lohas sind also mündige wie kritische Verbraucher und wollen ihr ▸gutes Gewissen behalten. Sie sind **wohlinformiert**, gegenüber plumperem Marketing „verarschungsresistent" und allzeit bereit, per Netz und Mundpropaganda ihre eigene „Zielgruppe" vor bloßem ▸Greenwashing zu bewahren. Entsprechende Foren und Blogs reagieren schneller als jede PR- oder Marketing-Maschinerie, die sich inzwischen längst auf Lohas eingestellt hat. Denn diese sind Lebensfreudianer, wenn nicht Hedonisten, so finanzstark wie bio-bewusst konsumfreudig, zahlen als Lohas für ihre LOHAS gerne etwas mehr (sind im Marketingsprech also „preisbereit") und markieren damit die Zielgruppe für qualitätsvolles **Öko-Shopping** als ▸Premium-Bio: gesund wie verantwortungsvoll leben und den ▸Genusswert wollen. Tun sie das ausdrücklich „slow", dann als „Slohas".

LOHAS-Erfinder Ray schätzte 2000 die Zahl der „Kulturkreativen" in den USA auf 50 Mio. Eine Burda-Studie machte 2007 in Deutschland 4 Mio. Lohas aus, Trendforscher sehen inzwischen gar in jedem/jeder Dritten wen mit LOHAS-Konsumpotenzial.

Nota bene: Längst umschwirren andere Begriffe die Zielgruppe – mal sind LOHAS-Sympathisanten *Scuppies* (für *Socially Conscious Upwardly-mobile Persons*), mal zählen Lohas als „Neo-Ökos" zur ▸Biohème. Der strengere ▸Körnerfresser ist passé, es lebe die käufliche Nachhaltigkeit …

lose Ware

Unverpackte, also „lose Ware", die auf dem ▸Wochenmarkt, im ▸Supermarkt oder ▸Hofladen umgeschlagen wird, hat ihren optischen Kaufanreiz. Loses ist uns so vertraut, dass auch aus pragmatischen Gründen **keine komplizierteren Vorschriften** zur ▸Kennzeichnung gelten.

Der Gesetzgeber vertraut ausdrücklich auf informative Verkaufsgesprä-

che bei Interesse oder bei Skepsis. Die Verkehrsbezeichnung und bloß ein Grund- bzw. Endpreis sollen und können für sich genommen eben nie genügen. Darüber hinaus muss eine **Mindestinformation** so ausdrücklich wie augenfällig vorhanden sein. Dazu zählen etwa für Obst und Gemüse

lose Ware: Ob im Bio-Supermarkt oder am Bio-Stand auf dem Wochenmarkt – was da so daliegt, muss auch annähernd erklärt werden

Ursprungsland, ggf. Sorte und Güteklasse – für ▶Eier der gestempelte Erzeugercode, bei ▶Rindfleisch eine Referenznummer, Hinweis auf Geburts-, Mast-, Schlacht- und Zerlege-Ort und bei ▶Fisch die „Handelsbezeichnung" (bei Fantasienamen nachfragen), Produktionsmethode und ▶Herkunft.

lose Ware: Handelsklassen ade – jetzt sind Herkunft und besiegelte Gütezeichen wichtig und Vorschrift

Seit 2011 verpflichtet die EU-Lebensmittelkennzeichnungsverordnung Anbieter loser Ware zur Information über die 14 wesentlichen ▶Allergene, ab Ende 2014 müssen sie klar ausgezeichnet werden. Ausdrücklich gilt auch die ▶QUID-Regelung für alles Unverpackte nicht, zudem braucht keine Haltbarkeitsdauer angegeben zu sein, nur auf ▶Zusatzstoffe muss hingewiesen werden.

Wichtig ist, dass bei losen **Bioprodukten** einige Herstellungsverfahren zu kennzeichnen sind, auch die Codenummer sowie Anschrift der ▶Öko-Kontrollstelle sind anzugeben. Auf Märkten oder im ▶Bioladen findet sich oft Ware, die von ▶Anbauverbänden zertifiziert ist und dann sogar den einzelnen Bio-Hof nennt. Auf alle gentechnisch veränderte Lebensmittel (▶GVO) ist selbst bei unverpackter Auslage ausdrücklich hinzuweisen. Der Begriff „gentechnisch" muss dann eigens vorkommen („enthält gentechnisch veränderte XY", „aus gentechnisch verändertem XY hergestellt" o. Ä.). Auch ▶Bestrahlung ist kennzeichnungspflichtig, als „bestrahlt" oder „mit ionisierenden Strahlen behandelt" etwa.

Löwenzahn

Löwenzahn: Leicht bebitterter Wiesenwildling, der als Kultur-Pikantling seine Karriere machte, selbst zu ziehen ist und außerdem einen ziemlich gesunden Ruf hat

Zu kulinarischen Ehren gekommenes Wiesen-Aschenputtel, das uns als Wildgemüse ab März und bis zur Blüte im Mai bis August zartbittere Blätter für herbere Salate gönnt. Feinschmecker haben es inzwischen auch auf die geschlossenen pilzaromatischen Knospen (▶Kapern & Co.) abgesehen. Schon früher hat man die Butter-, Kuh-, Puste-, Mai- oder Hundeblume gern in abgedeckten Gräben angepflanzt, um zartere und hellere Blätter ernten zu können.

Heute wird der hellblättrige **Kultur-Löwenzahn** v. a. in Frankreich und dort unter Schwarzfolien „dunkel gezogen", weil er roh oder als Spinatersatz dann so nach ▶Endivie oder ▶Chicorée schmeckt; diese Sorte ist deutlich milder als die Urform. Auf dem Markt gibt es auch Roten Löwenzahn. Der schmeckt süßlicher als sein wilder Verwandter und wird v. a. in Bioqualität angebaut. Dagegen ist Löwenzahngenuss aus kontrolliert biologischer ▶**Wildsammlung** oder eigener Errupfung von unbelasteten Äckern, Wiesen, Weiden eine interessante, aber eher bitterliche Erfahrung, etwa als Pesto.

Dass der „Franzosensalat" *Taraxacum officinale* heißt, zeigt seine einstige volksmedizinische Bedeutung für die „Blutreinigung und Drüsenanregung", v. a. aber als harntreibendes Mittel – weshalb Löwenzahn für die Franzosen *pissenlit* bleibt, der „Pissinsbett" also, was immer noch mit maiblütigem Tee oder einem Presssaft erreicht werden kann. Inzwischen schätzen viele Kenner

eher seine antibiotischen Wirkstoffe sowie diverse Vitamine. Von September bis März schneiden sich Wild-Gourmets die ergrabenen Wurzeln zu einem Salat oder mögen sie als Gemüse; immerhin taugen sie geröstet sogar als ▶Kaffee-Ersatz. Die gelben **Blüten** sind nette Dekoration, Mitesser beschreiben sie als süßlich honighaft. Könner bereiten daraus Gelees oder aromatisieren Wein.

Löwenzahn macht Salate oder, mit Sahnemilderung, Saucen kräftiger, passt bestens zu kurzgebratenem Fleisch und behauptet sich würzig in geschmolzenem Gorgonzola.

Tipps: Nur frischesten Löwenzahn mit Milchsaftaustritt am Stängel kaufen oder ihn schon am Pflück- oder Folgetag verarbeiten. Blätter eher vor der Blüte genießen, danach enthalten sie zu viele Schutz- als Bitterstoffe, die erst Blanchieren oder Wässern deutlich mildert. Sogar des Löwenzahns Stängel sind, längs halbiert, gewässert und gesalzen, eine herbe Freude, die jedoch nichts für Kinder ist – die Stängel sind eben leicht giftig.

Luft

Sehr selbstverständliches und doch problematisches Lebens-Mittel. Tagtäglich atmet ein Mensch 15 kg, was beim leichtgewichtigen Gasgemisch an die 1 500 Liter Luft ausmacht.

Wir sind ihr ausgeliefert, egal wie sauber oder unsichtbar unsauber sie ist. Diese Exposition gilt auch für die meisten tierischen oder pflanzlichen Lebewesen und damit für die Landwirtschaft generell.

Belastete Luft in der Nähe von Straßen oder Industriestandorten trägt Blei, Schwefel, Fluorgase in einzelne Lungen und großflächig in fruchtbaren Boden, der wehrlos ▶Schwermetalle, Stickoxide oder Streusalzreste speichert. Stickstoffverbindungen aus der Luft bringen überdies die Nährstoffbilanz im Boden durcheinander, können ganze Ökosysteme schwächen und dünnen die ▶Biodiversität langfristig aus. Sichtbar wird dieser **Pflanzenstress** allein an Verfärbungen und am Absterben von Blättern durch bodennahes Ozon. Als Indikatoren für Luftschäden gelten Weinreben, Aprikosen und Walnüsse – aber auch Endivien, Rhabarber, Salat oder Spinat verfärben sich.

Die allgemeine Luftverschmutzung belastet „natürlich" auch ökologisch bewirtschaftete Flächen, die ansonsten vorbildlich belastungsfrei gehalten werden. Mit dieser potenziellen Grundbelastung durch sog. anthropogene, also menschgemachte Luftverschmutzung müssen wir leben. Gefährdet sind v. a. Kleinkinder, die im Verkehrsmilieu groß werden – ihr Risiko beträgt bis zu 30 % für HNO-Infektionen und Lebensmittelallergien. Inzwischen hat die EU **Luftqualitätsgrenzwerte** verbindlich gemacht und die Länder bis hinab zur einzelnen Kommune zu Luftreinhalte- und Aktionsplänen verpflichtet.

Luft:
Ist sie erst mal kontaminiert, dann schadet sie oft nachhaltig und direkt Umwelt, Natur, Landwirtschaft und auch jenen Menschen, die sie gerade nicht verpesten

Lupine

Dem lange übersehenen Schmetterlingsblütler scheint eine rasante Karriere zu blühen, denn seine „Wolfsbohnen“ haben allerhand Wertvolles in sich. Lupinen (botan. *Lupinus*) sind zwar eher als Wildblumen bekannt, bekamen inzwischen aber insbesondere im ▸ökologischen Landbau ihre **wirtschaftliche Bedeutung**. 2012 betrug der Öko-Anteil an der deutschen Anbaufläche fast 40 %.

Besonders die Blauen Süßlupinen werden als Alternative zu ▸Soja immer interessanter. Die einheimische Körnerleguminose könnte als „Soja

Lupine: Die Wolfsbohnen haben Potenzial für Milchersatz im Eis und sind Veggies Fleischloslust als „Soja des Nordens“

des Nordens“ importierte ▸Futtermittel ersetzen, taugt als geschmacksneutrales **Eiweißisolat** aber auch bestens für cholesterinfreien ▸Fleischersatz. Als ▸Milchersatz in damit lactosefreien Produkten wie veganem „Käse“ oder Speiseeis (Marke Lupinesse) ist Lupinenprotein ein Newcomer.

Dabei schätzten schon Ägypter und Griechen, aber auch die indigenen Anbauer Südamerikas die eiweißreichen Samen. Weil die alten Sorten durch ein Alkaloid aber zu bitter schmeckten, kam der Durchbruch als modernes Nahrungsmittel erst mithilfe von Neuzüchtungen. Zuvor war die Lupine eher als Biobauers „Zwischenfrucht“ interessant. Denn die bis zu 150 cm langen Pfahlwurzeln binden durch Knöllchenbakterien den ▸Stickstoff der Luft und lösen einen Teil des Phosphors im Boden. In der Biomast sind gentechnikfreie Bio-Lupinensamen zudem eine hochwillkommene und selbst zu erzeugende Alternative.

Die **Inhaltsstoffe der Süßlupine** sind es, die der Pflanze ihre Hochwertigkeit verleihen: Eiweiß 36–48 %, Fett 4–7 % (in Neuzüchtungen gar bis zu 25 %), Ballaststoffe 40 % und Mineralstoffe 10 %. Die Samen enthalten sehr viele ungesättigte ▸Fettsäuren, eine positive Wirkung auf den Cholesteringehalt ist nachgewiesen. An Vitaminen enthalten Lupinen für pflanzliche Erzeugnisse erstaunlich viel B 12, was besonders ▸Vegetarier und ▸Veganer freut.

Wie Soja können Lupinensamen zur Herstellung von tofu-ähnlichen Produkten („Lopino“) dienen. Das glutenfreie **Mehl** taucht in Backwaren für Zöliakie-Patienten auf und wird geröstet zu Snacks verarbeitet, wie sie im Mittelmeerraum beliebt sind.

Nota bene: Allerdings können Produkte aus Süßlupinen bei Empfindlicheren Allergien hervorrufen. Das BfR *(Bundesinstitut für Risikobewertung)* warnt daher nicht nur vor sog. Kreuzreaktionen mit Hülsenfrüchten oder Erdnüssen, sondern auch vor Allergien gegen das Lupineneiweiß selbst. Seit Ende 2008 gehört dieses Protein zu den „Allergenen Vierzehn“, also jenen 14 Hauptallergenen, die etwa 90 % der Allergien auslösen. Bei einer ▸Kennzeichnung dürfen diese niemals unterschlagen werden.

Luzerne, Alfalfa

Uralte und mit der ▸Hirse eine der ältesten Nutzpflanzen, die sich aus dem persischen Medien (deshalb der Name *Medicago sativa*) über die Welt verbreitete. Heute ist Luzerne die wichtigste Grün- und Trockenfutterpflanze überhaupt. Sie düngt aber auch Ackerboden und ist spezieller Genuss für Menschengaumen.

Die Luzerne, die in den USA eher **Alfalfa** genannt wird, bindet besonders viel ▸Stickstoff aus der Luft, in ökologisch bewirtschafteten Dattelhainen etwa liefert sie den Palmen den nötigen Grundstoff. Luzerne avancierte so zur bodenbessernden Zwischenfrucht als Gründüngung. Da sie in einem Jahr bis zu fünf Mal geschnitten werden kann, wurde sie „Ewiger Klee" getauft.

Eher in Notzeiten hat Luzerne auch menschlichen Darbern geschmeckt. Sie wurde zu Suppe gekocht, junge Blätter sind heute immerhin in China noch zartes Gemüse.

Bekannter und beliebt sind die länglich-braunen **Samen** als Rohkost. Sie dürfen auch zu den populären und so besonders zartstängeligen **Alfalfa-Keimlingen** für Salate und als Brotbelag austreiben. Die ▸Sprossen sind mit ihrer pikanten Erbsigkeit jedoch erst nach sieben Keimtagen genießbar – vorher enthalten sie neben Cumarin und Saponin noch die giftige Aminosäure Canavanin, jenen natürlichen Fraßschutz der Pflanze.

Luzerne: In der Not auch mal Gemüse, am besten aber als Viehfutter und Zwischenfrucht mit wahren Wucherwurzeln zum Binden von Stickstoff

Dafür enthält Alfalfa viel Vitamin C wie A, hat ▸Carotinoide und ▸sekundäre Pflanzenstoffe und damit allerhand anregende Stoffwechseleffekte.

Bio-Luzernen mit viel Eigenstickstoff werden in der Regel nicht gedüngt und eliminieren damit eine Quelle für Infektionen mit gefährlichen Keimen; gründlichstes Waschen bleibt aber wichtig! Ähnliches gilt für Biochampignons, die auf ökologischem Stroh-Luzerne-Substrat wachsen und nicht mehr auf verdächtigem Mistgemisch – wie oft in konventionellen Betrieben.

Nota bene: In den USA ist Luzerne immerhin die vierthäufigst angebaute Nutzpflanze. Umso alarmierter sind Anti-GVO-Aktivisten, seit dort 2011 die lange umstrittene und bereits mehrmals abgelehnte Zulassung von *Roundup-Ready-Alfalfa* des Saatgut-Multis Monsanto ohne jedwede Beschränkung erfolgte. Nach ▸Gen-Soja droht da ein neuer Konflikt mit der EU – und mit der weltweiten Biobewegung.

Luzerne alias Alfalfa: Aus den Samen sind leicht die Sprossen mit dem etwas erbsigen Aroma zu ziehen

M

Mais

Globalisierung ist das Schicksal von *Zea mays,* seit er mit Kolumbus von Mittelamerika in die Alte und seitdem in alle Welt kam. Mais mit den körnervollen Kolben ist ein enorm inhaltsreicher **Energiespeicher**, damit wurde er zur wichtigsten Nahrungspflanze aller nicht zu kühlen Orte. Schicksalhaft aber wurde für den Mais (im globalen Flächenertrag ▸Getreide Nr. 1 vor ▸Reis und ▸Weizen) die **enorme Nachfrage** als ▸Futtermittel. Die schuf extreme konventionelle Monokulturen, welche für die Umwelt und sogar den Mais selbst schädlich wurden: Späte Aussaat lässt brachliegende Äcker erodieren, das ▸Unkraut schießen und die Anbauer zu Herbiziden greifen; ohne Fruchtwechsel werden Maisfelder zu Schädlingsparadiesen und verlangen Mengen von ▸**Pestiziden**, u. a. gegen den berüchtigten Maiszünsler.

Fataler noch wirkt inzwischen das, was als ▸**Monsantosierung** diskutiert wird: Das Engagement der agroindustriell engagierten, global agierenden Chemie-Riesen. Ihre verschiedenen ▸Sorten von ▸**Gen-Mais** sind gegen die (praktischerweise parallel produzierten) Pestizide resistent und werden als besonders widerstandsfähig verkauft. Fatalerweise allerdings brauchte es stets nur wenige Jahre, bis die Einbaugifte gegen **resistente Schädlinge** nichts mehr ausrichteten oder sogar sog. Super-Unkräuter provozierten – die Evolution schlägt eben auch gern ein Schnippchen.

Weltweit hat Gen-Mais sein Feld dennoch längst bestellt: Er machte 2012 schon 35 % der Weltanbaufläche aus, allein in den USA wuchs er bedenkenlos auf 88 % der Maisflächen. Längst wurden auch in anderen Regionen ▸alte Sorten verdrängt und sehen Experten die ▸Agrobiodiversität samt **Mais-Genpool** bedroht.

Zum Problem wurde beim energiereichen Mais längst auch die Nutzung für die Herstellung von **Bioethanol** bzw. von Biogas. Die in Deutschland schon als „Maiswüsten" beschimpften Flächen gehen damit dem Anbau von Nahrungspflanzen verloren (▸Verschwendung), ohne Fruchtwechsel laugen die Böden aus. Akteure der Biobranche fordern seit Jahren, die **Förderung** solcher als ▸nachhaltig bezeichneten Energiepflanzen wieder einzudampfen. Denn inzwischen wird schon jede zweite konventionelle deutsche Maispflanze zu Biogas.

Aus all dem erhellt, dass diese Maiswelt noch **keine Öko-Ordnung** hat, wenn auch der nachhaltige Widerstand kommt und lauter wird. Durch „gute fachliche Praxis" haben Biobauern ohnehin mit Zwischensaaten und konsequenter Fruchtfolge kaum Erosions- oder größere Schädlingsprobleme. Inzwischen killen Schlupfwespen als ▸Nützlinge die Larven des **Maiszünslers** und „Turbo-Nematoden" sind zur Stelle, wenn Maiswurzeln beim Erstbefall mit Maiswurzelbohrern ihren Duftalarm auslösen.

Als garantiert ▸**gentechnikfreier Mais** (wie u. a. Jahr für Jahr beim Ökomonitoring bewiesen) hat Bio-Mais eine

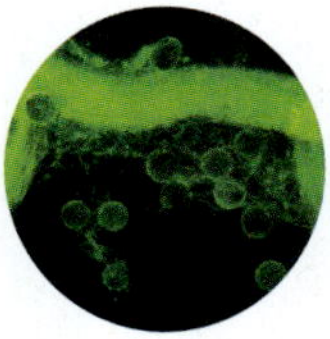

Maisgefahr: Gegen solchen Wurzelpilz helfen Chemiegifte oder Resistenz im Gen-Mais – allerdings nicht bei Bio

Bio-Mais: Lokale Sorten haben eigene Stärken und Widerstandskraft, Fruchtwechsel helfen dabei

Maissorten (links): Verfüttern oder selber futtern – die Vielfalt der Körnerkolben ist gerade ohne Gentechnik größer

Mit der alten Sorte „Bantam" geht's neuerdings wirkungsvoll gegen Gen-Mais

Makrele: Massenhaft weggefischt und nur noch bei größter Zurückhaltung gerade noch empfehlenswert

vielversprechende Zukunft: kolbenfrisch oder eingelegt als sog. Gemüse- oder extrasüßer Zuckermais, als ▸**glutenfreies Mehl**, in ▸Cerealien, als Popcorn, Polenta oder in Tortillas; reich an mehrfach ungesättigten ▸Fettsäuren ist das ▸Keimöl von *Zea mays.*

Nota bene: Die „Aktion Bantam Mais" propagiert und verteilt die heute fast verdrängte, samenfeste (nachbaubare) Sorte zum massenhaften Privatanbau in Deutschland, u. a. weil dann die **„Abstandsregelung"** zu Gen-Mais-Feldern greift, über die amtliche Auskunft verlangt werden darf…

Makrele

Sie entschwimmt uns zwar noch nicht überall in die ewigen Fischfanggründe, gebietsweise allerdings schon. Der elegante grünblaue, perlmuttflankige und querstreifig schöne Konsumfisch *Scomber scombus*, verwandt mit dem ▸Thunfisch, wurde viel zu lange und praktischerweise gleich in Riesenschwärmen mit immer weiter verbesserter Technik in Massen aus dem Meer geholt und gilt schon seit den 1970er-Jahren immer wieder als eines der deutlichsten Opfer von ▸**Überfischung**: Experten haben errechnet, dass binnen 20 Jahren die Bestände weltweit auf gerade mal ein Zehntel reduziert wurden. Nur in Schutzgebieten wird Makrele noch ▸nachhaltig mit Langleinen geangelt (dann mit ▸Gütesiegel vom ▸MSC), ansonsten aber mit Schnellschleppnetzen oder in riesigen sog. Ringwaden eingekesselt.

Schon lange ist vom **„Makrelenkrieg"** von drei Fischerei-Nationen mit der EU die Rede: Die EU und Norwegen beanspruchen zusammen mehr als 90 % der Gesamtquote für nordatlantische Makrele, Island und die Faröer Inseln ignorieren dies empört. **Strengere Quoten** wurden immer mal wieder empfohlen und bei Festlegung national dennoch hemmungslos überschritten – um geschätzte 40 %. 2010 lag die tatsächliche „Entnahme" 1,7–3,6-mal höher als die gemeldeten Fänge.

Das gigantische Makrelengemetzel hat Fischereibiologen, die EU, aber eben auch Mahner alarmiert. ▸*Greenpeace* empfiehlt in seinem „Fischführer" nur zurückhaltenden und v. a. **selektiven Konsum:** keine sog. NEA-Makrele (aus dem North-East-Atlantic), auch nicht *Scomber scombus* vom Skagerrak/Kattegat, aus der Nordsee oder – wegen unregulierter Fischerei – aus Island und von den Färöern. ▸WWF listet selbst Mittelmeer-Makrelen als „rot", aus dem Nordostatlantik wären sie „zweite Wahl" – als „gut" gelten **nur nordwestatlantische** Makrelenfänge. 2012 verloren zudem neun Makrelen-Fischereien einstweilen ihre MSC-Zertifizierung – bis zur abermals beantragten Chance auf Erfüllung der Nachhaltigkeitskriterien.

Nota bene: Da inzwischen Herkunft und Fanggebiete anzugeben sind, lohnt das Schilder- oder Etikettenlesen bei Makrelen nicht nur; es ist längst zur Pflicht geworden.

Makrobiotik

Für manche fast magischer Begriff mit Wurzeln in der Antike und in moderner Prägung durch den Mediziner **C. W. Hufeland** und sein Werk

„Makrobiotik oder die Kunst, das menschliche Leben zu verlängern“ von 1805. Damit beeinflusste er Strömungen wie ▸Lebensreform, ▸Naturkost und Naturheilkunde nachhaltig; jenes seitdem etwas aufgeblasene Wort Makrobiotik (griech. *makro* „groß/weit/tief“, *bios* „lebenshaftig“) hält sich hartnäckig. Jünger der jüngeren Zeit wiederum beriefen sich bald auf **japanische Traditionen:** Essen für ein langes Leben, unverarbeitete Lebensmittel, ▸Vollkorn hauptsächlich, Milch und deren Produkte stark reduziert, Eier und Fleisch galten verdaulich als zu kompakt. Schlüssel dabei war nun die Einteilung von Lebensmitteln in das Kraftfeld von **▸Yin und Yang** und die einzuhaltende Balance zwischen diesen Einflüssen. Statt ▸Nährstoffe diätistisch zu beurteilen, ging es um die Kraft-Balance, die sich etwa auch im Verhältnis von Saurem und Basischem ausdrücken könne.

Etliche Diätlehren und Schulen etablierten sich um diese attraktiv weit hergeholte Makrobiotik mit ihrem „Oberguru“ **Georges Ohsawa** und seinem Versprechen „Heilung durch Essen“. Die gewöhnliche Ernährung wurde nun wegen ihres Yin-Übergewichts und den daraus entstandenen Zivilisationskrankheiten gebannt.

Allzu Strenges hat seit 1984 Nachfolger Michio Kushi **etwas liberalisiert**, die dogmatische Beachtung von fünf Glücksmerkmalen in zehn Stufen der Ernährung ist passé. Was als gemäßigte „alternative Ernährungsform“ bleibt, ist eine ▸vegetarische, wenn nicht sogar ▸vegane, zudem klimaschonende und **durchaus gesunde Orientierung**: weniger Zucker, Fett und andere „Genussgifte“, stattdessen viel Getreide und Gemüse, eine Bevorzugung von Biolebensmitteln und solchen der ▸Saison, ganz generell Bewusstmachung und Mäßigung. Schließlich war Makrobiotisches in Bioladen und ▸Reformhaus immer schon präsent – japanische Importe sind allerdings allenfalls erst zu 60 % biozertifiziert (und werden seit dem GAU von Fukushima 2011 regelmäßig auf ▸Radioaktivität untersucht).

Nota bene: US-Forscher warnten, die Makrobiotik sei durch drohenden Nährstoffmangel die potenziell gefährlichste Form ▸vegetarischer Ernährung. Das aber gilt in der gemäßigten Form höchstens für Kinder und Heranwachsende! Denn längst hat sich auch bei den Gläubigsten herumgesprochen, dass der Körper die einst beschworene **„Transmutation“** nicht bewältigt, er also auf der höchsten Stufe bei ausschließlicher Ernährung mit Getreide weder fehlende Vitamine selbst aufbauen noch ▸Mineralstoffe umwandeln kann …

Makrobiotik: Im Zeichen und Geiste von Yin und Yang eine Diätlehre als Exotik-Mix mit neuen Glücksversprechen

Malz

Inbegriff von Geschmack wie Farbe und meist nichts anderes als technisch zu Verzuckerung provozierte **▸Gerste** – ein erstaunliches Ergebnis, das verschieden süß und variabel bräunlich ausfallen kann. Bloße „Malz“-Angaben beziehen sich immer auf sein ergiebigstes Grundprodukt

Malz: Man muss dafür nur Gerste einheizen und sich verzuckern lassen

Malz: Aus Getreide herausgeröstet mit süßlichem Geschmack, mal für Bier, mal für ein verbreitetes Kaffeesurrogat, tauglich sogar für süßeren Brotaufstrich und für alkoholfreies Bio-„Bier"

Gerste, Gemälztes aus anderem ▸Getreide bekommt einen Herkunftszusatz, etwa „Weizenmalz". Malz meint in der indogermanischen Wortwurzel „Erweichtes", denn einst wie heute wird so gemälzt: Gerste wird eingeweicht, zum Keimen gebracht und damit zu **„Grünmalz"**. Dabei bauen ▸Enzyme der Sprossen Stärke ab zu Maltose, dem sog. Malzzucker. Durch Hitze beim Darren wird der Prozess keimgestoppt – fertig ist das dunklere sog. Darrmalz. Je nach Hitzezufuhr entstehen typische Aroma- und Farbstoffe bis hin zum Karamellmalz. Aus Bio-Gerste wird so eben **Bio-Malz**. Die süßlichen Maltose- und Dextrinanteile können als alternative Süßungsmittel dienen oder sind Ausgangsformen für viele Malzprodukte, die dann auch bio sein können – als Malzmehl, malziger ▸Brotaufstrich, „Malzbier" (amtlich Malztrunk, konventionell nur mit Kristallzuckerzusatz) oder eben der Klassiker: süßlich-bitterer **Malzkaffee** (▸Kaffee-Ersatz). Fermentiertes Malz ergibt den v. a. im englischen und asiatischen Raum beliebten Malzessig aus doppelter Gärung. Wird Malz konzentriert (ohne ▸Fermentation), entsteht der so vielseitig verwendete ▸Sirup aus Malz (auch **Malzextrakt**), womit ▸Backwaren oder Getränke dunkler bzw. auf Standardfarbe „eingestellt" werden und die in Bioqualität ohne chemische Zusätze und nie durch Demineralisation entstanden. Malzbackmittel sind enzymaktive ▸Backtriebmittel, die im aufgehenden Teig sog. Lokkerungsgase freisetzen und so etwa krustenschönes ▸Brot kreieren.

Als reine Nahrung für die ▸Hefe (in Gegenleistung entsteht der Alkohol) wird gemaischtes Malz zu Würze für ▸**Biere** (wie etwa die Bio-Spezialität Röstmalzbier); bei den ▸Anbauverbänden ist dazu das ▸Schwefeln des Malzes verboten. Solches „Erstbier" kann auch hochdestilliert und dann z. B. zu Whisk(e)y werden.

Nota bene: Bei zu hitzigem Mälzen entstehen unvermeidlich ▸Acrylamid und ▸Nitrosamine; verbesserte Technik und amtliche Observanz konnten dies aber laufend minimieren.

Mandeln

Als kernige Früchte eines Rosengewächses sind sie das verwandte Gegenteil hagebuttiger Weichheit: die Härte halt vom Mandelbaum *Prunus dulcis.* Nur wenige kennen **die grünsamtigen Hüllen**, die vertrocknend den im Innern ruhenden weißlichen Kern mit zimtfarbener Haut freigeben: den **„Samen"** als Süß-, Bitter- oder seltener mal Krachmandel. Im Regal stehen die Kerne neben echten ▸Nüssen dann geschmacklich nicht ganz fehl am Platz, sind aber keine – selbst wenn Mandelmus als ▸Brotaufstrich meistens mit ▸Nussmus assoziiert wird … **Mandelmassen** verschwinden in der süßen Bäckerei und im Marzipan. Es lässt sich aus ihnen aber auch

ein sehr passabler ▶**Milchersatz** herstellen, was selbst ohne viel Mühe zu Hause gelingt: durch Übergießen gemahlener Mandeln mit heißem Wasser und Abfiltern. Im Vergleich zu Kuhmilch hat der Mandeltrunk halb so viele Kohlenhydrate, viel weniger Fett und Eiweiß. Ohnehin sind Mandeln voller guter **Inhaltsstoffe**: ungesättigte ▶Fettsäuren, Vitamin B und E, Protein, Calcium, Magnesium, Folsäure und Kalium.

Für den Riesenbedarf an **konventionellen** süßen Mandeln werden die Bäume in Kalifornien und im Mittelmeerraum, aber auch in Pakistan und im Iran auf riesigen Flächen in Monokultur angebaut und gern vorbeugend mit ▶Pestiziden gegen Schädlinge „behandelt“. Nicht so **bei Bio-Mandeln**. Die stammen von Bäumen, die extensiv und in Mischkultur ökobewirtschaftet werden. Geknackt wird der getrocknete, enthülste Mandelkern erst bei Auftragseingang, und dann auch nicht (wie in konventioneller Produktion) poliert, nie mit Chemikalien behandelt oder etwa mithilfe von säuerigem ▶Schwefel gebleicht. **Handverlesung** und Kontrollen (auf ▶Mykotoxine) erfolgen direkt im Ernteland; Importeure oder Weiterverarbeiter testen dann nach.

Und doch fallen Mandeln öfter als **heikel** auf, denn auch nach der ▶Trocknung bleiben geschälte Mandeln ähnlich wie Nüsse weiter anfällig, u. a. für Pilze, die krebsgefährliche, unspürbare ▶**Aflatoxine** produzieren, eben auch als sog. Lagertoxin. Inzwischen muss ▶Importware aus notorisch verdächtigen Drittländern im Ursprungsland auf Aflatoxine getestet sein, **Zufallsproben** werden dann im EU-Raum kontrolliert (▶Monitoring). 2012 fanden die Stuttgarter CVUA *(Chemische und Veterinäruntersuchungsämter)* höher konzentrierte Aflatoxine bei 10 % der ganzen Mandeln (v. a. aus Spanien) und in geringeren Spuren, aber breiter angelegt, bei 23,1 % der Proben zerkleinerter Mandeln. Deshalb: Auch bei Weihnachtsstress lieber selber hacken!

Mandeln, gemust: Sie sind hart verschalt und kernig, aber gar keine Nüsse, und so vielseitig, dass sie verstreichbar, vermilchbar oder marzipanisierbar werden – viel Verwandlung als Vermandlung …

Mandelernte: Von Hand abgeklopft oder von Maschinen runtergerüttelt – es gibt noch mehr Unterschiede bei Bio

Mango

Ist sie reif, ist selbst ein Apfel der Hesperiden gar nichts gegen den Wohlgeschmack von *Mangifera indica*. Sie beschämt ▶Nektarine,

Mango: Reif von schier unbeschreiblicher Edelsüße, die in Europa nur eine Flugmango hätte

▶Pfirsich und ▶Aprikose! Unwidersprochen ist die Mango die **„Königin der Früchte“**, von majestätischen Bäumen mit bis zu 45 Metern Höhe, deren Kronen schwer mit langstieligen Früchten behangen sein können. Von den 1 000 sehr farbverschiedenen Sorten der Steinfrucht aus dem heimatlichen Indien und heute aus aller (sub)tropischen Welt sind einige **megamythisch süß** und aromatisch – wenn denn die eiförmig pflaumen- bis melonengroßen ▶Obstexoten mit

dem hellgelben bis orangefarbenen faserigen Fruchtfleisch auch ▶reif genossen werden. Doch wir bekommen Mangos **meist unreif** und lassen sie längst nicht lange genug (im „Härtefall“ eine Woche) nachreifen. Genussfertig sind sie erst, wenn der prüfende Daumendruck auf die (ungenießbare) ▶Schale eine Delle hinterlässt und der Duft betörend ist. Farbtests täuschen: Einige grüne Sorten etwa wirken sogar voll- noch unreif!

Klimarechnerische Sünden, aber geschmackliche Erlebnisse sind sog. **Flugmangos**, die zur besten Reifezeit in Übersee gepflückt und verschickt werden. Doch mit Glück geht es kurzwegiger von der Costa del Sol oder den Kanaren, in vielen Bioläden dann ausdrücklich als Schiffsware etikettiert.

Bio-Mangos aus Kooperativen weltweit werden immerhin schadlos so früh geerntet, dass sie (v. a. im Juni und Juli zur ▶Saison) beim ▶Transport noch ihre beste Nachreifezeit bekommen – und uns die Unbelastetheit mit ▶Rückständen von ▶Pestiziden garantieren – denn weil die Mangoschalen gegen Ende der Reifezeit immer anfälliger werden, ist es für konventionelle Erzeuger eine zu große Versuchung, dann zunehmend v. a. chemisch nachzuhelfen. Mangos aus Peru, Brasilien, Thailand waren da schon auffällig. 2010 konnte die ▶*Stiftung Warentest* unter 15 Mangos nur drei **pestizidfreie Proben** identifizieren: die aus Öko-Anbau!

Im Biohandel gibt es die Exotin traditionell auch als ▶Trockenobst, in chutneyhafteren ▶Würzsaucen oder in ▶Babynahrung (weil sehr säurearm), auch in Form von Mus, als ▶Sirup, ▶Smoothie, ▶Fruchtsaft oder Lassi. Zu empfehlen wäre, besonders auf ▶**fair + bio** gehandelte Mangos zu achten, denn die Arbeitsbedingungen auf den großen konventionellen Plantagen stehen verdächtig oft in der Kritik.

Nota bene: Unreife Mangos liefern pikante Säuerlichkeit, doch nur Sensible erschmecken dann manchmal noch den Mango-Urduft, den **nach Terpentin** nämlich – meist aber ist er weggezüchtet.

Mango: Perfekte Bio-Köstlichkeit noch als Schnitze und säurearm sogar im Babyglas

Mangold

Seine Blättrigkeit hat interessante Verwandtschaft: Als entferntere die Wilde ▸Rübe, als nähere gar ▸Rote Bete und ▸Spinat. Letzterer hat dem Mangold *(Beta vulgaris)* hierzulande erst im 20. Jahrhundert den Rang abgelaufen – nur Briten mundet *swiss chard* immer noch besser als ihr *spinach.* Im Rest Europas waren es **v. a. Biobauern**, die Mangold als eine von vielen ▸alten Sorten wieder auf den Speiseplan setzten und ihm bis 2010 einen stattlichen **Bio-Anteil von rund 25 %** bescherten; nicht wenige ▸Biokonsumenten dürften in den Jahren zuvor das Stängelgemüse etwas ratlos aus der ▸Biokiste gefischt haben …

Dabei ist Mangold ein **oberirdisches Gedeihgedicht** und auch für Hobbygärtner erfreulich bequem großzuziehen, auch aus ▸biodynamisch gezüchtetem ▸Saatgut in samenfester Form (▸Zucht). Um *Beta vulgaris* gibt es wenig ▸Unkraut, Schädlinge werden kaum angelockt, Empfindlichkeit für Krankheiten ist selten.

Bio-Mangold trumpft auch ohne mineralischen ▸Dünger mächtig auf mit riesigen Blättern, die ein starker Stängel stabilisiert. Die Vielfalt der Sorten wird v. a. in den unterschiedlich angezüchteten Farben deutlich und ist beim dickstieligen **Rippenmangold** (auch Stiel- oder Stängelmangold mit weißerer Blattrippe) auffälliger als beim kleinblättrigen, zartrippigen **Blattmangold** (ähnelt in Aussehen wie Verarbeitung Spinat). Beide Varietäten können kontinuierlich stängelbrechend beerntet werden; die ▸Saison aus (generell nitratärmeren) ▸Freilandanbau erstreckt sich von April bis Oktober, aus ▸Gewächshäusern und als ▸Importware ist Mangold aber **ganzjährig** im Angebot – wenn auch des Winters mit entsprechend schlechterer Ökobilanz.

Frisch gekauft und sogleich zubereitet bietet Mangold jedenfalls eine Fülle guter Inhaltsstoffe: viel Beta-Carotin, Vitamin C, B 2 und E, sogar Folsäure, dazu etliche ▸Mineralstoffe.

Da Mangold allerdings gerne ▸**Nitrat** aufnimmt, sollte er allemal lieber aus ▸ökologischem Landbau stammen, dem nitratreicher Dünger verboten ist. Das enthaltene Vitamin C hilft immerhin, der Bildung von ▸Nitrit bzw. ▸Nitrosaminen entgegenzuwirken. Mediziner monieren außerdem den relativ hohen Gehalt an **Oxalsäuren**, die sich insbesondere auf die Nieren schädigend auswirken können. Zubereitung mit Milchprodukten wirkt dem entgegen, da so die leicht aggressive Oxalsäure wohltuend gebunden wird! Ohnehin mindert Sahne oder Käse das mitunter etwas herbe Aroma.

Nota bene: Experten sehen das Erbgut des Mangolds durch die v. a. in den USA stark vorangetriebene Aussaat von gentechnisch veränderten Zuckerrüben in Gefahr; die nahe Verwandtschaft mache Auskreuzungen allzu wahrscheinlich.

Tipps: Beim Zubereiten des eher mal angebotenen Rippenmangolds ist auf die unterschiedlichen Garzeiten von Rippen und Blättern zu achten; am besten die dicken Spreiten isolieren und ähnlich **wie ▸Spargel**

Mangold: Der goldige Name ist unerklärbar, dafür sind die Dickstiele und Riesenblätter erklärtermaßen inhaltsreiche Gemüsegedichte

Mangold: Mit seinen delikaten Riesenblättern lässt er sich gern laufend beernten

kochen. Die restlichen Blattflächen (und beim Blattmangold die ganzen Blätter) wie Spinat verarbeiten – es wird daraus ein kräftigerer und würzigerer, eben ein **Mangold-„Spinat“**.

Margarine

Bei ihr sei heutzutage alles in Butter, kalauern die Bevorzuger der pflanzlichen sog. Öl-in-Wasser-Emulsion im Verhältnis 80 : 20. An die Naturhaftigkeit zumindest von ökologischer ▶Butter kommt dieses „Als-ob“-Produkt zwar nicht heran, aber immerhin kunstvoll nahe genug. Am ehesten noch bei **Bio-Margarine**. Diese unterscheidet sich beträchtlich von **konventionell** hergestellter, denn dort ist viel Trickreiches im Spiel: Damit aus öliger Flüssigkeit eine streichfähige Paste wird, wird dabei durch **Härten und Umestern** der Schmelzpunkt erhöht. Dazu wird das Öl auf bis zu 200° C erhitzt und dann unter Zugabe von Wasser, ▶Emulgatoren, E 160a (Carotin für die buttrig-gelbe Färbung), Salz, Sorbinsäure und ▶Aromen gerührt. Später werden künstlich Vitamine und ungesättigte ▶Fettsäuren zugefügt, selbst bis zu 3 % Milcheiweiß/Molke können ▶**Veganern** zur Falle werden.

Margarine: Buttervergleiche sind schon längst verboten, umso heftiger werden Tier-Cholesterine und Phytosterine nun diskutiert

Bei der grundsätzlich blasseren **Bio-Margarine** ist konventionell Gängiges wie Umestern, Fetthärten, chemische Reinigung oder Zusatz von Fettsäuren und Vitaminen tabu; auch künstliche ▶Aromen und ▶Farbstoffe oder ▶Konservierungsstoffe fehlen.
Bei Bio werden für spätere Streichbarkeit festere ▶Pflanzenfette (v. a. ▶Palm- wie ▶Kokos-Öl) und liquide native Pflanzenöle kombiniert. Dabei hilft Raffination in Grenzen für die sog. **Desodorierung** (Destillation mit 130° C, etwa beim Palmfett), spielen Maisstärke und Sojalecithin Emulgator, dickt Maisstärke und gibt Zitronensaft Säuerung.
Schon immer war und bleibt die Entscheidung für prinzipiell pflanzliche Margarine und gegen gänzlich tierische Butter auch eine Glaubensfrage. Der Hype um konventionelle Margarine **mit zugesetzten Phytosterinen**, die den berüchtigten Gesamtcholesterinspiegel bis zu max. 10 % senken können (allerdings stören sie auch die Aufnahme fettlöslicher Vitamine und mancher ▶Carotinoide), ist noch nicht vorbei. Angesichts der etwas unklaren Beweislage zu den gesundheitlich wertvollen Effekten insgesamt strengte ▶*Foodwatch* 2012 einen Rechtsstreit gegen Unilever an, um den seit 2008 erlaubten ▶**Health Claim** „Phytosterine senken den Cholesterinspiegel“ anzuzweifeln. Noch ist nichts entschieden!
Obacht: Bei Bio-Margarine können hohe Temperaturen und langes Erhitzen beim

Desodorieren u. a. zur Bildung von ▶PAK führen, wie ▶ÖKO-TEST 2010 monierte; 2013 fand man zudem zu viele ▶**3-MCPD-Ester** – wenn auch in unschädlicher Menge. Die Hersteller schoben dies auf das benutzte Palmöl und Kokosfett. Alle konventionellen Margarinen wurden für Vitamin- und Aromen-Zusätze abgestraft.

Marmelade

Biobauern, die ihre Hühner mal lachen sehen wollen, brauchen ihnen nur etwas vorzulesen: aus der KonfV *(Konfitürenverordnung)*, jenem Kodex der konventionellen Hersteller.

Danach ist „Marmelade“ nach britischer Demarche EU-weit abgeschafft – es sei denn, sie, die **Ausnahme-Marmelade** (mit E wie *exception*), ist wie in UK-Tradition eine „*marmalade*“ (mit A wie *attention*) aus Zitrusfrüchten. Alles Andersartige in Form und Geschmack frühstückstauglicher „Marmelade“ heißt seit 2001 EU-streng nur „Konfitüre“.

Das wiederum beleidigte die austriazensische **Marillenmarmelade**, für die Österreich so lange kämpfte, bis sie ausnahmsweise als zitrusfreie Inlandsmarmelade gestattet blieb. Und dank des Marillentriumphs dürfen seit 2004 immerhin Eigenproduktionen **im engsten regionalen Verkauf** „Marmeladen“ sein und heißen, nie aber im nationalen oder gar internationalen Vertrieb – Briten könnten sich ja verschmecken.

Da lacht **die Biobranche**: Solche Namensprobleme hat sie nicht. Schon die alte KonfV mit grammgenauen Vorschriften für hohen Weißzuckergehalt galt nicht, denn Bio hat viel mehr Fruchtgehalt, viel weniger und anderen Zucker bzw. Natürliches zum ▶Süßen, wie Honig oder Dicksaft. So nannten sich Naturköstlichkeiten aus bio-obstigen Abgekochtheiten eben ▶„**Fruchtaufstrich**“ oder „Fruchtmus“. Und dafür war die verlachte KonfV nicht zuständig! So erklärt sich auch die späte Karriere „marmeladiger“ Bio-Fruchtaufstriche, bis sich höherer Fruchtgehalt und andere Süßung herumgesprochen hatten.

Für **Bio-Marmeladenpendants** gilt zudem ▶Volldeklaration für die ▶Zutatenliste in absteigender Reihenfolge: Bio-Zutaten mit Sternchen und dann die wenigen erlaubten Hilfsmittel wie etwa eventuelle ▶Binde-/Geliermittel (z. B. ▶Agar-Agar, da Bio-Pektin noch nicht ausreichend verfügbar ist) und ggf. ein ▶Säuerungsmittel.

Fruchtanteile, auch in Mischungen, erreichen bei Bio je nach Frucht meist 55 % und können sogar 75 %

Five Marmalades: Der Zitrusanteil macht EU-offiziell „Marmeladen“ aus, der Britentradition zuliebe – alles andere ist nur „Konfitüre“ oder wäre „jam“ …

Bio-Fruchtigkeit: Erstens mit dem höheren Obstanteil, zweitens ohne Weißzucker und drittens sogar mal mit regionalen Zutaten

Marmelade: So darf sie nur ausnahmsweise, wenn selbstgekocht und bloß regional verkauft, heißen – nur aus Zitrusfrüchten ist sie eine statthafte „marmalade“

ausmachen – um so geringer ist dann der (Einmach-)Zuckeranteil auch in eingedickten Gelees aus Saft. **Konventionelle Konfitüren** dagegen müssen (laut KonfV) 60 % Kristallzucker enthalten! Sie kommen also **gar nicht über 40 % Frucht**, nur Erdbeer-/Kirschkonfitüren haben 45 % und heißen dann „Konfitüre extra“. Im Vergleich dazu müsste also der viel fruchtigere Bio-Fruchtaufstrich mit „extra-extra“ etikettiert sein …

Massentierhaltung

Hochemotionaler Inbegriff für die schlicht alltägliche Produktionsweise von ▸Fleisch und anderen tierischen Produkten in konventionellen Betrieben; besonders im Zusammenhang mit ▸Geflügelfleisch und ▸Schweinefleisch benutzt, auch für die ▸Tierhaltung von ▸Legehennen (▸Käfighaltung), selbst noch für ▸Fische in ▸Aquakultur.

Die Lobby der „Veredelungsbetriebe“ bevorzugt da den Begriff **„intensive Tierhaltung“** – offiziell, weil ja Massentierhaltung noch ohne wissenschaftliche Definition sei. Inoffiziell und ganz offensichtlich geht es darum, negative Implikationen zu meiden. Denn längst regt sich **Kritik** an den industriellen Strukturen eines von Großbetrieben beherrschten Agrarmarktes und wirkt der konkrete Protest gegen Riesenställe und billige Tierprodukte für den Export. Indes: Die Folgen sind – in ▸Deutschland zumindest – noch bescheiden, trotz einiger „stallfälliger“ Änderungen am Baugesetzbuch seit 2013.

Massentierhaltung: Angesichts solcher Stallgefängnisse drängt sich der polemische Begriff Schweinerei auf – und wird viel zu oft verdrängt

Den von der Bundesregierung als Erfolg gewerteten Änderungen zum ▸**Tierschutz** (u. a. durch das Tierschutzgesetz von 2006) bescheinigte etwa „Spiegel online“ 2013 ein glat-

tes Minus, auch das gefeierte ▸Gütesiegel für Tierschutz ist nicht unumstritten. Selbst die Konsumgewohnheiten haben sich kaum geändert: Es wird zwar demonstriert **gegen Massenställe** in der Nachbarschaft – doch der Anteil von ▸Biofleisch aus der nachgewiesen tierfreundlicheren ▸**ökologischen Tierhaltung** liegt trotz gestiegener Nachfrage noch immer bei rund 1 %. Nur ▸Eier von Bio-Legehennen hatten 2012 mit 9% nennenswerte Anteile, bei Biomilch waren es auch nur rund 4,5 %. Selbst Produkte aus zwar konventioneller, aber extensiv betriebener Tierhaltung (wie etwa das Fleisch von ▸Neuland) machen nur einen Bruchteil aus. So gehen Experten davon aus, dass **90–99 % der Nutztiere** in Deutschland in Massen groß werden und damit alles Tierische ohne explizit andere Kennzeichnung aus einer Massenaufzucht stammt.

Ob nun in Massen oder „intensiv“, seit 2013 ergeben sich aus den erhöhten Risiken für Umwelt wie für Anwohner laut Baugesetzbuch und Bundes-Immissions-Schutzgesetz die Maximal-Belegungen: 1 500 ▸Schweine, 600 ▸Rinder, 15 000 ▸Legehennen und 30 000 ▸Masthühner. Dazu die ganz realen Zahlen: Im Jahr 2011 wurden laut Statistischem Bundesamt und BMELV *(Bundesministerium*

für Ernährung, Landwirtschaft und Verbraucherschutz) in Mästereien ab 50 **Schweinen** 63,7 % der Tiere in Betrieben mit 1 000 und mehr Artgenossen und 33,7 % von ihnen in Anlagen mit 2 000 und mehr Tieren groß. Bei **Legehennen** lag der Anteil von Tieren in Betrieben mit Bestandsgrößen von 30 000 und mehr bei 72,8 % (in Haltungsanlagen ab 3 000 Plätzen).

Neben der Tierwohlproblematik hat die so intensive Tierhaltung Auswirkungen auf **Umwelt und Gesundheit**: Solche Stallabfallprodukte wie ▸Phosphat oder ▸Nitrat belasten das Grundwasser (▸Naturschutz), das als ▸Futtermittel genutzte Getreide geht der direkten Ernährung verloren (▸Veredelungsverluste) und sorgt überdüngt für einen Überschuss an ▸Stickstoff. Massengaben von ▸Antibiotika an ganze „Kohorten" ist durch die luftwärts emittierten ▸Keime aus Ställen dafür verantwortlich, dass vermehrt resistente Stämme entstehen, die nicht mehr behandelbar sind. Und auch das Fleisch aus Massentierhaltung kann entsprechend mit ▸Salmonellen, Staphylokokken und anderen Keimen belastet sein.

IN MASSEN?

Zwar bedeuten größere Ställe nicht automatisch, dass sich Antibiotikagaben entsprechend vervielfachen – aber der **Preisdruck** führt dazu, dass sich in Riesenbetrieben immer weniger Arbeitskräfte um die Tiere kümmern: Ein Angestellter ist für 2 000 Schweine zuständig! Sind diese Arbeitskräfte dann schlecht ausgebildet, leidet schnell die **Stallhygiene** und der Tierschutz, v. a. wenn Tiere skandalös dicht zusammenstehen.

Oft wird auch ▸Bio light (also auf den Richtlinien der ▸EG-Öko-Verordnung basierend) **„Bio-Massentierhaltung"** vorgeworfen, da die Standards für die maximale Belegung von Ställen durch mehrstöckige Aufbauten und künstliche Trennung von Doppelställen legale Öko-Haltung von mehreren Zehntausend Legehennen erlauben – im Gegensatz zu den Regelungen der ▸Anbauverbände. Bio-Forderungen nach einer ▸Rückbesinnung auf eine **extensive bäuerliche Öko-Landwirtschaft** sind natürlich wünschenswert, weil sie den Druck auf die fraglichen Betriebe erhöht. Doch gleichzeitig muss realistisch geprüft werden, ob nicht letztlich nur ein **Zurückschrauben des Konsums** von Fleisch, Eiern und Milch sowie ein Anheben der Preise etwas verbessert: Dass die Tierhaltung nicht in Massen, sondern **in Maßen** erfolgen kann, ohne ein womöglich unrentabler Nischenmarkt zu bleiben. Denn die Bereitschaft, für Produkte aus ▸artgerechter Tierhaltung auch mehr zu bezahlen, schwankt von Befragung zu Befragung. Wie Agrarexperte Martin Hofstetter von ▸*Greenpeace* es 2013 mal wegweisend formulierte: „Es gibt ein Recht auf Nahrung, aber **kein Recht auf Billigfleisch** aus Massentierhaltung."

Massentierhaltung: Trotz des EU-weiten Verbots leben noch zu viele Legehennen illegal in Käfigen

Massenprotest: Auf der Öko-Fachmesse BioFach wurde Ministerin Aigner, die gern die Bio-Verzögerin gab, von einem Peta-Aktivisten bedrängt

Mast: Gänse mit Stopfleberschicksal (oben) würden vergleichshinkend liebend gerne mit agil-mobilen Bio-Schweinen tauschen

Mast

Die Behauptung macht Hintersinn: Mast kommt zunehmend in die Kritik. Jeder mit Appetit auf ▸Fleisch weiß, dass sie sein muss – aber doch nicht so! Denn seit es die industrialisierte Land- und Viehwirtschaft gibt, sind **Nutztiere Objekte** in ethikfreien Renditerechnungen.

Früher war das Mästen so einfach: reichlich ▸Futter bis zum Endgewicht und Schlachtfest! Doch Masttiere aus der modernen ▸Zucht sind zumeist ▸Hybriden: als **spezielle Fleischrassen** optimiert für Futterverwertung und Gewichtsziele. Ihr **Kraftfutter** wird maßgeschneidert, das Futteraufnahmeverhalten manipuliert und Wachstum mitunter illegal mit ▸Antibiotika durch **Doping** der Darmflora beschleunigt – die ▸Tierhaltung hat all dem nur entgegenzukommen.

Dabei wird bis zur Etablierung von gesetzlichen Vorschriften zum ▸Tierschutz gern **alles ignoriert**, was ▸artgerecht wäre. Und welcher Art würde es schon gerecht, zum Zwecke eines höchstmöglichen Schlachtgewichts in kürzestmöglicher Zeit unter künstlicher Dauerbeleuchtung im Stall in ▸Massentierhaltung viel zu groß und schwer zu werden – bei anomalst überproportionalem Muskelwachstum und mit überfordertem Skelett und Herz-Kreislauf-System? Und doch ist das **Normalität**. Nur, wenn explizit auf artgerechte bzw. ▸ökologische Tierhaltung oder wenigstens ▸Freilandhaltung hingewiesen wird, stammt Fleisch nicht von solchen **Turbomasttieren**.

Alle Erfolge von Tierschützern sind deshalb nur Teilerfolge in der konventionellen „Veredelungswirtschaft"; etwa die Abschaffung der ▸**Käfighaltung** (zu lange nur bei ▸Legehennen, jetzt auch für ▸Kaninchen), Einschränkung der **Anbindehaltung** von ▸Rindern oder neue **Mindestquadratzentimeter** für den Besatz bei ▸Geflügel (▸Enten, ▸Masthühner, ▸Puten), ▸Schweinen oder ▸Ziegen. Die ▸**EG-Öko-Verordnung** engt die Tierzumutungen ein, alle ▸**Anbauverbände** sind noch strenger. Doch auch Bio-Halter betreiben sog. Endmast, hadern da allerdings mit **fehlenden Rassen**, die überhaupt für die stets vorgeschriebene **Freilandhaltung** geeignet sind, lassen ihre Tiere länger sowie stressfreier leben und versuchen, **artgerechte** Aufzucht zu ermöglichen. Futter aus ▸transgenen Pflanzen ist prinzipiell ausgeschlossen und damit nur eine der Sauberkeitsgarantien bei ▸**Biofleisch**. Antibiotika sind nur in Notfällen erlaubt, während Untersuchungen zeigten, dass konventionelle Mäster sie sogar über Wochen im Tränk- bzw. Saufwasser als **Masthilfsmittel** nutzen. Der Wettbewerb verschärft jedoch den Preisverfall wie die Haltungsbedingungen, **Exportzuschüsse** für die Überschüsse pervertieren das System und der ▸Naturschutz leidet unter jedem Maststall – von Tierschutzidealen mal abgesehen. Nur durch Fleisch- oder wenigstens **Billigfleischverzicht** lässt sich etwas be-

Mastproteste: Erst massenhafte heftige öffentliche Proteste und Aktionen haben zu Haltungsverbesserungen geführt

wirken. Wenn es Fleisch sein soll, dann aus Bio-Haltung oder mit dem ▸Gütesiegel von ▸Neuland!

Nota bene: Natürlich ist das berüchtigte **Stopfen** von Enten oder ▸Gänsen weder in der globalen Biowelt noch in irgendwelchen konventionellen Betrieben in Deutschland erlaubt. Dennoch landet das **Restfleisch** der *Foie-gras*-Lieferanten vielfach auch bei uns im Handel – undeklariert und nur anhand des Herkunftslandes zu identifizieren. **Misstrauen** ist angebracht, wenn da Frankreich, Italien oder Ungarn angegeben sind!

Masthuhn

Mal zynisch zusammengefasst nur ein für den Verzehr seines Fleisches aufgezogenes ▸Huhn (im Gegensatz zu einer eierspezialisierten ▸Legehenne). Masthühner werden im Normalfall in ▸**Massentierhaltung** „produziert", die billigstes ▸Hühnerfleisch liefert. So stammten 2010 laut ▸ÖKO-TEST 99 % des frischen Hühnerfleisches hierzulande aus Betrieben, die Großställe mit 20 000–40 000 Tieren betreiben. Die Aufzucht und ▸Mast von Bio-Hühnern ist wesentlich aufwendiger, was das ▸Biofleisch dieser Tiere **deutlich teurer** macht.

Die einst normale Vielfachnutzung (Eier, Federn, Fleisch) von Hühnern ist durch die moderne ▸Zucht längst aufgehoben. Das rein auf raschesten Fleischansatz gezüchtete Masthuhn wird heute mit weniger ▸Futter in gerade mal 4–6 Wochen schlachtreif.

Genau hier liegt das Bio-Problem: Die verfügbaren **Turbofleischrassen** sind schlecht für ▸ökologische Tierhaltung geeignet. Sie sind körperlich kaum in der Lage, den ▸**artgerechten Auslauf** im Freien wirklich auszunutzen; auch die Zusammensetzung von Öko-Futter wird dem Energiebedarf oft nicht gerecht. Denn das

Wachstum der inzwischen verwendeten ▸Hybriden wurde in den letzten Zuchtjahrzehnten **um das Vierfache** beschleunigt – Skelett, Organe und Herz-Kreislauf-System halten mit dem Muskelwachstum schlicht nicht mehr mit. Am Ende der konventionellen Mast sind nicht wenige Tiere mit ihren bis zu 2,5 kg Körpergewicht **zu schwer** zum Bewegen, sie fressen sitzend oder liegend; jedes 20. Masthuhn stirbt ohnehin während der Mast, zumeist an Herz-Kreislauf-Versagen.

Gleichzeitig widerspricht die ökonomisch begründete Differenzierung

Masthuhn: Die federviehische Schicksalsfrage lautet Turbofleischrasse oder bio-gemäßes Zweinutzungshuhn – freilaufend, freipickend

in Mast- und Legerassen der ökologischen ▸Ethik: Auch **in Biobetrieben** werden die männlichen Küken aus Legelinien getötet. Ein Ausweg sind sog. Zweinutzungshühner als ▸alte Rassen oder aus Neuzüchtung. Die Hennen legen zwar weniger Eier und bei der Mast ergeben sich geringere „Schlachtgewichte" – dafür zeigen etliche Versuche von Bio-Tierhaltern, dass sich diese **„Aufzucht ohne Kükenmord"** lohnen kann. Jedoch nur, wenn ▸Biokonsumenten wie im Fall von Bio-Hühnerbrustfilets auch bis zu fünfmal mehr dafür bezahlen.

Die alltägliche Masthuhnproduktion ist von solch hehren Zielen wie ▸Tierschutz oder ▸Ethik weit entfernt. Allein die Proteste von Tierschützern setzten einen Prozess in Gang, der zu **gesetzlichen Regeln** für die Haltung führte. So dürfen Mäster nur bestimmte Mengen in ihren Ställen vorsehen, jeweils 25 Tieren steht dabei 1 m² Fläche zur Verfügung. Wegen möglicher Epidemien ist diese Massentierhaltung zudem ohne den meist großflächigen Einsatz von ▸Tierarzneimitteln kaum möglich.

Max Havelaar: Gutes Zeichen für gute Taten durch wirklich fairen Direkthandel mit Produzenten in Drittländern

Neben Tierschutzaspekten fällt die **Umweltbelastung** dieser industriellen Erzeugung ins Gewicht. Mastställe produzieren zu viele Fäkalien, die u. a. das Grundwasser hoch belasten. Auch die ▸Keime in den und aus den Massenställen sind inzwischen durch antibiotikaresistente Stämme zum Problem geworden.

Masthuhn: Gegen Ende des kurzen Gefangenenlebens viel zu schwer, noch die eigene, angezüchtete Fleischmasse zu schleppen – ums Verrecken nicht…

Dennoch spielt die **Bio-Mast** eine minimale Rolle: 2012 wurden erst 0,8 % der Masthühner in Öko-Haltung groß.
Dabei sind die Argumente überzeugend: Neben Tierwohl und ▸Naturschutz weisen Bio-Masthühner auch die **bessere Fleischqualität** auf: durch Bewegung, anderes Futter und eine längere Lebensdauer.
Die Rahmenbedingungen für die Bio-Mast sind einmal in der ▸EG-Öko-Verordnung (sog. **EU-Bio**) und dann in den Vorschriften der ▸Anbauverbände geregelt, die in allen Belangen die strengeren Standards setzen: Sie machen im Gegensatz zu EU-Bio die ▸Umstellung des ganzen Betriebs zur Pflicht. Pro Hektar und Jahr dürfen 240–280 (bei EU-Bio: 580) Tiere gehalten werden, 50 % des Futters muss vom eigenen Betrieb stammen (die EU macht keine eindeutigen Vorschriften). Die **Lebensdauer** der Masthühner ist bei allen Bio-Haltern jedoch mit 70–90, sogar 150 Tagen erheblich länger, das Fleisch dadurch nicht zuletzt von deutlich festerer Konsistenz als das der sonst üblichen Turbo-Broiler. Andererseits sorgt u. a. dieses längere Leben auch für einen tendenziell höheren ▸**Carbon Footprint** bei Bio. Da gilt es bei der Kaufentscheidung, das Wohl der Tiere gegen den ▸Klimaschutz abzuwägen!

Max Havelaar

Nota bene kein ▸Gütesiegel für Biolebensmittel, aber ein starkes Label mit stilisiertem Tukan für Endprodukte oder daraus Fabriziertes aus ▸**Fairtrade**, mit Rohstoffen ohne – womöglich ausbeuterischem – Zwischenhandel. Der **Bio-Anteil** schwankte 2012 zwischen geringsten 2 % (bei ▸Ananas) und vollen 100 % (▸Quinoa); beim Hauptumsatzbringer ▸Bananen sind schon 49 % ▸fair + bio, bei ▸Kaffee 42 %.

Namensgeber der Stiftungen bzw. Gesellschaften war **der fiktive Held** Max Havelaar aus einem Roman von 1860 – ein niederländischer Kolonialbeamter, der neben der miserablen Verwaltung auf Java die Unterdrückung der

Indonesier geißelte. Er stand hoch symbolisch Namenspate für die erste Fairtrade-Organisation in den Niederlanden, anno 1992 gründeten sechs Hilfswerke in der ▸**Schweiz** eine eigene Max-Havelaar-Stiftung – der bekannteste Ableger. Er agiert finanziell unabhängig im Rahmen der mitgegründeten FLO *(Fairtrade Labelling Organizations International).*

Arbeit und Ziel sind überzeugend: Kleinbauern und Lohnarbeiter aus sog. Drittweltländern, also benachteiligten Regionen des Südens, erhalten durch Max Havelaar erleichterten und v. a. **direkten Zugang** zu den Märkten der „entwickelten Staaten". Schweizweit waren 2013 schon 2 000 Produkte zu kaufen, der Umsatz stieg von 2011 auf 2012 um 14,3 % – auf dann **375,5 Mio. Franken.** Neben stabilen und garantierten Mindestpreisen erhalten Bauern und Arbeiter eine zusätzliche „Fairtrade-Prämie", die für demokratisch bestimmte sowie stets gemeinnützige Projekte zu verwenden sind.

Die an den internationalen FLO-Richtlinien ausgerichtete Vergabe des fairen Logos erfolgt wie bei ▸Trans-Fair gegen Lizenzgebühr an Importeure, Verarbeitungsbetriebe und Händler. Jährliche **Kontrollen** überwachen das Einhalten der Kriterien, die u. a. auch den Umwelt- und Grundwasserschutz beinhalten.

Zwar ist ▸**integrierter Anbau** Standard und ▸ökologischer Landbau keine Bedingung für das Label – eine **„Bio-Prämie"** schafft aber Anreize, die wachsende Nachfrage zu stillen.

Nota bene: Seit 2013 jedoch bot Max Havelaar faire Rohstoffe auch für konventionelle sog. Mischprodukte an – offiziell die ansonsten ohnehin „normal" vermarkteten Überschüsse. Man wolle aus der Nische in den Massenmarkt, hieß es, weil dann wiederum massenhaft Prämien nützlich würden. Für **Skeptiker** bedeutet der neue Schritt aber eine Verwässerung des Images: Möge da kein falsches Echo stören, das „unfair" klingt!

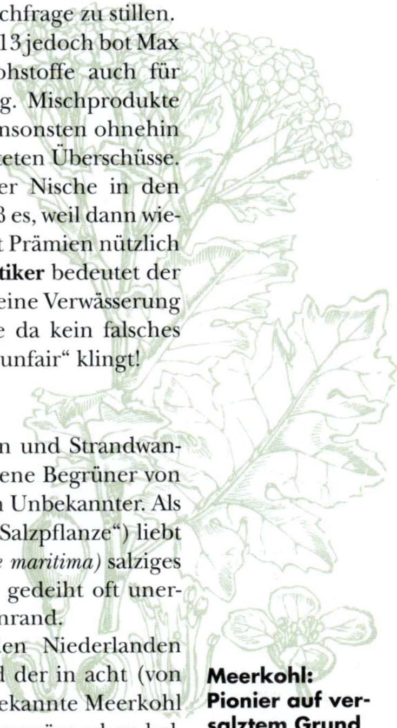

Meerkohl

Staudenliebhabern und Strandwanderern ist der seltene Begrüner von Meeresküsten kein Unbekannter. Als **Halophyt** (wörtl. „Salzpflanze") liebt Meerkohl *(Crambe maritima)* salziges Grundwasser und gedeiht oft unerkannt am Gezeitenrand.

In Frankreich, den Niederlanden und England wird der in acht (von etwa 40) Sorten bekannte Meerkohl als **Feinschmeckergemüse** schon kultiviert und des Geschmacks und Aussehens wegen durch Abdecken (wie ▸Spargel) gebleicht. Im Fachhandel ist schon ökologisches ▸Saatgut zu

Max Havelaar: Fairstmögliche Preise sowie Prämien zur Hebung von Produktions-, aber auch Lebensstandards in der „Dritten Welt"

Meerkohl: Pionier auf versalztem Grund und inzwischen ein Gourmetgemüse von Küsten und aus Anbau

haben, kultivierter **Bio-Meerkohl** jedoch ein absolut seltenes Angebot. Von ▸Wildsammlung ist abzusehen: Die so selten gewordene winterharte Staude ist in Deutschland geschützt und darf **nicht gepflückt** werden!
Als Quasi-Spargelkonkurrent hat der Echte Meerkohl den Vorteil, dass er schon ab März geerntet wird. Spitzenköche tischen dann die „fleischigen" Sprossen als ausgesprochenes Gourmetgemüse an, mit raffiniertem Gout von Spargel und Brokkoli. **Hobbyzüchter** haben den Meerkohl schon weit im Inland erfolgreich auf Normalböden kultiviert, erstaunlicherweise ohne mit Salz zu „düngen". In den Niederlanden läuft ein wissenschaftlich begleiteter Anbauversuch, bei dem man – ähnlich wie beim ▸**Queller** – mit dem robusten Gemüse eine Lösung für das globale Problem von versalzenden Ackerflächen zu finden sucht. Meerkohl ist zwar auf reichlich Kompost und Handarbeit angewiesen, dankt es aber mit knackigen und gesunden Stangen. Die sind v. a. reich an Vitamin C, ▸Glucosinolaten, Calcium, Magnesium und Ballaststoffen. Und vor dem Garen in Salzwasser müssen sie noch nicht einmal geschält werden! **Die jungen Blätter** sind ähnlich wie Kohl verwendbar – und man erkaut tatsächlich eher Meer. Möge das Nachfragen von ▸Bio-Gourmets bald ein Bio-Angebot provozieren!

Meerrettich: Nur weil wir so scharf auf ihn sind, amüsiert sich Mutter Natur und beißt gern zurück

Meerrettich

Der so scharfe Verwandte von ▸Kohl und ▸Senf ist gar kein ▸Rettich, hat aber vergleichsweise und namenskonform dessen Schärfe bis ins **beißendste Extrem** gesteigert. Seine starken Pfahlwurzeln gibt es natürlich in Bioqualität, ob nun frisch oder gerieben im Glas – nur dann ohne konventionelles Nachhelfen mit ▸Schwefel zur ▸Haltbarmachung.
Zigtonnenweise werden die gelblichgrauen, dicklich-langen Wurzeln vom Meerrettich (österr. **Kren**) als regionale ▸Sorten in Franken, im Spreewald oder im Alten Land bei Hamburg mit dem sog. Handroder aus dem Boden gezogen. **Bio-Meerrettich** stammt allerdings meistens aus Süddeutschland.
Erntezeit und damit Beginn der ▸Saison ist der Herbst, zuvor aber kann man, wie in Asien verbreitet, durch die noch jungen **Blätter** von Meerrettich schon mal auf den Geschmack kommen (nach Überbrühen, salziger Schichtung für zwölf Stunden und dann in Öl gebraten).

Mehl: Biobrotbäckerei bleibt beste Handwerkskunst ohne Mehlbehandlungsmittel und mit selbst gemahlenem Getreide

Die ursprüngliche Schärfe vom Gewöhnlichen Meerrettich *Armoracia rusticana* lässt sich sogar aus der Natur holen (▶**Wildsammlung**) – dort, wo Säume von ▶Wildkräutern und Stauden am Wegesrand, Feldrain wie Bachufer ihm gut tun. Ganz wie dem oberscharfen und verwandten grünlichen sog. Japanischen Meerrettich namens **Wasabi** (in Europa jedoch eher als konventionelle Simulation verkauft, also unecht aus gefärbtem „Normal"-Meerrettich mit Senf).
Echter Meerrettich, der immerhin bis zu 125 cm hoch wächst, ist an den weißen Blüten und großen Blättern leicht zu erkennen, beides ist ein interessanter **oberirdischer Genuss**, von Mai bis Juli sind auch die Blüten als Tellerdekoration essbar und schon von bemerkenswerter Schärfe.
Später im Jahr lohnt dann Kauf wie Selbst-Ergraben der Wurzeln, die allein schon roh schmecken; frisch und dabei **tränentreibend** gerieben schärfen sie weiße Saucen, ▶Brotaufstriche wie ▶Frischkäse oder können in Gemüse mitgekocht werden. Und aus Bio-Keimsaaten lassen sich zu Hause ▶**Sprossen** mit herzhafter Meerrettich-Pikanterie ziehen!

Mehl

Gut Mehl, gut Brot! So schlicht und einfach schmeckt der alte Spruch dem Volksmund. Gut Bio-Mehl gilt umso mehr, denn dazu kommt nur ▶Getreide aus ▶ökologischem Landbau in und aus ebenfalls **biozertifizierten Mühlen**: ohne ▶Pestizide groß geworden, ohne ▶Rückstände von Unkraut- oder Schädlingsvernichtern geerntet, gelagert ohne Chemiegifte. Biobäckereien mahlen meist sogar noch frisch und selber, können dem frischgemahlenen Mehl damit noch die so nötige kurze Ruhe gönnen (nach dem **Mahlschock** reagieren die Mehlfraktionen neu). Und sie mahlen sogar erwünscht und später selbst erkaubar etwas gröber als hochprofessionelle Bio-Mühlen. Beide achten für ihre **Bio-Mehle** darauf, dass es aus ▶Vollkorn ermahlen wird: passagenweise zerkleinert, gesiebt, gesichtet und vermahlen, ohne dass dabei Randschichten oder Keimlinge aussortiert werden.
Bei **Vollkornmehl** wird meist keine sog. Type deklariert; es trüge Zahlen ab 1 700 (also

Bio-Mehl: Je höher die Type-Zahl – sogar bis 2 000 – desto mehr Anteile aus den Randschichten des Korns als Ballaststoffe

Mehl: Mahlgrade entscheiden über volle oder eben minderere Wertigkeit bei (links) Weizen-, Roggen- (Mitte) oder Reismehl (rechts)

mit 1,7 g Mineralstoffasche in 100 g Mehl nach Laborverbrennung) ist bestens ▸vollwertig und Tradition in der Biobäckerei. Es hat noch alle Vitamine, Mineralien, ungesättigten ▸Fettsäuren, Ballaststoffe und sekundären Pflanzenstoffe des ▸Korns.

Backen mit Bio-Mehlen fordert jedoch etwas Erfahrung und Können, weil Öko-Getreide in der Regel einen geringeren Gehalt an sog. Kleber und so weniger gute Backeigenschaften besitzt, die es dann auszubalancieren gilt – etwa durch sog. **Mischausgleich** (mit Backschrot z. B., ein Mehl ohne Keimling also).

Ökologische Mehlqualität und spätere Teigführung sind so anerkennenswerte ▸artisanale **Handwerkskunst**, werden jedoch kontinuierlich weiter beforscht, denn die Nachfrage nach ökologischen ▸Backwaren ist groß. Biobäcker der ▸Anbauverbände betonen da, sie würden die Arbeitsweise dem Mehl wie dem Teig anpassen – nicht umgekehrt. Derlei wäre künstlich möglich, sogar in der ▸EG-Öko-Verordnung erlaubt: Eben mit ▸Emulgatoren, ▸Enzymen sowie anderen Hilfen.

Sondermehle: Es muss nicht immer rieselfeines Standardmehl sein, Exotensorten oder mal gänzlich glutenfreie neue Gemüsemehle wie von Kichererbsen sind spannende Entdeckungen

Bio-Hersteller neiden ihren konventionellen Kollegen nicht all die sog. **Mehlbehandlungsmittel** ab Mühle, durch die Backerzeugnisse auch noch dank allerlei tricky Teigzutaten nur äußerlich stets gelungen wirken.

In Tests für das Öko-Geschmackssiegel schnitten zwei Bio-Toastbrote aus 100 % Vollkornmehlen, beide ohne Weizenmehl, gegen konventionelle Toastbrote (mind. 90 % Weizen) geschmacklich **deutlich besser** und im Biss durch wünschenswert gröbere Bestandteile positiver ab. Insgesamt aber dominiert im Durchschnittsverbrauch der Deutschen das Weizenmehlige mit knapp 71 kg pro Kopf im Jahr 2011. Roggenmehliges dagegen kam nur auf fast 9 kg, jedoch mit stark zunehmender Tendenz.

Umso besser, dass Bio-Müller das giftige **Mutterkornproblem** im ▸Roggen längst durch verbessertes Auslesen gelöst haben.

In Bioläden gibt es neben der Vielfalt von Mehlen aus echten auch solche von sog. Pseudogetreiden oder anderen pflanzlichen und ▸**glutenfreien** Quellen. Üblich geworden ist Mehl aus ▸Hanf, Kastanien, ▸Kichererbsen, ▸Mais, ▸Quinoa, ▸Reis, ▸Soja oder dem kleinhirsigen Teff.

Allerdings: Vollkornmehl hält sich wegen des so ölhaltigen Keimlings weniger lange, höher ausgemahlenes Mehl (mit niedrigerer

Typenzahl) wiederum länger. Lagern senkt à la longue die Backfähigkeit und erhöht den Schädlingsbefall. Und: Mehle nehmen Geruch an.

Nota bene: Wenn sie neben Bio- auch konventionelle Ware vermahlen, müssen Bio-Müller zuvor gründlichst reinigen und sicherstellen, dass danach ▶**Verunreinigungen** ausgeschlossen sind. Denn so kam Anfang der 2000er-Jahre der nur konventionell eingesetzte sog. Halmverkürzer **Chlormequat** ausgerechnet in Bio-Mehle. Aktuell schlimmer sind Spuren vom Herbizid ▶**Glyphosat**, das Beikräuter vergiften und die ▶Reife beschleunigen hilft. Erst 2013 fand ▶ÖKO-TEST bei einem Test von ausschließlich konventionellen Getreideprodukten Glyphosat in vier von fünf Weizenmehlen, acht von zehn Körnerbrötchen und zwei von fünf getreidigen ▶Flocken!

Melonen: Der Klopftest verrät, wie schalendünner die Innenreife zur wasserreichen Saftigkeit ausfiel

Melonen

Für Kenner zählen die botanischen Riesenbeeren als Früchte vom Kürbisgewächs zum sog. **Fruchtgemüse**. Sie sind für Genießer eher aber Riesenkugeln eines risikoreichen Geschmacksroulettes: Nie weiß man vorher sicher, ob denn die hartschalige „Panzerbeere" optimale ▶Reife erfuhr. Hörbares Anzeichen ist hier das **Klopfecho**: Je genussfertiger die Melone, desto „singender" klingt sie. Ketzer behaupten, vollreife Volltreffer und unreifer Durchschnitt stünden im Verhältnis 1 : 50. Immerhin werden Melonen dank ihres Ethylens auch nach Ernte oder Kauf noch saccharose-süßer und besser.

Ungeschlagen sind hier die **Zuckermelonen** *(Cucumis melo)*. Aus ihrer mit über 500 Sorten verblüffend großen Vielfalt werden zumeist Cantaloupe-, Charentais-, Galia-, Honig- und Netzmelonen angeboten. Sie sind reich an Kalium, Beta-Carotin und Vitamin C, mit einem etwa 85 %igen Wasseranteil werden sie bis zu 4 kg schwer. Stolze 25 kg können die entfernter verwandten rotfleischigen **Wassermelonen** *(Citrullus lanatus)* erreichen. Sie bestehen zu 95 % aus Wasser, enthalten weniger Vitamine und Mineralstoffe als die Sorten von *Cucumis melo*, sind dafür aber bei geringerem Zuckeranteil auch deutlich kalorienärmer.

Importmelonen aus konventionellem Anbau gibt es fast das ganze Jahr über – aufgrund hohen Wärmebedarfs und ihrer Aufzucht ohne sog. Wachstumsbeschleuniger gedeihen

Melonen: Eigentlich nur essbares süßes Obstwasser und in Bioqualität mit der besonders kurzen Saison

Bio-Melonen nur während einer vergleichsweise kurzen ▸Saison. Etwa von Ende April bis September kommen sie aus dem ▸Freilandanbau in Nordafrika, Spanien und Frankreich zu uns. Entsprechend groß ist der Preisdruck – und umso bemerkenswerter die Beliebtheit von Bio-Melonen, die in den letzten Erfolgsjahren bis auf Platz 9 des meistverkauften Bio-Obstes vorrückten (2012). Ein Grund dafür könnte sein, dass Melonen aus **„Normalanbau“** immer wieder mal durch erhöhte ▸Rückstände von ▸Pestiziden auffallen.

Melone: Eigentlich eine Riesenbeere mit besonders hohem Wasserbedarf und ganz eigener heikler Nachreifedynamik …

Dieses Dilemma kennen Bio-Melonenbauern nicht, weil sie ohnehin ohne arbeitserleichternde synthetische ▸Pflanzenschutzmittel auskommen müssen. Sie betreiben viel Sonderaufwand: Bio-Melonen müssen als Bodenranker öfter mit der Hand nachbestäubt werden und wollen regelmäßig durchgehackt sein. Auch die Ernte erfolgt **selektiv** anhand von Proben und nicht wie bei konventioneller Sammelei mit Abreifebeschleunigern (störender Blätter wegen) und nach Makellosigkeit. Denn da bleibt öfter jede 5. „Beere“ liegen: Sünde!

An Sünde beim Melonenanbau – ob konventionell oder Bio – grenzt auch der **Wasserverbrauch**: bis zu 400 Liter pro Frucht! Besonders in Spaniens Hauptanbaugebiet für Obst und Gemüse, der Wüste von Almería, führt das zu massiven Grundwasserabsenkungs- und Umweltproblemen.

Nota bene: Bedenklich war 2011, dass ▸Monsanto auf eine herkömmlich erzüchtete, virusresitente Melone indischen Ursprungs ein umstrittenes ▸**Patent** erhielt, sodass nun für jeglichen Nachbau aus dem ▸Saatgut zu löhnen wäre. Auch Syngenta ließ sich bereits sein Zuchtergebnis patentieren: eine süßsaure indische Melone. Anfechtungen laufen noch.

Miesmuscheln

Was für bequeme, nahrhafte, noch erschwingliche Tierchen! Exemplare der Gattung *Mytilus* machen sich in gut durchströmten Küstengewässern unentrinnbar sesshaft, brauchen als Nutztiere **kein Extrafutter** und lassen sich lebend schalenverpackt ohne Gegenwehr bis an und in den Kochtopf transportieren. Miesmuscheln sind unter den sog. Mollusken (▸Muscheln) ein hartes Geschäft: China ist Marktführer, gefolgt von Spanien mit seinen **Miesmuschelfarmen** als weichtierige ▸Aquakulturen vor der Atlantikküste. Denn nach Jahrzehnten allzu intensiver Ab-Ernterei von natürlichen Habitaten („Bänken“) gibt es *Mytilus* aus derartiger ▸Wildsammlung kaum noch. Allein die deutschen Wildbestände schrumpften laut ▸WWF bis 2013 auf **nur noch 10 %**!

Dabei vergibt eine Muschel pro sog. Brutfall bis zu 12 Mio. Eier und baldige Larven ins Meer. Das Gewimmel will sich schleunigst mit seinen sog. Byssusfäden an irgendetwas festhalten, ehe es als Treibgut gefressen wird – und da lassen sie sich gerne **Langseile** oder Pfähle anbieten (deshalb der Beiname Pfahlmuschel). Die Leinen hängen von Flößen viele Meter in die Tiefe und werden von den

Larven dankbarst besiedelt. Da Miesmuscheln zwar Halt, nicht aber Zufutter brauchen, belastet ihre Aufzucht die Umwelt ohnehin geringer als die Aquakultur von Fischen in offenem Gewässer und macht sie damit eigentlich zu einem **perfekten Biotier-Kandidaten**. Dennoch gab es vor 2009 nur privatrechtliche Richtlinien für Bio-Muscheln – vom ▸Anbauverband ▸Naturland. Erst dann kam die Erweiterung der ▸EG-Öko-Verordnung um amtlich definierte ▸ökologische Aquakultur.

Bio-Miesmuscheln stammen aus Gewässern mit höchster Qualität; die Betriebe dürfen keinerlei Übernutzung betreiben. Der Biotier-

Grundsatz von geringerer Besatzdichte führt dazu, dass pro m² nur ein Seil von max. 20 m Länge vom Floß ins Wasser gehängt werden darf. Und Miesmuschelsaat kann nur **von natürlichen Muschelbänken** entnommen werden, wenn diese nicht dadurch geschädigt werden.

Ob Bio oder nicht: Um solche „Zuführungen in die Aquakultur aufgrund von Wildfängen" (in Deutschland 2012 immerhin insg. 1,56 Mio. t Miesmuscheln) gab es Anfang 2013 viel Aufregung. Der WWF und die Schutzstation **Wattenmeer** hatten per Prozess erwirkt, dass der etwas heikle Import von jungen Miesmuscheln aus standortfremden Gebieten verboten wird. Ob nun die schleswig-holsteinische Muschelfischerei ausstirbt, wird sich zeigen, wenn alle Polemik der Analyse Platz gemacht hat. Bio-Miesmuscheln und konventionelle aus **Hänge- oder Pfahlkulturen** generell nennt der Fischführer von ▸*Greenpeace* „noch empfehlenswerte **Ausnahmen**" – für wilde aber gilt: „Nicht empfohlen"!

Nota bene: Als Filtertierchen nehmen Miesmuscheln rasch ▸Schadstoffe aus dem Wasser auf, werden seit Jahrzehnten entsprechend streng und notwendigerweise kontrolliert. Private Sammelei also lieber lassen!

Miesmuscheln: Fast alle stammen inzwischen aus Aquakulturen und sind zunehmend biobesiegelt

Mikroorganismen

Ausgerechnet die allerkleinsten Lebewesen sind die größten Fleißlinge der Evolution. Sie waren vor 3,8 Milliarden Jahren die Ersten auf Erden, sind immer noch da, und da, wo sie sind, meistens höchst hilfreich und nur **in Minderheit bösartig**: als pathogene ▸Keime. Dann machen sie den Menschen krank (konkret etwa als ▸Aflatoxine, ▸EHEC, ▸Listerien, ▸Mykotoxine, ▸Salmonellen), gleichzeitig verhelfen sie ihm als **Hilfsstoffe** zu sonst nie gelingbaren Makroprodukten: Bier, Wein, Essig, Brot, Kefir, Joghurt, Käse, einfach so.

Was mikroorganismenhaft rumgiftet, wird heute **bekämpft**: lähmend durch Schutzgas, ▸Bestrahlung, den Garaus machend durch Hitze, Gefrieren, ▸Trocknung, Salzen, Säuern

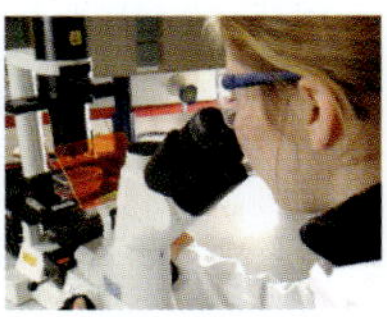

Mikroorganismen: Erst unter dem Mikroskop im Labor kommen sie groß raus – mehrheitlich als nützliche Helfer und immer mal wieder auch als höchst boshafte Erreger

oder abwehrend durch antimikrobielle Beschichtungen. Gezähmte und optimierte Mikroorganismen sind als ▸**Schimmelpilze** mal Spezialisten für Käsetypen, mal für die Salamireifung; sie verzehren ▸Schadstoffe oder sondern hocheffektiv Einzelstoffe, Vitamine oder gezielt pharmazeutisch Brauchbares ab.

Natürlich sind die Winzlinge **bei Bio** willkommen, wenn sie nicht aus kontaminierten (konventionellen) Substraten stammen oder gentechnisch verändert sind (für so bandwurmige **Biomikroorganismenkulturen** gelten in der ▸EG-Öko-Verordnung genaueste Regeln). Sie sind auch bei Bio-Herstellern so emsige enzymatische Helfer als Pilze alias ▸**Hefen** oder als Milchsäurebakterien beim Umwandeln von Milch, Säuern von Gemüse (▸**Milchsaures**), Röten und Pikantieren von Wurstwaren, beim Gären oder ganz generell beim Konservieren und ▸Haltbarmachen dienstbar. Wirkung haben sie auch bei Bodenverbesserung, als pflanzenschützende ▸**Nützlinge** und bei der biologischen Schädlingsbekämpfung.

Mikroorganismen: Sind es die guten, können es etwa brav züchtgeduldige Hefen im Labor sein (oben) oder die fleißigen Gärhelfer im Keller wie beim Rioja-Wein

In all ihrer Unsichtbarkeit schaffen Mikroorganismen allerlei **Hygieneprobleme** (▸HACCP), wenn sie wild siedeln oder feuchtere Milieus kontaminieren. Schließlich sind sie ubiquitär, also überall vorhanden: im Boden, Tierkot, auf Schlachtkörpern und bei Nachernteprozessen. Solche Verschleppungen sorgen immer mal wieder für **Alarm** – unvermeidlich auch bei Bio, nicht aber vermehrt, wie einst geketzert wurde (▸Bio-Bashing). Generell ist Bioware **nicht** stärker mit Keimen belastet als konventionelle, allenfalls ab MHD schneller verderblich, weil viele konventionell gängige ▸Konservierungsstoffe untersagt sind. Studien wiesen für Biogemüse sogar „eine deutlich höhere antimikrobielle Wirkung“ nach.

Nota bene: Sog. Effektive Mikroorganismen haben mehr Marketing- an als Wahrheitszauber in sich: Die Wirkung der „japanischen Mischung“ (im Wesentlichen altbekannte Milchsäurebakterien) als Boden-, Vitalitäts-, Wasser- und Futterverbesserer ist wissenschaftlich noch unbewiesen.

Milch

Als Bio-Milch, die nicht „H“ wurde, schmeckt sie vollaromatisch anders, besser und überhaupt: Ihre Spenderin wurde nicht auslauflos groß, ihre

Quelle ist sauber, ihr Verarbeitungsgrad gering, ihr erhöhter Preis, gern mal freiwillig, ▸ fair genug. Dennoch ist **ihr Anteil** noch bescheiden: 2,3 % der deutschen Milchproduktion, mit 670,9 Mio. l von rund 30 000 Mio. l Milch stammten 2012 von ▸ Milchkühen aus ▸ ökologischer Tierhaltung. Bei Konsummilch waren es **immerhin 4,7 %**, geliefert an und von nur dreißig Bio-Molkereien.

Die brav fressende und ihr Euter füllende Kuh kann nichts für manches Milchdilemma: Nur in ▸ artgerechter Haltung wird ihre Milch nun mal die bessere **„Weidemilch"** dank der Grünfutterverwertung. Konventionell Ermelktes ist im Normalfall weniger inhaltsreiche **„Stallmilch"** (58 % der Gemolkenen bleiben sogar lebenslänglich auslauflos drinnen) durch Kraftfutter (Mais-, Soja-, Getreide-, Rübenschnitzsilage).

Das ▸ **Futter** macht den ersten entscheidenden Unterschied: Milch nach Grünfütterung enthält neben anderen Bestandteilen im Milchfett (etwa bis zu 75 % mehr ▸ Antioxidantien) bis zu zweimal mehr ▸ **Omega-3-Fettsäuren**. 2006 fand ▸ *Greenpeace* die höchsten Gehalte in **Bio-Milch aus Bergregionen**, eine Untersuchung von ▸ ÖKO-TEST zeigte 2013, dass nur eines von fünf getesteten Bioprodukten „etwas zu wenig Gras im Futtermix" aufwies – bei konventionellen Milchprodukten waren 70 % „wiesenfern" erzeugt. Bei Bio-Kühen ist zudem garantiert **kein ▸ GVO** im ohnehin nur begrenzt erlaubtem Zusatzfutter denkbar, bei konventionell gehaltenen Kühen jedoch (v. a. als ▸ Gen-Soja) stets möglich, öfter gar wahrscheinlich – es sei denn, eine ▸ gentechnikfreie Fütterung wird ausdrücklich beworben!

Bio-Milch: Sie schmeckt in ihrer Naturbelassenheit deutlich besser als Gemelk aus der hocheffektiven üblichen Molkereiraffinerie ...

Den zweiten entscheidenden **Unterschied** sieht und schmeckt man: Bio-Milch wird entweder gar nicht (wie bei ▸ Demeter grundsätzlich, bei der sog. ▸ Vorzugsmilch ohnehin) oder bio-generell nur zu höchstens 30 % **homogenisiert**, rahmt also frisch noch etwas auf, wirkt und ist genießbarer auch rahmiger. Bei „normaler" Milchbehandlung wird brutaler homogenisiert und der Nährwert stark verschlechtert. Denn die einheitlich kleinen **Fettpartikel** können durch höhere Eiweißbindung zur Überschwemmung durch „Überforderung" des Milchfettverdauungssystems führen. Die dritte Beeinträchtigung folgt durch die **thermische Behandlung**, aus der fragwürdige Milch-Typen, auch

Bio-Milch: Die artgerechte Haltung ihrer Erzeugerinnen ist der EU stolze Promotion wert

für Bioläden, hervorgegangen sind. Dennoch haben sich **Konsumenten** längst an den Geschmack fettreduzierter und mehrfach pasteurisierter, dadurch **bis zu 7 Tage** haltbarer Milch gewöhnt. Und deren Ultrafiltration und direkte/indi- rekte Erhitzung führt zur noch einmal länger haltbaren ▸**ESL-Milch** (12–21 Tage) – an der Spitze denaturierten Gemelks steht aber das Ergebnis von UHT *(Ultra High Temperature)*: die **H-Milch**, 3–6 Monate haltbar und trotz Kochgeschmack so *convenient* wie beliebt. Damit aber ist die milchmögliche Euterqualität im Eimer.

Ob das etwas angekratzte Image der **„Industriemilch“** mit Bio gesunden kann, werden Konsumenten mitentscheiden. Irritieren könnte sie, dass u. a. beim Ökomonitoring immer wieder etwas höhere Werte von ▸**Dioxinen** und dioxinähnlichen PCB in Bio-Milch gefunden werden. Diese ▸Rückstände sind jedoch der kuhfreundlichen Auslaufhaltung geschuldet, denn auf der Wiese werden ubiquitäre ▸Schadstoffe nun mal mitverputzt. Außerdem werden zulässige Höchstmengen nie überschritten.

Milch: Aus ihrem Eiweiß kann sogar Fleischersatz werden – wenn auch kein veganer

Nota bene: Abbildung oder Versprechen auf Verpackungen von Milch mit „Weide“, „Wiese“, „Grünland“, „Alm“ sind – wenn nicht Bio – in der Regel tatsächlich Mogelpackungen. In ▸Österreich allerdings ist **„Heumilch“** ein gültiges Label für kontrolliert „silofreie“ Gras-/Heufütterung, allenfalls mit Getreideschrot!

Milchersatz

Erst seit Ende der 1980er-Jahre erlaubtes **Kunstmilchprodukt**, seit das deutsche Reinheitsgebot für ▸Milch und Milchprodukte mit alleinigem Namensrecht zugunsten des freien Warenverkehrs vom Europäischen Gerichtshof gekippt wurde.

Seitdem gibt es zahllose milchig aussehende Alternativen zum Gemelk – aber „Milch“ darf derlei immer noch nicht heißen, **amtlich** ist Milchersatz aus Getreide oder Hülsenfrüchten „nur“ ein **Getränk oder Trunk oder Drink**. Der hat aber längst kein Ersatz-Image mehr verdient: Insbesondere ▸Sojamilch, ▸Reisdrinks und Variationen aus ▸Hafer haben sich nicht nur bei kuhmilchabstinenten ▸Veganern durchgesetzt, auch Menschen mit Lactoseintoleranz, ▸Flexitarier oder Milcheiweißallergiker haben die lange als **„Als-ob“-Produkt** verpönte Pflanzenmilch für sich entdeckt – und können sie inzwischen sogar im ▸Supermarkt kaufen. Das klassische Sortiment ergänzen Neuentwicklungen mit ▸Dinkel oder ▸Mandeln, auch **etablierte Drinks** erweitern durch Vanille-, Schoko- oder Erdbeernote ihren eher getreidigen oder mal bohnigen Grundgeschmack.

Das **Milchersatzverfahren** ist einfach: Pflanzliche Eiweiße werden mit geeignetem pflanzlichen Fett (etwa Kokos- oder Palm-

Milchersatz: Wenn „Milch" nur die Farbe und Konsistenz meint, stehen vielerlei „Milche" im Regal von Bioläden, nicht nur aus Hafer, Reis oder Dinkel

fett) bzw. ▸Speiseölen emulgiert. Im Biobereich haben Milchersatzkreationen eine gewisse Tradition und verbuchten jüngst ein zweistelliges Wachstumsplus.

Denn **in Bioqualität** stammen sie von verlässlichsten Rohstoffen und werden schonend verarbeitet: Die hilfreichen ▸Enzyme sind garantiert ▸gentechnikfrei (immer wichtiger v. a. bei ▸**Soja**!), isolierte Zusätze wie bei konventionellen Drinks sind so verboten wie Ersatz von Gewürzen durch Aromen. Insbesondere die ohnehin süßliche fermentierte Getreidemilch bleibt zwar meist ungesüßt, aber wenn aromatisiert wird, dann bei Bio nur **mit natürlichen Zutaten**. Der Einsatz der Rotalge ▸Carrageen als ▸Stabilisator ist auch bei Bio erlaubt, aber umstritten – da gibt die ▸Zutatenliste Auskunft.

Um die **Milchigkeit** der Drinks auch im Nährwertsinne zu betonen, wird vielen Varianten **Calcium** zugesetzt, welches bei Bio-Milchersatz dann nicht aus dem Labor, sondern von ▸Algen stammt. Selbst ▸Omega-3-Fettsäuren im Mandeldrink helfen Veganern wie ▸Vegetariern dabei, sich die Nährstoffe aus pflanzlicher Quelle zu ertrinken – und das in der Tat ▸**nachhaltig**, denn Sojamilchs ▸Carbon Footprint ist fünfmal kleiner als die Alternative von der Kuh!

Nota bene: Milchersatzdrinks gelten in Deutschland nicht als Nahrungsmittel des täglichen Bedarfs und werden **mit 19 %** mehrwertbesteuert, während für Milch 7 % gelten; zahlreiche Initiativen kämpfen seit Jahren gegen dieses Ungleichgewicht.

Milchkuh

Kaum hat sie gekalbt, steht Mutter Kuh im konventionellen Normalfall schon wieder **ohne Nachwuchs** da und kann fortan nichts anderes mehr tun, als fressen und mägenreich ihr ▸Futter vereutern. Dieses Schicksal traf in Deutschland 2013 jedes dritte ▸Rind – als eine von **4,3 Mio.** spezialisierten Milchkühen. Nur, wenn sie in seltener Mutterkuhhaltung oder in ▸ökologischer Tierhaltung leben (knapp 3,5 %), haben sie auch die Chance, ihre ▸Kälber wenigstens ein paar Wochen zu behalten. Anderswo gibt es sog. Milchaustauscher für den Nachwuchs, und Mutters ▸Milch wird stattdessen vermarktet.

Denn das Gemelk und alle Produkte daraus sind heute ein **Riesengeschäft**,

Milchkuh: Umso besser, wenn sie aus kleineren Beständen kommt und ihr Biobauer sie gar beim Namen kennt und nennt

Milch, fair: Biobauern ist der bessere Preis gegönnt, auch konventionelle Initiativen wollen fair zu den Milcherzeugern sein

das allerdings durch Preisverfall und Überschüsse so viel **ruinöse Konkurrenz** erzeugte, dass sich die Zahl der Milchviehbetriebe zwischen 1992 und 2012 in Deutschland um zwei Drittel auf etwa 85 000 verringert hat.

Obwohl auch die Bestände sinken, wuchs der **„Milchsee"** weiter – kein Wunder. Denn ließen sich im 19. Jahrhundert 1 000–1 500 l pro Jahr händisch ermelken, vereutern Spitzentiere heute die zehnfache Menge und mehr. Selbst für **Bio-Milchkühe** sind 6 000–9 000 Jahresliter möglich, obwohl sie wegen der ▸artgerechten Fütterung mit Grünem und entsprechend weniger Kraftfutter und ▸Mais **bis zu 20 % weniger** Milch geben.

Umdenker auf konventionellen Höfen entwickeln aber langsam neue Ideen, die jenen der Öko-Haltung ähneln: Dass die **Lebensleistung** statt der jährlichen Milchleistung zählen sollte. Obwohl sie zwanzig Jahre alt werden können, kommen Kühe der drei beherrschenden Milchrassen (zusammen 90 %) heute nach kaum mehr fünf Jahren „Nutzung" zum Schlachthof. Das ist auch auf Biohöfen nicht viel anders. Inzwischen wollen viele Bio-Züchter aber das sog. **Zweinutzungsrind** wieder etablieren. Diese Tiere sind nicht nur robuster – sie würden auch das Schicksal männlicher Nachkommen von stark milchbetontem Rassevieh ändern: gleich nach der Geburt zu Tierfutter zu werden oder nach nur 50 Tagen als sog. Wurstkälber geschlachtet zu werden. Untersuchungen der LfL *(Bayerische Landesanstalt für Landwirtschaft)* zeigten außerdem, dass für die gleiche Menge an Milch und ▸Fleisch insgesamt **weniger Tiere** benötigt würden: ein Argument für den ▸Klimaschutz.

Für Biobauern ist Milch ein lohnender Absatzzweig. Leistungseinbußen und Kosten für die Öko-Tierhaltung machen sie dank der höheren **Preise** wett. Die Qualität der Bio-Milch spricht eben für sich, auch wenn sie 2012 als „Konsummilch" (aus dem Kühlregal) erst 4,7 % ausmachte.

In der einst heftig kritisierten Milchkuhhaltung scheint sich generell ein Wandel **zum Besseren** (wenn auch nicht Guten) vollzogen zu haben. Zwar waren 2010 noch 27 % aller konventionellen Milchkuhhaltungen **Anbindeställe** (die selbst in Bio-Ausnahmefällen bis Ende 2020 erlaubt sind), größere Betriebe haben jedoch meist auf **Laufställe** umgestellt. Experten schätzten 2012 dennoch, dass nur 10 % aller Milchkühe regelmäßig auch auf die **Weide** kommen. Bei Bio-Milchkühen ist ganzjähriger Auslauf gesetzlich vorgeschrieben –

sie müssen sommers auf eine echte Weide. Denn neben dem artgemäßen Futter und mehr Platz im besser ausgestatteten Stall kennzeichnet ▸**Freilandhaltung** das Bioleben von Milchkühen, das eben artgerechter sein

Bio-Milch: Sie kommt nicht von Turbokühen mit Mega-Eutern, sie ist verwandeltes Grün- und kein Ersatzfutterprodukt

soll. Am konsequentesten versucht man das bei ▸Demeter, wo die bei Bio ansonsten (unter Auflagen) tolerierte Enthornung verboten ist und die Kühe so die als wertvoller empfundene **„Hornmilch“** erzeugen.
Das Gegenteil von all dem spricht Bände und letztlich für Bio mit Augenmaß. Denn Experten auf dem Deutschen Tierärztetag befürchteten 2009 schon eine noch einmal drastischere **Verkürzung der Lebensdauer** von „Turbo-Milchgebern“ auf nur noch zweieinhalb Jahre – dann lasse die Milchleistung so stark nach, dass die nutzlosen Tiere geschlachtet würden. Außerdem litten die Hochleistungskühe oft an verfetteter Leber, Lahmheit, Abnahme der Fruchtbarkeit und **Eutererkrankungen**.
Felix Prinz zu Löwenstein, der Präsident des ▸BÖLW, sah es 2010 so: „Wir müssen uns entscheiden, ob wir eine Landwirtschaft wollen, in der **Kühe wie Schweine** gefüttert und wie Hühner gehalten werden“.
Klingt paradox, ist aber Realität …

Milchsäure, Milchsaures

Egal, ob körperbevorzugt als L(+)-Milchsäure ▸rechtsdrehend oder abbaulangsamer ▸linksdrehend wie das L(-)-Pendant – mit ihr wendet sich alles zum Guten. Als $C_3H_6O_3$ und problemloser ▸Zusatzstoff mit der ▸E-Nummer 270 ist Milchsäure ein **stoffwechselndes Zwischenprodukt**, vollkommen in Wasser (oder Alkohol) löslich und auch für ökologisches ▸Food-Processing zugelassen. E 270 ist ein ▸Säuerungsmittel, wirkt aber auch als ▸Antioxidationsmittel und **▸Konservierungsstoff**: durch die Unterdrückung pathogener ▸Keime und ▸Haltbarmachung dank Absenkung des pH-Wertes. Das hilft bei der Rohwurstreifung – und Bio-Imkern gegen die gefährliche Varroa-Milbe.
All das sind Natureffekte der ▸präbiotischen bzw. **▸probiotischen** Milchsäurebakterien, die jene Milchsäuregärung segensreich in Gang bringen und dabei als sog. Lactat v. a. Zucker abbauen. Das ist die spontane, gewollte oder provozierte **▸Fermentation** unter Sauerstoffabschluss, an deren Ende mit etwas Salz (gegen Fehlgärung zu Alkohol) so allerlei leicht Säuerliches herauskommt.
Das bekommt unserem Stoffwechsel bestens: als Sauerkraut oder anderes eingelegtes Gemüse, in gesäuerten

Milchprodukten wie ▸Joghurt, Lassi oder ▸Quark, auch in **Enzymgetränken** wie Brottrunk, ▸Gemüsesaft, ▸Kefir, ▸Kombucha, gar ▸Limonade. Nicht zu vergessen ist **fernöstlicher Vergorenes** wie Kimchi oder der ▸Fleischersatz ▸Tempeh; populär bleiben ▸Sojasauce und die Sojapaste Miso.
Für Asiaten bedeutet milchsaures Einlegen **„feuerloses Kochen“**, also auch Temperaturschonung. Darin liegt denn auch der Unterschied zwischen **Bio-Anwendung** und konventioneller Routine: Dass die Wirkung der Gärung selbst (Zuckerumbau, Vitaminentstehung) nicht hitzig gestört oder wertloser gemacht wird.
Im Biobereich ist Milchsaures ein variantenreiches Traditionsangebot aus ökologisch angebauten Grund-

Milchsaures: Mit rechtem oder linkem Dreh machen willkommene Bakterien haltbare Pikanterien

stoffen mit wenig Zutaten (allenfalls Salz und Gewürze, kein Zucker, dessen Austauschstoffe oder zusätzliche Antioxiodantien) und in geringem Verarbeitungsgrad. Schönster Nebeneffekt von Milchsäure: Sie kann aus Pflanzlichem – wenigstens in Kleinmengen – **Vitamin B 12** für ▸Veganer bzw. ▸Vegetarier entstehen lassen.

Mineralstoffe: Netterweise lösen Pflanzen sie für uns aus sonst unverdaulichen Gesteinen und liefern so die täglich nötigen Minimengen

So viel des Guten hat auch seine **Schattenseite**: Milchsäure wird aus Mais oder Kartoffelstärke hergestellt, doch diese Rohstoffe sind nicht ausreichend aus ▸ökologischem Anbau zu haben. Also steckt bei Bio bislang meist ein konventioneller Gärhelfer drin. Synthetische wie gentechnisch veränderte Varianten sind aber **tabu**!

Mineralstoffe

Es sind keine Substanzen der lebenden, organischen Natur, sondern als **anorganische Mineralien** das Gegenteil. Man könnte sie schürfen, aber das hat Mutter Natur schon für uns getan und die Wasserlöslichkeiten sich verdünnisieren lassen, damit Tier und Pflanze etwas davon haben. Und wo wir Mineralstoffe **mitfuttern**, wirken sie dann auch in uns. Denn der menschliche Körper kann Mineralstoffe nicht selbst herstellen, er führt sie sich zu: aus ausgewogener Mischkost, selbst aus ▸Mineralwasser zur Genüge. Im gesunden Normalfall … Unentbehrliche sog. **Mikronährstoffe** brauchen wir teilweise so reichlich als sog. Mengenelemente (wie etwa Chlor, Kalium, Calcium, Magnesium, Natrium, Phosphor, ▸Schwefel), ein geringerer Bedarf besteht bei essenziellen Mikro- oder ▸Spurenelementen (etwa Chrom, Kobalt, Eisen, Jod, Kupfer, Mangan, Molybdän).

Nicht ausreichend geschluckte Mineralstoffe gelten als **„kritische ▸Nährstoffe"** (wie Jod in einigen Mangelgebieten) – Mineralien zu minimal ist eben fatal! Denn sie sorgen mit ihrer Mischung und immer in Wechselwirkung für Knochenbildung sowie Nervenbahngeschwindigkeit, regeln **die kleinen Enzymfabriken** in uns und stabilisieren das elektrolytische wie osmotische Gleichgewicht der Körperzellen. Die Gesamtheit der inneren Mineralstofffunktionen greift raffiniert ineinander; Verstoffwechselung zerstört Mineralien, zuviel des Guten hier und da wird dann ausgeschieden oder ausgeschwitzt. Diese Balance sollte deshalb nicht gestört werden durch ▸**Nahrungsergänzungsmittel**, in denen isolierte Stoffe stecken. Die sind öfter mal wirkungslos oder arbeiten sogar kontraproduktiv.

Dass es Referenz-, Höchst- und Mindestwerte gibt, wird erst bei besonderen Diäten, Krankheiten oder für ▸Babynahrung wichtig. Man merke: Im konventionellen Nahrungsmittel ist **der Zusatz** von Mineralstoffen wie Vitaminen erlaubt, geregelt und für ▸Health Claims reglementiert. **Bei Bioprodukten** jedoch ist eine künstliche Anreicherung generell nicht

zulässig, denn Naturbelassenheit ist ein Credo und belohnt mit ausreichenden Mineralstoffmengen.
Gilt denn sogar ▸bio = gesünder? Das FiBL *(Forschungsinstitut für biologischen Landbau)* ertestete **keine anbauspezifischen Unterschiede** im Mineralstoffgehalt, registrierte aber „eine leichte Tendenz zu höheren Gehalten an Magnesium und Eisen".

Mineralwasser

Es hat seinen viel tieferen Wert als Grundwasser und verdankt die Wertschätzung dem langen Aufstieg **durch Mineralschichten**, an denen es sich bereichert. Nur gut so, denn die gelösten Fest- als ▸Mineralstoffe sind in Spuren schon eine essenzielle **Nahrungsergänzung**. Ihre Einzelgehalte und -limits etwa für Zubereitung von ▸Babynahrung sind ausdrücklich erwünschte amtliche Angaben. Wenn spezifische Inhaltsstoffe im Übermaß typisch und gesundheitlich relevant sind, unterliegt solches **Heilwasser** gar dem Arzneimittelgesetz.
In der ▸EG-Öko-Verordnung kommt Wasser gar nicht erst vor, weshalb erst ein längerer Rechtsstreit anno 2013 ein parallel privatrechtlich besiegeltes ▸**Bio-Mineralwasser** möglich machte – mit eigenen Bio-Kriterien zu Herkunft, Ökologie oder auch sozialen Standards.

Doch allein schon die MTV *(Deutsche Mineral- und Tafelwasser-Verordnung)* sieht **reinste Verfahren** vor: Naturbelassen, schadstoffarm und keimfrei muss Tiefenwasser sein. Routine ist nur Filtern, Entfernen von Natrium und Magnesium, Ozonbehandeln, ggf. Entschwefeln, Enteisen, Entcarbonisieren – fertig.

In **Bioläden** sind eher die stillen Mineralwässer der Renner, allenfalls die mit mittlerem CO_2-Gehalt. Zur Überzeugtheit von Naturbelassenheit und Schadstoffarmut (bewusst weniger Natrium) kommen beim Bio-Sortiment gern Regionalquellen, die dann auch mal „frei fließende Abfüllung" ohne überlange Leitungen oder Erhalt der spezifischen Molekularstruktur des Wassers propagieren (bei St. Leonhards). Das für manche ungreifbare Phänomen Mineralwasser wird schon seit Längerem mit **Neowissenschaftlichem** aufgefüllt, dazu auf seine Elektronenaktivität und den elektrischen Widerstand untersucht, säuregraduell bewertet und sogar der „Kristallanalyse" überantwortet. Wer Sonne, Mond und Sternen gewisse Kräfte zutraut, kann Mineral-

bio mineralwasser

Mineralwasser: Alltäglich nötige Nahrungsergänzung ganz ohne Kalorien – und mittlerweile sogar nach Bio-Kriterien

Minze: Delikat bis scharf und dekorativ allemal, selbst der Pfefferminztee hat inzwischen sein modernes Image

wasser aus verbriefter **Vollmondabfüllung** probieren; und das Biomineralwasser von Neumarkter Lammsbräu wurde wohl nicht zufällig „Biokristall“ getauft. **Nota bene:** Seit bei Bio PET-Flaschen geächtet sowie die Deckeldichtungen giftfrei wurden, sind gelegentliche Hormonbelastungen oder Rückstände von ▸Weichmachern passé. Natürlich vorkommendes **Uran** (wie im sonst hochsauberen Leitungswasser nachgewiesen) hat trotz manchmaliger Alarmrufe noch keine gefährliche Konzentration in Mineralwässern.

Minze

Als Gattung *Mentha* mit gut 20 Sorten mehr als nur Pfefferminze und weltweit so dufte als (teinfreies) Tee- und Würzkraut. In den gezahnten Blättern vom vierkantigen Stängel stecken reichlich frisch wie kühlend wirkende **ätherische Öle**, v.a. das krampflösende, bakterientötende Menthol.

Minze: Das Würzölige steckt in jedem einzelnen Blatt und bleibt nach Schnelltrocknung voll erhalten

Wer die robuste und wucherfreudige Pflanze nicht selber zieht, sollte möglichst **Bio-Minze aus dem Inland** kaufen, weil sie garantiert nicht überdüngt wird und zudem pestizidfrei in den Handel kommt. Empfehlenswert ist – an unbelasteten Standorten fernab von Straßen oder intensiv genutzten Äckern – auch die ▸**Wildsammlung** der hier heimischen, an feuchten Plätzen wachsenden Arten Wasser-, Acker- und Poleiminze. Morgens gepflückt und vor der Blüte sind die ätherischen Öle am konzentriertesten. Doch auch nach schonender ▸Trocknung (also schnell und nie über 35° C) behalten die Blätter ihr volles Mentholaroma. Gewarnt wird aber vor Frisch- wie sog. Trockenerzeugnissen, die **aus Übersee** stammen: Das BVL *(Bundesamt für Verbraucherschutz und Lebensmittelsicherheit)* meldet regelmässig bedenkliche Wirkstoffrückstände in ▸Importware, etwa seit 2009 bei Minze aus Israel, Marokko und Thailand. **Skepsis** bei immer wieder auffälliger Auslandsminze bleibt da leider angebracht. Gerade konventionelle Ware wird ja nur stichprobenartig kontrolliert, und **sogar Bio-Minze** aus Peru wurde beim Ökomonitoring schon mal als belastet moniert. Das ist ausgesprochen schade, denn gerade die exotischen Minzsorten aus „Drittländern“ zeigen eine ganz andere Aromenpalette. Immerhin ist in der EU nun ein Ursprungsland anzugeben, der Anbau innerhalb der EU hat Chancen. Obwohl Minze den Mitteleuropäern traditionell gleichbedeutend war mit der Pfefferminze als ▸Heilkraut für einen ▸Kräutertee, behauptet sie sich immer öfter als **aromatisches Blättergehäck** für Obst und Süßes, ganz wie bei den in der Weltküche so viel verwendeten Sonderminzen. Gärtnereien oder Naturkosthandel haben dafür allerlei Samentütchen für die Eigenaufzucht oder aufgussbereite Exoten-Teeblätter. Schließlich gilt mentholige Minze seit der Antike als **stimulierndes Brainfood**, was neuere Untersuchungen inzwischen als echte Wirkung bewiesen.

Mohn

Mit ihrer Leuchtfarbe des Sommers sieht die Mohnpflanze *(Papaver somniferum)* unschuldiger aus, als sie ist. Bis sich Blühmohn zur inhaltsreichen Kapsel auswächst, wird sie im konventionellen Anbau mit ▸Pflanzenschutzmitteln traktiert, nur **Bio-Mohn** lernt keine ▸Pestizide kennen. Zwar taugen dann sogar die jungen Blätter als delikater Salat, doch eher geht es Mohnmögern um die Minisamen in den reifen Kapseln. Solche Mohnsaat gibt es längst auch als zertifizierten Bio-Mohn ganz herkunfts-, sorten- und farbverschieden in Weiß, Grau, Blau oder fast schon Schwarz. Gerühmt wird der sog. Speisemohn aus Österreich, mit bestem Ruf als geschmacksintensiver **„Waldviertler Graumohn“** mit eigener, geschützter Ursprungsbezeichnung der EU. Mit einem Anteil von 6 % gilt Mohn als einer der mineralstoffreichsten Samen (voller Kalium, Magnesium, Eisen, Kupfer, Zink) und liefert mehr als 20 % Eiweiß. Der sog. **Backmohn** ist großkörniger und als Türkischer Mohn auch süßlicher. Hitze verändert die fast schwarze Farbe nicht.

In Bioläden und Reformhäusern gibt es pure Mohnsaat aus diversen Ländern, dazu Spezielles wie Mohnpesto, „Mohnfitüre“, Graumohnschokolade und Mohnhonig. **Mohnöl** ist besonders reich an mehrfach ungesättigten ▸Fettsäuren und gilt als eines der edelsten ▸Speiseöle, zumal in der ▸nativen Variante. **Angeröstete Mohnsamen** schmecken nussiger, gehören in orientalischere Gewürzmischungen und machen Rezepte als Mohnlohn ein bisschen fernöstlicher.

Mohn: Nur im grünen Bereich saftet das Verdächtige, das erst bei der Ernte die eher harmlosen Samen kontaminiert

Nun doch **das große Jedoch**: Alle grünen Pflanzenteile von *Papaver* enthalten einen morphinhaltigen Milchsaft, voller Alkaloide bzw. Opiate (neben Morphin v. a. Codein) – und das zu etwa 6 %! Botanisch wie offiziell gilt die Körnchensaat selbst zwar als harmlos und morphinfrei, sog. Rohmohn aber wird zu leicht mal durch unbehutsame Ernte (mitgeraffte unreife Kapseln, Blüten, Blütenstaub) **kontaminiert** und wurde so hin und wieder auffällig. Der Trost: In „verzehrsüblichen Mengen“ ist Mohnschlucken **amtlich unbedenklich**!

Mohrrüben: Beliebtestes Biogemüse und knabberbarster Vitaminlieferant dazu, mit viel Vitamin C und gesündesten färbenden Carotinoiden

Möhren: Schon länger zu sortenreichen Länglichkeiten gezüchtet und in alten Formen sogar noch recht knubbelig auf Bauernmärkten zu haben – für schwedische Möhren-Bullar als Fleischersatz

Mohrrübe

Sie macht etwa die Hälfte des Bio-Gemüses aus und taugt mit ihrem schon 16 %igen Bio-Anteil am Gesamtgemüse neben der ▸Banane (43 % des Bio-Obstes) zu einem veritablen **Symbol** für den floralen ▸Bioboom. Nicht zuletzt half da schon 1998 die Entscheidung von Aldi Nord, die Bio-Variante des globalen Topsellers Mohrrübe ins Programm zu nehmen: 2012 wurden in Deutschland 71 % aller Möhren aus ▸ökologischem Anbau bei ▸Discountern verkauft.

Dort liegt ganzjährig zumeist ▸**Importware**, die längst nötig wurde, um den Möhrenhunger der ▸Biokonsumenten zu stillen. 2012 kam fast die Hälfte der in Deutschland verkauften Bio-Möhren aus dem Ausland.

Dafür liegen im ▸Bioladen wie ▸Bio-Supermarkt immer öfter ausgefallenere Ausnahme-Möhren: Engagierten Biobauern und Experten der ökologischen ▸Zucht oder für ▸alte Sorten ist es zu verdanken, dass sich eine **Gegenbewegung zum Einheitsmarkt** abzeichnet.

Denn die eigentlich so sortenreichen zylindrischen oder kegelförmig dicken Pfahlwurzeln der weltweit kultivierten Doldenblütler sind heute von genetischer Verarmung **bedroht**. Kamen Möhren einst weiß, gelblich oder auch rot-violett aus der Erde, verdrängten schon im 19. Jahrhundert orangefarbene Varianten aus niederländischer Zucht die traditionelle Buntheit. Und seit einigen Jahrzehnten bestimmen nicht mehr samenfeste ▸Sorten, sondern zuverlässig ertragreiche ▸**Hybriden** das Angebot bei Mohrrüben bzw. bei deren Kulturform Karotte. Die sind noch dazu lange haltbar, geschmacklich jedoch einheitsfade. Trotzdem machen sie inzwischen **etwa 75 %** des Möhrenangebots aus.

Im Sortenkatalog standen 2011 510 (92 %) Hybriden, 45 samenfeste Möhren (nur 8 %), nur 18 galten als Biosamen.

Der Bio-Erfolg fängt nämlich schon beim ▸**Saatgut** an: Kultiviert werden gern wieder klassisch selektierte und gekreuzte, an die Umgebung angepasste **samenfeste Sorten**.

Bei den Erntemengen sind diese den Hybridzüchtungen sogar ebenbürtig. Der aufwendigere ökologische Anbau erfordert allerdings einiges Fingerspitzengefühl und viele **händische Maßnahmen**, um ▸Unkraut im Zaum zu halten. Gehackt wird im Schnitt 300 Stunden pro Hektar Bio-Möhren, zumeist gehen 20 % der Ernte aber an Schädlinge wie Möhrenblattfloh, **Möhrenfliege** oder Drahtwurm verloren. Da helfen nur vorbeugende

Maßnahmen generell und speziell eine altbewährte Anbaumethode: als Mischkultur von Gerste und Möhren **„auf Damm"** – Herbizide werden so überflüssig. Kein Wunder, dass bei Bio-Möhren praktisch keine ▸Rückstände vorkommen!
Dafür werden sie gerühmt, durch geringere (überdies klimafreundlichere) organische Stickstoffdüngung **mehr Trockenmasse** zu bilden und weniger Wasser zu verlieren. Das macht sie nicht nur länger lagerfähig, sondern auch **geschmackvoller**. Bei Verkostungen schnitten denn auch samenfeste Bio-Möhren, ob nun frisch geerntet oder länger gelagert, deutlich besser ab als konventionelle. Ätherische Öle, einige bittere Komponenten und 4–6 % Zucker prägen das typisch süße, leicht **nussige bis herbe Aroma** der kalorienarmen Wurzeln. Sie haben viele ▸Carotinoide, dazu beachtliche Gehalte an Vitamin C, Kalium und Eisen; je dunkler, desto reicher sind sie an ▸Anthocyanen wie in der dunkelvioletten und stark färbenden *Purple Haze* oder bei der **Schwarzmöhre**, die Kennern als Ur-Karotte gilt.

Molke

Sie ist das Restwasser vom Gemelk, das bei einer Verkäsung von ▸Milch der „Dicklegung" entging, also noch ungeronnen abfließt und in Käsereien überreichlich als **Sauermolke** (wenn Milchsäurebakterien im Spiel) bzw. als **Süßmolke** (nach dem Einsatz von ▸Lab) anfällt. Die Faustformel besagt: Aus 10 l Milch wird 1 kg Käse, es bleiben 6–9 l Molke übrig. Das ist für die Tonne zuviel des Guten, das noch in ihr steckt. Deshalb ist es wenig erstaunlich, welche **Karriere** das „Abfallprodukt" hingelegt hat: als praxisnahes Beispiel für ▸Nachhaltigkeit.
Traditionell kam Molke als **wertvolles Futter** saufseligen Schweinen in den Trog. Seit den 1990er-Jahren aber wird sie zunehmend in Pulverform vermarktet (mit einer **Produktionsverdopplung** auf 370 000 t in 2012), etwa als Rohstoff für ▸Babynahrung. V. a. die Nachfrage aus Asien nach dem ▸Skandal um Melamin in der Milch lässt Käsehersteller frohlocken. Aber auch als obsthafter Drink oder pur zur Gesundung hat Molke ihren Apothekenruf verloren und gilt nun als kalorienarmes ▸**Superfood**. Denn das zu etwa 93 % aus Wasser bestehende „Milchserum" hat noch zu 0,3–0,8 % wertvolle Proteine; enthalten sind ▸Milchsäure, Milchzucker, B-Vitamine und Mineralstoffe.
Allerdings: Noch gibt es zu wenige Bio-Molkereien bzw. Bio-Käsereien, um massenhaft **Bio-Molke** ab-, also anfallen zu lassen. Bioläden haben trotzdem reine **Trinkmolke** (gelegentlich gibt es sie sogar aus ▸Stuten- und ▸Ziegenmilch) und immer öfter auch **Fruchtmolke** als Durstlöscher, der nicht wie in konventioneller Variante Frucht-, Aroma- und Konservierungsstoffe beigemischt werden und die auch nie mit Milcheiweiß, Enzymen und Vitaminen angereichert ist. Die Inhaltsstoffe **konventioneller Molke** leiden zudem: die Molke wird erhitzt, beimpft, wieder erhitzt und letztlich homogenisiert.

Molke: Überschussprodukt der Käserei mit sehr viel Restwert, der sich als Erfrischung oder in Käsigkeit oder Schönheitsmitteln auszahlt

Monitoring: Höchst wichtige, vertrauensvolle Anstrengung zur regelmäßigen systematischen Überwachung und Laboranalyse von Problemfeldern – Moglern, Sündern und Betrügern zum Schaden, bedrohten Tierarten zum Schutz und auch unserer Gesundheit nur zum Wohle

Immerhin hat Molke den bewährten Ruf, bester Fastendrink und äußerlich Pflegemittel zu sein. Als **Molkenpulver** ist sie ▸probiotische Zutat und ohnehin Kult beim ▸Entschlacken. Bio-Molkenpulver wird zudem nur schonend sprühgetrocknet.

Monitoring

Soviel ist sicher: ▸Vertrauen ist hoch, ▸Kontrolle ist besser, regelmäßige Überwachung (engl. eben *Monitoring*) noch am besten – speziell bei ▸Biolebensmitteln, deren Erfolg auf hoher Glaubwürdigkeit beruht.

Da ein ▸Bio-Siegel nicht für Endprodukte, sondern eben deren spezifisch ökologische Herstellungsweise vergeben wird, meint Monitoring bei Bio in erster Linie eine **Prozesskontrolle**, etwa durch die ▸Anbauverbände wie ▸Öko-Kontrollstellen; aber auch die Beprobung der **Ware selbst** gibt Hinweise darauf, ob Bio auch Bio ist.

Von Staats wegen sind in ▸Deutschland „Untersuchungseinrichtungen für amtliche Lebensmittel- und Veterinärüberwachung der Bundesländer" für ▸Lebensmittelsicherheit zuständig – ob Bio oder nicht. Hygienekontrollen machen das Tagesgeschäft der (zu) wenigen Kontrolleure aus und führen auch zu den häufigsten Beanstandungen. Seit 1995 aber wird auch ein **repräsentativer Warenkorb** gefüllt und auf ▸Schadstoffe durchgeprüft. Die Ergebnisse werden vom BVL *(Bundesamt für Verbraucherschutz und Lebensmittelsicherheit)* einmal im Jahr veröffentlicht. Auffällig: Immer schneiden die **Bio-Proben** insbesondere wegen ihrer geringen ▸Rückstände von ▸Pflanzenschutzmitteln besser ab – wenn auch Bioware kein Schwerpunkt dieses Monitorings ist.

Dafür ist das **Ökomonitoring Baden-Württemberg** prädestiniert: Seit 2002 fahren die vier landeseigenen Untersuchungsämter, die viel zitierten CVUA *(Chemische und Veterinäruntersuchungsämter)* ihr auf Bio/Öko und den Vergleich mit Konventionellem spezialisiertes Analyseprogramm, das 2012 **knapp 1 600 Bio-Proben** testete. Die CVUA sind für schnelle Reaktion, Medienecho und Abschreckungseffekt auf echte Bio-Sünder oder versuchten ▸Bio-Betrug bekannt und bilanzierten auch im 11. Testjahr **nur Positives**. BaWü-Verbraucherminister Bonde konstatierte: „Bio hält was es verspricht: Insbesondere im Hinblick auf Rückstände von Pestiziden, auf Schimmelpilzgifte und gentechnische Verunreinigungen konnten unsere Untersuchungsämter Fehlanzeige verbuchen".

Daneben etablierte **der BNN** *(Bundesverband Naturkost Naturwaren)* 2003 ein biobrancheninternes, risikoorientiertes Analysesystem für Pestizide & Co mit monatlicher Probenentnahme und einer Datenbank, die endlich mal Ross und Reiter nennt. Bei Auffälligkeiten oder gar Rückstandsüberschreitungen wird **in jedem Einzelfall** und für Importeure wie Händler verpflichtend zusammen mit den Öko-Kontrollstellen und bis ins Ausland Ursachenforschung betrieben. So werden Sünden nach sehr streng definierten „BNN-Orientierungswerten" abgeklärt und abgestellt. In den zehn Jahren bis 2013, so der BNN stolz, waren **96 % aller Proben** überhaupt nicht zu beanstanden. Damit wäre dann auch die Wirksamkeit des prozesshaften Monitorings bewiesen: Über das, was hinten rauskommt …

Monsantosierung

Polemische Bezeichnung des Prozesses, mit aggressiven Mitteln agro-industrielle Gewinne machen zu wollen – wie es Monsanto aus Missouri, **der größte Agrarkonzern der Welt**, so erfolgreichst vormacht, mit seinem Umsatz von 13,5 Mrd. US-Dollar in 2012. Kritiker befürchten, dass die Nahrungssouveränität durch ▸Patente auf das ▸**Saatgut** genmanipulierter Pflanzen (▸GVO) bzw. sogar auf solche aus konventioneller ▸Zucht bedroht ist. Ähnliches gilt für Patente auf ▸**transgene Tiere**. So sehen es die nicht wenigen Gegner von Monsanto und bekämpfen neben der zum Symbol gewordenen Firma auch **Mitbewerber** wie Syngenta, DuPont, Bayer CropScience und BASF.

All diese traditionellen Dünge- und Spritzmittelhersteller sind inzwischen auf Gentechnik und Maßschneidereien für neue ▸Sorten und ▸Pestizide spezialisiert – und haben die „Giftcocktails" in die **Designer-Pflanzen** selbst eingebaut.

Besonders Monsanto hat dieses Geschäftsmodell perfektioniert: Monopol beim gebeiztem Saatgut, das resistent ist gegen das eigene Ackergift ▸**Glyphosat** in diversen „Roundup-Ready"-Linien. Inoffizielle Nutzung oder Nachzucht verboten, geahndet, in Rechnung gestellt. Monsantos **Klagefreudigkeit** ist berühmt wie berüchtigt.

Monsantosierung: Schlagwort gegen die aggressive Industrialisierung der Landwirtschaft mit ihren Diktaten durch Patente und genmanipulierte Pflanzen

2011 beherrschte Monsanto mit DuPont und Syngenta 53 % des Saatgutmarkts (Umsatz in US-Dollar: 27,4 Mrd.). Zugleich werden ▸**Hybriden** (ohne Chance auf Nachbau) auf den Markt geworfen: etwa ▸Blumenkohl (49 % Monsanto in 2012) und ▸Tomaten (36 %), dazu ▸Brokkoli, ▸Chili, ▸Gurken, ▸Melonen, ▸Sonnenblumen, ▸Zuckerrüben, ▸Zwiebeln. Das EPA *(Europäisches Patent-*

Monsantos Stolz: Unempfindlicher Gen-Mais mit den eingebauten Herbiziden und voller exakt maßgeschneiderter Insektizide

amt) erteilte noch 2013 Patente auf konventionell erzüchtete Sorten von Brokkoli und Melone – Kritiker nennen das **Biopiraterie**.
Größte Erfolge versprechen GVO, bei denen gern verharmlosend von **„Grüner Gentechnik“** gesprochen und die Rettung der ▸Welternährung durch bessere Sorten angekündigt wird.

Monsantosierung: Inbegriff für die Industrialisierung alles Agrarischen und die Oberhoheit der Chemie über die Natur, die sich nur noch angegiftet fühlt

Doch alle **Lobbyarbeit** und Nachsichtigkeit der EFSA *(European Food Safety Authority)* halfen nicht: Das Monsanto-Image in Europa ist denkbar schlecht. 2013 zog das Unternehmen einige Anträge auf Gen-Saatgut zurück – vorläufig. Die klügeren Gegner all dieser Monsantosierung betonen, dass **keine der Segensverheißungen** eingetreten ist: Der vom Dauerhunger bedrohten „Dritten Welt“ war wenig geholfen, da Bauern in Abhängigkeiten gerieten und ▸**Agrobiodiversität** so verarmt wie sie selber. Dagegen wachsen gesundheitliche Bedenken und wird ▸**Verunreinigung** gefürchtet, von Bio- wie anderem gentechnikfreien Saatgut als auch von Ackerpflanzen durch Auskreuzung. Binnen weniger Jahre wurden ▸Unkräuter und Schädlinge nachweislich resistent. Solche ▸Nützlinge wie ▸**Bienen** dagegen verenden, ohne dass Gen-Saatgut und Pestizide als Ursache dafür ausgeräumt werden konnten. Schuldfrage offen …

MSC

MSC: Theoretisch Logo für nachhaltigeren Fischfang, doch praktisch mit anhaltend böser Nachrede – 2007 noch mit dem offensiven Claim

Fair zum Meer
MARINE STEWARDSHIP COUNCIL®
SCS-MFCP-C-0022

Leider eine **tendenziell kontrovers** zu bewertende Organisation zur Zertifizierung von ▸Fisch aus ▸nachhaltigem Fang bzw. Bestand. Denn zum einen hat der MSC *(Marine Stewardship Council)* den **Geburtsfehler**, 1997 nicht nur vom ▸WWF, sondern auch von einem großen Akteur des Fischmarktes (Unilever) gegründet worden zu sein, und damit das implizite Ziel, angesichts weltweiter ▸Überfischung die längst **knappe Ressource** Wildfisch als Verwertungsprodukt zu sichern. Und zum anderen stellt sich die Frage, ob ein ▸Gütesiegel nicht **Augenwischerei** ist, die der eigentlichen Lösung im Wege steht: Fisch als Luxusprodukt zu begreifen (so ▸*Greenpeace*) und schlicht und einfach nicht mehr so viel davon zu essen, um die ▸Biodiversität zu schützen. Ersatzweise lieber Fisch aus ▸ökologischer Aquakultur!
Dennoch gilt das MSC-Logo unter Verbraucherschützern **grundsätzlich als empfehlenswert**, Kritiker wie einzelne Wissenschaftler oder Umweltorganisationen mahnen eher. Denn die **Zertifizierungsprozesse** selbst stehen ebenfalls unter Beschuss.

Problematisch sind etwa MSC-Regularien, nach denen **unregulierte Bestände** bis zu 50 % befischt werden dürfen (der „maximale nachhaltige Ertrag“, grüner Bereich); unterhalb solchen Bestandes beginnt der **„rote Bereich“** der Gefährdung bzw. Überfischung bei nur noch 25 % Bestand. Zählungen im Meer sind ohnehin heikel und umstritten. So zertifizierte der MSC auch mal eigentlich überfischte Bestände, wenn der Betrieb denn nur ein **„Erholungsprogramm"** in Aussicht gestellt hatte. Nach Meinung vom Kieler *Geomar-Institut für Ozeanforschung* kamen 2012 nur 50 % der MSC-Produkte aus nachweislich gesunden Beständen, die jedoch zu 31 % unerholsam, also zu hart befischt seien und schrumpften.

Inzwischen sind in den Weltmeeren auf komplizierten Seekarten **MSC-Fanggebiete** pingelig kartographiert und gekennzeichnet, die für gewisse Transparenz an der Fischtheke oder auf Produkten mit MSC-Siegel auftauchen. Nach viel Kritik hat sich der MSC seit 2011 außerdem intern und in seinen Programmen **reorganisiert**, inzwischen sogar – einziges Druckmittel – etlichen Flotten das Logo aberkannt und deutliche Nachbesserungen von Fangmethoden und Umweltauswirkungen verlangt. Allmählich werden auch **Falschetikettierungen** und Mogelwaren entlarvt. Im MSC-Management-Sprech sind das Änderungen des Strategieplans mit Priorisierungen für acht Indikatoren, sog. Leistungsindikatoren und -prinzipien, Bewertungsrichtlinien samt Zertifizierungsbedingungen, operative Pläne und im sog. **Governance Review** die Prüfung der Organisationsführung. Der Treuhänderrat und die MSC-Fachberatungsgremien sind gefordert – für eine „Zuteilung der entsprechenden Ressourcen", denn **Expansion** soll unbedingt sein. Nicht zuletzt dafür wurden 2013 auch die zuvor als überteuert kritisierten **Logogebühren** gemindert und für kleinere Betriebe pauschaliert (auf dann rund 185 Euro), für größere gilt eine gestaffelte Volumenlizenzgebühr. Nach eigenen Angaben erfasste der MSC 2013 jedoch gerade **11 % der globalen Fangmengen** – nicht erfasste Trawler fischen also weiter in den trüben Tiefen der profitablen Nichtnachhaltigkeit.

MSC: Ziel der propagiert nachhaltigen Fischerei mit dem fischigen Siegel war bisher öfter die Nachschubsicherung für den Tresen oder die verarbeitende Industrie – nun gelobte der MSC Besserung und Verbesserungen …

Dass der MSC womöglich auf einem falschen, zu wirtschaftsfreundlichen Weg war und auf den wissenschaftlich anerkannten Weg **zu transparenter Nachhaltigkeit** findet, wäre nur zu begrüßen. Dann wäre der „international anerkannte MSC-Standard" (so das Eigenlob) wirklich geschätzt und nicht nur en vogue …

Muscheln

Aus gutem Grund sollten wir uns mit ihnen schwerer tun nach Jahrhunderten genüsslichen Verzehrs und den letzten Jahrzehnten maßloser Dezimierung. Die gesellig stationären, **sich selbst fütternden** sog. Weichtiere können gegen ihre „Ernte" nichts ausrichten, auch wenn das „Muschelfischen" in Naturschutzgebieten nun eingeschränkt oder verboten wurde. Weil die ▸**Wildsammlung mühsam** blieb und die Erträge schrumpften, züchteten Findige Muscheln früh in ▸**Aquakultur**. Denn die Weichtiere stoßen ihre „Nachkommen" massenhaft aus; diese heften sich bereitwillig an, wo immer es geht. So entstanden erste Zuchten für ▶**Austern**, es folgten ▶**Jakobsmuscheln** und ▶**Miesmuscheln** in Seil- oder Hängekulturen. Weltweit stammte 2011 **fast ein Viertel** der Aquakulturerträge von Muscheln (14,4 Mio. t). Am häufigsten sind Jakobsmuscheln, vor Miesmuscheln und Austern. **In Deutschland** war 2012 von zehn Aquafarmen nur einer ein Biobetrieb. Die Ernte betrug insg. – nach **20 830 t** in 2011 – nicht mal 7 000 t, aber Muschelfarmer sind eben auf den sog. natürlichen Brutfall angewiesen und kennen solche nachzuchtlosen Schwankungen. Seit 2009 erst steht die ▶ökologische Aquakultur in der ▶**EG-Öko-Verordnung**; bis dahin gab es Bio-Muscheln nur von einigen ▶**Anbauverbänden** (▶Bioland, ▶Bio Suisse, ▶Demeter, ▶Naturland). Die EU-Richtlinien sehen neben einer „hohen ökologischen Qualität" des Gewässers zuallererst vor, dass keine Übernutzung stattfindet (u. a. mit kleineren **Besatzdichten**). Bei Mangel darf der Nachwuchs als Ausnahme aus wilden Muschelkolonien geholt werden – wenn diese dadurch nicht geschädigt werden. Bis Ende 2015 ist sog. **Saat** aus nicht-ökologischen Quellen noch erlaubt. Die ▶Öko-Kontrollstelle prüft explizit vor und während der maximalen Bestandsgröße, alle zwei Jahre ist eine Gesundheitsberatung Pflicht. **Bio-Muscheln** sind damit tatsächlich ▶nachhaltige Naturentnahme. Eben der haben sich die **Nicht-Bio-Organisationen** ▶*Friend of the Sea*, ▶MSC und *Global Trust* verschrieben – mit unterschiedlich strengen Maßgaben. Gut zu wissen jedenfalls, dass Muscheln, die neben der planktonischen Nahrung auch ▶**Schadstoffe** aus dem Wasser erfiltern und speichern, regelmäßig und gut **überwacht** werden. Denn sog. Algentoxine und Gehalte von ▶Schwermetallen und Benzoapy-

Muscheln: In ihrer bequem futterfreien und aquakulturellen Vermehrbarkeit womöglich die Zukunftsnahrung, sagen inzwischen nicht wenige Weichtierkenner

ren (▸PAK) waren immer mal wieder auffällig. Und ein weiteres menschengemachtes Meeresproblem bedroht die filternden Mollusken: Zu Nanogröße zerriebener **Plastikmüll**. Den fand die Universität Gent 2013 in Muschelfleisch eingelagert!

Muskat

Inbegriff für das so brennend-warme Aroma der Ausbeute vom Muskatbaum *Myristica fragans* in zweierlei Form: als (etwas unkorrekt **„Nüsse"** genannte) Kerne, also Samen seiner aprikosen- bis pfirsichgroßen Früchte, und als Muskat- oder Macisblüte (oft nur **Macis**). In Gewürzmischungen wie ▸Curry oder Quatre-Épices bleibt Muskat nur bei biotypischer ▸Volldeklaration nicht anonym.

Würzmilderes Macis ist keine echte Blüte (die wäre weiß), sondern der

leuchtend rote sog. Mantel des Kerns, der nach ▸Trocknung gelb wird und seltener im Ganzen, meist gemahlen als ▸Gewürz im Handel ist.

Frische **Bio-Muskatnüsse** sind am ergiebigsten. Sie sind ▸unbehandelt, also ungekalkt dunkel; da die Kerne sehr reich an Öl sind, können dunkle Flecken oder ein weißer Belag auftreten. Der spricht aber für Naturbelassenheit! Bio-Hersteller weisen darauf hin, dass die moderne schnellere Trocknung zum Schutz vor ▸**Aflatoxinen** die „Nüsse" sicherer gemacht hat, sie aber etwas schrumpelig wirken lässt. Denn wie viele fetthaltige Gewürze sind auch Muskatnüsse für ▸Schimmelpilze attraktiv, die uns mit Stoffwechselprodukten angiften. Deshalb auch den privaten Vorrat trocken lagern und nie altern lassen!

Konventionell angebaute Muskatnüsse sind zum Schutz vor Insektenfraß durch Kalkmilch gezogen und sehen eher weißlich aus. Leider werden immer wieder mal ▸Rückstände von Insektiziden und Begasungsmitteln nachgewiesen, die aus Lagern und Containern stammen.

Frisch erriebenes **Muskataroma** wirkt genusssteigernd, verfliegt rasch und „hebt" Gemüsezubereitungen (etwa Blumenkohl, Rosenkohl und Spinat),

Muskat: Schon gerieben, was die Nüsse aromatisch bis rauschhaft so hergeben, und wenn sie nur Kohl adeln dürfen

veredelt Teigwaren, pikantisiert Béchamelsauce und hübscht sogar Ananas auf. **Obacht:** Nur üblich dosieren – zwar schwanken Angaben zur Toxizität bei Erwachsenen, doch eine einzige Nuss kann ein Kind töten …

Müsli, Müesli

Vollwertiger geht es kaum, als eben mal ▸Vollkorniges, ▸Trockenfrüchte, Gesundsüßes und Milch oder Joghurt

zu mixen. So ein nachhaltig sättigendes Gemuse mundete Schweizer Bergbauern einst als Müesli, wie es der Arzt Maximilian **Bircher-Benner** um 1900 empfahl. Weil er aber noch auf seiner sog. Bircherraffel frisch geriebene Äpfel, einen Esslöffel Zitronensaft, zerlegte Nüsse und Kondensmilch dazu empfahl, wurde sein simples, leckeres Müesli

Müsli: Ob fruchtiger Bircherteller oder bequemer Bennerbecher, der ungekochte Vollwertmix ist Genussmuss seit den frühesten Bio-Tagen

international beliebt und die Apfeldiätspeise zum ungeschützten Inbegriff „Müsli". Das inzwischen so **trendige Getreidegericht** gab es früh im ▸Reformhaus, noch in Form von Einzelzutaten (Flocken, Körner, Nüsse) zum Selberquetschen und Zermörsern, bald auch als fertige Grundmischung für Variationen. Heute wird gefachsimpelt über **Vollkornmuss**, Vitalstofffülle, Ballaststoffbasis, Powerkerne, Knusperanteil und Fruchtfraktion, längst sind Müslis mit ▸Amaranth, ▸Dinkel oder ▸Quinoa in.

Doch sehr lange mussten Müslimöger wie ▸Makrobiotiker ihre Verspöttelung als **„Müslis"** (▸Körnerfresser) aushalten, die Häme gab sich erst allmählich durch die Müslisierung der Frückstückskultur bis zum alltäglichen Platz auf Hotelbuffets. Müsli ist in aller Morgenmunde, der ▸Müsliriegel überbrückt den Resttag.

Der **Bio-Star-Status** ist Müsli erhalten geblieben: Im Ranking der größten Bio-Anteile standen ▸Cerealien und Bio-Müsli 2012 nach einem Jahresplus von 11,1 % mit sehr stattlichen 13,8 % **auf dem vierten Platz** – hinter ▸Fleischersatz (mit 68,4 %), ▸Babynahrung (42 %) und ▸Eiern (14,1 %). Erfolgsbestimmend ist neben der Tradition sicher die **rückstandsfreie Qualität** der Rohstoffe. Denn während Müslis von konventionellen Herstellern (wie etliche andere Getreideprodukte auch) schon mal durch ▸**Verunreinigungen** mit ▸Pestiziden wie dem oft als Reifebeschleuniger genutzten ▸Glyphosat auffallen, ist man mit Bio auf der sicheren Seite, wie ▸ÖKO-TEST erst 2012 bilanzierte. Die **Bio-Zutaten** sind zudem schonender hergestellt: Trockenfrüchte werden nicht begast oder mit ▸Schwefel behandelt, ▸Zusatzstoffe sind nicht erlaubt, Aromenzugaben also undenkbar. Der gerade bei Müsli-Fans verpönte raffinierte Zucker fehlt; **gesüßt** wird eher mit ▸Ahorn- oder anderem ▸Sirup, sonst mit ▸Dicksaft oder Rohrzucker.

All diese so guten Einschränkungen gelten nicht für **konventionelle Müslis**, die v. a. mit Unmengen Raffinadezucker auffallen. 2010 steckte sogar illegaler ▸transgener ▸Leinsamen in Broten wie Müslis – Bio-Leinsamen jedoch war nicht kontaminiert.

Inzwischen kehren innovative Bio-Produzenten ganz *convenient* zu den

Müsli-Ursprüngen zurück – mit ökologischen **Grundmischungen**, die mit allerlei *goodies* selbst portioniert zum Lieblingsmüsli werden. Bio-Kenner registrieren außerdem einen Trend zu sogar erwärmbaren Mischungen: als porridgehafte Frühstücksbreie. Die brauchen in der kalten Variante besonderes ▸Mehl und feinst ausgemahlene ▸Haferflocken. Dr. Bircher-Benner hätte derlei vielleicht kalt gelassen, Frühstücksvariierer jedoch können's wärmstens empfehlen …

Müsliriegel

Zuerst waren die Flachlinge aus dem ▸Reformhaus da: die so handlichen ▸**Fruchtschnitten** mit lecker verklebtem Gehäck aus ▸Trockenfrüchten zwischen deckelnden Oblaten.
Parallel dazu trat das Schweizerische Original-Muesli als ▸Müsli mit bestem Gesundheitsimage seinen Siegeszug an. Was lag näher, als das Gute aus ▸Cerealien, Trockenobst oder Nüssen in Riegelform zusammenzubringen: zum **Cerealienriegel**!
Ein zünftiger gepresster Müsliriegel enthält seit seiner Erfindung Mitte der 1970er-Jahre, was auch ein traditionelles Müsli ausmacht: Im Wesentlichen **geschrotete Getreidekörner**, meistens Hafer, ergänzt vielleicht um Sonnenblumen- oder Kürbiskerne, Leinsamen oder Sesam, dazu verschiedenste getrocknete Früchte, das Ganze gesüßt, um diese Masse bissbequem zusammenzuhalten.
Ist die Mischung voller Zutaten aus ▸ökologischem Anbau, wird ein echter **Bio-Energiespender** draus, ein willkommenes Kraftpaket als Sportler-Snack oder Zwischen-Reinbiss.

Für einen **Bio-Müsliriegel** verwenden Bio-Hersteller ▸Vollkorn mitsamt den wertvollen Bestandteilen aus den Getreidehülsen (Ballaststoffe, ▸sekundäre Pflanzenstoffe). Manche variieren dabei mit ▸Amaranth oder ▸Reis und formen ganze ▸**glutenfreie Riegel** aus solchem oder ähnlichem Nicht-Getreide.
Statt mit weißem Zucker wird beim Bio-Müsliriegel „alternativ" gesüßt: mit ▸Agavendicksaft oder anderen ▸Dicksäften, mit ▸Honig (für mehr Geschmeidigkeit), ▸Ahornsirup oder **Rohrzucker** (für die Knusprigkeit). Die Vielfalt an gesünderen Komponenten ist so bunt wie manch eine Riegelverpackung – ein weites Betätigungsfeld für **Food-Designer**.
Bei Bio-Riegeln halten sich Müsli und Süßes die Waage, **konventionelle Riegelmacher** strecken öfter mal, bis nur noch 10 % ▸Flocken darin sind, dafür ein Drittel Zucker oder mehr. Den Rest der Riegelfüllung machen dann Mehlbällchen, allerlei ▸Pflanzenfette, ▸Aromen sowie ▸Konservierungsstoffe aus. Solche konventionelle **Kalorienbombe** wird dann zu gern und oft beworben als praktische „Cerealie für unterwegs", aber von manchen auch Junkfood genannt.
Obacht: Manchmal stecken als ▸Bindemittel **Gelatinehydrosylate** in konventionellen Riegeln. Die werden aus Schwarten und Knochen gewonnen und verderben riegelaffinen ▸Veganern und ▸Vegetariern ihren gesunden Appetit. Bio aber schiebt all dem einen Riegel vor – einen besseren!

Müsliriegel: Die pure Grundmischung war immer schon eine Biospezialität und ist durch Kombinationslust ein Hit nicht mehr nur in Bioläden

Müsliriegelmix: Körner, Kerne, Trockenfrüchte – rückstandsfrei, zutatensauber –, denen ihr enger Zusammenhalt honigversüßt wird

N

Nachhaltigkeit

Eigentlich schöner, wenn auch abgegriffener Absichtserklärbegriff und **Maßnahmenkatalogwort**: Alles, was nicht nachhaltig ist, kann nur vorgriffig oder voraussagbar schädlich sein; wer dem vorbeugen will, muss nachhalten. Schon F. B. Weber klärte anno 1844 in seinem „terminologischen oeconomischen Lexicon" auf: „Nachhaltiger Ertrag des Bodens wird nur erzielt, wenn der Boden in gutem Stand erhalten wird."

Nachhaltigkeit wird oft beschworen **in politischen Sonntagsreden,** noch bis ganz oben auf UN-Umweltgipfeln, auf denen globale Nachhaltigkeitsentwicklung *(Sustainable Development)* de- und proklamiert wurde, sogar ohne jede Konkretisierung die *Green Economy* für ressourcenschonendes Wirtschaften gefordert wurde. Nachhaltigkeitsforscher Stefan Meier sieht eher keine konsensfähige Definition des Begriffs mit dem Potenzial einer **„Erlösungsphantasie"**. Er konstatiert bei Bio denn auch einen mehr gefühlten Nachhaltigkeitsvorsprung: als glaubwürdiges Engagement im Kerngeschäft, als „kleine Lösungsinseln in der Nicht-Nachhaltigkeit". Die Unschärfe des Begriffs hat zwar für Bedeutungsleere gesorgt, andererseits aber auch die Suche nach Indikatoren belohnt: **In der Biobranche** ist nachhaltiges Handeln ständiger Maßstab – durch Respekt vor der Natur, Bewahrung der Umwelt, im Kreislaufgedanken des ▸ökologischen Landbaus, beim Schutz von Boden und Grundwasser sowie im Verzicht auf chemische Zumutungen für Pflanze, Tier und Umwelt. Nachhaltigkeit soll ständig „gelebter" Wertmaßstab sein bei Ökologie, Ökonomie und Sozialentscheidungen und war denn auch Thema bei der ▸BioFach 2013. Eine **klare Abgrenzung** von zertifizierten Bio- zu „irgendwie nachhaltigen" Richtlinien ist dringend nötig – schließlich hatte die 2010 erfolgte Erweiterung des Bundesprogramms Ökologischer Landbau um **„andere Formen nachhaltiger Landwirtschaft"** schon für einige Empörung in der Bioszene gesorgt, auch über ▸Deutschland hinaus. Die Inflation des Wortes Nachhaltigkeit wird längst schon bei jedem ▸Einkauf sichtbar: Groß ist die Zahl der (nicht immer unumstrittenen) **▸Gütesiegel für Nachhaltigkeit** und gegen ▸Überfischung, ressourcenzerstörende ▸Aquakulturen oder Regenwaldrodung, etwa im Namen von FSC *(Forest Stewardship Council)*, auch ▸MSC (*Marine Stewardship Council)*, ▸*Rainforest Alliance*, von UTZ *Certified* oder dem ▸WWF.

An den großen industriellen Strukturen der Land- und Weltwirtschaft wird wohl jeder größere Wurf wieder einmal scheitern, selbst wenn

Nachhaltigkeit: Für Schellfisch wird sie etwa vom MSC für „bewirtschaftete" Bestände besiegelt, Palmölproduzenten gaben sich selbst ein Siegel für nachhaltige Plantagen

Nüsse (links): Schwarzbraun ist ja erst die reife Hasel, mit viel Fett ein wahres Kalorienbömbchen – wenn auch gesund

Forschungsinstitut für biologischen Landbau
Institut de recherche de l'agriculture biologique
Research Institute of Organic Agriculture
Istituto di ricerche dell'agricoltura biologica
Instituto de investigaciones para la agricultura orgánica

FiBL

EXCELLENCE FOR SUSTAINABILITY

BÖLN

Bundesprogramm Ökologischer Landbau und andere Formen nachhaltiger Landwirtschaft

Nachhaltigkeit: Das FiBL bekam 2012 sogar den Schweizer Nachhaltigkeitspreis; dass das BÖL als BÖLN nun nicht länger nur den Öko-Landbau fördert, sorgte für Irritationen …

die FAO dringend Steuern auf Nutztierhaltung (mit all ihren bekannten Klima- und Umweltfolgen) andenkt und 2012 statt Intensivierung der Agrarproduktion eher ressourcensparende Innovationen und sogar ein **„Konzept der Abkehr“** forderte – für eine „nachhaltige Agrarproduktion der Zukunft“. Bisher werden im konventionellen Bereich lieber logotaugliche, wenig folgenreiche *Round Tables* für „sündenfreieres“ Handeln mit ▸Palmöl oder ▸Soja gegründet oder vage „Nachhaltigkeitsberichte“ geschrieben – oft nur schönfärberisches ▸**Greenwashing**. Allerdings gibt es erste seriöse Modelle, Nachhaltigkeitskriterien aufzustellen und mit Kennzahlen zu systematisieren. So entwickelte der BNN *(Bundesverband Naturkost Naturwaren)* ein Nachhaltigkeitsmonitoring, an dem immer mehr Bio-Betriebe teilnehmen.

Nota bene: Der Naturbenutzer und Raubbauer Mensch hat es längst zu weit gebracht, das *Global Footprint Network* in London rechnet alljährlich aus, wann wir unseren Jahresvorrat vorzeitig verbraucht haben – am **Überschreitungstag**, dem *Earth Overshoot Day*. 2013 wurde er früher als je zuvor bilanziert: am 22. August!

Nahrungsergänzungsmittel: Im Bioladen eher als Naturmittel erhältlich, selten wirklich nötig – Arzneimittel sind sie gerade nicht

Nahrungsergänzungmittel

Jene Supplementmittelchen, die gesünder, glücklicher, schöner machen sollen: Vitamin E als Jungbrunnen, Biotin gegen Haarausfall, Kalium als Hirnturbo. Tatsächlich ist die Wirkung der Pillen, Pulver, Säfte in vielen Fällen nicht nachgewiesen, falsch dosiert können sie sogar gefährlich sein. Das BfR *(Bundesinstitut für Risikobewertung)* hält Nahrungsergänzung bei gesunder Ernährung in der Regel für **überflüssig** und warnt v. a. vor zu hoch dosierten Selen- oder Calciumprodukten. Gesunde Menschen sollten laut DGE *(Deutsche Gesellschaft für Ernährung)* **zusätzlich nur Jod** einnehmen (am besten allerdings in Form von jodiertem ▸Salz); für Schwangere empfiehlt sich **Folsäure** als Extra.

Doch die Branche boomt: *Forsa* ermittelte, dass Deutsche dafür jährlich 1,2 Mrd. Euro ausgeben. Schlucken tut sie laut MRI *(Max-Rubner-Institut)* jede Dritte bzw. jeder Fünfte.

Am bekanntesten ist die Extradosis ▸Vitamine, ▸Spurenelemente oder ▸Mineralstoffe. Im Bioladen sind traditionell eher nährstoffkonzentrierte Produkte (wie ▸Algen oder anderes ▸**Superfood**) als Extrakt oder Saft zu bekommen, weniger die „verpillten“ Stoffe-Cocktails aus dem Drogeriemarkt.

Denn auch wenn die Nahrungsergänzer öfter **wie Medikamente** aussehen, sind sie als nährstoffkonzentrierte ▸Lebensmittel in dosierter Form definiert. Nur

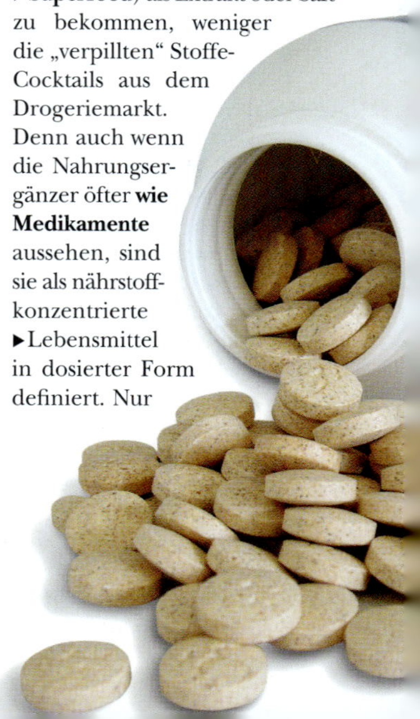

deshalb kann ein Nahrungsergänzungsmittel überhaupt ein ▸Bio-Siegel tragen; **als Arzneimittel** fiele es gar nicht erst unter die ▸EG-Öko-Verordnung bzw. die Richtlinien der ▸Anbauverbände. Sobald lebensmittelfremde Zusätze wie Magnesium, Q10 oder Inulin drin sind, wird aus dem Lebens- ein Arzneimittel – auch wenn ansonsten alles bio wäre, stünde das nur auf der ▸Zutatenliste!

Bio-Nahrungsergänzungsmittel dürfen lediglich ökologische Zutaten enthalten und funktionieren außerdem nach einem anderen Prinzip als konventionelle Produkte. Letztere bestehen größtenteils aus einzelnen und zudem synthetischen Wirkstoffen – obwohl nachgewiesen ist, dass isolierte Stoffe ganz anders wirken als in ihrer ursprünglichen, natürlichen Kombination im Obst oder Gemüse. Nach einer Studie der *Cornell University* ist z. B. der antioxidative Effekt von 100 g Apfel mit nur 20 mg Vitamin C dank vieler ▸sekundärer Pflanzenstoffe so hoch wie jener von 1 500 mg reinem Vitamin C.

Deshalb streben Bio-Produzenten danach, **die natürliche Vielfalt** der Inhaltsstoffe zu sichern, indem etwa echte ▸Acerola zu Maische verarbeitet, getrocknet und zu „Vitamin-C-Pulver" verarbeitet wird, in dem alle ▸Antioxidantien, Spurenelemente und Mineralstoffe erhalten bleiben. Das konventionell hergestellte Vitamin C dagegen entstammt oft chemischer Synthese oder wird – noch einfacher und billiger – mit genmanipulierten ▸Mikroorganismen produziert. Wenn in Bioläden mal konventionelle Nahrungsergänzungsmittel verkauft werden, dürfen sie **keine gentechnisch veränderten** oder bestrahlten Zutaten, weder synthetische Süß- oder ▸Konservierungsstoffe noch ▸Aromen enthalten, auch alle gehärteten ▸Fette sind nicht erlaubt.

Nährwert: Neben Kalorien zählt alles dazu, was nun auch das Etikett aufzählen muss – hier wird klar, dass nur fünf Erdbeerjoghurts schon den Tagesbedarf an Zucker decken würden

Nota bene: Für ▸Vegetarier und insbesondere ▸Veganer ist Nahrungsergänzung mit Vitamin B 12 sinnvoll, da es in Floralem nicht vorkommt.

Nährwert und Nährstoffe

Eigentlich so einfach: Etwas Genießbares „hat keinen Nährwert", wenn es allenfalls nur Kalorien liefert oder zum Verhungern taugt; deshalb haben auch Ballaststoffe null Nährwert. Das lässt sich gut trennen, berechnen und darstellen in sog. Nährwerttabellen, die den natürlicherweise schwankenden Nährstoffgehalt in Mittelwerten angeben; solche Daten sind je nach Formeln und Laboranalysen ohnehin uneinheitlich. Ihren Nährwert haben so **die energieliefernden Grundstoffe** (Fette, Kohlenhydrate, Proteine) und **die Wirkstoffe** (Mineralstoffe, Spurenelemente, Vitamine). Beim ▸Food-Processing oder ▸Haltbarmachen allerdings wird der Nährwert mehr oder weniger stark reduziert und schon in natura sind die

Nährwerte: Gegen kleinliche Kennzeichnung im Kleindruck haben manche Supermärkte schon die feste Lupe am Einkaufswagen

Nähr- als Inhaltsstoffe pflanzlicher Lebensmittel von Sorte, Böden, Anbauart, Düngung, Klima, Reifegrad, Erntezeitpunkt sowie Lagerung abhängig.

Viele dieser Faktoren sprechen für **höhere Nährwerte bei Bio** (▶bio = gesünder?), mit größerer „Nährstoffdichte", höheren Gehalten an ▶sekundären Pflanzenstoffen und angestrebter sog. **Food-Synergy**, also dem Gesamteffekt von wertvollen Inhaltsstoffen wie etwa im ▶Vollkorn mit seiner Nähwertballung.

Bio-Kritiker (▶Bio-Bashing) leugnen jeden positiven Unterschied zu konventionell erzeugten Produkten v. a. bei den Nährwerten, beide Seiten führen Untersuchungen wie Dogmen ins Feld und streiten um Relevanz. Läge die Wahrheit auch nur in der Mitte, wäre Bio seine Nährwerte wert. Immerhin gibt es sog. essenzielle, bei Mangel sogar kritische Nährstoffe – Versorgung oder Abhilfe hängen von der **Nährstoffdichte** eines Lebensmittels ab, die entsprechende ▶Kennzeichnung gibt da Aufschluss. Der individuelle Nährstoffbedarf (▶GDA) kann also kauf- oder nur zubereitungsentscheidend sein, die sog. ▶Big Eight auf der Packung sind Gesetz – nur um eine **simplere Kennzeichnung** per ▶Ampel wird seit Jahren ergebnislos gestritten …

Nährstoffe: Die Fruchtbarkeit des Bodens zu fördern und zu erhalten ist ein Grundprinzip für Biobauern, nur so gelingt natürliche Versorgung von Bio-Pflanzungen

Nanotechnologie

Technisches Verfahren der Verwinzigung bis hinab zur Maßeinheit Nano (von griech. *nannos* „Zwerg"), einem Milliardstel, also: 0,000 000 001 oder 10^{-9} Meter. Damit entstehen Partikelchen von 1–100 nm (Nanometern), ein Atom hätte 0,1 nm. Dass es geht und was dabei entsteht, gilt als **„Dritte industrielle Revolution"**. Allerdings werden dabei die Eigenschaften von Stoffen grundlegend verändert: An die Stelle chemischer Eigenschaften treten eher quantenphysikalische, durch Form und Größe bestimmt (mehr Oberfläche im Verhältnis zum Volumen). Nanokleine Partikel gibt es zwar auch in der Natur, etwa in Feinstaub oder in Vulkanasche, aber die waren nur das Bastelvorbild.

Längst und rasant haben sich die Anwendungsfelder von **synthetisch hergestellten** Nanoteilchen erweitert, aber immer noch steht die Forschung über Risiken und Nebenwirkungen am Anfang. Die ▶Anbauverbände und andere Organisationen der Biobranche (etwa der ▶BÖLW) plädieren deshalb für ein **generelles Nano-Verbot in Lebensmitteln** – und umso mehr in ▶Biolebensmitteln. Noch 2013 fehlte dies in der ▶EG-Öko-Verordnung! Fast alle Verbände (▶Bioland, ▶Demeter, ▶Gäa, ▶Naturland, ▶Verbund Ökohöfe) schrieben ihre Richtlinien entsprechend um: Für ihre Mitglieder ist Nano ein No-Go! Für den Rest der Branche gilt eine „Verzichtsempfehlung“; **je nach Anwendung** scheiden sich auch hier die Geister.

So erlaubt ▸Bio Suisse Nano im Bereich des ▸Food-Processings: Nicht in Hilfsstoffen, aber **bei Materialien und Geräten**, in der Oberflächenversiegelung und bei Werkzeugen. Auch der BÖLW (und mit ihm die Anbauverbände) hat in seiner Nano-Stellung-

nahme von 2011 diesen Einsatzbereich zunächst freigegeben.

Nano-Verpackungen sah er „kritisch“ und gab keine endgültige Stellungnahme ab. Denn Nanotechnologie kann hier **immerhin ökologisch vorteilhaft** sein; bei biologischem ▸Plastik etwa oder durch Materialeinsparung. Doch **die unabschätzbaren Folgen** von *nano inside* wie *nano outside* sollten ein klares Votum für das Vorsorgeprinzip und den Bio-Grundsatz der ▸Nachhaltigkeit folgen lassen.

Gleichzeitig stochern sowohl konventionelle wie auch Bio-Produzenten ohnehin noch im Dunkeln: Nano ist **nicht deklarationspflichtig**, erst ab Ende 2014 muss EU-weit gekennzeichnet werden, was Nanopartikel enthält! Und auch dann wird es keine verpflichtenden Zulassungsprüfungen geben.

Im Food-Bereich ist der Nano-Einsatz (noch) begrenzt, sicher aber wegen der Vielseitigkeit erstrebt: trübungsverhindernd, emulsionsverbessernd, texturverändernd, schmelzbereichabsenkend, fehlaromenmaskierend oder schaumstabilisierend, schließlich zur Verkapselung von ▸Zusatzstoffen als Nanoschmuggler in den Körper, zu gern als bessere „Bioverfügbarkeit“ verkauft und schon in einigen konventionellen ▸**Nahrungsergänzungsmitteln** benutzt. Solch „Nanofood“ fällt unter die ▸Novel-Food-Verordnung – was Kritiker verärgert, die eigene Nano-Regelungen fordern.

Gefährlich sind Nanopartikel allerdings auch in damit gezielter wirkenden Dünge- wie Pflanzenschutzmitteln. Ihr Schnelleffekt hat langfristig Folgen: Schon tauchten erste Auswaschungen oder Abriebe (etwa von Titandioxid) **im Abwasser und in Gewässern** auf und könnten über (konventionell genutzten) Klärschlamm auf Äckern in die Nahrung gelangen. Allein **Nano-Silber** jedoch blockiert selbst in Spuren Enzyme und zerstört die Proteinsynthese; umfassende Tests zur sog. Ökotoxität migrierender „Nanos“ fehlen …

Selbst mechanische Störungen wurden untersucht. So heftete sich etwa **Titandioxid** so hartnäckig als „Außenhülle“ an Wasserflöhe, dass nur 10 % von ihnen die sonst normale zweite Häutung überlebten. Da könnten die Winzlinge große Auswirkungen auf **Nahrungsketten** haben …

Nano überall: Der jährliche Nano-Report der Bundesregierung belegt Fortschritte und Verbreitung der unnatürlichen Miniaturformate in der Nahrung, als Verpackungszugabe helfen die Winzpartikel, neuartige Effekte ganz unsichtbar zu erzielen

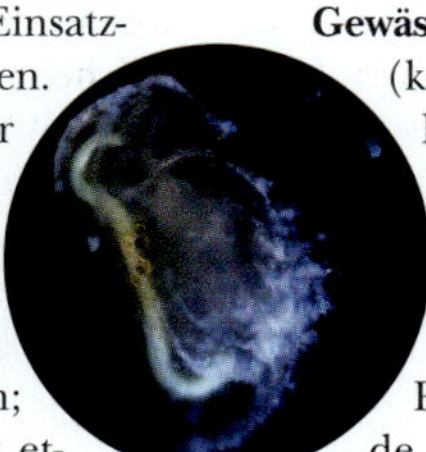

Nano als Killer: Die Minipartikel umschließen im Test einen Wasserfloh und lassen ihn daran ersticken …

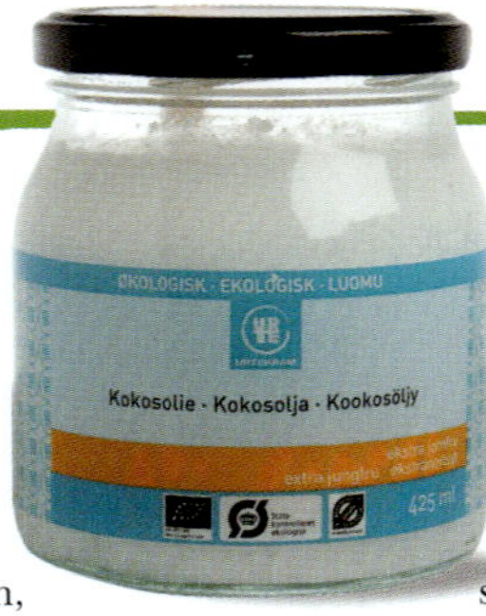

Versprochen: Nur schonendste Druckausübung ist „nativ" und Bio-Erpressungen sind mogelfrei wie glaubwürdig unmanipuliert

nativ

Die schöne Suggestion bei ▸Speiseölen, sie seien sozusagen auf natürlichste Weise „geboren" (lat. *natus*) worden: Nie dem Rohprodukt durch eine Extraktion entrissen, allein durch Pressen oder ähnliche mechanische Verfahren gewonnen – **ohne Wärmezufuhr**. Native Öle dürfen nach der Erpressung allenfalls gewaschen, gefiltert oder zentrifugiert werden, nie aber entsäuert, gebleicht oder desodoriert. Die Kategorien „nativ" und **„nativ extra"** (synonym dazu *vergine* sowie *extra vergine*) sind EU-weit immerhin für ▸Olivenöl klar definiert: Nur wenn pro 100 g Öl höchstens 0,8 g freie ▸Fettsäuren (die das Aroma ins Säuerliche kippen lassen) vorkommen und ein direkt aus der Frucht erpresstes Öl die positiven Merkmale **„fruchtig, bitter, kratzig"** aufweist, darf auf seinem ▸Etikett „nativ extra" stehen. Für die einfache Auslobung „nativ" sind max. 2 % freie Fettsäuren erlaubt; der Geschmack muss „einwandfrei" sein, also nur wenige Fehler haben. Welche Kategorie es wird, entscheidet sich also von Charge zu Charge nach chemischen wie sensorischen Tests.

Im Unterschied zum naiveren ▸**kaltgepresst** sind solcherlei Nativitäten fundiertere Versprechen, die auch nicht verschleiern, dass durch den Druck selbst beim „Kalt"-Pressen **hohe Temperaturen** entstehen können. Zwar setzen insbesondere Bio-Hersteller auf langsamere Pressvorgänge und geringstmöglichen Druck oder auch auf Kühlung der Presse von außen, aber umso wichtiger für Inhaltsstoffe und Geschmack von Speiseöl ist naturgemäß die Rohware. Die stammt **bei Bio-Öl** stets aus ▸ökologischem Landbau und ist in aller Regel rückstandsfrei von ▸Pestiziden und anderen ▸Schadstoffen. Entsprechend gut schneiden native Bio-Öle bei chemischen Befunden ab; ihre **sensorische Qualität** aber wird mitunter moniert. Ob dabei etwa der vom BNN *(Bundesverband Naturkost Naturwaren)* als so „ursprünglich, nussig-saatig" beschriebene Geschmack von nativem ▸Rapsöl kein Zeichen für mindere Qualität, sondern positiver Beweis für „einen eigenständigen Charakter" ist, bleibt strittig (▸Geschmackssache). Ebenso wie der „Olivenöl-Verriss" im NDR-Fernsehen vom April 2013. Dort war zwei „holzig, muffig" bzw. „muffig, ranzig" schmeckenden Bio-Olivenölen ihr „nativ extra" abgesprochen worden. Die Hersteller gaben schlechter Lagerung bzw. dem Transport die Schuld – was Experten wiederum bestritten. Da hilft wohl nur Durchprobieren und das native Selbst-Erschmecken!

natur-, natürlich

Natürlich glaubt jeder zu wissen, was Natur sei: Sie ist am besten die heile, sogar schöne Umwelt, gnädig ernährende Mutter, die nichts Ungesundes hat und nur Gutes und Bewährtes liefert. Flora und Fauna sind unangetastet oder immerhin ▸nachhaltig gepflegt und **bewahrte Natur** im besten Sinne. Eigentlich gibt es nichts Besseres, so mögen wir sie, auch in unserer Verfressenheit, ganzheitlich im Kreislauf des ▸Authentischen.

So wird sie uns – analog zum ungetrübt tradierten Bild ursprünglicher ▸Landwirtschaft – auch gern von denen verkauft, die uns Essbares liefern, selbst wenn Agrar- wie Lebensmittelindustrie **widernatürlich** zu Werke gingen. Seit Bio dagegen anarbeitet und kaum Glaubwürdigkeitsprobleme hat, mühen sich Absatzstrategen von konventionellen Unnatürlichkeiten umso mehr um behauptete Naturnähe. Allzu gern wird mit den – **gesetzlich ungeschützten** – Begriffen „aus der Natur" und „natürlich" gelockt, lange sogar mit „naturidentisch" für synthetische ▸Aromen. Während **die Biobranche** gelassen naturbelassenere Lebensmittel bot und mit grundsätzlich „naturnahem" ▸Food-Processing die Erwartung der ▸Biokonsumenten erfüllte, geriet der **deklaratorische Eifer** konventioneller Prägung in die Defensive: Zu viele ▸E-Nummern und ▸Zusatzstoffe, aber auch pure ▸Clean Labels machten misstrauisch, ▸Kennzeichnungen wie „hergestellt ohne …" gerieten durch Verordnungen und Haarspaltereien zur Farce. Zu viel war und ist da von Natur aus ▸**Irreführung**. Dabei hatte sog. *naturalness* im Öko-Bereich längst internationale Akzeptanz und ist ein viel diskutiertes Bio-Credo: Agro-ökologisches Handeln sucht Naturnähe, den „Einklang", integriert alles Lebendige und fördert die Selbstregulierung: gelebter ▸Naturschutz. Die Diskussion um ▸Convenience aus Bio-Produktion, womit Bio-Pioniere **ihren Anspruch gefährdet** sahen, beweisen dabei die naturgemäßen Auslotversuche – wie bei der Frage, ob natürliche ▸Glutaminsäure etwa in ▸Hefeextrakt vertretbar sei, während das für ▸Geschmacksverstärker allgemein und ▸Glutamat im Speziellen eben nicht gilt. Derlei bewegt die Bio-Gemüter, denn wirklich „natürliche" Lebensmittel können **nur chemiefrei** hergestellt sein, Lebendiges darf nicht mit ▸Gentechnik manipuliert werden und der Technik sollten nur geringstmögliche Eingriffe erlaubt bleiben: *true nature* eben.

Natur:
Wo sie draufsteht, geht es inhaltlich nicht immer ganz so natürlich zu, wie wir es uns zu gern vorstellen; bei diesen Labels aber gilt die Gleichung Natur = Bio

natürlich:
Immer noch eine ungeschützte Qualitätsbehauptung, inzwischen bei Irreführung aber geahndet

Naturkost

Einst ein hehres Wort, das auf der Goldwaage der Gesundheit alles aufwiegen sollte, was als Nahrung eher denaturiert war. In Feld und Flur deckte Mutter Natur den Tisch, so

Naturkost: Beinahe altehrwürdiger wie fast liebenswert nostalgischer Inbegriff, der zum Verbandszeichen mit eigenem Ladenlogo wurde

Bundesverband Naturkost Naturwaren

schmeckte es allen Anhängern der ▸**Lebensreform**, die noch gern selbst kochten; bald galten den Fans von ▸Rohkost, ▸Vollwert oder ▸Makrobiotik ihre Lebens-Mittel als Naturkost, früh hatten die ▸Reformhäuser derlei möglichst gering verarbeitete Köstlichkeiten im Regal. Erhaltenswerte ▸Nährstoffe und „Vitalkräfte" wurden entdeckt, Gifte geschmäht, Gesundheit groß geschrieben.

Der **Wertbegriff** verschwand zwischen den Weltkriegen aus der öffentlichen Diskussion und lebte erst in den 1970er-Jahren wieder auf, als Pioniere in ersten ▸Bioläden anboten, was noch bis heute für den Duden **definierte Naturkost** ist: „möglichst naturbelassene, möglichst wenig ▸Schadstoffe enthaltende, von synthetischen Zusätzen freie, vollwertige Lebensmittel aus ökologischem Pflanzenbau bzw. ▸artgerechter Tierhaltung".

Als stärkerer Inbegriff übernahm dann ▸Bio die Naturkost-Rolle und ist inzwischen ebenso EU-amtlich wie das Wort ▸Öko. Bio- ist also Naturkost, Naturkost nicht automatisch Bio!

Seit den 1970er-Jahren wurde der Naturkosthandel Teil der sog. Wertschöpfungskette, Händler und Hersteller gründeten 1983 ihren *Naturkost-Verein zur Förderung natur- und menschengemäßer Ernährungsweise e. V.*, 1988 daraus den heute noch bestehenden **BNN** (seit 2013 offiziell *Bundesverband Naturkost Naturwaren Herstellung und Handel e. V.*). Mit flott grün markiertem „N" als Logo hat die Naturkost damit ein gut sichtbares Emblem auf Waren oder Ladentüren. Da gilt dann seit 2006: Hier gibt es **„100 Prozent Bio"**. Alles, was nicht auf Grundlage der ▸EG-Öko-Verordnung oder durch einen ▸Anbauverband biozertifizierbar ist, muss klar so gekennzeichnet sein: Dazu gehören ▸Nahrungsergänzungsmittel, ▸Wildfleisch von freilebendem ▸Wild (nur direkt vom Jäger) oder ▸Fisch aus Wildfang. Der muss nachgewiesen aus ▸nachhaltig bewirtschaftetem Bestand stammen und mit einem entsprechenden ▸**Gütesiegel** (etwa vom ▸MSC oder ▸Friend of the Sea) ausgestattet sein. Mit so viel Ehrgeiz und Transparenz stellt der BNN sich und sog. Bioladnern quasi einen Naturkostausweis aus.

Naturkost: Mitunter bringt sie es sogar zum vielversprechenden Bestandteil eines Bio-Produzentennamens

Naturland

Noch eine Bio-Erfolgsgeschichte, im Zeichen der drei tanzenden Blätter und schon seit 1982. Zehn bayrische Landwirte hatten mit der Gründung von „Naturland – Verband für ▸ökologischen Landbau e. V." von Anfang an **hohe Ziele**: Gegen die Ressourcenzerstörung, für eine zukunftsfähige ▸Landwirtschaft mit globaler Förderung von ▸Biobauern, als ▸Anbauverband mit eigenem Zertifizierungssystem und eigenen Vertriebswegen.

Naturland ist stolz auf die **strengeren Maßstäbe** im Vergleich zur ▸EG-Öko-Verordnung: Nur ▸Umstellung des Gesamtbetriebes, soziale Gesichtspunkte zählen, zu mind. 50 % eigene ▸Futtermittel sowie ein vorgeschriebener Anteil von Hauptfrucht-Leguminosen, Gesamtmenge an ▸Dünger begrenzt, ▸ökologische Tierhaltung mit ▸**artgerechteren Vorgaben** (etwa limierter Tierbesatz bzw. Fischbesatzdichten, ▸Rinder mit Sommergrünfutter, ständiger Auslauf für ▸Legehennen), strengerer Ausschluss von ▸Gentechnik bei der ▸Zucht (etwa **CMS-Hybriden**). Chemisch-synthetische ▸Pflanzenschutzmittel und ▸Tierarzneimittel sind verboten – wenn unumgänglich, ist der Einsatz eng begrenzt oder genehmigungspflichtig. Beim ▸Food-Processing sind weniger ▸Zusatzstoffe und nur pro Produktgruppe zugelassen, ▸**Nanotechnologie** ist ausgeschlossen.

Anfang 2013 arbeiteten ▸Biobauern in 2 604 deutschen Naturland-Betrieben, die knapp 140 000 ha (ohne Wald) ökologisch bewirtschafteten. Damit ist Naturland hinter ▸Bioland ▸**Deutschlands zweitgrößter Anbauverband**; weltweit kamen noch fast 51 000 Öko-Farmer hinzu, die auf mehr als 120 000 ha naturlandkonform ackerten. Denn seit 1987 wird **international** und einheitlich agiert, 1996 definierte Naturland erstmals die ▸ökologische Aquakultur und zertifiziert seitdem ▸**Biofisch**. Neun Jahre später kamen die Richtlinien für das sog. „Naturland Wildfisch"-Logo dazu für ▸nachhaltigen Fischfang. In 2013 waren Regeln für ▸Algen in Planung.

Naturland

Die Naturland-Partner sind seit 2005 weltweit gehalten, auch Sozialrichtlinien anzustreben oder einzuhalten, 2006 ergaben sich daraus „Faire Partnerschaften" und das ▸**Gütesiegel „Öko+Fair"** vier Jahre später (▸fair+bio). Die 2005 (mit Bioland und ▸Demeter) initiierte Kampagne **„Bio mit Gesicht"** für die Produktidentifizierung über eine Nummer via Internet (siehe www.bio-mit-gesicht.de) brachte neben Glaubwürdigkeit auch Popularität. 2011 ermittelte Emnid einen Bekanntheitsgrad von 59 %.

Unverdrossen versichert Naturland, dass **Deutschlands Selbstversorgung** mit ▸Biolebensmitteln das politische Ziel sein müsse, und mischt sich direkt oder über den ▸BÖLW in Debatten ein. Den Willen für ▸**Premium-Bio** markiert der Fachhandelsanteil

Naturland: Umtriebiger und zweitgrößter Anbauverband mit ausdrücklich fairen Idealen und internationalen Bio-Ambitionen

Naturland: Die ökologische Idee wird gern auch im Ausland propagiert, auch Fische oder gar Garnelen werden inzwischen nach strengen Kriterien zertifiziert – und sogar Wälder

Naturland: Als großer Anbauverband früh auch international aktiv, IFOAM-akkreditiert und „draußen" selbst zertifizierend – sogar „fair + bio"

von Naturland-Produkten: Er betrug 2010 selbstgeschätzte 80 %, das Restprozentliche wurde von Verbandsbauern ab Hof vermarktet – oder auch mal an die eher ungelitteneren ▸**Discounter** geliefert, dann aber wegen der drohenden Markenverwässerung nur mit dem staatlichen ▸Bio-Siegel, aber ohne Naturland-Logo. In gesunder **Selbstbesinnung** wurden seit 2012 mit den ▸Skandalen um überbelegte Geflügelställe und Bio-Mogeleier manche still herangewachsenen und tolerierten industrielle Strukturen herunterreguliert (Ziel bis 2018). Richtlinien wurden überarbeitet, **Verdachtsbetriebe** sollen schneller ausgeschlossen (wie etwa Putenmäster 2013) und ▸Öko-Kontrollstellen in Frage gestellt werden, um ▸Bio-Betrug zu verhindern. 2013 wurde eine „Tierwohl-Expertin" engagiert. Die Übernahme fremdgeprüfter ▸Importware als „rezertifiziertes" Naturland-Produkt soll Ausnahme bei eigener Knappheit sein.

Naturschutz

Die gefühlt heile Natur und eine ausbalancierte Umwelt zusammen, das sind zwei und dasselbe: unser Wunschbild, hin und wieder real vor uns ausgebreitet, öfter aber bedrohte oder **längst ramponierte Idylle**. Die angegriffene Natur bedroht uns aktiv mit Überschwemmungen, Eruptionen, Beben – schlimm genug. Die passivere Natur nimmt es hin, dass sie **letztlich schutzloses Opfer** ist von sog. Naturentnahme durch Naturnutzung, erleidet Vergiftung, Klimawandel, Artenschwund und Erosion; Fachleute reden da schon von **„ausgeräumten Landschaften"**. In natura ist die Welt nicht mehr in Ordnung, und ob sie noch in Ordnung zu bringen ist, wird oft bezweifelt. Optimisten und Idealisten eilen zu Hilfe und betreiben als Realisten Naturschutz. In der Schweiz ist sogar die ▸Pflanzenwürde geschützt, mit auch juristischen Konsequenzen.

Die **staatliche Aufgabe**, uns „die Natur" zu erhalten, lässt in ▸Deutschland Bundesnaturschutzgesetze und kommunale Durchführungsverordnungen strenge walten, sie können sogar einige Missstände verhindern oder beseitigen. Gegen rasant zuneh-

mende **Übernutzung** oder Ressourcenvernichung richten sie jedoch wenig aus, zu stark und wohlfinanziert ist das kommerzielle Interesse; allein die Lebensmittelbranche samt industrialisierter ▸Landwirtschaft als **wachstumsverpflichtetem Exportfaktor** ist mit den Augen von „Mutter Natur" betrachtet zum Weinen.

Wie Don Quichote kämpfen engagierte **Organisationen** wie der BUND *(Bund für Umwelt und Naturschutz Deutschland)*, ▸*Greenpeace*, der NABU *(Naturschutzbund Deutschland)*, *Robin Wood*, der ▸WWF und Gleichgesinnte für einen tatsächlich ▸nachhaltigen Umgang mit der Natur.

Im ▸ökologischen Landbau wie in der ▸ökologischen Tierhaltung ist Naturschutz Überzeugung und Programm, bei den ▸Anbauverbänden am stärksten ausgeprägt. Die stets überprüfte ▸EG-Öko-Verordnung jedoch soll den expliziten Naturschutz erst noch hineingeschrieben bekommen. Die Bio-Assoziation vom „Einklang mit der Natur" darf eben nicht zur Leerformel werden; sie sollte **als Selbstkontrolle** selbstverständlich und Teil aller Maßnahmen sein.

Spät wurde von der Politik erkannt, dass extensives, schonendes Landwirtschaften der Natur und der ▸Biodiversität zugute kommt, dass Gewässer kunstdüngerfrei geschont werden, Brachen bedeutend sind und auch andere **Bio-Prinzipien** wie Renaturierung oder Landschaftspflege einen Mehrwert für die Gesellschaft ausmachen – daher die begründete Forderung der Biobranche, dafür hektarweise aus EU-Töpfen entlohnt zu werden: für die sog. **Umweltleistungen** (▸Greening).

2013 scheiterten solche Bemühungen in ▸Deutschland zum wiederholten Mal an finanziellen Vorbehalten. Dabei ist eine Systemwende überfällig: **Die tatsächlichen Kosten** für „Reparaturen" an gestörten Ökosystemen müssten von den Verursachern getragen werden, statt sie der Allgemeinheit anzulasten. Das würde heutige Billigpreise ohne **„Sündersubvention"** anheben und so den Abstand zu teureren Biolebensmitteln reduzieren. Nur immer noch höhere Erträge einfahren und Raubbauprodukte zu billig ein- und verkaufen – das würde die schutzbedürftige Natur überfordern. Sie ist schließlich ein Dauerpflegefall …

Naturschutz: Gäa-Landwirte begutachten Feld wie Blühstreifen auf dem Sonnenblumenacker – hier werden allerlei Nützlinge gegen Schädlinge angelockt

naturtrüb: Gesünder ist es, wenn Ballaststoffe und anhaftende Wertstoffe im Bio-Saft oder sogar -Essig verbleiben

naturtrüb

Ganz klar die natürlichste Art, ▸Fruchtsäfte oder ▸Bier, aber auch ▸Speiseöl oder ▸Essig undurchsichtig zu genießen. Was da für Unklarheit sorgt, sind ursprünglichste Schweb- und Trübstoffe aus dem Herstellungsprozess. Sie entstammen dem Grundprodukt und sind mitbestimmend für den typischen Geschmack, v. a. aber binden sie ▸Vitamine, ▸Mineralstoffe, ▸Spurenelemente und ▸sekundäre Pflanzenstoffe. So ergaben 2010 Tests des DKFZ *(Deutsches Krebsforschungszentrum)*, dass naturgetrübter Apfel- als ▸Direktsaft einen höheren Gehalt an ▸**Polyphenolen** aufwies als andere Apfelsäfte. Gängiger blanker Apfelsaft aus Konzentrat enthielt am wenigsten dieser sekundären Pflanzenstoffe.

Im Biobereich spielen klare Säfte eine Nebenrolle. Obwohl hier die ▸EG-Öko-Verordnung eine Klärung erlaubt, ist sie bei einigen ▸Anbauverbänden höchstens für einzelne Saftsorten zulässig. **Naturtrübheit** wird allgemein angestrebt, Bio-Saft nach dem Erpressen höchstens kurz geschleudert, um die allergröbsten Teilchen abzutrennen.

Der pestizidfreie Anbau macht den Erhalt der Trübstoffe ohnehin unproblematisch, der so belassene Trunk ist inhaltsreicher, sortentypisch geschmackvoller und ungeschmälert gesünder; Fruchtsäuren und ▸Farbstoffe sind dann natürlich, also echt. Wer denoch mit bestem Anbauverbandsgewissen etwas enttrüben will (etwa Agaven- und andere ▸Dicksäfte oder ▸Ahornsirup), braucht dazu die schriftliche Genehmigung. Sogar eine Klärung mit ▸**Gelatine** (vorzugsweise ökologisch erzeugt) wäre für Bioprodukte als Verarbeitungshilfsstoff, der also nicht ins Endprodukt wandert, gerade noch erlaubt. Sie wird zwar seltener praktiziert als bei konventionellen Säften oder ▸Wein, ▸Veganer freuen sich trotzdem darüber, dass sich die ▸Kennzeichnung von „untierlich" Geklärtem gerade bei Bio immerhin langsam durchsetzt. Organisationen wie ▸*Foodwatch* setzen sich allerdings dafür ein, dass der ▸versteckte Einsatz von tierischen Produkten in eigentlich so unverdächtig Pflanzlichem auf der Verpackung auftauchen muss.

Nota bene: Trübstoffe erschweren die Haltbarkeit; so halten sich etwa spezielle Bio-Biere, die **unfiltriert** sind, nur vier bis sechs Monate, machen aber biogesunden Trüb-Sinn!

Nektar: Was so seinen schlechten, weil verwässerten Ruf hat, muss gar nicht der miesere Fruchtsaft sein – wenn ein Obst mal gar keinen Direktsaft zulässt

Nektar

An dem göttertrankgleichen Terminus haben Puristen schwer zu schlucken, assoziieren sie damit doch eine Art Gestrecktes, das sich Lobbyisten aller Saftläden schützen ließen – als Fruchtnektar in der ungenießbaren **FrSaftErfrischGetrV** *(Fruchtsaft- und Erfrischungsgetränkeverordnung)*. Aber Obacht: Nicht jeder Nektar hätte je reiner ▸Fruchtsaft bleiben können! Es mutet zwar minderwertig an, dass Nektar durch Verdünnung weniger

Fruchtgehalt, Vitamine und Mineralstoffe hat, bis zu 20% Süßendes enthalten darf und in seiner geringen Konzentration nur noch vom sog. Fruchtsaftgetränk unterboten wird. Manches Obst (▶Gemüsesaft darf gar kein Nektar sein!) aber ließe sich aufgrund seiner Konsistenz gar nicht als erpresster ▶Direktsaft oder ▶Muttersaft herstellen, weil es zu viel Fruchtfleisch enthält oder nicht ergiebig genug ist; anderes wäre ungemischt ganz einfach zu süß, zu bitter oder zu sauer. Die Verachtung für den amtlichen Nektar darf deshalb nur jenen Saftarten gelten, die auch als Direktsäfte zu erpressen wären und nur aus Kostengründen nur Nektar werden! Immerhin gibt es Mindestgehalte an Fruchtsaft bzw. Fruchtmark und je nach Frucht genaue Prozentangaben: mal 50 % (Nektar aus Orangen, Äpfeln, Holunderbeeren, Quitten, Pfirsichen), mal 40 % (bei Aprikosen), mal 30 % (für Sauerkirschen) oder nur 25 % (Bananen, Johannisbeeren, Mango). Auch hier lohnt ein Blick aufs ▶Etikett, denn insbesondere **Bio-Hersteller** versaften oft höhere Fruchtanteile und mischen Direktsaft in den Nektar, kein Konzentrat. Bei Bio wird in der Regel auch kein Kristallzucker zum ▶Süßen verwendet, sondern Rohzucker oder Honig. Kommt dagegen süßender ▶Sirup in den Nektar, wird daraus ein sog. **Fruchttrunk** – die FrSaftErfrischGetrV sieht für Nektar keine alternative Süßung vor. Nektar aus Obst mit hohem Säuregehalt („zum unmittelbaren Genuss nicht geeignet") darf sich Süßmost nennen.

Nota bene: 2011 hatte Nektar vielsagenderweise nur einen Bio-Anteil von 0,4 %; bei Fruchtsaft waren es 2–3 % !

Nektarine

Vergleiche mit ihrer samtschaligen Verwandten drängen sich glatt auf, doch ziemlich sicher handelt es sich bei der aus China stammenden Nektarine *(Prunus persica var. nucipersica)* nicht um eine Kreuzung aus ▶Pflaume und ▶Pfirsich, sondern um eine **Varietät oder Zufallsmutation** vom Letzteren: zwar degeneriert unbepelzt, dafür genauso gelb- oder weißfleischig, aber durch den geringeren Wasseranteil fester im Fleisch und süßer im Geschmack. Obendrein stecken innen drin 60 % mehr Nährwerte. Der Same im Kern ist im Blausäuresinne allerdings hochgiftig!

Nektarine: Glatterdings ein Pfirsichgenuss, meistens aber mit belasteter Schale, es sei denn, die Saftigkeiten kommen aus der Biokiste

Hierzulande gedeihen die wärmeliebenden Nacktpfirsiche schon in sehr warmen Lagen des oberen Rheintals und des Bodenseegebiets, wo sie im Spätsommer auf Märkten angeboten werden. Alle früheren Früchtchen stammen aus den Mittelmeerländern, die ▸**Saison** beginnt im Mai und endet im Herbst.

Nektarinen: Vollsaftig nur vollreif und ganz frisch vom Baum, ungespritzt dann beste Kullerfrucht

Neuland: Kein Bioverband, aber in seiner Tierhaltung in manchem Detail sogar strenger

Leider gleicht die Suche nach rückstandsfreien Nektarinen aus konventioneller Landwirtschaft jener Jagd nach der Nadel im Heuhaufen: Cocktails von bis zu 13 verschiedenen, zum Teil krebserregenden und hormonell wirksamen ▸**Pestiziden** fanden sich bei Tests von ▸*Greenpeace* schon 2009/2010 in über 90 % aller Nektarinen. Ähnliche Ergebnisse zu sog. Mehrfachrückständen hatten amtliche Proben der folgenden Jahre, wenn auch Überschreitungen der Höchstmengen seltener sind.

Bei durchschnittlich 2 bis 3 verzehrten Kilo pro Jahr und Bundesbürger lohnt ein Ausweichen auf **Bio-Nektarinen** – die werden mithilfe von viel Handarbeit, ohne Anti-Schimmel-Spritzmittel oder Antioxidationsmittel angebaut und sind weitestgehend rückstandsfrei.

Nur am Baum ausgereifte, zart duftende Exemplare haben das ganze, saftig-süße Aroma, es empfehlen sich also saisonale Vollgereiftheiten. Verarbeitung in Joghurt, mit Quark, als Konfitüre oder zu Chutney ist eine höchst geschmackreiche Idee. Dabei gilt: Öfter eher zu früh gepflückte Nektarinen reifen zwar nach, überzeugen aber nicht mit bestem natürlichen Vollgeschmack; reife, im Winter etwa aus Chile oder Südafrika eingeflogene **Flugfrüchtchen** schmecken gar nicht, wegen ihrer negativen ▸Ökobilanz – sonst schon …

Nota bene: Schorfig gefleckte Bio-Nektarinen sind als Opfer von zubeißenden Insekten zwar in der Ästhetik, nicht aber im Genusswert gestört!

Neuland

Schönes Beispiel dafür, dass es auch in der konventionellen ▸Tierhaltung anders geht und erfolgreich sein kann, wenn Probleme erkannt sind und im Verbund angepackt werden. Ende der 1980er-Jahre formierte sich eine *Deutsche Agraropposition* für „handfeste Agrarpolitik von unten" mit **neuer Tierhaltung**: ▸artgerecht, umweltschonend, qualitätsorientiert und schon 1988 mit dem Ziel eines eigenen ▸Gütesiegels für ▸Tierschutz. So entstand Neuland aus fünf Initiativen (*Arbeitsgemeinschaft bäuerliche Landwirtschaft, Deutscher Tierschutzbund,* BUND und, später ausgetreten, *BUKO Agrar Koordination* und *Verbraucher Initiative*) als Verein für tiergerechte und umweltschonende Nutztierhaltung. Neuland betrat damit Neuland – das schon bereitete Feld von **Bio allerdings nicht**.

Neuland geht es letztlich um hohe, stets auch höherpreisige Fleischqualität (in Vermarktung durch die eigene GmbH), aber erstlich um alle Voraussetzungen dazu von Anfang an.

Neuland ist **kein ökologischer ▸Anbauverband,** der nach den Richtlinien für ▸ökologische Tierhaltung handelt. Im Unterschied zu Bio sind auf

Neuland-Höfen ökologische ▶Futtermittel keine Pflicht. Was Auslaufflächen, Tierbesatz und den Standard für artgerechte Tierhaltung betrifft, **kommt Neuland den Bio-Kriterien jedoch nahe** und geht sogar über die Anforderungen der ▶EG-Öko-Verordnung hinaus. Einmalig ist, dass sich Neuland-Halter von Tierschützern kontrollieren lassen. Im Wertekanon steht darum die Tiergerechtigkeit obenan, gefolgt von Umwelt- und Klimaschutz, Qualität und Gesundheit, Regionalität sowie sozialer Verantwortung.

Den Neuland-Tieren kommt einiges zugute: Haltung auf Stroh, ganzjähriger Auslauf, keine Anbindung, nur heimisches (wenn auch konventionelles) und also nie importiertes Futter, null ▶Antibiotika oder andere ▶Tierarzneimittel als Leistungsförderer, keine ▶Gentechnik bei ▶Zucht oder Futter. Geduldet wird nur die Gesamtumstellung von Betrieben, es gibt keine Preise bestimmenden Großbetriebe – und zur Pokervermeidung werden ▶Supermärkte nicht beliefert.

Neuland will das **Gegenmodell zum anonymen Massenmarkt** sein und sieht sich gern als „David gegen Goliath". Das Ideelle und das Pragmatische koexistieren recht erfolgreich: Die Kontrollen funktionieren (allerdings wurden Bestandsgrenzen nach oben korrigiert), Ferkel werden seit 2008 nur noch betäubt kastriert, die Umstände beim ▶Schlachten wurden verbessert und eigener Futteranbau forciert, **fairere Preise** sind erreicht.

Schließlich strebt man nach hoher Genussqualität und will Vorreiter beim „Premium-Standard" des lobbystark geforderten Tierschutzlogos sein.

Nota bene: „Neuländer" reden gern vom „dritten Weg" zwischen konventionell und Bio, eher rutscht einigen mal raus, man habe ja Bioqualität. **Diese Verwechslung** wird gern (oder aus mangelnder Sorgfalt) aufgenommen, selbst der „Spiegel" schrieb mal vom ▶Biofleisch von Neuland …

Neuland: Verein für konsequente tierschützerische Qualitätsfleischproduktion auf dem dritten Weg zwischen konventionell und Bio, jedes fünfte Mitglied ist sogar auch Bio-Tierhalter

Nitrat

Nie zu verwechseln mit dem problematischen ▶Nitrit, zu dem es durch ▶Mikroorganismen auch im menschlichen Organismus werden kann, um sich danach unter Umständen noch in kanzerogenes ▶Nitrosamin zu verwandeln. Nitrat ist das Salz der Salpetersäure, kommt überall in der Natur vor und ist **für sich genommen harmlos**. 70–80 % des

Nitrat: Alles Feldfruchtige hat es in sich, Salat am meisten – und wehe, es wird mal zu bösem Nitrit …

Mit und ohne: Bio-Hersteller verzichten schon mal auf das Nitritpökelsalz, das allzu bequem für Aroma, Farbe und Haltbarkeit sorgt – Salatnitrat wie in Rucola ist leider eine potenzielle Nitritgefahr

geschluckten Nitrats nehmen wir mit ▸Gemüse auf, bis zu 20 % mit Trinkwasser und 5–10 % mit gepökeltem Fleisch (▸pökeln).
Die konventionelle Landwirtschaft nutzt Nitrats bekannteste Eigenschaft hemmungslos aus: Es liefert Pflanzen den **lebensnotwendigen ▸Stickstoff**. Doch notorische Überdosierung in mineralischen ▸Düngemitteln überkonzentriert sich im Pflanzlichen und versickert per **Nitratauswaschung** ins Grund- und gelangt ins Trinkwasser. Da auch konventionelle ▸Futtermittel viel Nitrat enthalten, sind besonders Gegenden mit florierender ▸Massentierhaltung betroffen – Nitrat in der Gülle verseucht die Trinkwasserbrunnen über den Grenzwert von 50 mg/l hinaus. 2013 sollen allein in Niedersachsen 61 % aller Brunnen betroffen gewesen sein!
Nicht umsonst gilt der ▸ökologische Landbau als **Weg aus der Nitratfalle**. Statt mit mineralischem Dünger werden Bio-Pflanzen organisch gedüngt und mit dem Anbau von stickstoffbindenden Leguminosen versorgt. Außerdem schützen bio-typische sog. Zwischenfrüchte den Boden ganzjährig und reduzieren die Nitratauswaschung. So schonen ▸Biobauern das ▸Wasser. Und so werden auch die **deutlich niedrigeren Nitratgehalte** in pflanzlichen ▸Biolebensmitteln erklärbar. Denn so manches Gemüse braucht und speichert Nitrat schon von Natur aus im Übermaß, insbesondere ▸Salat (am stärksten Kopfsalat und ▸Rucola), ▸Kresse, ▸Radieschen, ▸Rettich, ▸Rote Bete, ▸Spinat. Neben der Düngung sind aber auch Anbauart, Klima und Lichtverhältnisse für die Nitratgehalte verantwortlich: Hohe Temperaturen und viel Licht fördern den **Nitratabbau**. So enthält Gemüse aus dem ▸Freiland generell weniger Nitrat als solches

aus dem ▸Gewächshaus und im Sommer weniger als im Winter. **Nitratvermeider** beherzigen deshalb: Biogemüse generell und Freilandgemüse der ▸Saison bevorzugen; Nitrat speichernde Strunke, Dickrippen, Blattrispen und grüne Außenblätter nicht verwenden, mit Blanchieren Nitratgehalte um 30–50 % reduzieren.
Nota bene: Inzwischen werden auch die positiven Aspekte von Nitrat diskutiert, von Blutdrucksenkung bis zum Kick für Muskelzellen. Experten finden ohnehin die positiven Wirkungen von Gemüse wertvoller als die Gefahr durch viel Nitrat, vermuten noch dazu eine **Schutzwirkung** der gemüseeigenen ▸Antioxidantien. Für diese These spricht, dass die Nitrataufnahme von ▸Vegetariern laut einer britischen Studie die von Mischköstlern nicht übertrifft.

Nitrit

Selbst nur für sich genommen ist es nicht ohne: Schon 5–10 g können eine toxische Dosis sein – allerdings nehmen wir täglich nur etwa 1,5–2 mg exogen, also von außen, mit

der Nahrung auf. Denn Nitrit selbst steckt als ▸Zusatzstoff nur in gepökelten Fleischwaren, aus pflanzlichen Quellen kann Nitrit nur **als Umwandelprodukt von ▸Nitrat** stammen: Wenn Nitrathaltiges aufgewärmt wird etwa, oder wenn bestimmte ▸Mikroorganismen im Boden oder im gelagerten Lebensmittel am Werk waren. Überhaupt: Mehr als 80 % der Gesamtnitritbelastung wird **endogen**, im Körper selbst also, gebildet – im Speichel und im Magen, durch sog. Reduzierung aus Nitrat. Woraus folgt, dass **nitratärmeres Biogemüse** auch die Nitritbelastung senken kann. Denn es kommt ja noch schlimmer: Nitrit kann sich im Verdauungssystem selektiv in krebserzeugende ▸Nitrosamine verwandeln. Dasselbe geschieht im Zusammenspiel von Nitrit mit gewissen Eiweißabbauprodukten, wie z. B. beim Braten oder Grillen von gepökeltem Fleisch. Heikel genug! Nitrit-Befürchter haben in den letzten Jahren v. a. das ▸**Pökeln** kritisiert, denn rund 90 % der konventionellen Fleisch- und Wurstwaren werden mit NPS (Nitritpökelsalz) behandelt. Bioprodukte dürfen nur dann mit NPS hergestellt werden, wenn nachweislich keine technologische Alternative zur Verfügung steht; die ▸Anbauverbände ▸Bioland, ▸Demeter und der ▸Verbund Ökohöfe verbieten NPS komplett. Da dient **nitratreiches Gemüseextrakt** als pflanzliche „Umrötehilfe". Doch auch daraus entstehen Nitrite – sonst gelängen Rötungseffekt und das Pökelaroma ja nicht … Dennoch spricht viel für Bio-Gepökeltes: Die Nitrat- bzw. NPS-Mengen sind deutlich niedriger als in konventionellen Produkten. Ihre Verwendung muss klar gekennzeichnet sein. Und für bestimmte Fleischprodukte wie Fleischkäse oder Speck, die normalerweise gebraten werden, ist NPS **gänzlich verboten**. Daraus folgt umgekehrt: Gepökeltes nie auf den Grill!

Nitrosamine

Das klingt nach Chemie im Lebensmittel – und es ist auch die alltägliche Giftgefahr, so bedrängend und **zu gern verdrängt**. Dabei müssten eigentlich alle wissen, dass Nitrosamine aggressiv krebserregend sind.

Nitrit:
Es giftet in allerlei Genüssen herum, weil es immer noch am besten Fleisch aromatisiert oder rötet, obwohl es bei Bio-Metzgern auch ohne geht – so wie die Nitrosaminegefahr bei Bier kaum noch Anstoß erregt …

Nitrosamine: Gepökeltes darf nie auf den Grill – Nitrit wartet nur auf Hitze, um sich krebsgefährlich umzuwandeln

Der einzige Trost ist, dass sie sehr selektiv zuschlagen. Denn die Tückenstoffe entstehen **sehr plötzlich**: Pflanzennatürliches ▸Nitrat wird durch Bakterien in Boden, Lebensmitteln oder erst im Körper selbst zum allein schon giftigen ▸Nitrit reduziert. Erst unter ganz bestimmten Voraussetzungen und mithilfe von chemischen Katalysatoren, durch Erhitzung, ein saures Milieu in Speichel oder Magen (und Eiweiße dort) entstehen dann weiterreagierend die Nitrosamine. Horror! In der Hauptsache sündigen wir durch den **Genuss von Fleischwaren**, die dank ▸Pökeln Farbe, Aroma und Haltbarkeit bekamen. Denn sowie Gepökeltes mit Hitze provoziert wird, entstehen wie in einem Mini-Reaktor Nitrosamine, bei regelrechter Verkohlung sogar überreichlichst … Sind auch noch **Amine** aus Fett sowie Beschleuniger wie Jod im böse chemischen Spiel, feiern die Nitrosamine gemeinste Urständ: Gebratenes und Gegrilltes wird plötzlich zum Risikogenuss. Vermutlich sind es ▸**Antioxidantien**, die Mittel zum Selbstschutz von Pflanzen, die großteils auch uns vor epidemischer Nitrosaminverseuchung bewahren.

Noni: Exot und Hype dazu oder gerade deshalb – viel PR machte daraus überschwänglich ein Superfood, das als amtliches Novel Food gilt

Kann da Bio besser sein? Im Prinzip schon, denn Biobauern düngen nie mit Kunstdünger, bieten also Nitratärmeres an. Allerdings hat auch Bio seine Problematik beim **Jod**, das die Nitrosaminbildung stark unterstützt. Wenige ▸Anbauverbände wie ▸Demeter verzichten auf jodiertes Tierfutter oder Jod in den Lecksteinen für Vieh. Das umstrittene Nitritpökelsalz ist bei einigen Verbänden verboten und darf bei Bio generell nur bei technologischer Notwendigkeit und in ungleich niedrigeren Mengen verwendet werden.

Nota bene: Einst hatte selbst ▸Bier nachweisbare Mengen dieser Gifte intus – die durch sorgfältiges Darren gemindert wurden. Größte Quelle für Nitrosamine bleibt **passives und aktives Rauchen:** Damit wird das 10–300-fache gegenüber durchschnittlicher Nahrungsbelastung inhaliert …

Noni

Warzige Hässlichkeit, auch noch mit einem bitter-faulig-käsigen Reifegeschmack, deshalb für Australier nur *cheesefruit*, in Florida sogar vom *limburger tree*. Dennoch wird die „Wunderfrucht" Noni als ▸Superfood angepriesen und ist längst zum hippen ▸**Nahrungsergänzungsmittel** geworden: als recht teurer ▸Direktsaft wie kaum günstigerer Saft aus Konzentrat. Längst gibt es Noni auch in Pulver- und Kapsel- oder Konfektform. Einstweilen aber sollte die eiförmige, kartoffelgroße Frucht *(Morinda citrifolia)* des Maulbeerbaums – trotz Zulassung als ▸**Novel Food** und EU-offizieller Unbedenklichkeit – mit etwas Vorsicht genossen werden.

Noni stammt aus der Südsee und stillte dort den Hunger der Einheimischen nur in Notzeiten; die zwar

nahrhaften, aber schon unreif leicht anrüchigen Früchte gelten ihnen bis heute eher als bittere Medizin.
Seit aber **„Foodhunter"** die im Westen gänzlich unbekannte Noni entdeckten, preisen sie deren angebliches Potenzial mit unbewiesenen Fitness- oder gar Heilversprechen. Die „Vitalfrucht" wirke im Körper auf gleich 2 000 wichtige ▸Enzyme und liefere dazu diverse Aminosäuren. Die entsprechend (über)teuren Produkte (ob Saft, Fruchtpüree oder Blätter für Tee) finden dennoch überzeugte Abnehmer. Die stört auch nicht, dass die EU die Nutzung von ▸Health Claims untersagte, da **keiner Studie** der Nachweis positiver Gesundheitswirkungen gelang. Stattdessen empfehlen Verbraucherschützer, pro Tag nur zwei Esslöffel Noni-Saft zu schlucken, da letzte Erkenntnisse zu Leberschäden fehlen.
Zertifizierte **Bio-Noni** kommt zum einen aus ▸Wildsammlung: Allein 2008 wurden, v. a. auf den Fidschi-Inseln und in Neuseeland, 20 000 t Non-Früchte gesammelt – nach Bambus (mit 70 000 t) die mengenmäßig bedeutsamste Bio-Wildsammelernte! Es gibt allerdings auch immer mehr Noni aus ▸ökologischem Landbau: Auf immerhin 444 ha wurde 2010 Bio-Noni kultiviert. Dass Bio-Noni so erfolgreich ist, erklären Experten weniger mit einem „Gesundheitstick" von ▸Biokonsumenten als vielmehr mit dem gerade bei ▸Obstexoten aus weit entfernten Gebieten Vertrauen schaffenden ▸Bio-Siegel.

Nori

Ozeanisches Gemüse, das an endlosen Netzen wächst und dort maschinell, eher aber per Hand geerntet wird. Nach Pressen, Blattformung, Trocknen und Rösten werden diese **Rotalgen** *(Porphyra)* zur Trockenware.

Nori: Rotalgenblätter sind getrocknet dunkelgrün und dann am dekorativsten – mit der Besonderheit, besonders wenig Jod zu enthalten

In Korea heißt das würzige Meergemüse *kim*, in England und Wales *laver* – der Rest der Welt sagt eher Nori zu den im Wasser rötlichen, an Land getrocknet aber dunkelgrünen, in bester Qualität schwarz-violetten Blättern mit dem so fischig-salzigen Geschmack und der interessanten Weichstruktur. Nori gilt als Wasserpflanze mit dem höchsten Nährwert, doch gerade ihr geringer Gehalt an Jod machte sie zum Erfolg; dass das in nennenswerten Mengen enthaltene **Vitamin B 12** überhaupt für Menschen verwertbar und Nori so das perfekte ▸Nahrungsergänzungsmittel für ▸Veganer wäre, ist noch umstritten.
Die Nori-Zucht ist trotz allem längst ein **Big Business** – zwar läuft der globale Handel mit Kombu mengenmäßig noch besser, aber die beiden *Porphyra*-Hauptarten haben mit ca. 1,7 Mio. t aus ▸Aquakulturen in Japan, Korea und China bereits in 2010 ▸Wakame eingeholt. Gourmets befürchten schon, die vielversprechenden Versuche, Nori als **Fischmehlersatz** in Fischfutter einzusetzen, könnten den Preis noch höher treiben: Er kann schon heute weit über 10 000 US-Dollar liegen – der höchste Wert unter den Speisealgen.

Nori: Höchst vielseitige Algentrockenblätter zum Einweichen für Wickel, Einlagen, Snacktüten oder als Beilage

Die Zucht ist allerdings auch gern unberechenbar, weil der den Netzen eingeimpfte Sporenbesatz aus unbekannten Gründen nicht in jedem Sommer zu gewünschten langblättrigen Wucherungen und 6–8 Ernten in den fünf Monaten der Kultivierung führt. **Nori in Bioqualität** aus ▸ökologischer Aquakultur setzt sich erst langsam durch.

Immerhin ist Nori unverzichtbar für die japanische Küche, wo Streifen von Nori ▸Sushi umknoten oder Rollhappen wie auch puren Reis in Gänze als Fingerfood umwickeln; Nori in Flocken würzt Suppen und Saucen.

Kurzes **Einweichen** macht die trockenen Presslinge geschmeidig formbar. Sie sind gefaltet Dip, in Tütenform gefüllt Snack oder frittiert gemüsige Beilage zu purem Reis. Geröstet ist *yaki-nori* ein knabberbarer Snack.

Nota bene: Nori sorgt in veganen „Schillerlocken" dafür, dass der ▸Tofu nach Fisch schmeckt und ▸Haie nichts zu befürchten haben …

Novel Food

Novel Food: Baobab-Pulpe oder süßende Stevia sind EU-fremd und deshalb Novitäten

EU-amtlich für „neuartige Lebensmittel", wenn sie denn nach dem Tag der 1. Novel-Food-Verordnung, also dem **15.5.1997,** entdeckt, neuartig oder ungewöhnlich gewonnen oder entwickelt wurden – bzw. noch werden …

Novel Food ist damit alles, was bis dato EU-weit nicht in nennenswerter Menge geschluckt wurde, ungewöhnlich oder nicht gebräuchlich war und ist.

Derlei muss erst wissenschaftlich **auf Unschädlichkeit geprüft** werden und wird erst bei Unbedenklichkeit und ggf. mit Beschränkungen zugelassen; populäres Beispiel hierfür ist ▸**Stevia.** Für Verbraucher klingt das vernünftig, für Importeure und Lebensmitteltechnologen sind es nur maulig hingenommene Hürden. Dennoch haben **etliche „Novelitäten"** die langwierigen, teuren Prüfungen durch die EFSA *(European Food Safety Agency)* bestanden und stehen seitdem im Novel-Food-Katalog. Danach bekommen Verwender oder die Nachahmer eines gleichen oder vergleichbaren Produkts ihre „Notifizierung".

Es gab seit 1997 viel Buhei um Anträge und Zuständigkeiten: ▸GVO (gentechnisch veränderte Organismen) etwa sind andernorts geregelt, aber ▸**Klonfleisch** wäre wiederum Novel Food, genau wie einige Lebensmittel, die Material aus der ▸**Nanotechnologie** enthalten. Seit 2014 erarbeitet die EU effizientere Systeme und ein zentrales Novel-Food-Zulassungssystem. Nun werden plötzlich auftauchende neuartige Produkte, die in EU-externen Drittländern längst Usus waren und damit Unschädlichkeit bewiesen haben, schon einfacher anerkannt.

Und **was hat das mit Bio zu tun?** Wenig genug! Denn „alte Hüte" aus der Welt des Novel Food sind oftmals Produkte aus dem Labor und öfter nur konventionell eingesetzte ▸Zusatzstoffe: Fruchtzubereitungen aus Hochdruckpasteurisierung, strukturierte Triglyceride, Phospholipide aus Eidotter oder Lycopin als isolierter Farbstoff aus Tomaten (E 160d). Solch Chemisch-Synthetisches bzw. zu stark Verarbeitetes trägt naturgemäß kein ▸Bio-Siegel. Denkbar bleiben ohnehin **natürliche**, aber eben EU-weit neuartige Novel-Food-Varianten wie

etwa ▸**Argan-Öl** oder diverse Produkte mit ▸**Noni**, die nach sorgfältiger Risikoanalyse schon anerkannt wurden und auch Bio-Affine ansprechen. Demnächst könnten weitere ▸Speiseöle, aber auch exotischere ▸Sorten Obst und Gemüse aus Übersee dazukommen – dann eben **aus ▸ökologischem Anbau** oder kontrolliert biologischer ▸Wildsammlung.

Nudeln:
Die Bio-Palette ist riesig und so variantenreich, dass bei manchen Öl und Salz dazu schon genügen

Nudeln

Noch ein Grundprodukt, das Bio-Hersteller längst integriert haben und weiter kreativ ausbauen. Geformter und getrockneter Getreideteig, mit oder ohne Ei: Das gelänge auch zu Hause, ist aber bequemer aus dem Bio-Regal. Und zu empfehlen – denn was Hersteller konventioneller Nudeln mit Tricks hinbekommen, können **Bio-Nudelhersteller** auch. Nur eben ohne künstliche ▸Farbstoffe oder ▸Aromen, ▸Geschmacksverstärker, ▸Konservierungsstoffe (für extreme Haltbarkeit) oder qualitätsmindernde, zu heiße Schnelltrocknung. Interessant ist, dass viele Bio-Nudeln anfangs in kleinen Mengen aus italienischen Manufakturen *(pastificios)* kamen und als ▸Premium-Bio auch noch kommen, inzwischen produzieren aber etliche große Fabriken Bio-Nudeln, oft in **Parallelherstellung**.

Immer sind dabei die Bio-Rohstoffe wichtigster Ausgangspunkt, hauptsächlich italienischer Bio-Hartweizen. Hinzu kommen nur noch Salz und Wasser, in Spezialitäten noch natürlich Färbendes. Natürlich sind dunkle und kräftiger schmeckende Nudeln aus ▸**Vollkorn** mit ihren Keimlingpünktchen eine Bio-Domäne.

Die ▸Trocknung von Bio-Nudeln geschieht nicht wie in konventioneller Produktion mit brutalen 130° C, was B-Vitamine zerstört, die gelierende ▸Stärke schwerer verdaulich macht und ungekocht den Pappegeruch gibt. Bio-Nudeln trocknen je nach Sorte 4–15 luftige Stunden und dann eher bei schonenden 45° C als den max. 70° C. Vorsorglich sind die ▸Anbauverbände gegen Mikrowellen für (zu wenig getesteten) Wasserentzug.

Ist all dies schon löblich und für Kenner herauszuschmecken, sind die **vielen Kreationen** bei Bio-Pasta noch löblicher: mit färbenden Gemüsen oder Gewürzen koloriert, gern mit Oliven oder Pilzen vernudelt.

Solche Bio-Nudeln brauchen denn auch kaum Saucen; sie schmecken mit purem wie aromatisierten Salz oder bloß Olivenöl! Zumal als sog. **Frischteigwaren** (dann pasteurisiert,

Nudeln: Bioläden haben ihre Nudel-Palette in Farben aus Naturprodukten und aus Ur- wie Pseudogetreiden

nicht per Konservierungsstoff haltbar gemacht) oder als gefüllte Variante. Längst umfasst die Bio-Palette auch **Eiernudeln**, dann überwiegend mit sog. Frischei, erlaubt sind daneben pasteurisierte oder zu sog. Vollei getrocknete Eierprodukte – allerdings nie aus importierten ▸Käfigeiern, die allerlei konventionelle Eiernudeln als ▸Verstecktes intus haben. **Nota bene:** Gerade Bio bietet weizenfreie Nudeln aus ▸Urgetreide wie ▸Dinkel, ▸Einkorn oder ▸Emmer, aber auch ▸Glutenfreies mit ▸Amaranth, ▸Buchweizen, Hirse, ▸Lupine, Mais, ▸Quinoa, Reis, sogar Soja.

Nüsse

Ganz praktisch jedwede knackbaren Hartschalenfrüchte, pragmatisch wie halbamtlich aber meist ausschließlich mit ▸Haselnuss oder ▸Walnuss assoziiert, den hauptsächlich verholzten Samen – andere Nüsse tragen dann einen **expliziten Zusatznamen**. Die Nuss an sich fällt reif und ungeöffnet (deshalb auch botanisch Schließfrucht bzw. Hartschalenobst genannt) von Baum oder Strauch. Was einst nur Tiere verbreiteten, klaubt sich längst der Mensch zusammen, denn er will im Kern die 42–72 % ▸**Fette**, von denen Nüsse auch so kalorienreichst bombig strotzen. Die Nussfette haben einen sehr hohen Anteil an ungesättigten ▸Fettsäuren, in Nüssen stecken außerdem relativ hohe Gehalte an Eiweiß sowie Kohlenhydraten, aber auch eine sehr **gesunde Mischung** aus vielen Vitaminen (A, E, sogar die B-Gruppe, Folsäure und Niacin) und diversen Mineralstoffen. Nüsse sind floranatürliche ▸Nahrungsergänzungsmittel, u. z. nicht nur für ▸Veganer und ▸Vegetarier. In einer US-Meta-Analyse wurde über zwölf Jahre nachgewiesen, dass Nussgenuss die Blutfettwerte signifikant senkte! Ähnlich beeindruckend: **Bio-Nüsse** nahmen 2011 mit einer globalen Anbaufläche von 280 000 ha den 3. Platz bei den sog. Bio-Dauerkulturen ein, nur überflügelt von ökologischem ▸Kaffee (610 000 ha) und von ▸Oliven (540 000 ha). Hinzu kamen nach den jüngsten Zahlen von 2010 knapp 900 000 ha, auf denen die zertifiziert ökologische ▸**Wildsammlung** von Nüssen floriert (etwa Paranüsse in Lateinamerika). Im Bioladen findet sich denn auch eine breite Palette an Nuss-Spezialitäten, vom klassischen ▸Nussmus über die einst verpönten ▸Nuss-Nougat-Cremes bis hin zu Premiumware wie Macadamia-Pralinen. Nicht mehr wegzudenken sind all die biologischen ▸Nussöle.

mehr Nussiges:
- ▸**Arganöl**
- ▸**Cashew**
- ▸**Erdnüsse**
- ▸**Haselnüsse**
- ▸**Nussmus**
- ▸**Nuss-Nougat-Creme**
- ▸**Nussöle**
- ▸**Walnüsse**

Weil praktisch alle Nüsse dieses wertvollste aller ▸Speiseöle liefern, werden ihre Trägerbäume längst auch **in konventioneller Landwirtschaft** forciert, aber meist nicht nachhaltig kultiviert. Das ist v. a. im Mittelmeerraum problematisch; der ▸WWF beklagte schon 2009, dass sich in der Türkei, in Griechenland und in Spanien der **Grundwasserspiegel** aufgrund (überflüssiger) Bewässerung bedenklich abgesenkt hätte.

Hinzu kommt der massive Einsatz von diversen ▸Pestiziden – ob nun gegen Fraßschäden oder Pilzbefall. Doch ganz anders als die harten und robust wirkenden Schalen vermuten

lassen könnten, speichern Nüsse während des Heranwachsens die Giftstoffe auch in ihrem Innern.

Bio-Plantagen kennen derlei nicht, sie vermeiden Monokulturen und profitieren von Mischplantagen, verhindern mit Rückschnitt oder Abdecken Feuchtigkeit prophylaktisch, sodass Schädlinge und ▸Unkraut weniger Angriffsflächen haben. Die Chemietricks fehlen auch nach der Ernte: Bio-Nüsse werden weder wie konventionelles Hartschalenobst mit ▸Schwefel gebleicht, noch ist im Lager die Begasung mit Methylbromid oder Insektiziden erlaubt. Nur gegen ▸Schimmelpilze wie etwa ▸**Aflatoxine** sind auch handverlesene Bio-Nüsse nicht immer gefeit. Dieses Gift entsteht unter feuchtwarmen Ernte- oder Lagerungsbedingungen und ist tückisch: Es riecht und schmeckt nach nichts, gilt aber in geringsten Mengen als krebserregend und machte in der Vergangenheit v. a. bei Haselnüssen böse von sich reden. Die **Grenzwerte** sind bei Bio-Nüssen allerdings freiwillig geringer als die gesetzlichen, regelmäßige Tests sind zudem verbindlich.

Nota bene: Nüsse zählen pauschal zu den 14 deklarationspflichtigen Hauptallergenen (▸Allergene) und sind in jeder verarbeiteten Form kennzeichnungs-, also warnpflichtig.

Nüsse: Mit ihren Kalorien ein Hammer, mit ihrem großen Senkpotenzial bei Cholesterin aber wieder ein Segen; um an Paranüsse heranzukommen, braucht's eher einen Hammer

Nussmus

Feinpastöse Masse, süßlich oder als angesalzte Naschigkeit, konventionell am beliebtesten mit ▸Erdnüssen, im ▸Bioladen eher aus der Steinfrucht ▸Mandel. Aber auch ▸Haselnüsse, ▸Cashews, Macadamianüsse taugen im Bio-Fall zum naturbelassenen ▸**Brotaufstrich**.

In Bioqualität jedenfalls ist Nussmus seit den 1970er-Jahren ein fester Bestandteil des Trockensortiments. Dafür werden ökologisch angebaute ▸Nüsse nach verbindlichen Kontrollen auf ▸Aflatoxine und meist einer zweiten freiwilligen Laborprobe allenfalls noch blanchiert und leicht geröstet, für weniger Wasser und mehr Aroma. Ansonsten steckt **in Bio-Nussmusen** tatsächlich nur grieselklein Gepresstes und zur Feincremigkeit Gewalztes, nur manchmal kommt – dann deklariertes – Salz hinzu, bei Erdnüssen etwa.

Nussmus: In Bioqualität die buchstäblich reinste Form von lediglich streichbar erquetschten Kernigkeiten

Nussmus: Erdnüsse werden vorgemahlen, dann walzengepresst und zart gesalzen – und selbst aus Nicht-Nüssen wie Mandeln kann die Gattung Nussmus werden …

Nussmuse mit ihrem Intensivstgeschmack der erweichten Hartfrucht taugen auch als reichhaltiger Fettersatz oder zu fernöstlichen Saucen, schmecken eigen zu Müslis und bereichern Desserts. Bei erhöhtem Nährstoffbedarf sind sie fast schon **ein Kraftmus-Muss**, denn ihre Mineralstoffgehalte sind prima (viel Calcium, Magnesium und Eisen, sowie Vitamin E und solche aus der bei Pflanzlichem selteneren B-Gruppe) und die Energiegehalte geradezu aberwitzig hoch. So hat Haselnussmus an kJ/kcal in 100 g gar gleich 3 050/739, Mandelmus 2 770/660 sowie Erdnussmus 2 600/629.

Das Öl, das sich bei Bioprodukten obenauf gern mal absetzt, beweist nur, dass keine (konventionell so üblichen) ▸Emulgatoren zugegeben wurden; es schützt **als natürliche Sperrschicht** gegen Sauerstoff – und lässt sich jederzeit wieder zur gewollten Cremigkeit unterrühren. Mitzugenießen sind neben Emulgatoren **bei konventionellen Nussmusen** etliche andere ▸Zusatzstoffe für ▸Textur, ▸Haltbarkeit oder einen intensiveren Geschmack: ▸Konservierungsstoffe, ▸Stabilisatoren, Fremdöle oder -fette, Zucker und ▸Aromen. Nur in sog. **Nusscremes** können auch bei Bio der Geschmeidigkeit wegen (ungehärtetes) ▸Palmöl oder andere pflanzliche ▸Fette zugesetzt sein.

Nuss-Nougat-Creme: Wenn schon süße Sünde, dann mit dem höheren Nussanteil wie in Bio-Gläsern

Nota bene: Nüsse werden in konventionellen Lagern gerne vorbeugend mit Methylbromid (ein ozonschädliches Antischimmelmittel) oder Insektiziden begast – in Öko-Lagern reicht da sog. Druckentwesung aus, lieber wird Ungutes laufend aussortiert.

Nuss-Nougat-Creme

In jener so ehrwürdigen Naturkost-Ahnenreihe derer von ▸Nussmus ist die Nuss-Nougat-Creme der jüngere Stammbaumzweig – und galt traditionellen ▸Biokonsumenten lange als schwarzes Schaf der Familie: zu süß, zu kalorienreich, zu viel „Nutella“-Assoziationen! Mit **„Samba“** von Rapunzel kam erst 1990 die erste Bio-Nuss-Nougat-Creme raus; heute ist das Bio-Angebot kaum noch überschaubar. Und nicht zu übersehen!

Im Gegensatz zu Ferreros Ursünde, deren ▸Zutatenliste in absteigender Reihenfolge Zucker, pflanzliches Fett, ▸**Haselnüsse** (13 %), fettarmen ▸Kakao, Magermilchpulver (noch 7,5 %), ▸Emulgatoren Lecithine (Soja) und ▸Vanille aufführt und damit konventionelle Standards setzt, enthält **Bio-Nuss-Nougat-Creme** verblüffend viel

mehr Haselnüsse. In „Samba“ wie in Alnaturas „Schoko-Nuss“ etwa sind es 45 %, Mitbewerber-Cremes haben mit 33 % immer noch **fast dreimal so viel Echt-Haselnuss** intus!

Doch haselige Nuss-Nougat-Creme ist nicht mehr allein seligmachend, dazu haben nicht zuletzt Bio-Hersteller beigetragen. Es gibt **Schokocremes** mit weniger Nuss und mehr Kakao – aber auch aus Macadamianüssen oder der Steinfrucht ▸Mandel wird Nuss-Nougatiges, selbst in **kakaofreien Varianten** dank ▸Karob. Bio-Hersteller verzichten auch mal auf Milchpulver und bieten Zartbitteres oder mit ▸Soja Vercremtes für lactosefreie, ▸**vegane Varianten** an.

Für Bio-Cremes sprechen auch die sonstigen Öko-Zutaten wie ungehärtetes ▸Palmfett, ▸Speiseöl, die Weißzuckeralternative Rohrzucker. Dafür fehlen ▸Aromen, Emulgatoren oder ▸Stabilisatoren. Und statt des künstlich hergestellten Vanillins wird **echte Bourbonvanille** oder immerhin Bio-Vanilleextrakt verwendet. Was Angehörige der „Generation Nutella“ nicht selten sogar abschreckt: Bei Verkostungen schmeckte Profitestern und Sensoriklaien schon mal das stark dosierte Kunstaroma in Konventionellem besser – aus Frühgewohnheit.

Nota bene: Dass Bio-Pionier Rapunzel mit „Bionella“ eine zwar ▸fair + bio produzierte, aber niedrigpreisige Bio-Nuss-Nougat-Creme mit kleinerem Nussanteil in konventionellen ▸Supermärkten vertreibt – als einziges Produkt – sorgte für **Irritationen**. Der Marktführer erklärte, man wolle so eine werthaltige Kommunikation ermöglichen und dafür sorgen, dem Lebensmitteleinzelhandel das Thema Bio und ▸Fairtrade nicht als Profilierungsinstrument mit ▸Nachhaltigkeit zu überlassen. So viel **harte Politik** kann in süßer Cremigkeit stecken …

Nussöle

Wenn man ▸Nüsse mal gehörig unter Druck setzt, geben sie es her: Ein Nussöl ist das prozentual Minimale, aber dafür das Feinste aus den harten Kernen. Ohne nähere Bezeichnung ist Nussöl immer das Nonplusultra von der ▸Walnuss; werden Walnüsse grün geerntet, wird daraus das sog. **Tiroler Nussöl**. Alle anderen ernussten ▸Speiseöle tragen den Herkunftsnamen auf dem Etikett – etwa bei ▸Erdnuss, ▸Haselnuss, ▸Kokosnuss, Macadamia-, Para-, Pecan- oder Purgiernuss (daraus wird Jatropha-Öl). Selbst Öle aus ▸Mandeln schmecken dem Volksmund als Quasi-Nussiges. Sind es Bio-Öle, spricht für sie nicht nur die **Schadstofffreiheit** der entölten Kernigkeiten. Sie sind außerdem meist ▸nativ (ähnlich wie einst ▸kaltgepresst) bei tieferen Temperaturen gepresst und nur trübstoffgefiltert. Sie wurden nie zur Desodorierung behandelt, chemisch entbittert oder gar raffiniert, was billigen konventionellen Nussölen widerfährt und etwa zu Belastungen mit ▸3-MCPD führt. Bio-Nussöle sind dagegen **im alten Sinne „naturbelassen“**.

Gut zu wissen, denn Walnussöl etwa enthält von Natur aus die drittbesten Speiseölgehalte an ▸Omega-3- und

Nussöle: Beste alte französische Ölmühle zur erpressten Verflüssigung der festen Nussfette

Bio-Haselnussöl: Kaltpressung, sehr edel und eher kurz haltbar

Nussöl: In Bioqualität und rückstandsfrei das wohl edelste von allen Pflanzenölen

Omega-6-Fettsäuren (54–65 %) nach ▸Distelöl und dem aus ▸Sonnenblumen – bestens bei und gegen Koronarbeschwerden! Damit ist es wohlbeleumdet als **Cholesterinkiller**, der wie alle Nussöle dank seines hohen ▸Nährwerts zwar dick machen kann, aber auf der Habenseite auch noch ▸Antioxidantien, Vitamine (v. a. die seltenere B-Gruppe für Nervenkostüm und Hirn) und Lecithin präsentiert. Da ungesättigte ▸Fettsäuren sich allerdings schlecht mit hohen Temperaturen vertragen, sollte Walnussöl eher Salate veredeln oder pur als Floras ▸Superfood genossen werden; **zum Braten** taugt Erdnussöl, wenn es auch eigene Aromen miteinbrät … Stiller wurde es um die sogar in Bio-Nussölen gefundenen und unerklärlichen Spuren von ▸**Weichmachern**. Doch seit Materialien, auch Schläuche und Leitungen, überprüft wurden, streben die Werte gegen null.

Nützlinge

Schöner Ehrentitel für Getier oder Getierchen, das nur Schädlingen schädlich ist, damit also Landwirten und Vorratshaltern nur von Nutzen sein kann. Im weitesten Sinn könnten **auch Pilze** (die als natürliche Spritzmittel eingesetzt werden) Nützlinge heißen – oder **sogar Pflanzen** wie die Tabakpflanze, die Schädlinge von anderen Kulturpflanzen zu sich lockt und damit dort untätig macht.

In der **konventionellen ▸Landwirtschaft** spielen Nützlinge traditionell keine und erst neuerdings ihre kleine Rolle – eher werden Schäd- wie Nützlinge mit ▸Pflanzenschutzmitteln oder sogar von giftresistenten ▸transgenen Pflanzen gekillt; Monsantos ▸Gen-Mais „MON 810" etwa, erst 2009 in Deutschland verboten, tötete die Larven von Marienkäfern und damit nützliche Blattlauskiller. **Biobauern** jedoch schätzen helfende Nützlinge, sie bekämpfen so den Teufel mit Beelzebub, die üblichen Parasiten mit unüblichen. Immerhin soll ein gewisser Nützlingsschutz explizit Teil der ▸EG-Öko-Verordnung werden, denn chemisches Killen ist im ▸ökologischen Landbau tabu, es wird nur in Notfällen, mit Ausnahmegenehmigung und dann mit Vermarktungsverboten toleriert. Nachhaltiges Öko-Wirtschaften erledigt Feinde guter Ernten mit **biologischer Schädlingsbekämpfung**.

Im Freiland und im Großen sind dies Greifvögel, die Kleinnager verputzen und denen viele Sitzstangen gebaut werden, im Kleinen sind es alle Singvögel. Am hilfreichsten aber sind spezielle **Spinnen und Insekten**, die Schädlinge von Wurzeln, Blättern, Blüten vertilgen. Ihnen werden sys-

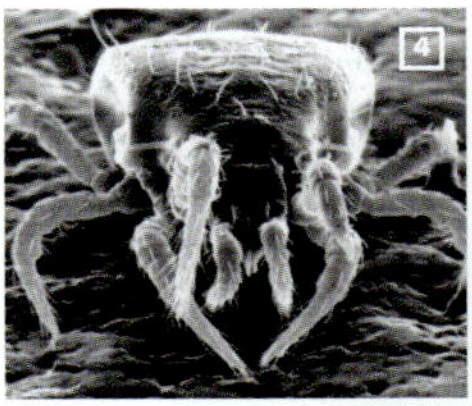

tematisch förderlichste Beipflanzen und natürliche Habitate gegönnt.

Zu den wichtigsten Nützlingen zählen die fressfreudigen **Raubmilben und Webspinnen**, Flor-, Schweb- und Raupenfliegen kommen dazu, auch Raubwanzen, **Schlupfwespen**, Hornissen, Bienen und Hummeln, Gallmücken, Lauf- und Marienkäfer, Raub- und Weichkäfer sowie Ohrwürmer. Laufenten vertilgen Schnecken, im Boden helfen Regenwürmer dabei, die Fruchtbarkeit zu erhalten.

Das Aussetzen von nützlichen Insekten ist **im ▸Freilandanbau** seltener. Moderner und raffinierter gegen sog. Pathogene wirkt da das Zerstäuben oder Sprühen von entsprechenden **Antagonisten**: speziell wirksamen Viren, Pilzen, Bakterien, die jeweils nur einer Schadart schaden. Im wirksamsten Fall wurde derlei schon gegen Zikaden von **Hummeln** *(flying doctors)* als Fußabstreifer auf Blüten verteilt, wenn zuvor die „Fußmatte" vor dem Flugloch präpariert worden war. Auch **Pheromonfallen** haben sich als Lock- oder Verwirrhilfe bewährt. Am besten funktioniert als reinste Biowaffe das vorbeugende Freisetzen von Nützlingen **„unter Glas"**, in ▸Gewächshäusern also, damit diese gezielt Schädlingseier oder -larven parasitieren und abtöten oder sie in bester Verfressenheit vertilgen; allein Marienkäferlarven machen bekanntlich Blattlaus-Garaus im großen Stil. Längst gibt es etliche **große Nützlingszuchtbetriebe**, die solche Fleißlinge oder deren Eier nach Katalog verkaufen – nicht nur an Biogärtner, sondern auch an engagierte Privatleute mit ▸Kleingarten, die sich so zu „Benützlingen" der Natur machen …

Nützlinge: Biobauern killen Schädlinge ohne Chemiegifte: mit 1. Ohrwürmern (pro Nacht bis zu 120 Blattläuse), 2. Laufenten (bei Schneckenplage), 3. Hummeln (mit 1 000 bestäubten Blüten pro Tag, verteilen dabei sogar Nützendes), 4. Raubmilben (gegen Milben), 5. Schlupfwespen (legen ihre Eier parasitär ab) und 6. Marienkäfer (Larven schaffen 600 Blattläuse bis zur Verpuppung)

Öko-Landbau: LVÖ-Protest 2012 gegen uneffektive EU-Förderung, die Greening heißt, nur Bio nicht recht auf der Rechnung hat

O

Obst

Nach vollmundiger Saftigkeit klingende Einsilbigkeit aus dem Altdeutschen mit dem anschaulichen Sinn, „oberhalb der Erde, also hoch essbar" zu sein – Baum- oder Strauchobst eben, reif- und **reichlich pflückbar**.

Die Vielfalt der Fruchtformen verdankt ihre Widerstandskraft bis zur ▸Reife und anschließender Samenvermehrung dem **hohen biochemischen Anteil** schützender Abwehrstoffe (▸Anthocyane, ▸Polyphenole) meist in und unter der ▸Schale und den speziellen Inhaltsstoffen (▸Vitamine, ▸Mineralstoffe); das fruchtfleischliche Starterpaket um die Samen ist auch nicht ohne und liefert Vernaschern beste **Vitalkräfte**. Die sind je nach Genuss-Art unterschiedlich stark erhalten, denn ▸Haltbarmachung oder Weiterverarbeitung zu ▸Trockenfrüchten, als ▸Fruchtsaft oder ▸Smoothie beeinflusst die obstigen Werte. Dabei kann der Anteil an ▸sekundären Pflanzenstoffen **in Bio-Obst** laut verschiedenen Untersuchungen höher sein als bei der konventionellen Konkurrenz, selbst wenn ▸Sorten oft entscheidend mit hineinspielen. Bei ▸Rückständen von ▸Pflanzenschutzmitteln hat Bio-Obst (v. a. ▸Beeren sowie ▸Zitrusfrüchte) eindeutig die Nase vorn. Das Ökomonitoring konstatierte 2012, dass sowohl ökologisch angebautes Obst als auch ▸Gemüse im Schnitt einen **180-fach niedrigeren Gehalt** an ▸Pestiziden aufweist. Nur 5 % der Proben hätten da auf „unzulässige Pflanzenschutzmittelanwendung" schließen lassen, fast 70 % aber waren absolut rückstandsfrei. **Bei konventionellem Obst** dagegen wurde das Stuttgarter CVUA *(Chemisches und Veterinäruntersuchungsamt)* 2012 bei 92 % fündig – 4,5% wiesen sogar Höchstmengenüberschreitungen auf. Hier spielt die **Herkunft** eine entscheidende Rolle: Inlandsware war zu 3,1 % betroffen, Obst als ▸Importware aus sog. Drittländern aber zu 9,2 %. Erzeuger und Händler haben sich noch zu bessern, um Anbau-Schwierigkeiten wie das Problem der oft nur kurzen ▸Frische (▸Transport) giftfrei zu lösen. Immerhin: 2012 betrug der Öko-Anteil der deutschen Obstanbaufläche (ohne Wiesen mit ▸**Streuobst**) 10 %. Zur Ernte von knapp 1,3 Mio. t (allein ▸Äpfel machten 972 400 t aus) waren

Obst: Neben Gemüse eine ökologische Kernkompetenz, die zwar nicht grundsätzlich mehr Wertvolles enthält, aber immer weniger Rückstände an Schlechtem

Obst direkt: Aus dem eigenen Garten immer am bequemsten erpflückbar – oder ein lokaler Genuss von Streuobstwiesen

Obst: Die Normen des Einzelhandels sind schon weniger rigide, doch bei der Bekämpfung des Schwammspinners setzt Bio streng auf Natur

Bio-Obstbauern aber nur zu 7,5 % beteiligt. Denn die Erträge sind im Bio-Obstbau generell geringer, was an weniger bzw. nicht-synthetischen ▸Düngemitteln, längerer Reifezeit, dem Verzicht auf Pestizide und teils an der Verwendung ▸alter Sorten liegt, die weniger Ertrag, aber **mehr Robustheit** und teilweise auch Geschmack mitbringen, insbesondere bei Äpfeln, ▸Birnen und ▸Kirschen.

Typisch bio waren flächenmäßig v. a. ▸Sanddorn (93,2 % Bio-Anteil) und ▸Holunder (60,3 %), ▸Beeren waren zu 22,6 % bio, Äpfel zu rund 15 %. Bio-Obstmöger präferieren allerdings statt Äpfeln ▸**Bananen**; sie machen nahezu die Hälfte des Bio-Obstes aus. Wer noch bedenkenlos konventionelles Obst schluckt, sollte auch daran schlucken: Das CVUA bedauerte 2012 die Erhöhung des mittleren Pestizidgehalts und der Mehrfachrückstände (von 77 % in 2010 über 81 % in 2011 auf 83 %) – im Schnitt waren es fünf verschiedene Stoffe.

Obstexoten

Unser Klimaneid ist Exporteuren aus fernen Drittländern eine Freude, sie lassen pflücken, was wir nicht haben – **so groß ist die Sucht** nach obstigen Exotika, dass ▸Ananas, ▸Bananen, ▸Mangos, ▸Zitrusfrüchte ganzjährig im ▸Supermarkt liegen. Deutschland importiert mehr als 5 Mio. t ▸Obst jährlich; knapp die Hälfte machen (sub-)tropische Klassiker aus. Doch ihr ▸Transport ist nie unproblematisch, denn ▸Reifes **als Flugware** sammelt nicht nur ▸Food Miles, sondern noch dazu etliche Klimasündenpunkte. Nachreifendes Obst (etwa Bananen) wird **unreif gepflückt** und ist dann nach der Schiffsreise verzehrbereit. Wissenschaftlern des MRI *(Max-Rubner-Institut)* zufolge bilden sich dann bei warmer Lagerung alle Nährstoffe aus – oder wenn eine Bedampfung mit dem Pflanzenhormon **Ethylen** dazukommt. Die ist laut ▸EG-Öko-Verordnung und bei einigen ▸Anbauverbänden für Bananen erlaubt, bei EU-Bio dürfen außerdem Kakis und ▸Kiwis mit dem Reifegas behandelt werden. Bei Bio undenkbar ist aber **das chemische Etephon**, womit sich das Reifen synchronisieren bzw. Nachreifen steuern lässt; dieser Stoff ist nur in konventioneller Erzeugung erlaubt und fiel (etwa bei ▸Feigen, Mangos und Zitrusfrüchten) schon als ▸Rückstand auf. Auch **bei konventionellen Obstexoten** verboten ist die ▸Bestrahlung; sie wird aber teilweise illegal praktiziert und verringert die Inhaltsstoffe; gesundheitliche Risiken sind unklar.

Weil **Bio-Obstexoten** per Schiff länger unterwegs sind und nicht mit chemischen ▸Konservierungsmitteln haltbar gemacht werden,

Obstexoten: Am besten ohne Flug-Transport von Biobauern importiert – oder wenigstens aus fairem Handel, der sich immer öfter auch im Supermarkt finden lässt, etwa in der Schweiz bei „COOP"

verderben sie schneller. Alle Rückstands-Untersuchungen weisen allerdings darauf hin, dass Bio hier trotzdem **die bessere Wahl** ist. So stellte etwa das Ökomonitoring 2012 fest, dass konventionelle Obstexoten zu 80 % mit ▸Pestiziden belastet waren; in 66 % fanden sich Mehrfachrückstände. Selbst Bio-Exoten schnitten ungewohnt schlecht ab: 44 % waren belastet, mit 19 % wurde sogar öfter die Höchstmenge überschritten als bei konventionellen Exoten (8,6 %). Der Grund waren 5 Proben **Bio-Bananen**, in denen das (zum ersten Mal geteste) DDAC *(Didecyldimethylammoniumchlorid)* gefunden wurde. Mit diesem Stoff waren etliche für Bio erlaubte Pflanzenstärkungs- und Desinfektionsmittel ▸verunreinigt, die also womöglich guten Glaubens verabreicht wurden, inzwischen jedoch aus dem Verkehr gezogen sind. Bleibt abzuwarten, ob es weiterhin zu **DDAC-Problemen** kommen wird. Das BfR *(Bundesinstitut für Risikobewertung)* immerhin gab 2012 Entwarnung, was eine direkte Gesundheitsgefährdung betrifft.

Obstexoten stehen darüberhinaus häufig in der Kritik, weil sie öfter unter extrem unfairen Bedingungen angebaut und gehandelt werden (etwa ▸Apfelsinen und Mangos). Deshalb ist es sinnvoll, auf solche ▸Gütesiegel zu achten, die ▸**Fairtrade** offiziell garantieren – beispielsweise jenes von ▸TransFair oder ▸Max Havelaar. Umso besser, wenn diese fairen Obstexoten dann auch noch aus Öko-Anbau stammen, also ▸fair + bio sind.

Obstwein

Die berauschende Fruchtvergärung ist amtlich natürlich kein „Wein", es darf auch kein Tropfen Traubensaft enthalten sein. Dem Volksgeschmack zuliebe darf sich ▸Obst den Wein dennoch wenigstens auf dem Etikett anhängen. Weil Alkohol im süffigen Spiel ist, gelten Obst- oder Fruchtwein als **weinähnliches Getränk** – wofür dann nicht das Wein-, sondern das Lebensmittelrecht zuständig ist.

Obstwein wird weiter gern für den Hausgebrauch angesetzt, aus einzelnen wie gemixten Früchten bzw. Beeren, mit wilden oder Reinzuchthefen, traditionell im luftdichten Gärtopf oder Glasballon *(Demijohn)* mit Gärröhrchen.

Kommerziell produzierter Obstwein gärt meist im Stahltank, seltener (und dann gekennzeichnet) im Holzfass. Ohne Zusatz-Zucker wird ein Alkoholgehalt von **max. 10 Vol.-%** erreicht (sog. Most hat 4 Vol.-%, Fruchtwein ab 5 Vol.-%), „aufgezuckert" sind bis zu 18 Vol.-% möglich, in Fruchtdessertwein stecken mind. 12 Vol.-%.

Die Zugabe von ▸Schwefel wird bei Bio im Idealfall durch gutes Hygienemanagement unnötig gemacht, wäre aber wie bei konventionellen Produkten auch kennzeichnungspflichtig. **Bio-Hersteller** verzichten überdies auf das Verwenden von Saftkonzentraten. Im Sortiment der Produzenten von Biofruchtsäften findet sich nicht selten auch Bio-Obstwein, oft in duftigen oder blütenhaften Besonderheiten als Rhabarber-, Erdbeer-, Holunderwein oder sogar **Aronia-Glühwein**. Oft entsteht Apfelwein aus regionalem ▸Streuobst. Nicht immer ist er

Obstwein: Aus höchstselbst erpresstem Streuobst eine lokale Spezialität, er steht aber längst und höchst variantenreich im Bioladen-Regal

Obstwein: Die bekannteste Variante mit Apfel ist als Cider der urbritische Genuss

ohne Gentechnik: Neben dem offiziellen Siegel hat Neuland ein eigenes, auch von Slow Food gab es Zustimmung – auf Bio prangt es seltener, es würbe eben mit Selbstverständlichem …

dann mit einem Bio-Siegel versehen, doch ist der Einsatz von ▸Pestiziden **auf Streuobstwiesen** ohnehin sowohl generell verpönt als auch prinzipiell schwer praktikabel.
Der traditionell nicht aufgezuckerte, damit säuerliche und urhessische Apfelwein (**„Äppelwoi“** oder unweinig „Stöffche“ genannt), soll bewusst ein wenig „bizzeln“ (perlen). Daneben wird der noch perligere *Cidre* mit nur halbem Alkoholgehalt (2–4,5 Vol.-%) beliebter, ähnlich leicht ist angelsächsischer *Cider*. Beides gibt es längst auch in Bioqualität.

Ohne Gentechnik

Noch fehlt sie, die sog. Positivkennzeichnung mit „G“, die 2010 im schwarz-gelben Koalitionsvertrag geplant war, aber seit der politischen Nicht-Verwirklichung von Biobranche wie Verbraucherschützern gefordert wird. Kein großes „G“ signalisiert, dass bei Lebensmitteln ▸Gentechnik im Spiel war (ob direkt als ▸GVO, in ▸Futtermitteln oder bei einem ▸Zusatzstoff) – G-Vermeider müssen auf definiert ▸**gentechnikfreie Biolebensmittel** setzen. Oder bei Konventionellem nach jenem grün-weißen ▸Gütesiegel auf der Verpackung suchen, das verkündet: „Ohne Gentechnik“. Eingeführt wurde es 2009 vom BMELV *(Bundesministerium für Ernährung, Landwirtschaft und Verbraucherschutz)*. Anfang 2014 wurden laut des Lizenz vergebenden Verbands *Lebensmittel ohne Gentechnik* 10 % der ▸Milch und ▸50% der Eier in Deutschland **besiegelt „Ohne Gentechnik“** hergestellt.

Indes: Den Eigenanspruch, die beklagte Kennzeichnungslücke bei konventionellen **tierischen Lebensmitteln** zu schließen, erfüllt das Logo eher nicht. So ist GVO-freie Fütterung zwar vorgesehen, im Einzelnen heißt das aber: ▸Schweine dürfen es nur in ihren letzten vier Mastmonaten nicht mehr bekommen, ▸Milchkühe drei Monate vor dem Melken, ▸Legehennen sechs Wochen vor dem Eierlegen. Futter, das weniger als 0,9 % GVO enthält und gentechnisch produzierte ▸Tierarzneimittel oder Futterzusätze lässt das Siegel ebenfalls zu. Kritiker sprechen da von ▸Etikettenschwindel, ▸*Foodwatch* nennt das Logo ein **„Fast-aber-nicht-ganz-ohne-Gentechnik-Siegel“**. Wer bei Tierischem „Ohne Gentechnik“ garantiert haben möchte, kauft besser ▸Biofleisch, Bio-Eier, Bio-Milchprodukte. Für **pflanzliche Produkte** ist die Aussage des Labels allerdings korrekt, denn im Gegensatz zum EU-weiten und auch für Bio geltenden Grenzwert von 0,9 % für technisch unvermeidbare oder zufällige ▸Verunreinigungen sind nur bis 0,1 % erlaubt.

Ist Bio also weniger streng?
Abgesehen von der Tatsache, dass in praxi die Gen-Verunreinigungen bei Bioprodukten in Untersuchungen regelmäßig gleich bzw. sogar unter

denen der konventionellen Produkte mit dem Label „Ohne Gentechnik" liegen und das BMELV lakonisch meinte, „bei deutschen Bioprodukten spielt dieser Wert allerdings in der Praxis keine Rolle" – es ist nachvollziehbar, dass die Biobranche auch theoretisch **keinen tieferen Grenzwert** will. Denn bei gleichen (noch immer als unerheblich eingestuften) Kontaminationen zwischen 0,101 % und 0,899 % müssten dann ja beim Bioprodukt gentechnisch veränderte Bestandteile etikettiert werden. Das ebenso belastete konventionelle Produkt aber bliebe **nach außen „sauber"** – noch dazu ohne die anderen biologischen Produktionskriterien zu erfüllen, die Gentechnik ganz grundsätzlich ausschließen.

Sowohl *Foodwatch* als auch ▶ÖKO-TEST wollen den umgekehrten Weg: Die **„G"-Kennzeichnung** schüfe Klarheit – und würde mal aufrütteln angesichts ihrer weiten Verbreitung …

Öko-

Das ist das Schöne an der vokalendigenden Zweisilbigkeit: Sie klingt so rund und prägt sich ein als Kürzel für die hochkomplexe Lehre (griech. *logos*) von der **hausnahen Wirtschafterei** *(oikos)*, die bald ausgedehnt wurde auf Zusammenhänge in der Biologie, dann in der ▶Landwirtschaft und letztlich auch am und im ▶Lebensmittel. So wurde **Agro-Ökologie** glaubwürdig ▶grün, obwohl „Öko" wie ▶Körnerfresser lange Schimpfwort blieb, benutzt gegen „Gutmenschen" von denen mit dem schlechteren Gewissen.

Ende des 20. Jahrhundert vollzog sich dann der gründliche **Imagewandel**. Ökologie wurde respektiert, neben ▶Bio als knappes Öko rehabiliert; beides wurde zur Vorsilbe für die vielen Einzelaspekte, die **Denken im naturverbundensten Sinne** umfasste, mit Biologie und Umwelt als Forderung von ▶Nachhaltigkeit im Mittelpunkt. Im täglichen Gebrauch befanden sich beide Vorsilben bald in Ideal-Konkurrenz, Öko wie Bio wurden deshalb in der ▶EG-Öko-Verordnung als gleichwertig, gar gleichbedeutend festgeschrieben und wirken seitdem gesetzlich geschützt nebeneinander. Mit dieser **„Doppelmacht"** halten sie die grundsätzliche Gegenposition zu konventionellen Aspekten des Wirtschaftens und gehen zugleich darüber hinaus. Noch mehr als Bio steht Öko für umfassendere Aspekte, die in die Richtlinien für ▶ökologischen Landbau und ▶ökologische Tierhaltung eingingen – zumal bei den ▶Anbauverbänden: Ganzheitlichkeit, Sorgfalt, Integrität, ▶Naturschutz, Erhalt der ▶Biodiversität, ▶Klimaschutz, ▶Regionalität, ▶Tierschutz, sanfteres ▶Food-Processing, ▶faires Handeln, ▶**Authentizität**.

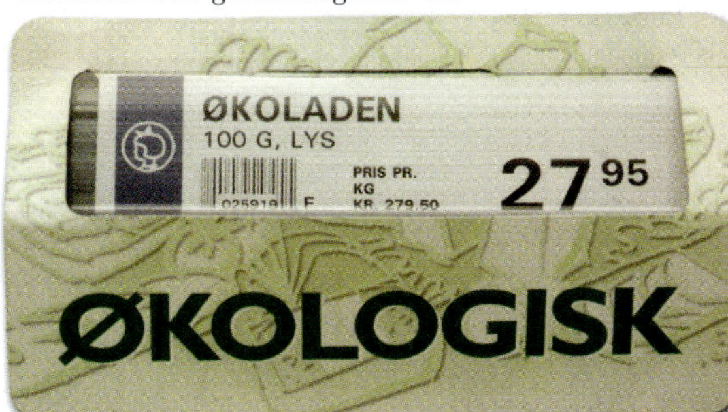

Öko: International und in vielen Sprachen der Inbegriff, der bei uns neben sich ein gleichwertiges Bio bekam

Daraus ergibt sich „natürlicherweise" das Gegenteilige der konventionellen Gegenwelt, das, was bei Öko wie Bio ausgeschlossen ist: ▶Pestizide, synthetische ▶Düngemittel, ▶Gentechnik,

Ökobilanz-Faktor: Die konventionell übliche Düngung mit synthetischem Stickstoff trägt erheblich zu den Umweltwirkungen bei und sollte immer mitbilanziert werden

▶Massentierhaltung, Belastungen der Umwelt. Letztlich geht es um **Verantwortung** für Mensch, Natur, Pflanze, Tier – mehr Bio meint da mehr Öko.

Ökobilanz

Von der Wiege bis zur Bahre (engl. *cradle to grave*), damit über den gesamten Lebensweg, soll sie die Umweltauswirkungen von Produkten, Prozessen, Dienstleistungen erfassen. Dieses **sog. LCA** *(Life Cycle Assessment)* wandte 2012 das FiBL *(Forschungsinstitut für biologischen Landbau)* zum Vergleich von Luxemburgs Öko- mit konventionellem Landbau an – Bio war bei ▶Stickstoff, ▶Biodiversität, gesünderen Böden und ▶Klimaschutz bedeutend besser. Denn es wurden **Faktoren mitberechnet**, die vielen Bilanzen fehlen: Etwa Futter-Import und die bei Bio verbotenen synthetischen ▶Düngemittel und ▶Pestizide, deren Herstellung und Verbrauch beträchtliche Umweltfolgen haben. Denn eine Ökobilanz ist nicht mit dem ▶**Carbon Footprint** zu verwechseln, in den lediglich der Parameter Treibhausgase einfließt; Bestandteile der Ökobilanz nach DIN ISO 14 040 bzw. 14 044 sind neben der Klimawirkung vielmehr auch Faktoren wie etwa der Verbrauch von Fläche und ▶Wasser, ▶Biodiversität, Versauerung, direkte Umweltschädigung, ▶Transport (▶Food Miles), anfallender Abfall oder ▶Nachhaltigkeit. Da diese Faktoren **je nach Betrachtungsgegenstand wählbar** sind, ist eine Ökobilanz trotz ISO-Normen grundsätzlich relativ und erschwert generelle Aussagen.

Ökobilanzierer: International ist sie definiert durch die DIN Normen 14 040/14 044 – zertifiziert von der ISO und praktiziert für Life Cycle Assessments

Denn allein Definition und Gewichtung der Wirkungskategorien kann eine Ökobilanz in eine gewünschte Richtung führen – bis hin zum regelrechten ▶**Greenwashing**. Da gibt es im Lebensmittelbereich etliche Beispiele: Die Organisation europäischer Getränkedosenhersteller versuchte 2010, der Bierdose zum Comeback mittels Ökobilanz zu verhelfen. Mit z. B. viel zu niedrigen Wiederbefüllungsquoten und unrealistischen Transportwegen für die Mehrwegflaschen. 2011 verlief eine

Ökobilanz von ARA *(Altstoff Recycling Austria)* zu 1-Liter-Glas-Mehrweg- versus 1,5-Liter-PET-Einwegflaschen – da kritisierte ▶*Greenpeace* die **Wahl der unterschiedlichen Gebindegrößen**. Gegen die Ökobilanz, mit der Danone 2011 Joghurtbecher aus eher theoretisch recycelfähiger PLA *(Polymilchsäure)* einführte, klagte die DUH *(Deutsche Umwelthilfe)*. Danone habe nur die drei günstig ausgefallenen Faktoren Klimawandel, fossiler Ressourcenverbauch und Sommersmog kommuniziert; Danone zog den Slogan „umweltfreundlicher" zurück, um sich nicht weiter dem Vorwurf des ▶**Etikettenschwindels** auszusetzen. Gleichwohl kann eine seriös erstellte Ökobilanz Schwachstellen eines Produktes ausmachen und Verbraucherentscheidungen objektiv günstig beeinflussen. Dabei gilt es, die Kriterien so transparent zu machen, dass eventuelle ▶**Gütesiegel einschätzbar** würden – umso mehr, als Etliches rund um den Zielbegriff ▶Natur („naturnah", „natürlich" oder „umweltschonend") im Gegensatz zu ▶Bio oder ▶Öko gesetzlich ungeschützt sind.

Öko-Kontrollstelle

Was ▶Biolebensmittel an nötigem ▶Vertrauen genießen, hängt entscheidend von einer glaubwürdigen ▶Kontrolle ab. Schon vor der ▶EG-Öko-Verordnung (1993 in Kraft getreten) hatten die privaten ▶Anbauverbände **Kontrollsysteme** etabliert, die jährliche Prüfungen der Mitglieder und Sanktionen bis hin zum Ausschluss beinhalteten. 2014 waren für die Biozertifizierung sowohl von Verbands- als auch von EU-Bio in Deutschland 18 private, aber staatlich akkreditierte und beaufsichtigte Öko-Kontrollstellen zuständig. Sie führten 2012 **rund 45 000 Kontrollen** in den mehr als 35 000 Biobetrieben in Deutschland durch.
Immer mehr steht nach einzelnen ▶Skandalen um ▶Bio-Betrug und Ungereimtheiten in Öko-Ställen die **Vernetzung von Kontrolldaten** sowie die **Wahrung des Tierwohls** (▶Tierschutz) im Fokus. So übernahm die französische ECOCERT Gruppe als

Öko-Kontrolle: Betriebsbesichtigung führt die Öko-Kontrolleurin von der IMO auch schon mal aus dem Büro heraus ins Öko-Feld zum Häkchenmachen

ÖKO-KONTROLLSTELLEN-LOGOS

Logos von Öko-Kontrollstellen: Sie stehen öfter neben der ohnehin verbindlich anzugebenden Nummer auf dem Bio-Etikett

Marktführer Ende 2013 Teile des IMO *(Institut für Marktökologie)*, nachdem IMO-Kontrollen in niedersächsischen Ställen als ungenügend kritisiert worden waren. Seit 2013 prüfte die EU zudem, inwiefern Öko-Kontrollstellen **strenger überwacht** werden könnten bzw. Kompetenzen an Behörden der Einzelstaaten abgeben sollten. Seit Januar 2014 müssen nun auch offiziell mind. 10 % der Kontrollen **unangekündigt** sein; bei 5 % der Unternehmen sind Proben zu nehmen, Sanktionskataloge sind ein Muss. Zudem erweiterten sich die Informationspflichten, sowohl, wenn ein Betrieb die Kontrollstelle wechselt, als auch bei ▸Importware. Die Biobranche reagierte kritisch – einerseits seien die vorgesehenen Quotierungen zu starr, andererseits fehlten zusätzliche Instrumente wie **Plausibilitätsprüfungen** und *Cross Checks.*

Denn allen ist klar: Vom reibungslosen und integren Verhalten der Kontrollorgane hängt letztlich ab, ob das System Bio funktioniert. Sie überwachen als **letzte Instanz**, ob ▸Biobauern die jeweiligen Richtlinien einhalten, genau wie Weiterverarbeiter und Importeure. Die obligate jährliche Kontrolle wird in der Regel angekündigt, da dem Kontrolleur sämtliche Betriebsunterlagen von der Anbauplanung bis zur Buchhaltung vorliegen müssen – dazu sollte der Betriebsleiter anwesend sein. Üblich ist ein Betriebsrundgang, bei dem etwaige Probleme angesprochen werden. Dazu kommen unangekündigte Besuche (üblicherweise bei jedem vierten Betrieb) und **zusätzliche Kontrollbesuche** (in 20 % der Fälle) – v. a. bei konkretem Verdacht oder bei potenziell „anfälligeren" Betrieben wie Großställen (bei ▸Geflügel viermal im Jahr) oder in Unternehmen, die sowohl konventionell als auch ökologisch (ver)arbeiten. Im Fall des Falles können die Kontrollstellen Bußgelder verhängen oder das ▸Bio-Siegel zeitweise bzw. endgültig entziehen.

Die meisten Bio-Skandale kreisten um falsch deklarierte ▸Futtermittel oder überbelegte Ställe. Allzu oft verließen die Prüfer sich aufs Papier oder **drückten schon mal ein Auge zu**, um Kunden nicht zu verlieren – dem Vernehmen nach ist diese Gefahr größer, je weit entfernter vom Importland kontrolliert wird. Eben da will die EU Transparenz schaffen.

Denn wie in Deutschland konkurrieren in den meisten EU-Ländern private Öko-Kontrollstellen untereinander. Sie werden zwar staatlich beaufsichtigt, aber von den jeweiligen Biobetrieben **frei gewählt** – und von ihnen bezahlt. Das Verfahren regelt in Deutschland das ÖLG *(Öko-Landbaugesetz)*, die BLE *(Bundesanstalt für Landwirtschaft und Ernährung)* fungiert als Zulassungsbehörde für die von den einzelnen Bundesländern beaufsichtigten Öko-Kontrollstellen. Angesichts einzelner Verdachtsfälle in Öko-Hühnerställen drohte **Niedersachsen** 2013 denn auch mit einer Verstaatlichung der Öko-Kontrolle.

ökologische Aquakultur

Den ersten ▸Lachs aus ökologischer ▸Aquakultur in der Irischen See zertifizierte der ▸Anbauverband ▸Naturland schon 1995, 1999 folgten ökologische ▸Garnelen aus Equador. So wurde **Naturland** hier zum Pionier; nur China hat mehr Öko-Aquakulturen zertifiziert als der Verband aus Gräfelfing bei München – schließlich ist ▸Biofisch erst seit 2010 nach ▸EG-Öko-Verordnung zertifizierbar und seitdem mit staatlichem ▸Bio-Siegel erhältlich, bis dahin oblag es den Öko-Verbänden, nach ihren privaten Richtlinien zu zertifizieren. Nicht zuletzt aufgrund der ▸**Überfischung** kommt heute beinahe jeder zweite Speisefisch weltweit aus der Zucht (für 2013 wurden 70 Mio. t von insg. 160 Mio. t prognostiziert); Bio-Zahlen sind meist nur Schätzungen oder relativ alt. So gab es 2009 in 29 Ländern 240 biozertifizierte Aquakulturen, die 53 000 t Biofisch erzeugten. Für 2011 wurde dieser „Ausstoß" auf 80 000 t geschätzt, womit trotz enormer Zuwächse ein **globaler Bio-Anteil von nur 0,1 %** erreicht wäre. Ob die optimistischen Hochrechnungen mit jährlichen Steigerungsraten von 20 % bis 2020 und 10 % bis 2030 auf dann 1,2 Mio. t Biofisch zutreffen werden, vermögen selbst jene Aquakultur-Experten nicht zu sagen, die diese Zahlen erst lanciert hatten.
Gesichert ist, dass neben **Lachs und Garnelen** in Europa v. a. ▸Forellen, ▸Karpfen, ▸Wolfsbarsche und Brassen ökologisch gezüchtet werden (in Deutschland kommt der ▸Saibling dazu) und die global bedeutendsten Öko-Aquakulturen in Asien Karpfen, ▸Tilapia und ▸Pangasius aufziehen, neben ▸Krebsen und Garnelen (die auch in Südamerika dominieren). 2012 betrug die Eigenproduktion der **181 deutschen Öko-Aquakulturen** (Anteil: 3,37 %) 866 178 kg und damit 3,26 % der Geamtproduktion. Da ist ▸Österreich mit 20%igem Bio-Anteil viel weiter, schon 1994 führte die ARGE *biofisch* den Öko-Gedanken in die Karpfenteichwirtschaft ein.

ökologische Aquakultur: Auch die Deutsche See lässt längst Bio-Lachs züchten, wie hier vor den Hebriden

Heutzutage sind jedoch eher Raubfische gefragt; neben Lachs und Forelle etwa ▸Doraden oder ▸Zander. Doch diese **carnivoren Spezies** sind in der ▸Biobranche umstritten: Sie benötigen tierisches Eiweiß, was sie in der Wildnis durch andere ▸Fische und Kleingetier erjagen, so aber mit entsprechenden ▸Veredelungsverlusten gefüttert bekommen. Naturland versucht **dieses Dilemma** dadurch zu umgehen, dass möglichst viel pflanzliche ▸Futtermittel bzw. Fischmehl und -öl nur aus Abfällen der Weiterverarbeitung, ▸Beifang oder aus Fängen ▸nachhaltiger Fischereien kommen. Andere Öko-Verbände wie etwa ▸Demeter und ▸Biokreis dagegen lehnen Raubfische in Öko-Aquakultur ab und fördern pflanzlich oder mit natürlich vorkommenden Teich-Lebewesen fütterbare **sog. Friedfische** wie den Karpfen. Ohnehin sei fraglich, wie ▸artgerecht Fische in Netzgehegen oder gar Käfigen im Meer zu halten seien. Eine abwartende Rolle nimmt ▸Bioland ein: Die Bio-Zertifizierung von Lachs und Forelle wird vermieden. Hoffnung liegt auf der Entwicklung alternativer Eiweißquellen, etwa von Fliegenmaden.

ökologische Aquakulturen: Zum Konzept gehört auch, alte Garnelen-Teichanlagen aufzuforsten, in neuen haben Bio-Doraden mehr Platz als konventionelle – Biofisch Nr. 1 aber war und bleibt Lachs, Naturland ist hier Pionier

Die EG-Öko-Verordnung macht zum **Futterproblem** keine konkreten Vorgaben, eher Vorschläge. Dafür sind auch hier Wasserqualität, Teichgröße, Bestandsdichte, eingeschränkte Gabe von ▸Tierarzneimitteln und anderer Stoffe vorgeschrieben; allerdings dürfen Betriebe teilumgestellt arbeiten. Naturland mahnt weitere **„Lücken" bei EU-Bio** an; v. a. seien die Besatzdichten zu hoch angesetzt, mit 25 kg je m³ übersteigen sie bei Forellen die Naturland-Kriterien (10 kg/m³) deutlich, bei Garnelen um fast das Doppelte (Naturland: 1 600 kg je ha). Der Verband kritisiert außerdem die Gestaltung von Teichufern sowie die Zulassung gewisser Chemikalien für Netzgehege und beim Verarbeiten. Zudem seien Regeln zum Transport lebender Tiere „zu vage" gehalten.

Dennoch: Im Vergleich zu konventionellen Aquakulturen stellen auch die Regeln für EU-Bio **entscheidende Verbesserungen** dar – sowohl im Hinblick auf tiergerechtere Haltung als auch auf die Umweltauswirkungen. Denn die sind in konventionellen Zuchten je nach Land (und wirtschaftlicher Lage) öfter unzureichend, noch dazu kaum kontrolliert.

ökologisch haushalten

Als letztes Glied der Nahrungsmittelproduktionskette sind Verbraucher oft hilflos, wie ihnen ▸**nachhaltiger Konsum** gelingen soll. Doch allein im eigenen Haushalt kann es tatsächlich ökologischer zugehen. Schon weniger ▸Fleisch oder wenigstens der Griff zu tier- und klimafreundlicherem ▸Biofleisch wäre ein Ansatz. Denn der Anbau von Obst und Gemüse produziert nur etwa ein Zehntel der **Emissionen** (▸Klimaschutz). Beim ▸Einkaufen sollte möglichst ▸lose Ware gewählt werden, denn jeder Einzelne produziert pro Tag ca. 1,25 kg Müll. Dagegen helfen wiederverwendbare Taschen statt unverrottbare Tüten aus ▸Plastik; im Haushalt sollten Utensilien aus natürlichen, meist ja sogar dauerhafteren Materialien wie Holz, Glas, Porzellan oder Stein verwendet werden. Ein weiterer Ansatz ist es, zu Fuß oder **mit dem Fahrrad** einzukaufen, denn bereits eine mit dem Mittelklassewagen zurückgelegte Strecke von 1 km verursacht so viel schädliche Klimagase wie Erzeugung und Handel eines Kilogramms Gemüse. Das Öko-Verhalten geht beim Zubereiten von Lebensmitteln weiter – hierauf entfallen immerhin ca. **11 % des Stromverbrauchs** deutscher Haushalte. Dabei gilt: Backen ist energieaufwendiger als braten, Kurzgaren im Schnellkochtopf erspart bis zu 50 % gegenüber herkömmlichen Töpfen.

Nicht zuletzt spart jede vermiedene **▸Verschwendung** neben Geld auch Klimasündenpunkte; so zeigte eine Auswertung der Universität Halle 2013, dass seit den 1980er-Jahren zwar – u. a. durch eine weniger fleischorientierte Ernährung – nicht nur der ernährungsspezifische Gesundheitswert gestiegen ist, sondern auch Natur und Umwelt positiv beeinflusst wurden. Die Kohlendioxid- und Ammoniakemissionen sanken, der **Flächenverbrauch** nahm ab, ebenso wie der sog. primäre Energieverbrauch. Gleichzeitig jedoch stieg zum einen der Verbrauch an **▸Wasser**, da immer mehr Obst, Nüsse und Gemüse als ▸Importware aus südlichen Ländern kommt, in denen massives Bewässern notwendig ist. Und zum anderen stieg der nachlässige, wenn nicht verschwenderische Umgang mit Nahrung, so dass die für ihre Herstellung verbrauchten Rohstoffe ja ebenso wie Energie und Wasser umsonst eingesetzt wurden. Je nach Schätzungen summieren sich die in Deutschland weggeworfenen Lebensmittelmassen auf 10 bis sogar 20 Mio. t – pro Jahr!

ökologisch haushalten: Zu viel Müll, der nicht recycelt wird, sorgt für eine Not, die zum Himmel schreit – wir hier auf Erden können uns nur bessern

WICHTIGE KRITERIEN FÜR ÖKOLOGISCHEN LANDBAU

Grün- statt Kunstdünger

wechselnde Fruchtfolgen

eigene Futtermittel

Gentechnik-Ächtung

natürlicher Pflanzenschutz

Feuchtbiotop-Erhalt

ökologischer Landbau

Öko-Landbau: Durch konkrete Richtlinien klar definierte Art, sich die Natur eben nicht untertan zu machen, sondern sie ganz vorsätzlich nachhaltig zu beackern

Gesetzlich geschützter Sammelbegriff für eine ▸Landwirtschaft, die sich an den Richtlinien der ▸Anbauverbände bzw. den Regelungen der ▸EG-Öko-Verordnung orientiert und damit **einen geschlossenen Kreislauf** mit geringem Ressourcenverbrauch anstrebt. Nur Erzeugnisse, die nach diesen Regeln entstanden, dürfen eines der offiziellen ▸Bio-Siegel tragen. Die Einhaltung der Richtlinien wird mind. einmal jährlich und vermehrt auch unangekündigt ▸kontrolliert – durch private, aber staatlich überwachte ▸Öko-Kontrollstellen.

Der Öko-Landbau verzichtet auf chemisch-synthetische ▸Dünge-, ▸Pflanzenschutz- und Bodenbearbeitungsmittel; eine **Selbstregulierung des Ökosystems** wird angestrebt. Die Bodenfruchtbarkeit hat Priorität und soll durch organischen Dünger bzw. ▸Stickstoff bindende Pflanzen und Fruchtfolgen gefördert werden, statt den Boden durch Monokulturen so auszulaugen, dass auf Kunstdünger zurückgegriffen werden muss wie in industriell angelegter konventioneller Landwirtschaft. Der ▸**Naturschutz** ist zentraler Bio-Bestandteil, gesunde Böden speichern mehr CO_2 (▸Klimaschutz), ▸GVO sind untersagt. Das ▸Futter für die Nutztiere in korrespondierender ▸ökologischer Tierhaltung soll möglichst selbst erzeugt werden; jedoch erlaubt EU-Bio noch eine nur teilweise ▸Umstellung.

Der Öko-Landbau wurzelt in der **Landreform-Bewegung** des frühen 20. Jahrhunderts (▸Lebensreform) und im „Landwirtschaftlichen Kurs" Rudolf Steiners 1924, der ▸biodynamischen Anbau propagierte, wie von ▸Demeter noch immer praktiziert. Daneben hat der ▸organisch-biologische Anbau viele Impulse gegeben.

Die verschiedenen Öko-Lehren erhielten einen Schub in den 1970er Jahren, als **Hippies in Landkommunen** zu ▸Biobauern mutierten; 1971 wurde ▸Bioland als organisch-biologischer Anbauverband gegründet, bald eröffnete der erste ▸Bioladen. 1986 holte der Tschernobyl-Super-GAU ▸Bio endgültig aus der Nische der ▸Körnerfresser (▸Bio-Bashing). Schon 1980 hatte der internationale Bio-Verband ▸IFOAM *(International Federation of Organic Agriculture Movements)* seine **Öko-Leitlinien** formuliert. Danach werden Pflanzen organisch gedüngt, ebenso wichtig ist die Fruchtfolge mit robusten ▸Sorten, die **gesunde Böden** mit helfenden ▸Mikroorganismen hervorbringt; die ▸Biodiversität fördern Hecken und Randstreifen. Im Vordergrund stehen vorbeugende Maßnahmen, einige Kulturen erfordern jedoch den gezielten Einsatz von ▸Nützlingen bzw. natürlichen Pflanzenschutzmitteln wie ▸Kupfer oder ▸Schwefel.

Die ▸**Zucht ökologischen** ▸**Saatguts** ist ein wichtiges Anliegen, ebenso das Schließen der „Eiweißlücke" in der Fütterung von ▸Hühnern und ▸Schweinen, wobei diese im Vergleich zu ▸Rindern traditionell eine geringere Öko-Rolle spielen. Denn ▸Biofleisch ist erst seit einigen Jahren wichtiger geworden; bis heute sind Biobauern stärker auf Pflanzen- und **v. a. Ackerbau** konzentriert als konventionelle Kollegen. Gleichzeitig ist der Öko-Landbau **arbeitsintensiver** und generiert in der Regel niedrigere Erträge, was nicht nur mit (eher sinkenden) Förderungen, sondern auch durch höhere ▸Preise ausgeglichen wird. Das kommt ebenso **Biobauern der „Dritten Welt"** zugute, die den Großteil der Ackerer auf globalen Öko-Flächen stellen; mehr ▸fair + bio ist denn auch ein Anliegen der ▸Biobranche, insbesondere der ▸Anbauverbände, die rund die Hälfte der deutschen Biobauern repräsentieren. Sie ökowirtschaften mit strengeren Verbands-Kriterien (▸**Premium-Bio**), wenn auch die EU durch Weiterentwicklung der EG-Öko-Verordnung besonders seit 2014 dem milderen Ruf von ▸**Bio light** entkommen will. Der Weg zum „Öko-Landbau 3.0" ist beschritten, der nach der puristischen Vision der frühen Zeit (1.0) und dem tendenziell Ideale-fressenden ▸Bioboom seit den 1990er-Jahren (2.0) eine konsequentere Ökologisierung ermöglicht. Dazu gehört v. a. eine wiedererstarkte Konzentration der Verbände auf ▸regionale Förderung einer **„ökologisch-bäuerlichen Landwirtschaft"**, wie sie Biobauern der „Dritten Welt" ohnehin praktizieren – und die von der UN als zukunftsfähigste, weil ▸**nachhaltigste Agrar-Form** für die Sicherung der ▸Welternährung betrachtet wird.

ökologischer Landbau: Heu, das nach Öko-Kriterien angebaut wird, taugt nicht nur als Tierfutter – mechanische Regulierung von Unkraut macht Biobauern aber mehr Mühe

ökologisch gehaltene Tiere: Für ein artgerechtes Aufwachsen werden die Ställe den Bedürfnisse angepasst, der Zugang zu Freiflächen ist obligat, Einstreu ebenso

ökologische Tierhaltung

Das Ziel ist klar: ▸Tierschutz durch ▸artgerechte Haltung, somit auch gesunde tierischer Produkte ohne ▸Rückstände – und das bei möglichst **geringer Belastung der Umwelt**. Aus diesem Grund ist die Anzahl der Tiere an zugehörige Flächen gekoppelt, so dass der Eintrag von ▸Stickstoff auf 170 kg pro Hektar und Jahr begrenzt ist, was Schäden vermeidet. Diese Grundsätze gelten sowohl für die ▸Mast zur Erzeugung von ▸Biofleisch als auch für die Haltung von ▸Milchkühen, ▸Legehennen oder ▸Bienen. **Kleinere Bestände**, mehr Platz im Stall, Einstreu-Pflicht, Auslaufmöglichkeit und reglementierte Gabe von ▸Tierarzneimitteln gehören dazu. Auch ▸Futtermittel, die statt – wie konventionell üblich – aus Kraft- in hohem Maße aus **Grundfutter** (im Idealfall vom eigenen Hof) bestehen sowie kurze Transportwege (▸Schlachten) markieren weitere **wichtige Unterschiede** zu konventioneller ▸Tierhaltung. Die ist durch dominierende ▸Massentierhaltung für Öko-Halter eine Zumutung für das Tierwohl und den ▸Naturschutz. Ohnehin sind Nutztiere bei Bio **weniger ertragswichtig** als bei konventionellen Landwirten; hatten tierische Produkte 2011 einen Anteil von 48 % am gesamten Bio-Erlös, waren es konventionell 57 %. Wie hoch jedoch die **Anforderungen an Öko-Halter** sind und wie schwierig es im etablierten Agrar-System ist, an ihnen festzuhalten, zeigte sich u. a. 2012, als Bilder aus überbelegten Bio-Hühnerställen die Runde machten. Der betroffene ▸Anbauverband ▸Naturland überarbeitete daraufhin seine Richtlinien für die Öko-Haltung von ▸Geflügel und erteilte **industriellen Strukturen** eine Absage. Doch angesichts einer professionellen ▸Zucht, die insbesondere bei Geflügel (v. a. Legehennen und ▸Puten) „Turbo-Rassen" erzeugt, wird es bei steigendem Bedarf **immer schwerer**, die Tierhaltung öko-adäquat zu meistern. Solche Tiere sind auf hohe Eierleistung und schnellen Fleischansatz bei reiner Drinnenhaltung im Stall unter kontrollierten, aber nicht ▸artgerechten Bedingungen ausgelegt. Doch die alternative Öko-Zucht ist teuer und langwierig, und ▸alte Rassen, die **robust genug** für die streng vorgeschriebene ▸Freilandhaltung und das längere Leben von Öko-Tieren sind, erbrin-

ökologische Tierhalter: Nur bei Demeter bleiben die Hörner immer dran – dem Tierschutz zuliebe, aber auch, da sie ihre lebendige Rolle im Gesamtorganismus der Rinder spielen

gen weniger Leistung und erfordern **hohe Investitionen** in Ställe, Futtermittel und eine höhere Anzahl an Arbeitskräften. Gleiches gilt für sog. Zweinutzungs-Rassen, die etwa bei ▸Hühnern das ▸ethisch inakzeptable Töten von vielen Millionen männlicher Legehennen-Nachfahren überflüssig macht. Gleichzeitig sind v. a. in ▸Deutschland **die ▸Preise** für tierische Produkte so niedrig, dass konkurrenzfähiges Handeln schwerfällt, zumal die Vermarktungsstrukturen oftmals fehlen. Es wird sich zeigen, ob hier entscheidende Änderungen überhaupt machbar sind (die ja auch in einer **Konsum-Reduktion** liegen könnten) oder ob Biobauern der strengeren Anbauverbände vielleicht doch eher **zu EU-Bio wechseln**, also dann nach den Regeln der ▸EG-Öko-Verordnung arbeiten. Denn dieses ▸Bio light erlaubt z. B. höhere Bestandszahlen, die die Produktion von ▸Eiern, ▸Fleisch oder ▸Milch in größerem Stile möglich machen. Ob sich Verbands- als ▸Premium-Bio aus „ökologisch-bäuerlicher Tierhaltung" durchsetzen wird, werden auch die Konsumenten mitentscheiden.

So bleibt Öko-Tierhaltung erst einmal die **„Achillesferse des ökologischen Landbaus"**, wie es 2013 Felix Prinz zu Löwenstein, Vorsitzender des BÖLW *(Bund Ökologische Lebensmittelwirtschaft)*, in Reaktion auf die vereinzelten ▸Skandale bei Bio formulierte. Er wies auf die brennendsten Probleme hin wie etwa **die sog. Eiweißlücke** bei der Fütterung von Allesfressern wie ▸Schweinen und Geflügel oder auf **Tierschutzfragen.** So ist Ferkelkastration auch bei Bio noch nicht gänzlich verboten, die Anbindehaltung von ▸Rindern wird bei Kleinbetrieben weiter geduldet, auch die Enthornung von ▸Kälbern ist einzig bei ▸Demeter absolut tabu. Inzwischen wird mit der Zucht von Rassen experimentiert, die genetisch hornfrei sind. Doch wie artgerecht ist es wirklich, **Tiere an die Haltung anzupassen** statt umgekehrt?

Je mehr sich Öko- und konventionelle Tierhaltung ähneln, desto einfacher die ▸Umstellung und höher der Bio-Anteil; er war in Deutschland 2012 mit 11,1 % in den relativ kleinen Herden von **▸Schafen und ▸Ziegen** am größten. Bei Schweinen lag er bei nur 0,4 %, bei Geflügel bei 0,8 %, Rinder hatten 3,4 %. Im selben Jahr machte der BÖLW hohe Investitions- und Futterkosten als Hürden aus.

Nota bene: Bisweilen werden Verbraucher durch die Tatsache verunsichert,

ökologische Tierhaltung: Es genügt nicht, ein Händchen dafür zu haben – auch die Bedingungen müssen stimmen, um nicht nur Freude, sondern auch ein Einkommen davon zu haben

dass tierische Bioprodukte nicht selten leicht erhöhte Rückstände von ▸Schadstoffen wie ▸Dioxin aufweisen. Ein Tier jedoch, das im Freien nach Futter sucht, ist eben auch den Gefahren seiner Umwelt **unmittelbarer ausgeliefert** als ein eingesperrter Artgenosse – und Höchstwerte werden ohnehin nicht überschritten.

ÖKO-TEST: Seit 1985 eine so beliebte wie bei Bio nicht ganz so unumstrittene Institution, deren vertrauenswürdiges Label auch Bioware gut steht

ÖKO-TEST

In der Bekanntheit lag die Institution mit den profunden Ergebnisheften ihres Testfleißes 2013 mit 85,2 % auf Platz 4 (nach dem ▸Bio-Siegel, der ▸*Stiftung Warentest* und dem TÜV), bei den Vertrauenswerten auf Platz 5 mit 63,2 % (das Logo für ▸Fairtrade hatte sich knapp davorgeschoben).

Nicht immer ganz grün waren sich die Biobranche und das anno 1985 gegründete **Frankfurter Verbraucher-Magazin** mit den ökologischen Themen, Tests und Ratgebern im Interesse des ▸Verbraucherschutzes. Die Konflikte sind ähnlich gelagert wie bei der *Stiftung Warentest*. Es geht um **das Test-Design** (mehr als 200 Produkte pro Monat), die Verwendung des ▸Gütesiegels, aber auch darum, **wie autonom** ein Verlag sein könne, der Hersteller-Anzeigen benötigt.

Hier unterscheidet sich ÖKO-TEST deutlich von der staatlich mitfinanzierten *Stiftung Warentest*. Als alternatives Medienprojekt für Gegenöffentlichkeit gestartet, ist die ÖKO-TEST Verlag GmbH seit 2000 eine 100-prozentige Tochter der ÖKO-TEST Holding AG, an der die SPD-Medienholding DDVG wiederum mit knapp 66 % beteiligt ist; der Rest gehört **rund 900 Aktionären**. Anders als die bezuschusste *Stiftung Warentest* (45 Mio. Euro Umsatz 2012) muss bei ÖKO-TEST (2007er-Umsatz ca. 11 Mio. Euro, aktuelle Zahlen werden nicht mehr kommuniziert) Gewinn mit Publikationen, Anzeigen und Logo-Lizenzen (300 Euro) erwirtschaftet werden.

Die **Kritiker monieren**, dass Anzeigen für „gut" oder „sehr gut" getestete Produkte regelmäßig in den Heften mit den fraglichen Tests selbst erschienen. ÖKO-TEST **bestreitet Einflussnahme** durch Anzeigenkunden und verweist darauf, dass auch „ausreichend" oder „mangelhaft" beurteilte Produkte im Heft warben.

Seit dem Jahr 2007 aber erfüllt ÖKO-TEST eine alte Forderung der ▸Anbauverbände: ▸Biolebensmittel werden **bei den Ergebnissen getrennt** von konventionellen Produkten gelistet. Die Tester tragen damit dem – von Bio-Kennern kritisierten – Umstand Rechnung, dass ja die unterschiedlichen Produktionsbedingungen **nicht in den Tests berücksichtigt** werden; zur Begründung dafür heißt es, solche „weichen Faktoren" seien nun mal nicht gerichtsfest zu verifizieren. Ganz unumstritten sind ÖKO-TEST samt Label also noch lange nicht.

Der Bio-Argwohn wird nicht zuletzt dadurch genährt, dass trotz der kritisierten Methoden etliche Verbraucher das ÖKO-TEST-Label **für ein echtes ▸Bio-Siegel halten**. Noch 2010 gab ein Drittel der Befragten genau dies an; 41 % gingen davon aus, dass

Produkte, die von ÖKO-TEST mit „gut" oder „sehr gut" gelabelt seine, mit besonders wenigen ▸Zusatzstoffen hergestellt seien – dabei testen die Frankfurter dies gar nicht; ihr Fokus liegt auf ▸Schadstoffen.

Dennoch fällt die Redaktion in den letzten Jahren **eher bio-freundlich** auf und beteiligt sich nicht am ▸Bio-Bashing. Insbesondere bei tierischen Produkten gibt ÖKO-TEST aus Tierschutz-Gründen Empfehlungen für Bio ab. Als 2013 ein Sonderheft **„100 gute Lebensmittel"** vorstellte, war Bioqualität sogar die Bedingung, um erwähnt zu werden! Dazu passen die im selben Jahr ermittelten Top-Zielgruppen: eine überdurchschnittliche Affinität wurde hier der **„Sonderzielgruppe" der ▸Lohas** bescheinigt.

Oliven

Von Natur aus und roh gekaut sind sie zum Selbstschutz eine buchstäblich bittere Enttäuschung durch den Glykosid-Anteil und das (so gesunde) ▸Flavonoid *Oleuropein*. Natürlich entbittert werden sie zum **öligen Kugelbissen** vom Baum *Olea europaea*, der ältesten Kulturpflanze der Welt. Nur rund 8 % der Ernte jedoch werden Speiseoliven – es dominiert eben die reinste Erpressung zu ▸Olivenöl.

Das Urgesunde an Oliven und der oliven Mittelmeerdiät bleiben die **ungesättigten ▸Fettsäuren**, die das schädliche LDL-Cholesterin im Blut verringern und indirekt dem Herz-Kreislauf-System helfen; außerdem viele ▸sekundäre Pflanzenstoffe wie ▸Polyphenole im Fruchtfleisch, die als ▸Antioxidantien ▸freie Radikale entschärfen. **Grüne Oliven** sind bitterer und reicher an ▸Mineralstoffen; dafür haben reife dunkle Oliven mit etwa 36 g/100 g einen dreimal so hohen Fettgehalt.

Bei den sog. Dauerkulturen weltweit wuchsen 2011 nur Bio-Kaffeebäume (mit 610 000 ha) auf größerer Fläche als **Bio-Olivenbäume** mit 540 000 ha. Gefürchteten Olivenfliegen rücken Biobauern mit Pheromon-Fallen statt ▸Pestiziden zu Leibe. Spritzen mit Chemiegiften ist tabu in allen Hainen, wo es blütenteppichhaft-wiesig, in heißen Zeiten erst natürlich dürr zugeht. Das Ökosystem unter den oft alten Bäumen ist damit intakt, Kompostwirtschaft (nie mineralisch löslicher ▸Dünger) bekommt ihm.

Auch die **Bio-Verarbeitung** unterscheidet sich von konventionellem ▸Food-Processing und erfordert Geduld: Stets ▸reif geerntete Früchte (tiefviolett und mitten im Bitterstoffabbau) werden wochenlang in eine (öfter erneuerte) Lake aus Meersalz und Zitronensaft gelegt. Die allmähliche ▸milchsaure Gärung lässt binnen vier Wochen etliche Bitterstoffe schwinden. Dieses **schonende Verfahren** belohnt authentisches Aroma.

Oliven als Snack lassen sich konventionell aber so bequem manipulieren, dass nur Nichtwissen vom Bio-Kauf abhalten könnte: Die Früchte werden – wenn nicht zum Gourmet-Happen bestimmt – nicht selten vorzeitig, also **grün geerntet**. Um sie kundengewünscht tiefschwarz hinzubekommen (wobei sie in natura eher dunkelviolett heranreifen würden), färbt man sie mit Eisensalzen (Eisengluconat oder Eisenlactat mit

Oliven: Nicht maschinell, sondern mit artisanaler Kraft geerntet, kommen sie in Bioqualität ohne künstliche Reife- oder Färbetricks ins Glas, dafür in etlichen Variationen

Oliven: So dunkelviolett sind sie eben nur, wenn sie wie in Bio-Hainen reif geerntet werden, und so goldgelb ist dann ihr Öl nach der Erpressung

ihren ▸E-Nummern 579 bzw. 585) durch Oxidation. 2012 waren beim Ökomonitoring in der Tat drei Viertel der konventionellen, fertig verpackten „schwarzen" Oliven **kunstgedunkelt** worden! Diese Optik täuscht Reife vor, denn die frühreifen Oliven sind fest genug zum maschinellen Entkernen und Stopfen – das Aroma aber ist dann dahin. Um geerntete Früchte zu entbittern, arbeitet **die konventionelle Öl-Industrie** zudem zu gern mit ausschwemmendem Natron.
Bei Bio tut das die Salzlake; auch verbotene ▸Konservierungsstoffe wurden beim Ökomonitoring nicht nachgewiesen. Jedoch half in 4 von 25 konventionellen Proben Sorbin- bzw. Benzoesäure bei der ▸Haltbarmachung – ungekennzeichnet …

Olivenöl: Die so gerühmte Erpressung aus den Steinfrüchten des Ölbaumes ist allein schon perfekt und weiter verfeinerbar mit Wunschkräutern

Olivenöl

Es ist urgesund wie schon historisch geehrt und auch für Bio ein Riesenmarkt – aber man sieht diesem aus ▸Oliven erpressten ▸Speiseöl die Qualität nicht an, man muss die Etiketten lesen und vertrauen können, etwa dem ▸Bio-Siegel. Auffällig ist, wie oft **„extra nativ"** gekennzeichnet ist, schlimm zu wissen, dass ca. 15 % die Güteklasse zu Unrecht tragen sollen. Immerhin liefern die Ölbäume von *Olea europaea* alle ertragreichen zwei Jahre durchaus differenzierbare Öle, bei denen nicht nur Terroir, Sorte, Zeitpunkt und Methode der Ernte, sondern eben auch das ▸Food-Processing die entscheidenden Unterschiede macht. **Das beste Olivenöl** bleibt wohl ein permanentes Problem der Marktrecherche und nicht zuletzt die reinste Geschmackssache. Es darf (manche sagen: es muss) für Kenner im Gaumen leicht bitter schmecken, auch in Spuren scharf sein und etwas **im Hals kratzen**. Allerbestes, wenigstens teuerstes aller Olivenöle ist das seltene **sog. Tropföl**, das Oliven vor dem Pressen entsickert. Das nächstbeste ist dann das ▸kaltgepresste „nativ extra" *(extra vergine)*, es muss frisch riechen und fruchtig schmecken mit dem korrekterweise zarten Hauch von etwas Bitternis. Öle mit leichten Fehlern dürfen höchstens den Namen ▸**nativ** (naturbelassen) tragen.
Jenseits des – für Bio-Olivenöle verbindlichen! – Kaltpressverfahrens liegt eine Riesenwelt der **konventionellen Massenproduktion**, die mit Chemie, erhitzendem Überdruck und Heißdampf die letzten Tropfen aus der Maische der Erstpressung holt. Dies sind sog. raffinierte Öle, die geschmacksmanipuliert milde („desodoriert") sind und zu gern miteinander oder mit

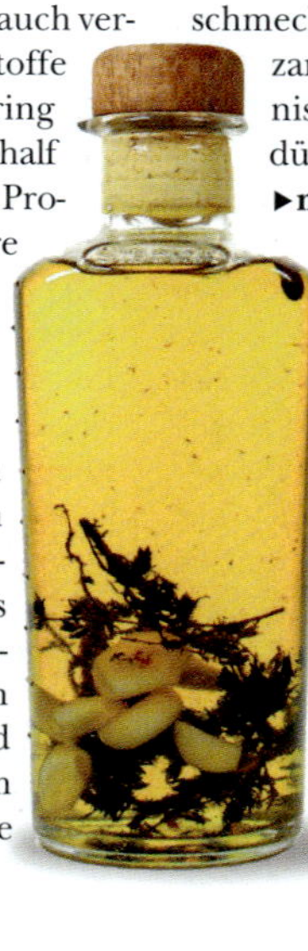

nativem Öl verschnitten werden: zu „Olivenöl“, das unter jenem Simpel-Namen nur noch selten auftaucht.
Bio-Olivenöl (18 % Anteil in Deutschland 2012), wird bei niedrigen Temperaturen verarbeitet. Dabei darf es zimmertemperaturhaft „kalt“, nämlich bis 27° C warm sein; das Öl wird aus gewaschenen, breifein zerkleinerten Oliven gepresst und gefiltert. Mit dem Effekt, dass darin Gutes erhalten blieb: Gesättigte ▸Fettsäuren (etwa 14 %), aber v. a. wertvolle einfach (77 %) und **mehrfach ungesättigte Fettsäuren** (9 %). Die Schlieren, die kaltgepresste Bio-Olivenöle bei kühlerer Lagerung zeigen können, lösen sich im Wärmeren wieder auf.

Omega-3-/-6-Fettsäuren

Das Jahr 2014 fing für Bio gut an: Die Washington State University hatte ▸Milch aus ökologischer und konventioneller Landwirtschaft ein Jahr lang verglichen und ermittelt: **Bio-Milch** enthielt 62 % mehr Omega-3-Fettsäuren und 25 % weniger Omega-6-Fettsäuren als herkömmliche. Und diese essentiellen ▸Fettsäuren, die der Körper nicht selbst bilden kann, sind nicht nur Kalorienlieferanten – sie haben **wichtige Nebeneffekte**.
Insbesondere dem Omega-3 eilt ein Ruf als Cholesterinsenker voraus; was ▸Veganer, ▸Vegetarier und andere Nicht-Piscivoren scheinbar vor Probleme stellt. Denn die so besonders begehrten EPA *(Eicosapentaensäure)* und DHA *(Decosahexaensäure)* kommen insbesondere in der Omega-3-Fettsäure **fetter ▸Fische aus dem Meer** vor, wie ▸Lachs, ▸Hering oder ▸Makrele. Angesichts eines von der DGE *(Deutsche Gesellschaft für Ernährung)* gewollten Omega-3-Tageskonsums von 250 mg (mit 2 Seefischmahlzeiten pro Woche erreichbar) waren Tier- wie Naturschützer daher froh, als nicht nur ▸Nahrungsergänzungsmittel auf Algenbasis erhältlich waren, sondern sich allmählich herumzusprechen begann, dass eben auch Bio-Milch (mit bis zu 12 mg/g), **sogar Pflanzliches** wie ▸Nüsse und nicht wenige ▸Speiseöle reichlich wichtiges Omega-3 enthalten können.
Klar ist inzwischen auch, dass neben dem Anteil auch **das Verhältnis von Omega-3 zu Omega-6** eine wichtige Rolle spielt. Laut DGE sollen junge Erwachsene mind. 0,5 % der aufgenommenen Energie (etwa 1,5 g/Tag) als Omega-3-Fettsäuren in Form von Alpha-Linolensäure und rund 3 % der Energie (ca. 10 g/Tag) als Omega-6-Fettsäuren in Form von Linolsäure zu sich nehmen. Das Verhältnis sollte **bei ca. 1:5** liegen, die WHO präferiert 1:4. Demnach hätte ▸Leinöl (Verhältnis 1:4) das ideale Potenzial, ▸Rapsöl

Omega-3 und -6: Sie stecken in idealem Verhältnis zueinander in Leinöl, auch Walnussöl steht ausgezeichnet da

Omega-3-und-6-Quellen: Es muss nicht der fette Seefisch sein, auch Vegetabiles enthält die so gehypten Inhalte

mit 1:2 ein gutes, auch Öl aus ▸Hanf (1:3) oder ▸Walnuss (1:6) stünde nicht schlecht da. Geringerbedarf an Omega-6 deckt Speiseöl von ▸Disteln oder ▸Sonnenblumen, fast so gut wie ▸Keimöl aus Mais.

Nota bene: Das BfR *(Bundesamt für Risikobewertung)* hatte angesichts des Omega-3-Hypes schon im Jahre 2009 angemahnt, dass „Lebensmittel, die üblicherweise keine Fette enthalten, nicht **mit Omega-3-Fettsäuren angereichert** werden" sollten – ab einer Menge von 0,7 g pro Tag könne sich der sog. LDL-Cholesterinspiegel gar erhöhen, bei älteren Menschen die Immunabwehr geschwächt werden.

organisch-biologische Vollmilch: Wenn auf einem Produkt Bioland draufsteht, steht eine lange, glaubwürdige Tradition voll dahinter

organisch-biologisch

Prinzip und theoretisch-praktische Grundlage des größten deutschen ▸Anbauverbandes ▸Bioland sowie von ▸Österreichs ORBI *(Organisch Biologisch/Förderungsgemeinschaft für gesundes Bauerntum)*; **im boden(ver)ständigen Sinne** zu unterscheiden vom noch traditionsreicheren und zudem ▸anthroposophisch inspiriertem ▸biodynamischen Anbau als ideellem Kern des Anbauverbandes ▸Demeter.

Die Vision vom organisch-biologischen Landbau hatten seit den 1930er-Jahren die ▸Schweizer **Dr. Hans Müller** (1891–1988) sowie **Maria Müller** (1894–1969) und später Arzt und Mikrobiologe **Dr. Hans-Peter Rusch** (1906–1977) aus Frankfurt. Das Ehepaar Müller zählte zur Schweizer „Bauernheimatbewegung", bewirtschaftete den Möschberg-Hof im Berner Mittelland und befasste sich zunächst mit dem biodynamischen Anbau als **Gegenbewegung** zur Agro-Industrialisierung. Während Maria Müller alternativen Anbau direkt im Garten erprobte, arbeitete ihr Mann gemeinsam mit Rusch ab 1951 an der Theorie des organisch-biologischen Anbaus. Im Mittelpunkt stand der natürliche Kreislauf und die Bedeutung des **Humus** für die Bodenfruchtbarkeit. In Abgrenzung zur Rudolf-Steiner-Lehre sollte auf „mystisches Drum und Dran" verzichtet werden; stattdessen wollte man die Vorteile des organisch-biologischen Anbaus **mikrobiologisch** begründen. Schon in den 1950er- und 1960er-Jahren wirtschafteten rund 200 Höfe im Berner Mittelland organisch-biologisch; auch in Süddeutschland ließen sich viele inspirieren. 1971 wurde *bio gemüse e.V.* gegründet, aus dem der *Bioland Verband für organisch-biologischen Landbau e.V.* hervorging.

Maßgeblich sind bis heute **geschlossene Stoffkreisläufe** und vielfältige Fruchtfolgen nebst ▸Stickstoff fixierenden Pflanzen; Krankheiten und

organisch-biologischer Hof: Bei Bioland ist man bis heute sichtbar stolz auf die boden(ver)-ständige Tradition

Österreich: Dass sich das für alles Agrarische zuständige Ministerium hier gar Lebensministerium nennt, ist mehr Programm anstatt nur Zufall …

Schädlinge werden durch ausgeklügelte Fruchtfolgen, bewusste Sortenwahl, Beikräuter und ▸Nützlinge eingedämmt, **höchstmögliche ▸Biodiversität** ist das Ziel. Tiere werden nur so viele gehalten, wie ▸Futter auch selbst erzeugt werden kann; Auslauf und Weidegang (▸Freilandhaltung) sind gewährleistet. Naturheilverfahren werden ▸Tierarzneimitteln wie ▸Antibiotika vorgezogen, und ▸Hormone sind ebenso tabu wie ▸Gentechnik und ▸Bestrahlung von Lebensmitteln. Beim schonenden ▸Food-Processing werden **Bioland-Rohwaren** bevorzugt. Direkter Kundenkontakt, etwa über den eigenen ▸Hofladen, ist erwünscht, ▸Kontrollen gewährleisten die Einhaltung der Richtlinien – in summa wird so ▸Premium-Bio auf der überzeugenden Linie der Öko-Verbände erzeugt.

Österreich und Bio

Die Alpenrepublik sieht sich völlig zu Recht als „Bio-Weltmeister"; schließlich wurde 2012 **fast ein Fünftel** der Agrarflächen zwischen Boden- und Neusiedler See ökologisch bewirtschaftet. Da kann nicht einmal das Musterland ▸Schweiz (mit 11,6 % Bio-Anteil) mithalten. Die 536 583 ha ökologische Nutzfläche – selbst das zehn Mal größere ▸Deutschland hat nicht mal doppelt so viel – teilten sich 21 843 ▸Biobauern (mehr als 16 % der Betriebe), die durchschnittlich jeweils 24,6 ha beackerten. Nachdem der Öko-Anbau von ▸Soja von 2010 auf 2011 mit +34 % die höchste Zuwachsrate erzielte, bedeuteten die seitdem auf 7 000 ha gesunkenen Flächen noch immer einen stattlichen Öko-Anteil von 19 %. Bei Ölkürbissen wurden 2012 sogar 20 % von Biobauern bewirtschaftet! Zudem wächst auf einem Zehntel der Rebfläche ▸Biowein, auch ▸**Biofisch** hat einen sehr beachtlichen Anteil an der österreichischen ▸Aquakultur. Selbst beim ▸Geflügel ist die ▸ökologische Tierhaltung mit 11 % (2011) überraschend stark vertreten.
Rund 7 % der Frischeprodukte kaufen Österreicher in Bioqualität, 2012 gaben sie dafür **pro Kopf 118 Euro** aus, der Bio-Umsatz stieg seit 2008 um 35 %. Am umsatzstärksten waren in 2012 ▸Eier (Bio-Anteil 18,4 %), ▸ESL-Milch (17,8 %) sowie frische ▸Milch (15,1 %); ökologische ▸Kartoffeln (österreichweit schon mit 9 % der Anbaufläche) kamen auf 17,4 %.

Österreichs Bio-Verband: Seit 2005 arbeiten Biobauern im starken Netzwerk von Bio Austria zusammen – um ihren Anteil an der Agrarfläche noch zu erhöhen

Bio AUSTRIA

Bio-Österreich: Auch die konventionelle Landwirtschaft ist dank der ARGE Gentechnik-frei seit langem gegen GVO aktiv – aber Bio ist nur drin, wenn AMA oder Bio Austria ihr Siegel gaben

Österreichs Bio: Sein Getreide steht mit Herkunftsnachweis in den Regalen deutscher Bioläden, seine Kontrollstellen sind altbewährt

Der so starke österreichische ▸ökologische Landbau genießt hohes ▸Vertrauen beim Verbraucher: 80 % der Österreicher hielten ihn 2012 für die **„beste und umweltverträglichste Form** der ▸Landwirtschaft"; 69 % waren außerdem der Meinung, dass er besonders gefördert werden sollte. In der Tat machte staatliche Förderung 2011 27 % der Einnahmen von Biobauern aus, 2012 gaben immerhin **6 % der konventionellen Landwirte** an, bei guten Förderbedingungen „sehr sicher" auf Bio ▸umstellen zu wollen; 27 % sagten, sie würden dies „eventuell" tun. Das FiBL *(Forschungsinstitut für biologischen Landbau)* errechnete Ende 2013 Erstaunliches dazu: Sollte die Komplett-Umstellung der österreichischen Landwirtschaft gelingen, ließen sich **die externen Kosten um ein Drittel reduzieren**! Diese belaufen sich auf 1,3 Mrd. Euro; dazu gehören Ausgaben für Beseitigung von Erosionsschäden, Trinkwasserwiederaufbereitung, Klimaveränderungen durch die Landwirtschaft und Verlust an ▸Biodiversität. All das ohne Einberechnung der Kosten, die nur im Ausland für dort angebaute ▸Futtermittel oder als Gesundheitsschäden durch ▸Pestizide entstehen! Die zunächst so stattlich klingende **staatliche Förderung** kommt also letztlich allen Österreichern zugute.

Ein Großteil des Bio-Umsatzes macht (ähnlich wie in der Schweiz) der **konventionelle Einzelhandel**; Schon 1994 war Marktführer Billa (Rewe-Gruppe) mit seiner Marke „Ja! Natürlich" in das Bio-Business eingestiegen, 1995 ▸Supermarkt Spar (mit „Natur pur"). Auch der österreichische, zur Aldi-Gruppe gehörende ▸Discounter Hofer hat Bio mit seiner ▸regionalen Marke „Zurück zum Ursprung" geprägt.

Die Geschichte des ökologischen Landbaus in Österreich ist eng mit der in den Nachbarländern Deutschland und Schweiz verknüpft. In den 1920er-Jahren gab es in Kärnten ▸**biodynamische Höfe**, die sich an den Ideen Rudolf Steiners orientierten (▸Anthroposophisches); Anfang der 1960er-Jahre stellten die ersten Betriebe auf ▸**organisch-biologische Bewirtschaftung** nach Dr. Hans und Maria Müller vom Schweizer Möschberg um, mit dem reger Austausch gepflegt wurde. Bereits 1959 hatten Biobauern die ersten Regionalverbände gegründet, 1980 hatten sie 200 Mitglieder. Bis zur Mitte der 1990er-Jahre dominierte noch die Direktvermarktung, der Einstieg der Supermärkte sowie der EU-Beitritt 1995 wälzten den Vertrieb um und sorgte für einen regelrechten ▸Bioboom. 2005 schloss sich eine Vielzahl von Betrieben im Netzwerk ▸**Bio Austria**

Österreich und die Bio-Gourmets: Biowein wächst schon auf 10% der Rebflächen – und immer mehr Küchen setzen auf Bioprodukte

zusammen. Deren Logo ist heute neben dem ▸**Bio-Siegel des Marketingverbandes AMA** *(Agrarmarkt Austria)* das bekannteste ▸Gütesiegel für Bioprodukte in der Alpenrepublik. Ohnehin ist die Agrar-Szene offen für bio-affine Themen – hier wurde EU-weit zuerst eine ▸**gentechnikfreie Herstellung** durchgesetzt. Die Bioszene orientiert sich da stärker als in den Nachbarländern an Feinkost-Ideen für ▸**Bio-Gourmets** und die ▸Biogastronomie. Schon die große Zahl der Bio-Winzer zeigt dies, aber auch kleine Öko-Käsereien und die steirischen Ölmühlen mit den Bio-Spezialsorten, von denen das ▸Kernöl vom ▸Kürbis sicher am bekanntesten ist.

Ovo-lacto-

Inbegriff als Vorsilbe für solche ▸Vegetarier, die zwei tierische Ausnahmen machen: Sie essen **nichts, was Augen hat**, sind also Fleischverweigerer und vergreifen sich nie an ▸Fisch, mögen aber durchaus mal ein ▸Ei als *ovum* (lat. wörtl. „Ei") und ▸Milch sowie alle Produkte daraus als *lac* (von lat. *lacteus* für „Milchiges"). Solche Ovo-lacto-Ernährungsform ist **die liberalste** und wohl häufigste Variante des Vegetarismus, der 2014 zwischen 6 und 8 Mio. Anhänger in Deutschland hatte – je nach Quelle.

Ovo-Lacto-Vegetarier haben – anders als bei der ▸lactovegetabilen Ernährung, Tierprodukte verweigernden ▸Veganern oder sogar ▸Frutariern (mit Obst-Obsession) – weniger Probleme, sich die aus ▸Fleisch sowie Fisch fehlenden ▸Nährstoffe und v. a. das Protein anderweitig zu eressen. Doch Ovo-Lacto-Vegetarier haben gleich **in zwei Richtungen Rechtfertigungsprobleme**; Karnivoren fragen erstaunt: „Was isst du überhaupt?", während Veganer ihnen vorwerfen, durch den Konsum von Milch, Eiern und in gewissem räuberischen Sinne auch von ▸Honig nur weiterhin zu **Tierausbeutung** oder gar Tierleid beizutragen. Für viele ist ovo-lacto-vegetabile Ernährung tatsächlich ein erster Schritt zu einem veganen Lebensstil *sine ovo et lacte* – andere switchen zurück und sind dann inkonsequentere ▸**Flexitarier**. Nach einer Studie der Uni Gießen belasten Ovo-Lacto-Vegetarier die Umwelt zwar stärker als Veganer, doch auch mit Milch und Eiern lässt sich demnach der ▸**Carbon Footprint** immerhin um rund die Hälfte reduzieren! **Nota bene:** Wer neben Eiern und Milch auch Fischiges isst, nennt sich gern Ovo-Lacto-Pisco-Vegetarier, hat als „Tier-Aufess-Ausnahme-Macher" allerdings kaum echten *Veggie-Style.*

OVO-LACTO-VEGETARISCH

ovo-lacto: Wenn außer Ei oder auch mal Milchigem nichts vom Tier drin ist, sorgt draußen das Gütesiegel des Europäischen Vegetarierbundes für Klarheit – so wie bei Fleischersatz, der eher unpflanzlich aus unveganem Milcheiweiß entstand

P

PAK

Es steht nirgends drauf, entsteht aber allenthalben, was PAK so harmlos umschreibt. Und was so gefährlich ist: **Polyzyklische Aromatische Kohlenwasserstoffe**, chemische Gemische aus Benzolringen. Sie entstehen schlagartig, wenn Fossiles oder Pflanzliches, also die enthaltenen Kohlenwasserstoffe, unter Sauerstoffmangel erhitzt, verschwelt, verglimmt oder verbrannt werden. Dagegen ist auch nichts gefeit, was bio ist.

PAK **entstehen unvermeidlich** beim scharfen Grillen, ▸Räuchern und durch Verheizen, Verrußen oder industrielles Großverbrauchen. Etliche der 250 verschiedenen Verbindungen entschweben abluftig wie abgasig und feinstaubend in die Umwelt, sinken in den Boden und wandern in pflanzliche Lebensmittel. Da haben wir dann den (belasteten) Salat: Zwar besitzen PAK unterschiedliches toxikologisches Potenzial, im Tierversuch sind sie aber krebserregend!

Schätzungsweise die Hälfte unserer PAK-Belastung stammt **von kontaminierten Lebensmitteln** – offensichtlich bei Grillgut, Rauchfleisch und Räucherfisch, übersehen bei Trocknungsverfahren über offenem Feuer (wie bei ▸Kakao und ▸Kokos), bei Rauchtee, Röstkaffee, grünem Blattgemüse, Toast oder ▸Chips.

2007 untersuchte die ohnehin gern beschwichtigende EFSA *(European Food Safety Authority)* 8 000 Lebensmittelproben und konstatierte, die PAK-Kontamination in der EU sei „ziemlich niedrig". Doch über die **Krebsgefahr** sagen die in EU-Verordnung 835/2011 festgelegten Grenzwerte in Mikrogramm (µg) pro kg nur wenig aus. Statt 5 µg pro kg Räucherfleisch oder -fisch gelten von September 2014 an nur noch 2 µg, Kakao/Kakaobutter darf von April 2015 an statt 35 „höchstens" noch 30 µg/kg aufweisen. Grenzwerte für andere Produkte werden laufend diskutiert.

Wenig **hilft wirklich** gegen PAK: Tropffett in die Glut vermeiden, indirektes oder kaltes Räuchern, feinstaubsäuberlicheres Verhalten oder die Verbesserung von Röstverfahren etwa.

Recht vage formuliert denn auch das BfR *(Bundesinstitut für Risikobewertung)* die Unvermeidlichkeit von PAK: Eine Minimierung der Aufnahmemengen sollte angestrebt werden – nach dem **ALARA-Prinzip**: *as low as reasonably achievable*, also so wenig wie vernünftigerweise möglich. Den brandgefährlichen PAK-Pakt haben die Menschen offensichtlich schon mit der Entdeckung des Feuers geschlossen …

PAK: Zu scharf darf sich kein echter Grillmeister ans Werk machen, sonst schaden sog. Polyzyklische Aromatische Kohlenwasserstoffe später nur der Gesundheit

Palmöl, Palmkernöl

Es gibt nichts Florales, das mehr ▸Pflanzenfett liefert als die Ölpalme *Eleais guineensis* – und das in zweierlei Form. Zum einen **Palmfett** aus dem Fruchtfleich (ab 23° C flüssiges Palmöl), zum anderen aus den Steinkernen weißgelbliches **Palmkernfett** (ab 23° C Palmkernöl, v. a. für Kosmetika und Tenside). Jede Staude hat bis zu 6 000 beerengroße Früchte und wiegt 60 kg: Fette Beute vom **Boombaum**! Wegen seines hohen Anteils an gesättigten ▸Fettsäuren eignet sich Palm-

Palmöl: Viel zu selten aus Öko- oder immerhin nachhaltigem Anbau – wie hier auf einer von „COOP" Schweiz unterstützten Farm in Malaysia

Palmöl: In unzähligen Produkten drin – aber was dran ist an seinen Gütesiegeln, wissen außer bei Bio nur wenige

öl besser zum Braten und Frittieren als andere ▸Speiseöle. Hauptsächlich dient es allerdings **als Zutat** in ▸Margarine, ▸Nuss-Nougat-Creme, ▸Backwaren oder ▸Brotaufstrichen – auch bei Bio. Dann wurde das Öl nicht komplett raffiniert, sondern bei niedrigeren Temperaturen „desodoriert“ und gebleicht. Da viele Inhaltsstoffe auch bei dieser schonenderen Behandlung leiden, ist reines **Bio-Palmfett** oft explizit unraffiniert, ungehärtet und ungebleicht im Handel. Der Bio-Anteil am Weltmarkt liegt insgesamt aber unter 1 %. Im neuen Jahrtausend hat konventionelles Palmöl die Speiseöl-Weltspitze vom Sojaöl übernommen, 2012/13 wurden 53,3 Mio. t erzeugt. Gieriger Handel will das so **unvergleichlich billige Öl**, zunehmend auch für Biosprit. Die ruinösesten Boom-Folgen sind **Regenwald-Abholzung** und die **Vertreibung** von Farmern, v. a. in den Haupterzeugerländern Indonesien und Malaysia, aber auch in anderen Tropengebieten. 2010 standen sogar Betreiber von **Bio-Plantagen in der Kritik**. Ihr Lieferant Daabon wurde beschuldigt, für die Ausweitung der Pflanzungen in Kolumbien Rodungen und Vertreibungen zu dulden. Umfangreiche Überprüfungen ergaben, dass die Vorwürfe zwar Daabon als Ganzes, nicht aber seinen Bio-Ableger betrafen; Daabon zog sich aus dem Projekt zurück. Die Bio-Plantagen (auch in Brasilien, dort sogar ▸fair + bio zertifiziert) wurden und werden nur auf bereits genutzten Flächen errichtet – **die Vorwürfe sind vom Tisch**.

Anders sieht es bei ▸Nachhaltigkeit versprechenden ▸Gütesiegeln ohne Bio-Zertifizierung aus. Umwelt-NGOs beschuldigen etwa ▸*Rainforest Alliance* angesichts zu lascher Kriterien des ▸**Greenwashings**. Ebenso wird die konsequente Umsetzung der Prinzipien des 2004 auf Initiative des ▸WWF gegründeten RSPO *(Round Table on Sustainable Palm Oil)* bezweifelt. Die sollen ▸Naturschutz, Sozialstandards u. Ä. sichern, aber auch die Interessen der Mitglieder … Immerhin sind nun selbst die großen Konzerne sensibilisiert.

Palmöl hat aber noch einen bitteren Beigeschmack: Die Belastung mit sog. ▸**3-MCPD- und Glycidyl-Ester**, die bei Extraktion und Raffination entstehen können, umso mehr, wenn chlorhaltige ▸Pestizide mitraffiniert werden. Eine extensivere Extraktion jedoch würde der Verzehr- und Lagerfähigkeit schaden. Forschungen laufen, doch bisher scheint es – beim momentanen Industriebedarf – keine Alternative zum **Massenpalmöl** zu geben.

Immerhin beschloss die EU 2011 die seit 2014 geltenden klaren Regelungen zur ▸**Kennzeichnung**: Statt nur pauschal „pflanzliche Öle/ Fette“ zu etikettieren, muss ab nun (etwa in Klammern) unmittelbar dahinter die genaue pflanzliche Quelle genannt werden. Viele **Bio-Hersteller** verfahren seit Jahren so und ermöglichen damit die Einkaufswahl. Denn trotz der von der Industrie propagierten Unersetzlichkeit gibt es schon allerlei Produkte, die etwa auf ▸Rapsöl ausweichen. Da klebt dann ein ▸Bio-Siegel drauf – und es sind weniger palmöltypische ▸Schadstoffe drin!

Pangasius

Den Markterfolg kann man dem urasiatischen *Pangasius hypophtalmus* nicht absprechen: Der im Mekong gründelnde ▸Wels wurde in Deutschland bis 2012 zum fünftbeliebtesten ▸Fisch. Aber absprechen muss man dem **Markt-Newcomer**, dass er besonders zu loben sei – außer dass er schuppenlos und grätenfrei ist und dank der überwiegend vegetarischen Ernährung für geringere ▸Veredelungsverluste sorgt.

Pangasius **schmeckt eher langweilig**, wenn nicht nach nichts, dann schon mal modrig-schlammig. Außerdem kommt er so massenhaft aus eher sorglos organisierter, meist vietnamesischer ▸Aquakultur, dass er längst für **erhebliche Probleme** sorgt.

Der Schlankwels lebt von allem, was er im Wasser findet, auch von teuren Pellets, aber v. a. von allen Resten – von Reisschalen bis zu Mülligem. In nur 6–8 Monaten bis zur Schlachtreife mit 1,5–2 kg (in natura würde er 40 kg schwer!) wachsend und billig – das hat dazu verführt, Pangasiusfilets als teurere Anders-Fische wie ▸Scholle oder gar auch Rotzunge zu verkaufen.

Das besonders magere Fleisch mit nur wenigen ▸Omega-3-Fettsäuren kann von Natur aus weiß bis rötlich variieren, aber wird auch schon mal über ▸Futtermittel hingefärbt. Bis heute behandeln Verarbeiter frische Filets für bessere Wasserbindung mit Polyphosphaten (E 450 bzw. 451). Solche ▸Stabilisatoren sind erlaubt, aber zu deklarieren, was wiederum zu gern unterbleibt. Die damit wässrigeren, „saftigeren“ TK-Filets werden überdies mit einer eisigen Schutzglasur bis zu 20 % schwerer gemacht, was an Nepp grenzt; und es werden auf-

Pangasius: Modefisch mit steiler Karriere und umstrittenen Bedingungen in konventionellen Fischfarmen – für Greenpeace und WWF nur in Bio noch okay

Papaya: Die Riesenbeere wächst in Monokulturen und hat ein Riesenproblem mit einem hochspezialisierten Virus

getaute Pangasii öfter als „Frischfische" verkauft – die es in Europa ebenso wenig gibt wie Pangasius aus Wildfang.

Nicht zuletzt ist die Netz- bzw. Beckenhaltung der vietnamesischen Aquakulturen im oberen Mekongdelta durch **viel zu hohen Besatz**, die Zugabe von ▸Tierarzneimitteln (etwa Nitrofurane, gern auch ▸Hormone) und mangelnden Süßwasseraustausch im kritischen Gespräch. Die **Umweltauswirkungen** durch Antibiotikarückstände und Fischkotmassen rufen insbesondere ▸*Greenpeace* auf den Plan. Seit 2011 soll nun ein vom ▸WWF initiiertes, jedoch eher bezweifelbares ▸Gütesiegel vom ASC *(Aquaculture Stewardship Council)* Aufklärungs- und Erziehungsmaßnahmen belegen. In den sog. Aquakultur-Dialogen sucht der WWF Konsensgespräche und hat 2011 in seinem **Fischeinkaufsführer** bei Pangasius von Rot auf Gelb („zweite Wahl") geschaltet, damit das zunächst protestierende Vietnam bis 2015 mind. 50 % der Anlagen auf „umweltverträgliche Zucht" mit ASC-Label umstellen könne. 2012 empfahl der WWF waren ASC und Bio-zertifizierte Pangasii, ▸*Greenpeace* nur vietnamesische Naturland-Zuchten. Denn es gibt den Ausweg, den bisher nur eine einzige vietnamesische ▸ökologische Aquakultur wagte: **Bio-Pangasius**! Die Musteranlage als Projekt der GTZ *(Gesellschaft für Technische Zusammenarbeit)* und des Großhändlers Deutsche See arbeitet nach Kriterien von ▸Naturland: lediglich ein Fünftel der konventionell gängigen Besatzdichte, Bewegungschance in angemessener Strömung, vegetarisches Öko-Futter mit max. 10 % Restfischmehl, keinerlei Zusätze. Für den WWF ist dies denn auch ausdrücklich eine gute **„grüne Alternative"**.

So sind Bio-Fischstäbchen schon mal vietnamesische Wels-Happen – man lese das Label gut und gründlich!

Papaya

Eigentlich ist *Carica papaya* eine botanische Riesenbeere aus der Melonenfamilie, die hoch oben in Clustern an nackten staudigen Stämmen reift. Kenner halten sie für die beste aller Tropenfrüchte, die um 1800 schon bis auf die Philippinen, nach Indien und Afrika verpflanzt wurde. Womöglich ist diese Verbreitung für die Resistenzforschung ein Segen, denn die 3–10 m hohen Papayabäume **in konventionellen Monokulturen** sind und bleiben hoch gefährdet. So zählte ▸Naturland 3 Viren, ein halbes Dutzend Pilze und 3 hochgefährliche unter insg. 35 Insektenschädlingen. 1992 kam es auf Hawaii und dann anderlands zum Massenbefall durch PRV, das **Papaya Ringspot Virus**, gegen welches bisher kein Mittel hilft – außer Abholzen der ohnehin nur zwei Jahre genutzten Hochstauden.

Eine Zeit lang sah es so aus, als ob PRV allüberall Papayaplantagen den Garaus machen würde, ehe konventionelle Züchter 2001 eine virusresistente **Gen-Papaya** entwickelten. Die beginnt nun wieder im großen Stil zu gedeihen, auf Hawaii, Jamaika, in Thailand etc. Nach Europa darf sie nicht, in den USA und Japan ist sie lange schon bedenkenlos zugelassen. Das EU-Verbot („nicht verkehrsfähig") wird diskutiert, und irgendwann bricht die USA-Lobby wohl die Dämme gegen gv-Produkte. Biobauern in den Tropen beklagen längst die unvermeidliche Kontamination über den Pollenflug. Ihre Lobby ist schwach, denn es gibt erst **sehr wenige Bio-Plantagen**, etwa in Sri Lanka oder Korea, wo Kleinbauern ohne Chemiedünger oder Giftspritzen gute Ernten haben – noch …

Interessanterweise sind kreuzungsfreudige Papayas so form- und farbverschieden wie die Regionen, in denen sie gut gedeihen. Standardklein wiegen sie 0,5–1,5 kg und sind dann 10–30 cm lang, nur in **Sonderformen** werden sie faustgroß oder selten mal regelrechte Fruchtbomben von 6 kg. Weil Papayas empfindlich sind, werden sie unreif geerntet; sie reifen nur langsam nach und werden dabei immer druckempfindlicher. Statt frisch lässt sich Papaya auch als Bio-Papayamus oder als honigsüße ▸Trockenfrucht erkauen.

Wer nie Bio-Papaya kauft, sollte wissen, dass die Exoten zuletzt zwar unauffällig blieben, noch 2012 aber ▸*Greenpeace* bei Importen aus Thailand zu Vorsicht riet, brasilianische nicht empfahl.

Tipp: Papaya-Samenkörner mal trocknen und frisch gemahlen als sehr bekömmlichen Pfefferersatz nutzen.

Paprika: Gefüllt beliebt, aber in konventioneller Variante selbst voller ungeliebter Pestizidrückstände

Paprika

Nur einmal scharf nachdenken: Wie rückstandsfrei wird wohl ein **Massenprodukt** sein, wenn Unempfindlichkeit, Wachstum und Reifung der klimatisch sehr anspruchsvollen Früchte im konventionellen Anbau durch „Spritztouren" steuerbar sind? Eben!

Die so beliebten grünen, roten, gelben oder violetteren „Schoten", die Botaniker als korrekte

Beeren von *Capsicum annuum* kennen, sorgten schon für allerlei Aufregung. 2013 schockte Deutschlands Paprika-Fans die „Nationale Berichterstattung ▸Pflanzenschutzmittel" mit Zahlen aus 2011: Nach frischen ▸Kräutern (7,8 % Beanstandungen) lagen Paprikas mit 5,5 % beanstandeten, also

Paprikaproblem: Wie bunt es so manche beim farbfrohen Fruchtgemüse treiben, bescheinigt das Labor schwarz auf weiß – das rote Pulver macht da nur bei Bio eine Ausnahme…

aus dem Verkehr gezogenen Proben auf **Platz 3 der Rückstandsliste** von ▸Obst und ▸Gemüse insgesamt! Nur 31,9 % der 567 Muster waren rückstandsfrei, alarmierende 8,3 % wiesen ▸Rückstände über den Höchstgehalten auf – guten Appetit…
Am Belastungspranger stand in erster Linie ▸**Importware**, v. a. aus Thailand und Vietnam (zu je 100 %). Doch auch türkische Paprika waren zu 80 %, spanische zu 59,6 %, marokkanische zu 66 % belastet. Dagegen blieben konventionelle Früchte aus Deutschland zu 57,1 % „ohne".

Unvergessen bleibt, dass 2011 Rückrufaktionen für spanische Paprikas gestartet wurden, weil konventionelle Erzeuger mit dem ▸Pestizid Etephon getrickst hatten und u. a. ▸*Greenpeace* ihnen auf die Schliche gekommen war. Der **„Wachstumsregulator"** lässt Früchte auch nach der Ernte noch ▸reifen – perfekt also, um vor der ▸Saison aus unreif geernteten grünen Früchten im Schnellverfahren rote oder gelbe Exemplare zur Vervollständigung der klassischen „Mix-Paprika Tricolore" zu zaubern.
Neben so vielen Rückständen gibt's aber auch Fortschritte: **Bio-Paprikas** schneiden bei Tests regelmäßig besser ab. 2011 fand das BVL bei nur 7,5 % aller Proben Rückstände. Im Gegensatz zu konventionellen Paprikas liegt die Wirkstoffmenge aber stets unter deren Durchschnittswerten, Höchstgehalte werden nie überschritten.
Im ▸ökologischen Landbau sind chemisch-synthetische Hilfsmittel tabu, organische ▸Düngemittel verpflichtend, als Pflanzenschutz kommen nur natürliche „Spritzmittel" und ▸Nützlinge infrage, ansonsten muss **viel Handarbeit** den Fruchtfeinden beikommen. Bio-Paprikas danken es mit höheren Anteilen an ▸**sekundären Pflanzenstoffen** (v. a. Phenolen und ▸Carotinoiden) und nach einigen Studien sogar mit mehr Vitamin C.

Paprikagewürz

Nur auf Pfeffer sind die Deutschen noch schärfer, gleich danach greifen sie zu pikantierendem Paprikapulver, als milderer Delikatesspaprika bzw. edelsüßer oder scharfer sog. Rosenpaprika – je nachdem, wie viele Samen mitvermahlen wurden. Wüssten sie, was drin und dran ist an dem roten Pulver, hätten sie sich sozusagen die Finger verbrannt. Zyniker sagen:

P wie Paprikagewürz, P wie ▶Pestizide. Wo immer die ▶Paprika für das Gewürz herkommen, stets wurde dort **mit chemischen Helfern** für Anbau, Ernte und ▶Reifung geaast wie in schlimmsten Zeiten!

Die Früchte wachsen nun mal fern der deutschen Haushalte und werden dort in bis zu zehn Durchgängen geerntet, dann getrocknet und gemahlen. Im Importland wird gemischt und verpackt; echte ▶**Rückverfolgbarkeit** ist meist ebenso wenig gegeben wie die Pflicht zur ▶Kennzeichnung der Ursprungsländer fehlt.

Schon 2007 konstatierte das BVL *(Bundesamt für Verbraucherschutz und Lebensmittelsicherheit)* beim jährlichen ▶Monitoring, dass von den rund 375 Pflanzenschutzmittel-Wirkstoffen, auf die das Pulver untersucht worden war, 68 auch als ▶**Rückstände** gefunden wurden. 2009 schreckte ein Test von ▶*Greenpeace* Branche und Verbraucher auf: Von neun konventionellen bzw. ökologischen Paprikapulvern enthielten nur zwei Bio-Proben keine Pestizide (in der dritten fanden sich geringe Spuren). Das BVL fand 2012 **in 63,5 % der Proben** Pestizidrückstände, nur 36,5 % der meist konventionellen Proben waren rückstandsfrei. Untersuchungen von ▶ÖKO-TEST zeigten 2011 eine ganz ähnliche Tendenz und machten auf die grundsätzlichen Probleme aufmerksam: Durch das Trocknen der ohnehin zu oft belasteten Paprika **konzentrieren sich die Wirkstoffe** im Gewürz – das BVL geht hier vom Zehnfachen aus.

Paprikapulver ist zudem in aller Regel ein **Mix** aus zig Sorten und Chargen und vereint damit im schlechtesten Fall die Pestizid-Rückstände unzähliger, meist undokumentierter Anbauer. Laut ÖKO-TEST sieht sich selbst das BfR *(Bundesinstitut für Risikobewertung)* nicht in der Lage, die Gefährlichkeit solcher Pestizidmischungen festzulegen.

Bio-Paprikagewürz ist die unbelastetere Alternative und zudem stets unbestrahlt; regelmäßig schneidet Bio bei Tests besser ab. 2011 gab ÖKO-TEST allen drei Bio-Pulvern ein „sehr gut"; von sieben konventionellen Proben schaffte dies gerade mal eine, drei schnitten sogar nur mit „mangelhaft" ab …

Nota bene: Des Pulvers Schärfe liegt im Alkaloid **Capsaicin**, das auf der Zunge die Wärmerezeptoren anregt und das „brennende" Gefühl erzeugt. Als Faustregel gilt: Je intensiver die Farbe, desto milder der Geschmack!

Paprikagewürz: Die sonnengetrocknete Schote wird im Mörser zum leuchtend roten, brennend scharfen Aromageber

Pastinake

Unter allem verwandt Möhrigen das Aschenputtel trotz Vergangenheit als **Grundnahrungspflanze**, erst zögerlich wachgeküsst vom Bio-Prinzen und immer noch eher eine Königin der Herzen. Kenner aber huldigen der *Pastinaca sativa*, die im ▶ökologischen Landbau langsamer gewachsen geerntet wird und ohne chemisch-synthetische ▶Pflanzenschutzmittel entsprechend pflegeintensiver zur Reife gebracht wurde: Da muss gegen Möhrenfliegen viel gehackt werden, auch unter Netzen gedeihen Bio-Pastinaken besser geschützt. Da Pastinaken winterhart sind, können sie lange im Boden bleiben und werden **bei Frost attraktiv zuckriger**.

Somit sind die meist spindelförmigen, bis zu 40 cm langen oder walzenförmigen Wurzeln mit den Ringstreifen auch als Lagergemüse im Bioladen zu finden, wo sie öfter zum Verwechseln neben ähnlich aussehender, allerdings noch schärflicher

Pastinake: Mundet Briten seit jeher, gilt uns als lange vergessenes Grundgemüse von alters her

Pastinake: Das süßliche Wurzelgemüse wird auch bei Kleingärtnern wieder wertgeschätzt, seit Bio ihm auf die Sprünge half

schmeckender ▸**Wurzelpetersilie** liegen. Denn Pastinaken sind längst – und v. a. von Biobauern – zu milderen Sorten wie Aromata hingezüchtet, die dann keine Holzigkeit entwickeln und schon **feine, würzige Süßlichkeit** haben. Die stammt aus der verzuckerbaren Stärke, die überhaupt die Stärke der unterschätzten Wurzel ist: So babybreigerecht wie rahmsuppenfein, so beilagenfreundlich wie röstchipsideal zu sein.

Bei den **Inhaltsstoffen** sind v. a. die für Gemüse beachtlichen Gehalte an Kalium (520 mg/100 g, damit mehr als ▸Bananen!), Zink (0,8 mg) und Phosphor (80 mg) bedeutend. Mit ca. 250kJ/60 kcal pro 100 g sind Pastinaken sehr nahrhaft. Dafür ist ihr Gehalt an ▸Nitrat gering – umso eher, wenn sie aus Öko-Anbau stammen oder im ▸Freiland wuchsen.

Das Delikate und Gesunde steckt dicht unter der ▸Schale, die deshalb nie entfernt, nur geschrubbt werden sollte; je kleiner die Pastinake, umso besser (und roh genießbar).

Feuchtes Lagern hilft, das „dämmstoffartige Mundgefühl" abzuwenden, das Experten schon mal ausgetrockneteren Pastinaken anschmeckten.

Tipp: Die Blätter haben petersilige Würzkraft, Pastinakensaft ist urgesund und dazu ein ganz eigenes Geschmackserlebnis!

Patente

Die Idee ist höchst patent: Man greife nur hinein ins Tier-, Pflanzen- oder Menschenleben, entdecke oder kreiere mithilfe der ▸Gentechnik beim systematischen *Screening* ein hervorragendes Einzelmerkmal – und lasse sich dann den Weg dahin und/oder das Endprodukt patentieren.

Die **Patentrechte** gaben das bei raffinierter Antragstellung zu lange her, träge amtliche oder findige industrienahe Patentjuristen gewährten oder erreichten etliche Patente für **monopolistischen Weltmarkterfolg** – durch Sondereigenschaften von ▸Brokkoli, ▸Tomate, ▸Melone, ▸Sonnenblume, ▸Gurke, ▸Mais oder ▸Reis. Wer derlei „Weiterentwickeltes" anbaut oder danach selbst vermehrt (traditionell ein sog. Landwirt- bzw. Züchterprivileg), muss löhnen, auch als Hersteller für die Produkte daraus – **Lizenzgebühren** für patentwürdigen ▸Schinken, die patente Salami und den Käse verzüchteter Hochleistungskühe …

Von den heftigen Protesten dagegen waren die bis dahin eher überrumpelten Patentämter und das zentrale EPA *(Europäisches Patentamt)* überrascht, von einer differenziert ethischen Betrachtung blau- oder blindäugig entfernt. Und doch hatten sie bis ins Jahr 2012 schon über 2 000 Patente auf Pflanzen und gut 1 200 auf Tiere (▸transgen oder nicht) erteilt …

Patente: Was Tier- und Pflanzenwelt an gieriger Patentierlust droht, ist für Kritiker eine ausgemachte Schweinerei …

Inzwischen wurde vereinzelter Widerstand zum **globalen Protest**, der auch jenseits der Biobranche vor einer ▸Monsantosierung der Landwirtschaft und Monopolen bei Lebensmitteln warnt. Nicht nur ▸*Greenpeace* („Patente auf Leben grundsätzlich verbieten!"), auch Bauern- und Züchterverbände oder NGOs („No patents on seeds!") agie-

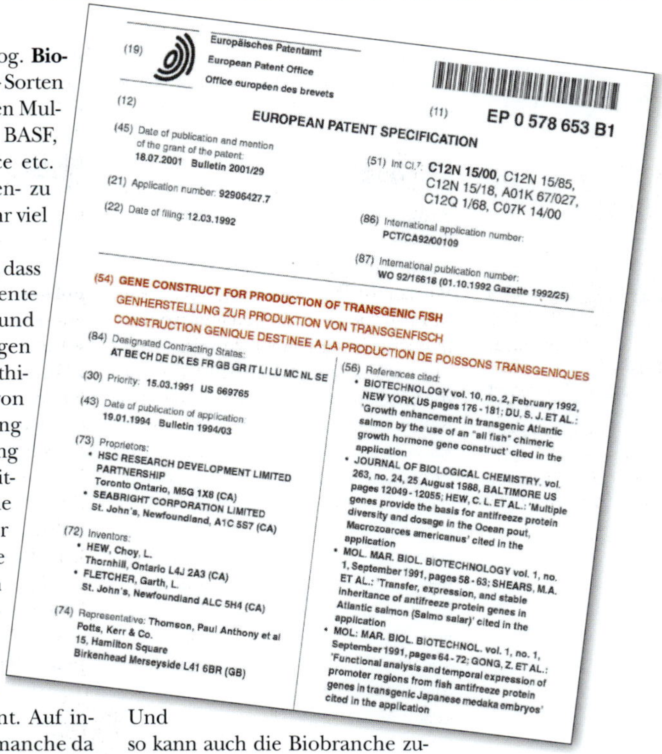
(19) Europäisches Patentamt
European Patent Office
Office européen des brevets

(12) EUROPEAN PATENT SPECIFICATION

(11) EP 0 578 653 B1

(45) Date of publication and mention of the grant of the patent:
18.07.2001 Bulletin 2001/29

(21) Application number: 92906427.7

(22) Date of filing: 12.03.1992

(51) Int Cl.7: C12N 15/00, C12N 15/85, C12N 15/18, A01K 67/027, C12Q 1/68, C07K 14/00

(86) International application number:
PCT/CA92/00109

(87) International publication number:
WO 92/16618 (01.10.1992 Gazette 1992/25)

(54) GENE CONSTRUCT FOR PRODUCTION OF TRANSGENIC FISH
GENHERSTELLUNG ZUR PRODUKTION VON TRANSGENFISCH
CONSTRUCTION GENIQUE DESTINEE A LA PRODUCTION DE POISSONS TRANSGENIQUES

(84) Designated Contracting States:
AT BE CH DE DK ES FR GB GR IT LI LU MC NL SE

(30) Priority: 15.03.1991 US 669765

(43) Date of publication of application:
19.01.1994 Bulletin 1994/03

(73) Proprietors:
- HSC RESEARCH DEVELOPMENT LIMITED PARTNERSHIP
Toronto Ontario, M5G 1X8 (CA)
- SEABRIGHT CORPORATION LIMITED
St. John's, Newfoundland, A1C 5S7 (CA)

(72) Inventors:
- HEW, Choy, L.
Thornhill, Ontario L4J 2A3 (CA)
- FLETCHER, Garth, L.
St. John's, Newfoundland ALC 5H4 (CA)

(74) Representative: Thomson, Paul Anthony et al
Potts, Kerr & Co.
15, Hamilton Square
Birkenhead Merseyside L41 6BR (GB)

(56) References cited:
- BIOTECHNOLOGY vol. 10, no. 2, February 1992, NEW YORK US pages 176 - 181; DU, S. J. ET AL.: 'Growth enhancement in transgenic Atlantic salmon by the use of an "all fish" chimeric growth hormone gene construct' cited in the application
- JOURNAL OF BIOLOGICAL CHEMISTRY. vol. 263, no. 24, 25 August 1988, BALTIMORE US pages 12049 - 12055; HEW, C. L. ET AL.: 'Multiple genes provide the basis for antifreeze protein diversity and dosage in the Ocean pout, Macrozoarces americanus' cited in the application
- MOL. MAR. BIOL. BIOTECHNOLOGY vol. 1, no. 1, September 1991, pages 58 - 63; SHEARS, M.A. ET AL.: 'Transfer, expression, and stable inheritance of antifreeze protein genes in Atlantic salmon (Salmo salar)' cited in the application
- MOL: MAR. BIOL. BIOTECHNOL. vol. 1, no. 1, September 1991, pages 64 - 72; GONG, Z. ET AL.: 'Functional analysis and temporal expression of promoter regions from fish antifreeze protein genes in transgenic Japanese medaka embryos' cited in the application

Patente: Sie bleiben höchst umstritten – ob für transgenen Lachs oder für Saatgut, was etliche Initiativen mobilisierte

ren weltweit gegen jene sog. **Biopiraterie** bei ▸Saatgut, ▸Sorten oder Tierrassen von solchen Multis wie Monsanto, Bayer, BASF, Syngenta, Plant Bioscience etc. Mühevoll ist da die Gegen- zu deren Lobbyarbeit, mit sehr viel Konzerngeld im Spiel.

Seit 2012 zeichnet sich ab, dass die Ballung aller Argumente ihre Wucht entfaltet und dass **Etappensiege** errungen werden. Endlich zählen ethische Bedenken, Erhalt von ▸Agrobiodiversität, Rettung der Genpools, Unterstützung bäuerlicher Klein- und Mittelbetriebe, schließlich eine Bewahrung der Märkte vor Monopolware. Die könnte den Wettbewerb verzerren und Bauern in die Abhängigkeit treiben.

Längst ist EU-weit auch die Politik engagiert, bis hin zum Europa-Parlament. Auf internationaler Ebene sind manche da weiter: **Indien** verhinderte einstweilen Patente auf Pflanzen wie Tiere.

Immerhin zog das EPA die Notbremse und einiges, auch das viel diskutierte Tomatenpatent, zurück; noch wird in höheren Instanzen gestritten. Grundsätzlich sollen laut EPA Pflanzensorten, Tierrassen und „biologische Verfahren" **nicht mehr patentierbar** sein (ein sog. Sortenschutz reiche aus), grundsätzlich auch kein Produkt aus konventioneller ▸Zucht. Künftig soll genau unterschieden werden, ob nur etwas entdeckt oder erfunden wurde, ob ein (gentechnisch noch so raffiniertes) somit unpatentierbares Arbeits- oder vielmehr ein neuartiges Herstellungsverfahren vorliegt. Erst 2012 wurde deshalb ein erteiltes Bullensperma-Geschlechtssortierpatent doch wieder entzogen. Und so kann auch die Biobranche zunächst aufatmen. Denn sie entwickelt und erhält teils uralt erkreuzte Arten und Sorten, züchtet traditionell weiter, pflegt die ▸Agrobiodiversität in natura und lebt damit besser und nicht zuletzt moralischer als mit den durch **Teuersaat** jährlich aufs Neue zu erkaufenden Turbokulturen mit patentierten ▸Hybriden.

PCB

Noch so ein Kürzel des Schreckens,, das oft „dioxinähnliches PCB" heißt und besonders aufregt, wenn es auch in Bioprodukten gefunden wird – wie 2012 unerklärterweise in Bio-Eiern. Davor ist Bio trotz aller ▸Kontrolle wenig geschützt, denn PCB (Polychlorierte Biphenyle) sind **Umweltkontaminanten** und als solche allgegenwärtig.

PCB: Unsichtbar und überall – und umso alarmierender, wenn dann auch Bio-Eier betroffen sind

PCB entstehen bei Verbrennungsprozessen und fielen wie die ähnlichen ▸Dioxine v.a. als Nebenprodukte synthetisch hergestellter Stoffe an. Die dienten als nützliche Unbrennbarkeiten für Anstriche, Dichtungsmassen, in Kunststoffen u.Ä.

Bekannt sind 209 PCB-Verbindungen, 12 davon gelten als „dioxinähnlich" und heißen der Giftigkeit wegen **„Dreckiges Dutzend"**. Sie stammen aus Müllverbrennungsanlagen, Kraftwerken, aus der Metallherstellung oder dem Chlorbleichen. Erst 1989, nach Jahrzehnten der Anwendung, wurde ein EU-Verbot durchgesetzt.

PCB sind alarmierend und krebsauslösend – biologisch kaum abbaubar, sehr langlebig und besonders toxisch. Über die Luft rieseln sie auf Pflanzen, in den Boden, in Gewässer und deren Sedimente. Fettliebende PCB werden Teil der Nahrungskette, wo sie sich auf Lebensdauer im Fettgewebe sammeln. Tierische Produkte (Eier, Milch, Fleisch und Fisch) sind hauptsächlich belastet und könnten **prophylaktisch gemieden** werden.

Denn auch Bio ist PCB nicht gewachsen. Wenn die Rede von der „unvermeidlichen Hintergrundbelastung" auch kein Trost ist: Es ist kein „Bio-Skandal", wenn immer mal wieder PCB nachgewiesen werden!

Etwas hilflos definiert die EU stets neue Höchstgehalte, viele Institutionen laborieren an den Werten zum TDI *(tolerable daily intake)* und widersprechen sich gar öfter. Laut WHO gilt seit April 2012 als „Zielwert" immerhin 1 Billionstel Gramm (also pg = Pikogramm) PCB pro kg Körpergewicht und Tag – die EU hielt bei Eiern sogar 4 pg/kg für tolerierbar. Die 2012er **Skandal-Eier** (ob bio oder konventionell) hatten aber teilweise 180 pg – für das *Bundesinstitut für Risikobewertung* dennoch „kurzzeitig" keine Gefährdung. So sollen behördliche Spielräume wohl aufkommende Panik mindern – seit bekannt wurde, dass PCB **bei Kindern** hormonähnliche Wirkungen haben und zu neurophysiologischen wie motorischen Beeinträchtigungen führen kann. Bei **Erwachsenen** drohen schlimmstenfalls Atemwegserkrankungen, Blutfettveränderungen, Immunschwäche und Fortpflanzungsstörungen. Ein ziemlich dickes Ende einer hausgemachten Produktionssünde …

Pestizide

Wörtlich sind sie bloß „Schädlings-Töter", buchstäblich aber töten sie darüber hinaus unkontrollierbar viel mehr, verpesten längst die Umwelt bis ins Grundwasser und kränkeln als ▸Rückstände auch uns Menschen an. Dabei klingt ▸Pflanzenschutz noch ehrenwert, Pflanzenschutzmittel (sog. PSM) schon verdächtig – wenn sie synthetisch-chemisch sind, wie es für konventionelle ▸Landwirtschaft die Regel ist; der ▸ökologische Landbau nutzt überwiegend PSM mit natürlichem Ursprung. Ausgesprochene Pestizide

Pestizide: Was im Frühjahr so großzügig gesprüht wird, blüht uns erst nach der Ernte – als Rückstandsalarm

dagegen sind ausdrücklich scharfe toxische Wirkmittel mit differenzierten „-zide“-Namen, am bekanntesten als **Herbizide** (Krautkiller), **Insektizide** und **Fungizide** (Pilzausmerzer). In Deutschland werden jährlich gut 40 000 t Pestizide „abgesetzt“: 249 unterschiedliche Wirkstoffe in 641 verschiedenen Präparaten unter fast 1 200 Handelsnamen. International sind noch viel mehr Pestizide im Einsatz und fallen immer wieder mal als Rückstände in ▸Importware auf.

Pestizide: Für Bienen oft der Garaus, für alle „Applizierer“ ja gefährlich genug, im Labor gravierender Befund

Auf einer internationalen „Schwarzen Liste“ von 2010 stuft ▸*Greenpeace* 451 Wirkstoffe als besonders gefährlich ein, macht auf die unerforschte Wirkung von sog. **Mehrfachrückständen** aufmerksam und fordert die Neubestimmung amtlicher Obergrenzen. Für die Hälfte der angeprangerten Wirkstoffe konnte wiederum das BfR *(Bundesinstitut für Risikobewertung)* keine Gesundheitsrisiken erkennen, die andere Hälfte bewertete die Behörde vorsichtshalber erst gar nicht.
Die Angst geht um – folgerichtig war beim „Ökobarometer“ 2013 für 52 % der Befragten die geringere Belastung mit Pflanzenschutzmitteln der wichtigste Grund für den Kauf von ▸Biolebensmitteln. Und recht haben sie: Wie das Ökomonitoring 2012 zeigte, ist **Bio im Durchschnitt 180-mal weniger** rückstandsbelastet als konventionelles Obst und Gemüse. Nach Untersuchungen von ▸ÖKO-TEST 2012 auf mehr als 500 Pestizide lag jedes 4. konventionelle Produkt über den Grenzen für Höchstmengen. Und 20 %, also jedes 5. Erzeugnis, hätte gar nicht verkauft werden dürfen!
Denn die POP *(Persistent Organic Pollutants)*, **persistente organische Schadstoffe** also, migrieren durch ihre Fettlöslichkeit auch über belastete ▸Futtermittel in tierische Produkte – bis ans Ende der Nahrungskette, sogar in die Muttermilch. Pestizide aber sind akut, subakut oder chronisch toxisch, kanzerogen oder mutagen (reproduktionstoxisch), sogar hormonell wirksam. Das Rumgiften ist längst **globale POP-Kultur** – sterben aber ▸Nützlinge wie etwa ▸Bienen nachweislich durch Pestizide, will niemand schuld sein und handeln …
Nach der Ernte von POP-Behandeltem helfen dann wiederum Pestizide als „Produktionshilfen“, um Lagerung und Transportweg scheinbar unbeschadet zu überstehen. Die EU hat für Nicht-Bioware aus ▸Drittländern gar **Importtoleranzen** definiert – wegen des „unumgänglichen“ Pestizideinsatzes. Deshalb: Je heißer das Anbauklima, je heikler das Produkt und je länger der Transportweg, desto wahrscheinlicher – v. a. bei konventioneller Ware – die Pestizidbelastung.
Denn in ferneren Anbauländern werden PSM oft in Unmengen versprüht, gern noch solche, die in der EU längst verboten sind, gern großflächig aus der Luft. **Plantagenarbeiter** etwa sind dem zumeist ungeschützt und ungewarnt ausgeliefert – und schwer wiegt generell, dass die Wirk-

Pestizide: Für konventionelle Landwirte noch „unumgänglich" – doch es wird auch schon mal an chemiefreiem Ersatz für den Pflanzenschutz geforscht

stoffe „verdriften", zerstäuben, verschwemmt werden und versickernd **den Boden vergiften**. Sie gelangen in Gewässer und ins Grundwasser, müssen später aufwendig herausgefiltert werden. Fatalerweise führen Pestizide in Dauerkulturen recht bald zu Resistenzen und intensiveren Spritzmengen – **ein Teufelskreis**. Längst ist es zudem Praxis, den Unkraut-Alleskiller ▸Glyphosat (wie in „RoundupReady" von ▸Monsanto) auch zu sog. Abreifebeschleunigung einzusetzen, was die gesteuerte Ernte erheblich erleichtert. Immerhin wird **Glyphosat** endlich kritischer gesehen: Nur bis Ende 2015 in der EU zugelassen und soll dann turnusgemäß „neu bewertet" werden.

Dabei gibt es längst Alternativen – **im Öko-Bereich**! Nur im Katastrophenfall bekommen ▸Biobauern Ausnahmegenehmigungen für Giftiges (und deklarieren auch nicht mehr „Bio"!). Die Biobranche fordert außerdem, die externen Folgekosten von Pestizideinsätzen vom Steuerzahler auf die Verursacher umzulegen – mit einer **Pestizidsteuer**. Und sie fordert ebenfalls das PSM-minimierende Maximum: 100 % Bio!

Petersilie: Kraus im Strauß schnell zur Hand, tiefgefroren parat und glatt immer beliebtere Überstreufreude

Petersilie

Sie ist der grüne Inbegriff von gesundem ▸Küchenkraut – ab Juli frisch und dann aus dem ▸Freiland, aber aus ▸Gewächshäusern auch ganzjährig zu haben. Für den Allzeitbedarf liegt Petersilie im Tiefkühlfach oder kommt getrocknet aus der Streudose.

Reichlich überstreut schmeckt das Grünkraut allzu leicht durch (dann als **„Bittersilchen"**), doch in grünen Saucen oder nur kurz erhitzt – Petersilie verträgt urgeschmacklich keine hohen Temperaturen – fügt es sich charaktervoll ein. Als Deko ist das Sträußchen in Ehren unübersehbar, zu viele Köche leiden noch unter **hausmannsköstlichem Streuzwang**.

Frisches *Petroselinum crispum* hat seine massenhafte und tagtägliche Nachfrage, ob kraus im Strauß aus dem Supermarkt oder als moderne glatte Sorte aus dem eigenen Topf auf der Fensterbank. Leider sieht der konventionelle Anbau hier seine Chance und hilft mit chemisch-synthetischen Mitteln nach – mit entsprechend **schlechten Rückstandswerten** bei verschiedenen ▸Monitorings. Der ▸ökologische Landbau dagegen fußt auf der Prämisse, dass sich gesunde und robuste Pflanzen in Erde mit normaler Keimbesiedlung durchsetzen, der Einsatz von ▸Pestiziden ist tabu. Und siehe da: Der Gehalt an ▸Pflanzenschutzmitteln beträgt gerade mal 1 % der durchschnittlichen Rückstandsmenge konventioneller Petersilie.

Für den **Öko-Landbau** ist der Wettbewerb hart, u. a. weil das Jäten von Bei-, also ▸Unkraut Handarbeit ist. Studien ergaben, dass in 1,3 Sekunden ein Störenfried gezupft wird, dass aber 20 Minuten für die Pflege eines kontrolliert biologisch bewirtschafteten Quadratmeters draufgehen …

Nota bene: Die nicht zuletzt im Bioladen so beliebt gewordene ▸Wurzelpetersilie (auch Petersilienwurzel) ist beileibe kein unterirdischer Teil von *Petroselinum crispum*, sondern eine eigene, wenn auch entfernt ähnlich schmeckende Unterart ihrer.

Pfeffer

Auf wenige ▸Gewürze sind wir so scharf wie auf ihn, es könnte ihm schmeicheln. Zum Dank brennt er sich warm-aromatisch und intensiv ins

Pfefferernte: Einst Colonialware aus Gegenden, wo der Pfeffer eben wächst, längst globale Massenware und weiter handgepflückt

Langzeitgedächtnis und macht sich als Keimtöter in oder auf Lebensmitteln nützlich. Deshalb wurde er **einst mit Gold aufgewogen**, heute wird er massenhaft im Welthandel versilbert. Die gepfefferten Preise sind ruiniert. Es lohnt sich wieder, über guten oder schlechten Pfeffer mit seinen immerhin 700 tropischen Arten zu reden.

Selbstredend ist **Bio-Pfeffer** im scharfen Kontrast zum konventionellen der, den man vorziehen sollte – u. a. weil ihm sein Scharfmacher, das Alkaloid Piperin, und die Aromen (Terpene, ätherische Öle, ▸Flavonoide) noch anzuschmecken sind. **Konventionell angebauter Pfeffer** (meist von vietnamesischen ▸Hybriden) ist zu gern spritzmittelbelastet, wird beim Lagern ionisierender ▸Bestrahlung ausgesetzt oder gegen Schädlinge und ▸Schimmelpilze begast.

Die Belastung mit ▸Schadstoffen ist bei Pfeffer aus ökologischer Produktion in aller Regel schon deshalb geringer, weil er nicht in großen Monokulturen, sondern zusammen mit anderen Nutzpflanzen (Kaffee oder Bananen etwa) **in Mischkultur** angebaut wird. Die in natura bis zu 10 m hoch kletternde Pfefferpflanze *Piper nigrum* gedeiht in nur noch 3–4 m Höhe eher in kleinbäuerlichen Plantagen. Durch die natürliche Anbaumethode werden nicht nur die Pflanzen widerstandsfähiger – auch der Boden bleibt gesünder und nährstoffreicher. Damit werden (bei Bio ohnehin verbotene) chemisch-synthetische ▸Pestizide überflüssig und durch **viel Pflege**, Naturdünger bzw. von pflanzlichen Mitteln ersetzt.

Auch die sog. **Nacherntebehandlung** ist bei Bio im Gegensatz zu „normalem“ Pfeffer schonender. Denn schon unsorgfältiges Wässern, Trocknen und Entschalen oder eine Dampfbehandlung gegen ▸Keime kann so brutal sein, dass die geschmackgebenden ätherischen Öle ramponiert werden. Bei konventionellem Pfeffer liegen diese Werte leider häufiger ganz am unteren Ende.

Schließlich sind auch die sonst gängigen Trennmittel, alle zugefügten ▸Geschmacksverstärker oder ▸Aromen – wie für alle Bio-Gewürze – nie zugelassen. Und die konventionelle

Pfeffersortiment: Wer kennt die Sorten und benennt die Aromen – etwa von Cayennepfeffer, der in scharfer Unterscheidung keiner ist und von einem Nachtschattengewächs stammt?

Konkurrenz wird schon mal nachgefärbt. Das alles bleibt nicht ohne Echo: 2011 fand denn ▶ÖKO-TEST in Bio-Pfeffer mehr wertvolle geschmackstragende ätherische Öle.

Nota bene: Knapp die Hälfte der pfeffrigen Welternte kommt aus Indien und Indonesien, auch Malaysia, Thailand, Vietnam, China und Sri Lanka exportieren viel. Bio-Pfeffer stammt öfter aus Indien und wird zunehmend ▶fair gehandelt.

Pfifferlinge

Pfifferlinge: Das radioaktive Erbe vom GAU von Tschernobyl macht solche Eierschwammerl oft verdächtig, begehrt sind sie nach wie vor

Flach abschneiden oder lose kaufen, putzen und genießen, solange die ▶Saison dafür kurz und vielversprechend genug ist – das ist der Idealfall bei *Cantharellus cibarius.*

Die so unverwechselbaren „Leistlinge" mit ihren Symbiosegeheimnissen in Laub- und Nadelwäldern sind immer noch **unkultivierbar** und nur in „wild" zu haben. Alle Bio-Pfifferlinge stammen deshalb stets aus kontrolliert ökologischer ▶**Wildsammlung** (mit nachhaltiger, also bestands- und naturschützender Ernte) und dann meist aus Osteuropa, v. a. Weißrussland. Auch aus einem handfesten Grund: In allen deutschen Wäldern ist das Pflücken von ▶Wildpilzen nur im privaten Rahmen, nicht aber in gewerblich lohnenden Mengen erlaubt.

Wer nun angesichts eines verlockenden Pfifferlingsgerichts strahlt, sollte wissen, dass dies auch für die Appetitmacher gelten kann. Zyniker sprachen einst von warnend aprikosengelben **„Tschernobylchen"**, und immer noch sind süddeutsche wie osteuropäische Eierschwämme teils hochbelastet mit Cäsium-137 (▶Radioaktivität). Grenz- und Lebensmittelkontrollen ziehen öfter stark strahlende Chargen aus dem Verkehr.

Noch 2007 waren zwei Drittel von 68 Proben bei ▶ÖKO-TEST gering strahlenverseucht (der Grenzwert für ihren Gesamtcäsiumgehalt liegt bei 600 Bq/kg), selbst „gute" Pfifferlinge sandten ihre 50 Bq/kg aus, die „sehr guten" immerhin weniger als 20. Eine Charge jedoch bekam ein „ungenügend" – sie hätte gar nicht verkauft werden dürfen. 2010 schnitten beim LAVES *(Niedersächsisches Landesamt für Verbraucherschutz und Lebensmittelsicherheit)* Pfifferlinge aus Russland und Polen mit Schwankungen relativ gut, weißrussische am schlechtesten ab.

Doch auch auf andere ▶Schadstoffe werden Pfifferlinge getestet, denn als Wildpilze gehören sie u. a. zu den „Schwerenötern" bei ▶**Schwermetallen** wie etwa ▶Quecksilber und ▶Cadmium, weshalb für sie (anders als für ▶Zuchtpilze) erst gar keine Höchstmengen definiert sind.

2010 wurde in getrockneten Pfifferlingen sogar das gefährliche Insektizid DEET entdeckt, das entweder Pflücker flächendeckend gegen Mücken und Zecken versprüht oder erst Verarbeiter nach der Ernte über ihre **sensible Ware** verteilt hatten. Im Pestizidreport Sachsen des

selben Jahres waren Pfifferlinge immerhin unbelastet.
Nota bene: Pfifferlinge sicherheitshalber nicht zu oft essen; nur beste, trockene, duftintensive Pilze kaufen.

Pfirsich

Wer kennt sie noch so: baum- oder spaliergereift, samthäutig und vom Kern leicht löslich, safrangelb und **saftigst süß**? Höchstens Selbsternter machen solch genüssliche Bekanntschaften, allenfalls noch Regionalshopper. Die haben Glück bis zur mildklimatischen „Nordgrenze" der Weinbaugebiete, wo Winzer die nur schlank verschattenden Bäume gern mal zwischenpflanzen. Ansonsten kommen die nur am Baum wirklich ▸reif werdenden Pfirsiche kaum auf den Markt, weil das Steinobst zwischen Ende Mai und September **zu viel Pflückmühe** macht. So spätreif saftig sind die Samtenen für jedes maschinelle Sortieren dann zu druck- und überhaupt viel zu transportempfindlich.
Umso massenhafter kommt *Prunus persica* (wörtl. „Perserapfel"), der ursprünglich aus China stammt, **noch unreif gepflückt** zu uns – also hart, mit bürst- und sortierbarer, kaum unverletzbarer Haut. Dann ist er seit der Vor- und noch in der Nacherntephase in der Regel konventioneller Herkunft **reichlich chemiebelastet**, ob nun aus Italien (70 % der deutschen Importe), Spanien, Frankreich, Griechenland. Die ganz absichtlich zu früh gepflückten Früchte reifen zwar durch ihr **„klimakterisches Atmungsverhalten"** weiter erweichend nach – aber nur unvollkommen! Das sonst so gerühmte feine Tafelobst bleibt hart und schmeckt eher langweilig. Zudem sind importierte Pfirsiche und die glatthäutige wie süßere Sonderform ▸Nektarine allzu leicht kleine „Pestizidbomben" (so ▸*Greenpeace* schon 2005).
Ende 2011 fand das LAVES *(Niedersächsisches Landesamt für Verbraucherschutz und Lebensmittelsicherheit)* in 83 % der untersuchten Pfirsiche und auch Nektarinen ▸Rückstände von Pflanzenschutzmitteln, immerhin keine über dem Höchstgehalt. Nur die **Bio-Pfirsiche** sind laut Ökomonitoring regelmäßig frei von Rückständen oberhalb des Schwellenwerts von 0,01 mg/kg.

Pfirsiche: Umso besser, wenn sie aus ökologischem Anbau stammen, reif geerntet und von Hand bearbeitet werden

Pfirsiche: Platterdings so unverwechselbar sind sie als alte Sorte, als Weinbergpfirsiche

Bio-Pfirsiche liegen nicht nur frisch (dann oft als sog. **Weinbergpfirsiche**), sondern öfter auch als ▸Trockenfrüchte in Bioläden, sonnengetrocknet und in Rohkostqualität. Daneben gibt *Prunus persica* ▸Fruchtsäften, ▸Fruchtaufstrichen und ▸Joghurt sein samtenes Aroma. Andernorts gilt etwa Pfirsichobstler als eine hochgeschätzte Spirituose.

Nota bene: Biologisch gedüngte Pfirsiche hatten in mehreren Studien deutlich höhere Anteile an ▸Polyphenolen. Beim Kernlösen nicht ärgern: Es gibt züchterisch intern die Sortennamen „Härtling“ und „Kerngeher“.

Pflanzenfette

Pflanzenfette: In Bio eher ungehärtet und bei Zimmertemperatur ölig flüssig

Praktisch, dass sich allerlei Samen, Keimlinge oder ▸Nüsse so leicht erpressen lassen und dann sog. Glycerin-Ester voller ▸Fettsäuren liefern – je nach Schmelzbereich bei Raumtemperatur (20–25° C) noch feste Pflanzenfette oder schon flüssige ▸Speiseöle. Im Sprachgebrauch zählen aber nur das **Palmfett (▸Palmöl)**, das **Kokosfett** und die **Kakaobutter** (Kakaofett) zu den ausgesprochenen Pflanzenfetten, andere Fettigkeiten aus Floras Reich heißen eher Öle. Zu beiden Formen werden „Ölpflanzen“ oder sog. Ölsaaten schlicht und einfach erpresst – in **industrieller Massenfertigung** aber helfen da Dampf und Lösungsmittel nach. Anschließend wird, auch zur Geschmacksreinigung, zweimal zur sog. Desodorierung raffiniert. Und es wird noch raffinierter: Solche konventionellen Öle werden durch chemische Tricks wieder fest oder streichfähig gemacht; sie werden **gehärtet**, indem Teile der ungesättigten Fettsäuren in gesättigte, chemische Doppel- also in Einfachbindungen umgewandelt werden. Diese sind auch bei höheren Temperaturen sehr stabil. Alle gehärteten ▸Fette eignen sich deshalb bestens zum Braten, Backen und Frittieren, müssen jedoch als „gehärtet“ oder „z. T. gehärtet“ eindeutig deklariert werden.

So weit, so gut? Nein, denn bei dieser Härtung entstehen **ungesunde ▸Trans-Fettsäuren**, die unseren Fettstoffwechsel negativ beeinflussen und etwa den Spiegel für „schlechtes“ LDL-Cholesterin steigen lassen. Und das, obwohl Pflanzenfette gegenüber tierischen Fetten den Vorteil haben, selbst gerade kaum eigenes Cholesterin zu enthalten …

Bio-Hersteller verzichten deshalb auf eine Härtung – Naturbelassenheit ist ein wesentliches Bio-Anliegen. Deshalb wird **Bio-Pflanzenfett** nur schonend mechanisch ▸kaltgepresst, nicht raffiniert (nur gedämpft zur Geruchskorrektur) und mitnichten für Streichfähigkeit umgeestert oder für höhere Erhitzbarkeit gehärtet. Die Desodorierung ist laut ▸EG-Öko-Verordnung jedoch erlaubt.

So soll der Reichtum an ungesättigten und mehrfach ungesättigten Fettsäuren (v. a. Linolsäure) inhaltlich Segen

bleiben und so entsteht ▸Margarine im ökologischen ▸Food-Processing **ohne Härtung und Umesterung** nur aus unraffinierten, ▸nativen Ölen. Sind solche Produkte als „rein" deklariert, sind sie es auch zu 100 %, bei botanischer Benennung („Kokosfett" oder „Palmfett") dürfen max. 3 % anderer Fette enthalten sein.

Pflanzenschutz(mittel)

Beim Pflanzenschutz und den eingesetzten Mitteln ist die Routine-Assoziation „Chemie", also Synthetisches mit hohem toxischen Potenzial und dazu der Gefahr von ▸Rückständen – das wäre „Schutz" durch ▸Pestizide. Und so werden **Pflanzenschutzmittel (alias PSM)** denn auch meist erst nach unsachgemäßem oder illegalem Einsatz über den Rückstandshöchstmengen zum Thema – als weiterer ▸Skandal. Natürlich ist die Unnatürlichkeit von umweltheiklen PSM etwas komplizierter, aber auch wieder einfach: Es ginge ja auch ohne.

Öko-Betriebe, am konsequentesten die der ▸Anbauverbände, dürfen ohnehin von den 2013 genau 263 zugelassenen Wirkstoffen (für 743 PSM mit 1 380 Handelsnamen) gerade mal nur **einen Bruchteil** davon (25 natürliche Substanzen) einsetzen.

Dabei verbrauchten sie laut BÖLW *(Bundesverband ökologische Lebensmittelwirtschaft)* nur 4 % der Mengen ihrer konventionellen Konkurrenz. Dem BMELV *(Bundesministerium für Ernährung, Landwirtschaft und Verbraucherschutz)* zufolge machte dies 2011/12 **pro Öko-Hektar nur 3 Euro für natürliche PSM** aus; meist für den einstweilen unumgänglichen ▸Schwefel und das bisher noch erlaubte ▸Kupfer. Die konventionelle Landwirtschaft aber lässt sich ihre chemisch-synthetischen PSM, vulgo Pestizide, **101 Euro pro ha** kosten!

Was im ▸ökologischen Landbau an sog. Schadorganismen fliegt oder kraucht, raupt oder madet, was milbt, bohrt, pilzt oder schorft, wird vorwiegend biologisch bekämpft. Ganz ohne geht es auch hier nicht, aber immerhin **ohne Synthese-Giftereien**.

Pflanzenschutz: Es geht auch ohne Chemie – wie oben am Ackerrand und wie links mithilfe eines eigens eingesetzten Pilzes gegen den Schädling Kirschfliege

Schließlich entsteht Pflanzenschutz auch aus umfassender Öko-Logik: durch robuste Nutztierrassen, standortgeprüfte ▸Sorten, biologische wie genetische Vielfalt (▸Agrobiodiversität), klügste Fruchtfolgen, Vorbeugung durch Pflanzenstärkungsmittel sowie bessere Fruchtbarkeit des Bodens – summa summarum das Optimum in einem **ganzheitlichen Ökosystem**. Biobauers giftefreier Pflanzenschutz meint v. a. Hygiene als Fleißarbeit, Unkrautregulierung und Kappen von Befallenem meist per Hand, das Auslegen von Vliesen, Aufhängen von Schutznetzen und Pheromonfallen oder das Stecken von Schneckenzäunen. Hinzu kommt immer öfter der Einsatz von sog. ▸**Nützlingen** gegen Fressfeinde der Pflanzen, v. a. im Gewächshaus. Oder es helfen **mikrobiologische Waffen**, also gegen einzelne Schädlinge spezifisch wirksame, ansonsten ungefährliche Bazillen, Viren und Pilze.

Und das mit messbarem Erfolg: Das Biozentrum der Uni Würzburg fand 2011 auf Öko-Feldern gerade mal ein

Pflanzenschutz: Dem giftigen Blick des Forschers wird mit tödlicher Sicherheit ein Mittel folgen – die sanfteren und gefräßigen Laufenten sorgen bei Biobauern für Schneckenfreiheit

Fünftel der Schädlinge, die sich auf herkömmlichen Äckern tummelten. Dafür gab es sogar fünfmal mehr Pflanzenarten (▶Biodiversität), und die waren überdies mit dreimal so vielen Blattlaus-Feinden besiedelt …

Noch dazu beeinträchtigen **Öko-Maßnahmen beim Pflanzenschutz** weder Mensch noch Nutztier noch Endprodukt. Wartezeiten (wie bei konventionellem Schutzmittelsprühen) sind also nicht nötig, geerntet werden kann jederzeit. Beim Pflanzenschutz und seinen „Mitteln" ist Bio daher Vorreiter und Vorbild. Selbst das BfR *(Bundesinstitut für Risikobewertung)* kam im Pflanzenschutzmittel-Report 2010 zu dem Schluss: „Das Aufkommen und der Erfolg der ökologischen Landwirtschaft kann als direkte Folge eines **schwindenden Verbrauchervertrauens** in konventionell produzierte Lebensmittel angesehen werden."

Fairerweise muss hier – was „Normal-Konsumenten" seltener können – differenziert werden: Für Skandale sorgt meist ▶Importware, die Rückstandsbelastung von einheimischem Obst, Gemüse und tierischen Produkten auch aus konventionellen Betrieben sinkt seit Jahren. Die Belastung der Umwelt mit PSM und deren Resten wird aber bleiben – solange Pflanzenschutz-Prinzipien in erster Linie als chemisch-synthetische gelten. Immerhin gibt es in Deutschland seit 2008 einen **„Nationalen Aktionsplan"** für das ältere „Reduktionsprogramm chemischer Pflanzenschutz" – aber erst, nachdem die EU 2005 eine sog. Positivliste und „harmonisierte" Höchstgehalte für PSM definiert und dazu fast unglaubliche 74 % der bis dahin eingesetzten Wirkstoffe vom Markt genommen hatte …

Pflanzenwürde

Pflanzen? Würde? Würde man nicht spontan sagen, sie haben derlei nicht oder nicht verdient? Von wegen!

Die ▶**Schweiz** hat die ethische Diskussion darum schon hinter sich: Nach Artikel 120 der Schweizer Bundesverfassung, eingefügt 1991, und dem **Gentechnikgesetz** von 2003, gilt es, die Würde der Kreatur – ausdrücklich Tier (▶Tierwürde) und Pflanze – zu achten und zu schützen. Für diese

„Pflanzenwürde" gab es zwar 2008 den satirischen Anti-Friedensnobelpreis, aber den Schweizern ist es ernst – v. a. in drei Punkten: Schutz der ▸Biodiversität, Schutz der Art und die Verpflichtung, auch im Umgang mit Pflanzlichem der Würde der Kreatur Rechnung zu tragen.
Die EKAH *(Eidgenössische Kommission für Biotechnologie im Außerhumanbereich)* betont zwar den „Nutzen für die Gesellschaft", der so einiges erlaube, verbietet aber den beliebigen Umgang mit Pflanzen, **willkürliche Schädigungen** oder Zerstörungen. Dazu zählt nicht nur das gern zitierte Einzelbeispiel des mutwilligen Pflanzenzertretens oder Blütenköpfens oder die Diskussion über brutale Eliminierung von Beikraut, dem als ▸Unkraut schon namentlich Unrecht getan werde.
Wichtiger sind ganz offiziell die Grenzen für noch erlaubte Veränderung durch ▸**Gentechnik**: Bewahrt werden müssten Eigenständigkeit, d. i. Fortpflanzungs- und Anpassungsfähigkeit und ein „natürliches Beziehungsgefüge". Damit wären sterile oder sog. ▸Terminatorpflanzen mit eingebauten Genen für den gezielten „Selbstmord" verboten. Die Achtung der Würde pflanzlicher Kreaturen verbietet auch Missachtung durch Veränderungen des Erbmaterials unter erheblichem Verlust artspezifischer Eigenschaften, Funktionen, Lebensweisen; **ein Hintertürchen** für ▸GVO bleibt da nur der gesellschaftliche Nutzen oder nötige „Wissensvermehrung".
Im ▸ökologischen Landbau ist die so kaum genannte Pflanzenwürde längst verlässlich etabliert: Gentechnik wird abgelehnt, ▸Hybriden werden gemieden, Methoden der ▸Zucht sind weniger laborkrass und fördern noch Gesundheit, Evolutions- und Nachbaufähigkeit von Kulturpflanzen in ihrer sog. Selektionsumwelt. **Biopflanzen** behalten so – ganz im Schweizer Sinne – ihren Eigenwert, werden nicht umfassend instrumentalisiert, verzweckt oder womöglich durch ▸Patente privatwirtschaftlich gewinnbringend „geschützt".
Insbesondere die Vertreter der ▸Anthroposophie wollen Pflanzen als Mitlebewesen ihre sog. Wesenhaftigkeit erhalten. Der Begriff soll ihre Ganzheit, Eigenheit, Selbstzwecklichkeit, Autarkie, sogar Schönheit und In-Balance-Sein mit der bewirtschafteten Umgebung umschreiben – bei ▸Demeter heißt solch Einklang mit der Natur **Integrität**. Wie würdig! Auch damit will und kann Bio besser sein, für alle.

Pflanzenschutz: Als Biopestizid sorgen die Samen des Neembaumes im Öko-Landbau für natürliches Rumpesten ...

Pflanzenwürde: Nur die Schweiz hat sie sich in die Verfassung und auf die ethische Fahne geschrieben – Flora & Co sollen ihren Eigenwert behalten

Pflaumen

Sie sind allesamt Rosengewächse im weiteren botanischen Sinne, dabei unterarten- und als Kulturpflaumen besonders sortenreich (rund 2 000). Rundes, Süßliches heißt dabei meist **Pflaume**, dagegen Spitzovaliges, Saureres **Zwetsche/Zwetschge**; originelle

Pflaumen: Kenner sehen der Bläue die Anthocyane und damit die Urgesundheit an – Leckermäuler denken eher an Kuchen, Kompott, Konfitüre oder Back- als Kurpflaumen

Eigenformen haben pflaumige Mirabellen und Renekloden. Beides ist *Prunus domestica* und stammt in Deutschland von der viertgrößten Obst-Erntefläche (nach Äpfeln, Erdbeeren und Süßkirschen).

Biobauern aber haben so ihre liebe Not mit den sensiblen Spätsommerspezis. Mehrere Erntedurchgänge und die wegen mangelnder Lagerfähigkeit zeitnah zu erledigende Vermarktung machen das Obst lohnintensiv, schon der ▸Pflanzenschutz ist aufwendig. Den Jahresrhythmus bestimmen Ausschneiden, Not-Fällen, chemiefreies Spritzen mit Knoblauch, Baldrian oder Quassia-Extrakt, das Aufstellen von Pheromonfallen. Gegen Pilze sind nur im Notfall ▸Kupfer oder Netzschwefel erlaubt, ▸Nützlinge vertilgen Läuse.

Pflaumen sind eben heikle Früchtchen – und sollen trotzdem frei von ▸Rückständen sein? Dann muss Bio her! Beim Ökomonitoring waren Bio-Pflaumen bislang unauffällig, in Proben aus konventionellem Anbau jedoch fanden das Stuttgarter CVUA *(Chemisches und Veterinäruntersuchungsamt)* Rückstände bei 91%, bei 66 % sogar mehrere Wirkstoffe.

Dabei sind Pflaumen jeglicher Art eigentlich urgesund, speziell die dunkleren Sorten (der ▸Anthocyane wegen), die in der Natur eher selten sind. Vielleicht verzeihen wir den Pflaumen deshalb sogar, was bei anderem Obst imageschädlich wäre: Dass sie als backpflaumige ▸Trockenfrüchte enzymatisch schwarz werden. Denn in ihren verschiedensten Feuchtigkeitsstufen und bei Bio allenfalls heißdampfbehandelt stärken **Backpflaumen** die Abwehrkräfte, wirken dank der konzentrierten ▸Antioxidantien radikalenfängerisch, sind stoffwechselwirksam, beruhigen, haben ▸sekundäre Pflanzenstoffe wie ▸Polyphenole en masse und heißen im ▸Reformhaus deshalb schon mal „Kurpflaumen“.

Nota bene: Aus Südeuropa kommen zunehmend große „japanische Pflaumen“ (*Prunus triflora* bzw. *salchina*), ohne bisher aus Öko-Anbau zu stammen. Doch auf der moralischen Gegenseite tut sich etwas: Die USA ließen schon **virusresistente Gen-Pflaumenbäume** zu – nach ▸Papayas die zweite Obst-Sünde der ▸Gentechnik.

Phosphat, Phosphor

Als Segens- wie Problemstoffe weniger etwas für Chemiker als fürs Leben im Allgemeinen. Der Mineralstoff Phosphor (P) ist per Phosphat (PO_4) und als Baustein ein sog. **Massenelement** für alles Lebendige, also essenziell. Phosphate konstruieren regulatorisch Nukleinsäuren für Erbinformationen und strukturieren Zellen, sie basteln Eiweiß, bauen mit Calcium das Skelett, gewinnen und vergeben Energie, spielen Hormonboten etc. – und US-Studien wiesen in ▸Biolebensmitteln pauschal 13,6 % mehr Phosphor nach als in konventionellen … Tiere, jedes „Produkt“ von ihnen, Pflanzen, Pilze: **Alle brauchen Phosphor** und liefern es uns zurück.
Und woher kommt's? Aus der Umgebung, also aus der ▸Landwirtschaft, die nur im Idealfall einen Phosphorkreislauf darstellt, weil Verschlucktes zu bester Letzt wieder zu phosphathaltigem Naturdünger wird, wie im ▸ökologischen Landbau.
Seit aber **mineralische Phosphate** konventionell bequem gedüngt werden, ist es des Guten zu viel, denn Phosphor als Cadmium- und Uran-Binder dringt längst ins Grundwasser; Experten befürchten mittelfristig explodierende Reinigungskosten.
Zudem werden **die Weltvorkommen** fossilen Phosphats in wenigen Jahrzehnten erschöpft sein – ersatzweise Phosphate-Kreislaufsysteme sind aber noch nicht angedacht, dabei ist Rückgewinnung eine Zukunftsaufgabe.
Immerhin Bio ging das Problem von Beginn mit geschlossenen Hofkreisläufen, der ▸Düngung mit Stallmist, Jauche oder Kompost, mit Bodenverbesserung dank Fruchtwechseln und nährstoffreichen Pflanzen an. Biobauern ist offiziell zwar sog. weicherdiges Rohphosphat gestattet, aber dies hat ohnehin geringe agronomische Wirkung und braucht Spezialpflanzen.
Als biochemische Alleskönner sind Phosphorsäuren resp. Phosphate als ▸**Zusatzstoffe** E 338–E 341 bzw. E 450 auch für Bio erlaubt und leisten aller-

Phosphatersatz: Bei Bio öfter durch unverdächtigen Weinstein ersetzt, der ebenso gut lockernd mithält

Phosphathilfe: Wenn's um die Wurst geht, dachten Schlachter bisher, es ginge nicht ohne – aber Farbe und Haltbarkeit lassen sich auch anders hinbekommen

Phosphatdünger: Ein Segen für den künftigen Ertrag, im Übermaß ein Unsegen für das Grundwasser

hand: als ▸Stabilisatoren in Schmelzkäse, als Wasserbinder in Fleisch und ▸Wurst. Sie konservieren Farbe, helfen gegen Verklumpen, lockern Backwaren auf, verdicken Puddinge oder säuern Getränke. Phosphate machen ▸haltbar oder wirken als ▸Geschmacksverstärker. So weit, so eher unnatürlich und damit problematisch – jedenfalls für ökologisches ▸Food-Processing, das **Naturbelassenheit** will. Und so verzichten Biometzger öfter auf Phosphate (wie ja auch zunehmend auf nitritiges ▸Pökeln) und greifen zu anderen ▸Bindemitteln wie Citrat. Etliche Bio-Hersteller verbannten Phosphate (die so schöne Krume machen) auch aus Backpulver und fanden Ersatz in natürlichem Weinstein und Zitronensäure. Geht doch!

Pilze

Sie sind winzigste, kleine oder größere **Wunder der Natur** – nicht Pflanze oder Tier, weder Fisch noch Fleisch. In ihrem Reich der *Mycophyta* gedeihen sie wuchernd mit fast 120 000 Arten. Pilze sind, größer als Bakterien, in einzelliger Form ▸Hefen, als Vielzeller sind sie gute oder böse ▸Schimmelpilze. Die höher entwickelten 4 000 Pilzarten aber können groß rauskommen, ob aus Waldboden oder Substraten. Dann sind sie **„Fruchtkörper“** über dem fädengespinstigen sog. Mycel, dem eigentlichen Lebewesen Pilz.

Pilzwunder: So faszinierend das Mitlebewesen, so mitleidlos die 300 Arten, die uns angiften ...

Aus dem Mycel holen Pilze in natura ihre Lebensnotwendigkeiten, ohne je Chlorophyll zu bilden, ohne überhaupt Licht zu brauchen, nicht einmal unbedingt Sauerstoff. Spezialisierte Enzyme schaffen das, meist im symbiotischen Verbund mit zersetzter organischer Substanz oder per Pflanzenwurzeln. Wächst ein Pilz (wie sonst Pflanzen), gibt er sich ein **Stützgerüst aus Chitin** (wie bei Insekten). Und seine Fressfeinde (wie uns Menschen) bringt er gegebenenfalls einfach um. 300 Arten haben das an und in sich; allein 10 000 Pilzarten sind von Naturberuf Pfanzenschädlinge. Respekt vor der Welt der Pilze! Nicht immer wecken sie Neugier auf ihre Kleinformen, schon gar nicht als Bösschimmel. Großformatig wecken sie jedoch immer Appetit auf ihre **sehr speziellen Aromen** in der schwerer verdaulichen Chitinverpackung, die ihnen Halt und uns den Biss gibt.

Gern geht man sprichwörtlich selbst in die Pilze (▸Wildsammlung), kauft gern bückfreie ▸**Wildpilze** auf dem Wochenmarkt – oder ▸Zuchtpilze. Die sollten dann aber Bioqualität haben.

2011 fand das CVUA Stuttgart *(Chemisches und Veterinäruntersuchungsamt)* beim Ökomonitoring in 68 % der konventionellen Zuchtpilze ▸**Rückstände**, in 27 % mehrfach, aber nie über der gesetzlichen Höchstmenge. Bei Bio waren bedenkliche 27 % belastet, 18 % mehrfach – und ebenfalls nie über der Höchstmenge.

Die damals in Bio-Pilzen festgestellten verbotenen **Halmverkürzer** hatten sich die Schwammerl aus den

kontaminierten konventionellen Substrat-Strohballen geholt. Inzwischen müssen die stets Bio sein; Experten rechnen mit baldiger Entwarnung.
Auch **Bio-Wildpilze** aus ökologisch zertifizierter Wildsammlung sind nicht vor der noch immer, v. a. in osteuropäischen und süddeutschen Gebieten, relevanten ▸Radioaktivität gefeit. Immerhin stammen sie aus Sammelarealen, die pestizidfrei und abseits von Straßen oder konventionellen Äckern liegen; es darf nur **bestandserhaltend gepflückt** werden.
Generell gilt, dass Pilze in offenen Körben oder Papier (nie in Plastik verpacken!) atmen wollen, aber wegen des hohen Wasser- (etwa 90 %) und geringen Eiweißanteils (ca. 1,5–3 %) **leicht verderblich** sind. Deshalb sollten sie kurz und kühl (1–4° C) und bei 95–97 % Luftfeuchtigkeit lagern. Kalorienarm liefern Pilze kaum Fett (0,3 %), aber 4–6 % Kohlenhydrate, dazu Kalium und Phosphor.
2013 schätzte die *Bundesanstalt für Landwirtschaft und Ernährung* die Bio-Pilz-Produktion auf 4 000 t – natürlich sorgte dabei der **Champion ▸Champignon** für den Löwenanteil.
Nota bene: Pilze werden durch zu frühes Salzen und Würzen nur zäh, sollten gegen Matschigwerden unaufgetaut in die Hitze und sind auch als zuvor gekühlte Reste durchaus nochmals genießbar – gut durcherhitzt!

Zuchtpilze: Ob Enoki, Pompom blanc, Friséepilze, Pioppino, Seitlinge usw. – auch als modische Substratgewächse sollten sie besser aus einer Biozucht stammen

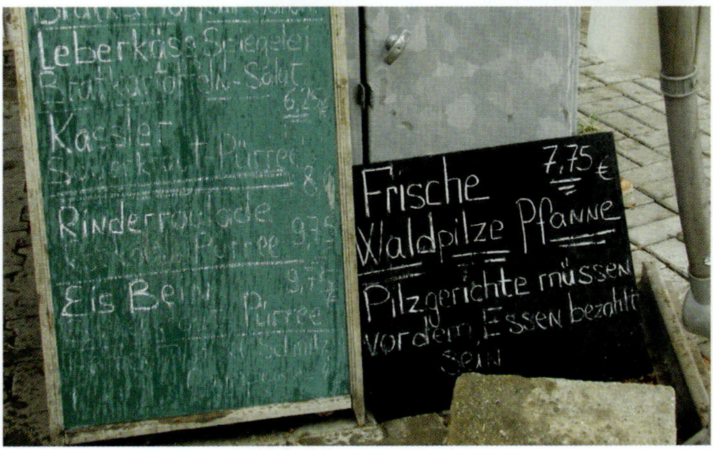

Mehr Pilzinfos:
- ▸Austernpilze
- ▸Champignons
- ▸Pfifferlinge
- ▸Radioaktivität
- ▸Shiitake
- ▸Steinpilze
- ▸Trockengemüse
- ▸Wildpilze
- ▸Wildsammlung
- ▸Zuchtpilze

Pinienkerne

Wie gut, dass es keine Pinienplantagen gibt – und damit keine chemisch „unterstützte" Massenproduktion der Zapfen. Deren **Ernte** mithilfe von langen Sägestangen oder von waghalsigen, schlagkräftigen Baumkletterern lohnt bei Pinien nämlich erst ab Baum-Lebensjahr 15, ist im 40. Jahr am ergiebigsten und bis zum 100. möglich.

Die dekorativen, langsam reifenden Zapfen von *Pinus pinea* stecken voller 1,5–2 cm langer Samen, vulgo Kernen, die so massenhaft an- und abfallen können, dass ein guter Baum bis zu 60 kg Kerne (**„Pignolen"**) liefert, im Durchschnitt noch 10–15 kg.

Pinienkerne: Die italienische Küche erfand mit Pesto zu Pasta den pinienkernigen Genuss, für den der zunächst verschlossene Zapfen erst mal entklopft werden muss

So weit, so natürlichste Bio-Umstände, denn wild wachsende sog. Nusskiefern brauchen seit der Antike weiter keine agrarische Aufmerksamkeit, keine ▸Düngung, nicht mal Bewässerung.

Dann aber, nach dem Zapfen-Abstreif von Oktober bis in den April/Mai, beginnt die eigentliche, überwiegend **händische Arbeit** am botan. Schalenobst: Sonnentrocknung der Zapfen, bis sie sich öffnen, Herausklopfen der Kerne, Befreiung von Schale und Samenhäutchen, Waschen, Trocknen und Verlesen. 1 kg Zapfen hat dann gerade 40 g der mandelmundigen Kerne hergegeben – 1 000 : 40 …

Naturbelassen und ▸unbehandelt sind Pinienkerne **auch biozertifiziert** zu haben, womöglich noch ▸fair gehandelt. Irritierend steht dann etwa auf pakistanischer Bioware „aus kontrolliert biologischem Anbau", den es dort gar nicht gibt – gemeint ist eher die sorgfältige ökologische Nacherntebehandlung.

Dass Pinienkerne (außer mancher Fernostware) durch Langsamwuchs und Aufwandernte immer hochpreisig waren und bleiben, förderte ihren Ruf, **etwas Besonderes** zu sein. Das ist in der Tat das dezente pinienharzige, süßliche Aroma mit dem nussigen Mandelton, der spezielle zarte Biss und die weiß- wie stiftlängliche Unübersehbarkeit (die klassischste mediterrane Sorte ist sehr lang und schlank). Zur Verstärkung des milden Aromas werden die Kerne gern mal angeröstet, was obligatorisch ist für volle Knabberschalen und für viele orientalische und auch mediterrane Gerichte. Der italienischen Küche gelang wohl das pinienkernige Meisterrezept: kein sattes olivenöliges **Pesto** ohne Pignolen – in Bioqualität dann schonend und natürlich kalt verarbeitet (▸Würzsaucen).

Nota bene: Wie alle ▸Nüsse sind auch Pinienkerne bei hohem Fettgehalt (60 %) so „ranzgefährdet" wie **hochgesund**. Nur ▸Walnüsse haben mit 84 % noch mehr mehrfach ungesättigte ▸Fettsäuren als Pinienkerne (82 %)!

Pistazien

Mit dem Ehrennamen „Grüne Mandeln" sind die Nüsschen als botan. Steinfrüchte von *Pistachia vera* hoch geehrt, denn **je grüner** sie durch ihr Chlorophyll wurden, desto besser. Die Frage, welche die besten Pistazien sind, hat allerdings etliche Haken durch bedenkenswerte Umstände – als **Bioprodukt** sind sie allerbestens und generell frei von ▸Schadstoffen. Traditionell kommen die höchst geschätzten Pistazien aus dem türkischen Antep, dem syrischen Aleppo, aus Bronte (Sizilien) und Kerman (Iran). Aktuell entscheidet aber nicht mehr dieser Ruf, dafür die Qualität der **Ernte- und Nachernteverfahren**. Auf den Plantagen der Massenanbauländer des bis zu 12 m hohen Pistazienbaumes werden reife Pistazien (nur alle 2 Jahre ist die Ernte üppig) in Traubenbündeln meist von Hand geerntet, durch Wässern enthäutet, sonnengetrocknet, zum endgültigen Schalenspalten nachgewässert, nochmals getrocknet, sortiert und länger gelagert. Lager- und Transporttanks werden in konventionellen Betrieben mit **Insektiziden** behandelt, wenigstens aber pasteurisiert.

Mangelnde Hygiene und öfter mal Bodenkontakt belastet v. a. die geöffneten („lachenden") Pistazien mit Mikroben, größte Gefahr geht auch bei zu feuchten Lagern von ▸Schimmelpilzen, speziell ▸**Aflatoxinen** aus. Die Ausnahme macht da Kalifornien (Anbau erst seit 1976) – dort haben sie Baumrüttler mit Auffangvorrichtungen und eine trockene Lagerung für nur 24 Stunden, bevor das Rösten und Salzen gleich vor Ort geschieht. Dafür sind US-Pistazien die teureren im Handel, sie müssen auch nicht, wie alle anderen importierten, EU-weit zwangsvorgeführt werden.

Aflatoxinfreie Pistazien sind dank der strengen ▸Kontrollen inzwischen die Regel. Auch das einst so lohnende Umdeklarieren von Nah- und Fernostimporten zu US-Ware klappt nicht mehr. Labore können die ▸Herkunft anhand bestimmter **Isotopenverhältnisse** nun genau bestimmen.

Bio-Pistazien sind dank der ▸Volldeklaration sorglos und nach Herkunftsland zu genießen als fummelgeduldige Knabberei, stecken in etlichen Wurstsorten und Süßigkeiten, auch mal statt der klassischen ▸Pinienkerne in Pestos, am grünsten im traditionellen ▸Speiseeis.

Für ▸Vegetarier sind Pistazien eine **wichtige Eisenquelle** – ohne Schale enthalten sie 7,3 mg pro 100 g.

Pistazien: Nur drei Kalorien pro Nuss und etliche noch zum Aufbrechen – geschälte sind für manche eine Diätknabberei

Plastik

Klingt gut und ist leicht, anpassungsreich formbar und Organischem an Haltbarkeit ziemlich **unverrottbar überlegen** – doch genau das wird der Natur zum Verhängnis. Denn je nach Molekülstruktur zerlegt sich das Kunstprodukt erst in 45 bis 450 Jahren – nach und nach, zermahlen in kleine und kleinste Stückchen.

Noch sichtbar groß treibt Plastik als neuer Inbegriff **„großer pazifischer Müllstrudel"** herum, u. a. im Nordatlantik und im Indischen Ozean vagabundieren solche „Mahlströme". Grob gesagt versaut Plastik ansonsten Ufer und Landschaften.

In Nanogröße und mit kontaktfreudiger, schadstoffaffiner Oberfläche gelangen Teilchen veritabler **„Mikroplastikwolken"** via sog. Sedimentfresser letztlich in die Nahrungs-

Plastik: Die Anmutung des Nützlichen ist dahin, die Zumutung für unsere Umwelt längst unübersehbar – allein wegen Unverrottbarkeit

Bio-Plastik: Weil kompostierbar, trägt es das Keimling-Logo und wird also bald völlig verschwunden sein

kette. 2012 fanden Forscher Plastik in den Mägen von 9 % der untersuchten Pazifikfische.

Längst stammt ein Drittel der Plastikreste von ▸Verpackungen und Wegwerfartikeln. Allein das muss und kann besser werden. Die gesamte Biobranche pflegt inzwischen wieder die schon sehr alte **Öko-Haltung**: Bloß kein Plastik! Denn die Polymerchemie verbraucht zu viel fossilen Rohstoff, zu viel Energie bei der Herstellung, zu viel Platz auf Deponien, zu viele Abgase beim Verbrennen; 2011 soll nur ein Fünftel des Plastikabfalls recycelt worden sein. Natürlich gibt es inzwischen natürlicheres Plastik – Bio-Plastik sozusagen, **Biopolymere** genannt. Die entstehen für Folien, Frischhaltebeutel, Schalen oder Becher aus **PLA** (Polymilchsäure, „der sauberste Kunststoff der Welt") **oder PHB** (Polyhydroxybuttersäure), manche sogar auf der Basis von Zuckerrohrfasern, Keratin aus Hühnerfedern, Zellulose oder Lignin aus Holz – allesamt umweltverträglich zu entsorgen und dann mit einem dafür zertifizierten **Keimling-Logo** geschmückt.

Bioplastik ist einstweilen noch mind. 30 %, speziell aber 50–300 % teurer als herkömmliches; der Idealkompromiss zwischen Festigkeit und Verrottungszeit wird noch gesucht. 2012 lag der Bio-Plastik-Marktanteil denn auch erst bei 1 %.

Doch längst sind PLA und PHB so variantenreich wie zweckspezifisch gestaltbar, dazu ästhetisch und giftefrei. Sie kommen ohne ▸Weichmacher und Farb- oder andere ▸Zusatzstoffe aus. Problematisch bleibt allerdings, ob die öfter aus den USA stammenden PLA womöglich ▸**Gen-Mais** oder ▸Stärke von ▸Gen-Kartoffeln enthalten – und wie viel Energie der Herstellung diente.

Segensreich aber ist, dass Bio-Plastik privat im Gartenkompost verrottet oder **in Kompostwerken** binnen weniger Wochen zersetzt wird. Manche Discounter gaben 2012 allerdings „Bio-Plastiktüten" aus, die als Mischmaterialien Erdölanteile hatten und daher Recycling unmöglich machten: „Hybridplastik" für den Restmüll. Immerhin zeichnet sich ein **EU-Verbot von Gratis-Tragetüten** ab; jeder EU-Bürger soll schließlich bisher auf

bis zu 500 Plastiktüten pro Jahr kommen. China konnte dank des Gratis-Verbots 2009 den jährlichen Rohölverbrauch um 3 Mio. t senken, **1 300 t Öl pro Tag** gehen dort aber weiter für den Tütenbedarf drauf. Dabei liegt das Gute aus Jute so nahe ...
Nota bene: Noch natürlicher sind inzwischen plastikersetzende Schalen aus Palmfasern. Und natürlich Biobananen, deren Spitzen **in Farbwachs getaucht** wurden und daher auch im konventionellen Supermarkt ohne Extra-Folie als teurere Bioware erkenn- und abkassierbar bleiben.

Pökeln

Das Verfahren ist so alt, dass „der Pökel" unerklärlich bleibt, wenn etwas „in Pökel eingelegt" wird. Klar ist, was es bewirkt: Haltbarkeit, Farbe, Aroma. Früher nahm man ▸Nitrat als bakterienreduzierte Vorstufe zum ▸Nitrit, heute kommt sog. Nitritpökelsalz (Kaliumnitrat und Natriumnitrit) zum Einsalz-Einsatz, beiläufig als **„NPS"** oder E 252, E 250 erwähnt.
Das Zaubersalz konserviert in den kritischen ersten drei Tagen der Verarbeitung von ▸Fleisch oder ▸Wurst höchst bequem die Ware, bewahrt Fett vor dem Ranzigwerden, liefert einen bestimmten Geschmack und erhält die rote Farbe – **„Umrötung"** benannt. Was will man mehr?
Man sollte es eher gar nicht wollen! Geschätzte 90 % aller Fleischerzeugnisse (auch Fisch!) bekamen bisher ihre Portion NPS. Gern wollten Verbraucher nicht genauer wissen, dass und wie im Lebensmittel erst recht durch stärkeres Erhitzen aus Nitrit die **▸Nitrosamine entstehen.** Die lösten im Tierversuch Krebsalarm aus.
Die Gefahr wurde lange heruntergespielt, bis die Biobranche unruhig wurde. Zwar erlaubt die ▸EG-Öko-Verordnung Pökeln für ▸Biofleisch.

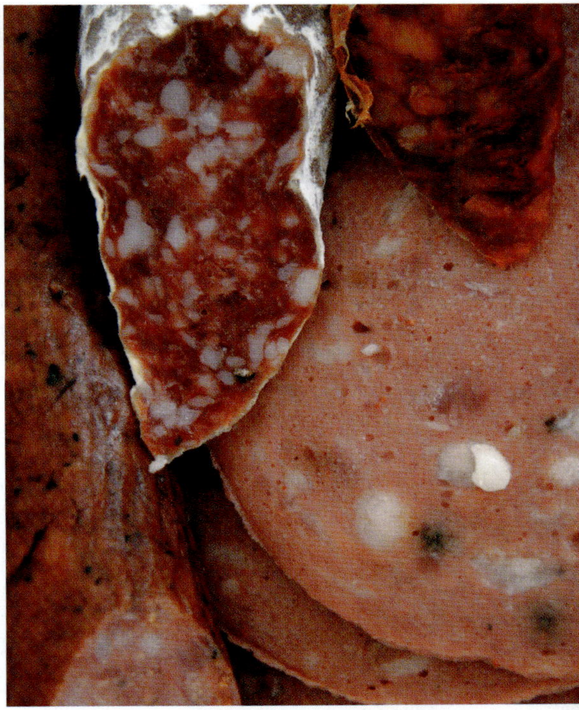

Als **Bio-Richtwert** für Natrium- bzw. Kaliumnitrat (E 252) gilt die Höchstmenge von 80 mg/kg als Zugabe, oft reicht die Hälfte. Noch 2012 wurde aber geprüft, ob man es einschränken oder ganz verbieten soll. Schon jetzt darf bei Bio NPS nur eingesetzt werden, wenn **nachweislich keine technologischen Alternativen** zur Verfügung stehen.
Und doch möchten viele Bioverarbeiter dringend weiterpökeln dürfen. Denn noch wird NPS-Verzichtlern ihr Biodenken nicht gedankt. **Verständnislose Lebensmitteltester** kritisieren, NPS-freies Biofleisch wirke „nicht frisch", sondern „untypisch grau", ihm fehle der vom Kunden gewohnheitsmäßig erwartete „typische Pökelgeschmack". Damit zeigte die bissige Katze ihren Schwanz!

Pökelware: Ohne Umrötung durch Nitrat wäre Verwurstetes weniger fleischfarben, dafür aber weniger nitrosaminig ...

Eine wachsende Gruppe von Bioschlachtern versucht, gegen Traditionserwartung und -geschmack anzuarbeiten. Sorgen machen dabei v. a. die **pathogenen Keime**. Maximale Hygiene (▸HACCP), allergrößte Sorgfalt oder eine pH-Wert-Regulierung bzw. mikrobielle Schutz- und Starterkulturen sind Voraussetzung. Denn keim- wie NPS-freie Rohwurst ist eine echte Herausforderung. Manche greifen zwar als NPS-Ersatzstoff zu **Gemüseextrakten** in Pulverform, die von Natur aus reichhaltig an Nitraten sowie Farbe (wie etwa Rote Bete) sind. Doch auch hier können sich beim Erhitzen die krebsverdächtigen Nitrosamine bilden. Und deklarationspflichtig sind solche Extrakte leider nicht. ▸Naturland etikettiert andersherum, da heißt es: „ohne Umrötehilfe".

Pökelware: In Geschmack, Haltbarkeit und und im Farbton beliebt, bei Bio aber auch mal ohne Nitrittricks hinzubekommen

Verboten ist Pökeln auch hier nicht; bei festen Dauerwürsten bleibt es üblich, in rohem ▸Schinken u. a. sog. Rohpökelware. Die eingeschränkte Zulassung aber ist der Standard der ▸Anbauverbände – ▸Bioland, ▸Demeter, ▸Gäa sowie der ▸Verbund Ökohöfe verzichten auf NPS. Da hilft **natürliches Salzen** im Trocken- oder Nasspökelverfahren per Lake oder Umhäufeln, ohne Nitrosaminiges …

Polyphenole: Die hochwirksamen Schutzmittel aller Pflanzen stecken v. a. in den Schalen und Randschichten, was eben Kleie so gesund macht

Polyphenole

Mal ein lobens- und lebenswertes Chemiewort für die wichtige Untergruppe der rund 10 000 **▸sekundären Pflanzenstoffe**. So wichtig, wie sie für die Gesundheit der Pflanzen sind, so bedeutsam sind sie und ihre Umwandlungsprodukte für den Menschen – weshalb sie sich auch gerne Biophenole nennen lassen.

Die positive Wirkung haben Polyphenole bioaktiv in der Pflanze selbst: Sie sitzen konzentriert **in Randschichten**, Blättern und oberflächlich in Früchten, wo sie die Aufgabe haben, Fressfeinde abzuwehren, die Pflanze gegen Oxidation zu schützen, UV-B-Strahlung wegzufiltern oder die Photosynthese zu unterstützen. Einige wirken als Farb- (▸Anthocyane, ▸Flavonoide), Geschmacks- und Geruchsstoffe, etwa um (bestäubende) Insekten anzulocken; einige helfen, sog. Biopolymere für Zellgerüstbau, Energiespeicherung oder DNA-Ketten zu liefern.

Am höchsten ist die Versammlung konsequenterweise in **▸frisch geerntetem** Obst und Gemüse, sie nimmt beim Lagern kontinuierlich ab und konzentriert sich meist im Bereich der (deshalb mitzuessenden) ▸Schale (in Möhren etwa sitzen allein 85 % der Wirkstoffe im Schalenbereich).

Glaubt man der Forschung, wirken alle Polyphenole irgendwie irgendwo wie **stärkste Multimedikamente**:

Sie beugen verschiedenen Krebsarten vor, sind antimikrobiell (aktiv gegen Bakterien und Viren), wirken antioxidativ (verhindern Alterung, Ranzigwerden), sind antithrombotisch, immunmodulierend, entzündungshemmend – und senken den Blutdruck.

Solche Einzeleffekte wurden in Tier- und Laborversuchen belegt, die **Übertragung der Ergebnisse** auf den Menschen steht oft noch aus. Es ist kompliziert herauszufinden, wie mehrere der Stoffe jeweils auch noch zusammenwirken.

Was wiederum absolut für ▸**Biolebensmittel** spricht, die dank des chemiefreien Langsam- und Eigenkraftwuchses ausgereift beste Vitamine und dazu noch Polyphenole pur liefern (etwa erheblich mehr Resveratrol in ▸Biowein). Bio-Erdbeeren wurde von der Universität von Kalifornien ein Mehr von 20 % an Polyphenolen sowie Vitamin C bescheinigt. Nachweislich liefern laut Uni Hildesheim **viele alte Apfelsorten**, anders als die heute eingesetzten ▸Hybriden, deutlich mehr Polyphenole. Das Stuttgarter CVUA *(Chemisches und Veterinäruntersuchungsamt)* bestätigte dies für die entsprechenden Apfelsäfte.

Portulak

Portulak: Ein interessanter Unkrauter unter den knackigeren Sommersalaten dank der fleischigeren Blätter

Es geht ihm wie dem salat-spinatigen Giersch – Portulak ist vielen ein Dorn im Auge und im Garten nur **ein Unkraut**. Aber Portulak *(Portulaca oleracea*, franz. *pourpier*, engl. *purslane)* mit den bissattraktiv dickfleischigen 5-cm-Blättchen sät sich über die 10 000 Samen pro reifer Kapsel eben viel zu rasant aus, als dass Gegenan-Ernten und Wegessen ihm zu besserem Ruf verholfen hätte.

Also überwuchert er ungestört kriechend recht dekorativ Ackerflächen, Gartenränder, Brachen als **typische** ▸**Ruderalflora**; die ▸Wildsammlung (besser vor der Blüte und nur junge Blätter, ältere sind bitter!) steht so jedem Bückling frei. Die beliebte Knackigkeit der Blätter schwindet jedoch relativ schnell, Portulak hält feucht gekühlt max. drei Tage und verdient nur frisch sein Lob.

Den rehabilitierten Ruf aber hat der **sog. Sommerportulak** (die Wintervariante wäre ▸Postelein) erst durch Biogärtner und als Topfpflanze bei ▸Biokonsumenten bekommen.

Die lieben Portulak als knackige grüne oder goldgelbe Salatbeigabe, zu Gurke, Tomate, als Butterbrottopping, Suppeneinlage oder nach französischer Manier kurz blanchiert mit Crème fraîche zu Fleisch, Fisch oder Eiern. Gehackte Schößlinge, Blätter, Stängel **geben Saucen Charakter** – gekocht wäre Portulak aromenruiniert!

Polyphenole: Sie sind die guten sekundären Pflanzenstoffe mit vielfältigen Schutzaufgaben für ihre Wirtspflanzen und für uns Nutznießer – und sei es in einem Kaffee

Postelein: Nur Ignoranten sagen Winterportulak dazu, dabei ist das Tellerkraut ein ganz eigener attraktiver Salat

Die uralte Kulturpflanze aus dem Indischen bringt dazu eine gewisse säuerlich-salzige Nussigkeit mit und **viele gesunde Inhaltsstoffe** (reichlich ▸Omega-3-Fettsäuren, viel Vitamin C, Kalium, Magnesium, Eisen, wenig Natrium).
Ethno-Botaniker haben Portulaks medizinische Wirkung bis in die Antike und zu den Aborigines in Australien erkundet; **das alte Skorbutmittel** lindere naturheilkundlich (v. a. als Tee) Kopfschmerzen, Nieren-, Blasen- wie Magenleiden und biete als „biologischer Fettverbrenner" „Arterienschutz". Ware aus dem ▸Gewächshaus jedoch soll Portulak **aus dem ▸Freiland** dabei deutlich unterlegen sein (Aussaat ab Mai, Ernte v. a. Juli–September).
Tipp: Wer im Mai/Juni reichlich Portulakknospen sammeln kann, hat damit einen uralten, säuerlich zu konservierenden **Kapernersatz**.

Postelein

Aufgepasst, der noch weitgehend unbekannte spitzlöfflige Kleinblattsalat *Montia perfoliata* heißt schon mal Tellerkraut, ist aber, trotz gewisser Verwechselbarkeit bei gleicher Wucherlust, im Garten kein ▸Portulak – auch wenn er, selten genug, immer mal wieder als sog. **Winterportulak** ausgezeichnet wird. Dem ähnelt er eben mit vergleichbar dickfleischig saftigen Blättern und seiner Spinathaftigkeit. Ähnlich ist auch der säuerlich-nussige Geschmack. Wegen seiner Ungewohntheit heißt er dennoch etwas urimportkorrekter manchmal noch **Kubaspinat**.
Ursprünglich nämlich stammt dieser als vitaminreiches Wintergemüse von den Küsten des wilderen Westens der USA, wo er von 1848 an als *miner's lettuce* (heute *winter purslane*, auch *spring beauty*) mit viel Vitamin C (60 mg gar pro 100 g Blattwerk) viele Goldgräber und Pioniere vor Skorbut bewahrte. Seit- und von dorther schmückt sich Postelein (holländisch verballhornter „Portulak") als Westindischer Spinat oder Indianerspinat.
Postelein stammt einstweilen **überwiegend aus Bioproduktion**, gedeiht erst ab September bei Temperaturen unter 12° C unter unbeheizten Vliesen, Folien, Glasdächern und erträgt Frost bis –20° C. Schon nach 6–8 Wochen sind bis zu drei Ernteschnitte möglich für die salatfrische ▸Saison **von November bis April** – manche nennen den Winterportulak dann überflüssigerweise Winterpostelein, dabei gibt es überhaupt keinen sommerlichen …
Die kleinen weißen Blüten in den feldsalatigen Rosetten sind essbar und dekorativ im Solo- oder Mischsalat, die Stängel sollte man prophylaktisch stark kürzen, um den Gehalt an ▸Nitrat zu mindern. Dann hat man **etwas Mild-Kressiges** oder blanchiert sehr Spinatiges, und das voll von ▸Omega-3-Fettsäuren, Calcium, Magnesium sowie Eisen.
Nota bene: Zu viel Postelein macht Beschwerden durch die enthaltene Oxalsäure. Die **kurze Lagerfähigkeit** (max. zwei Tage, und das im Kühlschrank) verlangt nach schnellster Verpostelei, denn auch die Vitamine bauen rasch ab.

präbiotisch

Ein so überzeugend und sehr prophylaktisch gesund klingendes Fremdwort (wörtl. etwa „vorab-lebenskrafthaft“), dass es zur etwas gewollten Vermarktungsformel taugt – einstweilen v. a. für Produkte, die noch ein Prä haben, vor solchen mit der rein ▸probiotischen Wirkung.

Präbiotica (gerne auch **„Prebiotica“** geschrieben) wirken ebenfalls jenseits des Magens, ihre EU-abgesegnete ▸Kennzeichnung lautet lakonisch: „wirkt präbiotisch“ (▸Health Claims). Derlei schickt bekömmliche Ballaststoffe auf Dickdarmreise in unsere Stoffwechselfabrik, meist vorsätzlich Angereichertes mit einem Plus an ▸**Zuckeraustauschstoffen** (Oligofructose, Inulin). Das genau freut und stimuliert alle (probiotischen) Bifido-, also gesunden **Milchsäurebakterien**, die sich enzymeifrig unterstützt sehen und krank machender Keimekonkurrenz überlegen werden (können).

Preise

Dass Bio zu teuer und deshalb nur etwas für gut verdienende ▸Lohas sei, die sich so ihr ▸**gutes Gewissen erkaufen** – diese These ist auch jenseits von Stammtischen verbreitet. Dass Bio zwar teurer, aber angemessen teuer und im Umkehrschluss konventionelle Lebensmittel zu günstig sind – diese Sicht setzt sich langsam durch. Den Preis bezahlen andere: Umwelt, Erzeuger, Nutztiere.

Lebensmittel sind **ein doppeldeutig billiges Vergnügen** geworden. 2012 betrug ihr Anteil (inkl. alkoholfreier Getränke) an deutschen Konsumausgaben nur noch 11,7 % (1980: 15,9 %, 2000: 11,5 %). Dabei stiegen die Weltmarktpreise für Nahrungsmittel 2011 noch einmal stärker als in der Krise 2008; 2012 ging es wieder runter – die FAO nennt es **„Food Price Rollercoaster“**, „Lebensmittelpreis-Achterbahn“. Das EU-Parlament rügte, Spekulation sei „für bis zu 50 % der Preissprünge“ verantwortlich.

Das Fatale dabei: Während die Verbraucherpreise global steigen, sinken die Anteile der Erzeuger daran kontinuierlich: auch für hiesige Bauern, seit den 1970er-Jahren von rund 50 % auf 25 % in 2012. Eine Reaktion darauf ist ▸**Fairtrade**, also marktunabhängige Bezahlung und Garantie für verlässliche

Preise: Für konventionelle Lebensmittel sind sie zu niedrig, für Bioproukte nicht zu hoch – wenn man weiß, wie kalkuliert wird und eher werden müsste

prä- oder auch mal prebiotisch: Werbewort für die Vorabbereicherung eines Lebensmittels, das die Darmflora düngen helfen soll

Preisschock: Wie horrende teuer Lebensmittel in Entwicklungsländern sind, gab es bei der Grünen Woche 2012 am Stand der Welthungerhilfe zu bestaunen, mit „übersetzten" Preisschildern – in der „Ersten Welt" werden Fleisch- und Milchpreise längst politisiert

sowie ausreichend hohe Preise. Und ein beträchtlicher Anteil davon stammt aus ▶ökologischem Landbau – ▶**fair + bio** ist ein echter Trend, nicht nur bei ▶Importware. Obwohl Bio oder fair Gehandeltes ohnehin teurer ist, bezahlen immer mehr Konsumenten für einen „ethischen Mehrwert" gerne mehr.

Die Biobranche versucht deshalb, die **ehrlichen Gründe** für durchweg höhere Preise transparent zu machen. Es sind v. a. die geringeren Erträge bei höherem Arbeits- und Materialaufwand, die Bio teurer machen. In der ▶ökologischen Tierhaltung kommen teurere ökologische ▶Futtermittel (sie machen etwa die Hälfte des Erzeugerpreises aus), längere Mastzeiten und hoher Vermarktungsaufwand dazu. So kosteten 2011 ökologisch produzierte Milch 23 %, Apfelsaft 30 %, Butter 34 %, Mehl 72 %, Rosinen 95 % mehr als konventionelle Produkte. Für ▶Biofleisch aber ist der doppelte bis vierfache Preis fällig. Das klingt überteuert. Biovertreter jedoch pochen darauf: **Der direkte Vergleich hinkt**. Denn bei konventioneller Ware flössen zu viele real entstehende Kosten gar nicht in die Preise ein, sondern würden „extern" (nämlich aus Steuergeldern) gezahlt.

In der Tat betrifft dies v. a. die kostenintensive Aufbereitung von Trinkwasser, das stark mit ▶Schadstoffen aus der „normalen" Landwirtschaft und ▶Tierhaltung verunreinigt ist. Schon 2004 zeigte eine von ▶*Foodwatch* initiierte Studie, dass der Mehrpreis für ein Bioschnitzel von rund 58 % auf etwa 20 % sänke, würden konventionellem Fleisch **die externen Kosten** miteinberechnet, u. a. also die Umweltfolgen. Das FiBL *(Forschungsinstitut für biologischen Landbau)* kam 2013 hier für ▶Österreich auf eine Summe von 1,3 Mrd. Euro. Der ▶BÖLW regte 2010 eine Steuer auf den Überschuss an ▶Stickstoff an, selbst der Wissenschaftliche Beirat für Agrarpolitik beim BMELV *(Bundesministerium für Ernährung, Landwirtschaft und Verbraucherschutz)* sprach sich 2012 für eine Einbeziehung externer Kosten aus.

All das kann man wohl nicht, sollte es aber öfter mal im Hinterkopf haben. Wem ▶Ethik und ▶artgerechte Tierhaltung wichtig ist, der sollte **wenigstens bei tierischen Produkten** den höheren Preis akzeptieren. Wenn weniger Fleisch und mehr Pflanzliches gekauft würde, das in der ▶Saison und aus der ▶Region ohnehin günstiger ist, und wenn Selbstgekochtes ▶Fertigprodukte ersetzte, wäre Bio nichts Elitäres für Besserverdiener.

Mehr Mühe kostet das schon, mehr zahlen muss man so nicht unbedingt. Denn wer sich vorwiegend pflanzlich ernährt, muss etwa 20 % weniger aus-

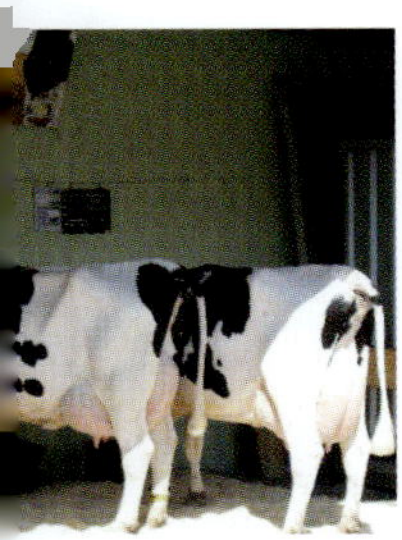

geben als „fleischbetonte" Esser.
Nota bene: Bei verarbeiteten Lebensmitteln kommen die Mehrkosten für ein ökologischeres ▸Food-Processing dazu. Mit nur wenigen ▸Zusatzstoffen und dem Ziel, möglichst nur natürliche Zutaten zu benutzen, wird eben **alles teurer**: echte Himbeeren statt Aroma (30 Euro statt 6 Cent), 15-mal teurere ▸Acerola statt künstlicher Ascorbinsäure als Backhilfe etc. Die ▸Anbauverbände sind auch da strenger als die ▸EG-Öko-Verordnung. Deshalb stammt ▸Premium-Bio eher von ihnen, ▸Bio light dagegen folgt EU-Regularien und wird in ▸Discountern dank Masse und besserer Logistik schon mal bis zu 30 % billiger angeboten. Aber genau diese 30% mehr brauche der Biobauer, um langfristig überleben zu können, meinte 2013 der mecklenburgische Agrarminister Till Backhaus.

Preiselbeeren

Wo es gebirgiger oder nordisch karger wird, heidekrautet es sich gut auf eher sauren Böden. Kein Wunder, dass auch die reifen roten Früchte vom Strauch *Vaccinium vitis-idaea* als Preiselbeeren (auch Krons- oder Riffelbeeren) besonders herbsäuerlich sind. Bei keiner ▸Wildsammlung ab August, v.a. in Skandinavien oder Osteuropa, werden Preiselbeeren nebenher roh vernascht, zu herbe sind die **Tannine**, harzige Benzoe-, saure Ascorbin-, reizende Salicylsäure und organischen Säuren darin. Vitamin-C-reiche Preiselbeer-Säfte im Bioladen sind deshalb gern mal bio-rohgezuckert oder in Saftkombination milder. Umso geeigneter sind die adstringierenden Effekte und herben Aromen der Wildbeeren in Zubereitungen wie Konfitüren oder Gelees zu Wild, Fleisch und Käse.
Die besonders gut haltbaren Preiselbeeren (frisch in der ▸Saison von August bis Oktober) können allerdings immer noch Probleme wegen **▸radioaktiver Belastung** machen, da ihre Sträucher besonders tief wurzeln und so Cäsium-137 vom Tschernobyl-Fallout aus dem Waldboden aufnehmen. Immer wieder werden stark kontaminierte Preiselbeeren aus Bayern, v.a. aber aus Osteuropa (öfter mit gefälschten, umdeklarierten Papieren) an den EU-Grenzen oder erst im Einzelhandel entdeckt. Stichproben bieten also kaum Schutz. Man achte auf die Herkunft!
Denn ansonsten sind Preiselbeeren durch ihre Fülle von so farbgebenden wie gesunden ▸Anthocyanen antibakteriell wie antioxidativ wirksame **Vitaminbömbchen** – sog. Radikalenfänger eben. Doch auch als Blasenheiler und Zahnfleischgesunder haben sie sich bewährt, ob als Saft, Sirup, Kompott oder Tee.
Natürlich versucht man sich längst an der Kultivierung der Wildpreiselbeeren, aber der große Erfolg wie etwa bei ▸Heidelbeeren steht noch aus, an ▸transgenen Varianten wird zum Glück erst geforscht.
Explizit so gehandelte **„Kulturpreiselbeeren"** aber sind in Wahrheit keine, sondern größerfrüchtige Moosbeeren. Die kennen Botaniker als *Vaccinium macrocarpon*, Beerenhungrige jedoch viel eher als ▸Cranberrys.

Preiselbeeren: Strauchdiebischer Genuss voller Gesundheit durch Anthocyane auch im Saft aus den roten Vitaminbömbchen

Premium-Bio: Zu viel Minimal-Bio nach laxerem EU-Standard führt zur Entdeckung des besseren Bio nach altbewährter Art ökologischer Anbauverbände

Premium-Bio

Bio hat's schwer, wenn die Idee in zu seichtes Fahrwasser steuert. Seit der ▸Bioboom Kurs auf den Massenmarkt nahm, lamentieren viele über „Light Greens" und eine Verwässerung der Öko-Idee durch bloßes Mitmischen. Ihr Schreckgespenst heißt ▸Bio light und meint en masse hergestellte Bioprodukte, v. a. als ▸Importware, die „nur" jenen Minimalkriterien der ▸EG-Öko-Verordnung genügt.

Auch die Biobranche ist verunsichert und setzt auf den Fachhandel und sog. Verbands-Bio von den strengeren ▸Anbauverbänden. Premium-Bio soll **den Ruf wiederherstellen**. Nicht aus reinen Marketinggründen, sondern als ▸Rückbesinnung auf die Kernkompetenzen: ▸Ethik, Altruismus, Transparenz, ▸Vertrauen. Was letztlich auch angemessene ▸Preise rechtfertigen kann und muss.

„Bio kann mehr" oder „Echt Bio" sind Kampagnen, die ▸Bioläden und ▸Bio-Supermärkten (wieder) zu dem Profil verhelfen sollen, das authentisch **Mehrwerte** vermittelt. Neben der Kompetenz und der Sortimentstiefe soll v. a. regionale Verbandsware das leicht erschütterte Vertrauen bewahren – allen voran mit ▸Demeter oder dem Schweizer Verband ▸Bio Suisse mit ihrer Land- und Tierwirtschaft nach bestem Öko-Gewissen.

„Bio-plus" oder „Ökoplus" heißt zu Recht, was sich ▸Fairtrade verschrieben hat und als ▸**fair + bio** bessere soziale Standards pflegt – umso mehr, wenn es noch dazu ▸fair + regional arbeitet.

Ein Premium-Bio-Trend ist aber auch die Profilierung beim ▸**Tierschutz**, denn „lighte" EU-Richtlinien erlauben fast übergroße Ställe und etliche Ausnahmen, die zu großen Unterschieden innerhalb der ▸ökologischen Tierhaltung führen. Tierische Premium-Bioprodukte können deshalb Spezialitäten von ▸alten Rassen oder ▸artisanale Bio-Käse sein. Populäre Verbandsbeispiele sind da „Hornmilch" von Kühen, die eben nicht (wie laut EU erlaubt) enthornt wurden. Oder Bio-Eier vom **Zweinutzungshuhn**. Das legt weniger Eier, dafür aber entfällt das große moralische Dilemma, das sonst auch Biohalter quält: Dass bei Hochleistungs-Legehuhn-Rassen die männlichen Nachkommen einfach „entsorgt" werden. Stattdessen mästet man sie, wenn sie auch nicht so schwer werden wie ausgesprochene ▸Masthühner.

Solche Premiumprodukte verlangen jedoch nach **Premiumpreisen**: Für so ein ethisch korrektes Bio-Ei rechnen Kalkulationen mit einem notwendi-

Premium-Ideen: Bio mit dem Plus-Effekt, weil die Eier vom Zweinutzungshuhn sind und die Glücksmilch von behornten Öko-Kühen kommt

gen Aufschlag von jeweils 2,5–10 Cent, pro kg Schlachtgewicht von 50 Cent. Solche Preise lassen sich nur mit bewusstem Marketing durchsetzen – wie bei der „ei care"-Linie.

Derartiges Premium gefällt auch ▸Bio-Gourmets (kein zu weit hergeholtes Bressehuhn, lieber ein Demeter-Landgockel aus dem nahen Hohenlohe) und ▸Lohas (keine uniformen Lebensmittel). Es gefällt all jenen, die bei Bio ein **modernes Gesamtpaket** voller Traditionsqualitäten geschnürt sehen wollen. Dann sind sie auch „preisbereit" und lassen sich gern „Dunkelgrüne" nennen …

probiotisch

So überzeugend gesund klingendes Fremdwort (wörtl. etwa „fördernd lebenskrafthaft"), dass es wie einst ▸präbiotisch zur Vermarktungszauberformel taugt – v. a. für Produkte mit Milchsäure, die der Körper zwar **permanent selbst bildet**, aber auch gerne zugeführt bekommt.

Geschlucktes Milchsaures muss aber die Hürde der Magensäure nehmen, die allen Bakterien auf dem Wege zur dahinterliegenden Stoffwechselfabrik zusetzt und sie schwächt, also möglichst darmharmlos macht. Deshalb verwendet die absatzorientierte Industrie das eigens **auf Widerstand gezüchtete Bakterium** *Lactobacillus acidophilus* (wörtl. säureliebend), gern abgekürzt A; es gibt auch ein B wie *bifido* und C wie *casei* – zusammen als ABC im ▸Joghurt. *Lactobacilli* schlagen der Magensäure ein Schnippchen und passieren sie nur gering beschadet. Dahinter wird das Geschluckte dann voll wirksam (wirkt also „pro"), gärt wie gewünscht, rumort ein wenig und gibt dem trägen Drinnenleben des Unterbauchs einen gesunden Kick. Diese Spürbarkeit ist die willkommene probiotische (besser wäre **„darmbiotische"**) Wirkung – ob nun präventiv gut oder therapeutisch nützlich, bleibt umstritten.

Seit Ende 2012 sind solche Anpreisungen wegen Nichtnachweislichkeit verboten (▸Health Claims). Nun darf da darmbezogen stehen „fördert die Lactoseverdauung", „stärkt das Immunsystem". Pro-faner geht's kaum …

probiotisch: Was im Darm so gesund wirken will und soll, überlistet zuvor die Magensäure mit ganz speziellen milchsauren Bakterien

Puten

So hässlich der purpurhautfaltige Hühnervogel auf viele wirkt, so hässlich und wenig ▸artgerecht sind die Bedingungen, unter denen *Meleagris gallopavo* als Lieferant des trendigen ▸Putenfleisches in konventionellen Großbetrieben heranwächst. In aller Regel als ▸Hybride (wie die Top-Rasse „Big 6"), gezüchtet auf viel Brust bei unverändertem Organsystem und mit einem überforderten Haltungs- und Gelenkapparat. Diese **Turbo-Puten** in ▸Massentierhaltung werden mithilfe von eiweißstrotzenden ▸Futtermitteln und allerhand ▸Tierarzneimitteln innerhalb von 14–16 (weibliche Tiere) bzw. 18–20 Wochen (Puter) auf ein Schlachtgewicht von 10–15 bzw. 20–22 kg gebracht. Die „Brustfleischausbeute" macht dank entsprechender ▸Zucht bei Truthähnen heute bis zu 40 % aus – für Kritiker ▸**Qualzucht**.

Dass Truthühner vor ihrer Domestizierung durch die indigenen Völker Nordamerikas in Prärien und als Baumhocker groß wurden, wirkt angesichts vieler ▸Skandale rund um die ▸Mast in „intensiver ▸Bodenhaltung", also lichtlosen Riesenställen, beinahe grotesk. Der **Bio-Anteil** in Deutschland lag 2012 erst bei 2,8 %.

Puten: Grafisch noch Schönheiten, aber leibhaftige Qualexistenzen und kulinarisch eher Bedenklichkeiten – es sei denn, sie kommen von einem Biobetrieb

Putenelend: Die ehemaligen Präriehühner drängen sich links in Massenhaltung aufgestallt und enden (darunter) als kranke und zerrupfte Elendsgestalten – nur rechts haben sie im Ökobetrieb ihren Auslauf

Doch die **Öko-Putenhaltung** krankt daran, dass die verfügbaren Rassen maßgezüchtet für die reine Massentierhaltung sind. Und diese **nicht selbst vermehrbaren Hybriden**, die auf Kraftfutter angewiesen sind und in den letzten Lebenswochen **nur noch liegen** können, weil Bewegungsapparat, Herz und Lunge nicht mehr mithalten, sind in der ▸ökologischen Tierhaltung nur schwer großzuziehen.

Doch die wenigen ▸alten Rassen, wie etwa die langsam wachsende **Bronzepute**, werden kaum angeboten. Deshalb müssen Biohalter vorerst mittelschwere Rassen aufziehen, bis sich endlich eine Öko-Zucht von robusten Puten für die ▸Freilandhaltung etabliert hat. So bleibt Öko-Putenhaltung zunächst **ein Kompromiss**, indem z. B. weibliche Tiere gemästet werden, deren geringeres Gewicht auch weniger Gesundheitsprobleme macht. Einige ▸Anbauverbände reagierten mit Rauswurf und etablierten Tierwohl-Beauftragte, nachdem es auch auf Biohöfen zu ▸Skandalen gekommen war. Doch allein die bei Bio obligate Freilandhaltung käme ja aus Kostengründen für konventionelle Halter nicht infrage. In ihren Ställen drängen sich pro m² 50 kg Lebendgewicht! Die letzte Zählung aus 2010 ergab: 88,4 % der deutschen Puten lebten in Beständen von mehr als 10 000 Tieren, 11,2 % in Herden bis 9 999, bis 999 gerade mal 0,28 % – und nur 0,12 % im Verband bis 99. In Öko-Ställen sind Herden bis 2 500 Tiere erlaubt, pro m² werden aber nur 21 kg Lebendgewicht toleriert. Verbands-Bio machte Sitzstangen und Schlechtwetterausläufe zur Pflicht. Auch das laut ▸EG-Öko-Verordnung in Ausnahmefällen noch erlaubte **Schnabelkürzen** ist tabu. Bio-Puten picken seit 2012 zu 100 % Öko-Futter, v. a. Weizen, Erbsen, Ackerbohnen, nie Kunst-Aminosäuren, auch ▸Antibiotika sind beschränkt und dürfen nie (wie konventionell möglich) an ganze Herden gehen – „Die Pute schreit nach Antibiotika“, meinte ein konventioneller Puten-Baron 2012 im „Spiegel“. Untersuchungen in Niedersachsen ergaben bei manchen Betrieben **81 Einzelgaben pro Tier**. Erkrankungen sind durch die Haltung programmiert. Selbst das toleriert betäubungslose Kürzen des

Putenschönheiten: Auf Biohöfen gibt es sie wieder, die Bronzeputen in der altbekannten Pracht, zwar noch selten, aber doch immer öfter …

nervendurchzogenen Schnabels als Kannibalismus-Prophylaxe ist eher die Regel – statt Auslauf. Schlimm, dass es bis 2014 noch **keine gesetzlichen Bestimmungen** der EU zum ▸Tierschutz für die konventionelle Putenmast gab; für Deutschland gilt generell das Tierschutzgesetz, neben einer freiwilligen Selbstverpflichtung der Geflügelindustrie. Die an Imagepflege immer mehr interessiert ist…

Putenfleisch

Wer kann es sich schon leisten, die 6 kg Putenfleisch, die in Deutschland pro Kopf und Jahr Trendgenuss sind, von ▸Puten aus ▸ökologischer Tierhaltung zum bis zu vierfachen ▸Preis zu kaufen? Für ▸ÖKO-TEST war 2011 klar: **Alle müssten es**! Denn der ▸Genusswert eines Lebensmittels wird mitbestimmt von den Bedingungen, unter denen es „erzeugt" wird – umso entscheidender bei Putenfleisch, das zum überwiegenden Teil aus ▸Massentierhaltung stammt, die ▸artgerechtes Leben ausschließt. Putenfleisch ist mit etwa 1 % im Brustfleisch bzw. 7 % in der Keule nicht fett, es gilt vielen als gesund. Auch deshalb hat sich der Verbrauch seit Anfang der 1980er-Jahre verdreifacht, v. a. von **Brustfleisch**. Einst machte es nicht einmal 15 % des Körpergewichts aus, heute können es nahezu 40 % sein – ein „Erfolg" der Zucht mit tierisch fatalen Folgen für Bewegungsfähigkeit und Schmerzpotenzial. Und selbst weniger ▸ethisch motivierte Experten wissen: Während konventionelles Putenfleisch oft genug dank kürzester ▸Mast **PSE-Eigenschaften** aufweist – also *pale* (hell), *soft* (weich), *exudative* (wässrig) ist –, sorgt schon ▸Freilandhaltung für ein Training der Muskulatur, was sich in Konsistenz und Geschmack widerspiegelt. Noch besser sieht es mit dem **Fleisch ökologisch gemästeter Puten** aus, v. a. wenn es von ▸alten Rassen stammt. Die wachsen langsamer und bei Bio über einen längeren Zeitraum, sodass sich mehr intramuskuläres Fett als Geschmacksträger einlagert. Durch viel Bewegung sowie **getreidereiches Öko-Futter** kann, wie es die *Verbraucherzentrale Sachsen* ausdrückt, ihr Fleisch „ausreifen". Es ist erheblich fester, aromatischer und – durch das Eisen aus dem im Auslauf mitgefressenen Gras – etwas dunkler als jenes aus Riesenställen. Bio-Putenschnitzel ist feinfaserig und verliert beim Braten nur wenig Wasser. Aber Obacht: Das Fleisch der bei Bio beliebten Bronze- oder Kellypute kann dunkle Stellen von den Federkielen aufweisen, was am **ungewohnt dunklen Gefieder** liegt und noch oft an ästhetische Grenzen stößt, da sich im Unterbewusstsein längst nur weiß gefiederte Puten tummeln…

Nota bene: Die beim ▸Schlachten übertragene Belastung von konventionellem Putenfleisch mit ▸**Keimen** wie Campylobacter (selbst bei Bio, wenn auch meist geringer) und der generell häufige Nachweis von teils resistenten ▸Salmonellen bei Putenfleisch ließen das BVL *(Bundesamt für Verbraucherschutz und Lebensmittelsicherheit)* noch 2012 auf **Küchenhygiene** und sicheres Durchgaren hinweisen.

Putenfleisch: In kleinen Bio-Chargen verhackstückt und eingeschweißt, in konventionellen Massen als bequeme Imbiss-Scheiben

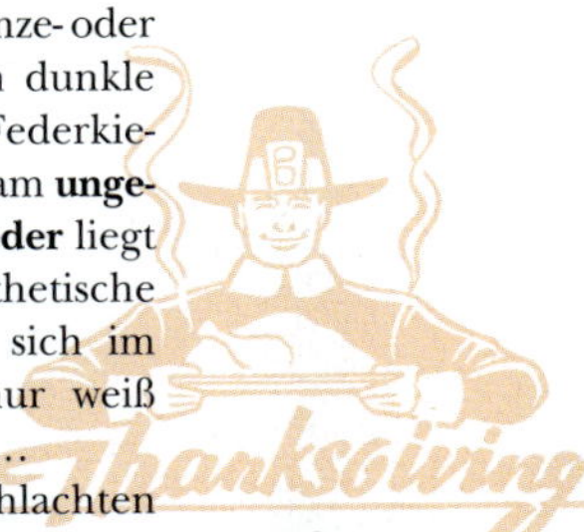

Putenbraten: Im Land ihrer Herkunft werden Truthühner in großer Erntedankbarkeit zum US-Festbraten – nach der Haltungsform kräht kein Hahn…

4C
4B
5B
6C

Q

QS-Prüfzeichen

Scheinbar eine Erfolgsgeschichte, jedoch einstweilen ein mit etwas Skepsis betrachtetes Siegel für **„geprüfte Qualitätssicherung“** bei konventionell erzeugten frischen Lebensmitteln, v. a. bei Fleisch. Vergeben wird das Label seit 2001, dem BSE-Jahr, eigens wurde dafür eine „QS Qualität und Sicherheit GmbH“ gegründet. Die Gesellschaft ist ein Zusammenschluss der größten deutschen Agrar-Erzeugergemeinschaften, Vermarkter- sowie Handelsvereinigungen und verspricht die „lückenlose Kontrolle und Sicherung entlang der Lebensmittelkette, vom Vorprodukt bis zur Ladentheke“.

Bislang besteht der Erfolg in erster Linie im Wachstum der Mitgliederzahlen: Nach 12 Jahren warben 2013 ca. 105 000 Firmen im In- und Ausland aus dem Bereich Futter, Fleisch, Geflügel sowie ca. 25 000 Partnerunternehmen für Obst, Gemüse und Kartoffeln auf ihren Produkten mit dem QS-Prüfzeichen. Nach eigenen Angaben betrug der Bekanntheitsgrad 29 % – 2009 waren es erst 8 %. Und können so nicht wissen, dass dessen Kriterien in erster Linie die ohnehin gültigen gesetzlichen Auflagen sind. Dass der kreisförmige blaue Pfeil sein QS-Versprechen nicht immer einlösen kann, zeigten schon früh die Fälle vom Frühjahr 2003. Damals wurden bei Futtermittelherstellern trotz des QS-Siegels erhöhte Dioxin-Werte festgestellt, Unregelmäßigkeiten mit den vorgeschriebenen BSE-Tests kamen heraus, und ein QS-Mitglied wurde beim wohl systematischen Umdatieren von „frischem“ Hackfleisch erwischt. Seitdem haben NGOs wie PETA *(People for the Ethical Treatment of Animals)* immer mal wieder v. a. mangelnden ▸Tierschutz in einigen QS-Betrieben kritisiert.

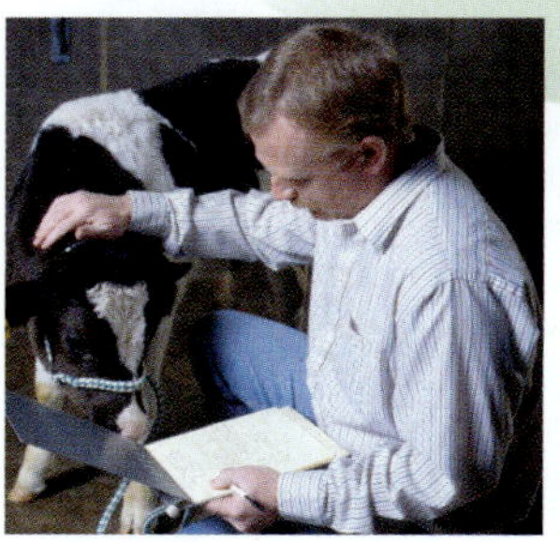

Immerhin macht das Prüfsystem die ▸Rückverfolgbarkeit von Waren einfacher, durch strengere Dokumentation als gesetzlich vorgeschrieben. Es bleibt die Frage: Wie lückenlos kann jene versprochene Qualitätssicherung greifen, wenn Geprüfte ihr Kontrollsystem selbst bezahlen? *Die Verbraucherinitiative e. V.* bringt es auf den Punkt: „Durch die enge Verbindung zwischen Zeichengeber und Zeichennehmern ist die Kennzeichnungsinitiative bedingt interessenunabhängig.“ Dafür gab es die Note „eingeschränkt empfehlenswert“.

Das offenbar nicht allzu überstrenge Prüfzeichen mit seinen Minimalkriterien und dem luxuriösen Werbe-Etat ist damit eher ein Marketinginstrument. Es soll wohl anderen und viel strengeren ▸Gütesiegeln oder sogar den ohnehin viel weiter gehenden ▸Bio-Siegeln das Leben schwerer machen.

QS-Prüfzeichen: Das massenhaft verbreitete Gütesiegel hat in der Bläue nur wenig Grünes, will „Sicherheit“ auf allen Erzeugerstufen bieten und soll wohl strengeren Gütesiegeln Paroli bieten

Qualität

Im Grunde genommen ein permanentes Fragewort, denn seit Römerzeiten bedeutet es nur Zustandsunsicherheit ohne jede nähere Aussage, da das Grundwort *qualis* nur fragt „wie beschaffen?“. Kein Wunder also, dass Qualitäts-Fragerei immer nur relative Antworten bekommt – von exzellent bis miserabel. Die Unübersichtlichkeit wird im Einzelfall durch

Qualität: Alle Siegelei ist nur so gut wie der wirkliche Aufwand dahinter, etwa bei solch saalfüllenden Prüfungen der DLG

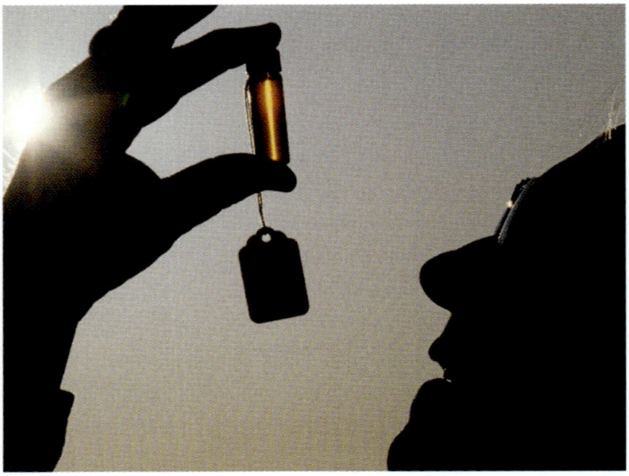

Qualitätsblick: Sie ist immer relativ, umso wichtiger sind darum objektive Maßstäbe, die das bloße Abstempeln verhindern

kompetente Institutionen wie die DLG *(Deutsche Landwirtschaftsgesellschaft e. V.)* oder durch Testberichte (etwa von ▸ÖKO-TEST oder von der ▸*Stiftung Warentest*) transparenter. Doch im alltäglichen Zweifelsfall sprechen beim Shopping oft höhere ▸Preise für eine höhere Qualität.

Sind so die teureren **Biolebensmittel** also generell von besserer Qualität? Zum einen erklärt sich ihr höherer Preis mit der „naturnäheren" Erzeugung all ihrer Grundprodukte. Diese ist u. a. aufwendiger, weil unter Verzicht auf synthetische Pflanzenschutz- oder Düngemittel die Produktivitätsrate niedriger und der erforderliche Arbeitsaufwand höher ausfällt als in der konventionellen Landwirtschaft (▸ökologischer Landbau). In der sog. tierischen Erzeugung kommen spezielle, dem ▸Tierschutz geschuldete Bedingungen hinzu (▸ökologische Tierhaltung). Bei verarbeiteten Produkten setzt sich der höhere Preis nicht nur aus höherpreisigen Zutaten des ▸kontrolliert biologischen Anbaus zusammen. Teurer ist auch der Verzicht auf ▸Zusatzstoffe und ▸Aromen und der daraus resultierende Mehraufwand bei der Herstellung (▸Food-Processing).

Zertifiziert durch lacon QUALITÄT DE-003-Öko-Kontrollstelle

Qualitätszeichen: Das Siegel einer Öko-Kontrollstelle garantiert die Einhaltung der Biokriterien und damit die besondere Qualität

Das alles aber sind nur einige wenige Parameter für eine Qualitätsbewertung: neben der gesetzlichen Mindest- noch die inhaltliche, also ernährungsphysiologische und letztlich auch die sensorische Qualität (▸Geschmackssache). Ob Biolebensmittel konventionellen Produkten tatsächlich überlegen sind, wird erst erforscht (▸bio = besser?, ▸bio = gesünder?) und hat oft mit eher ideologischen Begründungen zu kämpfen (▸Bio-Bashing), von denen auch ÖKO-TEST und die *Stiftung Warentest* nicht ganz frei seien, wie die ▸Biobranche moniert.

Trotz unterschiedlicher Grundeinstellung – für viele ▸Biobauern hat „der Markt" nicht Priorität – müssen in beiden Produktionswelten gesetzliche Auflagen für eine Mindestqualität erfüllt werden. Dabei gehen ökologisch Produzierende über generelle EU- und Landesgesetze hinaus – und die ▸Anbauverbände sind mit ihrem ▸Premium-Bio noch strenger als die ▸EG-Öko-Verordnung (▸Bio light). Biolebensmittel haben durch ihre Erzeugung also eine spezifische Prozessqualität. Überdies beweisen sie eigene Qualität als eher naturbelassene Erzeugnisse. Sie punkten mit Originalität, Sorten- oder Arten-Besonderheit und schämen sich im Regal nicht erdiger Herkunft. Harmlose Unregelmäßigkeiten sind normal, weil kaum Chemie am Werke war.

> „Biolebensmittel haben glücklicherweise auch noch gesundheitlich positive Eigenschaften"
>
> Urs Niggli, Weltvorstandsmitglied der IFOAM

Biolebensmittel liefern eine Gesamtqualität ohne ▸Gentechnik, überzeugen öfter bei den ▸sekundären Pflanzenstoffen, bei ▸Vitaminen und ▸Antioxidantien, haben ihr Plus bei ▸Fettsäuren und enthalten generell weniger ▸Rückstände, v. a. bei den ▸Pestiziden oder dem ▸Nitrat.

Bioprodukte haben also ihre dem Endprodukt nicht immer direkt anzusehende Qualität – nicht zuletzt einen hohen ▸Genusswert. Dazu kommen produktexterne Kriterien wie Beachtung der ▸Nachhaltigkeit,

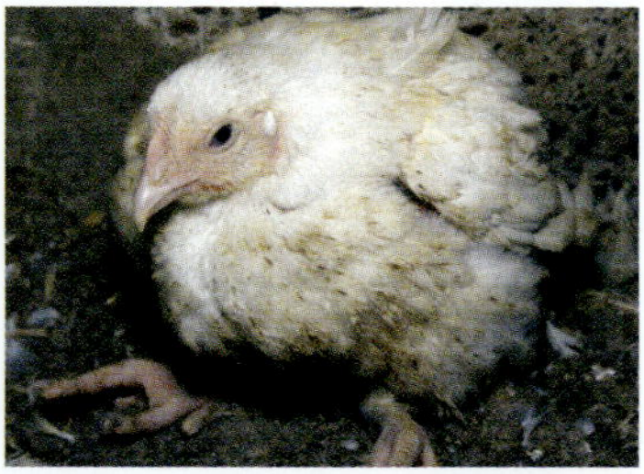

Pflege der ▸Biodiversität, ▸Naturschutz durch Landschaftspflege, der Schutz der Ressource ▸Wasser oder die bessere Klimabilanz extensiv betriebener Erzeugung.

All dies ist längst bei den ▸Biokonsumenten angekommen. Beim Einkauf ist ihnen laut Ökobarometer von 2013 die Rückstandsfreiheit am wichtigsten (52 %), die Qualität aber steht mit 50 % schon an zweiter Stelle.

Qualzucht

Im Fachbereich ▸Zucht ein Populärbegriff, der alles über Züchter sagt, die gegen den ▸Tierschutz verstoßen. Generell sind Zuchtziele, Zuchtverfahren und das Halten und „Erzeugen" von Wirbeltieren verboten, wenn dies mit Schmerzen, Leiden, Schäden oder Verhaltensstörungen einhergeht oder derlei Qualen den Nachkommen zugemutet würden.

„Qualzucht" ist kein Begriff aus § 11b des Tierschutzgesetzes, das vielmehr positiv formuliert, was „das vitale, gesunde, schmerz- und leidensfreie Tier" will. Im Visier hatte man dabei eigentlich die Züchter von Haustieren, denen damit auch das Ausstellen von erzüchteten Abnormitäten verboten wurde.

Bei sog. Wirtschaftsputen, Haushühnern, -gänsen oder -tauben ließen sich qualzüchterisch und genetisch („autosomal dominant") verankerte

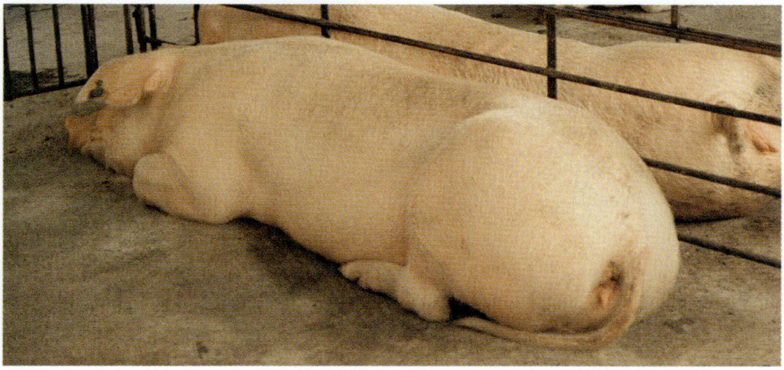

Qualzucht: Den Begriff gäbe es nicht, wenn Nutztieren nicht unnatürliche Eigenschaften angezüchtet würden wie untragbare Fleischbrüste oder schinkenstrotzende Leibesliegefülle

Anomalitäten optimieren, wären sie nicht formell untersagt. Dennoch leiden inzwischen besonders ▸Puten und ▸Masthühner oft unter dem abnormen Brustfleischansatz, welcher Haltungs- und Gelenkschäden verursacht.

Doch auch viel größeren Wirbeltieren können Deformationen angezüchtet werden. Überbemuskelten ▸Rindern etwa kann eine natürliche

Quark: Auch in Bioqualität kann er handgeschöpft und in obstigen Varianten eine ehrliche Frucht-Wucht sein

Geburt erheblich erschwert bis unmöglich gemacht werden und dann Kaiserschnitte für Kälbergeburten erforden. Die übergroßen Euter bei ▸Milchkühen sind außerdem hygienisch problematisch. Biobetriebe verkürzen bei ihren nachhaltigen Zuchtzielen den Begriff Qualität nicht zu Qual …

Quark

Redensartlich wird „so'n Quark" verachtet, was an seiner äußerst einfachen Herstellung und wenig imponierenden Konsistenz liegen mag. Solch ein Quark, bayerisch-österreichisch auch *Topfen* genannt, ist amtlich ein ▸**Frischkäse** mit einem Fettgehalt, der in Deutschland meist 10, 20 oder 40 % beträgt.

Quark entsteht nach Zugabe von Milchsäurebakterien und von ▸Lab durch ▸Fermentation aus pasteurisierter, meist entrahmter Milch von der Kuh, v. a. als Bio-Quark auch schon mal von

Quarkqualität: Es kommt auf die Herkunft der Milch und auf das Herstellungsverfahren an, damit man ihn auch gerne löffelt

Schaf oder Ziege. Einem 40%igen Sahnequark ist dann Rahmiges beigemischt.

Industriell wird pasteurisierte und gefilterte Milch bei einer Temperatur zwischen 10 und 20° C in sterilen (Edelstahl-)Behältern mit Milchsäurebakterien geimpft. Für Bio-Quark werden in der Regel sog. Bi(o)gardekulturen verwendet, die überwiegend aus ▸rechtsdrehender Milchsäure bestehen, bekömmlicher sind und späterem Bitterwerden vorbeugen. Bio-Kulturen sind vorschriftsmäßig gentechnikfrei.

Nach einiger Zeit beginnt die Gerinnung; dann wird meist auch noch Lab zugesetzt, um den Prozess der **Dicklegung** zu beschleunigen (dieses „Einlaben" dauert sonst bis zu 16 Stunden). Dieses Lab wird entweder aus Kälbermägen gewonnen oder – vor allem, wenn das Produkt an Vegetarier verkauft werden soll – auch mikrobiell erzeugt. Bei **Bio-Quark** ist garantiert, dass kein gentechnisch erzeugtes Lab benutzt wurde.

Durch verschiedene Verfahren werden dann Molke und feste Bestandteile, der sog. Käsebruch, getrennt. In den konventionellen Großmolkereien wird dazu oft die Ultrafiltration genutzt, die zwar eine höhere Ausbeute garantiert, im Ergebnis jedoch eher inhaltsstoff- und sogar geschmacksärmeren Quark liefert. Statt wie früher 5 reichen dann schon 2 bis 3 Liter stark entwässerte Milch für gut 1 Kilo Quark. Der ist stofflich völlig anders zusammengesetzt als traditionell hergestellter und liefert mehr Milchzucker und Molkeneiweiß – damit hat er für manche leider auch ein allergenes Potenzial, ein Blick aufs Etikett lohnt also!

Einige ▸Anbauverbände des ökologischen Landbaus verbieten dieses Verfahren gänzlich und setzen auf die traditionelle „Separatoren-Technik" mitsamt Überlauf-Rührwerk. Und im Premium-Bereich gibt es oft noch die ▸artisanale Handschöpfung, bei der sog. **Schichtkäse** entsteht. Er ist wasserhaltiger und damit saftiger – deshalb eignet er sich so gut für Käsekuchen nach bester alter Art.

Selbermacher nehmen nur ein paar Tropfen Lab zur ausgewählten Milch und verwenden später zum Abtropfen des Bruchs ein Mulltuch.

Quark ist gesund: Neben hochwertigem Eiweiß und der magenfreundlichen Milchsäure bietet er v. a. die Mineralstoffe Calcium und Phosphor.

Je nach quarkig-köstlichem Endprodukt kann durch Sahnezugabe die Fettstufe erhöht oder können durch Zugabe von Früchten etc. Varianten geschaffen werden. Bio-Quark hat da noch ein großes Potenzial, zumal alle Geschmackszugaben natürlich sein müssen. Und dies kommt hinzu: Bio-Quark sowie Bio-Frischkäse schneiden (nach der letzten Berechnung des *Öko-Instituts* in Freiburg) in ihrer **Klimabilanz** um 6,5 % besser ab als ihre konventionell erzeugte Konkurrenz – nicht gerade wenig für Quark-Liebhaber!

Quecksilber

Schreckschlagwort für eine unsichtbare Umweltverseuchung und eine ernst zu nehmende Nahrungsmittelbelastung, die so gefährlich nah an Vergiftung grenzt – und manchen auch schon vergiftet hat.

Gegen Quecksilber ist kein Ökokraut oder -tier gewachsen oder gar gefeit, denn dieses ▸Schwermetall, chem. Hg (von griech.-lat. *hydrargyrus* „Wasser-Silber", franz. *mercure*, engl. *mercury*), ist immer noch **unverzichtbar** in industriellen Produktionsprozessen (es kommt etwa in den Energiesparlampen zu zweifelhaften Ehren). Deshalb gelangt das einzige bei Normaltemperaturen flüssige und auch Dämpfe bildende Metall weiterhin aus fossilen Brennstoffen oder aus Abgasen massenhaft in die Luft, in Böden, Flüsse, Meere. Dort glänzt es mit hartnäckiger Langlebigkeit und gelangt kumulierend in unser aller **Nahrungskette** – also essen wir das Schwermetall allzu leicht mit.

Weil dessen Verwendung so wichtig war und bleibt, wurde, wie so oft, der gesundheitliche Verbraucherschutz nur sehr zögernd und erst spät wirksam. Verbindliche **Höchstgehalte** für

Quecksilber: Diese Aale sehen hier nur so aus wie das, was sie tatsächlich oft an dem silbrigen Schwermetall intus haben

Quecksilber in Fischen und Fischerzeugnissen galten in Deutschland erst seit 1993; seit April 2002 auch für Milch, Getreide, Gemüse, Obst und alles Fleischliche, womit für das zuständige Bundesministerium der Verbraucherschutz „weiter verbessert" wurde. Neue Werte gab es 2006, seit März 2007 gelten sie. Seitdem immerhin, heißt es ganz amtlich, sei der Anteil aller Proben mit einer Überschreitung der Höchstgehalte „bis auf wenige Ausnahmen gering". Submaximal essen wir also weiterhin Quecksilber.

Der nur „vorläufig" festgesetzte TWI-Wert (der *Tolerable Weekly Intake*) für Quecksilber beträgt auch „nur" 1,6 Mikrogramm pro kg Körpergewicht. Dabei ist das Schwermetall in anorganischer Form selbst nicht so giftig, doch in der Natur wandelt sich das anorganische Element in das für den Menschen gar hundertmal giftigere **organische Methylquecksilber** um (dessen verdächtigt werden als Umwandler v. a. gewisse Mikroben im Meer).

Quecksilber: Ein Teller mit Meeresfrüchten serviert leider oft auch eine kleine Giftportion von Quecksilber mit

Die Gefahr jener Bio-Akkumulation wird ganz konkret messbar in vielen Meeresprodukten, zumal in Fischen; in älteren und größeren sowie fettreichen Raubfischen am **Ende der Nahrungskette** besonders. US-Amerikaner sollen 40 % ihrer Gesamtbelastung mit Quecksilber allein den servierten Speisefischen verdanken. An Land sind einige ▸Wildpilze quecksilberverdächtig, ▸Innereien vom ▸Wild sind ohnehin oft hoch mit Schadstoffen und dann meist auch mit Quecksilber belastet. Allerdings liegen diese Rückstände im Allgemeinen unter den Höchstwerten. Eine Ausnahme bildet Wal- und Delfinfleisch, in dem Japaner schon eine 900-fache Überschreitung amtlicher Grenzwerte gemessen haben. In entnommenen Leberproben war es das alarmierende 5 000-Fache!

Der unselige Kreislauf schließt sich also, sobald der Mensch das giftige Methylquecksilber über die belastete Nahrung in den Körper aufnimmt, wo es sich vor allem im zentralen Nervensystem sowie in Nieren, Leber und Milz ablagert. Dort kann es, und zwar oft unerkannt, zu einer heimtückischen **Quecksilbervergiftung** kommen.

Das inzwischen routinemäßig durchgeführte ▸Monitoring entdeckt regelmäßig überfrachtete Lebensmittel, die dann vom Markt müssen – etwa 2008 mit Quecksilber überbelastete „ethnische pflanzliche Präparate", nämlich importierte ayurvedische ▸Nahrungsergänzungsmittel. 2012 gab es nur geringe Funde.

Hoffnung: Seit 2009 arbeiteten die UN an einem Quecksilberabkommen mit **weltweitem Verbot** (in Wahrheit „bindende Regelungen für Produktion und Emission"), das 2013 als „Minamata-Konvention" endlich von 110 Staaten unterzeichnet wurde.

Tipps: Verdampfendes Quecksilber unverzüglich unschädlich machen (also zusammenkugeln, einsammeln und zum Sondermüll bringen). In der **Schwangerschaft** und **Stillzeit** den Konsum von großen und älteren Raubfischen wie Thunfisch, Hai und Heilbutt deutlich einschränken!

Queller

Die leckere, wie Kakteen verzweigte Pflanze *Salicornia europaea* von den Watt- oder Brackwasserwiesen ist ein Unikum, das nicht mehr nur Botaniker, sondern auch Gourmets interessiert. Inzwischen gibt es den Queller (franz. *salicorne* wörtl. „Salz-Horn", oder *passepierre*) von April bis in den Sommer beim Fischhändler oder im Feinschmecker-Handel, dann aber oft aus Gewächshäusern. Kenner sammeln sich die so meersalzigen Uferraffinessen an den Wattküsten und Salzwiesenrändern als Wildgemüse zusammen (▶Wildsammlung), wofür sie öfter Gummistiefel brauchen.

Der Queller gedeiht als spezialisierte **Salzpflanze** v. a. an den nordwestlichen Küsten Europas und gilt da als Pionierpflanze, eben als Erstsiedler auf sonnigeren „Schlickwatten" und in allmählich verlandenden Spülzonen von Salzwasser.

Für den hydroskopischen Effekt der Nährstoffaufnahme konzentriert die Pflanze im eigenen Zellsaft den Salzgehalt und verdünnt so den ständig steigenden inneren Anteil mit immer mehr Wasser, was eben die (Auf-) Queller-Bezeichnung erklärt. Im Herbst dann ist dieser Salzgehalt gifttödlich – die Pflanze wird rötlich und stirbt nach Kurzblühen ab. Ihre Samenkapseln werden dann vom späteren Frost regelrecht gesprengt und die Samen erst nach kurzem Süßwasserkontakt (eher bei Regen oder durch Schnee) zum Keimen für einen erneuten Überlebenskampf am Meeresrand gebracht.

Queller: Als knackiger Überlebenskünstler an Salzwassergrenzen passt er bestens zu Fisch oder Meeresfrüchten

Aus **Queller-Samen** (auch „Meeresbohnen" oder „Bohnen der Matrosen" genannt) kann man deshalb gut ▶Sprossen keimen lassen. Sie sind sogar ölhaltig und wurden gerade von Biodiesel-Propagandisten ins Visier genommen: Denn wo überall auf der Welt Mangroven wuchern, könnte auch Treibstoff-Queller nähr- und kohlenstoffbindend gedeihen und so ganz nebenbei als Erstsiedler die Bodenbildung fördern. Auch der magenferne Appetit auf Queller bei Energie- und Landhunger also kann seine Umweltkarriere fördern …

Naturgemäß schmeckt uns nur junger Queller mit seinen 8 cm langen Stängeln **als Salat** am besten und mit leichter Pfeffrigkeit nach Meer, längere Abzweigungen werden allerdings dann ab den Verästelungen leicht holzig. Die knackigen Stängel selbst sind schon roh vorzüglich und bereichern jeden Meeressalat. Sie werden ansonsten nur kurz *al dente* gedünstet, gekocht oder gebraten. Salzen entfällt, aber Wässern würde Queller nur entsalzen und Süßwasser ihn sogar zersetzen! Franzosen legen Queller-Ästchen in Essig ein und goutieren sie später als *cornichons de mer* (wörtl. „Meeres-Gürkchen"). Es gibt sie inzwischen als Konserve. Dickere, ältere Abzweigungen sind viel salzhaltiger, vertragen also Wässern und gelten gekocht als **„Spargel des Meeres"**.

Modisch geworden erquillt Queller inzwischen in holländischen oder in israelischen Treibhäusern und wird teuer als „Meeresspargel" vermarktet. Nur an der deutschen Nordseeküste bleibt er das von lokalen Gourmets geschätzte „Friesenkraut".

Analysen, ob so ein meerernährter Queller schadstoffbelastet ist, gibt es noch nicht. Ein ausstehendes Bio-Siegel auf Ware aus Gewächshäusern oder für kontrollierte Wildsammlung könnte beruhigen. Denn wo Flussmündungs- oder Meerwasser verunreinigt ist, wird Queller wie Algen oder Muscheln in seiner Aufnahmefähigkeit zum passiven Opfer.

QUID: Vorschrift zur Aufklärung der Endverbraucher, die lesen wollen, was und wie viel drin ist…

QUID

Eine der originelleren sprechenden Abkürzungen, die wie ein „Was?" auf Lateinisch klingt, aber nur die Kurzform für die englische Bezeichnung *Quantitive Ingredient Declaration* ist, die wörtlich übersetzte „Quantitative Inhalte-Erklärung".

Auf Deutsch regelt sie verbraucherfreundlich die **„Angabe wertbestimmender Zutaten** eines Lebensmittels in ihrer Menge in Prozenten" nach § 8 der strengen LMKV *(Lebensmittel-Kennzeichnungsverordnung)*. Geregelt ist damit die Mengenkennzeichnung von „wertgebenden" Zutaten sowie das Wann und Wie des Aufdrucks auf einer Lebensmittelverpackung – und zwar nach den Anteilen aller Zutaten, also ganz im lateinischen Sinne **„Was – was ist drin?"**.

Werden etwa auf dem Deckel eines Fruchtquarks die Zutaten „Pfirsich-Maracuja" und „mit Joghurt verfeinert" versprochen, muss der Anbieter auf der Verpackung auch den Anteil der **Zutaten in Prozent** angeben, etwa „mit x % Pfirsich-Maracuja-Zubereitung" und eben „mit y % Joghurt". Das gilt auch, wenn die Beigabe von Früchten lediglich auf einem Bild angedeutet wird. Damit muss auch ein Jägerbraten-Etikett mit appetitlicher Abbildung verraten, wie viele Prozente an Pilzen resp. Fleisch geboten werden oder wie hoch denn der Gemüseanteil bei einer Gemüsesülze ist. Deshalb muss auch eine Wursthülle „als alleinige Verpackung", ohne ein extra Etikett also, die Zutaten in Prozent aufgedruckt ausweisen.

Ausgenommen von QUID-Angaben sind Gewürz- wie Kräutermischungen oder -zubereitungen, Wasseranteile von unter 5 % des „Enderzeugnisses", Koffeinangaben bei Kaffee oder Vitamine und Mineralien bei Fruchtsäften, Obst- und Gemüsemischungen.

Dank QUID soll sich nicht nur der Käufer bei Kaufentscheidungen auf die angepriesenen Zutaten verlassen dürfen, auch der Mitbewerber soll sichergehen, dass sich kein Konkurrent mit unlauteren Angaben Marktvorteile erschleicht. Auch dies sorgt dafür, dass mittlerweile weitgehend zuverlässig „gequidet" wird, so der Fachjargon. Damit haben **Biolebensmittel** mit ihrer naturgemäß eingeschränkteren und transparenteren ▸Zutatenliste einen begrüßenswert blickfälligen Wettbewerbsvorteil.

Seit 2003 gilt die Mengenangaben-Verordnung auch für verpackte Fleisch- und Wurstwaren. Entscheidend ist dabei: Der angegebene Fleischanteil von der anzugebenden Tierart muss sich immer auf das **Endprodukt** beziehen. Wird Fertiggulasch aus 500 g Rindfleisch, 400 g Zwiebeln und 100 g Pilzen angeboten, gehört absolut unüberlesbar „50 % Rindfleisch" aufs Etikett.

Schwammiger wird die QUID-Regelung bei der Frage, was denn eigentlich ▸Fleisch sei. Vereinfacht gesagt besteht Fleisch aus den Skelettmuskeln samt anhaftendem Fett und Bindegewebe. Zur Sicherheit des Verbrauchers sind deshalb für Fett und Bindegewebe Höchstgrenzen festgelegt.

Quinoa-Produkte: Die glutenfreien Körner haben zum modischen Reiz interessante Bitterkeit

Quinoa-Samen: Das uralte „Inkagetreide" hat als Exot schon einen Ruf als Superfood

Quinoa

Von der Agrarindustrie erstaunlich spät entdeckte buschige Pflanze aus den Anden mit höherem Nährstoffprofil als Sojabohnen oder Getreide und laut FAO *(Food and Agriculture Organization)* der Milch an Wertigkeit vergleichbar.

Quinoa liefert gleichnamige rekordverdächtige Samenkörner, die es in sich haben: Die weißen, leicht nussigleckeren Körner (2 mm) sind nicht getreidig, können es aber leicht mit jedem Getreide aufnehmen.

Auf Deutsch wird modisches Quinoa (sprich „kien-wa" oder „ki-nu-a") zur altmodischen „Reismelde", weil eben jedes Pflanzenmitglied der Familie der Fuchsschwanzgewächse eben so eine Melde ist und die Quinoakörner in ihrer Textur an Wildreis erinnern. Man kocht Quinoa auch so simpel wie Reis, allerdings etwas kürzer und in der dreifachen Wassermenge. Die Samen haben den höchsten Proteinanteil von allen Körnerfrüchten (Echt- wie Nichtgetreide), Quinoa enthält **kein ▸Gluten** (das Klebereiweiß) und hat einen hohen Kalorienanteil. In seinen Fettwerten wird das Andenwunder gerade mal von Hafer, Amaranth und Sojabohnen übertroffen.

All dies hat dem uralten Grundnahrungsmittel aus Südamerika den Ruf **„Inkagetreide"** oder auch **„Gold der Inka"** eingebracht, inzwischen wird es als ▸Superfood vermarktet.

Quinoa war den Inkas heilig, galt als „Mutter der Getreide" und als Wundermittel für Kraft, Ausdauer und Gesundheit. Die Spanier allerdings unterdrückten den Anbau zugunsten von großkörnigem Mais, und das so üppige Krautgewächs verzog sich

Quitten: Die „Zitrone des Nordens" ist hart zu verarbeiten, aber sie belohnt es mit extrem viel Vitamin C

buchstäblich in die unwirtlichen höheren Andenregionen.

Die Wiederentdeckung der inhaltlichen Werte von Quinoa als exotisches ▸Urgetreide und Gesundkost führte in Südamerika zu verstärktem, auch zu ökologischem Anbau und zum ▸fairen Handel damit. Inzwischen ist Quinoa auch als Vollkorn beliebt.

Einziger Nachteil: Als natürliches Gegenmittel gegen Insekten- oder auch Vogelfraß enthält Quinoa den Bitterstoff **Saponin** in seinen Samenschalen. Quinoa geschält, geschliffen oder als Mehl enthält gar kein Saponin mehr, das im Übrigen durch Waschen des Vollkorns weitgehend entfernt werden kann. Für Säuglinge wäre

es allerdings nicht so bekömmlich, denn der tensidische Saponineffekt wäre Blutverdünnung oder gar Darmaufruhr. Doch inzwischen bieten Bio-Saatgut-Firmen saponinarme Sorten sogar für das europäische Klima an.

Die durchaus pikante und oft als irritierend empfundene Restbitternis durch Saponin begrenzte bisher den Quinoa-Anteil in Mehrkornbroten oder anderem Gebäck. Saponinarme Quinoaprodukte aber gibt es mittlerweile als Schrot, Flocken und sogar Sprossen.

Quitten

Auch weil das Verarbeiten von Quitten (franz. *coing*, engl. *quinces*, österr. *Kiden*) buchstäblich „die Härte" ist, gerieten die quittegelben apfel- oder birnenförmigen Obstveteranen fast in Vergessenheit. Der frostempfindliche Baum *Cydonia oblonga* stammt als Rosengewächs ursprünglich aus dem Kaukasus und dem Iran und wurde von den Römern im damals klimamilden Europa weit verbreitet. Doch bald schon vegetierten Quittenbäume nur noch in wenigen Kloster-, Bauern- oder halbverwilderten Privatgärten vor sich hin, bis vor einigen Jahren boten sie nur noch wenige Baumschulen an. Inzwischen kümmert sich ▸*Slow Food* in berechtigter Sorge um ▸alte Sorten, um am Beispiel der „Astheimer Perlquitte" das Motto „Essen, was man retten will" zu praktizieren. Und der süddeutsche „Quitten-Retter" Marius Wittur rief 2009 zu seiner Aktion **„Pomologie Cydonia"** auf. Er sammelte Infos über Sorten und Standorte; heute ist er sogar „Quitten-Winzer".

Quitten werden in deutschsprachigen Ländern eher selten angeboten und sind, kaum mal auf dem Markt, schnell ausverkauft. Immer sind sie ▸lose Ware, denn für sie gelten keine Handelsklassen, Normen und eigenen Vorschriften (außer dass sie handgepflückt sein müssen). Die Mehrzahl der Scheinfrüchte, auch für die industrielle Produktion von Gelees bis hin zu schnittfestem „Quittenbrot", von Säften oder von

Bränden, kommt aus den Mittelmeerländern oder vom Balkan, oft aus Frankreich oder der Türkei – und zunehmend in **Bioqualität**. Der Run auf die ▸„Bionade“ mit Quittengeschmack führte seinerzeit sogar zu Nachschubproblemen. Seitdem werden Bio-Plantagen in der Rhön und damit die Idee der regionalen Erzeugung gefördert – als ▸Streuobst. Eine Quittenbesonderheit neben dem bestechend süßen, ananashaften Duft ist der herb-säuerliche Geschmack durch viele Tannine und reichlich vorhandenes Pektin (bis 1,8 %), was das Gelieren erleichtert. Bei anhaltendem Interesse an Quitten (kurze deutsche Saison ab Oktober, Lagerfähigkeit dann 3 Monate) besteht Hoffnung, dass auch uralte, unverholzte Sorten ohne die störend vielen Steinzellen ihr Comeback haben werden – die wären dann weich und gleich aus der Hand zu essen.

Quorn

Voilà: Dies ist das erste pflanzliche Einzeller-Eiweiß, das in Europa als **Kunstfleisch** verkauft wird. Quorn™ ist abstrakter Kunstname für ein proteinreiches, dazu völlig cholesterinfreies Pilzprodukt – ein Mycoprotein. Ursprung ist der Schimmelpilz *Fusarium venenatum*, zuvor eher als Agrar-Schädling (für Weizen-Wurzelfäule) bekannt, ab 1967 beforscht. Nur für ihn wurde 1985 „Marlow Foods“ in Stokesley/GB gegründet, die Quorn bis heute exklusiv erbrüten. Zwar liefen die Patente 2010 aus, doch Konkurrenten scheuen die Investitionen. Denn die **massenhafte Vermehrung** der Winzpilze erfolgt mit kontinuierlicher Glucosefütterung in speziellen Fermentern. Hinzu kommen später Vitamine und Mineralstoffe, jene mit Hühnereiweiß gebundene ▸vegetarische, also unvegane, Masse sieht am Ende aus wie feinfaseriger Teig, hat Struktur und **„Biss“** (▸Textur), lässt sich beliebig formen oder würzen und ist als ▸Fleischersatz die Alternative zu ▸Seitan oder ▸Tofu. Ob allergenes Potenzial wie bei Soja in Quorn schlummert, ist umstritten. Fest steht: Es ist fettarm, gleicht magerem Fleisch und wird – allerdings nur in ausgewählten Ländern – in simulierender Form à la Hack, Würstchen, Hamburger oder Geschnetzeltem in mittlerweile gut 50 Varianten angeboten, die zart bleiben, kein Wasser verlieren und **formstabil** sind. Nachdem Freiland-Eier 2004 ▸Käfigeier ersetzten, bekam Quorn auch den Segen der britischen *Vegetarian Society* (▸Verstecktes). Seit 2011 können sich ▸Veganer in den USA echt eifreie Quorn-Burger braten – Bio-Varianten aber gibt es noch nicht. Mutterland Großbritannien „quornt“ seit 1994; dort macht es rund 60 % aller **Fleischersatz**-Produkte aus, nur etwa 20 % werden abroad verkauft. Immerhin gibt es das „vegetarische Fleisch“ seit 2013 auch in Deutschland (in einzelnen Supermärkten), die Schweizer kennen es seit 2010.

Quorn: Das Kunstfleisch aus Pilzkulturen könnte zunehmend Ersatz für manch anderen Fleischersatz werden, mit dem Reinbeiß-Reiz nicht nur für Vegetarier & Co

Ich will
ORIGINAL
REGIONAL
Aus der MetropolRegion Nürnberg
Spezialitäten aus Franken!
Die Regionaltheke
KONSUM
Nudelsoße
BAUERN NUDELN

R

Radieschen

Es verblüfft, wie es Radieschen unter der Erde so treiben: Die roten Knöllchen bilden sich innerhalb von nur 20–30 Tagen und überzeugen dann in senföliger Rohköstlichkeit. Die Radieschenpflanze *Raphanus sativus* ist eine kleine Rettich-Verwandte und beweist dies mit Schärfe, auch in den pikanten Keimlingen und bis in die Blätter, die durchaus salat- oder einlagegeeignet sind.

Im konventionellen Anbau wird bei Radieschen gern mit viel Wässern, Gedünge und Tempo auf Größe und schnelle Ernte geachtet – das macht solche Radieschen eher zu groß und zu wässrig. Als **Massenware** sind solche Radieschen ein Musterbeispiel für Geschmacksverarmung und Preisverfall. Aus ökologischem Anbau sind die Knackkugeln deshalb nach gedeihlich normalem Wachstum eher kleiner, damit schmeckbar typischer würzig-scharf. Da Bio-Radieschen **ohne mineralischen Stickstoffdünger** auskommen, ist bei ihnen der arttypische Reichtum an ▸Nitrat vergleichsweise verarmt. So zeigt eine, wenn auch mit nur wenigen Proben belegte Untersuchung des *Bayerischen Landesamtes für Gesundheit und Lebensmittelsicherheit,* dass Sommerradieschen aus Öko-Anbau gemessen an konventionell erzeugten mit 661 mg/kg beinahe die Hälfte an Nitrat aufwiesen. Ohnehin lohnt es, die Freiland-Saison (Mai bis Oktober) einzuhalten, da die Pflanzen bei Sonneneinstrahlung Nitrat zum Eiweißaufbau verbrauchen, statt es zu speichern. Auch unter Aspekten des ▸Klimaschutzes lohnt sich solch Sorgfalt. Das FiBL *(Forschungsinstitut für biologischen Landbau)* errechnete 2010 für Österreich, dass es bei regionalen Bio-Radieschen der Linie „Zurück zum Ursprung" fast 37 % CO_2-Äquivalente weniger waren. In Deutschland könnte die Pfalz die Bio-Nase vorn haben: Hier werden 85 % der heimischen Radieschen angebaut.

Nota bene: Eine entfärbte Sonderform von Radieschen sind die bis zu 12 cm länglichen, weißen sog. **Eiszapfen** (die mit dem grünen Kopf), die denn auch botanisch als Knollenrüben gelten.

Radieschen: Sind sie bio, dann eher mal kleiner und auch schärfer, schließlich sind sie kugelkleine Verwandte des Rettichs

Radioaktivität

Wir wollen beim Essen ja möglichst strahlen, aber ganz sicher nicht vom Essen. Doch ganz bestimmte Atomkerne haben die Eigenschaft, sich spontan in andere, mehrere, leichtere Atomkerne zu verwandeln, wobei Strahlung freigesetzt wird. Diese oft fälschlich Radioaktivität genannte „ionisierende Strahlung" ist es, die für den menschlichen Organismus je nach Dosis nur schädlich oder sogar tödlich sein kann. Sie ist z. T. auch in unseren Lebensmitteln vorhanden, denn die Radioaktivität bzw.

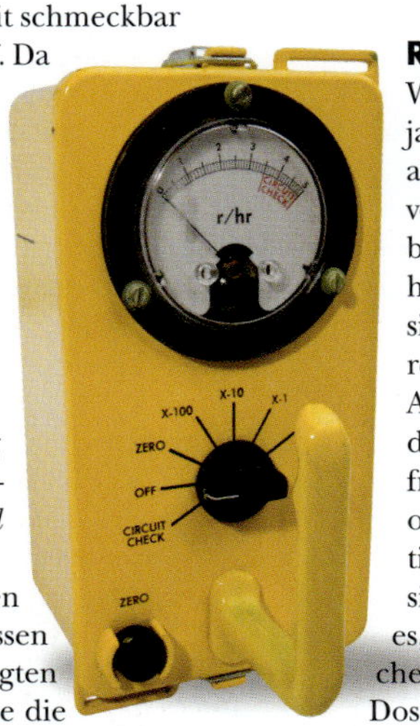

Radiaktivität: Natürlicherweise schon zu geringen Teilen in unserer Nahrung, schädlicherweise aber zusätzlich in gefährlicher Dosis noch immer seit Tschernobyl

regional: Zunehmend die erste Wahl beim Einkauf, wie hier die fränkische Regionaltheke in einem Erlangener Konsum-Markt

ihre Strahlung ist praktisch überall. Diese „natürliche Radioaktivität" ist meist sehr gering. **Radioaktivität in Lebensmitteln** hat aber zumeist andere Gründe: Am bekanntesten und wirksamsten wurde sie durch den GAU im ukrainischen Kernkraftwerk Tschernobyl anno 1986. Damals wanderten die Wolken radioaktiven Staubs (mit Jod-131 und Cäsium-137) um den Globus und schlugen sich mehr oder weniger kräftig in Pflanzen und dem Erdboden nieder. In weiten Teilen der Nordhalbkugel, neben der Ukraine, Weißrussland und Russland waren v. a. Nord-, Mittel- und Westeuropa betroffen, ist die Belastung auch heute noch deutlich messbar.

Radioaktivität: Manchmal strahlt der Pilzsammler mit seinem Fund um die Wette, denn Tschernobyl bescherte uns die strahlenden Probleme – und zwar bis heute

In den südlichen deutschen Bundesländern sind auch heute noch immer ▸Wildpilze, Waldbeeren und sogar ▸Wildfleisch wie jenes von ▸**Wildschweinen** gefährlich hoch belastet. Dass sich das radioaktive Cäsium-137 vor allem in Wildschweinen anreichert, liegt am Fressverhalten der Tiere, die in den obersten, am höchsten belasteten Schichten des Bodens nach Futter suchen. Immer noch müssen nach einer EU-Verordnung Lebensmittel regelmäßig auf radioaktive Belastungen untersucht werden, vor allem die erwähnten Pilze, Waldbeeren und Wildtiere.

Die Belastung mit Cäsium-137 ist inzwischen allerdings in den meisten Gebieten der Bundesrepublik auf Werte **unter der Nachweisgrenze** zurückgegangen. Die daraus resultierende Strahlung ist meist geringer als die natürliche (kosmische und terrestrische) Radioaktivität.

Heftige Diskussionen gibt es um die Praxis, Lebensmittel einer keimtötenden bzw. gut haltbarmachenden ▸Bestrahlung auszusetzen. Alle ökologischen ▸Anbauverbände sowie die ▸EG-Öko-Verordnung lehnen dies strikt ab.

Rainforest Alliance

Selbst McDonald's ist stolz auf das ▸Gütesiegel „für Qualität und Nachhaltigkeit" der US-amerikanischen Regenwaldkümmerer, das die Kaffeeprodukte und -becher des Fast-Food-Multis schmückt – Markenzeichen: grüner Frosch. Damit werben auch andere, vergleichbar große Unternehmen, v. a. für Kaffee, wo schon ungefähr 2,5 % der gesamten Welternte entsprechend zertifiziert ist. Aber ebenso Bananen von Chiquita oder der Lipton-Tee von Unilever tragen das grün-weiße Label.

Laut Eigenwerbung engagiert sich die schon anno 1987 gegründete *Rainforest Alliance* „für den Schutz der sensiblen Ökosysteme, den Erhalt der Biodiversität und für die nachhaltige Sicherung der gemeinsamen Lebensräume von Mensch, Tier und Pflanze". Das Zertifikat erhalten Farmen, „die eine Vielzahl (rund 100) sozial-, umwelt- und wirtschaftsbezogener Kriterien erfüllen", heißt es in der Selbstdarstellung.

Ausgearbeitet hat diese Kriterien das SAN, ein *Sustainable Agriculture Network,* zu dem auch die *Rainforest Alliance* gehört.
Doch längst nicht überall nimmt man der Allianz ihr lauteres Anliegen ab. Anders als die bei der FLO

(Fairtrade Labelling Organization) engagierten Firmen unterstütze *Rainforest Alliance* höchstens ▸„Fairtrade light", beklagt etwa das Freiburger *Öko-Institut.* Die Organisation garantiere weder Mindestabnahmepreise noch Mindestlöhne, das Siegel gebe es schon für Produkte, wenn nur 30 % der Inhaltsstoffe aus zertifizierten Betrieben stammten, ▸TransFair dagegen fordere da 100 % aus fairem Handel. Kaffee mit dem **grünen Frosch** bewertet das Freiburger Institut daher als „nicht empfehlenswert". ÖKO-TEST moniert, dass Pestizide nicht verboten sind und warnt vor einer Verwechslung des *Rainforest-Alliance-*Zeichens mit ▸Bio-Siegeln oder Fairtrade, meint jedoch: „Einen Beitrag zu umweltfreundlicheren und menschenwürdigeren Produktionsbedingungen kann es aber sehr wohl leisten." Deutlicher wird dazu eine Studie der Stuttgarter Genossenschaft *copino*: „Das Siegel wird unter Fachleuten mehrheitlich als ▸Greenwashing angesehen." Das machen eher verwaschene Kriterien und die recht unklaren Konsequenzen. Der Schweizer ▸WWF schreibt denn auch lapidar: „Besser als kein Label" …

Rainforest Alliance: Mit dem Nachhaltigkeitssiegel soll das „Produkt Ethik" mitvermarktet werden

Rapsöl

Als alle Gourmet-Welt das „French Paradox" und die inneren Werte des ▸Olivenöls pries, geriet das Öl von *Brassica napus* in Verruf, ihrer **Erucasäure** wegen. Diese immerhin einfach ungesättigte ▸Fettsäure findet sich im rapseigenen Senföl und galt lange als problematisch, da sie zu krankhafter Verfettung sowie Veränderung des Herzmuskels führen kann. Doch längst wurde eine erucaarme Sorte gezüchtet, der sog. **Doppel-Null-Raps** mit lediglich noch 0,1–1,5 % Erucasäure. Und mit der Gewinnung von Rapskernöl, bei der die schwarzen Schalen der Saat vor der Pressung entfernt und nur die goldgelben Kerne verarbeitet werden, entfallen außerdem die Bitter-

Rapsöl: Es gilt als das gesündeste aller Pflanzenöle und wird regelrecht gehypt …

Rapsöl: Wer's anbietet, hat sich gegen die inzwischen mehrheitliche Nutzung dieses wertvollen Rohstoffs als puren Treibstoff entschieden

stoffe. Etliche Studien haben inzwischen bestätigt, dass Rapsöl entgegen allen mediterranverliebten Gerüchten ein probates Mittel zur Senkung des Gesamtcholesterins ist. Der Gehalt an Alpha-Linolensäure, einer ▸Omega-3-Fettsäure, liegt bei Rapsöl sogar deutlich höher als bei Olivenöl.

Aus ökologischer Sicht punktet das Rapsöl noch einmal, wenn es in deutschen Landen angebaut wird und nicht wie das mediterrane Olivenöl weite Wege zurücklegt (▸Food Miles). Überdies ist vorteilhaft, dass es sich gleichermaßen zum Backen, Braten und Grillen wie für die kalte Küche eignet und nebenbei **reichlich Vitamin E** enthält.

Rapsöl liegt in der weltweiten Produktion hinter Soja- und ▸Palmöl an dritter Stelle, in Deutschland ist es sogar der Shooting-Star. Allerdings hat diese Karriere weniger mit ▸Speiseöl als einiges mit ▸Verschwendung zu tun, denn dank staatlicher Förderung nutzt die Agrarindustrie das erzeugte Rapsöl zum größeren Teil zur Herstellung von Biodiesel. Bio-Raps ist aber so anbauheikel, dass er als „Königskultur" gilt und nur einen Bruchteil ausmacht.

Für einige Unruhe sorgte einmal die schlechte sensorische Beurteilung von nativen Bio-Rapsölen durch die ▸*Stiftung Warentest*. Der als „holzig-strohig" oder gar „ranzig" bezeichnete Geschmack wurde hier mit der besonderen Empfindlichkeit der Rapssaat begründet. Dabei wird gerade der „nussigsaatige" Geschmack von ▸Biokonsumenten honoriert, weil sie wissen, dass Bio-Rapsöl weder raffiniert noch desodoriert wurde und, anders als im konventionell gewonnenen Rapsöl, die ▸sekundären Pflanzenstoffe noch enthalten sind. Auch hier wohl reine ▸Geschmackssache.

Räuchern: Das delikate Geheimnis liegt im verschwelten Holz wie Hickory und in der zartrauchigen Verbindung mit dem Fett des Rauchguts, ob tierisch oder wie hier von Tofu

Räuchern

Nie zu heiß, wie man weiß, auch nie zu lange – eher kalträuchern (bei 15–25° C) oder gleich Räucherverzicht? Es wäre schade drum: Beim Räuchern entstehen einzigartige Aromen.

Die Qualität kommt in erster Linie aus der Eigenschaft des verwendeten Holzes – traditionell stammt dies von Buche, Wacholder, Platane, Erle oder Eiche. Für alle Bio-Räucherprodukte darf es nur naturbelassenes Holz sein; ▸Demeter verzichtet zudem aus ökologischen Gründen auf Tropenhölzer und beschränkt die Temperatur auf 32° C.

Beim Räuchern wird dem Lebensmittel allmählich die Flüssigkeit entzogen, der Wassergehalt sinkt dann um bis zu 40 %. Die Inhaltsstoffe des Rauchs (wie Ameisensäure, Phenole, Acetaldehyd) dringen in das „Räuchergut" ein und lassen das darin enthaltene Eiweiß gerinnen. Außerdem lagert sich eine **Rußschicht** ab, die das Innere versiegelt und antibakteriell schützt.

Das Räuchern beeinflusst aber auch Farbe, Geschmack und Geruch des Lebensmittels, wobei Vitamine und Mineralstoffe weitgehend erhalten bleiben (der Gehalt an B-Vitaminen sinkt indes um etwa 25 %).

Traditionelle Räuchereien bewahren ihre geheimen Aromarezepte oft schon seit Generationen, auch wenn sie ihre Dunstkunst nicht mehr in tiefschwarz geräucherten romantischen Holzkaten pflegen, sondern

in gekachelten Räumen und glänzenden, modernen Stahltanks.

Konventionelle Unternehmen haben sich, um lange Räucherzeiten abzukürzen, vielfach aufs **Flüssigräuchern** (mit flüssigem Rauchkondensat) verlegt, wofür sie das Gut zum Räuchern mit einer speziellen vorgefärbten und aromatisierten Flüssigkeit besprühen. Für Bio-Räucherwaren ist das verboten, wenngleich etwa ▸Bioland den Einsatz von nur aus Wasser und Rauch bestehendem **Rauchkondensat** aus Umweltgründen sowie gesundheitlichen Überlegungen sogar für wünschenswert hält. Wohlan!

Das Schwarzräuchern hingegen ist bei allen ökologischen Anbauverbänden ohnehin verboten, weil hier die Gefahr am größten ist, dass die sog. ▸PAK (Polyzyklische Aromatische Kohlenwasserstoffe also) wie das krebserregende Benzpyren oder Formaldehyd entstehen können. Grundsätzlich empfiehlt es sich, Geräuchertes nicht allzu häufig zu genießen, da diese toxischen Stoffe selbst noch bei größter Obacht entstehen können.

Die in konventionellen Produkten üblichen **Raucharomen**, die sich inzwischen als ▸Zusatzstoffe in Chips, Saucen, allerlei Snacks oder Suppen finden, dürfen für ▸Biolebensmittel nicht verwendet werden; „natürliche ▸Aromen" oder sog. Aromaextrakte jedoch sind nach der EG-Öko-Verordnung nutzbar.

Räuchern: So uralt als guter Aromatrick, so hochaktuell die Diskussion um Rauchgefahren oder mildere Räucherformen

rechtsdrehend

Marketingwort mit Suggestivkraft für eine angeblich spezielle Milchsäure ($C_3H_6O_3$), die hervorgehoben vermarktet wird.

Dabei entsteht durch Milchsäurebakterien in praktisch jedem Gär- und Gerinnungsvorgang stets eine Mischung aus links- und rechtsdrehenden und fast molekülidentischen Milchsäuren. Die unterscheiden sich zwar „nur" physikalisch im Labor durch ihre **2,9-Grad-Drehung** von polarisiertem Licht, wirken damit aber erstaunlicherweise auch physiologisch in unserem Körper. Die das Licht rechtsherum drehende Milchsäure, das sog. L-(+)-Laktat, ist unserem Körper vertraut und bildet sich u. a. beim Abbau von Zucker. Sie tut der Flora des Darms düngend gut, fördert Peristaltik (die Weiterknetbewegung) und wehrt dort unwillkommene Bakterien durch trickreiche Ansäuerung des Umgebungsmilieus ab.

rechtsdrehend: Ist Milchsäure genau dies, ist sie letztendlich auch bekömmlicher, linksdrehende baut sich langsamer ab

rechtsdrehend: Suggestive Formel des Marketings von milchsauren Produkten, nur unserem Körper ist der Wirbel darum eher egal

Die ▸linksdrehende D-(-)-Milchsäure dagegen kann nicht direkt verstoffwechselt werden. Überdies schwächt unsere **Magensäure** jedwede Milchsäure ziemlich ab, was zum Erfolg der ▸probiotischen Joghurts beitrug, die der Magensäure ein Schnippchen schlagen und nach Magenpassage erst im Darm selbst voll wirksam werden sollen. Helfen tun da widerstandsfähige Bakterien, welche die Chance haben, die Magensäure kurz auszuhalten (der so oft beworbene *Lactobacillus acidopilus* bedeutet denn auch wörtlich „säureliebend").
Den entscheidenden Unterschied im **Geschmack** machen ohnehin nur die speziell milderen oder säuerlicheren Milchsäurebakterien in Buttermilch, ▸Joghurt, ▸Kefir, ▸Molke, saurer Sahne oder im Sauerkraut – je milder, desto eher rechtsdrehend. Manchmal geben Etiketten die einzelnen Kulturen sogar genauer an.
Nota bene: Säuglinge und Kleinkinder dürfen und können allerdings ausschließlich die rechtsherum drehende Form schlucken, weil ihnen das notwendige Enzym zur Bewältigung des Linksdrehs noch fehlt.

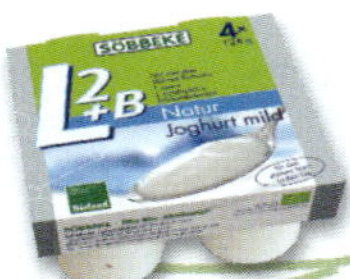

Red Snapper

Wieder mal ein Fischexot, der sich unübersetzt (ein „Roter Schnapper" klänge auch banaler) zeitweilig gut vermarkten ließ, weil er als „Barschartiger" so grätenarm ist. Das machte ihn in den USA zum beliebtesten Speisefisch überhaupt. Doch der so delikate Schwarmfisch *Lutjanus campechanus* (in den USA) bzw. *Lutjanus malabaricus* (auf dem deutschen Markt) ist Opfer von ▸Überfischung und in seinem Bestand stark gefährdet. Die Fangquoten werden deshalb ständig nach unten korrigiert. Problematisch ist, dass bei der Garnelen-Fischerei zu viele junge Red Snappers als bloßer ▸Beifang in die Netze gehen – laut ▸WWF holen so Crevettenfischer allein im Golf von Mexiko jährlich 35 Mio. junge Red Snappers an Bord. Der rote Speisefisch kommt über den Riffen der amerikanischen Atlantikküste, im Golf von Mexiko und noch in brasilianischen Küstengewässern vor. Der WWF mahnt die Zerstörung der Korallenriffe durch die rücksichtlose Schnapper-Jagd an und meint insgesamt zum Red Snapper: **„Lieber nicht!"** Der Einkaufsführer von ▸*Greenpeace* setzt ihn konsequent auf „rot" und rät somit von jeglicher Kaufversuchung ab.
Könnten sich die im Schwarm lebenden Raubfische auswachsen, werden Red Snappers bis zu 20 Jahre alt, bis zu 1 m lang und dann sogar etwa 20 kg schwer. Heute aber gilt diese natürliche Regel nicht mehr: Meistens werden Exemplare von lediglich 2–3 kg in den Handel gebracht. Im amerikanischen Südatlantik ist wegen dieser Problematik sowohl die Zahl der gefangenen Red Snappers wie ihre Durchschnittsgröße dramatisch gesunken. Zum Verhängnis könnte den Rotschnappern ihre eher späte Geschlechtsreife (2 bis 5 Jahre) werden – die meisten Exemplare werden ja schon vorher gefangen.
Der Fang geschieht mit elektrischen Langleinen oder eben mit Treibnetzen, die

Red Snapper: So attraktiv wie gefährdet und bald kein Räuber mehr im Schwarm über seinen Heimatriffen

jährliche Fangmenge beträgt wenige tausend Tonnen. Lakonisch bedauert ▸*Greenpeace*, dass eine Kontrolle der Fangmethoden in der Regel unmöglich sei. Und öfter mal sei die Deklaration der Fischsorte (es gibt Hunderte Snapper- und ähnlich aussehende Arten, auch im indopazifischen Raum und in der Karibik) vorsätzlich falsch …

Nota bene: Die ökologische Rache der hemmungslos dezimierten Rotschnapper, die u. a. von Garnelen, Krebsen und von Schnecken leben, kommt (mit allem anderen als mit Schneckentempo) durch „Ciguatera-Toxikos" – die löst Erbrechen und Durchfall aus.

Reformhaus

Kurz resümiert ist das sog. Reformhaus im Umbau zum Neubau im Biozeitalter. Allzu lange hatten die spezialisierten Einzelhändler ihr auskömmliches Nischendasein ohne zuviel gestalterischen Ehrgeiz genossen. Im Zeichen des genossenschaftlichen Überbaus **neuform** sind sie ja (bei obligatorischer Mitgliedschaft) inhabergeführte Einzelläden und mit ihren alternativen, natürlichen, ehrlichen und gesunden Produkten zwar stets sehr kompetent, blieben aber auch zu lange spürbar unmodern. Deshalb überraschte der ▸Bioboom die Reformhaus-Branche auch so unvorbereitet. So schnell konnten all die Genossenschaftsmitglieder gar nicht reagieren, wie der schickere Biobegriff zum Lifestyle-Inbegriff wurde (▸LOHAS).

Auf dem ureigensten Konsumfeld der ▸Naturkost und der möglichst naturbelassenen Basisprodukte wurden die Reformhäuser von ▸Bioläden, ▸Bio-Supermärkten und den wachsenden Bio-Ecken der ▸Supermärkte und ▸Discounter abgehängt, die Umsätze brachen teilweise dramatisch ein. In der Folge wandten sich auch bisherige Exklusiv-Anbieter öfter von Reformhäusern ab und den neuen Konkurrenten zu.

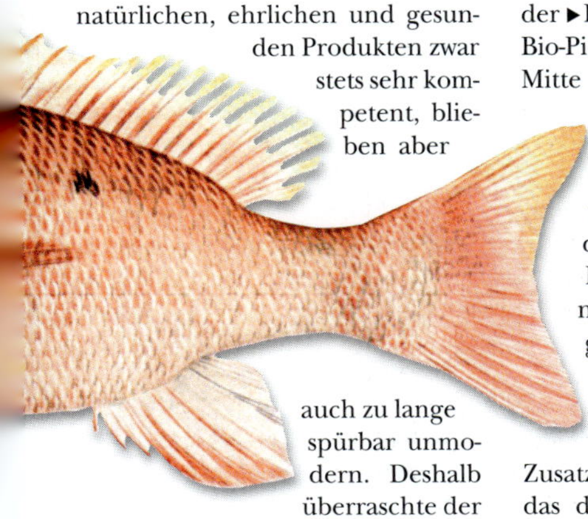

Dabei predigten schon die ersten Reformhaus-Bewegten den heute wieder so hippen bewussten, gesünderen Lebensstil. Ausdrücklich und bis heute knüpft **das ganzheitliche Verständnis** eigener Werte an jene der ▸Lebensreform an. Als verfrühte Bio-Pioniere erkannten sie schon Mitte des 19. Jahrhunderts die Notwendigkeit von viel besseren, von ehrlicheren, natürlicheren Lebens-, auch Naturheilmitteln sowie Kleidung; damals schon waren zu viele Lebensmittel buchstäblich denaturiert, verfälscht oder in ungesunder Art auf dem Markt. Erste Reformhäuser ab 1900 (in Wuppertal wie in Hamburg) trugen denn auch den Zusatz „Jungbrunnen" und durch das dazu passende Sortiment von

Reformhaus: Seine Betreiber waren Bio-Pioniere vor gut 100 Jahren, wurden aber von der Bio-Welle überrascht und haben sie nun endlich genutzt

Reformdenken: In den Reformhäusern unter dem Dachverband neuform haben große Biomarken klein angefangen – heute haben sich holo und Lihn etabliert

Reformhaus: Der weiße Kittel hat eine lange Tradition und passt immer noch zum Image von Gesundheit und Beratungskompetenz, das seit mehr als 100 Jahren gepflegt wird

▸Vollkorn bis zur ureigenen sog. Reformkleidung.

Seitdem galten Reformhäuser eher als „Apotheken" des Einzelhandels, denn sie waren mit ihrem Sondersortiment ja nicht gerade preiswert. Im Übrigen sprachen sie Gesundheitsbewusste, Menschen mit Unverträglichkeiten, Vegetarier, Alternativ-Esser und Freunde der Naturkosmetik an – und hatten damit lange Jahrzehnte eine eher ältere, aber eben treue Kundschaft. Wo Bioläden nur Verkäufer haben, wollen solche in Reformhäusern zugleich Heilmittel-, Allergie- und noch Ernährungsberater sein …

Längst ist neuform nicht mehr nur eine reine Einkaufsgemeinschaft, sondern vielmehr auch eine Organisation für Marketing und Dienstleistungen bis hin zur Fachberatung für den modernen Ladenbau. Daneben sorgt die sog. Reformhaus-Fachakademie für fundierte Aus- und Weiterbildung von Fachangestellten.

All dies warfen die bedrängten Reformhäuser in die Waagschale, um das Image der Enge und Angestaubtheit zu überwinden und als moderne **Kompetenzshops** wahrgenommen zu werden – und es scheint zu funktionieren. Die aufgeräumten und meist vergrößerten Verkaufsflächen wirken nun einladender. Inzwischen gibt es auch Verzehrecken für gesündere Snacks, Tresen mit Brot von kooperierenden Biobäckern und zunehmend Angebote von oft ▸regional und ▸saisonal ausgesuchtem Gemüse – man liegt im ▸Trend. Denn ausdrücklich hatten Unternehmensberater den Reformhäuslern zugeraten, auf die sog. Lohas zu achten, die bis zu 25 % Marktpotenzial

bio

Reformhaus Wir lieben VEGGIE

Vegan neuform QUALITÄT

Reformhaus: Die traditionell auf Fleischloses spezialisierte Branche hat ein eigenes Bio-Logo, strenge eigene Labore und setzt erfolgreich auf den Veggie-Trend hätten. Alte wie die neueren Image-Schlagwörter sollen da greifen: „gesund“ mit Naturarznei, „genießen“ mal mit alternativen Lebensmitteln, „schön“ mit Naturkosmetik – und beste Wohlbefindlichkeit heißt jetzt eben „Wellness“. Die Glaubwürdigkeit ist weiter hoch, der Lifestyle-Level steigt erst. Schon 2008 hatte „Reformhaus“ unter gerade erst entdeckten Lohas eine Bekanntheit von 100 %, und 72 % hielten die Einkaufsstätte für wichtig – doch nur für jeden Fünften war sie auch die erste Wahl.

Dabei hatte neuform sogar schon seit den 1980er-Jahren Produktions-Partner im Ausland gefördert, die rückstandsfreie Lebensmittel lieferten. Nach neuform-Grundsätzen galten schon früh alle Biokriterien: Nichts Synthetisches an Aromen, Farben, Konservierendem, keine Bestrahlung, keine Gentechnik, keine gehärteten Fette – all dies wird bis heute im eigenen **neuform-Labor** untersucht. Doch nur etwa 50 % des Umsatzes machen Reformhäuser mit Lebensmitteln, Bioläden zogen an ihnen vorbei. Von 2000–2007 sank der Umsatzanteil mit Biolebensmitteln von 10 % auf 4 %. Seit 2009 steigt er eher wieder, sicher auch, weil ▸Vegetarisches und ▸Veganes im Trend liegen. Im Zuge der Diversifizierung schienen die Reformhäuser von den so kritischen wie treuen ▸Biokonsumenten nur zögernd als ▸Premium-Bio geschätzt zu werden. Dabei gibt es schon seit 1996 neben dem neuform- ein eigenes „Bioblatt“-Logo, das mindestens die Standards der ▸EG-Öko-Verordnung garantiert, sie öfter übertrifft und inzwischen etwa 70 % des Sortiments schmückt und zu 50 % Bio-Umsatz beiträgt. Der Slogan dazu: „So natürlich wie möglich!“ ÖKO-TEST lobte denn auch, dass Reformhäuser die Qualitätsstandards übererfüllten – ebenso bei Waren ohne Bio-Siegel.

Inzwischen liebäugeln die neuform-Manager damit, explizit „Bioqualität mit Tradition“ zu bewerben. Im Jahre 2012 gab es 1 304 Reformhäuser in Deutschland und 85 sog. Reformwaren-Depots, die neuen „Reformhaus-Ecken“ im Einzelhandel (Info: www.reformhaus.de).

Thüringer Ökoherz

Nota bene: Traditionell boten alle Reformhäuser „nichts vom toten Tier“ an. 2008 beschlossen die Genossenschaftler, Fisch und Fleisch oder Wurst freizugeben. Heute aber ist es eher das so ausgesprochen breite Reformhaus-Angebot an vegetarischen und veganen Produkten, das der modernen Profilierung nützt.

Region: Ungeschützter, aber emotional fest verankerter Begriff des Vertrauens und wie geschaffen als Trend für die Biobranche

regional

Schon die alten Römer! Sie umrissen mit *regio* entweder die ganze „Weltgegend“ oder ein „Gebiet“ als „Landschaft“ bis hin zum „Stadtteil“. Interessanterweise ist die Region heute die eher heimatlich bis heimelig verstandene Umgegend und wird auch nie ganz ohne **Emotionalität** betrachtet: Erdbeeren, Gemüse, Eier oder Käsesorten „aus der Region“ schmecken anders und besonders, oder sie sind zumindest reizvoller, weil vertrauter. Da hat Bio mitgewirkt. Denn was bekanntlich immer etwas mühevoller und dabei oft gesünder

regional: Bestenfalls sind es Bioprodukte, die sogar unter Angabe des Hofes „aus der Nachbarschaft“ in den Handel kommen

produziert wird, hatte sich nachhaltige regionale Reputation geschaffen. Die ▶Hofläden, Bauern- und ▶Wochenmärkte und oft auch die ▶Biokiste taten ein Übriges.

Das Einheimische wurde „regional" und fachwörtlich geadelt. Das wertete auch die als skurril abgetanen, nun begeistert wiederentdeckten Rezepte der Regionalküche auf. Medien und Kochshows hatten so enthusiastisch daran mitgewirkt, dass sogar die Spitzengastronomie ▶saisonale Produkte „aus der Region" wie selbstverständlich verarbeitete. Was mit dem Flieger kam, blieb verpönt, regionale Produkte waren zudem höchst preiswert. Auch ▶Steckrüben können so ein Wintermärchen sein …

Damit war die Region in der Verbraucher-Emotion weiter aufgewertet, nichts Vernünftigeres scheint es da zu geben als Erzeugnisse „von hier". Da zählt **die gefühlte und kaufbare Sicherheit** bei der ▶Herkunft und während der miterlebbaren Saison, die für viele Gemüse- und Obstprodukte in dem längst importierten Ganzjahresangebot fast schon verschwunden war aus der Wahrnehmung des gerade beim ▶Einkaufen so globalisierten Konsumenten. Bioläden hatten die regionale Herkunft ihrer Produkte bis hin zur Hofbenennung schon immer betont und hier sogar das Lokale gefördert (▶Locavore). Beim Kauf von ▶Biolebensmitteln rangierte laut „Ökobarometer" 2013 die Wertschätzung regionaler Herkunft sowie Unterstützung regionaler Betriebe mit 87 % denn auch an erster Stelle (vor ▶artgerechter Tierhaltung und bewusster Minimierung hinsichtlich vieler ▶Schadstoffe). Umfragen von ▶Bioland bewiesen, dass besonders bei Gemüse bewusstere Verbraucher auch „an regionalen Herkünften" interessiert seien.

Dabei sind regionale Angebote gar nicht zwangsläufig umweltfreundlicher, wenn sie aus ▶Gewächshäusern statt von spanischem ▶Freiland und per Lkw kommen oder als Äpfel aus dem Kühlhaus mit Schutzgas-Atmo-

Regionalstes Marketing: Die Chancen dafür stehen gut, dass Käufer nun Kurzwegiges auch langfristig mögen werden – seit 2014 hilft da das Regionalfenster

sphäre (vgl. ▸Carbon Footprint und ▸Klimaschutz). Doch Region ist eo ipso ein emotional aufgeladener Begriff und rangiert weit über der CO_2-Problematik. Laut Umfragen wünschen sich 65 % der Deutschen wohl ein breiteres regionales Angebot – doch nur 27 % finden für sich persönlich eine nachhaltigere Lebensmittelproduktion wichtig.

So viel Wunsch ist natürlicherweise eine Marketingchance – die schon reichlich genutzt wird. Inzwischen haben in Deutschland etliche Bundesländer oder angesehene Landschaften für den völlig ungeschützten „Region"-Begriff ihr jeweiliges **Regionallogo** etabliert, oft auch in Verbindung mit einem ▸Bio-Siegel. Prompt beklagte die *Verbraucherzentrale Niedersachsen*, dass diese Zeichen gar als Qualitätsprogramme verkauft würden, jedoch neben dem Marktstandard keine zusätzliche Qualität böten. Zudem sei „die regionale Herkunft keineswegs sichergestellt", und schon gar nicht überwachbar oder gar kontrolliert. Bei der „Vertrauenseigenschaft" von Regionen-Siegeln sei der Wahrheitsgehalt ja überhaupt nicht zu überprüfen, es bestünden „vielfältige Möglichkeiten der Verbrauchertäuschung".

Damit kommt es bei weniger Nachdenklichen schon mal zur Gleichsetzung von „regional" mit „Bio", so wie manche meinen, auch ▸Fairtrade sei irgendwie doch gleichbedeutend mit „Bio". Seit 2006 arbeiten mehrere Initiativen wie „Bestes Bio – Fair vom Bauern" oder „fair & regional" für die Zusammenführung beider Positionen (▸fair+regional). Seit 2002 ruft das Bündnis „Die Regionalbewegung" den **„Tag der Regionen"** zum Erntedank mit Slogans wie: „Wer weiter denkt, kauft näher ein" oder „Klimaschutz durch kurze Wege".

In ▸Österreich sollen es künftig ausdrücklich die **„Bioregionen"** richten, weil das traditionelle Regional-Image oft stärker ist als der Biobegriff. Dabei wird teilweise auch an den Nationalstolz appelliert.

In der ▸Schweiz etablierte COOP die Produktlinie „Regionale Bio-Spezialitäten" und den Slogan „Bio – frisch aus der Region", ausdrücklich „aus Ihrer Nähe". Daneben vereint die *Agrovision Zentralschweiz AG* „RegioFair" mit Bio in sechs Kantonen. Problematisch bleibt da, dass „Region" **eher gefühlt** wird, die „Regionalität" aber in die Hände der Marketingler fiel. Längst lockt der Einzelhandel beredt mit jenem Regional-Wertgefühl. Immerhin: Seit 2014 soll das vom BMELV *(Bundesministerium für Ernährung, Landwirtschaft und Verbraucherschutz)* unterstützte **Regionalfenster** in blauweiß eine auf 100 km begrenzte regionale „Fenstergröße" etablieren. Von Bio ist da allerdings keine Rede.

Neues Regionalbewusstsein: Von der Ökobewegung und vom Bioboom profitieren heimatliche Waren längst nachhaltig

reif

Das Gegenteil kann kaum bekömmlich sein, wie wir aus reiflicher Erfahrung wissen – aber was ist der Reifegradmesser? Bei der Beurteilung, ob eine Frucht „schön reif" ist, gibt unser Alltagsverstand Aufschluss anhand von Aussehen, Farbe, Druckfestigkeit, Duft und schließlich auch Geschmack. Wir liegen da gar nicht so falsch, selbst wenn wir die zugrunde liegenden Entwicklungsprozesse nicht kennen. So ist etwa für das Reifen von Äpfeln, Auberginen, Bananen

reif, unreif: Bananen haben zum Erntezeitpunkt noch nicht Aroma und Farbe in Perfektion – sie reifen nach

reif und frisch: Erst der perfekte Erntezeitpunkt entscheidet letztendlich über den ausgereiften Geschmack

Reifestadium: Bei Kiwis ist es entscheidend für den Transport, bei Chilis gibt es buntfarblich einen Hinweis auf den wahren Schärfegrad

und Birnen, Gurken, Paprika oder Tomaten hauptsächlich die chemische Verbindung **Ethylen** als Steuerstoff verantwortlich, bei Früchten wie Erdbeere, Zitrone oder Traube v. a. die Verbindung Auxin, beides sog. Phytohormone. Als ein gasförmiges Pflanzenhormon setzt das Ethylen nicht nur innerhalb der Frucht, wo es entsteht, den Reifungsprozess in Gang, sondern beeinflusst mit seiner Wirkung auch andere Früchte, sobald es sie erreicht.

Ethylen bewirkt zunächst einen Abbau des grünen Farbstoffs Chlorophyll und regt die anderen Farbpigmente an; Enzyme werden aktiviert, die bestimmte Speicherstoffe in Zucker umsetzen und die bekannte Süße hervorrufen. Die Pektine, für den Zusammenhalt der Zellstrukturen verantwortlich, werden abgebaut – die Frucht wird weich.

Längst haben Großlieferanten von konventionellem Obst die Vorteile der regulierenden Wirkung erkannt und setzen das „Reifegas“ Ethylen konsequent und systematisch ein. So etwa in Kühlhäusern zur Nachreifung grün geernteter Bananen oder zum **„Entgrünen“** von Zitrusfrüchten – auf Kosten des Geschmacks mitunter. Oder es wird der vollsynthetische Wachstumsregulierer **Ethephon** reifebeschleunigend gespritzt, der nach Eindringen Ethylen freisetzend zerfällt; oder ▸Glyphosat sorgt für giftigere Termin-Ernte. Solche Synthetika aber sind bei Bio tabu!

Weil Ethylen als Pflanzenhormon eigentlich ein aus der Natur stammendes Reifegas ist, wird es, jedoch eher mit mehr Zurückhaltung, bei Biofrüchten ebenfalls eingesetzt, bei denen chemische Substanzen eben nicht erlaubt sind.

Einige ökologische ▸Anbauverbände nutzen Ethylen zum Nachreifen von Bananen. Die ▸EG-Öko-Verordnung sieht dies auch noch bei Kiwis und Kakis vor. Die dort ebenso erlaubte Praxis, eine „Synchronisierung“ der Blütezeit von ▸Ananas auch im ▸ökologischen Anbau mithilfe von Ethylen-Gas zu erreichen, bleibt dagegen weiterhin umstritten. Bei ▸Bio Suisse indes steht dem die grundsätzliche Ablehnung jegli-

Reife:
Die Dauer des Reifungsprozesses entscheidet über die Qualität in hohen, luftigen Schinkenhäusern von Parma

cher Wachstumsregulatoren entgegen. Andererseits erschwert die ganz normale ungleichzeitige Naturreifung der Ananaspflanzen eben eine exporttaugliche Kultivierung und ließe nur lokale Vermarktung oder eine eher zufällige und damit unrentable Ernte als ▸Wildsammlung zu.

Die Reifeprüfungen unter Gourmets beschäftigen sich meist eher mit der Frage, wie reif ein Käse wohl sein darf. Über wunderbar gereiften Camembert, der fast aus dem Papier fließt, freut sich der Genießer. An feinem Käse erprobte Zungen spüren angeblich sogar heraus, wenn Stoffe **zur schnelleren Reifung** zugesetzt wurden. Vor allem kleinere, ▸artisanal arbeitende Biokäser verzichten auf solche Turbos. Ökologische Anbauverbände schreiben außerdem ihren Mitgliedern vor, dass die für jeden Käse üblichen Säuerungs- und Reifekulturen nur in betriebseigener und damit besser und regelmäßig kontrollierbarer Biomilch angesetzt werden dürfen.

Auch sichtbarer ▸Schimmel könnte ein Hinweis auf Reife sein – aber im gefährlichen Sinne. Die durch Reifung entstandene **Rinde von Weichkäse** ist zwar eine Delikatesse; ist der Schimmel aber grünlich-grau oder rot-weiß, weg mit dem Käse! Schadschimmel entwickelt nämlich giftige ▸Aflatoxine. Um ein Schimmeln und Nachreifen zu verhindern, werden Hart- und Schnittkäse daher meistens mit einer Schutzschicht versehen. Nur bei konventionellem Käse kommen dort ▸Konservierungsstoffe zur Anwendung, die bei Biokäse verboten sind, wie beispielsweise das nicht zum menschlichen Verzehr geeignete Natamycin.

Reis

Zwar ein Körnchen nur, aber in der Masse ernährt seinesgleichen, wie man pauschal sagt, gleich die halbe Menschheit: Bis zu 3 000 Körner der Reispflanze *(Oryza sativa)* können aus einem einzigen Saatkorn sozusagen sattsam neu heranreifen!

Ökologisch interessant, aber beim ▸Einkaufen kaum feststellbar, ist die **Kultivierungsform**. Stets handelt es sich entweder um den überwiegenden Sumpf- bzw. Wasserreis aus feuchten und überschwemmten Feldern (mit bis zu drei Ernten pro Jahr) oder um den ertragsärmeren, aber dafür schmackhafteren Berg-, Land- oder sog. Trockenreis (engl. *upland rice*). Nach Schätzung der FAO werden 89 % der Reisanbauflächen nass und lediglich 11% trocken genutzt. Dabei erzeugt

Reis:
Food-Forschern schmeckt er als frittiertes Fingerfood, nur deren Laborkollegen füllen die Säcke in Zukunft eher mit Gen-Reis

Reis traditionell: Er soll helfen, das Welternährungsproblem zu lösen, und ist eines der vielseitigsten Grundprodukte

der Nassreisanbau allerdings enorme Emissionen an Methan (nach älteren Schätzungen 10 % des anthropogenen Ausstoßes), das ca. 21-mal so **klimaschädlich** ist wie Kohlendioxid. Grund ist der anaerobe Abbau organischen Materials durch Mikroorganismen in den gefluteten Böden. Die brauchen ohnehin zu viel ▸Wasser; denn drei Viertel der nur knapper werdenden Ressource versickern oder verdunsten. Im ökologischen Vertragsanbau werden die Reisbauern deshalb **in nachhaltigen Methoden** bei Wassermanagement, Sortenwahl und Düngung geschult. Wo es geographisch möglich ist, wird Nass- auf Trockenreisanbau umgestellt.

Die Reis-Subventionen in der EU und in den USA führen dazu, dass Entwicklungsländer mit ihren Ernten kaum gerechte ▸Preise erlösen. Daher ist hier das Prinzip ▸**Fairtrade** so wichtig, weil auskömmliche Garantiepreise und Zuschläge für die Erzeuger zu zahlen sind: Mal 15, mal 870 Euro pro Tonne für Infrastruktur, Bildung, Gesundheit und ökologische Investitionen. Faires Ziel ist es auch, Reisbauern vom alljährlichen Zwangskauf von ▸Hybriden zu befreien. Ist der faire Reis (Umsatzplus 13 % in 2011, –2 % 2012) dann auch noch ökologisch angebaut (37%) und damit ▸fair + bio, hat der Endkocher das ethisch beste, ökologisch verträglichste Produkt im Topf.

Im Biohandel ist die Palette von Reis durch Spezialsorten längst höchst vielfältig und reizvoll. Kenner goutieren ihren Reis je nach Herkunft, Kornform, Aroma und Duft, Klebrigkeit und Farbe – von „glasig“ oder weiß über braun und rot bis violett und sogar schwarz (▸Wildreis).

2010 schockte die ▸*Stiftung Warentest* damit, dass 16 von 31 Basmati-Proben mangelhaft waren. Öfter wurden da mehr als die von der EU tolerierten 5 % Fremdreis beigemischt. Leider fielen zudem auch die fünf Bioprodukte der 22 Basmati-Proben durch **Pestizidbelastungen** auf, die teilweise „deutlich“ ausfielen. Neuere Tests fehlen; bei einem anderen Problem gab es Entwarnung. So hatte ▸ÖKO-TEST Spuren von Mineralöl in *Parboiled* Langkornreis gefunden, das von der Druckfarbe der ▸Verpackung in den Reis gelangte (▸Carryover). Dem helfen nun zunehmend mineralölfreie Druckfarben ab.

Gleichzeitig beunruhigte die Entdeckung von **anorganischem Arsen** (aus Böden oder Dünger) im Reis die Öffentlichkeit. Verringern lässt sich der Anteil nicht, wegkochen kaum. Bisher warteten Experten auf den fälligen EU-Grenzwert, Forscher züchten Sorten, die weniger Arsen im Korn anreichern sollen. Ohnehin ist die Branche sensibilisiert, seit

2006 in US-Reis verbotene Gen-Sorten entdeckt wurden. Weil jedoch auch China inzwischen den insektenresistenten Gen-Reis „Bt63“ hat und auch exportiert, werden in der EU nun seit 2008 alle Reisimporte aus China daraufhin überprüft.

Nota bene: Unter der nicht essbaren Spelze des Reiskorns sitzen wichtige Bestandteile wie das sog. Silberhäutchen, die Aleuronschicht und der Keimling. Am Ende glänzt dann das Reiskorn schön weiß, hat jedoch viel an Mineralstoffen, Vitaminen und Eiweiß verloren. Dem soll der gentechnisch gezüchtete, an Beta-Carotin besonders reiche, aber auch umstrittene ▸Golden Rice abhelfen.

Reisdrink

Was sich im Englischen so gänzlich unschuldig *rice milk* nennt und auch so heißen darf, kommt den Deutschen nie als „Milch“ in die lebensmittelgesetzliche Tüte und verlangt viel Toleranz von Anglophoben. Und da jener gewisse Drink aus ▸Reis rechtlich ein „Getränk“ und eben kein „Lebensmittel“ ist, wird außerdem eine Mehrwertsteuer von 19 % fällig; kein Wunder, dass der ▸Milchersatz etwa viermal teurer ist als echte Milch mit der 7-%-Steuer.

Bislang gibt es die Drinks fast nur in Bioqualität: hergestellt aus ökologisch angebautem (Vollkorn-)Reis, dann gemahlen, gekocht mit Wasser und zu Maische verrührt, fermentiert und gefiltert. Das gewonnene Filtrat wird noch mit nativem Distel- oder Sonnenblumenöl (auch als Aromaträger, da Reis fast fettfrei ist) als natürlichem ▸Emulgator versetzt. Beim **Fermentierungsprozess** bildet sich eine leichte Süße, die ein Nachsüßen eigentlich erübrigt. Viele Hersteller bieten aber auch aromatisierte Reisdrinks an. In der Biovariante dürfen dann für die Konsistenz nur natürliche ▸Bindemittel verwendet werden, bei EU-Bio auch das biointern umstrittene ▸Carrageen.

Dabei kann der Reisdrink mit Kuhmilch kaum mithalten: Energetisch reicht er mit 43–57 kcal/100 ml zwar fast an das Kuhgemelk mit seinen 64 kcal/100 ml heran, enthält dieses doch doppelt bis dreifach so viel Kohlenhydrate. Jedoch hat es nur 0,1–0,2 g statt 3,3 g an Eiweiß. Punkten kann der tierfreie Reisdrink bei mehrfach ungesättigten ▸Fettsäuren, da schneidet er gar fünf- bis siebenmal besser ab. Bei einfach ungesättigten Fettsäuren schlägt die Kuhmilch den Reissaft allerdings glatt um das Zehnfache. Schlecht ist die Calciumbilanz. Milch von Kühen hat da immerhin 120 mg/100 ml, der Reistrank hingegen nur 2,4–8 mg. Deshalb wird **Calcium so oft zugesetzt**. Bio-Hersteller gewinnen es dann meist aus ▸Algen.

Warum also überhaupt der neue Drink? Ganz einfach: Was ihm fehlt, gereicht ihm zum Vorteil, denn er ist rein pflanzlich, fettarm, frei von Milcheiweiß und Milchzucker, Cholesterin oder ▸Gluten. Das macht

Reisdrink: Sieht milchig aus, darf aber nicht „Reismilch“ heißen – wie manche ihn gern nennen, denen der Drink besser bekommt als Kuhmilch

Radi: Von alters her heilkräftige Rübe, heute eher mal verschärfter Genuss mit Biergarten-Image

ihn für Menschen mit Lactose-Intoleranz oder einer Milcheiweißallergie und ohnehin für alle ▸Veganer so interessant.

Rettich

Ob schlank oder pompös wulstig: Gescheibelt beweist er, dass viel Schwefel wie Senföl in ihm steckt. Denn der nah mit dem ▸Radieschen verwandte Gartenrettich oder Radi strotzt geradezu vor Heilkraft. In seinen ätherischen Ölen sind reichlich ▸Glucosinolate enthalten, die Krebsgefahren vorbeugen sollen und den scharfen Geschmack des Rettichs bewirken. Leider hält diese natürliche Schadabwehr weder die Kleine Kohlfliege noch die Larven vom sog. Kohlerdfloh von Angriffen auf Rettichkulturen ab. Im ▸ökologischen Landbau ist eine Bekämpfung mit synthetischen ▸Pflanzenschutzmitteln nicht zulässig. Hier helfen nur **aufwendige Maßnahmen**, etwa das Abdecken mit engmaschigen „Kulturschutznetzen“, eine ausgeklügelte Fruchtfolge, Untersaaten oder regelmäßige Bodenlockerung. Im konventionellen Anbau führt das ▸Düngen mit Mineraldünger oft zu erhöhten Gehalten an ▸Nitrat, da Rettiche diesen Stoff sehr leicht speichern. Genaue Vergleiche fehlen zwar, allerdings ergaben diverse Untersuchungen, dass Biogemüse insgesamt weniger nitratbelastet ist. Angepflanzt wird Rettich mit großer, weißfleischiger und außen meist weißer, aber auch roter, bräunlicher oder gar ganz schwarzer Rübe als **Sommer- und als Wintersorte**. Verzehrt wird er meist roh, seltener eingelegt oder gegart. Aus seinen Samen lassen sich schon 3–5 Tage nach der Aussaat scharf-würzige ▸Sprossen als vitamin- und mineralstoffreiche Knackzutat ernten.

Rettich: Schön scharfes Gemüse, auf das leider auch Schädlinge scharf sind, was den Öko-Anbau schon mühsam macht

Ganz gleich welche Sorte: Frischer Rettich ist fühlbar fest und hat eher glatte Haut. In ein feuchtes Tuch gehüllt sind die Schlankrüben zu Hause etwa eine Woche im Kühlschrank haltbar, in Sand eingegraben können sie sogar mehrere Wochen halten.

Rund die Hälfte der deutschen Rettich-Flächen liegt in Rheinland-Pfalz; hier wurden 2012 stolze 20 000 t von knapp 400 ha geerntet – der sandige Boden und ausreichend Sonne sorgen da für reiche Erträge. Der Bio-Flächenanteil aus dem ▸Freilandanbau liegt in Deutschland bei 12,5 %.

Nota bene: Moderne Züchter nutzen eine natürliche Eigenschaft des Rettichs aus: Er ist männlich steril. Bei der **Protoplastenfusion** zu sog. CMS-Hybriden (▸Hybriden) auch anderer Sorten spielt er eine zentrale Rolle. Dabei werden vereinfacht ausgedrückt Teile einer männlich sterilen Rettichzelle beispielsweise mit einer Kohlzelle „verschmolzen“, die dadurch ebenfalls mänlich steril ist und mit deren Hilfe sich künftig ausschließlich „Einweg"-Saatgut erzeugen lässt. Wegen allzu großer Nähe zu Verfahren der ▸Gentechnik untersagen die meisten der ökologischen ▸Anbauverbände inzwischen solche Methoden der ▸Zucht.

Rhabarber

Das altgriechische *rha* aus dem „Barbarenland", aus jener Gegend also, die damals nach der Rha, der Wolga der Hellenen, hieß. In den Sauerstängeln ist es im Wesentlichen die darin enthaltene **Oxalsäure**, die Floras *Rheum rhabarbarum* mit den roten oder mal rotgrünen Stielen seinen speziellen Geschmack gibt, aber im Menschen im Übermaß wenig Gutes auslöst. Denn Oxalsäure verbindet sich mit dem Calcium im Blut zu unlöslichem Calciumoxalat, was in schlimmen Fällen zu Nierensteinen führen kann.

Ein- bis zweimal die Woche darf man gegarten Rhabarber sorglos genießen. Schwangere, Stillende, Kleinkinder und auch Rheumatiker, Gichtkranke, Diabetiker sowie Gallen- und Nierenleidende allerdings sollten Rhabarber lieber meiden. Was zu bedauern ist, denn gerade die Fruchtsäuren machen ja das Stangengemüse so interessant, dass es gerne als Marmelade, Kompott, Saft, zu Süßem, Kuchen oder als szenige Schorle mit dem nostalgischen Großmutter-Image genossen wird. Und Rhabarber wirkt appetitanregend wie durstlöschend, magenstärkend und galletreibend.

Im ökologischen Anbau wird Wert darauf gelegt, dass sich der „Nitratspeicher" Rhabarber nicht noch mit diesem oder weiteren Schadstoffen anreichert. Statt auf chemischen Pflanzenschutz setzt der ▸Biobauer auf die Standortwahl und robuste, geeignete ▸Sorten sowie auf organische Düngung. Vor der Ernte wird nicht mehr gehackt, reichlich gegossen und nach den ersten Sonnentagen nachmittags eingefahren. Das ist wichtig, denn so hält man auch das gespeicherte ▸Nitrat niedrig. Es lohnt sich deshalb, auch bei Rhabarber voll auf Bio zu setzen! Etliche der klassischen Sorten wie Arrow, Holsteiner Blut, Frambozen Root oder Goliath sind ab Frühjahr bis Ende Juni zu bekommen, am frischesten direkt im Hofladen. Die rotstieligen Sorten haben ein „erdbeerigeres" Aroma und enthalten weniger Oxalsäure als grüne. Allerdings ist deren Ertrag auch geringer und der Preis entsprechend höher.

Tipp: Grüne Stängel sollte man vor der Zubereitung schälen – in der ▸Schale steckt besonders viel Säure.

Rhabarber: Je röter, desto weniger Oxalsäure steckt in ihm – die hat in Kristallform zwar ihren optischen, ansonsten eher den herben Reiz, auch im Saft

Rinder:
Problem erkannt, dass es längst viel zu viele gibt – aber Problem ungelöst, warum wir viel zu viele so unbedingt aufessen wollen

Rinder

In indogermanischer Urbedeutung sind sie „gehörnte Häupter“, die uns heute einiges Kopfzerbrechen bereiten – es gibt zu viele für zu viel Lust auf ▸Rindfleisch oder ▸Kalbfleisch. Seit mehr als 8000 Jahren werden sie als Nutztiere gehalten und sind in zahlreichen, durch Einkreuzung fast unübersehbar vielen Rassen verbreitet. Dabei wird prinzipiell zwischen ▸Milchkühen und **Fleischrindern** unterschieden. In Deutschland beträgt deren Verhältnis etwa 1:2.

Ein entscheidendes Merkmal der Fleischqualität ist vor allem durch die Rasse vorgegeben – der Anteil an intramuskulärem Fett, die „Marmorierung“ – sie variiert von mageren 0,5 % Fett beim Blauen Belgier bis zu den satten 30 % bei Japans Wagyu, dem sog. Koberind. Extremste Technik zur Optimierung der konventionellen Rinderhaltung ist zweifellos das – bei Bio verbotene – Klonen von besonders leistungsstarken Tieren zur „Gewinnung“ von ▸Klonfleisch, das in der EU allerdings nicht zugelassen ist. Die Verfechter einer spezialisierten ▸Zucht für die ▸ökologische Tierhaltung setzen dagegen auf ▸Agrobiodiversität und fördern die Rettung und den Erhalt ▸alter Rassen. So gelten das Harzer Höhenvieh, das Hohenlohe-Rind oder das Alte Schwarzbunte Niederungsrind als besonders geeignet. Wobei das Letztere Eigenschaften als **Zweinutzungsrind** mitbringt, also nicht nur für die ▸Mast (auch beim ▸Kalb), sondern auch als Milchvieh glänzt. Die ökologische Tierhaltung setzt auf ▸artgerechte Aufzucht und steht so im Gegensatz zur in Industrieländern massenhaft üblichen ▸Massentierhaltung, deren Bedingungen von Tierschützern wie Verbraucherorganisationen stark kritisiert werden. Nur durch diese Umstände ist allerdings die enorme Masse der Fleisch- und Milchproduktion möglich. Fleischrinder in extensiver Haltung gibt es nur in „Dritte-Welt“- bzw. in Schwellenländern. Wie etwa in

Brasilien, wo 198 Mio. Tiere 2012 auf freier Weide gehalten wurden (die dort allerdings zu weiten Teilen durch **Abholzung des Regenwaldes** entstanden war und noch entsteht!). Die Zahlen zur weltweiten Rinderhaltung sind ziemlich eindrucksvoll. Laut FAO gab es im Jahre 2012 noch 1 019 291 000 Rinder und damit rund die 80-fache Menge des deutschen Bestandes (2013: 12,6 Mio.). Der Anteil der deutschen Bio-Rinder war 2012 gering mit 5,5 % (268 000 Kühe, davon 145 000 Milchkühe, dazu 7 400 Zuchtbullen). Bei der sog. **Mutterkuhhaltung** aber betrug 2012 der Bio-Anteil immerhin 17,6 %. Aber hier fällt die ▸Umstellung zum Biobauern ohnehin deutlich leichter. Sonst können die ökologischen Erzeuger oft nur mit Mühe „echte", nämlich kostendeckende Preise für ihr ▸Biofleisch erzielen; denn alle Investitionen für die Unterbringung, für ▸Futtermittel usw. sind teurer, der Aufwand ist ausgesprochen hoch. Zwischen der konventionellen und der ökologischen Haltung gibt es entscheidende Unterschiede. Die ▸EG-Öko-Verordnung schreibt vor, dass ökologisch gehaltene Rinder **möglichst ganzjährig auf die Weide** oder in sog. Laufhöfe kommen, sie mindestens aber vier Fünftel ihres Lebens im Freien verbringen – bei konventionell gehaltenen Mastrindern oder Milchkühen gibt es dafür keine bindenden Regeln. Zwar war so nach 2013 in Ausnahmefällen auch bei Bio die sog. Anbindehaltung noch möglich, generell aber haben Bio-Rinder wesentlich mehr Platz im Stall als konventionell gehaltene Tiere und müssen auch nicht auf „pflegeleichten" Spaltenböden stehen. Im Sinne des Kreislaufgedankens dürfen pro Hektar je nach Alter nur 2–5 Rinder gehalten werden. Der intensive Einsatz von Wachstumsbeschleunigern und ▸Hormonen sowie die präventive oder übermäßige Gabe von ▸Antibiotika sind verboten. Die Richtlinien der ökologischen ▸Anbauverbände gehen im Einzel-

Herdentrieb: Rinder sind keine guten Futterverwerter und verbrauchen bis zu 16 kg Futter, um 1 kg Schlachtgewicht anzusetzen

nen noch weiter, etwa bei Auslaufflächen, Futtermitteln, ▸Tierarzneimitteln oder allgemeinen Auflagen des ▸Tierschutzes. Ihre natürliche Lebenserwartung erreichen auch Bio-Rinder indes selten: 20–25 Jahre könnten sie alt werden; in Deutschland erleben sie im Schnitt nicht einmal ihren ersten Geburts- vor dem Schlachttag. Immerhin gelten tiergerechtere Bedingungen für Bio-Rinder, auch beim Transport zum Schlachthof.

Rindfleisch in spe: Unmengen von Futterpflanzen sind fürs massenhafte Anfressen und Ansetzen im Grunde eher fehlverfüttert

Die Diskussion um die **Klimabedeutung** der Rinderhaltung wird kontrovers geführt und gipfelt oft in dem Vorwurf, dass für 1 kg ▸Rindfleisch bis zu 16 kg pflanzliches Eiweiß ja erst mal angebaut, verarbeitet, transportiert und danach verfüttert werden müssen (▸Veredelungsverluste) – als Raufutterfresser sind Rinder aber von Natur aus gar keine Nahrungskonkurrenten. Erst die konventionelle Mast machte sie dazu. Die oftmals hochdramatischen Zahlen zu den Methan-Emissionen sind mittlerweile strittig, im Vergleich zu anderen „Fleischtieren“ oder gar zur vegetarischen Kost aber unleugbar hoch.

Rindfleisch

Über den Gefallen an Rindfleisch kann man streiten wie über jeden Geschmack, denn ehe es zubereitet auf dem Teller liegt, hat es selbst schon viel angerichtet. Auf das Fleisch von gemästeten Klimaschädlingen ganz zu verzichten, wäre der Ausweg – eine Maximalforderung. Ohne die Rindfleischproduktion wären viele der Dilemmata von Ressourcenverbrauch (etwa ▸Veredelungsverluste), ▸Massentierhaltung, Rückstandsbelastungen mit ▸Antibiotika (▸Carry-over) oder gar größere Gefahren wie BSE viel kleinere und bei **Totalverzicht** sogar gar keine Probleme mehr.

Schon die Einschränkung des Rindfleischkonsum wäre ein Fortschritt. Doch so schnell lassen sich mundwässernde und durch Jahrhunderte tradierte Fleischgelüste auf Braten, Steak, Tafelspitz, Hack, Rouladen oder Wurst wohl nicht verändern oder ausreden – langsam aber schon. Das beweist die stetig wachsende Zahl der ▸Vegetarier oder ▸Veganer. Sie haben ihre guten Gründe, nicht nur, weil sie als eigenen den kleineren ▸Carbon Footprint wollen.

Die **CO_2-Äquivalente** (in Kilo CO_2 je Kilo Produkt) machen ohne Berücksichtigung der Schlachthof-, Kühl- oder Transport-Energie bei konventionellem Rindfleisch 13,3 aus, bei Bio-Rindfleisch immer noch 11,3. Ohne den karnivorischen Appetit auf Rindfleisch sähe die Klimabilanz (nach Berechnungen des Freiburger *Öko-Instituts*) besser aus: Ein Kilo Fleisch von Bio-Geflügel oder Bio-Schwein hat noch 3,0 CO_2-Äquivalente, Teigwaren verursachen noch 770 g, rohe Tomaten nur 228 g und unverarbeitete Biokartoffeln gerade mal 138 Grämmchen.

Mit anderen Worten: Wenn schon (hin und wieder) Rindfleisch, dann **wenigstens vom Bio-Rind**. Und tatsächlich gibt es, ganz abgesehen von Rasse-Besonderheiten, signifikantere Unterschiede zu konventionellem Rindfleisch, nämlich im Geschmack und bei inhaltlichen Werten.

So ergab eine Untersuchung der Universität Weihenstephan, dass ökologisch gehaltene Rinder dank Auslauf und Grünfutter durchschnittlich dreimal so viel ▸Omega-3-Fettsäuren im Gewebe ablagerten als ihre über-

wiegend intensiv gemästeten Artgenossen in reiner Stallhaltung bei Maissilage und Kraftfutter. Bio-Rindfleisch wies zudem sogar das bessere Verhältnis der Omega-3- zu Omega-6-Fettsäuren auf, nämlich 1:5 (beim konventionellen Rindfleisch betrug dies 1:11). Experten sprechen vom besseren **„Fettsäuremuster"** im Bio-Rindfleisch, zudem sei dessen Cholesteringehalt insgesamt geringer.

Das österreichische Lehr- und Forschungszentrum Raumberg-Gumpenstein stellte sogar fest, dass konventionelles Rindfleisch einen bis zu 18 % höheren Saftverlust beim Zubereiten hatte. Überdies ergaben Mineralstoff-Analysen an der Universität Graz, dass Bio-Rindfleisch im Schnitt auch mehr Kalium und Magnesium enthielt.

Durch den Auslauf, die Längerlebigkeit und fehlende Turbo-Mast der Bio-Rinder ist ihr Fleisch eher zarter, aber meist auch etwas fettärmer als das von konventionell gehaltenen Rindern, die ja oft eigens auf Fettmarmorierung gezüchtet sind.

Prinzipiell warnen Ernährungswissenschaftler davor, allzu viel „rotes Fleisch" zu essen. Dessen Gehalt an Cholesterin und Purinen soll Herz-Kreislauf-Erkrankungen oder Gicht verursachen, rotes Fleisch (und jedes Produkt daraus) erhöhe auf noch ungeklärte Weise das Darmkrebsrisiko. Doch 500 g rotes Fleisch pro Woche, heißt es beruhigend, die seien wegen vieler anderer Inhaltsstoffe, Vitamine und enthaltenem Eisen ausdrücklich gut.

Rindfleisch: Für den letztlichen Steakgenuss verdrängen viele, wie denn zuvor geschlachtet und zerlegt wurde

Allerdings: Bio-Rinder grasen überwiegend in der freien Natur auf der Weide, weshalb im Vergleich zum Erschlachteten konventionell „erzeugter" Stalltiere Belastungen mit Umweltgiften wie etwa ▸Dioxin höher sein können. Diese liegen allerdings prinzipiell unter den jeweils zulässigen Höchstmengen, wie noch im Jahre 2012 das Ökomonitoring von Baden-Württemberg nachwies.

Roggen

Als wichtigstes Bio-Getreide ja das uralte ▸Getreide aus dem thrakisch-kaspischen Raum. Der Roggen *(Secale cereale)* ist botanisch ein Süßgras und wurde schon vor etwa 8 700 Jahren kultiviert. Heute ist der Roggenanteil an der globalen Getreideerzeugung mit unter 1 % sehr gering.

Roggen: Er ist immer noch das wichtigste Biogetreide und einstweilen von den Genmanipulatoren ganz unbehelligt

Das dunkle Korn wird vorwiegend für Viehfutter, aber auch als vollkorniges Getreide für ▸Brot, für die Alkoholherstellung, für ▸Kaffee-Ersatz und als nachwachsender Rohstoff für erneuerbare Energie dienlich. Immerhin zweigen sich Kenner ein paar Roggenkörner für ihre ▸Sprossen ab oder kaufen auch mal Roggenflocken fürs Müsli.

In Deutschland, dem mit 3,6 Mio. t pro Jahr (für 2012) neben Russland und Polen weltweit wichtigsten Roggenerzeuger, wurde 2012 immerhin auf 52 000 Hektar Bio-Roggen angebaut, auf etwa einem Viertel der Bio-Getreidefläche.

Allerdings ist das in Deutschland von alters her so beliebte dunklere Roggenbrot auch schwieriger zu backen. Die Mengen an typischen sog. **Pentosanen** (wasserbindende Schleimstoffe) im Roggenmehl verhindern die beim ▸Weizen übliche Ausbildung eines „Klebergerüstes“ im Teig. Daher die Notwendigkeit, Roggenteig zu **säuern**. Das lockert auf und reguliert die Feuchtigkeit für eine elastische, aber doch noch schnittfeste dunkle Krume. Das aromatische Brot bekommt zudem eine besonders gute Haltbarkeit.

Die Nutzung von Roggen war wegen seiner biologischen Eigenart als sog. Fremdbefruchter (im Gegensatz zu Weizen oder ▸Gerste) früher stark eingeschränkt. Erst in den 1980er-Jahren ist es gelungen, Sorten zu entwickeln, mit denen sich Qualität, Erträge und die Anpassung an Bodenverhältnisse verbessern ließen, oft aber als umstrittene ▸Hybriden.

Biozüchter haben für den ökologischen Landbau inzwischen einen sog. Lichtkornroggen® als Auskreuzung hellkörniger alter Roggenarten geschaffen. Damit kommt bald ein lichteres, lockereres und milderes Roggenbrot auf den Markt.

Permanentes Forschungsziel ist es, Resistenzformen gegen die Plage Mutterkorn zu entwickeln. Der alkaloidhaltige, schwarze Pilz führt zu Vergiftungen, Halluzinationen und Krämpfen – oder gar zum Tod.

Mühlen sieben die länglichen Mutterkorn-Körner aus, das ▸Mehl wird stets auf Rückstände von Alkaloiden getestet. Gentechnische Veränderungen für „optimierte“ Laborsorten von Roggen spielen noch kaum eine Rolle. Das mag auch daran liegen, dass in den USA, wo ▸GVO am ehesten akzeptiert würden, die Jahresernte nur ca. 0,2 Mio. t beträgt.

In Roggen steckt **ziemlich viel Lysin:** 605 mg/100 g. Diese enzymatisch wirkende essenzielle Aminosäure kann der menschliche Organismus

Roggenbrot: Nicht ganz so leicht zu backen, aber schwer beliebt wegen seiner Deftigkeit

nicht selbst bilden, sie muss von außen zugeführt werden. Lysin unterstützt das Immunsystem und fördert die Produktion von Carnitin zur Umwandlung von Körperfett in Energie. Überdies benötigt der Körper Lysin für die Produktion von Antikörpern, Hormonen und Enzymen. Die **Klimabilanz** der konventionellen Roggenproduktion ist weniger positiv: Energie-Einsatz und Ausstoß von Treibhausgasen sind relativ hoch. Laut FAL *(Bundesforschungsanstalt für Landwirtschaft)* werden für 1 kg Roggen 330 g CO_2-Äquivalente frei, im ökologischen Anbau sind es 230 g.

Rohkost

„Rohes" als Leckeres „kosten" – was sollte daran falsch sein? Als tägliche Beilage und zwischendurch in Form von rohen Salaten, frischem Obst und frisch gepressten Säften, betonen Ernährungsexperten, ist Rohkost empfehlenswert – als wichtiger Bestandteil einer vollwertigen und gesunden Ernährung.

Doch der heftig propagierten „Rohkost" schmeckt man noch das Ideologische an, denn die Anhänger der ▸Lebensreform und radikale Fortschrittsfeinde bekannten sich schon vor 100 Jahren zum Rohgenuss – ganz wie moderne ▸Frutarier. Die radikalsten Rohköstler leben nach der „Urkostlehre" des Bestsellerautors Franz Konz, der seinen Anhängern zu gern die sog. Sonnenkost nahelegt: lediglich grüne Wildpflanzen, frische Früchte, Blätter, Wurzeln, Fetteres wie von Eicheln, Nüssen oder mal Bucheckern.

Andere Rohköstler predigen, der Mensch sei an gekochte Nahrung nicht angepasst, gekocht werde aus Rohem nur „tote Nahrung", sie vergifte den Körper … **Rohkostapostel** mixen zu gern gesicherte Erkenntnisse mit unbewiesenen wie hochsuggestiven Behauptungen.

Unsinnig ist es, das Erhitzen von Nahrung grundsätzlich zu verteufeln, weil etwa rohe Bohnen unverträglich sind. Und Vertreter ▸vollwertiger Ernährung ergänzen, die bei Rohköstlern so verbreitete generelle Ablehnung von Getreide sei ernährungsphysiologisch bedenklich.

Ein Test der Universität Gießen mit Probanden, die sich ein Jahr lang nur von rohem Obst und Gemüse ernährten, stellte einen klaren **Mangel** an Vitamin D, B 2, B 12 und B 3 (Niacin) fest, auch an den Mineralstoffen Zink, Calcium, Eisen und Jod sowie an Proteinen. Das aber wäre bei aller Rohköstlichkeit nur mit ▸Nahrungsergänzungsmitteln auszubalancieren. Allenfalls damit können Rohköstler dann den „Maschinenpark" aus Saftpressen, Mixern, Dörrautomaten, Keimgeräten und Wasserdestillierern auch komplett gesund nutzen.

Rohkost: Was so heißt, ist Natur pur und wird deshalb auch von so manchen Puristen als purgesund ideologisiert

Rohmilch: Sie muss nicht unbedingt handgemolken sein, aber frischer als so kann man ja nicht auf den unbehandelten Urgeschmack kommen

Jenseits sehr deutscher Grundsatzdebatten über Rohkost hat sich v. a. eine kreative Szene um die *Cuisine crue* („Rohküche") etabliert mit Lust auf „Rohvolution". Der erste „Weltrohkosttag" fand am 10.10.2010 statt. **Nota bene:** Tatsächlich wäre Rohkost laut der „Rohkoststudie" von Prof. Ingrid Hoffmann (Universität Gießen) die klimaschonendste Ernährungsform. Sie liege noch vor der ▸ovo-lacto-vegetarischen Vollwertkost und ihrer nicht-vegetarischen Variante, sei aber der Gesundheit wegen „langfristig nicht empfehlenswert".

Rohmilch

Der Säugesegen der Natur für Nachwuchs als nahrhafter Kraftsaft mit dem **Urgeschmack** von Milch: vollmundig, sahnig, schmackhaft. Was über Jahrhunderte so getrunken wurde, ist längst ein Nischenprodukt innerhalb industriell aufgearbeiteter Milchprodukte – Letztere haben zwangsläufig einen „denaturierten" Eigengeschmack.
Rohmilch wird unbehandelt von Nutztieren „in Verkehr gebracht", als ▸Stutenmilch, als ▸Ziegenmilch oder als ▸Schafsmilch nur filtriert und gekühlt, sonst aber naturbelassen. Strengerem Naturgeschmack lässt sich bei Ziegenmilch nachspüren, dem milderen bei Stutenmilch. Am ehesten aber wird Rohmilch oder der sich oben absetzende Rohrahm (österr. *Obers*) noch in der Kuhvariante getrunken. In Deutschland wird sie als „Milch ab Hof" bzw. mit ihrer Traditionsbezeichnung ▸Vorzugsmilch in den Handel gebracht, wenn nicht direkt im ▸Hofladen oder in Fachgeschäften verkauft. Vorzugsmilch ist nie pasteurisiert und darf nur von streng überwachten, separierten Tierbeständen abgegeben werden. Dies regelt die sog. Tierische Lebensmittel-Hygieneverordnung. Es gibt monatliche Kontrollen der Milch (bei Demeter-Stutenmilch tägliche), der Tiere, sogar der Personen, die Vorzugsmilch herstellen.
Denn Rohmilch ist weniger populär wegen der Gefahr von ▸**Listerien**, die sich in ihr potenziell häufiger finden als in pasteurisierter Milch. Besonders die eher übervorsichtige EU hat immer wieder versucht, Rohmilchprodukte aus Hygienegründen stark einzuschränken. Heute darf da jedes EU-Land eigene Vorgaben machen, auch einige US-Bundesstaaten haben Rohmilch ganz **verboten.**
Neben dem nicht standardisierten Fettgehalt (3,7 % bis mehr als 4 %) sind es all die anderen Inhaltsstoffe, die Rohmilch so besonders wertvoll machen. Uneingeschränkt, weil unerhitzt eben unzerstört, sind es die Vitamine A, B 1, B 2 und D und an Mineralien v. a. Calcium, daneben Phosphor, Kalium, Magnesium, Jod; hochwertiges Eiweiß kommt dazu.

Rohmilchkäse

Urig, ehrlich, herzhaft und so variantenreich individuell – das mögen Gourmets an ihnen. Die aromatischen Spezialitäten entstehen aus

Rohmilchkäse: Auch höchst sorgfältige artisanale Produktion kann das minimale Risiko einer Bakterieninfektion nie ausschließen

roher, filtrierter, aber ansonsten naturbelassener Milch, die nicht über 40° C erhitzt wurde. 4–10 l Milch ergeben 1 kg Rohmilchkäse. Die Rohstofflieferanten sind Kühe, Schafe (▸Schafskäse) oder Ziegen (▸Ziegenkäse). Wegen der (bei Sorgfalt geringen Gefahr) bakteriologischer Belastungen, aber wohl eher auch im Interesse der Industrie, gab und gibt es immer mal wieder **Kampagnen gegen Rohmilchkäse** – und damit auch gegen solchen aus Bioproduktion.

Dies geschah ausgerechnet im traditionellen Käseland Frankreich, wo gesetzliche Bestimmungen mit dem Siegel AOC *(Appellation d'origine contrôllée)* viele Käsesorten sehr genau definieren und schützen. Gegen Ende des ersten Jahrzehnts dieses Jahrhunderts war es ein Kampf der bäuerlichen Kleinkäsereien, die ihren Rohmilchkäse ▸artisanal herstellen, gegen die beiden größten Käsehersteller des Landes (im Käseschachtelvergleich: 10 Mio. gegen 43 Mio.). Die Multis wollten sich aus „gesundheitlichen Gründen" von Rohmilchkäse verabschieden, der Gesetzgeber sollte nachziehen. Denn aus hoch erhitzter, garantiert keimfreier Milch kann Käse einfacher und preiswerter hergestellt werden. Doch Bauer David gewann gegen Fabrikboss Goliath, ein Verbot wurde abgewendet.

Die Gefahr, Bakterien in der Rohmilch zu übersehen, ist allerdings tatsächlich groß. Aufwendiges **Hygiene-Management** schaltet das Risiko aus, dass ▸Listerien, Campylobacter, sog. VTEC *(Verocytotoxische Escheria Coli)* oder ▸Salmonellen in die Rohmilch, auf bzw. auch in den Käse gelangen. Inzwischen soll es „Schutzbakterien" geben, die appliziert ggf. Listerien aushungerten. Das BfR *(Bundesinstitut für Risikobewertung)* fand 2007 in umfangreichen Testreihen denn auch Bakterien in Rohmilchkäse. Neuere große BfR-Studien fehlen; für Aufregung sorgten 2010 noch einmal Listerien, und 2013 ergab eine Studie in Minnesota, dass 3,7 % der Patienten, die von 2001–2010 eine Infektion mit verschiedenen Keimen erlitten hatten, Konsumenten von Rohmilch oder Rohmilchprodukten waren. Die Story ist wohl noch nicht zuende …

Dabei ist die Rohmilchkäse-Palette aus bäuerlicher oder handwerklicher Herstellung verführerisch individuell, als Frisch-, Hart- oder Weichkäse. Milchsäurebakterien bringen Aroma, ▸Lab aus Kälbermägen die Festigkeit; industrielle Hersteller benutzen das von **Bio** abgelehnte, mit Gentechnik hergestellte Ferment. Biobetriebe greifen hier auch auf ein durch natürliche Pilze hergestelltes ▸Enzym zurück, weil etwa Vegetarier aus ethischen Gründen den Einsatz von Kälberlab ablehnen. Die damit

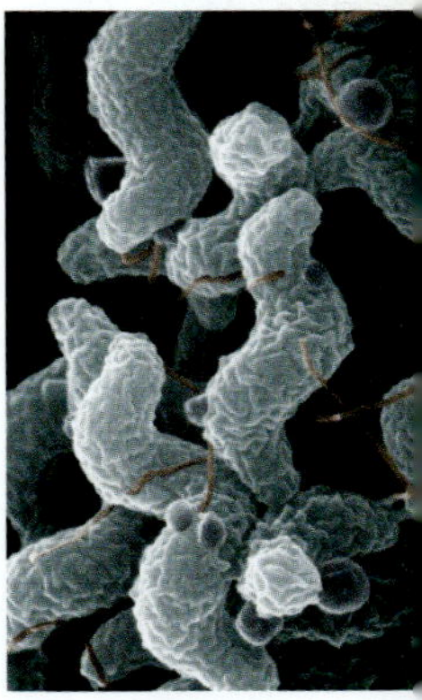

Rohmilchgefahr: Campylobacter, der gar nicht so seltene Durchfall-Fall neben Salmonellen & Co …

entstandenen Käselaibe reifen unterschiedlich lange, einige Sorten Hartkäse etwa bis zu 3 Jahre (wie Comté oder Emmentaler). Andere werden mit Edelpilzen (Roquefort, Stilton, Gorgonzola) oder mit würzenden Zutaten (Olivenöl, Kräuter) während des Reifeprozesses weiterbehandelt. Besonders Bio-Rohmilchkäse schmücken sich mit speziellen regionalen oder gar lokalen Namen, Kennerwissen ist gefragt.

Rooibos-Tee

Ein Blattspitzenprodukt als moderne Kolonialware für einen verblüffend ziegelroten Aufguss. Der Lieferant des südafrikanischen Nationalgetränks, der **Rotbusch** (auf Afrikaans *rooi bos*; botanisch *Aspalathus linearis*), wächst nur in einer kleinen Region 100 km nördlich von Kapstadt, wo er schon vor Ankunft der Europäer als Heilgetränk galt. Seit etlichen Jahren erlebt der leicht süßlich schmeckende Rot-Tee hier in Deutschland einen Brüh-Boom (Platz 4 nach Pfefferminz, Fenchel und Kamille, – nur in Südafrika schlürft man mehr).

Rooibos-Tee: Fermentiertes Strauchgehäcksel für einen ziegelroten Aufguss mit Heilwirkung – fair gehandelter Tee kommt auch den Erzeugern zugute

Längst gibt es Rooibos auch aus ▸kontrolliert biologischem Anbau und von Kooperativen mit ▸Fairtrade-Siegel – öfter ist er ▸fair + bio. Gerne wird der Modetee aufgepeppt, er schmeckt mit Zitrone als „Massai-Tee", nach Vanille-Sahne, Kakao-Orange. Zum Süßen taugt Honig.

Wie bei vielen anderen Exoten versprechen Importeure schnell und gern, wovon einheimische Naturheiler am Kap überzeugt seien: Rooibos helfe gegen Nahrungsmittelallergien oder Ekzeme und könne ohnehin allerlei Leiden lindern. Das erklärt man mit dem reichlich enthaltenen Vitamin C, mit ▸Flavonoiden und anderen Wirkstoffen zum Binden von ▸freien Radikalen. Dafür entsteht in Rotbuschblättern **keinerlei Koffein**. Und sie sind gerbsäurearm. Inzwischen wurde aus dem roten Tee ein isotonischer Wellness-Drink wegen der Mineralien Magnesium, Kalium, Kupfer- und Eisenspuren.

Die schlechte Nachricht aber bleibt: Bei zurückligenden Tests wurden in 75–90 % aller in Deutschland verkauften Rooibos-Tees aus konventioneller Erzeugung ▸Rückstände von Pestiziden gefunden, teilweise über den Grenzwerten. Bio-Rooibos aber gedeiht ohne solche chemisch-synthetische Pflanzenschutzmittel.

Die Verarbeitung des Rooibos ist ökologisch wie konventionell gleich: Die nadelartigen hellgrünen Blätter und die Zweigspitzen werden abgeschnitten und zu etwa 4 mm langen Stückchen gehäckselt. Im Haufen beginnt der ca. 8–24 Stunden lange Prozess des ▸**Fermentierens** durch pflanzeneigene ▸Enzyme. Dabei bilden sich die Aromastoffe und die rotbraune Färbung. Danach trocknen die Blätterschnipsel 1–3 Tage in der südafrikanischen Sonne.

Nota bene: Rooibos-Tee gibt es auch unfermentiert als **Green Bush,** der dann nicht ganz so rot leuchtet und etwas frischer und herber schmeckt.

Rosenkohl

Als Mini-Kohl zählt er zu den feinsten und jüngsten Kohlarten. In seiner heutigen Form wurde er erst seit 1785 in Belgien kultiviert. Das Kohlige an ihm sind die grünen Röschen dicht an dicht in den Achseln der Stängelblätter am hochdekorativen Strauch, der sich selten auswachsen darf zu einem krönenden Kohlkopf.

Rosenkohl ist ein **klassisches Wintergemüse**, denn gerade unter Einwirkung von Frost entwickelt er seinen besonderen Geschmack durch einen erhöhten Zucker- bei jedoch abnehmendem Vitamin-C-Gehalt. Im Winterhalbjahr wird geerntet und ab Oktober bis April frisch angeboten.

Der **Öko-Anbau** von Rosenkohl ist aufwendig. Zeitpunkt der Aussaat, Pflanzabstand, Fruchtfolge und die Düngung beeinflussen die Qualität der Röschen. Die Ernte ist sehr arbeitsintensiv, weil jedes Röschen einzeln und von Hand abgeschnitten werden muss. Nach dem Abpflücken bedecken Unmengen von Ernterückstände die Felder und bringen Nährstoffen in den Boden zurück. Schließlich müssen sich ▸Biobauern bei Chemieverzicht mit feinmaschigen Netzen und Schlupfwespen-Schwärmen gegen die Kohlmottenschildlaus (die Weiße Fliege) wehren.

Gegen den Riesenanteil von ▸**Hybriden** (EU-weit sind es ca. 85 %) auch auf Biohöfen kämpfen engagierte Züchter beharrlich. Immerhin gibt es Fortschritte, ▸alte Sorten neu zu „entwickeln“ und wieder anzumelden. Es braucht für eine einzelne Rosenkohl-Generation zwei, für die Wiederherstellung einer Sorte 14 Jahre.

Rosenkohl ist von allen Kohlsorten das imposanteste Vitamin-C-Wunder (110 mg auf 100 g essbaren Anteil). 2008 war sein Jahr: Das Potsdamer *Deutsche Institut für Ernährungsforschung* platzte mit der **Sensationsmeldung** heraus, die umblätterten Röschen könnten vor Krebs schützen. Wie das im Einzelnen geschehe, müsse noch untersucht werden. Immerhin haben die walnussgroßen Röschen reichlich Vitamin A, C, E, K, B 1 und B 6, dazu Beta-Carotin, Folsäure, Eisen, Magnesium, Phosphor, außerdem viel Eiweiß sowie sättigende Ballaststoffe.

Allerdings wurden 2013 in 17 von 21 konventionellen Rosenkohlproben vom LAVES *(Niedersächsisches Landesamt für Verbraucherschutz und Lebensmittelsicherheit)* Rückstände diverser Pflanzenschutzmittel entdeckt, aber ohne Höchstmengenüberschreitungen. Biovergleiche fehlen hier, immerhin aber ist die Belastung mit ▸Nitrat von Rosenkohl aus Öko-Anbau durch den **Verzicht auf synthetischen Dünger** geringer als bei solchem konventioneller Herkunft.

Rosenkohl: Massenhafte Röschen sind Seitenknospen zwischen den Stängelblättern und als klassisches Gemüse klassischerweise muskatbestreut

Rosinen

Was nach Entbeerung nicht zu Most oder Wein wird, das darf immerhin noch etwas Leckeres werden: Nach Trocknung eben Rosinen (von lat. *racemus* aus griech. *ratsch*, wörtlich „Beere“). Jede Rebsorte eignet sich dazu, weshalb die Wasserentzugsfrüchtchen Rosinen so vielfältige Größen, Formen und Farben haben.

Klein, kernlos und violett sind es die süß-säuerlichen Korinthen; ebenfalls kernlos, allerdings heller und großbeerig die noch mal viel süßeren Sultaninen.

Rosinen: Oberbegriff auch für Sultaninen, Korinthen sowie Traubenrosinen und im besten Fall unbehandelt

Für den konventionellen Massenmarkt werden oft schon mit Rückständen „vorbelastete“ ▸Weintrauben beim und nach dem Trocknen (an Sonne, im Schatten oder künstlich) vor allerlei Befall geschützt, also chemisch behandelt, somit „nachbelastet“. Zugelassen und bei konventioneller Ware üblich ist Bleichen mit **schwefliger Säure** gegen Verfärbung und für bessere Haltbarkeit. Das aber ist dann zu deklarieren: „geschwefelt“ meint 50–500 mg/kg, „stark geschwefelt“ signalisiert 500–1 000 mg/kg Schwefeldioxid (also E 220). Zulässiger Höchstgehalt: 2 000 mg/kg.

Alle konventionellen Korinthen sind obligatorisch ungeschwefelt – sie werden aber mit dem sog. Methylbromid begast.

Rosinen: Als zuckerkonzentriertere Weinbeeren regeneriert sich ihre Süße im Naschmund

Nur Bioware und solche aus dem ▸Reformhaus ist garantiert frei von ▸Schwefel. Bio-Sultaninen werden in Pottasche und Speiseöl **„gedippt“**, verlieren so die Wachsschicht und trocknen schneller in der Sonne (in 3–5 Tagen). Danach wird gewaschen und manchmal mit Sonnenblumenöl unverklebbar gemacht. Andere **Bio-Rosinen** trocknen ungedippt in 5–7 Tagen. Besonders Bio-Korinthen werden statt Behandlung mit Schwefel vor dem Verschicken schockgefroren; das schließt einen Befall mit Insekteneiern aus. Bio-Rosinen kosten zwar oft fast doppelt so viel wie konventionelle, der höhere Preis jedoch gilt der höheren Qualität und den aufwendigen Vorarbeiten auf den Öko-Weinfeldern.

Rosinen stammen ursprünglich aus dem Vorderen Orient, daher auch die Bewährung in pikanten Gerichten wie Pilaw, zu dem Reis, Zwiebeln, Nüsse und Rosinen kombiniert werden und der mit Zimt, Nelken, Muskat und schwarzem Pfeffer gewürzt wird. Durch etwa 64 % verwertbare Kohlenhydrate liefern Rosinen auch reichlich Kalorien: In 100 g stecken 1 178 kJ/278 kcal, über dies viel Kalium, Phosphor und Calcium.

Tipp: Ein Weißbelag auf gelagerten Rosinen kann vom Auskristallisieren des Zuckers binnen Monaten kommen, aber bei säuerlichem Geruch Zeichen von Schimmel oder Milben sein. Deshalb Rosinen stets dunkel und trocken lagern.

Rotbarsch

Dass sein rötliches, festes Fleisch sich so gut hält und noch besser schmeckt, hat ihn überaus beliebt und ihm damit fast den Garaus gemacht. Ob Rot- oder Goldbarsch *(Sebastes marinus* bzw. *mentella)*, er ist nur ein sehr entfernter Barschverwandter und gehört zur Familie der drachenkopfartigen Stachelköpfe.

Der frühere Massenfisch der Fangflotten zählt heute zu den besonders gefährdeten Arten. Denn abgesehen von seiner ▸Überfischung bringt auch die Jagd nach ▸Kabeljau oder ▸Garnelen viel Rotbarsch als „Nichtzielart“, also als ▸Beifang mit an Bord. Ergo: **Vernunft schaltet bei Rotbarsch auf Rot!** Als Tiefseefisch lebt er im Nordatlantik bis hinunter in 1 000 m Tiefe. Unbehelligte Tiere könnten bis zu 60 und mehr Jahre alt und bei einem Gewicht von 15 kg

Rotbarsch: Das Feilschen um Fangquoten bekam ihm nicht

bis zu 1 m lang werden. Sie erreichen diese Größe aber immer seltener.

Dazu trägt bei, dass ihre außerordentlich späte Geschlechtsreife (12–20 Jahre) die **Reproduktionsrate** vermindert, zudem lebendgebärt ein Weibchen die 8 mm großen Larven nicht gerade in Riesenmengen. 2009 hieß es lakonisch, um Island sei seit 1990 kein starker Jahrgang mehr aufgetreten. Nur in einigen Fanggebieten wie dem Grönlandschelf haben sich die Bestände leicht erholen können. Nun allerdings streiten Wissenschaftler und Fischerei-Manager über Stärke-Dimensionen der Nachwuchsjahrgänge. Der ICES *(International Council for the Exploration of the Sea)* klassifiziert nach Arten, kennt zwar die Fänge, aber nicht die sog. Laicher-Biomasse, den Bestandszustand kaum und die sog. Fischereisterblichkeit gar nicht – es bleiben zu viele Fragezeichen. Immerhin sind nun größere Aufwuchsgebiete um Island tabu. Das IFÖ *(Institut für Fischereiökologie)* leitet aus den seit 2004 stark abnehmenden Fängen einen „rapiden Bestandsrückgang" ab und empfahl schon für 2007, die Fischerei einstweilen zu schließen. Die Forscher wiesen auch darauf hin, dass die genehmigten Fischquoten in der Vergangenheit stets deutlich über den von Experten vorgeschlagenen Mengen gelegen hätten.

Neben der Überfischung steht auch die **Zerstörung des Meeresbodens** durch die schweren Grundschleppnetze in der Kritik. Daran ändern auch weiterentwickelte Fangmethoden bisher zu wenig. In der Tat sehen auch einige Einzelhändler den Rotbarschfang mittlerweile so kritisch, dass z. B. Lidl oder Kaufland seit 2007 bzw. 2009 auf den Verkauf von Rotbarsch verzichten.

Fazit: Rotbarsch beim Einkauf am besten ganz links liegen lassen. Der ▸WWF riet 2013 zu „lieber nicht", und auch ▸*Greenpeace* setzt in seinem stets aktuellen Fischführer den Rotbarsch konsequent auf „Rot".

Rote Bete

Frisch mit Stielen oder Blättern eine salatwürdige Verwandte der Gemeinen Runkelrübe und ansonsten ein Wurzelgemüse mit urgesundem Image, weil die runden oder abgeplatteten Knollen eben so **urig erdig** schmecken. Als Rote Rübe, Rande, Rahne(r),

Rote Bete: Ganz frisch ein Salatgemüse, sonst als haltbare Konserve mit ganz besonders rötender Saftkraft

Rote Bete: Altes Gemüse mit neuem Boom und einer ganz eigenen Intensität in Geschmack wie an Farbkraft

Rotkohl: Klassiker im Glas, doch als Rohling liefert er viel Vitamin C und besonders viele Anthocyane

je nach Region, ist Rote Bete als *Beta vulgaris* eines der klassischsten Bioprodukte und hat mit seinen 26 % (2012) den höchsten Flächenanteil beim Biogemüse (dabei gefolgt von den ▸Mohrrüben mit ihren 17,3 %). Und bei Biobauern lohnt es, nach reizvollen Sonderformen oder ▸alten Sorten zu fragen, denn es gibt *Beta vulgaris* gelegentlich wie früher (oder aus dem eigenen Garten) **in Tief-Violett**, mit Rot-Weiß-Ringen, in Weiß, Gelb und sogar als sog. Wild-Bete.

Solch lohnende Mühe der frischen Zubereitung ersparen all die vielen Formen Roter Bete als *Convenience Food* – geschält, gekocht, gesäuert als Konserve, verscheibt oder verkugelt als Deko-Beilage.

Das charakteristische Rote der Bete, augenfälligst in Borschtsch, Labskaus oder beim Heringssalat, entstammt dem sog. **Betanin**, einem ▸Anthocyan. Dadurch ist Rote Bete höchst gesund, daher auch die Beliebtheit von Rote Bete als Saft oder ▸Nahrungsergänzungsmittel. Seit die Verbraucher künstlicheren ▸Farbstoffen zunehmend misstrauen, wird häufiger mit Rote Bete gefärbt. Doch der natürliche Farbstoff ist nur bedingt verwendbar, weil wasserlöslich und hitzeempfindlich.

Rote-Bete-Saft aus dem Biohandel ist ▸Direktsaft, nie ein konventionell üblicheres Konzentrat und wird gern ▸milchsauer vergoren. Einige Hersteller senken für ihren Most mit speziellen Fermentationsbakterien den oft hohen Gehalt an ▸Nitrat, denn Rote Bete speichert diesen Stoff natürlicherweise gern und fällt dadurch bei entsprechenden Untersuchungen regelmäßig mit erhöhten Werten von 100–400 mg/100 g auf. Da die Pflanzen den Schadstoff aus synthetischem Stickstoffdünger gern aufnehmen, ist Rote Bete aus ökologischem Anbau **vorzuziehen**. Außerdem bewirkt die Zugabe von Vitamin C eine Behinderung der Umwandlung bis hin zu ▸Nitrosaminen, gleichzeitig sorgt es auch für eine bessere Eisenaufnahme. Kenner empfehlen, Bio-Rote-Bete sogar mal ungeschält und ganz schlicht in Salzwasser zu kochen und die Knollenviertel in Butter zu dünsten oder braten.

Tipp: Von Händen und aus Stoffen lassen sich die intensiven **Rote-Bete-Flecken** nur sofort mit Zitrone oder Essig und anschließendem Ausspülen mit reichlich klarem, kaltem Wasser entfernen.

Rotkohl

Zusammen mit ▸Wirsing und mit ▸Weißkohl eine Art des Kopfkohls (*Brassica oleracea var. capitata*) in der *var. Rubra* – Rotkohl eben. Den eher lila Rotkopf gibt es das ganze Jahr über und stets auch in Bioqualität und in fester Verfaltung mit matt wachsartig bereiften Blättern. Durch Verzicht auf synthetischen Dünger ist Bio-Rotkohl nitratärmer und durch das Fehlen künstlicher ▸Pestizide rückstandsfreier als konventionell erzeugter.

Die ursprüngliche rote Farbe verdanken die Blätter des Rundlings dem Schutzfarbstoff ▸Anthocyan, der auch ein Indikator für den pH-Wert des Ackerbodens ist: je saurer, desto errötender für den Kohl. Kommt er dagegen bei der Zubereitung in alkalischere Umstände wie etwa schon hartes Wasser, wird Rotkohl schnell malvenfarben oder gar mal schmutzig-grün – wer ihn in Alugefäßen kocht, bekommt sogar Graukraut. Zum Farberhalt und für feineren Geschmack wird daher gern **Saures empfohlen** aus Früchten, Essig oder Wein. Mit etwas Natron kann man allerdings Rot- auch gezielt zu dann mal wirklichem **Blaukraut** verwandeln.

Neben Kohlenhydraten, Eiweiß und Zucker enthält auch Rotkohl als klassisches Wintergemüse schwefelhaltige **Senföle**, die den charakteristischen Kohlgeruch ausmachen und schon den rohen Blättern gut anzuschmecken sind.

Dank seiner anderen ▸sekundären Pflanzenstoffe (wie ▸Glucosinolate, ▸Polyphenole, ▸Carotinoide) wird dem Rotkohl Zellschutz und Radikalenfängerei (▸freie Radikale), oft sogar ein Krebs vorbeugender Effekt nachgesagt. Teil der Wirkung ist der beachtlich hohe Anteil Vitamin C (50 mg pro 100 g essbarem Anteil, ganz ähnlich wie in Apfelsinen), hinzu kommen noch Kalium, B-Vitamine, Calcium, Magnesium und Eisen. Auch deshalb gilt er bei uns als wertvolles **Gemüse für den Winter**, die Sorte Dauerrotkohl ist sogar länger lagerfähig. Meist jedoch kommt Rotkohl als fertiges Kraut aus Dosen und Gläsern auf den Tisch. Mittlerweile bieten auch bekannte Hersteller konventioneller Ware Rotkohl als Bioware an.

Tipp: Grundsätzlich gilt, dass v. a. beim Vitamin-C-Gehalt Tiefkühlware vor Glas- oder Dosenrotkohl rangiert, mit dreimal so hohen Werten.

Rüben

Verdrängt man den Inbegriff Futterrüben und den Horror hungerharter „Rübenwinter“ in Elendszeiten, kann man den feinen Geschmack und die Vielfalt der **Speiserüben** *(Brassica rapa)* vorbehaltslos würdigen, wie es die Regionalküche noch und wieder tut und selbst Spitzenköche zunehmend propagieren.

Besonders der ▸ökologische Landbau hat sich um eine Renaissance der verschiedensten ▸Sorten verdient gemacht. Biobauern mühen sich dabei, durch kluge Sortenwahl beim ▸Saatgut, vielgestaltige Fruchtfolge und intensive Ackermaßnahmen den Krankheits- und Schädlingsbefall gering zu halten und trotz Chemieverzichtes noch gute Ernten zu erzielen. Die jedoch fast um 30–50 % geringeren Erträge haben da notgedrungen höhere ▸Preise zur Folge. Dafür gibt es eine sortenreichere Rübenzahl im ▸Bioladen und in allen ▸Biokisten. Tests ergaben, dass Bio-

Rüben: Sie wurzeln tief in Regionalrezepten und sind variantenreich das ganze Jahr über zu haben – die Mairüben machen erste Lenzlust

Rüben: Weil es reichlich Futterrüben gibt, haben leckere Speiserüben ganz unverdient ein kleineres Image-Problem

Rüben eine um 50 % bessere Lagerfähigkeit haben und sogar Versuchstieren messbar besser schmeckten als konventionelle …

Als Rüben gelten bei uns v. a. die ▸Mohrrüben. Zu den Speiserüben zählen aber auch ▸Steckrüben und neben den feinen ▸Teltower Rübchen die im Frühjahr angebotene kleinkugelige, weißfleischige **Mairübe** sowie die ebenfalls runde sowie innen weißliche, außen rote oder grüne Herbstrübe (auch Wasser-Rübe oder Weiße Rübe) mit kräftigerem Geschmack gegenüber der Frühjahrsform.

Die Mairübe (Navette) ist besonders reich an Vitaminen und Mineralstoffen und schmeckt roh wie gedünstet. Sogar das Kraut eignet sich für Eintöpfe oder als spinathaftes Gemüse und lässt sich als Salat zubereiten.

Speiserüben werden auch als Blattgemüse angebaut, unter dem sich vor allem das im Rheinland beliebte ▸Stielmus auszeichnet.

Nota bene: Eine Delikatesse ist die **Kerbelrübe**, die wegen ihres aufwendigen Anbaus schon fast ausgestorben war. Im ökologischen Anbau wird ihr zu Recht wieder viel Aufmerksamkeit zuteil, denn roh hat sie ihren so schmackhaften, knackigen Biss, gekocht ähnelt sie mehligen Kartoffeln und schmeckt mit leichter Schärfe nach ▸Pastinake oder ▸Sellerie.

Rückbesinnung

Es wäre nicht das erste Mal, dass sich so viele Konsumenten bei ihrem Konsum von Nahrungsmitteln so schwer tun – und mit aufgeklärter Skepsis erkennen, dass an vielen Produkten vieles nicht stimmt. Das ▸Vertrauen in die **Verlässlichkeit und Unbedenklichkeit** moderner Produktionsbedingungen schon auf dem Lande und noch mehr in der Fabrik ist skandalbefeuert dahin. Und das wohl endgültig, seit der ▸Skandal um ▸Dioxin in konventionelle ▸Futtermittel nach Vorsatz aussah. Politiker gestanden ein, dass Überwachungssysteme und Anzahl der Kontrolleure miserabel seien.

Geahnt hatten es die Verbraucher schon immer, nun waren sie bestätigt. Dass Biobetriebe vom Futtermittelskandal selten betroffen waren, gab vielen recht, die in ihrer Skepsis ohnehin auf Bio setzten. Selbst die Krisenjahre überstanden Bio- und Hofläden gut, alle ökologischen ▸Anbauverbände mit den strengeren Richtlinien als jenen der ▸EG-Öko-Verordnung profitierten.

Bio hatte keinen Ruf verloren – im Gegenteil. Die notwendigerweise höheren ▸Preise wurden sogar in öffentlichen Appellen für gut befunden, weil sie der

Rückbesinnung: Selbst die EU wirbt für das erwachte Bewusstsein, dass uns Bio back to the roots führt

Rückbesinnung: Schweizer bestaunen die „Vielfalt für alle" an den sortenreichen Marktständen von ProSpecieRara

saubereren ▸**Landwirtschaft** zugute kämen. Nun besannen sich Konsumenten auch auf den Wert kurzer Wege frischer Ware, zogen öfter mal Klimabilanz und goutierten so verstärkt Ware der ▸Saison – und die natürlich ▸regional. Man besann sich auf kollektive Erinnerungen an Felder und Höfe vor der Stadt, machte Sehnsuchtsausflüge zu **Bauernmärkten**, buchte ▸Biokisten, kaufte öfter im ▸Hofladen oder entdeckte den Reiz von ▸Urban Farming.

Angesagt war zunehmend, was dort aus eigener Herstellung (▸artisanal) und nach bewährten Rezepten angeboten wurde – ohne E-Nummerei oder Mogelangst und aufs Leckerste zum baldigen Verbrauch bestimmt. Da schmeckte manchem Städter sogar die ▸Vorzugsmilch als ganz neue Erfahrung: Rückbesinnung auf **Vergangenes oder Traditionelles** lohnt – was so ▸authentisch ist, kann keine Molkerei und auch kein Lebensmittelhersteller nachmachen. Der etikettiert eh eher missbräuchlich oder wenigstens suggestiv allerlei Künstlichkeiten mit „Hof-", „Bauern-", „Land-", „Natur-" – und enttäuscht.

In Konsequenz begegneten sich so der Rückbesinnungs-Trend und die Bio-Tradition in bester Kongruenz. Im Bioboom hatte das kompromissgeborene EU-Biosiegel eher für ▸Bio light als Bio, allenthalben bis in die Regale der ▸Discounter, gesorgt. Nun aber kam die Rückbesinnung auf das Grundanliegen und die Wurzeln von Bio, weshalb ja jetzt schon öfter ▸Premium-Bio zu lesen ist.

Und plötzlich geriet der verkannte **Vorsprung** des lange belächelten ▸ökologischen Landbaus zum Vorteil. So wurde Rückbesinnung zu Fortschritt, alte Werte erweisen sich doch als recht zukunftsfest. An der Bio-Wertschöpfungskette wird eben beharrlich geschmiedet.

Rückstände

Wer will sie schon freiwillig essen, all die unerkennbaren Reste von produktions- oder lagerungsbedingt eingesetzten Stoffen, die als ▸Pflanzenschutzmittel oder ▸Tierarzneimittel bis zum Genuss des damit erzeugten Lebensmittels dank ▸Carry-over noch drin sind. Käufer von ▸Biolebensmitteln legen großen Wert auf deren **Unbedenklichkeit**. Mit 83 % Zustimmung der ▸Biokonsumenten war „möglichst geringe Schadstoffbelastung" beim „Ökobarometer" 2013

Rückstände: Keiner will sie, einer jedoch wird sie finden – der skeptische Mensch im Labor

Rückstände: Konventionelle Zitrusfrüchte sind alle auffällig, Beeren so gut wie immer und Weintrauben oft – umso verdienstvoller ist da das alljährliche Ökomonitoring

drittwichtigstes Motiv für ihren Bio-Kauf (hinter ▸regionaler Erzeugung und ▸artgerechter Tierhaltung).

Und das aus gutem Grund: 550–700-mal weniger Rückstände von ▸Pestiziden finden sich laut FiBL *(Forschungsinstitut für biologischen Landbau)* in Bio-Obst und Biogemüse. 2013 bestätigte auch das BVL *(Bundesamt für Verbraucherschutz und Lebensmittelsicherheit)* für 2011: „Ein deutlich geringeres Vorkommen von Pflanzenschutzmittelrückständen wiesen wie auch in den Vorjahren die Obst- und Gemüse-Proben aus biologischem Anbau auf" – in 82,2 % der Proben wurden **keine quantifizierbaren Rückstände** gefunden! Dagegen waren konventionelle Proben nur zu 39,8 % unbelastet; wo Rückstände gefunden wurden, sind sie bei Bio zudem bedeutend geringer.

Ohnehin sind Rückstands-Tests bei Biolebensmitteln sehr streng, nicht bloß branchenintern. Immerhin seit 2002 untersuchen die CVUA *(Chemische und Veterinäruntersuchungsämter Baden-Württemberg)* im europaweit ein-

maligen Ökomonitoring neben konventionellen Produkten ganz gezielt Biolebensmittel (▸Monitoring).

Gefahndet wird da auch nach unzulässigen ▸Zusatzstoffen, ▸Furan im Kaffee oder ▸Dioxin in Eiern und ▸Biofleisch. Nahezu 70 % aller Proben des Ökomonitorings 2012 waren rückstandsfrei, 95 % der Stichproben trugen ihr ▸Bio-Siegel zu Recht, die Beanstandungen nahmen außerdem stetig ab, selbst bei kontinuierlich verbesserten Untersuchungsmethoden.

Was bei Bio an Rückständen gefunden wird, ist zudem oft nicht einem illegalen Einsatz von Pflanzenschutzmitteln, sondern der sog. **Abdrift** geschuldet – also der Kontamination von Bio-Äckern durch Pestizide, die auf benachbarte konventionelle Felder ausgebracht wurden. Auch beim Verpacken, beim Verarbeitung oder in Lägern kann es zu solchen ▸Verunreinigungen kommen. Nicht auszuschließen bleiben ja ▸Schadstoffe aus der Umwelt (▸Cadmium, Dioxin, ▸Quecksilber), die sich, v. a. durch industrielle Emissionen, auf Öko-Feldern ebenso ablagern und in tierische Erzeugnisse gelangen. Dazu urteilte das *Ministerium für Ernährung und Ländlichen Raum/Baden-Württemberg* ganz unmissverständlich: „Die Erwartung von absoluter Rückstandsfreiheit ist nicht realistisch. Berechtigt ist dagegen die Erwartung, dass Öko-Lebensmittel praktisch keine Pestizidgehalte aufweisen."

Doch **auch konventionelles Obst und Gemüse** befinden die Tester als relativ sicher. Allerdings: Zwar ist die Quote der rückstandsfreien Proben laut BVL konstant (2009 bei 39,9 %, 2010 bei 41,4 %) – allerdings deutlich geringer als bei Bio (77,4 % bzw. 79,9 %). Als rückstandsauffällig zeigen sich seit Jahren frische ▸Kräuter, ▸Linsen, ▸Himbeeren, ▸Zitronen und ▸Paprika. Entscheidend ist dabei die ▸Herkunft: ▸Importware ist regelmäßig öfter und höher belastet, mit den meisten Höchstmengenüberschreitungen. Die kamen insgesamt bei 2,7 % der konventionellen und

0,8 % der Bio-Proben vor. „Nahezu rückstandsfrei" nennt das BVL auch ▶Babynahrung, wo stets rund 90 % der Produkte unbelastet sind.

Nota bene: Vorwürfe von ▶*Greenpeace,* Produzenten würden Pestizid-Cocktails verschiedener Wirkstoffe einsetzen, um Grenzwertüberschreitungen einzelner Gifte zu umgehen, münden in Forderungen nach verbindlichen Grenzwerten auch für **Mehrfachrückstände,** die sich immer wieder in Obst und Gemüse nachweisen lassen. Dazu sieht das eher defensive BfR *(Bundesinstitut für Risikobewertung)* allerdings keinen Anlass, weil es Gesundheitsgefährdungen durch solche Wirkstoffcocktails ausschließt, sofern diese als Einzelpräparat unter dem Höchstwert bleiben.

Rückverfolgbarkeit

Skandalsichere Lebensmittel sind schön und gut, aber überall wird ja wohl getrickst, gemogelt oder schon kriminell agiert. So vermuten es verunsicherte Verbraucher, so bestätigen es aber auch immer wieder (Zufalls-)Funde der Kontrolleure. Umso wichtiger ist seit 2005 das EU-Gebot zur Sicherung der Rückverfolgbarkeit für den verbesserten, wenn auch bürokratisch aufwendigen und somit teureren ▶Verbraucherschutz im Dienste der ▶Lebensmittelsicherheit.

Theoretisch und teilweise schon praktisch wird mit aufwendiger IT-Hilfe nun per Code der Weg eines Lebensmittels von seiner Produktion über die verschiedenen Weiterverarbeitungs- und Vertriebsstufen bis zur Ladentheke lückenlos dokumentiert, im Idealfall.

Im Biohandel war diese Rückverfolgbarkeit schon seit Jahren bei den meisten Angeboten gegeben, weil die Erzeuger oder Traditionsmarken bestens bekannt und auf guten Ruf bedacht waren und sind. Mit den Nummern aller ▶Öko-Kontrollstellen ist zusätzlich eine Rückverfolgbarkeit per Internet möglich. Seit 2005 sorgt die Biobranchen-Initiative „Bio mit Gesicht" für Transparenz beim Sortiment von nun mehreren hundert Erzeugern (s. www.bio-mit-gesicht.de). Ähnliches bieten einzelne Bio-Hersteller: Die „Andechser Molkerei" zeigt pro Produkt den Bio-Milchbauernhof samt Landwirt (www.andechser-molkerei.de).

Auch die stark auf ▶Vertrauen angewiesene **Fairtrade-Branche** funktioniert da regional so gut wie global: Der sog. Fairtrade-Code auf Verpa-

Beste Rückverfolgbarkeit: Detailliertere Angaben zur Herkunft schaffen Vertrauen – längst machen auch Apps Recherchen am Regal einfacher

Strenge Rückverfolgbarkeit: Von Geburt an tragen Kälber Ohrmarken und hinterlassen so lebenslang auf Schritt und Tritt und Tod Spuren

Unbeirrte Rückverfolgbarkeit: Anhand der Öko-Kontrollstelle ist der Erzeuger zu ermitteln – für den schlimmen Fall der Fälle

ckungen erklärt zuverlässig, woher genau ein faires Produkt kommt (www.fairtrade-code.de). Auch für ▸Futtermittel gilt *retraceability* als unverzichtbar und ist geregelt. Wird dann, wie etwa 2010 geschehen, ▸Dioxin aus Industriefetten im Futter gefunden, können Produkte von belieferten Höfen immerhin sofort **für den Markt gesperrt** werden.
Die Rückwärtsrecherche funktioniert als sog. *Upstreaming* bei Problemen mit dem Endprodukt bis „hoch" zum einzelnen Produzenten (anhand der Stationen Rindfleisch–Schlachthof–Rind–Lebensohrmarkennummer–Rinderpass–Erzeuger; für andere Fleischprodukte EU-weit von 2015 an Pflicht). Oder eben beim sog. *Downstream Tracking* vom Produzenten bis „runter" zum Endprodukt, einem Einzel-Ei etwa – was amtlich „zur Schadensbegrenzung in bestimmten Ereignisfällen" **vertrauensbildend** beitragen soll.
Inzwischen gibt es einige Dutzend verschiedene Rückverfolgbarkeitssysteme, die zertifizieren, dokumentieren und so kontrollieren. An der Logistik und spezifischen IT-Systemen wird gearbeitet, ein sog. *Tracenet* für Biolebensmittel wird in Indien bereits erprobt.
Schwierigkeiten gibt es bei der Rückverfolgung von Wildfischen, weil Fanggebiet, Fangschiffe sowie die Fangmethoden ebenso wie verarbeitete oder angelandete Mengen noch zu ungenügend oder nur unwillig dokumentiert werden; Kennzeichnung der Fanggebiete ist aber Pflicht. Ab 2015 wird die Rückverfolgbarkeit von ▸Rindfleisch zur Selbstverständlichkeit.

Rucola

Etwas Balsamico-Essig und ein wenig Parmesan darüber – schon ist ein so uritalienischer Rucola- oder der eher urigdeutsch wirkende Rauken-Salat *(Eruca sativa)* so modisch wie gourmethaft. Rucola stammt ursprünglich aus dem Mittelmeerraum, heißt auch mal „Persischer Senf" und wurde schon im alten Rom geschätzt. Die dunkelgrünen, ähnlich wie ▸Löwenzahn gezackten Blätter haben ein intensives, an ▸Kresse erinnerndes Aroma und sind immer ein bisschen zu lang zum Aufgabeln. Schon das macht sie so eigen, weshalb Rucola allerlei andere Salate **pikant kräftig** mitwürzt. So hat er es auch zum Standard-Belag für Pizzen gebracht. Die Beliebtheit von Rauke litt 2009 vorübergehend unter der Warnung vor nur schwer erkennbaren giftigen Beimengungen: Bei einer

Rucola: Der Hauch von sanft bitterer Schärfe wurde Mode und veredelt Salat und Pizza

Stichprobe wurde zufällig untergemengtes **giftiges Kreuzkraut** gefunden, dessen Blätter ähnlich fiederteilig sind. Kreuzkraut aber schädigt die Leber, kann Krebs erzeugen und taugt sogar zum Mäusegift. Der Skandal scheint vergessen, Rucola wird längst wieder gekauft.

Allerdings lässt Ernährungswissenschaftler der immer wieder vorgefundene hohe Gehalt an ▶Nitrat beharrlich warnen, Salatrauke nicht allzu häufig zu verzehren (25 g/Tag überschreiten oft schon den ▶ADI-Wert). Seit 2012 gilt ein EU-weiter Grenzwert von 6 000 mg/kg Salat im Sommer, im Winter sind etwas mehr, nämlich 7 000 mg/kg erlaubt. Dazu ist jedoch besser zu wissen, dass Rauke aus ▶Freilandanbau niedrigere Nitratwerte aufweist. **Bio-Rucola** ist wegen nicht-synthetischer ▶Düngemittel tendenziell weniger nitratbelastet.

Auch bei den ▶Rückständen von ▶Pflanzenschutzmitteln schneidet Bioware stets besser ab. Zwar werden die ▶Monitorings auch hier regelmäßig fündig, Gehalte liegen allerdings meist unterm Richtwert von 0,01 mg/kg. Konventioneller Rucola hatte jedoch 2012 bei den Höchstmengenüberschreitungen mit 10,4 % gar die **zweithöchste Beanstandungsquote** überhaupt (Kamillenblütentee hatte 14,9 %) – das BVL *(Bundesamt für Verbraucherschutz und Lebensmittelsicherheit)* führt dies auf immer bessere Messmethoden zurück.

Tipp: Auch bei Bio-Rauke ist man keineswegs vor Bakterien gefeit, die aus natürlichem Stalldung stammen können. Deshalb gilt in jedem Fall wie bei allen Salaten: vor dem Verputzen gründlich waschen!

Ruderalflora: Botaniker bewundern sie als Überalllebenskünstler, der selbst Straßenränder erobert und beblüht

Ruderalflora

Beweis für die hochvegetative Kraft der Natur auf Brach- oder Trümmerflächen (vom lat. *rudus* „Brocken, Schutt"), wenn diese von einer überlebensfähigen „wilden" Vegetation ohne menschliches Zutun erobert und binnen Jahren überwuchert werden. Verwildern Kulturpflanzen wie Raps in ungepflegte, verlassene Flächen hinein, dann spricht man von Ruderalraps.

Die **Rückeroberung** der einst erst von den Menschen tiefgreifend gestörten (fachlich „überprägten") Flächen schaffen in ihrem „Neo-Habitat" bekanntermaßen gern ▶Brennnessel, Giersch, Knoblauchrauke – und am schnellsten und öfter im Bahndamm-Milieu der so üppigst wuchernde ▶Holunder. Am augenfälligsten ausgewildert hat sich im Ruderalen der weniger wohlschmeckende Raps. Einige „Ruderalia" aber lohnen für Kundige die ▶Wildsammlung; dann besser an unbelasteten Standorten.

Der Trost daraus: Nach uns nicht die Sintflut, sondern die Ruderalflora!

S

Saatgut

Rein in die Erde, hoch raus aus der Erde – und Erntedank! Nur im Prinzip geht es so damit, doch prinzipiell ist alles viel schwieriger. Denn auch solche Kleinstheiten wie Samenkörner sind Handels- und Spekulationsobjekte geworden, der Widerspruch zwischen allgemeinem und exklusiv patentiertem Saatgut wurde ein Politikum. Nicht nur für Kleinbauern in aller Welt, auch für den ▸ökologischen Landbau ist längst aus der Saatgut- eine **Existenzfrage** geworden.

Denn die Zeiten, in denen Samen selbst gezogen oder zu vertretbaren Preisen vom Händler zu erwerben waren, sind vorbei. Dabei stand einst ein **riesiger Genpool** als aussäbare ▸Agrobiodiversität zur Verfügung, auch den ärmsten Bauern in der „Dritten Welt". Womöglich ist diese Vielfalt bald nur noch in den wissenschaftlichen Samenbanken nachzuvollziehen, die für künftige Nachzucht angelegt wurden, um regionalen oder globalen Katastrophen mit Verlorenem begegnen zu können. Saatgut war stets regional adaptiert, bewährte sich in Selektion auch auf heiklen Böden und in speziellen Klimata, oft sogar einzelsortentypisch gegen Fraß- und Gedeihfeinde.

Doch mit den ersten Investitionen auf dem Agrarbasar ging eine böse Saat auf: Saatgut wurde ein Riesengeschäft, zumal samenfestes (nachzuchtfähiges) Material zugunsten von einheitlichen ▸**Hybriden** verdrängt wurde – Saatgut also, das alljährlich nachgekauft werden muss. Eine einflussreiche Lobby sorgte für strenge amtliche Zulassungen, Agrarriesen kauften kleinere Zuchtbetrieb auf, die Labore von Monsanto & Kons. (▸Monsantosierung) kreierten bald Exklusives, das sie sich mit ▸Patenten v. a. für ▸transgene Pflanzen (▸GVO) mit eingebauten ▸Pestiziden oder Unempfindlichkeiten gegen andere ▸Pflanzenschutzmittel (▸Glyphosat etwa) schützen ließen. Schlimmer noch: Inwiefern das chemische Beizen dieses Saatguts (gegen allerlei Lagerschäden und ersten Befall) für das teils dramatische Sterben von ▸Bienen verantwortlich ist, wird erst geklärt – die Wahrscheinlichkeit ist hoch. Fatal wie verräterisch auch der Versuch, die sog. **Nulltoleranz** von Gentechnikspuren in Bio-Saatgut aufzuheben, sodass eine schleichende ▸Verunreinigung nicht nach dem Verursacherprinzip jenen angelastet werden kann, die ▸gentechnisch Verändertes erst auf den Markt brachten; bisher zahlen Biobetriebe die teuren Analysen selbst. Aus all dem erhellt, wie bedroht die immer lauter geforderte bäuerliche sog. **Saatgutsouveränität** ist. Weltweit formiert sich der Widerstand; zur prominenten Symbolfigur wurde da die indische Physikerin und Trägerin des Alternativen Nobelpreises Vandana Shiva, die schon mehrmals als Ehrengast auf der ▸BioFach refe-

Saatgut: Vom pflanzlichen Genpool lauter kleine Tütchen im TK-Lager – eine laufende Sichtung und Vermehrung gehören dazu

Saat als Gut: Die Neusaat aus der alten Eigenernte ist ein sog. Landwirteprivileg

Sanddorn (links): Beerenreich und stachelbewehrt, als „Zitrone des Nordens" voll von Vitamin C

Saatgut-Kämpferin: Vandana Shiva streitet dafür, dass Saatgut frei bleibt und der Menschheit in toto gehört

SØS
save our seeds

Saatgut-Kämpfer: Gegen den Trend zur Patentierung von Saaten und Sorten engagieren sich inzwischen etliche NGOs

rierte. Denn auch die Biobauern geraten durch die Konzentrationen auf dem Saatgutmarkt (dessen globaler Wert 2012 von einem Branchendienst auf 15 Mrd. US-Dollar taxiert wurde) in große Bedrängnis. Die ▸EG-Öko-Verordnung und die Richtlinien der ▸Anbauverbände sehen vor, dass ausschließlich ökologisch erzüchtetes Saatgut benutzt wird. Geltende Ausnahmeregelungen sollen nicht mehr lange strapaziert werden dürfen – doch **Bio-Saatgut** ist noch eine Seltenheit! Auch deshalb sind viele Bio-Gemüsesorten öfter noch konventionelle Hybriden (bei Verbands-Bio aber umstritten oder sogar tabu). Skeptiker halten den Kampf schon für verloren, Öko-Züchter halten dagegen. Immerhin 51 Bio-Neuzüchtungen für Gemüseklassiker wurden bis 2013 behördlich zugelassen.

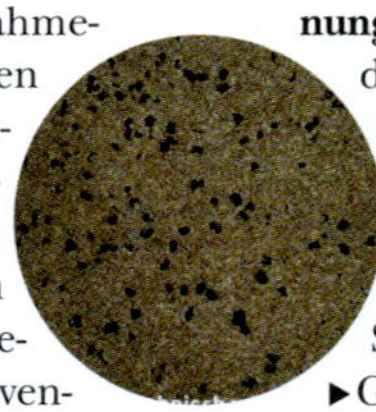

An die 80 Öko-Initiativen mit v. a. ▸biologisch-dynamischer Saatgutvermehrung sind heute aktiv; seit den 1980er-Jahren wuchs ein Netzwerk aus Züchtern, Bewahrern und Mahnern („Verein Kultursaat", „Dreschflegel", „Save our seeds"). Es entstand der **Saatgutfonds** der *Zukunftsstiftung Landwirtschaft,* finanziert aus Spenden- sowie Sponsorengeldern. Die Entwicklung einer neuen Bio-Sorte kann schließlich 600 000 Euro kosten und muss eine dreijährige Wertprüfung durch das (eher defensive) Bundessortenamt überstehen …

Für viel Wirbel sorgten 2013 auch die Verhandlungen für ein neues **EU-Saatgutrecht**. Nach vielen Protesten u. a. aus der Biobranche, die eine Bevorzugung von Hochleistungshybriden diagnostizierte und sich gegen die Zulassungspflicht für sog. Vielfaltssorten einsetzte (für die etliche Bio-Sorten gar nicht einheitlich genug wären), fand Brüssel eine vorübergehende Lösung. Die definierten Zulassungsregeln sollen nicht für solches Saatgut gelten, welches „für **Nischenmärkte** bestimmt" ist, auch Erhaltungssorten und Hobbygärtnereien sind ausgenommen. Genaue Ausnahmeregeln standen Ende 2013 noch aus, auch eine ▸**Kennzeichnung** der jeweiligen Zuchtmethoden bei Saatgut war im EU-Recht noch nicht vorgesehen. Dabei könnte Samenfestes ja positiv vermarktet werden; von „Bingenheimer Saatgut" gibt es schon ein ▸Gütesiegel: „Sorten sind Kulturgut" – ein Anfang ist gemacht.

Sahne

Gesetzlich ist Rahm nur erste Sahne, wenn der Fettanteil mind. 30 % beträgt – das ist bei Bio garantiert. Aus Biomilch wird eine deutlich intensiver schmeckende Bio-Sahne, die sich auch in ihrem ökologischen ▸Food-Processing unterscheidet. So wird sie in aller Regel pasteurisiert, nicht immer aber homogenisiert. Die Fettkügelchen werden dabei eben nicht zu unterschiedlichsten Größen abgetrennt, werden so eben homogener. Dies

ist das pragmatischste Verfahren, um ▸Milch zu Süß- oder Sauerrahmprodukten mit ganz speziellen Eigenschaften und Fettgehalten weiterzuverarbeiten, und so wird es auch in vielen Bio-Molkereien gehandhabt – dann aber nur bis 30 % Fett (bei ▸Demeter ist dies ganz verboten!).

Auf die laut ▸EG-Öko-Verordnung erlaubte Zugabe des ▸Stabilisators ▸Carrageen, das auch den sonst so biotypischen Fettabsatz am Deckelrand verhindert, verzichten Hersteller von ▸Bioland, ▸Demeter und ▸Gäa. Die meisten konventionellen Sahneprodukte aber nutzen diese „Aufrahmsperre" und haben zudem den Zusatz von Milcheiweiß bzw. Milchtrockenmasse gegen Molkeabscheidungen. Erlaubt (und dann kennzeichnungspflichtig) sind hier auch ▸Gelatine und ▸Stärke für die dauerhafte Konsistenz im späteren Schaum. Die erst durch das Homogenisieren wegbehandelte Fähigkeit zur Verschaumung wird also künstlich wieder hineinmanipuliert. Nicht bzw. wenig homogenisierte Bio-Sahne hingegen rahmt wegen der intakten Fettkügelchen stark auf und bleibt in geschlagener Form stabil.

Bei den gesäuerten Milchprodukten verhält es sich ganz ähnlich: Damit saure Bio-Sahne fest wird und das Eiweiß ausfällt, kommt unter Zusatz spezieller Mikroorganismen aus bewährten Mutterkulturen bei 20–40° C der Abbauprozess von Milchzucker zu ▸Milchsäure in Gang. Nach dieser ▸Fermentation ist die weitere Wärmebehandlung ausgeschlossen, ebenso wie Stabilisatoren oder ▸Konservierungsstoffe.

Während ja konventionelle Crème fraîche bis zu 15 % Zucker und auch ▸gentechnisch veränderte ▸Mikroorganismen enthalten kann, erlaubtermaßen der ultrahohen Hitze von 140° C ausgesetzt sowie sterilisiert werden darf, muss saure Bio-Sahne all dies nicht ertragen.

Nota bene: Ähnlich wie bei der inzwischen breiten Palette von pflanzlichem ▸Milchersatz gibt es längst auch viele pflanzliche Sahne-Ersatzprodukte: eine „Schlagcreme" etwa aus ▸Soja oder sogar Sprühsahne aus Reis, bis hin zu veganem „Bio-Sahnesteif" für schnittfeste Cremes und Desserts. Und nicht nur Sahne-Fans mit Lactoseintoleranz nehmen gern mal die garantiert kuhproduktfreie „Kochsahne", um eine quasirahmige Sauce anzurühren.

Saibling

Hoch geschätzter lachsartiger Raubfisch, womit schon viel Gutes über den Mittelfetten in Süßwassertiefseen gesagt wäre, dessen Name „Salmling" bedeutet – **„Lachslein"** also. In der ▸Schweiz heißt er auch Rotforelle; sein Fleisch gilt unter Gourmets als Delikatesse: leicht bis mittelrötlich, in etwa mit der Konsistenz von Aalfleisch.

Die wild lebenden Exemplare der artenreichen Gattung *Salvelinus* sind über die ganze Nordhalbkugel bis in arktisches Süßwasser verbreitet.

Sahne: Inzwischen auch als kuhmilchfreie Pflanzenware zu haben – ob aus Soja oder Reis

Saibling: Lachshaft rötlich und aalig fest im Fleisch – schmeckt auch frisch aus dem Räucherofen

Saibling: Als Biofisch aus der Aquakultur ein sogenannter „Alpenlachs“ mit Ansprüchen

Wirtschaftliche Bedeutung haben v. a. der größere Seesaibling *(Salvelinus alpinus)*, gern auch **Alpenlachs** genannt, und der kleinere Bachsaibling *(Salvelinus fontinalis)*. In gerade mal 10–16 Monaten ist ein in ▸Aquakultur gemästeter *Salvelinus alpinus* schon „schlachtfähig“; in natura kann er bis zu 22 Jahre alt werden.

Saison, Saison: Durch Folienabdeckung wird die Spargelzeit vorgezogen, regionale Erdbeeren haben ihre Kurzzeit wie dann auch saisonalste Konfitüre

Die Aufzucht in Teichen (gut 1 500 t wurden darin 2012 in Deutschland erzeugt) bleibt so anspruchsvoll wie risikoreich, denn Saiblinge gedeihen nur in saubersten Wasser wirklich gut. Ihre Zucht floriert jedoch inzwischen auch in knapp 30 deutschen **Bio-Teichwirtschaften** (Anteil von fast einem Drittel!) – u. a. weil die Lachslinge lohnen: Sie bringen etwa viermal mehr ein als ▸Karpfen. Wie für jeden ▸Biofisch gelten auch für Saibling aus ▸ökologischer Aquakultur strenge Richtlinien. So wird etwa die Wasserqualität durch eine strikte Wasserwechselrate bestimmt: Eine Sauerstoffsättigung von mind. 60 % ist garantiert. Die **Besatzdichte** ist mit max. 20 kg pro m³ (laut ▸EG-Öko-Verordnung, in der Schweiz sogar nur 10 kg) niedrig, das ▸Futter stammt aus ▸nachhaltigen Quellen. Für isländischen Bio-Saibling wird sogar eine *Fish-in-fish-out-ratio* von nur 1,2 angegeben (d. h. 1 kg Saibling wird mit nur 1,2 kg Futterfisch als sog. ▸Veredelungsverlust groß).

Die Fischführer von ▸*Greenpeace* und ▸WWF empfehlen **nur Bio-Saibling** uneingeschränkt, der WWF sieht für Wildfänge akzeptables „Grün-Gelb“.

Nota bene: Ein willkommenes Zweitprodukt ist nur leicht salziger Saiblingsrogen als „störloser“ ▸Kaviar. Die Eierkügelchen zerplatzen am Gaumen ohne Spur von Fischigkeit.

Saison

In der Reihe von Wertbegriffen wie ▸regional, ▸nachhaltig und ▸Frische darf die saisonale Würdigung nicht mehr fehlen und ist damit bis an den Inbegriff ▸Bio herangerückt. Dabei bedeutete Saison (von lat. *satio*) einst nur **Saat und Aussäen**, wie es wetter- und klimabedingt dem bäuerlichen Kalender entsprach – erst in neuester Neuzeit wurde daraus die Ernte-

Saison: Wenn endlich die Kürbisse reif sind, gibt's schon mal Käse mit gemahlenen Kernen!

zeit und das dann jeweils nur aktuell verfügbare Produkt selbst. Doch global gesehen ist ja eigentlich immer irgendwo Saison, und seit es ausgeklügelte Logistik gibt, wundern wir uns über Erdbeeren zu Weihnachten, Bohnen und Kirschen im Frühjahr und nehmen verblüfft zur Kenntnis, dass Obst öfter **„transportfähig"** geerntet wird – also vor der eigentlichen Zeit, damit es erst während des ▸Transports richtig ▸reif wird. Wer aber Saison und Frische gleichsetzt, liegt öfter falsch: Spinat, Erbsen, Beeren sind erntenah schockgefrostet als ▸Tiefkühlkost oft frischer als manche angewelkte ▸lose Ware …

Saison ist eben ein relativer Begriff und doch ein alljährliches Glücksgefühl durch **tradierte Rhythmen**. Die sind allerdings höchstens noch für Erdbeeren, Spargel oder Wildpilze verinnerlicht und machen dort den besonderen Reiz aus, der durch Vorziehen oder Verlängern nur leidet. Dabei wird auch bei Frischware aus der Region an der Erntezeit gedreht, durch Feldheizung oder Folie – meist aber in ▸Gewächshäusern, die dank energieintensiver Steuerung all die saisonalen Unberechenbarkeiten des ▸Freilandanbaus überwinden helfen. Würden wir **echt saisongerecht** ▸einkaufen und schlemmen, wäre klimarechnerisch einiges gewonnen.

Dann käme allerdings viel zwischensaisonaler **Verzicht** auf uns zu: Nicht mal die Hälfte des hierzulande verkauften ▸Gemüses und max. 15 % des ▸Obstes kamen 2012 aus Deutschland. 2011 zeigte eine Untersuchung: Etwa die Hälfte des beliebtesten Biogemüses (▸Möhren) bzw. zweitpopulärsten Bio-Obstes (▸Apfel) kam aus dem quasi saisonverlängernden Ausland. Doch ob selbst ▸Biokonsumenten bereit sind, sich wieder aufs ▸Haltbarmachen und andere Mühen saisongerechter Ernährung einzulassen, ist kaum abzuschätzen.

Was sicher auch helfen könnte, wäre ein **Saisonkalender**, denn oft fehlt schlicht das Wissen, wann Obst oder Gemüse denn überhaupt Saison haben. Dann wäre es auch möglich, den besonderen ▸Genusswert von nur kurz Erschmeckbarem herauszustellen, sodass nicht ein saisonaler Mangel beklagt, sondern saisonale Einzigartigkeit zelebriert würde. Der Idealfall wäre da die gute alte ▸Biokiste: voll von frischer ökologischer Saisonware aus der Region!

Salate, grüne

Da haben wir den Salat: blättrig, knackig, vitaminös und das das ganze Jahr über! Und was haben wir noch? Eine Menge **kleinerer Probleme**, die gut zu sortieren sind.

Ob großköpfig oder kleinblättrig, in- oder ausländisch – kein konventioneller Salat ist frei von ▸Rückständen oder gar Cocktails aus ▸Pestiziden, die zwar einzeln unterhalb der erlaubten Grenzwerte liegen, aber noch unerforschte Kombiwirkungen haben. Da sei – und da ist – Bio vor: Im ▸ökologischen Landbau wird **chemiefreie Prophylaxe** betrieben (Vorkultur und Fruchtwechsel, kombinierte Bepflanzung, resistente ▸Sorten, Beikrautregulierung, Einsatz von ▸Nützlingen, keine Überdüngung) – und

„Grünzeug": Salat braucht und speichert Nitrat für die Photosynthese, liefert aber auch Gutes

Salate: Auch aus dem Freiland sind sie besser bio, mit dann naturgemäß geringsten Rückständen und weitaus weniger Energieeinsatz

regelmäßig stellen Untersuchungen fest: Ein **Bio-Salat** landet tatsächlich schadstofffrei(er) im Gemüseregal. Das gilt auch für die starke Bildung und Bindung von ▸Nitrat in Salaten, die es für den Energiehaushalt brauchen. Deutschlands Bio-Salatbauern ernteten 2011 auf 170 ha (nur 1,6%

Salatsorten mit eigenem Eintrag

- ▸Chicoree
- ▸Endivie
- ▸Feldsalat
- ▸Löwenzahn
- ▸Portulak
- ▸Postelein
- ▸Rucola
- ▸Sauerampfer

von insg. 10 610 ha) insgesamt nitratärmeren Salat, bauen sie doch **ohne nitrathaltigen Dünger** an. Den benötigten ▸Stickstoff bekommen die Pflänzchen stattdessen über den Boden, in dem der Stickstoff durch Zwischenfrüchte gebunden wurde. Da Salat wie alle Pflanzen bei Licht das gespeicherte Nitrat abbaut, ist er aus dem ▸**Freilandanbau** entsprechend geringer belastet; winters im ▸Gewächshaus aber wird das Blattgemüse zum **Nitratspeichermeister**. Betroffen sind v. a. Kopf- und ▸Feldsalat, ▸Endivie und ▸Rucola, die im Sommer noch dazu drei- bis fünfmal mehr ▸Flavonoide enthalten als im Winter „unter Glas".

Gerade bei Salat lohnt sich also ein saisongerechtes ▸Einkaufen! Zumal auch die ▸Ökobilanz für Zwischenverzicht spricht: **Heizsünder Treibhaus** schneidet dramatisch schlechter ab als Anbau im Freien.

All das spricht für Bio-Freilandsalat, noch mehr tut es das Öko-Engagement für ▸alte Sorten und die ökologische ▸Zucht von neuem, samenfestem ▸Saatgut. **Bio-Sorten** heißen dann schon mal verlockend „Goldforelle", „Frühlingsgruß" oder „Rehzunge".

Salate als Feinkost

Wo heutzutage so vieles *convenient* ist, dürfen auch Feinkostsalate als angemachte ▸Fertigprodukte nicht fehlen. Ein solch „verzehrfertiger" Salat soll laut *Bundesverband der Deutschen Feinkostindustrie* „nach Art, Beschaffenheit und Qualität besonderen Ansprüchen oder verfeinerten Essgewohnheiten entsprechen". Nicht immer kann dieser Anspruch mit den Realitäten auf der ▸**Zutatenliste** mithalten: Da bietet Feinkost zu oft zu viel an ▸Zusatzstoffen – und darf amtlicherseits schon mal mit ▸Analogem hantieren. So ist für konventionelle Fleischsalate auch das sog. **Formfleisch** zulässig: Mit billigeren Zutaten versetzte und dann mit Hilfe von ▸Geliermitteln gestreckte, in Form gepresste Fleischreste. Immerhin steht's auf dem ▸Etikett. Obacht also!

Denn die Palette ist breit und bietet ebenso auch fantasievoll und wirklich anspruchsvoll hergestellte Feinkostsalate als Zwischensnacks: aus Fisch, Fleisch oder Gemüse in würzender Sauce aus Essig, Öl und zumeist Mayonnaise – aus dem Kühlregal mit studierbarem Etikett oder löffelweise portionierbar als ▸lose Ware mit Inhaltsbeiblatt. Manche sind ▸vegetarische oder oft ▸vegane ▸Brotaufstriche und heißen denn auch gern **„Brotsalate"**; bei fettreduzierten Salaten sind zahlreiche Alternativsaucen zu Mayonnaise eine von vielen Bio-Stärken.

In **Bio-Feinkostsalaten** stecken mind. 95 % ökologische Zutaten, sie enthalten nie künstliche ▸Aromen, ▸Farbstoffe, ▸Geschmacksverstärker oder ▸Süßstoffe. Beruhigend auch: Bei Bio-Salaten stammen die benutzten ▸Eier garantiert nicht von Hühnern aus ▸Käfighaltung, bei konventionellen Salaten schon eher und dann unentdeckt, weil die **Herkunft** bei Fertigprodukten nicht gekennzeichnet werden muss (▸Verstecktes).

Nicht zuletzt wegen der möglichen Salmonellenverschleppung durch die Eier ist konventionelle Feinkost mit **Konservierungsstoffen** (zehn erlaubte ▸E-Nummern) wie der umstrittenen Benzoe- und Sorbinsäure versetzt. Das (bei Bio nicht erlaubte) E 211 (Natriumbenzoat) kann Haustiere als Resteschlecker sogar umbringen, warnte ▸ÖKO-TEST.

Die Bio öfter mal eher ungesonnene ▸*Stiftung Warentest* befand 2012: zu hoher Fettgehalt der Bio-Salatproben und gewisse mikrobiologische Probleme durch fehlende Konservierungsstoffe. Die Tester bemängelten außerdem, die im bio-konform benutzten ▸**Hefeextrakt** natürlich enthaltene Glutaminsäure käme dem Bio-Tabu ▸Glutamat nahe und sei als eigentlicher Geschmacksverstärker „nicht mehr zeitgemäß".

Salate als Feinköstlichkeit: Bei Bio ist die Liste der Zusatzstoffe besonders kurz, Vegetarisches ist gerne Trumpf

Das klang zwar etwas nach haarspalterischer Schelte – aber tatsächlich ist Hefeextrakt biobranchenintern sehr umstritten und bei manchen ▸Anbauverbänden ebenso verboten wie das laut ▸EG-Öko-Verordnung genauso geduldete **NPS** *(Nitritpökelsalz)*. Das dient (allerdings in geringerer Dosis als bei konventionellem ▸Food-Processing) auch in Bio-Feinkostsalaten dazu, Fleisch durch ▸Pökeln röter und haltbarer zu machen, solange es keine Rezeptalternativen gibt (▸Nitrit). Da hilft wiederum der Etiketten-Blick: Bio-Hersteller müssen benutztes NPS kennzeichnen!

Salmonellen

Die stäbchenförmigen Bakterien mit Mini-Durchmesser sind die allgegenwärtigen und allgefürchteten Erreger der sog. Salmonellose: einer Krankheit, die als sog. **Zoonose** vom Tier zum Menschen und umgekehrt übertragen werden kann. Dabei sind die ▸Keime (1900 nach Entdecker Daniel Elmer Salomon benannt) zwiefach gefährlich: Als seltenere sog. Typhus-/Paratyphus-Salmonellen und als häufige sog. **Enteritis-Salmonellen**, die brechdurchfälligen Darm-Harm schaffen. Dieser Enteritis-Typ war und ist sehr weit

Salmonellen: Nicht zu sehen, nur zu erleiden – sie sind allüberall zuhause und nur mit guter Hygiene bestens zu behindern

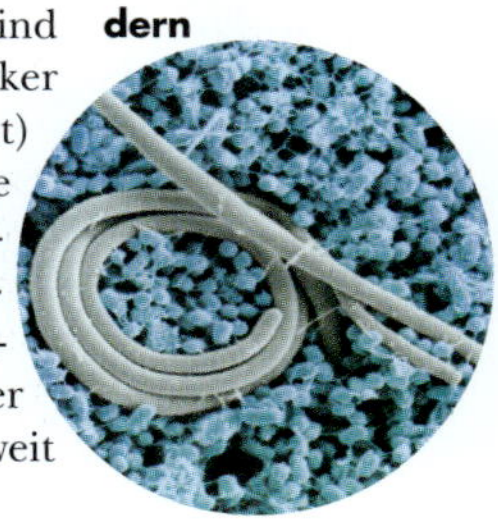

verbreitet. Eine Salmonellose überwinden ansonsten gesunde Menschen aber meist binnen einer Woche.

Ursache sind dann kontaminierte (meist tierische) Produkte, deren Befall bereits im Tier selbst während der ▸Mast oder Aufzucht stattfand – oder beim ▸Schlachten durch Kontakt mit Angeseuchtem. **Selbst Pflanzliches** kann kontaminiert werden: wenn es mit salmonelligem organischen Material gedüngt wird!

Salmonellen: Sie sind keineswegs darmharmlos und verbreitet bei Schweinen, was die häufigen Proben und Tests nötig macht

In den meisten Fällen ist schlicht eine **mangelnde Hygiene** Schuld, ob in konventionellen oder Biobetrieben. So ist auch die ▸ökologische Tierhaltung prinzipiell nicht davor gefeit – obwohl Bioställe insgesamt besser abschneiden, genau wie ökologische ▸Eier und ▸Biofleisch.

Die **„bakteriellen Haustiere"** siedeln als Darmkeim eben in fast allen Wirbeltieren; besonders oft in ▸Geflügel, das in ▸Massentierhaltung epidemische Ansteckung erleidet. Bakterielle Wirte können aber auch ▸Rinder bzw. ▸Milchkühe (▸Rohmilch stets abkochen), ▸Kälber (hohe Sterblichkeit durch Salmonellen), ▸Schweine (in Großställen ab 1 000 Tieren fünfmal öfter salmonellenbelastet als bei weniger als 100), ▸Legehennen und v. a. ▸Puten sein. Es gilt: ▸Geflügelfleisch aus Massentierhaltung ist ganz generell salmonellenverdächtig. Daher die US-Praxis der sog. **Chlorhähnchen**: Die Schlachtkörper wandern erst mal durch ein Cl-Desinfektionsbad.

Salz: Es konserviert Nahrungsmittel seit Urzeiten und ganz modern im Salzteig die Saftigkeit einer Goldbrasse

Solch Chlor-Horror lehnt die EU ab; stattdessen wurden seit 2008 europaweit ▸Monitorings, Hygiene-Standards (▸HACCP) und engmaschige Dokumentationen etabliert. Seit 2010 sorgt eine neue **Schlachthofhygiene** dafür, dass auch in diesem hochindustriellen und durch schlecht ausgebildete Leiharbeiter in Verruf geratenen Bereich mehr Wert auf Hygiene gelegt wird. Nun sind z. B. unverdächtigere Biotiere streng separat von nichtökologischen Schlachtkandidaten dran.

Für 2012 konnte das BfR *(Bundesinstitut für Risikobewertung)* als Lohn konstatieren, dass die Geflügelfleischproben immerhin nur noch zu 6 % salmonellig waren. Bei ▸Rindfleisch und ▸Schweinefleisch war man 2011 schon bei unter 1 % angekommen.

Dabei können Salmonellen auch außerhalb ihres tierischen Wirtes oder im tierkotigen, gülligen, unhygienischen Milieu viele Wochen **überleben**, selbst wenn sie mit Dung an die frische Luft gesetzt werden. Schlimmer noch: Die Bakterien suchen sich per Bodenstaub und Stallabluft neue Vermehrchancen und lassen sich zu gerne verschleppen, auch von Menschen (durch Handkontakt).

Nota bene: Strenge Hygiene ist die einzige wirkliche Abwehr, auch zuhause! Daher Eier und Fleisch immer **durchgaren** (bei mind. 70° C) und frische Lebensmittel gut abwaschen, ebenso Arbeitsgeräte, Unterlagen und Hände, die mit verdächtigem Material in Berührung kamen. Küchenhandtücher schließlich müssen gekocht werden, organischer Abfall sollte umgehend verschwinden.

Salz

Es ist nichts Banales, sondern etwas Elementares in unser aller Lebenssuppe, deshalb haben wir evolutionär auch einen eigenen Geschmackssinn dafür. Und ohne gelöstes **NaCl** *(Natriumchlorid)* vulgo Speisesalz würden unsere Körperzellen die osmotischen

Druckspielereien, etwa mit dem Gegenspieler Kalium, nicht ausbalancieren können.

Salz ist also essenziell: empfohlene Menge sind 6 g pro Tag, mit nur 0,5 g ginge es noch.

Aber leider wird uns zu viel ▸**verstecktes Salz** zugemutet: In ▸Fertiggerichten wie Pizza (mehr als die Hälfte des Tagesbedarfs!), ▸Backwaren (öfter mal 1,7 g/100 g), Knabberkram oder ▸Pökelware etwa. Ein Zusammenhang von **Bluthochdruck** und zu viel Salz ist unbestritten. Viele Bio-Hersteller und auch konventionelle Produzenten experimentieren deshalb mit salzärmeren Rezepturen, die Geschmack, ▸Textur und Farbe dennoch kaum verändern; zudem gewöhnt sich der Körper in

zwei bis drei Monaten sogar an halb so viel Salz „wie normal". Frischeste ▸Kräuter oder schärfere ▸Gewürze gleichen den womöglich vermissten Salzreiz bestens aus, ▸Hefen bzw. ▸Hefeextrakt und alle Arten von (bei Bio verbotenen) ▸Geschmacksverstärkern „heben" den Salzresteffekt. Der Einsatz von Speisesalz ist in der ▸**EG-Öko-Verordnung** nicht eingeschränkt, Natrium- und Kaliumchlorid sind „zulässige Zutaten" beim ▸Food-Processing. Im Bio-Streusalz selbst dürfen laut bei EU-Bio auch sog. **Rieselhilfen** benutzt werden. Die ▸Anbauverbände schränken sie aber stark oder ganz ein; allenfalls das sog. Blutlaugensalz (E 536) ist zum Teil erlaubt. Besonders umstritten ist das seit 2009 auch bei EU-Bio zugelassene amorphe Siliciumdioxid (E 551). Kritiker bemängeln, dass die Wirkung der teilweise nur nanogroßen Anteile von E 551 nicht geklärt sei und verweisen auf Studien, die nachgewiesen hatten, dass Siliciumdioxid im Darm in solche **Winzpartikel** zerfällt und in Tierversuchen in der Leber nicht nur nachgewiesen, sondern auch als Entzündungsherde identifiziert wurden. Die zuständige EFSA *(European Food Safety Agency)* argumentiert, die Partikel würden sich nach der Herstellung mit anderen Salzbestandteilen zu größeren und dann so stabilen wie ungefährlichen Anhäufungen zusammenlagern. Eine Neubewertung behalte man sich bis zum 31.12.2016 vor …

Dabei kann Salz so ein bio-optimales, ursprüngliches und sauberes Verlebendigungsmittel sein, eben als vor Millionen Jahren abgelagertes Urmeer- oder bergmännisch abgebautes Steinsalz aus natürlicher Sole. Auch sog. Ursalz als **Kristallsalz** (als Salzbrocken abgebaut und nicht wie beim Steinsalz aus Solelösung extrahiert) in der Sonderform Himalayasalz (immer roséfarben). **Meersalz** wiederum bringt nach der Verdunstung allerlei Gutes an Mineralien und Aromaverschiedenheiten mit.

In Bioläden sind all die vielen **Kräutersalz-Typen** (mit Meersalz und 20–50 % Bio-Kräutern) oder geschmacksvariierten sog. **Gewürzsalze** (mind. 15 % Gewürze bei 40 % und mehr NaCl) sinnvolle

Salz: Längst soll es „meer" als nur Natriumchlorid sein – oder mal Ur- als Himalayasalz aus den Tiefen unter dem Höchstgebirge, was vielen den Kopf verdreht

Salziges: Zu viel Salz ist nur ungesund, eine Reduzierung durch mehr Kräuteranteile sinnvoll

Saline: Uralte Technik zur Gewinnung von Meersalz wie hier noch auf Lanzarote, wo das verwehte Zarteste die „Salzblüte" wird

Probierware für eine Salzreduktion. Ganz abgesehen von den verschiedensten salzarmen Würzhilfen, die dann auch so gekennzeichnet sind.

Sanddorn

Name des so wehrhaft bedornten Strauchs auf sandigen, gern küstennahen Böden. Seine orangeroten bis gelben, vitamin-C-reichen Früchte machten ihn zur „Zitrone des Nordens". Fast alle Vitamine kommen vor, sogar das sonst nur in tierischen Produkten gebildete **Vitamin B 12** (wichtig für ▸Veganer).

Die Ernte der Früchte von *Hippophae rhamnoides* (zwischen August und Oktober) stammte bis vor einigen Jahren eher aus ▸Wildsammlung, denn auf Plantagen wuchs der **aus Asien** stammende Sanddorn zuerst nur in Kasachstan. Erst seit den 1980er-Jahren kommt er aus arbeitsintensivem ökologischen Anbau in Nordostdeutschland, 2012 von 531 ha – ein Bio-Anteil von 93,2 %! China aber liegt mit insg. knapp 1 Mio. ha voller Stachelbüsche bei konventionellem wie **Bio-Sanddorn** ganz vorn.

Die farbfrohen Beeren, die botanisch gesehen Nüsse sind, müssen per Hand abgestreift oder moderner mit einer Abstreifharke gesammelt werden. Das ist wegen der Dornen mühevoll, auch wenn die Zweige dicht an dicht beperlt sind; inzwischen gibt es für **Kultur-Sanddorn** auch zweigekappende Maschinen. Das Kappen schadet nicht, weil *Hippophae rhamnoides* nur alle zwei Jahre eine gute Ernte liefert und ohnehin nur von weiblichen Sträuchern.

Das Ergebnis aber lohnt: Die Früchte (Schale und Kerne sind auszuspucken) schmecken roh zwar sehr sauer und gewöhnungsbedürftig herb, gesüßte Produkte daraus jedoch sind angenehm aromatisch. Der pure und erheblich säuerliche (und sehr teure) sog. **Ursaft** ist eine Spezialität aus dem Reformhaus oder Bioladen und schmeckt mit anderem Fruchtsaft gemischt am besten. In Bioqualität besteht er aus der mitsamt den weißen ölhaltigen Kernen verarbeiteten **Vollfrucht**. Die sich absetzende Fettschicht ist Natur und lässt sich durch Schütteln vermischen.

Gebräuchlicher jedoch sind (oft auch gesüßte) **Sanddorn-Saftmischungen** mit ▸Acerola, Apfelsinen oder Karottenmark. Kerngesiebt werden die Nüsse zu ▸Marmelade und ▸Fruchtaufstrich, sie taugen für ▸Sirup, ▸Obstwein, Likör oder ▸Essig, säuern ▸Gummibärchen & Co oder bereichern Tee. Sanddorn als ▸**Trockenobst** verleckert Joghurts und Müslis; stammt er aus biozertifizierter Wildsammlung oder aus ▸ökologischem Landbau, wird er nur sonnengetrocknet und allenfalls druckentwest.

Nota bene: In manchen deutschen Bundesländern steht der Sanddorn-

Sanddorn: Lange schon eine urgesunde Medizin, ehe die wertvollen Inhaltsstoffe versaftet wurden und im Tee landeten

busch unter Naturschutz! Beim Sammeln in erlaubten Gebieten gilt dann: Beeren in Gebirgslagen sind kleiner mit einem dafür höheren Vitamin-C-Gehalt, auch rote, saurere Früchte sind darin gehaltvoller als gelbliche. So wird auch die große Spanne von 450 bis 1330 mg **Vitamin C** pro 100 g Frucht erklärbar. Immerhin haben Sanddornfrüchte damit etwa zehnmal (!) mehr Vitamin C als die einst gehypten Zitronen …

Sardellen

Sie sind – wie die verwandten ▸Sardinen – namentliche „Heringchen" (nach lat. *sarda* für Hering) und in ihrer einstigen Massenhaftigkeit die Schwarmfische par excellence. In der maritimen Nahrungskette sind sie enorm wichtig und galten lange Zeit als bedenkenlos befischbar. Je nach Unterfamilie zappeln dann Fischchen von 2 cm oder kapitalere Leiber von 20 cm Länge im Netz.

Aber solche Fischzüge auf Sardellen bzw. **Anchovis** (die *Engraulidae*) sind wahre Meeresplünderungen, wenn etwa die südamerikanische Sardelle in riesigen Schwärmen gefangen wird, um überwiegend zu Fischmehl zu werden: als ▸Futtermittel für die Boombranche ▸Aquakultur. Hier reichen die stark reduzierten Bestände kaum noch für die darauf angewiesenen Tiere in der Nahrungskette – Kormorane, Seelöwen, Delfine hungern, wandern ab oder werden selbst bestandsschwach. Dass ▸ökologische Aquakultur laut ▸Anbauverbänden ohne **Futterpellets** mit Fischmehl oder Fischöl auskommt, ist angesichts solcher Entwicklungen hochlöblich, denn die fortschreitende Ausrottung von Wildfischen zugunsten der Aufzucht von Farmfischen ist letztlich eine Perversion – zumal die ▸Veredelungsverluste eine echte 1:1-Verwertung unmöglich machen.

In Europas Gewässern stellen Fischer Sardellen weniger als Futterfischen nach, da Anchovis besonders als **Speisefische** geschätzt werden.

Gebraten oder auch mal frittiert sind sie nicht nur eine Gaumenfreude; sie liefern auch allerlei Wertvolles: Eiweiß und hochwertige ▸Omega-3-Fettsäuren etwa. Eine traditionelle Rolle in der Küche spielen gesalzene, eingelegte und dadurch fermentierte Sardellen, die in mediterranen Speisen als **unersetzliche Würze** anstelle von ▸Salz dienen.

Mittlerweile ist ihre ▸Überfischung aber auch in Europa zum Problem geworden, Sardellen aus dem Mittelmeer sind **schon tabu**! Allein solche aus der Bucht von Biskaya gelten dem ▸WWF (der sonst Produkte vom ▸MSC empfiehlt) als „gute Wahl", auch ▸*Greenpeace* schätzt dieses Fanggebiet als „noch empfehlenswert" ein (sogar, wenn per Ringwade erfischt). Völlig zu Recht polemisierte *Greenpeace* 2012 gegen den geplanten Ausbau von italienischen Fangflotten der „Gespannfischerei", die Unmengen ▸**Beifang** oft nicht mal verwertet.

Sardellen: Als Wildfang vom Netz durch die Pumpe zur Schlachtbank – von da filetiert ins Glas wie einst oder getrocknet und vermahlen als Fischpulver für Aquakulturfische von heute

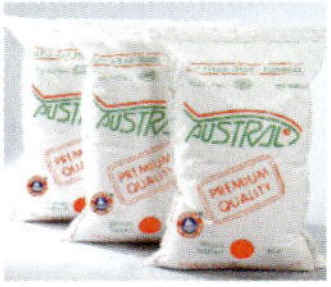

Sardinen: In Öl gut verdost schon längst keine Massen- und Armenspeise mehr, seit die Kleinheringe knapper werden und höchstens Bio-Verdostes ein besseres Nachhaltigkeitszeugnis vorweisen kann

Eine zusätzliche Bedrohung der eigentlich vermehrungsfreudigen wie lebenskräftigen Sardellenschwärme stellt die **Weltschifffahrt** dar: Im Ballastwasser der Frachtschiffe werden immer wieder Tiere als sog. invasive Arten in ein neues Ökosystem verbracht. Die Nordamerikanische Rippenqualle etwa kam auf diesem Wege ins Schwarze Meer – ihr hauptsächliches Opfer wurden Schwarzmeersardellen, die nun als kaum noch zu retten gelten. Inzwischen wurden die ersten Exemplare der gefährlichen Qualle schon in Nord- und Ostsee gesichtet …

Sardinen

Das Gute an den „Heringsfischen" (lat. *sarda* bedeutet Hering) wie auch an den kleineren verwandten ▸Sardellen ist, dass sie als Speisefische sehr hochwertige Inhaltsstoffe haben, mit einem hohen Anteil an ▸Omega-3-Fettsäuren, Vitamin D, B6, Niacin, Biotin, Calcium, Eisen, Zink und Jod. Doch genau dieser Reichtum wurde ihnen zum Verhängnis, denn er macht die Sardine zu hochwertigem **„Rohstoff"** für ▸Futtermittel in ▸Aquakulturen. So ist die Nachfrage zu groß und das schwarmweise Wegfangen zu leicht.

Sardina pilchardus, auch Atlantische oder Europäische Sardine genannt, lebt im nordöstlichen Atlantik, im Schwarzen und im Marmarameer, vor allem aber im wärmeren Mittelmeer und neuerdings, vermutlich als Folge des Klimawandels, auch in der Nordsee. Die Tiere ziehen natürlicher- wie leichtsinnigerweise in großen Schwärmen gern durchs flache, küstennahe Wasser. Theoretisch könnten sie dort bis zu 27 cm lang und sogar 15 Jahre alt werden. Doch sie müssen jünger dran glauben: Sardinen kommen v. a. in den Mittelmeerländern mit einer Länge um die 15 cm auf den Grill. In Mitteleuropa wiederum sind noch wesentlich kleinere Filets auf dem Markt, klassisch in Öl eingelegt (**„Ölsardine"**) oder auch geräuchert.

Die Bestände galten noch bis ins vergangene Jahrhundert hinein als ebenso unerschöpflich wie die des ▸Herings. Deshalb wurden Sardinen einst auch als Armenspeise verachtet – doch je knapper sie werden, desto mehr werden sie zur Delikatesse. Mittlerweile gelten ihre Bestände in den meisten Fanggebieten als **▸überfischt**, auch weil Sardinen oft als ▸Beifang im Netz landen und verenden. Anlass zur Sorge geben auch die **Fangmethoden**. So werden einerseits sog. pelagische Schleppnetze eingesetzt. Das sind riesige trichterförmige Netze, die neben den Sardinen noch unzählige andere Meerestiere töten. Die zweite brutalrationelle Methode ist die sog. Ringwade. Das bis zu 2 000 m lange und rund 200 m tiefe Netz wird durch schnelle Boote ringförmig um einen zuvor mit dem Echolot georteten und oft sogar mit Lampen angelockten Sardinenschwarm ausgelegt und dann zusammengezogen. Auch hier gibt der unvermeidbar hohe Beifang Anlass zur Besorgnis. Der Fischführer von ▸*Greenpeace* stuft Sardinen generell als **„nicht empfehlenswert"** ein, macht aber Ausnahmen für *Sardina pilchardus* aus Teilen des Nordostatlantiks sowie des Mittelmeers. Auch der ▸WWF hält Sardinen aus diesen Fanggebieten und dem östlichen Mittelatlantik wenigstens für die **„Zweite Wahl“** und empfiehlt ansonsten solche aus nachhaltigen Fischereien, die das Logo des ▸MSC tragen. Aber auch hier unter dem Motto: „Genuss mit Maß“!

Sauerampfer

Für Routiniers der ▸Wildsammlung von ▸Küchenkräutern ist *Rumex acetosa* eines der beliebtesten Knöterichgewächse von der feuchteren Wiese, Weide oder Lichtung – als traditioneller sog. **Gemüseampfer**. Zwischen März (gleich zu Frühjahrsbeginn!) und Oktober schmecken die langstieligen, säuerlichen Blätter vom Großen oder Wiesen-Sauerampfer alias Roter Heinrich bzw. Ritter als Sauerlump. Die beste und auch bestandschonende Zeit für das ▸Wildkraut liegt im **April und Mai**, wenn die Pflanzen etwa 7 cm hoch sind; dann können sie nach dem Pflücken wieder austreiben.

Wegen der zerrupften Blätter, die gegen Ende der Saison bitterer werden, heißt der Sauerampfer regional auch Haderlump, wegen des auffälligen Geschmacks aber öfter Säuerling oder Sauergras.

Manche kultivieren ihn auch im eigenen Garten oder in Töpfen auf dem Balkon oder der Fensterbank; es gibt ihn längst auch aus ▸ökologischem Anbau, ob schon ausgewachsen oder als ▸Saatgut.

Mit **säuerlich-schärflichem Hauch** aromatisiert das Knöterichgewächs Salate und in pürierter Form gern Suppen oder fettreichere Gerichte; Mangold oder Spinat etwa sind bestens zu verampfern. Schwerverdauliches macht Sauerampfer laut Hausapothekenweisheit bekömmlicher.

Kenner sammeln auch die Triebspitzen und knospenden Blütenstände für markante Gemüseeintöpfe und speziell für saure Dips, säuerliche Saucen, für einen **Wildkräuterquark** und traditionell als eines von sieben Kräutern in der Frankfurter Grünen Soße. Die Stängel und Blätter sollten nach dem Waschen nur ausgedrückt und wegen der Garungsunterschiede getrennt zubereitet werden.

Wesentlich zitroniger als *Rumex acetosa* schmeckt der sog. **Kleine Sauerampfer** mit seinen glatten Blättern; es gibt ihn auf guten ▸Wochenmärkten oder aus eigenem Anbau. Die Blätter sind wegen großer Aromenverluste zum Trocknen oder trocken als Tiefkühl-Idee ungeeignet, Kenner frieren Blättergehäcksel in Wasser ein. Und wer mal noch höher hinaus will, findet den ganz ähnli-

Sauerampfer: Das erste frische Grün im Jahr und von herber Säuerlichkeit, früh gepflückt – wie hier bei Bioland – kann er sogar nochmals austreiben

Grüne Soße: Klassischerweise gehören sieben Kräuter hinein – so natürlich wie pikanterweise auch frischer Sauerampfer

Sauerampfer: Wildpflücker bücken sich noch nach ihm, andere ziehen ihn selbst oder bekommen ihn als Topfware beim Biogärtner

chen Geschmack am sog. **Berg-Sauerampfer**, dem *Rumex arifolius* mit seinen weicheren Blättern (Saison ist April bis Juli). **Obacht:** Sauerampfer ist als einst so genannter „Ewiger Spinat" ein Jahresgemüse und wäre sogar bis November zu pflücken; nach dem Sommer jedoch schmecken ältere Blätter zunehmend sauer-bitterlich. Das verdankt das ▸Wildkraut – ebenso wie der verwandte ▸Rhabarber – seiner wasserlöslichen **Oxalsäure**, die in Mengen oder bei regelmäßiger Einnahme außerdem die Nieren schädigen kann. Mit Abgießen des Kochwassers beugt man dem leicht vor, auch die Zugabe von Milch oder Sahne machen Oxalsäure durch die Bindung an das Calcium unschädlich.

Säuerungsmittel, Säureregulatoren

Die Nahrungsmittelindustrie ist lustig dabei, sich immer mehr und neue ▸Zusatzstoffe für Lebensmittel genehmigen zu lassen, als hätten wir und sie mit den rund 330 bis 2013 vergebenen ▸**E-Nummern** und unzähligen, womöglich sogar (kennzeichnungslos) ▸gentechnisch erzeugten Zugabe- und Hilfsstoffen noch nicht genug. Nach dem Grundverständnis des ökologischen ▸Food-Processings ist derlei möglichst nicht nötig – von den 49 laut ▸EG-Öko-Verordnung für EU-Bio (2014) erlaubten Zusatzstoffen verwenden Hersteller der ▸Anbauverbände sogar nur 13 bis 23. Generell gilt, dass Zusatzstoffe – und damit auch Säuerungsmittel bzw. Säureregulatoren – nur eingesetzt werden dürfen, wenn sie generell (EU) oder für die Herstellung eines bestimmten Produkts (Verbands-Bio) nötig sind.

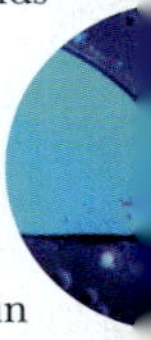

Damit fallen neben den ohnehin verbotenen Substanzen, die mithilfe von gentechnisch veränderten ▸Mikroorganismen hergestellt wurden, etliche der in konventioneller Produktion alltäglichen Säuerungsmittel weg. Solche etwa, die nur helfen, die Herstellung billiger zu machen, und dabei das ursprünglich entstehende Produkt eher nachahmen. Wie es etwa mit der für Bio verbotenen **Essigsäure** (E 260) möglich ist – wenn sie hilft, günstig und schnell ein gesäuertes und gleichzeitig konserviertes „Sauerteigbrot" herzustellen, das von einem natürlich hergestellten, echten kaum zu unterscheiden ist. Da hilft nur ein Blick auf die ▸Zutatenliste oder gezieltes Nachfragen …

Säuerungsmittel sind in der Regel gleichzeitig **konservierende Beigaben**, denn sie säuern so verlässlich, indem sie bloß pH-Werte senken.

Das meistgebrauchte Säuerungsmittel ist die **Citronensäure** (E 330). Die nutzt der Lebensmittelindustrie für weitere Anwendungen: als ▸Antioxidationsmittel für Fette, Farben, Aromen und Vitamingehalt. Beim Sterilisieren von Sahne und Milch sowie beim Schmelzen von Käse verhindert sie die Eiweißgerinnung, in der Verarbeitung von Fleisch unterstützt E 330 die Farbstabilität und verbes-

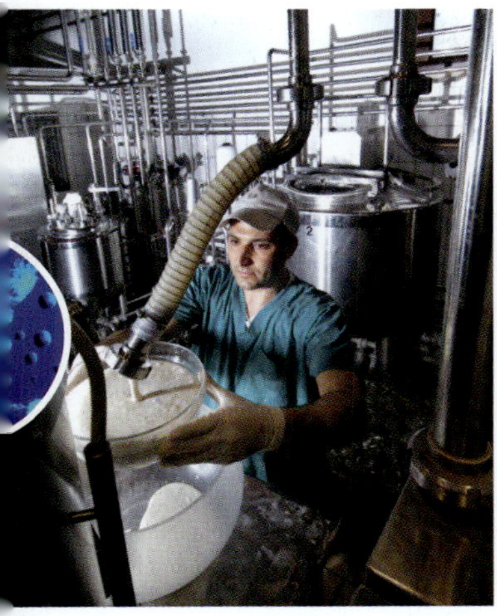

sert bei ▶Backwaren gewisse Eigenschaften. Industriell produziert kann die aus ▶**Schimmelpilzen** hergestellte Säure allerdings allergische Symptome auslösen und wirkt als starke Säure zudem kariesfördernd.
Für Biolebensmittel wird in der Regel natürliche Zitronensäure benutzt; dasselbe gilt für andere bio-konforme Säuerungsmittel wie Apfelsäure (maximalsauer), ▶Milchsäure, Natriumcitrat oder Weinsäure. Sie verderben wie ein ▶Konservierungsstoff durch die Niedrig-pH-Werte möglichen ▶Keimen und Mikroben das Vermehrungsmilieu, sie stabilisieren sogar eine Zeit lang das Angesäuerte als sog. **Säureregulatoren**. Selbst das allbekannte Kohlendioxid ist ein Säuerungsmittel und als Pack- eben auch ein antibakterielles Schutzgas.

Schadstoffe

Es wäre leicht, ein ABC der immer mal wieder ganz besonders gefürchteten Schadstoffe zu erstellen – angefangen bei ▶Acrylamid, ▶Aflatoxinen oder ▶Aluminium und aufgehört mit ▶Schimmelpilzen, ▶Uran sowie ▶Weichmachern. Denn davon und von all dem Schädlichen dazwischen ist in unschöner Regelmäßigkeit zu lesen, wenn wieder ▶Rückstände und ▶Verunreinigungen beklagt oder erschreckende Ergebnisse der diversen ▶Monitorings präsentiert werden. So weit, so schlecht – nur: Das Reine und **absolut Schadstofffreie** gibt es nicht, nirgends. Immerhin aber weitestgehend, wenn Mittel und Wege der Lebensmittelproduktion Schädlichem ausweichen, so gut es geht.
Doch die passive Natur und ihr bestmeinender Bauern-Partner müssen Abgasblei, Reifenabrieb, Feinstäube voller Blei, ▶Cadmium, ▶Dioxin oder ▶Quecksilber als Kontaminanten hinnehmen, auch verwehte Einträge von ▶Pestiziden vom Nachbaracker oder ▶Schwermetalle aus Industrieanlagen. Solche Schadstoffe sind eben **ubiquitär** und nahezu unvermeidlich. Zudem überdauern sie als Altlasten viele Jahrzehnte im Boden.
Gerade deshalb aber muss es permanentes Ziel sein, Schadstoffliches in der Nahrung für Mensch wie Tier möglichst zu vermeiden, zumal bei Bio. 2013 gaben beim „Ökobarometer" schließlich 83 % der befragten ▶Biokonsumenten an, ihr Kaufgrund sei die „möglichst geringe Schadstoffbelastung". Doch auch wenn die Gleichung ▶bio = gesünder angesichts der spezifischen Methoden des ▶ökologischen Landbaus eine durchaus logische Annahme ist: In bestimmten Fällen schneiden Bioprodukte sogar minimal schlechter ab als Konventionelles. Immer dann nämlich, wenn es um Schadstoffe geht, die **in freier „Kultur-Natur"** vorkommen und entsprechend eher von Bio-Tieren vom Boden, aus der Luft oder als ▶Futter

Säuerungsmittel: Nur wenige – wie die als Kristall so faszinierende Citronensäure – sind auch bei Bio gestattet, für zuhause gibt's die Helfer auch in Bioqualität

Schadstoffe: Manche, wie Dioxin, sind so ubiquitär, dass freilaufende Hühner sie dann unweigerlich mitaufpicken

Schadstoffe: Was Industrie und Verkehr in die Umwelt entsorgen, kommt doch nur zurück – per Luft-Fracht oder Wasser-Wirkung

Mehr zu Schadstoffen:
- ▸ Carry-over
- ▸ 3-MCPD
- ▸ Furan
- ▸ Listerien
- ▸ Mikroorganismen
- ▸ Nanotechnologie
- ▸ Nitrit
- ▸ Nitrosamine
- ▸ PAK
- ▸ Phosphat, Phosphor
- ▸ Pökeln
- ▸ Radioaktivität
- ▸ Räuchern

aus Pflanzlichem aufgenommen werden. Denn das Prinzip der ▸ökologischen Tierhaltung ist eine ▸artgerechte Haltung. Und zu der gehört ▸Freilandhaltung selbstverständlich dazu – damit aber auch ein höheres Risiko, ubiquitären **Altlasten** ausgesetzt zu sein, die sich dann in den vermarkteten Bioprodukten wiederfinden lassen (wie etwa Dioxin oder ▸PCB in ▸Rindfleisch oder ▸Eiern). Wohlgemerkt: Immer in einer Dosis, die weit unterhalb der Grenzwerte liegt! Diesen scheinbaren Widerspruch müssen Biokonsumenten aushalten – zumal „artgerechte Tierhaltung" beim „Ökobarometer" mit 85 % auf Platz 2 der Bio-Gründe stand …

Bio-Möger wissen ohnehin, dass der Öko-Anbau ansonsten alles tut, seine **hohe Prozessqualität** zu halten: keine ▸Gentechnik, keine chemisch-synthetischen ▸Dünger (also weniger ▸Nitrat) oder ▸Pflanzenschutzmittel (quasi rückstandsfrei, auch kein ▸Glyphosat), größere Hygiene in der Tierhaltung (weniger ▸Keime wie etwa ▸Salmonellen), nur im Notfall ▸Tierarzneimittel (weniger ▸Antibiotika). Auch beim ▸Food-Processing gilt: Sorgfalt im Umgang mit Rohware und während aller Verarbeitungsschritte.

All dies wird **kontrolliert und zertifiziert**, überwacht und in Meldungen einhellig bestätigt: Bio sei „fast schadstofffrei". So unbelastet eben, wie es inmitten einer belasteten Umwelt geht …

Schafe

Ein Schaf ist ein Schaf ist ein Schaf? Von wegen: Ein Tier der Gattung *Ovis* ist je nach Nutzungsart ein Fleisch-, Milch- oder Landschaftspflegeschaf und in Verzehrbarkeit nach seinem Lebensalter benamt. So wird aus einem ▸**Lamm** im zweiten Lebensjahr ein „Schaf", ab dem dritten aber wird nur vom **„Hammel"** gesprochen, sogar bei weiblichen Tieren ohne Nachwuchs. Verwirrende Klarheit …

Die setzt sich in der Statistik fort: Das *Statistische Bundesamt* zählt nur Betriebe mit mind. 20 Schafen und kam so für 2012 auf 1,64 Mio. Tiere – damit waren 85–90 000 aus Herden mit 1–19 Schafen Entfallfall. Fest steht: Die Zahl der gewerbsmäßig gehaltenen Schafe geht seit Jahren zurück, nicht zuletzt, da 2005 die EU-Prämie für **Mutterschafe** entfiel. Die machen den Großteil der gezählten Tiere aus: Am lohnendsten waren eben stets die Lämmer für feines ▸Lammfleisch.

Doch langsam wendet sich das Blatt, die Haltung für ▸Schafsmilch (und ▸Schafskäse) gewinnt an Bedeutung. Milch- und Mutterschafe hatten 2012 in Deutschland immerhin einen **Bio-Anteil** von 11,1 % und damit nach Mutterkühen (mit 17,6 %) die zweithöchste Öko-Rate unter allen Nutz-

tieren. Da Schafe ohnehin extensiv gehalten werden, ist die ▸Umstellung zunächst mit weniger Aufwand verbunden als bei anderen Tierarten.
Viele Konsumenten aber haben noch immer romantische Vorstellungen von umherstreifenden Mäh-Tieren in freier Natur und sehen kaum einen Unterschied zwischen konventioneller und Bio-Schafhaltung. Die Bereitschaft, für schafige Bioprodukte auch höhere ▸Preise zu zahlen, ist deshalb gering. Ein Dilemma, das neben fehlenden Vermarktungswegen und den höhere Kosten durch die Biofutterpflicht denn auch zu den Gründen gehört, die in den letzten Jahren auffallend viele Bio-Schafshalter zur sog. Rückumstellung bewogen haben.
Über die ökologischen ▸Futtermittel hinaus gibt es weitere entscheidende **Unterschiede bei Bio**: Immerhin 45 Tage säugt das Lamm echte Milch statt konventionell üblicher (und billigerer) „Milchaustauscher", dem Wiederkäuermagen werden später statt Kraftfutter 60 % ▸artgerechtes Grundfutter gegönnt. Es gibt Mindeststall- und Auslaufflächen, Anbindehaltung ist nur ausnahmsweise und zeitlich begrenzt erlaubt, Weidegang (auf Flächen ohne chemisch-synthetische ▸Dünger und ▸Pflanzenschutzmittel) ist im Sommer vorgeschrieben, des Winters bringen Auslauf bzw. Laufstall Luft und Bewegung.
Doch die Probleme der Schafhaltung sind gerade bei Öko-Engagement deutlich, denn die traditionelle Wanderschäferei wurde auch hier meist von der **Koppelhaltung** abgelöst. Auf diesem engeren Raum steigt der Infektionsdruck – ein gutes Bestandsmanagement und alternative Behandlungen sind aufwendig und teuer, wo prophylaktischer Einsatz von ▸Tierarzneimitteln verboten ist. Bio-Schäfer müssen da v. a. **Hygiene** walten lassen. Denn aus Tierschutzgründen ist es ihnen nur fallweise und bei strengen Auflagen erlaubt, die jungen Lämmerschwänze durch sog. **Kupieren** zu amputieren, indem ein Gummiring so fest verschnürt wird, dass die Schwänze nach 2–3 Wochen abfallen.
So gehen konventionelle Halter in aller Regel „vorausschauend"

Schafe: Jenseits des Idylls ein hartes und auch rückläufiges Geschäft mit vielen Risiken, gerade für Öko-Betriebe

Hüteschafe: Sie sind als freie Heide-Beweider das Urbild vom Mäh-Tier als traditioneller Landschaftspfleger

mit dem potenziellen Problem um, dass magendarmkranke Tieren mit vollem Schmutzschwanz Insekten anlocken und Madenbefall wie weitere Infektionen erleiden …
Auch weil sich langsam herausstellt, dass ▸**alte Rassen** unempfindlicher

Schafe: Für engagierte Bewahrer ein erhaltenswertes „Nischenprodukt" mit alten und bedrohten Rassen wie dem linken, schwarzen Karakul- oder dem rechten Bergschaf

gegen allerlei Koppelgefahren sein können, haben sich Initiativen zur Rettung sog. Landschafe gebildet, auch ▸*Slow Food* mischt mit seiner ▸Arche des Geschmacks mit. So sollen etwa die von der EU mit einem g. U. („geschützter Ursprung") versehenen Heidschnucken sowie Diepholzer Moorschnucken vor dem Aussterben bewahrt werden.

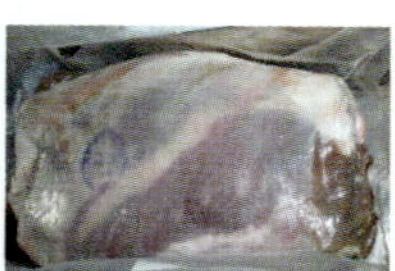

Schaffleisch: Nur zweitjährig heißt's so, davor wäre es Lamm

Schaffleisch

Hierzulande fliegt man nicht gerade drauf, auch wenn der Bio-Anteil bei 8 % liegt: Gerade einmal 600 g Schaf- und Ziegenfleisch zusammen verzehren Deutsche pro Kopf und Jahr. Was da dann Schaffleisch heißt, stammt sogar meist **vom ▸Lamm**. Doch die Produktion ging EU-weit allein in den fünf Jahren bis 2012 um 13 % zurück und auch in Deutschland wurde von 2011 auf 2012 insg. 25,1 % weniger reines Schaffleisch erschlachtet (nur noch 2531 t), während ▸Lammfleisch immerhin um 2,5 % zulegte.
Ausgewachsene Lämmer als ▸Schafe haben eben den schlechteren Fleisch-Ruf: Hammelfleisch von weiblichen wie männlichen (kastrierten) Schafen bis zum 2. Lebensjahr mag noch ein Insider-Image bei Stew-Mögern haben, doch „Schaffleisch" klingt zu leicht nach Fleischnotzeiten und penetrantem **Beigeschmack**. Den haben aber eher nur unkastrierte Hammel, die einst der besseren Wollqualität wegen den Schafbestand dominierten. Heute sind von den 1,64 Mio. in Deutschland gehaltenen Tieren der Gattung *Ovis* Mutterschafe in der Mehrzahl – ohne Hammel-Aroma! Und alljährlich muss ein Fünftel von ihnen (damit ca. 200 000 Tiere) eine Verwertung finden, wenn sie nach fünf Jahren zu alt für's Lamm- und Zuchtgeschäft werden. Bisher gehen solche **Altschafe** mal an inländische Schlachter mit muslimischer Kundschaft, werden meist aber lebend in muslimische Länder exportiert – eine Tortur. Längst laufen deshalb auch in der Biobranche Bemühungen, dieses Fleisch aus seiner Ruch-Ecke zu holen: für mehr ▸Tierschutz, aber genauso als nachhaltige Marktchance für die eher darbende Schäferschaft.
Kenner betonen, das im Gegensatz zum hellrosafarbenen Lammfleisch deutlich ins dunklere Rot veränderte Schaffleisch mit dem höheren Fettanteil habe **viel Potenzial**. 2012 untersuchte das MRI *(Max-Rubner-Institut)* die Eignung von Schaffleisch in verschiedenen Variationen: als Rückensteak, Rohschinken und Schafwurst. Fazit: Es gilt zwar, an den Rezepturen zu feilen – geschmacklich aber

schnitten alle Zubereitungen sehr gut ab. Die Schafrückensteaks wurden als sehr zart empfunden und hatten einen im Vergleich zu Lammfleisch etwas ausgeprägteren **arttypischen Geruch und Geschmack**, der aber nicht als unangenehm empfunden wurde. Auch die Mehrzahl der Rohwürste wiesen entweder gar kein oder nur ein leichtes Schafaroma auf, dasselbe galt für frischen Schafschinken. Gerade für Bio-Hersteller dürfte interessant sein, wie ▸Food-Processing die Geschmacksintensität beeinflusst, denn entscheidender noch als Rasse oder Alter ist für's arttypische Aroma die Fütterung: Je weniger Weide, desto sanfter. Und da **Bio-Schafe** sich ihre Pflanzenkost selbst erweiden und ansonsten mind. 60 % Raufutter fressen (Kraftfutter schneidet in der Regel sensorisch positiver ab), spielt Würzen und sonstige Bearbeitung eine große Rolle, um nicht dank der ▸artgerechten Haltung schlechtere Gourmet-Chancen zu haben. Wenn es nicht sogar irgendwie gelingt, dem Mäh-Tier das Bäh-Aroma zu nehmen. **Nota bene:** Das BfR (*Bundesinstitut für Risikobewertung*) warnt seit Jahren vor ▸Rückständen des ubiquitär vorhandenen ▸Dioxins (etwa aus industrieller Verbrennung) in **Schaflebern**: Die Mehrzahl der Proben überschritt regelmäßig die Höchstgehalte! Die Tiere nehmen es bei Weidehaltung übers Futter auf und konzentrieren es in ihren ▸Innereien; das Schaffleisch selbst ist aber deutlich geringer belastet und kann „in der Regel unbedenklich verzehrt werden".

Schafskäse

Bei auswahlreichen Käseplatten oder vor üppigen Käsetheken hat man so seine liebe Not: alles ▸Käse, aus allen Sorten ▸Milch ... Wie gut, dass Käsekennerschaft reift – wer sich durch die Kuhmilchkäsesorten probiert hat, entdeckt dann gern den markanteren ▸Ziegenkäse oder landet bei all den etwas mildpikanteren, süßlicheren Käsetypen aus ▸Schafsmilch. Letztere ist doppelt so fett wie Kuhmilch und fast fünfmal so teuer; erst recht, wenn sie bio ist. Denn ▸Schafe werden in ▸ökologischer Tierhaltung aufwendiger großgezogen, schon ihr ▸Futter ist entsprechend teuer. Denn sie werden bestens mit Grün-, angemessen mit Rau- und nie mit Kraftfutter gesättigt. Dafür geben sie Milch **in saisonalen Rhythmen** außerhalb der Ruhe- und Lämmersäugezeit.
Aus Schafsmilch wurden schon immer nahezu alle Sorten Käse vom Quark bis zum Hart- und Hobelkäse hergestellt; von jeher sind das offene, aber ▸artisanale Geheimnisse von Schäfern und Bauern eher ärmerer Kleinviehgegenden. Meist sind Schafskäse sog. **Salzlakenkäse** aus dem Reifebad, gern pur und öfter mal in würziger Mischung mit ▸Ziegenmilch entstanden. Bio-Käsereien sind typischerweise Kleinbetriebe mit regionalem Absatz oder angesichts fehlender Vermarktungswege zunehmend mit

Schaffleisch: Es muss nicht immer Lamm sein, denn traditionell gehört älteres Fleisch in Eintöpfe mit dem echten Stew-Charakter

Schafskäse: So beliebt wie verfälscht oder gern simuliert, v. a. als „Feta", denn der darf nur noch aus Griechenland stammen – wie dieser „echte"

Schafskäse: Frisch ermolken und verarbeitet wird Schafsmilch bester Regionalkäse, aber für kontinuierliches Arbeiten setzen Großbetriebe auf die Schafsmilchpulverform …

Vertrieb per Internet. Sie erzeugen nicht selten **reinen Schafskäse** in allerlei bekannten Sondersorten – die 100 % sind in der EU ein Unikum. Etwa 4 kg Milch ergeben so 1 kg Käse. Industrieller organisierte konventionelle Käsereien aber kennen wenig Hemmungen, preiswerte Kuhmilchanteile dickzulegen und in strafbarer ▸Irreführung bei ▸loser Ware die Angabe zu vergessen. 2006 fand das CVUA *(Chemisches und Veterinäruntersuchungsamt)* in Stuttgart 45 %, 2011 immer noch 35 % **falsch deklarierte** Schafs- wie Ziegenkäse bei loser Ware. Auf Bio ist da mehr Verlass, etwa als **echter Feta** aus Griechenland (der einzige, der seit 2007 überhaupt noch

so heißen darf) und Bio-Fetahaftes aus Rumänien. Schafsfeta hat Bröckelneigung, Bruchlöcher in seiner unglatten Schnittfläche und ist sehr weiß: Erschmecken hilft, hat man das Original erst einmal probiert.

Schafsmilch: Das gehaltvollste Wiederkäuer-Gemelk hat es bis in die Bio-Regale geschafft

Schafsmilch

Ob in Wanderschäferei, Hüte- oder Koppelhaltung, im Wesentlichen sollen Europas ▸Schafe Milch liefern; in Deutschland allerdings gilt nur ein Bruchteil der 1,64 Mio. Schafe als ausgesprochenes **Milchschaf**. Genauere Zahlen sind schwierig zu erfassen – Experten schätzen jedoch, dass etwa die Hälfte der Milchschafe auf Biohöfen gehalten wird. Viel Milch fällt ansonsten von Mutterschafen an, die als Lamm-Erzeugerinnen in konventionellen Betrieben ihren Euter-Inhalt nicht als natürliches ▸Futter für ▸Lämmer hergeben. An die werden billigere Milchaustauscher verfüttert. **Bio-Lämmer** hingegen bekommen mind. 45 Tage lang natürliche Milch; allerdings darf die auch aus Bio-Milchpulver bestehen bzw. Milch von Bio-Milchkühen sein. Es bleibt für den Menschen also einiges übrig!

Die Inhaltsstoffe der Schafsmilch zeigen, dass sie die **beste aller Wiederkäuermilcharten** ist. Neben einem hohen Fettgehalt (bis 7 %) fällt der Reichtum an Vitaminen auf, ebenso der von Mineralstoffen. Auch sog. konjugierte Linol- als ungesättigte ▸Fettsäuren sind reichlich vorhanden. Schafsmilch ist zudem (durch homogenere, kleinere Eiweißkügelchen) **leichter und schneller verdaulich**. Kein Wunder, dass Schafmilchiges (wie Schafsjoghurt oder ▸Schafskäse) langsam aus der Nische findet, nicht nur als sinnvolle Alternative für Kuhmilchallergiker.

Außer für den Eigenverbrauch muss Schafsmilch immer pasteurisiert werden; soll aus ▸Rohmilch Weichkäse werden, gelten strengste Auflagen und sind nachweisbar gesunde Herden Pflicht. Schafsmilchiger Hartkäse darf als ▸Rohmilchkäse entstehen, da sich ein Befall mit ▸Keimen ohnehin als geblähter Laib zeigen und damit die Vermarktung verhindern würde.

In Bioläden ist die Palette von Schafsmilchprodukten besonders bunt und reicht von frischer Schafsmilch über Quark, Frischkäse und Joghurt bis zur hellen Schafsmilchschokolade.

Das Schafsmilchgeschäft ist naturgemäß ein Saisonbetrieb; die Laktationsphasen umfassen höchstens acht Monate. Doch große konventionelle

Betriebe machen gar keinen frischen Saisonkäse mehr: Sie arbeiten kontinuierlich mit Schafsmilchpulver …

Schale

Sie ist das essbar Äußerste, was uns Flora bei Obst und Gemüse zeigt, und ein ausgewachsener Schutz gegen äußere Unbill, Fraßfeinde, ▸Keime und vieles mehr. Dafür steckt in der Hülle allerlei, was wie eine **Minichemiewaffe** gegen Ein- und Zudringlinge wirkt, uns aber Gutes tut – als ▸sekundäre Pflanzenstoffe. Auch die ▸Vitamine konzentrieren sich hier.
Paradebeispiel ist da der ▸**Apfel**: Ausschließlich in seiner Schale kommt das ▸Flavonoid Quercetin vor, dazu ein Drittel des Vitamin C, fast die Hälfte der ▸**Antioxidantien** und 16 % der ▸Mineralstoffe, ein Viertel aller ▸Polyphenole und 30 % der sonstigen Flavonoide. Wer das wegschält, hat selber Schuld.
Das gilt jedoch am ehesten bei ▸Gemüse und ▸Obst **aus ▸ökologischem Landbau**! Denn während hier chemisch-synthetische ▸Pestizide verboten sind, kommt beim konventionellen Anbau öfter ein ganzes Arsenal an Schutzmitteln zum Einsatz.
Und auch nach der Ernte wird Pflanzliches „behandelt“ (etwa mit ▸Wachs), um Lagerung und ▸Transport unbeschadet zu überstehen. Deshalb sollte hier, wenn schon keine Bioware, doch wenigstens ▸**Unbehandeltes** gekauft werden. Diese Qualitätsaussage kommt wohlweislich v. a. bei ▸Zitrusfrüchten vor – konventionelle ▸Apfelsinen, ▸Zitronen usw. machen seit Jahren durch ▸Rückstände von sich reden. **Bio-Zitrusfrüchte** jedoch sind bei Tests stets unbelastet und haben so ihre verwertbare Schale zum Zestenreißen, Kandieren, Mitkochen.

Bei Konventionellem bleibt da Prophylaxe. Für Obst befand die BFE *(Bundesforschungsanstalt für Ernährung)*: Waschen verringert die Belastung mit Pestiziden um bis zu 68 %. Doch was es mal **bis ins Innere** schaffte, bleibt eben drin. 2012 stellte das BfR *(Bundesinstitut für Risikobewertung)* fest, dass im Apfelsinenfruchtfleisch 18 % der gesamten Rückstandgehalte ankamen (allerdings gab es in oder auf Bioware keinerlei Rückstände!). Beim bayerischen LGL *(Landesamt für Gesundheit und Lebensmittelsicherheit)* hatten 94 % der 2011 beprobten konventionellen Zitrusfrüchte außen und 56 % auch innen Rückstände, abhängig von der **Schalendicke**. Weniger waren dabei sog. Nachernte-behandlungsmittel ins Fruchtfleisch gelangt als vielmehr (zu 50 %) Herbizide und Wachstumsregulatoren aus der Zeit vor der Ernte. Zwar lagen die Werte unter den Höchstgrenzen, Sorgen machen aber die weiterhin unerforschten Kombiwirkungen von sog. Mehrfachrückständen.
Nota bene: Selbst bei der Zubereitung von ▸Bananen und ▸Melonen sollten Sorgfalt und Hygiene walten. Obwohl die Schale hier nicht mitverzehrt wird, können beim Aufschneiden bzw. Schälen angehaftende Pestizidreste oder Keime **ins Fruchtfleisch** gelangen, was dem BfR 2013 besonders bei eher rauschaligen Melonensorten auffiel, deren so vermehrungsgünstiges, säurearmes Fruchtfleisch ▸Salmonellen dann bestens gefällt.

Schale: Sie schützt ihr Darunter mit wertvollen Stoffen und wir schützen sie zu oft mit Chemie, die eindringen kann

Schimmel: Sichtbar blau so sichtlich delikat und käsenützlich – sonst unbemerkte Kulturen werden erst im Labor sichtbar gemacht und identifiziert, darunter schon gefährliche oder sogar tödliche, dagegen wäre die überwucherte Erdbeere eher ein sehr harmloser Entsorgungsfall für den Hausmüll

Schimmelpilze

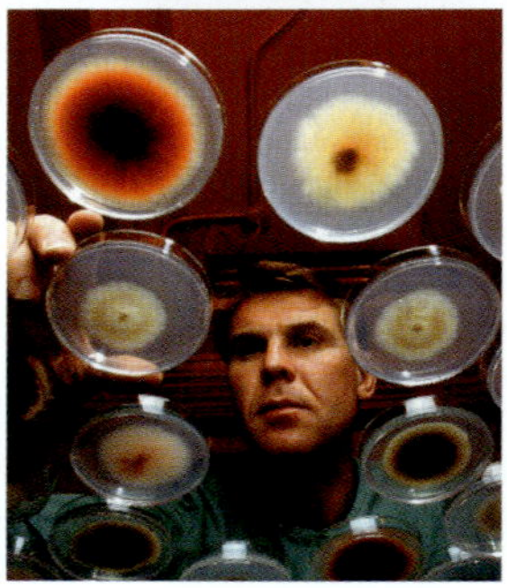

Sie ernähren sich von organischen Molekülen und sind allüberall: im und auf dem Boden, in der Luft, im Staub. Die höchst ausdauernden Schimmelpilze bestehen aus winzigen Fäden, bilden geballt **ein sog. Myzel** (den Pilz an sich) und rasant sog. Pilznester, sind mit weit mehr als 100 000 Arten in der Überzahl, vermehren sich durch Sporenflug und überstehen selbst Koch- und Brattemperaturen.

Lässt man **die Guten** gezielt wirken, besiedeln sie eindringlich Käse zur Geschmacksverbesserung (Roquefort, Camembert, Gorgonzola), konservieren weißlich Salami (im Echtfall, öfter nur Kalk oder Magnesium) oder lassen ▸Quorn wachsen, den ▸Fleischersatz aus dem Labor. Viel häufiger aber sind es **die Bösen** unter den Sporen, mit denen wir zu tun haben. Sie lassen urplötzlich ihr erst unsichtbares Fädengeflecht zum unübersehbaren Rasen wuchern, der dann außen wie innen zum Verfauler und Allesverderber wird.

Evolutionsgeschult ekeln wir uns vor An- wie Durchgeschimmeltem – zu Recht. Denn viele Schimmelpilze haben einen hochgiftigen Stoffwechsel und kontaminieren mit ihren sog. **Mykotoxinen** alles Besiedelte. Diese Schimmelpilzgifte in ca. 300 Arten schaden (etwa als ▸Aflatoxine) schon in geringsten Konzentrationen, lösen im harmlosesten Fall Allergien aus, können jedoch auch Nerven, Organe, Immunsystem, gar das Erbgut schädigen; einige sind **krebserregend**.

Selbst frische tierische Produkte können die weder riech- noch erschmeckbaren Mykotoxine enthalten; etwa dann, wenn die Tiere angegiftetes Getreide fraßen (▸**Carry-over**). Deshalb kontrolliert der Handel so rigoros, dass noch strengere amtliche Tests eigentlich keine Befunde mehr liefern sollten. Sie tun es dennoch reichlich, weil Schimmelpilze etwa im Boden überdauern und auf Neubefall lauern oder bei der Nacherntebehandlung und im Lager auf warme Temperaturen und viel Feuchtigkeit warten: das perfekte **Schimmelbiotop**!

Da synthetische Fungizide als ▸Pflanzenschutzmittel gegen Pilzbefall bei Anbau und Verarbeitung von **Bioprodukten** verboten sind, enthielten diese einst tatsächlich mehr Mykotoxine als konventionelle Lebensmittel.

Heute allerdings hat sich

das ins Gegenteil verkehrt, da der ▶ökologische Landbau die Fruchtfolgen häufiger wechselt, die Pflanzdichte reduziert und solche ▶Sorten ausgewählt hat, die **weniger schimmelanfällig** sind.

Nach einer FAO-Schätzung von 2008 ist bis zu einem Viertel der globalen Nahrungsmittelproduktion mit Mykotoxinen belastet; die LfL *(Bayerische Landesanstalt für Landwirtschaft)* konstatierte 2012, dass die Belastung von Getreide generell zunehme. Eine französische Studie ergab: Weil ▶**Vegetarier** mehr davon essen, nehmen sie deutlich mehr ▶Schadstoffe zu sich; dies gleicht aber die insgesamt gesündere Ernährung aus. **Tipps:** Je flüssiger ein Nahrungsmittel, desto rascher die Ausbreitung. Bei ▶Nüssen u. Ä. steckt das meiste Gift in der Samenhaut; ▶Haselnüsse, ▶Mandeln und ▶Pistazien sicherheitshalber davon befreien.

Schinken

Schöne Schweinerei, sagen Schwärmer zu diesen Hinterbacken und erzählen gern, dass Schinken vor 100 Jahren „Manna für den Mund und Balsam für den Magen" hieß. Da gab es noch Eicheln statt ▶Futtermittel, war ▶Schlachten stresshormonfreier und ▶Räuchern gekonnter – ▶artisanal eben. Heute kommt Schinken aus **Massenherstellung**; vom guten alten Image wird nur schamlos gezehrt.

Feinen und charakteristisch aromatischen Schinken kann es durchaus auch als konventionelles Produkt geben, nämlich wenn er in traditioneller, womöglich herkunftsgeschützter Zubereitung entstand – unverdächtiger erschlachtet, gereift und verarbeitet sei er allerdings besser Bio. Denn **Bio-Schinken** ist gebrüht oder gebraten ein deftiger, traditionsreicher Genuss, dabei vergleichsweise unkompliziert. Hier ist nicht nur der ökologische Ursprung des ▶Schweinefleischs garantiert und damit die ▶artgerechte Haltung der ▶Schweine ohne ▶Gen-Soja im Futter vorgeschrieben. Auch das ▶Food-Processing spricht für sich: Schinken wird bei ▶Bioland, ▶Demeter und ▶Verbund Ökohöfe **ohne** ▶**Nitrit** hergestellt, dafür mit Gewürzen nach traditionellen Rezepten.

Hingegen bekommt konventioneller Schinken (gern vorgeräuchert) vor dem Brühen **zur Umrötung** eine Injektion (mengenmäßig 15–20 % des Gewichts) aus Wasser, Gewürzen und v. a. Nitritpökelsalz (▶pökeln), ehe anschließend kurz geräuchert wird. Solch Schweinkram ist schmeckbar verwässert und regelrecht nass.

Da Schinken hochpreisige Produkte sind, ist der Bio-Markt dafür unterentwickelt – teuer gilt schon als gut genug. Umso erfolgreicher sind Bio-Schinken als **Nischenprodukte** von Spezialisten, die Mangalitza-Schweine und andere ▶alte Rassen verarbeiten oder sich auf sog. **Gewürzschinken**

Schinken: Dank handwerklicher Sorgfalt und klaren Regeln haben die Hinterbacken vom Bioschwein nichts Wässriges und erinnern an das gute alte Image

Schinken: Kleiner, aber feiner Hinweis auf gesundes Fleisch, das im Sinne von Bioland ohne Umrötehilfe etwas blasser, weil ohne umstrittenes Nitritpökelsalz entstand

verstehen, mit Apfel oder Cranberry, Honigkruste oder Kürbiskernen. Teure Legenden von Parma bis Iberico, Serrano oder San Daniele zeigten bisher kaum Bio-Interesse.

Nota bene: Bei Bio undenkbar ist sog. Formfleischschinken oder das wurstartige **„Schinkenimitat“** (▸Analog…) aus fleischigen Resten, Bindegewebe, Binde- und Verdickungsmitteln – mit bis zu 40 % Wasser in der Masse.

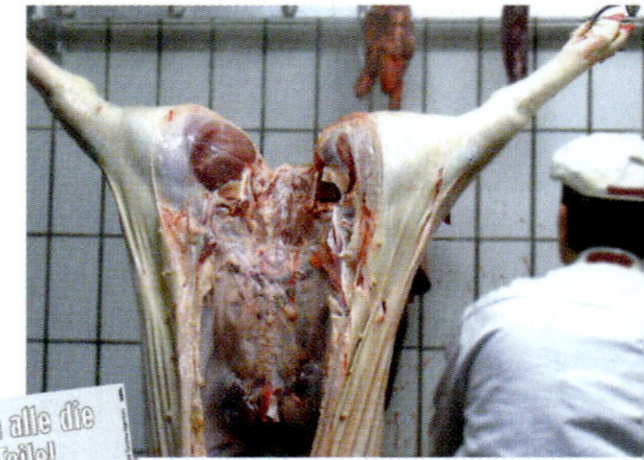

Schlachten

Was sein muss, muss sein – hier eben die Erörterung, wie wir uns Nutztiere ungesehen „erschlachten“ lassen. Das ist **Tötung aus Verlangen** (der Verbraucher), weshalb eben viele zu ▸Vegetariern oder ▸Veganern wurden. Die sollten hier nicht weiterlesen, Karnivoren aus Prinzip schon.

2012 gab es zwar noch rund 5 100 Schlachthöfe in Deutschland, doch die größten zehn Betriebe machten 18 Mrd. Euro Umsatz, alle anderen Fleischverarbeiter und Metzger kamen zusammen auf 16 Mrd. Euro. Diese **Konzentration** ist ungesund, nicht zuletzt, weil regionale Zentren fehlen, die **Tiertransportwege** immer länger werden und die Arbeitsbedingungen katastrophaler. Solange ▸Fleisch in erster Linie billig sein soll, wird Gewinn gemacht, indem **Niedriglöhner** den Nachschub aus ▸Massentierhaltung „behandeln“: Kleinere Schlachthöfe killen 180 ▸Schweine pro Stunde, große aber 1 500: Der tödliche sog. Entblutestich soll alle zwei Sekunden treffen. Dieser Akkord produziert **höhere Fehlerquoten**: Bis zu 12,5 % Fehlbetäubungen kommen laut MRI *(Max-Rubner-Institut)* bei Schweinen vor, auch Fehlsetzungen beim Schlagaderstich. Vor der anschließenden Brühanlage zeigten im Mittel 1 %, in Ausnahmen gar 14 % der Tiere noch Reaktionen: „Augenbewegungen, regelmäßige Atmung, Vokalisation“ – vulgo Schreien. Selbst erste Bolzenschüsse gehen **schon mal daneben** (bis zu 4–9 % bei ▸Rindern). Abgesehen davon, dass man sich die in diversen Stadien des Schlachtkörperwerdens beieinander stehenden Tiere nicht erst ausmalen möchte …

Schonendes Schlachten ist bisher im großen Stil unmöglich. Schlimm aber: Reine **Bio-Schlachthöfe**, die es besser machen könnten, gibt es kaum – es lohnt nicht bei 1 % Anteil von ▸Biofleisch. Zumal die tierschützenden kürzeren Transporte („möglichst kurz“, bei Verbänden max. 200 km) größere Zentren unmöglich machen. Einen Ausweg bieten EU-weit neuerdings hofnahe Lohnschlachtungen, mobile Schlachtstätten oder regionale **Mini-Warmfleischmetzgereien**. Und die ▸EG-Öko-Verordnung muss

Schlachten: Was ein Rind auf seinem Weg zum Schlachtkörper bei Transport, Betäubung und dem Töten selbst zu erleiden hat, ist diskussionswürdig, auch bei Bio – und PETA protestiert mit hautnahem Vergleich

nachziehen: Sie schreibt zum Schlachten bisher nur vor, dass **Stress** auf ein Minimum zu reduzieren sei. Sogar die sechs größten ▸Anbauverbände haben eher wenige und abweichende Vorgaben. Drei von ihnen empfehlen nach dem Transport **Ruhezeiten zum Stressabbau**, drei aber sagen „Rinder möglichst nach Entladung schlachten", fünf verbieten „elektrische Treibhilfen", nur drei äußern sich zur Betäubung. Immerhin werden Bio-Tiere **in gemischten Schlachtbetrieben** am Morgen zuerst geschlachtet, sodass alle Hoffnung auf den ausgeruhteren Schlachtern liegt – auch angesichts kleinerer sog. Schlachtpartien. Dennoch sieht die Biobranche v.a. beim Personal und der Betäubung Verbesserungsbedarf. Abhilfe für das allgemeine **Schlachtdilemma** muss nicht nur aus der Bio-Ecke kommen, auch von empathischen Verbrauchern und involvierten Handelsketten. Tierschützer sagen allerdings, viel wichtiger sei ein zumindest halbierter **Fleischkonsum** …

Schnecken

Nur weil ▸*Slow Food* die Weinbergschnecke zum ▸Gütesiegel für bewusste, verlangsamte Gourmandise machte, sollte ihr Genuss nicht unbesehen propagiert werden. Denn die Weinbergschnecke als kulinarisch hochgeschätzte Art wurde derart angegiftet, dass sie hierzulande nun als **gefährdete Art** gilt: ▸Wildsammlung verboten! Dennoch werden die Kriecher v.a. in Frankreich und Italien millionenfach aufgetischt, gern verknoblaucht oder als Ravioli-Inneres. Solche Exemplare stammen fast allesamt aus der **Zucht**, die man besser ▸**Massentierhaltung** nennt und die so höchst effektiv funktioniert, auch in Deutschland. Denn obwohl es **Bio-Schneckenzucht** in Frankreich und Rumänien gibt, fehlen Regeln dazu in der ▸EG-Öko-Verordnung – mangels Kenntnis der Haltung und Fütterung. Viele bio-interessierte Züchter gaben auf, insgesamt „ernten" nur noch knapp zwei Dutzend.

In **Frankreich** regiert der große Stil: Die Tiere werden zu Millionen in riesigen Hallen gemästet; meist wenig ▸artgerecht nur mit mehligem Trockenfutter, dazu auf engstem Raum. Dabei halten Kenner schon 20 Kriecher pro m² für engst besetzt, weil Schnecken ungern fremde Schleimspuren kreuzen – denn die enthalten einen Vermehrungshemmstoff …

In weniger industriellen Schneckengärten turnen und weiden die Tiere in Langbeeten mit hohem Grünzeug aller Art. Seit 2011 befarmt eine „IG Albschneck" mit ***Slow-Food*-Wohlwollen** einheimische Weinbergschnecken; Schneckenwurst und -süpple knüpfe an Traditionen an, mit „nussigem Schwänzle" als dem gewissen Nachgeschmack. Andere goutieren eher den sog. weißen oder **Schnecken-Kaviar**, jene fast erbsengroßen Eier also, von denen jede weibliche

Schlachtvieh in Zahlen: Top 6

- ▸ **Masthühner: 596,05 Mio.**
- ▸ **Schweine: 58,20 Mio.**
- ▸ **Puten: 37,69 Mio.**
- ▸ **Suppenhühner: 31,89 Mio.**
- ▸ **Enten: 25,46 Mio.**
- ▸ **Rinder insg.: 3,62 Mio.**

2012 wurden in Deutschland 7 977 400 000 kg Fleisch von insg. 754 504 288 Landtieren erschlachtet

Schnecken: Von Haus aus langsam – das perfekte Symbol für die Slow-Food-Bewegung, die bewusst den entschleunigten, regionalen Genuss propagiert

Schnecken: Das Sammeln ist verboten, aber die Massentierhaltung erlaubt – über eine artgerechte Haltung weiß man noch immer viel zu wenig

Schnecke pro Jahr rund 50–60 produziert, bis sie sich – wie auch jeder Schneck – zum Winterverschlafen in der Erde vergräbt und mit Spontanspeichel zudeckelt.

Nicht allen aber ist dies vergönnt; die größten Mastexemplare werden gekocht und dann teilseziert vermarktet, manche vorher eingesackt und **„sauber" gehungert**, wenn nicht brutal mit Salz oder Essig zur Hergabe von allem Verdauten gezwungen – als klagelautlos kleine Schlachttiere.

Wenn man derlei nicht weiß, auch nicht, dass die **Parasiten** von Schnecken aus Massentierhaltung (harmlos allerdings) mitgesotten werden, mag man sich Schnecken schmecken lassen – sie liefern ▸Omega-3-Fettsäuren und dreimal mehr Protein als Steaks.

Schokolade

Trotz alarmierender Medienberichte über Kinderarbeit und naturzerstörerische Monokulturen beim Anbau von ▸Kakao als wichtigem Rohstoff: Schokolade wird weiter unbedacht in Massen gekauft, ohne dass dabei ▸Fairtrade oder ▸Naturschutz eine große Rolle spielen.

Schokolade: Mal ein runder Genuss statt nur tafelweise Naschlust

Der **Anteil fairer Schokolade** ging 2012 sogar leicht zurück; ▸TransFair beklagte explizit, die großen Hersteller seien nicht kooperativ. Weltweit wird der Anteil von fairem Kakao auf gerade mal 0,5 % geschätzt – genauso verschwindend klein wie bei **Bio-Kakao**. Beim Endprodukt Schokolade sieht es wenig besser aus, auch wenn stets von steigender Nachfrage geschrieben wird.

Alle Top-Schokolade-Unternehmen konzentrieren sich jedoch auf „sanftere" ▸Gütesiegel, die weder strenge Öko- noch Fairtrade-Auflagen, sondern das Zauberwort ▸**Nachhaltigkeit** versprechen. Bis 2020 wollen „Mars" (Nr. 1), „Hershey" (Nr. 6) und „Ferrero" (Nr. 7) komplett auf zertifizierten Kakao umstellen; „Mondelez" (Nr. 2) und „Nestlé" (Nr. 4) planen Ähnliches. Diese Fünf verarbeiten 40 % des globalen Kakaos – und werden auf **Fair-light-Labels** wie ▸*Rainforest Alliance* und UTZ *Certified* setzen.

Dabei spricht viel für Bio-Schokolade, noch über den menschenwürdigeren und umweltverträglicheren Kakaoanbau hinaus. Statt weißem Rübenzucker wird Rohrzucker verwendet, der schonender erzeugt und zu den Schoko-Aromen sanfter ist. Auch die ▸Emulgatoren, die konventionellen Produzenten selbstverständlich dazu dienen, die Herstellung schneller und damit billiger zu machen, stammen entweder (wie bei ▸Soja) zumeist **aus Öko-Anbau** – oder werden gleich weggelassen. Stattdessen muss der Schmelz durch feines Walzen und drei- bis neunmal **längeres Conchieren** erreicht werden, wobei die Säure aus der Bohne entweicht und diese mit ▸Zucker zu flüssiger Schokolade wird. Künstliche ▸Aromen oder ▸Farbstoffe sind bei Bio

verboten; für Raffinessen muss beides aus der namensgebenden Pflanze oder Frucht bzw. aus echtem Fruchtsaft stammen.
Der Trend geht aber auch und gerade bei Bio-Herstellern zu **dunkler Schokolade** mit ausgesprochen hohem Kakaoanteil; dieser kommt dann eher mal von Sondersorten wie *Trinitario* oder *Criollo* statt aus der globalen Einheitssorte *Forastero*. Schon heute stammt ein hoher Anteil der Bio-Schokolade aus fairem Anbau und Vertrieb – auch das macht sie, neben dem **Mehr an Handarbeit**, ungleich teurer. Da Schokolade nicht zu den Klassikern einer ökologisch bewussten Ernährung gehört, unterstützt das sogar den Trend zu hochpreisigen, ausgefallenen Kreationen: eine Klasse-statt-Masse-Philosophie.
Umso verwunderter waren viele, als Untersuchungen von ▸ÖKO-TEST Ende 2012 ausgerechnet für Bio und ausgerechnet bei den trendigen Schokoladen mit mind. 70 % Kakao Abwertungen vornahm: wegen zu viel ▸**Cadmiums**. Grund für beides: Bio-Kakao stammt statt aus Westafrika (wie die Hälfte der Welternte) meist aus der Dominikanischen Republik und Ecuador. In den vulkanischen Böden dort kommt das ▸Schwermetall aber reichlicher vor und wird zu gern von Edelkakaopflanzen gespeichert. Bedenklich ist das schon, allerdings müsste ein 70-kg-Erwachsener mehr als eine Tafel Bitterschokolade täglich verputzen, um Grenzwerte allein damit zu überschreiten. Schlimmer war, dass ÖKO-TEST zwei von zehn Bio-Herstellern gar als **„überwiegend unfair"** beurteilte. Kaum ein Trost, dass beide Gegenargumente hatten, und auch nicht, dass die meisten der 15 konventionellen Schokoladen als „unfair" galten und auch solche mit dem Logo von *Rainforest Alliance* und UTZ *Certified* mit „überwiegend unfair" betitelt wurden …

Schokolade: Mit Kakao und Zucker aus Öko-Anbau entweder ausdrücklich und besiegelt aus fairem Handel – oder explizit von Kleinbauern bezogen, für die Bio auch mehr Gewinne bringt

Scholle

Treiben wir es fischend so weit, dass Fischhändler bald kalauern: „Scholle alle alle"? Der Flachfisch *Pleuronectes platessa* („platter Seitenschwimmer" also) ist der wichtigste, bekannteste Nordseefang. 2012 machte Scholle 37 % der Anlandungen aus und gilt weiterhin als besonders gefährdet.

Schollen: Zu viele werden kistenweise noch angelandet, die unnachhaltigen Fänge bedrohen den Bestand

Schollen: Öfter Beifang bei Seezungen, in der traurigen Regel sogar als unausgewachsene Teenager-Fische ohne jede Vermehrungschance

Das Problem der delikaten Plattfische ist ihre Liebe zur Küstennähe. Beim Herumnaschen auf dem Meeresgrund wachsen sie sehr langsam: Männliche Plattlinge brauchen 3–4, weibliche sogar 6–9 Jahre bis zur Geschlechtsreife. Die begehrten angewanderten Maischollen (im Mai bis Juli) kommen quasi als Teenager in die Pfanne; ab 27 cm ist alles legal, einst wurden Schollen fast 1 m lang, Jahrzehnte alt und wogen 7 kg!
Heute werden sie so massenhaft wie brutal mit aufscheuchenden Baum-

Scholle: Nicht nur mit Zitrone, auch mit mehr Respekt zu genießen als höchst gefährdete Fischart – denn irgendwann ist Scholle „alle"

kurren vor dem Netz vom Grund gekratzt. Sie sind v. a. als Jungfische viel zu oft nur ▸Beifang, wenn es eigentlich auf ▸Seezungen geht – andersherum fallen der Schollenjagd selbst zu 70–90 % Fremdfische zum Opfer. Immerhin plant die EU Anlandegebote für Beifang und erzieherische Anrechnung auf die erteilte Quote.

Statt der herkömmlichen Bodenaufwühlereien (die eben auch dem Ökosystem Meer schlecht bekommen) wird heute mit vibrierenden Drähten vor dem niedrig schwebenden Netz experimentiert, sogar Stromstöße sind in der Probephase. Extraweite Netzmaschen oder „Fluchtfenster" sollen Entkommen ermöglichen. Und auf dem Meer mühen sich Wissenschaftler um „analytische Bestandsberechnung mit Vorhersage" anhand eher sehr vager Anlande- und Rückwurfdaten. 2003 bis 2008 lagen die Fangquoten dennoch stets über ihren Empfehlungen. 2012 befand das *Thünen-Institut für Ostseefischerei*: „bezüglich aller Referenzwerte im grünen Bereich". Doch kaum wird eine gewisse Erholung angedeutet, erhöht die EU die Fangquoten; Kritiker befürchten deshalb die nachhaltige ▸Überfischung der Schollenbestände.
Der emsige ▸MSC verbreitet mit Sinn für „höchstmöglichen nachhaltigen Dauerertrag" weiter Zweckoptimismus, setzt auf das „robuste Rahmenwerk", „existierende Mechanismen zur Reduktion der Fischereiaktivitäten", Sperrung ausgewählter Gebiete und neue Fangtechniken. Vier Schollenfischereien in der Nordsee

(mit 23 % aller Anlandungen) sind zertifiziert, andere werden noch bewertet, alle wollen das ▶Gütesiegel … Kurzum: Schollen sind ernstlich in Gefahr, die Bestandsgrenze zu erreichen, die eine Erholung ausschließt. Der ▶WWF sieht die Art gefährdet, toleriert Scholle allenfalls aus MSC-Fängen oder Stellnetzen der Nordsee, ▶*Greenpeace* gibt platterdings die klare Empfehlung: „Lieber nicht!“

Schrot, schroten

Urkräftiger Wertbegriff der Getreideverwertung, denn Korn und Schrot sind Müllers erste und zweite Kategorie. Jeder Mahlvorgang beginnt mit dem Schroten und der baldigen Entscheidung: entweder als **▶Vollkorn** mit Keimling (und ggf. ohne Außenschalen, die sog. Spelzen) – oder ohne, als sog. **Backschrot**. Die erste grobe Quetschung oder Mahlung bringt stets nur Schrot, danach erst erwalzt sich ▶Kleie mit erstem rieselnden ▶Mehl, das abgesiebt wird. Die etwas gröberen Kornstückchen sind v. a. als Vollkornschrot naturgemäß ballaststoff- und vitaminreich, aber auch in ihrer späteren Quellfähigkeit höchst verschieden. Regelrechte **Schrotbrote** vom Biobäcker entstehen stets als handwerkliche Kunst, da ihm künstliche ▶Backtriebmittel nicht helfen dürfen und viel von der Schrotmischung, den Feinschrotgraden und der sorgfältigen Teigführung abhängt. Schon Fette, Enzyme und Vitamine aus dem mitverarbeiteten Keimling verlangen bei frisch gemahlenem Schrot (in fein, mittel oder grob unterteilt) Erfahrung und Fingerspitzengefühl.

Schrote aus Getreide- oder Pseudogetreidesorten sind höchst attraktiv **geschmacksverschieden**: aus ▶Amaranth, ▶Buchweizen, ▶Grünkern, ▶Kamut und ▶Wildreis, gern aus sog. ▶Urgetreide wie ▶Einkorn oder ▶Emmer. Da lohnt Experimentieren! Wer lieber noch ganze Körner kauft, kann sie sich in vielen Bioläden frisch schroten lassen. Häusliche **Getreidemühlen** können das noch einmal frischer, auf dass Schrot im Müsli quelle oder es zu Krustenbrot oder Brötchenehren bringe. Je frischer das Schrot, desto reicher noch an Vitaminen, denen Licht und Luft allerdings abbauend zusetzen. Weizenschrot ist Grundlage für echtes **Couscous** oder für Bulgur, als feiner gemahlener Grieß aus Mais wird daraus Polenta; **Sojaschrot** (Reste der Abpressung von Soja-Öl) wird im sog. Extruder zu sog. texturiertem Soja-Fleisch (▶Fleischersatz). **Nota bene:** Geschrotetes ist gegenüber Ganzkörnern dem Magen willkommener – und jenseits davon eine Arbeitserleichterung. Nicht umsonst ist Schrot seit jeher Tierfutter!

Schwarzwurzel

Verglichen mit der Gemüsekollegin ▶Mohrrübe ist sie in ihrer Schwarzhaftigkeit von imageschädlicher **Mühseligkeit** bei der Zubereitung, längst aber ein angesehener Bio-Pflegling: Mehr als jede zehnte Schwarzwurzel stammt in Deutschland aus ▶ökologischem Landbau und damit von unbehandelten Stauden aus gesunden, nicht überdüngten Böden. Das so lange nur als „Spargel des kleinen Mannes“ verkannte **Wurzelgemüse** kennen viele

Schrot: Die nur gröbliche Zerkleinerung von Körnern bewahrt Geschmack und Vollwertigkeit, fürs Schroten gibt es bequeme Haushaltsapparate

Schroten: Einstellbar nur die erste Stufe der Vermahlung von Körnern, die letztendlich bis zur genauen Mehltype verfeinert werden kann

ohnehin nur als gebündelte Stangen aus der ▸Biokiste, doch einige **Spitzenköche mit Urigkeitsgelüsten** haben die schwarzbraunen Pfahlwurzeln von *Scorzonera hispanica* inzwischen geadelt. Auch als sog. Winterspargel (in Sand gelagert, daher „frisch" ab Oktober) sind die fleischhafte ▸Textur (keine Längsfasern wie bei ▸Spargel) und das cremige **Mundgefühl** etwas Besonderes.

Schwarzwurzel: Trotz ihrer ganz anderen, eigenen Vollmundigkeit gern mal Winterspargel genannt

Die Schwarzwurzelstauden wachsen oberirdisch bis zu 120 cm hoch, werden aber nur unterirdisch bis in 30 cm Tiefe schonend mit Spezialgabeln gestochen, die die korkhafte Haut nicht beschädigen dürfen. Sonst tritt die weißliche Pflanzenmilch (wie Kautschuk- resp. Latexsaft) aus, die in natura Verletzungen verklebend heilt oder Fraßfeinde schockt, für Menschen aber harmlos ist. Wer weiß, dass der Saft Händen oder Kleidung **stark färbend** zusetzt, schützt sich bei der Zubereitung. Schwarzwurzeln sollten im besten Fall frisch verarbeitet werden (dann brechen sie leicht; biegsamere Stangen wären überlagert); Einmachen oder Tieffrieren zerstört ihren Geschmack.

Schwarzwurzeln: Unter ihrer so dunklen Schale ist ein latexhafter, weißer Abwehrsaft gespeichert, der die Verarbeitung erschwert

Innerlich bieten die Länglichkeiten viel Vitamin B1, E und Mineralstoffe sowie einen hohen Anteil an Inulin, das Diabetikern bekommt. Die Aromen in Trockenkonzentration ergaben einst einen ▸Kaffeeersatz, neuerdings eher mal krosse ▸Chips.

Nota bene: Spargelkohl, eine Wildform der Schwarzwurzel, gibt es noch in Südeuropa. Briten schätzen zudem die auf dem Kontinent fast vergessene **Haferwurzel** (auch Bocksbart), die das Innenweiß von *Scorzonera hispanica* auch außen zeigt und durch ihren Milchsaft den Zartbiss hat, der bei seiner nussigen Süße an Austern erinnert und deshalb auch kurzerhand *vegetable oyster* heißt.

Schwefel

Wenn man so will ein wichtiger Baustein der Natur, chemisch ein S wie ***Sulphur*** und biologisch ein sehr anverwandlungsfähiger Grundstoff aus der Erdhülle. Mit seinem sog. Schwefelkreislauf (und dann in den organischen wie anorganischen Salzen **Sulfide und Sulfate**) kommt das Element mit der Ordnungszahl 16 per Stoffwechselprozess überall hin: in die Luft, den Regen, ins Meer, in den Boden und in Pflanzen – also **auch in uns hinein**. *Sulphur* wird im menschlichen Organismus als Bestandteil von Aminosäuren wie Hormonen sowie für den Aufbau körpereigener Eiweiße gebraucht, auch als Gerüstprotein fürs Bindegewebe, zur Aktivierung von Vitaminen und als Katalysator von Enzymen, Hormonen und Baustei-

Schwefel: Manchmal auch bei Bio unumgänglich wie beim zugelassenen und sichtbaren Belag für Tomaten

nen unseres Immunsystems. Schwefel schützt sogar gegen ▸freie Radikale und hat jenseits des Magens seine Universalfunktion. Den nötigen Nachschub bezieht der Körper **aus der Nahrung**; besonders viel S ist in Fleisch, Milchprodukten, Hülsenfrüchten und Nüssen vorhanden.

In der ▸Landwirtschaft ist Schwefel zum einen als **pflanzliches „Makronährelement“** bedeutend. Er wird organisch zum gebundenen Eiweißbestandteil oder ist anorganisch als Sulfat gespeichert. *Sulphur* kommt (als Sulfat) aus dem Boden oder als SO_2 (Schwefeldioxid) über die Luft in ihn hinein, bis in die 1980er-Jahre reichlich **als Saurer Regen**. Seitdem müssen Landwirte ihr S für höhere Stickstoffeffizienz extra ausbringen.

Pflanzen erwurzeln sich ihren Bedarf an S und konzentrieren ihn um etwa das Hundertfache. Europas schwefeligste Pflanze ist der ▸Bärlauch mit 7,8 mg/100 g Trockenmasse; Schwefel steckt aber schmeck- bzw. ruchbar auch **in den sog. ▸Glucosinolaten**, besonders in etlichen Kohlsorten und in Spargel. Ebenso verdanken Zwiebeln, Knoblauch, Senf oder Radieschen dem S das typische Aroma und ihre so spezifische Schärfe. Ins Gerede kam Schwefel aber als konventionell eingesetztes **▸Konservierungsmittel** – und als auch für den ▸ökologischen Landbau zugelassenes **▸Pflanzenschutzmittel**. Dann nämlich giftet Schwefel herum gegen schädliche ▸Mikroorganismen wie Bakterien, Hefen und ▸Schimmelpilze; das schadet zwar nicht – wie so vieles – den ▸Bienen, wohl aber einigen anderen ▸Nützlingen. Um dennoch nicht auf die positiven Wirkungen des zwar natürlich vorkommenden, aber eben auch aggressiven Pflanzenschutzmittels zu verzichten, sind **▸Biobauern** bestimmte Ausbringungsmengen vorgeschrieben, die unter denen der konventionellen Kollegen liegen.

Weil Schwefel desinfizierend, also konservierend wie ein ▸Antioxidationsmittel, aber dabei farbstabilisierend wirkt, erhält und schönt er bei konventionellem ▸Food-Processing ▸Trockenfrüchte, ▸Fruchtsäfte oder Knabbererzeugnisse prophylaktisch: All das wird „geschwefelt“ – **nie jedoch bei Biolebensmitteln** und Ware aus dem ▸Reformhaus.

Doch beim ▸Biowein haben ökologisch arbeitende Winzer selbst bei weitestgehender Zurückhaltung ihr kleines Schwefel-Dilemma – denn so ganz ohne geht es (noch) nicht, ihr **Wein wäre instabil**. Zudem wird bei der Gärung Schwefel in Geringmengen freigesetzt, Spuren von SO_2 fallen bei der unverzichtbaren Desinfektion von Fässern, Leitungen, Korken und Flaschen an. Alternativen werden gesucht und ausprobiert, Untergrenzen heftig diskutiert. Wie einst bei ökologisch gebrautem ▸Bier: Dort darf kein geschwefeltes ▸Malz mehr verwendet werden – und es geht …

schwefelfrei: Biotrockenfrüchte sind es, Bioweine noch nicht – die Herausforderung an die Haltbarkeit und Garantie bleibt, Bekömmlichkeit durch weniger Schwefel ist schon real

Schweine

Um mal ein etwas zynisches Wortspiel zu bemühen: Schwein haben in der ganz normalen ▸Tierhaltung nur wenige Exemplare von *Sus scrofa domestica* – und doch scheint sich keine Sau für das zu interessieren, was den konventionellen **Schweinealltag** ausmacht, seit das Borstenvieh zum wesentlichsten Lieferanten von ▸Fleisch wurde und damit eben zum ökonomischen Faktor. Die deutschen **Exporte** von ▸Schweinefleisch waren 2012 etwa 6,25 Mrd. Euro wert. Um mehr als eine Mio. Schweine pro Woche ▸schlachten zu können, muss Nachwuchs für die ▸Mast **massig importiert** werden: 11 Mio. Ferkel wurden dafür ins Land gekarrt. Und von den 27,7 Mio. Schweinen, die Anfang Mai 2013 in Deutschland gehalten wurden, standen über 70 % in Ställen **mit 1000 Plätzen und mehr**. Ob als Mast- und Jungschweine, als Zuchtsauen oder Ferkel: ▸Massentierhaltung dominiert, aus ▸ökologischer Tierhaltung kamen erst 0,6 % der Schweine.

Schweine: Es sind von Natur aus quicklebendige Familientiere, die solch vorbildliches Großwerden aber kaum erleben dürfen – allen Idealen zum Trotz

Doch auch die Schweinehalter klagen über **saumäßige Bedingungen**: Die Bruttomargen für ein konventionelles Mastschwein schwanken stark, beliefen sich 2012 auf 13,54 Euro und nur knapp 4 Euro im ersten Halbjahr 2013. Da lässt sich **nur über Masse Kasse** machen, mit entsprechenden Folgen für die Tiere. Schweinefleisch als Billigware ist für alle desaströs. **Bio-Schweinemäster** bekommen zwar mit rund 3,25 Euro pro kg Schweinefleisch viel höhere Preise, haben aber mind. 60 % höhere Kosten. Zum einen wegen der Gestaltung von Ställen und Auslauf: ▸Biokreis etwa schätzte die Neubaukosten 2012 auf 7 000 Euro pro Zuchtsau und 750 Euro pro Mastschwein. Zum anderen sind ökologische ▸**Futtermittel** sehr viel teurer als konventionelle. Nicht umsonst kämpft seit 2008 das ABD *(Aktionsbündnis Bioschweinehalter Deutschland)* um höhere Erlöse. Denn trotz großer Nachfrage wagen zu wenige Halter die ▸Umstellung auf Bio – viel eher geben konventionelle kleine Betriebe auf. Allein 2012 waren es 7 % Halter weniger, v. a. solche mit **Zuchtsauen**. Für jene ist EU-weit seit Anfang 2013 im Rahmen

verschärfter Regelungen des ▸Tierschutzes die Gruppenhaltung Pflicht; nur Branchenriesen scheinen nötige Investitionen stemmen zu können: Jeder 5. Kleinbetrieb mit bis zu 100 Zuchtsauen gab auf. Da ab 2017 zudem die **betäubungslose Ferkelkastration** (bei Bio seit 2012 tabu) auch konventionellen Haltern verboten sein wird, ist eine Verschärfung der industriellen Strukturen zu erwarten. Die sind in Deutschland Alltag: 2012 erledigten nur drei Betriebe 55,6 % aller Schweineschlachtungen.

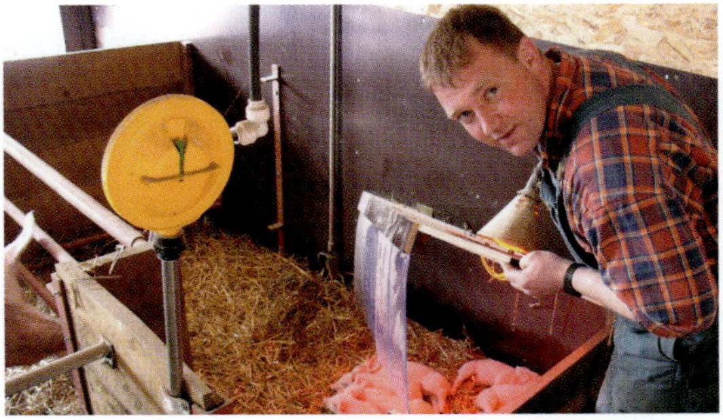

Schweine: Bio-Ferkel haben hier schon mal eine Fußbodenheizung und einen sich kümmernden Landwirt

Im Biosektor sind solch starke Konzentrationen noch nicht ausgeprägt; Bio-Schweinefleisch ist (mit 0,4 % Marktanteil 2012) eben ein Nischengeschäft. Fraglich ist aber, inwiefern es jemals nennenswerte Bedeutung erreichen wird. Zum einen ist die Öko-Haltung sehr investitionsintensiv, zum anderen in großem Stil nur schwerlich richtliniengemäß zu bewältigen. Dass 2012 und 2013 **Skandalbilder** aus Bio-Schweineställen Aufreger wurden – selbst wenn es sich um wenige Fälle handelte –, ist womöglich weniger ein Zufall als dem System geschuldet. Auch Felix Prinz von Löwenstein, der Präsident des ▸BÖLW *(Bundesverband ökologische Lebensmittelwirtschaft)*, äußerte Zweifel, ob echte Öko-Haltung unter derzeitigen Markt- und Konsumbedingungen überhaupt möglich ist.

Ohnehin ist die Bio-Schweinehaltung branchenintern **nicht unumstritten**: Das eiweißreiche Futter besteht aus ▸Getreide oder ▸Soja, eben nicht nur aus Grünfutter, stört damit nicht nur den idealen Hofkreislauf, sondern macht Schweine (im Gegensatz zu ▸Rindern) auch zu direkten Nahrungskonkurrenten des Menschen – letztlich eine Frage der ▸Ethik.

Und es ergeben sich auch wirtschaftliche Probleme: Schlechtere Eiweißversorgung verlangsamt und verringert das Wachstum. Zumal nicht alle Rassen der modernen ▸Zucht für Öko-Futter und -Haltung geeignet sind. In ▸Freilandhaltung gelten andere Anforderungen als in lichtgesteuerten Ställen; v. a. die relativ hohe

Schweinerei? In eher lichtlosen Ställen darben konventionell eng gehaltene Schweine in Massentierhaltung dem Schlachttag entgegen, meist medikamentös überversorgt …

Ferkelsterblichkeit ist ein bekanntes und intensiv bekämpftes Dilemma. Denn erst später macht der in der ▸EG-Öko-Verordnung bzw. bei den ▸Anbauverbänden verbindliche **Auslauf** die Bio-Tiere robuster. In den Ställen gibt es im Gegensatz zum konventionellen Alltag Stroheinstreu, Spaltenböden sind nur zu 50 % und nur im Kotbereich erlaubt, die Stallfläche ist erheblich größer. Das stabilisiert **das Sozialverhalten**: Das hier verbotene (aber bei rund 90 % der konventio-

BÄUERLICHE
ERZEUGERGEMEINSCHAFT
SCHWÄBISCH HALL

Schweinefleisch: Entscheidend für die Qualität sind Bio-Herkunft aus artgerechterer Haltung – nicht zuletzt auch beim Spanferkel pur, der künftige Ebergeschmack ist in der Schweiz schon zu haben

nellen Ferkeln praktizierte) **Kupieren** der Schwänze ist nicht notwendig.
Erst in den letzten Jahren regt sich Widerstand gegen immer größere Schweineställe. Umwelt- und Tierschützer prangern an, dass die Tiere konventionell nicht ▸artgerecht aufwüchsen und ▸Tierwürde der Marktlogik untergeordnet sei. Etwa indem Kupieren das ja erst durch **artwidrige Haltung** ausgelöste „Schwanzbeißen“ verhindere. Im Stall stehen Schweine auf harten, perforierten Böden, was laut BUND *(Bund für Umwelt- und Naturschutz Deutschland)* und *ProVieh* oft zu körperlichen Schäden führt. Futter (▸Gen-Soja) und ▸Tierarzneimittel gelten als höchst problematisch. Der massive Einsatz von ▸**Antibiotika** (laut diversen Untersuchungen bis zu 5,9 Einzelgaben pro Tier) hat schon zu Resistenzen bei Menschen geführt. Die Belastung der Gülle-Böden mit ▸Stickstoff und dadurch die des Grundwassers mit ▸Nitrat ist ebenfalls Resultat ungebremster Massentierhaltung. Würden die Kosten für nötige Gegenmaßnahmen mit eingerechnet, ergäben sich erst **realistischere Schweinefleischpreise** – schon wäre der Unterschied zu Bio nicht mehr so eklatant.

Schweinefleisch

Turbomast im Massenstall sei Dank: Schweinefleisch hat sich längst zum **gigantischen Wirtschaftsfaktor** entwickelt; Deutschland allein exportierte

2012 mit 2,75 Mio. t die Hälfte des dort geschlachteten ▸Fleisches von 58,37 Mio. ▸Schweinen; der Selbstversorgungsgrad lag bei 116%. Denn der Globalhunger nach Kotelett oder Wurst wird nur noch größer – woanders jedenfalls. Der **Pro-Kopf-Konsum** in Deutschland sank 2012 zwar leicht auf 36,5 kg, allein in China aber steigt er weiter um rund 1 kg pro Jahr: was für ein Wachstumsmarkt!
Die Masse von 110,8 Mio. t Schweinefleisch weltweit ist allerdings auch nur mit Hilfe von ▸**Massentierhaltung** erzeugbar. Das bedeutend teurere **Bio-Schweinefleisch** hatte 2012 auf dem deutschen Markt einen Mini-Anteil von 0,4 %. Die Nachfrage ist sogar größer als das Angebot, aber trotz höherer Bio-Aufschläge haben die gestiegenen Preise für ökologisches ▸Futter (bis 2015 muss es 100 % der Bio-Fütterung ausmachen!) zu

gleichbleibend **schlechten Margen** geführt. Und in der konventionellen Branche sieht es ähnlich schlimm aus: Mäster leiden u. a. aufgrund der Konzentrationen in der Fleisch- und Schlachtwirtschaft, aber auch wegen des wachsenden Konkurrenzdrucks aus Ländern, deren Auflagen zum ▸Tierschutz bedeutend lascher sind als innerhalb der EU. Dazu kommt: Schweinefleisch ist einfach **zu billig**, zumal der Nachfrage-Trend zu fertig Verpacktem im ▸Discounter und zu preiswerteren Teilstücken geht. Auf diese Weise wird der ökonomische Druck vom **Geizhals an der Kühltheke** auf die Erzeuger und letztlich an die Tiere selbst weitergegeben.

Dazu ein Rechenbeispiel: Musste ein Arbeitnehmer in der BRD 1970 noch 96 Minuten für 1 kg Schweinekotelett arbeiten, so waren es 2012 nur noch 23 Minuten! Bezug wie Wertgefühl gingen verloren, die realistischeren Bio-Preise werden als übertrieben empfunden – für Normalverdiener sollten sie keine Kaufbarriere sein.

Dabei sprechen neben ▸Tierwürde und ▸Naturschutz auch **rein qualitative Gründe** für das Fleisch von Bio-Schweinen: Es ist kompakt-fein gefasert, verliert in der Pfanne kaum. Da in der ▸ökologischen Tierhaltung längere Aufzuchtzeiten gelten, sorgt das weiter entwickelte Fettgewebe dafür, dass das Fleisch aromatischer schmeckt; mehr Bewegung führt zu einer besseren Muskelstruktur. Dies gilt umso mehr für das durchwachsene Fleisch ▸alter Rassen. Mit solchen **Premiumprodukten** lässt sich denn auch angemessen Geld verdienen; das Fleisch gestresster Turbomast-Schweine aus Stallhaltung wirkt dagegen ziemlich blass, weich, wässrig und neutral im Geschmack.

Auch bei der Belastung mit ▸Keimen schneidet Bio etwas besser ab; allerdings wurden Tests (wie 2012 von Stern-TV) auch bei Bio-Schweinefleisch fündig, etwa bei antibiotikaresistenten Erregern. Die gelangen über die Lüftung in Bio-Ställe; v. a. später (beim Schlachten bzw. beim Transport oder Verkauf) ist die ▸Verunreinigung durch stärker kontaminierte konventionelle Ware möglich. Auch die Biobranche macht deshalb stets auf so wichtige wie einfache **Hygieneregeln** aufmerksam, rät vom Rohverzehr ab und fordert zum Durchgaren auf; auch sollten Hände, Küchengeräte und Arbeitsplatz regelmäßig gesäubert werden.

Nota bene: Ab 2017 ist die betäubungslose Kastration männlicher Ferkel EU-weit endlich auch außerhalb von Bio verboten. Viele Mäster wollen aufgrund des komplizierten Eingriffs bzw. wegen höherer Kosten stattdessen in die **Ebermast** einsteigen. Da Eberfleisch geruchs- und geschmacksintensiver ausfallen kann, wird Marketing unverzichtbar sein und scheint wenigstens in den Niederlanden schon gelungen. Ob die zweite Neuerung, das Anfang 2013 lancierte, nicht unumstrittene ▸Gütesiegel **„Tierschutzlabel"**, zur Konkurrenz für Biofleisch wird, muss sich zeigen. Sechs Monate nach Einführung wurden erst 40 000 Schweine nach dessen Auflagen gehalten.

Schweinefleisch: Dieser Masteber soll nicht anonym leben und sterben, künftige Kundschaft erfährt immerhin seinen Namen – so zynisch er auch klingen mag …

Schweinefleisch: Probleme mit den Schlachte-Skrupeln hatte man schon im 19. Jahrhundert – saukomisch

Schweiz und Bio

Bio bei den Eidgenossen: Vergleichsweise streng sowie sehr konsequent, dazu bemüht um mehr Swissness

Das war ein Schock: Unwort des Jahres 2012 in der Schweiz war „Bio". Ausgerechnet! In einem Land, das einen Bio-Anteil von 11,3 % bei den landwirtschaftlichen Betrieben und von 11,6 % bei der Anbaufläche hat – **doppelt so viel** wie in ▸Deutschland. Ohnehin erfüllen 98 % der Schweizer Höfe die umweltschonenden Kriterien vom „Ökologischen Leistungsnachweis"; zudem gilt bis 2017 ein Moratorium für den Anbau ▸transgener Pflanzen (▸Pflanzenwürde).

Was die Befragten nervte, war mitnichten der Biobauer an sich (schließlich wurde 2012 mit Markus Ritter ein solcher sogar Präsident des Bauernverbandes) – sondern der **inflationäre Gebrauch** des Begriffs ▸Bio. Als Abwertung der sog. Knospe war die Unwortwahl nicht gemeint.

Schweizer Bio: Traditionsreiche ökologische Handelsmarken aus dem Supermarkt prägten und beförderten den Alpen-Bioboom

Diese Knospe ist das ▸Biosiegel von ▸**Bio Suisse**, dem alles dominierenden Anbau- als Dachverband, in dem Ende 2012 mit 5 731 Betrieben fast 94 % der 6 120 Biohöfe organisiert waren. Dazu zählen auch eine Handvoll ▸Demeter-Höfe, die parallel Mitglied bei Bio Suisse sind. Der kleine Rest eidgenössischer Biobauern produziert nach der **Schweizer Bio-Verordnung**, die seit 1998 gilt und eher der ▸EG-Öko-Verordnung entspricht. Deren Regeln sind im Vergleich zur Knospe ▸Bio light – und Demeter ist noch einmal mehr ▸Premium-Bio.

Neben Demeters Prinzip des ▸Biodynamischen liegen **die Wurzeln** der Schweizer Biobranche im ▸organisch-biologischen Anbau; beide Denkweisen gingen 1981 in die Regelungen des Bio-Suisse-Vorläufers ein und prägen bis heute das **etwas strengere** Bio-Verständnis. Ohnehin vorbildliche Gesetze zum ▸Tierschutz, die auch für Konventionelle gelten, sind bei Bio noch verstärkt. Die Knospe-Regeln sind angesichts der Tatsache, dass die Schweiz generell niedrige Selbstversorgungsgrade aufweist, gerade bei ▸**Importware** sehr streng. Die muss nicht nur Knospe-tauglich sein, sondern darf nur ins Land kommen, wenn es kein adäquates Schweizer Produkt gibt. Der eigentümlich anmutende Begriff für diese Strategie ist **„Swissness"**. Dabei geht es um mehr als nur Unterstützung heimischer Betriebe, es wird um ▸Kontrolle und die Einhaltung von Knospe-Standards gerungen: ▸Naturschutz durch Vermeidung unnötiger ▸Food

Miles und Verbot von Flugware, nur Komplettumstellung, soziale Gesichtspunkte. Denn die sind den Eidgenossen ganz generell wichtig: Immerhin umgerechnet 39 Euro geben sie pro Kopf und Jahr für ▸**Fairtrade** aus (in Deutschland sind es 6 Euro); ▸Max Havelaar leistet da einen großen Beitrag, nicht zuletzt für ▸fair + bio. Mit jährlich 179 Euro Bio-Ausgaben pro Kopf sind die Schweizer auch in 2012 die **Bio-Weltmeister** geblieben.

Dazu tragen schweizspezifische Vermarktungswege bei: Die Handelsriesen **„COOP" und „Migros"** kooperieren mit Bio Suisse und haben seit 1993 bzw. 1995 eigene Bio-Siegel als ▸Handelsmarken, die komplett bzw. bei Inlandsprodukten die Knospe tragen. Beide ▸Supermärkte haben eine enorme Sortimentstiefe und viel zum Bioboom beigetragen – andererseits aber ▸Bioläden kaum aufkommen lassen. Der **Biofachhandel** hatte 2012 nur einen Anteil am Bio-Umsatz von 12,6 %; „COOP" und „Migros" kamen auf 47,5 % bzw. 26,4 %. Eine Kooperation von „Migros" und **„Alnatura"** startete 2013 – mal sehen, ob sich ▸Bio-Supermärkte durchsetzen!

Schwermetalle

In Winzmengen sind die einen einerseits schwerwiegend **höchst essenziell** für uns Menschen und die anderen andererseits **höchst schädlich**, oft sogar giftig. Als eher inexakter, populistischer Reizbegriff für Elemente ab Dichte/Gewicht von 5 g pro Kubikzentimeter führt allein das Wort Schwermetalle schon dazu, dass chemische Nachbarelemente pauschal mitdiffamiert werden. So geriet auch **das Halbmetall Arsen** in schweren Verdacht und das **Leichtmetall ▸Aluminium** gleich mit. Ausgesprochene Schwermetalle sind (die „Schwerstmetalle" Platin, Gold und Silber ausgenommen) jedoch besonders die Umweltverseucher Blei, ▸Cadmium und ▸Quecksilber.

Schwermetalle: Die Umwelt ist voll davon, also auch all unsere Nahrung – also auch wir selbst, fatalerweise

Sie stammen vermutlich von Asteroiden, die sich in glühenden Vorzeiten durch die Erdkruste ins Erdmagma durchschlugen und mitgekocht wurden. Deshalb auch hat sich das entstehende Leben an sie gewöhnen müssen: Einige Schwermetalle brauchen wir als ▸**Spurenelemente**, etwa Chrom, Cobalt, Eisen, ▸Kupfer, Mangan oder Zink. Sie sind essenziell, also wichtige Anteile der bei uns endenden Nahrungskette.

Wo denn auch das Problem beginnt: Pflanzen und Tiere speichern Schwermetalle in kumulierender Konzentration. Quecksilber, Cadmium und Blei reichern sich insbesondere an in ▸Algen, ▸Muscheln und Seefischen, an Land konzentrieren sie sich v. a. in Ölsaaten (aber nicht im ▸Speiseöl daraus!), ▸Wildpilzen und in ▸Wildfleisch. **Cadmium** „bereichert" auch

Weizen, Roggen, Reis und Leinsamen, gelangt also in ▸Futtermittel und per ▸Carry-over in das Fleisch selbst (in die Innereien am intensivsten); es steckt auch in der Gülle. Klärschlamm, der **bei Bio** als ▸Dünger tabu ist, aber in der konventionellen Landwirtschaft gern verwendet wird, erneuert im Belastungsfall noch den schwermetallenen Kreislauf. Vielerorts ist das oberflächennahe, oft schon das Grundwasser betroffen. **Uran** aus ▸Phosphaten in konventionellen Düngemitteln und bleiähnliches **Thallium** (ein Rattengift) wird zunehmend diskutiert.

Schwermetalle: Sie belasten Böden, Gewässer und Meere – und das, was aus ihnen erwächst; die Gefahren und Quellen werden gern verharmlost

Im ▸ökologischen Landbau ist die sog. Befrachtung mit Schwermetallen eindeutig geringer. Bei ▸Demeter sind sogar verdächtige Farben für Etiketten verboten, **Biobiers Kästen** wurden um Anteile von Schwermetallen „erleichtert" – auf die Frage ▸bio = besser? eine Antwort mehr!

Schwertfisch

So attraktiver wie begehrter, deshalb ▸überfischter Sonderfisch (*Xiphias gladius*, griech.-lat. „Schwert-Waffe"): schuppenlos, grätenfrei, festfleischig-kalbsähnlich für grillbeste Steaks. Auch seine Schnelligkeit (kurzfristig 70–100 km/h) hat den **Weitwanderfisch** mit der charakteristisch ragenden Kopf- und Schwanzflosse nicht vor des Menschen Nachstellungen retten können. Dabei steht er als geschickter Raubfisch mit dem überlangen Oberkiefer („Schwert") unter Wasser an der Spitze der Nahrungspyramide, sodass seine **überstarke Dezimierung** das marine Gesamtsystem tangiert. Der arglose Riese (bis 4,5 m bei 650 kg) treibt gern dösig an der Oberfläche und ist leicht für Imponierfotos zu angeln. Das gilt sogar als selektiv und umweltfreundlich – denn in Massen wird *Xiphias gladius* mit Hilfe von sog. **Langleinen** mit unzähligen Köderhaken erlegt. Darin verbeißen sich dann allerdings auch ▸Haie, Meeressäuger, Schildkröten und Seevögel, sodass der ▸**Beifang** dramatisch hoch und schädlich ist.

Schwertfisch: Wegen der noch ungebremsten Nachfrage mit 90% Rückgang der Bestände – und doch wird er immer noch weiter gejagt und im Hafen stolz angelandet

Als der Bestandstiefpunkt Anfang der 1990er-Jahre erreicht war, gab es Fangverbote; um 2000 herum galt die Schwertfisch-Armada als erholt, seitdem gibt es amtliche (nationale) Höchstfangmengen. Offiziell begleitet zudem der ▸**MSC** ein ▸nachhaltiges Fangen mit einer „Theorie des Wandels" (mit Grenzreferenzwerten, Vorsorgeansatz, Selbstverpflichtungen), erteilt Lizenzen und kontrolliert Anlandungen, kann ein lücken-

loses Überwachungsprogramm aber eher behaupten als garantieren.
Der Fischführer von ▸ *Greenpeace* hielt 2013 Schwertfisch grundsätzlich für „**nicht empfehlenswert**", weil Bestände nicht nachhaltig befischt würden, *fair-fish* empfiehlt „besser nicht, da überfischt". Die *WWF Seafood Group* der Schweiz beklagte schon früher den Rückgang von Thun- und Schwertfisch um 90 %, fand Fischereiorganisationen „oft nur teilweise oder gar nicht effektiv" und meinte „Jeglicher Schwertfisch: **lieber nicht**".
Nota bene: Vor der schwertfischtypischen sog. Altersakkumulation der ▸ Schwermetalle Blei und ▸ Quecksilber schützen amtliche Kontrollen.

Seehecht

Wieder ein delikater (und bestandsbedrohter) Fisch mit falschem Namen – der Ordnung halber gehört er zu den Dorschartigen. Der „Hecht" ist ein globaler Fischräuber

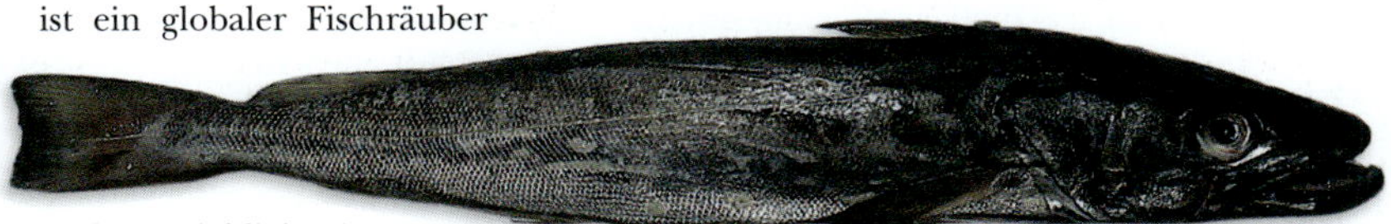

und so reichlich wie bequem zu fangen. Was will man mehr? Immer mehr! Denn die spitzkopfige **Schlankheit**, die ihn Seehecht *(Merluccius)* taufte, hat einen vorderen Platz auf der Beliebtheitsskala und dazu geführt, dass einzelne Bestände ▸ überfischt wurden und Schutzgebiete eingerichtet werden mussten. Das **Geschacher um Fangzahlen** aber endete nicht, Experten halten die vielen Managementpläne für eine Farce. Ob sog. Laicherbestände gerade deshalb oder zufällig oder als Wanderphänomen wachsen, weiß niemand. Appelle für weitmaschigere Schleppnetze und Beifanggrenzen sind zu sanfte Maßnahmen, ebenso das Prinzip, Wissenschaftler zu fragen, ob „außerhalb der Schwankungsbreite um den Zielwert" gefischt werde, obwohl die Populationsverdopplungszeit je nach Art 1,4 bis 14 Jahre beträgt. Doch das Managementziel ist der „höchstmögliche nachhaltige Dauerertrag" als *Maximum Sustainable Yield* …
Wegen **„höchstmöglichst dauernd"** erzielbarer hoher Preise verlagerten sich die Nachstellungen bis nach Südafrika und Südamerika. Je stärker sich jedoch die nördlichen Bestände erholten, desto gefährdeter wurden die anderen. Binnen Kurzem fiel so der neuseeländische Seehecht **Hoki** all den *Merluccius*-Mögern zum Opfer – das Fazit von ▸ *Greenpeace* 2013: „nicht empfehlenswert".
2010 sprach der ▸ WWF offen aus, dass 14 Länder **Piratenfischerei** betrieben und den Schwarzen Seehecht illegal fingen, unkontrolliert anlandeten und ungestraft vermarkteten.
Schon 2000 stammten laut FAO von 59 000 t im Verkauf 33 000 t aus illegalen Fängen. Neuere Zahlen gibt es nicht, doch ein Fünftel aller Schwarzen Seehechte ist wohl immer noch inoffiziell erbeutet. Ein Maßnahmenpaket der FAO wartete 2013 noch auf die nötige Ratifizierung durch mind. 25 Länder.
Mit all den Problemen schlägt sich der ▸ **MSC** herum und versucht, den Überblick zu wahren. 2011 war man „sehr beunruhigt", dass das ▸ Gütesiegel missbraucht und 20 % der zertifizierten Seehechte falsch deklariert wurden. Die beauftragten Forscher rieten deshalb, komplett auf Schwarzen Seehecht zu **verzichten**!

Schwertfisch: Die wenigen, die noch blieben, sind ausgerechnet höchst bequem zu fangen …

Seehecht: Inzwischen ganz offen Opfer weltweiter illegaler Piratenfischerei in Fanggebieten bis in den Südpazifik, Verzehr tabu!

Seelachs

Ein Lachsverwandter ist er mitnichten, denn er ist ein Dorschartiger, nur eleganter und schlanker als etwa der ▸Kabeljau, hat eher einiges vom Schellfisch und heißt als *Pollachius virens* eigentlich **Köhler oder Kohlfisch**; sein dunkles Muskelfleisch hat ihm den Namen eingebracht (die Farbe verkocht sich allerdings). Verwirrend genug heißt der ebenfalls dorschige (Nord-)Pazifische Pollack korrekt ebenfalls Seelachs, wird im europäischen Handel seiner Heimat nach gern ▸**Alaska-Seelachs** genannt, aber nicht selten eben auch als Köhler verkauft – und umgekehrt.

Seelachs: Keineswegs ein Lachs, aber oft gefärbter Lachsersatz, meist aber aus Beifang und eher schlecht gemanagt und damit „nicht empfehlenswert"

Der gesamtatlantische Schwarm- und Raubfisch *Pollachius virens* hat nur den sehr markanten Schönheitsfehler eines überlangen Unterkiefers. Er könnte 120 cm lang werden, wird aber meist mit 70 cm angelandet. In einstigen Mangelzeiten wurden dünn geschnittene Köhlerfilets rot eingefärbt und **als Lachsersatz** verkauft. Ein sog. Edelfisch war er nie, und doch mögen die Deutschen Kohlfisch noch als „Seelachs", er war 2012 ihr neuntliebster Speisefisch. Seelachs ist ein höchst problemlos und vielseitig zuzubereitender Fisch, es gibt ihn außerdem noch immer gefärbt in geräucherter oder verdoster Form in Öl. Daher die Beliebtheit?

Wegen der sicheren Nachfrage wird der atlantische Lachssimulant brutal erfischt: Mit bodenruinösen Grundschleppnetzen, den riesigen sog. Ringwaden, Stellnetzen, endlosen hakenvollen Langleinen und Schleppangeln, in europäischer Eifersucht **zu schlecht gemanagt** und eher miserabel kontrolliert. Mittlerweile soll es mit norwegischem Nachdruck etwas ▸nachhaltiger zugehen, indem Rückwürfe und Grundschleppnetze zonenweise untersagt werden. 2011 wurden die EU-Fangquoten immerhin um 13 % gesenkt.

Doch jahrelang lagen die nationalen Anlandemengen über den wissenschaftlichen Empfehlungen. Selten genug wird Seelachs „sortenrein" gefangen und allzu oft ist er selbst **nur ▸Beifang**, wenn es arktisch auf Kabeljau geht. 2013 hielt ▸*Greenpeace* Seelachs u. a. deshalb für grundsätzlich **nicht empfehlenswert**. Dennoch gibt es Seelachs aus Anlandungen mit dem Siegel des ▸MSC, das nachhaltige Bewirtschaftung verspricht und eine Ausnahme vom Verzicht begründen mag; der ▸WWF empfahl 2012 denn auch MSC-Seelachs und hält solchen aus der Nordost-Arktis sogar für eine **„gute Wahl"**.

Seeteufel

In guten Restaurants immer noch respektvoll angepriesen als **Lotte** (ein unerklärter altgallischer Regionalname), dieses Makabertier mit der erstaunlichen Karriere: Vom wahrscheinlich hässlichsten aller Fische **mit kopfbreitem Riesenmaul** (daher auch Krötenfisch) zum begehrtesten aller Fischschwänze – und damit eben

auch zu bedrohten Beständen durch ▸Überfischung und dem Schicksal als lohnender ▸Beifang.
Die meerische Seeteufelei war für ▸*Greenpeace* auch 2013 ein **„lieber nicht"** mehr zu kaufender Raubfisch aus dem Ostatlantik, Mittel- oder Schwarzen Meer. Auch die Schweizer Tierschützer von *fair-fish* empfehlen: Seeteufel „besser meiden". Für sechs von acht Beständen weltweit urteilte das *Thünen-Institut für Ostseefischerei* 2013: „**Zustand unklar** (…), unzureichende Daten". Eine Abnahme von Anzahl und Biomasse seit 2008 sei anzunehmen.
Die Gründe sind die Meeresgründe, weil der im weicheren Boden lauernde *Lophius* (er lockt als sog. Grund- und Anglerfisch seine Beute mit belapptem Rückenflossenstrahl an) in Grundschleppnetzen oft nur quälend spät getöteter Beifang ist, wenn auch der lukrativste. Das *Thünen-Institut* nannte 2013 den Bestand von vier Arten **„besorgniserregend"**, die Widerstandsfähigkeit „niedrig" – Bestandsverdoppelung brauche 4,5–14 Jahre! Es schont die Seeteufel nicht gerade, dass sie besonders wohlschmeckendes, festes, grätenfreies Schwanzfleisch haben und sich damit für alle Zubereitungsarten bestens eignen. Die Japaner schätzen **Lotte-Rogen** als Delikatesse, sogar die Leber (auch als Aphrodisiakum); letztere ging einst über Bord und ist nun Luftfracht für edle Restaurants: als ▸Sushi.
Als *Lophius piscatorius* wird mancher Seeteufel sogar bis zu 2 m lang und 40 kg schwer, gehandelt werden aber die immer kleineren Exemplare (nur meterlang, um 9 kg). Jedes ist dabei so breitmäulig und riesenkopfhässlich unansehnlich, dass ein Seeteufel öfter mal kopflos (in halber Restkörperlänge) und ohne Fetzenhaut als Schwanzstück auf den Fischmarkt kommt, was Gourmets *Queue de Lotte* nennen.

Seeteufel: Besonders hässlich, besonders begehrt, Riesenkopf entbehrlich, Schwanz als Lotte – aus Nachfragegier inzwischen hochgefährdeter Fisch geworden

Seewolf

Sein grimmiges Muschel- und Krebsknackergebiss, das sich schon mal letztbissig einen Angler- oder Fischerfinger leistet, hat ihn so getauft, er heißt auch übertreibend Steinbeißer; Franzosen gaben ihm den feineren Restaurantnamen *Loup de Mer*. Und wieder ist es ein Edelfisch, den wir uns **dringend abgewöhnen** müssen: „nicht vertretbar" für ▸*Greenpeace* (man warnt seit 2004), „lieber nicht" sagen auch ▸WWF und der Schweizer ▸Supermarkt „COOP"; 2012 verkündete auch der ▸Discounter „Penny" einen Verkaufsstopp.

Seewolf: Einzelgängerischer Grundfisch und wertvoller Beifang, aber nun soll der beliebte „Karbonadenfisch" am liebsten aquakulturtauglich werden

Seezunge: Begehrtester aller Plattfische für die Gourmet-Röllchen oder mal als pure Filets – und dabei so höchstpreisig, dass ein echter Bestandsschutz jedenfalls auf den Weg gebracht ist

Also ist der Einzelgänger Seewolf aus Wildfang eigentlich tabu, entsprechend teuer und umso eher Fischers Lieblingsfang. Unter den Steinbeißern als Vertreter der **Familie der Katfische** (noch ein Handelsname!) werden insbesondere der Gestreifte *(Anarhichas lupus)* und der Gefleckte Seewolf *(Anarhichas minor)* erfischt – allerdings nicht sehr gezielt, sondern mit hakenreichen Langleinen. Als träge und standorttreue **Grundfische** sind sie zu oft wertvollster ▸Beifang in noch dazu bodenzerstörerischen Grundschleppnetzen. Ihr Lebensraum (1–600 m über dem Meeresboden) erschwert zudem Bestandsschätzungen; nur um Island herum gibt es transferierbare Quoten.

Steinbeißerische, seewölfische Katfische werden etwa 120 cm lang, 25 kg schwer und wohl 25 Jahre alt, doch die **nicht-selektive Fischerei** dezimiert sie viel früher und oft vor der späten Geschlechtsreife (mit 6–7 Jahren).

Unausbleiblich beschäftigt sich Norwegen seit einiger Zeit mit der nicht unkomplizierten ▸Aquakultur von Seewölfen. Zu verlockend bleiben aber Preise und Nachfrage nach dem sehr hellen, festen und **deliziösen Fleisch**. Üblich sind enthäutete, entgrätete Steaks und Filets vom „Karbonadenfisch" als Handelsbegriff.

Nota bene: Den Seewolf nicht verwechseln mit den Süßwasserfischen ▸Wolfsbarsch oder dem anderen **Steinbeißer** *Cobitis taenia*! Ausgenutzt wird die Verwirrung bei *Asian Catfish* aus Vietnam: Er ist nur ein gefarmter ▸Pangasius …

Seezunge

Will man Edelfisch steigern, sage man Edelstfisch – oder einfach Seezunge. Die eigene Gattung *Solea solea* (lat. wörtl. „Sohle", „Sandale") unter den Plattfischen ist gastronomisch hoch begehrt, teurer bezahlt und viel feiner als **die volkstümlichere ▸Scholle**. Beide tarnvergraben und ernähren sich in enger Konkurrenz auf küstennahem Grund und schwimmen deshalb öfter gemeinsam als **jeweiliger ▸Beifang** ins Netz. Bisher und immer noch traditionell scheuchen kettenbehangene sog. Baumkurren sie und alles andere Meeeresbodengetier auf und direkt in die langen Netze dahinter. Oder sie verfangen sich strömungsgetrieben in teils kilometerlangen Grundstellnetzen; die gehen öfter verloren und werden zu Todesfallen (sog. *ghost fishing*).

Beim Ziel- oder Mischfang hat die **hochbezahlte Seezunge** aus der Nordsee, von Europas Westküste oder aus dem Mittelmeer stets Vorrang, weshalb das Sechsfache an Beifang „verworfen" wird – mit nur geringsten

Überlebenschancen. Größere Maschen, die etwa junge Schollen entkommen lassen würden, ließen auch zu viele kleinere Seezungen fliehen, daher das andauernde Dilemma.

Ganz offenkundig waren Seezungen seit Jahrzehnten und noch **bis 2004 ▸ überfischt**, ehe eine drastische Senkung des „Fischereidrucks" erfolgte. Angeblich war 2012 der Vorsorgereferenzwert knapp erreicht, müsste aber jährlich revidiert werden; auch das *Thünen-Institut für Ostseefischerei* hält Nordsee-Bestandsberechnungen der EU für „eher unsicher". Zudem hätten Quoten stets über den wissenschaftichen Empfehlungen gelegen, Beifänge von Jungschollen und ▸ Kabeljau seien einfach zu hoch.

Dennoch erhielten 250 niederländische Schiffe das intensiv beworbene **▸ Gütesiegel vom ▸ MSC** – gegen Auflagen und Selbstverpflichtung für bestandsschonende Grundschleppnetzfischerei und wissenschaftliche Kontrolle der ▸ Nachhaltigkeit. Nun ja, 2012 waren 95 % der dänischen Seezungen-Nachstellungen in der Nordsee zertifiziert – obwohl Seezungen schon 2010 wegen nicht-nachhaltiger Fänge **auf der Roten Liste** von ▸ *Greenpeace* standen. Noch 2013 hieß es: „Grundsätzlich nicht empfohlen"!

Der Ausweg in die ▸ Aquakultur hat erst begonnen, zu schwierig war bei den empfindlichen, wählerischen Seezungen die Aufzucht und die Laichkonditionierung als naturwidrige Vermehrungsdressur in Dunkelkammern.

Die einfachere Lösung trotz anhaltend hoher Begehrlichkeiten ist die **ungewollte Bestandschonung** durch gewollten Betrug. 2011 berichtete das BVL *(Bundesamt für Verbraucherschutz und Lebensmittelsicherheit)*, dass jede dritte von 210 „Seezungen" in Restaurants keine war, 2012 fanden Kontrolleure in Sachsen-Anhalt bei 19 „Seezungen" gleich 14 falsche …

Seezunge: Von der Roten Liste auf den Teller – wenn die Laicherbestände weiterhin so drastisch weniger wird, hat die Feinschmeckerzunge platterdings bald nichts mehr zu schmecken

Seitan

Wenn man so will – und ▸ Makrobiotiker, ▸ Veganer und ▸ Vegetarier wollen es so –, ist dies ein genialer, zwar nicht ganz ▸ vollwertiger, aber aufs Simpelste reduzierter und noch dazu klimaschonender ▸ Fleischersatz **für variable Rezeptfantasien**. Punktum.

Der Punkt ist, dass es einfacher kaum geht (wenn auch niemals ▸ glutenfrei!): Weizenmehl wird industriell oder händisch daheim so lange ausgewaschen, bis es komplett frei von ▸ Stärke ist und nur noch aus reinem Weizengluten besteht – ganze 80 % vom ▸ Weizen. Das ergibt eine elastische, **geschmacksneutrale Masse**, pur farblos grau und im unschuldigen Stadium fade. Seitan hat dabei eine festere, „carniphilere" ▸ Textur als ▸ Tofu und Co, in Schnitt und Biss tatsächlich **die fleischähnlichste Konsistenz**. Dazu kommt, dass die Fernost-Weizenheit ein gewisses schwammhaftes **Quellvermögen** im Aufnehmen von Brühe und jedweder Art von

Seitan: Reines Weizengluten als bestens formbarer sowie zubisswürdiger Fleischersatz – der wird schon mal zum teuflisch gut designten „Seitansbraten"

Seitan: Hierzulande recht neue Kreation, die sich in purer Form so bestens verbraten lässt

Marinade (neben ▸Sojasauce) aufweist; sie lässt sich formen, schneiden, kochen, braten, grillen, frittieren, räuchern, würzen – was will man mehr, außer immer mehr Rezepte?

Erst **seit 1962** trägt dieses Idealprodukt für Bioläden und Reformhäuser seinen Namen, als Neuschöpfung vom Makribiotik-Guru **Georges Ohsawa**: aus jap. *sei-* („sein/werden" bzw. „-artig/-haft") und *-tan* („Protein"), übersetzbar mit „Proteinhaftigkeit". Längst hat sich **Bio-Seitan** bewährt: fertig gekocht und gewürzt für allerlei Pfannengerichte oder als Interpretationen von dicken Braten, zarten Scheiben, Wurst oder Gyros; vegane Restaurants servieren sogar eine seitanformvollendete „Ente".

Auch **konventionelle Hersteller** verwenden die Glutenballung gern als ▸Käseersatz, Krebs- wie Garnelen-Imitate oder für sog. restrukturierte Steaks, also sog. Klebefleisch. Solche ▸industriellen Tricks liegen Bio-Herstellern richtliniengemäß fern.

Erstaunlich ist Seitans ▸**Nährwert**: Im Eiweißgehalt (25–28 %) ähnlich wie ▸Fleisch (nicht umsonst heißen US-Seitan-Köche *protein chefs*), aber ganz ohne Cholesterin; die Brennwerte liegen pro 100 g bei rund 600 kJ/ 140 kcal, dazu gibt's nur 2–4 g Kohlenhydrate und minimales Fett von 1,2–2,7 g – das freut die Stoffwechselstube jenseits des Magens, auch wenn weizige Vitamine, Mineral- wie Ballaststoffe durch das Auswaschen stark reduziert sind.

Nicht zuletzt fallen bei Seitan **kaum ▸Veredelungsverluste** an – damit ist es ein echt ▸nachhaltiges Produkt.

sekundäre Pflanzenstoffe

Floras Welt ist ein einziges natürliches Chemielabor – zum rein pflanzlichen Nutzen, **Selbstschützen,** Wachsen und Vermehren. Und wir sind da nur die

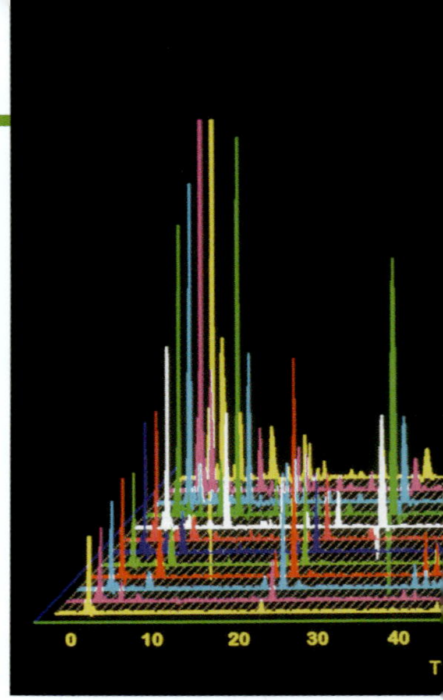

Mitesser, die profitieren: **„Primär"** von Pflanzenstoffen wie Kohlenhydraten, Eiweißen, Zucker und manch Essenziellem wie ▸Vitaminen und ▸Mineralstoffen. Erst spät, aber immer rasanter wurden **die „sekundären" Inhalte** entdeckt, die prophylaktisch unserer Gesundheit dienen. Während primäre Pflanzenstoffe zum Aufbau und Erhalt der Biomasse gebraucht werden, fungieren die sekundären vorwiegend als Abwehrstoffe (gegen Fressfeinde), als Wachtumsregulatoren oder Farb- und Aromastoffe (etwa um bestäubende Insekten anzulocken). Seit ihre Wirksamkeit offenbar wurde, bekamen diese Stoffe Namen wie **„Phytochemicals"** oder „Vitalstoffe". In Parallele zu Vitaminen sagen viele **Phytamine** dazu.

Experten gehen von bis zu 100 000 verschiedensten Phytaminen aus; mind. 10 000 von ihnen nehmen wir täglich **mit der Nahrung** auf: Bei gemischter Kost sind es 1,5 g, ▸Veganer und ▸Vegetarier essen naturgemäß das Zwei- bis Vierfache.

Segen sekundär: Primär ernährt uns Pflanzliches, aber zweitens werden wichtige Überlebenskampfstoffe in Obst oder Gemüse für uns mitgeliefert

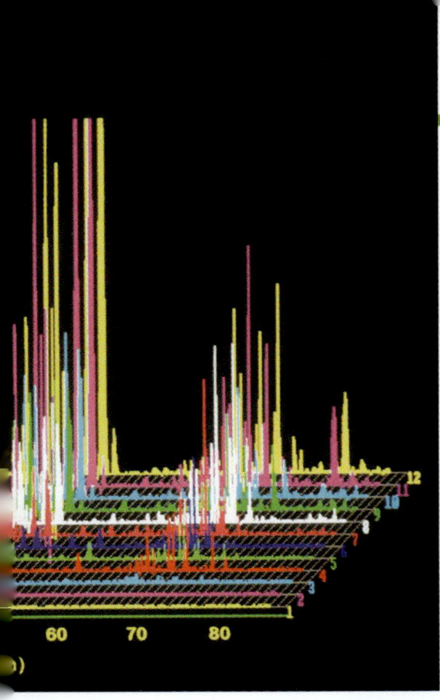

Phytamine werden intensiv beforscht, denn sie sind offensichtlich immun- wie Herz-Kreislauf-stärkend und v. a. **krebsvorbeugend**. Dabei ist selbstverständlich, dass sekundäre Pflanzenstoffe nicht durch primär Belastetes unwirksam werden dürfen, es dürfen also keinerlei Wachstumshemmer, ▸Mykotoxine, ▸Pestizide, Übermengen ▸Nitrat oder inhaltsschädigendes ▸Food-Processing im Spiel sein – was klar **für Bio** spricht! Der Gehalt an sekundären Pflanzenstoffen in ▸Biolebensmitteln ist nach einer vom FiBL *(Forschungsinstitut für biologischen Landbau)* zitierten Studie von 2011 generell um 12% höher als bei Obst und Gemüse aus konventionellem Anbau. Öko-Anbau macht bei den spezifischen Abwehrstoffen am meisten aus (plus 16%), bei den ▸Carotinoiden ist eher die ▸Sorte entscheidend für etwaigen Mehrgehalt. Immerhin ergaben seriöse Messungen: 19% mehr Phenole in Bio-Äpfeln, mehr Resvaratrol (Phenol in der Schale) in roten Bio-Weintrauben, mehr Lycopin in Bio-Tomaten. Sogar in Verarbeitetem wie Biogemüsesäften und Biosuppen fanden sich höhere Gehalte an verschiedenen segensreich wirksamen Phytaminen (▸bio = gesünder?).

Höchste Anti-Krebs-Aktivität dank der Phytamine zeigen Knoblauch, Soja, Kohl, Ingwer, Süßholz und *Umbelliferen*-Gemüse (Petersilie, Sellerie, Pastinaken), gefolgt von Zwiebeln, Leinsamen, Zitrusfrüchten, Tomaten, Kartoffeln und Vollkornigem.

Allerdings ist es heikel, sekundäre Pflanzenstoffe **als ▸Nahrungsergänzungsmittel** oder in angereichertem Functional Food einzunehmen, denn Dosierung und Wechselwirkungen sind unerforscht. Segensreich verinnerlicht werden sie **in natura**, mit Obst und Gemüse. Eine ausgewogene, im Idealfall mediterrane, Ernährung optimiert die Phytaminbilanz: So lebt's sich sekundär prima!

Sellerie

Was für eine Karriere: Vom antiken Sumpfsellerie zum Trendgemüse – ob nun als Knolle, Blatt oder Stängel. Im ökologischen Landbau zählt Sellerie (*Apium graveolens*, wörtl. „stark riechender Eppich") mit ▸Möhre und ▸Pastinake zu den wichtigsten Wurzelgemüsen, auch wenn es ein **sensibles Gewächs** ist. Sellerie kommt von Juli bis November aus heimischem ▸Freilandanbau, braucht Vorkultur und mag die Gesellschaft anderer Gemüse; neben Kohl hält der **Schnittsellerie** sogar Raupen fern. Der heißt auch Blattsellerie und schießt in die Höhe mit dunkelgrünem Würzkraut von starker Selleriehaftigkeit, das seinen Weg in Suppen und getrocknet in sog. Selleriesalz findet.

Sellerie-Standard ist jedoch der kugelige **Knollensellerie** als kompakte,

sekundäre Stoffe in Kohlarten: Phytamine werden beforscht als erstklassige Argumente für die Naturapotheke

sekundäre Pflanzenstoffe mit eigenem Eintrag:

- **▸Anthocyane**
- **▸Antioxidantien**
- **▸Carotinoide**
- **▸Flavonoide**
- **▸Glucosinolate**
- **▸Polyphenole**

Sellerie: Mit dem typischen, sehr intensiven Geschmack doch küchenvielseitig und voller gesunder Inhaltsstoffe

behaarte Kugel – der Klassiker für Suppengrün, je kleiner, desto milder. Eine Sichtung der verfügbaren ▸Sorten ergab 2011, dass erfreulicherweise nur 13 % ▸Hybriden und 87 % samenfest waren.

Als Trendgemüse tritt v. a. **die dritte Variante** auf: Der Stauden-, Stangen-, Stiel- oder **Bleichsellerie**. Seine vornehme Blässe bekam er durch Verschattung mit Stroh oder Wellpappe, inzwischen gibt es aber auch Zuchtformen als „Selbstbleicher" – je ungrüner, desto selleriemilder. Immer beliebter sind die knackigen Stangen mit Dips, im Drink oder pur.

Sellerie enthält generell nennenswert viel Beta-Carotin, Calcium, Kalium, Eisen, Phosphor und ätherische Öle, diese v. a. im traditionell nierenkurenden **Selleriesaft** (▸Gemüsesaft). In naturgemäß abwehrkraftvollerem Bio-Sellerie stecken denn auch **mehr ▸sekundäre Pflanzenstoffe** als in konventionellem, der immer mal wieder durch ▸Rückstände von ▸Pflanzenschutzmitteln auffällt.

Sellerie: Besonders beliebt in Knollenform, im Selleriesalz aber aromatisiert Schnittsellerie

Sellerie kauen Heilgläubige gegen Rheuma, Bluthochdruck, Depressionen, heimlich auch für die Potenz – wohl aufgrund der entspannenden Substanz Butylphthalid. Empfindliche riskieren allerdings Gichtanfälle. Ohnehin ist die Verwandtschaft zu giftigen Doldengewächsen spürbar: Sellerie zählt zu den **14 sog. Hauptallergenen** (▸Allergene), kann zum anaphylaktischen Schock führen und ist deshalb EU-weit zwingend kennzeichnungspflichtig.

Nota bene: Private ▸Wildsammler finden blätterbitteren wilden Sellerie in salzigeren Feuchtgebieten. Doch Vorsicht: Er ähnelt (auch im Geruch!) den Giftpflanzen Wasserschierling und Gelbe Rebendolde!

Senf

Was der Volksmund als erquetschtes, angemachtes Gelbmus goutiert, sind eigentlich nur die Samen der Senfpflanze *Sinapis*, deren enge Verwandtschaft mit Raps, Rettich, Kresse und Kohl so herausschmeckbar ist. Gustatorisch unerkannt bleibt aber, dass der Anbau von ▸transgenem Raps (Anteil 2011: 96 %!) im bedeutenden **Senfland Kanada** dazu führte, dass *Sinapsis*-Produkte bei der Ernte oder Weiterverarbeitung mit Gen-

Raps ▶verunreinigt wurden – und in der vermeintlich GVO-freien EU im Regal landeten. So wurde nicht nur das Freiburger CVUA *(Chemisches und Veterinäruntersuchungsamt)* seit 2009 regelmäßig fündig, 2010 fand auch ▶ÖKO-TEST **Spuren von Gen-Raps** in fünf konventionellen Senfsorten. Die Bio-Senf-Proben allerdings waren **allesamt sauber**! Das mag daran liegen, dass die Rohstoffe öfter von einheimischen Biobauern stammen; bei braunem Senf für Scharfes sind aus klimatischen Gründen aber auch die Bio-Hersteller auf ▶Importware (u. a. aus Kanada) angewiesen. Da scheinen Lieferantenauswahl und Kontrollen schlicht besser zu funktionieren …

Neben der braunen Senfsaat gibt es **zwei weitere Varianten**: milderen weißen bzw. gelben Senf und den brennenderen schwarzen; für den „mittelscharfen" Klassiker wird gemischt. Dabei sind die frisch geernteten Körner gar nicht scharf, sie schmecken eher nussig. Die atemraubenden **Glykoside** kommen erst nach zellzerstörender Zermahlung ins Aromenspiel und werden nach Wasser-, Essig- und/oder Weinkontakt aufgeschlossen – per ▶Fermentation. Die Senfherstellung ist recht simpel; manche frische Paste reift einfach in Bottichen weiter, zusammen **mit wenigen Zutaten** wie Salz oder Gewürzen. Diese Maische hat weder für den Geschmack noch für die cremige Konsistenz ▶Zusatzstoffe nötig, sie muss nur erneut vermahlen werden. Dass bei Konventionellem dennoch oft ▶Aromen nachhelfen oder trotz natürlicher Haltbarkeit ▶Konservierungsstoffe beigemischt werden, monierte auch ÖKO-TEST. Bio kommt allerdings ohne aus.

Dafür wird mit **Charaktersorten** experimentiert: fruchtige Senfmischungen mit Mango, Pflaume oder Feige für Käsegourmets – oder Aromatisiertes mit Thymian, Estragon oder Kurkuma, wenn nicht mit Meerrettich, Chili, Bärlauch und Knoblauch, auch mal als Ganzkornsenf, gern aus ▶artisanaler Produktion mit regionalen Zutaten. In süßem Bio-Senf steckt Rohrohrzucker, Sirup oder Honig.

Bio-Senföl aus ▶kaltgepresster ungeschälter Saat ist eine pikante Entdeckung, aus Senfkörnern selbst lassen sich verschärfte ▶Sprossen ziehen. Aber Obacht: Senf, auch in Spuren, zählt zu den 14 hauptsächlichen ▶**Allergenen**; immerhin sind sie in allen verarbeiteten Produkten EU-weit kennzeichnungspflichtig.

Nota bene: Sich absetzende Flüssigkeit im Bio-Senfglas ist normal – sie besteht nur aus Essig und Öl und wird durch Umrühren schnell wieder senfpastös!

Senf:
Erst durch Körnerzermahlung wird er scharf, schon vorher droht ihm Verunreinigung durch transgenen Raps – da sei allerdings Bio vor

Senfsorten:
Bio-Hersteller sind besonders experimentierfreudig und würzen oder süßen ihren Senf, oft eben auch noch artisanal in Kleinproduktion

Sesam: So öffnet er sich und gibt seine so fettreichen Samen her – als eines der selenreichsten Natur-Lebensmittel

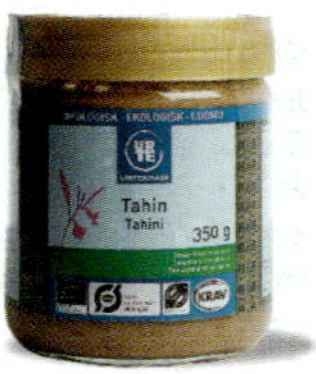

Sesamreiches: Arabiens Tahin und Japans Gomasio sind die bekanntesten Würzmischungen, Sesamöl hält sich besonders gut

Sesam

Die Winzkörnchen empfehlen sich wärmstens, denn das intensiv nussige Aroma der Samen von *Sesamum indicum* entsteht erst beim ▸Rösten; in natura schmecken sie fast neutral. Immerhin: Reife Samenkapseln der krautig blätterreichen und übermeterhohen Pflanze können urplötzlich aufspringen – daher das **„Sesam, öffne dich!"**

Bei rechtzeitiger Ernte werden die weißen, gelben, braunen oder schwarzen Körner erdroschen und meist entschalt, auch wenn dabei Nährstoffe verlorengehen – zumal **konventionelle Hersteller** oft chemische Verfahren für das Entschalen nutzen (was bei Bio nicht erlaubt ist).

2010 wuchs auf 38 283 ha **Bio-Sesam** (0,5 % der globalen Anbaufläche); bedeutendste Importländer für den deutschen Bedarf von 640 t waren Ägypten sowie Uganda. Bio-Sesam muss strengen Anbau-Anforderungen genügen, weshalb Einzelernten schon mal nicht importiert werden konnten, weil ▸Rückstände von in Europa teilweise längst verbotenen ▸Pestiziden gefunden wurden.

Was den Anbau von *Sesamum indicum* problematisch macht, ist seine Eigenschaft, ▸**Schwermetalle** aus dem Boden aufzunehmen. Wird dann – was bei Bio verboten ist – etwa mit potenziell belastetem Klärschlamm oder Gülle aus der konventionellen ▸Tierhaltung als ▸Dünger hantiert, verschärft sich dieses Problem noch. Untersuchungen des BVL *(Bundesamt für Verbraucherschutz und Lebensmittelsicherheit)* von 2011 zeigten aber eine **geringe Belastung** mit ▸Cadmium, auch bei ▸Aflatoxin schnitt Sesam gut ab – obwohl neben ▸Nüssen v. a. die fettreichen Ölsaaten als anfällig für diese ▸Schimmelpilze gelten. So stecken in Sesamsamen 50 % Fett bei 17–35 % Eiweiß und viel von der Aminosäure Methionin. Sesam ist zudem mit 800 µg/110 g eines der **selenreichsten Lebensmittel**. Durch Rösten geht allerdings ein Großteil der wertvollen Inhaltsstoffe verloren.

Sesamöl ist insbesondere in ▸nativer Variante ein sehr hochwertiges ▸Speiseöl: geruchsfrei und mildnussig, durch ▸Antioxidantien gut haltbar. In Bioqualität ist es ▸kaltgepresst und von hellgelber Farbe. Ähnlich traditionelle Sesamzubereitungen sind die Würzpaste **Tahin** und das japanische **Gomasio**: Meersalz mit Sesam im Verhältnis 7:1. Konventionelles Gomasio kann jedoch zusätzlich ▸Glutamat enthalten!

Nota bene: Sesam zählt zu den 14 gefährlichsten ▸Allergenen und muss EU-weit stets gekennzeichnet sein.

Shiitake

Man muss ihm kein „-Pilz" anhängen, denn Shiitake heißt im Japanischen **„Buchen-Pilz"**. Dabei wächst

er auf fast jedem harten Totholz, am üppigsten noch auf Eiche. Gern und deshalb so anbaubequem wuchert *Lentinus edodes* auch mit kräftigem Stiel horizontal aus myzelgeimpftem Holz – **in Japan** als echter Waldpilz seit rund 2000 Jahren.
Wenn dem nur fadenfeinen Shiitake-Myzel das Klima behagt, dankt es der sog. **Weißfäulepilz** mit wahrhaft üppig wachsenden Fruchtkörpern. Das und sein sehr würziges, fast knoblauchähnliches Aroma haben ihn zum zweitbeliebtesten ▸Zuchtpilz nach ▸Champignons gemacht; als **„König der Speisepilze“** hat Shiitake sogar den ▸Steinpilz aus ▸Wildsammlung entthront. Die *takes* werden weltweit professionell ständig weitergezüchtet, daher die Formenvielfalt der *chinese black mushrooms.*
Auch Hobbyzüchter haben daran ihr Vergnügen und der Versandhandel sein – und seinen! – Verdienst daran. Voraussetzung für die heimische Zucht von Shiitake sind unbelastete Tothölzer bzw. Pressspanblöcke. In der **Bio-Zucht** ist die Chemiefreiheit der Unterlagen garantiert.
Für Japans Kenner sind Shiitakes entweder *donko* (meint dick, rund, geschlossen) oder *koshin* (entfaltet, dünn), Chinesen schätzen *Lentinus edodes* blütenhaft gemustert und lieber als Wintersorte. Die wächst langsamer und sammelt mehr Nährstoffe.
Die Baumpilze sind als Konzentrat höchst aromatisch, v. a. getrocknet: Noch das pure Einweichwasser ergibt einen delikaten Fond in der Geschmacksrichtung **umami**, also unserem fünften Geschmackssinn (etwa „vollmundfleischigschön“); was wiederum Shiitake zu einem pikant-pilzigen Rohstoff für ▸Brotaufstrich macht.
Nicht nur der Traditionellen Chinesischen Medizin ist Shiitake **Heilmittel** für eine breite Palette von Leiden an Leber, Magen, gegen hohen Blutdruck, Diabetes, Rheuma, Allergien. Als besondere Inhaltsstoffe gelten Lentianan und Eritadenin (vermutlicher Cholesterinsenker). Trocken-Shiitakes sind gute Eiweiß-, Kalium- und Zinkquellen; 325 mg Provitamin D 2 pro 100 g, sonst ja nur in Tierischem vorhanden, machen sie zur pflanzlichen **Sensation** – und somit wichtig für ▸Veganer wie ▸Vegetarier.

Sirup

Das ist die Ironie beim Dickmacher ▸Zucker, dass man ihn seinerseits dick machen kann: Jedwede zuckerhaltige Wässrigkeit lässt sich einkochend verzähflüssigen zum zuckersüßen Sirup (aus arab. *scharaab*, wörtl. Trunk). Die heiß hergestellten Dickflüssigkeiten (ein ▸**Dicksaft** wäre kalt erzeugt) halten sich besonders

Shiitake: Botanisch nur ein üppiger Weißfäulepilz, aber entschädigt durch den Gourmet-Titel „König der Speisepilze“

Sirup: In Bioqualität die Zähflüssigkeit mit Reinheitsgarantie in hoch interessanter unterschiedlichster Eindicklichkeit

gut, sind bestens dosier- und mixbar, schnell rückzuverdünnen und damit **handliche Süß-Pointen** für allerlei Säfte, Wasser, Desserts etc.

Als erpresster oder nur erzapfter Frucht- wie Baumsaft oder angesetzte Stärkeverzuckerung aus Getreide ist Sirup aus schonender Verarbeitung ein echtes Naturprodukt **mit Natur-Aroma** und auch deshalb so sortenreichlich in Bioqualität und in ▸Reformhäusern zu haben. Im Gegensatz zu Zucker enthält Sirup je nach Ausgangsstoff eben durchaus **noch etliche Vitamine** und Mineralstoffe wie Kalium, Calcium oder Eisen.

Im Trend liegen weiterhin ▸Agavensirup und ▸Ahornsirup, die neben Dicksaft und ▸Honig **die klassischen Bio-Alternativen** zum ▸Süßen darstellen. Beste Voraussetzung dafür sind ökologisch erzeugte Roh- und der Verzicht auf Zusatzstoffe. Bio hat da verlässliche Reinheitsgebote.

Sirup-Inbegriff auch in Kinderdimensionen ist heimischer **Rübensirup**, bei etwa 70° C aus zunächst gedämpften Zuckerrüben gepresst. Je nach Hitzezufuhr wird der Sirup zähflüssiger, süßer und dunkler und taugt als süßer ▸Brotaufstrich, Koch- und Backzusatz oder Teigversüßung.

Weniger bekannte Bio-Vertreter sind **Getreidesirupe**, etwa aus Dinkel, Reis oder Weizen – als Korn vermahlen, verwässert, durch ▸Enzyme stärkefermentiert und eingekocht. Der eher geschmacksmilde **Reissirup** ist ▸glutenfrei und süßt weniger stark als Zucker, dafür sorgen 21 % Mehrfachzucker für einen nachhaltigeren Sättigungseffekt. Interessant ist auch Bio-Dattelsirup mit dem so unerwartet geringen Eigengeschmack; er versüßt traditionell kalte und heiße Getränke.

Doch für den **Regionalgeschmack** müssen es keine ▸Obstexoten sein. Aus Äpfeln und Birnen lässt sich nicht nur Dicksaft, sondern durch Fruchtsafteindampfung eben auch sirupiges „Kraut" gewinnen. In der Bio-Variante wird aus 7 kg Frucht 1 kg „Kraut" (konventionellen Herstellern genügen dank trickreicher Streckung 3–4 kg Obst dafür). Zur **industriellen Anwendung** kommen Glucose-, Fructose- und Invertzuckersirupe als ▸Bindemittel in ▸Müsliriegeln, ▸Cerealien oder Bonbons – Eindickungen, die Haushaltzucker-Kalorien kaum nachstehen.

Skandale

Zyniker meinen, wir müssten Aufregungen um Verseuchtes, ▸Verunreinigtes oder falsch Deklariertes als systemimmanente Begleiterscheinung des **„agro-industriellen Komplexes"** einfach nur hinnehmen. Wirklich?

Nicht erst seit der für Bio bedeutenden BSE-Krise anno 2000, die Zweifel an der konventionellen ▸Tierhaltung schürte, wird der Ruf nach „sauberem Essen" lauter. Schließlich waren ▸Salmonellen schon 1977 in aller Munde, ab 1981 gab es gepanschtes Olivenöl, bald Wein, man sprach von

▸Hormonen im ▸Fleisch und ab 1993 von ▸Gammelfleisch, sieben Jahre später ging es um ▸Gen-Mais im Essen. Seit 2003 kamen **▸Schadstoffe** wie ▸Dioxin, ▸Acrylamid und ▸PAK dazu, 2011 schreckte ▸EHEC ganz Europa auf. Eher unappetitlich als gefährlich waren die Skandale um ▸Analoges oder ▸Klebefleisch – und die Pferdefleisch-Funde 2013. Über diese **▸industriellen Tricks** wie ▸Etikettenschwindel bzw. ▸Irreführung informiert lebensmittelklarheit.de – Anderes wog schon schwerer.

So gab es **auch bei Bio** Skandale, die ernstzunehmen waren. Obwohl die Fälle von ▸Bio-Betrug meist nichts Gesundheitsgefährdendes zur Folge hatten (da es in der Regel um sog. Papierzertifikate bzw. um umdeklarierte konventionelle Ware ging), erschütterten sie das ▸Vertrauen in die Integrität einer Branche, die doch generell von konventionellen Skandalen nur profitieren konnte und kann. Denn **„Krisenkunden"** werden nicht selten zu etablierten ▸Biokonsumenten. Das war insbesondere in 2011 und 2012 der Fall, obwohl die Dioxin-Nachweise in konventionellem Futter bald von der Nachricht getoppt wurden, auch in Bio-Eiern sei man fündig geworden. Anders als in der konventionellen Lebensmittelwirtschaft aber scheinen **die schnelleren Bio-Konsequenzen** aus Missständen (wie etwa die Überbelegung von Bio-Ställen mit ▸Legehennen anno 2013) in der Öffentlichkeit auch wahrgenommen zu werden. Statt monatelang auf Aktionspläne des BMELV *(Bundesministerium für Ernährung, Landwirtschaft und Verbraucherschutz)* zu warten oder EU-weite

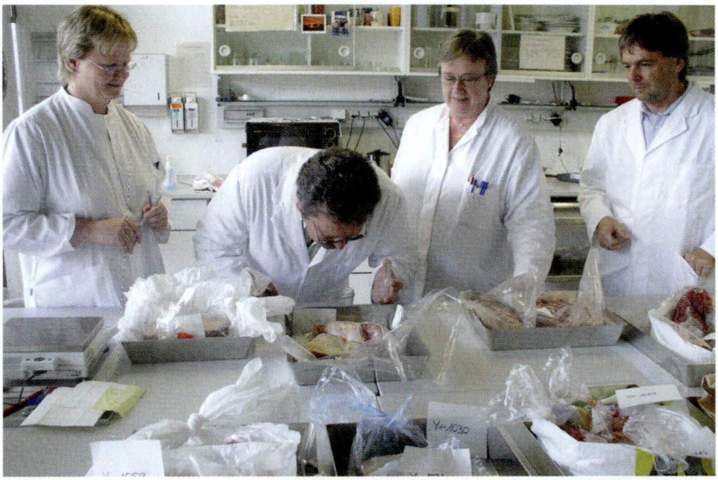

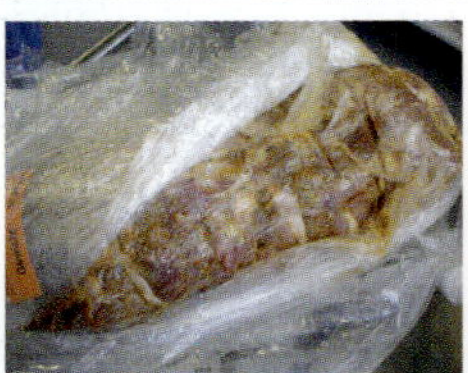

Skandale: Am häufigsten stinken sie Verbrauchern beim Fleisch, bei Eiern machen Dioxin und Salmonellen Angst – und schuld sind häufig belastete Futtermittel, die auch schuldlosen Biobauern untergejubelt werden

Skandale: Verdünnen und Strecken bereits belasteter Partien im Futtersilo hat zum Glück keine Chance mehr gegen moderne Analysemethoden

SlowBaking: Bis 2011 der schneckige Name des entschleunigten Vereins „Die Bäcker." – mit viel Engagement für Sortenvielfalt bei Biogetreide

Verhandlungen zur ▸Lebensmittelsicherheit auszusitzen, reagieren die für die ▸Kontrolle Zuständigen **pragmatischer**: Änderungen an der ▸EG-Öko-Verordnung brauchen natürlich auch ihre Zeit, aber die ▸Anbauverbände können schneller handeln: Mit Rausschmiss von Mitgliedern (wie es ▸Naturland bei Putenhaltern tat), dem Entzug der Genehmigung (wie bei einer ▸Öko-Kontrollstelle) oder neuem Prozedere (große Bio-Geflügelhöfe werden öfter und v. a. auch unangekündigt kontrolliert).

Denn Bio tut gut daran, sich die Anfälligkeit konventioneller Produziereeien als Gegenbeispiel zu nehmen. Dort stolpern die **notorisch unterbesetzten Kontrollbehörden** Fahrlässigkeiten oder Profitgier oft hinterher, geben aus Haftungsangst selten Namen preis und bauen zu langsam eine zentrale Meldestelle auf. Immerhin sind ihre Labore endlich denen der sog. Agrar-Mafia gewachsen.

All die Skandale machen jedoch deutlich, dass sie letztlich durch **zu billige ▸Preise** für Nahrungsmittel provoziert wurden – aber ja auch, dass höhere Bio-Preise mogelfrei nötig sind. Dumping geht auf die Gesundheit von Mensch, Tier und Umwelt. Gut zu wissen, dass dies in der Masse anzukommen scheint. „Wir haben es satt" ist das agrarkritische Demo-Motto seit 2010: „Wir wollen: Gutes Essen. Gute Landwirtschaft. Jetzt!"

SlowBaking

Image-Benamung eines 2003 gegründeten Vereins selbsternannter Qualitätsbäcker, der sich eigene Regeln für „SlowBaking – Backen mit Zeit für Geschmack" gab. Der Zusammenschluss lehnte sich bei der eigenen „Qualitätsoffensive" und mit dem Logo der Schnecke mit Steinbackofen (seit 2007) kooperierend an die Ideen von ▸*Slow Food* an und hatte ja auch ganz ähnliche Genussziele: Die Besinnung auf traditionelle handwerkliche Backkunst, Verwendung natürlich gereifter Vor- und Sauerteige, dazu eine Art Reinheitsgebot: Chemisch-synthetische ▸Zusatzstoffe, Convenience-Mischungen oder Tiefkühlprodukte waren tabu.

Anno 2008 warben noch an die 400 Bäcker in Deutschland, Österreich, der Schweiz sowie Italien und Frankreich mit der SlowBaking-Qualität. Sich eher dahinschleppende Markenpflege, etliche Trittbrettfahrer und interne Querelen bescherten dem Verein allerdings Mitgliederschwund und schließlich die Insolvenz.

Doch die gute Idee des „ehrlichen Brotes" rettete sich 2011 in einen Nachfolgeverein: „Die Bäcker. Zeit für Geschmack e.V." – damit wurde die ziemlich direkte Umbenennung in „Slow Food. Die Bäcker" zwar verworfen,

Die Bäcker. Zeit für Geschmack e.V.

doch innerhalb des Vereins lebt die *Slow-Food*-Philosophie weiter.

Spendenaktionen wie Gratisbrote mit der Banderole „SAAT GUT BROT" fördern ganz gezielt den Saatgutfonds der *Zukunftsstiftung Landwirtschaft*, also unabhängige ▸Zucht von Getreide; man fordert „Vielfalt statt

Einfalt“ und fördert regionale Rohstofflieferanten. Gentechnisch Verändertes ist verbannt, zunehmend wird sogar mit ▸„Ohne Gentechnik“ besiegelt. Man ist zwar nicht dezidiert und offiziell zertifiziert Bio – aber insgesamt sehr nah dran, zumal die Hälfte der rund 50 Mitglieder anno 2013 auch Bio-Bäckereien waren.

Das Berliner IGV *(Institut für Getreideverarbeitung GmbH)* kontrolliert die Einhaltung der Richtlinien für Herstellung, Rezepte und Qualität samt Vergabe oder ggf. eben Entzug des eigenen ▸Gütesiegels.

Slow Food

Es wurde ja auch langsam Zeit, dass alle Besser-Esser ihre eigene Lobby bekamen. Carlo Petrini diskutierte anno 1986 mit Freunden im piemontesischen Bra bei einer Flasche Barolo über den neueröffneten McDonald’s in Roms Innenstadt nahe des Trevi-Brunnens. Die Gruppe organisierte kurzerhand ein **Spaghetti-Protestessen** auf der Spanischen Treppe als Demonstration gegen „fast“ und für „slow“ – der **Inbegriff** *Slow Food* für traditionelles und bewusst genießbares Essen war geboren. Das brachte Schlagzeilen und etliche Anhänger aus Gourmetkreisen zur sanften Revolution für den entschleunigteren Umgang mit Lebensmitteln. Genießen, Bewahren und das ▸gute Gewissen sollten wieder zusammengehen.

Schon **1989** wurde die internationale *Slow-Food*-Organisation in Paris gegründet – 2013 hatte sie in 150 Ländern schon mehr als 100 000 Mitglieder. Die sind jeweils organisiert in sog. *Convivien* (Tischgesellschaften), allein in Deutschland mit mehr als

Slow Foodie: Der Gründer Carlo Petrini machte Slow Food zur Globalbewegung für Bewahrung bester essbarer Traditionen – und gegen die Fast-Food-Mentalität

Slow Food: Ganz bewusst verlangsamtes Genießen mit vielen Projekten und im Zeichen der Schnecke

12 000 Gleichgesinnten. Dort gibt es die jährliche Messe **„Markt des guten Geschmacks"** in Stuttgart, dazu die Bremer **„Slow Fish"**.

Das Motto des Vereins ist ja auch überzeugend: Gut, sauber und fair sollen Lebensmittel sein. Vision ist die sog. Solidarische Landwirtschaft, das Vereins-Engagement gilt ▶Saatgut wie ▶Artisanalem in Sorte, Rasse oder Herstellung, aber auch Globalthemen wie ▶nachhaltigem Fischfang, man warnt vor Landgrabbing und beklagt ▶Verschwendung. *Slow Food* hat zum besten Image **die überzeugende ▶Ethik** – und wird gehört. **Bio** kann, muss allerdings nicht *Slow Food* sein. Der Sinn für ursprüngliches, traditionelles, sauberes Essen verbindet beide Bewegungen: Sie lehnen jede ▶Gentechnik ab, dafür wird ▶Biodiversität und ▶Agrobiodiversität entschieden gefordert wie gefördert (v. a. mit der *Slow Food* **Stiftung für biologische Vielfalt**). So sind ▶alte Rassen wie ▶alte Sorten nicht nur bei Bio in Bewahrerhand.

Kritisiert wird jedoch der ▶**Bioboom** wegen der Tendenz zu industrialisierteren Strukturen. Und die Zertifizierung könnten sich Kleinproduzenten oft nicht leisten. Genau zu denen aber pilgern *Convivien* zu gerne.

Punktuell-regional vergibt der Verein sein eigenes und längst berühmtes ▶Gütesiegel mit der Schnecke. Erstmals erschien Ende 2013 ein *„Slow Food* **Genussführer Deutschland**", in dem 300 kleine bis kleinste getestete „Gasthäuser" liebevoll und ausführlich empfohlen werden.

Mit dem Engagement ▶„Arche des Geschmacks" erfasst, fördert, rettet *Slow Food* seit 1996 mehr als 1 300 regionale, vom Vergessen bedrohte Lebensmittel und scheut sich nicht, das auch kulinarisch zu begründen: **„Erhalten durch Aufessen"**. Weltweit immerhin 400 sog. *Presidi* (Musterbereiche) sind solche „konkreten Beispiele neuer, nachhaltiger Landwirtschaft" und damit gerettete, ursprüngliche, regionale Spezialitäten. Die fünf deutschen Vertreter waren 2013: Alblinse/Alb-Leisa, Bamberger Hörnla (fränkische Kartoffel), Birnenschaumwein, der Fränkische Grünkern und der **Limpurger Weideochse**/Leintäler. Ende 2013 erkannte auch die EU die Bedeutung jener traditionellen Rinderrasse an und nahm sie in die offiziöse Liste der geschützten Ursprungsbezeichnungen (g. U.) auf.

Das Projekt *Terra Madre* (wörtl. „Mutter Erde") ist seit 2004 auf 2 000 *food communities* aus Kleinbauern und Produzenten angewachsen, die mit NGOs und Verbrauchern einen lokal-globalen **„Resonanzkörper"** als Netzwerk bilden. Nach dem Motto: „Wir müssen uns unser Essen wieder zu eigen machen, unsere Landschaft und die Kulturen, die sie beleben, schützen."

Smoothies

Gefeiert als trinkbares Obst und *Drinks to go*, dabei jedoch so schwankend im Becher wie in Qualität und Zusammensetzung. Erfunden in den USA und halt so sehr *smooth* (wörtl. „weich") fand **die sanfte Sämigkeit** 2006 ihren Weg nach Deutschland.

Idealerweise werden für Smoothies ganze Früchte püriert und durch den Zusatz von ▶Direktsaft trinkbar

gemacht (für dickere Plastikstrohhalme). Ernährungsfachleute empfehlen einen Anteil reiner Frucht von mindestens 50 %, um dem Marketing-Anspruch, ein bis zwei Obstportionen zu ersetzen, auch nahe zu kommen. Da aber die Zusammensetzung des meist in PET-Flaschen abgefüllten Produkts **lebensmittelrechtlich ungeregelt** ist, sind fast alle vorstellbaren Zusammensetzungen zu finden, auch solche mit Milch oder Joghurt, viel Bananenmark, Zusatzzucker und sogar ▸Geschmacksverstärkern.

Die noch ausstehende Definition erleichtert Erfindungsgabe wie leider auch ▸**Irreführung**. 2011 stellte die *Verbraucherzentrale Nordrhein-Westfalen* fest, dass die namengebenden Früchte oftmals nur geringe Mengen ausmachten. Den Löwenanteil hielt meist **günstiger Apfelsaft**, dessen recht neutraler Geschmack eine ideale Basis liefert, um das Aroma teurer Obstexoten oder Beeren auch mit Kleinstmengen hervortreten zu lassen. Ein Beispiel aus dem Test betraf ausgerechnet einen Bio-Smoothie. Der warb nicht nur mit Mango, sondern auch mit Maracuja, bestand allerdings zu 74 % aus Apfelsaft und Apfelmark und enthielt gerade mal 10 % Maracujasaft. Dennoch entsprechen **Bio-Smoothies** noch am ehesten dem hehren Anspruch des so smoothen Trunkes: Nicht nur ist Bio-Obst bzw. immer öfter sogar Biogemüse die gesunde Grundlage, künstliche Zusätze sind verboten; dazu kommt die schonende Verarbeitung der Rohstoffe. Anders als in konventionellen Produkten werden bei Bio für die trüb seligmachende Verzähflüssigung **keine Konzentrate** verwendet, zum ▸Haltbarmachen wird – wie es bei konventionellen Produzenten die Regel ist – nur ausnahmsweise auf inhaltsstoff-

Smoothies: Schmeichelwort für püriertes Obst und Gemüse – wie hier am Marktstand von Barcelonas Boqueria

Bio-Smoothie: Schon ökologische Herkunft und schonendste Verarbeitung sind hier das eher reinste Vergnügen

Soja: Gerade mal ein Tausendstel aller Ernten hat auch Bioqualität, aber Produkte aus Bio-Speisesoja werden populärer

Soja ja bitte: Man sage nicht Hackfleisch dazu, sondern Bratling

schädliche 90° C erhitzt. Auch beim Ökomonitoring 2011 konnten alle Bio-Smoothies überzeugen: Während konventionelle Produkte ohne Ausnahme mit ▸**Rückständen** von ▸Pflanzenschutzmitteln belastet waren, traf dies nur auf 36 % der Bio-Proben zu. Und während es sich dabei nur um Werte unter 0,01 mg/kg handelte, war diese Grenze bei fünf von sieben Nicht-Bio-Smoothies überschritten.

Soja

Eine bohnige Verwandlungskünstlerin par excellence als Superlativ in der Welt des Essbaren – positiv wie negativ. Die Sojabohne *(Glycine max)* ist mit der Welternte von 269,5 Mio. t 2012/2013 die wichtigste sog. Ölsaat. Für den ▸ökologischen Landbau bzw. als ▸**Futtermittel** für die ▸ökologischen Tierhaltung spielt sie jedoch eine untergeordnete Rolle: 2010 wurden erst 0,1 % der globalen Sojafläche **von Biobauern** beackert. Im Gegensatz zur konventionellen ▸Mast (v. a. von ▸Geflügel und ▸Schweinen) hat Sojafutter da geringe Bedeutung. Der überwiegende Teil der Globalernte wird zu **Sojaöl** verarbeitet, das entweder rein mechanisch (wie bei Bio) oder mithilfe von chemischen Lösungsmitteln aus den gemahlenen Bohnen extrahiert wird (konventionelles Verfahren im Masseneinsatz). Hinter ▸Palmöl (und vor ▸Rapsöl) nahm Sojaöl 2012/13 mit 43,4 Mio. t den zweiten Platz bei Pflanzenölen ein; es ist nicht nur in verarbeiteten Lebensmitteln, sondern auch als pures ▸**Speiseöl** bedeutend. Aus dem übrig bleibenden Sojaschrot (bis zu 90 % der Masse) entstehen wertvolle, weil sehr proteinreiche Futtermittel (die ganze Bohne ist aufgrund ihrer Inhaltsstoffe nicht dafür geeignet). Demgegenüber machen die Erträge der **Speisesojasorten** nur etwa 5 % der Ernte aus. Die werden nicht nur zu ▸Sojamilch oder ▸Sojasauce, sondern auch zu allerlei ▸Fleischersatz verarbeitet: von TVP *(textured vegetable protein)* für Soja-Hackfleisch bis zu fermentierten Spezialitäten wie etwa ▸Tempeh. Populärste Soja-Form ist jedoch ▸**Tofu**, der längst nicht mehr nur als fader Block, sondern küchenfertig eingelegt erhältlich ist.

Auf einer Fläche von **mehr als 100 Mio. ha** wurden 2012/13 rund 270 Mio. t Sojabohnen erzeugt, im Wert von etwa 50 Mrd. US-Dollar. Die größten Anbauer sind Brasilien (mit 83,5 Mio. t), die USA (82,1 Mio. t) und Argentinien (53 Mio. t). Diese **Großen Drei** produzieren 81 % der Ernte- und nahezu 87 % der Exportmengen!

Der Grund für den so rasanten Aufstieg von *Glycine max* (1960 wurden weltweit erst 26 Mio. t produziert) liegt in seiner Bedeutung als effektiver und dazu recht bequem anzubauender Futterrohstoff. Denn sein **hoher Eiweiß-Anteil** und die spezifischen Aminosäuren machen die Sojabohne nicht nur für Menschen wertvoll – sie ist idealer Grundstoff für die industrielle Mast. Da Sojapflanzen zudem in der Lage sind, **Luftstickstoff** dank sog. Knöllchenbakterien molekular zu binden, gedeihen sie auch auf anspruchsloseren Böden.

Profitierlich im Nachfrage-Boom ...

Eines der **Hauptprobleme** ist denn auch, dass in Südamerika Riesenflächen in gigantische Soja-Äcker umgewidmet wurden, denen auch Regenwald wich. Das Statistische Bundesamt rechnete 2013 aus, dass 2010 für Importe von (geschroteten) Sojabohnen bzw. Rückständen aus der Sojaöl-Gewinnung je 1,3 Mio. ha **Anbauflächen im Ausland** nötig waren. Diese 2,6 Mio. ha dürften sich seither durch exportorientierte Produktion von ▸Fleisch eher erweitert haben. Das Paradoxe dabei: Aufgrund der ▸**Veredelungsverluste** nutzen wir die ernährungsphysiologischen Vorteile von Soja über den „Umweg" Fleisch gar nicht aus. So errechnete das *U. S. National Soybean Research Laboratory*: 1 ha Soja ergäbe die **15-fache Menge** an Protein dessen, was nach Verfütterung des Ertrags als „veredeltes" tierisches Protein auf dem Teller landet! Ein weiterer Kritikpunkt ist der hohe Anteil von ▸**Gen-Soja**, das fast ausschließlich aus den herbizidtoleranten „Roundup-Ready"-Sojasorten der US-Firma Monsanto besteht. Damit kann die gefürchtete Verunkrautung mit **„Roundup"** (dem firmeneigenen ▸Glyphosat) bekämpft werden, ohne dass die ▸transgene Pflanze litte. Zusammen mit der gentechnik-unkritischen Haltung der Hauptanbauländer führte dies dazu, dass 2012 **auf etwa 81 %** der Soja-Äcker Gen-Soja wuchs. In Brasilien betrug dieser Anteil allerdings 85 %, in den USA sogar 93 %.

Soja: **Schon 2004 demonstrierte Foodwatch für die Verbannung von Gen-Soja aus Rindvieh-Futter, im Bohnen-Burger steckt jedoch Speise-Soja, das viel seltener genverdächtig ist**

Damit kommt das nächste Problem ins böse Spiel: Nicht nur ist die Folgenabschätzung für Mensch wie Umwelt höchst unsicher – es ist längst sehr aufwendig, öfter fast unmöglich geworden, ▸**Verunreinigungen** von konventionell wie ökologisch angebautem Soja mit transgenen Bestandteilen auszuschließen. Immerhin zeigten Untersuchungen der CVUAS *(Chemische und Veterinär-*

Sojawerte: **Eine lohnende Entdeckung ist Edamame aus gekochten grünen Sojabohnen, viel populärer ist Fleischersatz aus Sojamehl**

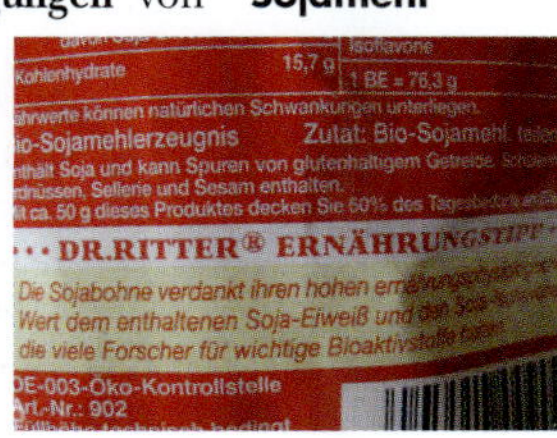

Sojasprossen: Kenner verwechseln sie nie mit den recht ähnlichen Mungbohnensprossen – köstlich sind sie allerdings beide

untersuchungsämter Baden-Württemberg), dass **Bio-Sojaprodukte unbelasteter** sind und die ▸Rückstände geringer sind. Angesichts der Probleme von umweltschädlichen Importen und bedrohter Gentechnikfreiheit wird seit einigen Jahren auch in bisher soja-fremden Regionen Europas der Anbau forciert, am erfolgreichsten in ▸**Österreich** (2012 schon 37 000 ha), auch die ▸Schweiz sucht mehr Anbauwillige. Als Faustregel gilt: Soja wächst, wo Weinbau möglich ist. Dank kältetoleranter Sorten und mit Unterstützung insbesondere der Biobranche ist es in ▸Deutschland gelungen, die Soja-Anbaufläche bis 2012 auf etwa 6 000 ha auszuweiten, bei einem **Bio-Anteil** von fast 25 %!

Gerade bei Speisesoja trug das Engagement von **Biotofu-Herstellern** erste Früchte. Und zusammen mit ▸Lupinen und anderen sog. Körnerleguminosen soll Bio-Futtersoja Teil des regionalen Kreislaufs werden und so die sog. **Eiweißlücke** schließen. Soja als natürlicher Speicherer von ▸Stickstoff ist eben nicht auf synthetischen ▸Dünger angewiesen und so zumindest in süddeutscheren Gefilden eine passable Pflanze für den Öko-Anbau.

Nota bene: Umstritten sind die gesundheitlichen Wirkungen von Sojabohnen, die ja EU-weit zu den 14 häufigsten ▸**Allergenen** zählen. Andererseits sollen ihre Isoflavone krebshindernde Wirkungen haben – die jedoch nicht bewiesen sind. Fragwürdig ist auch die Funktion der sojaspezifischen **Phytoöstrogene** Daidzein und Genistein, zumal Versuchsreihen auch gesundheitsschädliche Folgen von übermäßigem Soja-Konsum nachwiesen.

Sojamilch: Die asuiatische Erfindung ist inhaltlich durchaus mit Kuhmilch vergleichbar, in den USA wurde sie früh mit den „Soy Twins" als Milchbubis erforscht – auch wenn die „Milch" amtlich „Drink" sein muss und öfter aus Europa stammt

Sojamilch

So sagt man dazu, aber so darf sie nicht heißen: EU-Regeln behalten das „Milch"-Wort tierischem Gemelk vor. Dem Volksmund aber schmeckt die Weißheit aus ▸Soja nichtsdestotrotz als „Sojamilch", auch wenn der ▸Milchersatz amtlich ein **„Sojadrink"** als milchähnliche stabile Emulsion aus Wasser, Fett und Proteinen ist. Diese wird aus eingeweichtem ▸Soja extrahiert und dient ▸Veganern als Tiermilch-Alternative, wurde jedoch auch als **lactosefreier Trunk**, wenn nicht als Spezialität an sich populär. Wie bei allen Soja-Erzeugnissen ist wegen des weltweiten Siegeszuges von ▸**Gen-Soja** (2012 auf 81 % der globalen Anbaufläche) bei konventionellen Erzeugnissen unbedingt auf die Herkunft zu achten: Viele Hersteller versprechen ▸gentechnikfreies Soja, nur beim ▸Gütesiegel ▸„Ohne Gentechnik" und **bei Bio** ist die allerdings

auch rechtlich vorgeschrieben. Untersuchungen ergaben denn auch, dass nur Bio-Sojamilch wirklich sicher ist; 2010 zuletzt fand ▶ÖKO-TEST keine ▶**Verunreinigungen** in den getesteten Bio-Produkten. Immer öfter finden sich außerdem Bio-Sojadrinks mit dann naturgemäß besser kontrollierbaren Öko-Rohstoffen aus der ▶Region. Dieser **heimische Soja-Anbau** reicht zwar längst noch nicht, um die sog. Eiweißlücke zu schließen (▶Futtermittel) – die Spezialsorten für Sojadrinks oder auch ▶Fleischersatz wie ▶Tofu gedeihen aber schon gut. Wird dazu mit heimischem Bio-Rübenzucker gesüßt, ist die **Regional-Adaption** der asiatischen Erfindung perfekt… Denn die „Milch" aus der tierisch gehaltvollen Bohne wurde wohl schon vor Jahrtausenden in China getrunken. Nach Europa aber kam sie, wie Tofu, erst im vergangenen Jahrhundert. Ihr „naturaler" **Geschmack** ist ja auch etwas befremdlich: vage nach Bohnen und Getreide. Viele Sorten werden deshalb gesüßt oder gleich mit anderen Aromen versetzt, v. a. Vanille und Schokolade. Bei Bio sind dabei künstliche ▶Aromen verboten; auch ▶Farbstoffe (Beta-Carotin etwa für übernatürlich gelbliche Vanille-Varianten) sind hier nicht erlaubt.

Zur **Herstellung** werden getrocknete Sojabohnen eingeweicht, gemahlen und drei Minuten lang gekocht. Der Brei wird ausgepresst und die sämige Flüssigkeit für 10 Sekunden auf 135–150° C ultrahocherhitzt und filtriert. Rein inhaltlich ist Soja- sogar **mit Kuhmilch vergleichbar**. Sie enthält zwar ein Drittel weniger Fett und ist deutlich kalorienärmer, hat dafür fast 40 % pflanzliches Eiweiß, essenzielle Aminosäuren, Eisen, Phosphor und Vitamin B. Das fehlende Calcium wird bei Bio aus ▶Algen gewonnen und zugesetzt; das billigere **Calciumcarbonat** konventioneller Hersteller darf da nicht nachhelfen. ÖKO-TEST fand den Stoff aber 2010 in Bio-Sojamilch vom ▶Discounter, wo er Calcium lieferte, jedoch ▶Säureregulator hieß. Dieser ▶Etikettenschwindel wurde nach Aufdeckung beendet.

In Sojadrinks stecken außerdem so allerlei pflanzliche Hormone wie das **Isoflavon** – ihm werden (noch unbestätigt) krebsvorbeugende Wirkungen nachgesagt, aber eben auch das genaue Gegenteil. Die Wirkung bleibt Glaubenssache, wird aber trotz verbotener ▶Health Claims immer mal wieder hartnäckig angedeutet.

Nota bene: Weil Sojamilch ▶glutenfrei ist, bietet sie sich bei Zöliakie an. Allergie-Anfällige aber sollten vorsichtig sein: Soja gehört zu den 14 hauptsächlichen ▶Allergenen.

Sojasauce: In ihren Sorten Shoyu und Tamari ein viel weiteres Probierfeld, als Maggi-Vergleiche glauben machen

Sojasauce

Eine fernöstliche Vielzweckwaffe wie „Maggi" bei uns, die zum Würzen, als Marinade für ▶Tofu oder ▶Seitan und als ▶fermentierter Aromenverstärker auch zur Verlängerung der ▶Haltbarkeit taugt.

Die ewig junge **Uralt-Würzsauce**, angeblich vor 5 000 Jahren in China kreiert, wird prinzipiell noch heute

Sojasauce: Gewöhnlich ein Industrieprodukt, ungewöhnlich delikat als Bio-Sauce nach noch traditioneller Art

wie damals produziert. Als Versoßung von ▸Soja gibt es eine dunkle, eine helle Variante, v. a. aber muss unterschieden werden zwischen **traditionell gebrauter** und industriell gefertigter Sojasauce. Klassisch braucht es nur Sojabohnen, Salz und Wasser – das wäre dann die **„Tamari"**-Variante (kräftiger schmeckend, in China bevorzugt und ▸glutenfrei).
Kommt Weizen dazu, wird daraus dann die **„Shoyu"**-Sauce, wie sie in Japan beliebter ist.
Bio-Sojasauce wird als Nischenprodukt meist klassisch gebraut (und ist zudem frei von ▸Gen-Soja): Künstliche ▸Aromen oder ▸Geschmacksverstärker fehlen. Bio-Hersteller verwenden da nur Rohstoffe aus Öko-Anbau und lagern ihr Gebrautes meist noch im Holzfass statt im Stahltank.
Die Herstellung selbst ist fast simpel: Gedämpfte Sojabohnen und Salz (im Shoyu-Verfahren zusätzlich grob vermahlener gerösteter Weizen) werden als Maische mit dem sog. **Koji-Pilz** fermentiert und damit zum dunkelgrünen Substrat, dem *koji*. Mit zugesetzter Salzlake steigt die Salzkonzentration auf bis zu 20 %, wichtig für die Hemmung von Fäulniserregern. Diese Maische bekommt viel Zeit zum **Fermentieren**: 6–10 Monate zumeist – bei besonders hochwertigen Produkten sogar bis zu fünf Jahre; diesem gereiften Sud wird dann die eigentliche Sojasauce abgepresst.
Billigere Saucen stammen dagegen aus industrieller **Massenproduktion**; Grundlage ist hier keine Sojabohne, sondern nur das entfettete Sojamehl (das oft bloß ein Rückstand aus der Sojaölproduktion ist). Unter Verwendung von Salzsäure, Geschmacksverstärkern und ▸Konservierungsstoffen entsteht ein Produkt, das öfter nur mit etwas traditioneller Sojasauce geschönt wird – und doch den Namen teilt. In Japan grenzt man so eine **„Misch-Sauce"** als *koikuchi* ab, mit noch mehr chemisch gewonnen Anteilen heißt der Mix *usukuchi*.
Obacht: Für Empfindliche kann der Anteil von ▸Glutamat in Sojasaucen problematisch werden. Für Soja-Allergiker ist sie ohnehin tabu.

Sonnenblumen: Mit Kernen für Snacker und als Speiseöl für Kenner noch gehaltvoller als Olivenöl, aber leider nicht so gut haltbar

Sonnenblumen

Bei aller berechtigten Begeisterung für ▸Olivenöl: ▸Speiseöl aus den ▸Kernen von *Helianthus annuus* ist sogar noch mal gehaltvoller an „guten" **ungesättigten ▸Fettsäuren**. Außerdem enthält Sonnenblumenöl recht große Mengen Eiweiß (19–26 %), die Vitamine A und B sowie v. a. E (ca. 66 mg/100g). Es ist reich an essentiellen Aminosäuren, Fluor, Eisen, Kupfer und Magnesium. In der ▸Vollwertküche haben deshalb das Öl wie die **Kerne** selbst, ob roh oder geröstet, ihren Sonderplatz.
Den allerdings sollten sie nach dem Kauf lieber nicht allzu lange haben. Bescheidwisser verzehren Sonnenblumiges zügig, da die Kerne wegen ihres hohen Fettgehalts (immerhin rund 50 %) relativ schnell ihren Geschmack verändern und **verranzen**

können. Die Sonnenblumensamen sind aber auch als Futtermittel oder Zutat in allerlei Körnerbroten gefragt; seit einigen Jahren bilden sie sogar die Basis von ▸**Brotaufstrichen** (sog. Streichcremes, bei Bio mit bis zu 50 % Anteil) und machen sich in Konkurrenz zu Pinien- wie Kürbiskernen gut als Salat-Topping.

Hauptsächlich genutzt wird *Helianthus annuus* allerdings als Rohstofflieferant für das Alltags-Speiseöl. Die konventionellen Varianten sind meist raffinierte Sonnenblumenöle, die dann wenig Eigengeschmack aufweisen und als eher neutrales Bratfett benutzt werden. **Bio-Sonnenblumenöl** hingegen ist meist ▸kaltgepresst zu haben – dann wird auf jede Art der Desodorierung (durch Erhitzung auf bis zu 240° C) verzichtet. Normalschmecker empfinden solch naturbelassenes Öl oft als bitter, herb oder gar ranzig, wie Untersuchungen zum Öko-Geschmackssiegel beim ttz *(Technologie-Transfer-Zentrum)* in Bremerhaven ergaben. Dabei gilt gerade dieses ▸native Öl als Bio-Spezialität: aus ungeschälten, keimfähigen Saaten **kalt erpresst**, mit hell- bis dunkelgelber, satter Farbe. Denn das Desodorisieren zur Neutralisierung intensiven Geschmacks ist als weitere Verarbeitungsstufe und wegen der Nähe zur konventionell üblichen Raffination innerhalb der Biobranche umstritten. Schließlich soll das ▸Food-Processing so schonend wie möglich ausfallen. Dass Sonnenblumenöl dann **nach Sonnenblumen schmeckt**, ist hier Programm …

Bei Zimmertemperatur kann Bio-Sonnenblumenöl infolge der Schalenwachse eintrüben, aber schon bei leichter Erwärmung wird alles wieder klar. Das Öl eignet sich gut für ▸Rohkost und Salate, ist auch relativ hitzebeständig und daher zum kurzen Anbraten verwendbar. Bei Brattemperaturen jenseits von 160° C sollte Öl aus der eigens gezüchteten Sorte **„High-Oleic“** benutzt werden. 2012 wurden schon 11 % der deutschen Sonnenblumen-Anbaufläche von insg. 26 400 ha ökologisch bewirtschaftet; ansonsten stammt Bio-Sonnenblumiges meist aus Rumänien, Brasilien, Argentinien oder China.

Nota bene: Unbestreitbar umstritten sein werden gentechnisch veränderte, also ▸transgene Sonnenblumen, die gegenüber Dürre, Hitze,

Sonnenblumen: Zu 100 % ein gehaltvoller Knabbergenuss, mit bis zu 50 % ein inhaltsreicher Brotaufstrich – für Puristen sogar eine bestbesonnte Honigdelikatesse

Sonnenblumenbrotpaket in Bio: So käme eine gesunde Kernigkeit auf den Abendbrottisch

Herbiziden, Insekten oder diversen Pflanzenkrankheiten resistent sein sollen. In Kanada wurde eine derart neuartige Pflanze bereits zugelassen.

Sorten

Sorten in all ihrer Vielfalt wären leicht zu erkennen – indes: Offiziell sind sie erst, wenn das Bundessortenamt sie nach zwei- bis dreijähriger Prüfung als einheitlich, unterscheidbar und beständig anerkannt hat, samt Eintragung in die Sortenliste und Freigabe als ▸Saatgut nach dem **Saatgutverkehrsgesetz**.

Zu lange hatte dies behäbige System kleine ▸Züchter entnervt. Die EU-Regeln für die sog. **Erhaltungssorten** galten als schikanös: Sie durften nur in ihrer Ursprungsregion erzeugt werden und nur bis zu einem halben (!) Prozent der Landessaatgutmenge gleicher Art. Seit 2013 aber ist jenes erhaltende Weiterzüchten etwas liberalisierter.

Sorten: Der Kampf um die Erhaltung alter und regionaler Sorten geht weiter – ob nun als Kartoffelfall in der Schweiz oder bei Getreidesorten in globalen Saatgutbanken

Auch bei der Zulassung von **neuen Sorten** hat sich etwas getan, wenigstens auf Bundesebene: Während Bio-Sorten doppelt, also zusätzlich unter konventionellen Anbaubedingungen, zu prüfen waren, hat das Bundessortenamt 2012 eine eigene Öko-Prüfung eingeführt. Da hat sich das jahrelange Engagement **der Biobranche** ausgezahlt. Denn durch die spezifischen Anbaubedingungen des ▸ökologischen Landbaus sind die Ansprüche an passende Bio-Sorten grundsätzlich andere als für konventionelle. Dort herrschen Einheitssorten vor, meist als ▸**Hybriden** (also nicht nachzüchtbar) – v. a. dafür optimiert, mit synthetischen ▸Düngemitteln versorgt und von ▸Pestiziden geschützt möglichst schnell heranzuwachsen. Was dabei herauskommt, ist Makelloses en masse. Doch **die „Agrar-Riesen"** entwickeln eben nur die kleine Palette erfolgreicher Sorten weiter (▸Monsantosierung) und sorgen damit letztlich für ein sortenarmes Sortiment, das zudem jährlich nachgekauft werden muss. Die Bemühungen von **Bio-Züchtern** gelten dagegen v. a. samenfesten, also vermehrbaren Sorten, die nicht möglichst homogene Ergebnisse garantieren, sondern an Standorte und Bedingungen des Öko-Landbaus angepasst sind.

Anfang 2013 jedenfalls wurde ein Regelpaket für ein **neues EU-Saatgutrecht** vorgelegt; ausdrücklich sollten vereinfachte und flexiblere Vorschriften (auch für Sortentests) die ▸Agrobiodiversität fördern, „nachhaltige Landwirtschaft" unterstützen

und kleinere Züchter nicht mehr behindern. Damit soll die Chance für **eher nischige Produkte**, aber auch ▸alte Sorten größer werden.

Die Biobranche war dennoch nicht zufriedengestellt, weil samenfeste Sorten und Neuentwicklungen mit größerer genetischer Bandbreite keine eigene EU-Kategorie wurden und **Öko-Zucht** als Kriterium fehlte. Schließlich hatte ▸Demeter 2008 eigene Züchtungsrichtlinien entwickelt und 2010 erstmals 25 ▸biodynamisch gezüchtete Gemüsesorten zertifiziert – selektiert mit den Züchtungszielen Vitalität, Geschmack und Bekömmlichkeit. Die Zucht einer neuen **Bio-Sorte** kann jedoch durchaus 16 Jahre dauern; alle Arbeiten müssen vorfinanziert werden. Immerhin fällt die teure Doppelprüfung nun weg, doch die beschleunigende und entsprechend billigere Sorten-Generierung durch die konventionell verbreitete und in der ▸EG-Öko-Verordnung tolerierte **CMS-Methode** (qua Protoplasten/Cytoplastenfusion) lehnen etliche ▸Anbauverbände als sog. „kleine Gentechnik" ab – kritischen Biobauern hilft da eine Negativliste mit CMS-Sorten. Abseits von allen Überzeugungen sehen Marketingexperten sogar eine veritable **Profilierungs-Chance** für den Bio-Markt: Dass Verbraucher bereit sind, generell bei Sorten zu differenzieren, wie sie es etwa bei Apfel- oder Tomatensorten und längst schon bei Kaffee, Schokolade oder Wein tun. Der gewonnene Kampf um ▸Linda bewies, wie es geht. Seit die EU von Gemüse-Normformen abrückt, ist eine gewisse Urwüchsigkeit sogar wieder populär. Die Gefahr der **genetischen Erosion** ist erkannt – daher liberalere Gesetze, eigene Bio-Kategorien und Aktionen für Samenfestes auch im eigenen Garten. Für den tütchenweisen Bewusstseinswandel!

Sortenrettung: Saatgut wird in Erhaltungsbanken bewahrt und regelmäßig vermehrt, denn der Genpool soll größer werden

Spargel

Nach älteren Lobpreisungen wohnt dem sog. Kaisergemüse etwas Frühlingsahnungserweckendes inne. Das haben die nur ▸saisonal erstochenen, stangenlangen Sprossen von *Asparagus officinalis* immer noch. Auch im Rest der Welt: 2011 fielen 90 % der Welternte in Asien, v. a. in China, an – um fast ausschließlich **als Eigenbedarf** delektiert zu werden.

Im eher bleichspargelverliebten Deutschland verlegten findige Anbauer die Saison längst vor. Noch immer ist alljährlich (um die Flächen zu schonen) an Johanni, dem **24. Juni**, Stech-Ende. Aber seit 1990 hat sich die Erntezeit von knapp 70 auf **fast 110 Tage** nach vorne ausgeweitet: Auf leichten, sandigen Böden sorgen Folien ab Februar für verfrühte Wärmeschübe, manche Spar-

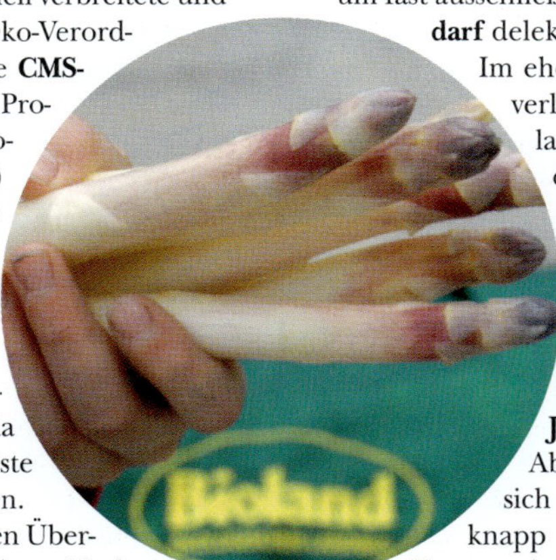

Spargel: Die Anbauflächen wachsen, die Saison wird vorgezogen, die Beliebtheit der weißen Stangen wächst auch bei Bio mit einem sehr beachtlichen 6,5 %-Anteil

gelanbauer helfen sogar mit Bodenheizungen nach. Das hat zu einem Rückgang von Importware geführt – allerdings auch zu Qualitätsproblemen durch Fäule.

Spargel: Erst wenn er kurz die Sonne zu sehen bekam, errötet Spargel, den Franzosen eher als violette Stangen mögen

In Deutschland wird traditionell der **Weiße Spargel** (Bleichspargel) bevorzugt, dem seit dem 19. Jahrhundert in Erdwällen das Sonnenlicht vorenthalten wird, was heute zusätzlich wärmende schwarze Folien absichern, die zudem Verunkrautung vorbeugen. In Frankreich, wo der etwas würzigere **violette Spargel** beliebter ist, durfte dessen Kopf kurz die Sonne sehen. **Grüner Spargel** wird ohne Wälle und mit weniger Aufwand angebaut und darf sich kurzwurzeliger chlorophyllvoll auswachsen.

Kopfgeburt: Im Boden ist Spargel noch ein Bleichling, erst im Licht der Welt chlorophyllt er sich mit Farbe

Bio-Spargel hatte lange nur einen kleinen Anteil am Stangengeschäft. Doch von 2011 auf 2012 wuchs sein Marktanteil auf immerhin 6,5 %, die spargelige Öko-Anbaufläche erweiterte sich auf 1 256 ha. Der ökologische Anbau unterscheidet sich vom konventionellen u. a. durch **Verzicht auf Herbizide** – dafür vergrößert sich die Mühe, Beete per Hacke und Grubber von unerwünschtem Beikraut zu befreien. Vorgesorgt wird ohnehin mit größerem Reihenabstand von 2–2,20 statt nur 1,80 Metern, tierische Schädlinge werden mit natürlichen ▸Pflanzenschutzmitteln (etwa mit dem sog. Neem) bekämpft, gegen Pilzerkrankungen helfen **keinerlei Chemie-Fungizide**, sondern notfalls Präparate mit ▸Kupfer.

Durch Überdüngung ist konventioneller Spargel oft mit ▸**Nitrat** belastet. Bei den ▸Rückständen von ▸Pestiziden wurden die CVUA *(Chemische und Veterinäruntersuchungsämter Baden-Württemberg)* zwischen 2010 und 2013 zwar bei 30 von 76 Proben von konventionell angebautem weißen Spargel aus Deutschland fündig. Überschreitungen der Höchstgrenzen kamen jedoch nicht vor, und auch die **Mehrfachrückstände** hatten mit 6,6 % einen relativ geringen Anteil. Allerdings: Bei peruanischem Bleichspargel, der bei uns zu gern rund um Weihnachten im Supermarkt zu haben ist, wies jede fünfte der 20 Proben solche multiplen und in der Wechselwirkung unerforschten Stoffe auf. Ohnehin ist außersaisonaler **Spargel aus Peru** keine gute Wahl, hat er durch seine Flugreise doch einen 28-mal größeren ▸Carbon Footprint als heimische Ware.

Smalltalk: Spargel ist ein potenzieller Killer – von ▸freien Radikalen, wie es heißt, durch Vitamin A, C und E. In 500 g gekochten Spargels steckt außerdem etwa ein Viertel des Tagessolls an **Folsäure**. In unserem Harnstoffzyklus bildet ein Enzym bei Spargelalarm die dufte Asparaginsäure, die den anrüchigen ▸Süßstoff Aspartam bilden hilft.

Speiseeis

Bereits in der Antike bekannte, eisigkalte, fast immer süße Leckerei. Aus konventioneller Produktion oft genug jedoch ein wahres Sammelbecken für ▸Farbstoffe, ▸Emulgatoren und ▸Pflanzenfette. Seit Bio-Hersteller mit Vollrohrzucker oder ▸Sirup statt traditionell und alternativ mit Honig ▸süßen und damit das texturstörende Aushärten verbannten, ist **Bio-Speiseeis** als zusatzstoffärmere Spezialität auf der Erfolgsspur.

Denn die Speiseeisproduktion ist komplex und darum die Versuchung für konventionelle Hersteller groß, einige der **vielen Zutaten** – klassisch für Milchspeiseeis: Milch, Sahne, Eier, Zucker, Früchte, Natur-Aromen – durch günstigere, künstliche zu ersetzen. Etwa Eier oder Sahne mit Pflanzenfett, Echtvanille durch synthetisches Vanillin oder wahre Früchte durch bare ▸Aromen. Dies gilt für die industrielle, aber auch für viele handwerkliche Erzeuger. Beide greifen, jedenfalls im unteren und mittleren Preissegment, schließlich auf **Fertigbestandteile** für ihre Eismischungen zurück, und damit auf ▸Geschmacksverstärker, Farbstoffe, Milch- oder Eipulver. Manche konventionellen Hersteller bedienen sich sogar der ▸Nanotechnologie, um Eis mit Mineralien und Vitaminen anzureichern – mit unerforschten Wirkungen.

Einen Vorsprung im Bio-Sektor hatten Unternehmen wie Rachelli, ein 1920 gegründeter italienischer Familienbetrieb, der die traditionelle Produktion nie umstellte und seit 1997 von ▸Demeter vermarktet wird. Aber auch **kleine Tüftler**, Konditoren und Hof-Cafés haben ihren individuellen Weg zum Bio-Eis gefunden. Egal ob Großproduzent oder kleine Bio-Eisdiele – das Ergebnis ist sehr hochwertig, da alle Hersteller auf **tatsächlich natürliche Zutaten** setzen. Echte Vanille und echte Frucht schmecken einfach besser. Und sind teurer: Für einen Liter Fruchteis sind tatsächlich 200 g Früchte nötig, um ohne Verstärkung auf Geschmack zu kommen. Doch ganz ohne ▸Bindemittel und andere Umschmeichelhilfen für **das eisige Mundgefühl** geht es auch in größerer Bio-Produktion oft nicht. Immerhin verwenden viele Hersteller mittlerweile allein biozertifiziertes ▸Johannisbrotkernmehl dafür.

Interessant ist Bio-Speiseeis auch für **Allergiker**. Im Gegensatz zu konventionellen Produkten sind die ▸Zutatenlisten entsprechend überschaubarer und transparent – und sollten es zumindest auf Nachfrage auch bei ▸loser Ware vom Tresen sein. Dort finden sich längst auch viele lactose- und eifreie Sorten. Das ▸vegane Eis aus ▸Soja (oder seit einigen Jahren **aus ▸Lupine**) ist insbesondere in Bioqualität eine echte Innovation und lohnt das Probieren.

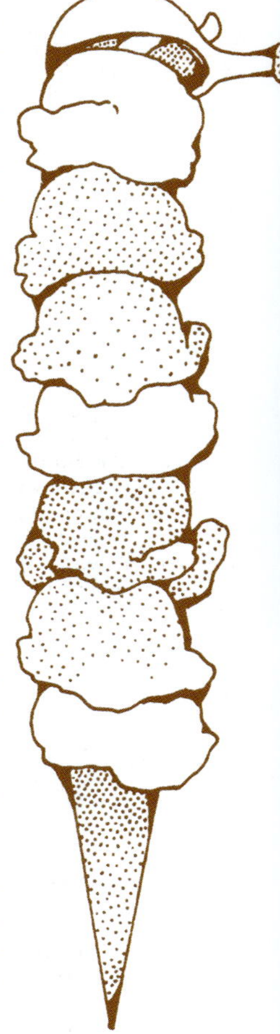

Speiseeis: Als Bio-Schleck eben noch keine Massenware, aber dafür mit garantierten Natur-Aromen

Speiseöle

Man könnte auch flüssiges ▶Pflanzenfett zu ihnen sagen, denn das wäre ihr Zweitname. Inzwischen haben sie ▶Margarine wie tierische ▶Fette zurückgedrängt, wenn ihr Absatz auch seit der Jahrtausendwende stagniert. Das „flüssige Gold" aus der Pflanze erpressen und entquetschen Bio-Hersteller am ehesten noch in möglichst naturbelassener Art direkt aus ölhaltigen Rohstoffen – also ▶**nativ**.

Speiseöle: Nativ am besten und so sorten- wie aromenreich, nur unraffiniert auch geehrt als „flüssiges Gold"

Entweder aus Kapseln wie beim ▶Sesam, ▶Lein und ▶Mohn, aus ▶Nüssen (▶Nussöl) oder aus Samen (▶Kernöle), wie etwa bei ▶Rapsöl, einem Öl aus ▶Sonnenblumen oder ▶Kürbis; als Spezialität gelten ▶Keimöle.

Wird es rein mechanisch ▶**kaltgepresst,** hat das ausfließende Öl alle Aromen wie ▶Vitamine, ▶Spurenelemente, ▶sekundäre Pflanzenstoffe und ungesättigte ▶Fettsäuren behalten.

Bio-Speiseöle zählten 2012 mit einem Umsatzplus von 24 % zu den erfolgreichsten ökologischen Produkten; ihr Marktanteil lag dennoch erst bei 2,6 %. Ihre Besonderheit: Sie dürfen **nicht raffiniert** sein, Bio-Herstellern ist laut ▶EG-Öko-Verordnung nur das sog. Desodorieren erlaubt; die ▶Anbauverbände verbieten diese Praxis für reine Speiseöle, sie ist nur für die Weiterverarbeitung zulässig.

Für die **konventionelle Massenproduktion** wäre das Kaltpressverfahren zu teuer, die Ausbeute zu gering. Da wird im Pressverfahren mit 100° C gearbeitet, gleich chemisch extrahiert oder eben raffiniert. Die dabei eingesetzten Lösungsmittel (n-Hexan, Leichtbenzine) müssen mit Wasserdampf wieder entfernt werden. Es bleibt ein „Rohöl" zurück, aus dem Unerwünschtes wie freie Fettsäuren, Aldehyde, Ketone, Schleimstoffe, Wachse und Phosphatide wieder herauszulösen sind.

Raffinierte Öle sind an der helleren Farbe und dem neutraleren Geschmack zu erkennen. Die billigen, oft ein Sorten-Mix, heißen schlicht „Speise-/Pflanzenöl". Kaltgepresste Öle, ob aus Bio-Herstellung oder nicht, wirken dunkler, trüber und sind weniger lange haltbar.

Feinstes ▶**Olivenöl** stammt aus der ersten Pressung und wird als „natives Olivenöl extra" *(extra vergine)* bezeichnet. Ebenfalls im Trend liegt Rapsöl:

Bei den einfach ungesättigten Fettsäuren (v. a. Ölsäure) liefert es ähnlich gute Werte wie Olivenöl (rund 60–70 %). Auf den Küchen-Plätzen folgen Sesam-, Palm-, Erdnuss-, Maiskeim- und Kürbiskernöl. Neben Sojaöl und ▸Arganöl gewinnen edle native Walnuss- und Traubenkern-, Lein-, Distel- und **Hanföle** in der Gourmetküche ihre Enthusiasten.

Seit 2009 und zuletzt 2012 wiesen die CVUA *(Chemische und Veterinäruntersuchungsämter Baden-Württemberg)* nach, dass neben ▸3-MCPD-Estern auch Fettsäure- bzw. Glycidylester **in raffinierten** Speiseölen „fast ausnahmslos“ vorkamen – nicht aber in nativen Pflanzenölen, die ja auch nicht hitzebehandelt waren.

Nota bene: Da die Raffination nicht kenntlich gemacht werden muss, ist gar kein H inweis auf dem ▸Etikett im Umkehrschluss ein deutlicher! Mit Sicherheit steckt derlei Raffiniertes in konventionellen ▸Fertigprodukten wie Brühwürfeln, Kaffeeweißer, ▸Brotaufstrichen und Keksen.

Speiseöle:
Altmodisches Fachhandelswort für reinfettige Ausgepresstheiten wie etwa aus Rapssamen

Spinat

Ein Logikfehler verhalf ihm einst und für Jahrzehnte zu Ehren: Der Gehalt an Eisen (Fe) wurde in getrocknetem Spinat gemessen – schon galt *Spinacia oleracea* als Gesundgemüse, das nicht nur bei einem wie Popeye Muskeln stärkte und Blutbildung beflügelte. Dabei sorgten knapp 90 % Wasser im Frisch-Grün neurechnerisch für **Ernüchterung**: Statt der kolportierten „bis zu 41 mg“ gibt die DGE *(Deutsche Gesellschaft für Ernährung)* inzwischen durchschnittlich 3,4 mg Fe pro 100 g Spinat an …

Indes: Behutsam zubereitet taugt das frische Blattgemüse allemal zur Delikatesse. Nur leicht mit Pfeffer, Salz und Muskat gewürzt sowie mit einem klassischen Stich Butter verfeinert, braucht er 5–10 Minuten (länger gegart wäre er platt und bar aller Vitamine und Mineralstoffe), reduziert sich aber auf **ein Zehntel des Volumens**. Roh wird ein feiner Salat daraus.

Bei Tests auf ▸Rückstände war konventioneller Spinat zuletzt 2011 beim BVL *(Bundesamt für Verbraucherschutz und Lebensmittelsicherheit)* auffällig geworden: Nur 9,6 % der 218 Proben waren sauber von Pestizidresten, 5 % aber lagen über dem Höchstgehalt – und bei einer der Proben drohte sogar „akute gesundheitliche Beeinträchtigung“.

Auch der hohe natürliche Gehalt an ▸**Nitrat** spricht dafür, Bioware zu bevorzugen, die nicht noch durch reichlich mineralische Düngemittel einen übervollen Nitrat-

Spinat:
Beste Inhaltsstoffe rechtfertigen die Kinderqual damit, aber schnellste Verarbeitung ist schon geboten

Spinat: Er grünt gerade in Bioqualität so grün wie gesund, wo wenig Nitrat drin ist – und nach dem Kochen leicht mal nur ein Zehntel übrigbleibt

speicher darstellt. Denn daraus können sich durch u. a. im Körper selbst verdächtiges ▶Nitrit oder gefährliche ▶Nitrosamine bilden.

Und **Bioware** gibt es reichlich, oft auch als TK-Ware. Denn Spinat muss schnell verarbeitet werden, so bleiben auch die wertvollen Inhalte von *Spinacia oleracea* erhalten: 100 g decken den Tagesbedarf eines Erwachsenen an Provitamin A, 200 g denjenigen an Calcium. Dazukommen die ▶Vitamine B 1, B 2 und C sowie ▶Mineralstoffe und ▶Spurenelemente wie Kalium, Magnesium, Phosphor, Jod, Kupfer – und Eisen eben. Gichtpatienten und Menschen mit hohen Harnsäurewerten sollten sich beim Spinat zurückhalten, denn wie Spargel und Erbsen zählt er zu den purinreichen Gemüsen. Seine Oxalsäure kann im Fall von Extremgenuss ein „Eisen-" und nierenschädlicher „Calciumräuber" sein.

Der **im Frühjahr** geerntete Spinat ist zarter, hat hellere Blätter und kürzere Stiele. **Winterspinat** ist robuster, enthält aber frisch mehr Nitrate als tiefgekühlter aus Frühjahr und Sommer. Im Handel wird auch günstiger **„Wurzelspinat"** angeboten, der maschinell geerntet wurde.

Apropos: Man darf Spinat trotz der Nitrat-/Nitritgefahr wieder aufwärmen, wenn man ihn nach dem Kochen zügig kühlte (bei Zimmertemperatur reichert sich Nitrat weiter an). Erwachsene stecken das weg – Säuglingen sollte man das ersparen.

Sprossen

Die Zartlinge sind das gerade erst ersprießende Noch-nicht-Gemüse. Ihr gesundes Image steht im Schatten des nicht restlos geklärten ▶Skandals um ▶EHEC von 2011 (offiziell bis 90 % **ungeklärte Infektionswege**). So warm und feucht es bei der Sprossen-Sprießerei sein muss, so wohl fühlen sich nun mal auch pathogene ▶Keime wie ▶Salmonellen auf allem Keimenden. Positivste Folge ist immerhin das gesteigerte Hygiene- und Frische-Bewusstsein. Angesichts der trotz großer Bemühungen undurchsichtig gebliebenen Übertragungswege (wie bei den schuldigen ägyptischen Bockshornkleesamen, die von einem vorbildlichen Biobetrieb in Deutschland verarbeitet wurden und eben schon vorher kontaminiert waren) lohnt es auf jeden Fall, regional gezogenes, **ökologisches ▶Saatgut** zu kaufen. Das BfR *(Bundesinstitut für Risikobewertung)* empfiehlt generell: rohe Sprossen gründlichst waschen und rasch verbrauchen – und rät Menschen mit geschwächter Immunabwehr sicherheitshalber ganz vom Keimlingsgenuss ab.

Sprossen lassen sich aus vielerlei Samen ziehen; sie befinden sich, aus der sog. **Keimruhe** erweckt, auf dem Weg zum Keimling (und unverspeist zur Jungpflanze). Wasser diffundiert in die Samen, lässt das Gewebe aufquellen und setzt den Stoffwechsel in Gang. So werden Reservestoffe wie Kohlenhydrate, Fette, Proteine mobilisiert und durch Enzyme aktiviert.

Dadurch erhöht sich deutlich die **Konzentration der Inhaltsstoffe**, etwa der ▶Vitamine, der ▶Nährwert steigt um ein Vielfaches und die Polysaccharide werden zu Einfachzucker abgebaut; der einzelne Same hat nun sein optimales Aufbruchs-Potenzial erreicht. Am Ende dieses Prozesses liefert Sprossiges einen **Schatz an Vitaminen** (C, Folsäure, B 1, B 2, B 6, Niacin, Biotin), Mineralien (Eisen, Kalium, Calcium, Magnesium, Zink) und Eiweiß – alles knackig, länglich, urgesund. Und sogar etwas für DIY, denn die heimische Sprossenzucht gelingt allenthalben, ob nun in Eigenbaugläsern, speziellen Keimröhren, stapelbaren „Sprossentürmen" oder in praktischen **Keimapparaten** mit Deckel und Bodenschale.

Hinein kommen ausgelesene und gesäuberte Samen, die eine Nacht in lauwarmem Wasser vorquellen durften. Anfangs im Dunklen kommt das Keimgefäß, sobald erste Keimköpfe zu sehen sind, bei 18–22° C an einen hellen, aber nicht zu sonnigen Ort (direktes Licht macht einige Sprossen bitter). Zweimal am Tag wird mit lauwarmem Wasser gespült, alles muss stets **feucht und luftig** sein, dann kann (je nach Sorte) nach 2–6 Tagen geerntet werden.

Sprossen lohnen schon als ▶Rohkost für Salate, sind aber auch köstlich als knackige Suppeneinlage oder bloß als

Sprossen: Keimlinge voller Aufbruchskraft ihrer samenspendenden Pflanze, leicht und höchst abwechslungsreich auch selbst ersprießen zu lassen, denn böse Keime daran sind denn doch selten

Sprossen von zart bis schon schön scharf liefern ...

... Getreide wie
Amaranth, Dinkel, Gerste, Hafer, Hirse, Mais, Reis, Roggen, Weizen

... Hülsenfrüchte wie
Alfalfa (von der Luzerne), A(d)zukibohnen, Bockshornklee, Erbsen, Kichererbsen, Linsen, Mung(o)-bohnen, sog. Reisbohnen, Rotklee, Sojabohnen

... Blattgemüse wie
Broccoli, Kresse, Rucola

... Knollengemüse wie
Daikon-Rettich, Knoblauch, Kohlrabi, Radieschen, Rettich, Rote Bete

... Gewürze wie
Anis, Fenchel, Koriander, Kümmel

... außerdem
Buchweizen, Chinakohl, Erdnüsse, Hanf, Kürbis, Lauch, Leinsamen, Quinoa, Rotkohl, Senf, Sesam, Sonnenblumenkerne, Zwiebeln

Spurenelemente: Sie lassen sich mit einem Sprossenkeimgerät gezielt erzeugen oder (wie Eisen, also Fe) bewusst eressen mit Fisch, Fleisch, Tofu oder Brot

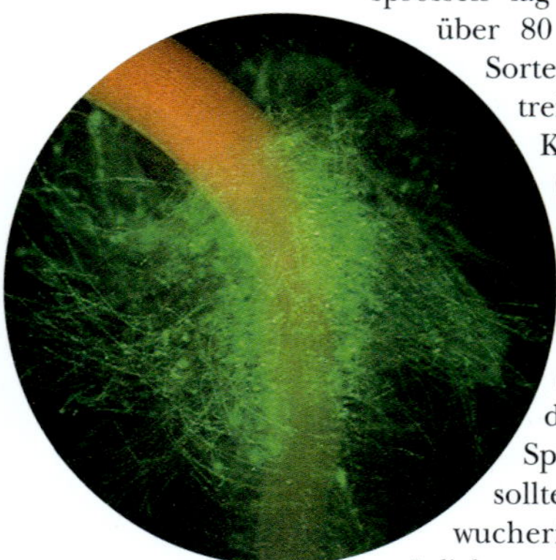

Sprossengefahr: Selten genug, aber dann eben gefährlich, wären Listerien – wie diese hier auf Brokkolisprossen

Brot-Topping. Selbst Gourmetköche arrangieren sie als Beläge wie Beilagen und nennen's **„Mikrogemüse"**. Bio-Keimlinge, längst reinsortig oder gemischt erhältlich, sind Standard im Naturkost-Fachhandel, der Bio-Anteil von frischer ▸Kresse und Sojasprossen lag 2011 immerhin bei über 80 %! Ausgesuchte Bio-Sorten und „Sprießkorngetreide" gibt es sogar mit Keimgarantie!

Obacht: Erzeugnisse des konventionellen Samenhandels sind wegen der möglichen giftigen Beizung des Saatguts eher zu meiden. Fertig verpackte Sprossen, warnt das BfR, sollten wegen der Gefahr wucherfreudigster ▸Listerien möglichst rasch verbraucht werden.

Spurenelemente

Wie der Name schon sagt, eine Winzigkeit, die aber wichtig sein kann, weil oft die Gesundheit erhaltend oder sogar fördernd. Spurenelemente ermöglichen erst die Bildung von zum Teil lebensnotwendigen körpereigenen ▸Enzymen. Die zugeführten Mindestmengen sind meist winzig und betragen oft weniger als 50 mg pro kg Körpergewicht. Aber sie haben ihre **Wirkungsspuren** und können auch als ▸Nahrungsergänzungsmittel verinnerlicht werden.

Populärstes Beispiel ist **Eisen,** das zur Blutbildung nötig ist und in Fleisch, Fisch, Leber, Grüngemüse, Vollkorngetreide, Nüssen und Sojaprodukten steckt. Männer brauchen 10 mg, Frauen 15 mg Eisen pro Tag. Der früher viel gerühmte Spinat ist immer noch ein guter Eisenlieferant, wenn er auch tatsächlich nur rund 3,4 mg/100 g in sich hat. Die einst kursierenden Eisenhöchstwerte sind nämlich nur in getrocknetem Spinat enthalten – was schon auf ▸Trockengemüse sowie ▸Trockenfrüchte als gute Lieferanten von konzentrierten Spurenelementen hinweist. Ansonsten sind die Verluste in ▸Tiefkühlkost noch am geringsten.

Deutlich weniger als Eisen benötigt der menschliche Körper **Chrom,** das zur Regulierung von Blutzucker und Fettverbrennung sowie Kohlenhydratverwertung nötig ist. Chrom steckt v. a. in Kalbsleber und Weizen. **Fluor,** zu finden in Schalen- und Krustentieren, hilft Zahnschmelz und Knochen, während **Jod** aus Seefisch unserer Schilddrüse zuarbeitet.

Kupfer aus Leber, Fisch, Schalentieren und Buchweizen baut rote Blutkörperchen auf, **Mangan** aus Nüssen, Hülsenfrüchten und Bierhefe kurbelt den Stoffwechsel an, **Zink** ist generell wichtig für das

Immunsystem sowie für Haut und Haare und vornehmlich in Innereien zu finden. **Selen** aus Fisch, Fleisch und Soja dient mit Vitamin C und A als natürliches Antioxidans.

Der individuelle Bedarf an Elementen, die für die Gesundheit spuren, ist verschieden, Schwangere etwa haben einen höheren Jodbedarf.

Neben den genannten essenziellen Spurenelementen gibt es entbehrliche wie **Lithium** oder **Rubidium** und unerwünschte wie ▸**Cadmium** (ein sog. Ultra-Spurenelement), das sich als ubiqitär vorhandenes ▸Schwermetall in Leber, Pilzen, Muscheln u. Ä. anreichern kann.

Bislang konnte nicht nachgewiesen werden, dass oder ob Biolebensmittel generell mehr Spurenelemente enthalten. Neben Produktionsfaktoren wie Fütterung und Düngung spielen auch Herkunft, Sorte, Rasse oder Klima eine große Rolle für den Gehalt. Fest steht dagegen, dass **zu langes Kochen** die auf Dauer hitzeempfindlichen Spurenelemente in vielen Gemüsen zerstört.

Stabilisatoren

Die chemischen oder biochemischen ▸Zusatzstoffe halten ein instabiles oder während der Herstellung sonst kippendes Produkt „ganz" oder geben Konsistenz, die schmeckbarer, ansehnlicher oder bloß verpackbarer sein soll. Im konventionellen ▸Food-Processing sind EU-weit 51 solcher Stabilisierer mit je eigener ▸E-Nummer zugelassen. Die ▸EG-Öko-Verordnung erlaubt Stabilisatoren an sich ausdrücklich nicht, ebenso wenig wie die ▸Anbauverbände! Denn **die Stabilität** soll sich aus der handwerklich korrekten Bio-Herstellung selbst ergeben.

Dennoch enthalten auch Biolebensmittel neun der laut konventioneller Liste als Stabilisatoren zugelassenen Zusatzstoffe – dann allerdings in anderer Funktion (etwa als ▸Bindemittel) und wann immer möglich mit ökologischer Herkunft. Bei **Verbandsware** kommt dazu, dass einzelne Stoffe nicht generell (wie bei der EU-Bio-Positivliste), sondern nur im Zusammenhang mit einzelnen Produkten zugelassen sind.

Stabilisatoren sind als Helfer der konventionell arbeitenden Lebensmittelchemie sehr vielseitig: Sie dienen stabilisierend als Feuchthalter, ▸Säureregulatoren, Schaumverhüter wie -erhalter, Verdicker, ▸Geliermittel, Farbenverschoner, Wasserabweiser, ▸Antioxidationsmittel und sogar als Fett-Imitatoren. In Konventionellem stecken Stabilisatoren **in Hülle und Fülle**; vieles würde ohne sie anders aussehen als gewohnt.

Physikalisch zentral ist dabei die stabile Verbindung aus Wasser und Fetten, etwa in Mayonnaise, Milchprodukten, Salatsaucen. Stabilisatoren machen konventionelle Milchshakes schaumig und halten den Zustand stabil, damit sie

Stabilisatoren: Schäume sind Dekoträume, die nicht so schnell verfallen sollen – da helfen öfter ein paar Tricks …

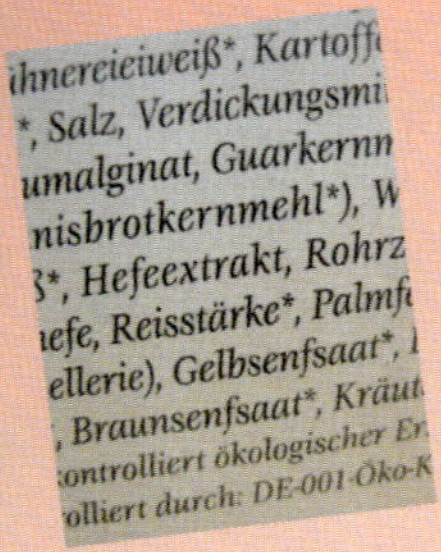

Stabilisatoren: Harmlose rückseitige Angaben zur noch natürlichen Verfestigung eines rein vegetarischen Schnitzels – das Aluminiumsulfat macht als Kristallbild was her und verfestigt als E 520 Kandiertes (nicht bei Bio)

Ohne künstliche Stabilisatoren: Den Bio-Pudding verfestigen allein rein pflanzliche Bindemittel

eben nicht so unprofessionell wirken wie selbstgemixte Milch mit pürierten Früchten. Calciumsulfat macht Brot erstaunlich kompakt und krümelfrei, Verdickungsmittel lassen den Light-Joghurt im Mund sahnig erscheinen. Gummi arabicum (E 414) unterdrückt in ▸Gummibärchen das Auskristallisieren von Zucker und stabilisiert den **Schaum** bei Bier. Weinige Tannine werden so mollig weich. Gesundheitsschädlich sind Stabilisatoren per se nicht, es gelten vielfach aber wie bei allen anderen eingesetzten Stoffen auch zulässige Höchstgrenzen. Da einige der Substanzen im Verdacht stehen, ▸allergen zu sein, könnten sich bei der **Neubewertung** durch die EU (bis Ende 2016 vorgesehen) noch Änderungen ergeben.

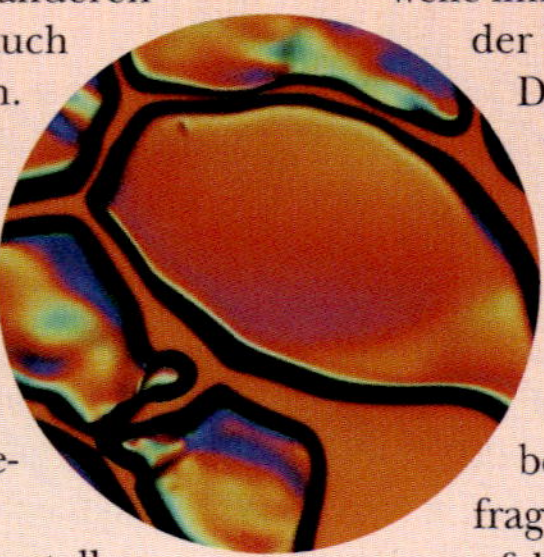

Nota bene: Wenn Bio-Hersteller ganz auf Stabilisatoren verzichten, müssen Konsumenten umdenken: Auf ▸Nussmus kann sich dann das natürlich enthaltene Öl ganz oben auf der Creme absetzen. Das lässt sich einfach **wegrühren**, genauso wie sich unstabilisiert aufrahmende ▸Sahne (frei von ▸Carragen) durch Rühren wieder homogen machen lässt.

Stachelbeeren

Mönche haben verdienstvollerweise die „Klosterbeere" kultiviert und früh kompottiert, am beliebtesten wurde sie als *gooseberry* in England. Die so geschätzte Säuerlichkeit vom Strauche *Ribes uva-crispa* findet mittlerweile immer mehr Anhänger in der Haute Cuisine. Durch ihr feines Spiel von Süße und Säure, einer Disziplin, in der sie es durchaus mit der Weintraube aufnehmen kann, ist die altmönchische „Christbeere" längst eine gefragte Ingredienz für etwas ausgefallenere Saucen. Kein Wunder, dass aus der Kraus- oder Krusebeere, wie sie regional genannt wird, auch ▸Fruchtsaft als ▸Nektar wird, der immer mehr reüssiert, auch für ▸Obstwein eignet sie sich. Die Pflanze als sog. **Stechdorn** erschreckt nicht mehr, behandschuhte Ernte bleibt Pflicht. Stachelbeeren gedeihen im südlichen Europa genauso wie im schottischen Hochland, in Nord-

deutschland wie in Zentralasien, wo ihr Ursprung vermutet wird. Die Briten haben ihrer Lieblingsbeere im 19. Jahrhundert eine Sortenvielfalt anerzogen, die leider nicht in die Moderne gerettet werden konnte. Generell gilt: Gelbe Beeren sind süßer als grüne und rote. Zur Weiterverarbeitung empfehlen sich knapp reife Früchte. Wer Stachelbeeren vom Busch genießen will, sollte sehr reife naschen – sie sind deutlich süßer.

Was für andere ▸Beeren gilt, betrifft auch die Früchte von *Ribes uva-crispa*: **Ökologisch** angebaute Stachelbeeren (2012 von nur 29 deutschen Öko-Betrieben) sind vorzuziehen: Werden in konventionell angebauten Früchten (von 259 Betrieben) regelmäßig ▸Rückstände von ▸Pflanzenschutzmitteln gefunden, sind ihre Bio-Schwestern meist giftfrei. So wiesen Stuttgarts CVUA *(Chemische und Veterinäruntersuchungsämter)* 2010 in 15 von 16 konventionell erzeugten Stachelbeerproben Pestizidreste nach. Die Bio-Vergleichsprobe war **unbelastet**.

Zu leicht haben es Bio-Beerenbauern mit der Krusebeere allerdings nicht. Der Echte Mehltau macht den Büschen zu schaffen. Als Abhilfe für den **Öko-Anbau** wird die gut durchlüftete, sog. 3-Ast-Hecke empfohlen. Ambitionierte Bio-Gärtner erreichen dies mit einem konsequenten Winterschnitt. Akuter Mehltau-Befall darf ab dem Frühjahr zusätzlich mit Netzschwefel behandelt werden; auch die Pilzvorsorge mit Fenchelextrakt wird empfohlen.

Nota bene: *Ribes uva-crispa* enthält reichlich Pektin, Vitamin C, E, B 1, B 2 und B 6 sowie Kalium, Calcium, Natrium und Phosphor sowie Provitamin A. Die Säure der Stachelbeere kommt von der Wein-, Apfel- und Zitronensäure. Ihr hoher Gehalt regt die Verdauung an, die außerdem enthaltene Kieselsäure soll für stabilere Gefäßwände sorgen. Und soll das Ergrauen von Haaren aufhalten – weil die Stachelbeere selbst so angedeutet „haarig" ist?

Stachelbeere: Pflücken nur mit Handschuh – und vom Busch weg genießen, wenn nicht mal als Joghurt aus dem Bio-Kühlregal

Stärke

Für sie haben Mensch und Tier eine Schwäche, denn sie ist das wichtigste nahrhafte Kohlenhydrat aus Pflanzlichem, gebildet per Photosynthese aus Energieüberschüssen. Der Energiereservestoff liegt als sog. Polysaccharid in Form von Körnchen vor, **pflanzliche Reserveorgane** dafür sind Samen, Früchten, Knollen, Wurzeln. Gewonnen wird solche „Speicherstärke" durch Nassvermahlen und Auswaschen. In ihrer natürlichen Form ist sie dann ein weißes, so geruchs- wie geschmacksneutrales Pulver, das in kaltem

Stärke: Gerade in glutenfreier Variante aus Mais nur ganz unverdächtig in Bioqualität – eben ohne Anteile von Gen-Mais

Stärke: Aus Mais gewonnen und dann vielseitig nutzbar als verkleisternder Naturbrei – oder in chemisch modifizierter Form

Wasser unlöslich ist. Bei Erwärmen auf 60–70° C quellen die Kleinstkörnchen auf und bilden einen klebrig-kleisterigen Brei, der beim Erkalten noch einmal verdickt, gelartig erstarrt und beim Lagern nachhärtet.

Flüssigkeiten werden so gerne mit traditioneller **Speisestärke** angedickt, in Teigen ersetzt Stärke (in ▸glutenfreier Variante, etwa aus Kartoffeln) bei Verwendung glutenfreier Mehle die sonst nun mal fehlende Binde- und Klebekraft. Im konventionellen wie Bio-Handel gibt es sie v. a. als Weizen-, Mais- und Kartoffelstärke, seltener aus Reis. Alle müssen trocken bei Temperaturen von 15–20° C aufbewahrt werden, dann halten sie mindestens ein Jahr. Obacht: Maisstärke ist weniger klebrig als solche aus Kartoffeln! Exotischere Varianten **glutenfreier Stärken** wären solche aus Maniok („Tapioka-Stärke") oder aus der wildwachsenden japanischen Kuzu-Pflanze. Die gilt ansonsten als edleres ▸Bindemittel oder hilft gelieren, hat aber auch den Ruf als Heilmittel gegen Herz-Kreislauf-Probleme und Darmbeschwerden.

Hauptbestandteile von Stärke sind neben Spuren an Eiweißen, Fetten und Phosphorsäure die verdaubaren Mehrfachzucker Amylose und Amylopektin. In der **Stärkeverzuckerung** kann Stärke durch Säuren und Enzyme über Dextrine und Maltose zu Zucker (Glukose) umgewandelt werden – und der nährt Hefen und befördert Gärungsprozesse. All diese Eigenschaften machte sich früh die Lebensmittelindustrie zunutze: Stärken an sich dienen und gelten als ▸Zutaten, die in harmlos physikalisch modifizierter Form quellstabiler gegen Hitze, Kälte, Säuren und Abscheren sind und so auch bei Bio vorkommen dürfen. Ist aber Stärke enzymatisch oder sogar **chemisch modifiziert**, wird sie zum ▸Zusatzstoff (mit den ▸E-Nummern 1400–1451) und ist für Bio ganz verboten. Bei Maisstärke kommt eine Problematik hinzu: Sie kann – außer bei Bioprodukten! – aus gentechnisch verändertem Mais stammen (besonders in den USA oder Argentinien), auch in Europa sind verschiedene Zutaten aus ▸**Gen-Mais** zugelassen. Jede Verwendung von Stärke aus ▸transgenen Pflanzen ist grundsätzlich kennzeichnungspflichtig und insofern meidbar – ob die eingesetzten Enzyme aus gentechnischen Verfahren stammen, geht jedoch nicht aus der ▸Zutatenliste hervor.

Aropos: Längst wird sogar Einweggeschirr aus Mais- oder Kartoffelstärke angeboten. Das ist biologisch abbau- und dazu schmackhaft essbar: Recycling mit Körpereinsatz.

Steckrüben

Die Zeit des deutschen Haderns mit dem Rapskohl, der norddeutschen Kohlrübe (die im Frühjahr „gesteckt" wird) ist noch nicht vorbei. Vor gut 100 Jahren befand ein sog. Appetitlexikon: „Die gute Küche bedient sich ihrer nur im Notfall", Schmack- und Nahrhaftigkeit ließen zu wünschen übrig. Die einstige Futterrübe war eben das Arme-Leute-Essen seit dem ersten „Steckrübenwinter" von 1916/17 und ist vielen als **schweinische Kost** im Gedächtnis. Dabei kann sie so saugut schmecken, diese „ostpreußische Ananas", und hat es nun bis in die Sterneküche geschafft.

Heute wird *Brassica napus*, Subspezies *rapifera* geschätzt wegen ihres so feinen herb-süßen Geschmacks (roh mit rund 5 % Zucker), der entfernt an ▸Möhren erinnert und sich bestens für **raffinierte Kreationen** eignet. Die Steckrübe ist eng mit dem ▸Raps verwandt, kann bis zu 2 kg schwer werden und farbchangiert äußerlich von gelblich-grün bis rötlich-violett. Das Fleisch ist weißlich bis gelb, knollenkleine Exemplare sind beliebt. In Deutschland wird ab September bis zum ersten Frost geerntet, verkauft werden die lagernden Rüben bis in den Mai hinein; zu Hause gedulden sie sich verpackungslos zwei Wochen im Kühlschrank, noch länger geht's im kalten und trockenen Keller. So wurde die Rübe zum Wintergemüse: Je später verarbeitet, **desto süßer** wird sie durch fortschreitende Umwandlung der Kohlenhydrate in Traubenzucker. Koch Harald Wohlfahrt (mit 3 Michelin-Sternen) setzte noch eins drauf: Er glasiert Steckrüben mit einem Sirup von Süßwurzelholz.

In Norddeutschland sind die Knollen verbreiteter als im Süden der Republik, aber nicht jeder Supermarkt führt Kohlrübe, Erdrübe, Bodenkohlrabi oder Wruke, so einige ihrer zahlreichen Namen, dafür in aller Regel jeder **Biohändler**. Häufig anzutreffen sind hier die Sorten Wilhelmsburger (grünlicher Kopf) und Helenor (rötlicher Kopf). Sie machen dem Biobauern wenig Sorgen, sind resistent gegen Mehltau, dabei ertragreich und eben lagerfähig.

So vielseitig wie ihre Benamung ist die Verwendung der Steckrübe: als Püree, Eintopf, Suppe oder Auflauf, zu Fleisch, Räucherfisch, in Kuchen, Marmelade oder Curry. Beim Einkauf sollten es Rüben **ohne Risse** sein: solche lassen nämlich auf ein eher holziges Inneres schließen.

Die Steckrübe ist aufgrund ihres hohen Wassergehalts (85–95 %) kalorienarm, enthält aber neben Zucker Eiweiß, Senföle, Folsäure, Mineralstoffe, Beta-Carotin, Provitamin A, Vitamin B 1 und B 2 sowie das auch zur Vitamin-B-Gruppe zählende Nicotinsäureamid. Aufgrund ihrer Inhaltsstoffe gelten Steckrüben als antibakteriell und sogar krebshemmend.

Tipp: Kauft man frisches Grünzeug an der Steckrübe mit, kann man es wie Spinat zubereiten. Ansonsten lieber schnell entfernen, denn es entzieht der Knolle die Flüssigkeit.

Steckrübe: Man sollte sie nicht mehr länger verachten, auch nicht ihr frisches Grünzeug, denn die vielen Spitzenköche, die sie schon verarbeiten, können nicht irren

Steinbutt

Ein immer nur seltenerer Wild- und Glücksfang, denn er ist als Edelstfisch hochbezahlt und von Könnerköchen höchstgelobt. Wild- und oft nur Beifänge (etwa neben ▸Seezunge, ▸Scholle, ▸Kabeljau) gibt es noch

Steinbutt: Kein Edel-, vielmehr schon ein Edelstfisch, hier mal umlagert mit Miesmuscheln – aber eben auch ein seltener wie selten teurer Fang

Steinbutt: Immer seltener werdender Wildfang, längst aus Aquakultur und zäh genug, langsam erstickend Trockentransporte zu überstehen

vor Europas Küsten und aus Mittel- wie Schwarzem Meer, eine hochbegehrte Unterart stammt aus Marokkos Atlantik. Manche angeln den wählerisch anbeißenden *Scophthalmus maximus* erfolgreich in Brandungszonen, ansonsten wird er mit den eher bodenzerstörerischen Grundnetzen an Bord geholt.

Erstaunlicherweise wurde sein Bestand nie wissenschaftlich erörtert, gleichwohl gilt er durch diverse Befunde als **gefährdet**. Der Fischführer von ▸ *Greenpeace* übergeht ihn; beim ▸WWF wird Wildfang eher nicht empfohlen, europäische Zucht gilt als „gute Wahl". Der Schweizer Verband *fair-fish* rät von Steinbutt ab.

Weil doch aber der Gourmet-Appetit so stark ist wie die **Gewinnmargen** steigen, wurde der nahezu runde Flachling, der in natura metergroß, 20 Jahre alt und 25 kg schwer werden kann, früh zum Objekt der ▸Aquakultur: In den 1970er-Jahren zuerst in Schottland, in den 1980ern in Chile. Bald darauf und maximal erfolgreich züchteten Betriebe *Scophthalmus maximus* in meerwasserdurchpumpten Landbehältern bzw. Becken in Nordspaniens Galizien. Auch in Portugal wird gefarmt, im deutschen Büsum und neuerdings gar **massenhaft** mit 60 000 t „Ernte" in China – in Europa sind es insgesamt gerade mal 10 000 t. Auch in der ▸EG-Öko-Verordnung ist der Steinbutt erwähnt und damit offizielle Spezies für die ▸ökologische Aquakultur – schließlich stammen **drei von fünf Tieren** nicht mehr aus dem Meer. Und: Steinbutt macht wertmäßig die Hälfte der EU-Aquakulturerzeugung aus!

Die konventionelle Aufzucht ist in komplizierten Details wie Probiotikagaben perfektioniert, den Weibchen werden ihre durch Lichtperioden sowie Wassertemperatur unnatürlicherweise alle 70–90 Stunden zur Ovulation provozierten Laichpakete ausgestreift, welche nach Besamung in Larvenbecken dann auch nicht gerade verlustfrei heranwachsen.

Steinbutte legen schnell zu und werden mit 0,7–2 kg (früher bis 5 kg) als Kleinis vermarktet; sog. **Babysteinbutte** (mit 30 cm) aus Wildfang sind grundsätzlich zu verschmähen – sie erreichten noch nicht mal ihre Geschlechtsreife (mit fünf Jahren).

Ein Steinbutt gilt als besonders zäh und ist als Liebhaber von Kaltwasser (14–18 °C) so kreislaufstabil, dass es ihm letztlich schlecht ergeht: Er bleibt (auf hoher See wie in Aquafarmen) auf Eis und weiter herabgekühlt erstickungsverlangsamt klaglos einen Tag am Leben, sodass er in alle Welt im sog. **Trockentransportverfahren** als „frisch" verschickt werden kann. Geschlachtet wird er dann unbetäubt nach Ausbluten oder finalem Ersticken auf Eis – Tierschützer wollen Elektrobetäubung durchsetzen.

Ach ja: Das so besonders weiße und feste Steinbuttfleisch ist so edel, dass es klassisch mit feinsten Saucen, bei modernen Kreativköchen aber auch mit Safran oder Kakao serviert wird.

Steinpilze

Schon die alten Römer verschlemmten seinesgleichen als edelsten aller ▸Pilze, unter Fichten, Eichen, Buchen zu suchen: *Boletus edulis,* der Pilz-Sympath. Der sog. Dickröhrling mit dem keuligen Stiel (bis 15 cm) wächst sich von Mai bis Oktober in Nadel-, Misch- und Laubwäldern als Symbiont in typischer Baumnachbarschaft aus und ist eigentlich unverwechselbar und pilzschön behutet, nur in klein **verwechselbar** mit wohlschmeckender Marone oder ungenießbarem Gallenröhrling. Sein derb-festes Fleisch gab ihm den steinigen Namen, es schmeckt mild-nussig und gilt im Gourmet-Metier als Hochgenuss.

Steinpilze sind bislang kultivierungsresistent und bleiben eben waldwilder **Sammelstolz**. In Deutschland jedoch stehen sie unter beschränktem Naturschutz und dürfen nur in Kleinmengen (2 kg pro Person/Tag) zum Eigenverzehr gesammelt werden!

Steinpilze aus professioneller ▸Wildsammlung dürfen nur dann als **Bio-Pilze** angeboten werden, wenn sie in bio-zertifizierten, also kontrollierten Sammelgebieten ihrem Myzel entwuchsen und nachhaltig sowie zerstörungsfrei ersammelt wurden. Bei der Verarbeitung werden solche Bio-Steinpilze dann schonender behandelt: mit **Lufttrocknung**, die Intensivaromen und mehr Inhaltsstoffe als bei maschineller Trocknung erhält. Was im Handel lockt, stammt oft aus Osteuropa und der Türkei, getrocknete sind meist chinesischer Herkunft. Dort wie in Ware aus anderen sog. Drittländern wurden Tests 2008 und 2009 fündig: Ob durch Kontamination oder gezielt – jedenfalls hatten Exemplare von *Boletus edulis* insektizide Nikotinduschen abbekommen; seitdem gab es keine neuen Meldungen. Gut auch, dass Steinpilze **nicht so anreicherungsgierig** wie andere ▸Wildpilze sind – sie nehmen weniger ▸Schwermetalle und ▸Radioaktives unter ihre Kappe.

Tipps: Steinpilze frisch zubereiten (bürsten, nicht waschen, sie saugen sonst) oder dünn aufschneiden und auf Pergament trocknen. Die edlen, erdörrten Pilzteile in Gläsern aufbewahren oder in Essig einlegen.

Steinpilze: Man bricht sie nie, man schneidet nur ganz unten ab, hat dann jedoch den „König der Speisepilze" auch waldentthront – zur angemessenen Küchenverehrung

Steinpilze: Getrocknet gleich um ein Vielfaches aromatischer und im Risotto ein Waldspaziergang auf dem Teller

Stevia-Süße: Die Blätter süßen Tee, der dann Joghurts und Brotaufstriche – die industriell erzeugten Süße-Kristalle sind bei Bioprodukten tabu

Stevia-Pflanze: Sie liefert die vielfache Süße von Zucker, und das kalorienfrei – ob sie deshalb so systematisch behindert wurde?

Stevia

Es ist schon skurril: Jahrzehntelang haben Bioläden und Reformhäuser die süßeste Pflanze der Welt, das südamerikanische „Honigkraut", als einzige in aller Bescheidenheit vermarktet, dann entstand ein weltweiter Hype um die **Wundersüße**: kalorienfrei und doch 300–450 mal süßer als ▸Zucker. Daraufhin hagelte es weltweit Verbote, Behinderungen, Panikmache. Schließlich kamen die amtlichen Tests auf Unbedenklichkeit und endlich Ende 2011 die Freigabe – allerdings nur als Süß- und Lebensmittelzusatzstoff mit ▸**E-Nummer 960** und damit als hochverarbeiteter Zuckerersatz- und ▸Süßstoff (v. a. die Steviolglycoside Rebaudiosid A und Steviosid). Die biotypische Vermarktung der Blätter von *Stevia rebaudiana* war also noch immer nicht erlaubt. Denn ein ▸Novel Food war Stevia auch 2013 nicht, trotz des Freispruchs, weder giftig noch krebsauslösend, erbgutschädigend oder missbildend zu sein (jedoch blutdruck- und blutzuckerspiegelsenkend).

So hat die Biobranche von all dem wenig. Stevia als ▸Zusatzstoff ist konventionell zugelassen, jedoch wegen des hohen Verarbeitungsgrades **bei Bio nicht erlaubt**. Konsequenterweise stimmten denn auch 60 % der Mitgliedsunternehmen des BNN *(Bundesverband Naturkost Naturwaren)* 2013 gegen neuerliche Bemühungen, E 960 zuzulassen. So gibt es von Bio-Herstellern bisher nur **steviagesüßte Tees** und Joghurts oder Light-Marmelade mit Süße aus Stevia-Tee-Extrakt. Dabei kann neuerdings Stevia-Pulver ohne aggressive Zusätze durch Trocknen und Pulverisieren gewonnen werden – natürlich auch aus ökolgischem Anbau.

Je unreiner allerdings die also nur konventionell benutzten **Stevia-Krümel**, desto eher mit einem (überdeckbaren) Hauch von Lakritz, je reiner, desto süßender, jedoch in Richtung Obergrenze mit Bitternoten – auch dies lässt sich ausgleichen, ob nun mit Süßstoffen oder schlicht mit Normalzucker.

Die neu-alte Süße Stevia beschäftigt weiterhin Ämter und Lebensmittelbranche: So spart „Zuckern" mit Stevia-Kristallen viele Kalorien, darf aber seit Juni 2012 so nicht mehr beworben werden. Verbrauchertäuschung als ▸Irreführung wären auch bloße Steviapflanzen-Hinweise oder eine Abbildung der Pflanze, doch die korrekte Formulierung **„mit Steviolglykosiden aus pflanzlicher Quelle"** oder „mit Süßstoff Steviolglykoside aus Stevia" bleibt unbeliebt.

Nota bene: Stevia in seiner Reinform bringt kein Volumen wie Zucker, so dass „gestreckt" werden muss – und sei es mit Haferflocken oder Nüssen.

Normal-Zucker lässt Backwaren bräunen, E 960 nicht; dabei ist das sog. Honigkraut wasserlöslich, hitzestabil und kann in Getränken mitpasteurisiert werden. Da wird noch viel experimentiert und am Beigeschmack repariert. Süße Aussichten?!

Stickstoff

Weil er als gasiges Element N (von *Nitrogenium*, wörtl. „Laugensalzherkömmliches") u. a. Flammen wie jedwedes sauerstoffbedürftige Leben „erstickt", heißt er so. Mit 78,1 % ist N anteilsmäßig das häufigste Element der Luft, für unsere Atmung zwar ohne Wert, aber wichtig für jegliches Leben. Ohne regelrechten Stickstoffkreislauf gäbe es keine Ökosysteme, denn Stickstoff steckt in Proteinen, in aller DNS und vielen essenziellen Naturstoffen, die N binden wie freigeben. Pflanzen, denen **Knöllchenbakterien** den Luftstickstoff fesseln helfen und die so per Photosynthese Eiweiße bilden, sind ackerbaulich hochwichtig. Umso elementarer im ▸ökologischen Landbau – denn dort sind die stickstoffreichen mineralischen ▸Düngemittel der konventionellen Landwirtschaft tabu, sodass das N auf anderem Wege pflanzliches Leben befördern muss. Wenn nicht per Leguminosen, dann durch Kompost oder Mist bzw. Gülle von ökologisch gehaltenen Tieren. Um einer **Überdüngung** des Bodens entgegenzuwirken, wie sie aus konventioneller Intensivbewirtschaftung bekannt ist, gelten bei Bio klare Beschränkungen der Stickstoffmengen.

Laut ▸EG-Öko-Verordnung dürfen pro Jahr und Hektar nur 170 kg Stickstoff ausgebracht werden (etwa als „Reste" aus der ökologischen Tierhaltung). Die Vorgaben der ▸Anbauverbände sind restriktiver, dort ist die **zulässige Stickstoffmenge** bei 112 kg pro Hektar und Jahr gedeckelt; für Obst, Gemüse, Wein, Hopfen gelten Einzelregelungen von 70–150 kg. So sind es im Garten- und Obstbau 90–110 kg N/ha und Jahr, im ▸Gewächshaus erlauben ▸Demeter und ▸Bioland 330 kg, im ▸Freilandanbau sind es bei ▸Naturland max. 100 kg/ha.

Stickstoff: Hat ihn der Boden nötig, bekommt er ihn in Gülle und Fülle, auch in ökologischen Betrieben nach dem Kreislaufprinzip – jedoch in Maßen, um Überdüngung sowie Grundwasserbelastungen zu vermeiden

Generell sehr kritisch gesehen wird der Einsatz stickstoffhaltiger Gülle – sie belastet **Grundwasser** und Gewässer durch Nährstoffsättigung und schädigt mit Algenwachstum Flora und Fauna. Denn schließlich landet durch Überdüngung das Zuviel an reaktivem Stickstoff aus all den Düngermassen schon in den Weltmeeren und bedroht ganze Ökosysteme v. a. mit Sauerstoffmangel, Verlusten an ▸Biodiversität und nicht zuletzt durch eine nachhaltige Zerstörung von Fischbrutgebieten. Vor dieser sog. **Stickstoff-Verschmutzung** wird von Wissenschaftlern besorgt gewarnt.

Nota bene: Gänzlich andere Verwendung findet N in der Konservierung verderblicher Lebensmittel, wenn Stickstoff als E 941 zusammen mit Kohlendioxid (E 290) in Verpackungen eingeblasen wird. Mit der Kennzeichnung „unter Schutzatmosphäre verpackt" soll das Gas etwa

▶Hackfleisch (als natürliche Konservierung gerade bei Bio) am raschen Verderben hindern. Bakterien und ▶Schimmelpilze killt dann das sauerstofffreie **Schutzgas-Milieu** unter Folie. Doch kleinste Beschädigungen des Materials können die Schutzatmosphäre unwirksam machen. Eine geschmackliche (oder sogar gesundheitliche) Beeinträchtigung sollte es zwar nicht geben – Stickstoff ist geschmack-, farb- sowie geruchlos –, doch Hack aus Schutzgas hat oft eine veränderte Konsistenz und kaum das typische Aroma loser Frischware.

Und Stickstoff kann noch mehr. Etwa in Lebensmitteln Schäume verhindern, aber auch erzeugen – so in manchem irischen Bier. Flüssiger Stickstoff wird in der **Molekularküche** eingesetzt, um Flüssiges fest oder Flüssigkügelchen knusprig zu machen samt Gefriernebel-Showeffekt. Zudem ermöglicht N die aroma- und nährstoffschonende, biobeliebte Gefriertrocknung. In allen diesen Fällen ist Stickstoff dann kein ▶Zusatz-, sondern nur ein technischer Hilfsstoff, der ungekennzeichnet bleibt.

Stielmus: Es macht v.a. den Rheinländern den Mund wässrig und muss sich für beste regionale Tellergerichte gehackt legen …

Stielmus

Ein sehr ▶regionales Blatt- und Frühjahrsgemüse (unter Vlies), denn die vom sog. Rübsen *(Brassica rapa)* abstammende Art erfreut sich v.a. im Rheinland und den Niederlanden großer Beliebtheit – woanders ist der Klassiker nahezu unbekannt. Das so anspruchslose Stiel- oder Stängelmus als **Rübstiel** (Gattung Kohl) gibt es eben nur beschränkt und ausschließlich in der ▶Saison von April bis Juni, seltener im Herbst; aus ▶ökologischem Landbau überrascht derlei öfter in ▶Biokisten. Die gezahnten hellgrünen Blattstiele bilden sich bei dicht kultivierten Mai- oder Herbstrübsen nur mit winzigen Knollen aus. Schon nach kurzem Wachstum erreicht der Rübstiel mit 10–15 cm Schnitthöhe. Kennern schmeckt in erster Linie das Geblätter, nur junge Stiele sind gehackt und gedünstet ein Genuss.

Der ausgeprägt kohlartige, fein-säuerliche Geschmack verheißt Deftiges, und so wird Stielmus traditionell zusammen mit Fleisch oder gemischt in Kartoffelstampf gegessen, seltener und eher neuerdings roh als Salat. **Westfalen** lieben Stielmus als Eintopf mit Kartoffeln und Rindfleisch. Ihr Beiname „Knisterfinken" kommt vom Zähneknirschen durch die Sandkörner nach zu flüchtigem Waschen. Weil die feinen Blätter schnell welken, ist bei der Zubereitung Eile geboten: am besten direkt nach der Ernte (im Idealfall eigene aus Biosaatgut), spätestens jedoch nach 2–3 Tagen kühler Lagerung.

Ähnlich wie der verwandte ▶Chinakohl enthalten die rettichhaften Stängel neben Kohlenhydraten, Mineralstoffen, Provitamin A und Vitamin C (immerhin 36 mg/100 g) wenige Kalorien und reichlich verschärfende ▶Glucosinolate und Senföle.

Nota bene: Weniger bekannt ist das ursprünglich aus Japan stammende Pikantpendant **Mizuna**. Es liegt

Stiftung Warentest: Blindverkostung nach Kriterien, die Bioprodukten ja nicht immer ganz gerecht werden (das Gebäck dient dazu, den Gaumen zwischendrin zu neutralisieren)

geschmacklich eher zwischen Rucola und Brokkoli, weshalb es gern mal *Japanese mustard* oder *California peppergrass* heißt. Das kälteresistente Kraut wird oft in Bioqualität angeboten.

Stiftung Warentest

Über Geschmack lässt sich nicht streiten, heißt es, doch die unabhängige, aber öfter als etwas Bio-blind bezeichnete *Stiftung Warentest* (Bekanntheitsgrad 2013: 92,8 %) und die von ihr immer mal wieder **kritisierte Biobranche** beweisen, dass es doch geht. „Biofleisch schmeckt nicht besser" – es sind etwa solche absoluten Aussagen (2013 von Stiftungsvorstand Hubertus Primus getätigt), die Bio-Hersteller und ▸Anbauverbände regelmäßig aufbringen.

Denn was die Ende 1964 durch die Bundesrepublik Deutschland in Berlin gegründete und bis heute unabhängige, bezuschusste Organisation für vergleichende Warentests publiziert, wird viel beachtet. Unter den markantesten ▸Gütesiegeln galt **ihr rot-weißes „t"** 2013 mit 76,1 % Zustimmung als vertrauenswürdigstes Qualitäts-Logo. Wer dieses Label mit dem Zusatz „gut", „sehr gut" oder gar „Testsieger" auf sein Produkt kleben kann, hat einiges gewonnen – wenn diese Erfolgswerbung auch seit Juli 2013 **lizenzgebührenpflichtig ist**, mit nun 7 000 Euro pro Jahr statt 500.

Quell der Unbill sind meist die innerhalb der Gesamttests sehr hoch gewichteten **Sensorik-Noten**. Sensorik sei „die Wissenschaft vom Einsatz menschlicher Sinnesorgane zu Prüf- und Messzwecken", sagt DIN-Norm 10950–1. Und macht damit klar, dass sie mehr sein soll als der bloße Geschmack von Gaumen und Zunge, es also durchaus auch um Geruch und Aussehen geht. Und dass eine waschechte Biomöhre ungewaschen sein sollte, passt dann wohl nicht in DIN-genormte Testlabore.

Entsprechend ist in der Zeitschrift „test" von „Fehlern" die Rede, von Abweichungen in Geschmack und Aussehen, die dann immer wieder zu **Abwertungen** in den Geschmacksnoten v. a. bei weiterverarbeiteten Produkten führen. Wo ▸Food-Processing Naturgeschmack verändert oder normt, müssten Bio-Hersteller mit ihren naturbelassenen Ausgangsrohstoffen und dem möglichst erhaltenen authentischen Geschmack eigentlich punkten, etwa bei bittereren Rapsöl-Noten – doch die Stiftungs-Tester bemängeln derlei häufig. Inwiefern die Widersprüche aus dem Bio-Lager öfter mal schon reflexhaft sind, sei dahingestellt; es geht eben um **grundsätzliche Parameter**.

So ist eine biotypische ▸Textur durch den Verzicht auf etliche ▸Zusatzstoffe ebensowenig ein Kriterium, wie die

Begehrte Zeichen: Ist Bio schon gut, ist das Logo der Stiftung Warentest dazu noch besser, auch wenn es 2013 teuer wurde

Stiftung Warentest: Noch bekommen Bioprodukte das begehrte Logo mit dem „t" seltener, weil den Testern das Ökologische noch nicht so recht schmeckt

ja erst aus dem Weglassen von ▸Konservierungsstoffen resultierende kürzere ▸Haltbarkeit bei Bio mal zu einer Würdigung (statt Bemäkelung) führte. Auch das bionormale Fehlen von ▸Pestiziden ist kein Qualitätsmerkmal, auch die generell größere ▸Nachhaltigkeit von Bioprodukten nicht.

2007 kam die Stiftung in einem großen **„Bio-Test"** zur Schlussfolgerung: „Bio ist nicht immer besser als Nicht-Bio." Was den Mitbewerber ▸ÖKO-TEST (Bekanntheit 2013: 85,2 %, Vertrauenswert jedoch nur 63,2 %) zu der Bemerkung veranlasste: „Das Ergebnis erscheint fragwürdig".

Ohne Frage aber schlagen solche Sätze in der Medienlandschaft ein; da werden die eher differenzierten Stiftungs-Untersuchungen schnell zu kurzen Schlagzeilen („Die Bio-Lüge") und gern zum ▸**Bio-Bashing** genutzt. Das war auch 2010 nicht anders, als erneut Bio-Kritikpunkte und Öko-Besonderheiten benannt wurden und „test" durch etliche Hervorhebungen eigentlich zu recht wenigen Punktabzügen kam, sogar die Ausreißer aufzählte. Aber wieder einmal stürzte sich die Publikumspresse auf die Einzelfälle. Und hängen bleibt ja bekanntlich immer irgendwas …

Apropos: Anhand des Eingangszitats „Biofleisch schmeckt nicht besser" lässt sich einiges erklären. So führte Hubertus Primus weiter aus: „Die Motivation Biofleisch zu kaufen, kann aber daher kommen, dass der Einzelne etwas für eine artgerechte Tierhaltung und den Tierschutz tun will. Und das ist ja auch ein **Qualitätskriterium**." Und damit hat er recht – nur wird Ähnliches zu selten so differenziert kommuniziert. Auch wurde daraus noch kein schwergewichtiger Stiftungs-Maßstab. Der ja noch ergänzt werden könnte: ▸Biofleisch ist zudem rückstandsfrei, nie mit ▸Futter aus ▸transgenen Pflanzen erzeugt und stammt insgesamt aus umweltgerechterer Tierhaltung.

Stör

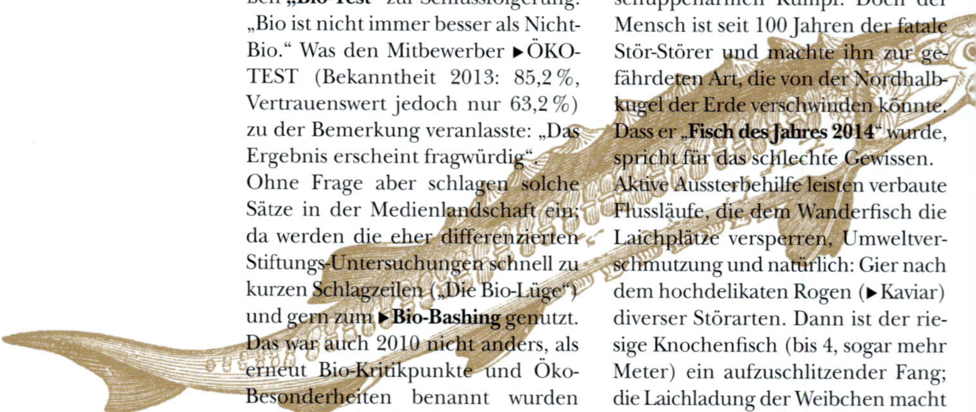

Kein schöner, aber ein sehr markant archaischer Fisch mit Knochenplattenpanzerung und 250 Millionen Jahren Stammesgeschichte auf seinem schuppenarmen Rumpf. Doch der Mensch ist seit 100 Jahren der fatale Stör-Störer und machte ihn zur gefährdeten Art, die von der Nordhalbkugel der Erde verschwinden könnte. Dass er **„Fisch des Jahres 2014"** wurde, spricht für das schlechte Gewissen.

Aktive Aussterbehilfe leisten verbaute Flussläufe, die dem Wanderfisch die Laichplätze versperren, Umweltverschmutzung und natürlich: Gier nach dem hochdelikaten Rogen (▸Kaviar) diverser Störarten. Dann ist der riesige Knochenfisch (bis 4, sogar mehr Meter) ein aufzuschlitzender Fang; die Laichladung der Weibchen macht 10–20 % ihrer Fischleibmasse aus.

Bis heute leerten sich Flussmündungen Europas, Asiens und der USA, in denen Jungstöre jahrelang heranwachsen, auch in den Meeren sind die Einzelgänger **selten geworden**, wo sie bis zur Geschlechtsreife (nach etwa fünf Jahren) auf Küstenwanderung gehen; auch die Rückkehr ins Schlupf- als neues Laichablage- und

Befruchtungsgewässer unterbleibt. Heute wird gegengesteuert: In Frankreich wurden schnellwüchsige Sibirische Störe ausgesetzt, Millionen Jungstöre aus Zuchtanlagen landeten in der Oder – für erhoffte Wiederkehr nach einem Halbdutzend Jahren.
Dabei war das feste, grätenfreie Störfleisch auch früher nicht sonderlich beliebt. Außer in Russland, wo **Vollverwertung** Tradition ist: Schwimmblasen zur Weinklärung, Knochen für Fischleim, Haut als Leder.
Den wenigen schnellwüchsigen unter den allesamt bedrohten 27 Arten des Störs soll nun die ▸Aquakultur helfen, die heikel war, aber längst perfekt beherrscht wird. Und sich lohnt: 2013 kostete Zuchtstörkaviar etwa 1 500 Euro pro kg. Per Wassertemperatur wird Eireiferei in Serie provoziert. Den Weibchen wird trickreich mit Kaiserschnitt (in Deutschland untersagt!) nur verunreinigter Kaviar, heute mit Bauchmassage und **Ausstreifen** ihr Rogen untödlich, damit mehrmals entnommen. In der ▸ökologischen Aquakultur sind Besatzdichte (max. 30 kg/m³), artgemäßes Wasserströmen und Austauschwasserqualität strenger definiert.
Zuchtstör kann durchs Aussetzen der Wiederansiedlung dienen. Helfen könnten überdies die weltweiten Schutzprogramme vom ▸WWF, der allerdings auch für eine Nutzung der **Wildstörarten** plädiert – dann eben in ▸nachhaltiger Form. Nützlich ist auch eine Kennzeichnung für Kaviar, helfen tun Fangverbote für Donau-Stör (fünf der sechs Arten dort stehen vor ihrer Ausrottung!) in Bulgarien/Rumänien oder strenge Kontrollen im Iran. Hoffnungslos ist die Situation in Russland – hier blüht das illegale Störschlachten für die ungebremste Kaviar-Völlerei.

Stör-Verstörung: Ganz frisch im russischen Laden ein schon riesiger Allerweltsfisch, dem jedoch reine Kaviargier erst nachhaltig den Garaus machte

Strauß-Spaß: Seit 1860 in Südafrika ein Farm- und gelegentlich auch Reittier, inzwischen des roten Fleisches wegen auch in Deutschland gern gehalten

Strauß

Nun brat mir einer'n Storch – geht nicht, denn der ist fast überall streng geschützt. Brat mir einer'n Strauß, das geht problemlos und nicht nur in Südafrika. Auf dem gleichen Längengrad wird *Struthio camelus* (von griech. „kamelfarbener Spatz") in Europa als ▸**Zuchtwild** gefarmt. Von drei Zuchtarten eignet sich dazu der sog. Blauhalsstrauß am besten; sein ▸Straußenfleisch gilt als Delikatesse. Was spräche dagegen, das Großgeflügel hierzulande weiden zu lassen? Alles oder nichts! Alles, was dagegen

spricht, sind neben der Riesenentfernung vom Heimatort alte Klischees wie fehlende Wüste – und die grundsätzliche Frage von Tierschützern: Ob Wildtiere überhaupt als Nutztiere gehalten werden dürften, und wie das ▸**artgerecht** gehen solle.
Inzwischen haben zwei Dissertationen immerhin nachgewiesen, dass Strauße kein Sonderklima brauchen und (auch in Afrika) bei Hitze eher leiden;

Strauß: Züchter warnen Besucher am Zaun, dass die Hähne zu gern mal einen Strauß ausfechten …

das ließ sich in den deutschen Heißsommern 2003 und 2006 beobachten. Südafrikanische Wüsten haben Temperaturen von 0–50° C, Straußenfarmen gibt es dort seit 1830.
Immerhin ließ das BMELV *(Bundesministerium für Ernährung, Landwirtschaft und Verbraucherschutz)* 2006 die FAL *(Bundesforschungsanstalt für Landwirtschaft)* prüfen, ob tierschutzgerechte Straußenhaltung möglich und was der Witterungseinfluss sei. Befund: „Keine klimatisch bedingten Anpassungsschwierigkeiten."
Die Diskussion über artgerechte Haltung für den größten Vogel der Welt in Deutschland hielt Ende 2013 noch an. **Tierschützer** verneinten sie pauschal, aus ethischen Gründen, engagierte Halter und ihre Lobby wie der BDS *(Bundesverband Deutscher Straußenzüchter e. V.)* hielten dagegen. Letzterer befürwortete allerdings zu lange eine angeblich artgerechte Stallhaltung (wissenschaftlich widerlegt) und während Vogelgrippen-Zeiten sogar die dauerhafte Aufstallung. Die wiederum ist so eindeutig unnatürlich und tierungerecht, dass sich

der BDS 2003 spaltete und in *artgerecht e. V. – Berufsverband Deutsche Straußenzucht* seither seinen Gegenspieler hat. Dessen Mitglieder gönnen den bis zu 70 km/h schnellen Rennern bedingungslose **Lauffreiheit** und mehr Platz auf der Weide – samt Schattenplätzen und Offenstall zum freiwilligen Aufsuchen (im deutschen Regen schlafen die unempfindlichen Tiere sogar draußen).
Erst einige wenige Straußenfarmen in Deutschland, Österreich und der Schweiz sind biozertifiziert, die meisten vermarkten Fleisch, Eier, Federn direkt ab Hof. Via Internet lässt sich sogar Bio-Hundefutter mit Straußenfleisch ordern – von ▸Bioland.

Straußenfleisch

Das urafrikanische, inzwischen aber eher europäische Fleisch vom größten und schwersten aller Vögel ist mager, zart, feinfaserig und ähnlich rot wie das Fleisch von Rind oder Bison. Meistens ist es aber etwas teurer als ▶Rindfleisch, doch deutlich günstiger als Bison und wird im Handel oft in gefrorenen oder aufgetauten Stücken angeboten. Nach der BSE-Krise (in Deutschland 2001) boomten kurzzeitig Nachfrage und Appetit darauf. Statistisch lieferten 2012 in Deutschland immer noch **2004 zerlegte Strauße** 108 t Großvogelfleisch. Bio-Straußenfleisch ist derzeit noch rar und wird ohnehin meist direkt vermarktet – wer Steak vom Bio-Strauß will, muss also erst recherchieren. Oder gibt sich mit Fleisch von Straußenfarmen zufrieden, die sich der artgerechten Aufzucht verschrieben haben. Hinfahren und Beurteilen lohnt!

Dann ließe sich im ▶Hofladen auch die **Delikatesse Straußen-Ei** entdecken (in der Saison von Frühjahr bis Herbst), die 20 cm groß sein sowie meist 1,5 kg, max. aber 1,9 kg wiegen kann und damit allein schon 12–25 Hühnereier übertrumpft. Praktisch für die Halter: Straußenhennen produzieren für Nestraubfälle immer mehr Eier, als sie bebrüten können.

Gefarmte Strauße sind nach 12–16 Monaten markt-, also schlachtreif mit 50–60 kg, davon sind allerdings nur 50 % „Ausbeute". Wegen der Flugunfähigkeit gibt es keine Brustmuskulatur, genutzt werden v. a. die kräftigen Keulen für **Straußensteaks** oder -rouladen. Aus dem Stück direkt hinter der Keule kommt das Filet, das Fleisch von Hals und Flügeln wird häufig zu Wurst (etwa Straußensalami) und ▶Hackfleisch verarbeitet, als delikat gilt auch die Leber.

In Sterne-Restaurants kommt Strauß gern mal auf den Tisch, meist mariniert oder für Puristen *au nature*.

Vogel-Strauß-Fleisch schmeckt zwar nach Rind, enthält aber geflügeltypisch deutlich weniger Fett, nämlich nur 1,2–2 % (Rind: 8–15 %). Straußenfleisch ist kalorien- und cholesterinarm (unter 58–68 mg/100g), der Eisengehalt liegt bei 3,5 mg/100 g.

Nota bene: Der lange Hals vom Strauß kann in Scheiben geschnitten wie Kalbshaxe italienisch als *Osso buco* zubereitet werden. In Südafrika ein wohl weniger befremdliches Rezept.

Streuobst

Früher waren es noch Früchte von der Obstwiese „in Streulage", seit den 1940er-Jahren wurden sie zu „Streuobst" von einzeln und in naturnaher Lage ragenden **Hochstämmen** – im Gegensatz zum offiziösen ▶Obst aus den Ernten von halb- bis niederstämmigen, dicht bepflanzten Plantagen. Extensiv bewirtschaftete Streuobstwiesen stehen seit ihrer Wiederentdeckung und Wertschätzung heute für ▶Biodiversität und eine **naturverträgliche**, wenn auch ertragsärmere Wirtschaftsweise. Bis zu 5 000 Tier- und Pflanzenarten leben zwischen den verstreut wachsenden Bäumen, auf denen bis zu 3 000 meist ▶regionale und ▶alte Sorten wachsen.

All diesen Solitären ging es nach dem Zweiten Weltkrieg im Sinne einer vermeintlich effizienten Wirtschaftsweise an den Stamm, es wurden Prämien für jeden gefällten Baum fällig. Denn der **Ertrag** einer Obstplantage

Streuobst: Auf Saftetiketten als Qualitätsmerkmal für die naturnahere Herkunft „eingestreuter" Hinweis auf den obstigen Lockerbestand, unter dem sogar oft noch die Hühner lachen …

mit niedrigen Gehölzen am Spalier steht zu dem einer Streuobstwiese im Verhältnis von etwa 9:1. Die sog. **Abholzprämie** war, im Sinne der Erfinder jedenfalls, ein voller Erfolg bis in die Gegenwart: Noch zwischen 1979 und 2009 verringerten sich die Streuobstflächen etwa in Nordrhein-Westfalen um volle 74 % – obwohl ein Umdenken längst begonnen hatte. Allerdings lassen Suburbanisierung, Straßenbau und immer neue Gewerbegebiete in den Siedlungsrandzonen freie Flächen **weiter schrumpfen**. Bundesweit gab es im Jahre 2012 zwischen 300 000 und 350 000 ha an Streuobstflächen, wovon allein 60 % in Baden-Württemberg lagen.

Immerhin nimmt der ökologisch bewirtschaftete Anteil wieder stetig zu: von 14 300 ha (2009) auf 17 000 ha (2012); das ergab einen **Bio-Anteil** von 4,5 %. Und auch für die nicht biozertifizierten Flächen gilt: ▸Pestizide und synthetische ▸Düngemittel sind bei Streuobst nicht nur verpönt, sondern auch schwer zu handzuhaben. Und da Streuobst neben Regionalcharme auch viel Naturnähe bietet, wird von Giftigem ohnehin meist abgesehen. Ein Grund für die dennoch oft fehlende Bio-Zertifizierung ist in den **hohen Kosten** zu suchen, die sich durch die extensive Bewirtschaftung öfter nicht lohnen. Um die ▸Kontrollen bezahlen zu können, vermarkten Streuobst-Bauern ihr Obst an Saftpressen, was den finanziellen Ertrag vervielfacht (noch einträglicher ist die Bewirtschaftung für Kleinbrennereien) – oder sie schließen sich in regionalen Vereinen zusammen, um die Kosten einer Bio-Zertifizierung gemeinsam zu tragen. Unterstützt werden sie dabei vom **NABU** *(Naturschutzbund Deutschland)*, der Streuobstwiesen als ökologische Flächennutzung propagiert. Zudem vergibt der NABU unabhängig von der Bio-Zertifizierung auch ein ▸Gütesiegel für **nachhaltige Streuobstproduktion**. 2011 gingen 40–50 % der als Streuobst geernteten Äpfel in die Saftproduktion, 10 % wurden als Tafeläpfel vermarktet und 30–40 % privat verbraucht. Aus einem kleinen Anteil erbrannten sich Kenner ihren Geist oder trockneten eigene Apfelringe. Im Vergleich zur Plantage sind Streuobstwiesen deutlich stärker von Wetterschwankungen mit Bienen-Unlust zur Befruchtung betroffen. Die **Ernte** ist jedes Jahr anders groß – auch mal eher klein. Doch Streuobst ist wieder in, was sich u. a. an der 2013 lan-

Streuobst: Hier fällt mal der Apfel noch sehr weitläufig vom Stamm, aber er lohnt die Ernte mit Urgeschmack und Rückstandsfreiheit durch extensives Ernten und wieder intensive Pflege des Regionalen

cierten ▶Bionade in der Sorte Streuobst (noch in begrenzter Stückzahl) ablesen lässt. Gut zu wissen, dass das BVL *(Bundesamt für Verbraucherschutz und Lebensmittelsicherheit)* 2011 erneut nachwies, dass für die meist ▶naturtrüben Streuobstsäfte zwar weitgehend **Fallobst** benutzt würde, dies jedoch nicht zu einer höheren Belastung der ▶Fruchtsäfte mit dem so gefürchteten Gift des ▶Schimmelpilzes Patulin führt. **Tipp:** Noch mehr Infos gibt es unter www.bio-streuobstvereine.

Stutenmilch

Zunächst womöglich ein emotional etwas belastetes Produkt, doch die Unvorstellbarkeit von „Pferdemilch" wurzelt in historischen und langsam schwindenden Tabus. Das ist gut so, denn es gibt viel Gutes zu entdecken. Fohlens Säugetrunk ist **besser** als die ▶Milch für ▶Kälber von der Kuh, denn Stutenmilch kommt in ihrer Zusammensetzung der menschlichen Muttermilch am nächsten.

Bio-Stutenmilch stammt zumeist von Pferden, die nach den Richtlinien der ▶Anbauverbände gehalten werden. 15–20 l täglich dürfen Fohlen trinken, nur 1–2 l werden der Mutter abgemolken. Deshalb kommt Stutenmilch in Deutschland meist **direkt vom Erzeuger**, wird im ▶Hofladen frisch als ▶Rohmilch oder gar ▶Vorzugsmilch, eher aber schockgefroren oder (in schonendster Konservierung) etwa als gefriergetrocknetes Pulver verkauft. Stutenmilch ist ab 35° C hitze- und oxidationsempfindlich und damit geschmackswandlerisch, lässt sich also nicht wie Kuhmilch einfach pasteurisieren.

Besonders wertvoll macht die Stutenmilch ein Stoff, der die körpereigene Abwehr bestärken soll: das **Immunglobulin IgA**. Ebenso enthält sie das eiweißspaltende Enzym Lysozym.

Stutenmilch steht im Ruf, nicht nur bei Keuchhusten, sondern auch bei Rheuma, Arteriosklerose und Osteoporose zu helfen, ebenso wie bei Störungen der Magen-Darm-Funktion. Für **Kuhmilch-Allergiker** und nichtgestillte Säuglinge ist Stutengemelk ein Segen; wegen des geringen Fettanteils (1–1,5 %) wird für Säuglinge allerdings empfohlen, etwas ▶Keimöl zuzusetzen, um auf den muttermilchgemäßen Anteil von 3,8 % zu kommen. Die 1,7–2 % Eiweiß in Stutenmilch (Muttermilch 1–1,5 %) sind im Kuhmilchvergleich leichter verdaulich, der Anteil von Milchzucker kommt mit 6,3 % den 6,9 % der Muttermilch sehr nahe.

Ein bekannter **Bio-Pferdebetrieb** ist das von ▶Demeter zertifizierte Kurgestüt Hoher Odenwald, das schon 2007 vom BMELV *(Bundesministerium für Ernährung, Landwirtschaft und Verbraucherschutz)* „für seine vorbildliche Entwicklungsarbeit" mit dem Förderpreis Ökologischer Landbau ausgezeichnet wurde. Hier leben auf 440 ha 350 Pferde, darunter 150 Milchstuten. Gestüts-Spezialität ist eine ▶fer-

Stutenmilch: Sie kommt der Muttermilch am nächsten, gern verpulvert, auch frischflüssig oder verkäst

Superfood, Superfruits: Je exotischer die Frucht, desto vielversprechender und vielsagend teurer, denn der feste Glaube an Verjüngung, Verpowerung oder Entkrebsung versetzt Berge von Skepsis

mentierte Milch, die als prickelnder und schwach alkoholhaltiger Sauermilch-Hefedrink dem mongolischen Nationaltrunk und Original **Kumys** gleicht (vgl. auch ▸Kefir).
Seit einigen Jahren gibt es eine weitere Bio-Alternative: „StuZi“, ein Mix aus Stuten- und ▸Ziegenmilch im Verhältnis 1:2, der auch zur Herstellung von Weich- sowie Frischkäse dient – alles in Bioqualität.

Superfood

Marketingbegriff, mit dem seit der Jahrtausendwende einzelne Lebensmittel, und sei es nur in zugesetzter Form (als „Functional Food“) angepriesen werden, deren spezifische ▸Nährstoffe bzw. biochemische Zusammensetzungen dafür geeignet scheinen, den modernen Menschheitsgeißeln wie Krebs, Herz- und Kreislaufleiden sowie Gefäßkrankheiten, daneben aber auch Übergewicht, schwacher Sehkraft, mangelnder Potenz, Depressionen und Altern vorzubeugen. Kurzum: Superfood ist ein **Hoffnungsträger** im komplexen Leben der Zivilisationsgeplagten.
Zu den derart beworbenen **Über-Lebensmitteln** zählen natürliche *Superfruits*, meist Beeren wie die so exotische ▸Aroniabeere aus Nordamerika oder die in Asien entdeckte ▸Gojibeere, aber auch Heimisches wie ▸Heidelbeeren. Weitere Beispiele sind die seit 2005 in Europa als ▸Açai vermarktete Frucht der südamerikanischen Açai- oder Kohlpalme *(Euterpe oleracea)*, deren Konsum angeblich Gewichtsabnahme und **Verjüngung** (das populäre *Anti-Aging*) zur Folge hat, und sog. Mikro-, v. a. Spirulina-Algen. Aber auch nur noch wenig Exotisches wie ▸Brokkoli (das enthaltene Sulforaphan wirkt angeblich gar gegen Krebs), ▸Nüsse, ▸Granatäpfel, das sog. Gelée Royale, ▸Cranberrys oder ▸Avocados zählen dazu. Insbesondere die ▸Obstexoten kommen häufig getrocknet, pulverisiert oder gleich als Schluckkapsel, kurzum als ▸**Nahrungsergänzungsmittel**, auf den Gesundheitsmarkt. Im Bioladen und Reformhaus stammen die Inhaltsstoffe dann immer öfter auch aus ▸kontrolliert biologischem Anbau und sind nicht so hoch verarbeitet wie in Konventionellem. Am verbreitesten sind solche Bio-*Superfruits* ohnehin als ▸Trockenfrüchte, die den Anspruch an **Naturbelassenheit** wahren – und damit jene Stoffe, die den Super-Ruf rechtfertigen sollen.
Auf diesem Feld ist es letztlich eher schwierig, zwischen Wissenschaft und Scharlatanerie zu unterscheiden.
Gewöhnlich enthalten Superfoods, deren Ursprung in der fitnessvernarrten US-Kultur zu suchen ist, besonders viele ▸sekundäre Pflanzenstoffe, ▸Vitamine oder ▸Mineralstoffe; am

Superfood: Wer es nur mit Überzeugtheit isst, um Schönheit wie Jugend wieder auf Augenhöhe zu begegnen, überhört da wohl zu gerne ein ganz leises „Denkste!“

besten aber ▸**Antioxidantien**, jene Akteure in der Theorie der ▸freien Radikale. Eine Definition für Superfood fehlt jedoch – schon ▸naturtrüber Apfelsaft ist klarem unbestritten vorzuziehen. Vielmehr wird der Begriff vom Vermarkter, gern auf Basis einer aus Studien gezogenen Einzelerkenntnis, ins Spiel gebracht.

Nicht selten sind die Super-Inhaltsstoffe selbst umstritten – von deren Wirkung ganz zu schweigen. Bestes Beispiel ist die **Gojibeere** vom Busch des Gemeinen Bocksdorn, die in der traditionellen chinesischen Medizin das Yin verringern und gegen Krebs, Augenleiden und erhöhte Blutzuckerwerte helfen soll, von der es unter Forschern aber heute heißt, sie habe ganz gewöhnlichem Obst nichts voraus. Schlimmer noch: Aus konventionellem Anbau fallen Proben seit Jahren immer mal wieder durch ▸Rückstände von Pestiziden auf.

Kritiker weisen Superfood-Gläubige ohnehin gerne auf die Vorzüge einer **ausgewogenen Ernährung** hin – die wäre schon ein super Fortschritt.

Supermarkt

Die logistische Supermaschinerie für ein Superangebot in superber Breite und zu Superpreisen – der Kern des modernen Lebensmitteleinzelhandels, fachlich **LEH**. Neben den etwa 11 000 Supermärkten zählten dazu 2012 in Deutschland statistisch noch die 894 meist größeren Verbrauchermärkte, rund 10 000 kleinere Läden sowie die 16 393 ▸Discounter.

Auch für ▸**Biokonsumenten** ist der Supermarkt (per definitionem ab 400 m² aufwärts und mit max. 25 % Non-Food-Artikeln im Sortiment) die Nummer Eins beim ▸Einkaufen. 2013 gaben beim „Ökobarometer" 82 % der Befragten an, ihre ▸Biolebensmittel in erster Linie dort zu besorgen. Knapp mehr als die Hälfte sagten sogar, ihre Neugier auf Bio sei durch ein verändertes Sortiment oder neue Bioprodukte im „Stamm-Supermarkt" geweckt worden. Andererseits: Schon 2012 ergab das „Ökobarometer", dass gerade mal 14 % auch ▸**Vertrauen** in supermarktige Bio-Angebote haben. Im Jahr darauf

Supermarkt: In der Riesenhülle die Überfülle an Preiswertem und gern mit einer vielfaltärmeren Standard-Bio-Ecke

Supermarkt: Wenn dort etwas in die Tüten kommt, dann eben konkurrenzlos preiswert - selbst mancher Bio-Wert, öfter immerhin in Alternativtaschen

wurde leider nicht mehr nachgefragt, ob weiterhin die Gewohnheit stärker als die Glaubwürdigkeit war. Schließlich wurde im deutschen konventionellen LEH 2012 die **Hälfte des Bio-Umsatzes** gemacht; im ▸Bioladen und ▸Bio-Supermarkt waren es 31 %.

Doch gerade im Hinblick auf die Bio-Performance gibt es bei Supermärkten große Unterschiede. Unter dem Dach der Marktführer „Edeka" und „Rewe" agieren eben rund 15 000 selbständige Ladner mit teils beachtlichen Verkaufsflächen. Unter denen finden sich etliche **Bio-Fans**, die regelrechte Naturkost-Abteilungen integriert haben, deren Sortiment bis zu 3 000 verschiedene Bio-Artikel umfassen kann. Im Durchschnitts-Supermarkt aber finden sich rund 1 000 Bio-Artikel (im Naturkost-Fachhandel sind es allerdings bis zu 8 000); 300–400 Artikel etikettieren bereits die ökologischen ▸**Handelsmarken** der einzelnen Supermarktketten – meist logistisch einfacher zu handhabende sog. Trockenprodukte.

Bis etwa 2010 wurde „Supermarkt-Bio" bewusst ausgeweitet, seither konzentrieren sich die Betreiber eher auf die wichtigsten Artikel. Dazu zählt immer mehr auch ▸**Biofleisch**, das immer häufiger insbesondere in den SB-Theken von „Edeka" und „Rewe" liegt. Dann allerdings eingeschweißt; das verhindert die Verwechslung mit konventionellem Fleisch – und macht keine Investitionen nötig. Denn das eigene Zerlegen von Biofleisch an der Bedientheke würde ein eigenes Zertifizier- und Kontrollverfahren notwendig machen ...

Auch wenn 2012 in Deutschland knapp mehr als 7 Mrd. Euro mit Biolebensmitteln umgesetzt wurden, verlieren klassische Supermärkte seither Bio-Umsatz an Discounter mit ihrem **höchst selektiven Bio-Angebot** (Kartoffeln, Möhren, Trockenprodukte) und an die Drogeriemärkte.

Dabei gestaltet sich das Verhältnis zwischen Biobranche und Handelskonzernen ohnehin nicht einfach. Auf der einen Seite stehen Supermärkte für den ▸Bioboom mit massenhaft und „nur" nach den nivellierten Regelungen der ▸EG-Öko-Verordnung produziertem ▸**Bio light**. Auf der anderen Seite haben ▸Anbauverbände den Anspruch, ▸Premium-Bio zu liefern.

Auch wenn einige Ketten schon seit den 1980er-Jahren Bio führen, hadern die Verbände doch mit deren Einkaufs- und **Werbemacht** sowie erlittenen Preiskämpfen.

Zumal einzelne Handelskonzerne gerade mal 20 % Bio im Programm haben und trotzdem einigen Öko-Wirbel machen.

Die Logos der Anbauverbände sind im Supermarkt eher selten zu sehen; selbst wenn **Verbands-Bio** drinsteckt, wo Mitgliedsbauern über anonyme Zweitabsatzschienen agieren. Damit lässt sich auch die Bio-Aufregung verstehen, als ▸Demeter 2012 ausgesuchte Einzelhandelsketten beliefern wollte und Mitgliederproteste zum raschen Zurückrudern führten.

Nota bene: In der ▸Schweiz wurden die beiden größten Supermärkte „COOP" und „Migros" in Kooperation mit ▸Bio Suisse sogar zu Bio-Vorreitern – hier fehlt die Infrastruktur mit kleine(re)n Bioläden.

Sushi

Japanisches Fingerfood und wortwörtlich – des Reises wegen – ein „Säuerliches", das auf seinem weltweiten Siegeszug **erhebliche Ökoprobleme** bereitet. Wichtigste Zutaten der diversen, hochdifferenzierten Maki-, Nigiri- oder Gunkanmaki-Sushi sind roher, manchmal geräucherter ▸Fisch und Meeresfrüchte, v. a. ▸Thunfisch, ▸Lachs, Lachsrogen und ▸Garnelen, seltener ▸Aal, Seeigel und ▸Makrele – samt essig-

gesäuertem Reis und Gemüse augengefällig kombiniert. Hierzulande am ehesten in der Maki-Variante, vom Blatt aus ▸Nori als Rolle zusammengehalten und in querschnittsschöne Zylinder zerteilt. Schön und gut!

Das Problem: In Sushi-Restaurants ist es meist unmöglich, **die Herkunft** der verschiedenen Komponenten zu überblicken. Erst wenige bieten schon Bio-Sushi an, wofür dann nur ▸Biofisch serviert wird, und damit kein Opfer von ▸Überfischung. Was da sonst so drinsteckt in den Fischröllchen – wer weiß? Umso wichtiger, dass sich Fisch-Bekümmerer wie der ▸WWF inzwischen auch damit auskennen. 2013 erschien ein aktueller **Sushi-Führer** (abrufbar unter www.wwf.de).

Umstritten sind v. a. der Blauflossen- und Großaugen-Thun als Sushi-Zutaten; beide Unterarten werden in Japan hoch geschätzt, obwohl die Bestände sich dramatisch verringert haben. Aber auch der in EU-Sushi meist verwendete Gelbflossen-Thun gilt als gefährdet; **relativ unbedenklich** ist seine Zersäbelung noch, wenn er per Handleine im Atlantik gefangen wurde. Solche nachhaltig erangelten Thunfische sind aber Mangelware in den gängigen Sushi-Bars. Sushi-dekorative Lachse und Lachsrogen dagegen kommen inzwischen meist **aus konventionellen Zuchten**, die ihrerseits nicht ohne Folgen für das komplexe Ökosystem Meer sind (▸Aquakultur). Düster sieht es für den ▸Aal aus; er gilt seit vielen Jahren als bedrohte Art. Bei Garnelen sollten Sushi-Aficionados auf solche

Sushi: Auch in festester Umwicklung eher „lose Ware" mit unerklärten Rohstoffen, die für Eigenkomposition allerdings wohlbesiegelt, damit fischschonend, kaufbar sind

aus ▸ökologischer Aquakultur oder wenigstens auf Garnelen mit dem ▸Gütesiegel des ▸MSC bestehen. Der Königsweg zum **unverdächtigen Sushi** wird selbst in Sushi-Bars ohne Rückverfolgbarkeit gangbar: Bei Verzicht auf Meeresgetier, mit rein vegetarischen Varianten – etwa aus Gurke, Möhre oder Avocado. Oft genug sorgt ohnehin das sehr dominante Aroma von Wasabi und ▸Sojasauce für die eigentlicheren Geschmacksereignisse.

Süßen: Mit dem Genuss der Muttermilch konditionierter Wunsch, Glücksgefühle essen zu können und dem nachzuhelfen

Wenn's doch Fisch sein soll: Fast alle Sushi-Zutaten sind biozertifiziert zu beziehen – auch heimische ▸Forellen und ▸Saiblinge lohnen Experimente. Beim WWF heißt das „Sushi regional" – hört sich doch trendkonform an …

Süßen

Wer bitter geschmeckt hat, weiß, was süß ist, heißt es. Erinnerungen an bittere Erfahrungen versüßt man sich fortan zu gern, die Seele will ▸Zucker und bedankt sich mit **Glücksgefühlen**; die jedoch trübt die Dickmacherei. Süßsehnsucht ist ein ererbter Mechanismus – sowohl Fruchtwasser als auch Muttermilch enthalten Zucker und sind in Maßen süß.

Doch was die Lebensmittelindustrie der Nachkriegszeit als Süßungsmittel an sich vorsah – nämlich weißen, raffinierten **„Fabrikzucker"** aus Zuckerrüben – fand nicht nur in der ▸Vollwert-Bewegung, sondern auch in der sympathisierenden Bioszene seine Verächter. Die auf Ursprüngliches und Naturbelassenes bedachten frühen ▸„Körnerfresser" süßten ihren Kräutertee und das obligate Müsli konsequent **mit Honig**. Doch mit der Erweiterung des ökologischen Sortiments änderten sich allmählich auch die Ansprüche: Gesucht war ein Süßungsmittel, das nicht so hoch verarbeitet wie raffinierter Zucker sein, sich aber fürs ▸Food-Processing eignen sollte – in Teigen und zum Backen krossen Gebäcks etwa. Denn nur Zucker bringt da Volumen, Bräunung und Kruste. Bio-Bäcker freute es entsprechend, als Mitte der 1980er-Jahre der aus Rohrzucker-Saft gewonnene **Vollrohrzucker** auf den Markt kam; aber noch schmeckte das neue Produkt zu deutlich nach Melasse. Zehn Jahre später erklomm die Bio-Bewegung analog zur gewachsenen ökonomischen Bedeutung eine neue Sprosse zur Öko-Alltagstauglichkeit: Mit dem **Rohrohrzucker**, immerhin nur einstufig raffiniert, verschwand der allzu melassige Beigeschmack. Was in den Anfängen der Öko-Bewegung ein Frevel gewesen wäre, trat nun ein: Man arrangierte sich mit einem Raffinadeprodukt, das trotz des minderen Verarbeitungsgrades dem weißen Kristallzucker doch sehr nahe kam.

Die ▸Lohas und Feinschmecker, die inzwischen zur Bio-Stammklientel zählten, verlangten eben nach zuckriger Süße ohne Nebenaroma. Und als anno 1997 der ▸**Agavendicksaft** deutsche Bioläden eroberte, waren auch die Puristen versöhnt, denn für den „Mexikaner" sprach neben seines neutralen Geschmacks v. a. seine Naturbelassenheit. Volumen in Teigen kann er zwar nicht erzeugen, aber er zeigt seine Stärke in ▸Fruchtsäften, ▸Fruchtaufstrichen oder beim Kochen. Etwa zur gleichen Zeit kam auch ▸**Sirup in Bioqualität** aus Mais, Reis oder Weizen auf dem Markt, ▸Enzyme wandelten dazu die getreidige ▸Stärke in natürlichen Zucker um. Solche Süße verleckert ▸Brotaufstriche oder ▸Cerealien.

Inzwischen gibt es auch einst verpönten weißen **Rübenzucker** in Bioqualität zu kaufen. Doch obwohl sich mit ihm der heimische Zuckerrüben-Biobauer unterstützen ließe, bleibt er eher in den Bio-Regalen liegen. Beim Süßen gilt: Exotik sells. Oder auch: Back to the roots. Denn eine sog. **Ursüße**, auch Urzucker genannt, wird heute noch aus erpresstem, gefiltertem, pasteurisiertem und schonend eingedicktem, abgekühlt erstarrtem, also fast festem Zuckerrohrsaft feinkörnig herausgemahlen oder ersprüht – diese Ursüße ist damit ein sog. vollwertiger Ur- als Vollrohrzucker, vorzugsweise aus ökologisch angebautem Zuckerrohr und möglichst aus ▸Fairtrade.

Nota bene: Kalorienloses „Zuckern" durch künstliche ▸Süßstoffe (und die aus ▸Stevia gewonnenen Steviolglycoside) sind in Biolebensmitteln tabu.

Süßkartoffeln

Die Knollen von *Ipomoea batatas* fallen auf, gefallen in ihrer Buntheit, sind reizvoller Teil von manch ▸Biokisten und Biokonsumenten trotz Restexotik schon vertraut – oft auch als sog. **Bataten**. Ohne allzu dezente Kartoffeligkeit schmecken sie mehlig süß, mit etwas Phantasie nach Kastanie und bereichern seit einigen Jahren die Beilagenpalette von Trendküchen wie die Gemüse-Ecken von Bioläden. Dabei kamen die Knollen 1519 sogar noch vor der mit ihr nicht näher verwandten ▸Kartoffel aus Südamerika nach Europa.

Gesunde ▸Anthocyane wie ▸Carotinoide färben die Schale bzw. das hellgelbe bis orangefarbene Innere. Dessen hoher Zuckergehalt – bis zu 5,5 % – macht die Batate nicht nur

Süßkartoffeln: Die USA liegen näher an deren Urheimat und haben so die Gesundheitswerte darin früh schätzen gelernt

recht kalorienreich (108 kcal/452 kJ je 100 g), er brachte ihr im Deutschen auch den süßen Kartoffelnamen ein. Als eigentliche Kletterpflanze kriechen die Stängel langhin über den Boden und bilden unterirdisch an Sprossknoten sog. Speicherwurzeln: eben die spindelförmigen oder walzendicken Batatenknollen.

Auch wenn sie bei uns ein **Nischendasein** führen: 2012 gehörten die so nahrhaften Süßkartoffeln zu den fünf

Süßkartoffeln: Immer weniger fremdeln mit dem Fremdling, seit ihn Bioläden anbieten und Rezepte ihn inzwischen für eine Supersuppe empfehlen

wichtigsten Grundnahrungsmitteln, mit einer Welterzeugung von knapp 104 Mio. t; allein gut 73 Mio. t davon stammten aus China.

Süßkartoffelchips: Die recht dicken Knollen machen Karriere und bekannten Erdäpfelknabbereien Konkurrenz ...

Ihr Anbau hat aber auch **für hiesige Biobauern** Potenzial: *Ipomoea batatas* ist robust und ihr dichtes Blattwerk hält das unerwünschte Beikraut auf natürliche Art fern. Im österreichischen Burgenland gelang 2012 schon der pestizidfreie ▸Freilandanbau – die **„Burgenland Batata"** in regionaler Bioqualität lässt die tropische Herkunft vergessen und gilt Experten als kleine agrarische Sensation. Ähnlich wie die landläufigen Erdäpfel lassen sich Süßkartoffeln kochen, backen, braten und frittieren, aber auch zu Mehl, **Brot**, Branntwein, Spiritus, Stärkesirup und Marmelade weiterverarbeiten. Rotfleischige Sorten gelten als die wohlschmeckendsten. Dunkel und kühl gelagert (aber nicht im Kühlschrank!) halten Bataten eine Woche und länger. Sie passen bestens zu Fisch und Fleisch, speziell auch Wild. In Asien strecken sie Currys und sind sogar Basis koreanischer **Nudeln** *(Choga dangmyun)*; in Japan geben sie den Rohstoff für den beliebten Schnaps *shochu* ab und in den USA bereichern die Knollen von *Ipomoea batatas* das klassische Thanksgiving-Mahl als Auflauf *sweet potato pie.*

Süßkartoffeln enthalten neben Beta-Carotin reichlich Vitamin E und C sowie Kalium, Magnesium, Eisen und Kupfer. Einigen ernährungsmedizinischen Untersuchungen zufolge senken sie den Blutzucker- wie Cholesterinspiegel, in den USA gilt die Knolle, die dank eines hungerhemmenden Wirkstoffs als sanfter Appetitzügler wirken soll, noch vor Spinat und Brokkoli als besonders gesundes und Krankheiten vorbeugendes Lebensmittel (▸**Superfood**). Schon seit dem Jahr 2000 fanden dort mehrere Freilandversuche mit ▸transgenen *sweet potatoes* statt. Außerdem gibt es Überlegungen (auch in Brasilien und China), die so energiereichen Bataten zur Ethanol-Produktion einzusetzen (▸Verschwendung).

Obacht: Nie die äußerlich ähnlichen ▸Yams mit Bataten verwechseln!

Süßstoffe

Sie sind nicht nur süß, sondern sicher, sagt zumindest die DGE *(Deutsche Gesellschaft für Ernährung)* und empfiehlt sie als gute Alternative für Menschen, die ein dickeres Problem haben. Und so werden die süßenden,

aber kalorienfreien Künstlichkeiten nicht nur gern und bewusst in Haushalten statt ▸Zucker verwendet, sondern auch in größerem Stil **Fertigprodukten** wie kalorienfreien bzw. -reduzierten Softdrinks, sogar „Süß"-waren zugesetzt (▸light).
In Deutschland waren 2013 für konventionelle Lebensmittel acht Süßstoffe zugelassen, jedes mit eigener ▸E-Nummer. Für **Biolebensmittel** erlauben weder die Richtlinien der ▸Anbauverbände noch die Regelungen der ▸EG-Öko-Verordnung die Verwendung von Süßstoffen. Hersteller, die nach den schärferen Richtlinien der Anbauverbände arbeiten, ▸süßen ihre Produkte ohnehin viel eher mit ▸Honig, ▸Dicksaft oder Rohrzucker. Damit hätten Kalorienbewusste ein Problem, denn auch „natürliche" Süße enthält Fruchtzucker, macht also nicht nicht dick. Der reuelose Griff zum praktischen Streuer ersetzt hier eben keine Ernährungsumstellung.
Für Diabetiker sind Süßstoffe wichtig, weil sie **keine Glucose** enthalten. Doch weil sie nicht in der Natur vorkommen, so Kritiker, belasten sie den Stoffwechsel. In einigen Fällen wirken Süßstoffe als ▸Geschmacksverstärker. Bekannt ist, dass sie sich im Abwasser sammeln und so ins Grundwasser eindringen. Mitunter reagieren Menschen auf Süßstoffe **allergisch** – und selbst in den USA, wo man sie seit Jahrzehnten großzügig nutzt, wird diskutiert, ob Süßstoffe nicht sogar kontraproduktiv sein könnten, da sie Hungergefühle erzeugen. Befürchtungen indes, Süßstoffe könnten Krebs auslösen, scheinen vom Tisch. Nicht aber der begründete Verdacht, sie könnten anderen krebsauslösenden Stoffen als „Promotoren" Vorschub leisten. So beantragte die EU erst 2011 eine erneute Sicherheitsprüfung des populären Süßstoffs **„Aspartam"**, um feststellen zu lassen, welche genaue Bedeutung der Abbau des giftigen Methanols hat.
Immerhin: Werden konventionellen Lebensmitteln Süßstoffe zugesetzt, muss dies gekennzeichnet werden. Bei „Aspartam" (E 951) oder „Aspartam-Acesulfam-Salz" (E 962) muss da etwa der Hinweis **„enthält eine Phenylanalinquelle"** gegeben werden. Süßstoffe haben im Vergleich zu Saccharose (Haushaltszucker) eine 10- bis zu mehrtausendfache Süßkraft!
Nota bene: Neben den Süßstoffen zählen zu den Süßungsmitteln auch die nicht synthetisch gewonnenen ▸Zuckeraustauschstoffe (Zuckeralkohol und Fruchtzucker).

Süßstoffe: „Kalorisch", wie man so sagt, eine zudem handliche Kleinigkeit, aber gustatorisch, je nach Grundstoff, stets mit einer verdrängbaren Gewöhnungsbedürftigkeit – hier hat die Natur ausgesüßt...

T

Tee

Bei brühender Fantasie ein Hochgenuss – aber: Pestizidaufguss wäre oft genug die treffendere Bezeichnung für manch heißgeliebtes wassergelöstes Extrakt aus unfermentierten grünen oder fermentierten schwarzen Blättern der Halbschattensträucher *Camellia sinensis* bzw. *assamica.*

Bei uns lange verbotene ▸**Pestizide** sind in den konventionellen Monokulturen vieler Erzeugerländer noch immer im Einsatz und kratzen am Image des Gesundheit, Genuss und Wohlbefinden verheißenden Aufgusses. 2013 fand das BfR *(Bundesinstitut für Risikobewertung)* kanzerogene Pyrrolizidinalkaloide in Tee und ▸Kräutertee. Für Unruhe hatte bereits 2008 ein seither immer wieder zitierter Test von 30 Grün- sowie Schwarztees von ▸ÖKO-TEST gesorgt: gerade mal fünf Tees waren damals unbelastet – der Rest bedenklich oder gar ungenügend. Die Tester hatten zudem den Geschmack moniert. Standardzubereitungen könnten für Sensorik-Tests gar nicht zur Bewertung herangezogen werden, konterte der *Deutsche Teeverband.* Untersuchungen der ▸*Stiftung Warentest,* bei denen fast nur **Bio-Tees** und welche aus ▸**Fairtrade** gar nicht oder nur sehr gering pestizidbelastet waren, wurden abgewiegelt: Aufgrund von Klima- und Strukturbedingungen in den Anbauländern könne nicht völlig auf ▸Pflanzenschutzmittel verzichtet werden, Belastungen würden von Ernte zu Ernte erheblich schwanken.

So ähnlich wird oft argumentiert, dazu Unterschiede zwischen Bio und Nicht-Bio geleugnet, stamme beides doch zum Teil von denselben Plantagen. Zu den Richtlinien der ökologischen ▸Anbauverbände und der ▸EG-Öko-Verordnung, die weder ▸Bestrahlung noch Pestizide, keine künstlichen Dünge- und Pflanzenschutzmittel zulassen, wird geschwiegen. Laut beklagt wird, dass sich die höherpreisige Ware eher durch Marketingstrategien Wettbewerbsvorteile verschaffe. Tatsächlich schlägt sich der Öko-Mehraufwand im ▸Preis nur gering nieder und ist, wie bei konventioneller Ware, eher von Erntemenge und Qualität abhängig.

Wie belastet ein Tee ist, hängt auch von seiner **Weiterverarbeitung** ab. Dem schwarzen Tee kommen beim ▸Fermentieren so eben noch unerwünschte ▸Schadstoffe abhanden.

Von Konsumenten als gesünder eingeschätzter, unfermentierter **grüner Tee** aber ist häufiger oberhalb der Höchstmengen, dazu in stärkeren Konzentrationen pestizidbelastet. Immer wieder finden sich im v. a. aus China importierten Grünen Rückstände – selbst in Bioware. Das hängt auch mit der noch intransparenten Struktur der chinesischen Biobranche zusammen: Mehr als 400 Institutionen mit uneinheitlichen Standards vergeben chinesische Bio-Zertifikate. Klagen der Importeure über oft wertlose Zeugnisse von konkurrierenden ▸Öko-Kontrollstellen mehren sich.

Die **Bio-Schwarztees** kommen hingegen weniger aus China, sondern aus vielen Teilen der Welt. So stammen immerhin 50 % der Ernte des nord-

Teegenuss: Sehr convenient schon zubereitet flaschenfertig, höchst traditionell aber immer noch aufzugießen und danach erst tassenfertig

Tee-Ernte: Ohne sorgfältige Handpflückung geht es nicht, aber umso besser, wenn für die Ernte Fairtrade im Spiel ist und die Pflückerinnen gerechter bezahlt werden – wie hier in Indien

Tee-Differenzen: Schwarzer Tee (links) ist fermentiert, heller grüner gar nicht (Mitte), ein sog. Oolong nur sehr schwach

indischen Darjeelings aus Öko-Gärten – von dort kommt auch ein großer Teil **Fairtrade-Tee**. Vorreiter war hier die 1985 gegründete „Teekampagne", heute größter Einzelimporteur von fair und meist auch biozertifiziertem Darjeeling (▸fair + bio). Der gelangt ohne Zwischenhandel und klimaschonend auf dem Seeweg hierher, mehr als 50 % vom Endpreis kommen so den Erzeugern zugute.
79 % des in Deutschland abgesetzten fairen Tees stammten 2012 aus Öko-Anbau, allerdings lag sein Marktanteil in Deutschland bei nur rund 5 %.
Zumindest sind Bio- und faire Tees einstweilen nicht nur im deutschen Naturkosthandel, sondern zunehmend auch im Teefachhandel, selbst in ▸Supermärkten zu haben. Tee ist Kult: Die gehobene Gastronomie offeriert ihn als Alternative zum Wein, koffeinfreier ▸Rooibos, der „Fettkiller" Pu-Erh und allerlei ayurvedische Tees wurden **Mode**; obendrein verkaufen Tee-Lounges aufgeschäumte, aromatisierte Mischungen in klebrig-zuckriger Würzung.
Kenner widmen sich weiter dem puren, im Idealfall zertifizierten Genuss: Denn wie auch beim Wein beeinflussen Lage, Boden, Klima und Alter des Teestrauchs die Inhaltsstoffe und facettenreichen Aromen des Tees.
Nota bene: Früchtetee und Kräutertee haben eigene Buch-Einträge!

Teltower Rübchen

Auf Wochenmärkten Norddeutschlands sind sie buchstäblich gefragt, denn Unerfahrenen sehen sie nach ▸Pastinaken oder ▸Wurzelpetersilie aus; Nachfragen lohnt also. Die Mini-Rüben aus dem **„Land an der Telte"** südwestlich von Berlin haben die schlankere Kegelform, laufen spitz aus und haben zur langen Hauptwurzel noch feine Wurzelhaare.
Das Teltower Rübchen *(Brassica rapa var. Rapa)* ist verwandt mit Gemüsekohlen wie ▸Kohlrabi, ▸Steckrübe, ▸Rettich, mit ▸Kresse und auch ▸Senf. Von allen hat das brandenburgische Rübchen etwas Familientypisches: milde Schärfe schon roh, kohlrüben- wie rettichmäßige Süße dazu und zum Biss nach dem Kochen

Teltower Rübchen: Je kleiner, desto feiner sind die Delikatessen, die möglichst karge Böden mögen

P. P. BERLIN C 25, Datum des Poststem[pels]
Zentral-Markthalle Ia
Hierdurch offerieren Ihnen auf gefällige umgehende Zusage freibleiben[d]
Feinste frische Teltower Rübchen
per Ztr. franko Bahnhof hier . . . . Mk. 7½
per Postkolli ca. 10 Pfd. franko . . . . . . Mk. ......
Grosse Rübchen per Ztr. franko Bahnhof hier Mk. 4
Bei gefälliger Bestellung Angabe ob Eil- oder Frachtgut. ~~Abnehmer grosserer Posten~~
~~Waggonladungen~~ jedoch nicht zurückgenommen. – Säcke werden zum Selbstkostenpreis berechnet.
An unbekannte Firmen nur gegen Nachnahme oder Ia hiesige Referenzen.
Bei Bestellung wird ausdrücklich Berlin-Mitte als Gerichtsstand anerkannt.
Wir bemerken, dass wir stets den jeweiligen billigsten Marktpreis notieren werden. Ihre geschätzten Ordres sollen uns sehr angenehm sein.
Hochachtungsvoll
Herm. Koch & Otto Klatte
Grösstes Teltower Rübchen-Versand-Geschäft
Mitglied des Reichsverbandes Deutscher Feinkost-Kaufleute E. V. und des Reichsverbandes Deutscher Fruchtgrosshändler

ein so mehlig-wohliges Mundgefühl. Nicht umsonst werden die echten gelblichen Teltower Rübchen, die sich all ihre Besonderheiten aus kargen Böden herausquälen (und deshalb nur max. 2–4 cm dick sind), seit 300 Jahren von Gourmets gerühmt und noch heute Kant wie Goethe als Leibgericht angedichtet.
Nur zu DDR-Zeiten wurden sie verachtet und überlebten bei Liebhabern in Privatgärten. Erst zögerlich setzten Biobauern auf das **Gourmet-Rübchen**, das zwar in Sand eingeschlagen überwintern kann und deshalb von Oktober bis Ostern angeboten wird. Doch an der Verkaufsluft trocknet die kleine Delikatesse schnell aus und kann zäh werden; feucht einschlagen hilft da etwas.
1994 wurde das „Teltower Rübchen" markenrechtlich geschützt und Teltow ist seitdem „Rübchenstadt". Der Förderverband „Pro Agro", der VEN *(Verein zur Erhaltung der Nutzpflanzenvielfalt)* und der „Förderverein für das Teltower Rübchen" kümmern sich um die Erhaltersorten und den Absatz ihres so kleinen wie feinen Nischenprodukts bis in prätentiöse Sterneküchen. 2009 wurde jedoch das Antragsverfahren zum exklusiven EU-Herkunftsschutz für *Teltower Rübchen g.U.* zurückgezogen.

Tempeh

Kein Tofu, aber doch Vergleichbares! Tempeh ist eben ein ebenfalls durch ▸Fermentation der an sich unverdaulichen Bohnen von ▸**Soja** hergestelltes, eiweiß- und vitaminreiches Lebensmittel. In Indonesien zählt es seit Jahrhunderten zu den Grundnahrungsmitteln und wird auch noch im eigenen Haushalt erzeugt.
Tempeh hat gegenüber ▸Tofu einen deutlicher ausgeprägten und nach Reifegrad unterschiedlichen, auch „bohnigeren" Geschmack (überreif fast wie Camembert). Für ▸Veganer und ▸Vegetarier ist bedeutend, dass Tempeh das sonst in pflanzlichen Produkten so seltene Vitamin B12 liefert. Auch der Anteil an Kohlenhydraten ist höher als bei Tofu, dem die B-Vitamine oft nur zugesetzt werden.
Für die Tempeh-Produktion wird gekochten Sojabohnen eine Starterkultur aus diversen Schimmelpilzen zugegeben. Bei etwa 30° C bildet der Schimmelpilz *Rhizopus* innerhalb von ein bis zwei Tagen ein dichtes Netz von Myzelien aus. Die durchdringen die Proteine von Soja, wirken enzymatisch und damit segensreich vorverdauend. Aus ökologisch angebauten Sojabohnen entsteht dann eben **Bio-Tempeh**.
Das hochwertige, leicht verdauliche und zartbissige Tempeh hat eine ▸Textur wie Pilze oder sehr zartes Fleisch, lässt sich auch entsprechend braten, grillen, ausbacken, dünsten. Die leicht poröse Oberfläche liebt Würzsaucen. Das Sojaprodukt ist mit einem 20%igen Anteil reich an hochwertigen Proteinen und liefert alle essenziellen Aminosäuren, ist fettarm und völlig cholesterinfrei.
Die Fleißedelpilze mit dem Tempeh-Temperament schaffen Ähnliches auch auf alternativen „Substraten" – von anderen Bohnen, Erdnüssen, Gemüsen, Getreiden, Reis und sogar Tofu-Presskuchen, es gibt schon spezielle Pasta-Tempehs.
Tipp: Tempeh luftdicht lagern, weil die benutzten sog. niederen Schimmelpilze bei Kontakt mit frischem Sauerstoff gern so oberflächlich ihre dunkle bis schwarze Seite zeigen.

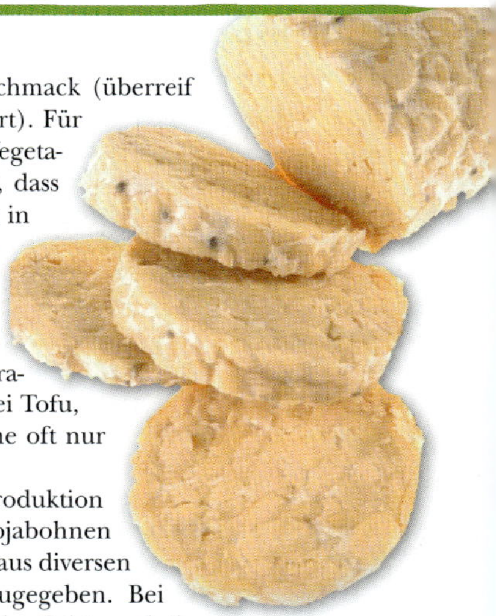

Tempeh pur: Dafür darf Eiweiß aus Sojabohnen fermentieren, mit Edelschimmel reifen und wird zur zartbissigen Köstlichkeit

Tempeh gewürzt: Viel bohniger als Tofu, höchst vielseitig gewürzt und mit allen Reifegraden dazu

Terminator-Technologie

Bezeichnenderweise brutal klingendes Schlagwort für einen durchaus gefährlichen **gentechnischen Trick.** Damit werden sog. Terminator-Pflanzen mit eingebauten „Killer-Schaltern“ entwickelt und auch gleich zum ▸Patent angemeldet – in erster Linie steckt dahinter dann die Absicht maßloser künftiger Bereicherung.

Terminator-Trick: Nach Genmanipulationen kann ein sog. *trait* gezielt geweckt oder nur gewollt gekillt werden

Terminator-Pflanzen werden durch einen platzierten „Gen-Schalter“ zur Wiederaussaat unfruchtbar gemacht, sie „terminieren“ sich so selbst. Das Problem: Die Pollen von Terminator-Pflanzen sind auskreuzungsfähig und würden Nachbarschaftspflanzen sterilisieren. Außerdem entfällt bei solch sterilem ▸Saatgut das „Landwirteprivileg“, einen Teil der eigenen Ernte als künftiges Saatgut zu benutzen. Farmer müssten alle Jahre wieder neue, keimfähige Samen von den Patentinhabern kaufen.

Terminator-Basis: Ist der Gen-Code eines Proteins erst entschlüsselt, können Anlagen für Anfälligkeiten der Sojabohne nicht nur verstanden, sondern nach Umbau gleich abgestellt werden

Die zweite Methode der „genetischen Nutzungs-Einschränkungs-Technologie“ besteht darin, nur bestimmte Merkmale (engl. *traits*) zu manipulieren, sodass *traits* durch auszubringende Chemikalien an- oder eben abgeschaltet werden. GVO-Gegner befürchten, dass so nicht nur qualitätssteigernde, sondern auch „negative“ **Effekte steuerbar** wären, sodass Saatgut etwa erst durch chemische Gaben vollreif würde – was Bauern wiederum von spezieller Chemie abhängig machen würde.

Schon 1983 hatte der Saatgutkonzern Delta & Pine in Kooperation mit dem US-Landwirtschaftsministerium die Terminator-Technologie entwickelt, mit dem heiligen Versprechen, keine Freilandversuche zu unternehmen. Als aber herauskam, dass bereits 1998 US-Regierung und Delta & Pine das Patent auf „genetische Kontrolle der Keimung von Pflanzen“ hatten, formierte sich globaler Widerstand. 1999 erklärten beteiligte Firmen den Verzicht auf die Terminator-Technologie, forschten aber weiter und versuchten, Regierungen von Entwicklungsländern auf ihre Seite zu ziehen, und sei es durch Bestechung.

All dies spiegelt v. a. den wirtschaftlichen Egoismus der Agrokonzerne wider (▸Monsantosierung) und wie Manipulationstechniken die Entwicklungsländer in **„biologische Leibeigenschaft“** treiben können. Auch die gesundheitlichen Gefahren müs-

sen erforscht werden. Schließlich wird in Terminator-Pflanzen mit „Schaltern“ *(promoters)* für Toxin-Gene, platzierten Rekombinase-Genen zur Enzym-Bildung oder eben mit ganz speziell kodierten Repressoren gearbeitet, die Chemikalien erst aufheben und dann wirksam machen. Der Effekt ist kaum getestet; und was die für Sondereffekte erst auszubringenden chemischen Induktoren in der Umwelt oder den zu erntenden Pflanzen anrichten, weiß niemand.

Eine UN-Konvention für ▶Biodiversität brachte schon 2000 ein Moratorium für Feldversuche und den Handel mit Terminator-Saaten auf den Weg, es besteht bis heute fort.

Textur

Wenn wir sie Essbarem nicht schon ansehen (Festigkeit, Schale, Kruste), dann „ersinnen" wir sie beim Zubeißen oder beim Kauen – als Härte, Knackigkeit, Splitterigkeit, Dichte, Konsistenz, Sämigkeit. Bis zum Verschlucken dient das sog. Mundgefühl

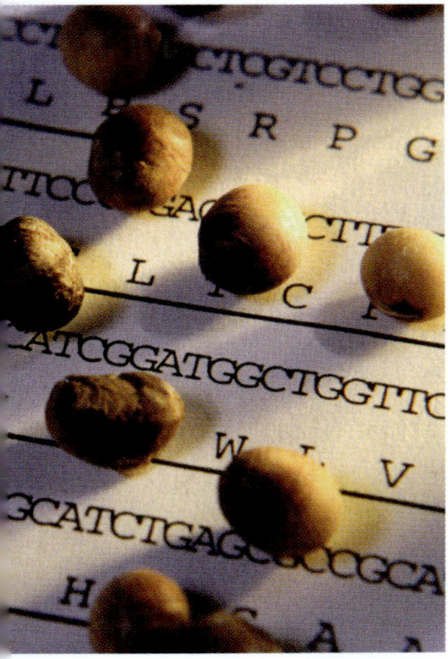

als Maßstab der Textur (lat. „Gewebtes, Zusammengefügtes").

Vor Jahren noch schnitten ▶Biolebensmittel bei Sensoriktests bescheiden ab. Schließlich galten diese zu 99 % konventionellen Erzeugnissen, Prüfer waren an tradierte ▶Aromen und Texturen gewöhnt. Die strengeren Bio-Verarbeitungsbestimmungen (kaum Zusatz- und Hilfsstoffe, keine künstlichen Aromen) für Bio aber haben eben auch spezifische Auswirkungen auf die Konsistenz.

Inzwischen sind viele Sensorikprüfer nachgeschult worden – ein Vergleich von konventionellen und Biolebensmitteln wird dadurch immer besser möglich (▶Geschmackssache). So wird nun bedacht und auch anerkannt, dass angestrebte Naturbelassenheit „natürlich" geschmacklich, optisch wie haptisch für manche Abweichung sorgt. Bioprodukte mit wahrer Vanille oder echten Erdbeeren haben zwar ein „authentischeres" Aroma, aber ohne künstliche ▶Emulgatoren auch eine andere Sämigkeit. Biomargarine ist blasser und wirkt leichter mal krümelig. Und Bioketchup ohne ▶Stabilisatoren kann zu harmloser „Phasentrennung" neigen, durch Schütteln aber wieder perfekt aussehen.

Ähnlich neue Horizonte ergeben sich bei jeder Art von ▶Fleischersatz. Hier macht sich das v. a. in der ▶Biobranche schon jahrzehntelang praktizierte Probieren bezahlt. Ob aus reinem Idealismus oder angesichts der steigenden Anzahl von ▶Vegetariern und ▶Veganern immer mehr auch aus finanziellen Gründen erreicht: Die „anders-ähnliche" Textur von Tofu ist längst akzeptiert. Auch die von Kreationen aus anderen Pflanzenproteinen, etwa von ▶Bohnen, ▶Kichererbsen, ▶Lupinen und Weizen (▶Seitan) ist vielversprechend. In ihren Kichererbsenproteinen sehen Forscher vom Bremerhavener ttz *(Technologie-Transfer-Zentrum)* schon Chancen für das **„Fleisch der Zukunft"**. Sogar ein im Mundgefühl weich-saftiges Brot aus Linsenproteinen gelang: Es war volumiger, krustiger, nur etwas weniger weißlich.

Textur: Das Urteil darüber bilden subjektiv Zähne, Zunge und Gaumen – oder ganz objektiv Strukturanalysen im Labor des ttz

Thunfisch: Zu viele große kommen noch auf den Fischmarkt, zu viele kleinste wandern in die Aquakultur und werden kleine Mastexemplare

Thunfisch

Unter den Fischen sind sie ausnahmsweise Warmblütler und trotz ihrer 70 km/h Topgeschwindigkeit schwimmen sie ihrem Untergang nicht davon, sondern entgegen. Jeglicher Thunfisch (*Thunnus*, von griech. *thynnos*, wörtl. „Raser, Renner") ist ein vorzüglicher Speisefisch mit ausnahmsweise mal attraktiv dunklem Fischfleisch. Auch deshalb ist die gesamte Gattung mit fast einem Dutzend verschiedener Arten in den Weltmeeren durch massive ▸Überfischung in ihrem Bestand bedroht. Besonders der Blauflossenthun, meist Roter Thun genannt, ist stark gefährdet. Obwohl er auf der Roten Liste der bedrohten Arten der IUCN *(International Union for Conservation of Nature)* steht, wird er weiter bejagt, denn der Rote Thun ist ein Klassiker für ▸Sushi und erzielte in Japan Preise von 175 000 US-Dollar und mehr für begehrt große Exemplare. 2010 scheiterte erneut der Versuch, ein globales Handelsverbot im Rahmen des Washingtoner Artenschutzübereinkommens (engl. CITES) durchzusetzen. Dabei gingen nach Expertenmeinung die Gesamtbestände im ersten Jahrzehnt des 21. Jahrhunderts um 90 % zurück.

In der Vergangenheit wurde die viel zu milde **Quotenpolitik** der maßgeblichen Verbände ICCAT (*Internationale Kommission für den Schutz des Thunfischs im Atlantik* – inkl. Mittelmeer) und IATTC (*Inter-American Tropical Tuna Commission* – für alle Bestände im Ostpazifik) heftig kritisiert. 2013 einigte man sich immerhin darauf, die Fangmengen auch für 2014 auf 13 400 t einzufrieren – was der ▸WWF begrüßte. ▸*Greenpeace* allerdings hatte einen **totalen Fangstopp** gefordert, damit die Bestände sich nun nachhaltig erholen könnten. Auch der WWF hatte in der Vergangenheit gewarnt, dass Thunfische im Mittelmeer bald aussterben könnten.

Inzwischen verschärften sich auch die Diskussionen über die verbreitete Fangmethode. Delfine etwa bilden oft richtige „Jagdgemeinschaften" mit Thunfischen und werden mit kilometerlangen Netzen umkreist

Thunfischfang: Eben in die Enge getriebene Thuns wurden wie hier 1979 noch brutal und regelrecht gemeuchelt, heute ist der Fang nicht weniger perfide

und eben mitgefangen – millionenfach. Das sog. **Delfinschutzprogramm** SAFE (mit Fangmethodenkontrolle) vom kalifornischen EII *(Earth Island Institute)* vergibt ein Logo für „delfinsicher" gefangenen Thunfisch und galt ▸ÖKO-TEST 2010 noch als „Schritt in die richtige Richtung". Aber seit 2011 mag die Redaktion keine Empfehlung mehr aussprechen. Alle anderen „delfinfreundlichen" Gütesiegel sind meist Hersteller-Kreationen, nie aber echte Label mit nachvollziehbaren Kriterien!

Der Ausweg ▸Aquakultur und die Thunfisch-Mast von wild gefangenen Jungtieren (eine wirkliche kontrollierbare Vermehrung und Zucht ist noch nicht in Sicht) scheint durch die Umweltbelastung alleine hoch problematisch.

Und **Wildthunfisch-Farming** (welch Paradoxon!) hat ökologisch gesehen gar keinen Nutzen, im Gegenteil! Denn es sorgt sogar für verminderte Reproduktionsraten der Wildfische – und doch gibt es nicht einmal ein Fangverbot während der Laichsaison und keine neutrale Überwachung.

Gemästet werden also weiterhin in großen ringförmigen Schwimmkäfigen Jungthuns, deren Aufzucht bis zur Marktreife das rekordverdächtige 20-Fache ihres Gewichts an Futterfisch braucht (▸Veredelungsverluste). Letztes Argument gegen den Thunfisch-Kauf wäre die gefährdete Gesundheit. Wie alle großen Raubfische sammeln Thunfische am Ende der Nahrungskette besonders viele ▸**Schwermetalle** wie ▸Quecksilber.

Aus der Thun-Misere gibt es eigentlich keine Auswege, allenfalls über nachhaltige, vom ▸MSC kontrollierte und besiegelte Fischerei. Im Bioladen tragen Dosen die auch von ÖKO-TEST empfohlenen **Wildfang-Biosiegel** von ▸Naturland und ▸Demeter. Der Blick in die aktuellen Fischführer von WWF sowie *Greenpeace* ist wichtig: Blauflossenthun ist nie, Weißer und Gelbflossenthun sind nur je nach Fanggebiet und Fangmethode noch manchesmal die empfehlenswerte oder gute Wahl.

Thunfisch ohne Delfinbeifang: Gütesiegel wohl ohne wahren Empfehlungswert

Thun tiefgefroren und aufgetaut: Seit Durchfrosten längst schonend Eiskristalle bildet, hat Frische nach vorübergehender Unterkühlung eine neue Bedeutung, wie etwa bei „fangfrischen" Thunfisch-Steaks

Tiefkühlkost

Im eiskalten Sinne ist sie Frischfrostkost ohne Saison und mit besonders langer Verfügbarkeit. Dazu müssen Lebensmittel bei einer Temperatur von mind. –18° C „an allen ihren Punkten" durchgefroren sein und bis hin zum Verbraucher durchfrostet bleiben. Beim Transport, aber auch bei der Lagerung in Groß- und Einzelhandel sind Schwankungen von allenfalls 3° C erlaubt.

Deshalb sind Einkauf und Nachhauseweg auch bei speziellen Kühltaschen nicht unheikel, denn die Gefahr des Kühlkettenbruchs ist groß.

Auch das Auftauen von TK-Fleisch ist die kleine Kunst, es zarter werden zu lassen. Das sollte tunlichst im Kühlschrank vor sich gehen, denn

Tiefkühlkost: Frisch gekochte Biosuppe wird schockgefroren, ihre Aromen werden quasi auf Eis gelegt

was bei einer Raumtemperatur von mehr als 5 °C enteist wird, ist zu schnell Opfer mikrobiologischer Prozesse – bis hin zum Verderb. Bei Geflügelfleisch muss außerdem das im Kühlschrank abgetropfte Tauwasser stets weggeschüttet werden – potenziell sind sonst zu leicht mal ▸Salmonellen im Spiel. Gefrostetes Obst und Gemüse lassen sich unaufgetaut direkt zubereiten, wobei keine Matschigkeit erreicht wird und die Nährstoffe maximal erhalten bleiben.

Die in Tiefgekühltem im Vergleich zu Dosenware in höherem Maße bewahrten Inhaltsstoffe sind – neben jenem ganz allgemeinen Trend zu ▸Convenience bzw. ▸Fertigprodukten – einer der Gründe, warum Tiefkühlkost nicht nur in Deutschland absolut im Trend liegt.

Was letztlich auch ökologische Folgen hat, denn die ▸**Ökobilanz von TK-Ware** ist v. a. dank des Energieverbrauchs beim Herstellen, Transportieren und durch die geschlossene Kühlkette ungleich höher, als dies bei unverarbeiteter Ware der Fall wäre – im Idealfall ökologisch und ▸regional erzeugt und in der Saison gekauft …

So errechnete das Freiburger *Öko-Institut* 2007, dass der ▸Carbon Footprint von TK-Pommes-frites (ohne Zubereitung) mit ca. 5 700 g CO_2 pro kg 28,5-mal größer ausfällt als der frischer Kartoffeln. Zwar betonen Branchenverbände stets, dass Dosenkost noch energieaufwendiger produziert werde und die TK-Zubereitung im Haushalt entsprechend kürzer sei als bei Rohware – ein Projekt im *Öko-Institut* soll dazu noch ein differenziertes Bild liefern.

Der TK-Verbrauch jedenfalls hat sich innerhalb der letzten 30 Jahre nahezu verdreifacht. 1978 waren es 13,7 kg pro Jahr, mit denen sich jeder Bundesbürger versorgte – 2012 kamen 41 kg zusammen; etwas mehr als die Hälfte davon wird in Privathaushalten verarbeitet. Dabei machten ▸Backwaren mit fast 19 % den Löwenanteil aus. Neben Tiefkühl-Fertiggerichten trugen zuletzt mit starken Zuwächsen Fisch, Fleisch und Gemüse zum TK-Boom bei.

TK-Genüsse: Schockgefroren und dauerparat haben Biopizza und Biohackfleisch längst den convenienten Alltag erobert

Unter dem Label **„Natural Cool“** werden seit 2002 neben gefrostetem Gemüse, Obst oder tiefgekühlten Kartoffelprodukten auch TK-Pizzen in Demeter-Qualität angeboten, für die keine künstlichen Hilfsmittel, Gentechnik und Zuckerersatz, dafür jedoch Biohefe verwendet werden. Wer im ▸Supermarkt genau hinsieht oder gleich in den ▸Bioladen geht, findet immer auch Bio-Tiefkühlgemüse oder -früchte von verschiedensten Herstellern.

Mittlerweile ist auch das Angebot an Bio-Fertigprodukten groß geworden, mit vergleichsweise wesentlich weniger ▸Zusatzstoffen und richtliniengemäß ohne künstliche ▸Aromen, ▸Farbstoffe, ▸Geschmacksverstärker und ▸Konservierungsstoffe.

Tierarzneimittel

Eigentlich nur therapeutisch gut und sinnvoll gemeinte Medikamente zur Behandlung von Krankheiten und zu ihrer Vermeidung bei Nutztieren. Von wegen. Bis zum Jahr 1999 wurden Medikamente wie ▸Antibiotika auch zu Zwecken der ▸Mast eingesetzt. Diese konventionell weit verbreitete Fehl-Anwendung ist aber seitdem verboten. Die ▸ökologische Tierhaltung lehnt den Einsatz solcher Pharmazeutika ohnehin ab, zur Mast schon gar nicht. Im tierischen Krankheitsfall setzen Biobauern stattdessen auf phytotherapeutische oder auch homöopathische Präparate, die, richtig angewendet, den Einsatz von Antibiotika sogar vermeiden können. Diese sind nur erlaubt, wenn ansonsten Gefahr für die Gesundheit des Tieres droht und die vorgesehenen **Naturheilmittel** keine Besserung bringen.

Nach einer solchen Behandlung gelten für Öko-Tiere im Vergleich mit konventionell gehaltenen in der Regel doppelt so lange Wartezeiten bis zur Vermarktung ihres Fleisches, der Milch o.Ä.. Denn der Gesetzgeber hat sich bei Nutztieren v.a. mit einer Vermeidung bzw. Minderung gefährlicher ▸Rückstände all dieser Präparate auseinandergesetzt – ein sog. ▸Carry-over in die menschliche Nahrungskette soll verhindert werden. Die Rückstände von Tierarzneimitteln sind aber nicht nur in tierischen Erzeugnissen relevant. Durch die Ausscheidungen der Tiere gelangen sie immer wieder in den Boden und von da in die Nahrungskette.

Gesetzlich sind Tierarzneimittelrückstände alle Stoffe mit pharmakologischer Wirkung – ob wirksame Bestandteile, Arzneiträger oder deren Abbauprodukte – einschließlich ihrer Stoffwechselprodukte, die im tierischen Produkt stecken und aus dem verwendeten Tierarzneimittel stammen.

Zahlreiche Projekte zur ökologischen Tierhaltung widmen sich der Erforschung von alternativen, eben natürlichen Arzneien.

Das FiBL *(Forschungsinstitut für biologischen Landbau)* etwa forscht angesichts der weit verbreiteten resistenten Populationen von Magen-Darm-Würmern bei Schafen und Ziegen an Gegenmitteln aus tanninhaltigen Pflanzen.

Primär aber liegt der Fokus der ökologischen Tierhaltung auf **Vermeidung** von krankmachenden Situationen als vorbeugender ▸Tierschutz. Dazu dient die möglichst ▸artgerechte Haltung, die Stress, Bewegungsmangel, ungeeignete ▸Futtermittel u.Ä. verhindern soll. Neben

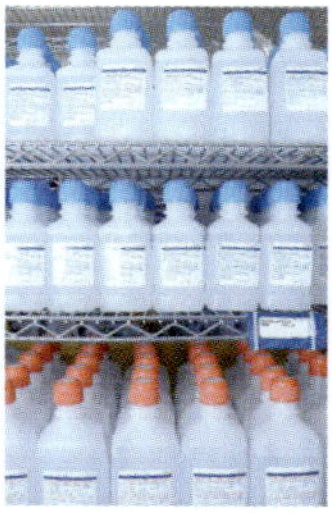

Tierarzneimittel: Batterien davon sind bei intensiver Tierhaltung ständig vonnöten, Rückständiges gelangt ins Essen

Sanfte Tierarznei: Wenn Parasiten bei Schafen gegen gängige Pharmazeutika resistent sind, können alternativ ganz natürliche Präparate aus tanninhaltigen Pflanzen helfen, wie ein Schweizer FiBL-Projekt 2010 erforschte

einer deutlich geringeren „Besatzdichte", in konventioneller Tierhaltung ein entscheidender Krankheitsherd, sorgt auch bessere Hygiene für Widerstandskraft und Robustheit. Ökologische Tierhalter setzen auf **robuste, oft ▸alte Rassen**, die sich am Standort bewährten. Diese Rassen sowie die extensive Art und Weise der Haltung sind wichtig, um Krankheiten überhaupt nicht erst entstehen zu lassen. Das Tierwohl steht nunmehr und nach einzelnen ▸Skandalen um Öko-Tierhalter im Zentrum des Bio-Engagements.

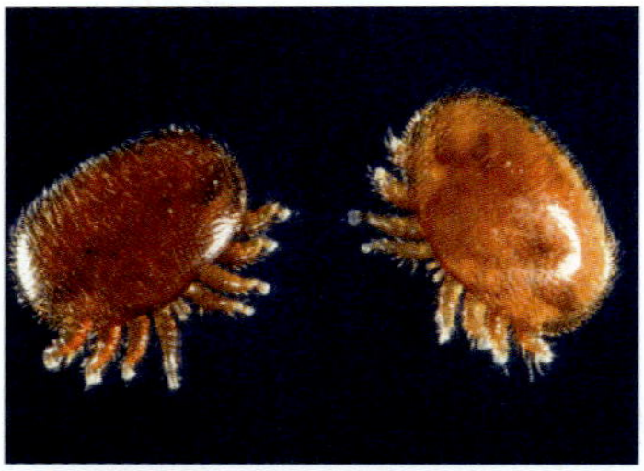

Tierhaltung: Solche Varroa-Milben auf Bienen können Imker sanft oder eben chemisch und dann aggressiv bekämpfen

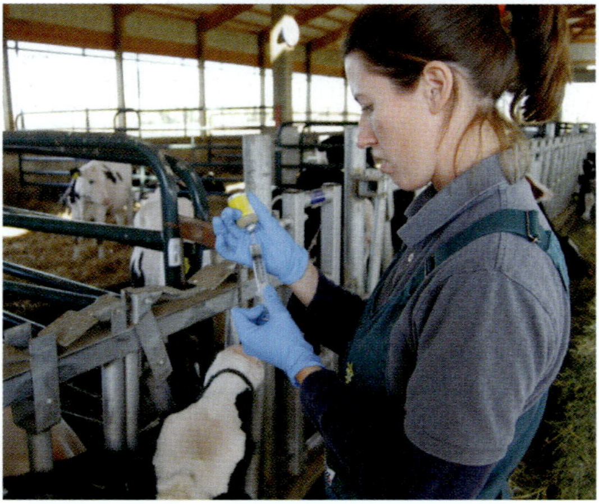

Tierarznei: Spritzen sind im Ökostall eher selten, auch wenn die tierärztliche Betreuung selbstverständlich ist

Der erheblich höhere Aufwand, den die Biobauern auch auf diesem Gebiet leisten, fließt denn auch in die ▸Preise der so erzeugten Lebensmittel ein – gut für das Tier, seinen engagierten Halter und die Umwelt.

Tierhaltung

Die Profis der industriellen Tierhaltung halten nicht viel von ihr. Ein Huhn füttern sie nach FAO-Angaben nur 6–8 Wochen (es könnte 6 Jahre alt werden), ein Schwein nur 6–7 Monate (die natürliche Altersgrenze liegt bei 10–15 Jahren) – bis zur Schlachtreife. Jeder Tag mehr würde nur kosten, und das bei den bisherigen ruinösen Fleischpreisen. Weil der Verbraucher angeblich nur Niedrigstpreise zahlt, soll sich deshalb am riesigen Mastbetriebs-Netzwerk der konventionellen ▸**Massentierhaltung** (bis zu 400 000 Hühner oder an die 70 000 Schweine in einem Stall, Auslauf nicht vorgesehen) möglichst nichts ändern. Trotz des allmählich wachsenden Bewusstseins für ▸Ethik auch in Fragen des ▸Tierschutzes: Mindestens 95 % deutscher Nutztiere in konventioneller Haltung werden mitnichten auf Bauernhöfen, sondern in Massentierhaltung groß. Bei solchen Bedingungen kommt das grundgesetzliche **Staatsziel Tierschutz** unter die Räder, durch Wegsehen, Kumpanei mit Behörden und deren Ausnahmegenehmigungen.

Im Agrarland Niedersachsen mit dem „goldenen Gülledreieck" zwischen Oldenburg, Cloppenburg und Vechta etwa verging kaum ein Monat ohne neue Pläne für neue, noch größere Mastanlagen. Doch der Politikwechsel 2013 brachte da schon Besserung. Der Trend zu „Agrarfabriken" wird aber auch innerhalb der ▸ökologischen Tierhaltung moniert. So sind laut ▸EG-Öko-Verordnung bei Nutzung aller Spielräume eben auch relativ große Ställe möglich. Nach viel Kritik gingen die Anbauverbände ab 2012 in die Offensive und kommunizierten noch klarer, dass sie sich mit ihren Richtlinien konsequenter für kleinere Strukturen einsetzen und

Tierhaltung Ente: Biohöfe gönnen beflügelnden Auslauf, Schnellmastbetriebe wollen Menge aus drangvoller Enge

Tierhaltung Huhn: Biohöfe gönnen stolzen Hähnen noch ein Volk, in Legebatterien soll ein Hahn die Legehennen nur ruhig halten

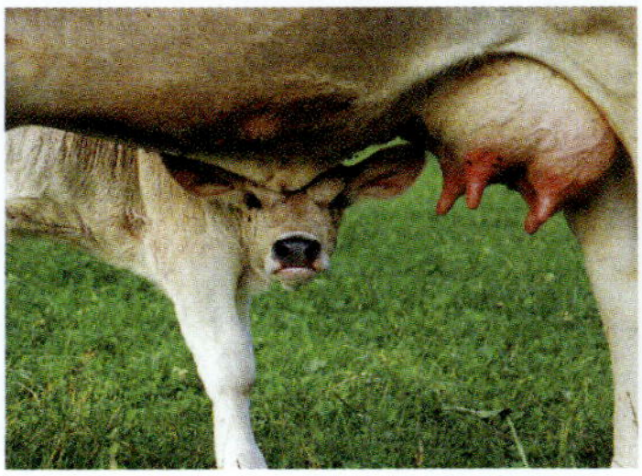

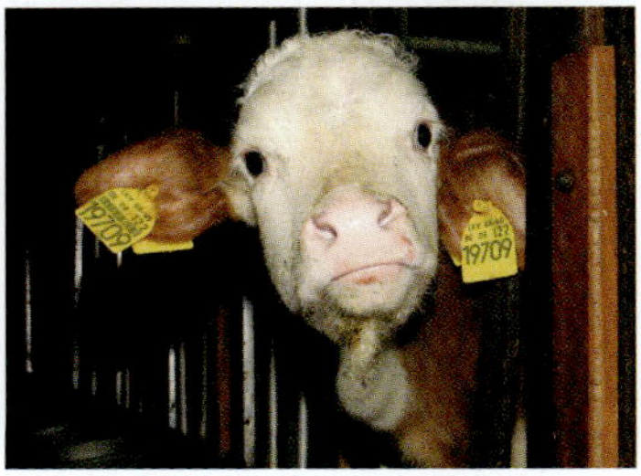

Tierhaltung Kalb: Biohöfe lassen ein Muttertier und sein Kalb länger zusammen, Halter mit puren Renditezielen machen es zur Frühwaise

dem gemeinsamen Bio-Ziel ▸artgerechte Tierhaltung so näher kämen. Denn generell gibt es in ökologischen Betrieben mehr Raum für die Tiere, ▸Freilandhaltung mit mindestens offener Stallung, besser noch Auslauf auf Außenflächen, dazu natürliches Licht, artgerechte Gruppenbildung und Beschäftigung. Das alles hat auch seine karnivore Positivseite – es zeigt sich an der **Qualität von ▸Biofleisch**, da den Tieren das stressärmere „positive Handling" bis zur Schlachtung bekommt. Auch das langsamere Wachstum (längere Mastzeiten) der gesünderen Tiere ist es, das mit höheren ▸Preisen belohnt wird. Dass Qualität und Niedrigpreis nicht zusammengehen, hat die Biobranche bewiesen. Nun hilft es den Tieren, dass die Bio-Nachfrage für eine bessere Tierhaltung sorgt und auch ▸Neuland bekannter wird.

Dem öffentlichen Bewusstsein kommen zahlreiche Initiativen gegen Mega-Mast- und Mega-Schlachthöfe zu Hilfe: etwa das Netzwerk **„Bauernhöfe statt Agrarfabriken"**, die AbL *(AG bäuerliche Landwirtschaft),* der BUND *(Bund für Umwelt und Naturschutz Deutschland)*, Tierschützer wie PROVIEH, PETA *(People for the Ethical Treatment of Animals)* oder der *Deutsche Tierschutzbund.* Längst läuft der juristische Kampf um Zulassungstricks nicht-artgerechter Tierhalter.

Tierhaltung und Tierschutz: Tierunwürdige Bedingungen, von PETA entlarvt in einem „Mastelternstall" von Wiesenhof für den Masthühnernachschub – ein Ökoferkel hat ganz offensichtlich mehr Schwein ...

Tierschutz

Jawohl, seit 2002 erst, aber immerhin seitdem, ist er in Deutschland Staatsziel und durch Artikel 20 des Grundgesetzes Verfassungsgut: „Der Staat schützt auch in Verantwortung für die künftigen Generationen die natürlichen Lebensgrundlagen **und die Tiere** im Rahmen der verfassungsgemäßen Ordnung." Die sog. Drei-Wort-Lösung war nach jahrelangen Protesten von Tierschützern überfällig. An vorderster Front agiert da PETA *(People for the Ethical Treatment of Animals)* mit spektakulären Aktionen und investigativen Aufdeckungen. Seit immer mehr ▶ökologische Tierhalter beweisen, dass Nutztiere ▶artgerecht aufgezogen werden können, ist das Konsumentenbewusstsein geschärft. Quälerische ▶Massentierhaltung sowie skandalöse Auslese-, Mast-, Transport- und Schlachtbedingungen der konventionellen Tierhalter weckten den Bedarf für Produkte, die Tierschutz voraussetzten.

Nach einer Umfrage des BMELV *(Bundesministerium für Ernährung, Landwirtschaft und Verbraucherschutz)* von 2013 legt die Hälfte der Deutschen Wert darauf, dass ihre Lebensmittel aus „besonders artgerechter Haltung" stammen (▶Einkaufen). 2012 sagten 93 % der Befragten laut Emnid-Studie, dass Fleisch aus artgerechter Haltung „mehr kosten darf". Der ▶Bioboom hat es vorgemacht: Verlässliche ▶Gütesiegel, aufklärende Informationen und Skandalfreiheit

Tierschutz aktiv: Ein PETA-Aktivist befreit Hummer, ein Koch muss eine Languste nicht lebendig zu Tode sieden, es gibt Alternativen

werden vom Verbraucher honoriert. Diese Aussicht auf bessere Erlöse bei „tiergerecht" erzeugten Produkten hat mit einem sog. *Animal Welfare Action Plan* seit 2004 etliche EU-Initiativen in Gang gebracht, die zum eigenen **„Tierschutzsiegel"** führen sollen. Vorreiter ist Großbritanniens „Freedom Food" (mit den *Five Freedoms*: frei von Hunger/Durst, Angst/Bedrängnis, Schmerz/Krankheiten, Leid/Beschwerden, Zwang zu nicht-tierüblichem Verhalten).

Das geplante EU-Tierschutzsiegel soll mit noch höheren Ansprüchen als das ▸EU-Biosiegel vergeben werden; ob freiwillig oder obligatorisch, wird noch diskutiert. Schwachpunkte können die rein formale Vergabe bei Vorliegen von Standard-Rahmenbedingungen sowie sechsstündigen Vor-Ort-Kontrollen alle zwei Jahre sein. Es gab sogar Vorschläge, private Institute oder Verbände mit der Siegelvergabe zu betrauen. Damit war klar: So sollen Tierhalter auch außerhalb von Bio ihre besiegelbare Marktchance bekommen. Ähnlich kritisch ging nicht nur die Biobranche 2013 mit den neu lancierten „Tierschutz"-Siegeln als Kooperationen von *Deutschem Tierschutzbund* bzw. *Vier Pfoten* mit dem Handel um – denn deren Einstiegsstufe sei zu tief angesetzt.

Von tiersündigen Mästern wird argumentiert, dass das Ausland nicht auf dem deutschem Tierschutzniveau und tiergrausame Konkurrenz sei – auf dem besten Wege, den Standort Deutschland zu vernichten. Zähneknirschend mussten deutsche Erzeuger „Einschränkungen" hinnehmen: Keine ▸Qualzucht und Auslauf der ▸Käfighaltung, doch die betäubungslose Ferkelkastration ist wohl erst ab 2019 tabu. Daneben stehen Fehlbetäubungen beim ▸Schlachten, Baurechtsausnahmen für Massenställe und Tiertransporte in der Kritik. Die Angst geht um, dass aufgeklärtere Verbraucher Tierisches nicht mehr der Frische, Hygiene oder des ▸Preises wegen auswählen, sondern nur, wenn die tiergerechte Haltung, der schonende Transport und schnelles und schmerzloses Schlachten garantiert sind.

Tier- wie Verbraucherschützer sind besorgt, weil das BMELV *(Bundesministerium für Ernährung, Landwirtschaft und Verbraucherschutz)* ausdrücklich „die Interessen des Tierschutzes und die Wirtschaftlichkeit der Tierhaltung in Einklang" bringen will. Das wird Kompromisse gebären, die nach Fäulnis riechen. Die Diskussionen in der Biobranche sind längst weiter; hier drehen sich tierethische Überlegungen ausdrücklich um den Begriff Tierwohl, worauf auch ▸Öko-Kontrollstellen gezielter achten. Eine weitere Maßnahme ist die Wiederentdeckung der sog. Zweinutzungsrassen.

Tierhaltung ohne Tierwürde: Nur eine Zwangsernährung schafft die Fettleber bei Gänsen, wie das PETA-Plakat uns Menschen mal nachempfinden lassen soll

Tierwürde

Die Diskussion kann in philosophischer Wortklauberei enden, ob man in Parallele zur grundgesetzlich garantierten Menschen- auch eine Tierwürde zugestehen könne. Juristen gelten Tiere als „Sachen", in der ▸Ethik sind sie fühlende Kreaturen, etwas frömmelnd werden sie zu **Mitgeschöpfen**.

Seit Menschen mit diesen lebendigen „Sachen" aber schlimmste Sachen machen und viele Verrohungen bei industrieller Haltung publik wurden, regt sich ein Verantwortungsgefühl, das über Fragen der ▸artgerechten Haltung und des ▸Tierschutzes hin-

Tierwürde: Aufruf zur ersten Demo dieser Art während der Grünen Woche 2011 – Schockschwerenot durch Bildwahrheit soll heilsam sein

Tierwürde: Albert Schweitzer stand Pate für die Tierschutz-Stiftung, die Achtung vor jeglicher Kreatur bewegt auch den Öko-Tierhalter Schweisfurth

Tierobjekt: Die Zivilisation hat uns Haltung und Schlachtung von Tieren verdrängen lassen, Metzgers Tränen sind nur noch Spott wert

ausgeht. Aus Empathie bei animalischen Leiden überschreitet das Gefühl der Mitmenschlichkeit dann die Grenze zu anderen Arten – sofern keine Verrohung im bösen Spiel ist. Die ▸Schweiz leistete sich 2008 als erstes und bisher einziges Land der Welt ein Gesetz zum Schutz der **„kreatürlichen Würde“**, also Tierwürde, sogar ausgedehnt auf ▸Pflanzenwürde, um weit über das reine Schmerzverbot des Tierschutzes den Eigenwert, die Eigenarten sowie den Lebens- und Erhaltungswert von Kreaturen zu sichern. Im ganzheitlichen Ansatz für den Eigenwert eines Tieres, seine Würde und das Wohlergehen beim Umgang mit ihm entspricht dies Jahrzehnte später sogar den ersten und heutigen ▸Demeter-Prinzipien zum Tierrespekt. Durch den Schweizer Schutz der Tierwürde darf kein Tier geängstigt, erniedrigt oder übermäßig instrumentalisiert werden, kein Gruppentier darf in Einzelhaltung leiden. Und nicht zuletzt sind extreme Tierversuche so verboten wie konsequenterweise alle Manipulationen von Keim- und Erbgut wider die kreatürliche Würde.

Seit Ende 2009 definiert auch der EU-Reformvertrag offiziell Tiere als „fühlende Wesen“, er überlässt aber die sog. Erfordernisse des Wohlergehens der Tiere den kulturellen Traditionen und dem regionalen Erbe der jeweiligen Mitgliedstaaten – also auch alle Ausnahmen.

Über die **jeweils nationale Tierwürde** würde dort nur aufschiebend lange diskutiert, gäbe es nicht wachsame ▸Vegetarier und noch konsequentere ▸Veganer, die von jeher durch Empathie Tieren mit Achtung statt Schlachtung begegnet sind. Deren zunehmend geachtetes Image in der Öffentlichkeit sowie der

sanftere Umgang mit Tieren durch die ▸ökologische Tierhaltung arbeiten wie eine große Lobby der Achtung von Tierwürde konsequent zu. Nicht zuletzt sind es Organisationen wie die *Albert Schweitzer Stiftung* oder Aktivisten wie der längst reuige Ex-„Herta“-Fleischverarbeiter Karl Ludwig Schweisfurth mit der „Symbiotischen Landwirtschaft“, die einerseits Fleischverzicht, andererseits würdigere Fleischproduktion vorantreiben.

Tilapia

Modefisch mit rasanter Karriere, der Marketingexperten keine Zeit zum Taufen ließ – so bekam er den wohlklingenden Gattungsnamen Tilapia. Der Süßwasser-Speisefisch aus der Buntbarsch-Familie erschwamm sich jenseits seiner Heimat Afrika, Mittlerer Osten und speziell Jordan (daher auch „Petrus-Fisch") mittlerweile etliche neue Kontinente. Denn Tilapia hat es in sich: Er setzt schnell an, wo immer man ihn aussetzt, und er schmeckt hervorragend.

Tilapia gilt bei seinen Züchtern als widerstandsfähig, anspruchslos und **Schnell-Lieferant** von tierischem Eiweiß. In der Tat vermehrt sich der robuste Wunderfisch rasant – gleich um das 6–8-Fache im Jahr! Je nach Region wird er in wenigen Jahren bis zu 6 kg schwer. Als genormte Massenware kommt Tilapia dann frisch oder als TK-Filet in den Handel, auch aus ▸ökologischer Aquakultur (z. B. von ▸Naturland).

Fürsprecher der unglaublichen weltweiten Vermehrung des Tilapia weisen darauf hin, dass die sog. *Fish-in-Fish-out-Ratio* mit 0,5 äußerst gering sei: Für 1 kg Tilapia muss also nur 0,5 kg Futterfisch eingesetzt werden (▸Veredelungsverluste). Die vegetarischen Tilapiae könnten sich von Küchenabfall, Dung etc. ernähren, solange sie nur in warmem Wasser als Mastwunder ihrer Fresswut frönen können. Dafür werden sie schon mal **„Müllschlucker"** genannt und im fernen Asien als solche bedient, wofür sich die Allesfresser mit Beigeschmack rächen.

Immerhin wurde der Tilapia schon **„Fisch des Jahrtausends"** genannt, denn die Zuwachsraten der weltweiten Produktion sind eindrucksvoll: Laut FAO wurden 2011, ohne lokale Fänge, rund 3,6 Mio. t produziert, Tendenz weiter steigend. Vermutlich wird Tilapia schon in absehbarer Zeit sogar den ▸Lachs und auch noch ▸Karpfen überholen. Die Tilapiae verdrängen jetzt bereits als hoch aggressive Barschart nach Aussetzen oder Ausbüxen Konkurrenzfische und anderes Wassergetier aus deren angestammten Revieren. Kritisch zu sehen ist neben solch massiver Verfälschung der regionalen Fauna die Art und Weise, wie die konventionelle ▸Aquakultur öfter betrieben wird. Ökologische Zuchtanlagen unterliegen im Gegensatz zu den oft wildwüchsig agierenden konventionellen viel strengeren Kontrollen, ihr **Bio-Tilapia** kommt aus umweltschonend betriebenen Anlagen. Der ▸WWF empfahl 2013 biozertifizierte Tilapiae ausschließlich aus geschlossenen Kreislaufanlagen (damit null Netzhaltung und keine Teiche, so auch die Kriterien von ▸*Greenpeace*) und Tilapiae aus Zuchten mit dem seit 2012 vergebenen ASC-Siegel.

Bio-Tilapia: Als pflegeleichter Barsch ein Mode- und Massenfisch mit einer ganz besonderen Müllschluckerqualität zum Zunehmen im Rekordtempo

Tintenfisch

Wirbellose Kopffüßler, also küchenfreundlich reichlich weichlich, mal mit acht (daher Oktopus), mal mit zehn Armen voller Saugnäpfen, aus einer Familie mit 1 000 Varietäten.

Tintenfisch: Nicht eben arm an Armen voller Saugnäpfe für Gourmets, dabei reich an Arten und an Größen

Tintenfische: Ihr allzu stabiles Eiweißgerüst kann mal zerschlagen, viel besser aber noch in der Küche aufgeschlossen werden

Ihr Kopf ist zugleich Rumpf, an dem die acht Arme ansetzen, nur Kalmar und Sepia haben noch zwei längere Fangarme zusätzlich. Alle danach benannten armereichen Nicht-Fische (für Experten eher Tinten-Schnecken) können bei Gefahr statt Beute zu werden einen Beutel Tinte entleeren und sich hinter der Wolkenwand verziehen. Solche Sepiatinte ist ideal zum Schreiben, Zeichnen oder Pastafärben.

Die Größe der Tintenfische variiert zwischen wenigen Zentimetern Körperlänge (inkl. der Arme) bis zu fast zehn Metern bei Riesenkalmaren. Kleinlinge sind frittierte mediterrane Leckereien, monströse Exemplare in Seemansgarn verwickelte Halbwahrheiten.

Kalmare: Entarmt haben sie nicht nur in der mediterranen Küche einen perfekt zu füllenden Körper

Gegessen werden die meisten der handlichen Arten. Vom ausgewachsenen Oktopus finden vor allem die zarteren Arme ihren Weg in die Küche, beim Kalmar ist es der walzenförmige Körper, der gefüllt oder eher zu Ringen geschnitten und paniert ein mittlerweile fester Bestandteil der TK-Kost ist. Sepien werden in Deutschland zwar eher selten gegessen, sind in Mittelmeerländern hoch geschätzt (der WWF meint jedoch „lieber nicht“). Die erhöhten Werte an ▸**Cadmium** in Tintenfischerzeugnissen resultieren aus ungenügender Reinigung der Tiere, die das Metall vorwiegend in ihren Innereien anreichern. Deshalb müssen frisch gefangene Tintenfische so rasch wie möglich ausgenommen und gesäubert werden. Schockfrosten ist heute die gebräuchlichste Methode, um die **stabile Eiweißstruktur** des Fleisches aufzubrechen und genießbarer zu machen. Nichts anderes tun Fischer, die am Kai ihre Tintenfisch-Beute scheinbar brutal auf Steinunterlagen schlagen. Während Kalmare frei schwimmen, eine sehr hohe Reproduktionsrate haben und nicht durch ▸Überfischung gefährdet sind, gehen Oktopusse auf jahreszeitlichen Wanderungen aus größerer Meerestiefe in küstennahes Flachwasser. Weil sie dort nach schützenden Höhlen suchen, sind Oktopusse leicht zu fangen. Tongefäße an langen Leinen sind die einfachste **Fangmethode**, aber auch durch Langleinen oder in Netzen werden Oktopusse in so großer Zahl gefangen (und meist nach Asien exportiert), dass ihr Bestand in vielen Teilen der Welt merklich zurückgegangen ist.

Nota bene: Wer einmal als Taucher eine Weile mit einem Oktopus gespielt hat, wird kaum Freude am Verzehr haben. Im Kopf steckt ein hoch entwickeltes Gehirn, das „intelligent“ handeln lässt und dem zwei große, mit Pupille und Lid versehene Augen räumliches Sehen ermöglichen – wie Orakelkrake Paul 2010 bewies …

Tofu

Der menschliche Körper würde sich nicht die Bohne für ▶Soja interessieren, denn die Proteine der kugeligen Bohnen sind unverdaulich. Erst durch Gerinnung der aus ihr erquetschten ▶Sojamilch wird Soja wieder zum buchstäblich festen Bestandteil – als Tofu. In dieser Form ist der **„Bohnenquark“** Tofu ein typisch asiatisches Nahrungsmittel, wird aber längst von ▶Vegetariern und ▶Veganern auf der ganzen Welt geschätzt. Die Tofu-Herstellung aus gekochten und gemahlenen Sojabohnen hat große Ähnlichkeit mit der Bereitung von ▶Käse, auch die Inhaltsstoffe erinnern daran. Doch v. a. gilt Tofu als bekanntester ▶Fleischersatz, wenngleich der Vergleich Fleischverzichter nervt, die Tofu als eigenständiges Lebensmittel mit spezifischer ▶Textur und Zubereitungsvielfalt sehen. Vorsicht gebietet der inzwischen verbreitete Einsatz von ▶Gen-Soja, der in den USA und Südamerika vorherrscht und Einkauf gentechnikfreier Soja für **Bio-Tofu** nur heikler macht. Mittlerweile gedeiht Soja in wärmeren Regionen schon nördlich der Alpen, deckt aber nicht den Biobedarf. Zwar fanden sowohl die ▶*Stiftung Warentest* als auch ▶ÖKO-TEST schon ▶Verunreinigungen bis zur Grenze von 0,1 % in Bio-Tofu – konventionelle Produkte waren aber deutlich öfter und höher kontaminiert. Noch einen Vorteil bieten Biovarianten: Eine Studie von „Taifun“ ergab, dass bei Bio-Tofu nur 700 g CO_2-Äquivalente pro kg erzeugt werden statt wie bei konventioneller Produktion 1 100 g (gemäß *Öko-Institut*), u. a. dank regenerativer Energien.

Tofu-Farm: Soja-Eiweißfabrik mit fantasievoller Anlehnung an das agrarische Erbe

Tofu-Formen: Mal ganz unpur als Kürbislasagne, pur nur gebraten als Tofu-Saté-Spieße mit Saucen zum Dippen – und für Puristen in asiatischer Suppe mit Reis

Tofu ist schlicht ein **Gerinnungsprodukt** der Sojamilch, die durch Magnesiumchlorid („Nigari“), Calciumsulfat oder Zitronensäure erst zur sog. Koagulation gebracht, abgesiebt, vorgetrocknet und schließlich zum mehr oder weniger festen „Kuchen“ gepresst wird. Je nach Herstellung und Beschaffenheit werden zahlreiche Tofu-Sorten unterschieden, etwa puddingartiger, halbfester „Seidentofu“ für Desserts, fester asiatischer und fester westlicher

Tofuspäne: Daraus werden all die Tofu-Spezialitäten – wie hier in der sog. Tofurei von Tofu Nagel

Tofu. Außer aus Soja kann Tofu auch mit einer Mischung anderer Bohnenarten hergestellt werden.
Auch die Weiterverarbeitung des neutral schmeckenden Tofu durch Trocknen oder Gärenlassen, Tiefkühlen oder Marinieren sorgt für ein differenziertes Angebot. Fester Tofu kann **wie Fleisch verwendet**, also gebraten und gegrillt, beliebig geformt und „verwurstet" werden. In China wird Tofu gern stark fermentiert und eingefärbt, gewürzt oder gereift bis zum Blauschimmelaroma, gesalzen oder aromatisiert; der weichste Tofu-Pudding heißt wörtlich „Bohnenhirn".

Bio-Tomaten: Hummelheere schwirren als ganz natürliche Bestäuber durchs Gewächshaus, und pestizidfreies Gedeihen garantiert erst unbelastetste Tomatengerichte

Nicht nur bei Asiaten gilt Tofu als gesund. Ein hochwertiges Fett-Säure-Spektrum mit über 50 % Linol- und 8 % alpha-Linolensäure sowie Sojalecithin macht Sojaprodukte diätetisch sehr wertvoll, ebenso wie der hohe Gehalt an Mineralstoffen.

Tomaten

Sie waren mit 12,1 % Umsatzanteil 2012 nach ▸Möhren (43,5 %) das zweitbeliebteste von allen Biogemüsen (konventionelle Rotkugeln stehen auf Gemüseplatz 1 mit 16,1 %). Doch auch den Tomaten erging es zu lange wie den armen Hühnern: Enorme Nachfrage führte zur Massenpflanzenhaltung, Preisverfall und Qualitätsverlust (▸Hollandtomate). Konventionell gezogene Hybrid-Tomaten wurzeln für Maximalrendite längst nur noch in Hydrokultur (was bei ▸Demeter übrigens gänzlich tabu ist) oder **sog. Substratblöcken**, also von Nährstoffen durchströmter Glaswolle in Folientunneln, die allein im spanischen Almería ein 350 km² großes *mar de plástico* bilden.
Zum enormen Wasserverbrauch (ca. 40 l pro kg *tomates*) und zum oftmals dreisten Einsatz von Chemie kommen nach der Ernte die CO_2-Sünden durch den langen ▸Transport.

Klimasünden sind auch die beheizten ▸Gewächshäuser (rund 100-mal klimaschädlicher als der regionale ▸Freilandanbau!), ob konventionell oder ökologisch. Deshalb erlauben etwa die Richtlinien von ▸Bioland nur das Frostfrei-Halten. Erst in der ▸Saison geerntete **Freiland-Tomaten** (Juni bis September) stellen Öko-Bilanzierer zufrieden,

zumal aus ökologischem Anbau. Bei ihm fällt laut Universität Gießen der ▸Carbon Footprint mit 35 g CO_2/kg deutlich kleiner aus als bei konventionellen Freiluft-Tomaten (85 g CO_2/kg). Zudem ist die **Sortenvielfalt** unter Bio-Tomaten größer, die Pflanze wurzelt in organisch gedüngtem Boden in durchlüftetem Abstand und vor Schädlingen mit eingebrachten ▸Nützlingen wie Marienkäferlarven geschützt. Das Versprühen eines später abwaschbaren Netzschwefelnebels gegen Pilzerkrankungen ist zwar erlaubt, sonst helfen natürliche ▸Pflanzenschutzmittel wie Neemöl oder Knoblauchextrakt gegen Schädlinge.

Tomaten höchst convenient: Aus Bio-Ernte halbgetrocknet, schon geschält oder passiert mit all den hochgesunden Anthocyanen

So fand beim Ökomonitoring das Stuttgarter CVUA *(Chemisches und Veterinäruntersuchungsamt)* beim letzten Vergleich zwar auch in 28 % der Bio-Tomaten ▸Rückstände von chemisch-synthetischen ▸Pestiziden, in konventionellen Tomaten jedoch zu 81 % und – im Gegensatz zu Bio – bei 8,5 % sogar über der gesetzlich definierten Höchstmenge.

Da bei Bio weniger Kulturen pro Saison geerntet werden, sind auch deshalb die ▸Preise etwas höher. Doch die oft sorten-originellen Bio-Tomaten in ihrem Formen- und Farbenreiz sind es zweifellos auch geschmacklich wert. Außerdem fand eine Langzeitstudie der University of California heraus, dass der Gehalt an ▸antioxidativ wirkenden ▸Flavonoiden nahezu doppelt so hoch ist. 2013 ergänzte die Universität Ceara (Brasilien): Bio-Tomaten seien (wohl als Folge von mehr Pflanzenstress) kleiner, hätten aber mehr Zucker und 55 % mehr Vitamin C.

Auch die **ökologische Tomatenzucht** ist auf vielversprechenden Wegen, die allerdings lang sind bis zur amtlichen Zulassung attraktiver wie resistenter neuer ▸Sorten. Allein in Deutschland wurden seit 2003 an die 3 500 Varietäten geprüft, die zehn vielversprechendsten befinden sich noch im landesweiten Ringversuch, sind ohne Zulassung.

Natürlich gibt es auch nach dem Ende der „Antimatsch-Tomate“ neue ▸Gen-Tomaten – wasserärmer wie allergenfreier oder inhaltsreicher. Mangels Akzeptanz sind sie unter Verschluss.

Tomaten-Variationen: Alte Sorten und Neuzüchtungen sind lohnende Entdeckungen

Geschmacksfrage: Entscheidend für das Tomatenaroma ist wohl nicht in erster Linie die Anbauart, sondern eher die Sonnenscheindauer und -intensität, Sorte, Reifegrad sowie die Versorgung mit Stickstoff und Wasser. **Zu viel Wasser** allerdings erhöht zwar das Erntegewicht, verdünnt aber auch die Geschmacksstoffe bis zur Langweiligkeit.

Gesundheit: Das Carotinoid **Lycopin** ist als Fänger von ▸freien Radikalen in Tomaten hoch konzentriert und zudem so hitzebeständig, dass verarbeitete Tomaten noch mehr davon enthalten; die Bioverfügbarkeit kann mit Öl oder Fett gesteigert werden.

Alternative zur Kartoffellei: Ihr Inulin macht solche Knollen aus Brasilien so sättigend

Topinambur

Der großblättrige Gelbblüher verrät seinen Standort dem, der die „Erdbirne“ erst der ▸Wildsammlung und dann sich selbst einverleiben will. Das Experiment lohnt, denn die Zubereitungsarten sind so variantenreich wie bei ▸Kartoffeln. Neben der galt Topinambur vom 17. Jahrhundert an als modisches Mahl aus Brasilien, wo die indigenen *tupinambas* dem Fruchtgemüse ihren Stammesnamen gaben. Von der Kartoffel aber wurde es bald wieder verdrängt, wilderte aus und wurde erst im Zuge der „Öko-Welle“ **wiederentdeckt**.

Die Sammel- oder Erntezeit der Knollen von *Helianthus tuberosus* beginnt Mitte Oktober, eher jedoch im November. Früh schmecken die Verwandten der ▸Sonnenblume süßlich nach Kartoffeln, sogar roh aus der Hand oder zum Salat zerraspelt. Ansonsten wird Topinambur kartoffelig gedämpft, gekocht, gebraten.

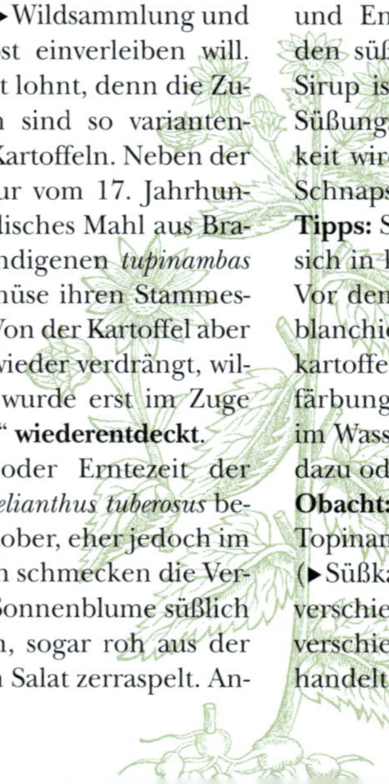

Da er sich nach der Ernte nicht sehr lange hält (dafür aber ungeerntet im Boden bis zum Frühjahr bleiben kann), ist Topinambur bald zu kochen, zu backen, unter Pfannengemüse zu mischen oder einzulegen. Roh schmeckt älterer Topinambur etwas fade erdig und leicht nussig, gekocht aber interessant schwachsüßlich (einst röstete man ihn denn auch für ▸Kaffee-Ersatz).

Die Knolle enthält keine ▸Stärke, dafür **Inulin**, das für Diabetiker verträglich ist. Das sorgt für das starke, anhaltende Sättigungsgefühl. Diese Suggestion fürs Gehirn, durch die Heißhungerattacken schnell ins Leere laufen, schaffen auch Topinambur-Kautabletten oder -Flocken im Müsli. Natürlich auch **aus ökologischem Anbau**.

Überdies soll die Knüller-Knolle gesunde Darmbakterien fördern, sog. Darmgifte neutralisieren und das Immunsystem stärken. Der Saft aus rohem Topinambur gilt als Fasten- und Entschlackungstrank und hat den süßlichen Wohlgeschmack; als Sirup ist er denn auch alternatives Süßungsmittel. Topinamburs Saftigkeit wird auch zu Branntwein oder Schnaps hochdestilliert.

Tipps: Schrumpelige Knollen lassen sich in kaltem Wasser regenerieren. Vor dem sonst mühevollen Schälen blanchieren, abschrecken, wie Pellkartoffeln abziehen. Um eine Braunfärbung zu verhindern: Geschältes im Wasser lassen, etwas Zitronensaft dazu oder mit Speiseöl einreiben!

Obacht: Auf ▸Wochenmärkten wird Topinambur oft **als „Batate“** verkauft (▸Süßkartoffel, ▸Yams). Deshalb: Je verschiedenfarbiger, skurriler, formverschieden die Knollen, desto eher handelt es sich um Topinambur.

TransFair

Der seit 1992 aktive gemeinnützige *Verein zur Förderung des Fairen Handels mit der „Dritten Welt"* mit Sitz in Köln, der mit dem Logo ▸Fairtrade verlässlicher Maßstab für verantwortungsvollen Konsum, ▸Nachhaltigkeit und Armutsbekämpfung ist. TransFair schafft so den Brückenschlag zwischen Erzeugern **aus der „Dritten Welt"** (an die 75 % Kleinbauern) und den Konsumenten in Industrienationen. Die 36 Mitgliedsorganisationen aus Entwicklungshilfe, Kirche, Sozialarbeit, ▸Verbraucherschutz, Bildung sowie Genossenschaftswesen betreiben mit bestem Erfolg Informations-, Öffentlichkeits- und Lobbyarbeit im Netzwerk *Forum Fairer Handel.* Ziel ist es, benachteiligte Erzeugerverbände in den Entwicklungsländern durch dauerhafte Handelsbeziehungen und garantierte Mindestpreise zu stärken, damit sowohl Kleinbauern als auch die Arbeiter auf größeren Plantagen ihren Lebensunterhalt aus eigener Kraft sichern können.

Dabei wird kein Produkt durch den unabhängig agierenden Non-Profit-Verein selbst vertrieben – er vergibt **Lizenzen** für das Fairtrade-Siegel an Importeure, Verarbeiter und Händler. Wer die von der Dachorganisation FLO *(Fairtrade Labelling Organizations International)* aufgestellten und durch zertifizierte Stellen kontrollierten Richtlinien einhält, darf das ▸Gütesiegel aufs Produkt kleben.

Was 1992 mit fairem ▸Kaffee vom ersten Lizenznehmer GEPA *(Gesellschaft zur Förderung der Partnerschaft mit der Dritten Welt mbH)* bei „Edeka" anfing, kennzeichnete 2013 schon mehr als 2 000 Produkte in etwa 42 000 Verkaufsstellen: Auch ▸Tee und ▸Bananen, ▸Fruchtsäfte, ▸Reis wie ▸Schokolade, ▸Wein, sogar Teppiche und Rosen tragen es.

Die Lizenzgebühren sind meist produktabhängig und betragen grundsätzlich 2,5 % des Nettoabgabepreises an den Einzelhandel; 2014 waren etwa für 1 kg Bananen 3 Cent fällig, 12 Cent waren es pro Liter Wein.

2012 steigerten sich die Ausgaben für Fairtrade-Produkte um 33 % gegenüber dem Vorjahr, die Verbraucher gaben insgesamt 533 Mio. Euro

TransFair: Wo sich der stilisierte Tukan zeigt, ist garantiert, dass ein Farmer in der Dritten Welt zu fairen Bedingungen anbauen, ernten und verkaufen konnte – ob Reis für den Topf oder Vanille für den Tee

TransFair-Taten: Auch neue Brunnen für sauberes Trinkwasser entstehen im Rahmen fairer Handelsbeziehungen

dafür aus. Seit Längerem fördert der Verein ökologischen Anbau und bezieht **Öko-Mindeststandards** in die Kriterienkataloge mit ein – 2009 gab es u. a. dafür den Deutschen Nachhaltigkeitspreis. 52 % der TransFair-Ware waren 2012 ▸fair + bio, sie belegen in den Untersuchungen von ▸*Stiftung Warentest* und ▸ÖKO-TEST öfter mal erste Plätze.

Einen größeren und deutschlandweit beachteten Coup landete TransFair 2006 ausgerechnet beim ▸Discounter Lidl, was die Fair-Branche zunächst mit „Befremden" aufnahm. Seitdem gibt es dort fair gehandelte Ware (Eigenlabel „Fairglobe"). Auch andere Discounter haben inzwischen Fairtrade-Produkte im Regal.

transgen: Das genetische Überschreiten von Artgrenzen ist ein Experiment mit gewollten Zufallsergebnissen aus Transformationen, etwa nach dem Verschießen von DNA-Partikeln in die Objekte per Gen-Kanone in die „Objekte"

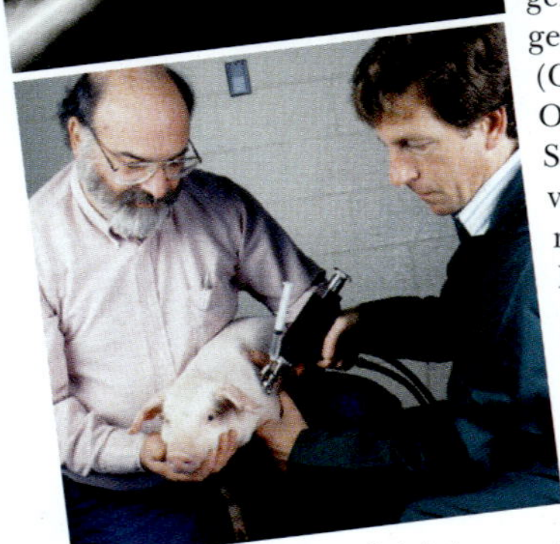

transgen

Elegantes Fremdwort für eine so unnatürliche wie gewollte Grenzüberschreitung: Erbgut einer genetisch sonst ganz eigenen Art wird zur Aufnahme von **Fremdgenen** gezwungen und ist damit transgen, also ein sog. ▸GVO (Genetisch Veränderter Organismus).

Solche die Artgrenzen von Pflanzen oder Tieren überschreitenden Neuschöpfungen im Labor gelingen durch Manipulation an nur schwer vorhersehbaren Genom-Stellen – **durch bloßen Zufall**. Erst später, bei der Selektion, zeigt sich, was glückte und ob sich die Vermehrung lohnt.

Seit 1973 gelingt der ▸Gentechnik immer mehr. Zuerst entstand ein leuchtender „Glofish" für Aquarien, dann setzten neue transgene Tiere im Labor Supermuskeln an, Fische bekamen fremde Kälteresistenz-Gene und ▸Gen-Tomaten ihr „Antimatsch-Gen". Weltweit sind an die 200 gentechnisch variierte Designerpflanzen zugelassen, im größten Stil weiterhin als ▸Gen-Soja, ▸Gen-Mais, Gen-Raps und Gen-Baumwolle.

Noch gibt es keine gentechnisch veränderten Tiere auf dem Markt. Aber kurz vor der US-Genehmigung für Aquakulturen im Inland steht ein Gen-Lachs (der **„Frankenfish"**), der doppelt schnell heranwächst – bis zu 3,6 kg werden es in nur 18 Monaten.

Längst werden auch ▸Mikroorganismen wie ▸Hefen und ▸Enzyme für Lebensmittel und Pharmazie transgenetisch modifiziert. Weil diese oft mit Antibiotikaresistenz-Hilfsgenen manipuliert werden, weiß noch niemand, wie sich die Gen-Winzlinge nach dem Verzehr auf die hochkomplexe menschliche Darmflora auswirken. Von Allergien aber ist schon öfter die Rede, etwa durch „versteckte" Erdnussgene in Gen-Weizen.

Die Mehrheit der Verbraucher will denn auch keine Lebensmittel von Gen-Pflanze oder Gen-Tier, doch neben dem Label ▸**Ohne Gentechnik** auch für Konventionelles hat sich nur die ▸Biobranche ▸gentechnikfreier Produktion verschrieben. Genau die aber wird durch laxe Gesetzgebungen bei tierischen Produkten, teure Auflagen und Gutachtenzwang sabotiert. Bei manchem Produkt wird sogar die Einhaltung der tolerierten ▸Verunreinigung bis 0,9 % schon schwer.

Transport

Energie bewegt alles in der Welt, längst auch die besorgten Gemüter, weil die CO_2-Bilanz unser erwachtes Öko-Gewissen mobilisiert. Viele wollen nur den kleinstmöglichen ▸Car-

bon Footprint auf Erden hinterlassen. Immer deutlicher wird, dass der Transport und die zurückgelegten sog. ▸Food Miles dabei die größten Nummern darstellen, bei sog. Flugware im höchsten Maße.

Doch Produktion und Distribution bis zum Endverbraucher sind ohne eine Transport-Portion Klimaschädlichkeit nicht möglich – es sei denn, man erntet selbst, fußmarschiert zum Regionalmarkt oder radelt zum ▸saisonal bestückten ▸Bioladen. Alle anderen Essbarkeiten sind schon mit **Transportsünden** durch verschwenderischen Energie-Einsatz erkauft.

Generell sind Schiffe für ▸Importwaren am klimaschonendsten (Obacht: nahezu alle Produkte aus ▸Fairtrade werden stets verschifft), gefolgt vom unausgelasteten Schienenweg (etwa 1/3 aller Lkw-Sünden); Langstrecken per Lkw sind je nach Fracht okay bis sündhaft, und **der Luftweg** ist indiskutabel klimaschädlich – ob nun Passagiere, Gourmets, Exotika oder Antisaisonales par Avion verfrachtet werden. Bei der letzten Erhebung 2008 wurden täglich etwa 140 t Lebensmittel (im sog. Extrahandel) nach Deutschland eingeflogen, meist Fischexoten, Gemüse, Fleisch und Obst.

Britische Hochrechner schockierten damit, dass die Waren in einem ganz durchschnittlich gefüllten Einkaufswagen für eine vierköpfige Familie insgesamt 95 000 Food Miles (rund 150 000 km) zurückgelegt hatten, als Kenia-Bohnen etwa oder als Neuseeland-Äpfel, Ägypten-Spargel, US-Erdbeeren, Thailand-Mais. Bis zu 40 % der Lkw auf britischen Straßen sollen nur Essbares bewegen, Tendenz zunehmend. Da sind die Klimabemühungen einiger britischer Supermärkte lobenswert: Immerhin gibt es bei „Marks & Spencer“ zudem die Kennzeichnung eingeflogener Ware („air freighted“) – wie bei „COOP“ in der Schweiz („by air“).

Transport: Lässliche Sünde im Container per Schiff, auf der Schiene vernünftig, per Lkw weniger

Transport vor Ort: Alle Logistik hat Klimarelevanz, durch kurze Wege wäre Umwelt und Klima schon geholfen – die 100 Meilen sind da eine griffige Formel

100 Mile Diet
Local Eating For Global Change.

Anschaulich sind Erhebungen für Österreich: Nur 22,6 g CO_2 Transport-Sünde belasten die in der Alpenrepublik gegessenen Steiermark-Äpfel pro kg, aber 263,1 g welche aus Südafrika; Burgenland-Weintrauben belasten die Atmosphäre durch Inlandstransport mit 8,8 g/kg, aber mit 7 410,8 g/kg, kommen sie aus Chile. 1 kg Wiener Tomaten ist in der Region an 0,7 g Transport-CO_2 schuld, solche aus den Niederlanden an 104,7 g/kg; 1 kg oberösterreichisches Rindfleisch kommt mit 23,1 g CO_2 zum Inlands-Kunden – aus Argentinien mit dem Zwölffachen: 282,4 g/kg. Transport-Extreme gegen Transport-Vernunft: Was idealerweise saisonal genossen und ▸regional produziert wie konsumiert wurde, schneidet da meist besser ab – zumal in Bioqualität – bei langwegigem Obst und Gemüse fallen mehr Emissionen an. Selbst bei weniger klimasündig erzeugtem Lammfleisch aus Neuseeland ist bedenklich, dass die nach Europa geflogene TK-Ware 50-mal mehr Treibhausgase durch den Transport verursacht als in Folge seiner „Herstellung“, wie das Freiburger *Öko-Institut* in einer seiner Studien vorrechnete.

Ferntransport: Wer auf solche aus den USA eingeflogene Erdbeeren fliegt, der kauft gleich ein Stück Klima-Sündenregister mit

Der Schweizer ▸WWF lieferte die **Faustformel** für CO_2 aus Transport und Treibstoff: Aus der Region nur 230, aus Europa 460, aus Übersee verschifft 570, als Flugware aber 11 000 – nämlich Gramm pro Kilo transportierter Ware!

Nota bene: Alljährlich werden auch Millionen von lebenden Tieren oft tagelang durch Europa gekarrt und erst am Ziel geschlachtet, weil sich Großschlachtereien eben rechnen. Eine EU-weite Limitierung auf acht Transportstunden ist durch zahllose Ausnahmeregelungen torpediert.

Trends

Siege der Vernunft brauchen immer etwas länger, aber längst krönt ein wahrer ▸Bioboom den langen, unbeirrt verfolgten ökologischen Weg, ▸Biobauern und ▸Bioläden bauen ihren **Vertrauensvorsprung** bei Verbrauchern immer schneller aus. Nach jedem konventionellen ▸Skandal der letzten Jahre und der Diskussion um ▸Genfood wuchs die Nachfrage nach ▸Biolebensmitteln.

Voll im Trend: Besseres Bio aus vollen Regalen vom Biohof lockt mit Frische, Saison-Ware, Ländlichkeit und gern mit Traditionsrezepten

Was mit dem deutschen ▶Bio-Siegel bzw. dem inhaltlich analogen ▶EU-Biosiegel oder mit einem Logo der strengeren ▶Anbauverbände versehen ist, bleibt gefragt. Denn Verbraucher mit Öko-Gewissen haben mitbekommen, dass der Erfolg der ▶Biobranche auf Glaubwürdigkeit beruht, und dass die ▶Kontrollen so regelmäßig wie entlarvend sind. Es hat sich herumgesprochen, was der *aid Infodienst* anno 2010 konstatierte: „Kaum ein Lebensmittel wird so streng überwacht wie ein Bio-Produkt." Dagegen glaubten **nach dem Dioxin-Skandal** 2011 nur noch 27 % der von der GfK *(Gesellschaft für Konsumforschung)* Befragten, dass denn Lebensmittel „ausführlich kontrolliert und gesundheitlich unbedenklich" seien. Fazit der Umfrage: 25 % wollen nur noch Bio kaufen, weitere 25% „zumindest teilweise".

Selbst ein vorübergehendes ▶Bio-Bashing durch vorschnelle Vergleiche oder Tests konnte der Biobranche nur wenig anhaben, mittlerweile sieht der Kunde, dass er bei ▶Supermärkten und ▶Discountern nur ein sehr eingeschränktes Angebot an Bioprodukten erwarten kann. Sein Bio-Vollsortiment bekommt er nach wie vor und hingenommen etwas teurer im Naturkostfachhandel, auf dem Bio-Markt oder im ▶Hofladen. So differenziert sich der Markt aus in **▶Premium-Bio und ▶Bio light** – eine Entwicklung, die sich angesichts der in Deutschland zurückgefahrenen staatlichen Unterstützung des ▶ökologischen Landbaus noch verschärfen könnte.

Die sog. **▶Biokonsumenten** honorieren dabei, dass in der Bioszene ganzheitlich gedacht und gewirtschaftet wird und Chemiefreiheit, Gentechnik-Ablehnung, Etikett-Ehrlichkeit, Verzicht auf die meisten ▶Zusatzstoffe zum Credo gehören. Diese Konsequenz bei Bio hat abgefärbt und die **neue Wertschätzung** beflügelt, die der ▶Region, ▶Saison, dem ▶Artisanalen und allem ▶Authentischen gilt. So festigte sich auch der gute Ruf von ▶Fairtrade, der sich konsequenter mit Bio zu ▶fair + bio verknüpft wie etwa bei ▶Naturland. Inzwischen fasst die **▶Biogastronomie** Fuß, renommierte Köche schließen Pakte mit Biobauern der Region.

Natürlich werden industrielle Agrar- und Lebensmittelwirtschaft da hellhörig und versuchen, sich Biokonsumenten und kaufkräftigen ▶Lohas mit ▶Clean Labelling, behaupteter ▶Nachhaltigkeit oder gar dreistem ▶Greenwashing zu empfehlen.

Doch die Überzeugungstäter auf der Bio-Seite sind wachsam, die Anbauverbände auf unbeirrten Wegen und eine immer besser vernetzte Szene von Initiativen des ▶Verbraucherschutzes in aller Öffentlichkeit. Damit bekommen durch Bio mit seinem ethischen Mehrwert auch alle Reizthemen des aktuellen Engagements zu ▶Klima- und ▶Tierschutz oder ▶Welternährung ihre Relevanz. Quer durch die **bio-sensibilisierte Öffentlichkeit** geht es um CO_2-Bilanzen, weniger Fleischkonsum, etablierte wie neue ▶Vegetarier oder sogar ▶Veganer – und auch das ist gut so.

Im Trend gefragt: Der sog. ethische Mehrwert von Bio generiert neue Gütesiegel und zieht Kunden wieder raus aufs Land zu den glaubwürdigen Hofläden

Im Trend stolz: Bio-Obstbauer mit berechtigtem Selbstbewusstsein durch eine rein regionale Selbstvermarktung auf dem Markt

Triticale: Ernteroutine bei Weizenroggen mit den raffiniert zurechtgekreuzten Vorteilen beider Getreide-Arten

Triticale

Eigentlich „Weizgen" oder „Rogzen" als Erweiterung des Getreidewortschatzes. Denn Triticale *(Triticosecale)* ist eine Kreuzung aus ▸Weizen *(Triticum aestivum)* als weiblichem und ▸Roggen *(Secale cereale L.)* als männlichem Partner, heißt also gute Ertragsfähigkeit des Weizens („Triti-") mal Robustheit des Roggens („-cale").

Triticale ist einstweilen weniger für die menschliche denn die nutztierische Ernährung bedeutend, kann aber, meist mit Weizen, zu ▸Brot ausgebacken und auch zu ▸Bier vergoren werden. Hauptanbaugebiet ist Polen mit ca. 4 Mio. t/Jahr vor Deutschland mit etwa der Hälfte; der Öko-Anteil jener 371 400 ha großen Anbaufläche lag 2012 bei 6,1 %.

Das Erscheinungsbild des **Kreuzungsgetreides** ist äußerst vielfältig: Mal sieht Triticale aus wie die „Mutter" Weizen, mal wie „Vater" Roggen. Herausragende Bedeutung ist „mütterlicherseits" seine Bedürfnislosigkeit dem Boden gegenüber. Auf bestem Weizengrund liefert Triticale bessere Erträge, eignet sich aber v. a. für schwächere Böden, auf Grenzstandorten und Höhenlagen. Zu den Vorteilen gehören auch die bessere Nährstoffaneignung als bei Weizen sowie der geringere Stickstoffbedarf, Pilzbefall und kleinere Mutterkorn-Gefahr als bei Roggen.

Die ▸**Gentechnik** hat sich – bisher – nur zurückhaltend mit Triticale beschäftigt. Versuche in Polen strebten nach verbesserter Herbizidtoleranz, den Speicherproteingehalt erhöhen wollte die Gentechnik in den USA. Man merke sich besser den Namen Triticale und achte auf Fortschrittsberichte oder Kennzeichnung …

Trockenfrüchte

Für Lebensmitteltechniker sind sie ganz trocken gesagt bloß Obstdauerware, für Genießer aber eine geduldig nachkaubare Fruchtspezialität, für Sportler **kleine Energiebomben** (55–70 % Kohlenhydrate) und für Zutatensucher originellste Vielfalt. Im ▸Bioladen wie im ▸Reformhaus gehören ökologisch angebaute und nach Biorichtlinien verarbeitete Trockenfrüchte seit Jahrzehnten zu den Klassikern. Neben ▸Datteln, ▸Feigen oder ▸Rosinen werden längst auch noch exotischere ▸Mangos oder ▸Papayas als aromenkonzentrierte Haltbarkeiten angeboten.

Da in den letzten Jahren viel über die Rückstandsbelastung in konventionell hergestellten Trockenfrüchten publiziert wurde und die Biovariante in der Regel besser, wenn auch nicht tadellos abschneidet, werden Bio-Trockenfrüchte immer beliebter. Zumal sie nicht mit ▸Schwefel behandelt werden, der Empfindlichen Kopfschmerzen und Übelkeit zumuten kann – selbst wenn der Zucker die missliche Säure allmählich bindet.

Trockenfrüchte entstehen in der Saison und überdauern sie immerhin bei guter Lagerung um ein paar Monate. Stammen sie **aus kontrolliert ökologischem Anbau**, sind sie nicht nur solche mit der nichtüberdüngten, nichtüberwässerten, nichtbelasteten Substanz. Sie werden auch schonender getrocknet und nachbehandelt. Oft macht noch die Sonne

Trockenfrüchte: Sie sind immer gesunde Ballung von Inhaltsstoffen nach schonender Dehydrierung

den Anfang, ehe Trocknungsanlagen mit 65–75° C übernehmen (bei höheren Temperaturen entstünde dann Backobst) oder modernste Vakuumtrockner etwa 70–80 % des Wassergehaltes entziehen.

Konventionelle Früchte werden vor wie nach dem Trocknen geschwefelt. So soll nicht nur die attraktive Farbe erhalten bleiben, auch Insekten können damit ferngehalten und das sog. Auszuckern verhindert wer-

den. Diese weiße Schicht kann also als Merkmal für Schwefelfreiheit gelten: Mit der Restfeuchtigkeit tritt bei naturbelassenem Trockenobst der enthaltene Fruchtzucker nach außen. Nur wenn säuerlicher Geruch dazukommt, kann es sich um Lagerschäden handeln, im schlimmsten Fall ist dieses Weiße dann Schimmel oder Zeichen von Milbenbefall.

Bioware kommt auch ohne Schwefeldioxid mit den **Tücken der Trocknung** zurecht. Nach dem Wasserentzug hilft Schockfrosten und einige Tage Lagern bei etwa –34° C gegen eventuelle Schädlinge, deren Eier in speziellen Druckkammern mit CO_2 zerstört werden. Eine Begasung mit dem nicht zuletzt ozonschichtschädigenden Methylbromid, wie in konventionellen Betrieben üblich, lehnen die ▸EG-Öko-Verordnung und die ökologischen ▸Anbauverbände ebenso ab wie insektizid wirkende ▸Bestrahlung. Gegen Schimmelpilze und deren eventuelle ▸Aflatoxine werden Bio-Trockenfrüchte strengstens untersucht und ggf. aussortiert. Auch ▸Konservierungsstoffe wie konventionell übliche Sorbinsäure sind für Bio-Trockenfrüchte verboten.

Im Ergebnis sind Trockenfrüchte Konzentrate des reifen Produktes und damit **Ballungen im Geschmack** und im Gehalt an Zuckern und Mineralstoffen – nur die Vitamine der Frischfrucht sind vernichtet.

Nota bene: Die sog. **Softfrüchte** werden nach der Trocknung in einem Bad aus Wasserdampf behandelt und so erst im Nachhinein künstlich erweicht – darunter leiden die Nährstoffe eher, wenn auch der saftigere Biss eine größere Frische suggeriert.

Trockenes: Fruchtiger Ersatz für Gummibärchen & Co – und als Wasserentzogenes so gut regenerierbar und sogar im Brotaufstrich zu genießen

Trockengemüse

Genehm zu lagernde und bequem zu regenerierende Ernte, die durch bloßen Wasserentzug lange haltbar gemacht wurde, weil eventuell vorhandenen Mikroorganismen die feuchte Existenzgrundlage fehlt.

Das Gemüse wird dafür gründlich gereinigt und meist auch blanchiert, um die

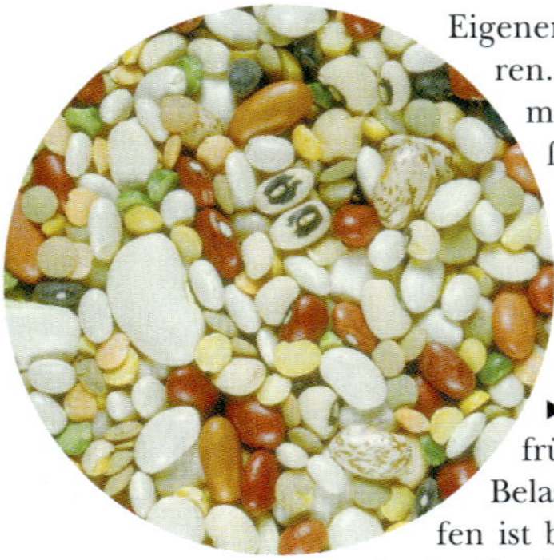

Eigenenzyme so zu inaktivieren. Danach wird es in mehr oder weniger heißer Luft getrocknet; der Restwassergehalt liegt dann bei etwa 5 %. Diese Form der ▸Haltbarmachung spielt heute v. a. für ▸Pilze sowie ▸Hülsenfrüchte eine Rolle, die Belastung mit ▸Schadstoffen ist bei getrocknetem Gemüse in aller Regel sehr gering.

den zur Luftentfeuchtung erlaubt, der chemische Feuchtigkeitsentzug (außer mit Salz), die Hochfrequenztrocknung und die direkte Trocknung mit fossilen Brennstoffen aber verboten. Ebenso tabu sind Bestrahlung oder eine Behandlung mit chemischen ▸Konservierungsstoffen für die weitere Lagerung.

Bei der Vorbereitung des Gemüses ist der Einsatz von natürlichen Säureträgern (Zitronensaft) zur Vermeidung von Braunfärbung erlaubt. Das Tiefgefrieren nach dem Blan-

Trocknung: Nur damit werden Hülsenfrüchte in ihrer Hülle die Fülle (oben) als Vorrat wie hier der Vorhang von Würsten oder ganzen Schinken

Allerdings entzieht das **Blanchieren** der Rohware wertvolle Inhaltsstoffe und kann, jedenfalls bei höheren Temperaturen, ▸Vitamine zerstören. Dampfblanchieren ist dagegen schonender, zumal der Trocknungsprozess oft die Struktur des Gemüses zerstört; bei Hülsenfrüchten ist dies weniger der Fall, generell aber verliert Gemüse dabei an Qualität.

Bio-Trockengemüse soll nach den Vorgaben der ▸Anbauverbände wie z. B. ▸Demeter „möglichst schonend" getrocknet werden. So sind Metho-

chieren zur besseren Wasserabgabe aber ist ebenso wie die Behandlung mit ▸Schwefeldioxid oder Natriumsulfit ausgeschlossen.

Trocknung

Der Segen von Flora und Fauna mal saftloser – schon hat man dauerhafte Vorräte. Werden organische Stoffe getrocknet, verringert sich das für ▸Mikroorganismen so nützliche Wasser in den und um die Zellen. Trocknung ist deshalb eines der ältesten Verfahren zur ▸Haltbarmachung –

mit dem simplen Grundprinzip, dass Luft, frisch oder erwärmt, durch oder über das zu trocknende Produkt geführt wird. Getrocknet werden heute Getreide, Kräuter, Pilze, Hülsenfrüchte, Obst, Fleisch, Wurst, Schinken, Fisch. Es gibt eine ganze Reihe von Trocknungsmethoden; in der Regel gilt es schonend, mit möglichst geringen Temperaturen und kurzen Trockenzeiten in hygienisch einwandfreier Umgebung zu trocknen – was oft allerdings nicht immer in vollem Umfang möglich ist.

Lufttrocknung gilt als traditionellste Methode der Haltbarmachung und ist noch heute bei den meisten Gewürzen, aber auch bei Kaffee- und Kakaobohnen üblich. Hier wird in einem heißen Klima die Ware auf dem Boden (meist auf Matten) ausgebreitet getrocknet. Luftgetrocknete

Bioprodukte verzichten auf ▸Schwefel und erhalten damit besser die natürliche Farbe und das ursprüngliche Aroma. Dehydrieren sorgt ohnehin für eine deutliche Aromenkonzentration, allerdings wird damit auch das Vitamin C zerstört.

Trocknung: Traditionelle Fermentation an der Luft – so wie hier an der Elfenbeinküste bei Vertragsbauern für fairen Kakao von GEPA

Ein sehr altes Trocknungsverfahren ist das **Einsalzen**; hier entzieht das Salz das Wasser durch einen osmotischen Prozess. Lange Zeit war Salz deswegen als einzig verfügbares Haltbarkeitsmittel extrem teuer und begehrt. Auch Zucker, Calciumcarbonat und Hefe (z. B. bei der Vanilleschote) sind als natürliche Trocknungsmittel von den ökologischen ▸Anbauverbänden zugelassen.

Besonders wichtig ist Trocknung bei Arznei- und Gewürzpflanzen. Sie gilt als der kostenintensivste Teil bei der Herstellung, v. a. wenn wie bei der **Gefriertrocknung** der Energieverbrauch so hoch ist. Dafür wird das Produkt zunächst gefroren, um danach durch den Prozess der Sublimierung (direkter Übergang des Wassers von Eis in Gas) getrocknet zu werden. Das Verfahren ist teuer und nicht ganz risikolos für die Qualität. Entstehen zu große Eiskristalle, können sie die Zellen sprengen und das Produkt wird nach dem Auftauen matschig. Verbesserte Verfahren, diese Kristalle gezielt mit Ultraschall zu verkleinern, sind im Forschungsstadium, etwa im ttz Bremerhaven. Letztlich sollen Textur, Geschmack und Nährwert besser erhalten und die Energiekosten gesenkt werden.

Trocknungssegen: So ist Pflanzliches länger haltbar und wird im ttz Bremerhaven energieschonend per Ultraschall wasserärmer

Nota bene: Ein Problemfall bei der Trocknung v. a. von Feldfrüchten ist die Kontamination mit ▸Keimen. Ein zuverlässigeres Verfahren zur Minimierung der Belastung von Biokräutern und -gewürzen ist die Entkeimung durch Hitzeeinwirkung – mit Heißdampf oder dem sog. Vakuumheißdampfverfahren.

U

Überfischung

Brutal wie einfach die Reduzierung eines Fischbestandes bis zu dessen Vernichtung oder zumindest bis zu einem Quantum, das eine Reproduktion unmöglich macht.

Überfischung ist ein in unseren Weltmeeren allgegenwärtiges Phänomen mit unübersehbaren Auswirkungen auf die Meeresökologie wie auch auf die ökonomischen und sozialen Verhältnisse in immer mehr Ländern. Ein immerhin bescheidener Versuch, die **Auswirkungen** der Überfischung zu begrenzen (wenn auch nicht zu kompensieren), sind die Ansätze zu einer ▸nachhaltigen ▸Fischerei, zu verstärkter ▸Aquakultur, insbesondere ▸ökologischer Aquakultur.

Bis zur Mitte des vergangenen Jahrhunderts war Überfischung nur in einigen Teilen der Meere sowie bei wenigen Spezies wie den Walen zu beobachten. Seitdem hat sich die Situation grundlegend verändert.

Die Bestände großer (Raub-)Fische wie ▸Thunfisch, ▸Schwertfisch, Marlin, ▸Kabeljau, ▸Heilbutt, Rochen sowie ▸Flunder sind nach Expertenmeinung auf 10 % ihrer Masse von 1950 reduziert worden. Infolgedessen gingen weltweit zudem Hunderttausende von Arbeitsplätzen verloren. Der **Arbeitsmarkt** für Fischer kollabierte, etwa als 1992 die Kabeljaufischerei vor Neufundland zusammenbrach – 40 000 Jobs waren ad hoc perdu.

Doch längst sind noch andere Sparten betroffen, weil die Überfischung auch kleinere Arten trifft. Die FAO schätzte 2013, dass weltweit 57 % der Speisefischbestände bis an die Grenzen „genutzt" und 30 % überfischt oder **im Bestand erschöpft** seien. Die EU-Bestände im Mittelmeer, so die Kommission 2013, sind zu 80 %, im Atlantik zu 47 % überfischt. Ähnlich sehen es Umweltschützer. Hoch alarmiert sind darum ▸*Greenpeace* und der ▸WWF. In ihren alljährlichen „Fischführern" geben sie deshalb nur eingeschränkte Kaufempfehlungen (▸Fische, empfehlenswerte, ▸MSC), dazu warnen sie unmissverständlich immer differenzierter (▸Fische, bedrohte).

Überfischung: Hält die planlose Plünderung der Weltmeere an, werden bald wohl immer mehr Fangboote auf dem Trockenen sitzen

Überfischung hat den Effekt, dass sie **das marine Habitat** völlig neu strukturiert. Die Reduktion der großen Räuber, die am Ende der Nahrungskette stehen, schafft Raum für das Wachstum ihrer bisherigen Beute: Nachdem die Population des (in Japan heiß begehrten) Blauflossen-Thuns im Mittelmeer so stark reduziert worden ist, dass Experten mit seinem **Aussterben** schon 2012 rechneten, haben sich Quallen – als eine geschätzte Nahrung des großen Fisches – überstark vermehrt. Und schon herrscht je nach Windrichtung Quallenalarm am Strand …

Neben der Struktur des Habitats verändert Überfischung auch die Arten selbst. Autoren einer der ältesten Wissenschaftsvereinigungen zur Erforschung und **Überwachung der Fischbestände**, des ICES *(International Council for the Exploration of the Sea)*, weisen in einer Publikation auf einen vielfach übersehenen Aspekt hin: Wenn ein Viehzüchter Tiere zur Zucht auswählt, werde er nur die stärksten und besten Exemplare nehmen, um die Herde in der Zukunft immer besser zu machen. Ein Fischer dagegen fange vornehmlich die größten und die am schnellsten

Überfischtes: Fischer in Thailand sortieren Ziel- und den Beifang – fraglich, wie lange ihnen volle Netze noch Nachschub bringen …

wachsenden Exemplare einer Gattung. Übrig blieben – für die Vermehrung – die kleinen und wenig entwickelten Fische. Mit eindeutigen Folgen! Auf den damit verbundenen **genetischen Effekt** hatte der amerikanische Forscher Cloudsley Rutter im Zusammenhang mit der Lachsfischerei schon 1904, also vor mehr als einem Jahrhundert, aufmerksam gemacht. Und tatsächlich sei nun, so der ICES, dieser „Darwin-Effekt" bei zahlreichen Arten deutlich zu beobachten: Die Fische würden pro Art insgesamt kleiner und früher geschlechtsreif, auch die Körperform verändere sich, sie würden schmaler

Überfischung gründlich: Selbst eingegrabene Plattfische entgehen dem *„Catch"* der Grundschleppnetze nicht – nur gefarmte sind auslobbar

und leichter. Dieser Vorgang spiele sich weitgehend unbeobachtet und unbemerkt ab, was ihn zunehmend unumkehrbar mache.

Ein nicht zu unterschätzender Aspekt der Überfischung führt quasi zum paradoxen Gegenteil: Es kommt zum Eindringen fremder Arten in die leergefischten Lebensräume. Diese sog. **invasiven Spezies** bedrohen einheimische Arten, können sie gar überwältigen – das gilt für alle Meerestiere. Ein Beispiel ist die Pazifische Felsenauster, eine weltweit kommerziell erfolgreiche Art mit mehr als 93 % Marktanteil. Deren erwartungsvolle Ansiedlung in europäischen Meeren stellt mittlerweile eine sehr ernste Bedrohung der Population der einheimischen ▸Miesmuschel dar.

Die Ursachen der Überfischung scheinen so einfach wie offensichtlich: Weit weniger als Ernährungsengpässe oder gar Hunger sorgte ein einziges Motiv für diese Entwicklung – das **Streben nach Profit**.

Dies führte in den vergangenen sechs Jahrzehnten zu einer enormen Ausweitung der Fänge. 1959 wurden rund 20 Mio. Tonnen Fisch aus den Meeren geholt. 1980 hatte sich diese Menge bereits verdreifacht. Im Jahre 2011 waren es laut FAO 90,4 Mio. t – womit der makabere Gipfelsturm ein Ende zu haben scheint, denn die Fangmengen stagnieren seit 2006 eher. Es ist eben immer weniger da.

Während landwirtschaftliche Maschinen weitgehend auch dazu genutzt werden, den Boden für die Aussaat vorzubereiten und zu säen, sind die heute so gewaltigen **Fischereiflotten** ausschließlich für die nasse „Ernte" da. Zwar hatten 2010 rund 85 % der weltweiten motorisierten Boote eine Länge von unter 12 m, doch diese Selbstversorger machen eben nicht die Masse der Anlandungen aus. Dafür sorgen industrialisierte Trawler ab 24 m, die gerade mal 2 % der Fangflotte repräsentieren und bei der IMO *(International Maritime Organization)* 2011 mit 22 000 Schiffen registriert waren. Es wird geschätzt, dass nur 1 % der Fischerboote 50–60 % aller Fänge abschöpft. Das sind gigantische, hochgerüstete **Fischfabriken**, ausgerüstet mit 3-D-Sonar, GPS, mit stärksten Motoren. Die können

ohne Weiteres auch 100 km ausgelegte Langleinen mit Zehntausenden von Haken oder gigantisch anmutende **Schleppnetze** zum effektiven Abgrasen selbst der Tiefsee hinter sich herziehen und als Fabrikschiff den Fisch direkt an Bord verarbeiten und schockfrosten.

2010 brachten Fischfang und Aquakultur zusammen insg. 148,5 Mio. t mit einem Handelswert von gigantischen 102 Mrd. US-Dollar an Land, von denen 128,3 Mio. t (also mehr als 86 %) zum direkten menschlichen Verzehr bestimmt waren. Der Rest ging in die „Non-Food-Industrie", allein 75% oder 15Mio.t der Fischanlandungen oder -ernten wurden zu **Fischmehl und Fischöl**, die zum Teil für ▸Futtermittel bestimmt waren. Die Produktion aus Aquakultur ist in den letzten Jahren stetig gestiegen, auf eine Ernte von 63,6 Mio.t 2011. Die FAO ging 2013 davon aus, dass Fischer, Fischzüchter und Zubringerbranchen für 660–820 Mio. Menschen, also 10–12 % der Weltbevölkerung, die Grundlage des Lebensunterhalts ausmacht – da ja pro Job drei Angehörige mitbetroffen seien. Was für ein Wirtschaftsfaktor!

Bei alledem darf nicht vergessen werden, dass die Statistiken lügen – es wird viel mehr Fisch gefangen, als in den oben genannten Zahlen in die Netze gingen. Der Schlüsselbegriff dabei ist ▸**Beifang**.

Bei fast jeder maritimen Fangmethode geht nicht nur jener Fisch ins Netz, in die Reuse oder an den Haken, den der Fischer haben will (und den er fangen darf). Dazu kommen andere Meerestiere wie Schildkröten oder Seevögel, die sich beim Langleinenfischen verhaken. Aus diversen Quellen ergibt sich, dass die **Rückwürfe** von nur beigefangenen Fischen etwa ein Viertel der Fänge ausmachen; fast ohne Überlebenschancen. Welche ▸Verschwendung! Das Absurde daran ist: Oft sind es gerade gesetzliche Regelungen, die

Überfischung grenzenlos: Ein Netz voll von inzwischen zu Recht quotiertem Kabeljau – der begehrte Schwertfisch ist ähnlich überfischt und beliebte Beute von Piratenfischern

Fangquoten vorschreiben, die zum verhängnisvollen Beifang führen. So kippen etwa europäische Garnelenfischer jährlich junge ▸Schollen im Wert von 30 Mio. Euro über Bord.

Ein anderer Effekt des Beifangs ist noch alarmierender: Weil viel zu junge Fische als Beifang an Bord kommen, erreichen zu wenige Tiere überhaupt ein Alter, in dem sie sich fortpflanzen können. Laut *Greenpeace* schwammen deshalb 2010 siebenmal weniger geschlechtsreife Tiere in der Nordsee als noch vor 30 Jahren. Resultat: Das Schrumpfen der Bestände wird durch die geringeren Reproduktionsraten weiter verstärkt.

Überfischung restlos: Was Fangquoten übrig lassen, kann immer noch als Beifang enden oder Piratenfischern ins Netz gehen – im Endeffekt werden damit alle Netze immer leerer

Auch die **Fischfangmethoden** selbst sorgen – abgesehen vom Problem des Beifangs – für eine Verstärkung der Überfischung. Bei den Grundschleppnetzen, sog. Baumkurren, kann der Fischzug auf ▸Seezungen durch das Aufwühlen des Meeresbodens nicht nur **die zehnfache Menge** an Beifang erbringen. Die Schädigung des Meeresbodens stellt zudem einen (im anschaulichsten Sinne) tiefgreifenden Eingriff in das Ökosystem dar, der die Entwicklung einer ganzen Population der unterschiedlichsten Meereslebewesen grundlegend und eben nachhaltig zerstört.

Das **Management** der Fischbestände ist nicht nur in großen Teilen (z. B. durch die Beifangregeln) widersinnig. Es ist auch in den meisten Fällen nicht konsequent genug. Alle Vorschläge für Moratorien oder drastische Begrenzungen der Fangmengen, wie sie die Wissenschaft (etwa der ICES) Jahr für Jahr vorträgt, wurden in aller Regel von den zuständigen Gremien gern angehört – und dann doch nicht befolgt. Erst 2013 konnte sich die EU zu weitergehenden Maßnahmen durchringen. Die Überfischung soll seit 2014 durch neue, **flexiblere Quotenregelungen** und die Einrechnung des Beifangs so entschieden gestoppt werden, dass eine nachhaltige Erholung der Bestände bis 2020 erreicht sein soll.

Schlimm bleibt allerdings: In den Weltmeeren wird in riesigen Gebieten die profitable **Piratenfischerei** betrieben – in den Zonen jenseits der jeweiligen Hoheitsgewässer, auch gerne mal innerhalb der Nationalgewässer von „Dritte-Welt“-Ländern, die gar nicht in der Lage sind, eine wirksame Fischereipolizei zu unterhalten. Nicht ganz ohne Grund sind Fischfangflotten oft in fernen Billigflaggenländern beheimatet.

Zwar gilt diese Fischerei offiziell als **illegal**, doch scheint das nicht für die dreiste Verwertung des so „geernteten“ Fisches zu gelten. *Greenpeace* nennt ein alarmierendes Beispiel: Zu den 30 000 Tonnen legal gefangenen Schwarzen ▸Seehechts kämen jährlich noch einmal 100 000 Tonnen, also mehr als das Dreifache, aus illegalen Quellen. Als Resultat dürfte dieser Fisch in den nächsten Jahren **ausgerottet** sein. Und diese Art wird längst nicht die einzige bleiben, die sich von unserer Erde verabschieden muss. Auch Weltgewässer kann man über- und damit leerfischen.

Überzugsmittel

Sie sorgen für jene Oberflächlichkeit, die appetitlich gewollt ist. Überzugsmittel sollen der ▶Schale von Früchten und dem Äußeren von Feingebäck, Marzipan und anderen Süßigkeiten besseren Glanz verpas-

Überzugsmittel: Appetitlicher Glanz verleitet zum Reinbeißen, also wird dem Augenschein gern etwas künstlich nachgeholfen

sen, das Aroma einschließen und die Ware nach außen hin gegen Austrocknen und Oxidation schützen.
Etwa 20 solcher **Glasurmittel** sind als ▶Zusatzstoffe aufgelistet und genau beschrieben. Sie müssen auf der Verpackung als Überzugsmittel und in der ▶Zutatenliste mit Namen und ▶E-Nummer aufgeführt werden.
Nur 9 Überzugsmittel sind nach der ▶EG-Öko-Verordnung auch für Biolebensmittel zugelassen. Die Hersteller der ökologischen ▶Anbauverbände jedoch verzichten für ihre Produkte auf solche – ja meist mitverzehrten – „Äußerlichkeiten“. Die Verzichtler müssen sich dann kritisieren lassen, wenn ihre Waren nicht so makellos wie konventionell überzogene im Supermarkt aussehen. Sie sind eben nicht besprüht oder bestrichen mit Harz oder ▶Wachs, nicht lackiert oder tauchgebadet, um sie zu konservieren oder um zu verhindern, dass der Inhalt womöglich in seiner Verpackung festklebt oder verklumpt.
Bei ▶Käse ist die Rinde oftmals nicht essbar, deshalb muss dort, wie auch bei ▶Wurst, darauf hingewiesen werden: „Kunststoffüberzug, nicht zum Verzehr geeignet“. Bei gewachsten ▶Zitrusfrüchten und ▶Äpfeln wird häufig gemogelt, obwohl der Überzug sogar noch ▶Pestizide enthalten kann – der Hinweis „gewachst“ wird häufig vergessen. Deshalb ist man mit deutschen Äpfeln besser bedient: Sie dürfen nicht gewachst sein – wie übrigens auch alle Zitrusfrüchte aus ökologischem Anbau nicht.

Umstellung

Amtliche Bezeichnung für den Wechsel von konventionellen Betrieben auf den ▶ökologischen Landbau, der währenddessen kontrolliert wird und der **zwischen 1 und 3 Jahren** zu dauern hat. Solcher Umstellung liegt dann nicht nur der Wille zu anderem Wirtschaften zugrunde, sondern auch eine andere ▶Ethik, mit dem Ziel, künftig weitgehend im **Einklang mit der Natur** zu handeln und dabei entsprechend ursprünglichere oder gesündere Lebensmittel zu produzieren.
Für solche Umstellung hat die EU einen gesetzlichen Rahmen geschaffen, der einzuhalten ist, damit die Produkte nach der Umstellung das offizielle ▶Bio-Siegel tragen dürfen.
In Deutschland gibt das Bundeslandwirtschaftsministerium mit ausführlichen Empfehlungen Anleitung und Hilfestellung. Am genauesten haben die ökologischen ▶Anbauverbände die Grenzen für die Umstellung auf ökologischen Landbau gezogen. Sie schreiben ihren umstellenden Mitgliedsbetrieben vor, welche Auflagen zu erfüllen sind, um die Anerken-

UMSTELLUNG

Umstellung: Während der Zeit bis zur Bio-Siegel-Anerkennung lassen sich die Produkte als „Umstellungserzeugnisse“ vermarkten, etwa mit der Bio-Suisse-Knospe

nung des Verbandes zu bekommen und mit dem Siegel werben zu dürfen. Jeder zweite Umsteller schließt sich einem Verband an, den anderen genügen die EU-Bio-Auflagen. Im Öko-Landbau winken höhere Erzeugerpreise und gesicherte Abnahmeverträge. Öfter aber ist das Motiv die Überzeugung, dass sich Respekt vor der Natur auszahle.

Der Zuwachs an deutschen Öko-Betrieben hält jedoch per Umstellung mit der wachsenden Nachfrage nach ▸Biolebensmitteln kaum Schritt, weil die für den einzelnen Landwirt **teure Umstellung** über die letzten Jahre nur wechsellaunig gefördert wurde. Dabei bedeutet jeder umgewandelte Betrieb ein Plus für den ▸Naturschutz und den Erhalt der ▸Biodiversität. Doch Umstellung samt Investitionen über 1 bis 3 Jahre bis zum Bio-Siegel überfordern auch manchen potenziellen ▸Biobauern.

Umstellung: Auch Aquakultur-Fische wie dieser Wolfsbarsch lassen sich als „Hergestellt im Rahmen der Umstellung auf die biologische Zucht" vermarkten – in der Schweiz

Ziele der Umstellung laut *Forschungsinstitut für biologischen Landbau* (FibL):

Schonung und effiziente Nutzung der Ressourcen, möglichst geschlossene Kreisläufe, nachhaltige Förderung der Bodenfruchtbarkeit, artgerechte Zucht, Haltung und Fütterung der Tiere, Optimierung der vorbeugenden Pflanzenschutzmaßnahmen und Förderung einer großen Vielfalt an Pflanzen, Tieren und Lebensräumen.

Nach der ▸EG-Öko-Verordnung ist zwar auch eine **Teilumstellung** möglich; dieser Mittelweg macht aber die Abgrenzung von konventioneller Produktion heikler. Die Anbauverbände fordern ganz konsequent die Umstellung des Gesamtbetriebs und haben damit sogar zufriedenere Umsteller. Die ökologische Umstellung etwa einer Getreidefläche erfordert, dass sie bereits 2 Jahre vor der ersten Aussaat gemäß entsprechenden Auflagen bewirtschaftet wurde. Nach der intensiven konventionellen Nutzung und dem starken „Eintrag" an synthetischen ▸Düngemitteln und ▸Pestiziden braucht der Boden eine Phase der Regeneration. Weiden und Mähwiesen benötigen nach ihren letzten konventionellen Behandlungen als Minimum 2 Jahre; bei mehrjährigen Kulturen sind es sogar 3 Jahre. Entsprechend gibt es für die ▸ökologische Tierhaltung und Produkte daraus einzuhaltende Fristen, aber von max. einem Jahr. Pflanzliche Produkte aus Betrieben, die noch in der **Umstellungsphase** stecken, tragen beim Verkauf die EU-amtliche Kennzeichnung: „Hergestellt im Rahmen der Umstellung auf ökologischen Landbau" bzw. „... auf die biologische Landwirtschaft". Je nach Vorschrift – EU-Bio oder Verbands-Bio – herrschen schon in der Umstellungsphase alle streng kontrollierten Auflagen wie für den später vollökologischen Betrieb.

Umstellung: Das neue Wirtschaften erfordert Investitionen und andere Arbeitsabläufe – und schafft Biotieren wie Biobauern mehr Zufriedenheit

Wer also umstellt, muss mit einer der ▸**Öko-Kontrollstellen** einen Vertrag abschließen und seinen Betrieb jährlich mind. einmal inspizieren lassen, also die Fruchtfolgepläne, Saatgut-Zertifikate und eine Vielzahl anderer Unterlagen vorlegen und nach dem Bio-Reglement prüfen lassen.

Schon vor der Umstellung kann sich der Kandidat auf landwirtschaftlichen Fachschulen vorbereiten lassen. Fachberater führen einen kostenlosen Betriebs-Check durch, bei dem die Voraussetzungen geprüft und Empfehlungen gegeben werden.

Denn aus einer Umstellung kann ein ökonomisches Abenteuer werden: Die Arbeitsabläufe sind unterschiedlich und Biobauern müssen entsprechend **anders kalkulieren**. Ohne Kunstdünger liefert der Boden deutlich geringere Erträge. So lassen sich etwa bei ▸Weizen konventionell von einem Hektar rund 8–9 Tonnen einfahren – ein guter Öko-Landwirt schafft gerade um die 4 Tonnen.

Und längst nicht immer kann er den Verlust durch höhere Einnahmen für den Bioweizen ausgleichen. Das für Dünger und ▸Pestizide eingesparte Geld braucht der Biobauer für Zwischensaaten und Gründüngung, die Nährstoffe wieder in den Acker einbringen. Ob sich die Umstellung letztlich **bezahlt macht**, hängt von guter Planung ab.

Unter anderem deshalb wird der Ruf nach einer höheren Bioprämie in ▸Deutschland lauter. Nicht nur wird der Bio-Aufschlag durch meist preiswertere ▸Importwaren unterlaufen, auch der Handel drückt in Zeiten des ▸Biobooms die ▸Preise. Selbst biointeressierte Konsumenten zahlen eher ungern Aufschläge von mehr als 30 % gegenüber konventionellen Produkten.

Und so stehen den 12 % der konventionellen Bauern, die sich 2012 eine Umstellung vorstellen konnten, etliche sog. **Rückumsteller** entgegen. Eine Studie des TI *(Johann Heinrich von Thünen-Institut)* sorgte 2013 für Aufsehen: Ihr zufolge kehrten zwischen 2003 und 2010 jährlich 415 Biobauern (3,3 %) zur konventionellen Bewirtschaftung zurück. Die Gründe waren v. a. ökonomischer Art (geringes Einkommen, mangelnde Preisaufschlägende, fehlende Öko-Prämien) – aber auch Kosten und Aufwand für die ▸Kontrolle kam vielen zu umständlich bzw. teuer vor, ebenso wie der Preis für ökologische ▸Futtermittel. Dazu passen weitere Zahlen vom TI: Das **Gewinn-Plus** von Bio-Ackerbauern im Verhältnis zu konventionellen Vergleichsbetrieben hat sich seit 2008/09 von 30 % auf 16 % in 2011/12 verringert. Das ist zwar immer noch beachtlich angesichts der 81 % höheren Personalauf-

Umgestellt und unbehandelt: Zwar leichter etikettiert als getan, aber auch immer lieber gekauft

wendungen bei teils deutlich niedrigerem Ertrag – aber das reicht genau da eben nicht, wo die Portion Überzeugtheit nicht groß genug ist.

unbehandelt

Das etikettierte Versprechen der großen Freiheit von allerlei ▸Schadstoffen meist chemisch synthetisierter Art. Nach der Zusatzstoff-Zulassungsverordnung sind unbehandelte Lebensmittel nur solche, „die keiner Herstellung oder Behandlung unterzogen worden sind, die zu einer substanziellen Änderung des Originalzustands der Lebensmittel führt". Was eine „substanzielle Änderung" bedeutet, sagt der Gesetzgeber nicht. Vielmehr erklären Juristen in einer unzumutbaren Aufzählung, wann keine **„Nicht-Behandlung"** vorliegt – immer dann, „wenn die Lebensmittel geteilt, ausgelöst, getrennt, ausgebeint, fein zerkleinert, enthäutet, geschält, gemahlen, geschnitten, gesäubert, garniert, tiefgefroren, gefroren, gekühlt, geschliffen oder enthülst, verpackt oder ausgepackt worden sind". Zu ergänzen wäre: „Unbehandelte Lebensmittel" dürfen auch nicht mit ▸Zusatzstoffen verändert worden sein. Auch solche Lebensmittel, die „nur" mit der sog. Hochdruckpasteurisierung konserviert wurden, sind demnach „behandelt" und müssen also entsprechend gekennzeichnet werden, auch solche nach ▸Bestrahlung.

unbehandelt: Dieser Idealzustand eines Lebensmittels ist bei Schalen von Zitrusfrüchten am verlässlichsten bei Bioprodukten

„Unbehandelt" sollten so beworbene ▸Zitrusfrüchte sein – doch der *aid Infodienst* zitiert Kontrollbehörden, die in 25–50 % aller konventionellen Zitrusfrüchte, die als „unbehandelt" verkauft wurden, ▸**Konservierungsstoffe** auf der ▸Schale nachwiesen. Schlimm, denn aus belasteten Schalen wandern bis zu 1 % der Oberflächenbehandlungsmittel in den Saft. Da taugt der Vermerk „unbehandelt" oder etwas einschränkender „nach der Ernte unbehandelt" eher wenig, denn die Früchte können vor der Ernte und während der Aufzucht sehr wohl ▸Pestizide abbekommen haben – „unbehandelt" heißt dann nicht „unbelastet"!

Wer sicher gehen will, kauft lieber **Bio-Zitrusfrüchte**, denn sie sind ökogesetzlich und auch gemäß zahlreichen Tests tatsächlich unbehandelt. Auch nach der Ernte wurden sie nicht mit ▸Wachs überzogen, womit im konventionellen Angebot für eine schicke Schale gesorgt wird. Was makellos glänzt, sollte also eher verdächtig sein. Skepsis ist auch angebracht bei konventioneller Convenience-Ware wie Zitronenschale aus der Tüte. Zwar wurde hier die Schale meist tatsächlich nicht behandelt – die enthaltenen Zusatzstoffe jedoch wie Zusatzaromen, Farbstoffe oder Konservierungsstoffe trüben da den reinen Genuss …

Fachgerechteste Behandlung allerdings, sofern Hygiene nicht reicht, ist bei unbehandelten, also **rohen Tierprodukten** wie Fleisch, Fisch und Eiern nötig. Bei ihnen wimmelt es eher mal von ▸Keimen wie Salmonellen, die sogar äußerst gefährliche Infektionen herbeiführen können.

Unkraut

Das unerwünschte ist als Negativkraut längst ein diskriminierendes Wort geworden. Das wuchernd bioaktive Grün macht zu viel Arbeit, fühlt sich hartnäckig in Kulturpflanzungen allzu wohl und wird zu gern gerupft, gemäht, verbrannt oder vergiftet. Denn viele Kulturpflanzen halten eben dem sog. **Unkrautdruck** in Konkurrenz nicht stand.

Mehr Respekt spricht da schon aus der programmatischen Bezeichnung

„Beikraut", das dem Unerwünschten eine Daseinsberechtigung gönnt. Schließlich düngt oder festigt es den Boden und darf deshalb gern auch mal wuchern. Überdies sind etliche klassische Un- sogar veritable ▶Heilkräuter (wie etwa Kamille) oder salattaugliche Wiederentdeckungen (▶Brennnesseln, Giersch, ▶Löwenzahn und andere ▶Wildkräuter). Für ▶Biobauern und Naturschützer ist „Unkraut" denn auch ein Unwort und eher eine sprachliche Entgleisung. Sie reden lieber mal von **„Wildkraut"** oder **„Begleitflora"**. Entsprechend behutsamer und v. a. nachhaltiger ist auch ihr praktischer Umgang mit den Wildkräutern.

Viele Unkräuter, wissen Biobauern, haben eine wichtige Funktion für das Leben von Schmetterlingen (z. B. Brennesseln, Disteln), ▶Nützlingen (z. B. Schafgarbe für Marienkäfer) oder für die bessere Kompostbereitung (Brennnessel, Kamille). Beikräuter „sollten deshalb", so ein Ratgeber für den Bio-Eigenanbau, „einen Platz an einer verborgenen Stelle des Gartens bekommen".

Für den „normalen", also konventionellen Gartenbau sind Unkräuter jedoch weiterhin Pflanzen, die „die Funktionsfähigkeit einer Fläche beeinträchtigen", also „bekämpfungswürdig" sind. Doch auch dort hat man gelernt. Der Kompromiss lautet deshalb nun: „Unkraut bekämpfen – **Ackerwildkräuter** erhalten".

Im ▶ökologischen Landbau ist die „Beikrautregulierung" eine besondere Herausforderung und erforderte schon immer eine besondere Intelligenz. Biobauern müssen sich gegen die Wildkrauterei, die natürlich auch ihnen stellenweise das Leben schwer macht, stets etwas Neues einfallen lassen. Das fängt schon bei dem möglichst hochreinen ▶Saatgut an und hört mit allerhand mechanischen Maßnahmen wie thermischen Eingriffen noch nicht auf.

So müssen ökologisch arbeitende Bauern die unerwünschteren **„Mitwachser"** in Beeten regelmäßig von Hand oder mit einfachen Maschinen entfernen (der Trend zum Lasern ist da eher was für Großbetriebe). Sie kennen deren Keimfähigkeit und wissen, wann und wie sie die ersten, zu bekämpfenden Sprossen zeigen.

> „Dem Fröhlichen ist jedes eine Blume, dem Griesgram jede Blume Unkraut …"
>
> Finnisches Sprichwort

Auch werden einmal gezogene Unkräuter separat und ohne Samen kompostiert. Wurzelunkräuter sollen immer erst austrocknen, bevor man sie kompostiert, damit sich nicht vom rottenden Haufen aus wieder **neue Unkrautsaat** verteilen kann. Gegebenenfalls werden sogar gleich ganze Flächen mit schwarzer Folie abgedeckt, bis das unerwünschte Kraut buchstäblich im Keim erstickt ist. Auch Kalkstickstoff darf gestreut

Unkraut:
Im Bio-Sinne ist es eher nützliches Wild- oder nur schonend beseitigtes Beikraut mit Lebensraum für allerhand Kleinlebewesen und Nützlinge

Unkraut: Es gibt viele mechanische und auch thermische Methoden, ihm beizukommen, ohne auf Chemie zu bauen, die mit der „Begleitflora" auch den Tieren schaden kann

werden. Anschließend wird beregnet, sodass sich die Pflänzchen leichter herausziehen lassen. Schichten aus Schwarzfolie, Rindenmulch, Kies, angetrocknetem Gras und Zeitungspapier werden ausgelegt, um die Kräuter am Keimen zu hindern. Das gelingt auch, wenn zwischen den eigentlichen Pflanzungen mal Feldsalat, Kresse und Spinat ausgesät werden, die den Wildkräutern die Bodennährstoffe entziehen. Solch **behutsame ▸Nachhaltigkeit** gilt auch für die Unkrautbekämpfung im Öko-Landbau größeren Stils. Selbst die so aggressiv wuchernde, daher gefürchtete Acker-Kratzdistel haben Biobauern nun im Griff: mit dazwischengesetzten Hülsenfrüchtlern, den Leguminosen. Auch bauen sie auf Kleegras, weil das den Boden so dicht bedeckt, dass es andere Wildkräuter unterdrückt. Außerdem ist es ein wertvoller **Stickstoffsammler** und so später ein erwünschter pflanzlicher Dünger.

Schon eine bedachtere Fruchtfolge kann ein wirksames Mittel gegen das Verunkrauten sein. So wird etwa im Jahr vor der Aussaat von empfindlichem Mais zunächst Roggen angebaut; im langhalmigen Getreide haben die für den Mais später so schädlichen Wildkräuter keine Chance.

Wo man mit der Fruchtfolge keinen Erfolg hat, greift man im ökologischen Landbau zu thermischen oder mechanischen Maßnahmen, muss zupfen (bis zu 20 Minuten pro Quadratmeter), hacken (was 20-mal so schnell geht) oder striegeln – bei Getreide zum Beispiel zwei- bis viermal pro Vegetationszeit. Zuckerrübenreihen werden auch mal abgeflammt: Das Wildkraut verbrennt, die Rübenpflanze übersteht's stets.

Nota bene: Seit gentechnisch veränderte Nutzpflanzen (▸GVO) gegen Unkrautvernichtungsmittel resistent sind, beginnt sich ein Teufelskreis zu schließen: Im Wettlauf gegen immer höhere umweltbelastende Giftdosen werden auch die bekämpften Unkräuter zunehmend resistenter und können mutieren, dann zu sog. **Superunkräutern** (▸Glyphosat, ▸Monsantosierung). Womit wieder bewiesen wäre: Unkraut vergeht nicht – und die Natur schlägt zurück.

Urban Farming

Sehr grünes Schlagwort mit praktischem Nährwert und visionären Aussichten. Statt „zurück zur Natur" wie im Zeichen der ▸Lebensreform soll beim modernen Urban Farming, also dem städtischen Landwirtschaften, die kultivierbare Natur zurückfinden in die ungrüne Stadt. Damit wäre das Prinzip des ▸Kleingartens im Lifestyle-Vokabular angekommen. Tatsächlich wird unter Urban Farming alles propagiert, was dem Selbstversorger leicht von der Hand geht: Balkonbegrünung mit Kräutern und Gemüsezucht (in Kästen, Eimern, Wannen oder alten Autoreifen), Terrassenbewirtschaftung für die eigene Ernte und die systematische Anlage von Nutzgärten zwischen Hauswänden.

Urban Farming: Ökologisch gesinnte Städter holen mit dieser Parole die grüne Lust und die essbare Natur zurück in die Stadt

Urbanes Farmen: Schrebers Kleingärten machten um die Jahrhundertwende den Anfang bei des Städters Lust auf Selbstgezogenes

Zweck und Ziel sind dabei mal die Eigenbedarfsdeckung mit kurzwegigen frischen Saisongemüsen bei selbst bestimmtem Bio-Niveau oder gern mal die Ernte ausgefallener Kartoffel- oder Gemüsesorten. Anders als bei der Idee von der ▸Community Supported Agriculture findet all das direkt in der Stadt statt. Und manchmal geht es sogar um das piratenhafte Kapern und aktionistische Pflegen von städtischem Brachland. Oder es reizt allein die provokante Begrünung von ansonsten nur vernachlässigten Freiflächen und im Idealfall deren **produktive Nutzung**. Schon in den 1970er-Jahren gab es diese *Green-Guerrilla-* und *Community-Garden-*Aktivisten, noch heute ritualisieren sie die Anarchowurzeln beim Weitwurf von „Samenbomben" oder in nächtlichen Pflanzaktionen. Schon motivieren Slogans wie „Die Lücke nutzen!" oder „Eine andere Welt ist pflanzbar!" all die stadtlichen Freiraumbegrüner und Selbstversorger. Das *Avant Gardening* ist in und bezieht viel seiner linken Begeisterung aus Kuba, wo Versorgungsnöte aus der Hauptstadt Havanna ein baulückenflächenhaftes Autarkie-Vorbild machten, das schon 2009 den zweiten Platz beim *Future Policy Award* gewann.

Systematischer werden so beim eher chemiefreien Urban Farming inzwischen weltweit Klein- oder Gemeinschaftsgärten mitten in der City gepflegt, Parzellen innerhalb von Kräutergärten für die **Eigennutzung** angeboten oder mal fruchtbare Schulgärten installiert. Seit Michelle Obama 2009 vor dem Weißen Haus erstmals einen ökologischen Gemüsegarten anlegte, boomt die urbane Landwirtschaft nicht nur in den USA, dort aber im Zeichen der Wirtschaftskrise ganz besonders effektiv und für Selbstversorger behördlich geduldet. Inzwischen gibt es abertausende solcher *Community Gardens* vor allem in den ärmeren Vierteln, euphorischere Urbanfarmer schwärmen schon von einer „Ernährungswende von unten" für das Junk-Food-Paradies USA. Im bankrotten Detroit sorgt die Kampagne „Grown in Detroit" seit 2006 für Furore; die **Umwandlung von Industriebrachen** schuf eine städtische Agrikultur voller Gewächshäuser oder gar Aquafarmen in den riesigen und längst leeren Fabrikhallen.

Urban Farming: Ein Schlagwort wird Mode und verlockt zum Eigenanbau, damit nur noch Gesundes aus der und in die Tüte kommt, die auf der „Grünen Woche" wandlang prangt

Ein globales Netzwerk beflügelt mittlerweile die städtischen Kleinagrarier auch außerhalb Nordamerikas und animiert zur „In-Kulturnahme", ob in Kapstadt, Buenos Aires oder München. Schon scheinen auch sog. *Greentowers* als *Vertical Farms* machbar. Urban Farming könnte so buchstäblich abheben und sich als Idee ins **Gewächshochhaus** verpflanzen.

Wie zu erwarten hat das individualistische, das unschuldige, biobewusste Urban Farming mit dem überschaubaren Pflanz-, Pflege- und Ernteglück einen neuen Überbau-Namen: UPA *(Urban and Peri-urban Agriculture)* – auch nichts anderes als „stadt- und stadtrandnahes Landwirtschaften".

Urgetreide

Sehr uriges Wort, das im Munde zergeht und einen archaischen, vielleicht urgesunden Wohlgeschmack hinterlässt. Der vermeintliche In- ist aber kein geschützter Oberbegriff, er klingt nur so wertvoll und vertraut. Er meint in der Tat **uralte Sorten** wie die Spelzgetreide ▸Dinkel, ▸Einkorn und ▸Emmer oder auch sog. **Pseudocerealien** wie ▸Amaranth, ▸Buchweizen oder ▸Quinoa. Ehe einige der Urformen erst in der Neuzeit trendig (▸Kamut) und sogar zu so modernen Hochleistungs-Kulturarten weitergezüchtet wurden, waren sie seit Urzeiten ja die einzigen, teils nur auf Magerböden kümmernden und halbwegs ertragreichen Sorten. Inzwischen wird Urgetreide zunehmend im ▸**ökologischen Landbau** – auch mit dem ideellen Dünger der Nostalgie – angebaut und erfolgreich als Biolebensmittel vermarktet. So hoch der Image-Wert des uneindeutigen Wortes „Urgetreide", so eindeutig niedrig ist meist der Ertrag aus ökologischem Landbau. Die sog. Kulturtechnik ist etwas komplizierter, schon allein wegen

IM GANZEN KORN STECKEN BEI 100 g

	Einkorn	Emmer	Weichweizen
Eiweiß	19,3	13	11,7
Mineralstoffe	2,2	2,1	1,6
Carotinoide	1,7	ca. 1,5	0,7

des geringen Widerstandes gegen Unkraut und wegen der größeren „Lagerneigung" der vergleichsweise hohen Halme. So hat der heutige sog. **Ur-Roggen**, der am Johannistag (24. Juni) gesäte Johannis- oder auch Waldstaudenroggen, verhältnismäßig winzige Körner und damit nur den halben Ertrag von modernem ▸Roggen. Dafür liefert er aber 10 % mehr Protein und zudem wichtige Spurenelemente (Kalium, Magnesium, Eisen, Zink). Mit diesem Potenzial wurde er zum modernen Roggen weitergezüchtet.

Urgetreide hat nämlich seine **inneren Werte**: Emmer und Einkorn enthalten etwa die Aminosäuren Phenylalanin und Tyrosin, die das Adrenalin mitbilden. Der Anteil an ▸Carotinoiden ist höher als bei den späteren Züchtungen, das Mehl daraus ist daher gelber oder dunkler bis blassviolett. Der sanft nussartige Geschmack und die leichte Süße sind eine angenehme Abwechslung.

Natürlich taugt Urgetreide von alters her auch zum Bierbrauen, ein Bier aus Emmer tranken schon die alten Ägypter. Etliche **Emmer-Biere** gibt es mittlerweile wie auch Dinkelbiere in echter Bioqualität – sogar ein urgetreidiges „5-Korn-**Urbier**", dessen reines Brunnenwasser denn auch als „artesisches **Urwasser**" mitbeworben wird.

Viele Neuvermarkter dieser Uraltgetreide preisen ihr ähriges Angebot als Entdeckung an, auch wenn die körnigen Eiweißler mal nicht aus den Anden kommen, sondern einst wohl im Zweistromland wurzelten. Dann wird aus Bio- und Ur- schnell pur. Ein Anbieter vermarktet denn auch sein Urgetreide mit der purpurroten und anthocyandunklen Schale als leicht nussigen „PurPur-Weizen".

In der **Schweiz** wurde Dinkel v. a. als Biogetreide „wiederentdeckt" und sogar in zwei offiziellen Sorten als **„Urdinkel"** amtlich zugelassen und verkauft: Er ist denn auch keine Weizenkreuzung und wird ganz ohne Halmverkürzer groß.

Österreich hat das populäre „Waldviertler Urgetreide", das in seiner Körnigkeit als Dinkel-, Emmer- oder Einkorn-„Reis" vermarktet wird. In Niederösterreich und dem Burgenland bauen Öko-Landwirte Einkorn und Waldstaudenroggen als Urgetreide an, aus dem ein Unternehmen seine **„Urkornbrote"** backt.

Als Vollmehl oder geschrotet lässt sich Urgetreide in Mischungen verbacken, wenn die sehr unterschiedlichen Klebereigenschaften handwerklich ausgeglichen werden.

Inzwischen kümmert sich im deutschen Ulm die umtriebige **„Initiative Urgetreide"** am *Museum der Brotkultur* um alle urgetreidigen Sorten (s. a. www.initiative-urgetreide.de).

Nota bene: Für die geschützte Brotmarke „Lieken **Urkorn**" wird kein einziges dieser Urgetreide verbacken. Die schon 1922 gegründete Lieken AG ist heute Deutschlands Marktführer bei verpackten Broten (u. a. mit dem klassischen Reform- als sog. Simonsbrot) und hat aus der früh vorgenommenen Spezialisierung auf Vollkornprodukte anno 1977 den eher werbetechnischen Begriff „Lieken Urkorn" entwickelt und markenmarkant bekannt gemacht.

Urgetreide: Es ist gehaltvoller als das gewohnte „Kulturgetreide" und ohnehin ein Begriff voll magischer Nähr- und sogar Gärkraft

V

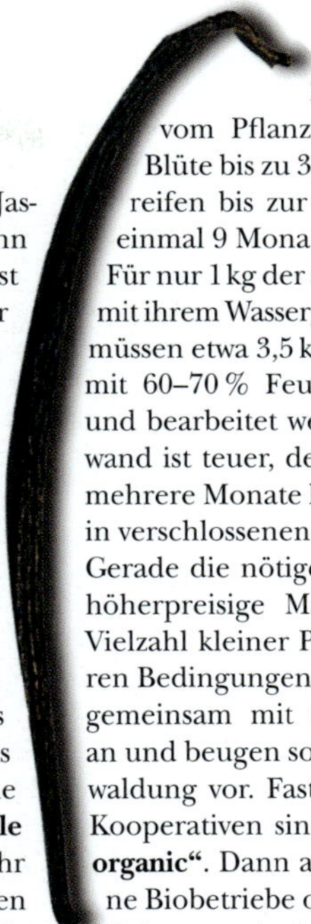

Vanille

Eine dufte Beschreibung lautet „Jasmin unter den Gewürzen", denn das betörend exotische Aroma ist einmalig intensiv und in bester Natürlichkeit bisher unnachahmlich komplex. Ruhm und Begehrbarkeit der bohnenlangen Kapseln haben ihren Preis: Original-Vanille ist seit jeher teuer, die unechte gibt es seit 1874 zu Spottpreisen. Dann ist „Vanille" künstlicher ▸Aromastoff, synthetisiert mit wenigen Kunstaroma-Elementen, der Geschmack wird aus Lignin, also Holz, oder aus dem Eugenol des Gewürznelkenöls synthetisiert. Dennoch wird solche nur naturidentische **Kunst-Vanille** heute massenhaft eingesetzt: mehr als 90 % der weltweit verarbeiteten Vanille ist heute synthetisch. Paradoxerweise schmeckt v. a. durch Masseneinsatz und Gewöhnung gerade dies Kunst-Vanillin vielen Konsumenten: Bei Tests fanden sie echte Vanille sogar eher gewöhnungsbedürftig.

Pflanzliche Vanille stammt aus den durch ▸Trocknung und ▸Fermentation eingeschrumpften und schwarzbräunlich glänzenden Fruchtkapseln (fälschlich Schoten) der echten *Vanilla planifolia.* Diese **Kletter-Orchidee** wächst am besten auf Madagaskar, auf Tahiti und La Réunion (der einstigen und namengebenden Insel Bourbon), in Mexiko, Indonesien und auf Papua. Dort gedeihen die urmittelamerikanischen Pflanzen, müssen aber einzeln (in nur halbtägiger Blütezeit) bestäubt werden, was im Ursprungsland einst fleißige Kolibris besorgten und als Handarbeit neben der aufwendigen Nachbearbeitung ein Grund für die hohen Preise ist. Zudem braucht es vom Pflanzen bis zur ersten Blüte bis zu 3 Jahre; die Kapseln reifen bis zur Ernte dann noch einmal 9 Monate.

Für nur 1 kg der schwarzen Stangen mit ihrem Wassergehalt von 25–30 % müssen etwa 3,5 kg grüne „Schoten" mit 60–70 % Feuchtigkeit geerntet und bearbeitet werden. So viel Aufwand ist teuer, der Zeitverlust beim mehrere Monate langen **Nachreifen** in verschlossenen Holzkästen auch.

Gerade die nötige Sorgfalt und der höherpreisige Markt erklären die Vielzahl kleiner Plantagen mit ▸fairen Bedingungen. Sie bauen Vanille gemeinsam mit anderen Pflanzen an und beugen so Erosion oder Entwaldung vor. Fast die Hälfte dieser Kooperativen sind schon **„certified organic"**. Dann arbeiten sie wie reine Biobetriebe ohne synthetischen Dünger, erlaubt sind nur organische, abwaschbare Pestizide.

Echte Vanille enthält bei Hunderten teils noch nicht identifizierten Aromen neben dem typischen Vanillin ätherisches Öl mit über 40 weiteren intensiven Duftstoffen und erreicht eine Qualität, die jede Simulation weit hinter sich lässt. Extrahiertes Vanillin hat davon noch viel, das so preiswert hergestellte Vanille-Aroma einstweilen eben noch nicht.

Nota bene: Mithilfe der sogenannten Stabilisotopen-Massenspektrometrie wird insbesondere „Vanille"-Eis, das kugelweise in die Tüte kommt, recht regel-

Vanille:
Echt teuer, wenn echt, und geradezu billig, wenn synthetisch hergestellt, dann auch eher billig im Geschmack, nur längst gewohnt – bei Bio dagegen ist es Natur und oft fair gehandelt

Bio-Vanille:
Im Extrakt aus echter Kletter-Vanille aus dem Dschungel sorgt Bio-Alkohol dafür, dass das Intensivaroma lange konserviert bleibt

Vanille: Bestmögliche Sauce zum Apfelstrudel, aus der echten Kapsel ein echter Genuss – umso besser, wenn dann auch noch vegan

mäßig als Mogelportion entlarvt. Was so bourbonig klang, war leider selten drin – da wird gelogen, dass sich die Schoten biegen …

Veganismus

Ein Kunstwort als Kondensat: Aus *veg-etari-an* schuf der Brite Donald Watson einen Namen für solche ▸Vegetarier, die in ihrer ethischen Skepsis Tierischem gegenüber am radikalsten sind. 1944 schon gründete er die *Vegan Society*. Veganer sind die konsequentesten Tierschützer, denn sie essen nichts, was einst ein **tierisches Mitgeschöpf** war und mit Augen in die Welt hätte blicken können – und nichts, was von ausgebeuteten Lebewesen stammt, also nie Eier, Honig, Milch und alle Produkte daraus. Viele meiden auch Kleidung mit Leder oder Wolle. Der vegane Ethos wie Appetit ignoriert die „Nutztier"-Welt und findet den Tisch doch satt gedeckt mit allem Pflanzlichen, mit vielen Kohlenhydraten und reichlich Ballaststoffen – aber ohne tierische ▸Fette.

Veganer sind nicht nur selbstbewusste Konsumenten auf Floras Seite, sondern auch in ihrer alternativeren Konsequenz meist bestens informiert, was sie sich an Fehlernährung ersparen, aber auch an **Mangelerscheinungen** riskieren. Denn manche Nährstoffe sind tatsächlich schwer nur über Pflanzliches aufzunehmen: etwa Calcium und Eisen, die Vitamine D und B 12 sowie Proteine. Calcium steckt für aufmerksame Veganer in einem mit ▸Algen ergänzten ▸Milchersatz, das Eisen liefern Vollkorngetreide und Blattgemüse. Vitamin D kommt aus ▸Pilzen, Protein aus ▸Hülsenfrüchten, ▸Nüssen und veganem ▸Fleischersatz – etwa aus ▸Seitan, ▸Tofu und anderem aus ▸Soja, Weizeneiweiß, ▸Lupine etc. Kritischster Punkt bleibt das Vitamin B 12. Fleischlos steckt es nur in Gegärtem wie Sauerkraut; daher sind in der Regel ▸Nahrungsergänzungsmittel nötig. Umsicht und Sorgfalt sind da unumgänglich, sodass nur sog. **Pudding-Veganer** mit Liebe zu ▸Fertiggerichten und Angst vor Aufwand zu Recht von der Öffentlichkeit und v. a. von den in veganen Kreisen verschrienen Autoritäten der DGE *(Deutsche Gesellschaft für Ernährung)* vor Gefahren gewarnt werden. In der Schwangerschaft aber oder im Wachstumsalter scheint es durchaus nachvollziehbar, dem DGE-Rat zur ▸Ovo-lacto-Ernährung zu folgen.

Oft genug wird Veganismus von der breiteren Öffentlichkeit fast reflexartig **bekämpft** – wohl auch deshalb, weil Veganer sich nicht nur von der Normalge-

vegan: Es kann tierisch einfach sein, auf tierische Produkte zu verzichten, weil es immer mehr Ersatz dafür gibt – etwa solche Tofubutter

schnell veg erste schritte, um vegan zu werden

vegan:
Wenn allein das Florale zum Genießbaren zählt und keinerlei Mitgeschöpf im strengsten Sinne, dann ist das veganer Lebensstil

sellschaft provokant abgrenzen, sondern weil sie auf verstörende Weise eigentlich nur Recht haben. „Animal Liberation“ ist denn auch eine ihrer stärksten Parolen. Am „Weltvegantag“ (seit 1994 stets am 1. November), traten sie 2013 für „die friedliche Veganisierung aller gesellschaftlichen Lebensbereiche“ ein – **ein agrarpolitisches Ziel** der *Veganen Gesellschaft Deutschland* ist eben die Veganisierung der ▸Landwirtschaft. Längst sind Veganer, wie schon die „taz“ 2009 anerkennend konstatierte, keine „freudlosen Ökofundamentalisten“ mehr. Anno 2013 schätzte die *Vegane Gesellschaft*, dass 800 000 Deutsche vegan leben – bei zunehmender Tendenz. Für sie gibt es immer mehr vegane Shops und Versandportale, aber auch vegane Restaurants. Seit 2009 informiert ein von PETA *(People for the Ethical Treatment of Animals)* entwickelter **„Veggie Guide“** als App beim Shopping, denn Veganer haben beim ▸Einkaufen kein leichtes Leben. Sie müssen beim Entscheiden ständig auf ▸Verstecktes tierischer Herkunft achten: Milch oder tierliches Fett in Brotwaren; ▸Gelatine animalischer Herkunft in Süßem, Joghurt, Quark; ▸Aromen aus Rinderfett, Glasur aus Bienenwachs, ▸Molke in Margarine; überdies etliche ▸Zusatzstoffe aus Tierischem oder Alkohol, der „animalisch“ gefiltert wurde. Seit 2008 ringen Aktivisten daher um ein wirklich „sicheres“ und global geltendes Label für Veganes, nachdem seit 1999 das vegane „V“ und die „Vegan“-Blume zu oft variiert worden waren und immer wieder mal Falsches versprachen.

Vegetarismus

Die Briten sind schuld! Sie haben das lat. Grundwort *vegetus* für „regsam, frisch, kräftig“ mit dem spätlat. *vegetabilis* für „lebenskraftvoll, belebend, kräftigend“ allein ihren *vegetables* vorbehalten. Damit war das Kraftwort exklusiv in **Floras Bereich** verpflanzt und für alles Tierische gestorben. 1847 wurde das Kunstwort zum Schlagwort für die weltweit erste *Vegetarian Society*, die fortan Abstinenz von tierischer Nahrung propagierte. Ethische Überzeugung und ein wenig Philosophie wirkten damals zusammen. Seit etwa 1900 war es unübersehbar: Die Vegetarier aller Länder vereinigten sich. Als konsequente Weltanschauung, die explizit auf den Magen schlägt, hat auch der Vegetarismus so seine Richtungsstreitereien. Alle Vegetarier

Vegetarier:
In solcher Idylle sehen sie niemals das Rindfleisch, allenfalls noch etwas Lactohaftes im prallen Euter – ansonsten aber nur die Symbiose von unverfressenem Mensch und ganz unbedroht sattem Tier

beißen in nichts Fleischliches, im Unterschied zu ▸Veganern, die auch alle Tierprodukte wie Milch, Eier oder Leder ächten.
Verzehren Vegetarier aber Produkte aus Milch (lat. *lacto-*), leben sie ▸laktovegetabil; kommen Eier (lat. *ovo-*) dazu, steht ihnen das offizielle Label ▸ovo-lacto – Hauptsache, sie sind keine fleischversessenen, fleischverfressenen Karnivoren. Schließlich ergab eine Studie an der Universität Jena: Für 65 % der Vegetarierinnen und 58 % der Vegetarier zählen moralische Gründe; 28 % bzw. 16 % haben gesundheitliche Argumente. Längst ist die **vermeintliche Mangelernährung** kein Thema mehr, potenzielle Aminosäure-Defizite werden etwa durch Reis-Hülsenfrüchte-Kombination oder bewusste und variantenreiche Gemüse- und Knollenwahl ausgeglichen, so auch Eisen (sonst viel aus rotem Fleisch) gezielt ersetzt. Noch niemand ist dabei vom Fleische gefallen. Davon abgefallen allenfalls – das schon!

vegan: Zahlreiche Label signalisieren inzwischen rein pflanzliche, also auch vegane Produkte

Allein der Verzicht auf rotes Fleisch und tierische Fette macht die vegetarische Ernährung in der Tat gesünder und wie im lateinischen Wortsinn „lebenskraftvoll". Und sie nutzt noch dazu dem ▸Klimaschutz. So kann ein an ▸Vollwerternährung orientierter vegetarischer Essstil mit ▸Biolebensmitteln den ▸Carbon Footprint um bis zu 61 % senken, wie an der Universität Gießen errechnet wurde. Selbst die konventionellen „Vollwert-Vegetarier" sparten 47 %.
Kein Wunder, dass der **Bekennungs-Trend** weltweit unübersehbar ist: Die globale Veggie-Quote ist längst beachtlich, und die interne Frauen-Quote dürfte – wie etwa in Deutschland – bei mehr als zwei Dritteln liegen.

Auch ▸Biokonsumenten sind Veggie-affin, denn unter ihnen gibt es doppelt so viele Vegetarier wie unter Normalessern. Spätestens seit 2010 das Buch „Tiere essen" von Jonathan Safran Foer die Bestseller-Liste stürmte und viele europäische Städte **„Veggie Days"** einführten, ist die Fleischlos-Debatte in vollem Gange. Wenn schon nicht Vegetarier werden, so lautet die Botschaft, dann doch wenigstens ▸Flexitarier – der Tiere, der Gesundheit, der ▸Ethik und des Klimas wegen. Der Vebu *(Vegetarierbund Deutschland)* kennt auch einen Weg dahin: Dafür müsste nur der Mehrwertsteuersatz für Fleischprodukte von noch 7 % auf dann 19 % erhöht werden.

Verbraucher(-schutz)

Er ist ein armer oder ein reicher Schlucker, er kann sich beim Einkauf weniger leisten oder auch mal etwas Besseres – er löhnt ja gern, wenn es sich lohnt. Für ▸Biolebensmittel zahlen überzeugte ▸Biokonsumenten auch höhere ▸Preise, bei konventionellen Lebensmitteln lässt sich gut sparen. Oft genug aber auch an der Umwelt, am ▸Tierschutz und dem eigenen Wohler-Ergehen.
Verdächtig ist, dass Verbraucher als **Verschmauser** nach all den ▸Skandalen permanent aufbegehren gegen ▸industrielle Tricks, verschleiernde ▸Kennzeichnung von ▸Zutaten, zu hohe ▸Rückstände und mangelnde ▸Lebensmittelsicherheit. Das ▸Vertrauen ist schwer beschädigt, in die industriellen Produzenten ohnehin, aber auch in behördlichen Schutz.

Nur 15 % der Befragten vertrauten laut Otto-Trendstudie der Politik, 91 % setzten lieber auf **Institutionen** wie ▶ÖKO-TEST oder ▶*Stiftung Warentest* – und das 2011, vor etlichen neuen Skandalen also. Vieles müssen die Verbraucherzentralen aufklären, schwerpunktartig tun dies ▶*Foodwatch*, ▶*Greenpeace* oder der ▶WWF. ▶Monitorings regelmäßig bestätigen. Zudem ist der letztlich überlebensnotwendige Ehrenkodex der ▶Biobranche ein **wirksamer Selbstschutz** und gelebtes Bekenntnis: Man weiß um den erworbenen Ruf und räumt der reinen Gewinnmaximierung eben nicht

Verbraucherschutz: Initiativen wie Foodwatch setzen gern Akzente, die betreten machen

foodwatch
die essensretter

Auch Bio musste einst geschützt werden: durch die Einführung einheitlicher Standards und entsprechender ▶Gütesiegel. Schon das „alte" und noch gültige sechseckige ▶Bio-Siegel hatte seinen besten Ruf, das ▶EU-Bio-Siegel steht ebenso für eine Bio-Mindestqualitätsgarantie. Die sehr viel strengeren Logos der ▶Anbauverbände aber waren und bleiben Maßstab für Bio in bester Konsequenz. Es hat sich bewährt wie herumgesprochen, dass mit Bio umweltverträglichere Produktionsmethoden einhergehen. Und dass über die allgemeinen ▶Kontrollen hinaus ein eigener Apparat bisher **weitestgehend skandalfrei** funktioniert hat, wie alle oberste Priorität ein. Auch deshalb müssen Biokonsumenten nicht eigens „geschützt" werden – eher haben die ▶Biobauern Schutz verdient vor ▶Bio-Bashing oder leichtfertig verbreiteten Bio-Missverständnissen. Skandale der konventionellen Erzeuger machten letztlich Forderungen nach mehr Verbraucherschutz, Aufklärung und Information überlaut und die Bio-Vorteile klar. Wer auf ▶Nachhaltigkeit und **Transparenz** bedacht ist, kann Bio vertrauen. Der 2010 gefeierte Triumph über die verhinderte ▶Ampel für industriell hergestellte Genussmittel war nur ein Pyrrhussieg der Industrie. 2011 war auch Ministerin Aigner machtlos,

für mich. für dich. fürs klima.
verbraucherfuersklima.de

Verbraucherschützer: Sie haben ihre höchst wichtige Funktion und mit den Verbraucherzentralen eigene Experten – und an der Biobranche immer nur wenig zu kritisieren

die neue EU-Kennzeichnung abzuwenden. Das Kleingedruckte wird Verbraucher schützen – wenn auch nicht unbedingt vor Kurzsichtigkeit. **Nota bene:** Immerhin wirkt das 2011 vom BMELV *(Bundesministerium für Ernährung, Landwirtschaft und Verbraucherschutz)* initiierte Internetportal www.lebensmittelklarheit.de als regelgerechter Pranger. Zudem sind Behörden seit 2013 angehalten, Verstöße gegen das Täuschungsverbot zu veröffentlichen – Pflicht ist es nicht!

Ökohöfe im Verbund: Einzelleistungen werden in diesem Zeichen zu gemeinsamen Markterfolgen

Verbund Ökohöfe®

Verbund Ökohöfe

Etwas charmespröder Name für den jüngsten deutschen ▸Anbauverband als Zusammenschluss von deutschlandweit (2013) 150 Betrieben, die rund 18 000 ha Anbaufläche konsequent und nach eigenen strengen **Richtlinien** bewirtschaften. Sie tun dies zumeist in Sachsen, Sachsen-Anhalt und Thüringen; seit 2009 gibt es den kooperierenden Verbund Ökohöfe Nordost. Der entstand aus dem Nordost-Ableger von ▸Gäa – genau wie der Verbund Ökohöfe selbst 2006 aus einem Gäa-Regionalverband hervorging. Entsprechend liegen auch hier die Ursprünge des Bio-Wirkens in der kirchlichen Umweltbewegung der damaligen DDR. Die Kooperation mit Gäa läuft weiter; eng sind auch die Verbindungen zu ▸Demeter.

Die Richtlinien des Verbunds gehen weiter als die Vorgaben der ▸EG-Öko-Verordnung. Erzeuger sind zur vollständigen ▸Umstellung verpflichtet. Sie bringen wegen möglicher ▸Rückstände keine konventionelle Gülle oder konventionellen Mist, auch kein Fleisch- oder Knochenmehl aus. Das innerhalb der ▸Biobranche umstrittene Gegenrechnen von mehreren übereinander liegenden Volieren auf die Haltung von ▸Legehennen ist begrenzt. Verbund-Mitglieder schränken die Nutzung von ▸Kupfer stärker ein und lehnen CMS-Hybriden als „kleine ▸Gentechnik“ ab.

Der lobenswerte Verein hat neben der Zertifizierung und Beratung für ▸Biobauern durchaus (agrar-)politische Ziele: Er fordert einen Übergang zu **weniger Öko-Bürokratie**, Lösungen zur Pestizidproblematik sowie einen Stopp der „Risikotechnologie Gentechnik“. Und er sorgt sich mit den Bio-Imkern um unsere „blühende“ Zukunft. Demeternahe ökologisch-dynamische Züchtungsforschung sowie Regionalisierung der ▸ökologischen Tierhaltung und die ▸Zucht immunstarker, regional angepasster Rassen sind andere typische Themen des Verbunds Ökohöfe. Das **Fernziel** ist die „Neutralisierung von Eigentum von land- und forstwirtschaftlichen Böden und an langlebigen Betriebsstätten“. Da mischt sich dem Grün gar ein wenig Rot bei …

Veredelungsverluste

Unter Kritikern der industrialisierten ▸Landwirtschaft immer häufiger auftauchender Begriff für all die schaufel- oder tonnenweise Futtervergeudung beim „Erzeugen“ von Fleisch. Denn es geht viel Futter drauf, ehe ein Nutztier schlachtreif ist. An der kanadischen University of Manitoba wurde es ausgerechnet: Bei dieser sog. Veredelung werden letztendlich 80–97 % der Energie und des Proteins der ▸Futtermittel gar nicht in Essbares umgewandelt! Ein Tier bedient eben v. a. den Erhaltungsstoffwechsel und damit sein natürliches Wachstum. Verfahrenstechniker von der RWTH Aachen ermittelten hier einen Faktor von 3–15 als **„Umwandlungsverlust“**, je nach Tierart.

Geht es dabei um eigens angebautes ▸Getreide, wie in der Schweine- und Geflügelmast üblich und bei konventionellen Tieren insgesamt verbreitet, steht Fleischerzeugung in direkter Nahrungskonkurrenz mit dem Menschen. Experten fordern daher einen eklatanten Rückgang des Fleischkonsums zur Sicherung der ▸Welternährung – **Veredelungsverzicht** hülfe!

Dabei gehen in der Diskussion viele Faktoren durcheinander. Die FAO etwa veröffentlichte 2010 Zahlen zur FCE *(Feed Conversion Effiency)*, die sich allein auf Gewichtszunahmen beziehen: 2 kg für 1 kg Huhn, 2,5 kg für 1 kg Pute, 3,5 kg pro kg Schwein, etwa 7 kg Futter für 1 kg Schaf bzw. Ziege und mehr als 8 kg Futter pro Rinder-Kilo. Die Uni von Manitoba wiederum ging vom **essbaren Tierteil** aus: Beim Schwein sind es 55–57 %, beim Rind etwa 40 %. Demnach müssen für 1 kg Hühnerfleisch 4,5 kg, für 1 kg Schweinefleisch 9 kg und für 1 kg Rindfleisch 25 kg verfüttert werden. Und der ▸WWF hat ausgerechnet, dass für die Erzeugung von 1 kg knochenlosem Rindfleisch nicht nur 6,5 kg Getreide und 36 kg Raufutter (Heu oder Silage) „verschwinden“, sondern auch 15 500 l ▸Wasser verbraucht werden; davon allein 15 300 l für die Futtermittelproduktion!

Ist Rindfleisch also zu **veredelungsverlustträchtig**? Und schneidet Bio

Veredelungsverluste: Wo Sojabohnen Schweine mästen oder florale Proteine in Fischteiche regnen, stimmen die Verwertungswerte nicht mehr

besser ab? Fakt ist, dass Wiederkäuer wie Rinder, Schafe oder Ziegen sogar für sog. **Veredelungsgewinne** taugen: Was sie fressen, wird zwar ungleich schlechter verwertet, wäre aber erstens für Menschen unverdaulich und muss zweitens nicht erst auf nutzbar

Verluste durch Veredelung: Sie sind dann ein Problem, wenn eigentliche Nahrungspflanzen zu Futter und erst dann zu tierischem Eiweiß werden

gemachten Flächen angebaut werden. Doch gilt dies nur für Tiere, die tatsächlich Weiden abgrasen und eher mit Resten aus der Produktion oder mit selbst angebauten Eiweißpflanzen wie Kleegras, Luzerne oder Ackerbohnen zugefüttert werden, wie bei der ▶ökologischen Tierhaltung. Für **Biorinder** gilt, dass im Schnitt deutlich weniger Konzentratfutter eingesetzt wird als in konventionellen Betrieben.

Nicht zuletzt durch „konventionelle" ▶Skandale stieg die Bio-Nachfrage nach Schweine- und Geflügelfleisch jedoch, aus der Nische wurde ein lohnendes Geschäft. Nun stehen auch Bio-Tierhalter vor dem Dilemma, zwar Fleischlieferanten mit einer im Vergleich zu Rindern besseren „Futter-Verwertungs-Stufe" aufzuziehen, aber Getreide bzw. Soja zu füttern – Nahrungspflanzen also. Immerhin werden bei deutschen ▶Biobauern 65–75 % des Getreides direkt **für menschliche Ernährung** und nicht als Futtermittel genutzt. Im konventionellen Landbau der EU waren 2011/12 sogar 61 % des Getreides Futtergrundlage; nur 24 % wurden zu Nahrung. Und nur weil „fleischlosere" Entwicklungsländer mitzählen, sehen globale Zahlen für den gleichen Zeitraum günstiger aus: Verfüttert wurden laut FAO 34 % des Getreides, 47 % wurden direkt verzehrt. Die Lösung dieses Dilemmas in einer Ertragssteigerung und besseren Verwertbarkeit von Futterpflanzen zu suchen und auf diesem Wege auch noch die Grüne ▶Gentechnik zu propagieren, scheint grundfalsch; ein **viel maßvollerer Genuss** von tierischen Produkten sollte das Ziel sein. Die Uni Manitoba rechnete vor, dass etwa 1 Mrd. Menschen mehr auf der Basis einer „prädominant" vegetarischen Ernährung satt werden könnten – es lebe also der ▶Flexitarier!

Nota bene: Vorerst bestehen weniger als 10 % der globalen Sojaernte aus solchen edleren Sorten, die ▶Fleischersatz werden. Dabei sind die Veredelungsgewinne frappant: Aus 1 kg ▶Soja lassen sich bis zu 1,7 kg des so proteinreichen ▶Tofus herstellen!

Verpackung

Wer dazu eine buchstäblich nur lose Vorstellung hat, ist zu loben, denn unverhüllter ▶Einkauf macht ökologisch am meisten Sinn! Rohstoff- und Energieverbrauch, Recycling, Entsorgung sind ein riesiges Problem. Bio-Bewusste führten früh ihren Kampf gegen Berge von ▸Plastik und anderen **Packmüll**: „Jute statt Plastik" eben. Nun gelten **„die drei Vs"**: Vermeiden, Vermindern, Verwerten!

Die ▸EG-Öko-Verordnung von 2009 sieht keine speziellen Regelungen für Packstoffe vor. Nach den Regeln der ▸IFOAM *(International Federation of Organic Agriculture Movements)* aber sollen Verpackungen für Biolebensmittel „möglichst geringe negative Einflüsse auf das Produkt und die Umwelt" haben. Ein Bio-Leitfaden vom ▸BÖLW *(Bund Ökologische Lebensmittelwirtschaft)* wertet alle Materialien einzeln, einige der ▸Anbauverbände haben ausdrückliche Positiv- und Negativlisten für Packstoffe. Sie erlauben lediglich umweltverträgliche und kreislauffähige Verpackungen ohne Stoffübergänge in Lebensmittel.

Eindeutig bevorzugt die ▸Biobranche deshalb Glas bzw. Pappe und vermeidet Verhüllorgien. Deswegen bekommen **im ▸Bioladen** Kunden Milchprodukte und fast alle Säfte in Pfand-, also Mehrwegbehältnissen aus Glas – im konventionellen Handel sind weniger als 20 % der Gläser mit Pfand belegt. Obst und Gemüse wird im Bioladen unverpackt dargeboten, während Bio-Obst im ▸Supermarkt wegen möglicher Verwechslungen mit konventioneller Ware immer abgepackt ist. Und einige Bio-Hersteller wollen sich nicht zu weit vom Erscheinungsbild und Material konventioneller Ware entfernen, oft bleiben zudem dünnes Weißblech und Folie unverzichtbar, zumal wenn unter Schutzgas oder mit Vakuum abgepackt wird, um Oxidation zu verlangsamen bzw. zu verhindern.

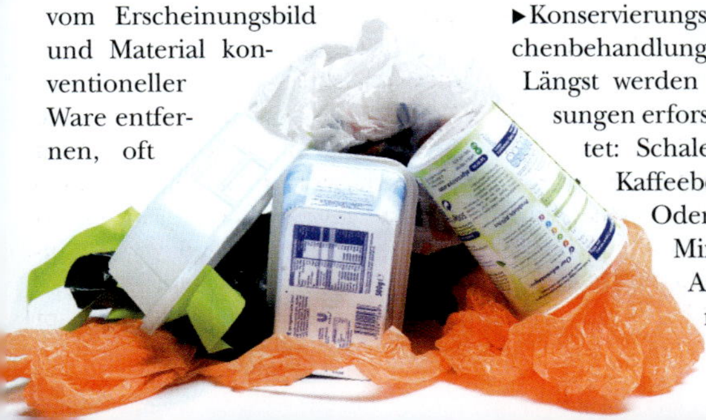

Immerhin setzen **Bio-Anbieter** dabei wie bei Plastikflaschen oft auf solchen ökologisch vertretbaren Kunststoff, der gemäß Europa-Norm EN 13432 biologisch abbaubar und kompostierbar ist. Dessen Polymere können aber ununterscheidbar aus echt nachwachsenden Rohstoffen stammen oder nach wie vor ihre Erdölbasis haben.

Auch die ins üble Gerede gekommenen ▸Rückstände aus Packungen versucht die Biobranche auf vielerlei Wegen zu vermeiden. So enthält das Polyethylen keine phtalathaltigen ▸Weichmacher, ganz gewissenhafte Anbieter ordern ihre Umkartons lieber **aus Frischfaser**. Denn makabrerweise sind auch Rückstände in Papier und Pappe nicht von Pappe: Wurden sie recycelt, enthalten sie bis zu 900 Chemikalien: Mineralöl-Anteile dank Druckerschwärze, auch ▸Konservierungsstoffe oder Oberflächenbehandlungsmittel.

Längst werden eigene Bio-Packlösungen erforscht, erprobt, bewertet: Schalen aus Palmfasern, Kaffeebecher aus Cellulose. Oder ein Polypropylen-Mix, der dank Kreide-Anteil bis zu acht Mal recycelbar ist. Doch

Verpackung: Nachhaltig wären Mehrwegglas, recycelbares Material oder gar eine Schale aus einem Palmblatt unter ebenso kompostierbarer Biofolie – echte Bio-Schritte gegen die Berge von unverrottbarem Plastikmüll

Verpackung: Ist sie für Bioprodukte, ist sie auch meist nachhaltig und recycelbar, wie etwa bei Honig im solchem Pappbecher statt mal im Glas

keine Verpackung bleibt die beste Lösung für das Drumrum-Problem, Null-Strategien sind überzeugender als Wiederverwertung. „Unpackaged" lautet daher das nackte Konzept eines ▸Bio-Supermarkts in London; Man bringt Behältnisse mit oder leiht wiederverwendbare Boxen aus.

Verschwendung

Was zu viel ist, ist zu viel – aber wir machen uns zu wenige Gedanken, denn Verschwendung von Essbarem hat viele Facetten und fängt nicht erst beim welken Salatblatt im Hausmüll an. Schon jede „Veredelung" von pflanzlichem in tierisches Protein (die ▸Mast von Tieren also) stellt eine Verschwendung dar, die ▸**Veredelungsverluste**. Um 1 kg Fleisch oder Zuchtfisch zu erzeugen, muss ein Vielfaches an ▸Futtermitteln eingesetzt werden, die zudem oft genug aus Nahrungsmittelpflanzen bestehen. In der konventionellen Tierhaltung ist das etwa Kraftfutter, das meist aus (zu 80% importiertem) ▸Soja hergestellt wird. Dadurch gehen wiederum Anbauflächen verloren, auf denen geeignetere Nahrungspflanzen stehen könnten. Experten für ▸Klimaschutz und ▸Welternährung fordern daher, den gestiegenen **Fleischkonsum** zu reduzieren – und Ernährungsberater geben ihnen recht.

Auch die Verwendung von Nahrungspflanzen zur Energiegewinnung stellt eine Verschwendung von Ressourcen dar. In den USA etwa dienten 2011/12 40% der Mais-Ernte der Biospriterzeugung, weltweit werden gar 8,2 % des Getreides zu Bioethanol. In Deutschland führte das EEG *(Erneuerbare-Energie-Gesetz)* dazu, dass das Business boomte. In der ▸Biobranche wird diese Praxis kritisiert; die „NaWaRo" *(Nachwachsende Rohstoffe)* werden nur als Ergänzung gesehen, nicht als Mittelpunkt landwirtschaftlichen Schaffens. Es gilt **„Teller statt Tank"**: Die Kreislaufwirtschaft des ▸ökologischen Landbaus erlaubt eine Verwertung von Verarbeitungs-Resten in Biogasanlagen, bevorzugt aber solche Pflanzen, die nicht als Lebensmittel dienen – überschüssige

Verschwendung: Wo „Tank statt Teller" gilt, kann auch so ein Soja-Bus mit seinem Bioethanol aus Essbarem als innovativ gelten

Zwischenfrüchte wie Kleegras etwa, das 2011 allerdings aus der höchsten EEG-Vergütungsstufe herausfiel …
Spätestens seit dem Film „Taste the Waste“ meint Verschwendung aber in erster Linie die **Entsorgung** von (noch) Essbarem.
Regieführer Valentin Thurn rechnete vor, dass in Deutschland etwa die Hälfte der Nahrungsmittel auf dem Weg vom Acker auf den Teller „verloren geht“, 20 Mio. t nämlich oder 500 000 Lkw-Ladungen …

Selbst die für zurückhaltende Hochrechnerei bekannte FAO lässt heute verlauten, dass weltweit ca. 30 % der zu Nahrungszwecken hergestellten Lebensmittel **nie verzehrt** wird: Das sind etwa 1,3 Mrd. t verschwendete Nahrung. Nicht nur das: Mit dem Entsorgten sind eben auch Erzeugungs- und Transportkosten, urbar gemachte Felder, ▸Düngemittel und (im konventionellen Landbau) ▸Pestizide für die Katz – jährlich gehen laut *Welthungerhilfe* zudem 25 % des verbrauchten ▸Wassers verloren, 50 Mrd. l Erdöl ebenso, und durch verrottende Nahrungsabfälle wird klimaschädliches Methan freigesetzt. Geriete nur halb so viel in den Müll wie bisher, ließen sich die globalen Treibhausgasemissionen laut Thurn gar um 10 % senken.
Während in weniger entwickelten Ländern Verluste v. a. beim Anbau, nach der Ernte, bei Lagerung und Transport anfallen und laut FAO nur 6–11 kg pro Jahr und Mensch im Hausmüll landen (gegenüber 95–115 kg in Europa und Nordamerika), werden in Industriestaaten Lebensmittel auffällig oft erst im Handel bzw. zu Hause verschwendet: zu mehr als 40 %! Das BMELV *(Bundesministerium für Ernährung, Landwirtschaft und Verbraucherschutz)* fand 2012 noch eindeutigere Zahlen und prangerte **die mangelnde Wertschätzung** an. Aktionen wie „Jedes Mahl wertvoll“ sollten helfen. So knüpft Staatliches an NGO-Kreativität an, denn in den vergangenen Jahren bildeten sich etliche populäre Initiativen, etwa die britische Bewusstseinserweckung mit der wirksamen Message „Love Food – Hate Waste“ (www.lovefoodhatewaste.com). Das BMELV empfiehlt, 1. geplant einzukaufen, 2. die Haltbarkeit zu prüfen, 3. passende Mengen zu erstehen, 4. die Vorräte richtig zu lagern und 5. Reste wiederzuverwerten. Experten fordern zudem Aufklärung über das MHD *(Mindesthaltbarkeitsdatum)*. Vielen sei nicht bewusst, dass damit keine Verderbsgrenze angegeben, sondern nur der Zeitpunkt definiert wird, bis zu welchem „spezifische Eigenschaften“ garantiert sind.
Die **paradoxe Marktlogik,** dass (zu) günstige ▸Preise zu höherer Bereitschaft führen, Lebensmittel verderben zu lassen oder sie vor dem Verderb zu entsorgen, sorgt neben anderen

JEDES MAHL WERTVOLL
Unsere Lebensmittel

Verschwendung: Haltbarkeit und Verfall sind datiert, überfüllte Teller und harmlos Überlagertes wandern oft allzu vorschnell in die Tonnen, die hinter Supermärkten randvoll werden mit vermeintlich Unverkäuflichem

LOVE FOOD
hate waste

Verschwender: Was einzelne Haushalte an essbar Gewesenem wegwerfen, ist viel – zu viel wird aber auch bei Ernte oder Transport vernichtet und im Handel voreilig entsorgt

Versteckt**es: Eier-Herkünfte sind bei konventionellen Produkten gar nicht bezeichnet – und hätten wir die Ampel nach britischem Vorbild, wie Foodwatch 2010 simulierte (unten), gäbe es einen warnenden Fingerzeig auf den versteckten Zuvielzucker …**

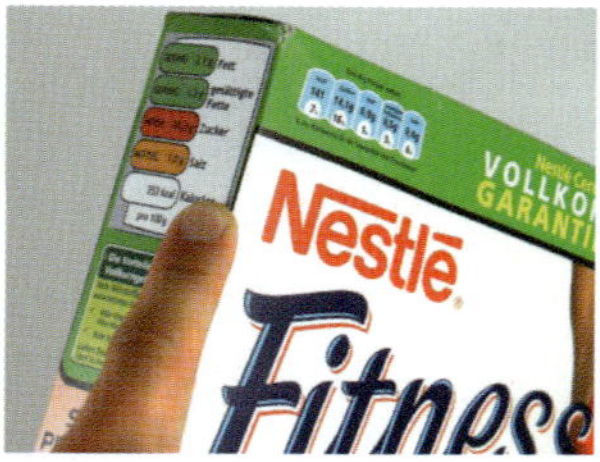

Faktoren für immer knappere Ressourcen und steigende Marktpreise, die wiederum weniger entwickelte Länder am meisten treffen. Ein Grund für Entsorgung vieler Lebensmittel oder das Aussortieren noch vor der Supermarkt-Theke ist auch der Wunsch nach Genormtem. Die FAO propagiert daher sog. **Sub-Standard-Produkte** und Gewöhnung an natürliche Heterogenität. Den Markt für ▸Biolebensmittel, die Einzelhandelsnormen öfter mal verfehlen, würde es beflügeln – 2013 gab's bei „COOP" in der ▸Schweiz bewusst krummes Gemüse („Ünique"), in deutschen Supermärkten „Wunderlinge" und der ▸Bio-Supermarkt „Bio Company" propagierte „schräge Schätze".

Verbackenes: Bei vielen Fetten bleibt die Herkunft ungenannt, bei Bäckers Cookies wüsste man's eigentlich gern – die Biobranche setzt auf Volldeklaration

Letztlich geht es eben auch um die Verantwortung der Hersteller und Einzelhändler. Denn noch ist es billiger, die Ware zu vernichten, als sie mit Abschlägen zu verkaufen oder sinnvoll wiederzuverwerten, etwa als Gabe an eine der **Tafel-Initiativen** – seit 2013 immerhin umsatzsteuerfrei.

Nota bene: Verschwendung ist auch die hohe sog. Rückwurf-Rate beim Fischfang. Sie variiert stark zwischen Fangmethoden und Regionen, betrug laut vorsichtigerer FAO-Schätzung von 2005 nur 8 % – neuere Quellen sprechen allerdings glaubwürdig von skandalösen 25% …

Verstecktes

Alles, was wir so schlucken müssen, aber nicht unbedingt wissen sollen – **Oha-Erlebnisse** sollen uns ja erspart bleiben. Dabei ergab 2010 eine Studie vom Institut Fresenius zur ▸Kennzeichnung: Jeder zweite Konsument verstand die Angaben auf der ▸Verpackung nicht, jeder vierte konnte nicht erkennen, ob ein Produkt gesund sei, und nur jeder zehnte hatte ▸Vertrauen in Industrie wie Politik. Man ist nicht, was man isst – man isst, obwohl man **unwissend** ist. Die Masse jedenfalls, die jene Massen an fremdverarbeiteten Produkten goutiert, deren Kennzeichnung zu viele Lücken lässt. Herstellern v. a. von ▸Fertiggerichten ist das Versteckspiel eher lieb, Initiativen im Sinne des ▸Verbraucherschutzes wie solche von ▸*Foodwatch* wirken da nur störend. Das Normalste wie die ▸Volldeklaration gilt als abartig – sie ist **nur in der ▸Biobranche** Praxis.

Denn was in verarbeiteten Produkten drin ist, muss nicht zwangsläufig draufstehen: Weit mehr als 50 % der Fette, die wir essen, verbergen sich in Fleisch, Wurst, Käse, Keksen oder Tiefkühlpizza. Auch auf versteckten ▸Zucker sind Experten sauer. Wer weiß schon, dass „gesunde" ▸Cerealien bis zu 48 % davon enthalten können und Ketchup mehr als

25 %? Das entspricht etwa 1,5 Stück Würfelzucker pro Esslöfel! Doch es hat sich herumgesprochen, dass Bio-Ketchup weniger als ein Drittel davon enthält – und trotzdem schmeckt.

Ungesundes droht auch von versteckten **Salzmengen in Fertigmenüs**; nur auf den wenigsten Verpackungen werden sie ausdrücklich angegeben. Die von der EU erst 2010 abgelehnte ▸Ampel hätte uns davor bewahrt.

Auch bei den unauffällig verarbeiteten Eiern ist man mit Bioprodukten auf der sichereren Seite – hier werden nur Bio-Eier ökologisch gehaltener ▸Legehennen verarbeitet. Bei der anonymen konventionellen Riesenerzeugung von 66 Mio. t weltweit aber stammen laut einer *Greenpeace*-Schätzung **mehr als 90 % der Eier** aus ▸Käfighaltung. Es besteht dafür keine Kennzeichnungspflicht – dabei ermittelte Emnid, dass 80 % der Verbraucher genau dies wollen.

Viele ▸Vegetarier und noch viel mehr ▸Veganer sind mit routiniertem Misstrauen geübte Etikettenleser und bei konventionellen Produkten regelmäßig frustriert über die nicht näher deklarierte, womöglich tierische Herkunft von ▸Lab, ▸Gelatine, ▸Enzymen oder über undeklariert mit Tierischem geklärten Wein.

Oft versteckt werden auch verarbeitete **gefährdete Fischarten** (▸Fische, bedrohte). Begriffe wie ▸„Fischstäbchen" oder „Schlemmerfilet" lassen leicht übersehen, was da an Fisch-Allerlei massenhaft verarbeitet wurde.

Auch die Herkunft von oft auf Kosten von Regenwaldflächen angebautem ▸Palmöl bleibt bei konventionellen Produkten meist im Dunkeln, dabei versteckt es sich **massenhaft** in Bratfett, Margarine, Schokolade etc.. ▸Gütesiegel könnten helfen.

Verschwiegen wird, solange Proteste oder Gesetze ausbleiben. Wir selbst sollten aber auch ein paar Grenzwert-Faustformeln lernen und bei Wiedererkennen auf Ampel-Rot schalten …

Vertrauen: Bio hat es sich hart erarbeitet und zeigt das auch in den USA nicht ohne Stolz

Vertrauen

Eine Infas-Studie für den vzbv *(Verbraucherzentrale Bundesverband)* zeigte 2013: 62 % glaubten, dass es Lebensmittelprodukte und -hersteller gibt, die täuschen und schädigen können; und nur 34 % vertrauten darauf, dass der Staat diese aussortiert. Wiederholt haben ▸Skandale zunehmend verunsicherte Verbraucher sensibiliert.

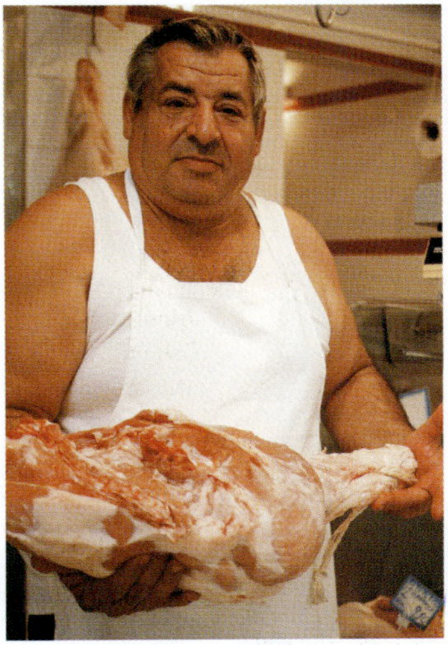

Zu nacheilend da staatliche Bemühungen, für klare ▸Kennzeichnung etwa oder durch die zu oft fest versprochene Überprüfung der Kontrollsysteme. Den Verarbeitern und dem Handel blieb zu **viel Selbstverpflichtung** – u. a. diese Laxheit hat ja den ▸Bioboom befördert.

Denn aufgeklärteren Konsumenten ist längst klar: Gesetzliche Regelungen und ▸Kontrollen gehen bei Bio über die der konventionellen Branche hinaus, ob nun laut ▸EG-Öko-Verordnung oder nach den noch einmal strengeren **Richtlinien der ▸Anbauverbände**.

Zum anderen ist der Erfolg von Bio existenziell mit ungebrochenem Vertrauen verknüpft, nicht nur dem der Verbraucher, sondern auch der Kooperationspartner untereinander.

Denn mit ▸Biolebensmitteln werden so **fragile Mehrwerte** wie Ehrlichkeit bzw. ▸Authentizität und das Versprechen von Rückstands-, Chemie- und

Vertrauen: Biokonsumenten haben auf Verpackungen wie bei dieser Bio-Sojamilch viel zu lesen – gut so!

Vertrauen: Bestbesiegelte Bioprodukte werden nie ohne genaue Herkunftsangaben angeboten

Verunreinigung: Unsichtbar bleiben gentechnische Spuren, die eine Ministerin Aigner offiziell wenigstens nicht haben wollte, Bohnensaatgut dagegen kann ganz sichtbar verunreinigt sein, wie die Initiative *Save our Seeds* so veranschaulicht

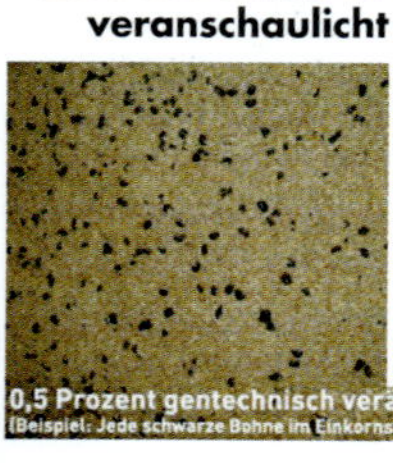

0,5 Prozent gentechnisch verändertes Saatgut
(Beispiel: Jede schwarze Bohne im Einkornsaatgut steht für einen GVO)

Gentechnikfreiheit, von ethischer Konsequenz, Umwelt- und Klimaschutz assoziiert – und das am liebsten zusammen mit ▸Regionalität. Jede dieser Kernkompetenzen wäre wertlos ohne Vertrauen.

Dieses **Bio-Vertrauen** ist durch eher wenige Fälle von ▸Biobetrug sowie unverklemmte Kommunikation nur gewachsen. Mogeln und Vertuschen sind – wenn nicht aus ideellen, so aus ökonomischen Gründen – branchenfremdes Verhalten. Selbst heikle Diskussionen wie um den Verdicker ▸Carrageen oder um ▸Hefeextrakt als ▸Geschmacksverstärker werden nach der Devise geführt: Benennen oder vermeiden.

Untersuchungen geben Bio recht. Jahr für Jahr konstatiert das Ökomonitoring, dass von mehr als 1 500 Proben jeweils mind. 96 % ihr ▸Bio-Siegel zu Recht trugen. Heimischer Bioware bringen Verbraucher das größte Vertrauen entgegen: zu 85 %, wie schon 2007 „Produkt + Markt" ermittelte. Europäischer ▸Importware vertrauten 14–59 %, Bio aus der Restwelt nur 4–40 %. Eine EU-Umfrage zum generellen Bio-Vertrauen ergab 2013 eine Quote von 71 %.

Auch ▸Biokonsumenten unterscheiden da fein: **„persönliche Bekanntschaft"** mit dem Erzeuger war schon beim „Ökobarometer 2010" für 39 % einer der wichtigsten Aspekte für Bioprodukte. Der Erzeuger selbst stand 2012 mit 68 % Zustimmung an der Spitze bei der Frage nach dem Vertrauen in Erfüllung der Bio-Kriterien. Auch ▸Bioläden (Platz 2 mit 57 %) und ▸Bio-Supermärkte (42 %, Platz 6) scheinen sehr glaubwürdig. Die regionsferneren ▸Supermärkte (mit 14 %) sowie ▸Discounter (13 %) fielen dagegen ab – obwohl diese (wie ▸Wochenmärkte) beliebteste Orte für den ▸Einkauf von Bio blieben.

Die Dimensionen, die dank des Biobooms und der breiten Vertrauensbasis erreicht sind, macht die glaubwürdige Vermittlung der ureigenen Qualitäten ungleich schwerer. Initiativen für **mehr Transparenz** trotz globalerer Strukturen kommen nur langsam bei den Konsumenten an – etwa www.bio-mit-gesicht.de oder BioC, das öffentlich einzusehende „Internetverzeichnis der kontrollierten Unternehmen des ökologischen Landbaus": www.bioc.info.

Denn größere Betriebe und Importwege verlangen neue Strukturen; um das Vertrauen in die Branche zu erhalten, muss Bio einleuchtend überschaubar und klar unterscheidbar bleiben. Das scheint v. a. den ▸Anbauverbänden zu gelingen, deren Bio-Siegel stets am vertrauenswürdigsten abschneiden. Zuletzt ergab 2013 eine Studie: Das ▸EU-Biosiegel mit 55,4 % hatte einen höheren Vertrauenswert als das sechseckige Bio-Siegel (51,7 %), am biovertrauensvollsten schien aber ▸Demeter (64 %). Besser war da nur ▸*Stiftung Warentest* (76,1 %) und – der TÜV, mit 74,8 %!

Verunreinigung

Bei Lebensmitteln wohl die reinste Gemeinheit; bei ▸Biolebensmitteln wird immerhin von der Erzeugung an auf vermeidbar Fremdkörperliches verzichtet und Unvermeidbares streng reglementiert. Dazu kommen permanente ▸Kontrollen, denn Bio will seinen guten Ruf rechtfertigen und so ▸**Skandale** vermeiden, von denen auch die ▸Biobranche nicht verschont blieb – wenn auch die ▸Rückverfolgbarkeit bisher klappte und die oft verschlungenen Wege der Kontaminierung aufgedeckt und verbaut wurden. So stammte das ▸Dioxin in Bio-Eiern Ende 2010 von fahrlässig gemischten ▸Futtermitteln, die ▸EHEC-Bakterien auf Biosprossen konnten 2011 auf kontaminiertes Saatgut aus Ägypten rückverfolgt werden. Biolinsen mit verunreinigenden Spuren des Herbizids ▸Glyphosat waren in der Türkei mit konventioneller kontaminierter Ware aus Kanada vermischt worden, und das Herbizid Endosulfan war in Brasilien per sog. Abdrift von Nachbarfeldern auf Biosoja verweht worden. Gegen solche Fährnisse der sog. Kreuzkontamination (▸Carry-over) beim Anbau, im Lager oder auf Handelswegen helfen nur größere Sicherheitsabstände, streng getrenntes Lagern und Verarbeiten von konventionellen und ökologischen Rohstoffen sowie ständige Kontrolle.

Klassische Verunreinigungen sind ▸Rückstände von allerlei ▸Schadstoffen wie ▸Pestizide, Schimmelpilze oder Gifte aus der Umwelt, schlimmes Dauerbeispiel bleiben etwa die ▸Schwermetalle in Fischen, Tintenfischen, Muscheln etc.

Gerade im ▸ökologischen Landbau ist ein wirksames **Risikomanagement** tägliche Herausforderung, weil Bioprodukte grundsätzlich besonders „rein" zu sein haben. Das Wissen darum, welche Kontaminanten unabsichtlich in den Nahrungsmittelkreislauf gelangen können und wie dies zu vermeiden wäre, bildet die Grundlage eines effektiven **Rückstandsmanagements** in Verarbeitungsprozessen.

Doch neben die bislang bekannten Kontaminationen ist längst eine ganz neue Qualität der Verunreinigung

Verunreinigung: Imker spüren es am schnellsten, wenn Umweltgifte ihre Bienen töten oder deren Honig kontaminiert oder durch Genpollen plötzlich unverkäuflich ist

Am liebsten ohne: Die damalige Bundesministerin Ilse Aigner präsentierte 2010 stolz das neue Garantie-Siegel „Ohne Gentechnik" – und tat letztlich dennoch wenig dafür

Vollkorn: Dabei ist nichts ausgesiebt, also sind noch alle Werte von Mehlkörper, Keim und Hülle enthalten

Nilbarsch: Er wurde einst umgesiedelt und in Viktorias See ausgesetzt, wo er das alte afrikanische Biotop massenhaft überwältigte und zur Massenware Fisch für Europa wurde

getreten: gentechnisch veränderte Organismen (▸GVO). Was die allein bei konventionellen Produkten anrichten, zeigte das EU-Honig-Urteil 2011. Schlimmer noch für Bioprodukte, die gentechnikfrei sein müssen – sie werden durch gv-Samen wie -Pollen **kontaminiert** und wertlos.

Die erste Ausnahme vom GVO-Anbauverbot war die 2008 in Europa zugelassene und nur im Jahr 2010 angebaute, höchst umstrittene und 2013 schon wieder verbotene Sorte Amflora (▸Gen-Kartoffel). Testweise wird derlei europaweit eher seltener – wenn denn überhaupt – erlaubt, denn es käme zu Kontaminationen von ▸Saatgut oder benachbarten Biopflanzen mit GVO. Saatgutbetriebe sollen ja vertraglich GVO-Freiheit garantieren; die konventionelle Lobby arbeitet aber an einer Aufhebung der sog. **Nulltoleranz**.

Dennoch werden GVO-Produkte in der Lebensmittelproduktion so häufig eingesetzt, dass nach Angaben des GEN *(Gen-ethisches Netzwerk e.V.)* etwa jedes vierte sojahaltige Nahrungsmittel transgene Anteile enthält. Wie das Ökomonitoring für die Jahre 2008–2012 ergab, gibt es hier jedoch **große Unterschiede** zwischen konventioneller und ökologischer Ware. So blieben 89 % der getesteten Bio-Sojaprodukte ohne jedwede nachweisbare Verunreinigung; beim Rest wurden nur solche GVO-Spuren gefunden, die ausnahmslos unter 0,1 % lagen. Konventionelle Ware dagegen war nur zu 65 % unbelastet und wies immerhin zu rund 10 % eine Verunreinigung mit ▸Gen-Soja von 0,1–0,9 % auf. Damit allerdings liegen selbst diese Proben unter der Deklarationsgrenze von 0,9 % und bleiben ungekennzeichnet – wenn es sich um „zufällige“ bzw. „technisch unvermeidbare“ GVO-Einträge handelt. Diese Kriterien sind „überzeugend“ darzulegen: ein sehr schwammiger Begriff! Und einstweilen tragen ungerechterweise die Betroffenen alle Laborkosten für den Nachweis der Gentechnikfreiheit, nicht benachbarte Anbauer.

Schwammige Bestimmungen und Beweislastumkehr werden offenbar zielsicher genutzt. Die Verunreinigung hat also auch manches Produzentenhirn erreicht …

Viktoriabarsch

Von Hausflusswasser aus ist er ein Nilbarsch *(Lates niloticus)*, aber er schwimmt fremd. Der ursprüngliche Nilote, der heute noch im oberägyptischen Nasser-See vorkommt, ist mit seinen knapp 2 m Länge und 200 kg möglichen Gewichts ein Monster. Englische Sportangler setzten den Süßwasserfisch vor einem halben Jahrhundert im Viktoriasee aus – wo er zwar sein neues Paradies fand, aber durch ungehemmte Ausbreitung gleichzeitig ein altes zerstörte.

Unter seinem so royalen **Marketingnamen** wird der Raubfisch meist als Dreijähriger mit 85–100 cm angeboten und darf sich kaum mehr auswachsen. Denn der einst massenhaft gefangene Viktoriabarsch gilt im Viktoriasee ja längst selbst als überfischt. Dabei hat der Schäd-

ling mittlerweile gut die Hälfte der autochthonen Fischarten weggefressen, gern frisst er gar seinesgleichen. Zur **ökologischen Katastrophe** kam noch eine soziale: Die boomende Fischindustrie lockte zu viele Bauern von den Feldern in die neuen Fabriken. Hubert Sauters preisgekrönter Dokumentarfilm „Darwins Alptraum“ zeigte 2004 die Folgen: ländliche Armut und Hungersnöte wegen unbestellter Felder, dazu Proletarisierung, Prostitution und v. a. eine enorme Umweltbelastung durch die Fischverarbeitung.

Gegen die ökologische Katastrophe schien lange nichts zu helfen – erst die menschliche Gier durch rigorose „Entnahmen“. Schon 2008 soll die Population des Viktoriabarsches um ganze 42 % gefallen sein; auch die Ausfuhren aus allen Anrainerstaaten (Uganda, Kenia und Tansania) sind entsprechend gesunken, viele Fabriken mussten schließen oder wenigstens auf Kurzarbeit umstellen.

Während noch über ein Fangmoratorium nachgedacht wurde, konnte ▸Naturland seit 2006 mithilfe der GTZ *(Gesellschaft für Technische Zusammenarbeit)* in Tansania eine zertifiziert ▸**nachhaltige Produktion** etablieren, die heute knapp 1 800 lokale Fischer in einer Erzeugergemeinschaft vereint. Die arbeitet nach einheitlichen Management-, Qualitäts- und Hygiene-Standards. Ihre viktoriabarschigen Produkte erhalten jenes „Naturland Wildfisch“-Siegel für nachhaltige Bewirtschaftung und werden international u. a. von der „Deutsche See“ vermarktet.

Obacht: Die überwiegende Masse an Viktoriabarsch kommt als „Flugfisch“ zu uns, sie ist sogar die am häufigsten luftverfrachtete Fischart; zu groß ist dann der ▸Carbon Footprint!

Viktoriabarsch: Nach Darwins Gesetz war es affenstark, wie der Nilbarsch im Viktoriasee alle anderen Fische verdrängte – zur Strafe ist er selbst bedroht

Vitalkost

Erst seit gut 200 Jahren leben Bekenner „vital“, also entschieden „lebenskräftig“ (von lat. *vitalis*), indem sie dem eigenen Körper an Naturstarkem geben, was er so zur Erhaltung braucht. Seit der ▸Lebensreform Ende des 19. Jahrhunderts zählt alles sog. Vitale zu den Idealen gesunder Ernährung, die man vorerst eher selbsterprobt und ideologisch, bald aber auch wissenschaftlich verstand. So kam alles, was naturbelassen war, zu seinem vagen

Vitalkost: Altmodisch halbes Fremdwort mit großem Powerversprechen durch bloße Vitamine und Kalorien

Image, noch all die „Vitalstoffe“ zu enthalten, die ja der Körper zum Leben (lat. *vita*) brauche – im Gegensatz zu industriell verarbeiteten Nahrungsmitteln, denen weniger Gesundes oder gar zu viel Denaturiertes mitgegeben wurde.

Seitdem aber haben sich die Vitalstoffler aus ihrer recht ideologischen Vitalkostküche weniger fortbewegt und beharren darauf, dass alle Substanzen, die unseren Zellen gut tun, Vitalstoffe seien – nicht also die reinen Energielieferanten wie Kohlenhydrate, Fette oder Eiweiße, wohl aber noch alle „Substanzen“, die solche optimal „abbauen“.

Inzwischen macht die anthroposophische Forschung mit esoterischer Geduld per Bio-Photonen-Analyse die gewisse winzige Ausstrahlung an ▸Licht aller Organismen sichtbar und misst so bei Bioprodukten die stärkere innewohnende Lebenskraft bzw. Vitalität resp. Vitalqualität; sie sei, so glaubt man, am Bild auskristallisierter Extrakte (Kupferchloridkristallisation) nachzuweisen. Solche „Lebenskräfte“ würden schon durch manche brutale Verarbeitung wie etwa eine völlig unnatürliche Ultrahocherhitzung vermindert.

Die wissenschaftlich so ungreifbaren, aber so griffig benannten „Vitalstoffe“ in jedweder „Vitalkost“ interessieren deshalb v. a. Zelebrierer alternativer Ernährungsformen, neuerdings auch Fans von ▸Wellnessfood.

Prinzipiell ist „vital“ wie eh und je ein ominöses wie kraftvolles Stoffwechsel-Wort mit eingebautem Glaubensbizeps. Vitalkost ist eben mehr als gesund, um nicht zu sagen: urgesund!

Vitamine

Nur wenige kann der menschliche Körper wie das Vitamin D per Sonnenlicht selbst herstellen, elf andere müssen wir ihm zufüttern, ehe sie als winzige organische Verbindungen in ihm segensreich wirken, als Beschleuniger im Stoffwechsel und auch als

Vitamine: Auch wer sie nicht unterscheiden kann, weiß, dass sie so ziemlich unverzichtbar und damit lebensnotwendig sind, sowohl in saftiger Kombination wie in frischem Obst oder Gemüse

Gesundheitsschützer, etwa als Ausbremser von ▸freien Radikalen.

Die fettlöslichen Vitamine speichert der Körper gewisse Zeit, die wasserlöslichen aber sind schnell resorbiert, nur kurz wirksam und schon wieder davongespült. Womit einsehbar ist, dass wir sie uns permanent einverleiben müssen.

Interessant zu wissen, dass ▸Biokonsumenten 10–20 % **mehr Vitamine** und ▸Antioxidantien zu sich nehmen als konventionelle Esser. Zu diesem Ergebnis kommt die EU-finanzierte, bereits 2010 veröffentlichte Studie QLIF *(Quality Low Input Food)*, die Relevantes der Vorjahre auswertete.

Liefert Bio also mehr? Gilt: ▸bio = gesünder? Zunächst bestätigt QLIF damit, was schon die groß angelegte Nationale Verzehrstudie 2008 zeigte: Dass sich Bio-Bewegte ausgewogener, bewusster und somit gesünder ernähren als „Normalos". Allerdings finden sich in den weiteren Ergebnissen von QLIF sehr wohl Hinweise auf höhere Vitamingehalte in ▸Biolebensmitteln. So wurden etwa um 30 % erhöhte Vitamin-C-Werte in Bioweißkohl und Bio-Orangen ermittelt

und ein um 30–90 % höherer Provitamin-A- und Vitamin-E-Gehalt in Biomilch aus Weidehaltung gemessen.
Die Forscher halten sowohl die spezifische Pflanzenanbaumethode als auch die Tierhaltung bzw. das Futter für ausschlaggebend – so verzichtet Bio auf übermäßige Stickstoff-Düngerei und Pestizid-Einsatz. Beides scheint den Vitamin-C-Gehalt positiv zu beeinflussen, sodass je nach Produkt bei Bio mal nur wenig, mal deutlich mehr Vitamin C gefunden wurde.
Waren Produktionsbedingungen aber ähnlich wie bei Bio, fraßen etwa konventionelle Kühe mit Weideauslauf im Sommer Gras und im Winter Heu, zeigten Tests der Universität Bern, dass Biomilch nicht besser war – wobei alle anderen Bio-Kriterien unter den Labortisch fielen.
Besonders streng wurden im Projekt „Qualitätsanalyse kritischer Kontrollpunkte" Biofertigprodukte wie Möhrenbrei untersucht. Ausschlaggebend für die Qualität der ▸Babynahrung war demnach v. a., ob die ▸Möhren ▸frisch oder ▸tiefgekühlt verarbeitet wurden. Nicht nur bei Antioxidantien bzw. Vitaminen schnitt der Brei aus tiefgekühlter Rohware deutlich schlechter ab als der aus frischen Biomöhren.
Was wiederum zeigt, dass der Genuss frischer Lebensmittel den Vitaminbedarf am besten deckt und dieser laut Nationaler Verzehrstudie bei „normaler Ernährung" auch ausreichend ist. Jedoch: Nur in vollreif geernteten Früchten, wie es **bei Bio üblich** ist, sind Vitamine und Mineralstoffe schon vollkommen ausgebildet.
Zu lange Transport- oder Lagerzeiten sowie hohe Lagertemperaturen, lange

Vitamine: Sie sind wahre Lebenswichtigtuer, sehr natürlich versteckt in Obst und Gemüse oder natürlich ganz „unnatürlich" hoch konzentriert in Hefen oder allerlei Extrakten

Volldeklaration: Die Biobranche braucht und nutzt den Etikettenplatz für die angestrebten lückenlosen Hinweise auf Inhaltsstoffe sowie einzelne Zutaten

Garzeiten zumal führen zu deutlichen Vitaminverlusten. Deshalb sollte ▸regional erzeugtes Obst und Gemüse der ▸Saison erste Wahl sein, das eben nur kurz aufbewahrt und dann vitaminschonend gegart wird (▸Garmethoden).
Und doch: Jeder dritte Deutsche nimmt stattdessen Vitaminpillen als ▸Nahrungsergänzungsmittel. Dabei warnen Ärzte vor Gläubigkeit bei künstlichen Präparaten und vor Nebenwirkungen von Vitamintabletten, deren Überdosierung oder von angereichertem (konventionellem) ▸Superfood. Noch sei der Wirkmechanismus nicht voll erklärt. Bei natürlichen Vitaminen im Übermaß aber besteht keine Gefahr, selbst bei Maximalkonsum von „Vitaminbomben", seien es die bekannteren wie ▸Sanddorn und ▸Acerola oder die verkannten wie etwa ▸Kohl, ▸Paprika oder gar die ▸Kartoffel …

Volldeklaration

… also eine ▸Kennzeichnung, die nichts zu wünschen übrig lässt? Was selbstverständlich erscheinen mag, ist in der Praxis **leider nicht die Pflicht;** lange nicht alle im Lebensmittel enthaltenen ▸Zutaten müssen deklariert werden. Solche ▸Zusatzstoffe etwa, die „nicht mehr technologisch wirksam" sind, treten nicht in Erscheinung. So gelangen ▸Konservierungsstoffe aus Fruchtzubereitungen in den Joghurt, ▸Stabilisatoren ins rohe Brät für ▸Wurst, Alkohol zum Lösen und Konservieren gerät in den Kuchen, undeklariert und damit nicht identifizierbar.
Dass es auch ganz anders geht, zeigen die Mitglieder des BNN

voll deklariert: Was hinter dem Etikettbegriff „Gewürzmischung" steckt, erfahren Allergiker nur bei Bio en détail

kodex
Die Selbstverpflichtung der Naturkost-Branche.

(Bundesverband Naturkost Naturwaren). Abgrenzend zu den im konventionellen Handel vertriebenen Bio-Sortimenten verpflichteten sich die BNN-Hersteller und -Händler schon 2004, ausnahmslos alle Zutaten und Verarbeitungshilfsstoffe zu kennzeichnen und vollziehen damit die Kür – **im ▸Bioladen**.
Während laut ▸EG-Öko-Verordnung solche Sammelbezeichnungen wie „Pflanzliche Fette" oder „Tierische Fette" ausreichen, werden hier die Einzelbezeichnungen benannt, also Palmöl, Kokosfett, Schweineschmalz o. Ä. Befindet das Lebensmittelrecht, dass die Einzelzutaten von zusammengesetzten Erzeugnissen bei Anteilen von unter 2 % nicht auftauchen müssen, geben BNN-Unternehmen grundsätzlich alle Zutaten in Volldeklaration an. Und wo kombinierte Zutaten unter sog. Klassennamen zusammengefasst werden, etwa nur von „Gewürzmischung" die Rede ist, benennen BNN-Hersteller sämtliche Zutaten einzeln. Und so haben dann auch Allergiker voll den Durchblick.

Vollkorn

Inbegriff des Ganzkorns samt seiner Außenhaut (der Kleie), aber ohne Grannen und Spelzen, und damit körnerkernig greifbare Vorstellung von **Naturbelassenheit**.
Tatsächlich schlummern im kompletten Korn alle Stoffe und Kräfte, mit deren Hilfe sich eigentlich der innere Keimling mal auswachsen soll: ▸Mineralstoffe (Magnesium, Eisen, Calcium, Kalium, Zink und Kupfer), ▸Vitamine (B-Komplex), dazu schützende ▸Antioxidantien und allerlei

Phytonährstoffe sowie mehrfach ungesättigte ▸Fettsäuren. Energie-ergiebige Stärke und Eiweiß stecken v. a. im innersten Mehlkörper (dem sog. Endosperm). Wird diese volle Ballung auf engstem Raum vermahlen, errieselt dann **Vollkornschrot** oder das echte Vollkornmehl; steht auf der Verpackung „zusammengesetzt", handelt es sich um Mehle verschiedener Chargen, die neu gemischt wurden.
Bio-Vollkornprodukte sind die Klassiker, ob als echtes Vollkornbrötchen und eben nicht nur körnerbeklebt, als Vollkornbrot, -kekse, -teigwaren oder -reis.

Denn „Vollkorn" gehörte zu den ersten und gewichtigsten Schlagworten aller Aktivisten der sog. ▸Lebensreform, ihre sauerteigigen Vollkornbrote wurden bald Kult. Berühmt ist seit 1829 das so naturköstliche Grahambrot des US-Arztes Sylvester Graham. Es wird bis heute als Weizenvollkorn- oder als Weizenschrotbrot gebacken.
Was sich immer so ganzkornvoll und gesund nennt, darf allerdings bei konventioneller Ware einen Vollkorn-Anteil von nur 90 % haben – der Rest besteht dann meist aus kleberreichem Weißmehl, das die Verarbeitung erleichtert. Die meisten ökologischen ▸Anbauverbände aber schreiben einen **100%igen Vollkorngehalt** vor! Hier muss besondere Sorgfalt bei der Teigführung walten. Dafür hat das echte Bio-Vollkornbrot dann auch den sauerteigig urtümlichen „rohen" Geschmack, den viele Nachahmungen vermissen lassen.
Der gesunde Ruf von Vollkorn ist voll berechtigt, denn gesund daran ist neben all den guten Inhaltsstoffen des Korns auch das unvermeidlich Unverdauliche, die Ballaststoffe. Sie veranstalten jene Parade der Nährstoffe entlang der begierigen Rezeptoren jenseits des Magens, um es mal dezenter auszumalen. Die einst in Verruf geratene **Phytinsäure**, die Mineralstoffe binden und damit für uns wertlos machen kann, wird allein schon durch die bei Bio übliche Sauerteigführung unwirksam.
Und so sind die gesundheitlichen Wirkungen von Vollkorn mittlerweile unumstritten – wobei öfter **gewaltigste Erfolgsraten** zitiert werden: Senkung des Krebsrisikos bis zu 33 % bei allen regelmäßigen Essern oder Risikominderung von 31–38 % bei den Herz-Kreislauf-Erkrankungen und Diabetes mellitus Typ 2. Sogar ein Zusammenhang mit einer Senkung der Mortalitätsrate (um bis zu 15 %) wurde diskutiert. Möge da ein Vollkörnchen Wahrheit dran sein!

vollwertig

Im Grimmschen Wörterbuch wird das schöne Wort „vollwerthig" klar definiert als „den ganzen zu erwartenden werth habend".
Wenn es nur so wäre bei unserer Nahrung! Seit Ende des 19. Jahrhunderts kämpften die Bewegten der ▸Lebensreform und die Anhänger der ▸Naturkost darum, weil die frühe Lebensmittelindustrie allzusehr zu tricksen und zu fälschen begann. Jenes aus viel Misstrauen geborene Ideal der Naturbelassen-

Vollkorn: Was die Ähre hergab und dann im Ganzen verarbeitet wurde, macht auch ganz ballaststoffreich ein echtes Vollkornprodukt aus

vollwertig: Alter Begriff mit neuem Sinn von Nachhaltigkeit, Bio, geringster Verarbeitung und höchstem Nährwert – wie bei Birchers Müsli-Klassiker

heit führte seitdem immer mehr Ernährungsaktivisten geradewegs in die Überzeugung von ▸Vegetarismus oder gar strengerem ▸Veganismus, wenigstens aber zum Grundprinzip: Nur wenig Tierisches, am liebsten kaum Verarbeitetes. Wertvoll war nun der Vollwert frischer, weitestgehend **unbehandelter Naturprodukte**. Ess- und Genießbares „mit Vollwert" hat so gesehen bis heute einen ideologischen Beigeschmack aus der Zeit noch eher unbeweisbarer Glaubenskämpfe um Nährstoffe und ihre Wirkung. Zugleich aber ist der Inbegriff längst realer Maßstab für inhaltlich optimale ▸Lebensmittel.

Anhänger der reinen Lehre gibt es kaum noch, zumal der deutsche Begründer des Vollwertkost-Konzepts Werner Kollath (1892–1970) und sein wichtigster Propagandist Max-Otto Bruker (1909–2001) über viele Erkenntnisse der modernen Ernährungsforschung noch nicht verfügten (und ihnen **Ideologisches** teilweise ins Völkische entglitt). Nach Kollaths Theorie (von 1942) enthält Vollwertkost „alles, was der Organismus zu seiner Erhaltung und zur Erhaltung der Art benötigt". Kollath teilte die Lebensmittel in insgesamt sechs Wertstufen ein. Als Maßstab galt: Je weniger be- und verarbeitet, desto wertvoller. Pflanzliche Nahrung stand für ihn dabei prinzipiell höher als tierische, ▸Rohkost höher als alles Gegarte.

vollwertig: Im Idealfall heißt es naturbelassen und damit inhaltsreich – was auch für Bequemeres gelten kann und immer noch das Grahambrot adelt

Insofern folgte Kollath dem eigentlichen Pionier des Vollwertes, dem Schweizer Arzt **Max Bircher-Benner** (1867–1939). Das Bircher-Müsli gilt bis heute als ideal, weil es tatsächlich alle wichtigen Nährstoffe in ausreichendem Maß enthalten soll.

In Anlehnung an Kollaths Vollwertkost propagiert die DGE *(Deutsche Gesellschaft für Ernährung)* eine Ernährung, die „alle notwendigen Nährstoffe in ausreichender Menge, im richtigen Verhältnis und in der optimalen Form enthält". Fleisch und v.a. Fett nur in Maßen, den Schwerpunkt bilden Getreideprodukte, Hülsenfrüchte, Gemüse und Obst – als **Rohkost** besonders.

Das heute anerkannteste Vollwert-Konzept stammt vom Ernährungswissenschaftler Claus Leitzmann und seinen Kollegen von der Universität Gießen. Ihre „Gießener Formel" gilt besonders für Bio-Bewegte als Maßstab, denn: „Vollwert-Ernährung ist eine überwiegend pflanzliche Ernährungsweise, bei der gering verarbeitete Lebensmittel bevorzugt werden." Über die anderen Konzepte weit hinausgehend werden ausdrücklich im Sinne der ▸Nachhaltigkeit auch die Umwelt-, Wirtschafts- und Sozialverträglichkeit berücksichtigt und unter dem Schlagwort **„Ernährungsökologie"** zusammengefasst. Hierfür kommen in erster Linie ▸Biolebensmittel sowie wenig verarbeitete Produkte der ▸Region und je nach ▸Saison infrage.

Und da schließt sich der Kreis, denn unter den ▸Biokonsumenten sind drei Mal so viele Vollwertler wie unter allen Konventionellessern!

Vorzugsmilch: Alter Name für allerfrischestes Gemelk, wie es einst vom Milchmädchen noch in die Haushalte gebracht oder gar balanciert wurde

Vorzugsmilch

Rar gewordenes Frischmelkprodukt, noch rarer direkt vom Tier, also kuheuterwarm. Immerhin ist sie noch hier und da gekühlt und unbehandelt nur 1 Tag alt zu kaufen. Die wenigsten kennen den vollmundig, fettgehaltvollen **Urgeschmack** von Gemelk, denn handelsübliche ▸Milch wird zur Keimreduzierung obligat hitzebehandelt sowie homogenisiert und hat so ihren standardisierten, meist reduzierten Fettgehalt.

Mit dem etwas altmodischen Namen ist die Vorzugsmilch als ▸Rohmilch von ausgewählten Kühen der Ablieferung an die Molkerei vorgezogen bzw. ihr entzogen und somit gänzlich unbehandelt. Sie ist auf dem Hof verarbeitet, also lediglich filtriert und gekühlt abgepackt.

Betriebe mit Vorzugsmilch sind längst selten; in Deutschland gab es 2013 **nur noch rund 40**. Sie müssen sich strengen Hygieneauflagen und regelmäßigen Kontrollen unterwerfen. Vorzugsmilch, ob mit oder ohne ▸Bio-Siegel, ist u. a. deshalb so teuer. Insbesondere der mikrobakteriellen Belastung wird Aufmerksamkeit gezollt: Erzeugerbetriebe müssen von den Veterinärbehörden einzeln zugelassen sein, die separat gehaltenen Vorzugskühe werden allmonatlich untersucht, deren Milch und jedes Tier noch auf dem Hof labortechnisch geprüft. Kontrolliert werden auch Personalgesundheit und **Hofhygiene**.

Denn klar ist, dass ▸Keime der Vorzugsmilch den Vorzug geben, das Naturprodukt könnte eine Reihe von Erregern transportieren: Bakterien wie ▸EHEC, Campylobakter, ▸Salmonellen und ▸Listerien, die bei Risikogruppen wie Schwangeren, Kindern, Geschwächten oder Kranken ernsthafte Erkrankungen auslösen können. Das BfR *(Bundesinstitut für Risikobewertung)* rät deshalb dringend dazu, Vorzugsmilch im Zweifelsfall denn doch abzukochen.

Tipp: Bezugsquellen dazu verrät der BVDM *(Bundesverband der Vorzugsmilcherzeuger und Direktvermarkter von Milch und Milchprodukten)*; Näheres unter www.milch-und-mehr.de.

W wie Wein: Von der Wurzel bis zum Fass ein hochempfindliches Geschenk der Natur, das auch Biowinzer nicht ohne große Mühe annehmen

W

Wachs

Reichlich weichlicher Fettverwandter mit temperaturabhängiger Schmiegsam- oder Zerrinnbarkeit, was äußerlich gern ausgenutzt wird. Sind Äpfel, Melonen, Papayas oder Zitrusfrüchte schimmerschön, hatte mitunter zwar Mutter Natur diese glänzende Überzugs-Idee gegen Beschädigung und als Schutz vor Austrocknung – allzu auffälliger Glanz aber lässt vermuten: Hier wurde **nachgewachst**. Besonders bei Äpfeln helfen konventionelle Erzeuger gern nach, um ihr Beschaltes länger haltbar zu machen und ihm zu schicker ▸Schale zu verhelfen.

Biobauern ist derartig unnatürliches Nachwachsen weltweit nicht erlaubt, in Deutschland dürfen selbst konventionell angebaute Äpfel nie gewachst werden! Bei ▸Importware allerdings ist diese Oberflächlichkeit geduldet, solange die ▸Kennzeichnung stimmt. Bei ▸Zitrusfrüchten aber mischen konventionell arbeitende Betriebe ihrem Wachs gegen ▸Schimmelpilze zu gerne ▸Konservierungsstoffe bzw. Fungizide bei – werden Zitrone & Co also nicht als ▸unbehandelt verkauft, kann das gut klingende „gewachst" auch „überbehandelt" meinen.

Die saubere Alternative sind deshalb **Bio-Zitrusfrüchte**. Ihre Schalen werden nur durch Waschen staub- und schmutzfrei und müssen mit dem Schutz der natürlichen Wachsschicht auskommen. Wenn Bio-Orangen zuweilen stumpfer wirken, ist dies also eher ein Qualitätsbeweis!

Als Dünnstschicht dienen Wachse überdies als **Trennmittel**, sie umkleiden etwa als Feinfilm ▸Gummibärchen & Co. Die Hersteller sind so erst dem Problem der Rudelbildung in der Tüte durch Wachsen gewachsen.

Das wächserne Lipidöse gehört in allerlei Formen zu den offiziellen ▸Zusatzstoffen der EU, erkennbar an den ▸E-Nummern von E 901 (für Bienenwachs) bis E 914 (Polyethylenwachsoxidate); damit gilt ihre Unbedenklichkeit amtlich als gesichert.

Experten betonen da jedoch, dass selbst das unverdächtig klingende und natürliche Bienenwachs ein allergenes Potenzial bergen kann, sofern es aus konventioneller Imkerei stammt – hier können sich nämlich ▸Tierarzneimittel aus der Zucht anreichern. Laut ▸EG-Öko-Verordnung ist daher bei ▸Biolebensmitteln ausschließlich ökologisch erzeugtes Bienenwachs zugelassen, außerdem das natürliche Carnaubawachs (E 903) – beides gilt als (produktäußerlicher) „Verarbeitungshilfsstoff" und nicht als (produktinnerlicher) Zusatzstoff, kann also offiziell nicht „zu einem Bestandteil des Lebensmittels werden".

Wachs: Ganz natürliche Schutzschicht, an der viel abperlt – und natürlich gern mal unnatürlich künstlich verstärkt

Wakame

Wohl die beliebteste Braunalgen-Art *Undaria pinnatifida*, die mit dunkelgrünen, kammartigen Tangblättern das pure **Meeresgemüse** ist und aus ▸Wildsammlung perfekt bio wäre – wenn denn das Küstengewässer des Erntegebietes nicht mit Fremdstoffen (v. a. ▸Schwermetallen) kontaminiert ist (▸Algen).

Wakame (sprich: Wakamé) gedieh traditionell insbesondere vor Ostasiens Küsten und wurde erst später für Gourmetzwecke gezielt vor die Normandie verpflanzt. Weil die sehr anpassungsfähige „Wucheralge" im Ballastwasser von Frachtschiffen in immer neue Lebensräume gelangte, wird sie inzwischen besonders vor Australiens Küsten verflucht. In der

Wakame: Riesenblättertang in Kleinstportionen, überaus quellfähig und mit pikantem Aroma von Meer und ein wenig Auster

Wakame: Frischer Meerestang aus Wildsammlung wird so luftgetrocknet und streifenfein verkauft, um erst in der Küche rehydriert zu werden

Bretagne und vor der Atlantikküste Galiziens aber entstanden einige ökologisch betriebene Wakame-Farmen. In denen wird von der Aussaat (nämlich Beimpfung der speziellen Netze) bis zur Ernte (maschinell und sogar noch sorgfältig von Taucherhand) nachhaltig für die einheimische Flora und Fauna gewirtschaftet. Seitdem gibt es mit Salz haltbar gemachte frischeste Bio-Wakame, wenn auch bei uns ausschließlich die getrocknete Variante zu haben ist. Die quillt beim Rehydrieren sehr stark auf – darum stets etwas kleiner stückeln und in Maßen portionieren!

Japans Delikatess-Alge war schon immer **sehr gesunde Rohkost** und ist in Europa seit Makrobiotik-Zeiten v. a. als „Mekabu" populär, als dickerer, geschmacks- wie inhaltsstoffreicherer unterer Stamm also. Tatsächlich gibt es über den „Spinat aus dem Meer" viel Gutes zu sagen: Wakame schmeckt blattbreit oder streifenfein delikat, aromatisch angenehm und interessant, leicht meerig, erinnert sogar ein wenig an Austern.

Das Meeresgemüse enthält natürliche **Glutaminsäure**, weshalb Wakame Salate, Miso-Suppe, Pasta oder Reisgerichte noch geschmacksintensiver macht, ohne mit dem China-Restaurant-Syndrom à la ▸Glutamat zu bestrafen.

Hinzu kommt: Der Riesenblättertang hat praktisch null Kalorien. Kein Wunder, dass sich die ▸Aquakultur dieser Braunalge weltweit allein von 2002 bis 2010 vervierfachte – Fortsetzung folgt …

Nota bene: Zwar schwankt der Jodgehalt von Algen stark (daher oft die warnenden Aufdrucke nach EU-Vorschrift), Wakame zählt jedoch zu den Arten mit relativ geringer Jodbindung. Als Faustregel gilt: etwa 1 g getrocknete Wakame täglich.

Waldmeister: Er duftet erst nach Zellzerstörung gerieben, gealtert oder einfach mal schockgefroren, und aromatisiert bionatürlich eben ganz anders als per Kunstaroma

Waldmeister

Unverwechselbarer Aromenlieferant aus ▸Wildsammlung in durchkrauteten, lichten, aber Schatten spendenden Buchen- und Laubmischwäldern – allerdings weisen Experten darauf hin, dass das Pflücken nur dort unbedenklich ist, wo das ▸Wildkraut nicht mit Umweltgiften wie Abgasen oder Chemikalien belastet sein kann. Ungeübten Sammlern sei wegen der **Verwechslungsgefahr** mit Giftigem empfohlen, einfach einige Blätter zu zerreiben. Denn nichts riecht eben so wie Waldmeister! Am ungefährlichsten ist die Ernte von der Fensterbank bzw. aus dem eigenen Garten. Waldmeister-Pflanzen und -Samen sind längst auch aus ökologischer Erzeugung zu haben.

Das sog. **Maikraut** *Galium odoratum* (wörtl. „wohlduftendes Labkraut") sollte vor der Blüte, also von Mitte April bis Mitte Mai, als längerer Stängel mitsamt seinen oberen Blatt-Etagen gepflückt werden.

Durch Anwelken erst entfalten die länglichen Blätter ihr typisch sattsüßliches Aroma, da nur die Zellstörung den Duftstoff auch freisetzt; beschleunigen ließe sich das durch Kurz-Einfrieren. Die Stängel liefern eher Bitteres und gehören daher lieber

Walnüsse: Sind sie derart makellos rein, können sie kaum bio sein – ansonsten aber sind sie unnachahmlich für allerlei nussig-naschige Aromenkombinationen

nicht in Getränke wie Mai-Bowle, Tee oder „Berliner Weiße“ mit grünem Schuss. Meisters **Waldaroma** charakterisiert aber auch Götterspeise oder Eis, interessante Kräuterweine gelingen durch Einlegen der Blüten. Mit Waldmeister lassen sich auch Speiseöle (4–5 Tage) oder Essige (14 Tage) pikant aromatisieren, für verblüffende Effekte an Obst oder zu ▶Ziegenkäse, in Salaten oder Marinaden.

Obacht: Waldmeister enthält ▶Cumarin, zu viel davon kann Kopfschmerzen machen; mehr als 3 g der Effektblätter sollten daher in keinem Liter Flüssigkeit enthalten sein.

Walnüsse

Ihre Urgesundheit ist längst erwiesen, ihre Herkunft aus Asien auch – neu ist nur die Erkenntnis, dass es botanisch eben doch **echte Nüsse** sind, keine „Steinfrüchte“. Walnüsse stammen von mind. 10–20 Jahre alten Bäumen. Dieser *Juglans regia* kann als „Gemeine Walnuss“ 200–300 Jahre alt werden und pro Jahr 150 kg grüne Früchte abwerfen. In Deutschland war *Juglans regia* 2008 der „Baum des Jahres“, wegen Gefährdung durch Übernutzung und wenig Nachpflanzung – in der Schweiz läuft seit 2010 eine Bio-Kampagne zur Wiederaufforstung. Die Erntezeit liegt im September und im Oktober; dass nicht alle Früchte gleichzeitig reifen, macht das Sammeln entsprechend aufwendig.

Weltweit fällt eine derartige Menge Walnüsse aus konventionellem Anbau an, dass lange Zeit nicht viel nachgedacht wurde über Chemieeinsatz, die Schwefellaugenbleichung und eine Lagerung mit ▶Begasung durch Methylbromid oder Phosphorsäureester. **Bio-Walnüsse** aber werden chemiefrei angebaut und für schimmelfreie Lagerung und gegen Schädlinge nur druckentwest, also in einem chemiefreien (und teureren) Verfahren mit Kohlendioxid behandelt. Sie bleiben ungebleicht, werden eben nur mechanisch gereinigt und kommen also dunkler bzw. fleckiger in den Handel. Wie auch bei konventionell angebauten Walnüssen sind regelmäßige Kontrollen der Kerne auf ▶**Aflatoxin** bei Bio so unerlässlich wie erfolgreich: Im Vergleich zu anderen ▶Nüssen ist das Schimmelpilz-Risiko eher gering.

Mit ihren 14 % Eiweiß und dem nussigen Höchstwert von 42 g/100 g an

Walnussöl: Kaltgepresst Feinschmeckers wohl wertvollste Salatzugabe und zum alsbaldigen Verbrauch, weil fettreich und nicht besonders lange haltbar

Wasser knapp: Segensreiche Pumpanlage für Trinkwasser dort, wo es wertvolles Gut ist – einer der segenbringenden Mehrwerte, die Fairtrade schafft

mehrfach ungesättigten ▸Fettsäuren (nur in fetteren Seefischen stecken mehr) haben sich Walnüsse den Titel **„Fleisch der Vegetarier“** (besser wäre „Fleischersatz“) wahrlich verdient und gelten als förderlich für Herz und Kreislauf. 2011 zeigte eine US-Studie, dass *walnuts* zum Hinauszögern und sogar Abmildern von Alzheimer führen können, dank der reichlich vorhandenen ▸Flavonoide und ▸Polyphenole (▸Antioxidantien).

Wasser reichlich: Unwirtschaftliche Verschwendung durch Zuviel und Verdunstung – moderner wäre unterirdische oder sog. Tröpfchenbewässerung

Walnüsse sind ein knackbarer Genuss und eine vielseitige Zutat in globalen Küchen. Franzosen wie Spanier lieben Walnuss-Suppe und walnussige Saucen, sogar verfeinert mit etwas Knoblauch. Frankreich ist auch Hauptlieferant des wertvollen **Walnussöls**, das die Ehre hat, der gourmethaftesten Aromatisierung von Salaten vorbehalten zu bleiben. Weil es so fettreich ist, hält es sich jedoch nicht allzu lange. In Bioqualität ist das teure, blass- bis hellgelbe Öl stets ▸kaltgepresst und nicht durch chemische Extraktion in die Flaschen getrickst (▸Nussöle).

Wasser

Nie war der Ausdruck „kostbares Nass“ wahrer als heute, wo laut WHO mehr als 1 Mrd. Menschen ohne sauberes Trinkwasser leben und selbst in wasserreinen und -reichen Gegenden ein Umdenken beginnt. Unser Trink- wurde zum Problem- als Verarbeitungswasser. Pessimisten sehen **Wasserkriege** voraus, Experten warnen vor Folgen für die ▸Welternährung durch mieses Management, ille-

GLOBALER WATER FOOTPRINT (PRO KG)

Rindfleisch	15 500 l
Käse	5 000 l
Schweinefleisch	4 800 l
Eier	3 300 l
Sojabohnen	1 800 l
Getreide/Brot	1 300 l
Kartoffeln	900 l
Äpfel	700 l

Quelle.: UNESCO-IHE Institute for Water Education

gale Nutzung, ungerechte Verteilung. Denn Wasser macht in erster Linie Ver- bzw. Gebrauchsprobleme, aufgerechnet in den Kategorien Blau, Grün und Grau: als sog. **virtuelles Wasser**, Wasser-Fußabdruck bzw. Water Footprint (vgl. ▸Carbon Footprint). In den oft umstrittenen, weil z. T. zu pauschalen Rechnungen steckt viel

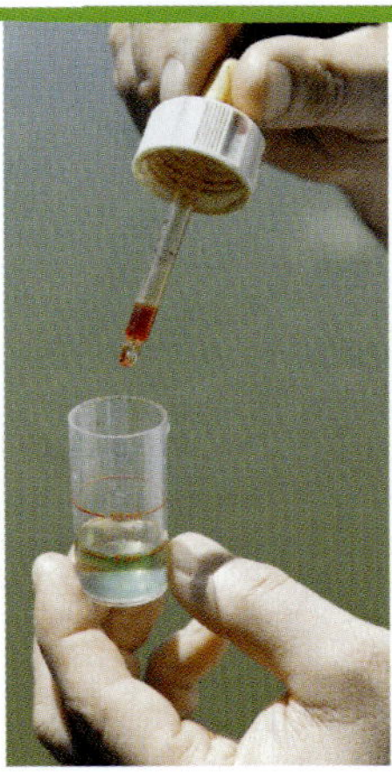

Idealismus als Anstoß zum Umdenken – und **reichlich Sprengstoff**. So machen Nahrungsmittel und andere landwirtschaftliche Produkte mit in etwa 85 % global den größten Anteil am jährlichen Water Footprint von 7 450 Mrd. m^3 aus. Bis zu 70 % allen verbrauchten Wassers fällt schon bei der Rohstoffproduktion in der Landwirtschaft an, etwa 20 % beim ▸Food Processing und rund 10 % in den Haushalten selbst.

Als **blaues Wasser** wird dabei das Nass bezeichnet, das allüberall als Oberflächen- und Grundwasser vorkommt. Bilanziert wird, wie viel davon bei Produktionsprozessen verloren geht, ob bei der Herstellung von ▸Pflanzenschutzmitteln oder Dünger, der Bewässerung von Nahrungs- und Futterpflanzen, in der Tränke, bei Reinigung oder im Verkaufsverlauf. Dazu kommt das **grüne Wasser**: Niederschläge, die bestenfalls im Boden gespeichert werden und damit produktiv zum Wachstum von Pflanzen beitragen können. Allerdings verdunstet ein großer Teil dieser wahren Massen, die laut Weltagrarbericht 55–80 % des global anfallenden Wassers ausmachen, je nach Weltregion und Walddichte.

Zu diesem verbrauchten bzw. nutzbar gemachten Wasser kommt als immer wichtiger werdender Aspekt der Verschmutzungsgrad des Brauchwassers. Denn **graues Wasser** meint die Menge an Frischwasser, die zum Verdünnen des während des Herstellungsprozesses verschmutzten (blauen) Wassers nötig ist, um einen „Reinheitsgrad" zu erreichen, der z. B. eine Weiterverwendung erlaubt.

Im Fokus standen bislang v. a. das blaue und grüne Wasser, weil zur (nicht unvermeidbaren) Verdunstung nicht selten ja noch ▸Verschwendung hinzukommt und die **Verknappung** global gefährliche Folgen haben kann. Beim Verteilungskampf ziehen in „Dritte-Welt"-Ländern Kleinbauern zu oft den Kürzeren gegenüber den mächtigen Betreibern monokultureller Riesenpflanzungen – allein 1 m^2 Bananenplantage soll 1 000 l verbrauchen! Solch gigantische Zahlen (wie auch im Kasten links) werden verständlicher, wenn man bedenkt, dass oft nur 40 % des eingesetzten Wassers den Pflanzen überhaupt zugutekommen. Der Rest geht v. a. durch Verdunstung, Versickerung und das Auswaschen von Salzen verloren. **Sparsame Techniken** wie die Tröpfchenbewässerung sind noch lange nicht Usus; nicht nachhaltig bearbeitete oder von Erosion bedrohte Böden können das heruntergeregnete grüne Wasser zudem einfach nicht intensiv genug speichern. Auch **in der Biobranche** gibt es diese Wasserproblematik – nur eher mit Ansätzen zur Lösung. Zwar schreibt die ▸EG-Öko-Verordnung nur generell vor, natürliche Ressourcen wie Wasser seien „verantwortungsvoll zu nutzen" – genau das wird aber in praxi auch versucht. Erste Bilanzen von einzelnen Bioprodukten

Wasser: Unabdingbarste und doch meistverschmutzte Ressource, aber diese Erkenntnis reift vorerst nur tröpfchenweise

Wasserfrevel: PETA-Demo gegen zu viel virtuelles Wasser, das bei der Produktion von Fleisch in Massen den Bach runtergeht ...

Wasserlinsen: In sauberen Gewässern kleine und auch leckere Schwimmblättchen, etwa als Spinat mit dem uralten Namen Entengrütze

lassen nun vermuten, dass der ▶ökologische Landbau v. a. da punktet, wo die Herstellung am wasserintensivsten ist: bei den tierischen Produkten. Das liegt in hohem Maße am Verzicht auf (u. a.) grundwasserverseuchende ▶Massentierhaltung, aber auch am erheblich geringeren Import wasserintensiv erzeugter ▶Futtermittel wie Sojaschrot. So wird Gewässerschutz betrieben sowie **der globale Wasserhaushalt** geschont.

Beim grünen Wasser sind es außerdem die verbesserten Bio-Böden, die viel einsparen. Sie haben dank der ausgeprägteren Humusschicht eine erhöhte Haltefähigkeit, sodass weniger Wasser verdunstet. Der sparsame Einsatz von ▶Tierarzneimitteln und der Verzicht auf synthetische ▶Pestizide sowie ▶Düngemittel sorgt außerdem dafür, dass die Grauwasserbelastung **erheblich geringer** ausfällt als im konventionellen Landbau. Denn Gewässer und Grundwasser müssen spürbar weniger „Einträge" verkraften; beim ausgewaschenen ▶Nitrat etwa sind es 40–64 %. Viele Wasserwerke wünschen sich daher ausdrücklich die Förderung des ökologischen Landbaus in ihren Wassereinzugsgebieten.

Wasserlinsen

Wäre der Zustand der meisten Binnengewässer nicht so verheerend, hätten wir allenthalben auf sauberen Seen einen gedeckten Oberflächen-Tisch. Schlürfend würden wir dahinschwimmend satt und äßen sie ohne Hemmungen: **Entengrütze**. So verachtungsvoll wurde sie getauft, die Kleine Wasserlinse oder *Lemna minor*. Offensichtlich zu irritierend überzieht sie mit ihren schwimmenden Wurzeln stehende, nährstoffreiche Gewässer und begrünt sie dicht an dicht wie mit einem Teppich.

Von Umweltkennern werden Wasserlinsen von Frühjahr an bis in den Sommer auf unverdächtigen Gewässern furchtlos (mit Küchensieb oder Kescher) erfischt. Die rosettenförmigen grünen Miniblättchen (daher der „Linsen"-Name) sind zuhauf ein mildes spinatiges Gemüse und geschmacklich ein raffinierter Zartsalat, der frisch und eben sehr „grün" schmeckt. In Thailand und Laos sind die kugeligeren Zwergwasserlinsen als **„Wassereier"** kulinarisch geachtet – die neue Regionalküche hätte hier also etwas zu entdecken.

Solch „grüne Grütze" hat es sogar in sich: Das Eiweißspektrum kommt mit 43 % im Trockengewicht tierischem Protein so nah, dass inzwischen industrielle Versuche dahin gehen, diese Grützelei der Enten auch wasserscheueren Landtieren zu gönnen. Nun wird die **Chlorophyll-Mahlzeit** in großem Stil in Bassins als eiweißreiches Viehfutter produziert. Hilfreich ist, dass sich die Wasserpflanze mit den kleinsten Blüten der Welt so rasant schnell durch Teilung und Tochtersprossen vermehrt. In einigen warmen Ländern laufen sie schon, diese Wasserlinsen-Farmen zur Futtermittelproduktion, die vergleichsweise nur 1/5 der Mais- und 1/10 der Soja-Anbaufläche brauchen. Andernorts helfen die guten Nährstoffverwerter schon in begrünten Kläranlagen, wo sie nicht nur viel Stickstoff und Mineralien, sondern auch viel „Schmutz" binden – dann allerdings sind sie leider „verzehruntauglich" …

Weichmacher

Sie sind nachträglich gesehen die Härte, diese Phthalsäurediester, die in zahllosen Kunststoffen eingesetzt werden. Denn sie waren wegen ihrer teils hormonähnlichen, teils kanzerogenen und sogar entwicklungstoxischen Wirkung eine lange übersehene **Gefahr**. Weichmacher (zu 90 % sog. Phthalate), die etwa das eigentlich spröde PVC geschmeidiger und elastischer machen, sind allüberall alltäglich in Gebrauch. Sie sind in der Nahrung, im Trinkwasser und sogar in der Luft enthalten – unsichtbar und nur spurenweise. Dabei ist ihre Substanz-Situation gefährlich instabil: Weichmacher verbinden sich nicht chemisch mit der Trägersubstanz, sondern lagern sich physikalisch zwischen deren Molekülen ein. Allein durch mechanische Beanspruchung, direkten Kontakt, aber auch durch Diffusion kann das Schleichgift über die Haut, Schleimhäute oder die Lunge in den Körper eindringen. Immerhin wurde 2011 der auch in Verpackungen gängige Stoff **Bisphenol A** für Babyflaschen verboten. In den Jahren 2005 und 2006 sorgten Weichmacher-Funde ausgerechnet in Biospeiseöl, Biowürzsaucen und sogar Biobabykost im Glas für Negativ-Schlagzeilen. Der Schadstoff war z. B. beim Transport über defekte Kunststoff-Schläuche in das Speiseöl gelangt und zwang die ▸Biobranche zu einer Reaktion – mit Erfolg. Die „Qualitätslücke" wurde geschlossen, der BNN *(Bundesverband Naturkost Naturwaren)* veröffentlichte neue Orientierungswerte und installierte 2007 ein Dokumentationssystem. Da zusätzlich jede einzelne Biospeiseöl-Charge untersucht werden muss, die in einen ▸Bioladen kommt, können Probleme nun bedeutend schneller identifiziert und fragliche Rohstoffe verbannt werden – jedenfalls im Fachhandel. Seitdem haben sich alarmierende Funde von „migrierten" Weichmachern minimiert.

Dass es insgesamt weniger Weichmacher-Härtefälle gibt, liegt aber auch am fortschreitenden **Verzicht auf PVC** zugunsten neuer Kunststoffe – was auch konventionelle Hersteller beherzigen. Denn eines der verbreitetsten Probleme waren die Weichmacher im PVC von sog. Twist-off-Deckeln. Seit 2011 bietet immerhin ein Hersteller neue Deckel mit Dichtungen eines polymeren Kunststoffes an, der gänzlich ohne Weichmacher auskommt und noch dazu „migrationsärmer" ist. Erkennbar ist er an der blauen Dichtungsmasse – allerdings erst nach dem Öffnen …

Tipp: Am sichersten wäre es, Lebensmittel unverpackt zu kaufen und sie auch rasch zu verarbeiten, anstatt Reste in künstlich geweichter Plastikfolie oder weichlichen Gefäßen aus Kunststoff aufzubewahren. Ansonsten beim Einkauf immerhin auf Hinweise achten wie „frei von Weichmachern/Phthalaten". Und ob Plastikfolien (etwa für Fleisch) PVC enthalten, ist auf der Verpackung zudem an der **Ziffer „03"** ersichtlich!

Weichmacher: Gefährliche und ersetzbare Chemie in verformbarem Plastik, aus dem das Giftige bald in ein Lebensmittel „migrieren" kann

Weichmacherei: Ab Schnulleralter umgeben uns weich gemachte Kunststoffe, doch wenigstens das so verdächtige Bisphenol A ist nun verbannt aus Nuckelhilfen

Wein

Der alte Winzerspruch lautet: Der Wein wächst im Keller! Da erst wird trinkbar gemacht, was die ▶Weintrauben hergaben – gelobt seien Können und Tricks.

Einstweilen aber beginnt die Weinwerdung noch draußen, obwohl ein rein synthetischer Kunstwein aus Zuckerwassergärung und Aromen längst denkbar ist, der dann namentlich ohne „Wein"-Andeutung auskommen müsste und höchstens „Süffi" heißen dürfte.

Wein: Als altes Natur- ja nun ein Hightech-Produkt, beim Werden schon mit dem Computer gesteuert und im Reagenzglas weiterentwickelt – gv-Reben sind in Europa jedoch nicht zugelassen

Was dagegen im Weinberg oder auf dem Flachacker für aufwendige Handlese oder modernste Vollernter wächst, ist über Jahre und Jahrzehnte zur Monokultur geworden, mit allen Nachteilen, die eher einen höheren Chemie-Einsatz fordern. Den von ▶Kupfer etwa, als Gift gegen Pilzsporen. Nahezu alle Weinbergböden sind seit 1885 mit der Erfindung der **„Bordeaux-Brühe"**, einer Kupferkalkmixtur, schwermetallbelastet.

Mikroflora und -fauna sind durch den fungiziden Enzymblocker schwer geschädigt. Alternativen fehlen noch – immerhin begrenzt der ▶ökologische Landbau den Einsatz stärker, und zunehmend werden erfolgreiche **Piwis** *(pilzwiderstandsfähige Rebsorten)* entwickelt. Die gedeihen unbekupfert, konnten sich aber namentlich noch nicht etablieren. Kaum jemand kennt „Staufer", „Solaris" oder solch Züchternummern-Nomen wie „5er" oder „17er" … Doch Umdenken aus Bedenken findet statt. Aus dem normalen wurde ein eher nichtssagender „integrierter

Weinbau" mit Mindeststandards und vagem Minimierungsziel von Pflanzenschutz- und Düngemitteln (▶integrierter Anbau). In Deutschland wurde aus so viel Unverbindlichkeit wenigstens ein KWU *(kontrolliert umweltschonender Weinbau)*, der Bodenpflege, Begrünung, reduzierte Spritzerei und mehr Kontrollen vorsieht, aber noch lange nicht ökologisch ist. Dies garantiert seit 2012 der sog. Biologische bzw. Ökologische Weinbau nach der ▶EG-Öko-Verordnung, den eine ▶Öko-Kontrollstelle zertifiziert, auch wenn die Weingüter keinem der sechs Verbände mit ihren strengeren Regelungen angehören: ▶ECOVIN, ▶Naturland, ▶Bioland, ▶Demeter, ▶Biokreis, ▶Gäa.

Verbandswinzer vermosteten bereits vor Einführung des **offiziellen ▶Bioweins** durch die EU Wein aus ökologisch angebauten Trauben. Die sind bio eben durch weitestgehende natürliche Verbesserung der Bodenfruchtbarkeit, Begrünung, Beikrautregulierung, Umweltschonung und Verzicht auf düngende oder herumgiftende Chemie-Hilfen. Bio-Winzer haben einige Mehrarbeit; der (wenn auch reduzierte) Einsatz von Kupfer ist eines der umstrittensten Themen der engagierten Branche.

Immerhin stehen beim ökologischen oder sogar ▸biodynamischen Weinbau das Ziel einer natürlichen Balance im Ökosystem Weinberg und da eine standortangepasste Bodenpflege und Humusschonung stark im Vordergrund. Vielbeschworene ▸**Nachhaltigkeit** ist kein modisches Lippenbekenntnis, sondern ein kategorischer Imperativ. Die ökologische Individualpflege einer Lage ist immerhin so nutzbringend, dass für Weine aus solchen Öko-Oasen am Hang eben besonders der **Terroirgedanke** zu einem Marketing-Argument geworden ist.

Nachdem der lagebetonte Biowein nach privaten Verbandskriterien das ▸Bio-Siegel immerhin schon für seine ökologisch erzeugten Trauben tragen durfte, steht seit 2012 mit der EU-offiziösen Regelung zur Weiterverarbeitung auch der Begriff „Biowein" auf dem Etikett.

Neben Kupfer war es lange v. a. der Einsatz von ▸**Schwefel**, der eine Einigung verhindert hatte. Nun muss EU-Öko-Wein laut Kompromiss um 10–20% geringer geschwefelt sein als konventioneller. Biologischer Wein boomt – in Maßen jedenfalls, denn im konventionellen Einzelhandel ist er wenig vertreten. Immerhin wurden 2012 genau 7,6 % oder 7 400 ha der deutschen Rebfläche ökologisch bearbeitet; in ▸Österreich sind es beinahe 10 %.

Selbst wenn Weinproben mit gewiefteren Nosern ergaben, dass ein Bio-Wein **nie herausschmeckbar** war: Bio-Wein-Öffner scheinen mit dem Weingeistigen eher den Bio-Geist an sich zu goutieren – und das ist und das schmeckt gut so. Ähnlich erfreulich ist, dass ▸fair gehandelte Weine v. a. aus Südafrika, aber auch aus Südamerika oder Algerien zunehmend gefragt sind. Immerhin 11 % davon wurden 2012 auch ökologisch angebaut, und die Fairtrade-Prämie sichert Kleinerzeugern und Plantagenarbeitern die Existenz und verbessert Bildung wie Lebensstandard.

Nota bene: Wein ist wider Erwarten nicht immer ▸**vegan**, es sei denn, dies steht so auch auf dem Etikett. Denn traditionell dienen allerlei tierische Hilfsstoffe im Keller dazu, Wein zu schönen oder zu klären: Kasein, Eiklar oder ▸Gelatine etwa. Für

Weinlese: Bio-Weißweinreben werden sorgfältig abgeschnitten, um jetzt schon für chemiefreieren Wein gut genug zu sein – im Supermarkt aber fehlt eine größere Auswahl an Biowein noch

Wein: Von Fairtrade bis Bio und zurück – so kann der Traubentrunk auch grünem Gewissen schmecken

Weinbeere: In Kernen und Haut viele Antioxidantien, im Saft voller Zucker das reinste Mostversprechen

vegane Weine gelingt dies mit Tonmineralien, Kieselsäure, Aktivkohle. So lässt sich ganz ohne Tierorganisches auf Floralveredeltes anstoßen!

Weintrauben

Es dauert zu lange, ihre gereifte Weinwerdung oder gewiefte Trockenverfruchtung abzuwarten, sie schmecken ja schon „roh". Höchstens 15 % der globalen Ernte aber kommen obstig als sog. **Tafeltrauben** zu uns; mind. 80 % der Weintrauben werden für ▸Wein gekeltert, der entwässerte Rest darf zu ▸Rosinen schrumpeln.

Weinrebe: Eine von weltweit Tausenden süßen oder mal sauren Trauben, nur in Bio auch weniger belastet

Weintrauben enthalten viel namentlich zu erwartenden Traubenzucker, dazu kommen Kalium, Calcium, Magnesium sowie die Vitamine B und C. Die Weintrauben liefern außerdem viele ▸Antioxidantien, in roten Sorten etwa das **Resveratrol**, ein ▸sekundärer Pflanzenstoff, dem so herzlich positive Effekte nachgesagt werden; diskutiert wird überdies eine Wirksamkeit gegen Krebszellen.

Eine Untersuchung zeigte, dass rote Bio-Weintrauben sogar knapp 26 % mehr Resveratrol enthalten als konventionell erzeugte. Einen Grund dafür sehen Experten darin, dass die roten Bio-Reben in ihrer Widerständigkeit gestärkt und (wie auch in kühlem, feuchtem Klima) zum Resveratrol-Aufbau angeregt werden: Der **„Pilzdruck"** ist entsprechend hoch. Noch im roten ▸Biowein finden sich entsprechend erhöhte Werte.

Im konventionellen Weintrauben-Anbau geht es eben weniger um Pflanzenstärkung als um Pflanzenschutz – durch ▸Pestizide. Gegen allfällige Pilzkrankheiten, v. a. Falschen sowie Echten Mehltau, sollen chemisch-synthetische ▸Pflanzenschutzmittel helfen; mit dem Ergebnis, dass allzu oft mit ▸Rückständen **belastete Tafeltrauben** verkauft werden. Daher sollten Nicht-Bio-Reben sorgfältig mit warmem Wasser gewaschen werden! Denn immer wieder zeigen Untersuchungen deutliche Belastungen konventionell erzeugter Weintrauben. Rückstandsfreie Früchte sind eher die Ausnahmen, nur Bio-Trauben schneiden in Kontrolllaboren regelmäßig gut ab – 2012 waren sie nicht auffällig. Tests wurden zwar hier fündig, allerdings im Bereich von weniger als 0,01 mg/kg. Doch Mehrfachrückstände sind bei Bio kein Thema, während sog. normale Trauben in mind. 2/3 aller Kontrollfälle solche **Wirkstoff-Cocktails** enthielten.

Allerdings ist die Arbeit der ▸Biobauern ohne Giftspritze aufwendiger: Sie müssen den Reben genug „Belüftung" gönnen, sie sorgfältig vor zu viel Feuchtigkeit schützen (etwa durch Tröpfchenbewässerung oder Folienabdeckung), müssen befallene Weintrauben regelmäßig entfernen und insgesamt auf eine sehr ausgeklügelte, natürliche Düngung achten. Umstritten bleibt der erlaubte und bisher noch als unverzichtbar geltende Einsatz von ▸Kupfer.

Zwar machen Bio-Weintrauben erst einen Bruchteil vom beerenschweren Umsatz aus; der ökologische Anbau in Deutschland gilt aber aufgrund der schlechten **Rückstandssituation** von ▸Importware als zukunftsfähig. Falls sich denn auch noch das prima Klima-Argument herumspricht, denn Heimattrauben vermeiden überdies die 840-fach höheren CO_2-Emissionen, die nach österreichischen Berechnungen bei Früchten aus Chile im Vergleich zum inländischen Lkw-Transport anfallen. Bei solchen **Flugreben** könnte man schon mal vom Traubenglauben abfallen …

Weißkohl

Eigentlich müsste die rundum blattplatte Kugel den eigenen Kopf hängen lassen, denn in den Top Ten der beliebtesten Gemüsesorten liegt sie ganz hinten, bei ▸Biokonsumenten nicht mal das. Dabei ist Weißkohl (auch **Kappes** oder Kabis genannt) mit nur 105 kJ/25 kcal pro 100 g ein höchst kalorienarmer und dabei sehr vitaminreicher ▸Kohl für rohen, gekochten oder gesäuerten Genuss. Wie alles Kohlige enthält auch Kappes die geschmackstypischen ▸**Glucosinolate**, jene ▸sekundären Pflanzenstoffe für den Selbst- und manchen Gesundheitsschutz für uns Aufesser. Die kompakten Köpfe von *Brassica oleracea convar. capitata var. alba* wurden längst mit immer „marktgerechteren" ▸Hybriden weiterverkugelt, denen auch noch die volle Reifefähigkeit abtrainiert wurde. Einige Biobauern pflegen noch samenfeste, also vermehrbare ▸Sorten wie Dottenfelder Dauer, Dowinda oder Donator; die überraschen mit einem Wohlgeschmack, den man bei konventionellen Massensorten gar nicht erst erwartet.

Bio-Weißkohl macht viel Handarbeit auch beim selektiven Ernten durch unterschiedliche Reife, hat zwar dank langer Reifedauer etwas weniger Senföle, ist aber durch ökologisches ▸Düngen deutlich weniger mit ▸Nitrat belastet. Konventionell erzeugter Kappes hat da seine Schattenseiten, auch wenn er im ▸Freilandanbau nitratärmer wächst. Der raffinierteste Konservierungstrick aus alten Zeiten ist die ▸Fermentation zu **Sauerkraut** – 60 % aller Köpfe rollen dazu in die Fabrik. Vom Vitamin-C-Gehalt bleibt mit 20 mg/100 g immerhin fast die Hälfte von frischem Weißkohl erhalten, bei Bio-Sauerkraut können es gar 25 mg sein. Solch Erhobeltes gibt es

Weißkohl: Nicht gerade die beliebteste Kohlsorte, aber lobenswert zu fermentieren und zum Gesundtrunk versaftbar

Weiß wohl: Auch Witwe Bolte konservierte sich ihren Weißkohl gehobelt und gesäuert für eine saftig deutsche, sauerkrautige Hühnerbeilage – für die ihr Spitz versagte …

Weizen: Biobauern verfüttern ihn weniger, eher wird ihre Ernte verfuttert – kornweise oder als Pilaw serviert

in bester Bioqualität und nach Traditionsrezepturen, allen voran das renommierte **Filderkraut** aus Stuttgarts Region, wo der Weiß- ein überzeugend sichtbarer Spitzkohl ist.
Bei Bio-Sauerkraut wird auf Zucker oder ▸Zuckeraustauschstoffe sowie ▸Konservierungsstoffe wie Sorbin-, Ameisen- oder Benzoesäure verzichtet. Rohem Sauerkraut wird zudem gemüsiger Saft als **Gesundtrunk** entpresst (▸Gemüsesaft). Der enthält zum Vitamin C noch aktive Milchsäurebakterien, die sich jenseits des Magens so höchst quirlig auf- und damit allerlei abführen.

Weizen

Er mehlt so schön hell und trägt seinen „Weiß"-Reiz im Namen: Weizen. Das Süßgras der Gattung *Triticum* ist mit den Ur-Arten ▸Einkorn, ▸Emmer und ▸Dinkel eines der ältesten vom Menschen kultivierten Getreidesorten, nur ▸Gerste ist älter. Heute werden weltweit mehr als 655 Mio. t geerntet, kein ▸Getreide frommt als stärkeres Symbol für das „täglich ▸Brot". Doch mit dem globalgierigen Handel von Weizen **an Warenterminbörsen** droht eine ebenso dramatische Neu-Wende wie mit seiner ▸Verschwendung als ▸Futtermittel oder Bioethanol. Und längst sind Großkonzerne an gv-Sorten interessiert und sichern sich darauf ▸Patente (▸Monsantosierung).
Weizen setzte sich in Mitteleuropa erst im 11. Jahrhundert durch, als der Siegeszug des Weißbrotes begann. Bevölkerungswachstum und Klimaverbesserung begünstigten den massenhaften Anbau der ertragreichen, gemäßigtes Klima verlangenden Feldpflanze. Die Aussaat von etwa 200 kg Körnern auf einem Hektar macht global eine Durchschnittsernte von 3 100 kg aus, in Deutschland sogar 7 600 kg/ha.
Das gilt jedoch nicht für den ▸ökologischen Landbau, ▸Biobauern erwirtschaften höchstens 50 % der Erträge. Dafür erzielt **Bio-Weizen** nicht nur doppelt so hohe ▸Preise, er dient auch in viel höherem Maße direkt der menschlichen Ernährung, statt verfüttert oder zu Bioethanol verflüssigt zu werden (s. a. ▸Veredelungsverluste). Dennoch ist nicht einmal 1 % des weltweit angebauten Weizens ein hochhalmiges Bioprodukt. Im konventionellen Massenanbau werden Schädlinge teilweise überschießend mit ▸Pestiziden bekämpft, weil u. a. die stets dicht an dicht gepflanzten Monokulturen viele Pflanzenkrankheiten erst begünstigen. Wie anders auf dem Biofeld, da muss auf den Einsatz synthetischer ▸Pflanzenschutzmittel verzichtet, die Schädlinge ökologisch bekämpft und ▸Unkraut mechanisch „reguliert" werden. Eine sinnvolle Fruchtfolge verbessert Böden natürlich, ▸Nützlinge werden gefördert. Nach einer Studie im Auftrag von ▸*Foodwatch* entstehen zudem für 1 kg an Bio-Weizen 60 % **weniger Treibhausgase** als für ein konventionell erzeugtes Weizenkilo.

Etwa ein Fünftel der Weizenernte wird unter der Wertpapierkennnummer

ISIN: XD0002742308 an diversen Börsen gehandelt. Die enormen Preisschwankungen des neuen Jahrtausends mit allen Folgen für die ▸Welternährung lassen sich eben auch auf diese Tatsache zurückführen; längst ist selbst Bio-Weizen zum Spekulationsobjekt geworden.

Seit einigen Jahren gibt es überdies starkes Interesse für die Entwicklung ▸transgener Weizensorten mit besserer Herbizidtoleranz, Virus- oder Pilzresistenz bzw. höherer Produktqualität. Kritiker der ▸Gentechnik befürchten dabei die ungeklärten Risiken wie Verwilderung, Auskreuzung oder eine mögliche Klonierung fremder Zellen. Bisher gibt es keinen Großflächenanbau von **Gen-Weizen**, Versuche laufen derzeit (2013/14) nur in Übersee. Doch noch im Juli 2011 zerstörten ▸Feldbefreier einen Gen-Weizenacker, auf dem die Universität Rostock so die Widerstandskraft einer transgenen Sorte gegen Weizenflugbrand untersuchte.

Die gv-kritische Haltung der EU-Konsumenten und die Symbolmächtigkeit von Weizen als Brot-Korn hält zudem den GVO-affinen Landwirtschafts-Riesen USA noch davon ab, in Gen-Weizenprojekte einzusteigen, die zu vergleichbar großen Flächen wie bei ▸Gen-Mais oder ▸Gen-Soja führen könnten. Noch überschreiten die Kosten für verhinderte ▸**Verunreinigung** über der EU-tolerierten 0,9 %-Grenze hinaus die Spar- bzw. Gewinnpotenziale für Anbauer …

Nota bene: Weizeneiweiß wird für viele Formen von ▸Fleischersatz immer wichtiger; „fleischiges" ▸Seitan entsteht daraus, aber auch manch „wurstiger" Brotbelag. Und aus Weizenkeimen wird höchst gesundes ▸Keimöl, reich an Vitamin E.

Wellnessfood: Wer die Auswahl hat, hat die Qual, all die gesundheitlichen Heils- und Glücksversprechen auf sich zu beziehen – für ein höchst wohliges Schluckgefühl

Wellnessfood

Wohlsein oder nicht sein, ist hier keine Frage – die globale Antwort ist Wellfood oder eben Wellnessfood. Auf den gesetzlich ungeschützten Begriff und eine **„Steigerung des Wohlbefindens"** setzt die Lebensmittelindustrie zu gerne. Zwar müssen Hersteller sich an die Liste erlaubter sog. ▸Health Claims halten, einiger Zusatznutzen lässt sich dennoch versprechen. Ob ▸sekundäre Pflanzenstoffe, ▸Antioxidantien, ein Mehr an ▸Vitaminen und ▸Mineralstoffen für ▸Radikalenfängerei und Anti-Aging – gern wird da

Weizenweite: Monokulturen wie diese sind ökologische Einbahnstraßen, hier kommen Gentechnik und Agrochemie richtig in Fahrt …

Wellnessdrinks: Auch Bioprodukte können als Wohlbefindfood mit mehr Mehrwert schmecken

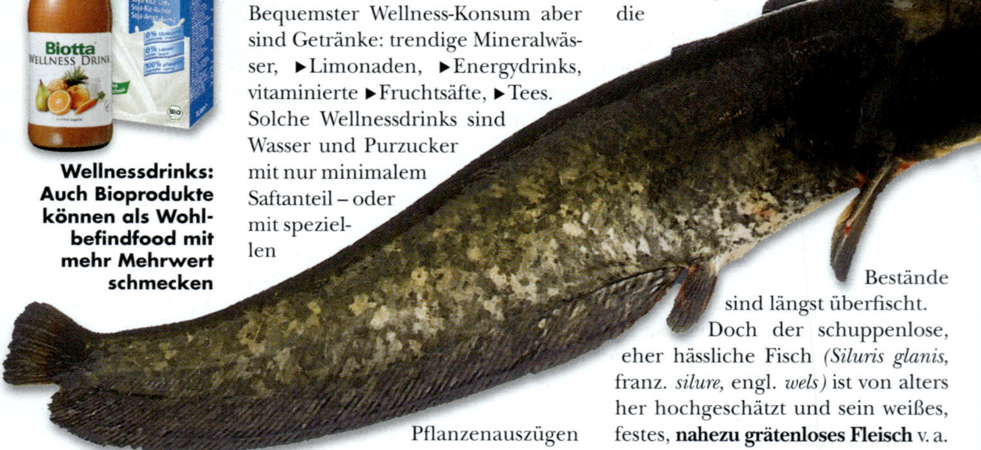

Wels: Etwas Größeres könnte kein Angler im Süßwasser angeln, meist aber kommt er als Jungfisch aus der Aquafarm auf den Tisch

allerlei angedeutet. Isolierte Zusätze gelten als gefühlswertige ▸Nahrungsergänzungsmittel. Kein Wunder, dass längst sogar Brot, Marmelade, Wurst und Käse oder Müsli mit dem Wohlfühl-Attribut aufgewertet werden. Bequemster Wellness-Konsum aber sind Getränke: trendige Mineralwässer, ▸Limonaden, ▸Energydrinks, vitaminierte ▸Fruchtsäfte, ▸Tees. Solche Wellnessdrinks sind Wasser und Purzucker mit nur minimalem Saftanteil – oder mit speziellen Pflanzenauszügen oder Vitaminzusätzen, für die Schnelleffekte nach Schnellschluck. Dieser Drink-Trend machte zumindest namentlich auch vor Bio nicht Halt, selbst **Bio-Wellnessdrinks** können trotz süßender Alternativen wie ▸Agavendicksaft viel (dann allerdings natürlichen) Zucker enthalten. Eine Anreicherung mit Vitaminen bzw. Mineralstoffen ist bei Bio aber laut ▸EG-Öko-Verordnung verboten!
Eine ausgewogene, vitaminreiche Ernährung hätte positivere Effekte auf Gesundheit und Wohlgefühl. Und so steht im ▸Bioladen auch eher das natürliche Wellfoodige im Regal: sog. ▸Superfood – ob als **„Superfruits"** wie ▸Açai, ▸Goji und ▸Granatapfel oder als hochpotente Regionalitäten wie ▸Heidelbeeren und ▸Sanddorn.

Wels

Sie sind die größten essbaren Süßwasserfische Europas wie Asiens, denn sie können durchaus Riesen mit 3 m Länge und 250 kg Gewicht werden. Welse sind Anglers Fangstolz: Die Lebensräume der nachtaktiven Grundfische in Flüssen oder Seen sind stark verbaut bzw. verunreinigt, die Bestände sind längst überfischt. Doch der schuppenlose, eher hässliche Fisch *(Siluris glanis,* franz. *silure,* engl. *wels)* ist von alters her hochgeschätzt und sein weißes, festes, **nahezu grätenloses Fleisch** v. a. als Rückenfilet so beliebt, dass Welse in ▸Aquakulturen groß werden.
Die schnell wachsenden Breitmäuler mit den sechs typischen Barteln werden in Gewässer eingesetzt oder in Teichen wie Zuchtbecken aufgezogen. Mit nur 3 kg Gewicht sind sie als Jungfische marktreif, ältere, Tiere werden fleischhart oder gar tranig.
Inzwischen gibt es sog. geschlossene Aquakulturanlagen und zertifizierte Bio-Welse nach Richtlinien von ▸Naturland, die geringere Besatzdichten (in der EU bis 1 500 kg Fisch/ha) und artgerechte Fütterung aus nachhaltigen Quellen verlangen sowie ▸Antibiotika und ▸Hormone verbieten. Aus solcher Zucht ist nur der Afrikanische Wels für den ▸WWF wie für ▸*Greenpeace* eine „gute Wahl".
Nota bene: Ein Verwandter der Echten Welse ist der fast verschwundene, gigantisch große **Mekong-Wels**, den der WWF retten will. Der zuweilen ebenso „Mekong-Wels" benamte klei-

nere Fisch aus Südostasiens Mastbetrieben wurde statt als „Hai-Wels" zum namentlich viel schöneren Welterfolg als ▸**Pangasius** – unter seinem lat. Gattungsnamen.

Welternährung

Kaum eine Frage beschäftigt sowohl die ▸Biobranche als auch ihre Gegner so sehr wie die: Kann Bio die Welt ernähren? Der Verdacht, beim ▸ökologischen Landbau handle es sich um Luxus, den sich wegen geringerer Erträge und höherem Flächenverbrauch nur entwickelte Länder leisten könnten, wird dabei gern ins Feld geführt. Während ▸Gentechnik für ▸Biobauern undenkbar ist, halten andere sie für unerlässlich beim Kampf gegen den Hunger. Denn obwohl „angemessene Ernährung" seit 1976 **ein Menschenrecht** ist, hungern laut FAO

weltweit nahezu 1 Mrd. Menschen. Die UNO schätzt, dass 2050 gar rund 9 Mrd. Menschen zu ernähren sind. Geht das nur mit den Mitteln der „Grünen Revolution", also mit Turbopflanzen, löslichen ▸Düngemitteln, ▸Pestiziden also? Angesichts der **Umweltfolgen** wie etwa Schadstoffauswaschung, Bodenübernutzung, Verlust der ▸Biodiversität etc., aber auch wegen der energieintensiven Herstellung scheint das keine Alternative zu sein. Ähnlich sieht es aus bei dem Einsatz von ▸GVO. Solange die Folgen auf die komplexen Biosysteme ungeklärt bleiben und bei ▸Saatgut nicht staatliche Initiativen, sondern auf Profit bedachte Firmen dominieren, ist weder das Risiko abschätzbar noch die Ernährung armer Bevölkerungsschichten gesichert.

Welternährung: Sojapflänzchen, die sich in Reih und Glied bis zum Horizont erstrecken und nur Futtermittel werden – mit gewaltigen sog. Veredelungsverlusten

Fest steht, dass angesichts steigender Bevölkerungszahlen, durch sog. *land grabbing* als Umwandlung staatlicher (Agrar-)Flächen in Privatbesitz, weltweite ▸Überfischung, die Effekte des Klimawandels, Mangel an ▸Wasser und oft explodierende ▸Preise sich jedes business as usual im Grunde verbietet. Im Grunde – denn die Radikalreform des Agrarsystems könnte nur einer machtvollen und global agierenden Organisation gelingen. Als solche könnte die UNO fungieren. Und sie hat die Bio-Welternährungsfrage spätestens 2011 beantwortet, mit dem Bericht „Agro-ecology and the right to food". Das Ergebnis: **Öko-Landbau** bringt gerade dort, wo schlechte Anbaubedingungen vorherrschen, **höhere Erträge** ein als mithilfe von Kunstdünger; in 3–10 Jahren könne damit die Nahrungsmittelproduktion verdoppelt werden. Der Schlüssel liegt v. a. in einem der Grundprinzipien des ▸ökologischen Landbaus: das Ökosystem als Ganzes zu betrachten. So können laut Untersuchungen in den Tropenzonen der Erde, deren Ertragslage es ja v. a. zu optimieren gilt, weder synthetischer Dünger noch gv-Pflanzen eine reale Steigerung herbeiführen. Denn der vom Leistungssaatgut verlangte **Nährstoffgehalt** könne vom Boden zu wenig und nicht lang genug gespei-

Feldernährung: Auf solchen Katastrophenböden wächst keine Hoffnung mehr, die ganze Welt eines Tages noch ernähren zu können ohne eine Besinnung auf Ökologisches …

Welternährung: Protest gegen den Hunger in der Restwelt, wo andere zu wenig und wir es satt haben in unserer überbevorrateten, allzu laxen Wegwerfgesellschaft

LOVE FOOD hate waste

chert werden. Die Anreicherung von Humus aber erhöht eben jene Fähigkeit des Bodens; auch in trockenen Zonen bringt der Öko-Anbau damit ein **besseres Wasserhaltevermögen**. Schon der UNO-initiierte Weltagrarbericht von 2008 monierte die ungerechte Verteilung der Lebensmittel sowie die Folgen für Kleinbauern und Umwelt. Ein ganzheitlicher Ansatz der ▸Nachhaltigkeit sollte her – wie es den Öko-Anbau kennzeichnet. Nicht zuletzt haben Protektionspolitik und Subventionen für **ungleiche Marktbedingungen** gesorgt und die billigen Exporte von Überschüssen aus der Ersten in die „Dritte Welt" die Eigenversorgung nur behindert. Und während Nahrung in Deutschland nur 11,7 % vom Einkommen verschlingt, sind es in Entwicklungsländern oft 70–80 %. Die gestiegenen Preise wirken sich verheerender aus.

Neben den Produktionsbedingungen wären also die **Handelsströme** neu zu überdenken. Wie etwa die Tatsache, dass Europas Fleischbranche auf ▸Soja aus Südamerika setzt. So sind Anbauflächen, auf denen ▸Futtermittel für den Export wachsen, für die einheimische Lebensmittelproduktion verloren. Ohnehin sorgen auch **veränderte Konsummuster** für die globale Schieflage: Fleisch und tierische Produkte machen aus viel Input wenig Output an Kalorien, da ein großer Teil der pflanzlichen Nährstoffe als ▸Veredelungsverluste dahin sind.

Fleischkonsumreduktion der Ersten Welt hätte damit direkte Auswirkungen, denn **Flächenmangel** ist eines der Hauptprobleme der Welternährung – und 70 % der Agrar- sind Weidefläche! Energiepflanzen-Äcker stellen eine weitere Flächenkonkurrenz dar. Dieser Konflikt **„Tank gegen Teller"** wird sich verschärfen, wiederum mit Folgen für die Weltmarktpreise. Ein weiteres Problem ist der Klimawandel. Wüstenausbreitung, Dürren, Erosion, Versalzung und Hochwasser machen Landwirtschaft v. a. auf der südlichen Halbkugel stets schwerer. Kleinbauern, die den Hauptteil der Globalernte tragen, haben dafür nur geringe Anpassungskapazitäten. Die so viel diskutierte ▸**Verschwendung von Nahrung**, die laut FAO-Schätzungen ein Drittel der Lebensmittelproduktion beträgt, hat zwei Dimensionen: als Wegschmeiß-Sünde im Norden und als sog. Nachernteverluste im Süden. Bessere Lager-, Konservierungs- und Transportbedingungen könnten dafür sorgen, den **Schwund** (um bis zu 40 %!) zu minimieren.

Nicht zuletzt gilt es auch, die Bildungs- und Arbeitsbedingungen sowie die Verantwortung von Kleinbauern zu verbessern, wie es seit je

+ÖKO FAIR ERNÄHRT MEHR!

Welthunger: Naturland und Weltläden wollen mehr Bio im fairen Handel – für ein Mehr für alle

der Ansatz von ▸**Fairtrade** ist. Mit Bio fielen zudem die teuren Betriebsmittel für Saatgut, Dünger und Pestizide weg. „Öko + Fair ernährt mehr" meinten ▸Naturland und ▸Weltläden in einer bis 2013 währenden Kampagne und forderten eine ökologische Idee der **Nahrungssouveränität**. Experten fordern, noch mehr auf bessere Unterstützung von **Frauen** zu achten. Sie haben in der Agrarproduktion und den Nachernte-Prozessen immerhin einen Anteil von 70 % und leiden doch unter ungleich beschränkteren Bildungs-, Arbeits- und Lebensbedingungen als Männer.

Weltladen

Inbegriff für das große Ganze im kleinen Shop: Verkauf ▸fairer Waren und Aufklärung über die Fallstricke des globalen Handels gehen in Weltläden gemeinsam über die Theke, gleichberechtigte Partnerschaften sollen zu mehr Gerechtigkeit führen. Den Grundstein zur **Eine-Welt-Bewegung** legten kirchliche Gruppen. 1975 entstand aus ihrem Zusammenschluss die Arbeitsgemeinschaft Dritte-Welt-Läden, am Ende der 1990er-Jahre kam dann der Weltladen-Dachverband mit dem Ziel, die Weltläden zu echten „Fachgeschäften des Fairen Handels" zu machen. Von 2004 an kam mit einer Modernisierung auch der Image-Wandel hin zum **„Weltladen 2.0"**. Wer das Fairtrade-Angebot in den ▸Discountern nur als Marketingmaßnahme empfindet, findet in den rund 450 im Verband organisierten deutschen Weltläden neben Agrarprodukten wie Kaffee, Tee, Kakao, Säften oder Gewürzen mit dem Fairtrade-Siegel auch handwerkliche Waren, von der Hängematte bis zur Pflanzenseife. Gerade kleine Importeure haben hier größere Chancen. Der Weltladen-Marktanteil an fairen Produkten soll inzwischen 10 % ausmachen. Alle Weltladen-Waren werden entweder direkt und ohne ausbeuterischen Zwischenhandel von Kleinbauernorganisationen und Genossenschaften in Entwicklungsländern bezogen oder über etliche auf fairen Handel spezialisierte Organisationen wie etwa GEPA, El Puente oder dwp, die Mitglieder des *Weltladen Dachverband e. V.* sind und auch auf ▸**fair + bio** achten. Allerlei Kampagnen des Verbands, gerne zum jährlich am 2. Sonnabend im Mai gefeierten

einladend: Als Geschäftsidee global gedacht, aber nicht brutal verfolgt, denn die Weltläden agierten schon früh voll fair

Weltladen: Ein Name als Programm auch für mehr nachhaltige Lösungen der Welternährungsfrage heute

„KONVENTION DER WELTLÄDEN" VON 1998 MIT SECHS KRITERIEN FÜR DEN FAIREN HANDEL:

- Sozial- und Umweltverträglichkeit
- wechselseitige Transparenz vom Erzeuger bis zum Laden
- demokratische Organisationsformen, Mitbestimmung
- keine Profitorientierung, Gewinne reinvestieren
- Informations- und Kampagnenarbeit zu Problemen des Welthandels
- Kontinuität der Handelsbeziehungen

internationalen Weltladentag *(World Fair Trade Day)*, rücken u. a. die Zusammenhänge von Fairtrade und ▸Klimaschutz ins Blickfeld. Politische Initiativen zielen auf die Unterstützung ökologischer, kleinbäuerlicher Landwirtschaft zur Sicherung der ▸Welternährung (bis 2013 mit ▸Naturland als „Öko + Fair ernährt mehr").

Wild

Wild (von ahd. *wildi* für ungezähmt) ist meist einfach ein Inbegriff für erbeutbare, für alle nach dem Jagdrecht schieß- und möglichst essbaren Tiere der freien „Wildbahn".

Deutschland ist, obwohl hochindustrialisiert, ein sehr **wildreiches Land**. 2011/2012 wurden immerhin 63 000 Stücke Damwild, noch 67 000 mal Rotwild, an ▸Wildschweinen 403 000 Tiere und 1,1 Mio. Stücke Rehwild erlegt. Dabei fielen insgesamt 25 000 t ▸Wildfleisch (mit Knochen) an. Dazu kam das Wildbret von 193 000 Fasanen, 257 000 Wildkaninchen sowie 329 000 ▸Hasen.

Hasenhatz: Noch ist „Wild" gar nicht biobesiegelbar – es sei denn, ex-wildes Wild wäre mal von Biohaltern zum Weidetier vergattert worden

Eine naheliegende wie ökonomische Idee war es, Wild durch Freiheitsberaubung in **Gatterhaltung** aufzuziehen. Schätzungen gehen davon aus, dass in Deutschland etwa 6 000 genehmigte Wildgatter mit 112 000 Muttertieren existieren, die etwa 5 % des hier angebotenen Wildfleisches liefern. Nach Neuseeland, mit regelrechter „Deer Industry" und knapp 2 Mio. Farm-Hirschen, und nach China ist Deutschland damit der drittbedeutendste Gehegewildhalter.

Derart gehegt werden vor allem drei Arten Wild: Damwild als wichtigste Art (etwa 90 %), dazu Rot- und Sikawild. Im weiteren Sinne zählen auch vergatterte ▸Strauße oder ▸Yaks zum Zuchtwild, dazu allerlei Federwild wie Fasane, Rebhühner, Wachteln.

Auch wenn konventionell gehaltene Wildtiere nicht in ▸Massentierhaltung groß werden wie andere Nutztiere, gibt es Unterschiede zur ▸**ökologischen Tierhaltung** von Zuchtwild. Die ist zwar (noch) nicht Teil der ▸EG-Öko-Verordnung, doch haben einige ▸Anbauverbände wie ▸Bioland oder ▸Naturland eigene Richtlinien entwickelt. Während etwa in der konventionellen Damwildhaltung auf einer Fläche von 1 ha bis zu zwölf Alttiere gehalten werden, setzt Bioland die Mindestgröße auf 3 ha und die Hektar-Bestandsdichte auf einen Hirsch und sieben weibliche Tiere plus Nachwuchs fest. Damit soll eine möglichst ▸**artgerechte Haltung** erreicht werden, die u. a. angemessene Fluchtdistanz zum Menschen bietet. ▸Bioland verlangt auch eine Rudelgröße von mind. einem Hirsch und vier weiblichen Tieren, bei ▸Naturland besteht ein Rudel aus mind. 10

ausgewachsenen Tieren. Die ganzjährige Weidehaltung macht nur in Winterzeiten eine Zufütterung nötig, dann nur mit Biofutter (möglichst aus eigenem Betrieb) und höchstens 10 % Eicheln und Kastanien. Es wird also ein geschlossener Futterkreislauf auf eigener Fläche angestrebt, ohne Tiere und Boden durch Überbesatz zu schädigen. Einmal im Jahr prüft eine ▸Öko-Kontrollstelle, während **bei konventionellen Haltern** nur unregelmäßige Kontrollen durch Veterinäre vorgeschrieben sind.
Umstritten ist, inwiefern der Herdenstress, wenn Tiere womöglich aus der Herde „herausgeschossen" werden, höher einzuschätzen ist als der des gejagten Einzeltieres. Fest steht, dass die Strapazen beim Transport zum Schlachthof (in Neuseeland üblich) und beim Warten auf das ▸Schlachten sicher größer sind als bei einem gezielten Schuss auf der Weide.

Wild: Weniger wildes Damwild im Rudel auf der Weide vergattert, hier mit dem ausdrücklichen Öko-Segen von Bioland

Wildfleisch

Manches Bret könnte dank stets beliebterer ▸Nachhaltigkeit und umso geliebterer ▸Region noch zum Trendgewinner werden, selbst wenn es erst etwa 1 % des gesamten deutschen Fleischkonsums ausmacht. Denn die Jagd von ▸Wild gilt als nachhaltige Nutzung natürlicher Ressourcen und anerkannte Form von Naturschutz. Wildfleisch wird zudem noch oft rein **regional vermarktet**, ob vom Jäger oder durch Gehegewildhalter (dann auch nach den Prinzipien der ▸ökologischen Tierhaltung).
Allerdings stammen etwa 40 % allen in Deutschland verzehrten Wildfleisches aus **Importen** – hauptsächlich sind dies frisches wie tiefgefrorenes Hirschfleisch von hochprofessionell erzüchteten Tieren aus Neuseeland und „wildes" ▸Hasenfleisch aus Argentinien. Beim Wildbret von Rehen und v. a. von ▸Wildschweinen allerdings handelt es sich in der Regel um hiesiges Wildfleisch. Die Haltung von vergattertem Wild macht davon wiederum etwa 5 % aus. Gehegewildhalter, die nach den Kriterien von ▸Bioland arbeiten, vermarkten meist das Fleisch von 15–19 Monate alten Tieren, sodass die **„natürliche" Saison** zwischen September und Februar liegt, wenn auch die Nachfrage steigt.
Wildfleisch ist in aller Regel stärker als das Schlachtfleisch anderer Nutztiere durchblutet; das und die größere Nahrungsvielfalt machen den typischen Wildgeschmack des recht fettarmen, feinfasrigen und vergleichsweise sehr eiweißreichen Fleisches denn auch aus.

Wildfleisch: Frustig ist die Jägerei, aber die Beute, die der Hund zur Strecke apportiert, die schmeckt meist markanter als ein sog. gehegtes Exemplar

Doch während das Muskelfleisch vom Wild kaum belastet ist, sollten die **▸Innereien vom Wild** nach Ansicht des BfR *(Bundesinstitut für Risikobe-*

Wildfleisch: Es ist immer ein origineller Genuss, wie etwa Renfleischwurst zum großkalibrigen Schnaps oder ein krosses Rebhuhn, das nach noch mehr Wildgeflügel schmeckt

wertung) lediglich im Abstand von 2–3 Wochen gegessen werden. Denn es drohen hohe Gehalte an ▸Dioxin und ▸PCB *(Polychlorierte Biphenyle)*. Wegen des möglichen Vorkommens pathogener ▸Keime gilt prinzipiell: immer auf mind. 80° C erhitzen! In einigen Gegenden muss ja für ▸Wildschweinfleisch zudem weiter eine mögliche ▸Radioaktivität beachtet werden.

Bei Wildfleisch aus freiester Wildbahn gelten aber auch strengste Kontrollroutinen; jedes zur Strecke gebrachte Wildschwein erfordert (wegen der Trichinengefahr) sogar eine amtliche Fleischbeschau, damit belastetes Fleisch nicht erst in den Handel gelangen kann.

Der Jäger ist ansonsten verpflichtet, Erlegtes „durch Augenschein" zu überprüfen und es unmittelbar von seinen Innereien zu befreien. Das Fleisch muss dann so rasch wie möglich gekühlt gelagert werden – weshalb ganz generell empfohlen wird, Wildfleisch aus einem Umkreis von höchstens 100 km zu kaufen, dann immer öfter erkennbar am ▸Gütesiegel **„Wild aus der Region"**.

Ernährungsphysiologisch unterscheidet sich Fleisch von Zuchtwild kaum von solchem aus echten Wildbeständen; auch über die wahrnehmbaren Unterschiede beim Geschmack wird gestritten. Gourmets und Jagdexperten vermissen beim Zuchtwild das wildhafte Aroma, das Empfindsame beim wirklich wilden Wild jedoch ohnehin oft durch Einlegen in Buttermilch zu mildern versuchen.

Nota bene: Es gibt eine Diskussion um die Umwelt- und Gesundheitswirkungen von **Bleimunition**. Zu viel Blei bleibt durch Abpraller in der Natur und schädigt sie, und obwohl Jäger den Schusskanal großzügigst entfernen, können Bleisplitter und -fragmente doch tief und schlecht erkennbar in das Wildbret eindringen. Das BfR rät daher zumindest kleinen Kindern, Schwangeren und Frauen mit Kinderwunsch dazu, „möglichst kein mit Bleimunition erlegtes Wild" zu essen und mahnt auch **„Vielverzehrer"** (ab 1–2 Wildmahlzeiten pro Woche) zur Vorsicht.

WILDSAISON – für Frisches, neben TK- und Importware

Rotwild	Juni–Januar
Rehwild	Mai–Januar
Schwarzwild	ganzjährig
Hasen	Oktober–Dezember
Kaninchen	ganzjährig
Fasane	Oktober–Januar
Wildtauben	August–April
Wildenten	September–Januar

Wildgemüse, Wildkräuter

Hineinknien (in ein Bestimmungsbuch), Hineindenken (in ein paar Regularien für die ▸Wildsammlung) und Herablassen (am Fundort) gehören dazu. Aber dann beschenkt uns Mutter Natur sozusagen im Vorbeigehen reichlich. So manch ein vermeintliches ▸Unkraut wird da zum essbaren respektierlichen **Beikraut**.

Bestens angepasst an Wald, Wiese, Feld oder Uferrand bilden all die wackeren Wilden verschwenderische Wirkstoffmengen und unkultivierten Wohlgeschmack aus. Damit überragen sie höchst natürlich das vertraute Kulturgekraute, sind Geschmackserlebnisse und bieten dazu bemerkenswert hohe Gehalte an ▸Carotinoiden, Kalium und Eiweiß.

Vitamin C etwa findet sich in ▸Sauerampfer & Co aus freier Wildbahn sogar in 30- bis 40-mal höheren Konzentrationen. Marktüblicheren Salaten oder Gurken lange weggezüchtete gesunde Bitterstoffe finden sich in ▸Gänseblümchen, ▸Hopfen oder Schafgarbe und entfalten ihre appetitanregenden, womöglich digestivierenden Wirkungen. Vorwiegend im zeitigeren Frühjahr, wenn Blüten, Blätter und Knospen so jung, saftig und zart sind, lassen sich beste Qualitäten mit unvergleichlichen, noch eher milder-würzigen Aromen sammeln – etwa wiederentdeckter ▸Bärlauch und klassischer ▸Waldmeister in Wäldern, traditioneller ▸Löwenzahn auf Wiesen oder kräftige Brunnenkresse an Bachufern.

Im heimischen Garten eher als Unkräuter geschmähte ▸Brennnesseln, petersilienähnlicher Giersch, scharf schmeckender Gundermann oder eisenreiche, leicht säuerliche Vogelmiere bringen als **Neue Wildlinge** ebenfalls Abwechslung auf den Teller. Ihre Blätter und Triebspitzen eignen sich wie Spinat zubereitet als Gemüse, roh als Salat oder fein gehackt zum Würzen. Experten finden noch wilden Guten Heinrich, ein früher traditionsreiches Wildgemüse, dessen zarte helle Triebe ähnlich wie Spargel genossen werden.

Der ▸Endivie nahe kommt das bitterlich-zarte Frühlingsblatt der wilden Wegwart und die später gewilderten, würzigeren Blätter und Sprossen sind eine herzhafte Gemüsebeilage, die so auffallend himmelblauen Blüten schönste Salatbeigabe. Genießbaren **Quark- oder Salatschmuck** bieten da die hellblauen, gurkenaromatischen Blüten vom Borretsch, die gelben Korbblüten vom Löwenzahn, der weiße Flor der Brunnenkresse, wohlriechende Veilchen oder die mild-nussigen Gänseblümchen, deren Knospen eingelegt als regionaler Kapernersatz taugen. Sie alle versammeln sich in der freien Wildbahn, wo allerdings **gewisse Regeln** bei ihrem Auffinden zu beherzigen wären: Nach

Wildwuchs: Nichtangebaute Gemüse und selbstgepflückte Kräuter sind geschmacklich sehr überraschungsreich intensiv und ganz nach der Nase guter Köche

Wildkräuter: Zum Genuss etwa als Tee kommt ein bisschen Segen auch von seiten der Volksmedizin, die zu jedem Aufguss zu gern etwas beisteuert

der sog. **Handstraußregelung** keine Unmengen sammeln, nichts Artengeschütztes abpflücken, unbelastete Standorte weit weg von den Abgasen stark befahrener Straßen wählen, natürlich nicht in Naturschutzgebieten, wegen möglicher Phosphatbelastungen aber auch nicht unmittelbar neben Viehweiden oder im Umfeld landwirtschaftlicher Flächen wildsammeln. Dort ist mit Emissionen von Dünge- oder Pflanzenschutzmitteln zu rechnen! Selektiv und bestandsschonend mit Messer oder Schere nur einwandfreie Blätter ohne Fraßschäden oder Flecken und diese von möglichst jungen und damit bitterstoffärmeren Pflanzen ernten. **Alle geschützten Pflanzen stehenlassen.** Niemals gleich ganze Gewächse mitsamt allen Wurzeln herausreißen – eben immer nur so viel schneiden, wie alsbald auch verspeist wird.

Und all das in bester Kräuterkundigkeit bei pflanzlicher Saft-und-Kraftfülle am Vormittag. Sorgfältig gewaschen sollte der grüne Mundraub verbraucht werden, ehe er anwelkt (mit Ausnahme des erst dann duftigen ▸Waldmeisters).

Kühl und feucht aufbewahrt halten sich Wildkräuter, ganz im Gegensatz zu kultivierten ▸Küchenkräutern, nur höchstens zwei Tage frisch, sie eignen sich auch nicht (mit Ausnahme von Bärlauch) zum Einfrieren.

NUR BEKANNTES SAMMELN! Ein Bestimmungsbuch hilft – viele Wildkräuter haben ihre giftigen Doppelgänger:

wild & gut	**ähnlich & giftig**
Kerbel	Schierling
Bärlauch	Maiglöckchen
Safrankrokus	Herbstzeitlose
Rucola	Kreuzkraut
Sauerampfer	Aronstab

Längst werden die beliebtesten der Wild- und v. a. ▸Heilkräuter auch von legitimierten und zertifizierten Profikolonnen gesammelt und können mit der gesetzlich garantierten Bio-Auslobung **„aus kontrollierter Wildsammlung“** angeboten werden. **Nota bene:** Es geht auch quasi halbwild – für die Gastronomie wurden schon frei wuchernde Wildkräuterplantagen angelegt. 2009 eröffnete unter der Ägide von ▸Bioland und *Naturgarten e. V.* Deutschlands erster **zertifizierter Naturgarten**, der nach genauen Richtlinien für ökologische Dienstleistungen im naturnahen Garten- und Landschaftsbau die Einrichtung „naturnaher Wildpflanzen- und Wildsamenproduktion“ entwickelt. Und so ist nun auch so manches Naturkulturkraut in Bioqualität zu haben …

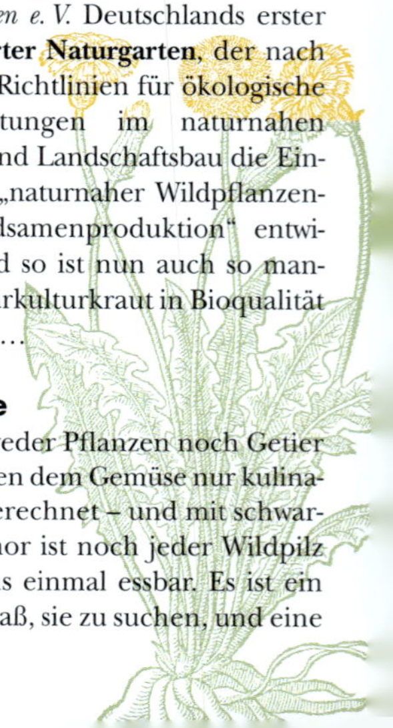

Wildpilze

Sie sind weder Pflanzen noch Getier und werden dem Gemüse nur kulinarisch zugerechnet – und mit schwarzem Humor ist noch jeder Wildpilz wenigstens einmal essbar. Es ist ein Heidenspaß, sie zu suchen, und eine

Wildkräuter: Pflückparadies in Griechenland für Kenner oder für zertifizierte Sammler

Heidenangst, sich womöglich mit giftigen Exemplaren die Henkersmahlzeit zu bereiten … Denn rund 300 der 4 000 europäischen Großpilzarten gelten als toxisch, sind Krankmacher oder Killer, wie der so champignonähnliche weiße Knollenblätterpilz.

Glücks- finden die besonders kulinarischen Edelpilze – in Deutschland v. a. ▸Pfifferlinge, ▸Steinpilze, Morcheln, sogar Trüffel oder Seltenheiten wie Herbsttrompeten. Nach der Bundesartenschutzverordnung dürfen Waldpilze **nur für den Eigenverzehr** und maßvoll für Gastronomen heimgeholt werden. Es gilt: 1 kg pro Person am Tag, sonst droht Bußgeld!

In Wildpilzen aber wächst – im Gegensatz zu ▸Zuchtpilzen – in ihrer freien Natur auch ein Problem: Sie speichern in ziemlich hohem Maße ▸Schwermetalle, v. a. ▸Cadmium und ▸Quecksilber. Noch Jahrzehnte nach Tschernobyl (1986) sind Wildpilze aus vielen Gebieten zudem weiter mit ▸**Radioaktivität** belastet. So lagen im Labor des LAVES *(Niedersächsisches Landesamt für Verbraucherschutz und Lebensmittelsicherheit)* 2012 und 2013 sämtliche Wildpilzproben aus Niedersachsen deutlich unter dem bestehenden EU-Grenzwert für Cäsium-137 (max. 600 Becquerel/kg); Wildpilze aus dem südlichen Bayern jedoch waren wahre Strahlemänner. Insbesondere Maronen- wie Rotfußröhrlinge speichern das radioaktive Cäsium-137.

Wer sich im Feld-, Wald- und Wildpilzdschungel nicht auskennt, findet im Handel ein breites Angebot an frischen Wildpilzen. Die sind unter bestimmten Umständen auch nach ▸EG-Öko-Verordnung als **Bio-Wildpilze** zertifizierbar – dann nämlich, wenn sie in Wäldern aufwuchsen, die als Bioflächen ausgewiesen sind und ganz offiziell aus „kontrollierter ▸Wildsammlung" stammen.

Da Wildpilze in Deutschland nur den Eigenbedarf decken sollen, kommen sie in Mengen meist aus dem Ausland, Pfifferlinge wie Steinpilze häufig aus Litauen und Weißrussland, gefolgt von Polen. Als **Importpilze** aber haben sie mind. 3 Tage Transport hinter sich und trockene Stielenden, auch wurden sie schon öfter verbotenerweise mit dem Nachernte-Insektizid DEET gespritzt. Die Herkunft solcher Lieferungen ist öfter verschleiert, gern umdeklariert, denn Kontrollen (etwa auf ▸Rückstände) gibt es nur stichprobenartig.

Wildpilze: Wer sie in ihrer Vielfalt nicht sicher bestimmen kann, halte sich dann doch lieber an zertifizierte Wildsammlungen

Wildpilz: Eine Morchel als Fruchtkörper mal ganz korrekt abgeschnitten über dem weiterwuchernden Myzel darunter

Dabei sind alle Wildpilze sehr gesund, arm an Kalorien, Fett und Kohlenhydraten. Noch dazu liefern sie gleich mehrere Vitamine, zudem Mineralstoffe (in erster Linie Kalium, Eisen, Kupfer und Mangan), Aminosäuren und Ballaststoffe. Mit ihrem hohen Puringehalt sind sie nichts für Gichtkranke, und mit ihrem Chitin liegen sie eher schwer im Magen. Die meisten Wilpilze enthalten außerdem (im Gegensatz zu Zuchtpilzen) **sog. Hämolysine** – bakterielle Zerstörer roter Blutkörperchen. Jeder Rohgenuss ist damit tabu!

Im Handel sind Wildpilze nicht nur getrocknet, sondern auch als **höchst aromatische Raffinessen**: als Pulver, in Essig, eingesalzen oder milchsäurevergoren, als Extrakt oder Konzentrat. Bei Bioprodukten erlaubt sind allerlei natürliche Zutaten – aber keine ▶Konservierungsstoffe.

Wildreis: Stets der attraktiv schwarze Schwan in den Gefilden vom Weißreis …

Wildreis

Wie man weiß, kein ▶Reis und nur weitläufig mit diesem verwandt, dieser längliche schwarze Sonderling aus der Neuen Welt. Dem Volksmund schmecken solche **Wassergras-Samen** anschaulicher als „Wasser-" bzw. als „Indianerreis". Schließlich wuchs er einst wild in Nordamerikas wasserreichen Gebieten, wurzelt dort noch immer im Wasser und wird 1,5–3 m hoch. Zum Farbreiz haben die Samen nach der ▶Fermentation und dem Darren ein nussartig angenehmes Aroma mit Rauchhauch und gelten als Delikatesse – das und der so **hohe Ernteaufwand** machen die Schwarzkörner teurer als klassischen Reis.

In der Handelsform kommt Wildreis als *Zizania aquatica* aus dem Osten und Südosten der US-amerikanischen Atlantikküste oder als *Zizania palustris* aus Kanada und dem Norden und mittleren Westen der USA. Letztere „Sumpf"-Art wird wegen ihrer größeren Körner intensiv angebaut.

Die Ernte ist jedoch problematisch. Indigene Völker pflegten traditionell eine schonende Form schnitterschmaler Ernte vom Kanu aus; dabei wird nur ein Teil der Körner auch gewonnen – der Rest landet als Aussaat im Wasser. Diese heute zwar ohne Kanu, aber ebenso systematisch ▶nachhaltig betriebene Produktion **aus kontrollierten Wildbeständen** liefert jährlich nur etwa 2 000 t, die dann biozertifiziert in den globalen Handel kommen.

Im Gegensatz dazu wird der „wilde Reis" längst im großen Stil agroindustriell angebaut und geerntet. Große Propellerboote fahren dabei die Uferzonen mit mechanischen Ernteeinrichtungen ab, was zu erheblichen Schäden an der Vegetation führt. Aus solcher **Großproduktion** kommen die überwiegenden Mengen: Düngung, Pestizideinsatz, Zucht in künstlichen Becken und der Einsatz von▶Hybriden mit größeren Körnern (und der erkreuzten Resistenz gegen die Reiskrankheit) haben den Ertrag mehr als verhundertfacht. Inzwischen wird der einstige „Indianerreis“ auch in Ungarn und im australischen New South Wales „erzeugt“. In Down Under wird er in Wasserbecken gezogen; dort entstanden auch schon ökologisch arbeitende Betriebe, die **Bio-Wildreis** produzieren.

Der Eiweißgehalt von Wildreis liegt mit 12,4–18 % deutlich über dem von Echtreis (etwa 7 %), dazu kommen viele essenzielle Aminosäuren, wenig Fett (max. 1 %), aber viele ungesättigte ▸Fettsäuren und an Mineralstoffen mit 4,4 mg viel Eisen sowie reichlich Phosphor mit 400 mg.

Wildsammlung

Jede/r darf – und wer nicht will, lässt andere. Wildpflanzen, wilde ▸Beeren, ▸Wildgemüse und Wildkräuter oder ▸Wildpilze, sogar ▸Algen sind ein Angebot von Mutter Natur, zu dem viele **Wildwuchs-Gourmets** nicht Nein sagen können. Denn draußen sammeln darf jede/r, nur nicht in Naturschutzgebieten und nirgends das, was unter Artenschutz steht. Ansonsten gilt für das Vergreifen an Wildwachsendem die „Handstraußregelung“ (vergleichbar dem verzeihlichen Mundraub) bei pfleglicher, rücksichtsvoller Entnahme von Kleinmengen – nur 1 kg pro Kopf und Sammeltag. Doch niemand muss sich Naturgewachsenes höchstselbst gebückt erwildern, das „kontrollierte Wildsammeln“ kennt **klar definierte Standards** und wird von Profi-Pflückern mit Erlaubnis der Naturschutzbehörden, mit Bio-Zertifizierung und unter Verpflichtung zu ▸Nachhaltigkeit übernommen.

Früchte wie Preiselbeeren, Hagebutten, Heidelbeeren oder Sanddorn, eine große Zahl an Kräutern, Nüssen und Pilzen, die sich wie Pfifferlinge und Steinpilze partout nicht kultivieren lassen, stammen aus Wildsammlung in aller Welt. Ein Gutteil

Wildreis: Seine Ernte wird kaum noch schonend vom Kanu aus erledigt, aber die nachhaltigere Produktion von Bioware nimmt zu

Wildsammlung: Biozertifzierte Pflückergruppen nehmen uns das Bücken in den Bärlauchteppichen gern mal ab

Wildsammlung: Größte Mengen sammeln Profis, das Geschenk des Waldes lässt sich aber kinderleicht selbst pflücken, bis zu 1 kg sogar ohne Bußgeld…

dieser eingesammelten Wildheiten wird v.a im Biohandel verkauft – ein Markt, der zahlenmäßig schlechter erforscht ist, aber schon im Jahre 2005 rund 855 Mio. Euro wert war, was laut ZMP *(Zentrale Markt- und Preisberichtstelle für Erzeugnisse der Land-, Forst- und Ernährungswirtschaft)* 3,3 % des Gesamtmarktes für ▶Biolebensmittel ausmachte. Kritisch angemerkt wurde allerdings auch, dass die (nun mal preiswertere) Herkunft aus Wildsammlung oft gar nicht etikettiert wird, allenfalls bei vermutetem **Image-Gewinn** wie im Fall von Paranüssen, Wildreis, Fischen oder Pilzen. Immerhin wurde gemäß FiBL *(Forschungsinstitut biologischer Landbau)* 2011 weltweit auf **ökologisch zertifizierten Wildsammlungsflächen** von 32,5 Mio. ha geerntet (2005: weltweit 62 Mio ha, 2010: 43 Mio ha), davon in Finnland 7 Mio. ha . Die allergrößten Flächen lagen wie 2005 in Afrika: 2010 waren es 38,1%, gefolgt von Europa (31,1 %), Lateinamerika (19,1 %) und Asien (11,2 %).

Den Bärenanteil unter den Wildprodukten hatten 2005 asiatische ▶Bambussprossen, im Absatz gefolgt von ▶Noni und Paranüssen. Die ausgedehntesten Flächen für die weltweite Sammelei hatten 2010 naturgemäß die Imkerei (30 %), Wildbeeren (19 %), Kräuter- und Arzneipflanzen (8 %) und Wildobst (4 %); 39 % waren nicht näher ausgewiesen.

Seit 1993 ist die kontrollierte Wildsammlung Teil der ▶EG-Öko-Verordnung; damit gehört auch nichtangebautes Sammelgut aus der Natur zum ▶ökologischen Landbau und darf ein ▶**Bio-Siegel** tragen, wenn klare Richtlinien erfüllt sind: Nie darf die Stabilität des natürlichen Habitats durch das sog. Beernten gefährdet werden. Vorschrift ist, dass die Flächen 3 Jahre lang nur mit biologischen Mitteln, also ohne Chemie, behandelt wurden und „die Stabilität des natürlichen Lebensraums und die Erhaltung der Arten“ durch das Abernten nicht beeinträchtigt werden. Für das Sammeln wilder Meeresalgen gelten entsprechende Anforderungen für Gewässer und **nachhaltiges Ernten**. Eine strenge Buchführung über Flächen, Entnahmen, Entwicklungen ist Pflicht; jährlich wird mindestens einmal inspiziert.

Ähnliche Regeln haben die ▶Anbauverbände entwickelt, um Produkte mit ihrem Bio-Siegel und dem Zusatz „Produkt aus Wildsammlung“ zu vermarkten. So muss etwa nach den Auflagen von ▶Bioland die Ernte der einzige Eingriff in das Terrain bleiben. Das Gebiet muss klar in Kataster- und Flurplänen definiert sein und aktuell keinen Schadstoff-Emmissionen ausgesetzt sein. Sammelrechte und dafür zuständige Personengruppen sind genau festzulegen und zu dokumentieren, ebenso maximale Erntemengen; und **regelmäßige Rückstandsanalysen** sind Pflicht und helfen, ▶Bio-Betrug zu verhindern.

Nota bene: Mit dem Trend zu Naturapotheke und Naturkosmetik wuchs auch die Gefahr allzu wilder Wildsammelei von Heil- und Aromapflanzen. Inzwischen steuern Standards für eine nachhaltige Wildsammlung dagegen, die u. a. auf eine Initiative von ▶WWF, BfN *(Bundesamt für Naturschutz)* und der Weltnaturschutzunion IUCN zurückgehen.

Wildschwein

Jawohl, es ist die urige Stammform von allen eher rosigen ▶Schweinen. Seit 9 000 Jahren ist *Sus scrofa* domestiziert, der „Schwarzkittel" läuft allerdings auch reichlich frei wildernd herum. Bio kann er wie alles ▶Wild aus freier Natur nicht sein – Öko-Standards wie für Zuchtwild fehlen bei Gehege-Wildschweinen noch. Dem Jäger sind Keiler (der Wildschwein-Eber), Bache (die Sau) und gestreifte Frischlinge (Ferkel) geschätztes Jagdwild, Gourmets loben das ▶Wildschweinfleisch. Ähnlich ihrem zweibeinigen Jäger ist die Wildwutz ein sehr intelligenter, äußerst anpassungsfähiger Allesfresser. Das hat traditionell zu einem **eher negativen Image** geführt, v. a. bei der ländlichen Bevölkerung. In weiten Teilen Mitteleuropas haben sich die Bestände fast explosionsartig vergrößert, was an milden Wintern mit viel Nachwuchs lag und an den vielen verwühlbaren Frühkartoffel-, Raps- und Maisfeldern.

Die wilden Schweine durchpflügen den Boden mit hochaktiven Rüsselnasen nach Wurzeln, Eicheln, Eckern, Würmern, Larven, Mäusen, Schnecken und Pilzen. Mancherorts wurde diese Wildschweinerei zur Vorstadtplage; selbst Tierverbundene wie der NABU *(Naturschutzbund Deutschland)* verweisen auf die **Gefährdung von wertvollen Biotopen** und fordern die ökologisch verantwortliche und nachhaltige Reduzierung v. a. von problematischen Rotten durch die gezielte Bejagung. 402 501 Schwarzkittel wurden 2011/2012 in Wald und Flur gejagt und erlegt.

Nota bene: Problematisch sind durch Wildschweine übertragbare Tierseuchen wie etwa die Schweinepest, die auf Hausschweine übergreifen kann und z. T. mit Ködern als Schluckimpfung bekämpft wird. Gefährlich ist auch die eher seltene Belastung mit Trichinen (Fadenwürmern), weshalb eine Fleischbeschau bei Wildschweinen obligatorisch ist.

Wildschweine: So schlau, schnell, vermehrungsstark und gefräßig, dass es zur Waldplage wurde – weshalb sich beinahe schon das Gegenanessen empfiehlt

Wildschweinfleisch

Wäre es nicht in einigen Gebieten Deutschlands nach Tschernobyl noch immer belastet, könnte einheimisches Fleisch vom gern zum Abschuss freigegebenen Schwarzkittel gar für regionale Furore sorgen. So aber steht v. a. die wildschweinische Liebe zum Cäsium-137 anhäufenden Hirschtrüffel zwischen belastetem süddeutschem Wildschweinfleisch und heimischem Karnivorenappetit. Noch 2013 stellte das Freiburger CVUA *(Chemisches und Veterinäruntersuchungsamt)* fest, dass Wildschweine aus Pfälzerwald und Saarland teils weiter hohe Gehalte an Cäsium-137

Wildschweinfleisch: So wildwürzig deftig das dunkle Fleisch, so nicht ganz ohne – nicht ohne Cäsium …

Fleisch vom Wildschwein: Schlachtereien auf dem Lande verwursten es gerne, etwa zu wildwürziger Salami

aufwiesen. 2012 lagen 8,5 % der 118 vom LGL *(Bayerisches Landesamt für Gesundheit und Lebensmittelsicherheit)* getesteten Proben über dem EU-weiten **Grenzwert von 600 Becquerel**.

Dabei ist Wildschweinfleisch ansonsten nicht nur sehr gesund, sondern auch besonders saftig, wildhaft aromatisch und von Jungtieren besonders delikat. Rücken und Keulen werden zu Braten, zu Ragouts, sind Steak, Filet oder Medaillon; öfter werden für Begehrlichkeiten Schinken, Sülze oder Würste daraus.

Charakteristisch ist die dunkelbraune Farbe des Fleisches – eine Folge der stetigen Aktivität der Waldtiere: Ihre Muskeln werden besser durchblutet als bei vergatterten Hausschweinen. Der wild gedeckte Wühltisch macht da **den speziellen Wildgeschmack**.

Frische Wildschweinteile verkaufen Jäger, Forstamt oder Revierbesitzer, es gibt sie im Wildfach- und Versandhandel oder längst in guten Supermärkten. Im Revier wird das Fleisch der gesetzlich vorgeschriebenen Untersuchung auf die sog. Trichinen (also Fadenwürmer) unterzogen, im Handel ohnehin. Letzterer hatte 2012 auch nahezu 2 900 t Import-Wildschweinfleisch (zu rund 41 % aus EU-fernen Drittländern) in der Auslage; mit 5 848 t knochenlosem Wildbret machte das Fleisch von in Deutschland erjagtem Schwarzwild das aber doppelt wett. Der Konsum wächst weiter – auch wenn er noch nicht einmal bei 1 kg Wildschweinfleisch pro Kopf und Jahr liegen mag, entspricht dieser **Trend** doch der zunehmenden Kritik an Fleisch aus ▸Massentierhaltung.

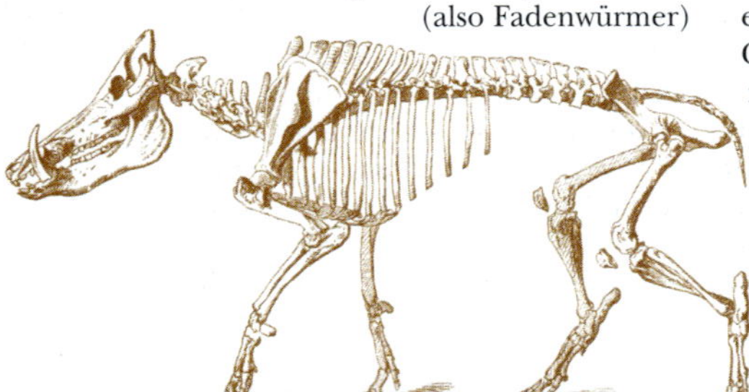

Wildschwein: Am kurzbeinigen Keiler reizte einst der große Kopf, der als Trophäe auf die Tafel kam

Wirsing

Der krausköpfige, wellblättrige und insgesamt zarteste Verwandte des glatten ▸Weißkohls. Der innen gelbliche Kopf von *Brassica oleracea var. sabauda* hat seine ganzjährige Saison im ▸Freilandanbau als heller Früh-/Maiwirsing oder als dunklerer, dann auch deftiger schmeckender Herbst-/Winter-/Lagerwirsing. Der so krause Kohl braucht zwar keinen Frost zur Aromenabrundung, gilt aber als ausgesprochen winterhart.

Wirsingkohl heißt auch Börsch- oder Pörschkohl und wird in der Schweiz Wirz genannt, altmodischer kennt man ihn als Welsch-, Mailänder oder **Savoyer Kohl**. Der Vielnamige stammt evtl. direkt vom wilden ▸Meerkohl ab und ist wie alle Arten ▸Kohl auffallend gesund. Mit 50 mg/100 g ähnelt sein Vitamin-C-Gehalt dem der Zitrone, 90 mg/100 g Folsäure sind ein ebenso stolzer Wert, sein hoher Gehalt an ▸sekundären Pflanzenstoffen (▸**Glucosinolate**) sorgt für viel antioxidatives Potenzial.

Dürften die Wirsing-Strunke ganz „durchtreiben", wüchsen sie sich 1,5–2 m hoch aus. Dies könnte bei Stark-Düngung leicht gelingen –

als Würzhülle um Fischfilets oder als gedünstete Köstlichkeit.

Tipp: Der Wuschelkopf ist nur dann noch knackig, wenn er beim Schütteln rasselt und sich die Blätter brechen und nicht etwa nur gummihaft biegen lassen. Harmlosere Läuse im Kohlkopf sind eher bestes Bio-Zeichen, man taucht dann nur den Kohl in Wasser, was alle Läuse hinaus an die Oberfläche zwingt. Durch **Kochen** kann viel Vitamin C verloren gehen, Wirsing deshalb nie länger als 15 Min. und nicht zugedeckt dämpfen.

Wirsing: Gegen den glatten Vetter Weißkohl kokett gekräuselt und als Maiwirsing ein küchenbeliebter Bote des Frühjahrs

seien wir dankbar für mäßige Düngerei und den selbst bei konventionellem Anbau nur mittleren Gehalt an ▸Nitrat. Doch das letzte aussagekräftige ▸Monitoring des BVL *(Bundesamt für Verbraucherschutz und Lebensmittelsicherheit)* dazu ergab anno 2007: 14,3 % der konventionellen Wirsing-Proben waren übermäßig mit ▸**Rückständen** von ▸Pflanzenschutzmitteln belastet. Selbst wenn es seither an aussagekräftigen Tests mangelt, weist weiter noch viel darauf hin, dass Bio-Wirsing erste Wahl sein sollte. Und da längst auch beim Wirsing eher standardisierte ▸Hybriden dominieren, lohnt es sich, auf ▸alte Sorten oder Regionales zu achten. Eine solche Spezialität ist der **Maiwirsing**. Im Herbst ausgepflanzt, ist er das traditionell am frühesten geerntete Gemüse. Die Sorte „Bonner Advent“ gilt aber als bedroht und wurde deshalb 2008 von ▸*Slow Food* in die ▸Arche des Geschmacks aufgenommen. Maiwirsing wurde Kult bei Gemüsegourmets – längst auch

Wochenmarkt

Als wenn die alte Landbau- und Handelswelt noch ganz in Ordnung wäre, pflegen Wochenmärkte ihr authentisches Bauern-Image mit Frisch-Angeboten für sinnenfroheres Einkaufen immer noch von der Scholle, zumindest aus der ▸Region. Doch nicht alle Erzeuger vermarkten noch selbst und so direkt, längst haben das spezialisierte Händler übernommen, die auf dem Großmarkt gern Fern-Ware dazukaufen – selbst wenn sie dennoch öfter als Produzenten posieren, wie mal die Hamburger Verbraucherzentrale ertestete. Bio-Marktstände als traditionelle **Nah-Anbieter** spüren auch längst die unnachdenklichere Lust der Marktbesucher auf mutmaßlich Bio überlegene, da so kurzwegige Regionalprodukte. Dabei ist die **Verwechslungsrate** auf Wochenmärkten auffallend hoch; Hamburgs Verbraucherzentrale zynelte, es werde

Wochenmarkt: Für Biobauern ohne Hofladen der kürzeste Weg zum Kunden und für Bummler das Einkaufsvergnügen bei Frische und Regionalität, selbst im Urlaub

Wochenmarkt: Weil neben der Regional- auch viel Importware angeboten wird, gelten für lose Ware strenge Regeln für die Auszeichnung von Bio und für die Herkunft

in Sachen regionaler Herkunft häufig getäuscht. Zudem werden öfter ganz pauschal nur ▸Biolebensmittel erwartet, bei ▸Eiern vom Nachbarn oder aus dem eigenen Ort etwa. Der Blick auf den Stempel scheint da nicht nötig, wo ▸Vertrauen und eine romantische Vorstellung aus reiner ▸Freilandhaltung kurz mal strenger definierte ▸ökologische Tierhaltung macht. Denn jede ▸Kennzeichnung verlangt eine Prüfung, und selbst die wochenmarkttypische ▸lose Ware hat ihre **Etikettier-Musts**: Art, Sorte, Herkunft, Güteklasse, Zusatzstoffe oder Behandlungsverfahren müssen an oder nahe der Ware stehen, nur Hinweise auf allergene Stoffe dürfen da ausnahmsweise fehlen. Kontrolleure wachen darüber und ziehen Proben. Bio-Aktivisten sorgen sich inzwischen um den Bekanntheitsgrad der ▸Bio-Siegel und des Kontrollnummernsystems, weil es eher selten auf Wochenmärkten auftaucht. Je dekorativer der Markt, desto argloser wohl der Einkaufsbummel. Obwohl: 2011 gingen Durchschnittsdeutsche nur zu 15 % „häufig" auf den Wochenmarkt, 53 % „hin und wieder", 31 % sogar „nie". Anders die ausdrücklichen ▸**Biokonsumenten**: Immerhin 57 % kauften 2012 ihre Bioprodukte hier – 82 % jedoch tun dies im ▸Supermarkt. Dafür liefert das BMELV *(Bundesministerium für Ernährung,*

Landwirtschaft und Verbraucherschutz) ein plausibles Argument: Einer der Wochenmarkt-Vorteile für Anbieter sei „Frische" – und der andere eben: „hoher Verkaufspreis möglich".

Wolfsbarsch

Britische Angler-Gourmets übertreiben da nicht: Der Genuss dieser delikaten Meeresfische, so betonen sie, könne schon mal ins gastronomische Nirwana führen. Und entsprechend begehrt ist *Dicentrarchus labrax*, der Europäische Wolfsbarsch (franz. ***loup de mer***, engl. *European sea bass*) denn auch. Er kommt noch v.a. in der Nordsee rund um die südlichen Britischen Inseln vor sowie im Ostatlantik und im Mittelmeer. Längst aber sind seine Wildbestände Opfer von ▸Überfischung, der Kauf von Wolfsbarsch

Wolfsbarsch: Zu begehrt, zu überfischt und nun gezüchtet – und am ehesten als gefarmter Biofisch noch empfehlenswert

gilt daher generell **als nicht empfehlenswert**. Und auch die Alternative ▸Aquakultur in offenen Netzgehegen kann umweltbelastend sein – Ausnahmen für ▸*Greenpeace* waren 2013 extensive Lagunen in Mittelmeerländern. Der ▸WWF hielt da nur Loup de Mer **aus der ▸ökologischen Aquakultur** für eine „gute Wahl" und ließ ihn als „zweite Wahl" entweder aus Nordostatlantik und Mittelmeer gelten, wenn er mit Stellnetzen oder Leinen gefangen wurde oder allgemein aus einer zertifizierten Zucht stammt.

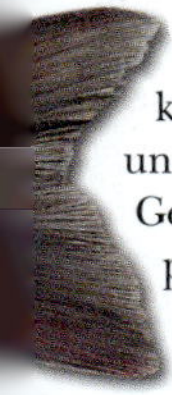

Der so rastlos in Wasserwirbelzonen patrouillierende und fressgierige Wolfsbarsch konnte einst und könnte noch 30 Jahre alt werden und bis zu 1 m Länge und 7–10 kg Gewicht erreichen, das kommt in praxi aber kaum noch vor. Die angelandete Masse machen 1-Kilo-Exemplare von 38 cm Länge aus. Initiativen, das **Fangmaß** auf 45 cm zu erhöhen, damit der bedrohte Fisch wenigstens einmal bestandserhaltend gelaicht hätte, wurden in Großbritannien amtlich abgeschmettert. Denn noch bringen Wildfänge etwa 5 000 t des Luxusbarschs jährlich, auch wenn die Fangmethoden nicht nur Delphine bedrohen, sondern auch viel zu viel Beifang aus dem Meer holen. Die „Ernte" aus der Aquakultur ist erheblich größer; allein im Mittelmeer kommen um die 35 000 t pro Jahr in die Auktionshallen. Wie bei allen Raubfischarten auch muss Mast-Wolfsbarsch fischiges Futter fressen, sodass ▸Veredelungsverluste zu beklagen sind. Bedenklich ist zudem, dass die Exkremente und evtl. eingesetzten Pharmaka den Meeresboden erheblich belasten, denn meist sind die Gehege in Ufernähe verankert. Bei den erst wenigen **Bio-Aquafarmen** dagegen müssen die Futterfische aus nachhaltig bewirtschafteten Beständen kommen, die Besatzmenge ist begrenzt und der Einsatz von ▸Tierarzneimitteln streng reglementiert.

Wolfsbarsch: In freier Natur höchst selten noch meterlang, heute kurzerhand kleiner „geerntet" – als Loup de Mer aus Aquakultur

Wurst

Sie ist das sauberste Essen, behauptet ein altes Sprichwort: oben und unten zu, da kann nichts hinein. Wie wahr, aber dann ist die Wurst schon fertig – kritisch geht's eher vorher zu.

Eigentlich ist Wurstmachen simpel, weil „nur" kleinstteiliges ▸Fleisch in den Natur- oder Kunstdarm kommt und roh darin reift oder gebrüht zur Leckerei wird. So scheinbar einfach funktioniert die Wursterei aber nur bei der **Warmfleischverarbeitung** gleich nach dem Schlachten. EU-Hygieneverordnungen vermiesen dies kleineren Betrieben durch strenge Auflagen, nur größere Verarbeiter können das noch. Deren Vorteil: keine Belastung mit ▸Keimen, kein Bedarf an ▸Konservierungsstoffen und der Erhalt vom Frischfleisch-Geschmack – wie eine Schlachtfesterinnerung. Denn das gut verpellte Natur-

Wurst: Ist sie dufte, wirbt sie für sich – aber man sollte und man will schon wissen, was drin ist, etwa ob und wie viel Nitrit …

Wurst: Was drin ist, kann Bio sein oder vom armen Schwein – als Tofuwurst ist sie tierfreundliche Geschmacks- und Einstellungssache

„Superwurst": Biobratgut mit der Botschaft, dass all die Wursterei auch klimaneutral gelingen kann

produkt oxidiert an Luftsauerstoff, verliert die rote Farbe und ergraut rasch, zum Befremden unkundiger Verbraucher. Grauware will keiner, gerade mal als Leberwurst. Deshalb wird seit Jahrhunderten farberhaltend durch ▸Pökeln und im Agrarindustriezeitalter auch chemischer **„umgerötet"**, um die hämoglobine ▸Frische von rotem Fleisch zu imitieren. Der Trick ist die Zugabe von NPS (Nitritpökelsalz), einer Mischung aus Salz und Natriumnitrat, Natriumnitrit oder Kaliumnitrat. Das pökelt Geschmack herbei, tötet Keime in den ersten drei wichtigen Reifetagen und erhält die Farbe. Aus NPS aber können sich eben durch Erhitzen oder durch Zugabe von Eiweiß krebserregende ▸Nitrosamine bilden.

Der ▸Biobranche ist das Pökeln und geschickte Umröten schon traditionell suspekt, weil es gegen das Prinzip der **Naturbelassenheit** verstößt und umstritten ist, inwiefern die „technologische Notwendigkeit" besteht.

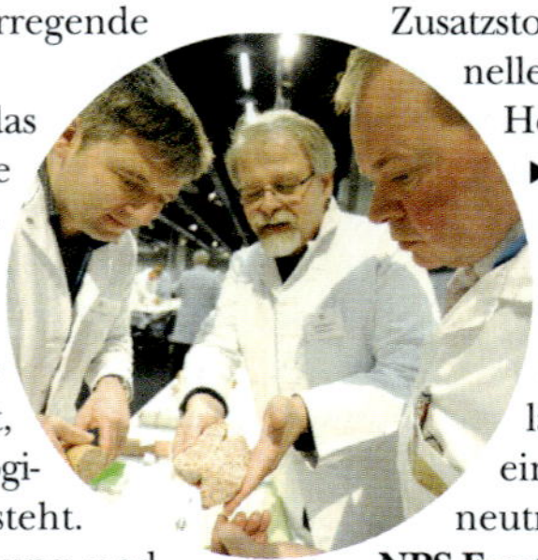

Die ▸EG-Öko-Verordnung und die meisten ▸Anbauverbände lassen Pökeln unter engen Voraussetzungen einstweilen zu; bei ▸Bioland und ▸Demeter, bei ▸Gäa wie ▸Verbund Ökohöfe aber ist NPS tabu.

Und es geht anders: Nahezu alle Bio- und konventionellen Sorten selbst im „Wurstparadies" Deutschland mit mehr als 1 500 regionaltypischen Varianten könnten auch ohne NPS hergestellt werden. Und dass in chemiefreier Bio-Wurst eben auch ▸Biofleisch von Tieren aus ▸ökologischer Tierhaltung drin ist, wenn alles erst mal oben und unten zu ist, hat sich herumgesprochen. Wem das nicht Wurst ist, der hat sich schon entschieden. Konsequent pökelferne Bio-Wurster schaffen eine mikrobiell sichere Produktion nur mit höchster Hygiene (▸HACCP), einer scharfen Steuerung von Temperatur und pH-Wert sowie unverdächtigen Zusatzstoffen. In der konventionellen Herstellung gängige Helfer wie ▸Phosphate, ▸Geschmacksverstärker und ▸Farbstoffe sind bei Bio ohnehin nicht drin. Eine sog. Superwurst von Ökoland wirbt sogar mit einer besiegelten klimaneutralen Herstellung.

NPS-Ersatzstoffe stehen nun auf einer Bio-Positivliste: reine Ascorbinsäure (nur bei Demeter verboten) für Umrötung, Extrakte von Gemüse mit natürlichem Nitratgehalt (wie Rote Bete) oder ganz spezielle Starter- und Schutzkulturen zur Rohwurstreifung. Vieles hängt da künftig von der EU und von systematischer Verbraucheraufklärung ab. Weniger rotes, **eher ergrautes Fleisch** in der Bio-Wurst mit leicht anderer Sensorik ist natürlicher und allemal gesünder – aber eben auch unerwartet und sicher etwas gewöhnungsbedürftig.

Aber warum nicht? In Dänemark sind Nitrate und Nitrite für Bio-Wurstwaren seit Jahrzehnten verboten, die unnatürliche Rotwurst gilt dort inzwischen als ungesund. Dabei lassen die tiefrot gefärbten *pølser* doch deutschen Dänemark-Touristen das Wasser im Munde zusammenlaufen!

Nota bene: Fleischiges ist Veganern und Vegetariern Wurst, nur das appetitliche Wort bleibt für alle Formen verwursteten ▸Fleischersatzes. Durchprobieren lohnt da allerdings – nicht alles kann auch geschmacklich mit den vielen guten Absichten mithalten.

Wurzelpetersilie

Unten leckere Wurzel, oben gefiedert mit dreilappigen und größeren Blättern als bei der eng verwandten Schnittpetersilie – also ist die Wurzelpetersilie auch eine **Petersilienwurzel** (wie oft etikettiert) oder eben eine Knollenpetersilie. Eine ▸Pastinake aber ist sie beileibe nicht! Selbst wenn Wurzelpetersilie ihr mit den Ringelstreifen auf den ersten Blick ähnlich sieht, sie bleibt an der fehlenden oberen Wulstigkeit erkennbar. Allerdings: Erst Geübtere erkennen sofort, was von beidem als klassische Einlage der ▸Biokiste geliefert wurde. Die spindelförmige Wurzelpetersilie hat etwas Archaisches (erst recht bei 20 cm Länge) durch ihre schlanklängliche, nach vorn spitz zulaufende Rübenform in gelblichem Weiß. Das unscheinbare Wurzelgemüse gehört bisher nur in ▸Bioläden zu den Stars, dabei schmeckt es nicht nur als Suppengrün-Zugabe deutlich petersilig in Terrinen oder elegant würzig in Cremesuppen. Die pikanten, sehr aromatischen, durchaus sellerienah schmeckenden Wurzeln sind geraffelt ein Rohkostgenuss und gestiftelt und gedünstet feine Beilage. Das Überirdische wird meist vernachlässigt, frisch geschnittene Blätter lassen sich aber gut verwenden: gehackt und blanchiert – oder roh zum Salat.

Wurzelpetersilie ist jedoch nicht nur äußerst delikat, sie hat mit den 41 mg/100 g auch einiges an Vitamin C intus; ihre ätherischen Öle haben zudem antimikrobielle Wirkung mit positiven Effekten auf die Verdauung und Nierenfunktionen.

Wie überaus praktisch also, dass frisch gekaufte Petersilienwurzeln mit glatter, rissefreier Schale sowie festem „Fleisch" ungewaschen und bei sehr kühlen Temperaturen oder im traditionellen Sandeinschlag wochenlang zu lagern sind. Am aromatischsten aber schmecken sie ganz frisch in der eigentlichen ▸Saison von Juli bis November.

Für ▸Biobauern bedeuten langsam wachsende Wurzelpetersilien ziemlich viel Arbeit durch häufiges Hacken gegen ▸Unkraut und den Kampf gegen Schädlinge wie Möhrenfliegen, denn Chemie verbietet sich. Und darf die Wurzelkraft mal ganz ins überirdische eigene Kraut schießen, wird die verzweigte Buschigkeit bis zu 1,20 m hoch und ist denn doch mehr Petersilie als Wurzel …

Wurzelpetersilie: Ein Klassiker vom Biobauern – und Kennern schmeckt selbst noch das Grüne, wenn es denn frisch ist

Würzpasten, Würzsaucen

Sie sind die Fertigwürzballungen als pastöse Grundmasse für entstehende Gerichte oder Flüssigeres für Serviertes. In ▸Bioläden gehören sie seit Langem dazu, dann mit Rohstoffen aus ▸kontrolliert biologischem Anbau, ohne zugesetzte ▸Geschmacksverstärker oder ▸Aromen. Die Basis für alles Kräuterige sind native ▸Speiseöle; asiatische Pasten oder Saucen basieren meist auf fermentiertem Soja.

Die populärste Paste ist hierzulande Italiens *pesto tradizionale*. Wichtig bei **Bio-Pesto** ist die Kaltveredelung

Würzsaucen: Interessante Konzentrate und in ihrer Vielfalt eine Domäne von Naturkostläden und Reformhaus

Würzsaucen: Auf die Ökozutaten kommt es an und eben auf die weggelassenen Zusatzstoffe, deshalb haften Biomarinaden auch anders am Flaschenhals

der Zutaten für das volle Kräuteraroma und das Schonen der Nährstoffe. Die zerkleinerten Kräuter werden **nicht mal erwärmt** – und auch nicht pasteurisiert, wenn dies strengste Hygienebedingungen erlauben. Manche Hersteller aber wollen nicht ▸Frische und Haltbarkeit gegeneinander ausspielen und gehen mikrobiologisch auf Nummer sicher: Hier werden die Zutaten wenigstens bis auf 70° C erhitzt.

Das **Würzpasten-Sortiment** in Bioläden ist recht umfassend, Appetit v. a. der ▸Vegetarier hat es ständig weiterwachsen lassen, viele Kräuterkombinationen erinnern an die breite Palette der traditionsreichen vegetarischen ▸Brotaufstriche, wie sie auch in jedem ▸Reformhaus dicht an dicht im Regal stehen.

Die asiatischen Würzpasten wie das gesunde Miso („die braune Butter Japans") gibt es längst in allen möglichen Variationen von salzhafter bis süßer und in interessanten Farbgebungen. In allen fermentierten Sojabohnen-, Reis-, Roggen- oder Gerstenpasten dürfen dann in Bioqualität nie gv-Produkte stecken, die benutzten ▸Gewürze stammen aus ökologischem Anbau.

Der **Würzsaucen-Klassiker** im Naturkosthandel ist die ▸Sojasauce in Bio, die noch natürlich fermentiert wurde und nicht, wie bei konventioneller Massenproduktion, in einem Schnellstverfahren mit chemischen Tricks entstand und mit Aromen, Zucker und Geschmacksverstärker auf Umami nur eingestellt wird.

In **Bio-Ketchup** wurde sogar ein signifikant höherer Anteil an Lycopin (einem ▸Carotinoid) gemessen als in konventionell produziertem – US-Studien ergaben einen drei Mal so hohen Wert! Angesichts eines bei Bio nicht selten doppelt so hohen Tomatenanteils (konventionell sind mind. 7 % in der Trockenmasse vorgeschrieben) und deren Bioherkunft schon verständlich. Außerdem ist Bio-Ketchup **nur natürlich gesüßt**, dafür ist es „freifließender" als die konventionell hergestellten Konkurrenzprodukte und neigt chemiefrei homogenisiert zur Phasentrennung. Da muss gut geschüttelt werden!

Nota bene: Das Problem des ▸Carry-over von ▸Weichmachern aus den Kunststoff-Dichtungen von Schraubverschlüssen ist bei einst auffälligen Bioprodukten durch Ersatzmaterialien inzwischen weitgehend behoben.

Würzpasten: Geschmäckervoll volles Bioregal

WWF

„Worldwide Fund for Nature" – der Name und sein Kürzel WWF klingen wie Donnerhall durch die bedrohte Natur und müssten hoffen lassen: **Der Retter** ist nah. Im Zeichen des Pandas mit dem Kindchenschema-Charme kümmert sich die populäre NGO längst um nahezu alles rund um Umweltpolitik, Natur-, Tier- und Artenschutz, um Fischfang, ▸Nachhaltigkeit, ▸Klimaschutz etc. pp.

Bei der Gründung anno 1961 waren Natur- und Großwildschutz in Afrika erste Anliegen der eher elitären Gründerclique, finanziert von reichen Gönnern und strukturiert von einem Werbeprofi. Dann aber wurden die vielen Initiativen immer teurer – und auch populärer. So folgerichtig wie schicksalhaft gesellten sich zum ersten Gründungsmitglied „Royal Dutch Shell" bald **andere Industrieunternehmen** als Mitglieder und Spender.

Bis heute beklagen Kritiker die Industrienähe, die manch Engagement des WWF etwas zweifelhaft macht. Härte und Konsequenz von ▸*Greenpeace* wurden so nie möglich. Der WWF wirkt oft kompromissbereit und eher kollisionsfrei; manche Projekte stößt er in Eigenregie an, viele in enger Kooperation mit Regierungs-, aber auch Wirtschaftsvertretern oder gar Handelsorganisationen vor Ort. Die Industrie möchte Zertifizierungen, der WWF gibt gern mal seinen Segen und nimmt Spenden im Gegenzug hin. Die gut vernetzte Lobby (2012 gaben allein die 438 000 deutschen Förderer 30,8 Mio. Euro) sitzt in zahllosen Gremien, die wiederum mit dem WWF-Image eigene ▸Gütesiegel aufwerten. Noch sieht das Panda-Logo dabei gut aus, aber es droht stets eine **inflationäre Verblassung** oder – viel schlimmer – der Vorwurf des ▸Greenwashings.

Doch immerhin enstand aus so einer Kooperation der ▸**MSC** *(Marine Stewardship Council)* und mit seinem Logo ein erstes leises Kriterium für ▸Nachhaltigkeit beim Fischfang – wenn auch *Greenpeace* hier zu lasche Richtlinien beklagt. Für ▸Aquakultur ist nun seit 2011 ein ASC *(Aquaculture Stewardship Council)* installiert. Der jährlich aktualisierte **„Einkaufsratgeber Fisch"** mauserte sich parallel zu dem von *Greenpeace* zum Maßstab – und blieb es, weil sich der WWF nach Kritik flexibel zeigte. So wurde 2011 die zu positive Bewertung von ▸Pangasius aus Aquakultur Vietnams korrigiert.

Auch gegen ▸Gentechnik hat sich der WWF erklärt, offiziell. Inoffiziell wird viel Toleranz praktiziert. Etwa am runden Tisch des RTRS *(Round Table for Responsible Soy)*. Dort sitzt der WWF neben Monsanto und findet weniger dabei (▸Soja). Auch am RSPO *(Round Table on Sustainable Palmoil)* ist der WWF in bester Industrie-Gesellschaft (▸Palmöl), kritisierte ihn 2013 aber auch.

Doch dabei sein ist für die Umwelt-Lobbyisten alles, und wer überall mitredet, kann sich **wenigstens Gehör** verschaffen und auch mit kleinen Schritten vorankommen. Seit 2010 aber fordert auch der WWF Förderung und Ausbau des ▸ökologischen Landbaus in Deutschland, da es gälte, „gesunde und nachhaltig produzierte Lebensmittel zu essen". So ist vieles beim WWF richtig und wichtig, oft aber lau – etwas laut und noch lauter wäre es noch besser …

Der WWF: Im Zeichen des Pandas die starke Lobby, mit deren Image andere Lobbys arbeiten

WWF-Effekt: Der Fund for Nature kümmert sich auch um Fischfang und schuf dank der MSC-Initiative ein Gütesiegel, dem Supermärkte sich verpflichtet fühlen

Xylophagen

Es ist wohl eine Fehlentwicklung der Evolution, dass wir Hominiden Fastallesfresser, aber nur keine **Holzesser** wurden, also keine Xylophagen (von griech. *xylon* „Holz", *phagein* „essen"). Wir würden sonst das weltweit vorhandene Gehölz zerraspeln, verspeicheln, verdauen und Klärwerke nur mit feinstem Papierbrei belasten …

Wie die Königlich-Preußische Akademie der Wissenschaften 1915 diskutierte, enthielten Bäume im Winter bis zum Austreiben beträchtliche Mengen Zucker, Stärke (wie Buche, Eiche, Ahorn, Pappel, Esche, Erle, Ulme) oder fette Öle (bei Birken, Ahornarten, Nadelbäumen). All dies steckt v. a. in den Parenchymzellen des Splintholzes. März-Ulmen hätten da 28 Vol.-% Stärke, Edelkastanien 22 Vol.-% Kohlenhydrate. Je feiner und zellzertrümmernd die Holzzermahlung, desto verdaulicher als Pulver in Mehl oder Zufutter für Tiere. Im Holzmehl übertreffe der Nährstoffwert gar die Ballaststoffmenge.

Und es gibt sie schon, **die dendrophilen Gourmets:** xylophagische Insekten wie Termiten und Holzwürmer, selbst unter Wasser noch tun es Schiffsbohrmuscheln oder Fische, wie der amazonische Harnischwels. In deren Gedärm, da leben eben, zum Neidwesen des Menschen auf seinem Holzwege, symbiotisch spezialisierte Protozoen sowie Bakterien, die schon die erraspelte Zellulose zerlegen. Dabei sind tierspezifisch Enzyme behilflich, falls nicht bereits Pilze mal das Modermorschholz vorverdauten.

Da sei menschliches Holzauge wachsam: Zur Sicherstellung der ▸**Welternährung** wird an Mikroben- oder Algenvermehrung in Bioreaktoren geforscht. Dabei ist Holziges als nachwachsender Rohstoff schier unerschöpflich! Holzpellets als neues Convenience Food und Sägespäne als Porridge der Zukunft … Von Floras Tischlein-deck-dich könnten wir Stamm-Esser uns so manche leckere Scheibe abschneiden – zum Dessert dann weichste Balsabissen.

Wir müssten bloß unsere unermüdliche **Darmflora** umstellen und hilfreiche Enzyme für den Holzmetabolismus schlucken. Noch aber haben Holzforschung und Lebensmittelindustrie da ein Brett vorm Kopf …

Kein Lexikon ohne X, deshalb hier kein X für ein U, deshalb hier zum Magen-ABC die innovativen Xylophagen …

Yaks: Ihre Weidegründe liegen nicht mehr nur im Himalaja, sondern auch in den Alpen oder in Kanada, denn sie sind pflegeleicht – und schmackhaft

„Bäume enthalten Zucker, Stärke und fettes Öl in ihren Parenchymzellen"

Kgl.-Preuß. Akad. d. Wissenschaften, anno 1915

Yacón saucig: In der Andenwurzel ist ein neues Süßungsmittel zu entdecken, das es als Sirup gibt

Yacón

Eines der vielen Wurzelknollengeschenke der peruanischen Anden und dort ein Grundnahrungsmittel, zudem verwandt mit ▸Topinambur, der „Erdbirne". Immerhin liefert *Smallanthus sonchifolius* ein Knollenfleisch mit zartem Biss, das roh zu Salaten und als Gemüse taugt. Weil Yacón aber sehr wasserhaltig ist, sich trotzdem fest beißt und saftigsüß nach Birne schmeckt, gilt es in Südamerika als Obst und nicht als Gemüse. Die Süße selbst hat einen leicht mal gurkig-möhrennahen, mal birnigen Beigeschmack.

Die Yacón hat die Besonderheit, in den oft bis zu 25 cm langen und dann 10 cm dicken Knollen Energiereserven nicht in Form von Stärke, sondern als Inulin bzw. in sog. Fructooligosacchariden zu speichern. Die jedoch kann der menschliche Körper mangels geeigneter Enzyme gar nicht erst verdauen. Am Blutzuckerspiegel ändert sich so also überhaupt nichts. Das eben macht Yacóns auch bei Pfundsschwere so kalorienarm und damit insbesondere für Diabetiker geeignet.

Geschälte **Yacón-Knollen** lassen sich stück- oder scheibenweise schon roh genießen. In Südamerika werden daraus durch Trocknung auch **Yacón-Chips** als traditionelle Knabberei. Aus den Knollen mit ihrem gut 80%igen Wasseranteil lässt sich ein süßer, erfrischender **Saft** pressen und daraus ein konzentrierter fructosesüßer **Sirup** herstellen, der kristallisiert in dunkelbraunen Blöcken als *chancaca* verkauft wird.

Die getrockneten **Blätter** der Yacón schließlich eignen sich gut für einen Aufguss, es gibt sie auch in **Pulverform** zur direkten Einnahme. Der **Tee** hat den Ruf, ▸präbiotisch und ▸antioxidativ wirken zu können und/oder „Schäden" durch ▸freie Radikale zu lindern oder gar zu heilen. Wie bei vielen ausgesprochen exotischen Neuheiten und bei ganz buchstäblich weit hergeholten Produkten sind dies die üblichen ersten und noch kaum geprüften Zuschreibungen, die wohl vor allem absatzfördernd wirken sollen. Es „sollen" dank Yacón sogar Nierenprobleme eher unspezifischer Art beheb-, der Zuckerspiegel gar senk- und eine Hautverjüngung machbar sein …

Im Handel sind meist ganze Knollen und getrocknete **Bio-Wurzelscheiben** für die urgesunde zusatzstoffreie Kauerei. Die Yacóns werden gern als „Lebenswurzeln aus dem Hochland Perus" angepriesen und bedienen die alte Sehnsucht nach Urweisheit.

Yacón-Scheiben: Die kalorienarmen Knollen aus den Anden haben eine naschige Zukunft

Yak

Gerade modisch werdender Rindsverwandter (*Bos grunniens*, deshalb „Tartarischer Grunzochse", oder *Bison poëphagus*) – aber wörtlich nur in der männlichen Linie. Ein „yak" ist allein der Bulle, das weibliche Tier wäre **„dri"**, was sich als Unterschei-

Yak: Der rindhafte Himalaja-Bison wird inzwischen in den Alpen gezüchtet – des gelblichen und fettarmen Fleisches wegen

dung außerhalb Tibets aber nicht durchsetzte. Die genügsamen **Wildrinder** mit der bekannten Gutmütigkeit weiden in nur noch wenigen und nur noch sehr kleinen Herden 4 000–6 000 Meter hoch auf dem Dach der Welt. Inzwischen grasen sie allerdings auch in den Hochlagen Kanada und in Europas **Alpen**.

Jede Dri liefert als reine Grasfresserin eine besonders an ▸Omega-3-Fettsäuren reiche Milch (drei- bis viermal reichhaltiger als Kuhmilch). Diese besonders fette Milch (tibetisch *gyak*) liefert den Klöstern Tibets und Ladakhs das Fett für Lampen, den beliebten Joghurt *sho* und die Butter für den gesalzenen Tee *(tsocha)*, die dazu ranzig sein sollte.

Das inzwischen im Westen teuer vermarktete **Zucht-Yakfleisch** (auch von der Dri) ist mit seinem wenigen Fett karotinhaltig und dadurch gelblich, aber sehr mager. Es ist vom jungen Tier zart und besonders schmackhaft, aromatischer als das vom Rind, damit eher dem Wildfleisch ähnlich. Hochgebirgsgemäß wird es in Dünnscheiben in Butter gebraten oder mal am Bambusstöckchen gegrillt.

In der asiatischen Bergheimat von Yak und Dri gelten Zunge und Mark als wahre Delikatesse – wohl auch dank mangelnder Konkurrenz anderer Großtiere.

Diesen Ruf rechtfertigen selbst die **europäischen Yaks**: Weil die pflegeleichten wie winterfesten Zuchtyaks und Weidedris keine stalltierischen Bedingungen oder gar Kunstfuttermischungen kennen, ist ihr Nutzvieh-Aspekt bei extensiver Haltung ein ebenso natürlicher wie gesunder, zumal wenn ihre Aufzieher ihnen ökologische Haltung angedeihen lassen. Ohnehin liefert eine Dri nur 2 bis 4 Liter Milch am Tag. Auch deshalb geraten Dri wie Yak nicht in Gefahr, Intensivhaltern jemals zu gefallen. **Yakfleisch** etwa von Bergbauern aus den Alpen wird also knapp, gesucht und damit teuer bleiben. Es ist im Internethandel zu bekommen.

Seit 1998 schützt der ▸WWF die nur wenigen noch verbliebenen Wildyaks durch örtliche „Umweltbildung" und Maßnahmen, die Wilderei unterbinden. Die größte Wildyak-Population erholt sich nun behutsam im tibetischen Schutzgebiet Chang Tang.

Dri: Das weibliche Dri ist wie der Yak-Bulle Lastträger im Himalaya und wichtiger Fleisch- wie Milchlieferant

Yams

Es sind die zweifach genutzten Hülsenfrüchtler aus Mexiko und aus den Anden, die sich nach Afrika und Asien ausbreiteten (franz. *pos patate, igname haricot*, engl. *African yam bean*). Die **Yamsbohnen** als Gattung mit etwa 600 Arten haben ein Doppelwesen, das leicht verwirrt: Den Zunamen „Bohne" bekam die etliche Meter hoch rankende Pflanze von den oberirdischen Früchten – daher der Kombinationsname „Knollenbohne" oder „Kartoffelbohne". Die enthält in 10 cm langen Hülsen ihre zentimetergroßen flachen Samen. Nur junge Hülsen und Samen sind gut gemüsegeeignet, ältere werden zunehmend giftiger.

Viel wichtiger aber sind die unterirdischen, bis zu 10 kg schweren und rübenartigen Knollen, formal besser **„mexikanische Kartoffeln"** benannt und in Mittelamerika noch schönklingender *jícamas* getauft (Nahuatl für „Schmeckendes").

Noch sind Yams aus ökologischem Anbau recht selten, aber die zunehmende Nachfrage wird den Handel sicher beleben. Glutenfreies Yamsmehl hätte immerhin beste Klebereigenschaften für Backwaren oder Nudeln und könnte in der Herstellung potenziell allergene ▶Binde- und Verdickungsmittel ersetzen, etwa in Joghurt.

Yams: Hülsenfrucht mit den oberirdischen-Bohnen und unterirdischen Knollen, die oft kiloschwer werden können

Die Schale der **Knolle** ist zwar ungenießbar, um so mehr mundet nach dickem Abschälen jedoch das elfenbeinweiße, süße, sehr saftige Fruchtfleisch. Es schmeckt knackig-knusprig und leicht nussig, erinnert an Wasserkastanien und in der Konsistenz leicht an Rettich. Yams lassen sich deshalb gut roh in Salate schnibbeln und machen diese überraschend exotischer. In Scheibchen und mit Salz, Gewürzbelägen (etwa mit Chili oder Korianderkraut), mit Limettensaft oder raffinierten Würzpasten bestrichen, werden sie bestes Fingerfood und sind als Snack eine willkommene Stärkenahrung. Yams-Puffer brauchen erst gar keine Eier oder andere Bindemittel!

Für die Chinesen gilt die Yamswurzel sogar als eine „Bergmedizin"; wie so oft bei neuen und exotischeren Produkten wird dies zu gerne kolportiert. Es heißt bei Yamswurzeln denn auch etwas vorschnell wie unbelegt, sie könnten zellerneuernd, entzündungshemmend und cholesterinspiegelsenkend wirken …

Nota bene: Alle grünen Teile von Yams, sowohl die Blätter, Blüten, Früchte wie die ausgereiften Samen, sind durch ihren Rotenon-Gehalt giftig für die Atmung (und speziell für Fische). Überdies ist eine *jícamas* auch nicht immer eine echte Yam, weil in ganz Mittel- und Südamerika viele ähnliche Knollen (z.B. ▶Yacón) so genannt werden; nie zu verwechseln sind sie mit ▶Süßkartoffeln.

Im Handel sind ganze Knollen der Yamsbohne einstweilen eher nur bei Spezialisten für Gemüse-Exoten zu haben, auch mal die frischen, eher aber die getrockneten „Bohnen", damit also die Samen. Hauptartikel aber, oft von ausgesprochen so beworbenen „Wildyams", sind Kapseln oder auch Extrakte als reine ▶Nahrungsergänzungsmittel und – wohl wieder einmal der lockenden Exotik geschuldet – als „Anti-Aging"-Mittel (▶Superfood). Beworben wird dies zu gerne als „Männervital" oder Mittelchen für innere „Frauenpower" und äußere „Beauty Breast".

Yin und Yang

Nach der Philosophie des Daoismus die chinesische Logik einer Dialektik, die zwar die zwei ablautschönen Gegensätze *yin* (für die „unbesonnte Berg-Nordseite") und eben *yang* (als „sonnige Berg-Südseite") definiert, zugleich aber impliziert, dass deren Nebeneinander permanent einen Ausgleich anzustreben hat. Damit hat die traditionelle Yin-Yang-Dialektik ihre hineinphilosophierte **Komplementär-Dynamik**, wird eher konsequent gelebt und führt zu pragmatischen Ritualen des tagtäglichen Ausgleichens.

Historisch und in altchinesischer Gesellschaftslogik wird mit Yin alles assoziiert, was „weiblich" scheint: das Weichere, Schattigere, Dunkle, Kühle, Talhafte, Konkave, Feuchte, auch das Nächtliche, Winterliche und Ruhige. Dagegen ist das tiefvokalische Yang entsprechend „männlich", also härter, aktiv, lichtvoll, besonnt, trocknend, bergig, konvex, taghaft, sommerlich, wärmer.

Eine Bevorzugung einer der **Prinzipien** kann es nicht geben, weil sie in gelebter Conclusio und im Lauf der Dinge oder Jahreszeiten zusammengehören. Historisch hat der Daoismus, unter buddhistischem Einfluss, das „weichere" Yin mit allerlei Strategien stärker gelebt, während der Konfuzianismus – auch in politisch betonterer Gangart – eher auf das „härtere" Yang setzte.

Im Rahmen so einer Yin-Yang-Weltschau kann aber jedes Individuum tagtäglich in seiner Lebensführung, mit Sportlichkeit, per Heilkunde oder eben auch in der Ernährung erstrebten Ausgleich suchen, was im Westen eine Zeit lang auch mithilfe der ▶Makrobiotik Mode war. Inzwischen hat Ayurveda als modischeres Prinzip große Bereiche makrobiotischer Ernährungslehren übernommen, die in aller Welt von oft eher selbsternannten Experten umgesetzt werden. Dabei spielen Rücksicht auf die „Fünf Elemente" (chinesisch Feuer, Erde, Metall, Wasser, Holz) bzw. auch „fünf Geschmäcker" (entsprechend: bitter, süß, scharf, salzig, sauer) eine eher ominöse Rolle, der bewusst gelebte ▶Vegetarismus übernimmt dabei die substanzialisierte Rolle. Insgesamt lassen sich somit nach Yin und Yang alle Nahrungsmittel nach ihrer Herkunft, Saisonalität, Bioqualität sowie nach unterschiedlichen Zubereitungen in Abstufungen und nach der jeweiligen Organwirkung klassifizieren und stets auch neu relativieren. Die eher spirituell zu verstehende „thermische" Innenwirkung ist dabei das Kriterium, ob Eingenommenes heiß, warm, neutral, erfrischend oder kühlend wirkt. Der stets anzustrebende harmonische Ausgleich von Yin und Yang zum „Einklang" findet allemal energieflussendlich im eigenen Körper statt. Die traditionelle Chinesische Medizin (TCM) analysiert und heilt nach diesem Yin-Yang-Prinzip.

Yin & Yang: Das Prinzip mit den prinzipiellen Komplementärelementen ist Welterklärung, Medizinsystem und Leitfaden für Ernährung – im buchstäblich umfassendsten Sinn

Ysaño

Ysaño: Noch ein Inkageschenk aus den Anden, das seinen rettichscharfen Kartoffelreiz hat

Ein uralter, schon vorkolumbianischer Klassiker aus den Anden mit gewisser Zukunftschance, nicht nur, weil mit den Blüten, Blättern, Knollen alles von Ysaño essbar ist. Darüber hinaus ist die Staude *Tropaeolum tuberosum* aus ihrer Lieblings-Andenhöhe von 3 000–4 000 Metern in

kargsten Böden höchst genügsam, ohne Düngebedarf pflegeleicht und von Natur aus weitestgehend resistent gegen übliche Fraß-Schädlinge oder Pflanzenkrankheiten. Auch deshalb wird die blattstielrankende **„Knollige Kapuzinerkresse“**, die auf Deutsch ja erst wegen ihres rettichscharfen Geschmacks überhaupt so getauft wurde, gern zusammen mit ähnlichen Knollenpflanzen oder anderen Gemüsen zur pestizidfreien Schädlingsabwehr angebaut.

Wo Kartoffeln in dünner **Höhenluft** nicht mehr gedeihen, tut es Ysaño problemlos. Inzwischen wächst er auf unwirtlichen schottischen Feldern. Ysaño ist in den Anden derart verbreitet und so beliebt, dass die 4 bis 13 cm langen und wulstigen Knollen so zahlreiche Namen haben, unter dem das Ex- und Importmarketing die exotische Nutzpflanze (bis zu 70 Tonnen gibt ein Hektar im Idealfall her) bald zunehmend anbieten wird: als **Isaño**, **Cubio**, **Mashua**, **Maswallo**, **Mascho** oder als **Añu**. Doch nur mit einem Anbautrick ist Ysaño, das als höchst verschiedenfarbige **Knolle** (weiß, gelb, purpurn, rot, gefleckt, gestreift) eher unangenehm riecht, wirklich voll genießbar: Man lässt sie im Boden und zieht sie nach Bedarf, hat aber mehr davon, wenn sie Frost bekam. Gelagerte Ysaños werden ebenfalls erst nach dem Kochen und Abkühlen durch Frostschock ihren unangenehmen scharfen Begleitgeschmack los, der sie mancherorts zu Viehfutter macht.

Dabei schmeckt das „gefrostete“ und weiße **Fleisch** mit seinen Senfölen interessant scharf nach rohen Radieschen, was sich durch Kochen ins Süßliche mildern lässt. Damit passt Ysaño zu Fleisch, bereichert allerlei Eintöpfe oder schmeckt scheibenweise geröstet, gebraten oder frittiert. In Molasse getaucht werden solche Scheiben zu Naschereien.

Genossen werden auch die gespornten dunkelgelben, orangeroten bis violetten **Blüten** und die wie Gemüse gekochten **Blätter**. Beide haben roh etwas Kressiges. Da frischer Ysaño aber relativ schnell verdirbt, sollte er zügig verarbeitet werden; nur Südamerikas *taicha*, das Trockenprodukt daraus, hält sich über Jahre.

Zurzeit wird intensiv am Protoplasma des nährstoffhaltigen Ysaño herumgeforscht, wie auch an verwandten Andenknollen, etwa an der weniger scharf schmeckenden, länglicheren **Oca**. So soll der Welthunger möglicherweise durch eine optimiertere Produktion abgemildert werden.

Nota bene: Erste Untersuchungen sprechen für die Volksmedizin, nach der Inhaltsstoffe von Ysaño den Nieren vielfältig gut tun, v. a. aber den weiblichen Östrogenspiegel sowie den männlichen Testosteronspiegel beeinflussen. Der aktuellen Europa-Karriere als so dekorative wie hochmodische **Gartenpflanze** wird derlei nicht schaden.

Ysop

Merkwürdigerweise ein Stiefkraut in der Küche und nie so wohlreputiert wie die nahen Verwandten Majoran, Rosmarin und Thymian. Dabei ließen sich Stängel von Ysop (franz. *hysope*, engl. *hyssop*) so bedarfsbequem wie Basilikum aus dem Balkontopf oder dem Kräuterbeet abbrechen.
Vielleicht liegt die Zurückhaltung einerseits am so abweisend fremd klingenden **Namen** von *Hyssopus officinalis*, der als Würzkraut zwar aus dem Mittelmeerraum, ursprünglich aber aus dem Nahen Osten stammt; *(h)esob/(h)yssop* ist denn auch ein uralter babylonischer Name für das so dufte Gewächs, das lange viel eher als (Bronchial-)**Arznei** denn als raffinierte Würze diente. Dann verirrte es sich mal als „Ispenkraut" nur gelegentlich in kräftige Eintöpfe, wurde schon eher verwurstet und gefiel als hübscher, bis 60 cm hoher Strauch und mit vielen lila Blüten als lockendes „Bienenkraut".
Ysop riecht sehr aromatisch, leicht minzig und würzig-bitter dank seines Anteils an kampferartigen ätherischen Ölen von 4 bis 10 %.
Er peppt deshalb viele (und dann meist asiatische) ▸Gewürzmischungen auf und macht einige Klosterliköre (Chartreuse etwa) so typisch.
Seine volle **Geschmackswucht** hat lange dem Würzruf geschadet, Ysop wird auch leicht überdosiert. Umso hocharomatischer duftet ein **Ysop-Tee**, und Spezialisten kreieren damit kräuterige Ysop-Bowlen.

Ysop: Immer schon Teil der traditionellen Kräuterspirale und allmählich auf dem steinigen Weg zurück in die Küche

Küchentipps: Die Grundregel lautet, Ysop bewusst sparsam zu verwenden. **Frisch** genügen wenige Blüten oder ein paar lanzettförmige Blätter. Ysop würzt betonend kräftige Eintöpfe, deftigere Bratkartoffeln, nur wenig reicht für viel Kartoffelsalat und macht eine Schüssel Reis pikant und weniger langweilig. Alle Marinaden bzw. Saucen für Wildgerichte, Sauerbraten oder Lamm nach orientalischer Art werden schon durch ein paar Blattspitzen interessanter, Fleischsuppen origineller, und auch Gemüsesalate lassen sich mit Ysop verblüffend verfremden. Quark verliert dann das Milde ans Wilde …
Getrocknete, viel weniger intensive Blätter/Blüten/Stängelanteile lassen sich gemörsert gut dosieren oder mit Olivenöl und geröstetem Sesam zur Dip-Paste verrühren.

Z

Zander

Schon um 1900 nannte man ihn „einen der wertvollsten und wichtigsten europäischen Süßwasserfische" – eigentlich ist er es heute noch. Aus Binnengewässern ist Zander (*Sander lucioperca*, auch Sander, Zahnmaul, Schill, **Hechtbarsch** oder österr. **Fogosch** genannt) wegen seiner Größe und des hellen und fast grätenfreien Fleisches ein höchst begehrter Speisefisch. Sein Name ist ungeklärt und wohl slawisch, für die Brüder Grimm war er ein „Zahn"-Fisch …

Immerhin ist der Zander der größte Barschartige, der in Europas Süßgewässern vorkommt. Als *pike-perch* ist er gar in den USA heimisch geworden. Obwohl Zander in Deutschland nur rund 1 % der Fischmenge ausmacht, ist die Nachfrage erheblich größer als der Nachschub aus heimischen Fängen, Wild-Zander stammt inzwischen aus Fängen in Osteuropa (v. a. den estnischen Seen), wo ▸nachhaltige Fischerei eher die Ausnahme ist. Sowohl ▸*Greenpeace* als auch ▸WWF raten deshalb dazu, auf osteuropäischen Wildfang-Zander zu verzichten und empfehlen die Öko-Zucht; dem WWF gelten auch westeuropäische Fänge mit dem Siegel des ▸MSC *(Marine Stewardship Council)* als „gute Wahl", da sie bestandserhaltend und quasi ohne ▸Beifang „geerntet" würden – im Idealfall als regionaler Angelfisch.

Zunehmend wird der stark nachgefragte Zander auch als sog. Nebenfisch der Karpfenteichwirtschaft angepaart, erbrütet und als Satzfisch in Teiche gegeben. Das alles aber ist nicht unproblematisch und muss sorgfältig mit sog. Haltungsmanagement, mit Steuerung von Licht und Wassertemperatur, optimiert werden. Dann laichen und milchen Zander außerhalb der natürlichen Rhythmen. Die Minifische sind schon nach 3 Jahren mit einer Länge von etwa 25 cm geschlechtsreif. Doch der Zander ist ein Raubfisch. Bereits in frühester Jugend ernährt er sich von der Brut anderer Fische, frönt auch in der ▸Aquakultur seinem Kannibalismus und muss daher permanent größensortiert werden. Ist er ausgewachsen, sind in freier Wildbahn v. a. kleine Fische, Krebse und Kleinlebewesen seine Beute.

Zander: Als Mastfisch ein idealer Futterverwerter und auch aus Wildfang Lieferant von köstlichen Filets

Das macht seine **Aufzucht** problematisch: Zander sind auf Naturnahrung, kleine Futterfische, Fischmehl und ähnliche tierische Nahrung angewiesen. Man kann sie halbwegs gut „umstellen" auf Trockenmischfuttermittel und Forellenfutter, provoziert damit jedoch die Verfettung von Leber und Leibeshöhle. Zudem gilt diese Fütterung einigen ▸Anbauverbänden nicht als ▸artgerecht.

Die Mastdauer bis zu einem Gewicht von 1 kg beträgt 13 Monate, die Futterverwertung (sog. *Fish-in-fish-out-ratio*) hat den Faktor 1: Gerade mal 1 kg Futterfisch bringt also 1 kg Zander – eine vergleichsweise gute Zuchtbilanz (▸Veredelungsverluste). In Deutschland gab es 2012 immerhin 302 Betriebe für die heikle, aber eben rentable Zanderzucht; 13 von ihnen betrieben ▸ökologische Aquakultur. Interessanterweise werden die sog. Speisezander („speisefähig" sind

Ziegen: Beliebte Sonderlinge bei vielen Biobauern und Milchlieferant für Käsekönner und Käsekenner

Zichorienkaffee: In dieser alten Genussform aus Notzeiten ist er eher unbekannt und deshalb oft unterschätzt

sie mit 1–2 kg, in Freiheit werden sie bis zu 10 kg schwer) in Deutschland nicht nur in Aquafarmen bzw. Teichwirtschaften gemästet, die irgendwie ihrer natürlichen Umgebung entsprechen: Ein Landwirt in Niedersachsen züchtet sie in **großen Bottichen** – im Schweinestall.

Zichorien

So altmodischer wie korrekter botanischer Gattungsname für gleich etliche Gewächse mit hübschen hellblauen Blüten in Körbchenform (daher Familie der „Korbblütler") und mit totaler Genießbarkeit von Blättern, Stängeln sowie Wurzeln. Gartenbesitzer und Gemüsebauern danken den Zichorien die segensreiche Willfährigkeit, sich zu den Arten ▸Endivien, ▸Chicorée und Radicchio sogar massenproduktionstechnisch weiterzüchten zu lassen.

Ein Bio-Gourmet kann heute jedoch nicht mehr so leicht auf den Zichorien-**Urgeschmack** kommen, denn die einzig verbliebene einheimische Art der Zichorie, die Gemeine oder auch Gewöhnliche Wegwarte *(Cichorium intybus)* wächst zwar wild an allerlei Wegesrändern, ist aber in ihrem Bestand in einigen Regionen gefährdet und wurde nicht umsonst zur deutschen „Blume des Jahres 2009" gewählt.

Zichorien: Die moderne Verwandtschaft Radicchio und Chicorée hat sie längst schon abgehängt

Wenn eine ▸Wildsammlung noch bestandserhaltend lohnt, dann ab April (für zarte, löwenzahnähnliche Salatblätter) bis in den Juli (für Blätterspinat, in Gemüsen, Suppen oder Saucen), bevor die Blätter dann zu bitter werden. Die **interessante Feinbitternis** stammt vom angenehm irritierenden Lactucopikrin (alias Intybin) und vom Inulin, das auch für ▸Artischocken, ▸Löwenzahn, ▸Topinambur oder in ▸Schwarzwurzeln so typisch ist.

Bei der sog. Kulturvarietät der Wurzelzichorie etwa stecken bis zu 58 % Inulin als geschmackstypisches, sehr langkettiges Polysaccharid-Molekül in den Wurzeln. Die wurden deshalb in Notzeiten (in denen man auch mal die Blätter als Tabakersatz trocknete) ab September bis Februar ausgegraben, getrocknet, geröstet und als ▸**Kaffee-Ersatz** überbrüht. Dieser Image-Schaden hindert viele immer noch, die geschälten, zerkleinerten, zur Entbitterung gewässerten Wegwarten-Wurzeln mal interessant zu kochen, zu braten oder zu überbacken (wie übrigens auch die dünstbaren Stängel zwischen April und Juli). Traditionell gilt der Zichorienwurzel-Tee aus Wegwarten u. a. als kräftigend, stoffwechsel- und damit verdauungsfördernd, mild abführend und sogar harn- und gallensafttreibend. Ein Blätterbrei kann entzündungshemmend wirken.

Ziegen

Die raufelligen Hornträger mit dem bockigen Mecker-Image sind in Biobetrieben trotzig verteidigte und respektierte Favoriten: Von allen Nutztieren ist der **Bio-Anteil** bei Ziegen (mit fast einem Drittel) am höchsten. Seit ihrer frühen Domestizierung haben sich die anspruchslosen Tiere in zahlreiche Rassen und Spielarten differenzieren lassen. Ein Verdienst ökologischer Betriebe bleibt es, sehr alte oder regional bewährte Rassen wie die Thüringer Waldziege zu fördern, statt auf die züchterisch optimierten Einheitsziegen zu setzen.

Die FAO schätzte noch 2002 den weltweiten Ziegenbestand auf 313 verschiedene Rassen und 743 Millio-

Ziegen: Bio-Zickel bekommen länger echte Milch und dürfen später Freiland-Austober werden

nen Tiere. 2012 waren es schon etwa 920 Millionen Ziegen, mit weiter steigender Tendenz. Deutschland ist da mit ungefähr 150 000 Tieren aus nur zehn Haupt-Rassen vergleichsweise ziegenarm. Geschätzte 50 000 davon sind Bio-Ziegen, die in ▸ökologischer Tierhaltung aufwachsen.

Dabei unterscheidet die Praxis zwischen Fleisch- und den wichtigeren Milch-Ziegen. Deren sog. Laktationsleistung (die jährliche Milchmenge also) ist jedoch auf wenige Monate beschränkt. Und ihre 500 bis 1 200 Liter werden von der ▸Milchkuh acht- bis zehnfach übertroffen.

In Deutschland dominieren **Freilandherden** mit allenfalls 300 Ziegen. Besonders in der ökologischen Ziegenhaltung sind die Betriebe klein oder nur mittelgroß, denn zum einen gilt hier das Prinzip der Flächenabhängigkeit: Pro Hektar dürfen nur so viele Nutztiere gehalten werden, dass der jährliche Düngereintrag 170 kg Stickstoff nicht überschreitet. Deshalb sind laut ▸EG-Öko-Verordnung pro Hektar nur statistische 13,3 Ziegen erlaubt. Zum anderen widerspräche eine intensive Haltung dem Wesen der ▸ökologischen Tierhaltung, die sich einer **artgerechten Aufzucht** verschrieben hat. Für Ziegen muss viel Platz sein: mindestens 1,5 m² Stall- und 2,5 m² Außenfläche (pro Zickel sind es 0,35 bzw. 0,5 m²). Die entsprechenden und im Idealfall stets ganzjährig nutzbaren Weidemöglichkeiten oder sog. Laufhöfe sind vorgeschrieben. Bio-Zickel bekommen zudem 45 statt nur 25 Tage lang Milch, die tatsächlich natürlich ist. Milchaustauscher, wie konventionelle Betrieben sie der Preise wegen nutzen, sind für Bio-Ziegen tabu.

Umso monströser muten da die konventionellen „Ziegen-Fabriken" niederländischer Bauern an, in denen mehrere Tausend Tiere pro Betrieb für Milch-Höchstleistungen sorgen sollen. Nach der Schweinepest von 1997 hatten viele auf Ziegen und Schafe umgestellt, nun wird die Kehrseite der skandalösen ▸**Massentierhaltung** deutlich: 2010 wurden Zehntausende Ziegen getötet, die sich mit dem – auch für den Menschen gefährlichen – Q-Fieber infiziert hatten, der „Ziegengrippe". Pläne für einen ähnlichen Großbetrieb in Niedersachsen („ein Freilauf der Ziegen erfolgt nicht" – laut Antrag) wurden nur vorübergehend auf Eis gelegt.

Ziegenbraten: In der griechischen Küche ein Versprechen für krosse Keule

Ziegenfleisch

Schon gut zu wissen für den Vorgeschmack: Ziegen sind nahe Schafsverwandte, weshalb in Zentralasien Schaf-, Hammel- und Ziegenrezepte auch gleichwertig sind. Vor Jahrhunderten wurde noch das Fleisch von älteren Ziegen gemocht, seit der Barockzeit aber kam die „Tafelziege" aus der Mode und schmeckte dann eher armen Leuten.

Dafür wurde eine viel zartere Delikatesse entdeckt und zunehmend nur noch verwendet: das Fleisch vom jungen bzw. noch nicht erwachsenen Zicklein. Besonders geschätzt wird heute das Fleisch von Zickeln, den sog. **Milchzicklein**.

Für Bio-Ziegenhöfe, die sich meist eher auf die Produktion von Milch und Käse konzentrieren, ist die Vermarktung des Fleisches ein zwar willkommener, aber ökonomisch nicht besonders relevanter Nebenerwerb bei überwiegend regionaler Vermarktung. Hilfreich sind dann solche Aktionen wie jene der Lebensmittelkette „tegut", bei der saisonal Bio-Ziegenfleisch angeboten wurde. Die Bedeutung der Ziegenfleischerzeugung in Deutschland ist insgesamt sehr gering, sie macht nur ein Hundertstel der gesamten Fleischerzeugung aus. Dabei ist Ziegenfleisch von jungen Tieren durchaus schätzenswert. Es ist in seiner Zusammensetzung dem von ▸Lammfleisch vergleichbar, dabei aber weniger fett, und enthält sehr viele ungesättigte ▸Fettsäuren. Das Fleisch ist zart und eher milde im Geschmack.

Ein BSE-Risiko besteht, soweit dies bisher bekannt ist, nicht. Einstweilen gibt es auch keine Ergebnisse zu etwaigen gesundheitsgefährdenden ▸Rückständen im Fleisch der Ziegen. Dass trotzdem keine nennenswerte Zucht von Fleischziegen geschieht, liegt an den Kosten, vor allen Dingen in der ▸ökologischen Tierhaltung. Schließlich bekommen die Zickeln dort 45 Tage lang **natürliche Biomilch**, die zwar von der Kuh stammen darf, aber bei ca. 2 Litern pro Tag merkbar zu Buche schlägt. Milchaustauscher wie in der konventionellen Haltung sind billiger, weshalb nicht-ökologische Halter eher auf ihre Kosten kommen.

Ziegenqualität: Nur freilandläufig erkauen sich die Vielfresser Milch und Fleisch von ganz besonderer Biowertigkeit

Ziegenkäse

Er ist der typische Regionalkäse in aller Welt, wo Ziegen gemolken werden, und deshalb meist von traditioneller und überaus variantenreicher Machart. Das Ziegenkäse-Paradies ist Frankreich, wo der *fromage de chèvre* in allen Spielarten von mild bis überraschend scharf, in Kleinkugel- oder schwergewichtiger Form zur Standardauswahl gehört.

Ziegenkäse gibt es **in schönster Vielfalt** vom Quark über Frisch-, Weich-,

Schnitt- bis zum Hartkäse. Der ist dann so unverkennbar schneeweiß, weil die Milch von Ziegen im Vergleich zu anderen einen höheren Gehalt an Vitamin A hat. Kenner wissen, dass wegen der saisonalen Brunst nur von März bis November ▸Ziegenmilch zu Ziegenkäse werden kann; es sei denn, der Mensch greift in den Biorhythmus ein.

Ziegenkäse aus Biobetrieben wird – anders als bei konventionellen Milch-

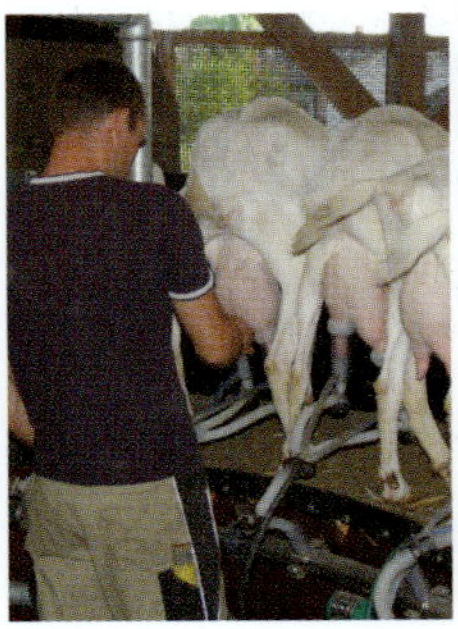

Bio-Ziegenkäse: In ihm steckt viel Handarbeit und Verzicht auf Hilfsmittel. Gerade das Artisanale macht die regionalen Unterschiede so groß und lohnt Entdeckungen

mischern erlaubt – nach strengen Richtlinien zu 100 % aus Bio-Ziegenmilch hergestellt. Jeder Bio-Ziegenkäse entsteht zudem ohne ▸Konservierungsstoffe. Auch das für konventionellen Käse benutzte Antibiotikum Natamycin (E 235) ist tabu; ebenso Lysozym gegen sog. Käselaibblähungen, das kritisch für Hühnereiweiß-Allergiker sein könnte.

Schon zu Beginn der Ziegenkäserei darf in Biobetrieben **kein gentechnisch verändertes ▸Lab** eingesetzt werden. Es wird entweder mit natürlichem Kälber-Lab (KL) gearbeitet oder – was Vegetarier freut – mikrobielles Lab (ML) verwendet.

Am häufigsten werden (am einfachsten herzustellende) Frisch- sowie Weichkäse angeboten. Ihre Reifezeit kann 2 Wochen bis 3 Monate betragen, die Art der Reifung entscheidet über die Sorte. Ein Ziegenkäse kann in Folie reifen, unter speziellem Käsewachs oder – bei der Oberflächenreifung – dank der sog. Rotschmiere bzw. durch das regelmäßige „Abwaschen" mit Salzlake.

Obacht: Mithilfe der Gentechnik wird inzwischen mit konventionellem Zynismus versucht, eine ganz natürliche Einschränkung bei der Verarbeitung von Ziegenmilch zu umgehen. Es gibt nämlich ziemlich unterschiedliche Gehalte von Alpha-s1-Casein in der Milch verschiedener Ziegenrassen. Hohe Werte bedeuten eine große Käse-Ausbeute und einen festen Labkuchen. Deshalb wird versucht, das für den effektiveren Alpha-s1-Casein-Wert verantwortliche Gen verlässlich einzubauen. Was allerdings wiederum das allergene Potenzial erhöht.

Nota bene: Auch bei Ziegenkäse aus ▸Rohmilch gilt, dass die Gefahr einer Infektion mit beinahe allgegenwärtigen ▸Listerien eher größer als kleiner ist – am größten bei Weichkäse und Rinden.

Ziegenkäse: Seine Entstehung aus Rohmilch wird stets mit gewissem Risiko für Keime erkauft

Ziegenmilch: So gut wie und in manchem besser als Kuhmilch und sehr vielfältig zu Bioprodukten verarbeitet

Ziegenmilch

Um sie gleich mal schmackhaft zu machen: Die unbemeckerbare Milch entspricht im Protein- und Fettgehalt ungefähr jener von der Kuh, hat zwar weniger Folsäure, ist Kuhmilch aber bei den Vitaminen A (ihrem Weißmacher), Carotin und Vitamin D doppelt bis vierfach überlegen. Der Gehalt an sog. Linolsäure, einer essenziellen ▸Fettsäure, ist in Ziegenmilch etwa zweimal so hoch.

Das leicht süßliche, aber strengere Aroma von Ziegenmilch bleibt pure **Geschmackssache**, findet inzwischen aber immer mehr Liebhaber. Dabei gilt: Der fremdere Geschmack wird um so stärker bis „böckig", je länger Ziegen ausschließlich im Stall gehalten werden – was ausdrücklich den Richtlinien der ▸ökologischen Tierhaltung widerspricht. Das „Gemelk" muss zudem rasch verarbeitet werden, da es schnell Fremdgerüche annehmen kann.

Die im Allgemeinen **leichtere Verdaulichkeit** des delikaten Laktats der Ziege verdankt es den etwas anderen Eiweißmolekülen, die sich in Ziegenmilch zu deutlich kleineren Fettkügelchen verdichten und so viel darmfreundlicher aufgeschlossen werden. Die Annahme, dass Ziegenmilch für Menschen mit Lactoseintoleranz besser geeignet sei, gilt denn auch nicht für jede Milch der verschiedenen Rassen. Manche dieser Milchziegen tragen so liebenswerte Namen wie Weiße Deutsche Edelziege, wie Thüringer Waldziege, die Toggenburger Ziege oder auch Gescheckte Holländer Ziege. Sie sind Züchters Stolz.

Inzwischen ist Milchziegenhaltung besonders für **Biobetriebe** attraktiv, nicht nur für Ziegenkäse aus meist hofeigener Produktion. In Deutschland werden inzwischen jährlich etliche Mio. Liter Bio-Ziegenmilch verarbeitet, von den 50 000 Bio-Ziegen wird ein Viertel auch gemolken. Die jährliche Milchausbeute variiert stark und erreicht mit 500–1 200 Litern nur ein Achtel oder gar Zehntel der Euterleistung von ▸Milchkühen.

Die Laktationsphase von Ziegen ist nämlich durch ihre saisonale Brunst auf die Monate März bis November beschränkt, im Winter werden sie „trockengestellt", sofern sie nicht künstlich früher oder später brüns-

Ziegenzucht: Sie ist eine typische Biodomäne und wirft einiges an beliebten Produkten ab

tig gemacht werden oder gar ganz bocklos bleiben und dann „durchgemolken" werden können.

Obacht: Ein Fall von bedenklichem ▸Carry-over machte 2010 Furore, als in einer konventionellen Ziegenmilch Spuren von verfüttertem ▸Gen-Soja nachgewiesen wurden.

Zimt

Die getrocknete, hocharomatische und unverwechselbar würzig brennende Innenrinde der Schößlinge vom Cinnamomum-Baum, an der zu lernen ist, wie ein Urgeschmack vom billigeren Aroma der Imitation verdrängt wird. Tatsächlich haben wir die sanfte Idee des Zimtgeschmacks von der echten Ceylon-Rinde längst durch die plumpere Wucht des hinterindisch-chinesisch-malaysischen Cassia-Zimts verloren. **Ceylon-Zimt oder Kaneel** (nach dem handelsüblichen franz. „Röhrchen") vom Echten Zimtbaum ist viel zu teuer für den industriellen Masseneinsatz und zu milde für sparsames Würzen. Auch deshalb macht er nur Bruchteile des Weltverbrauchs aus, dominiert allerdings inzwischen das Angebot im ▸Reformhaus und ▸Bioladen. Der sog. **Chinesische Zimt oder Cassia bzw. Kassia** von der Zimtkassie dagegen ist da heftiger und kräftiger, wird als Massenprodukt meist gemahlen angeboten und beherrscht nicht nur den globalen Markt; in Deutschland macht er 94 % aus.

An der Stangenform könnte man beide Sorten unterscheiden: Der kostbarere Ceylon-Zimt ist heller und besteht nur aus inneren Rindenschichten, die sich von beiden Seiten her aufrollen. Für Padang- oder Malabar-Zimt jedoch wird die ganze Rinde genommen, die sich also nur von einer Seite her rollen würde. Da dieser Zimt aber ohnehin meist zermahlen zu haben ist, fällt diese Ur-Unterscheidung weg. Und zu gern wird mit solchem Rindenpulver das aus Sri Lanka gestreckt – beim Kauf ist dann kaum noch eine Differenzierung möglich.

Wohl aber bei **Bio-Zimt** in Stangenform und mit Zertifikat: Der stammt dann aus Anbau ohne den Einsatz synthetischer ▸Pflanzenschutzmittel und wurde nach der Ernte nicht chemisch behandelt oder bestrahlt.

Zimt: Bio-milde nur aus Ceylon, sonst eher heftig-kräftig als Cassia-Sorte

Was so aromatisch zimtig schmeckt, sind die 1–4 % des ätherischen Öles Zimtaldehyd, beim Ceylon-Zimt kommen noch 10 % brennend-würziges Eugenol dazu. Chinas Cassia-Variante hat außerdem adstringierend und „unedler“ schmeckende Gerb- und Schleimstoffe.

Warnung: Überdies enthält Zimt aus Ceylon sehr wenig, die Cassia-Sorte dafür um so sehr viel, sogar bis zu hundert Mal mehr vom möglicherweise leberschädigenden Cumarin. Davor wird schon mal bei ▸Waldmeister gewarnt, bis 2005 aber gab es noch nicht einmal systematische Messungen. Dann allerdings kam der **Zimtalarm**: In Zimtgebäck wurde eine 40-fache Überschreitung der laut Aromenverordnung gerade noch erlaubten Cumarin-Menge festgestellt.

Zimt-Warnung: Nur in Maßen genossen eine Sternstunde des weihnachtlichen Gefühls, aber auch aus den wertvollen Stangen droht Cumarin-Gefahr

Und plötzlich gab es eine Zimtsterne-Verzehrsempfehlung (nur zehn pro Kind und Woche, auch nur einmal Milchreis mit Cassia-Zimt) und viel Hektik hinter den Kulissen von Industrie und Behörden. Von 2006 an wurden die **Cumarin-Werte** systematisch durch neue Rezepturen u.Ä. gesenkt. Die Lebensmittelindustrie argumentierte, eine Berufung auf die Aromenverordnung hätte ohnehin keinen Wert, weil Zimt ein Gewürz sei, und für Cassia gäbe es keinen bezahlbaren Ersatz. Seit 2011 gelten strengere EU-Höchstgehalte. Tests ergaben regelmäßig niedrige Cumarin-Werte für den Ceylon-Zimt, dafür ständig hohe und höchste im Cassia-Zimt. Auch **Bio-Zimt** der kräftigeren Cassia-Sorte enthält schwankend viel Cumarin, im Zweifelsfall steckt es auch in allen Produkten mit nur pauschaler Zimtangabe auf dem Etikett. Nur echter Ceylon-Zimt ist deutlich cumarin-arm, dafür seltener und teurer. Traditionell geht er auch in Apotheken über den Tresen – zu den sprichwörtlichen Preisen.

Zitronen

Unter allen Biofrüchten sind sie die Stars: Etwa jede vierte Zitrone trägt inzwischen ein Bio-Siegel. Zu sehr hatte es den kleinen Zitronenbomben, die Flora uns zuwirft, ohne groß „C“ darauf zu schreiben, geschadet, dass sie aus konventioneller Ernte jahrzehntelang mit **allzu pestizidbelastetem Image** daherkamen. Dabei hat die Natur in die klassischsten Südfrüchte mit bis zu 7 % so viel Zitronensäure hineingesaftet, dass kein Tier uns das Sauerobst wegfuttern mag. Dennoch wurde zu lange ab Blüte und in der Reifezeit sowie nach der Ernte gespritzt, behandelt, begast, bestrahlt.

Dabei sind Zitronen relativ unkompliziert auch ökologisch zu erzeugen und haben lediglich das Manko, dann schneller verderblich und eben etwas teurer zu sein.

Gegen Schimmel und Fäulnis baden Nicht-Bio-Zitronen in Lauge und werden mit synthetischen ▸Konservierungsstoffen und einer Wachsschicht geschützt. Ökologisch angebaute Zitronen kommen in pures Wasser und behalten nach bloßem Abbürsten ihre natürliche dünne Wachsschicht; deshalb wirken sie auch etwas stumpfer. Wenn aller-

dings auch konventionell angebaute Zitronen als ▶unbehandelt gekennzeichnet sind, bedeutet dies nach **Warnung** von Verbraucherschützern nur, dass sie nach der Ernte keinerlei Behandlung erfuhren – vorher allerdings durchaus. So ist unbehandelt also nicht auch unbelastet, denn Messungen ergaben, dass immerhin noch bis zu 1 % aller chemischen Rückstände in den Presssaft gelangen – aus der ▶Schale.

Diese Zitronenschale darf bei Bio-Zitronen auch mal natürlich grün bleiben, denn ihre allgemein erwartete gelbe Farbe hat nichts mit dem Grad ihrer ▶Reife oder ihrer Säuerlichkeit zu tun. Auch grüne Zitronen sind reif. Von Natur aus gelbe Zitronen gibt es eigentlich nur im Winter, im Sommer hängen sie normalerweise grün am Baume. Erst wenn in der Erntesaison zwischen Tag und Nacht **größere Temperaturschwankungen** auftreten, schwindet in der Schale das Chlorophyll (also der grüne Farbstoff) und treten die ▶Carotinoide (die gelben und rötlichen Farbstoffe) hervor. Zitronen reifen dann aber nicht etwa nach!

In südlichen Sommern sind derart große Temperaturunterschiede eher ungewöhnlich. Deshalb helfen konventionelle Anbieter nach, um das gewünschte Gelb hervorzuzaubern: Die geernteten Zitrusfrüchte werden in Hallen großen Temperaturschwankungen ausgesetzt und zusätzlich mit dem (allerdings und immerhin ungiftigen) Ethylen begast. Bioverarbeiter aber verzichten grundsätzlich auf solche Methoden, denn so eine künstliche „Entgrünung“ kann nur die Farbe, nicht aber die Qualität oder den Geschmack verbessern – selbst wenn Experten gerne von „Reifekammern“ analog zu nachreifenden Bananen sprechen. Dafür müssen die Biohändler dann erklären, warum ihre Kunden der grünen Zitronen wegen nicht sauer sein sollten.

Nota bene: Natürlicherweise gelbe Sommerzitronen kommen meist aus dem winterlichen Südafrika geflogen. Ihre Gelbheit erkaufen wir uns mit etwa 4 l Flugbenzin pro Kilo …

Zitrusfrüchte

Wären sie weniger vollgesaftet mit $C_6H_8O_7$, der Zitronensäure, würden sie nicht nur uns, sondern auch den Tieren schmecken. Letztere vertreibt schon die aromatische ▶Schale, und auch aufs Innere sind sie sauer. Der erfinderische Genuss-Mensch aber selektierte, kreuzte und züchtete sich die **weitverbreitete Verwandtschaft** der ▶Zitrone zu viel Milde oder regelrechter Süße bis zur Kernlosigkeit zurecht. Weil sich nach der Blüte das innere Speichergewebe (das „Endokarp“) als Fruchtfleisch aufbläht, sind Zitrusfrüchte eigentlich Beeren. Es hat sich eben nicht die äußere Fruchtwand (das „Perikarp“) ausge-

Zitrone: Jede vierte hat inzwischen ein Bio-Siegel und ist schalensauber genieß- oder erpressbar – und nicht immer so kunstgelb …

Zitrusfrüchte: Die Aromen aus Schalen und Saft gibt es konvenient biofertig und ersparen eigene Abreibungen und Entsaftungen

wachsen, wie etwa bei den hartschaligen Litschis.

Was sich so alles „Zitrus" nennt, hat die Art, unentwegt am selben Kleinbaum oder Strauch blühen und dabei gleichzeitig fruchten zu können. Auch das machte die Zitrusfrüchte zum weltweit **wichtigsten Anbau-Obst** mit dem gepriesenen Vitamin-C-Gehalt.

Zitrusfrüchte: Ist die Zitrone grün, ist sie reif, doch für ihr beliebtes Signalgelb wird sie schon mal künstlich entgrünt

Heute kennt Zitruslust alle Varianten, der saisonsensible Importeur ebenfalls, nur der Endverbraucher kann sie nicht alle sicher benamen. Er weiß noch nicht einmal, ob der „Albedo" der Schale schön pulbar zerfasert ist oder hartnäckig widersteht; und wie zäh oder leicht die zweite, die Weißschicht (der „Flavedo") abgeht.

Immerhin ist bei allen Zitrusfrüchten der Hinweis auf eine Behandlung der Schale obligatorisch und differenziert das Angebot. Im ökologischen Anbau sind chemische Mittel ebenso verboten wie das Bearbeiten der Schale nach der Ernte, wenn die Schutzhaut ihren ersten eigenen **Naturglanz** zeigt (nur das Abspülen und Abbürsten ist üblich, Wachs muss natürlichen Ursprungs sein). Aussortieren und Sorgfalt bei der Lagerung sowie schnellstmöglicher Verkauf sind einziger Garant gegen naturgemäßen Verderb (baldiges Schimmeln wie Faulen). Ebenso ist bei reif und grün geernteten Früchten die künstliche Schalenvergilbung durch Begasung mit Ethylen nichts für Bio-Zitrusfrüchte. Sie bleiben natürlich, also ▶unbehandelt. Ganz anders bei den konventionellen Früchten, die auffallend häufig einen Mix aus ▶Schadstoffen mitbringen, die ihnen entweder seit Vorerntezeiten anhaften oder zur Pflückzeit bzw. im Lager für Haltbarkeit aufgesprüht werden. Konventionelle Zitrusfrüchte werden **stets schalenbehandelt**, mit Kunstglanz „versiegelt" und mit ▶Antioxidationsmitteln handelsfit gemacht. 2012 wiesen beim Ökomonitoring gleich 98 % der konventionellen Proben ▶Rückstände von ▶Pflanzenschutzmitteln auf, in 6,1 % war sogar die Höchstmenge überschritten. Und selbst bei Bio-Zitrusfrüchten wurden noch 44 % beanstandet – doch keine Probe war mehrfach belastet oder lag womöglich über den Höchstmengen.

Zucchini

Delikates Gemüse mit eher späterer Karriere im letzten Jahrhundert, das sich aus einer attraktiven Blüte zu Maxigröße auswächst, wenn man es nicht früh erntet oder auf Kleinheit züchtet. Genau genommen sind auch Zucchini (von Italias Kürbiswort *zucca*) also botanisch ziemlich ausgewachsene Beeren, denn die ursprünglich italienische Art von Kürbis *(Cucurbita pepo)* kann sich selbst überlassen bis zu 40 cm wulstig und **bis zu 2 kg schwer** werden. Inhaltlich kommen die mit nur 75 kJ/18 kcal pro 100 g kalorien-

armen, leicht verdaulichen Zucchini wie die eng verwandten Gurken auf 93 % Wasser, liefern aber ein Mehr an Mineralstoffen, an Provitamin A und Vitamin C.
Die unreifen Schlankheiten werden gern gekocht, gebraten, gebacken, gefüllt, sind Bestandteil von Suppen

oder Aufläufen, schmecken jedoch sogar roh und sind insbesondere in ihren gelben oder weißen Spielarten ein willkommener Blickfang auf dem Teller. Genutzt werden auch die **Zucchini-Blüten**, kandiert oder in Flüssigteig getunkt und ausgebacken als Deko wie origineller Snack.
Zucchini werden jung, schlank und unreif in Massen und immer noch überwiegend in Spanien und Italien geerntet. Allerdings ist bei ökologischen Zucchini, die in Deutschland immerhin um die 7 % aller verkauften „Kürbischen" ausmachen, der Anteil heimischer Ernten sogar im Winter nennenswert hoch. Ansonsten lohnt es sich, auf die ▶**Saison** zu achten: Von Mai bis August kommen Zucchini aus dem ▶Freiland und haben mit 0,1–0,31 Erdöl pro kg einen signifikant niedrigeren Verbrauch als im Winter, wenn sie im ▶Gewächshaus gezogen werden (etwa 11/kg). Zudem haben es konventionelle Import-Zucchini häufiger in sich. Schon 2007-2010 ergab der „Pestizidreport Nordrhein-Westfalen" einen nur 10%igen Anteil an pestizidbelasteten konventionellen Zucchini, sofern sie aus Deutschland stammten. Bei Importware waren bis zu 43 % belastet, 17 % wiesen Mehrfachrückstände auf (bei deutschen Proben nur 2 %). Beruhigend: Keine der 25 **Proben von Bio-Zucchini** wies Pestizidrückstände auf. Die 2012 vom Stuttgarter CVUA *(Chemisches und Veterinäruntersuchungsamt)* getesteten konventionellen Zucchini waren zu 75 % belastet; 18,2 % sogar über der Höchstmenge – bei Proben aus der Türkei waren es sogar 53,8 %!
Ergo: Am besten, man verlässt sich auf heimische Produktion, noch besser aus dem ökologischen Landbau. Denn wie alle Kürbisgewächse nehmen Zucchini die beim Anbau verwendeten Pestizide leicht auf.

Zucchini: Sie dürfen sich nicht mehr zu wahren Riesen auswachsen und wurden eigens tellergerecht kleingezüchtet

Zucht

Meistens hat sie nur ein Ziel: Vermehrung mit optimierender Auslese. Profitables Ergebnis sind dann nur die ertragsmaximierten Einheitstiere weniger Rassen oder maßgeschneiderte Pflanzen eingeschränkter Sorten. Dabei verarmt der **Gen-Pool** der Arten (▶Agrobiodiversität), Erzüchtetes wird eher mal krankheitsanfällig und muss oft genug prophylaktisch dauerbehandelt werden. Allein bei ▶Milchkühen, deren **Milchleistung** in den letzten 40 Jahren um ca. 35 % stieg (auf über 6 000 Liter pro Jahr und Kuh), nahmen gleichzeitig

Zucht: Gerade Biobauern betreiben die klassische Erhaltungs- und Verbesserungszucht für regional bewährte Rassen und Sorten

die Erkrankungen an Eutern sowie an Klauen und Gliedmaßen exorbitant zu: um 600 % bzw. 300 %!

Die ökologisch orientierte Tierzüchtung ist noch jung, weshalb bis heute konventionelle Zuchtlinien auch auf Biohöfen vorkommen, selbst noch auf reine Legeleistung gezüchtete ▶Legehennen, die ▶Hybriden sind, also fortpflanzungsunfähig. Der **Aufwand eigener Züchtungen** ist hoch, die Verbraucher würden es nicht über höhere ▶Preise belohnen. Die Biobranche versucht dennoch, gegentrendig zu arbeiten. Bei Nutztieren, Pflanzen, Obst- oder Gemüsearten wie Getreide vermehren oder retten sie ggf. durch **„Erhaltungszüchtung".** So überleben regionale ▶alte Rassen oder ▶alte Sorten mit definierten Eigenheiten bei Widerstandsfähigkeit und guter Tauglichkeit für ▶Freilandhaltung.

Ökologisches Zuchtziel sind an Stelle der nur noch stalltauglichen Einheitstiere eher robuste Allround-Wesen für ein längeres, tiergerechteres Leben – im Idealfall mit sog. „Mehrfachnutzung" (laufend Eier bzw. Milch plus später mal Fleisch), entsprechende Ertragsschwächen werden dann in Kauf genommen (etwa bei ▶Rindern durch geringere Milchleistung und weniger Schlachtgewicht). Dafür dürfen die Nutztiere in ▶ökologischer Tierhaltung ▶artgerecht und länger leben, ▶Tierarzneimittel sind nur im Krankheits- und Einzelfall erlaubt.

Damit wären Öko-Zuchttiere sogar noch für den Idealfall des sog. „Natursprungs" geeignet. Der **Embryotransfer**, der bei konventionellen Züchtern rationeller für die Produktion von Nachwuchs sorgt, ist nach der ▶EG-Öko-Verordnung und bei den ökologischen ▶Anbauverbänden **ohnehin tabu,** ebenso das Klonen von Tieren oder andere gentechnische Verfahren.

Analoge Prinzipien gelten für die **ökologische Pflanzenzucht**. Bei ihr setzt die Züchtung auf klassische Zuchtverfahren wie Ein-, Rückkreuzung und Selektion. Zuchtziele sind regional bewährte Pflanzen, deren Robustheit keine synthetischen Mittelchen braucht. Verzichtet wird auf Hybriden, stattdessen zählen sog. samenfeste ▶Sorten, die ohne steten Zwangszukauf (▶Monsantosierung) zu ▶Saatgut weitervermehrt werden könnten. Die Zeit dazu drängt, denn allzu viele kleine, regionale Saatgutfirmen sind in den letzten Jahrzehnten untergegangen oder aufgekauft worden; die **zehn größten Saatgutfirmen** beherrschen knapp 50 % des Weltmarktes.

Zeitsparend wäre da die labortechnische Auslese neuer Sorten mit der aufwendigen Genspektrum-Analyse (**„smart breeding"** per DNA-Seqenzierung, PCR) – dies aber ist für Bio-Produzenten nicht erlaubt. Allenfalls kämen noch chemisch provozierte Turbo-Mutationen im sog. **Tilling-Verfahren** mit Schnellanalyse als ein akzeptabler ökonomischer Weg für manchen Ökologen in Frage, um Wunscheigenschaften innerhalb weniger Wochen festzustellen. Bio-Akteure lehnen die Methode allerdings als sog. **kleine ▶Gentechnik** ab. Und selbstredend auch die „große", die molekularbiologische. Auch die sog. Protoplastenfusion zur Erzeugung von „CMS-Hybriden" ist inzwischen bei den Anbauverbänden tabu.

Unbeirrt von all dem Treiben im Labor setzen v. a. biologisch-

dynamische Vereinigungen wie etwa ▸Demeter und kooperierende Öko-Betriebe per „Anbaugestattungsvertrag“ auf die Züchtung neuer Sorten mithilfe von zufälliger bzw. beabsichtigter Fremdbestäubung. Nach vier Jahren erfolgreicher Selektion heißt die geschaffene Neusorte dann **„aus biologisch-dynamischer (Erhaltungs-)Züchtung“,** wie 2010 erstmals zertifiziert. Es wird auch höchste Zeit, denn Experten sprechen auch bei den Nutzpflanzen bereits von der **drohenden genetischen Erosion**.

Zuchtpilze

Solche ▸Pilze, die Feld, Wald oder Wiese nie sahen – als attraktive Alternative zu ▸Wildpilzen, welche Sammelkenntnisse erfordern und dabei nicht nur giftig, sondern öfter auch mal radioaktiv und schadstoffbelastet sein können. Dafür fallen Zuchtpilze immer mal wieder bei Untersuchungen durch, da sie ▸Rückstände von **sog. Halmverkürzern** aufwiesen. Sie sind, wie auch Wildpilze, sog. Mycelpilze, erwachsen also einem wucherflächigen Pilzgeflecht (Mycel) mit ihrem essbaren „Fruchtkörper“. Der hat Stiel und Kappe und ist der eigentliche Pilz.

Von dem großen essbaren Pilzpotenzial lassen sich nur wenige Sorten kultivieren. Für ▸Steinpilz und ▸Pfifferling fand sich bislang kein geeignetes **Substrat als Zuchtuntergrund**, bekannteste Zuchtpilz-Arten bleiben deshalb ▸Champignon, ▸Shiitake und Seitlinge wie der ▸Austernpilz. Diese bewährten Pilze können das ganze Jahr über „erzeugt“ werden. Dazu kauft der Züchter sog. Pilzbrut (also das Geflecht) und setzt sie in das Substrat ein. Das besteht je nach Sorte aus gefeuchteten Strohballen, Holz oder Mull. Nach nur einigen Wochen oder eben erst nach Monaten bilden sich dann die erntereifen Fruchtkörper an der Oberfläche aus. Besonders Herkunft und Beschaffenheit des Substrats entscheiden letztlich darüber, ob die geern-

Zuchtpilze: Sie wachsen in sehr reizvoller Sortenvielfalt – und bei Bio auf unbelasteten Substraten, oft in verblüffender Gestalt, wie der langstielige Enoki

teten Pilze als biologisch einwandfrei gelten oder nicht. Der sterile Untergrund ist auch deshalb heikel, weil Pilze benutzte ▸Pflanzenschutzmittel schnell anreichern. Die ökologischen ▸Anbauverbände schreiben u. a. deshalb vor, dass das Substrat zu 100 % aus ökologischen Betrieben stammt. Die ▸EG-Öko-Verordnung toleriert bei Nichtverfügbarkeit einen konventionellen Anteil von 25 % – allerdings darf dieser dann **nicht aus „industrieller Tierhaltung"** stammen.

Dennoch wurden auch bei Bio-Zuchtpilzen Rückstände vom konventionell eingesetzten Halmverkürzer Chlormequat gefunden, weshalb sie beim Ökomonitoring seit Jahren unter besonderer Beobachtung stehen (▸Monitoring). Wie diese ▸Verunreinigung möglich war, konnte noch nicht ausreichend geklärt werden. So bleibt der schwache Trost, dass die Beanstandungsquoten zwar vergleichbar hoch sind wie bei den konventionellen Zuchtpilzen (2011 in 27 % der Fälle). Dabei war aber weder ein gehäuftes Vorkommen von sog. Mehrfachrückständen (bei 18 % der Proben) noch eine einzige Überschreitung gesetzlicher Höchstmengen feststellbar.

Tipp: Hobby-Züchter können sich nach Anleitung **eigene Pilzkulturen sogar zu Hause** anlegen. Voraussetzung ist eine hohe Luftfeuchtigkeit; intensive Sonneneinstrahlung sollte vermieden werden.

Zuchtpilze: Riesenhallen mit Substratgebinden sind Wald- und Wiesenersatz für Austernpilze und Champignons

Zucker

Von Natur aus Energie pur – weil Photosynthese und Oxidation etliche Kohlenhydrate erst zu Biomolekülen formten und so chemische Kraftpakete schnürten. Weil die „gewöhnlichen" sog. Zweifachzucker so reichlich und bequem in Stängeln oder in Wurzeln vorkommen, gelten Zuckerrohr und Zuckerrüben gemeinhin als Lieferanten von „Zucker".

Die Gewinnung der süßen Körnchen ist als Eindicken von Pflanzensaft oder Kochen von Schnitzeln (von 75 % auf 0,08 % Wasseranteil) zu Muttersirup unterschiedlich energieintensiv. Noch am leichtesten gelingt dies beim Zucker aus dem Rohr (Weltanteil 80 %).

In der ersten Weiterverarbeitungsstufe entsteht nach Rühren, Trocknen, Vermahlen und Aussieben von Muttersirup der noch nicht auskristallisierte **„Vollrohrzucker"** (auch

Sucanat, Mascobado) mit karamelligerem Eigengeschmack. Weil diese Zuckerform den geringsten Verarbeitungsgrad und den höchsten Anteil an Vitaminen und Mineralien hat, ist sie bei zuckerkritischen Biobewussten am gefragtesten.

Wird der Vollrohrzucker kristallisiert und mit Wasser raffiniert, entsteht hellerer **„Rohrohrzucker"** (etwa namens Demerara, Muskovado, Syramena); in dieser Form enthält er immerhin noch einige, wenn auch weniger Mineralien und Vitamine.

Der bis zur Schneeweiße mehrfach **energieaufwendig raffinierte** Zucker ist „rein" und ohne Spuren von Calcium, Eisen und Magnesium – Kohlenhydrate pur. Manchmal werden bis dahin Laugen und andere Hilfsstoffe beim Raffinieren eingesetzt, ähnlich unerklärt ist auch der oft angebotene **„braune Zucker"**, der ja nur mit Melasse gefärbter Weißzucker ist und mit seiner Bräunlichkeit das Gesündere lediglich simuliert.

96 % allen Bio-Zuckers weltweit ist Bio-Rohrzucker, der Bio-Rübenzucker hält mit nur 4 %, etwa 5 000 t pro Jahr, kaum dagegen. Europäischer Bio-Rübenzucker könnte deshalb als ▸regionales Produkt eine Erfolgsgeschichte werden – doch für positive Klimabilanzen ist der Energieaufwand in Europas Zuckerfabriken einfach zu groß. Für seine Konkurrenzfähigkeit sorgen denn auch nur ungeheuerliche EU-Subventionen, da EU-Rübenzucker dreimal teurer wäre als solcher vom Weltmarkt. Und doch: Europas ▸Biobauern hätten hier eine große Chance, zur ▸Umstellung bereite Rübenbauern werden sogar dringend gesucht. In Deutschland bearbeitet der ▸ökologische Landbau nicht mal ein halbes Prozent der gewaltigen Fläche von 370 000 Hektar für Zuckerrüben.

Beim ökologischen Anbau von Rohr oder Rübe bleiben Blätter als Gründüngung auf den Feldern (konventionelle Betriebe brennen die Rohrzuckerfelder meistens einfach ab), Stängel werden von Hand geerntet, Rüben schonend geerntet. Allerdings ist die Unkrautregulierung bei Bio-Rüben heikel und durch „Handhacke" und biologische Schädlingsbekämpfung allein sehr arbeitsintensiv und teuer. Auch deshalb gibt es z. B. erst seit 2008 in Österreich Bio-Zucker aus Rüben.

Inzwischen profitieren Zuckerrohrkleinbauern und Plantagen weltweit von ▸**Fairtrade**, von Verbesserungen bei Einkommen, durch saisonunabhängigere Arbeit, bei Umwelt- und Arbeitsbedingungen. Dazu kommt Planungssicherheit, abgekoppelt von schwankenden Weltmarktpreisen der Spekulationsware Zucker.

2012 steigerte sich der Absatz von fairem Zucker immerhin um 9 %, v. a., weil sich große Süßwarenmarken für diese Handelsform entschieden hatten. Der **Bio-Anteil bei** Fairtrade-Zucker (▸fair + bio) betrug nur

Zucker-Fairness: Wo unter fairen Bedingungen angebaut und geerntet wird, hat der Zuckerrohrbauer gut lachen

Zucker: Auch aus Biorüben konsumieren wir grenzwertig zu viel davon, weil Unwiderstehliches nun mal süß zu sein hat

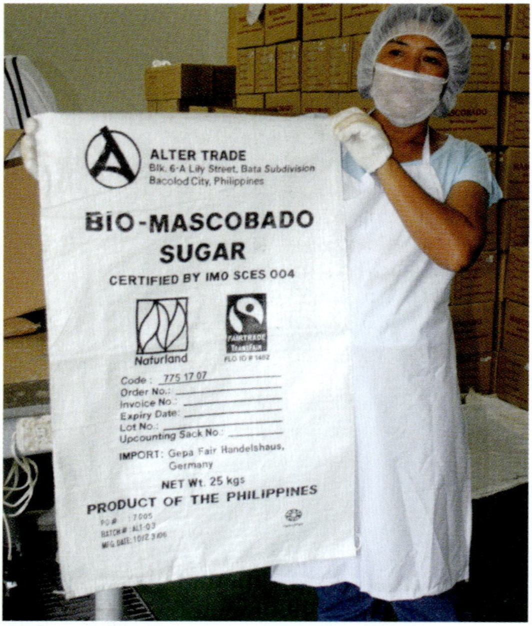

Zucker: Fairer Handel hilft den Erzeugern gegen die Übermacht der Spekulanten, die mit süßer Ware so gern Kasse machen

11 % – dafür kann sich die Klimabilanz sehen lassen, v. a. weil Faserreste des Zuckerrohrs **für eine klimaneutrale Energieversorgung** der Anlagen dienen. Eine Schweizer Studie errechnete, dass die CO_2-Äquivalenten des Bio-Rohrzuckers von ▸Max Havelaar aus Paraguay sogar um 40 % unter denen der Schweizer Rübenzuckerfabriation lagen.

Aber: Zucker ist purer Energielieferant mit 400 kcal/1674 kJ pro 100 g. Bei der Verwertung zuckeriger Kohlenhydrate werden zudem größere Mengen des Vitamins B 1 mitverbrannt. Zucker ist also ein „Vitaminräuber" – bei süßem Obst hingegen wird praktischerweise mitgeliefert, was der Zuckerstoffwechsel raubt.

Problematisch ist, dass zu viel Zucker **in verarbeiteten Produkten** steckt und als ▸Verstecktes unberechenbar bleibt. Eine 200-ml-Flasche Cola etwa enthält laut ▸*Foodwatch* 7 Stück Würfelzucker! Auf die ▸Kennzeichnung ist also zu achten, seit die ▸Ampel politisch abgeschaltet wurde.

Schließlich setzt Zucker einen *circulus vitiosus* in Gang: Er lässt den Blutzuckerspiegel rasant ansteigen, was den Körper zur Notausschüttung von Insulin zur Absenkung veranlasst – was wiederum durch die Unterzuckerung **Heißhungergefühle** auf Süßes weckt.

Zum Dickmacher Zucker gibt es aber durchaus Alternativen. Ersatz-Süßungsmittel sind da u. a. ▸Honig, ▸Dicksäfte und ▸Sirups, manch Mark oder Kraut – allesamt allerdings für Diabetiker nicht unproblematisch. Problemfrei wäre dagegen Süßerei mit ▸Zuckeraustauschstoffen. Die völlig kalorienfreien synthetischen ▸Süßstoffe aber, die gern mal anderssüß schmecken und mancher Nebenwirkungen verdächtigt werden, sind aus gutem Grunde für Biolebensmittel nicht zugelassen. Schließlich gibt es auch gänzlich süßungsmittelfreie Produkte.

Natur pur ist dagegen die spät entdeckte Extremsüße aus den Blättern von ▸Stevia – ihr könnte die kalorienfreie Zuckerzukunft gehören.

Zuckeraustauschstoffe

Wo „Zuckersüße" gewollt, aber der pure Zucker unerwünscht ist, lässt dessen reine Saccharose sich ersetzen. Im Ergebnis schmeckt dann das anders Gesüßte ähnlich süß und ist v. a. gesünder.

Gründe für solch einen Austausch sind pauschale **Kalorienangst**, Zahnschmelzschonung oder Rücksicht auf den Blutglucosespiegel bei Diabetes. Anders als beim Haushaltszucker werden die Zuckeraustauschstoffe ohne Insulin abgebaut. Sie werden daher oft in Produkten für Diabetiker benutzt, müssen aber in der Brennwertberechnung mit einkalkuliert werden. Sie haben etwa 40 % weniger Kalorien und sind weniger kariogen, zeigen Zähnen also nicht die Zähne.

Anders als **synthetisch hergestellte Süßstoffe** (für Biolebensmittel verboten!) bestehen Zuckeraustauschstoffe aus natürlichen Kohlenhydraten wie Fructose oder aus den sog. Zuckeralkoholen. Diese sind, sofern aus ökologisch angebauten Zuckerpflanzen (Zuckerrohr, Zuckerrübe, Getreide) gewonnen, auch als ▸Zusatzstoffe für ▸Biolebensmittel anerkannt und verwendbar.

Als Zuckerstoff aus konventionellem Anbau ist laut ▸EG-Öko-Verordnung allenfalls noch Fructose (kein Zusatzstoff, sondern eine Lebensmittel-Zutat) zugelassen. Industriell hergestellt wird solche Fructose aus Saccharose (Haushaltszucker) oder Stärke, sie kommt natürlich in süßen Früchten und Honig vor und übertrifft den Haushaltszucker in der Süßkraft um etwa 120 %. Wegen der Verträglichkeit wird für Fructose eine Beschränkung empfohlen: maximal 25 g als Einzeldosis, als Tagesdosis nicht mehr als 60 g. Allerdings steht Fructose im Verdacht, die hormonelle Gewichtsregulierung zu beeinflussen.

In der **konventionellen Lebensmittelherstellung** greift man gerne zu Zuckeraustauschstoffen, speziell zu Zuckeralkoholen. An Einzelstoffen sind dies: Sorbit (E 420), Isomalt (E 953), Xylit (E 967), Maltit (E 965)

> „Vielfach unübersehbare Folgen sind Naschsucht und Übergewicht"
>
> Die Stiftung Warentest 2006 zur Heißhunger-Gefahr durch Insulin-Ausstoß bei Zucker-Konsum

und Laktit (E 966) – für Biolebensmittel sind sie allesamt nicht zugelassen! In größeren Mengen konsumiert wirken diese „ausgetauschten" Spezialzucker letztlich abführend, weil sie länger im Darm verweilen, dort Wasser binden und verdünnisierend wirken …

Sobald solche Zuckeraustauschstoffe einen Anteil von mehr als 10 % haben, muss auf der Verpackung gewarnt werden: „Kann bei übermäßigem Verzehr abführend wirken".

Nota bene: Der Zuckeraustausch zum bewussteren ▸Süßen gelingt mit ▸Honig, ▸Ahornsirup, ▸Agavendicksaft oder Obst (Fructose-Grenzwerte beachten!).

Die Süßung mit ▸Stevia muss noch von der EU zugelassen werden, seit 2011 sind nur die Steviolglycoside daraus erlaubt.

Zuckeraustausch: Mit dem neuen, rein pflanzlichen Süßungsmittel Stevia könnte den klassischen Zuckeraustauschstoffen bald schon eine legale Konkurrenz erwachsen

Zusatzstoffe: So bedauerlich, dass es erst ausgelobt werden muss, so erfreulich, dass es geht, das Essen ganz ohne Zusatzstoffe oder nur mit einem Minimum davon, wie bei vielen Bioprodukten

Zusatzstoffe

Ganz ohne Zusatzstoffe kann ja nur leben, wer ausschließlich frische Produkte verwendet und auch selbst zubereitet. Drei Viertel aller Lebensmittel allerdings sind industriell verarbeitet – am kritischen Blick auf die Zutatenliste kommt niemand vorbei. Hier fällt der direkte Vergleich zwischen Bio und konventionell augenfällig auffällig zugunsten von ▸Biolebensmitteln aus.

Zusatzstoffe sind per definitionem alle natürlich gewonnenen oder synthetisch hergestellten Stoffe, die Lebensmitteln hinzugegeben werden, um eine bestimmte technologische Wirkung (etwa Riesel- oder Gelierfähigkeit) zu erzielen, um Aroma, Farbe oder Konsistenz zu verbessern oder eine längere Haltbarkeit zu erreichen. Andererseits können sie – ein **klarer Wettbewerbsvorteil** konventioneller Hersteller – auch schlicht dazu dienen, aufwendige Produktionsverfahren zu vereinfachen und damit die Kosten zu senken. Im schlechtesten Fall kaschieren die „kleinen Helfer“ sogar schlicht Produktionsfehler.

Für verarbeitete Biolebensmittel allerdings gilt laut ▸EG-Öko-Verordnung der Grundsatz: Zusatz- und sog. technische Hilfsstoffe wie etwa die ▸Enzyme dürfen überhaupt nur eingesetzt werden, wenn Produkte auf anderem Wege „nachweislich weder erzeugt noch haltbar gemacht werden können“. Ganz verboten sind synthetische ▸Farbstoffe, künstliche oder sog. naturidentische ▸Aromen, Süßstoffe und ▸Geschmacksverstärker sowie die Mehrheit der konventionell genutzten ▸Konservierungsstoffe. Im generellen **Unterschied zur konventionellen Produktion** steht hier die Funktion für die Herstellung eines bestimmten Produkts im Fokus – weshalb die ökologischen ▸Anbauverbände auch keine pauschale Positivliste aufstellten, sondern pro Produktgruppe einzelne Stoffe zulassen. Um etwa ▸Speiseeis herstellen zu können, sind ▸Stabilisatoren zwar unumgänglich, für Bio-Eis dürfen hier aber nur Guarkern- oder Johannisbrotkernmehl eingesetzt werden.

Die EG-Öko-Verordnung sieht in ihrer Positivliste **ganze 49 Zusatzstoffe** vor, während die einzelnen **Anbauverbände sogar noch weniger** gestatten: Bei ▸Demeter sind es lediglich 13 lebensmittelrechtlich definierte Zusatzstoffe, bei ▸Bioland 23, und ▸Naturland erlaubt nur 22. Für konventionelle Produkte sind in Europa **rund 330 Zusatzstoffe** zugelassen. Grundlage für sie ist das sog. Verbotsprinzip mit Erlaubnisvorbehalt. Das heißt: Zusatzstoffe sind so lange grundsätzlich verboten, solange sie eben nicht ausdrücklichst zugelassen sind. Was rein darf, regelt die offizielle EU-Liste. Darin hat ein jeder Stoff neben der oft unaussprechlichen chemischen Bezeichnung eine griffigere ▸E-Nummer. Außerdem sind die Stoffe entsprechend ihrer Verwendung in **26 sog. Funktionsklassen** eingeordnet. Die meisten der Zusatzstoffe gehören allerdings gleich mehreren Klassen an, was die Verwirrung und Verunsicherung nur steigert. Dazu passt, dass 2010 eine Umfrage zu Ernährungstrends ergab, dass Produkte „ohne künstliche Zusatzstoffe" von 53 % der Befragten auf dem Platz 2 der präferierten Lebensmittel landeten, hinter der Kategorie „ohne Konservierungsstoffe" (55 %) und vor „ohne Geschmacksverstärker" (51 %) – die zusatzstoffarmen Produkte „aus biologischem Anbau" präferierten demnach nur 32 %.

Bevor ein Zusatzstoff EU-weit zugelassen wird, muss er vorgeschriebene Tests der EFSA *(Europäische Behörde für Lebensmittelsicherheit)* durchlaufen, um jene Menge zu definieren, die ohne ein Gesundheitsrisiko verzehrt werden kann – der sog. ▸ADI-Wert. Allen Prüfungen zum Trotz geraten Zusatzstoffe immer wieder in den Verdacht, schädlich oder gar krebserregend zu sein, doch die Behörden geben stets Entwarnung. Sicher ist: Manche Zusatzstoffe lösen, zumindest bei sensiblen Menschen, sog. Pseudo-Allergien aus.

Ein heikles Thema bei Zusatzstoffen ist zudem die ▸Gentechnik. Während sowohl die EG-Öko-Verordnung als auch

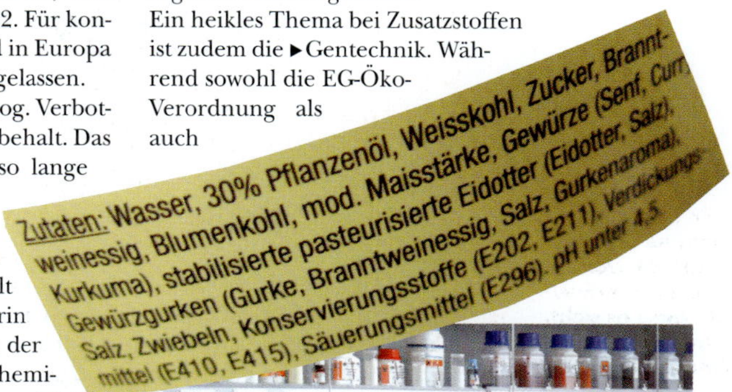

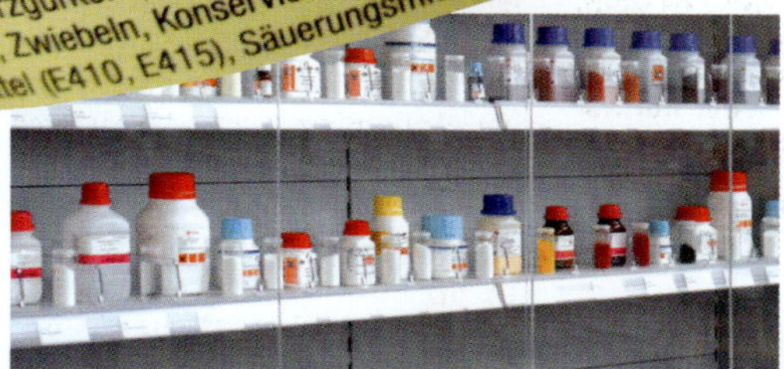

Zusatzstoffe: Mühelos füllte sich in Hamburg ein ganzes Museum mit derlei deklarationspflichtigen Beimengungen

die Richtlinien der Anbauverbände den Einsatz gentechnischer Zutaten oder auch nur Verfahren zur Herstellung von technisch benutzten sog. **Starter- oder Hefekulturen** übereinstimmend verbieten, ist aus

Zusatzstoffe: In den Biosuppen-Kessel kommt aus der ohnehin sehr beschränkten Bio-Liste nur das Notwendige – am schönsten aber sind Zutatenlisten ohne jeden Zusatzstoff

der konventionellen Verarbeitung bekannt, dass bei rund 85 Stoffen aus der E-Nummern-Liste die Anwendung der Gentechnik durchaus eine Rolle spielen kann. Der Verbraucher kann nur hoffen, dass etwa Produkte mit Zusätzen von Lecithin (E 322) oder mit Tocopherol (E 306) aus ▸Gen-Soja **vorschriftsmäßig gekennzeichnet** werden: „aus gentechnisch veränderten Sojabohnen".
Schwieriger wird es bei Zusatzstoffen der „zweiten Generation", wenn die ursprünglichen gentechnisch veränderten Rohstoffe vor dem Einsatz chemisch verändert wurden. In solchen Fällen muss nicht entsprechend gekennzeichnet werden – was auch gilt, wenn Zusatzstoffe mittels gentechnisch modifizierter ▸Mikroorganismen hergestellt wurden oder diese „nur" dank gentechnisch veränderter Nährstoffe gediehen. Auch hier herrscht keine Kennzeichnungspflicht. Wer gentechnikfreie Klarheit sucht, kann sie höchstens in Bioprodukten finden.

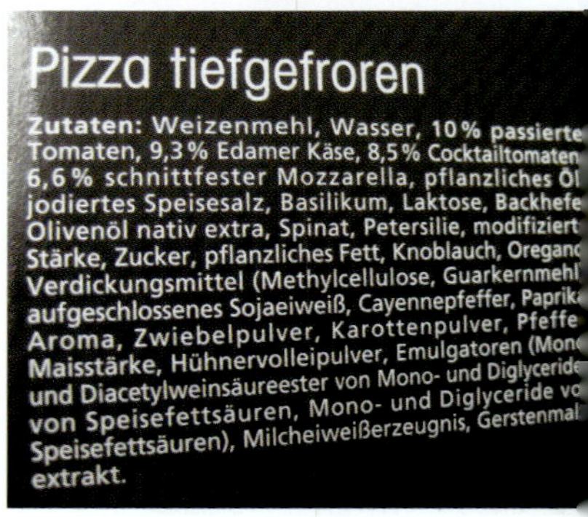

In der ▸Biobranche mit ihren Wurzeln im vollwertigen Ernährungskonzept wird der **Einsatz von Zusatzstoffen** intensiv diskutiert. Das in der Biobranche vereinbarte Prinzip der ▸Volldeklaration schafft hier ein höheres Maß an Transparenz beim ▸Einkaufen. So ist etwa der „natürlichere" Geschmacksverstärker ▸Hefeextrakt sehr umstritten und bei vielen Anbauverbänden verboten. Und die Verbraucherorganisation ▸*Foodwatch* moniert nachdrücklich die Verwendung des Verdickungsmittels ▸Carrageen und des zur Umrötung von Wurst und Fleisch benutzten

Nitritpökelsalzes (▸pökeln). Hier wird ein Mechanismus des ▸Food-Processings besonders deutlich: Was vom gewohnten Erscheinungsbild abweicht, ist zunächst erklärungsbedürftig. Wenn wir uns erst an etwas gräulichere, aber „ursprünglichere" Wurst oder an die ohne ▸Antioxidationsmittel nun mal bräunlicher ausfallenden Trockenfrüchte gewöhnt haben, dann wird vielleicht auch die so natürlicherweise „aufrahmende" Sahne ganz ohne Carrageen gesellschaftsfähig. Da muss dann eben selbst geschüttelt werden.

Nota bene: Seit 2008 gibt es in Hamburg das „Deutsche Zusatzstoff Museum" mit lohnenswerter Ausstel-

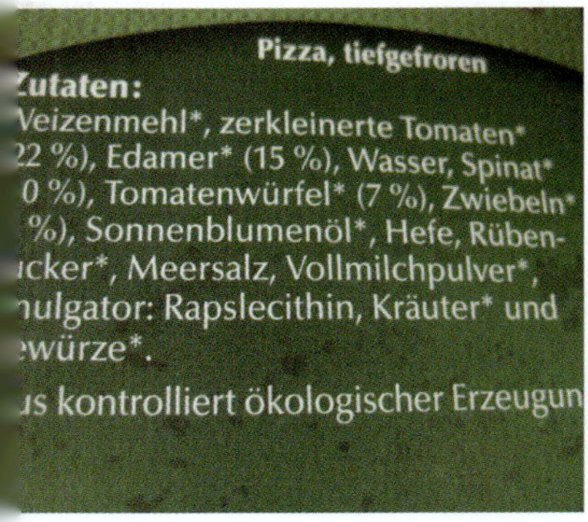

lung und dem steten Bemühen, die Aufklärung voranzutreiben. **Infos:** www.zusatzstoffmuseum.de

Zutaten (liste)

Die gute Nachricht zuerst (die Ausnahmen und Pferdefüße am Ende): Laut ▸EG-Öko-Verordnung müssen bei allen verarbeiteten Erzeugnissen sämtliche Zutaten in der Zutatenliste einzeln gekennzeichnet werden. Seitdem gibt es **das sog. Sternchensystem** für die Aufzählungskette, Einzelkomponenten im Sinne der EG-Öko-Verordnung dürfen damit über die Zutatenliste als „Bio" ausgelobt werden. Typografische Hervorhebungen der besternten Zutaten sind allerdings untersagt.

Nach der EG-Öko-Verordnung müssen verarbeitete Biolebensmittel zu mindestens 95 % aus Biozutaten landwirtschaftlichen Ursprungs bestehen. Bei dieser Berechnung bleiben folgende Bestandteile allerdings außen vor: Wasser, Salz, Hefe und die laut EG-Öko-Verordnung zugelassenen ▸Zusatz- bzw. Hilfsstoffe. Alle Zutaten aus nicht-ökologischer Produktion bleiben dann sternchenfrei, müssen jedoch – in mengenmäßig absteigender Reihung – definiert werden. Allerdings sind konventionelle Ersatz-Zutaten nur dann und so lange für Bioware zulässig, wie diese Rohstoffe nicht in Bioqualität zu bekommen sind.

> „Grobe Faustregel: Je mehr Zusatzstoffe ein Produkt enthält, um so stärker ist es auch verarbeitet"
>
> Verbraucherzentrale Bremen

So weit, so gut? Leider nicht, denn es gibt für verarbeitete Lebensmittel zur Erleichterung der Industrie die **Amnestie für Carry-over-Zutaten.** Nur ein direktes Endprodukt offenbart sich per Zutatenliste und ggf. Sternchen für die Bio-Anteile, bei Weiterverarbeitung gilt dies nicht. Hier ist man bei Biolebensmitteln nicht besser dran als bei konventionellen Produkten. Die Zusatzstoffe für eine Salami etwa bleiben auf der Verpackung einer Salami-Pizza ungenannt, weil sie lebensmittelrechtlich „Verarbeitungshilfsstoffe" waren. Und alle rein technischen Hilfsstoffe, die im Finalprodukt ihre Funktion vorgeblich oder vorsätzlich erfüllt haben, gelten als „Nichtzutaten".

Zutaten: Alle müssen – selbst in erschreckender Fülle wie bei manchen konventionellen Produkten – aufgezählt werden, alle in Bioqualität tragen ein beruhigendes Sternchen

Zwiebeln: Ihre beißenden Saftkräfte zur Selbstverteidigung schmecken uns in allen Formen und Schärfegraden

Etliche ökologische ▸Anbauverbände und der BNN *(Bundesverband Naturkost Naturwaren)* haben ihre Mitglieder allerdings auf die gesetzlich nicht vorgeschriebene ▸Volldeklaration, auf ausnahmslose Nennung aller verwendeten Zutaten und Zusatzstoffe, verpflichtet (▸Premium-Bio). Somit sind selbst **zusammengesetzte Zutaten** wie etwa Gewürzmischungen aufgeschlüsselt, deren Anteil unter nennungspflichtigen 2 % liegt.

Nota bene: Ausnahmslos ist jedes mögliche der 14 ▸Allergene, die etwa 90 % aller Lebensmittelallergien auslösen, in der Zutatenliste anzugeben, deshalb öfter auch der juristische Ausschluss per Warnhinweis, etwaige Spuren davon seien wegen Kontaminationen bei der Herstellung nicht auszuschließen.

Zwiebeln

Eines der klassischsten Küchengemüse in Form von Knollen, im weitesten Sinne alle Schärflinge aus der Lauchfamilie (mit ▸Knoblauch, ▸Lauch, Schnittlauch, Schalotten), im engeren Sinne die sog. Hauszwiebeln. Zwiebeln sind asiatischer Herkunft und waren schon im alten Ägypten und im antiken Rom Fein- wie Populärkost.

Im ▸ökologischen Landbau wird die Speisezwiebel *(Allium cepa)* richtig ernst genommen: Sie rangierte 2012 unter den Biogemüsesorten in der Verkaufsmenge mit einem Anteil von etwa 3,8 % **auf dem siebten Platz**, ihr Bio-Anteil lag bei 5,4 %. Dabei macht die so robust wirkende Zwiebel es Biobauern nicht gerade leicht. Grund für das hohe Ertragsrisiko ist zum einen der sehr hohe „Unkrautdruck" des Gemüses – und zum anderen der „Krankheitsdruck" durch den Hauptfeind pestizidfrei angebauter Zwiebeln: den Falschen Mehltau.

Nur richtige Sortenwahl, sorgfältiges Vorbereiten der Böden, weiterentwickelte Pflanztechniken und ein aufwendiges Bearbeiten der Pflanzen können verhindern, dass bis zu 50 % der Ernte den natürlichen Feinden zum Opfer fallen. Diese Mühe spiegelt sich im Preis wider, denn Bio-Zwiebeln sind etwa doppelt so teuer wie die konventionell erzeugte Konkurrenz. Der Einsatz aber lohnt sich, Untersuchungen konnten belegen: Bio-Zwiebeln enthalten **mehr Mineralstoffe und Spurenelemente** als solche aus konventionellem Anbau.

Zwiebeln gegenüber die Nase zu rümpfen ist ohnehin wenig angebracht, denn die Knollen strotzen nur so vor gesunden Inhaltsstoffen. Eine Zwiebel ersetze eine ganze Hausapotheke, hieß es früher schon im Volksmund. Die gesündesten Wirkstoffe in der Zwiebel sind dabei das auch im Knob-

Zwiebelt Tränendrüsen: Im Anschnitt will die Bolle uns zu Zähren rühren

lauch vorhandene Allicin und das Ajoen. Ärzte empfehlen sogar, man solle **am besten täglich** eine ganze rohe Zwiebel verputzen, aber wer kann oder will das schon.

Die gleichen schwefelhaltigen Stoffe übrigens, die beim Zwiebelschneiden die Tränen in die Augen treiben, wirken antibiotisch, helfen gegen Entzündungen und sollen sogar vor Krebs schützen – die beizenden Dämpfe desinfizieren immerhin so sicht- und spürbar das Auge …

Der Biohandel bietet alle bekannten Sorten an, die schärfer schmeckende gelbe Zwiebel macht allerdings ca. 90 % des Angebotes aus. Aber auch große braune Gemüsezwiebeln, die mildere ▸Lauchzwiebel (die mit ihren grünen Trieben v.a. roh gegessen wird) sowie die ebenfalls milderen roten und weißen Zwiebeln sind erhältlich. Besonders begehrt ist die **„kleine Königin der Zwiebeln"**, die Schalotte. Bioschalotten enthalten besonders viel Biotin und Folsäure, Provitamin A sowie die Vitamine B 1, B 2 und B 6. Außerdem reifen sie länger als konventionelle Schalotten und entwickeln so das typische und noch feinere Aroma.

Tipp: Beim Einkauf darauf achten, dass die Zwiebeln noch frisch sind, sich also fest anfassen, und dass die Schalen glänzen. Sind sie älter, liegen viele lose Schalen herum. Angeschnittene Zwiebeln in geschlossenen Plastikboxen aufbewahren, in der sie sich etwa 2 Tage halten. Zwiebeln lassen sich geschnitten sogar gut und ohne Geschmacksverlust einfrieren, wenn man sie zuvor kurz mit heißem Wasser überbrüht.

Zygophyllaceen

Sie sind die Jochblattartigen, diese beinhoch krautigen kahlstängeligen Pflanzen im Mittelmeerischen und in wärmeren Zonen bis Afghanistan. Sie wollen den ▸Zwiebeln den **letzten Platz in diesem Handbuch** streitig machen und heißen im Deutschen auch „Bohnenähnliches Jochkraut" (*Zygophyllum fabago*, engl. *Syrian bean caper*, also „syrische Bohnenkaper"). Die genügsamen Pflanzen mit ihren gegen Verdunstung bewachsten ledrigen Blättern gedeihen als ▸Ruderalflora massenhaft auf unwirtlichen Böden, noch an Salinenrändern und gelten eher als Viehfutter.

Die 3 mm großen Samen sind für Menschen giftig, doch die Knospen dienen Fans origineller ▸Wildsammlung als **würziger Ersatz für Kapern** (daher span. *alcaparra loca,* wörtl. „wilde Kapern", ▸Kapern & Co). In der spanischen Volksmedizin gelten Abkochungen der Pflanzen zudem als entzündungshemmend.

Wer Zygophyllaceen nicht der Rede wert findet, darf dieses Handbuch alphabetend beschließen – mit einem finalen „Zzzz…"!

Zwiebeltränen: letzter Platz im Bio-Alphabet an Zygophyllaceen abgetreten, die diesen Bio-Band hiermit beenden dürfen

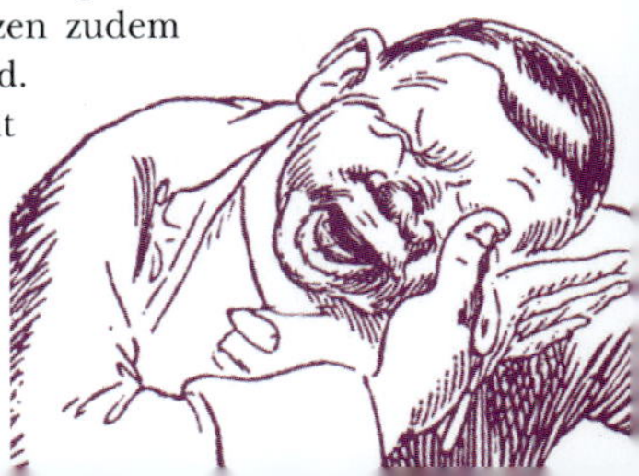

INDEX

Hervorgehobene Einträge sind eigene Artikel, deren Thema auch unter den nachfolgenden Stichwörtern auf der jeweils genannten Seite auftaucht

1-plus-4-Modell
GDA 250
3-MCPD 160
Kokosnuss 399, Margarine 461, Palmöl 548, Pfanzenfette 562, Speiseöle 701

A

Aale 9
Fische, bedrohte 214
abgespeist.de (Kampagne)
Etikettenschwindel 191, Foodwatch 226, industrielle Tricks 341
Abstandsregelung
Mais 454
Açais 10
Superfood 722
Acerola 11
Haltbarmachung 303
Aceto balsamico
Essig 186
Ackerwildkräuter
Unkraut 769
Acrylamid 12
Backwaren 59, Brot 119, Cerealien 133, Chips 138, Foodwatch 225, Gen-Kartoffel 261, Kaffee 357, Kaffee-Ersatz 358, Malz 456, Skandale 685
Actinidin
Kiwis 387
ADHS-Syndrom
Farbstoffe 200
ADI-Wert 13
Aflatoxine 14
Carry-over 131, Chilis 136, Erdnüsse 183, Feigen 202, Haselnüsse 307, Küchenkräuter 412, Mandeln 457, Mikroorganismen 473, Muskat 491, Nüsse 517, Pistazien 571, reif 609, Schadstoffe 649, Schimmelpilze 656, Sesam 682, Trockenfrüchte 757, Walnüsse 801
Agar-Agar 14
Algen 20, Binde-, Verdickungsmittel 71, Brotaufstrich 119, Convenience-Food 143, Geliermittel 256, Marmelade 461
Agavendicksaft 15
Süßen 727
AGÖL
Biobranche 83
Agrarwende
Deutschland und Bio 152
Agrobiodiversität 16
alte Rassen 23, alte Sorten 24, Biodiversität 84, Bioland 98, EG-Öko-Verordnung 165, Golden Rice 283, Hybriden 335, Kartoffeln 374, Mais 453, Monsantosierung 488, Patente 555, Rinder 614, Saatgut 635, Slow Food 688, Sorten 696, Zucht 853
Ahornsirup 18
Aiguier, Jean-Philippe
Biogastronomie 91
ALARA-Prinzip
PAK 547
Alaska-Seelachs 19
Fischstäbchen 216, Seelachs 674
Albert Schweitzer Stiftung
Tierwürde 744
Alblinse/Albleisa
Linsen 443
Alfalfa
Luzerne 451
Algen 20
Agar-Agar 14f., Binde-, Verdickungsmittel 71, Carotinoide 128, Carrageen 128f., Kaviar 378, Lachsforelle 421, Milchersatz 477, Nahrungsergänzungsmittel 496, Nori 513, Schwermetalle 671, Veganismus 776, Wakame 799f., Wildsammlung 824, Xylophagen 835
Algen-Kaviar
Kaviar 378
Algentoxine
Austern 53, Muscheln 490f.
Algin (Emulgator)
Kaviar 378
Alginate
Gelatine(-Ersatz) 255
Aliud
Irreführung 347
Alkaloide
(Solanin) Kartoffeln 373, Mohn 483, Paprikagewürz 553, (Piperin) Pfeffer 559
Allergene 21
Antioxidationsmittel 38, Bratling 115, Brotaufstrich 119, Dinkel 155, Einkorn 171, Emmer 171, E-Nummer 178, Erdnüsse 183, Etikett 189, Haselnüsse 308, Instant… 345, Kennzeichnung 382, Kokosnuss 398, Krabben 408, lose Ware 448, Luft 449, Lupine 450, Milchersatz 476, Nüsse 517, Quark 588, Säuerungsmittel, Säureregulatoren 649, Schimmelpilze 656, Sellerie 680, Senf 681, Sesam 682, Soja 692, Sojamilch 693, Sojasauce 694, Speiseeis 699, transgen 752, Volldeklaration 794, Wachs 799, Wo-

chenmarkt 828, Ziegenkäse 847, Zutaten(liste) 864
„Alnatura“
Bio-Supermärkte 107, Schweiz und Bio 671
Alpenlachs
Saibling 638
alte Rassen 22
Agrobiodiversität 16f., Antibiotika 36, Arche des Geschmacks 44, artgerecht 49, Ecoland 163, Gänse 245, Geflügel 252, Geflügelfleisch 454, Locavoren 446, Masthuhn 465, ökologische Tierhaltung 536, Premium-Bio 580, Puten 582, Putenfleisch 483, Rinder 614, Schafe 652, Schinken 657, Schweinefleisch 669, Slow Food 688, Tierarzneimittel 740, Zucht 854
alte Sorten 24
Agrobiodiversität 16, Anthocyane 33, Antioxidantien 37, Arche des Geschmacks 44, Biokiste 94, Blumenkohl 111, Einkorn 170, Kamut 367, Locavoren 446, Mais 453, Mohrrübe 484, Quitten 594, Rosenkohl 623, Slow Food 688, Sorten 697, Streuobst 719, Wirsing 827, Zucht 854
Aluminium 26
Schadstoffe 649, Schwermetalle 671
Alzheimer
Aluminium 26
AMA (Gütesiegel)
Österreich und Bio 545
Amadea
Gen-Kartoffel 262
Amarant(h) 26
Amflora
Gen-Kartoffel 261, Kartoffeln 374
amidiert
Geliermittel 256
Ampel 27
Big Four, Big Eight 70, Kennzeichnung 381
Amygdalin
Kerne 383
Amylose, Amylopektin
Stärke 708
Analog… 29
Etikett 189, industrielle Tricks 341, Irreführung 347, Kennzeichnung 381, Klonfleisch 394, Skandale 685
Ananas 30
Anbauverbände 31
Bio light 100, EG-Öko-Verordnung 165, Premium-Bio 580
Anbindehaltung, Milchkuh 478, Neuland 509, ökologische Tierhaltung 537, Rinder 615, Schafe 651
Anchovis
Sardellen 645
Andenknolle (Oca)
Ysaño 840
Anthocyane 33
Açais 10, Aroniabeeren 47f., Auberginen 51, Beeren 64, bioaktiv 76, Blumenkohl 111, Brokkoli 117, Chilis 137, Cranberrys 144, Heidelbeeren 315, Johannisbeeren 352, Kirschen 387, Kohlrabi 397, Mohrrübe 485, Pflaumen 566 , Polyphenole 574, Preiselbeeren 579, Rote Bete 626, Rotkohl 627, Süßkartoffeln 727, Tomaten 749, Urgetreide 773
Anthroposophisches 34
Biophotonik 103, Demeter 148, Pflanzenwürde 565
Anti-Aging-Effekte
Açais 10, Avocados 55, Nahrungsergänzungsmittel 496, Superfood 722, Wellnessfood 811, Yacón 836
Antibiotika 35
Aale 10, Anbauverbände 33, bio = gesünder? 74ff., Biofisch 88, Bodenhaltung 112f., Carry-over 131, Dorade 159, Düngen 161, Enten 175, Kälber 364, Kalbfleisch 365, Käse 374, Keime 379f., Konservierungsstoffe 400, Lachs 420, Lachsforelle 422, Lamm 424, Massentierhaltung 463, Mast 464, Neuland 509, Puten 582, Rinder 615, Rindfleisch 616, Schadstoffe 650, Schweine 668, Tierarzneimittel 739, Ziegenkäse 847
antibiotikaresistente Keime
Antibiotika 35, bio = besser? 74, bio = gesünder 75, Biofleisch 88f., Bodenhaltung 113, Eier 168, Lein 423, Schweinefleisch 669, transgen 752
Antimatsch…
Gen-Tomate 268, Himbeeren 322, transgen 752
Antioxidantien 36
Carotinoide 128, Flavonoide 217, freie Radikale 229, Kernöle 384, Nitrosamine 512, Schale 655, Spurenelemente 705, Stabilisatoren 705, Superfood 723, Vitamine 792, Weintrauben 808
Antioxidationsmittel 38
Convenience-Food 143, E-Nummer 178, Essig 186, Milchsäure, Milchsaures 479, Nektarinen 508, Säuerungsmittel, Säureregulatoren 648, Schwefel 665, Zitrusfrüchte 852, Zusatzstoffe 863
Anti-Polygalacturonase-Gen
Gen-Tomate 268
Äpfel 38
Apfelsinen 40

Apfelwein
Obstwein 525
Äppelwoi
Obstwein 526
Aprikosen 41
Aquakultur 42
Aale 9, Algen 20f., Barsch 62, Beifang 65f., Biofisch 87f., Cobia 140, Dorade 158f., Ernährungsdilemma 184, Ethik 188, Fisch, Fischfang 211ff., Heilbutt 316, Hummer 334, Jakobsmuscheln 348f., Kabeljau 355f., Käfighaltung 360, Karpfen 372, Kaviar 377f., Krebse 410, Lachs 419f., Lachsforelle 421, Langusten 429, Massentierhaltung 462, Miesmuscheln 472f., MSC 488, Muscheln 489f., Nachhaltigkeit 495, Naturland 503, Nori 513f., ökologische Aquakultur 531f., Pangasius 549f., Red Snapper 602, Saibling 638, Sardellen 645, Sardinen 646, Seewolf 675f, Seezunge 677, Thunfisch 736f., Tilapia 745, transgen 752, Überfischung 761ff., Umstellung 766, Wakame 800, Welse 812, Wolfsbarsch 829, WWF 833, Zander 843
Aquakultur, ökologische
ökologische Aquakultur 531
Arche Austria
Agrobiodiversität 17
Arche des Geschmacks 44
alte Rassen 23, Slow Food 688
Arche Noah (Österr.)
Agrobiodiversität 18
Arche-Passagiere
Arche des Geschmacks 44
Arganöl 45
Novel Food 515
ARGE biofisch
ökologische Aquakultur 531
Aromen 46
Aroniabeeren 47
Superfood 722
Arsen
Reis 610
artgerecht 48
alte Rassen 24, Bienen 68, bio = besser? 74, Biofisch 88, Biofleisch 89f., Biokreis 96, Bioland 98, Biolebensmittel 99, Bodenhaltung 112, BÖLW 114, Butter 121f, Demeter 149, Eier 168, Enten 174, Entenfleisch 176, Ethik 188, Hühner 330, Hühnerfleisch 332, Hybriden 335, Imker 339, Käfigeier 358, Käfighaltung 359f., Kälber 363f., Kalbfleisch 365, Kaninchen 368, Kaninchenfleisch 369f., Kleingruppenhaltung 390, Lachs 419, Lamm 423f., Legehennen 434f., Massentierhaltung 463, Mast 464, Masthuhn 465, Milch 475f., Milchkuh 478, Naturland 503, Neuland 508f., ökologische Tierhaltung 536, Preise 578, Puten 581, Putenfleisch 583, Rinder 614, Schadstoffe 650, Schafe 651, Schinken 657, Schnekken 659, Schweine 668, Stiftung Warentest 716, Strauß 718, Tierarzneimittel 739, Tierhaltung 740f., Tierschutz 742, Tierwürde 743, Umstellung 766, Welse 812, Wild 816, Ziegen 845, Zucht 854
artisanal 49
Arche des Geschmacks 44, authentisch 54, Bio-Gourmet 92, Community Supported Agriculture/CSA 141, Demeter 149, Käse 375, Premium-Bio 580, reif 609, Rohmilch 621, Rückbesinnung 628, Schinken 657, Senf 681, Slow Food 688, Trends 755
Artischocken 50
Arzneimittel, pflanzliche
Heilkräuter 317
ASC-Label (Aquaculture Stewardship Council)
Aquakultur 44, Pangasius 550
Aspartam
Süßstoffe 729
Auberginen 51
aufgezuckert
Obstwein 525
Aufrötung
Hackfleisch 298
Austern 52
Austernpilze, Austernseitlinge 53
authentisch 54
natur-… 500, Öko 527
autolytische Prozesse
Fermentieren 205
Avocado-Öl
Avocados 55
Avocados 55
Superfood 722
AWS (antibakteriell wirksame Substanzen)
Antibiotika 35
Azofarbstoffe
Farbstoffe 200

B

Babyfencheltee
Fenchel 204
Babynahrung 57
Carrageen 129, Furan 240
Bachforelle
Forelle 226
Bachsaibling
Saibling 638
Backferment
Backtriebmittel 58, Fermentieren 206
Backpulver
Backtriebmittel 58

Backschrot
Schrot, schroten 663
Backtriebmittel 57
Backwaren 58
Bamberger Hörnchen (auch Bamberger Hörnla)
Kartoffeln 374, Slow Food 688
BanaFair (Verein)
Bananen 60
Bananen 60
Biolebensmittel 99, Discounter 157, fair + bio 197f., Food Miles 224, Max Havelaar 466, Obst 524, Obstexoten 524f., Plastik 573, reif 607f., Schale 655, TransFair 751, Wasser 803
Bantam Mais
Mais 454
Bärlauch 61
Barsch 62
Cobia 140
„Basic"
Bio-Supermärkte 107
Basilikum 63
Batate
Süßkartoffeln 727, Verwechslungsgefahr mit Topinambur 750
Bauernheimatbewegung
organisch-biologisch 542
Bauländer Spelz
Grünkern 288
Beauty Food
Hirse 323, Molke 485, Nahrungsergänzungsmittel 496, Yams 839
Beeren 63
Begasen
Aprikosen 41
Begleitflora
Unkraut 769
Beifang 65
Fisch, Fischfang 212, Flunder 223, Friend of the Sea/FOS 232, Garnelen 248, Kabeljau 355, Krabben 406, Überfischung 763
Beikost
Babynahrung 57
Beikraut
Pflanzenwürde 565, Unkraut 769f., Wildgemüse, Wildkräuter 819
Beikraut(regulierung)
Erdbeeren 182, Mehl 471, Salate, grüne 639, Spargel 698, Unkraut 769, Wein 806
Beizen
Saatgut 635
Bentonit
Gelatine(-Ersatz) 255
Benzpyren
Jakobsmuscheln 349, Räuchern 601
Besatzdichte
Käfighaltung 360
Bestrahlung 66
Gewürze 276, Haltbarmachung 303, Obstexoten 524
Beta-Carotin
Antioxidantien 37, Aprikosen 41, Carotinoide 127, Butter 121, Einkorn 170, Emmer 171, Kohlrabi 397, Kürbis 415
beta-Glucanen-Gehalt
Gerste 270
Betanin
Rote Bete 626
Bewahren durch Aufessen
Slow Food 688
Beyer, Peter
Golden Rice 283
Bienen 67
Honig 326, Imker 337, Monsantosierung 488, Pestizide 558
Bier 68
Hanf 306, Hopfen 328, Urgetreide 773
„Big Five"
Bananen 60
Big Four, Big Eight 70
Bill & Melinda Gates Foundation
Golden Rice 282
Binde-, Verdickungsmittel 70
Bio 72
bio-/Bio- (ggf. unter öko-)
Bio-Siegel, die 105
bio = besser? 73
Stiftung Warentest 716
bio = gesünder? 74
Bioaerosole
Kleingarten 389
bioaktiv 76
Bio Austria 76
Anbauverbände 32, Österreich und Bio 544
Bio-Bashing 78
Gütesiegel 293, Keime 379, Nährwert und Nährstoffe 498, Stiftung Warentest 716
Biobauer 79
Bio-Betrug 80
Bio 72, Bio light 100, Bio Suisse 107, BÖLW 114, Etikettenschwindel 190f., Importware 340, Kontrolle 401f., Legehennen 422, Monitoring 486f., Naturland 504, Skandale 685, Wildsammlung 824
Bioboom 82
Biobranche 82
bioC (Datenbank)
Kontrolle 402
„Bio Company"
Bio-Supermärkte 107
Biodiversität 84
Agrobiodiversität 16, bio = besser? 73, organisch-biologisch 543, Stickstoff 716, Streuobst 719
Biodiversity-Checks
Biowein 109
biodynamisch 85
Bioethanol
Mais 453
BioFach 86
fair + bio 195
BioFairVerein
fair + regional 197
Bio-Fast-Food(-Restaurants)
Bratling 115, Fast Food 201

Biofisch 87
ökologische Aquakultur 531
Biofleisch 88
Biopark 102, Klima(-schutz) 393, Stiftung Warentest 715f., Supermarkt 724
Biofleischer s. Biometzger
Biogastronomie 90
Österreich und Bio 545
Bioghurt
Joghurt 350
Bio-Gourmet 91
Österreich und Bio 545
BioGourmetClub
Bio-Gourmet 92
Bio international 92
Bio-Ketchup
Würzpasten, Würzsaucen 832
Biokiste 93
Locavoren 446
Biokonsumenten 94
Biokreis 95
Anbauverbände 32
Bioladen 96
Deutschland und Bio 151
Bioland 97
Anbauverbände 32, Karpfen 372, organisch-biologisch 542
Biolebensmittel 98
Bio light 100
EG-Öko-Verordnung 165, Gütesiegel 293, ökologischer Landbau 535, ökologische Tierhaltung 537, Premium-Bio 580
biologischer Landbau s. ökologischer Landbau 534
biologische Tierhaltung s. ökologische Tierhaltung 536
biologische Verschmutzung
Aquakultur 43
biologische Wertigkeit
Amaranth 27
Biometzger
Haltbarmachung 303, Hofladen 324, Phosphat, Phosphor 568, Pökeln 574
Biomineralwasser 100
Bio mit Gesicht (Aktion)
Herkunft 319, Naturland 503, Rückverfolgbarkeit 631
Bionade 101
Holunder 325, Quitten 595, Streuobst 721
Bio-Nichtkäufer
Biolebensmittel 99
Biopark 102
Anbauverbände 32
Biophotonik 103
Vitalkost 792
Bio-Pioniere
Biokreis 95, Bioland 97, ökologischer Landbau 534ff., Reformhaus 603
Biopiraterie
Monsantosierung 488, Patente 555
Bioschlachter s. Biometzger
Bio-Siegel, das 104
EU-Biosiegel 192
Bio-Siegel, die 105
Bio-Spitzenköche
Biogastronomie 91
Bio Suisse 106
Anbauverbände 32, Importware 340, Premium-Bio 580, Schweiz und Bio 670
Bio-Supermärkte 107
Deutschland und Bio 151
Bio-Toque
BioFach 87, Biogastronomie 91
Bioverfügbarkeit
Anthocyane 34, bioaktiv 76, Carotinoide 128
Biowein 108
Ecovin 163, Österreich und Bio 543, Polyphenole 575
Biozertifizierung
Öko-Kontrollstelle 529
Bircher-Benner, Maximilian
Müsli, Müesli 492, vollwertig 796
Birnen 110
Bisphenol A
Weichmacher 805
Bittermandel
Kerne 383
Bitterstoffe
Avocados 55, Chicorée 136, Endivie 173, Hopfen 328, Lab 418, Licht, Lichtgeschmack 437f., Löwenzahn 449, Oliven 539, Quinoa 594, Wildgemüse, Wildkräuter 819f.
Blattmangold
Mangold 459
Blaubeere (sibirische)
Heidelbeeren 315
blaues Wasser
Wasser 803
Blausäure
Kerne 383, Lein 436, Nektarine 507
Blei
Allergene 21, Hai 302, Heilbutt 316, Luft 435, Schadstoffe 649, Wildfleisch 818
Bleimunition
Wildfleisch 818
Blumenkohl 110
Blüten, essbare
Löwenzahn 449
Zucchini
BNN
Biobranche 83, Biofisch 88, BÖLW 114, Monitoring 487, Naturkost 502
Bockshornkleesamen
EHEC 166, Sprossen 703
Bode, Thilo
Foodwatch 225
Bodenhaltung 112
Legehennen 435
Bohnen 113
Bohnenquark
Tofu 747
BÖLW 114
Anbauverbände 32, Biobranche 83, BVÖL 123
Bordeaux-Brühe (Weinbau)
Wein 806
Bourbonvanille
Nussmus 519

Bratling 115
Fleischersatz 219, Grünkern 288
Bräunungsreaktion
Acrylamid 12
Brennnessel 115
Brokkoli 116
Glucosinolate 277, Patente 554, Superfood 722
Bronzepute
Puten 582
Brot 117
Brotaufstrich 119
Brühe 120
Bruker, Max-Otto
vollwertig 796
Brunnenkresse
Kresse 411
BSE
Bioboom 82, Einkaufen 169, Hackfleisch 298, Innereien 343, Lab 417, QS-Prüfzeichen 585, Rindfleisch 616, Skandale 684, Ziegenfleisch 846
Bt-Mais
Gen-Mais 262
Bucheckern
Kaffee-Ersatz 358
Buchweizen 121
Bundesprogramm Ökologischer Landbau
Deutschland und Bio 152, Linda 427
BurgenlandBatata
Süßkartoffeln 728
Butter 121
BVÖL 123
Biobranche 83

C

Cadmium 125
Algen 21, Erdnüsse 183, Hai 301, Heilbutt 316, Kerne 382, Pfifferlinge 560, Rückstände 630, Schadstoffe 649, Schokolade 661, Schwermetalle 671, Sesam 682, Spurenelemente 705, Tintenfische 746, Wildpilze 821
Calcium
Algen 20
Campylobacter
Geflügelfleisch (Abb.) 253, Keime 380, Putenfleisch 583, Rohmilchkäse 621
Capsaicin
Chilis 137, Paprikagewürz 553
Carbon Footprint 126
Biofleisch 89, Butter 123, Convenience-Food 142, Einkaufen 169, Joghurt 352, Käse 376, Kiwis 387, Klima (-schutz) 391, lactovegetabil 422, Lammfleisch 425f., Lauch 429, Lebensmittel 430, Masthuhn 466, Milchersatz 477, Ökobilanz 528, Ovo-lacto 545, regional 603f., Rindfleisch 616, Tiefkühlkost 738, Tomaten 749, Transport 754, Vegetarismus 778, Viktoriabarsch 791, Weizen 810
Carob s. Karob 371
Carotinoide 127
Antioxidantien 37, bioaktiv 76, Eier 168, Kohl 396, Lachsforelle 421, Luzerne, Alfalfa 451, Margarine 460, Mohrrübe 484f., Paprika 552, Rotkohl 627, sekundäre Pflanzenstoffe 679, Süßkartoffeln 727, Tomaten 749, Urgetreide 773, Wildgemüse, Wildkräuter 819, Würzpasten, Würzsaucen 832, Zitronen 851
Carrageen 128
Agar-Agar 15, Algen 20, Anbauverbände 33, Binde-, Verdickungsmittel 71, Geliermittel 256, Milchersatz 477, Reisdrink 611, Sahne 637, Vertrauen 788, Zusatzstoffe 862f.
Carrotmob 130
Carry-over 130
Aluminium 26, Dioxin 156, Futtermittel 241, Reis 610, Rückstände 630, Schwermetalle 672, Tierarzneimittel 739, Verunreinigung 789, Weichmacher 832, Würzpasten, Würzsaucen 832, Ziegenmilch 849, Zutaten(liste) 863
Cashewkerne 132
Cäsium (auch Cäsium-137)
Heidelbeeren 315, Radioaktivität 598, Wildschweinfleisch 825
Cassia, Kassia
Zimt 849
Cayennepfeffer
Chilis 136
Cerealien 132
Flocken 221f., Müsli 491f.
Ceylon-Zimt (Kaneel)
Zimt 849
Champignons 134
Charta für Landwirtschaft und Verbraucher
Landwirtschaft 427
Chicorée 135
Chilis 136
China
Aquakultur 42, Bioboom 82, Bio international 93, Gänsefleisch 247, Garnelen 249, Geflügelfleisch 252, Gen-Tomate 268, Importware 340, Käfighaltung 360, Kaninchenfleisch 369f., Kontrolle 402, Miesmuscheln 472, ökologische Aquakultur 531, Reis 611, Sanddorn 644, Schweinefleisch 668, Spargel 697, Steinbutt 710, Süßkartoffeln 728, Tee 731, Wild 816
Chinakohl 137
China-Restaurant-Syndrom
Glutamat 279, Hefeextrakt 314

Chips 138
Chlorhähnchen
Hühnerfleisch 332, Salmonellen 642
Chlormequat
Mehl 471, Zuchtpilze 855
Chlorophyll
Licht, Lichtgeschmack 438
Cholesterin
Big Four, Big Eight 70, Bratling 115, Fettsäuren 211, Hafer 299, Innereien 343, Irreführung 347, Kaninchenfleisch 369, Kaviar 378, Kokosnuss 398, lactovegetabil 422, Lupine 450, Margarine 460, Omega-3-/-6-Fettsäuren 542, Pflanzenfette 562, Quorn 595, Reisdrink 611, Rindfleisch 617, Seitan 678, Tempeh 733
Cholesterinsenker
Anthocyane 34, Avocados 55, Bärlauch 61, Distelöl 158, Kleie 388, Knoblauch & Co 395, Margarine 460, Nüsse 517, Nussöle 520, Omega-3-/-6-Fettsäuren 541, Rapsöl 600, Shiitake 683, Yams 838
Chrom
Spurenelemente 704
Cider/Cidre
Obstwein 526
CITES
Hai 301, Kaviar 377
Citronensäure (E 330)
Säuerungsmittel, Säureregulatoren 648
Clean Labelling 139
CMS (Cytoplasmatisch-männliche Sterilität)
Blumenkohl 111, GVO 295, Kohl 396, Rettich 612, Sorten 697, Zucht 854
CO_2(-Äquivalente)
Carbon Footprint 126, Radieschen 597, Rindfleisch 616
Cobia 140
Codein
Mohn 483
Codex-Alimentarius
Bio international 93, EG-Öko-Verordnung 164, IFOAM 337
Community Gardens
Kleingarten 390, Urban Farming 771
Community Supported Agriculture/CSA 140
Biokiste 94, Locavoren 446, Urban Farming 771
Containern
Freeganer 228
Convenience-Food 142
Brühe 120, Ernährungsdilemma 184, Fertigprodukte 206, natur-, natürlich 501, Rotkohl 627, Slow-Baking 686, Tiefkühlkost 738, unbehandelt 768
„COOP“
Bio-Suisse 107, Schweiz und Bio 671, Supermarkt 725
Corail
Hummer 333
cradle to grave
Ökobilanz 528
Cranberrys 144
Superfood 722
Crème fraîche
Sahne 637
Cuisine crue (Rohküche)
Rohkost 620
Cumarin
Artischocken 50, Zimt 850
Curry 144
Cytoplasmatisch-männliche Sterilität (CMS)
GVO 295, s.a. Hybriden 334, Kohl 396

D

Datteln 147
Dattelsirup
Sirup 684
DBV (Deutscher Bauernverband)
Bio-Bashing 78, Biobauer 80, Biobranche 83
DDAC (Didecyldimethylammoniumchlorid)
Obstexoten 525
DDT
Curry 145
Decosahexaensäure (DHA)
Omega-3-/-6-Fettsäuren 541
DEET (Insektizid)
Pfifferlinge 560, Wildpilze 821
Delfinschutzprogramm
Thunfisch 737
Demeter 148
Anbauverbände 32f., Anthroposophisches 34, Aquakultur 43, Aromen 47, artisanal 50, Babynahrung 57, biodynamisch 85f., Biowein 109, Brot 118, Carrageen 129, Cerealien 133, Community Supported Agriculture/CSA 141, Convenience-Food 143, E-Nummer 178, Enzyme 179, ESL-Milch 185, Handelsmarken 304, Holunder 325, Hybriden 335, Joghurt 351, Kälber 365, Karpfen 372, Kartoffeln 374, Konservierungsstoffe 400, Kupfer 414, Legehennen 435, Milch 475, Milchkuh 479, Muscheln 490, Nanotechnologie 498f., Naturland 503, Nitrit 511, Nitrosamine 512, organisch-biologisch 542, Pflanzenwürde 565, Pökeln 574, Premium-Bio 580f., Räuchern 600, Rohmilch 620, Sahne 637, Schinken 657, Schweiz und Bio 670, Schwermetalle 672, Sorten 697, Speiseeis 699, Supermarkt 725, Thunfisch 737, Tiefkühlkost 739, Tier-

würde 744, Tomaten 748, Trockengemüse 758, Verbund Ökohöfe 780, Vertrauen 788, Wurst 830, Zusatzstoffe 861
denaturiert
Instant … 344
„denn's Biomarkt"
Bio-Supermärkte 107f.
Designer-Pflanzen
Monsantosierung 487
Desodorierung
Margarine 460f., nativ 500, Nussöle 519, Olivenöl 540, Palmöl 548, Pflanzenfette 562, Rapsöl 600, Sonnenblumen 695
Deutscher Tierschutzbund 359
Deutschland und Bio 151
DHA (Decosahexaensäure)
Omega-3-/-6-Fettsäuren 541
Dicklegen
Lab 417, Quark 588
Dickröhrling
Steinpilz 711
Dicksaft 153
Didecyldimethylammoniumchlorid (DDAC)
Obstexoten 525
DIN ISO 14 040 bzw. 14 044
Ökobilanz 528
Dinkel 154
Grünkern 288
Dioxin 155
Aale 10, Carry-over 131, Eier 167f., Einkaufen 169, Freilandhaltung 231, Hering 318, Innereien 344, Kabeljau 356, Käse 375, Milch 476, ökologische Tierhaltung 538, PCB 555f., QS-Prüfzeichen 585, Rindfleisch 617, Rückstände 630, Rückverfolgbarkeit 632, Schadstoffe 650, Schaffleisch 653, Skandale 685, Trends 755, Verunreinigung 789, Wildfleisch 818
Direktsaft 156
Fruchtsäfte 237, Gemüsesaft 259, Granatapfel 284
Direktzahlung der EU
Greening 284
Discounter 156
Distelöl 158
Dolly (Klonschaf)
Gentechnik 265
Dopamin
Haferflocken 300
Doppel-Null-Raps
Rapsöl 599
Dorade 158
Dorsch(leber)
Kabeljau 355f.
Dotteröl
Lein 437
dreckiges Dutzend
PCB 556
3-MCPD 160
Kokosnuss 399, Margarine 461, Palmöl 548, Pfanzenfette 562, Speiseöle 701
„drei Vs"
Verpackung 783
Drei-Wort-Lösung („… und die Tiere")
Tierschutz 742
Dreschflegel
Saatgut 636
„Dritte Welt"
fair + bio 195, Fairtrade 197f., Max Havelaar 466f., TransFair 751f., Welternährung 813f., Weltladen 815f.
Dritter Weg (sog.)
integrierter Anbau 345
Drittländer
EG-Öko-Verordnung 164ff., Importware 339, Obst 523, Obstexoten 524
dumpster diving
Freeganer 228
Düngen 160
Dunkelgrüne, sog.
Biokonsumenten 95, Bio light 100, s. a. LOHAS 446, Premium-Bio 581

E

Early Mortality Syndrom/ EMS (Garnelenseuche)
Garnelen 249
Ebermast
Schweinefleisch 669
„ebl"
Bio-Supermärkte 107
ECOCERT
Öko-Kontrollstelle 529
ecoinform (Datenbank)
Herkunft 319
Ecoland 163
Anbauverbände 32
Ecovin 163
Anbauverbände 32, Biowein 109
ECROPOLIS-Studie
Geschmackssache 271
Effektive Mikroorganismen
Mikroorganismen 474
EFSA
E-Nummer 177, Health Claims 309, Klonfleisch 394, Lebensmittelsicherheit 432, PAK 547
EG-Öko-Verordnung 164
Bio light 100, Premium-Bio 580
EHEC 166
Kälber 364, Kresse 411, Skandale 684, Sprossen 702, Verunreinigung 789
Eicosapentaensäure (EPA)
Omega-3-/-6-Fettsäuren 541
Eier 167
Dioxin 156, s. a. Freilandhaltung 230, s. a. Salmonellen 641, Verstecktes 787
Eigenverzehr
Wildgemüse, Wildkräuter 820, Wildpilze 821
Eine-Welt-Bewegung
Weltladen 815
Einkaufen 168
Einkorn 170
Eins-plus-vier-Modell
GDA 250

Eintagsküken
Hühner 331, Legehennen 571
Eisen
Pistazien 571, Spinat 701, Spurenelemente 704
Eisenmangel
lactovegetabil 422
Eisensalze/Eisengluconat/Eisenlactat
Oliven 539
Eiszapfen
Radieschen 597
Eiweißlücke
BVÖL 123, Futtermittel 241, Soja 692, Sojamilch 693
Ekelfleisch
Gammelfleisch 244
Emmer 171
EMS (Early Mortality Syndrom, Seuche)
Garnelen 249
Emulgatoren 171
Hefe 312
Endivie 172
endogene Metabolisierung
Anthocyane 34
Energydrinks 173
Enhancer
Energydrinks 173
Enten 174
Entenfleisch 176
Entengrütze
Wasserlinsen 804
Enteritis-Salmonellen
Salmonellen 641
Enthornen
artgerecht 48, biodynamisch 86, Gäa 243, Kälber 364f., Milchkuh 479, ökologische Tierhaltung 537, Premium-Bio 580
Entkeimen
Trocknung 759
Entschlacken 177
E-Nummer 177
Clean Labelling 139, Zusatzstoffe 860ff.
Enzyme 178
Fermentieren 205, Hafer 299, Heu 320, Kennzeichnung 382, Stutenmilch (Lysozym) 721, Süßen 727
Enzymgetränk
Kombucha 399, Milchsäure, Milchsaures 479
EPA (Eicosapentaensäure)
Omega-3-/-6-Fettsäuren 541
Erbsen 179
Erdbeeren 181
Erdgipfel Rio+20
Biodiversität 84
„Erdkorn“
Bio-Supermärkte 107
Erdnüsse 182
Erdnussöl
Erdnüsse 183
Erhaltungssorten
Sorten 696, Zucht 854
Ernährungsdilemma 183
Erosion, genetische
Agrobiodiversität 16
Ersatz-Produkte
Analog … 29, Fettersatzstoffe 209, Fleischersatz 219, Gelatine(-Ersatz) 254, Kaffee-Ersatz 358, Karob 371, Käse-Ersatz 376, Milchersatz 477, Reisdrink 612, Sahne 637, Sojamilch 692, Stevia 712, Zuckeraustauschstoffe 859
Escariol
Endivie 173
ESL-Milch 185
Haltbarmachung 304, Milch 476
Essensretter
Foodwatch 226
Essig 186
Essigsäure
Haltbarmachung 303, Säuerungsmittel, Säureregulatoren 648
Etephon
Feigen 201, Obstexoten 524, reif 608
Ethanol
Hefe 311
Ethik 187
Biofleisch 88, Ernährungsdilemma 185, fair + bio 195, Fairtrade 199, gutes Gewissen 292, Hybriden 334, Pflanzenwürde 565, Tierwürde 744, Welternährung 813
Ethylen (Reifegas)
Ananas 30, Avocados 55, Gen-Tomate 268, Melonen 471, Obstexoten 524, reif 608, Zitronen 851, Zitrusfrüchte 852
Etikett 188
Etikettenschwindel 190
Herkunft 319, Irreführung 348, kontrolliert biologisch 403, „Ohne Gentechnik“ 526, Ökobilanz 529
EU-Bio
Anbauverbände 32, Bio light 100, EG-Öko-Verordnung 164, Premium-Bio 580
EU und Bio 191
EU-Biosiegel 192
Europäisches Patentamt/EPA
Patente 554
externe Kosten
Österreich und Bio 544, Preise 577f.
extra nativ
Olivenöl 540
extrinsische Qualität
Genusswert 269

F

fair + bio 195
Bananen 60, Ethik 187, Fairtrade 197, Mango 458, Premium-Bio 580, TransFair 752, Palmöl 548, Weltladen 815
fair + regional 196
Fair Economy (Charta)
Demeter 149

Fair-Breeding
Blumenkohl 111
fair-fish (Schweizer Verband)
Hering 317, Hummer 334, Steinbutt 710
Fair-light-Label
Schokolade 660
Fairtrade 197
Apfelsinen 40, artisanal 50, Cashewkerne 132, Gütesiegel 294, Kaffee 356, Kakao 362, Max Havelaar 466, Obstexoten 525, Preise 577f., Reis 610, Schweiz und Bio 671, Tee 731, TransFair 751, Zucker 857
Fairwashing
Fairtrade 198
Fallobst
Frutarier 239
Fangmethode
Fisch, Fischfang 212, Fische, bedrohte 214
Farbstoffe 199
farm to fork (Aktion)
Food Miles 223
Fast Food 200
Feigen 201
Feinstäube
Keime 380, PAK 547
Feldbefreier 202
Gentechnik 265, GVO 294
Feldsalat 203
Fenchel 203
Ferkelkastration
ökologische Tierhaltung 537, Schweine 667ff.
Fermente s. **Enzyme 178**
Fermentieren 205
Bionade 101, Enzyme 178, Essig 186, Hefe 312, Joghurt 350, Kefir 378, Reisdrink 611, Rooibos-Tee 622, Sojasauce 694, Tee 731, Tempeh 733, Vanille 775
Fertigprodukte 206
Fertigsaucen 207
Feta, echter
Schafskäse 654
Fette 208
Verstecktes 787
Fettersatzstoffe 209
Fettsäuren 210
Milch 475, Oliven 539, Olivenöl 541, Omega-3-/ -6-Fettsäuren 541, Rindfleisch 617
Feuerbrand-Bakterium
Birnen 110
FiBL
Biobranche 83
Filderkraut
Weißkohl 810
finning
Hai 302
Fisch, Fischfang 211
Fische, bedrohte 214
Fische, empfehlenswerte 215
Fischführer
Aquakultur 42, Biofisch 88, Fisch, Fischfang 211, Greenpeace 285, WWF 833
Fischmehl, Fischöl
Überfischung 763
Fischstäbchen 216
Fish-in-fish-out-ratio
Aquakultur 42, Lachs 420, Veredelungsverluste 782
Five a day (Slogan der DGE)
Gemüsesaft 258
Flavonoide 217
Anthocyane 33, Antioxidantien 36, Oliven 539, Polyphenole 574, sekundäre Pflanzenstoffe 678f.
Flavr Savr Tomato
Gen-Tomate 268
Fleisch der Vegetarier
Walnüsse 802
Fleisch 217
Fleischersatz 219
Bratling 115, Grünkern 288, Hülsenfrüchte 332, Lupine 450, Quorn 595, Seitan 677, Soja 690, Textur 735, Tofu 747
Fleischverderb
Gammelfleisch 245
Fleischverzicht
Flexitarier 220, Klima(-schutz) 393
Flexitarier 220
gutes Gewissen 292, Veredelungsverluste 782
Fliegenmaden
ökologische Aquakultur 532
FLO (Fairtrade Labelling Organizations International)
Fairtrade 198, TransFair 751
Flocken 221
Flugware
Bio Suisse 106, Bohnen 113, Carbon Footprint 127, Mango 458, Weintrauben 809
Flunder 222
Flusskrebs
Krebse 410
Fogosch
Zander 843
Foie-gras
Mast 465
Folientunnel
Freilandanbau 229
Folsäure
Gen-Tomate 268, Nahrungsergänzungsmittel 496
Food Miles 223
Bohnen 113, Rapsöl 600, Transport 752
Foodhunter
Noni 513
Food-Processing 224
Aromen 46, Convenience-Food 142, Haltbarmachung 302, Keime 379, Konservierungsstoffe 400, Lebens-mittel 430, Nährwert und Nährstoffe 497, natur-, natürlich 501, Preise 579, Qualität 586, Sahne 636, Salate als Feinkost 641, Schaffleisch 653, Stabilisatoren 705, Stiftung Warentest 715, Süßen 726, Wasser 803, Zusatzstoffe 863
Food-Synergy
Nährwert, Nährstoffe 498

Foodwatch 225
Ampel 27, Etikettenschwindel 191, Gelatine(-Ersatz) 254, industrielle Tricks 340, Verbraucherschutz 778
Food-Wutbürger
Ethik 188
Forelle 226
Formaldehyd
Räuchern 601
Formfleisch
Irreführung 347
Fortuna
Gen-Kartoffel 261, Kartoffeln 374
Frankenfish
Lachs 420, transgen 752
Freedom Food (GB)
Tierschutz 743
Freeganer 228
freie Radikale 228
Açais 10, Anthocyane 34, Antioxidantien 36, Avocados 55, bioaktiv 76, Carotinoide 127, Health Claims 309, Heidelbeeren 315, Knoblauch & Co 395, Kupfer 413, Licht, Lichtgeschmack 438, Pflaumen 566, Rooibos-Tee 622, Rotkohl 627, Spargel 698, Superfood 723, Tomaten 749, Vitamine 792
Freihandelsabkommen
Genfood 261
Freilandanbau 229
Gewächshaus 274f., Nitrat 509f., Salate, grüne 640, Stickstoff 713
Freilandhaltung 230
Geflügel 250f., Legehennen 435
Friedfische
ökologische Aquakultur 532
Friend of the Sea – FOS 232
Friesenkraut
Queller 592
Friesische Palme
Grünkohl 289
Frische 233
Polyphenole 574
Frischkäse 234
Quark 588
Frischkornbrei
Cerealien 133, Körner 405
Frischmilch
ESL-Milch 185
Frisée
Endivie 172
Fruchtaufstrich 235
Marmelade 461
Fruchtesser
Frutarier 239
Früchtetee 236
Fruchtfolge
ökologischer Landbau 534, Unkraut 770
Fruchtgummi
Gummibärchen & Co 290
Fruchtmolke
Molke 485
Fruchtsäfte 237
Fruchtschnitten 238
Fruchttrunk
Nektar 507
Fructose
Frutarier 239, Honig 326, präbiotisch 577, Zuckeraustauschstoffe 859
Frühlingszwiebeln
Lauchzwiebeln 429
Frutarier 238
Fukushima (2011)
Makrobiotik 455
Functional Food
Superfood 722
Fünf Elemente
Yin und Yang 839
Fungizide s. Pestizide 556
funktionelles Lebensmittel
Einkorn 170
„Für mehr Tierschutz“ (Gütesiegel)
Greenwashing 286
Furan 239
Kaffee 357
Fußabdruck, ökologischer s. Carbon Footprint 126
Futtermittel 240
Fisch, Fischfang 213, Hormone 329, Öko-Kontrollstelle 530, Veredelungsverluste 781

G

Gäa 243
Anbauverbände 32, Verbund Ökohöfe 780
Gambas s. Garnelen
Gammelfleisch 244
Gänse 245
Gänseblümchen 246
Gänsefleisch 247
Garnelen 248
Gartenkresse
Kresse 411
Gärung
Fermentieren 205
Gates Foundation
Golden Rice 282
Gatterhaltung
Wild 816
GDA (Guideline Daily Amounts) 249
Geflügel 250
Geflügelfleisch 252
Gefrierbrand
Gammelfleisch 245
Gefriertrocknung
Haltbarmachung 302, Instant ... 344, Stickstoff 714, Trocknung 759
GEH e.V.
Agrobiodiversität 17, alte Rassen 23
gehärtet
Fette 208, Pflanzenfette 562
Gelatine(-Ersatz) 254
Agar-Agar 14, Frischkäse 234, Gummibärchen & Co 290f., Müsliriegel 493, naturtrüb 506
Gelée Royal
Superfood 722
Geliermittel 255
Gemüse 256

Gemüsesaft 258
genetische Erosion
Agrobiodiversität 16, Sorten 697
genetische Verschmutzung
Lachs 419
Genfood 260
Gen-Kartoffel 261
Kartoffeln 374, transgen 752
Gen-Lachs
Lachs 420, transgen 752
Gen-Mais 262
Imker 339, Mais 453, Stärke 708, transgen 752
Genmilch
Futtermittel 241
Gen-Papaya
Papaya 551
Gen-Pflanzen
Aprikosen 41, Erbsen 180, GVO 294, Imker 338, Lein 437, Papaya 551, Patente 555, Pflaumen 567, Ruderalflora 633, transgen 752, Wein 806, Weizen 810f., Welternährung 813
Gen-Pool
Zucht 853
Gen-Raps
Honig 327, transgen 752
Gen-Reis
Reis 611
Gen-Soja 264
Honig 328, Karpfen 372, Soja 690, Tofu 747, transgen 752
Gentechnik 265
Aubergine 51, Monsantosierung 487
gentechnikfrei 266
Futtermittel 241, Österreich und Bio 545
Gen-Tomate 268
transgen 752
Genussführer Deutschland
Slow Food 688
Genussgifte
Makrobiotik 455
Genusswert 268
Bio-Gourmet 92, Ernährungsdilemma 185, Ethik 188, Geschmackssache 271, gutes Gewissen 292
Gerbsäure
Aroniabeeren 48
Gerste 269
Geschlechtsumkehrung, hormonelle
Aquakultur 43
geschlossener Kreislauf
ökologischer Landbau 534
Geschmack
Gemüse 258
Geschmackssache 270
bio = besser? 73, Genusswert 268, nativ 500
Geschmacksverstärker 272
Brotaufstrich 119, Glutamat 278, Hefeextrakt 313, Süßstoffe 729
Getreide 273
Getreidekaffee
Kaffee-Ersatz 358
Getreidemühle
Körner 405, Schrot, schroten 663
Gewächshaus 274
Erdbeeren 182, Freilandanbau 230, Gurken 291, Hollandtomate 324, Nitrat 509, Queller 592, Saison 639, Salate, grüne 640, Stickstoff 713
Gewürze 276
Gewürzsalz
Salz 643
ghost fishing
Seezunge 676
Gießener Formel
vollwertig 796
Gift/giftig
Acrylamid 12, Aflatoxine 14, Herbstzeitlose/Maiglöckchen: bei Bärlauch 61, Hüllengifte: bei Bienen 67, bio = gesünder? 76, Cadmium 125, Umweltgifte: bei Carry-over 131, Dioxin 155, HACCP 297, Johannisbrot 353, Kräutertee 409, Löwenzahn 449, Luzerne 451, Monitoring 487, Muskat 491, Nitrosamine 511f., Nüsse 517, Quecksilber 589f., reif 609, Roggen 618, Rucola 632f., Schimmelpilze 656f., Schwefel 665, Schwermetalle 671f., Verunreinigung 789, Weichmacher 805
G-Kennzeichnung
„Ohne Gentechnik“ 526f.
Glasaale
Aale 9
Glofish
transgen 752
Glucose
Honig 326, Stärke 708, Süßstoffe 729
Glucosinolate 277
Brokkoli 117, Kohl 396, Kresse 411, Meerkohl 468, Rettich 612, Rotkohl 627, Schwefel 665, sekundäre Pflanzenstoffe 678, Stielmus 714, Weißkohl 809, Wirsing 826
Glutamat 278
Brühe 120, Chips 138, Hefe 313, Hefeextrakt 313
Glutaminsäure
Geschmacksverstärker 273, Glutamat 278, Wakame 800
Gluten
Einkorn 171
glutenfrei 279
Amaranth 27, Backtriebmittel 58, Bier 69, Brühe 120, Buchweizen 121, Gerste 269, Hafer 298, Hirse 322, Kichererbsen 385, Kokosmehl 398, Lupine 450, Mais 454, Mehl 470, Müsliriegel 493, Reis 609
Glycerin
Fettsäuren 210

Glycidylester
Speiseöle 701
Glykoside
Glucosinolate 277f., Oliven 539, Senf 681, Stevia 712, Süßen 727, Zuckeraustauschstoffe 859
Glyphosat 280
Gen-Soja 264, Gentechnik 266, Linsen 443, Mehl 471, Monsantosierung 487, Pestizide 558, Soja 691
Goji-Beere 281
Superfood 722f.
Gold der Inka
Quinoa 593
Goldbarsch s. Rotbarsch 624
Golden Rice 282
Reis 611
Goldener Windbeutel
Etikettenschwindel 190f., Foodwatch 226
Gomasio
Sesam 682
Gourmet-Knospe (Logo)
Bio-Gourmet 92
Graham(brot)
Vollkorn 795
Granatapfel 283
Superfood 722
Granivoren
Körner 405, Körnerfresser/Müsli 406
graues Wasser
Wasser 803
Graumohn, Waldviertler
Mohn 483
Green Bush
Rooibos-Tee 622
Green Guerilla
Urban Farming 771
Green Lifestyle
LOHAS 447
Greening 284
BÖLW 114, EU und Bio 193
Greenpeace 285
Fisch, Fischfang 212, Kirschen 386, Krabben 407, Pestizide 553
Greentowers
Urban Farming 772
Greenwashing 286
Bio-Siegel, die 106, Fairtrade 197, Nachhaltigkeit 596, Ökobilanz 528, Palmöl 548, Rainforest Alliance 599
grillen
PAK 547
Grün 287
Öko- 527
Grundwasser
bio = besser? 73f., Düngen 161, Glyphosat 280, Hormone 329, Massentierhaltung 463, Masthuhn 466, Max Havelaar 467, Melonen 472, Mineralwasser 481, Nachhaltigkeit 495, Nanotechnologie 499, Nitrat 510, Nüsse 517, Pestizide 556, Phosphat, Phosphor 567f., Schweine 668, Schwermetalle 672, Stickstoff 713, Wasser 803f.
Grüne Gentechnik
Monsantosierung 488
grüner Frosch (Label)
Rainforest Alliance 599
grüner Konsum
Ethik 188, gutes Gewissen 292, LOHAS 447, ökologisch haushalten 533
grüner Tee
Tee 731
grünes Wasser
Wasser 803
Grünkern 288
(fränkisch:) Slow Food 688
Grünkohl 289
Grünmalz
Malz 456
Guakernmehl
Binde-/Verdickungsmittel 71, Geliermittel 255
Gülle
Antibiotika 36, Düngen 161, Hormone 329, Keime 379, Stickstoff 713
Gummi Arabicum,
Gelatine(-Ersatz) 255, Gummibärchen & Co 290
Gummibärchen & Co 290
Gurken 291
gutes Gewissen 292
Gütesiegel 293
artgerecht 49, Bio-Siegel, die 105, Carbon Footprint 126, Demeter 151, Handelsmarken 305, IFOAM 337, Ökobilanz 529, QS-Prüfzeichen 585, tiergerechte Haltungsform 49, Stiftung Warentest 715
GVO 294
Carry-over 131, Honig 327, lose Ware 448

H

HACCP 297
Hackfleisch 297
Stickstoff 714
Hafer 298
Haferflocken 299
Hafermilch
Hafer 299, Milchersatz 476
Haferwurzel
Schwarzwurzel 664
Hagebutten 300
Hai 301
Halmverkürzer Chlormequat
Mehl 471, Pilze 568, Zuchtpilze 855
Halo-Effekt
Geschmackssache 272, Gütesiegel 294
Halophyt
Meerkohl 467
Haltbarmachung 302
Stickstoff 713
Hammel
Schafe 650
Hammelfleisch
Schaffleisch 652
Handelsmarken 304
Bio light 100, Bio-Siegel, die 105, Supermarkt 723

Handstraußregelung
Wildgemüse, Wildkräuter 820, Wildsammlung 823
Hanf 305
härten
Fette 208, Margarine 460
Harz
Überzugsmittel 765
Haselnüsse 306
Hasen 308
Hasenfleisch 308
Hauptallergene (14)
Allergene 22
haushalten, ökologisch 532
Haushaltszucker, Saccharose
Zucker 859
Hautgout
Gammelfleisch 245, Hasenfleisch 308
Health Claims 309
Heilkräuter 317, Margarine 460, Noni 513
health halo effect
Geschmackssache 272
Hecht 310
Hedonismus
Genusswert 268f.
Hefe 311
Mikroorganismen 474
Hefeextrakt 313
Brotaufstrich 119, Brühe 120, Fertigsaucen 208, Geschmacksverstärker 272, Glutamat 278, Irreführung 348, Käse-Ersatz 376, Salate als Feinkost 641
Heidelbeeren 315
Superfood 722
Heidesekt
Holunder 325
Heilbutt 315
Heilkräuter 316
Heilwasser
Mineralwasser 481
Heißdampfbehandlung
Kräuter 409
Hensen, Rainer
Biogastronomie 91
Herbizide s. Pestizide 556
Hering 317
Herkunft 318
Fleisch 217, Importware 340, Obst 523, Rückstände 629, Rückverfolgbarkeit 631, Verstecktes 787
Hermetiafliege
Forelle 227
Herstellung s.
Food-Processing 224
Heu 320
Heumilch
Milch 476
High Oleic
kaltgepresst 367, Sonnenblumen 695
Hildegard von Bingen 321
Dinkel 154
Hilfsstoffe, technische
Clean Labelling 139, Enzyme 179, Zusatzstoffe 860ff., Zutaten(liste) 863
Himbeeren 321
Hirschhornsalz
Backtriebmittel 58
Hirse 322
H-Milch
ESL-Milch 185, Milch 476
Hofladen 323
alte Sorten 24, Einkaufen 168, lose Ware 447, organisch-biologisch 543, Rohmilch 620, Rückbesinnung 628f., Vertrauen 787
Hokkaido
Kürbis 415
Hollandtomate 324
Holunder 325
Obst 524
Holzesser
Xylophagen 835
Honig 326
Imker 338
Honigkraut
Stevia 712
Hopfen 328
Hopfensprossen 329
Hormone 329
Aquakultur 43, Austernpilze/Austernseitlinge 53, bio = gesünder? 76, Biofisch 88, Biopark 102, Gänse 245, Glyphosat 281, Karpfen 372, Kaviar 378, Nektarine 509, organisch-biologisch 543, Pangasius 550, Pestizide 557, Rinder 615, Roggen 618, Schwefel 664, Skandale 685, Wels 812, Zuckeraustauschstoffe 859
Hörner
artgerecht 48, biodynamisch 85f., Demeter 149, Gäa 243, Kälber 364f., Milchkuh 479, ökologische Tierhaltung 536f., Premium-Bio 580
Hornmilch, sog.
Milchkuh 479, Premium-Bio 580
Hufeland, C. W.
Makrobiotik 454
Hühner 330
Hühnerfleisch 331
Hülsenfrüchte 332
Hummer 333
Humus
organisch-biologisch 542
Hybriden 334
alte Sorten 24, Auberginen 51, Avocados 55, Blumenkohl 111, Brokkoli 117, Chinakohl 137, Hühner 331, Kohl 396, Mast 464, Masthuhn 465, Mohrrübe 484, Monsantosierung 487, s. a. Patente 555, Reis 610, Rosenkohl 623, Saatgut 635, Sorten 696, Weißkohl 809, Zucht 853
Hygiene
Bestrahlung 66, EHEC 166, Geflügelfleisch 253, HACCP 297, Haltbarmachung 302, Keime 379, Pökeln 574, Salmonellen 642, s. a. Schlachten 658, Schweinefleisch 669

I

ICES, International Council for the Exploration of the Sea
Aale 9, Hering 318
ifeu/Heidelberg
Carbon Footprint 126
IFOAM 337
Anbauverbände 32, Biobranche 83, fair + bio 195, EG-Öko-Verordnung 164, Importware 340, ökologischer Landbau 535
Ikeda, Kikunae
Glutamat 278
Imitate
Analog … 29, Fettersatzstoffe 209, Fleischersatz 219, Gelatine(-Ersatz) 254, Kaffee-Ersatz 358, Käse-Ersatz 376, Kennzeichnung 381, Milchersatz 477
Imker 337
Immunglobulin (IgA)
Stutenmilch 721
IMO (Institut für Marktökologie)
Öko-Kontrollstelle 530
Importware 339
Deutschland und Bio 153, Handelsmarken 304, Herkunft 319, Kontrolle 402, Rückstände 629
Indianer-Reis
Wildreis 822
industrielle Tricks 340
Ingwer 342
Initiative Tierwohl
Greenwashing 286
Initiative Urgetreide
Urgetreide 773
Inkagetreide
Quinoa 593
Innereien 343
Cadmium 125, Entenfleisch 177, Quecksilber 590, Schaffleisch 653, Schwermetalle 672, Spurenelemente 705, Wildfleisch 817
Insektizide s. Pestizide 556
Instant … 344
integrierter Anbau 345
Max Havelaar 467, Schweiz und Bio 670
„intensive Tierhaltung“
Massentierhaltung 462
intrinsische Qualität
Genusswert 269
Intybine (Bitterstoffe)
Chicoree 136, Endivie 173
Inulin
Chicorée 135, Topinambur 750, Zichorien 844
invasive Spezies
Überfischung 762
In-vitro-Fleisch
Fleischersatz 220
ionisierende Strahlung
Radioaktivität 597
IOR (Inst.)
Hering 318
IPBES
Biodiversität 84
Irreführung 346
Butter 122, Etikettenschwindel 190, Health Claims 309, Hefeextrakt 313, Kennzeichnung 382, natur-, natürlich 501, Schafskäse 654, Smoothies 689
isogen
Genfood 260
Ispenkraut
Ysop 841
IUCN
Biodiversität 84, Heilkräuter 317

J

„Ja! Natürlich“ (Handelsmarke)
Österreich und Bio 544
Jakobsmuscheln 348
JEFCA
ADI-Wert 13
Jobs, Steve
Frutarier 239
Jod
Algen 21, Nahrungsergänzungsmittel 496, Spurenelemente 704, Wakame 800
Jodmangel
lactovegetabil 422
Joghurt 350
links-/rechtsdrehend 442, probiotisch 581
Johannisbeeren 352
Johannisbrot 353
Emulgatoren 172, Karob, Carob 371
Johannisbrotbaum
Karob, Carob 371
Johannisbrotkernmehl
Binde-, Verdickungsmittel 71, Emulgatoren 172, Geliermittel 256
Jungle Peanuts
Erdnüsse 183

K

Kabeljau 355
Kaffee 356
Kaffee-Ersatz 357
Gerste 269, Karob 371, Kichererbsen 384, Löwenzahn 449, Malz 456, Roggen 618, Topinambur 750, Zichorien 844
Käfigeier 358
Käfighaltung 359
Hühner 331, Kaninchen 368, Legehennen 434f.
Kakao 361
Kälber 363
Kälberlab 417
Kalbfleisch 365
Kalmare
Tintenfische 746
kaltgepresst 366
Distelöl 158, nativ 500, Olivenöl 540, Pflanzenfette 562, Speiseöle 700
kaltgeschleudert
Honig 327
Kamut 367

Kaneel (Ceylon-Zimt)
Zimt 849
Kaninchen 368
Käfighaltung 359f., Mast 464
Kaninchenfleisch 369
kanzerogen s. krebserregend
Kapern 370
Kapernersatz
Gänseblümchen 247, Kapern 371, Portulak 576, Zygophyllaceen 865
Kappes, Kabis
Weißkohl 809
Kapuzinerkresse
Kresse 412, Ysaño 840
Karma-Konsum
Ethik 188, gutes Gewissen 292, Genusswert 268, ökologisch haushalten 532
Karob, Carob 371
Johannisbrot 353, Kakao 361
Karpfen 372
Kartoffeln 373
Gen-Kartoffel 261, Linda 441
Karubenmehl 371
karzinogen s. krebserregend
Käse 374
Käse-Ersatz 376
Käse-Imitat 29
käseln
Licht, Lichtgeschmack 438
Käserinde
Käse 374
Kassia, Cassia
Zimt 849
Kastration (Ferkel)
Schweine 667ff.
Kaviar 377
Schnecken 659, Seeteufel 675, Stör 716
Kaviar-Ersatz
Hummer 333, Kaviar 378
kbA (kontrolliert biologischer Anbau)
kontrolliert biologisch 403
Kefir 378
Keimapparate
Sprossen 703
Keime 379
Biofleisch 89, EHEC 166, Entenfleisch und Campylobacter 177, Kälber 364, Kleingarten 389, Kräutertee 409, Küchenkräuter 412, Pökeln 574, Putenfleisch 583, Salmonellen 641, Sprossen 702
Keime, antibiotikaresistent
Bodenhaltung 113
Keimling
Sprossen 703
Keimöle 380
Keimruhe
Sprossen 703
Kennzeichnung 381
Ampel 28, Eier 167, Emulgatoren 172, Etikett 188, Etikettenschwindel 190, Käfigeier 359, Kaninchenfleisch 370, lose Ware 447, Saatgut 636, Verstecktes 787, Zutaten(liste) 863
Kerbelrübe
Rüben 628
Kerne 382
Kernöl 383
Kürbis 415, Österreich und Bio 545
Keyhole-Modell
Ampel 28
Kichererbsen 384
Kinderarbeit
Kakao 362
Kirschen 385
Kiwis 387
Klärschlamm
Cadmium 125, Düngen 161, Schwermetalle 672
Kleber
s. a. Brot 117, glutenfrei 279, Roggen 618
Klebeschinken
Analog ... 29, Kennzeichnung 381
Kleie 388
kleine Gentechnik
biodynamisch 86, Blumenkohl 111, Brokkoli 117, Verbund Ökohöfe 780, Zucht 854
Kleingarten 389
Kleingruppenhaltung 390
Käfigeier 358, Käfighaltung 359, Legehennen 434
Klima(schutz) 390
Carbon Footprint 126
Klimabilanz (s. a. Ökobilanz und Carbon Footprint)
Äpfel 39, Convenience-Food 142, Hofladen 324, Instant... 345, Joghurt 352, Kiwis 387, Kohlrabi 397, Lauch 429, Nektarinen 508, Qualität 587, Quark 589, Rindfleisch 616, Roggen 619, Rückbesinnung 629, Salate, grüne 640, Tiefkühlkost 738, Zucker 857f.
klimaneutral 393
Klonfleisch 394
Novel Food 514, Rinder 614
Klonschaf (Dolly)
Gentechnik 265
Knisterfinken
Stielmus 714
Knoblauch & Co 395
Bärlauch 61
Knospe-Logo
Bio Suisse 106, Importware 340
Kohl 395
Kohlenhydrate
Stärke 707
Köhler, Kohlfisch
Seelachs 674
Kohlrabi 397
Kohlrübe
Steckrüben 708
Koji-Pilz
Sojasauce 694
Kokosnuss (Fett, Öl, Mehl) 397
Kollath, Werner
vollwertig 796

Kombu (Seetang)
s.a. Algen 20, Glutamat 278, Nori 513
Kombucha 399
Kefir 379
Konfigel
Geliermittel 256
Konfitüre
Fruchtaufstrich 235, Marmelade 462
Konservierungsstoffe 399
Haltbarmachung 302, Salate als Feinkost 641, Stiftung Warentest 716, Zusatzstoffe 860
Kontaminationen
gentechnikfrei 267, „Ohne Gentechnik" 527, Verunreinigung 789
Kontrolle 401
Bio-Betrug 80, Lebensmittelsicherheit 431, Öko-Kontrollstelle 529, Vertrauen 787
kontrolliert biologisch 403
Kontrolliert umweltschonender Weinbau (KWU)
Wein 806
kontrollierter Anbau 403
Kontrollstelle
Bio-Siegel, das 104, Kontrolle 401, Lebensmittelsicherheit 431, Öko-Kontrollstelle 529
Kontrollstellen-Kontrolle
Bio-Betrug 81
Konz, Franz
Rohkost 619
Koriander 404
Körner 404
Körnerfresser, ein Müsli 406
Bio-Bashing 78, Grünkern 288, Öko- 527, Süßen 726
Kosten, externe
Österreich und Bio 544, Preise 577f.
Kowalsky, Peter
Bionade 101
Krabben 406
Kräuter 408
Kräutersalz
Salz 643
Kräuterschein
Heilkräuter 317
Kräutertee 409
kreatürliche Würde (CH)
Tierwürde 744
Krebse 410
krebserregend/kanzerogen
Aflatoxine 14, Basilikum 63, Cadmium 125, Carryover 131, Cerealien 133, Dioxin 155, freie Radikale 229, Hormone 329, Kaffee 357, Mandeln 457, Nektarinen 508, Nitrat 509, Nitrit 511, Nitrosamine 511f., Nüsse 517, PAK 547, PCB 556, Pestizide 557, Pökeln 573f., Räuchern 601, Rindfleisch 617, Schimmelpilze 656, Süßstoffe 729, Weichmacher 805, Wurst 830, Zusatzstoffe 861
krebsvorbeugend
u.a. Antioxidantien 36, Brokkoli 116, Polyphenole 574, sekundäre Pflanzenstoffe 679, Soja 693, Steckrüben 709, Superfood 722f., Vollkorn 795
Kreislaufwirtschaft
Demeter 150, Düngen 161, ökologischer Landbau 535, ökologische Tierhaltung 537, Umstellung 765
Kren
Meerrettich 468
Kresse 411
Kreuzkontamination
Verunreinigung 789
Kristallanalyse
Mineralwasser 481
Kristallsalz
Salz 643
Kristallzucker
Süßen 726
Kryokonservierung
Agrobiodiversität 16, alte Rassen 24, Stickstoff 714
Kubaspinat
Postelein 576
Küchenkräuter 412
Kükenmord
Geflügel 251, Hühner 331, Masthuhn 465
Kumarin
Waldmeister 801
Kumyss
Stutenmilch 722
Kunstfleisch
Quorn 595
Kunstkäse
Analog ... 29, Käse-Ersatz 376
Kunstlab
Lab 417f.
Kunstsauer
Backtriebmittel 58
Kunststoff
Plastik 571, Verpackung 783
Kunst-Vanille, Vanillin
Vanille 775
Kupfer 413
Biowein 108, Pflanzenschutz(mittel) 564, Gewächshaus 275, Hopfen 328, Kartoffeln 374, Spurenelemente 704, Weintrauben 808
Kupieren
Schafe 651, Schweine 668
Kürbis 414
Kerne 383
Kürbiskernöl
Kernöl 384, Österreich und Bio 545
Kurkuma
Curry 145
Kushi, Michio
Makrobiotik 455
Kutcher, Ashton
Frutarier 239
Kuzu/Kudzu
Binde- und Verdickungsmittel 70, Stärke 708

KWU (Kontrolliert umweltschonender Weinbau)
Wein 806
Kyoto-Protokoll
Carbon Footprint 126

L

Lab 417
aus GVO: Fermentieren 205, pflanzlich: Artischocken 50, Frischkäse 234, Käse (auch kälberfrei/mikrobiell) 374, Rohmilchkäse 621
Lachgas
Carbon Footprint 126, Klima(-schutz) 391
Lachs 418
Lachsersatz
Seelachs 674
Lachsforelle 421
Forelle 226
Lactose
Joghurt 350
lactosefrei
Sojamilch 692
Lactoseintoleranz
Milchersatz 477, Reisdrink 612, Sojamilch 692, Ziegenmilch 848
lactovegetabil 422
Ovo-lacto- 545, Vegetarismus 778
Lamm 422
Lammfleisch 424
Landkaffee
Kaffee-Ersatz 358
Landkommunen
ökologischer Landbau 534
Landreform-Bewegung
s. a. Lebensreform 432, ökologischer Landbau 534
Landsorten
alte Sorten 25, Sorten 696
Landwirteprivileg
Terminator-Technologie 734
Landwirtschaft 426
Landwirtschaft, symbiotische
Ernährungsdilemma 185
Langusten 428
Laubenpieper
Kleingarten 389
Lauch 429
Lauchzwiebeln 429
Laufställe
Kälber 363, Lammfleisch 411, Milchkuh 478, Schafe 651
LCA (Life Cycle Assessment)
Klima(-schutz) 391, Ökobilanz 528
LDL-Cholesterin
Pflanzenfette 562
Lebensministerium
Bio Austria 76, Österreich und Bio 543
Lebensmittel 430
Lebensmittelherstellung
s. Food-Processing 224
Lebensmittelimitate
Analog… 29, Kennzeichnung 381
lebensmittelklarheit.de
Kennzeichnung 382, Verbraucher(-schutz) 780
Lebensmittelkontrolle
Kontrolle 402, Skandale 686
Lebensmittelsicherheit 431
Kontrolle 402, Skandale 686
Lebensreform 432
Anthroposophisches 34, Naturkost 502, Reformhaus 603, Rohkost 619, Vollkorn 795
Lecithin
Allergene 22, Emulgatoren 172
Legebatterien
Käfigeier 358
Legehennen 433
Bodenhaltung 112, Freilandhaltung 231, Käfigeier 358, Käfighaltung 359, Massentierhaltung 463, „Ohne Gentechnik“ 526, ökologische Tierhaltung 536
Lein 436
Leindotter
Lein 437
Leinöl
Lein 436
Leinsamen
Lein 436f.
Leitzmann, Claus
vollwertig 796
Licht, Lichtgeschmack 437
Hopfen 329
Lichtkornroggen
Roggen 618
Lichtspeicherfähigkeit
Biophotonik 103
Life Cycle Assessment (LCA)
Klima(-schutz) 391, Ökobilanz 528
light 439
Light greens
Bio light 100
Limette 439
Limonade 440
Bionade 101
Limpurger Weideochse/Leintäler
Slow Food 688
Linda 441
Kartoffeln 373
linksdrehend 442
Joghurt 350, rechtsdrehend 602
Linolsäure
Omega-3/-6-Fettsäuren 541, Ziegenmilch 848
Listerien 444
Keime 380, Rohmilch 620, Rohmilchkäse 621
Lithium
Spurenelemente 705
Litschi
Bionade 102
Locavoren 445
regional 606
LOHAS 446
Bio 73, Biokiste 94, Biokon-

sumenten 95, Bionade 101, Bio-Supermärkte 108, Ethik 188, Fast Food 201, gutes Gewissen 293, Kleingarten 389, Limonade 440, Preise 577, Reformhaus 603, Trends 755
Lohas, die
Biokonsumenten 94, ÖKO-TEST 539
Lopino
Lupine 450
lose Ware 447
Herkunft 319, ökologisch haushalten 533, Wochenmarkt 828
Lotte
Seeteufel 674
Loup de Mer (Wolfsbarsch)
Seewolf 675, Wolfsbarsch 828
Löwenzahn 448
Luft 449
Luftfracht
Food Miles 223, Transport 753
Lufttrocknung
Trocknung 759
Lupine 450
Fleischersatz 219, Kaffee-Ersatz 358
Luzerne, Alfalfa 451
Sprossen 703
Lycopin
Tomaten 749, Würzpasten, Würzsaucen 832
Lysin
Amaranth 27, Buchweizen 121, Roggen 618
Lysozym (Enzym)
Enzyme 179, Stutenmilch 721

M

Macis
Muskat 491
Maden der Hermetiafliege
Forelle 227
Maikraut
Waldmeister 800
Mairübe (Navette)
Rüben 628
Mais 453
Maiskeimöl
Keimöle 380
Maiszünsler
Gen-Mais 263, Mais 453
Makrele 454
Makroalgen
Algen 20
Makrobiotik 454
Hirse 322, Naturkost 502, Yin und Yang 839
Maltose
Gerste 270
Malz 455
Kaffee-Ersatz 358
Mandeln 456
Milchersatz 476
Mangan
Spurenelemente 704
Mangelernährung/-erscheinungen
Veganismus 776, Vegetarismus 778
Mango 457
Mangold 459
Maniok
Stärke 708
mar de plástico
Gewächshaus 275, Tomaten 748
Margarine 460
Pflanzenfette 562f., Speiseöle 700
Markt des guten Geschmacks
Slow Food 688
Marmelade 461
Fruchtaufstrich 235
Massensterben, Bienen
Bienen 67
Massentierhaltung 462
s.a. gutes Gewissen 292, Hühnerfleisch 332, Käfighaltung 360, Kaninchen 368, Lachs 419, Mast 464, Tierhaltung 740
Maßliebchen s.
Gänseblümchen 246
Mast 464
Antibiotika 35, Hormone 329, Kälber 364, Tierarzneimittel 739
Masthuhn 465
Mastkaninchen
Kaninchen 368
Max Havelaar 466
Ananas 30, Fairtrade 197, Schweiz und Bio 671, Zucker 858
Meeresgemüse
Wakame 799
Meerforelle
Lachsforelle 421
Meerkohl 467
Meerrettich 468
Meersalz
Salz 643
Mehl 469
Mehltau
Biowein 108, Feldsalat 203, Hopfen 328, Kupfer 413, Kürbis 415, Stachelbeere 707, Steckrübe 709, Weintrauben 808, Zwiebeln 864
Mehrfachnutzung
Zucht 854
Mekong-Wels
Welse 812
Melasse
Süßen 726
Melonen 471
Methan
Carbon Footprint 126, Düngen 161, Klima(-schutz) 391, Reis 610, Rinder 616
Methanol
Süßstoffe 729
Methionin, Methional
Licht, Lichtgeschmack 438
Methylbromid
Haltbarmachung 303
Methylquecksilber, organisches
Quecksilber 590
Miesmuscheln 472

„Migros“
Schweiz und Bio 671, Supermarkt 724
Mikroalgen
Algen 20
mikrobielles Lab
Käse 375, Lab 418
mikrobiologisch
organisch-biologisch 542
Mikrogemüse, sog.
Sprossen 704
Mikronährstoffe
Mineralstoffe 480
Mikroorganismen 473
Fermentieren 205, Haltbarmachung 303, Hefe 312, Hefeextrakt 314, Kupfer 413
Milch 474
Milchaustauscher
Kälber 364, Lamm 423, Schafe 651
Milchersatz 476
Algen 20, Hafer 299, Hanf 306, Lupine 450, Mandeln 457, Reisdrink 611, Sojamilch 692, Veganismus 776
Milchkuh 477
„Ohne Gentechnik“ 526
Milchlamm
Lammfleisch 424
Milchreife, sog.
Grünkern 288
Milchsäure, Milchsaures 479
Bier 69, Butter 122, E-Nummer 178, Enzyme 179, Haltbarmachung 303, Joghurt 350, Oliven 539, rechtsdrehend 601, Sahne 637
Milchsäurebakterien
präbiotisch 577
Milchschaf
Schafsmilch 654
Milchzicklein
Ziegenfleisch 846
Millennium-Samen-Bank
Biodiversität 85, s. a. Saatgut 635
Mineralstoffe 480
Mineralwasser 481
Biomineralwasser 100
Minze 482
Miso
Würzpasten, -saucen 832
Mizuna
Stielmus 714
Modena
Gen-Kartoffel 261
modifizierte Stärke
Stärke 708
Mohn 483
Mohnöl
Mohn 483
Mohrrübe 484
Molekulargastronomie und Algenkaviar
Kaviar 378
Molekularküche
Stickstoff 714
Molke 485
Molkenpulver
Molke 486
MON810
Gen-Mais 262, Mais 453f., Monsantosierung 487f.
MON87460
Gen-Mais 263
Monitoring 486
Monogastrier
Heu 320
Mononatriumglutamat
Glutamat 278
Monsantosierung 487
Agrobiodiversität 16, alte Sorten 25, Auberginen 51, Bienen 67, Blumenkohl 111, Brokkoli 117, Gen-Mais 263, Gentechnik 266, gentechnikfrei 267, Glyphosat 280, Kohl 397, Mais 453, Melonen 472, Patente 555, Pestizide 558, Saatgut 635, Soja 691, Terminator-Technologie 734, Unkraut 770, Weizen 810, WWF 833, Zucht 854
Morphin
Mohn 483
MRSA-Erreger
Kälber 364, Keime 379
MSC 488
Alaska-Seelachs 19, Aquakultur 44, Biofisch 88, Einkaufen 169, Fisch, Fischfang 211, Gütesiegel 294, Heilbutt 316, Hering 317, Hummer 334, Kabeljau 355, Nachhaltigkeit 495, WWF 833
Müller, Dr. Hans/Maria
organisch-biologisch 542
Müllstrudel
Plastik 571, Muscheln 491
Multivitaminsaft
Fruchtsäfte 238
Münch, David
Biogastronomie 91
MUNDUSvini
Biofach 87
Muscheln 489
Muskat 491
Müsli, Müesli 491
Müsliriegel 493
Mutterkorn
Mehl 470, Roggen 618
Mutterkuhhaltung
Kalbfleisch 366, Rinder 615
Muttermilch
Babynahrung 57, Stutenmilch 721
Muttersaft
Direktsaft 156
Mycoprotein
Quorn 595
Mykotoxine
Aflatoxine 14, s. a. Nüsse 516, Schimmelpilze 656, Streuobst 721
Myoglobin
Hackfleisch 298, Kalbfleisch 365

N

Nacherntebehandlung
Haltbarmachung 302, Pfeffer 559, Pistazien 571, Schale 655

Nacherenteverlust
Getreide 274
Nachfärben
Essig 186
Nachhaltigkeit 495
Beifang 66, biodynamisch 86, Einkaufen 169, Fairtrade 198, Grün 287, Kabeljau 355, Konsum, ökologisch haushalten 532, Landwirtschaft 427, MSC 489, Schokolade 660, TransFair 751, Unkraut 770
nachreifen
Aprikosen 41, Avocados 55, Datteln 147, Food Miles 224, Mango 458, Melonen 472, Obstexoten 524, reif 608, Vanille 775, Zitronen 581
Nachwachsende Rohstoffe
Getreide 273, Verschwendung 784
Nährstoffdichte
Düngen 161, Nährwert und Nährstoffe 498
Nährstoffe, kritische
Mineralstoffe 480
Nahrungsergänzungsmittel 496
Algen 21, bioaktiv 76, Carotinoide 128, Cranberrys 144, Energydrinks 174, Hagebutten 300, Hefe 313, Mineralstoffe 480, Nanotechnologie 499, Noni 512, Nori 513, Omega-3-/-6-Fettsäuren 541, Rohkost 619, sekundäre Pflanzenstoffe 679
Nahrungssouveränität
Welternährung 815
Nährwert, Nährstoffe 497
Big Four, Big Eight 70, Etikett 189, GDA 250, Kennzeichnung 381
Nanotechnologie 498
BÖLW 114, Naturland 503, Novel Food 514, Speiseeis 699
Nationaler Aktionsplan (Pflanzenschutzmittel)
Pflanzenschutz(mittel) 564
nativ 500
kaltgepresst 366, Olivenöl 540, Speiseöle 700
Natron
Oliven 540
„Natur pur" (Handelsmarke)
Österreich und Bio 544
natur-, natürlich 500
naturbelassen
Food-Processing 224, Haltbarmachung 302, Vollkorn 794
Naturgarten, zertifizierter
Wildgemüse und Wildkräuter 820
Naturheilmittel
Tierarzneimittel 739
naturidentische Farbstoffe
Farbstoffe 199
Naturkost 501
Naturland 502
Anbauverbände 32, fair + bio 197f., Karpfen 372, ökologische Aquakultur 531, ökologische Tierhaltung 536, Premium-Bio 580
natürlich gefärbt
Farbstoffe 200
naturnah
integrierter Anbau 346
Naturschutz 504
Natursprung
Zucht 854
naturtrüb 506
NaWaRo (Nachwachsende Rohstoffe)
Getreide 273, Verschwendung 784
Nebenfische
Hecht 311
Nektar 506
Nektarine 507
Neonicotinoide (Pflanzenschutzmittel)
Bienen 67
neue Sorten
Sorten 696
Neue Wildlinge
Wildgemüse, Wildkräuter 819
„neuform"
Reformhaus 603
Neuland 508
Nicht-EU-Landwirtschaft
EU und Bio 193, Importware 340
Nilbarsch
Viktoriabarsch 790
Nitrat 509
Babynahrung 57, Chicorée 136, Feldsalat 203, Freilandanbau 230, Kartoffeln 373, Kohl 396, Mangold 459, Massentierhaltung 463, Radieschen 597, Rettich 612, Rosenkohl 623, Rote Bete 626, Rucola 633, Salate, grüne 640, Spinat 701
Nitrit 510
Schinken 657
Nitritpökelsalz (NPS)
Haltbarmachung 303, Nitrit 511, Pökeln 573, Salate als Feinkost 641, Wurst 830
Nitrofen
Carry-over 131
Nitrosamine 511
Bier 68, Düngen 161, Malz 456, Mangold 459, Nitrat 509, Pökeln 573, Rote Bete 626, Spinat 702, Wurst 830
„No patents on seeds" (Kampagne)
Patente 554
Noni 512
Novel Food 515
Nordseekrabben s. Garnelen/Krabben
Nori 513
Novel Food 514
Irreführung 347, Klonfleisch 394, Noni 512

NPS s. Nitritpökelsalz
NPS-Ersatzstoffe
Pökeln 573, Wurst 830
Nudeln 515
Nulltoleranz
gentechnikfrei 267, GVO 295, Saatgut 635, Verunreinigung 790
Nusscremes
Nussmus 518
Nüsse 516
Nussmus 517
Nuss-Nougat-Creme 518
Nussöle 519
Nutrition Claims
Health Claims 309
Nützlinge 520
Gewächshaus 275, Hollandtomate 325, Pflanzenschutz(mittel) 563

O

Obst 523
Obstexoten 524
Obstwein 525
Oca s. Ysaño 840
„Ohne Gentechnik“ 526
Gen-Soja 264, Kennzeichnung 382, SlowBaking 687, transgen 752
ohne Geschmacksverstärker
Geschmacksverstärker 272
Ohsawa, Georges
Makrobiotik 455, Seitan 678
Öko- 527
Ökobilanz 528
s.a. Carbon Footprint 126, Freilandanbau 230, Tiefkühlkost 738
Ökokiste e.V.
Biokiste 94
Öko-Kontrollstelle 529
Bio-Betrug 80, Importware 340, Kontrolle 401, Umstellung 767
ökologisch-bäuerliche Landwirtschaft
Ökologischer Landbau 535
ökologische Aquakultur 531
Algen 21, Aquakultur 42, Biofisch 87, Karpfen 372, Krebse 410, Lachs 419
ökologisch haushalten 532
Einkaufen 168, s.a. Verpackung 782
ökologischer Landbau 534
ökologische Tierhaltung 536
Ökosystemansatz (bis 2050)
Biodiversität 84
Öko-Teichwirtschaft
Karpfen 372
ÖKO-TEST 538
Öko-Wein
Biowein 109
Oktopus
Tintenfische 745
Olestra
Fettersatzstoffe 209
Oleuropein (Flavonoid)
Oliven 539
Oliven 539
Olivenfliegen
Oliven 539
Olivenöl 540
kaltgepresst 366, nativ 500, Speiseöle 700
Ölsaaten
Kerne 383
Ölsardinen
Sardinen 646
Omega-3-/-6-Fettsäuren 541
Biofisch 88, Biofleisch 90, Fette 209, Fettsäuren 210, Käse 376, Kefir 379, Lein 436, Milch 475, Nussöle 519f., Pangasius 549, Portulak 576, Rindfleisch 617
Omega-3-Fettsäuren
bio = gesünder? 75, Biofisch 88, Biofleisch 90, Butter 122, Carry-over 130, Eier 168, Ernährungsdilemma 185, Fette 209, Fettsäuren 210, Hanf 306, Health Claims 310, Hering 318, Joghurt 352, Käse 376, Kefir 379, Lein 436, Milch 475, Milchersatz 477, Nussöle 519, Pangasius 549, Portulak 576, Postelein 576, Rapsöl 600, Rindfleisch 616, Sardellen 645, Sardinen 646, Schnecken 660, Yak 837
Omega-6-Fettsäuren
Barsch 62, Fettsäuren 210, Nussöle 520
Opiate
Mohn 483
Orangen
Apfelsinen 40
organisch-biologisch 542
Bioland 97, ökologischer Landbau 534, Österreich und Bio 544
Österreich und Bio 543
Bio Austria 76
Ovo-lacto- 545
Veganismus 776, Vegetarismus 778
Oxalsäure
Mangold 459, Postelein 576, Rhabarber 613, Sauerampfer 648
Oxidation
Ananas 30f., Aprikosen 41, Aromen 46, Avocados 55, Flocken 222, freie Radikale 228, Frische 233, Gewürze 276, Haltbarmachung 303, Hanf 306, Heidelbeere 315, Keimöle 380, Kernöl 384, Konservierungsstoffe 400, Lein 436, Licht 437f., Oliven 540, Polyphenole 574, Stutenmilch 721, Überzugsmittel 765, Verpackung 783, Wurst 830, Zucker 856

P

PAK 547
Grünkohl 289, Kokosnuss 399, Margarine 461, Muscheln 491, Räuchern 601
Pak Choi s. Chinakohl 137

Palmöl, Palmkernöl 547
Milchersatz 476, Nuss-Nougat-Creme 519, Pflanzenfette 562f.
Pangasius 549
Welse 813
Papaya 550
Paprika 551
Paprikagewürz 552
Passagiere der Arche
Arche des Geschmacks 44
Pasteurisieren
Gemüsesaft 259
Pastinake 653
Patente 554
Agrobiodiversität 16, alte Sorten 25, Brokkoli 117, s.a. Gentechnik 265, s.a. GVO 297, Kohl 397, Landwirtschaft 428, Linda 441, Melonen 472, Monsantosierung 487, Pflanzenwürde 565, Saatgut 635, Terminator-Technologie 734
Patulin (Mykotoxin)
Streuobst 721
Pazifischer Pollack
Allaska-Seelachs 19
PCB, dioxinähnliches 555
Freilandhaltung 231, Hering 318, Innereien 344, Kabeljau 356, Milch 476, Schadstoffe 650, Wildfleisch 818
Pekingente
Enten 175
Pektin
Binde- und Verdickungsmittel 71, Gelatine(-Ersatz) 255, Geliermittel 256
Peperoni
Chilis 136
Pestizide 556
bio = besser? 73f., bio = gesünder? 76, Glyphosat 280, Obst 523, Pflanzenschutz(mittel) 563, Rückstände 630, Tee 731, Überzugsmittel 765
Pestizidsteuer
Pestizide 558
Pesto
Würzpasten und Würzsaucen 831
PETA (Org.)
s.a. gutes Gewissen 292, Hühner 331, Hummer 334, s.a. Tierschutz 742
Petersilie 558
Petersilienwurzel
Wurzelpetersilie 831
PET-Flaschen
Mineralwasser 482
Petrini, Carlo
Community Supported Agriculture/CSA 141, Genusswert 269, Slow Food 687
Petrus-Fisch
Tilapia 745
Pfeffer 558
Pfefferersatz
Papaya 551
Pfeilwurzelmehl
Binde-,Verdickungsmittel 70
Pfifferlinge 560
Pfirsich 561
Pflanzen-Burger
Fleischersatz 220
Pflanzenfette 562
Speiseöle 700
Pflanzenheilkunde
Heilkräuter 316
Pflanzenschutz(mittel) 563
Pflanzenwürde 564
Tierwürde 744
Pflaumen 566
PHB (Polyhydroxybuttersäure)
Plastik 572
Phenylanalinquelle
Süßstoffe 729
Phosphat, Phosphor 567
Phthalate
Weichmacher 805
Phytamine, Phytochemicals
s.a. Polypenole 574, sekundäre Pflanzenstoffe 678
Phytin
Kleie 388
Phytinsäure
Vollkorn 795
Phytohormone
Austernpilze 53, Kräuter 408, Hormone 329, reif 608, Soja 692, Sojamilch 693
Phytosterine
Fettsäuren 210, Margarine 460
Phytotherapie
Hildegard von Bingen 321
Pignolen (Pinienkerne)
Pinienkerne 570
Pilze 568
pilzwiderstandsfähige Rebsorten s. Piwis
Pinienkerne 569
Piperin (Alkaloid)
Pfeffer 559
Piratenfischerei
Seehecht 673, Überfischung 764
Pistazien 570
Piwis (pilzwiderstandsfähige Rebsorten)
Biowein 109, Kupfer 413, Wein 806
PLA (Polyactide)
Ökobilanz 529, Plastik 572
Plastik 571
ökologisch haushalten 533, Verpackung 783
Plastikmüll
Muscheln 491
Plastiktüten
Plastik 572f.
Pökeln 573
Haltbarmachung 303, Nitrit 511, Wurst 830
Pollack
Alaska-Seelachs 19
Polyphenole 574
Apfel 39, Flavonoide 217, Kakao 361, Kiwis 387, naturtrüb 506, Obst 523, Schale 655

Polyzyklische aromatische Kohlenwasserstoffe s. PAK
POP (Persistent Organic Pollutants)
Pestizide 557
Porree s. Lauch
Portulak 575
Postelein 576
Pottasche
Backtriebmittel 58
präbiotisch, Prebiotika 577
Babynahrung 57, Milchsäure, Milchsaures 479, Yacón 58
Präparate
biodynamisch 85
Prawns s. Garnelen 248
Preise 577
Kontrolle 402, ökologische Tierhaltung 537, Schweine 668, Skandale 686
Preiselbeeren 579
Premium-Bio 580
Anbauverbände 33, authentisch 54, Bio-Bashing 78, Bio-Gourmets 92, Biokreis 95, Bioland 98, Biolebensmittel 98, Bio light 100, Bio-Siegel, das 105, Bio-Siegel, die 106, Bio Suisse 107, Demeter 148, EG-Öko-Verordnung 165, Gäa 243, Gütesiegel 293, Herkunft 319, Hofladen 324, LOHAS 447, Naturland 503, ökologischer Landbau 535, ökologische Tierhaltung 537, organisch-biologisch 543, Preise 579, Qualität 586, Reformhaus 605, Schweiz und Bio 670, Trends 755
probiotisch 581
Artischocken 51, Etikettenschwindel 191, Joghurt 351, linksdrehend 442, Milchsäure, Milchsaures 479, Molke 486, präbiotisch 577, rechtsdrehend 602
promoter
Terminator-Technologie 734
ProSpecieRara
Agrobiodiversität 17, alte Rassen 23, alte Sorten 26
Protoxin
Gen-Mais 262
Provitamine
Carotinoide 127
PSE-Eigenschaften
Putenfleisch 583
Pseudoallergie
ADI-Wert 13, Allergene 22, Glutamat 279
Pseudogetreide
Amaranth 27, Buchweizen 121, Fleischersatz 220, glutenfrei 279f., Körner 405, Mehl 470, Nudeln 516, Quinoa 593, Schrot 663, Urgetreide 772
PSM s. Pflanzenschutz(-mittel)
Pudding-Veganer
Veganismus 776
Pu-Erh
Tee 732
Purin
Innereien 343
PurPur-Weizen
Urgetreide 773
Puten 581
Geflügel 252, ökologische Tierhaltung 537
Putenfleisch 583
Geflügelfleisch 253f.

Q

QLIF (Studie)
bio = besser? 73, Vitamine 792f.
QS-Prüfzeichen 585
Qualität 585
s. a. bio = besser? 73, bio = gesünder? 74, s. a. Food-Processing 224, s. a. Geschmackssache 270, s. a. Premium-Bio 580
Qualität, extrinsische/intrinsische
Genusswert 269
Qualzucht 587
Puten 581
Quark 588
Quecksilber 589
Aale 10, Algen 21, Allergene 21, Hai 301, Hecht 311, Heilbutt 316, Thunfisch 737
Queller 591
Meerkohl 468
QUID (Quantitive Ingredient Declaration) 592
lose Ware 448
Quinoa 593
Quitten 594
Quorn 595
Irreführung 347, Schimmelpilze 656

R

„Rachelli“ (Eisbetrieb)
Speiseeis 699
Radieschen 597
Radikalenfänger
freie Radikale 229
Radioaktivität 597
Bestrahlung 66, Bioboom 82, Deutschland und Bio 151, Heidelbeeren 315, Ökologischer Landbau 535, Pfifferlinge 560, Pilze 569, Preiselbeeren 579, Wildfleisch 818, Wildpilze 821, Wildschweinfleisch 825, Zuchtpilze 855
Radiusregelung
Hofladen 324
raffinierte Öle
3-MCPD 160, Olivenöl 540, Speiseöle 700
Rainforest Alliance 598
Bananen 61, Fairtrade 198, Greenwashing 287, Güte-

siegel 293, Kakao 362, Schokolade 660
Raps
s. a. Gentechnik 265, s. a. GVO 294, Steckrüben 709
Rapskohl
Steckrüben 708
Rapsöl 599
3-MCPD 160, nativ 500, Omega-3/-6-Fettsären 541, Speiseöle 700, Stiftung Warentest 715
Rapunzel
Feldsalat 203
Raubfische
Aquakultur 42f., Biofleisch 87, Bioland 98, Fische, empfehlenswerte 215, Lachs 420, Quecksilber 590
Rauchen
Nitrosamine 512
Räuchern 600
Grünkern 288, Jakobsmuscheln 349, PAK 547
Raufutter
Kälber 364
Rauke
Rucola 632
Ray, Paul H.
LOHAS 446
rechtsdrehend 601
Joghurt 350
Red Snapper 602
Reformhaus 603
Bio-Supermärkte 107, Lebensreform 432
Regenbogenforelle
Forelle 226, Lachsforelle 421
Regenwald-Abholzung
Palmöl 548
RegioFair
fair + regional 197
regional + fair s. fair + regional 196
regional 605
Bioboom 82, Biokreis 96, Bio-Siegel, das 105, Bio Suisse 107, Birnen 110, Einkaufen 169, fair + regional 197, Hofladen 323, Locavoren 445, Wildfleisch 818, Wochenmarkt 827
Regionalfenster
Gütesiegel 294
Rehn, Götz („Alnatura"-Gründer)
Bio-Supermärkte 107
reif 607
Avocado 55, bioaktiv 76, Biofleisch 90, Chili 136, Datteln 147, Demeter 150, Grünkern 155, Erbsen 180f., Erdbeeren 182, Fairtrade (Bananen) 197, Feigen 201, Food Miles 224, Gammelfleisch 245, Gemüse 257, Gen-Tomate 268, Glyphosat 280, Granatapfel 284, Grünkern 288, Gurken 291, Hagebutten 300, Joghurt 351, Käse 275, Lab 418, Mango 258, Melonen 472, Mikroorganismen 474, Milchsäure 479, Nektarinen 598, Obst 524, Obstexoten 524, Oliven 539f., Papaya 551, Paprika 552, Pfirsich 561, Rohmilchkäse 622, Terminator-Technologie 734, Vanille 775, Weißkohl 809, Wurst 830, Zitronen 851, Zitrusfrüchte 852
Reifebeschleuniger
Glyphosat 280
Reifegas
Avocados 55, s. a. Banane 60, Gen-Tomate 268, Obstexoten 524, reif 608
Reifung, stickige
Gammelfleisch 245
Reis 609
Golden Rice 282, Sushi 725
Reis, Schwarzer
Golden Rice 283
Reisdrink 611
Milchersatz 476
Reismelde
Quinoa 593
Reissirup
Sirup 684
Resistenz
Aflatoxine 14, Antibiotika 35f., Aprikosen 41, Austernpilze 53, Bienen 68, bio = besser? 74, bio = gesünder? 75, Biofleisch 89, Bodenhaltung 113, Carryover 131, Eier 168, Gen-Kartoffeln 261, Gen-Mais 263, Gentechnik 265f., Gerste 270, Glyphosat 280, Himbeeren 322, Kälber 364, Keime 379, Lein 437, Mais 453, Massentierhaltung 463, Masthuhn 466, Monsantosierung 487, Nützlinge 520, Papaya 551, Pestizide 558, Pflaumen 567, Putenfleisch 583, Reis 611, Roggen 618, Schweine 668, Schweinefleisch 669, Sonnenblumen 695f., Steckrüben 709, Stielmus 715, Tierarzneimittel 739, Tomaten 749, transgen 752, Unkraut 770, Weizen 811, Wildreis 822
Resveratrol
Polyphenole 575, Weintrauben 808
Rettich 612
Rhabarber 613
Rieselhilfe
Salz 643
Rinder 614
Rindfleisch 616
Rippenmangold
Mangold 459
Roggen 617
Rohkost 619
Anthroposophisches 34, Hildegard von Bingen 321
Rohmilch 620
Listerien 444, Vorzugsmilch 797, Ziegenkäse 847

Rohmilchkäse 620
(Roh)rohrzucker
Süßen 726, Zucker 857
Rohvolution
Rohkost 620
Romanesco
Blumenkohl 111
rooftop farming
Kleingarten 390
Rooibos-Tee 622
Rosenkohl 622
Rosinen 623
Rotalgen
Carrageen 128, Nori 513
Rotbarsch 624
Fische, bedrohte 214
Rotbusch
Rooibos-Tee 622
Rote Bete 625
Rote Liste
Aale 9, Agrobiodiversität 17, alte Sorten 24, Hai 301, Hasen 308, Thunfisch 736
Rotkohl 626
Roundup-Ready
s. a. GVO 294, Gen-Soja 264, Glyphosat 280, Monsantosierung 487, s. a. Patente 554
RSPO (Gütesiegel)
Palmöl 548
Rüben 627
Rübensirup
Sirup 684
Rübenzucker
Süßen 727
Rubidium
Spurenelemente 705
Rübsen
Stielmus 714
Rückbesinnung 628
artisanal 50, authentisch 54, Bioboom 82, Premium-Bio 580
Rückstände 629
Rück-Umsteller s. a. Umstellung 765
Biobauer 80, Bioboom 82, Schafe 651
Rückverfolgbarkeit 631
Fisch, Fischfang 214, s. a. Fleisch 217, Gammelfleisch 244, Herkunft 319, Kontrolle 401, Lebensmittelsicherheit 431, QS-Prüfzeichen 585, Verunreinigung 789
Rückwurf
Beifang 65, Fisch, Fischfang 212, Krabben 407, Überfischung 763, Verschwendung 786
Rucola 632
Ruderalflora 633
Brennnessel 115, Portulak 575
Rusch, Dr. Hans-Peter
organisch-biologisch 542
Rutin
Buchweizen 121

S

Saamenbombe
Urban Farming 771
Saatgut 635
Agrobiodiversität 16, alte Sorten 24, Biodiversität 85, Gentechnik 266, gentechnikfrei 267, GVO 295, Hybriden 335, Kamut 367, Kohl 396, Monsantosierung 487, ökologischer Landbau 535, Patente 555, SlowBaking 686, Slow Food 688, Sorten 696, Terminator-Technologie 734, Verunreinigung 789f., Welternährung 813, Zucht 854
Saccharose
Süßstoffe 729, Zucker 859
„Safe our seeds“ (Kampagne)
Lein 437, Saatgut 636
Safran, falscher
Distelöl 158
Sahne 636
Saibling 637
Saison 638
Salate als Feinkost 640
Salate, grüne 639
Salmonellen 641
Düngen 161 raus, Hühnerfleisch 332, Massentierhaltung 463, Rohmilchkäse 621, Sprossen 702, Tiefkühlkost 738
Salz 642
Verstecktes 787
Salzlake
Oliven 540, Schafskäse 653
Sanddorn 644
Obst 524
Saponin
Quinoa 594
Sardellen 645
Sardinen 646
Sashimi
Thunfisch 737
Sauerampfer 647
Sauerkraut
Fermentieren 206, milchsauer 479, Weißkohl 809
Sauermilchgetränk s. Kefir
Sauermolke
Molke 485
Sauerteig(brot)
Backtriebmittel 57f., Brot 118, Fermentieren 205f., Hefeextrakt 313, Säuerungsmittel, Säureregulatoren 648, Slow-Baking 686, Vollkorn 795
Säuerungsmittel, Säureregulatoren 648
Säule, sog. 1. und 2. (EU)
Greening 284
Schadstoffe 649
Cadmium 125, Carry-over 131, Miesmuscheln 473
Schafe 650
Schaffleisch 652
Schafskäse 653
Schafsmilch 654
Schale 655
Apfelsinen 40, Birnen 110, Flavonoide 217, Golden Rice 282f., Gurken 291, Johannisbeeren 352, Kar-

toffeln 373, Limette 440, Linsen 443, Pastinake 554, Polyphenole 574, Überzugsmittel 765, unbehandelt 768, Wachs 799, Zitronen 850, Zitrusfrüchte 851
Schalotte
Zwiebeln 865
Schillerlocken
Hai 301, (vegan) Nori 514
Schimmelpilze 656
Aflatoxine 14, Backtriebmittel 58, Bestrahlung 66, Chilis 136, Erdbeeren 181, Feigen 202, Fermentieren 205, Quorn 220, Früchtetee 236, Gammelfleisch 244, Gewürze 276, Haltbarmachung 303, Haselnuss 307, Heu 321, Käse 375, Körner 405, Kräutertee 409, Küchenkräuter 412, Lab 417f., Limette 440, Mikroorganismen 474, Monitoring 487, Muskat 491, Nüsse 517, Pfeffer 559, Pilze 568, Pistazien 571, reif 609, Rosinen 624, Säuerungsmittel, Säureregulatoren 649, Schadstoffe 649, Schwefel 665, Sesam 682, Stickstoff 714, Streuobst 721, Tempeh 733, Trockenfrüchte 757, Verunreinigung 789, Wachs 799, Walnüsse 801, Zitronen 850, Zitrusfrüchte 852
Schinken 657
Schinkenimitat
Analog… 29, Etikett 189, industrielle Tricks 341, Irreführung 347, Kennzeichnung 381, Klonfleisch 394, Schinken 658, Skandale 685
Schlachten 658
Fisch, Fischfang 214, Kalbfleisch 366, Keime 380, Krebse 411, Tierwürde 744
Schmelz
Brotaufstrich 119
Schnabelkürzen
artgerecht 48, Enten 176, Gänse 246, Geflügel 252, Hühner 330, Legehennen 434, Puten 582
Schnecken 659
Schnellwarnsystem der EU
Antibiotika 36
Schokolade 660
Schokoladenersatz
Karob, Carob 371
Scholle 661
Schrot, schroten 663
Körner 405
Schutzgas
Frische 233, Hackfleisch 298, Haltbarmachung 303, industrielle Tricks 341, Mikroorganismen 473, Säuerungsmittel, Säureregulatoren 649, Stickstoff 713f., Verpackung 783
Schwammspinner
Obst 524
Schwarzer Reis
Golden Rice 283
Schwarzschimmel
Feigen 202
Schwarztee
Tee 731
Schwarzwurzel 663
Schwefel 664
Biowein 109, Haltbarmachung 303, Hopfen 328, Rosinen 624, Trockenfrüchte 756, Wein 807
Schweine 666
Massentierhaltung 463, „Ohne Gentechnik“ 526
Schweinefleisch 668
Schweisfurth, Karl Ludwig
Ernährungsdilemma 185
Schweiz und Bio 670
Anbauverbände 32f., Bio Suisse 106, Food Miles 224, Handelsmarken 305, integrierter Anbau 345, Pflanzenwürde 564, s.a. Supermarkt 723
Schwermetalle 671
Apfelsinen 40, Austernpilze, Austernseitlinge 53, Cadmium 125, Carry-over 131, Heilkräuter 317, Hering 318, Innereien 344, Kerne 383, Sesam 682, Thunfisch 737
Schwertfisch 672
Seehecht 673
Seelachs 674
Seetangextrakt
Carageen 129
Seeteufel 674
Seewolf 675
Seezunge 676
Seitan 677
sekundäre Pflanzenstoffe 678
Sekundäreffekte
Gen-Soja 264
Selbstversorgung
Community Supported Agriculture/CSA 141, Futtermittel 241, Gen-Mais 263, Kleingarten 389, Naturland 503, Schweinefleisch 668, Schweiz und Bio 670, Urban Farming 770
Selen
Sesam 682, Spurenelemente 705
Sellerie 679
Senf 680
Senföle
Rotkohl 627, Stielmus 714
Sensorik
Aromen 47, Genusswert 269, Geschmackssache 270, nativ 500, Stiftung Warentest 715
Septikämie
Listerien 444
Serotonin
Dinkel 155, Haferflocken 300
Sesam 682
Seveso-Gift
Dioxin 155

Shiitake 682
Shiva, Vandana
Saatgut 635
shochu (Schnaps)
Süßkartoffeln 728
Shrimps s. Garnelen 248
sibirische Blaubeere
Heidelbeeren 315
Sikkation
Glyphosat 280
Simplesse
Fettersatzstoffe 209
Sirup 683
Skandale 684
Antibiotika 35, Bio-Betrug 80, Gammelfleisch 244, Geflügelfleisch 253, Hühner 331, Importware 340, industrielle Tricks 340, Käse-Ersatz 376, s. a. Kontrolle 401, s. a. Lebensmittelsicherheit 431, Linsen 443, PCB 556, Schweine 667, Seezunge 677
Slohas
LOHAS 447
Slow Fish
Slow Food 688
Slow Food 687
alte Rassen 33, Arche des Geschmacks 44, Convenience-Food 142, Genusswert 269
SlowBaking 686
Brot 118
smart breeding
Zucht 854
„Smartstax“
Gen-Mais 263
Smoothies 688
Soghurt
Joghurt 350
Soil Association (GB)
Food Miles 224
Soja 690
Sojamilch 692
Sojasauce 693
Sushi 725, Würzpasten, Würzsaucen 832
Sojasprossen
Sprossen 704
Solanin
Kartoffeln 373
Sommerportulak
Portulak 575
Sonnenblumen 694
Kerne 383
Sonnenkost
Rohkost 619
Sorghum
Hirse 323
Sorten 696
Agrobiodiversität 16, alte Sorten 24, Biodiversität 84, s. a. Patente 554, s. a. Saatgut 635, Zucht 853
Spargel 697
Spargelersatz
Hopfensprossen 329
Speiseeis 699
Speiseöle 700
3-MCPD 160, Fettsäuren 210, kaltgepresst 366, nativ 500, Omega-3/-6-Fettsäuren 541, Pflanzenfette 562
Spinat 701
Spinatersatz
Brennnessel 116, Löwenzahn 448, Mangold 459f., Postelein 576, Rüben 628, Sauerampfer 648, Wakame 800, Wasserlinsen 804, Wildgemüse, Wildkräuter 819, Zichorien 844
Spirulina
Carotinoide 128, industrielle Tricks 341
Spitzkohl s.Weißkohl 810
Spontangärung
Fermentieren 205
Sprießkorngetreide
Sprossen 704
Sprossen 702
Hülsenfrüchte 332, Kresse 411, Linsensprossen 443, Luzerne 451, Queller 591, Rettich 612, Roggen 618
Sprue (Zöliakie)
s. glutenfrei 279
Sprühtrocknung
Instant 344
Spurenelemente 704
Schwermetalle 671
Staatsziel Tierschutz
Tierhaltung 740
Stabilisatoren 705
Johannisbrot 353
Stabilisotopen-Methode
authentisch 54, Vanille 775
Stachelbeeren 706
Stallmilch
Milch 475
Stanford University (Studie 2012)
bio = besser? 73, bio = gesünder? 75, Bio-Bashing 78
Stängelmus
Stielmus 714
Staphylokokken
Kälber 364, Keime 379, Massentierhaltung 463
Stärke 707
Binde- und Verdickungsmittel 71
Starterkultur
Lab 417, Pökeln 574, Tempeh 733
Steckrüben 708
Steinbutt 709
Steiner, Rudolf
Anthroposophisches 34 (Abb.), biodynamisch 85, Demeter 148, Lebensreform 433, Ökologischer Landbau 534, Österreich und Bio 544
Steinkrebs
Krebse 410
Steinpilze 711
Sternchensystem
Zutaten(liste) 863
Stevia 712
Steviolglykoside
Stevia 712
stickige Reifung
Gammelfleisch 245

Stickstoff 713
Biowein 108, Düngen 161, Hülsenfrüchte 332, Klima(-schutz) 391, Massentierhaltung 463, Nitrat 510, ökologische Tierhaltung 534ff., organisch-biologisch 542, Schweine 668
Stielmus 714
Stiftung für biologische Vielfalt
Slow Food 688
Stiftung Warentest 715
Stöffche
Obstwein 526
„Stop Climate Change" (Gütesiegel)
klimaneutral 393
Stopfen, Stopfmast
Entenfleisch 176, Gänse 246, Gänsefleisch 247, Mast 465
Stör 716
Kaviar 377
Stowe, Irving (Gründer)
Greenpeace 285
Strauß 717
Straußenei
Straußenfleisch 719
Straußenfleisch 718
Streuobst 719
Äpfel 39, Bionade 102, Obstwein 525
Stutenmilch 721
Molke 485
„StuZi"
Stutenmilch 722
Substrate, Bio-
Champignons 134, Zuchtpilze 855f.
Sulfide, Sulfate
Schwefel 664
Sumpfkrebs, galizischer
Krebse 410
Superbeeren
Aroniabeeren 48, Heidelbeeren 315
„SuperBioMarkt"
Bio-Supermärkte 107
Super-Broccoli (engl.), sog.
Brokkoli 117, Glucosinolate 277, Patente 554
Superfood 722
Açais 10, Aroniabeeren 48, Avocados 55, Beeren 64, Brokkoli 117, Distelöl 158, freie Radikale 229, Granatapfel 284, Molke 485, Nahrungsergänzungsmittel 496, Noni 512, Nussöle 520, Quinoa 593, Süßkartoffeln 728, Vitamine 794, Wellnessfood 812, Yams 839
Supermarkt 723
Bioboom 82, Biolebensmittel 99, s. a. Bio light 100, Discounter 157, Einkaufen 168, Handelsmarken 304
Surimi
Irreführung 347
Sushi 725
Thunfisch 737
Süßen 726
Süßkartoffeln 727
Süßlupine
Lupine 450
Süßmolke
Molke 485
Süßstoffe 728
Swissness
Bio Suisse 106, Schweiz und Bio 670
Symbiotische Landwirtschaft
Ernährungsdilemma 185
„Syngenta"
Blumenkohl 111, Gentechnik 266, Golden Rice 283, Melonen 472, Monsantosierung 487, Patente 555
Systemgastronomie
Biogastronomie 90

T

Tafeltrauben
Weintrauben 808
Tag der Regionen
regional 607
Tahin
Sesam 682
Tannine
Cranberrys 144, Heidelbeeren 315, Hopfen 328, Preiselbeeren 579, Quitten 595, Stabilisatoren 706, Tierarzneimittel 739
Tanzinger, Robert (Heuwirt)
Heu 320
Tapioka-Stärke
Stärke 708
täuschen/Täuschung
Irreführung 346
Tausendschönchen
Gänseblümchen 246
TCM (traditionelle chinesische Medizin)
Yin und Yang 839
Tee 731
Teepilz
Kombucha 399
Teff (äthiopische Zwerghirse)
glutenfrei 280, Mehl 470
Teilumstellung
Anbauverbände 31, Bio Austria 76, Bio-Betrug 81, Demeter 149, EG-Öko-Verordnung 165, Kontrolle 402, Umstellung 765
Teller statt Tank (Kampagne)
Verschwendung 784, Welternährung 814
Teltower Rübchen 732
Tempeh 733
Terminatorpflanzen
Pflanzenwürde 565
Terminator-Technologie 734
Terra Madre (Projekt)
Slow Food 688
Tetrahydrocannabiol
Hanf 306
Textur 735
Fleischersatz 219, s.a. Food-Processing 225, Geschmackssache 271, Seitan 677, Stiftung Warentest 715

Thallium
Schwermetalle 672
Thunfisch 736
Sushi 725
Tiefkühlkost 737
Erbsen 180, Fertigprodukte 207, Spurenelemente 704
Tierarzneimittel 739
tiergerecht s.a. artgerecht 48
Freilandhaltung 231, Neuland 508, Tierschutz 743, Zucht 854
Tierhaltung 740
Bodenhaltung 112, Freilandhaltung 231, Käfighaltung 359, Massentierhaltung 463, Mast 465, ökologische Tierhaltung 536
Tierschutz 742
Legehennen 434, Massentierhaltung 462, Premium-Bio 580, Qualzucht 587
Tierschutzsiegel
Schweinefleisch 669, Tierschutz 743
Tiertransporte
Schlachten 658
Tierverträglichkeit
Geflügelfleisch 254
Tierwohl
Aquakultur 44, Enten 175, Greenwashing 286, Masthuhn 466, Naturland 504, Puten 582, Tierschutz 742, Tierwürde 743
Tierwürde 743
Tilapia 744
Tilling-Verfahren
Zucht 854
Tintenfisch 745
Tocopherole
Antioxidationsmittel 38, Arganöl 45, Haltbarmachung 303
Tofu 747
Soja 690
Tomaten 748
Tomoffel
Gentechnik 265
Topfen
Quark 588
Topfkräuter
Küchenkräuter 412
Topinambur 750
toxisch s. Gift/giftig
traditionelle chinesische Medizin (TCM)
Yin und Yang 839
traits
Terminator-Technologie 734
TransFair 751
Trans-Fettsäuren
Fettsäuren 211, Pflanzenfette 562
transgen 752
Genfood 260
Transmutation
Makrobiotik 455
Transport 752
Äpfel 39, Biomineralwasser 101, Bio Suisse 107, Carbon Footprint 126, Fairtrade 197 (Abb.), Food Miles 223, Frische 233, Kakao 362, Kälber 363, Kiwis 387, Krabben 407, Lammfleisch 426, Mangos 458, Obstexoten 524, Ökobilanz 528, ökologische Aquakultur 532, ökologische Tierhaltung 536, Pestizide 557, Pistazien 571, Rindfleisch 616, Schlachten 658, Steinbutt 710, Tiefkühlkost 738, Tierschutz 742f., Verschwendung 785, Vitamine 793, Weintrauben 809, Welternährung 814, Wild 817, Wildpilze 821
Traubenkernöl
Kernöl 384
Treibhaus s. Gewächshaus 274
Treibhausgase
Carbon Footprint 126, Klima(-schutz) 390, klimaneutral 393, Landwirtschaft 427, Ökobilanz 528, Roggen 619, Transport 754, Verschwendung 795, Weizen 810
Trends 754
Trennmittel
Wachs 799
Trichinen
Wildfleisch 818, Wildschweinfleisch 826
Triglycerid
Fettsäuren 210
Triticale 756
Trockenfrüchte 756
Feigen 201, Kirschen 386, Spurenelemente 704, Superfood 722
Trockengemüse 757
Trockenreis
Reis 609
Trockentransport
Steinbutt 710
Trocknung 758
Tropföl
Olivenöl 540
Tschernobyl (1986)
Bioboom 82, Deutschland und Bio 151, Heidelbeeren 315, Ökologischer Landbau 535, Pfifferlinge 560, Preiselbeeren 579, Radioaktivität 598, Wildpilze 821, Wildschweinfleisch 825
Tütensuppe
Instant 345
TVP (textured vegetable protein)
Soja 690

U

Überfischung 761
Beifang 65, Fisch, Fischfang 213, Fische, bedrohte 214, Friend of the Sea/FOS 232, Kabeljau 355, Krabben 407, Red Snapper 602, Sardellen 645, Scholle 662, Thunfisch 736

Überflussgesellschaft
Freeganer 228
Überzugsmittel 765
umami
Glutamat 278, Hefe 313, Hühnerfleisch 332, Käse-Ersatz 376, Shiitake 683
Umestern
Margarine 460, Pflanzenfette 562f.
Umetikettieren
Gammelfleisch 244
Umröten
Acerola 11, Demeter 178, Hackfleisch 298, Nitrit 511, Pökeln 573, Schinken 657, Wurst 830
Umstellung 765
Bio Austria 77, Biobauer 79, Biokreis 95, s. a. Bio light 100, Bio Suisse (Rückumsteller) 106, BVÖL 123, Deutschland und Bio 152, Ecoland 163, Kalbfleisch 366, Masthuhn 466, Naturland 503, Neuland 509, ökologische Tierhaltung 537, Pangasius 550, Rinder 615, Schafe 651, Schweine 666, Schweiz und Bio 671, Verbund Ökohöfe 780, Zucker 857
Umwandlungsverluste
Veredelungsverluste 781
unbehandelt 768
Schale 655, vollwertig 796, Zitronen 851, Zitrusfrüchte 852
Unkraut 768
Unwort des Jahres 2012
Schweiz und Bio 670
UPA (Urban and Peri-urban Agriculture)
Urban Farming 772
Uran
Mineralwasser 482, Schwermetalle 672
Urban Farming 770
Kleingarten 390
Urbier
Bier 69
Urgetreide 772
Amaranth 27, Dinkel 154, Einkorn 170, Emmer 171, Kamut 367, Quinoa 594
Ursalz
Salz 643
Ursus latex (Gummibär)
Gummibärchen & Co 290
Urwasser, artesisches
Urgetreide 773
Urzucker
Süßen 727
„UTZ Certified“ (Logo)
Fairtrade 198, Greenwashing 287, Gütesiegel 293, Kakao 362, Schokolade 660
UV-Strahlung
Antioxidantien 37

V

Vakuum
Biofleisch 90, Vakuumfritteusen bei Chips 138, Dicksaft 153, Haltbarmachung 302, Instant… 344
Vanille 775
Varroa-Milbe
Bienen 68
VdB (Verband der Bio-Supermärkte)
Bio-Supermärkte 108
VEBU (Vegetarierbund Deutschland)
Vegetarismus 778
Veganismus 776
Agar-Agar 14, Algen 20, Analog… 29, BioFach 86f., Bohnen 114, Brotaufstrich 119, Einkorn 170, Erdnüsse 182f., Ethik 187, Fast Food 201, Fertigprodukte 207, Fleischersatz 219f., Flexitarier 220, Freeganer 228, Fruchtsäfte 238, Frutarier 238f., Gelatine(-Ersatz) 254, Genusswert 261, Gummibärchen & Co 290, Hanf 306, Hefe 313, Hülsenfrüchte 332, Käse-Ersatz 376, Kaviar 378, Körnerfresser 406, lactovegetabil 422, Lein 436, Lupine 450, Makrobiotik 455, Margarine 460, Milchersatz 476f., Milchsäure, Milchsaures 480, Müsliriegel 493, Nahrungsergänzungsmittel 497, naturtrüb 406, Nori 413f., Nüsse 416, Omega-3-/-6-Fettsäuren 541, Ovo-lacto-545, Quorn 595, Reisdrink 612, Sahne 637, Sanddorn 644, Saitan 677, sekundäre Pflanzenstoffe 678, Shiitake 683, Sojamilch 692, Speiseeis 699, Textur 735, Tierwürde 744, Tofu 747, Trends 755, Verstecktes 787, vollwertig 796, Wein 807f.
Vegetarierbund Deutschland (VEBU)
Vegetarismus 778
Vegetarismus 777
Agar-Agar 14, Amarant 27, Artischocke 50, Bio-Gourmet 92, Bohnen 114, Bratlinge 115, Brotaufstrich 119, Cadmium 125, Einkorn 170, Ethik 187, Fast Food 201, Fertigprodukte 207, Fleischersatz 219f., Flexitarier 220f., Frischkäse 234, Fruchtsäfte 238, Frutarier 239, Gelatine(-Ersatz) 254, Grünkern 288, Gummibärchen & Co 290, Gutes Gewissen 292, Hanf 306, Hefe 313, Hülsenfrüchte 332, Käse 375, Kaviar 378, Körnerfresser 406, Lab 417f., lactovegetabil 422, Lein 436, Lupine 450, Makrobiotik 455,

Milchersatz 477, Milchsäure, Milchsaures 480, Müsliriegel 493, Nahrungsergänzungsmittel 497, Nitrat 410, Nüsse 416, Omega-3-/-6-Fettsäuren 541, Ovo-lacto- 545, Pistazien 571, Quorn 595, Rohkost 620, Rohmilchkäse 621, Seitan 677, sekundäre Pflanzenstoffe 678, Shiitake 683, Soja 690, Sojamilch 691, Stabilisatoren 706, Tempeh 733, Textur 735, Tierwürde 744, Tofu 747, Veredelungsverluste 783, Verstecktes 787, vollwertig 796, Walnüsse 802, Würzsaucen 832, Yin und Yang 839, Ziegenkäse 847

Veggie
Körnerfresser 406

Veggie Days
Vegetarismus 778

Veggie Guide (App)
Veganismus 776

Veggieburger
Bratling 115

VEN e.V.
Agrobiodiversität 18

Verarbeitung s. Food-Processing 224

Verbands-Bio
Anbauverbände 32, Bio light 100, EG-Öko-Verordnung 164, Premium-Bio 580

Verbandseier
Legehennen 435

Verbraucher(schutz) 778
s. a. Foodwatch 225, Greenpeace 285, ÖKO-TEST 538

Verbrauchertäuschung
s. a. Etikettenschwindel 190, Foodwatch 225, Irreführung 346

Verbund Ökohöfe 780
Anbauverbände 32, Gäa 243, Nanotechnologie 498, Pökeln 574

Veredelungsverluste 781
Aale 10, Aquakultur 42, Biofleisch 89, Bioland 98, Cobia 140, Dorade 159, Ernährungsdilemma 185, Ethik 188, Fisch, Fischfang 213, Fische, empfehlenswerte 215, Fleisch 219, Forelle 227, Futtermittel 241, Getreide 273, gutes Gewissen 292, Karpfen 373, Klima(-schutz) 392, Lachs 420, Massentierhaltung 463, s. a. Mast 464, ökologische Aquakultur 532, Pangasius 549, Rinder 616, Saibling 638, Sardellen 645, Seitan 678, Soja 691, Thunfisch 737, Tilapia 745, Verschwendung 784, Weizen 810, Welternährung 814, Wolfsbarsch 829, Zander 843

Verein Kultursaat
Saatgut 636

Verpackung 782
s. a. Carry-over 131, s. a. ökologisch haushalten 532, s. a. Plastik 571, s. a. Weichmacher 805

Verschwendung 784
Lebensmittel 430, ökologisch haushalten 533

Verstecktes 786
Eier 167, s. a. Foodwatch 225, Salz 643

Vertical Farms
Urban Farming 772

Vertrauen 787

Verunreinigung 788
gentechnikfrei 266, Honig 327, „Ohne Gentechnik“ 526, Saatgut 635

Verwechslungsgefahr
Alaska-Seelachs 19, Heilkräuter 316, Lachsforelle 421, Lein 437, Pastinake 553, Postelein 576, Steinpilz 711, Supermarkt 724, Süßkartoffeln 728, Waldmeister 800

Verzicht
s. a. Ernährungsdilemma 185, ökologisch haushalten 532

VIEH e.V.
Agrobiodiversität 17

Viktoriabarsch 790

Vitalkost 791

Vitalkräfte
Naturkost 502 , Obst 523

Vitamine 792
(Vitamin A) Golden Rice 282,
(Vitamin B 12) Milchsäure, Milchsaures 480, Nahrungsergänzungsmittel 497, Nori 513, Sanddorn 644
(Vitamin C) Acerola 11, Ananas 31, Apfelsinen 41, Brennnessel 116, Chinakohl 137, Erbsen 180, Flavonoide 317, Goji-Beere 282, Hagebutten 300, Holunder 325, Innereien 343, Johannisbeeren 353, Kiwis 387, Limette 440, Rosenkohl 623, Rotkohl 627, Sanddorn 644f., Tomaten 749,
(Vitamin P, histor.) Flavonoide 217

Vitamineträgerstoff Gelatine
Fruchtsäfte 238

Volierenhaltung
Kleingruppenhaltung 390, Legehennen 435

Volksmedizin
Heilkräuter 316, Hildegard von Bingen 321, Irreführung 347

Volldeklaration 794
Binde-, Verdickungsmittel 71, Clean Labelling 139, Convenience-Food 143, s. a. Gewürze 276, Joghurt 352

Vollkorn 794
Acrylamid 13, Brot 118,

Babynahrung 57, Backwaren 58f, Binde-, Verdickungsmittel 70, Brot 118, Cadmium 125, Haferflocken 299, Hormone 329, Körner 405, Makrobiotik 455, Mehl 469, Müsli 491f, Müsliriegel 493, Nährwert 498, Nudeln 515, Quinoa 595, Reformhaus 604, Reisdrink 611, Schrot 663, sekundäre Pflanzenstoffe 679, Spurenelemente 704, Urgetreide 773, Veganismus 776
Vollmondabfüllung
Mineralwasser 482
Vollrohrzucker
Süßen 727, Zucker 856
vollwertig 795
Anthroposophisches 34, Backwaren 59, Demter 149, Hildegard von Bingen 321, Kerne 383, Klima(-schutz) 392, Körner 405, Naturkost 502, Rohkost 619, Süßen 726, Vegetarismus 778
Vollwertkost
Klima(-schutz) 392
Vorrangflächen
Greening 285
Vorzugsmilch 797
Rohmilch 620

W

Wachs 799
Schale 768, Überzugsmittel 765, unbehandelt 655, Zitronen 850
Wachstumsregulator
Feigen 201, Garnelen 249, Glyphosat 280, Paprika 552, reif 607ff.
Wakame 799
Waldknoblauch
Bärlauch 61
Waldmeister 800
Waldviertler Graumohn
Mohn 483
Walnüsse 801
Walnussöl
Nussöle 520, Omega-3/-6-Fettsäuren 541
Warenkorb
Monitoring 486
Wasabi
industrielle Tricks 341, Meerrettich 469, Sushi 725
Washingtoner Artenschutzübereinkommen
Hai 301
Wasser 802
Wassereier
Wasserlinsen 804
Wasser-Fußabdruck
Wasser 802
Wasserkefir
Kefir 379
Wasserlinsen 804
„WaxyGerste"
Gerste 270
Wegwarte
Zichorien 844
Weichmacher 805
Mineralwasser 482, Nussöle 520, Plastik 572, Verpackung 783, Würzpasten 832
Weidegang
Rinder 615
Weidemilch
Milch 475
Wein 806
Schwefel 665
Weinklären
Gelatine(-Ersatz) 255
Weintrauben 808
Weißkohl 809
Weiß-Manie
Kalbfleisch 365
Weizen 810
Weizenkeimöl
Keimöle 380
Wellnessfood 811
Kombucha 399, Rooibos-Tee 622, s.a. Superfood 723, Vitalkost 792
Welse 812
Pangasius 549
Welternährung 813
s.a. Ernährungsdilemma 185, s.a. Ethik 187, s.a. fair+bio 195, Fairtrade 197f., s.a. Fleisch 217, s.a. gutes Gewissen 292, s.a. ökologischer Landbau 534, s.a. Veredelungsverluste 781, s.a. Verschwendung 784
Weltladen 815
Bananen 60, fair+bio 195, Fairtrade 196, TransFair 751, Welternährung 813
Weltrohkosttag
Rohkost 620
WFTO (World Fair Trade Organization)
Fairtrade 198
Wild 816
Wildfang
Jakobsmuscheln 348, Lachs 418
Wildfisch
Aquakultur 43, Biofisch 88, Dorade 159, s.a. Fische, empfehlenswerte 215
Wildfleisch 817
Wildgemüse, Wildkräuter 819
Unkraut 769
Wildpilze 820
Pfifferlinge 560, Pilze 568, Steinpilz 711
Wildreis 822
Wildrind
Yak 837
Wildsammlung 823
Austern 52, Hagebutten 300, Heidelbeeren 315, Heilkräuter 316, Karob, Carob 371, Kaffee 357, Löwenzahn 448, Pfifferlinge 560, Steinpilz 711, Zichorien 844
Wildschwein 825
Radioaktivität 598
Wildschweinfleisch 825
Wildthunfisch-Farming
Thunfisch 737
Winterportulak
Postelein 576

Winterspinat
Spinat 702
„Wir haben es satt“ (Demo)
Ernährungsdilemma 183, Ethik 188, Landwirtschaft 428, Skandale 686, Welternährung 814 (Abb.)
Wirsing 826
Wochenmarkt 827
lose Ware 828
Wohlfahrt, Harald (Koch)
Steckrüben 709
Wolfsbarsch 828
Wolfs-Beere s. Goji-Beere 281
Wunderbeere
Açai 10, Aroniabeeren 47, Goji-Beere 281, Noni 512
Wunderlinge
Verschwendung 786
Wunsch-Kistel
Biokiste 94
Wurst 829
Wurzelpetersilie 831
Pastinake 831
Wurzelspinat
Spinat 702
Würzpasten, Würzsaucen 831
WWF 833
s.a. Aquakultur 42, Fische, empfehlenswerte 215, MSC 488, s.a. Nachhaltigkeit 495, WWF Seafood Group 355

X

Xanthan
Binde-, Verdickungsmittel 71
xihongshi („Wassertank“)
Gen-Tomate 268
Xylophagen 835

Y

Yacón 836
Topinambur 836
Yak 836
Yams 838
Süßkartoffeln 728
Yan, Dr. Yu
Biophotonik 104
Yin und Yang 839
Makrobiotik 455
Ysaño 840
Ysop 841

Z

Zander 843
Zartmacher
Kiwis 387
Zertifizierung
Anbauverbände 31, Bio-Betrug 80, EG-Öko-Verordnung 164, fair + bio 196, Importware 340, Kontrolle 401, Öko-Kontrollstelle 529
Zichorien 844
Chicorée 135, Kaffee-Ersatz 358, Topinambur 844
Ziegen 844
Ziegenfleisch 846
Ziegenkäse 846
Ziegenmilch 848
Molke 485
Zimt 849
Zink
Spurenelemente 704
Zitronen 850
Zitrusfrüchte 851
Limette 440, Schale 851, unbehandelt 768
Zöliakie (Sprue)
Buchweizen 121, Emmer 171, glutenfrei 280, Hafer 299, Lupine 450, Sojamilch 693
Zoonose
Kälber 364, s.a. Keime 380, s.a. Massentierhaltung 463, Salmonellen 641, s.a. Tierarzneimittel 739
Zucchini 852
Zucht 853
Agrobiodiversität 16, alte Rassen 22, alte Sorten 24, Biodiversität 84, Gentechnik 265, ökologischer Landbau 534, ökologische Tierhaltung 536, Patente 555, Saatgut 635, Sorten 696, transgen 752
Zuchtkaviar
Kaviar 377
Zuchtpilze 855
Austernpilze, Austernseitlinge 53, Champignons 134, s.a. Pilze 568
Zucker 856
Zuckeraustauschstoffe 858
Zuckercouleur
Essig 186
Zuckerersatz
Stevia 712
Zukunftsstiftung Landwirtschaft
Saatgut 636
„Zurück zum Ursprung“ (Handelsmarke)
Österreich und Bio 544
Zusatzstoffe 860
s.a. Bio light 100, s.a. Convenience-Food 142, s.a. Fertigprodukte 207, s.a. Food-Processing 224, s.a. Geschmackssache 270, s.a. Premium-Bio 580, s.a. Qualität 585
Zutaten(liste) 863
Etikett 188, Kennzeichnung 381, QUID 592, Salate als Feinkost 640
Zweinutzungshuhn
Geflügel 252, Hühner 331, Legehennen 434f., Masthuhn 465, Premium-Bio 580
Zweinutzungs-Rassen
ökologische Tierhaltung 537
Zweinutzungsrind
Milchkuh 478, Rinder 614
Zwerghirse, äthiopische (Teff)
glutenfrei 280
Zwiebeln 864
Zygophyllaceen 865

Fotonachweis

o. = oben, u. = unten, m. = Mitte, l. = links, r. = rechts, (Zahl) = Anzahl der Bilder

A **ABG, Austria Bio Garantie Gesellschaft zur Kontrolle der Echtheit biologischer Produkte GmbH**: 530 o. (b), 544 l. (c) – **Agence Bio**: 402 l. (e), Frédéric Decante/Agence Bio: 230 o.l., 639 r.u. – **Agrarmarkt Austria Marketing GesmbH**: 39 u., 105 o. (c), 112 u., 131 r.o., 231 m.l., 274 o., 293 o. 1(c), 374 m., 544 o.m., 685 u.m., 719 u. – **AGRA-TEG GmbH**: 393 l.o., 393 l.u. – **AGRIFASO S.A.R.L.**, Burkina-Faso: 182 u. – **Agroisolab GmbH**: 552 o., 629 u. – **Agronegocios La Grama SAC**: 342 o. – **Agropharm S.A.**: 47 m. – **Aktionsbündnis "Tag der Regionen"** www.tag-der-regionen.de: 607 r.m. – **Albert Schweitzer Stiftung für unsere Mitwelt**: 744 l.o. – **ALDI Einkauf GmbH & Co. oHG**: 157 r.u., 304 m. (a) – **Allen M. Shimada, NMFS**: 625 o. – **Alnatura Produktions- und Handels GmbH**: 401 m.r., 447 o.; Marc Doradzillo: 82 o., 169 r.m., 422 u., 447 o., 606 m.r. – **Andechser Molkerei Scheitz GmbH**: 606 m.u., 631 r.o. – **AOK-Mediendienst**: 36 o., 125 o., 220 u.l. – **Arbeitsgemeinschaft für Gentechnik-frei erzeugte Lebensmittel** (ARGE Gentechnik-frei): 266 o., 544 o.l. – **Arla Foods amba**: 322 l. – **ARS Germplasm Repository**: 284 o. – **AVMA - American Veterinary Association**: 35 m., 364 l., 478 u.r., 585 l., 740 u.

B **BanaFair e.V.**: 60 u.m., 198 m. (e) – **Banana Link**: 197 r. – **bantam-mais.de**: 454 l.o. – **basic AG Lebensmittelhandel:** 108 l.o. (c), 118 u. – **Bäuerliche Vereinigung Ökologischer Landbau (BVÖL) e.V.**: 123 r. (a) – **Bayerisches Staatsministerium für Ernährung, Landwirtschaft und Forsten**: 105 o. (a), 151 o. (a), 606 l.o. (e) – **Bayern Tourismus Marketing**: 328 r.u. – **Bayerisches Landesamt für Gesundheit und Lebensmittelsicherheit**: 244 o., 431 u.l., 652 u., 685 o., 685 u.l. – **BBA-IP Kleinmachnow 2001/www.biosicherheit.de**: 568 l.o. – **Bier ohne Gentechnik – eine Initiative deutscher Brauereien**: 69 r. – **BIKO, Kontrollservice Tirol**: 544 l. (b) – **BIO AUSTRIA - Netzwerk der österreichischen Biobäuerinnen und Biobauern**: 32 r. (e), 77 r.o. (Maria Kux), 77 r.u., 293 o. (3c), 543 r.u. – **Biobunt**, Wiesmoor: 96/97 o. – **BIO COMPANY** GmbH: 108 l.o. (d) – **Biog**, Luxemburg: 572 l.o. – **Biogarantie, Belgien**: 93 m. (a), 530 o. (e) – **BioGourmet GmbH:** 221 o., 254 l.m., 332 l.u., 365 o.l., 853 r. – **bio.inspecta AG**, Schweiz: 402 l. (c), 530 o. (f) – **Biokreis e.V.**, Verband für ökologischen Landbau und gesunde Ernährung: 31 o.r., 32 l. (c), 95 o., 95 m., 95 u., 96 l.o., 123 r. (c), 196 r.u., 267 r. (d), 293 o. (1e), 295 r.u. (a), 557 l. – **Bioland**: 32 l. (d), 74 o.r., 90 l.u., 90/91 o., 91 o.r., 94 o., 97 o.r., 97 o.m., 98 l.o., 124, 182 o.l., 200 l.u., 203 u., 229 u., 293 o. (2c), 295 (Hintergr.), 323 u., 324 l.o., 331 l.u., 372, 397 r.o., 447 u., 451 l., 465 r.u., 534 o. (d), 535 r. (Motiv: Walter Moosmair), 542 r., 574 l.o., 618 o., 627 u.r., 640 l.o., 640 l.u., 647 o., 657 l., 658 o.l., 667 o. (Motiv: Ferienhof Ebsen), 697 u., 741 m.l., 754 l.u., 755 o.r., 813 l.u., 817 o., 828/829 o. – www.biolib.de/Kurt Stüber: 203 o., 417 u., 436/437 o., 467 (Hintergr.), 804 u.l., 825 o.r., 826 u. – **Biomanufaktur Schwarzwald-Bodensee Vertriebsgesellschaft für Regionalwaren mbH**: 131 m., 847 m. (4x) – **Biomega**: 514 l.u. – **Bio Mineralwasser/Neumarkter Lammsbräu Gebr. Ehrnsperger KG**: 481 u.r. – **www.bio-mit-gesicht.de**: 631 o.l. – **Bionade GmbH**: 102 l. – **Biopark**: 102/103 o., 293 o. (2b), 666 o., 855 o. – **Bio Suisse**: 32 r. (f), 89 r.u., 92 l.o., 105 o. (d), 106 (5x), 107 r., 218 l. (a), 251 r.m., 293 o. (2a), 296, 319 o., 324 l.m., 340 l.u., 375 u., 416, 434 u., 448 l., 478 l.u., 535 l., 536 o.r., 567 u., 652 m. (a), 654 u., 670 l.m., 670 l.o., 670/671 u., 678 m.o., 744 o.r., 765 r., 766 l., 788 l.o., 828 l.o., 844/845 u. (Hintergr.), 845 r., 846 u. – **Bio Vegan/www.biovegan.de**: 180/181 (Hintergr.), 255 (Hintergr.), 371 (Hintergr.), 515 u.l., 551 o., 705 o. (d), 706 (Hintergr.), 776 o. – **BLE**, Bonn: 91 m.l., 91 m.r. – **Blume PR**, Hamburg: 851 r.o. – **BMLFUW/AMA-Bioarchiv**/Pichler: 545 o., 720 (Hintergr.) – **BMLFUW**/Michalski: 543 o. – **Botanical Products International (BPI)**: 512 m. – **Britain on View**: 303 l. – **Bundesministerium für Bildung und Forschung (BMBF)**: 499 o. – **Bundesministerium für Ernährung, Landwirtschaft und Verbraucherschutz (BMELV)**: 100 o., 104 m., 104/105 u. (Hintergr.), 151 r.m., 165 r.o., 267 r. (a), 293 o. (1a), 293 o. (4c), 526 r.o., 606 l.u., 785 r.o., 789 l. – **Bundesverband Deutscher Gartenfreunde e. V. (BDG)**: 389 r. (a), 389 r. (d) – **Bundesverband Naturkost Naturwaren (BNN)**: 83 r.m., 83 r.u., 96 l.m., 502 l.o., 580 l.o. (b), 794 r. – **Bundesverband der Regionalbewegung e. V.**: 607 r.o. – **Bund ökologische Lebensmittelwirtschaft (BÖLW)**: 32 l. (b), 114 l.u., 114 m.l., 114 m.r., 188 l.o., 814 o.l. – **BVL**, Gloger: 432 o.

C **CDC**/Dr. Richard Facklam: 219 r.o. (b) – **www.charite.de:** 309 o. (a) – **Coop (Schweiz)**: 22 m.l., 25 o., 49 u., 84 u., 87 u., 94 u.l., 118 m., 159 u., 178 l.o., 184 o.l., 220 u.r., 304/305 o., 305 m. (d), 326 u.l., 331 l.o., 420 o., 466 o., 475 r.u., 476 u., 495 u.r., 498 o., 501 o. (a), 501 o. (d), 513 o., 524/525 u., 529 l., 546, 549 u., 572 r.o., 631 u.l., 661 u., 662 o., 670 l.u. (a), 766 u., 796 u., 797 o., 807 m., 828/829 u. – **David Csepp**, NOAA/NMFS/AKFSC/Auke Bay Lab: 19 m., 21 o., 674 r. – **CVUA Stuttgart**: 630 u. – **Mihaly Czepo**/www. biosicherheit.de: 263 u. (a)

D **André Dabrunz**, Uni Koblenz-Landau: 499 u. – **Dachmarke Rhön GmbH** in Trägerschaft des Vereins Dachmarke Rhön e.V.: 104 u. (c), 151 o. (e), 606 l.o. (c) – **DB AG**/Hartmut Reiche: 151 r.u. – **De Hobbit**: 733 r.o. – **Demeter e.V.**: 32 l. (f), 85 m.l., 85 r.m., 85 r.o., 109 o., 149 o.l., 149 o.r., 293 o. (2d) – **denn's Biomarkt GmbH**: 108 l.o. (a) – **Deutsche Bundesstiftung Umwelt (DBU)**: 565 o. – Deutsche Landwirtschafts-Gesellschaft e.V. (DLG): 207 o., 584, 585 r.u. (3x), 830 r.u. – **Deutscher Tierschutzbund e.V**: 218 l. (e), 359 r.o., 786 o. – **Deutsche See**: 42 l.o., 88 l.m., 88 l.o., 159 o.r., 213 o.l., 248 o., 318 u. (4x), 419 u.l., 472/473 m., 489 o.r., 531 (Hintergr.), 674 l., 745 o. – **Deutsches Tierschutzbüro e.V.**: 464 u.l. – **Deutsches Zusatzstoffemuseum**: 178 l.u., 861 m., 861 u. – **Deutsche Zöliakie-Ges.**: 280 m. – **Die Bäcker. Zeit für Geschmack e. V.**: 686 l.m., 686 m.o., 686 m.u. – **Die Biohennen**: 167 r.m., 434 o.r. – **www.diefairemilch.de**: 478 l.m. – **Die Regionalen GmbH**: 96 l.u., 580 l.o. (a) – **dinkel-infocenter.de**: 154 o., 222 l.u. – **Dover Publications, Inc.**: 14 (Hintergr.), 19 o., 34 o.l., 40 u., 40/41 (Hintergr.), 54 m.o., 68 (Hintergr.), 73 (Hintergr.), 74 (Hintergr.), 99 (Hintergr.), 112 o., 114 l.m., 117 u.r., 132/133 (Hintergr.), 136 l.m., 137 u., 141 u., 143 u.l., 155 u., 168/169 (Hintergr.) o., 168/169 (Hintergr.) u., 169 r.u., 173 o., 174 r. (4x), 174/175 u., 177 r., 179 o. (Hintergr.) (5x), 208/209 u., 223 u. (Collage 1), 223 (Hintergr.), 228/229 o., 232/233 (Hintergr.), 247 (Hintergr.), 273 m., 274/275 (Hintergr.) (5x), 290 o. (b), 290/291 u., 307 u.l., 308 (Hintergr.), 335 u., 337 (Hintergr.), 343 (Hintergr.), 345 (Hintergr.) (a), 345 (Hintergr.) (b), 345 (Hintergr.), 345 (Hintergr.), 356/357 (Hintergr.), 368 (Hintergr.), 385 o., 388 l., 391 (Hintergr.), 397 r.m., 401 (Hintergr.), 406/407 u., 408 l. (Hintergr.), 408 m. (Hintergr.), 408 r. (Hintergr.), 408/409 o. (Hintergr.), 409 u.l., 409 u.m., 409 u.r., 418 r., 429 r.u., 446 u., 449 r., 453 (Hintergr.), 454 l.m., 455 u., 456 o.l., 456 o.r., 461 o., 464/465 (Hintergr.), 470 l.m., 472 u., 478/479 (Hintergr.), 486/487 (Hintergr.), 520 (Hintergr.), 521 (Hintergr.), 523 r.u. (Hintergr.), 541 u. (Hintergr.), 553 u., 554 u., 564 (Hintergr.), 578/579 u. (Hintergr.), 581 (Hintergr.), 583 u. (Hintergr.), 592 (Hintergr.), 600 (Hintergr.), 607 (Hintergr.), 611 l., 612 u., 616 u., 617 r., 620 m., 620 u., 635 u., 645 (Hintergr.), 646 (Hintergr.), 647 u., 657 r., 671 (Hintergr.) l., 671 (Hintergr.) m., 671 (Hintergr.) r., 678 (Hintergr.), 699 r., 701 u., 721 m.o., 722 u., 734 (Hintergr.), 773 o.r., 778 u. (Hintergr.), 785 r.u., 792 l.o., 808 u., 812 u. (Hintergr.), 835 o., 835 u., 864 m. – **Peter Dwertmann**: 537 u. – **dwp eG Fairhandelsgenossenschaft**: 195 o.l., 195 r. (a), 205 u., 293 o. (3e), 357 l.o., 622 u.

E **Ecoandino S.A.C.**: 836 r. – **Ecocert SA**: 530 o. (g) – **Eco Finia GmbH**: 361 l. – **ecofit Biofruchtimport GmbH**: 97 u., 117 o., 127 l., 136 l.o., 307 o., 315 o.l., 412 l.u., 412 r., 458 l.o., 459 m., 484 o. (4x), 507, 534 o. (c), 605 u., 639 r.m., 665 l., 680 l.o., 702, 711 m.r., 831 r. o – **Ecoland e.V.**: 32 l. (g), 163 l., 163 r.o., 293 o. (1d), 668 l.m., 668 l.o. – **ECOutlet**: 440 l.u. – **EDEKA Aktiengesellschaft**: 157 r. m, 304 m. (e), 305 m. (b) – **EDEN Reform GmbH** (ehemals Bruno Fischer): 120 u., 136 u.r., 213 r.u. – **www.egofit.de:** 28 u.l. – **Barbara Elling**, Universität Osnabrück/www.biosicherheit.de: 633 o.

– **Europäische Kommission**: 48 u.l., 54 u., 56, 67 u., 77 l., 93 m. (k), 100 m., 105 r.u., 113 m., 118 o., 142 o.r., 155 o., 165 r.m., 167 o., 192/193 u., 193 (7x), 218 r., 271 o.r., 291 u.r., 380 o., 387 o., 400 o., 423 o., 435 l., 457 m.l., 476 o., 477 u., 486 o., 508 l.o., 508 l.u., 510/511 o., 521 (3.), 523 r.o., 536 o.l., 537 o., 557 r., 608 l.u., 617 l.o., 628 u., 631 r.u., 649 r.u., 651 o., 658 u.r., 738 l.o., 742 r.o., 748 m.l., 766/767 o., 780/781, 803 o., 832 u.r., 848 r., 852/853 (Hintergr.), 862 o.r. – **Europäische Kommission**/Foto CMMeissner: 273 u., 289 u., 755 u. – **Europäische Vegetarier Union**: 545 u.r., 777 o. (b), 778 l.o. (d) – **Europäisches Patentamt**: 555 o. – **European Union, 2014**: 191 u.

F **FAIRTRADE** Verein zur Förderung des fairen Handels mit den Ländern des Südens, Österreich: 198 o.l. – **famila-Handelsmarkt Kiel GmbH & Co. KG**: 305 m. (a) – **Fauser Vitaquellwerk KG (GmbH & Co.)**: 415 m.r., 626 l.o., 747 m.l., 747 m.r. – **FB Phytomedizin, SLFA Neustadt/Wstr. - www.biosicherheit.de**: 521 4. – **William B. Folsom**, NMFS: 66 o., 184 u.l., 214 l.u., 334 o., 645 r.o. – **Food and Agriculture Organization of the United Nations (FAO)**: 736 l., 736 u. – **Food Standards Agency UK**: 13 r., 28 u.r., 250 o. – **foodwatch**: 184 u.r., 190 l.m., 190 o.l., 190 o.r., 219 r.o. (a), 225 o., 225 u., 226 l.m., 226 l.o., 233 r.u., 234 u., 238 l.o., 254 l.u., 341 u., 346, 347 u., 690/691 o., 779 m., 779 o., 786 l. – **Forschungsinstitut für biologischen Landbau (FiBL)**: 74 m.l., 75 o.l., 75 o.r. (Bild: M. Bar), 83 l.o. (Bild: Thomas Alföldi), 83 l.u., 84 o. (Bild: Lukas Pfiffner), 227 r.m. (Bild: Thomas Alföldi), 227 r.u. (Bild: Thomas Alföldi), 240 l.u., 241 m., 241 u., 284 u. (Bild: Lukas Pfiffner), 386 m.r. (Bild: Claudia Daniel), 453 u. (Bild: Christine Zundel), 496 o. (a), 521 (5.), 532 m.l. (Bild: Andreas Stamer), 532 m.r. (Bild: Andreas Stamer), 534 o. (a), 534 o. (b), 534 o. (e) (Bild: Marion Nitsch), 536 u., 544 o.r. (Bild: Gessl), 563 l. (Bild: Claudia Daniel), 739 u. (Bild: Marion Nitsch), 770 r.o. (Bild: Lukas Pfiffner)

fotolia.com (© bei den genannten Fotografen, jeweils „– Fotolia.com"):
Klaus-Peter Adler: 386 o., Aquiya: 158 u., 712 l.u., arkpo: 621 l.u., atomicrooster: 729, auremar: 164/165 o., Stefan Balk: 81 u.l., beatuerk: 236 u., Tatiana Belova: 380 u.l., Benicce: 405 o., bilderstoeckchen: 804/805 u. (Hintergr.), Binkski: 753 o., blackcat : 859, blende40: 664 u., boeth: 491 m.l., Markus Bormann: 378 o., boumenjapet: 258 r., Maria Brzostowska: 613 u., David Büttner: 777 u., Florin Capilnean: 380 u.r., Cerae: 589 r. (8x), 590 u. (5x); diego cervo: 381 o., Vladyslav Danilin: 843 u., Franck Diapo: 761, Digitalpress: 560 o., dirklie65: 601 o.l., Stephanie Eckgold: 289 m., Christa Eder: 228 l., Elenathewise: 121 l., emer: 841, ermess: 556 (Hintergr.), eskaylim: 718 r., ExQuisine: 145 o., 355 o.r., 579 r.u., 588 u., 641 o., f2comma8: 398 u.l., Irina Fischer: 411 u., Marco Fischer: 769, flashgun: 770 l.o., fotokalle: 369 r.u., James Frank: 281 u., Ernst Fretz: 773 u. (Hintergr.), Janine Fretz Weber: 442/443 u., Liv Friis-larsen: 617 l.u., Gago: 413 o., Grischa Georgiew: 378/379 (Hintergrund), green308: 676 l., Ginger: 561 l.o., Joe Gough: 822 r., Richard Griffin: 126 (Hintergrund) (2x), Gruenberg: 45 o.l., gtranquillity: 726 o., U. Hardberck: 290 l.m., 290 u.m., Uschi Hering: 780 o.l., Dana Heinemann: 160, HLPhoto: 119 u.l., 468 u.l., 656 r.u.; ibphoto: 638 o., Ideenkoch: 14 u., Rafa Irusta: 684 l.u., Jakubski: 857 r., Christian Jung: 12 r., 800 r.u., Kelpfish: 126 u., ivan kmit: 286 (Hintergr.), 287 (Hintergr.); Robert Kneschke: 754 r.u., Olena Kuznetsova: 851 l., Thomas Leiss: 66 m., Heiko Löffler: 45 o.r., lumen-digital: 94 u.r., Uwe Lütjohann: 837 o., kelly marken: 158/159 o., MCE-128: 597 u., Monkey Business: 591 r., mopsgrafik: 293 u.m., motorlka: 406 l.o., NiDerLander : 389 l., NinaMalyna: 177 l., ninell: 279 o.l., Mamuc: 45 u.r., Marem: 525 m.l., Maurizio Milanesio: 649 l., Predrag Mladenovic : 737 r.u., Paul Murphy: 713, Olga Nayashkova: 583 l., Sura Nualpradid: 760, Matthias Ott: 347 o.r., Renata Osinska: 138 u.r., pete pahham: 591 u., Paylessimages: 771 o., Pfingstrose: 672 r., Barbara Pheby: 570 l.o., pictureworld: 805 o., Cornelia Pithart: 247 r.o., Glenda Powers: 18 u.l., Quade: 662 u., Reena: 491 m. m., reises: 850 o., rimglow: 850 u., Gina Sanders: 189 l., Santje: 593 u., sarsmis: 801 r.o., Christian Schwier: 790 l.u., S.E. shooting: 709 r., George Serban: 157 o., skyphoto: 212 u., soupstock: 557 m., Ann Stephenson: 540 o., Frank Stingl: 834, style786: 41 u., superfood: 222 m.u., sverker: 190 u.r., 772 o.; Turi: 10 o.l., 547 o.; Twilight_Art_Pictures: 554 o., Bo Valentino: 770 r.u., Serghei Velusceac: 156 o., vertmedia Martin R.: 351 l., vkara: 540 m.o., Ewa Walicka: 138 o., W-FOTO: 27 l., 402 (Hintergr.), Wagner Christian: 599 l., Sven Weber: 843 o., yellowj: 240 l.o.

Fraunhofer IVV: 450 o. – **Friend of the Sea (FOS)**: 215 r.m., 232 m., 232 u., 490 u.l., 645 r.u., 762 u. – **Fruchtimport Weichert**: 353 m., 750 o. – **Sigrid Fuhrmann/www.biosicherheit.de**: 295 r.o. (a) – **Fukui Prefectural Tourism Federation/© JNTO**: 800 o.

G **Gäa e.V. – Vereinigung ökologischer Landbau**: 31 o.l., 32 r. (b), 79, 180 u., 224 r.u., 243 m., 243 o., 243 u., 295 r.u. (b), 354, 498 u., 505 o. – **gebana AG, Schweiz**: 198 m. (f) – **Geisler Fotos**: 704/705 o. (c), 735 r.o. – **gendreck-weg.de**: 202 o.m. – **www.geenfoodneindanke.de**: 202 o.l., 260 m.u. – **GEPA - The Fair Trade Company**: 198 o.r. (Welsing), 195 r. (c), 195 r. (d), 293 o. 4a, 356 l.u. (Chris- tian Nusch), 696 l.u. (Christian Nusch), 759 o.r. (Welsing), 815 r.u. (Schlettere), GEPA, 815 u., 856/857 o. (Welsing), 858 o., 858 u. – **Geschäftsstelle BÖLN in der Bundesanstalt für Landwirtschaft und Ernährung (BLE)**: 496 o. (b) – **Gesellschaft zur Erhaltung alter und gefährdeter Haustierrassen e.V. (GEH)**: 18 o.l. – **GMO-Free-Europe c/o Foundation on Future Farming**: 267 l.o./r. (b) – **Green 'n Lean, Schweden**: 484 u.l., 530 o. h, 778 l.o. (a) – **Gütegemeinschaft Ernährung GmbH**: 390 m.

H **Ryan Hagerty**/US Fish and Wildlife Service: 572 l.u. – **Håkan Svensson** (Xauxa): 840 o. – **Stephan Härtel/www.biosicherheit.de**: 295 r.o. (b) – **hawos Kornmühlen GmbH**: 405 u., 663 r.o. – **h.f.ullmann publishing GmbH/Foto: Gregor M. Schmid:** 12 l., 42/43 o., 211 u., 214 l.o., 317 o., 327 u., 350 o. (a), 350 o. (c), 350 o. (e), 350 o. (f), 377 o.l., 389 r. (b), 417 o., 419 u.r., 468 u.r., 470 o.l., 470 o.m., 470 o.r., 624 l.o., 717 o. – **h.f.ullmann publishing GmbH/ Foto: Günter Beer, www.beerfoto.com**: 36 u., 41 r., 50 o., 52 o., 62 u.l., 125 u., 131 l.u., 163 r.m., 173 m., 186 u., 201 o., 210 u.l., 245 r., 308 o., 318 m., 333 u., 349 u., 366 l., 394/395 u., 410 o., 424 o., 428 m., 428/429 u., 457 m.r., 519 o., 539 l.o., 552 u., 553 o., 589 m., 598 u., 608/609 o., 642 u., 643 l.u., 645 r.m., 673 u., 675 o., 680/681 o., 681 r.o., 704 o. (a), 758 u., 763 u., 775 l., 794 l.u., 822 l., 825 o.l., 825 u., 838 u., 846 o., 847 r.o., 856 l., 856 r.u. – **h.f.ullmann publishing GmbH/Foto: Sasa Fuis/Christoph Büschel**: 355 u. (b) – **h.f.ullmann publishing GmbH/Foto: Werner Stapelfeldt**: 9 l., 43 o.r., 51 r., 62 o., 168 l., 183 l., 332 r., 343 o., 350 o. (b), 350 o. (d), 370 o., 443 r.o., 472 o., 621 l.o., 653 r.u., 668 r., 682 o.m., 742 r.u., 787 m., 816, 818 l.u., 820/821 o. – **h.f.ullmann publishing GmbH/Foto: Ruprecht Stempell**: 178/179 u., 309 u., 340/341 o., 410 u., 448/449 u., 454/455 o., 471 u., 473 m., 482 l.u., 515 o., 636/637 u., 676/677 o., 710, 746 o., 746 u., 748/749 u., 812/813, 844 m. – **h.f.ullmann publishing GmbH/Foto: Heinz Troll**: 51 l., 819 o. – **HGCA (cereals and oilseeds division of the Agriculture and Horticulture Development Board, AHDB)**, Großbritannien: 297 u., 482 o.m., 795 l., 810 m. – **Hofer KG**, Österreich: 126 o., 501 o. (b) – **John u. Karen Hollingsworth**/US Fish and Wildlife Service: 215 r.u. – **Hopleaf®**: 446 o. – **Hotel Berwanger Hof**, Obermaiselstein: 320 o.

I **ICEA - Istituto per la Certificazione Etica ed Ambientale**: 294 r.o. – **IMO Institut für Marktökologie, Schweiz**: 93 o., 339 o., 339 u., 401 o.r., 402 l. (a), 529 r., 530 o. (d), 823 u. – **Informationszentrale Deutsches Mineralwasser (IDM)**: 481 u.l. – **International Federation of Organic Agriculture Movements (IFOAM)**: 32 l. (a), 93 m. (3x), 337 m., 337 r.o. – **International Vegetarian Union**: 778 l.o. (c) – **IP-SUISSE**, Schweiz: 346 o.

K **KAGfreiland**, Schweiz: 360 u., 368 o., 369 o.l., 369 r.m., 580 u.r., 658 u.l., 668 l.u. – **Dr. R. Kaiser-Alexnat/www.biosicherheit.de**: 263 u. (c) – **Kaiser's Tengelmann GmbH**: 501 o. (e) – **Kamut Enterprises of Europe bvba**: 367 o.l. – **Dr. Karg KG**: 588/589 o. – **Bert Kaufmann**, Roermond/NL: 689 o. – **KONSUM DRESDEN eG**: 596 – **Nicola Kossel**: 37 m., 38 m., 49 o., 63 r.u., 70, 76 l., 139, 143 u.r., 165 r.u. (a), 165 r.u. (b), 179 r.o., 183 r.u., 190 l.u., 191 o., 207 r., 210 u.r., 232 o., 239 u., 240 r.u., 250 u., 272 r., 294 l.o., 314 o., 341 m., 381 r.o., 400 u., 474 u., 478 l.o., 501 r.u., 506 l.u., 530 u., 632 l.o., 686 l.u., 691 r.u., 706 o., 707 o., 738 l.u., 787 u., 788 r.o., 788 r.u., 806 l.o., 861 o., 862 r.u., 863 – **Kraft Foods Group**, GB: 309 o. (b) – KRAV Ekonomisk förening/S: 93 m. (j) – **Kai Kreuzer, Lauterbach & VHM, Freising**: 375 m. – **Dr. Stefan Kühne**, BBA-Kleinmachnow - www.biosicherheit.de: 202 o., 599 r.u., 789 r.o., 789 r.u.

L **Lacon GmbH**: 402 l. (d), 530 o. (c), 586 u. – **Landesamt für Landwirtschaft, Lebensmittelsicherheit und Fischerei (LALLF)** Mecklenburg-Vorpommern: 104 u. (d), 151 o. (d), 606 l.o. (d) – **Landesvereinigung für den Ökologischen Landbau in Bayern e.V.**: 522 – **LaSelva Toskana Feinkost Vertriebs GmbH**: 128 l.o., 233 o., 428 o., 430 o., 480 l., 561 r.u., 608 l.o., 806/807 o., 853 l., 854 l.u., 865 o. – **Lebensministerium Österreich**: 504 u., 505 u., 534 o. f – **Lechnermühle**: 663 m.u. – **Norbert Lehmann/www.biosicherheit.de**: 263 o. – **www.lid.ch**: 141 o., 427 o.r., 620 o., 718 l., 741 u.l., 842 – **Lidl Stiftung & Co. KG**: 189 r. – **LU - Ludwig Urning**: 502 r.o. – **Lunagirl Images**, USA: 312 u.

M **Dr. Roger Mann (VIMS)**: 736 o. – **Marine Stewardship Council** (MSC): 293 o. 4b 215 m.u., 488 l.u., 489 m.r., 833 u. – **Marks & Spencer**: 29 o.l., 93 u., 176 r., 181 o., 201 m.l., 210 o., 216 l.o., 217 r.u., 253 o., 331 r.u., 348 o., 348 u., 384/385 u., 404 l.u., 425, 426 o., 454 l.u., 469 o., 490 u.r., 515 u.m., 515 u.r. , 526 l.o., 556 o., 621 l.u., 653 l., 654 m., 656 r.o., 661 o.m., 676 r., 691 r.o., 698 o., 704 o. (b), 724/725 u., 748 m.r., 754 r.o., 786 u., 833 m., 849 l. – **Marlow Foods Ltd**: 595 o., 595 u. – **Max Havelaar-Stiftung (Schweiz):** 188 l.m., 198 m. (b), 204/205 o., 467 o.r., 467 o.l. – **MBW Marketing- und Absatzförderungsgesellschaft für Agrar- und Forstprodukte aus Baden Württemberg**:104 u. (b), 151 o. (b), 192 l.u., 606 l.o. (b) – **Dr. Dwayne Meadows, NOAA/NMFS/OPR**: 213 o.m. – **www.meine-Landwirtschaft.de**: 426 m. – **Messe Berlin GmbH**: 17 l. (a), 17 l. (b), 29 m.r., 69 l.o., 75 u.l., 99 o., 135 u., 150/151 u., 152 m.o., 157 l., 192 l.o., 196 r.o., 213 m.u., 233 r.o., 234 o., 241 o., 245 l., 276 l.m., 286 l., 326 u.r., 338 l., 347 o.l., 357 r.o., 412 l.m., 445 r., 479 u., 490 o., 550 o., 577 l., 578 o.l., 652 m. (b), 652 m. c, 772 u., 818 l.o., 826 o.l., 854 l.m. – **METRO AG**: 297 m., 524 l.o., 852 u. – **MGH GUTES AUS HESSEN GmbH**: 104 u. (a), 151 o. c, 606 l.o. (a) – **Migros-Genossenschafts-Bund**, Schweiz: 670 l.u. (b) – **Beate Milerski (GEH):** 23 o., 582 l.u. – **Dr. Klaus Minol/www.biosicherheit.de**: 263 u. (b) – **Müller Großhandels Ltd. & Co. KG**, Ulm-Jungingen: 304 m. (d)

N **NASA**: 200 l.o., 206 r., 533 (Hintergr.) – **National Oceanic & Atmospheric Administration**, USA: 222/223 o. – **National Oceanic and Atmospheric Administration/Department of Commerce**: 602/603 u. – **Natura-Werk**, Gebr. Hiller GmbH & Co KG: 244 u. – **Naturland e.V.**: 32 r. c, 88 l.u., 195 r. f, 293 o. 3a 503 o.l., 503 o.r., 504 m., 504 o.l., 504 o.r. – **Naturland e.V./Weltladen-Dachverband e.V.**: 188 l.u., 196 l. (a), 814 u.r. – **Naturschutzbund Deutschland e.V.**: 720 l.o. – **Navitas Naturals**: 306 u., 436 o.l., 836 l.o., 836 u. (b) – **neuform international**: 603 r.m., 603 r.u. (2x), 604 l.u. – **NEULAND e.V.**: 293 o. (4d), 48 o.m., 218 l. (b), 240 l.m., 267 r. (c), 508 r., 509 o.l., 509 o.r., 526 r.u. – **Rita Newman**: 80 l.u. – **NIDDK**: 13 u. – **Niedersächsische Spargelstraße**: 698 l. – **NOAA**: 140 (Hintergr.), **NOAA Restoration Center, Chris Doley**: 764 l., **NOAA's Estuarine Research Reserve Collection**: 65, **NOAA/Ocean Technology Foundation**: 334 u. – **Norwegian Seafood Council**: 693 r.o. – **NURC/UNCW and NOAA/FGBNMS**: 762 l. – **NürnbergMesse**: 72 o., 146, 152 l.o., 462 l.o., 580 l.o. (c), 600 l.o., 636 l.o., 700 o., 712 l.o., **NürnbergMesse/Frank Boxler**: 87 o.r., 152 m.u., 223 u. (Collage 2), 282 o., 375 o., 655 l., **NürnbergMesse/Thomas Geiger**: 59 m., 73 o., 87 o.l., 89 r.o., 108 m., 194, 401 o.l., 403 o., 415 u., 755 o.l.,759 l.o.

O **Oatly AB**, Schweden: 728 o. – **ÖKO-TEST** Verlag GmbH: 538 o.l., 538 o.r. – **Økologisk Landsforening**, Dänemark: 54 o.l., 60 o., 75 o.m., 80/81 o., 92 r. (b), 122 o.l., 131 l.o., 143 o., 175 o.r., 226 m.u., 231 m.r., 251 u.l., 291 o., 293 u.r., 363 r., 364 o., 414 o.m., 414 o.r., 423 u. (Fotograf Niels Reiter), 464 m., 483 l., 485 r.o., 527 o., 576 o., 582 o.r., 651 u., 720 l.u., 727, 741 o.l., 782 o., 809 o., 845 l.

P **Pajottenlander BVBA**: 791 r.m. – **Pakka AG**, Schweiz: 397 r.u. – Captain Robert A. Pawlowski, NOAA Corps: 763 o. – **PETA Deutschand e. V.**: 81 o.r., 175 o.l., 187 m., 187 o., 211 o., 252 o., 292 o., 358 r., 359 o., 360 o., 362/363 o., 391 m., 433 l., 433 r., 435 r., 462 l.m., 462/463 o., 463 r.u., 464 o., 464 u.r., 466 l., 582 m., 582 o.l., 587 o., 658 o.m., 667 m., 667 u., 741 m.r., 741 o.r., 741 u.r., 742 l.o., 742 l.u., 743 o., 744 r.u., 803 u., 81 o.r.

pixelio.de
(alle genannten Fotografen © pixelio.de):
Albrecht E. Arnold: 239 o.l., Gerd Altmann: 116 o., Stefan Bayer: 78 o., Peter von Bechen: 315 u., 523 l., 638 m.r.; Otto Bernhardt: 257 u., Almut Bieber (albi84): 644 r.m., Torsten Born: 527 u., Kurt Bouda: 308 u.l., Esther Braune: 311 o., Mirko Nils Thorben Braune: 571 r.u., Uli Carthäuser: 511 o.r., Tim Caspary: 100 u., Doatsch: 268 u., uschi dreiucker: 251 o., 252 u., 316/317, 686 l.o.; Maja Dumat: 68 o.r., Hermann Eberhardt: 637 r. (d), Barbara Eckholdt: 266 u., Michael Franke: 247 r.m., 664 o.; Jan Freese: 563 r., Siegfried Fries: 290 o. (a), gänseblümchen: 792/793, GerdaB.: 279 o.r., Klaus-Uwe Gerhardt: 288 r., 648 l.o.; Gitti: 520 (1.), m. gade: 541 o.r., Graphiker: 669 o., M. Großmann: 110 u., 246 r., 359 r.u., 449 l., 660 o.; Egon Häbich: 497 r., Hartmut-910: 92 l.u., Harry Hautumm: 520/521 (6.); Frank Hofgesang: 675 u., S. Hofschlaeger: 564 u., Stephanie Hofschlaeger: 824 u., Sebastian Hühn: 406 l.u., Joujou: 203 m., JuwelTop: 578/579 o., Sebastian Karkus: 301 u., Ch. Knoll: 57 r.m., Maria Lanznaster: 326 o., 494; Michael Lorenzet: 76/77 (Hintergr.), lusa58: 407 o., manwalk: 496/497 u., MarMar: 569 m.u., Paul-Georg Meister: 200 r., 247 r.u., 814 l.m.; Kurt Michel: 520 (2.), 802 u.; Andreas Morlok: 303 r., msommer: 774, Verena N.: 701 m., Diana Neureiter: 80 l.o., C. Nöhren: 634, Ute Pelz: 184 u.m., 199 m.; Albi Perrig: 172 o., Carsten Raum: 533 r., R.B.: 86 l.u., rebel: 517 l.o., Daniel Rennen: 257 o., Adolf Riess: 300 l., Rotus: 113 u., Jerzy Sawluk: 638 m.l., 821 r.u.; Martin Schemm: 98 m., Helga Schmadel: 246 l., Schnappschuss: 785 l.u., Gabi Schoenemann: 299 l.o., 325 l.o., 778 o.r.; Janina Scholz: 566 o.r., Dieter Schütz: 528 o., 134 r.u.; Lisa Schwarz: 827 u., Jörg Siebauer: 61 o., Meinhard Siegmundt: 711 m.l., Mario Simeunovic: 570 l.u., Klaus Steves: 650 l., Bettina Stolze: 498/499 m., RainerSturm: 426/427 u., 512 o., 658 o.r.; Reinhard Sudrok: 407 m.r., Vier Pfoten - Stiftung für Tierschutz: 462 l.u., virra 254 l.o., Katharina Wieland Müller: 398 l.o., wrw 540 u., Wilhelmine Wulff: 275 r., 277 u.

ProSpecieRara – Schweizerische Stiftung für die kulturhistorische und genetische Vielfalt von Pflanzen und Tieren: 17 l. (c), 17 l. (d), 17 m.r., 17 u.r., 24 u.l., 25 m., 74 o.m., 338 r., 373 u., 374 u., 629 o., 696 m., 854 l.o. – **purvegan GmbH** (vorm. Alberts Tofuhaus): 115 r.o., 450 u.r., 600 l.u.

Q **QS** Qualität und Sicherheit GmbH: 585 (Hintergr.), 585 r.o. – **Qualitätsgemeinschaft Biomineralwasser e.V.**: 101 o.m., 101 r.m.

R **Rack & Rüther GmbH**: 830 r.o. – **Rainforest Alliance**: 287 r.o., 357 r.u., 599 m.o. – **Rapunzel Naturkost GmbH**: 132 o.r., 196 l. (b), 458 l.m. – **Rättvisemärket**, Schweden: 362 u., 802 o. – **real,-** SB-Warenhaus GmbH: 304 m. (c) – **Redaktionsbüro Pini (Archiv)**: 24/25 (Hintergr.), 32 r. (a), 35 o.r., 50 (Hintergr.), 58 (Hintergr.), 122 o.m., 128/129 u., 148 163 r.u., 164 l., 179 r.u., 184 o.r., 271 o.l., 293 o. (2e) 298 u., 301 o., 320 m., 321 o., 322 (Hintergr.), 345 m., 358 l.m., 358 l.o., 420 u., 432 u.r., 459 (Hintergr.), 553 (Hintergr.), 559 o.l., 565 u., 570/571 u., 627 o., 669 u., 717 u., 732 u.l., 732 u.r., 733 (Hintergr.), 744 l.u., 797 r., 806/807 (Hintergr.), 809 u., 817 u., 818 r., 821 r.o., 824 m., 829 r.u., 831 u.l. (Hintergr.) 837 r., 865 u. – **ReformhausMarketing GmbH**: 293 o. (1b), 492 (Hintergr.), 603 r.o., 604 l.m., 604 l.o., 604 r.o., 604 r.u. (a), 604 r.u. (b), 757 l., 795 r.u. – **Regionalmarke EIFEL GmbH**: 606 l.o. (f) – **REWE GROUP Austria**: 90 l.o., 304 u., 500/501 m., 672 l. – **Rheinischer Landwirtschafts-Verband** (RLV): 390 l.u. – **Dirk Rossmann GmbH**: 811 o. – **Roundtable on Sustainable Palm Oil** (RSPO): 287 r.u., 495 u.l., 548 l.u. (a), 548 l.u. (b) – **Russian Federal Research Institute of Fishery and Oceanography (VNIRO); Artist N. N. Kondakov**: 20/21 u.

S **J Sainsbury plc.**, Großbritannien: 488/489, 723, 724 o. – **Salone del Gusto and Terra Madre**: 687 r., 688 l.u. – **Salzburger Landwirtschaftliche Kontrolle GesmbH**: 402 l. (b), 544 l. (d) – **www.Sannmann.com**: 72 u., 275 o. – **Save Our Seeds** (SOS) - saveourseeds.org: 240 r.o., 262 u., 263 m., 555 u., 636 l.u., 636 m., 788 l.u. – **Franziska Schärer, Biofarm**: 437 o. – **Siegfried Schenk**: 107 l. – **David Schrupp**: 103 r.u. – **Tobias Schüller, Hofkäserei Dannwisch, Horst & VHM, Freising:** 376 l.o. – **Karl Ludwig Schweisfurth/Symbiotische Landwirtschaft**: 744 l.m. – **SLFA Neustadt/www.biosicherheit.de**: 109 u. – **Slow Food/Arche:** 44 u. (8x), 688 (Hintergr.), 688 l.o. – **Molkerei Söbbeke GmbH**: 98 l.u., 418 o. – **Sopexa S.A.**, Deutschland: 332 l.o. – **Spain Gourmetour, ICEX/Madrid, J.M. Sanz**: 9 r. – **SPAR Österreichische Warenhandels-AG**: 305 m. (c), 606 m.l., 724 m. – **Gerd Spelsberg/www.biosicherheit.de**: 270 o. – Jules Stauber: 568 l.u., 819 u. – **Stichting**

'O-keurmerk, Niederlande: 530 o. (a) :ichting Max Havelaar, Niederlande: 197 u. iftung Warentest: 715 o.l., 715 o.r., 716 o. – ergy Production Laboratories: 11 m.

:egut... Gutberlet Stiftung & Co.: 304 m. (b) :sco Group: 392 r., 421 u., 753 m. – The :nery, Barendrecht/NL: 4 (Foto: Joop v. :en Studio), 33 (Foto: HJ Eikelenboom), ., 62/63 u., 64 o., 111 o., 111 u., 117 u.l., n., 182 o.r., 204 l., 224 l.o., 239 o.r., 258 o., :., 324/325 u. (Joop v. Reeken Studio),). (Foto: De Productfotograaf), 395 o.l., o., 396/397 u., 404 m.u., 411 o. (Joop v. :n Studio), 427 o.l. (Foto: Simon+Stro- 91 m.r., 510 l.u., 516/517 u., 538/539 u. ergr.), 560 u., 568 r., 569 o.m., 575 o.r., ., 619 o., 621/622 u. (Joop v. Reeken), 623 o., 623 r., 638 m. m., 648 l.u. v. Reeken Studio), 696/697 o. (Foto: n de Klein), 703 r.u., 709 l., 714 l., 714 r., (Foto: Simon+Stroex), 756 r., 793 o.r. v. Reeken Studio), 826/827, Thüringer rz e.V.: 105 o. (b), 151 o. (f), 605 o. – anufaktur Christian Nagel GmbH: 747 o. – TransFair e.V.: 198 l.u. (a), 198 l.u. 3 l.u. (c), 198 m. (a), 293 o. (4e), 356 1 r.m., 661 o.l., 730 (Foto: C. Nusch), 751 l.u. (Foto: C. Nusch), 751 r.u. (Fo- :r Scheel) – Transfair USA: 198 m. (c) 'ansgen.de: 170 o.l., 170 o.r., 171 u.r., 264 u. – ttz Bremerhaven: 215 r.o., u. (Foto: Nils Thies), 329 o., 735 r.u.)llert), 759 l.u. – TÜV Rheinland LGA: 431 u.r., 473 r.u.

U Umweltinstitut München e.V.: 180 o. – Urachhaus (Verlag), Stuttgart: 34 u.m. – Urtekram A/S, Dänemark: 518 o.l.
USDA Agricultural Research Service, United States: 66 u., 68 o.l., 229 r.o., 269 (Hintergr.), 335 o., 393 r., 642 o., 678/679 o., 810/811 (Hintergr.); USDA/Stephen Ausmus: 46/47 o.m., 209 u., 217 r.o., 227 l., 281 o., 328 l., 564 o., 635 o., 636 l.m., 692 r., 732 o.; USDA/Scott Bauer: 42 u.l., 74 o.l., 133 o., 261 u., 264 o., 280 u., 282 u.r., 344/345 o., 460 o., 474 o., 524 l.u., 550 u., 608 m.u., 614/615 (Hintergr.), 630 l.o. (a), 656 r.m., 740 o., 752 o., 781 r.; De Wood, digital colorization by Stephen Ausmus/ USDA: 253 u.; USDA/Jack Dykinga: 67 r.o., 75 u.m., 166 l.u., 265 o.l., 268 o., 336, 586 o.; Eric Erbe, Colorization by Christopher Pooley/ USDA: 166 l.o.; USDA/Rob Flynn: 734 l.u., 734/735 m.; USDA/Lisa Gorski: 444 l.u., 704 l.u.; USDA/Peggy Greb: 161 o., 170/171 u., 302 r., 357 l.u., 374 o., 394 l.o., 395 o.r., 414 o.l., 562 o., 685 u.r., 782 u., 829 r.o.; USDA/ Michael A. Grusak: 282 u.l.; USDA/Jean Guard-Petter: 641 r.u.; USDA/Ken Hammond: 67 o.l., 379 u.; USDA/Edward McCain: 695 u.; USDA/Jacolyn Morrison: 810 l.o.; USDA/David Nance: 609 r.; USDA/Bob Nichols: 487 r.u.; USDA/Christopher Pooley: 621 r.; USDA/ Brian Prechtel: 616 o., 697 r.; USDA/Ronald Riley: 263 u. (d); USDA/Don Tanaka: 756 o.; USDA/Keith Weller: 144 r., 209 m., 217 o.l., 224 r.o., 260/261 o., 312 o., 413 u., 452, 471 o., 558 o., 666 (Hintergr.), 683 u., 690 o., 708, 752 m., 752 u., 784 (Hintergr.); USDA/Sara Wright: 453 o.
US Fish and Wildlife Service: 310/311, 377 u., 419 o., 421 o.

V Vegan Action/Vegan Awareness Foundation, USA: 777 o. (c) – Vegan Society England: 777 o. (d) – Vegane Gesellschaft e.V.: 477 o. (e), 776 u.l., 777 o. (e) – Verbraucherzentrale Bundesverband e.V. 2009: 392 l.o., 392 l.u., 779 u. – Verbraucherzentrale HH: 28 u.m. – Verbund Ökohöfe e.V.: 32 r. (d), 123 r. (d), 293 o. (3d) 780 u. – Verein „Bestes Bio – Fair für alle“: 195 l.u., 196 l. (c) – Verein zur Erhaltung des Bunten Bentheimer Schweines e.V.: 16 m. – Vielfältige Initiative zur Erhaltung gefährdeter Haustierrassen (VIEH): 16 u. – Vier Pfoten - Stiftung für Tierschutz: 218 l. (c), 218 l. (d), 331 r.o., 463 r.o. – Virginia Dept. of Game and Inland Fisheries/US Fish and Wildlife Service: 377 o.r. – Voelkel GmbH: 150 l.o., 237 m.u., 259 o.

W WAB Trading International GmbH: 249 o. – Ulrich Walter GmbH: 408 u.r. – Weltladen-Dachverband e.V.: 815 r.o. – Whole Foods Market IP. L.P.: 44 o. – Sandra Wilcken - www.biosicherheit.de: 806 l.u. – www.wir-haben-es-satt.de: 187 u., 463 r.m., 743 u., 814 o.r. – WMF AG: 768 (Hintergr.) – World Fair Trade Organization (WFTO): 198 m. (d) – World's Poultry Science Association: 48 o.l. – www.wrap.org.uk: 572 r.u., 783 u., 785 l.o., 785 r.m., 814 l.u. – WWF: 833 o.

Z Pavel Zuber, as uploaded to http://www.biolib.cz/IMG/GAL/24506.jpg: 790 r.

andbuch ist kein Katalog, gibt aber mit den vielen Produktabbildungen einen Einblick in die Vielfalt der Biolebensmittel.

.en den Machern von www.ecoinform.de und www.ask-biofach.de für die Unterstützung bei der Produktbildbeschaffung.

hinaus sei allen Unternehmen gedankt, die uns (soweit nicht schon eigens im Fotonachweis genannt) Bildmaterial ihrer bereitgestellt haben:

)H, Altdorfer Biofleisch, Arche Naturprodukte GmbH, Aries Saatgut, Basic AG, Bauckhof Demeter Naturkost, Berchtesgar- .d, Beutelsbacher Säfte, Bingenheimer Saatgut AG, bio-direkt, BioKorn GmbH & Co. KG, Biopolar, Biotopia Anthes u. An- , Biovegan GmbH, Biovita Naturkost GmbH, Björnsted/EcoFinia GmbH, Brauerei Locher AG, Bruno Fischer (jetzt n Reform GmbH), Burkhardt Fruchtsäfte, Carlsberg Deutschland GmbH, Cupper Tee, Danival, Davert GmbH, Demeter gnisse, Demeter Gärtnerei Sannmann, dennree GmbH, Eden Foods, Eden Reform GmbH, Erdkorn Bio-Discounter, Ferry owfish/fish & more GmbH, Frischkeim Naturkost GmbH, www.frontiercoop.com, Granovita, Haus Rabenhorst O. Lauffs Co. KG, Herbaria Kräuterparadies GmbH, Himmelbauer Naturprodukte, Home Harvest Seeds, Ideenfabrik Zotter, iglo er Kölln KGaA, La Selva, Lima (The Hain Celestial Group, Inc.), Lubs GmbH, Maintal Konfitueren, Milchwerke Berchtes- nd Chiemgau eG, Natumi GmbH, Naturata, Neumarkter Lammsbräu Gebr. Ehrnsperger KG, Nordmann Unternehmens- kopolis, Ökoland Nord GmbH, Pinkus Bio-Bier, Privatbrauerei Peter KG (Rhöner Bier), Provamel Deutschland/Alpro nitzer GmbH & Co. KG, Sinalco, Snackmaster, Spielberger, St. Leonhards-Vertriebs GmbH & Co. KG, Tartex + Dr.Ritter utown.com GmbH, Traditional Fine Foods, Unilever, Upländer Bauernmolkerei GmbH, Urtekram A/S, VEÁ S.A., Villa am GmbH, Vivani/EcoFinia GmbH, Wechsler-Feinfisch, Zwergenwiese Naturkost GmbH

:nd Verlag haben sich bis Produktionsschluss intensiv bemüht, alle Inhaber von Abbildungsrechten ausfindig zu machen. Wir bit- ten und Institutionen, die möglicherweise nicht erreicht wurden und Rechte an verwendeten Abbildungen beanspruchen, sich mit Verbindung zu setzen.

Dank

Dieses Bio-Handbuch entstand nach intensiver Vorarbeit in vierjähriger komplexer Recherche-, Schreib- und Dokumentationsarbeit. Auf verschiedenen Ebenen haben sich dazu freie Autoren eingebracht und integrieren lassen. Ich danke ihnen für den Einsatz und ihr Engagement.

Die Hauptlast des Dokumentierens und Schreibens lag im Redaktionsbüro, Dank gebührt Nicola Kossel für thematische Konsequenz und methodische Perfektion, für das Mittexten und Redigieren im Kernteam des Redaktionsbüros.

Besondere Dankbarkeit gilt allen geduldigen Begleitern und Lebenspartnern der jahrelangen Konzentration auf Bio: Artdirektor Dwertmann dankt für manche Verzichte Maribel Rico und Sohn Sebastian Dwertmann Rico, Nicola Kossel dankt nicht nur Jens Lüken fürs Aushalten und Daumendrücken, Kathrin Stautmeister dankt ihrer geduldigen Familie, Udo Pini dankt nachdrücklichst seiner Verzichte verzeihenden Frau Susanne für den langen Geduldsfaden und unbeirrte Unterstützung.

Dem Verlag schließlich gebührt Respekt sowie Dank für Terminkompromisse und Zuversicht für das Gelingen bei mahnender wie bestätigender Begleitung durch Isabel Weiler. Verleger Herbert Ullmann sei geschätzt für seinen unbeirrten Einsatz für dieses Bio-Food Handbuch.

Der Autor

Herausgeber und Autor Udo Pini, früher für das ZEIT- und FAZ-Magazin tätig, arbeitet seit 1986 mit eigenem Redaktionsbüro in Hamburg. Seit 2004 erscheint bei h.f.ullmann sein GOURMET-HANDBUCH mit dem Motto: „Was man weiß, genießt man doppelt". Nun, zehn Jahre später, steht das BIO-FOOD HANDBUCH unter der Devise: „Mehr wissen, gesünder leben, anders genießen …"